Endodontologie

Farbatlanten der Zahnmedizin

Herausgeber: Klaus H. Rateitschak und Herbert F. Wolf

Band 7

Endodontologie

Rudolf Beer
Michael A. Baumann

Unter Mitarbeit von
C. Benz, T. P. Croll, M. Frentzen, J. L. Gutmann,
S. Kim, M. D. W. Lipp, A. Lussi, J. U. Piesold,
C. J. Ruddle

795 meist farbige Abbildungen in
1540 Einzeldarstellungen

1997
Georg Thieme Verlag Stuttgart · New York

Autoren

Dr. Dr. sc. Rudolf Beer
Leiter des Instituts für praktische Zahnerhaltung
Gemeinschaftspraxis Drs. R. u. M. Beer
Bochumer Straße 2–4, D-45276 Essen

Prof. Dr. Michael A. Baumann
Klinik für Zahn-, Mund- und Kieferheilkunde
Abt. für Zahnerhaltung
Universität zu Köln
Kerpener Straße 32, D-50931 Köln

Herausgeber

Prof. Dr. Klaus H. Rateitschak
Zahnärztliches Institut
der Universität Basel,
Petersplatz 14, CH-4051 Basel

Dr. med. dent. Herbert F. Wolf
Privatpraktiker
Spezialarzt für Parodontologie SGP
Löwenstraße 55/57, CH-8001 Zürich

Die Deutsche Bibliothek – CIP-Einheitsaufnahme

Farbatlanten der Zahnmedizin / Hrsg.: Klaus H. Rateitschak und Herbert F. Wolf. – Stuttgart ; New York : Thieme.
Engl. Ausg. u.d.T.: Color Atlas of Dental Medicine
NE: Rateitschak, Klaus H. [Hrsg.]

Endodontologie / Rudolf Beer ... – Stuttgart ; New York : Thieme, 1997
(Farbatlanten der Zahnmedizin ; Bd. 7)
NE: Beer, Rudolf

Bd. 7. Endodontologie. – 1997

Zeichnungen:
Albrecht Ruech, Spay

Titelbild:
Albrecht Ruech, Spay

Printed in Germany
Satz: G. Müller, Heilbronn
Druck: K. Grammlich, Pliezhausen

ISBN 3-13-725701-8 1 2 3 4 5

Thieme – Farbatlanten der Zahnmedizin

Bereits erschienene Bände (Subskriptionsmöglichkeit) deutsch:

① K. H. & E. M. Rateitschak, H. F. Wolf
Parodontologie

② A. H. Geering, M. Kundert
Total- und Hybridprothetik

③ G. Graber
Partielle Prothetik

④ N. P. Lang, B. Siegrist Guldener
Kronen- und Brückenprothetik

⑤ F. A. Pasler
Radiologie

⑥ P. Riethe
Kariesprophylaxe und konservierende Therapie

⑦ R. Beer, M. A. Baumann
Endodontologie

⑧ T. Rakosi, I. Jonas
Kieferorthopädie: Diagnostik*

⑩ H. Spiekermann
Implantologie

⑪ H. F. Sailer, G. F. Pajarola
Orale Chirurgie

In Vorbereitung:

- T. Rakosi, I. Jonas
Kieferorthopädie: Therapie*
- A. Bumann, G. Groot Landeweer, U. Lotzmann
Funktionsdiagnostik – Funktionstherapie
- H. van Waes, P. W. Stöckli
Kinderzahnheilkunde
- P. Reichart, H. P. Philipsen
Oralpathologie
- J. Schmidseder
Ästhetische Zahnmedizin

* Freiwillige Subskriptionsmöglichkeit

Thieme – Color Atlas of Dental Medicine

Band 1, 2, 3, 5, 8 und 10 sind auch in englisch lieferbar, Band 11 ist in Vorbereitung

Vorwort

Die Endodontologie als Lehre vom Inneren des Zahnes beschäftigt sich mit dem Weichgewebe, der Pulpa, und dem umhüllenden Hartgewebsmantel.

In der Mitte unseres Jahrhunderts wurde die Endodontie erstmals wissenschaftlich begründet. Diese Zeit ist mit den Namen Ketterl, Nygaard-Ostby, Grossman und Langeland untrennbar verbunden. Während die nachfolgende Periode stark von Skandinavien und den USA geprägt wurde, findet man jetzt auch wieder europäische Einflüsse.

Die zeitgenössische Endodontie zeichnet sich vorwiegend durch eine Perfektionierung bekannter Instrumente und Prinzipien aus:

- Die elektrische Messung der Karies und der Länge des Wurzelkanalsystems gelingt dank verbesserter Geräte mittlerweile recht zuverlässig.
- Die Digitalisierung von Röntgenaufnahmen schreitet immer weiter fort.
- Die endodontischen Kleininstrumente werden vermehrt aus Titanlegierungen gefertigt.
- Die ISO-Standardisierung für Aufbereitungsinstrumente wird in Frage gestellt, da die Durchmesser nicht gleichmäßig zunehmen, sondern unregelmäßig (von #10 nach #15 z. B. um 50%, von #15 nach #20 nur um 33% und von #20 nach #25 sogar nur um 25%). Ein neuer Entwurf sieht eine stets gleiche Zunahme um 29% vor, was sich im Namen der Instrumente (Profile 29) niederschlägt.
- Guttapercha gilt nach wie vor als Mittel der Wahl für die Wurzelkanalfüllung, doch setzen sich immer mehr thermoplastische Füllmethoden durch.
- Die Wurzelspitzenresektion wird durch die Verwendung von Ultraschall und Mikroinstrumenten unter einem Operationsmikroskop völlig neu definiert, erlaubt ein substanzschonendes Vorgehen und eine größere Exaktheit.

Einige gänzlich neue Methoden stehen auf der Schwelle zur Anwendung, die unser Verständnis und das Vorgehen bei der endodontischen Behandlung möglicherweise neu definieren werden. So könnte die Diagnostik durch eine echte Sensibilitätsprüfung per Laser-Doppler-Messung ergänzt werden. Die Anwendung der Magnetresonanztechnik bis in den mikroskopischen Abbildungsbereich eröffnet Wege zur dreidimensionalen Wiedergabe des Endodonts, ohne die ionisierende Strahlung der Röntgentechnik zu benötigen, und wird vielleicht sogar einmal eine Aussage über den histologisch-pathologischen Zustand des Pulpagewebes erlauben. Bessere und effektivere Lichtleitfasern lassen die Desinfektion und Aufbereitung mit Lasern in einem neuen Licht erscheinen. Spektakulär scheint auch ein gänzlich neuer Ansatz zur Aufbereitung und zum Füllen des Wurzelkanalsystems mittels einer kombinierten Saug-Spül-Technik.

Mit dem vorliegenden Atlas zur Endodontologie steht ein Werk zur Verfügung, das im Gegensatz zu den bekannten Textbüchern mit seinem umfangreichen Bildmaterial erstmals eine große Zahl endodontischer Behandlungsfälle lückenlos belegt und die praktische Umsetzbarkeit der vorgestellten Methoden demonstriert. Durch die bekannte und bewährte Step-by-step-Darstellungsweise der Farbatlanten der Zahnmedizin ist dem praktisch tätigen Zahnarzt damit eine Richtlinie zur Hand gegeben.

Essen und Köln, im Herbst 1996

Rudolf Beer und Michael A. Baumann

Dank

Als erstes gilt unser Dank jenen Kollegen, die mit einem Beitrag aus ihrem Spezialgebiet zur möglichst vollständigen Darstellung der Endodontologie beigetragen haben:

Prof. Dr. Syngcuk Kim, Louis I. Grossman Professor and Chairman, School of Dental Medicine, University of Pennsylvania, Philadelphia, USA, der die Bilder und eine englische Version des Textes zur Mikrochirurgischen Endodontie erarbeitet hat.

PD Dr. Adrian Lussi, Oberarzt der Klinik für Zahnerhaltung, Zahnmedizinische Kliniken der Universität Bern. Er hat einige Aspekte zur Kariesdiagnostik beigetragen und vor allem seine neuen Ideen zur Aufbereitung und Füllung des Wurzelkanalsystems dargelegt.

Prof. Dr. Christoph Benz, Oberarzt in der Poliklinik für Zahnerhaltung und Parodontologie, Ludwig-Maximilians-Universität München, für seinen Beitrag zur Radiovisiographie.

Dr. Theodore P. Croll, Doylestown Pediatric Dentistry, Doylestown, USA, für seine Mithilfe bei den Themen Mikroabrasion und Bleichen von Zähnen.

Prof. Dr. Matthias Frentzen, Leitender Oberarzt der Poliklinik für Zahnerhaltung und Parodontologie, Rheinische Friedrich-Wilhelms-Universität Bonn. Er hat das Kapitel Laser in der Endodontie gestaltet.

Prof. Dr. James L. Gutmann, Director of the Baylor College of Dentistry, Dallas, USA, der Bildmaterial zu den Kapiteln Wurzelkanalfüllung und Traumatologie beigesteuert hat.

PD Dr. Dr. Markus D. W. Lipp, Klinik für Anästhesiologie der Johannes-Gutenberg-Universität Mainz, der Aspekte der Lokalanästhesie dargelegt hat.

PD Dr. Jörn Uwe Piesold, Oberarzt der Klinik für Mund-Kiefer-Gesichtschirurgie, Klinikum Erfurt, für seine Unterstützung bei der Erstellung des Kapitels Traumatologie.

Dr. Clifford J. Ruddle, Assistant Professor, Department of Graduate Endodontics, University of California, Los Angeles bzw. Santa Barbara, USA, der einen Beitrag zur vertikalen Kondensation der Guttapercha geliefert hat.

Bei einem Bildatlas ist die Visualisierung das wesentliche Stilmittel, um die wissenschaftlichen Inhalte zu vermitteln. Daher möchten wir zuerst Herrn cand. med. dent. Albrecht Ruech (Universität Mainz) danken, der den Zeichnungen mit großem Sachverstand und Einfühlungsvermögen Leben eingehaucht hat. In seiner Person hat sich in einzigartiger Weise die künstlerische Begabung mit der Fähigkeit zur Umsetzung fachlicher Sachverhalte kombiniert. Dabei war er stets mit großem Enthusiasmus und Freude bei der Arbeit und hatte immer ein offenes Ohr für eine Diskussion und Optimierung der Vorlagen. Ein Großteil der Photographien von Instrumenten und Materialien wurde – sehr sachkundig – von Herrn Stephan Gutbier und Herrn Thies Schöning (Photoabteilung der Zahnklinik/Universität zu Köln) erstellt. Ihnen gilt unser Dank ebenso wie Frau Susanne Urbanek (MTA der Abt. Zahnerhaltung und Parodontologie, Zahnklinik/Universität Köln), die REM-Aufnahmen der Instrumente angefertigt hat, und Herrn Dr. Gerd Mayerhöfer für die ausgezeichnete prothetische Versorgung bei einigen der dargestellten Fälle.

Von seiten des Thieme Verlages fanden wir stets eine vorbildliche Unterstützung und sehr gute Betreuung bei allen anstehenden Fragen und Details. Daher gilt unser ganz besonderer Dank den Herren Dr. Urbanowicz, Fleischmann und Pohlmann. Auch Herr Schwarz von der Reproanstalt Porupsky, Stuttgart, hat einen wesentlichen Anteil an der hochwertigen Umsetzung aller Bildvorlagen und der sehr guten technischen Realisierung des gesamten Atlas. Den beiden Herausgebern der Reihe Farbatlanten der Zahnmedizin, Herrn Prof. Dr. Klaus H. Rateitschak und Herrn Dr. Herbert F. Wolf, verdanken wir viele wertvolle Anregungen bei der Konzeptionierung und Gestaltung des Buches im vorgegebenen Layout und speziellen Geist der Reihe.

Ein so umfangreiches und großes Projekt wie der vorliegende Atlas zur Endodontologie lebt vom guten und diskussionsbereiten Zusammenspiel aller Beteiligten. Daher möchten wir nicht nur den namentlich erwähnten danken, sondern allen Menschen, die ihr ganz persönliches Stück – durch ein Bild, einen wertvollen Hinweis, die fachliche Diskussion oder einfach ein aufmunterndes Wort – zum Gelingen beigetragen haben.

Die perfekte Umsetzung einer Idee gelingt nicht nur durch ideelle Mittel. Die Erstellung des Buches wurde maßgeblich durch folgende Firmen unterstützt, denen wir einen ganz herzlichen Dank aussprechen möchten:

Allen voran der Firma Maillefer, Ballaigues, CH,

die während des ganzen Projektes als großzügiger und sachkundiger Ansprechpartner vielfältige Unterstützung geleistet hat.

Weiterhin danken wir besonders den Firmen:

A. Deppeler S. A., Rue des Petites Buttes 14, CH-1180 Rolle
Hu-Friedy, Rudolf-Diesel-Straße 8, D-69181 Leimen
Kerr GmbH, Liststraße 28, D-76185 Karlsruhe
Lege Artis GmbH, Postfach 60, D-72132 Dettenhausen
Micro-Mega AG, Obere Zeil 6–8, D-61440 Oberursel/Taunus
OCO-Präparate GmbH, Apotheker-H.-Hummel-Straße 1–3, D-67246 Dirmstein/Pfalz
Roeko GmbH, Raiffeisenstraße 30, D-89129 Langenau
Sigma Dental GmbH, Heideland 22, D-24941 Jarplund-Weding
Straumann GmbH, Jechtinger Straße 9, D-79111 Freiburg
Vereinigte Dentalwerke, Bayerwaldstraße 15, D-81737 München
Vivadent GmbH, Postfach 1152, D-73471 Ellwangen/Jagst
Carl Zeiss, D-73446 Oberkochen

Für die Unterstützung mit Instrumenten und Materialien für die photographischen Sachaufnahmen möchten wir uns bei den folgenden Firmen bedanken:

Dental-Vertriebs-Gesellschaft (DVG), Göttingen
DeTrey Dentsply, Konstanz
Electro-Medical-Systems (EMS), München
Hager & Werken, Duisburg
Satelec GmbH, Mettmann
S.E.T. GmbH, Olching
Ubert Dental, Lohfelden

Inhaltsverzeichnis

Dank an meine Frau Marianne,
die das Gelingen dieses Werkes
durch ihren besonderen Einsatz wesentlich förderte.

Rudolf Beer

Dieses Buch widme ich meinen Eltern,
die meine Ausbildung und meinen Lebensweg
stets mit liebevoller Aufmerksamkeit
und aller erdenklichen Unterstützung bedacht haben.

Michael A. Baumann

Pathobiologie und Diagnostik

Intensive mikrobiologische, immunologische und morphologische Untersuchungen besonders im letzten Jahrzehnt haben gezeigt, daß eine pathogene bakterielle Oberflächenbesiedelung der Zähne zu jeder Zeit in ihren Initialstadien sowie bei allen Progressionsformen von humoralen und zellulären Abwehrmechanismen des Organismus begleitet wird. Der meist zeitlich begrenzte Zusammenbruch der komplexen Abwehr zerstört Gleichgewichtssysteme, wodurch eine Erkrankung erfolgt. Dieses biologische Gleichgewicht betrifft im Endodont den ausgewogenen Kalzium- und Phosphationenaustausch der kontinuierlichen De- und Remineralisation des Schmelzes und freiliegenden Dentins. Solange eine Erkrankung reversibel ist wie die initiale Karies, würde ein Konzept der Progression und Remission vorliegen. Kariesauslösung bedeutet, daß azidogene Plaque mehr Schmelz demineralisiert, als durch Aufbauprozesse remineralisiert werden kann. Nun ist die Karies aber ein chronisch-destruktiver Prozeß, dabei entstehen im superfiziellen Stadium der Karies irreversible Formen, die keiner Remission mehr unterliegen können.

Betrachtet man vor dem epidemiologischen Hintergrund die Dynamik der De- und Remineralisation und die Pathogenese der Karies und vergleicht sie mit Ergebnissen der Therapie, so entsteht das Bild von aktiven Erkrankungsschüben und Phasen der Ruhe. In diesen Ruhephasen wird zwar der abgelaufene chronisch-destruktive Prozeß nicht rückgängig gemacht, aber die Erkrankungsprogression steht still. Dieses *Konzept der Progression und der Stagnation* (Socransky et al. 1984) wird entscheidend von der Abwehrleistung des Organismus beeinflußt. Progression heißt: Einbruch der Karies in das Dentin, Entzündung und Verlust von Bindegewebe. Stagnation bedeutet: Aufbau einer Abwehr, Entzündungs-/Abwehrzellen im Gewebe, Ersatz von Bindegewebe als Reizdentin oder Granulationsgewebe. Im histologischen Befund an kariösen Zähnen zeigt sich diese wechselvolle Dynamik bei jahrelanger Anamnese als An- und Abbau von Dentin.

Für den Praktiker stellt sich natürlich die Frage, wie er den histopathologischen Zustand des Pulpa- und des apikalen Parodontalgewebes klassifizieren und vor dem Hintergrund der Stagnation oder der Progression eine darauf abgestimmte Therapie einleiten kann. Auf Grund klinischer Befunde differenziert man klinisch gesunde, reversibel oder irreversibel entzündete bzw. nekrotische Pulpa und apikale Parodontitis. Diese Einteilung basiert allein auf klinischen Merkmalen, eine Beziehung zwischen Symptomen und einem spezifischen pathologischen Zustandsbild ist nicht generell zu erwarten. Die Unterscheidung reversibler von irreversiblen Entzündungszuständen des Pulpagewebes kann ein diagnostisches Problem sein, da ähnliche klinische Symptomkomplexe vorliegen können. So basiert der histologische Begriff einer akuten Entzündung auf dem Vorherrschen neutrophiler Granulozyten. Jedoch kann dieser Begriff nicht gleichgestellt werden mit dem Auftreten von Schmerzsymptomen, da auch in Fällen ohne Schmerzen neutrophile Granulozyten nachweisbar sind (Langeland 1981, Lin u. Langeland 1981b, Lin et al. 1984).

Diagnostik der Approximalkaries

Karies beginnt mit einer nur mikroskopisch sichtbaren Demineralisation der betroffenen Schmelz- oder Zementoberflächen. Bei weiterem Fortschreiten entstehen im Schmelz kreidige Veränderungen, und schließlich kommt es zum Einbruch der Oberfläche. In diesem Stadium ist die Karies leicht zu diagnostizieren, aber oft auch schon so weit fortgeschritten, daß eine extensive Restauration und eine Behandlung des Endodonts nötig ist. Schwierig zu diagnostizieren sind hingegen Läsionen im Anfangsstadium oder Dentinläsionen mit makroskopisch intakter Oberfläche. Anschließend muß eine Entscheidung gefällt werden, ob präventive Maßnahmen ausreichend sind oder ob invasiv-restaurativ vorgegangen werden muß.

Epidemiologische Studien haben gezeigt, daß – bei einer generellen Abnahme der Kariesprävalenz in industrialisierten Ländern – die okklusalen Flächen der bleibenden Molaren bei Kindern und Jugendlichen am häufigsten mit Karies befallen sind. Im Unterschied zur Fissurenkaries ist die Approximal- und Glattflächenkaries stark zurückgegangen. Röntgenographische Initialläsionen im Schmelz der Approximalflächen zeigten ebenfalls eine Reduktion. Im Erwachsenenalter steigt aber die Wahrscheinlichkeit, daß diese Läsionen weiter penetrieren, was den Anteil der Approximalkaries wieder erhöht.

Zur Diagnose der Approximalkaries können die klinische Untersuchung, Bitewing-Röntgenbilder und Fiberoptiktransillumination (FOTI) herangezogen werden. Bei der Verwendung der Sonde werden viele kariöse Läsionen mit Kavität nicht diagnostiziert. *Bitewing-Röntgenbilder* sind für die Diagnose der Approximalkaries auch heute noch die Methode der Wahl, wobei etwa drei Viertel der Dentinkaries erkannt wird (Mileman u. van der Weele 1990, Noar u. Smith 1990). Die meisten Untersuchungen fanden bei Dentinläsionen eine eingebrochene Oberfläche vor, wodurch eine Remineralisation unmöglich ist (Marthaler u. Germann 1970; Bille u. Thylstrup 1982; Mejare u. Malmgren 1986). Obwohl das wahre Ausmaß der Karies mit dem Röntgenbild unterschätzt wird, kann man davon ausgehen, daß die Spezifität, d.h. die Fähigkeit gesunde Zähne als gesund zu erkennen, ungefähr 95% beträgt (Mileman u. van der Weele 1990). Neue empfindlichere Röntgenfilme scheinen hinsichtlich der Kariesdiagnostik den früheren ebenbürtig zu sein. Da sie die Strahlenbelastung bei gleichem Kontrast signifikant vermindern, sollen sie heute vermehrt verwendet werden.

Prophylaktische Maßnahmen können eine weitere Penetration verhindern oder Remineralisation bewirken, vorausgesetzt die Schmelzoberfläche ist noch nicht eingebrochen. Die Progression der Karies kann mit periodischen Röntgenaufnahmen untersucht werden. Das Intervall hängt u.a. vom individuellen Kariesrisiko ab. Patienten mit hohem Kariesrisiko sollten jedes Jahr, solche mit sehr kleinem Risiko etwa alle 2–4 Jahre geröntgt werden. Die Zeitdauer, bis die Karies den Schmelz bleibender, gereifter Molaren bei guter Hygiene penetriert, kann 5 Jahre überschreiten. Das bietet die Möglichkeit, mit einer invasiven Therapie abzuwarten und die Progression oder Regression der Karies zu beobachten. Die Beurteilung der Penetrationsgeschwindigkeit wird ermöglicht, wenn erstellte standardisierte Röntgenbilder mit vorhandenen verglichen

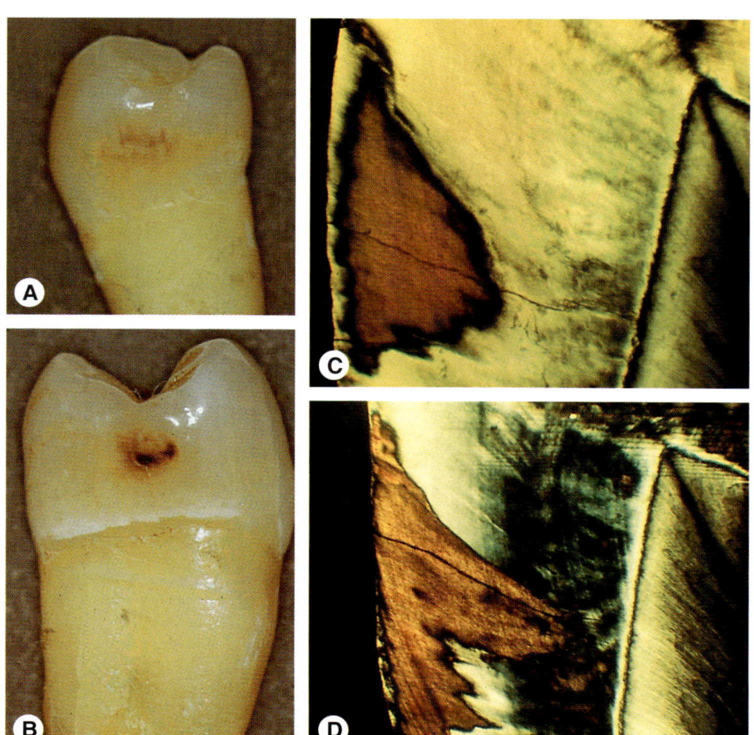

1 Initiale Schmelzkaries

A Extrahierter Zahn mit approximaler Initialkaries unterhalb des Kontaktpunktes.

B Das histologische Präparat weist eine intakte Oberflächenschicht (Dicke 10–30 µm) auf. Sie ist vom Körper der Läsion scharf abgegrenzt. Diese Region zeigt einen deutlich verringerten Mineralgehalt. In der benachbarten Dunkelzone treten neben relativ großen auch kleine Mikroporen auf. In der Zone der Transparenz zeigen sich erste kariöse Strukturveränderungen.

C Klinische Situation einer Brownspot-Läsion mit Kavitation.

D Eine durchgehend intakte Oberflächenschicht ist nicht mehr feststellbar. Der Körper der Läsion durchdringt den Schmelz bereits als frühe Dentinkaries.

werden. Zähne kurz nach dem Durchbruch zeigen hingegen eine bedeutend geringere Penetrationszeit (Marthaler u. Wiesner 1973, Shwarz et al. 1984).
Um Überlappungen im Approximalbereich zu verringern, wird ein Röntgenhalter empfohlen. Horizontale Abweichungen des Röntgentubus von nur wenigen Winkelgraden bewirken eine erhebliche Verminderung richtiger Diagnosen. Es kommt zur Projektion von Schmelzkaries in den Dentinbereich, was zu einer falsch positiven Diagnose führen kann. Eine Aufhellung im Dentin soll nur bei eindeutig festgestellter Aufhellung im Schmelzbereich invasiv behandelt werden. Die Röntgenbilder sollen unter Lupenvergrößerung und isoliert von seitlichen Lichteinflüssen begutachtet werden.
Fiberoptiktransillumination kann als zusätzliches Hilfsmittel neben Bißflügelröntgenbildern angewandt werden, wenn approximal keine Beeinträchtigung durch angrenzende nichtzahnfarbene Füllungen vorhanden ist. Bei Frontzähnen können mittels FOTI mehr als 70% der Dentinläsionen erkannt werden. Schmelzläsionen im Seitenzahnbereich werden allerdings nur schlecht differenziert (Pieper u. Schurade 1987, Choksi et al. 1994).

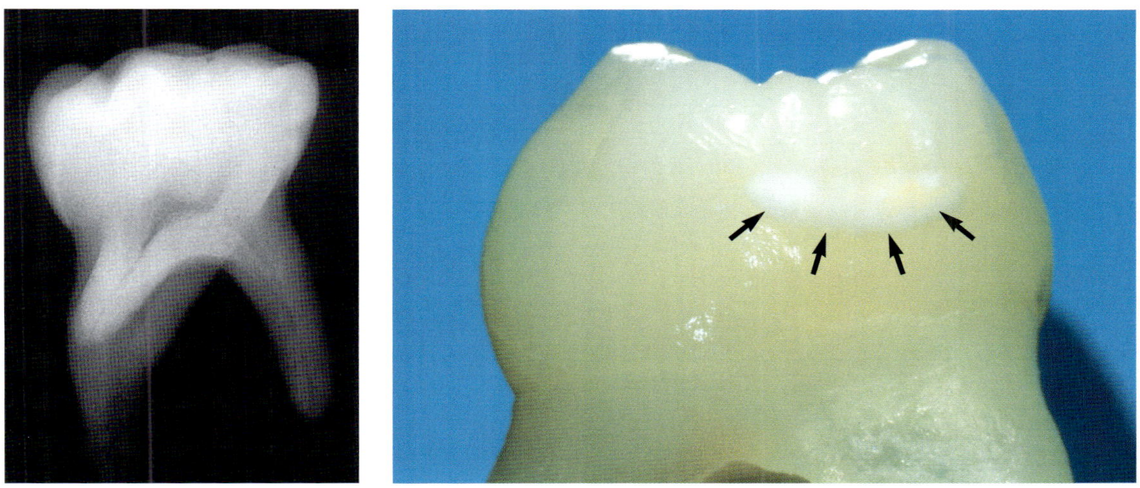

2 Extension der Karies
Das Röntgenbild unterschätzt das wahre Ausmaß der Karies.
Blick auf die Approximalfläche eines Milchzahnes mit Initialkaries.

Links: Röntgenbild dieses Milchzahnes. Die Aufhellung im Röntgenbild reicht bis knapp ins Dentin.

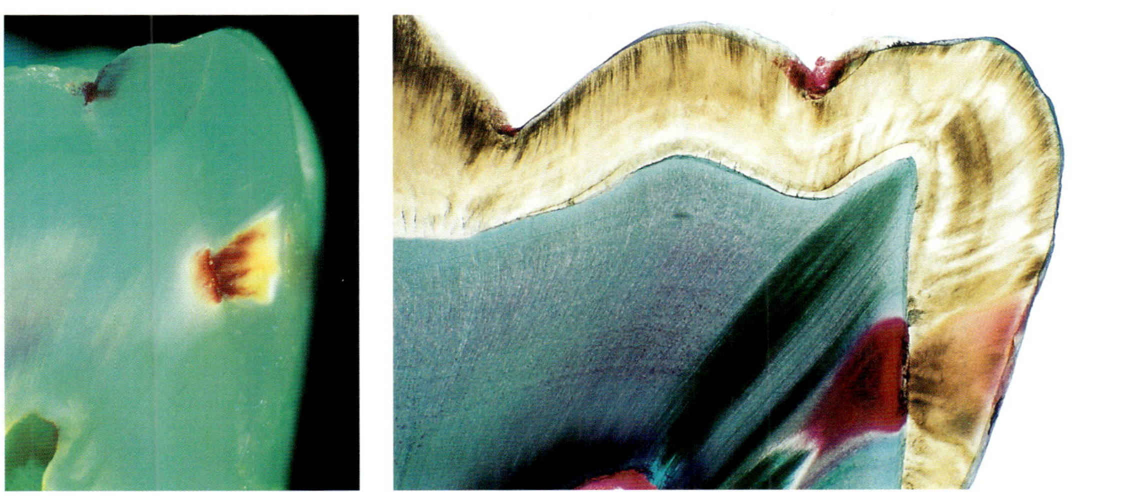

3 Extension der Karies
Der histologische Schliff durch das Zentrum der Läsion zeigt einen deutlichen Befall des Dentins.

Links: Der histologische Schliff durch den Rand der Läsion zeigt eine Extension bis ins Dentin (UV-Licht).

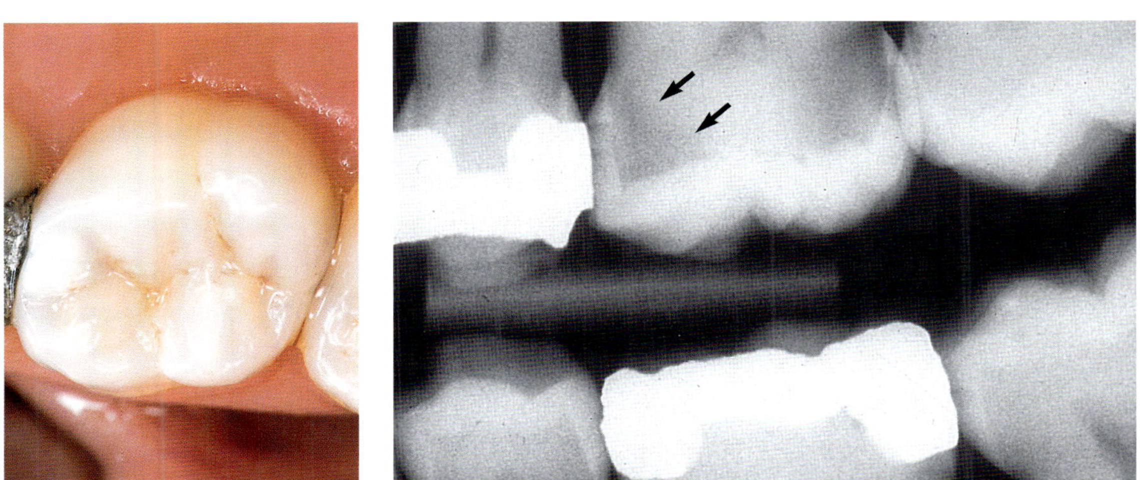

4 Klinisches Erscheinungsbild und Bitewing-Röntgenbild
Das Bitewing-Röntgenbild zeigt sowohl im mesialen als auch im distalen Bereich des Zahnes 26 eine großflächige Zerstörung der Zahnhartsubstanz.

Links: An Zahn 26 ist die farbliche Veränderung des Schmelzes bei der klinischen Untersuchung nur mesial gut sichtbar.

Diagnostik der Fissurenkaries

Neben der klinischen Untersuchung, Bitewing-Röntgenbildern und Fiberoptiktransillumination kann die Messung des elektrischen Widerstandes, bei dem der Zahn einem Strom ausgesetzt wird, zur Diagnostik herangezogen werden.
Aus Untersuchungen geht deutlich hervor, daß der zusätzliche Gebrauch einer *Sonde* keine Verbesserung in der Diagnostik bringt (Lussi 1991, 1993). Es scheint, daß eine Sonde in einer Fissur eher wegen der Anatomie und nicht wegen der Karies steckenbleibt. Die Sonde hat zudem den Nachteil, daß Mikroorganismen von einer Stelle zur anderen transferiert werden und oberflächlich entkalkte Stellen verletzt werden können, was unter Umständen zu einer beschleunigten Kariesprogression führt. Es wird deshalb empfohlen, die Sonde – wenn überhaupt – mit leichtem Druck als Tastinstrument zu gebrauchen. Zusätzlich können mit ihr Plaquereste im Fissurenfundus entfernt werden.
Bitewing-Röntgenbilder ermöglichen hingegen mehr richtige Diagnosen. Vorhandene Bitewing-Röntgenbilder sollten deshalb heute auch bezüglich Fissurenkaries begutachtet werden. In diesem Zusammenhang sei erwähnt, daß auf den Röntgenbildern nur in das Dentin vorgedrungene Okklusalkaries erkennbar ist.

Der elektrische Widerstand zwischen dem Zahn und einer Handelektrode ist abhängig vom Zustand des Zahnes. Je mehr Zahnsubstanz zerstört und durch ein besser leitendes Medium ersetzt ist, desto kleiner wird er (Lussi et al. 1995a). Dieser Sachverhalt wird bei der Kariesdiagnose mit dem *elektrischen Kariesmeter* ausgenutzt. Die Messung des elektrischen Widerstandes wird in Zukunft immer mehr ins Zentrum rücken. Sie bewährt sich vor allem bei Karies unter einer scheinbar intakten Oberfläche (Flaitz et al. 1986). Da die Messung der Kariesextension mit dem elektrischen Kariesmeter nur punktweise erfolgt, empfehlen wir, diese Methode bei unsicherer klinischer Diagnose zusätzlich anzuwenden. Ferner kann sie zur longitudinalen Beobachtung einer suspekten Stelle gebraucht werden und gibt Hinweise auf den Erfolg einer Intensivprophylaxe.
Die *Fiberoptiktransillumination* ist schwierig zu interpretieren, weil einerseits verfärbte Fissuren und benachbarte, nicht zahnfarbene Füllungen irritieren und andererseits okklusale Dentinkaries oft nur einen kleinen Teil der durchleuchteten Gesamtzahnmasse betrifft und sich deshalb nicht eindeutig abzuheben vermag. Entkalkungen am Fissureneingang hingegen heben sich deutlich ab.

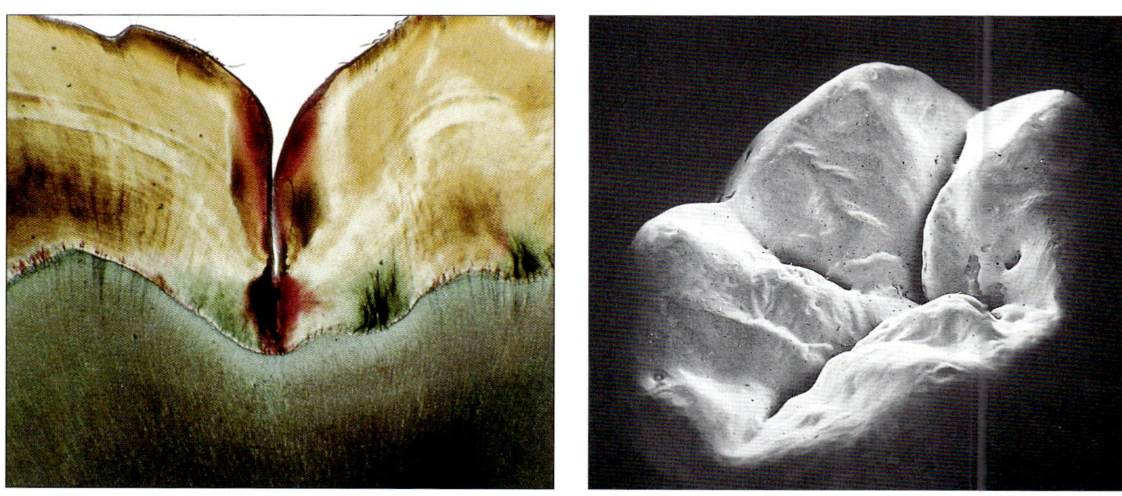

5 Fissurenanatomie
Links: Bis fast zur Schmelz-Dentin-Grenze reichende Fissur eines Molaren, die verschiedene rot eingefärbte Entkalkungsstellen zeigt.

Rechts: Rasterelektronenmikroskopische Aufnahme der Okklusalfläche dieses Molaren.

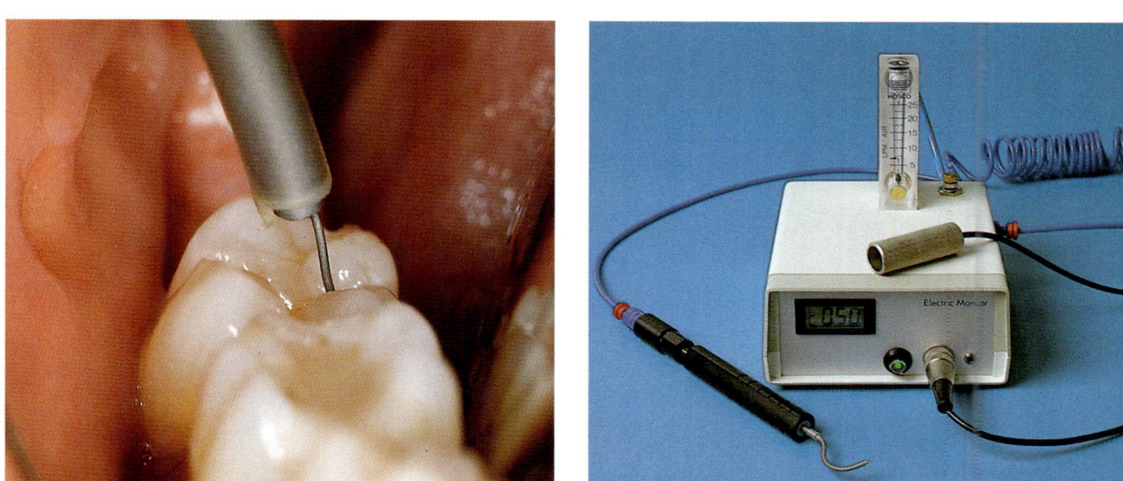

6 ECM-Kariesmeter
Links: Gebrauch des ECM-Kariesmeters am Patienten: Durch die Öffnung der Meßsonde gelangt Luft auf den Zahn und trocknet ihn, damit der Widerstand zwischen Zahn und Handelektrode gemessen werden kann.

Rechts: In der Übersicht sind von links nach rechts die Meßsonde, die Anzeige für die Luftdurchflußregulierung und die Handelektrode zu erkennen.

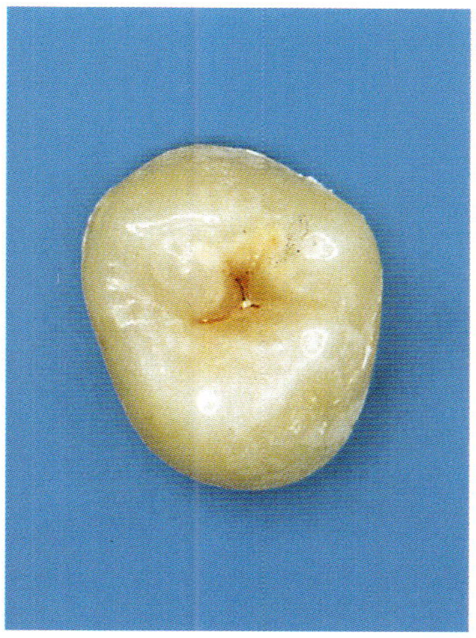

7 Extension der Fissurenkaries
Der histologische Schliff durch das Zentrum der Fissur eines Molaren zeigt deutlichen Dentinbefall (UV-Licht).

Links: Okklusalfläche des Molaren, den bei klinischer Inspektion 20 von 26 Zahnärzten als intakt beurteilten.

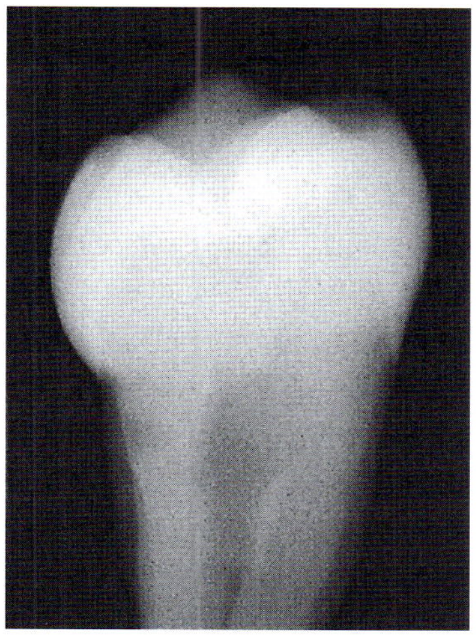

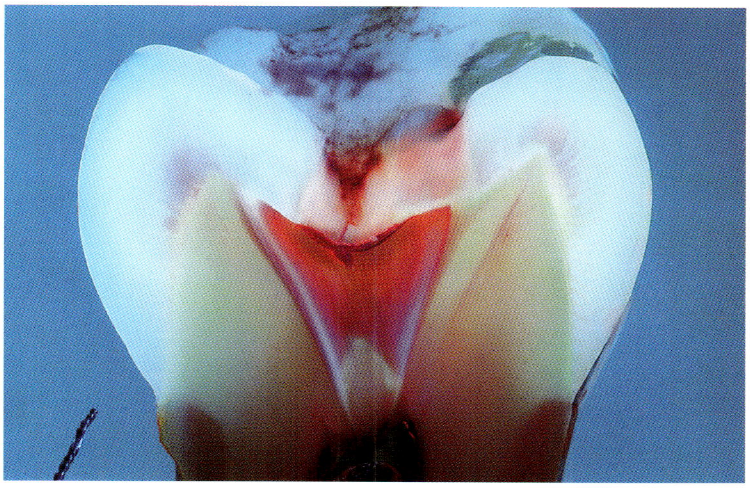

8 Extension der Fissurenkaries
Weiter peripher ist die Dentinkaries immer noch deutlich sichtbar (UV-Licht).

Links: Das Röntgenbild mit Aufhellung im Dentin.

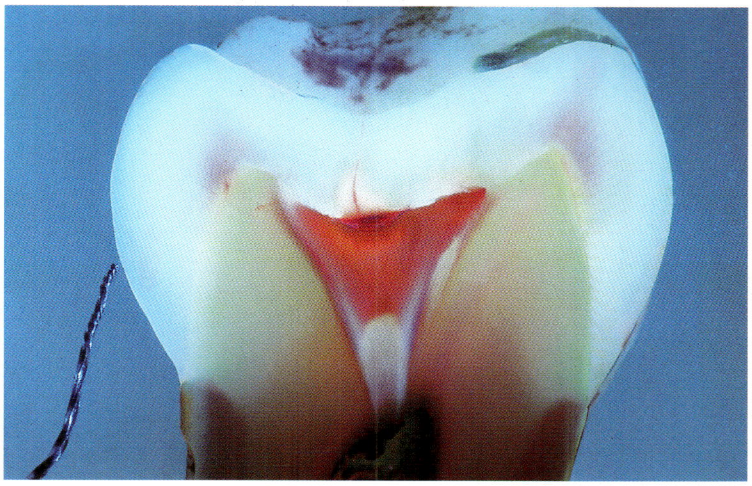

9 Extension der Fissurenkaries
Der Schliff durch eine Stelle ohne darüberliegende Fissur zeigt noch immer eine deutliche Entkalkung (UV-Licht).

Histologie *H. Stich*

Befund, Diagnose	Therapie
• Verfärbte und/oder entkalkte Fissurenstelle (geringe Ausdehnung), Oberfläche intakt	• Versiegelung • Prophylaxe
• Deutlich entkalkte Zone am Fissureneingang, Oberfläche intakt	• Kleine Eröffnung, je nach Befund: erweiterte Versiegelung oder konventionelle Füllung • Prophylaxe
• Oberfläche defekt	• Kleine Eröffnung, je nach Befund: erweiterte Versiegelung oder konventionelle Füllung • Prophylaxe

10 Zusammenfassung

11 Eingebrochene Schmelz-oberfläche
Im Röntgenbild deutlich sichtbare Dentinläsionen weisen klinisch oft und vor allem bei kariesaktiven Patienten eine eingebrochene Oberfläche auf. Eine Remineralisation ist in diesem Fall unmöglich.
Das Röntgenbild von Zahn 46 zeigt mesial eine deutliche Aufhellung im Dentin.

Rechts: Das klinische Bild zeigt eine eingebrochene Oberfläche an Zahn 46.

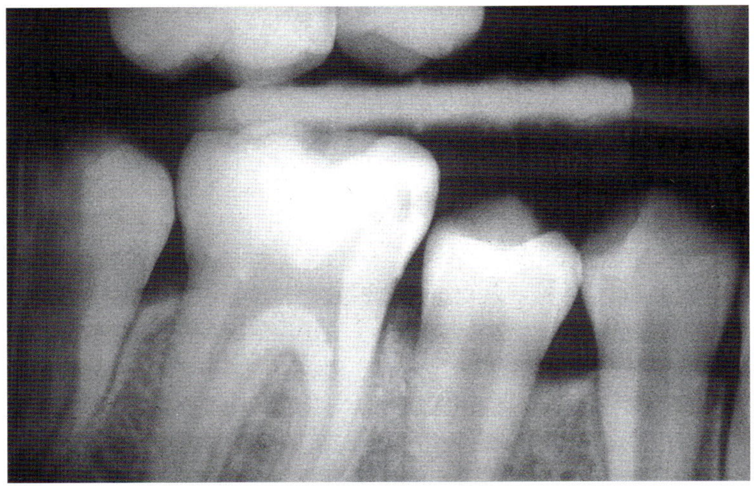

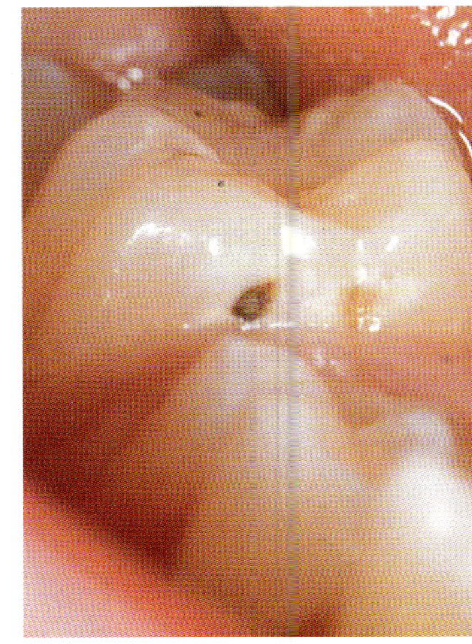

12 Fiberoptiktransillumination
Sie kann vor allem bei der Diagnose im Frontzahnbereich und bei Approximalflächen ohne störende, nicht zahnfarbene Füllungen in der Umgebung angewendet werden.

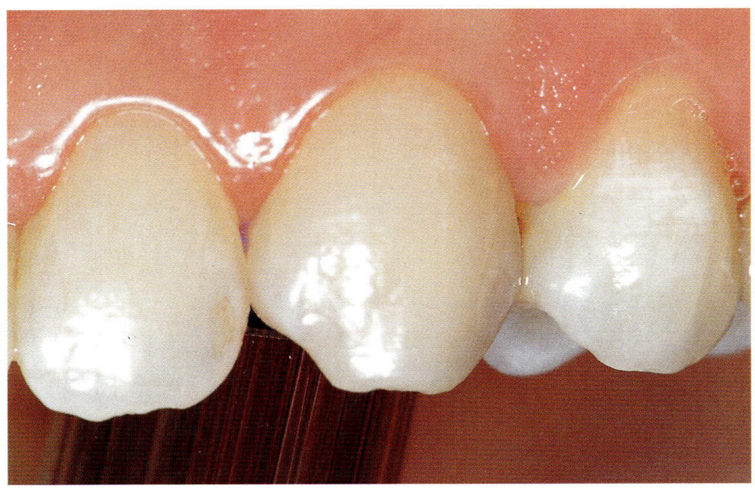

13 Fiberoptiktransillumination
Die Illumination läßt Karies distal an Zahn 23 deutlich hervortreten.

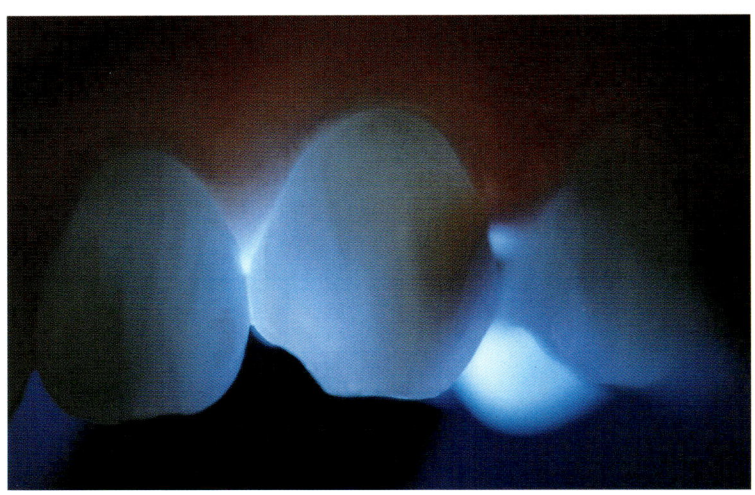

Sammlung *A. Lussi*

14 Zusammenfassung

Befund, Diagnose	Therapie
• Rx-Läsion Grad 1 & 2	• Nur Prophylaxe (Interdentalreinigung, Fluoride)
• Rx-Läsion Grad 2 (→3)	• Prophylaxe bei kleinem Kariesrisiko • Füllung bei sehr hohem Kariesrisiko Änderung des Kariesrisikos!
• Rx-Läsion Grad 3 & 4 Oberfläche eingebrochen	• Füllung

Glattflächenkaries

Bukkale und orale Glattflächenkaries ist heute in der Schweiz, Deutschland und anderen europäischen Ländern selten. Sie schreitet bei guter Hygiene langsam voran, bleibt konstant oder remineralisiert sehr gut, wie in der klassischen Studie von Baker-Dirks (1966) gezeigt wurde: Nach 7jähriger Beobachtungszeit und guter Mundhygiene veränderten sich über die Hälfte der Initialläsionen („Kreideflecken") so weit, daß sie in der Zweituntersuchung als gesund eingestuft wurden. Nur wenige Initialläsionen wiesen 8 Jahre später eine Kavität auf.

Ein gesundes Schmelzband zwischen Kreidefleck und Gingiva deutet auf eine längere inaktive Phase hin (Abb. 15). Glattflächenläsionen mit intakter Oberfläche werden durch optimierte Prophylaxe inklusive Fluoridapplikationen „behandelt". Nur bei eingebrochener Oberfläche ist eine Restauration notwendig.

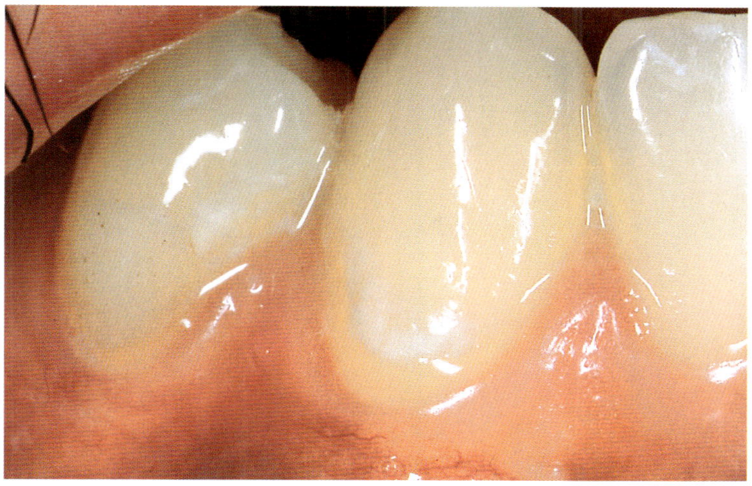

15 Initialläsion (Kreidefleck)
Bei guter Hygiene schreitet die Glattflächenkaries langsam voran oder ist mit der Zeit nicht mehr sichtbar. Der nicht entkalkte gingival gelegene Schmelzbereich deutet auf eine längere kariesinaktive Phase hin.

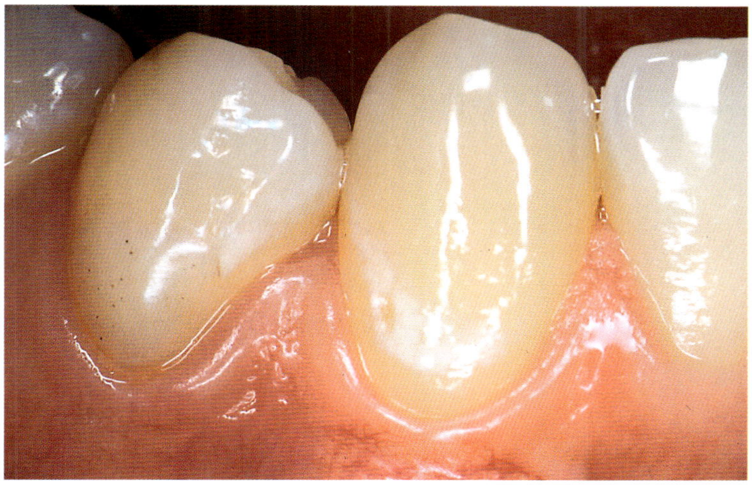

16 Initialläsion (10 Jahre später)
Das Ausmaß des Kreideflecks hat sich nur mäßig vergrößert. Der minimale Einbruch der Oberfläche im distalen Bereich der Initialläsion benötigt zur Zeit keine Restauration.

Sammlung *A. Lussi*

17 Zusammenfassung

Befund, Diagnose	Therapie
• Kreidefleck (eventuell verfärbt); intakte oder nur lokal eingebrochene Oberfläche	• Nur Prophylaxe
• Großflächig eingebrochene Oberfläche	• Füllung • Änderung des Kariesrisikos!

Reversible Pulpitis

Beim Übergang der Karies von der Schmelzläsion in das Dentin treten erste entzündliche Reaktionen in der Pulpa auf (Langeland et al. 1973). Histologisch finden sich neutrophile Granulozyten, Lymphozyten und Makrophagen in der Odontoblastenschicht. Die Odontoblastenfortsätze enden in einer Schicht sklerosierten Dentins, wobei meist zuerst peritubuläres Dentin gebildet wurde, gefolgt von einer Mineralisation des Odontoblastenfortsatzes (Frank u. Voegel 1980). Die Fortsätze in der obersten Schicht kariösen Dentins weisen ausgefranste Enden mit membranösen Bruchstücken im Tubuluslumen auf. Hier finden sich auch große Mengen von Bakterien (Yamada et al. 1983). Liegt eine chronische superfizielle Karies vor, so läßt sich neben einer Reduzierung des Odontoblastensaumes eine geringe Reizdentinbildung feststellen (Kuwabara u. Massler 1966, Baume et al. 1970).
Arretierte Caries media ist charakterisiert durch Reizdentinbildung, Reduktion der Odontoblastenschicht und zelluläre Infiltration. Bei aktiver Karies findet sich neben der Odontoblastenschädigung eine massive Entzündungszellinfiltration (Massler u. Pawlak 1977).

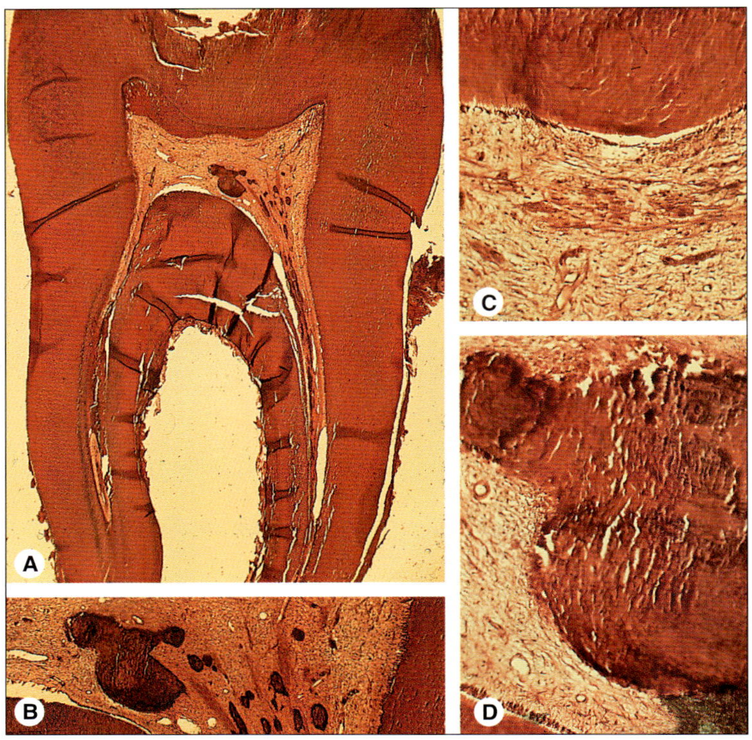

18 Dentinkaries und Pulpitis

A Langsam fortschreitende Dentinkaries mit deutlicher Zerstörung der Schmelz-Dentin-Haube führt zur irregulären Reizdentinbildung als Schutz vor weiteren Toxineinflüssen.

B Im Kronenpulpagewebe findet man mehrere Hartgewebsablagerungen als Fibrodentikel.

C Die Ausschnittvergrößerung des Reizdentins weist einen teilweise stark zerstörten Odontoblastensaum nach, das kanälchenarme Reizdentin (Tertiärdentin) ist von wenigen bzw. neu differenzierten Odontoblasten begrenzt. Das sich anschließende Pulpagewebe ist weitgehend normal strukturiert.

D Fibrodentikel (als intrapulpales Dentin) entstehen als Folge pathogener Reize, atubuläre osteoide Dentikel werden von distanzierten Pulpoblasten gebildet (Baume 1980).

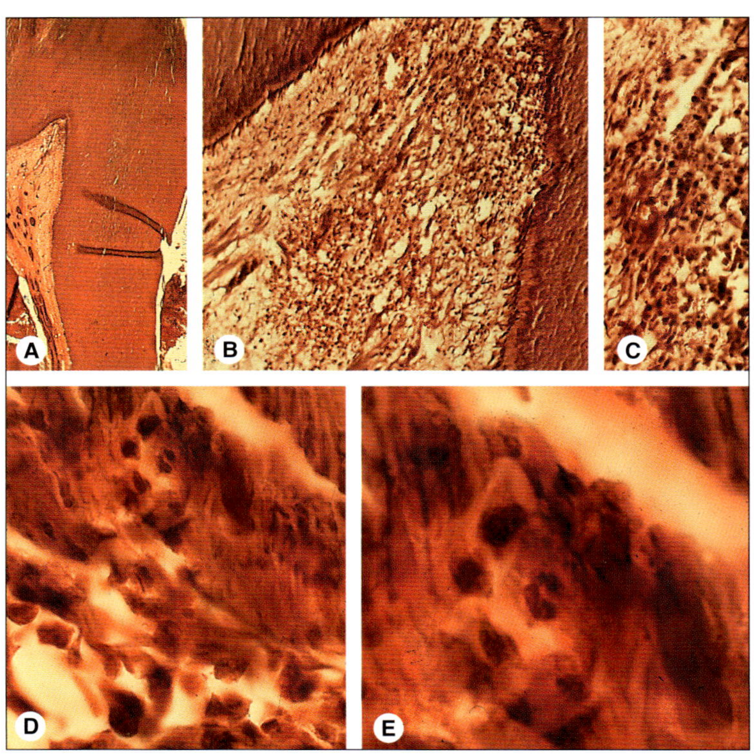

19 Reversible Pulpitis

A Im Pulpahorn läßt sich keine Hartgewebsbildung nachweisen – Endotoxin kann ungehindert ins Pulpagewebe penetrieren.

B An der tiefsten Stelle der Karies kommt es zur Auflösung des Odontoblastensaumes, der darunterliegende Kapillarplexus ist aufgelockert, und oft sind nur noch Fragmente nachzuweisen.

C Lysosomale Enzyme verursachen Endothelzellnekrosen, eine erhöhte vaskuläre Permeabilität und ein extravaskuläres Ödem.

D/E Während Bakterien koronal in Dentinkanälchen eindringen, wandern neutrophile Granulozyten pulpaseitig in angrenzende Kanaleingänge, zersetzen sich und setzen gewebszerstörende Enzyme frei.

An der tiefsten Stelle der Karies kommt es zur Auflösung des Odontoblastensaumes, der Kapillarplexus ist aufgelockert, und oft sind nur einzelne Gefäßfragmente nachweisbar (Gängler u. Seinige 1979). Die aus geschädigten Granulozyten und Makrophagen freigesetzten Enzyme verursachen Endothelzellnekrosen, in deren Folge es zu einer erhöhten vaskulären Permeabilität und zu einem extrazellulären Ödem kommt (Torneck 1981).
Nervenfasern scheinen in diesem Kariesstadium noch relativ wenig geschädigt zu sein (Torneck 1974). Die Entzündung breitet sich allmählich weiter aus, ist jedoch noch immer auf kleinere Bezirke innerhalb der Kronenpulpa lokalisiert, ohne daß eine Gefährdung des übrigen Pulpagewebes zu befürchten ist. Pathologische Mineralisationen längs der Kanalwand sowie erste Dentikelbildungen treten als zusätzliche Veränderungen auf (Langeland 1981, Beer u. Gängler 1986).
Erfolgt in diesem Kariesstadium eine konservierende Behandlung, so ist die Entzündung im Endodont reversibel, Veränderungen innerhalb des Endodonts können als „narbiges" Gewebe zurückbleiben (Beer 1992b).

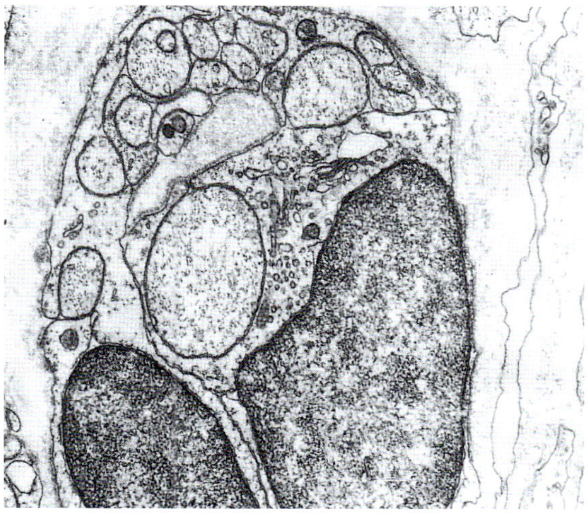
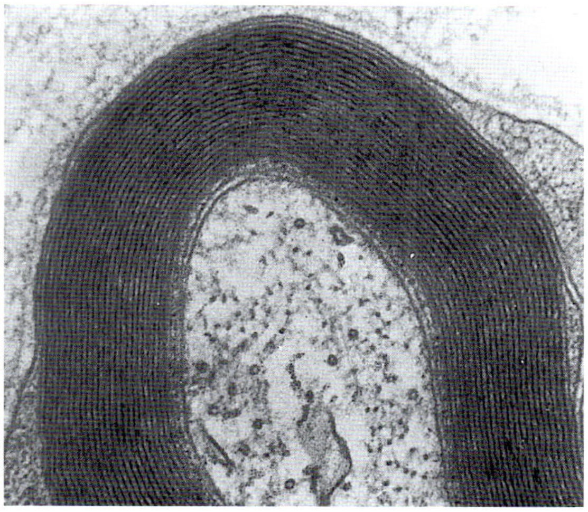

20 Nervenfasern in der Pulpa
Dem Dentinschmerz kann eine Reizung freier Nervenendigungen zugrunde liegen. Elektronenmikroskopische Untersuchungen wiesen marklose Nervenfasern angrenzend an Odontoblastenfortsätze an der Schmelz-Dentin-Grenze nach (Frank u. Nalbandian 1989).

Links: Marklose Nervenfaser.

Rechts: Markhaltige Nervenfaser.

TEM: *F. F. Eifinger*

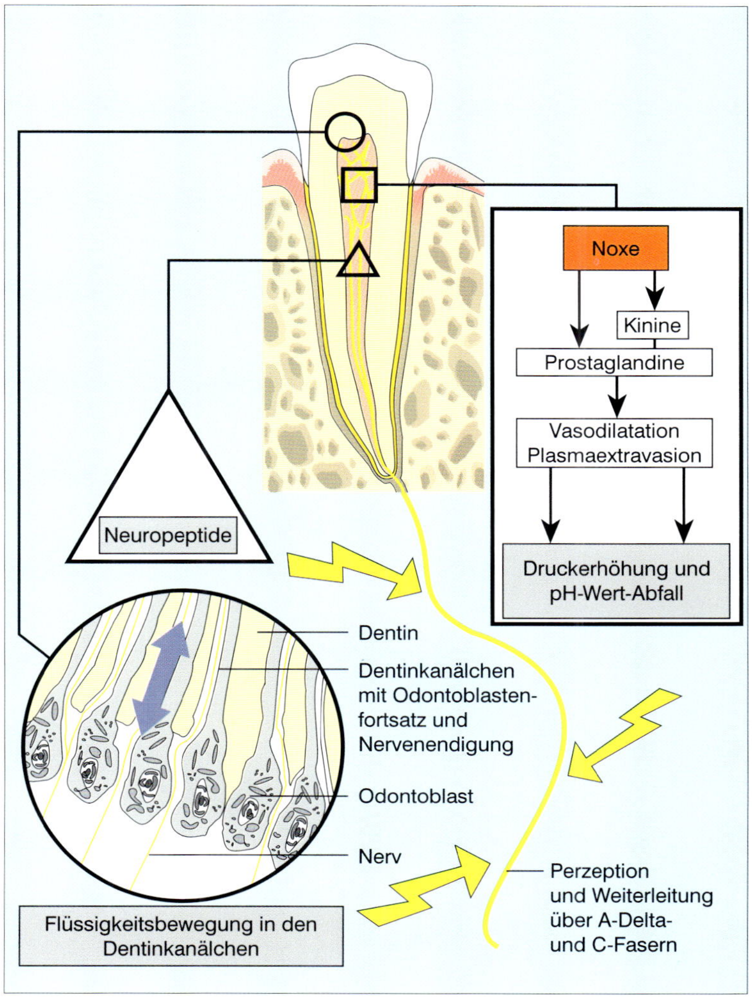

21 Schmerzentstehung
Die Zahnpulpa wird afferent von dünn myelinisierten A-delta- und marklosen C-Fasern innerviert. Beide sind für die Weiterleitung von Schmerzsignalen verantwortlich. Erstere sollen eine umschriebene und helle, letztere eine dumpfe, schlecht lokalisierbare Schmerzempfindung vermitteln.
Es werden drei Theorien der Entstehung von Dentinschmerz diskutiert: die hydrodynamische Theorie mit einer Flüssigkeitsbewegung innerhalb der Dentinkanälchen, zweitens die direkte Nervstimulation sowie drittens Odontoblasten mit Rezeptorfunktion und synaptischer Übertragung. Sensible Nervenendigungen sollen im Entzündungsbereich durch intrapulpale Druckerhöhung, pH-Wertverschiebung, durch freigesetzte Prostaglandine und andere Entzündungsmediatoren sowie durch Zerfallsprodukte stimuliert werden. Dieser Vorgang wird durch die Freisetzung von Neuropeptiden aus Nervenfasern verstärkt, wodurch tolerierbare Reize als schmerzhaft empfunden werden (Raab 1993).

Akute irreversible Pulpitis

Während Bakterien in die Dentinkanälchen eindringen, wandern neutrophile Granulozyten in Richtung der von der Pulpa begrenzten Kanaleingänge, zersetzen sich und setzen dabei lysosomale Enzyme frei, die eine Zerstörung des Pulpagewebes bewirken. Während der sich anschließenden Phagozytose des zerstörten Gewebes durch polymorph- oder mononukleäre Phagozyten kommt es mit der Aufnahme der Zelltrümmer zur Freisetzung lysosomaler Enzyme mit nachfolgender Gewebszerstörung und einer chemotaktischen Anlockung weiterer Entzündungszellen (Wright 1982).

Die Reizstoffe, die eine Verstärkung der Entzündungsreaktion bewirken, sind Bakterien, deren Stoffwechsel- und Zerfallsprodukte und schließlich Zersetzungsprodukte des betroffenen Dentins. Ein Circulus vitiosus setzt zu diesem Zeitpunkt ein; es manifestiert sich eine irreversible Pulpitis (Langeland 1981).
Im näheren Umkreis nekrotischer Bezirke wird die Pulpa von neutrophilen Granulozyten durchsetzt, die Bakterien phagozytieren. Dadurch kommt es zum Einschmelzen ganzer Pulpagewebsbezirke, wobei sich dieser Prozeß in apikaler Richtung ausdehnt (Lin et al. 1984).

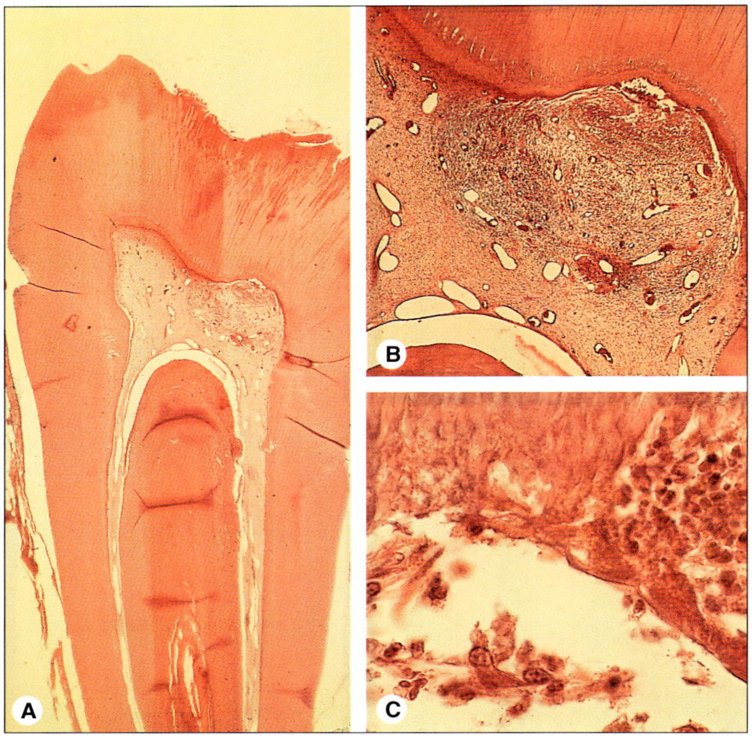

22 Karies und Pulpitis

A Die fortgeschrittene Dentinkaries hat unterhalb der Fissur das Pulpagewebe erreicht und zu einer umschriebenen Entzündung geführt.

B Die Ausschnittvergrößerung weist auf einen umschriebenen Odontoblastenuntergang ohne Reizdentinbildung als Schutzreaktion sowie auf eine massive Entzündungszellinfiltration im angrenzenden Pulpagewebe hin.

C Die Penetration von Bakterien innerhalb der Dentinkanälchen führt zu einer chemotaktischen Anlockung neutrophiler Granulozyten, die nicht nur innerhalb des angrenzenden Pulpagewebes sichtbar sind, sondern auch in betroffenen Dentinkanälchen. „Leere Räume" in der Subodontoblastenschicht sind Mikronekrosen mit Pusansammlung und enthalten weitere polymorphnukleäre Granulozyten.

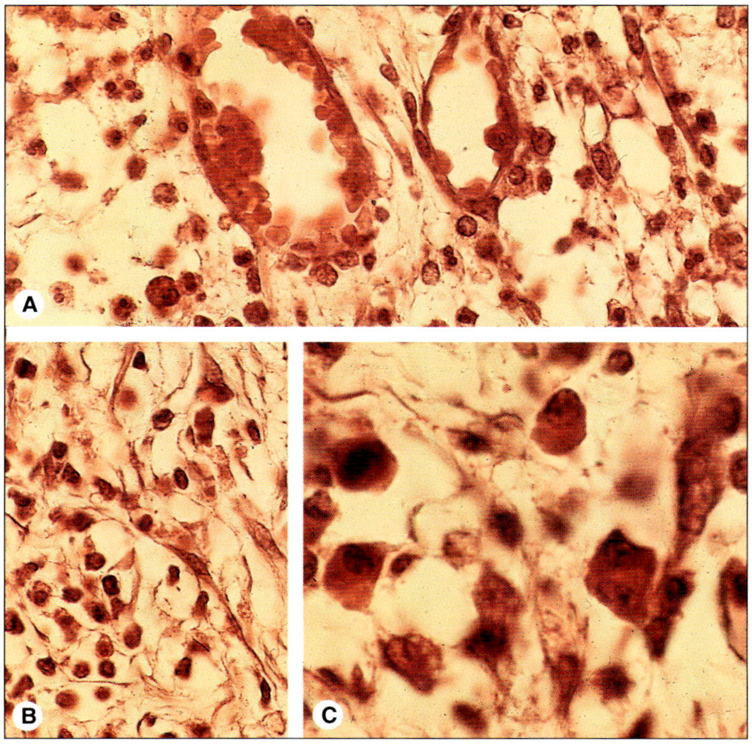

23 Ansammlung von Entzündungszellen

A Das Gebiet gegenüber der kariösen Zerstörung des Odontoblastensaumes ist von neutrophilen Granulozyten dominiert, die sich sowohl peri- als auch intravaskulär nachweisen lassen; Ausdruck eines persistierenden chemotaktischen Reizes. Größere „leere Räume" sind beginnende Gewebsnekrosen.

B Das angrenzende Gewebe enthält sowohl akute polymorphnukleäre als auch chronische mononukleäre Granulozyten.

C Angrenzend finden sich Plasmazellen und Lymphozyten, die u.a. Lymphokine produzieren können. Man unterscheidet makrophagen- und dentinoklastenaktivierende sowie migrationshemmende Faktoren. Als Lymphotoxine können sie aber auch direkt gewebszerstörend wirken.

Das histologische Bild einer akuten Entzündung mit Vorherrschaft akuter Entzündungszellen bedeutet jedoch nicht, daß klinisch auch alle Symptome einer akuten Entzündung vorliegen müssen. Langeland (1981) konnte in Fällen von Caries profunda bei 81 von 224 Zähnen mit partieller Pulpanekrose und schwerer Entzündung anamnestisch keine Schmerzsymptomatik feststellen. Es bestand auch keine Beziehung zwischen der Tiefe der Karies und dem Auftreten von Schmerzen. Oft fand sich in Fällen irreversibler Pulpitis mit Nekrose in der Pulpa auch eine Verbreiterung des apikalen Parodontalspaltes. Ursache für diese frühe periapikale Reaktion scheint eine Toxinpenetration durch intaktes radikuläres Pulpagewebe zu sein. Endotoxin, freigesetzt aus der äußeren Membran gramnegativer Bakterien, ist in der Lage, eine Komplementreaktion auszulösen. Die Aktivierung von Komplement bewirkt eine Freisetzung biologisch aktiver Peptide, woraufhin die vaskuläre Permeabilität zunimmt und neutrophile Granulozyten und Makrophagen angelockt werden. Enzyme, die während der Phagozytose freigesetzt werden, bewirken dann eine Knochengewebszerstörung (Pitts et al. 1982).

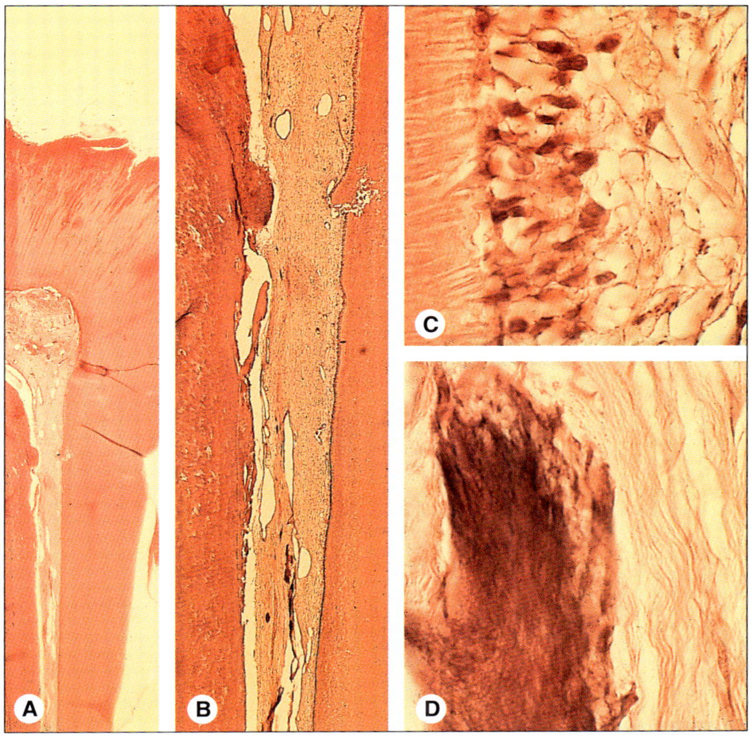

24 Entzündungsfreies Wurzelkanalpulpagewebe

A In der Übersicht erkennt man sowohl die Kariesprogression als auch das Entzündungsgebiet in der Kronenpulpa, die Wurzelkanalpulpa ist dagegen vital und entzündungsfrei.

B Die Wurzelkanalpulpa enthält einige diffuse Kalzifikationen sowie Hartgewebsablagerungen an der Dentinkanalwand.

C Der Odontoblastensaum ist intakt und nicht von Entzündungszellen infiltriert. Auch der Subodontoblastenraum ist normal strukturiert. Der Dentinkanalverlauf zeigt keine Irregularitäten, die auf toxische Schädigung hinweisen.

D In der Ausschnittvergrößerung aus dem Wurzelkanal erkennt man eine einzelne Kalzifikation. Das angrenzende Pulpagewebe ist vital und entzündungszellfrei.

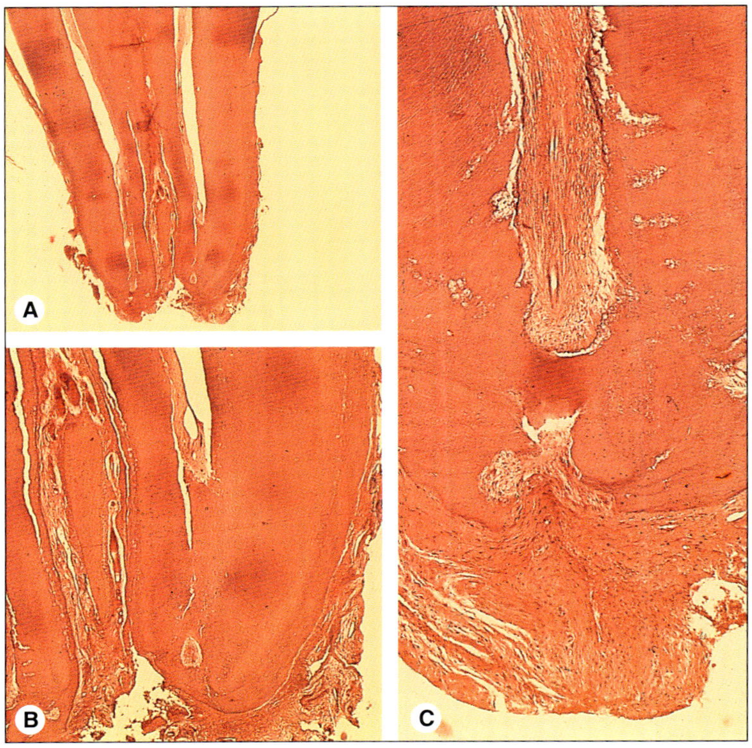

25 Periapikale Entzündung

A Die Wurzelkanalpulpa ist entzündungsfrei, das periapikale Gebiet enthält Granulationsgewebe. Im Röntgenbild kann ebenfalls eine periapikale Aufhellung diagnostiziert werden.

B Die Wurzelkanalpulpa ist vollständig entzündungsfrei. Einzelne Hohlraumbildungen sind aufbereitungstechnisch bedingte Artefakte. Vakuolenbildungen entstehen infolge verzögerter Fixation des Gewebes, bei zu kurzer Fixation sowie bei Fixation unter Druck, wodurch es zu postmortalen Gewebsuntergängen kommt. Es handelt sich dabei nicht um degenerative Veränderungen (Langeland 1957, Beer 1983). Periapikal sind mononukleäre Zellen sichtbar.

C In der Ausschnittsvergrößerung der Periapikalregion erkennt man das fest anhaftende Granulationsgewebe.

Exspektative Reaktionsdiagnostik

Ziel der endodontischen Diagnostik ist die Bestimmung des zu behandelnden Zahnes sowie die Definition des pathologischen Zustands der Pulpa und ihrer periradikulären Gewebe. Neben den klinischen Befunden stellt das subjektive Phänomen *Schmerz* ein wesentliches Beurteilungskriterium des Zustandsbildes der Pulpa dar, obwohl nicht generell ein Zusammenhang zwischen dem histopathologischen Zustand und den klinischen Einzelsymptomen zu erwarten ist. Zahnschmerz ist nur bei einem Drittel der Patienten Ausdruck eines irreversiblen Gewebsuntergangs.

Die *Perkussionsempfindlichkeit* eines betroffenen Zahnes ist ein frühes und sicheres Zeichen einer endodontalen Entzündung, bedeutet aber nicht, daß eine vollständige Nekrose vorliegt. Eine exakte Unterscheidung zwischen klinisch gesunder Pulpa, reversibler oder irreversibler Pulpitis ist ebenso durch einen *Sensibilitätstest* nicht möglich. Es können sogar noch positive Reaktionen bei kleinen periapikalen Aufhellungen ermittelt werden (Lin et al. 1984). Die *Röntgenuntersuchung* kann nur in Verbindung mit der klinischen Untersuchung die klinische Differentialdiagnose stützen.

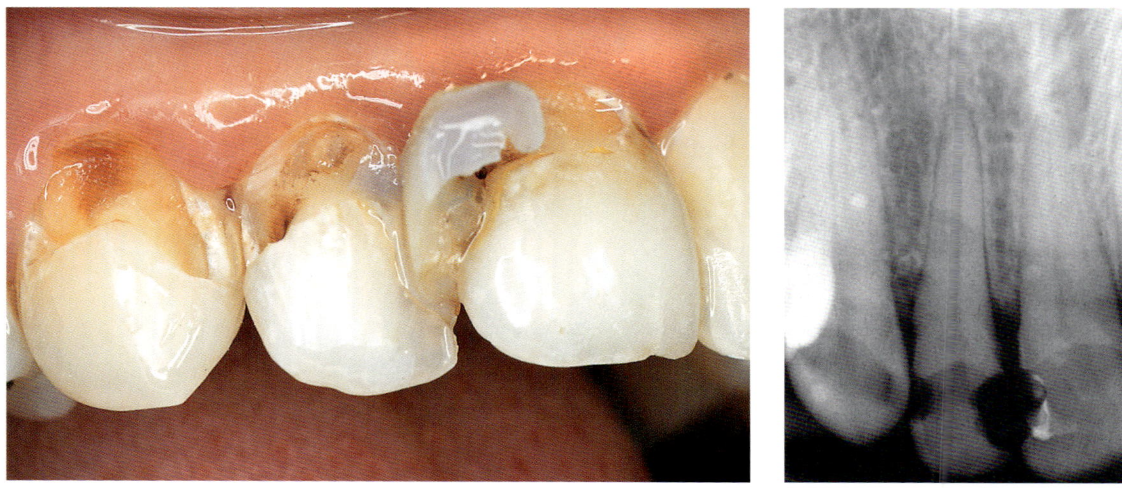

26 Insuffiziente Füllungen
Der 31jährigen Patientin wurden 3 Monate zuvor Kompositfüllungen in der Oberkieferfront gelegt. Seither klagte sie über rezidivierende Schmerzsymptome, ausgelöst beim Essen und Trinken, die nur kurzzeitig anhielten.
Die Füllungen ließen sich problemlos mit der Sonde abhebeln, sichtbar ist an den Zähnen 11, 12 und 13 Restkaries unter den insuffizienten Füllungen.

Rechts: Röntgenbild der betroffenen Frontzähne nach Kariesexkavation.

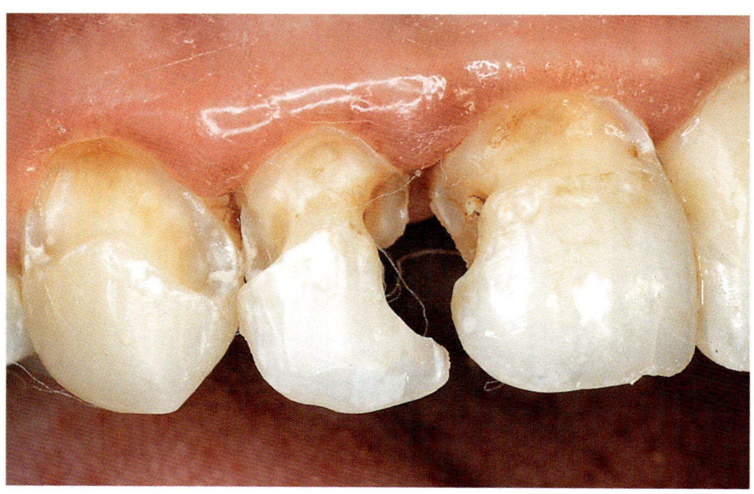

27 Kariesexkavation
Unter Anästhesie muß nach Entfernen der Füllung auch die Sekundärkaries vorsichtig exkaviert werden, ohne das Pulpagewebe zu eröffnen. Wichtig ist während des Exkavierens bei Vorliegen eines Röntgenbildes die Messung des Abstands bis zur Pulpa.
Im Bild sind noch einzelne kleinere Kariesbezirke feststellbar, die vollständig entfernt werden müssen. Anschließend wird für 24 Stunden fest angemischtes Zinkoxid-Eugenol (ohne weitere Zusätze) appliziert.

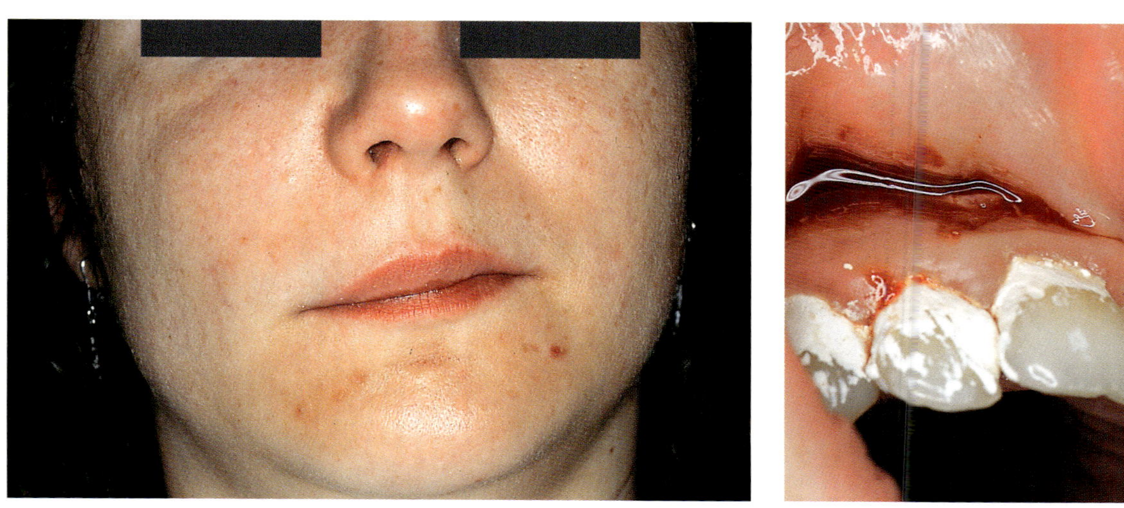

28 Akute Reaktion
Am nächsten Morgen stellte sich die Patientin mit einer deutlichen Schwellung in der Fossa canina vor, auch der Allgemeinzustand war sichtlich beeinträchtigt. Die exspektative Reaktionsdiagnostik zeigte eine irreversible Pulpitis an den betroffenen Zähnen. Die Kariestherapie hat zum Ausbruch einer akuten Entzündung geführt.

Rechts: Inzision zur Abszeßeröffnung am Übergang zur beweglichen Schleimhaut nach Abschieben des Periosts.

Bei *reversibler Pulpitis* hat die Karies die Pulpa noch nicht eröffnet, es liegt möglicherweise freiliegendes Dentin oder eine insuffiziente Füllung vor. Schmerz ist auf kalt, süß und sauer mit kurzzeitiger Überempfindlichkeit auslösbar. Die Röntgenaufnahme weist meist eine tiefere Karies oder eine alte Füllung auf. Röntgenographisch ist der Zahn periapikal unauffällig.

Therapeutisch werden alte Füllungen und die Karies bei positiver Schmerzanamnese vollständig ausgeräumt, es darf keinesfalls Restkaries belassen werden.

Um ein Rückbilden klinischer Symptome abzuwarten, ist ein zurückhaltendes Verhalten indiziert. Die Kavität wird mit eugenolarmem Zinkoxid-Eugenol ohne Zusätze abgedeckt. Nach frühestens 48 Stunden ohne Schmerzsymptomatik kann eine definitive Füllungstherapie mit einer biologisch neutralen Unterfüllung und definitiver Deckfüllung erfolgen. Bei Persistenz oder Verstärkung der Schmerzsymptomatik liegt eine *irreversible Pulpitis* vor. In diesem Fall muß der Wurzelkanal aufbereitet und später abgefüllt werden.

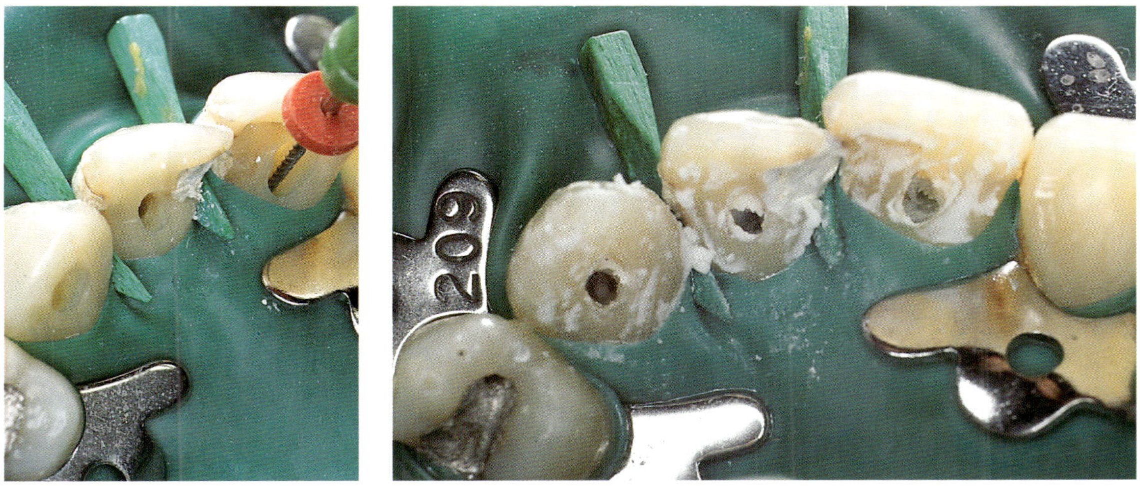

29 Trepanation und Wurzelkanalbehandlung
Unter Kofferdam werden 3 Tage nach Abszeßeröffnung alle Wurzelkanäle instrumentiert. Da man bereits mit einer teilweisen Nekrotisierung des Pulpagewebes rechnen mußte, sollte die Wurzelkanalfüllung frühestens 3 Wochen nach der Kanalaufbereitung erfolgen, es wird deshalb locker Calxyl einrotiert.

Links: Vollständige Aufbereitung aller 3 Wurzelkanäle, da eine weitere Ursachendifferenzierung nicht möglich ist.

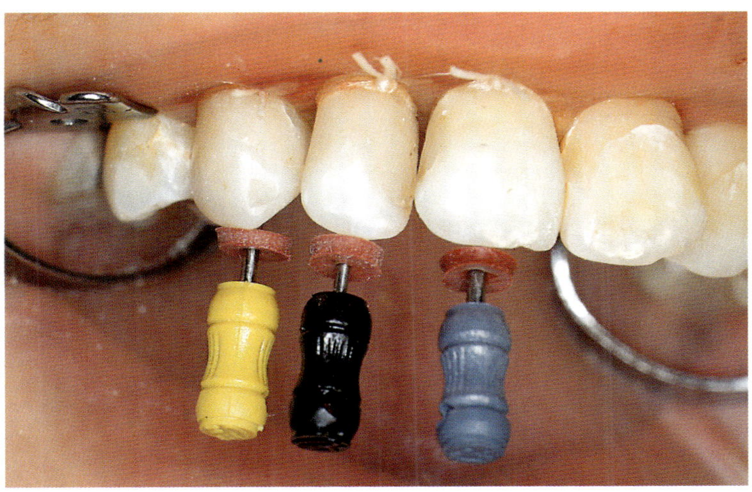

30 Wurzelkanalaufbereitung
In der nächsten Sitzung 3 Wochen nach der initialen Aufbereitung wird die Zwischeneinlage bei Symptomlosigkeit entfernt. Die 3 Wurzelkanäle werden bis zur apikalen Meisterfeile aufbereitet sowie anschließend mit Papierspitzen getrocknet.
In der gleichen Sitzung werden ebenfalls unter Kofferdam die Kavitäten nach einer Glasionomerinterimsfüllung mit einem Mikrohybridkomposit sowie Anschrägen der Kavitätenränder, Anätzen und Bondingvorstrich gefüllt.

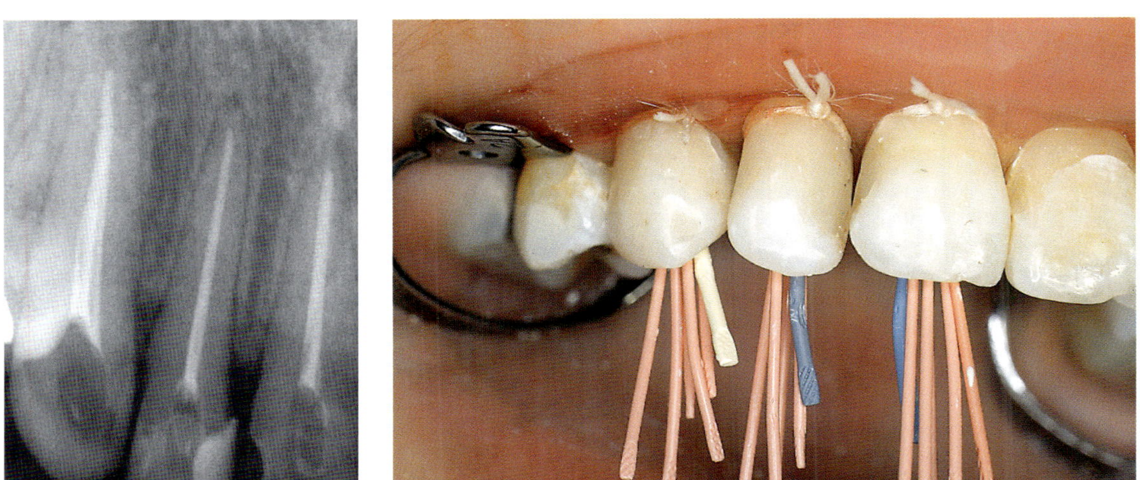

31 Wurzelkanalfüllung
Die Wurzelkanalfüllung erfolgt im Anschluß an das Einmessen der Guttaperchahauptstifte nach der lateralen Kondensationstechnik. Es wird ein Sealer auf Kalziumhydroxidbasis verwendet. Die Guttaperchahauptstifte sind ISO-normiert und entsprechend der apikalen Meisterfeile eingefärbt.

Links: Im Kontrollröntgenbild erkennt man homogene Füllungen der Wurzelkanäle. Die Patientin ist seither beschwerdefrei.

Kariöse Freilegung der Pulpa – Pulpitis aperta

Elektronenmikroskopisch findet sich bei kariöser Freilegung der Pulpa eine große Anzahl untergegangener und nekrotischer Zellen im Pulpagewebe. Angrenzend an die Nekroseherde können Lymphozyten, Plasmazellen und Makrophagen festgestellt werden. Es dominieren oberflächlich polymorphkernige Leukozyten, z.T. intakt, teilweise zersetzt und mit in den Extrazellularraum verstreuten Organellen (Torneck 1981). Mikroorganismen finden sich in neutrophilen Granulozyten und Makrophagen. Die Endothelzellen der Gefäße sind geschädigt, und Leukozyten werden freigesetzt.

Wird in tiefe Kavitäten kariöses Dentin eingebracht, zeigt sich nach 7 Tagen eine Entzündung im Endodont, die Odontoblastenschicht ist zerstört und mit neutrophilen Granulozyten infiltriert. Bakterien, Nekrosen und Zelltrümmer finden sich, die Reizdentinbildung ist sehr gering (Furseth et al. 1980).

Die Injektion eines bakteriellen Extrakts in die freigelegte Pulpa bewirkt lokale Abszeßbildung mit Knochen-, Zement- und Dentinresorptionen (Stabholz u. Sela 1983).

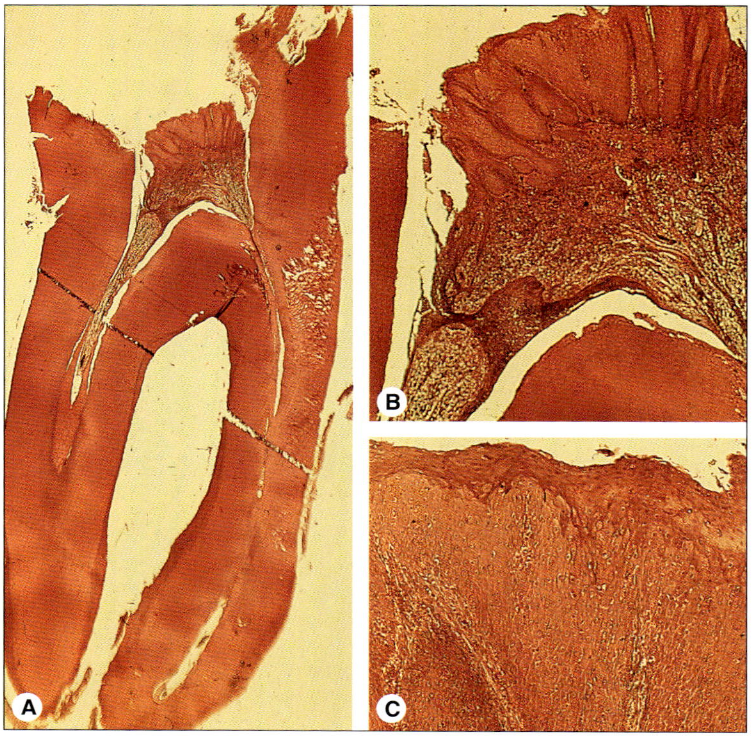

32 Pulpitis aperta granulomatosa, „Pulpapolyp"

A Das Dentin ist breitflächig kariös eröffnet, Bakterien haben die Pulpa erreicht und zu einer Ulzeration sowie einer massiven Entzündungszellansammlung geführt. Aus dem ulzerierten Pulpagewebe beginnt Granulationsgewebe zu sprossen und sich durch die koronale Eröffnung zu erheben.

B Das koronale Pulpagewebe ist epithelisiert und besteht vorwiegend aus derbem Bindegewebe. Es ist kollagenfaserreich, relativ gefäßarm und enthält zahlreiche bis ins Epithel reichende Nervenfasern sowie Areale persistierender chronischer entzündlicher Infiltration.

C Die Oberfläche ist von Epithelzellen der Gingiva besiedelt, das mehrschichtige Plattenepithel entspricht einem keratinisierten oralen Gingivaepithel.

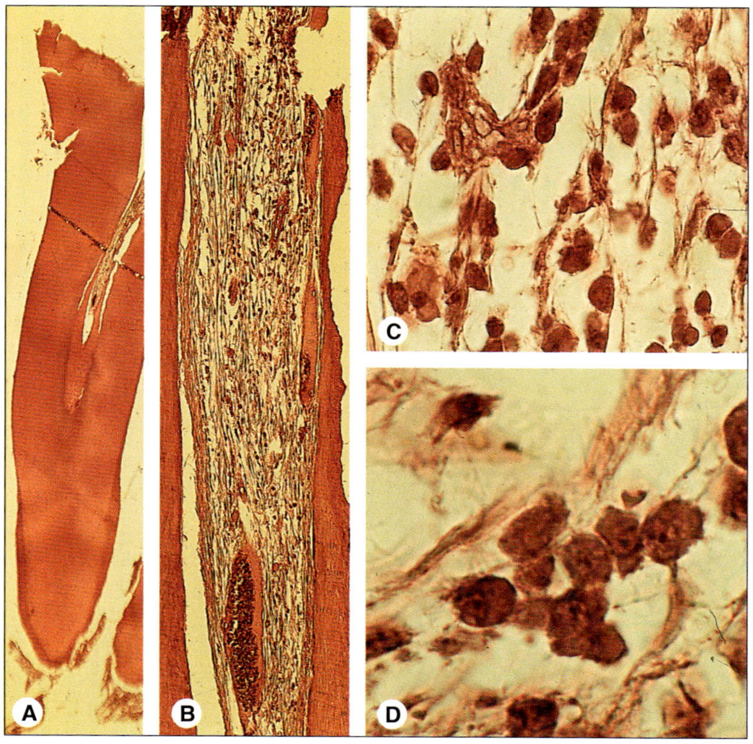

33 Nekrose des Wurzelkanalpulpagewebes

A Die bakterielle Infiltration des koronalen Pulpagewebes führt zu einer Nekrotisierung mit Gewebsuntergang. Im ulzerierten Gewebe ist eine Ansammlung polymorphnukleärer Leukozyten sichtbar, am Übergang zum Wurzelkanaleingang von einem mononukleären Leukozytenwall abgegrenzt. Auch periapikal ist Granulationsgewebe sichtbar.

B Die Ausschnittvergrößerung des koronalen Wurzelkanaldrittels weist eine Infiltration mit Entzündungszellen, Gewebsuntergänge sowie eine Zerstörung des Odontoblastensaumes auf.

C/D Das entzündliche Infiltrat ist von Monozyten dominiert. Es finden sich neben Lymphozyten vor allem Plasmazellen als Ausdruck einer lokalen Immunreaktion.

Aus einer freigelegten und ulzerierten Pulpa beginnt Granulationsgewebe zu sprossen und sich als vergrößernde Gewebsmasse durch die meist breite koronale Öffnung zu erheben. Das klinisch rosarot-globulär erscheinende Gewebe kann von Epithelzellen des Saumepithels besiedelt und anschließend epithelisiert werden. Man unterscheidet „junge Pulpapolypen", die aus hyperplastischem Granulationsgewebe bestehen, von „älteren Pulpapolypen" mit derbem Bindegewebe und epithelisierter Oberfläche (Schröder 1991).

Die Pulpitis chronica aperta ist im Gegensatz zu den geschlossenen Pulpitisformen klinisch eindeutig diagnostizierbar. Hat die Kariesprogression das Pulpakammerdach breitflächig eröffnet, können Sekrete abfließen und eine schmerzfreie klinische Situation stellt sich ein. Therapeutisch wird das Pulpagewebe bis zum Wurzelkanaleingang scharf abgesetzt. Anschließend werden die Kanäle aufbereitet. Da sich eine Gewebsnekrose vorfindet, sollte die Wurzelkanalfüllung erst nach einer einmonatigen Zwischeneinlage erfolgen.

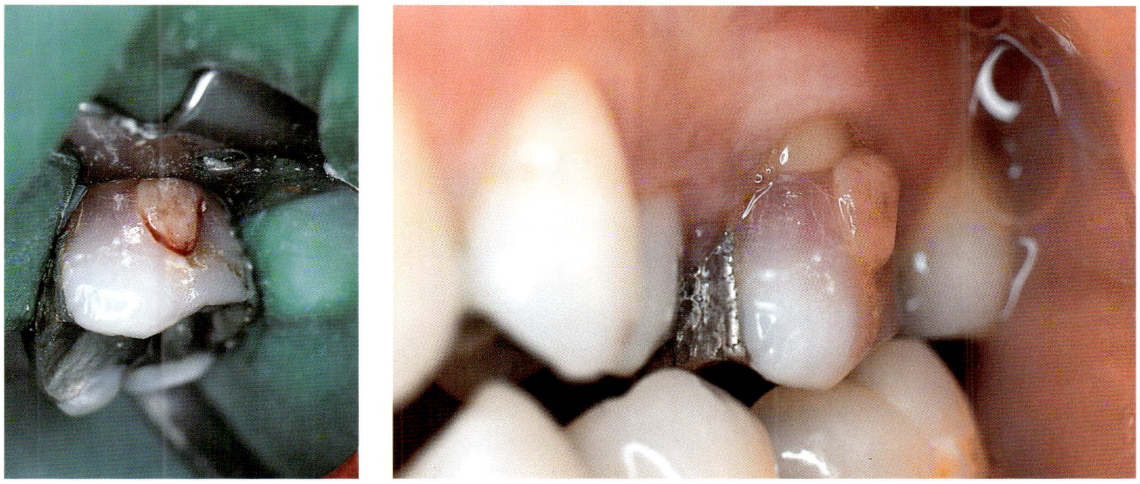

34 Pulpitis aperta
Bukkal ist es an einem oberen Molaren zum Durchbruch hyperplastischen Pulpagewebes gekommen. Infolge der Freisetzung von Lymphokinen sind auch Dentinoklasten in der Gewebsoberfläche aktiviert worden, was zur Resorption der bukkalen Wand geführt hat.
Vor 4 Jahren wurde bei Kariesexkavation wegen Pulpaexposition eine Pulpotomie durchgeführt.

Links: Der Zahn wird anästhesiert und wurzelkanalbehandelt.

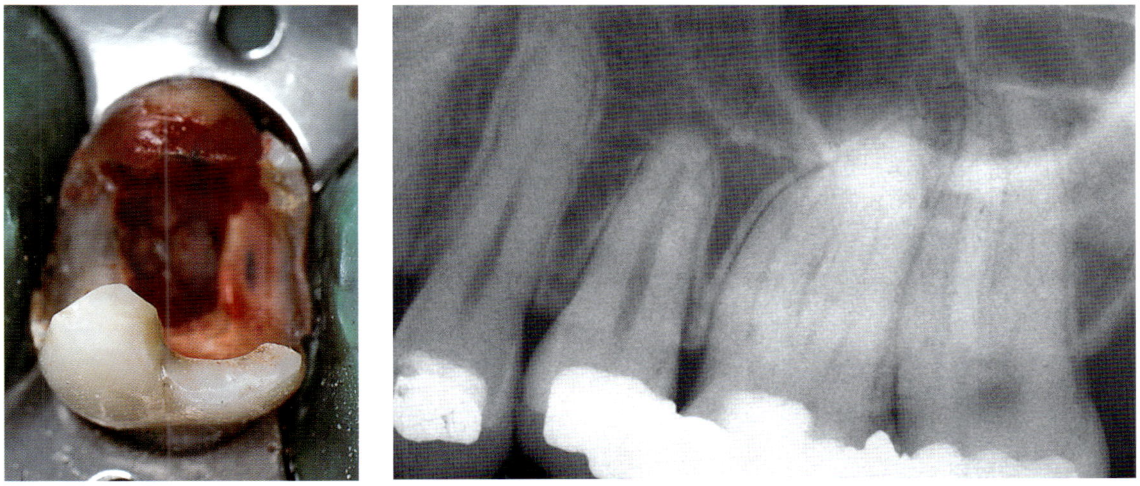

35 Gewebsentfernung
Im diagnostischen Röntgenbild zu Behandlungsbeginn erkennt man die Pulpaamputation sowie die Abdeckung des Gewebsstumpfes mit einem röntgenopaken Material. Periapikal ist das Knochengewebe unauffällig ohne Aufhellungszeichen.

Links: Koronal wird das stark blutende ulzerierte Pulpagewebe bis zu den Wurzelkanaleingängen mit einem schnellaufenden Fräser abgesetzt. Die Kanaleingänge werden aufgesucht und die Wurzelkanäle aufbereitet.

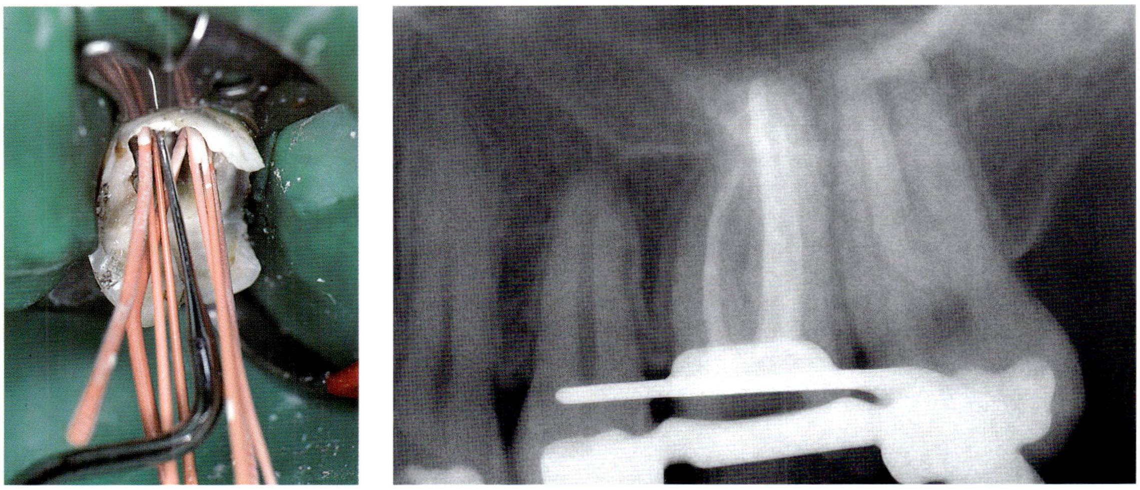

36 Therapie der Pulpitis aperta
Nach Aufbereitung aller 3 Wurzelkanäle erfolgt bei weiterer klinischer Symptomlosigkeit die Wurzelkanalfüllung. Röntgenographisch sind eine dichte Füllung sowie eine unauffällige Periapikalregion sichtbar.

Links: Zustand während der Wurzelkanalfüllung nach der lateralen Kondensationstechnik.

Nekrose des Pulpagewebes

Die Pulpanekrose ist ein irreversibler, durch Gewebszerfall charakterisierter Zustand, der lokal im sonst vitalen Pulpagewebe oder in der Kronen- und Wurzelpulpa auftreten kann. Ursachen der Pulpanekrose sind hauptsächlich bakterielle Infektionen, wobei das Ausmaß der Nekrose mit der Ausdehnung der Bakterieninvasion korreliert (Schroeder 1991).

Werden Kavitäten einer ständigen Speichelkontamination ausgesetzt, finden sich bereits nach 6 Tagen ausgedehnte Abszedierungen und Nekrosen, noch bevor eine Penetration der Bakterien in das Pulpagewebe nachweisbar ist (Lundy u. Stanley 1969).

Hat die Karies die Pulpa erreicht und freigelegt, so tritt einer Untersuchung von Lin et al. (1981a) zufolge immer eine Nekrotisierung des Kronenpulpagewebes auf. In allen 15 Zähnen war die Kronenpulpa, nur in 9 Fällen die Wurzelkanalpulpa teilweise oder vollständig nekrotisch. Es fanden sich sowohl akute als auch chronische Entzündungszellen. In der Kronenpulpa ließen sich immer, im Wurzelkanal nur bei einem Drittel der Zähne Bakterien nachweisen. In 14 Fällen trat bereits eine periapikale Aufhellung auf.

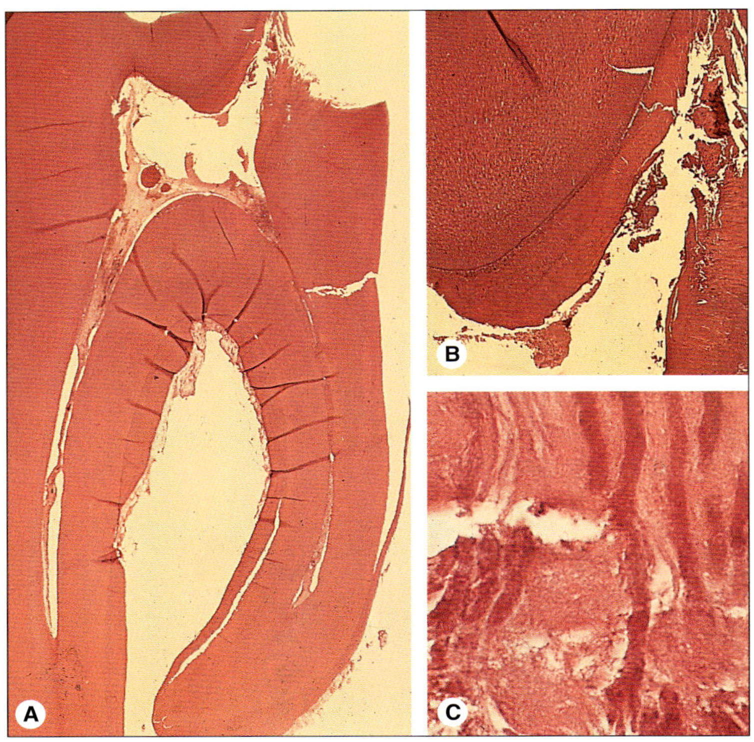

37 Kariöse Freilegung des Pulpagewebes und Nekrose

A Der kariöse Prozeß hat zur breitflächigen koronalen Eröffnung des Pulpagewebes geführt. Die Kronenpulpa ist nekrotisch, und ein Abszeß hat sich ausgebildet. Der Zahn weist allerdings keine Schmerzsymptomatik auf.

B Im Bereich des kariösen Durchbruches sind noch Hartgewebsablagerungen als kanälchenarmes Reizdentin sichtbar. Die Odontoblastenfortsätze werden durch bakterielle Toxine geschädigt, in deren Folge eine Entzündungsreaktion eintritt und nach einem begrenzten Odontoblastenuntergang Reizdentin gebildet wird.

C Dieses Reizdentin schließt jedoch keinesfalls geringere Penetrationsfähigkeit schädigender bakterieller Noxen ein. Auch im kanälchenfreien Dentin findet sich eine Bakterienpenetration.

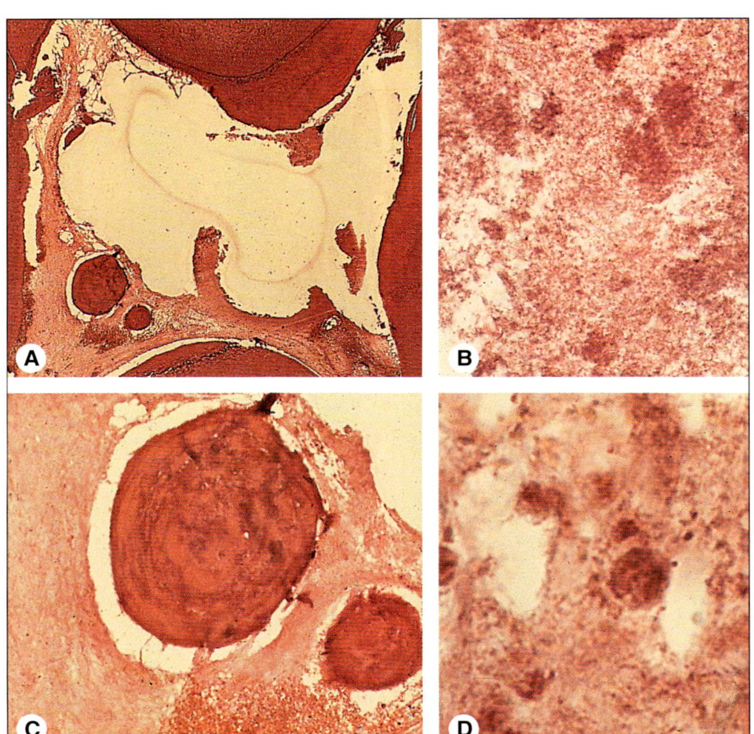

38 Gewebsnekrose

A Die Kronenpulpa enthält einen großen „leeren“ Raum, der einer Pusansammlung entspricht. Das angrenzende Gewebe ist nekrotisch und enthält Hartgewebsablagerungen.

B Die Kronenpulpa ist vollständig nekrotisch. Das angrenzende Gewebe ist lytisch zerfallen, es können keine Zellkerne mehr gefärbt werden.

C Infolge chronischer Entzündung treten vermehrt Dentikel und diffuse Mineralablagerungen im Pulpagewebe auf. Dentikel sind runde oder ovale Fibrodentinbildungen, die sich meist infolge eines äußeren Reizes, bei chronischer Entzündung und nach Zelluntergängen bilden.

D Auch Entzündungszellen, die Zelltrümmer phagozytieren und abtransportieren sollen, sind zerfallen und nicht mehr eindeutig nachzuweisen.

Klinisch kann der Zeitpunkt der kariösen Infiltration des Pulpagewebes nicht bestimmt werden. Ursache für eine frühe schwere Pulpadestruktion sind *bakterielle Toxine*. Hohe Endotoxindosen sind toxisch und bewirken eine Gewebsnekrose, dagegen führen niedrige Dosen zu einer erhöhten Zellteilung und Kollagensynthese im Sinne einer Abwehrreaktion (Pinero et al. 1983).

Bakterien bedingen Gewebsnekrosen – außerhalb der Nekrosegebiete sind sie nicht nachzuweisen. Als normale Wirtsreaktion sind die Nekrosezonen von neutrophilen Granulozyten und Makrophagen umgeben und weisen auf einen aktiven Phagozytoseprozeß hin. Gleichzeitig zerstören extrazellulär freigesetzte lysosomale Produkte das Pulpagewebe. Nur im Nekrosegebiet penetrieren Bakterien auch in angrenzende Dentintubuli.

Lin et al. (1981a) konnten bei apikaler Parodontitis nur bei einem Drittel der Fälle eine Nekrose der apikalen Wurzelpulpa feststellen; in 6 Wurzelkanälen fand sich keine Gewebsnekrose, sondern vitales Gewebe ohne Bakterien mit einzelnen Entzündungszellen.

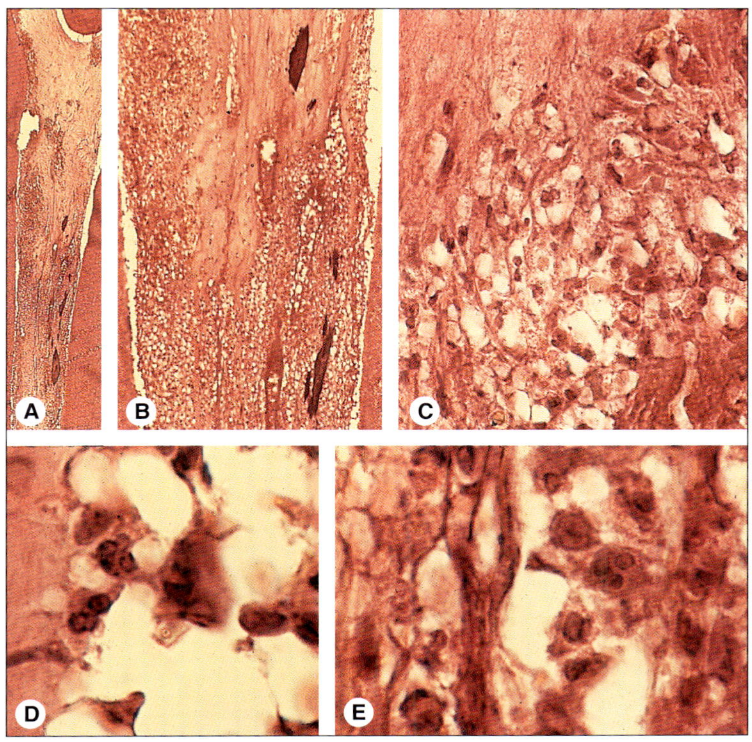

39 Abgrenzung der Nekrose

A Am Übergang zur Wurzelkanalpulpa ist das Pulpagewebe nekrotisch und von Entzündungszellen umgeben. Weiter apikal ist keine Nekrose nachweisbar.

B In der Ausschnittvergrößerung finden sich auch Hartgewebsablagerungen und Entzündungszellen.

C Phagozytierende Zellen nehmen Bakterien auf, sezernieren gleichzeitig lysosomale Enzyme und führen so zu einer Zerstörung des vitalen Gewebes mit anschließender Nekrose, sichtbar als beginnende Hohlraumbildung mit Mikroabszessen.

D Neutrophile Granulozyten findet man innerhalb lytisch zerfallener Gewebsbereiche.

E Es dominieren polymorphnukleäre Granulozyten.

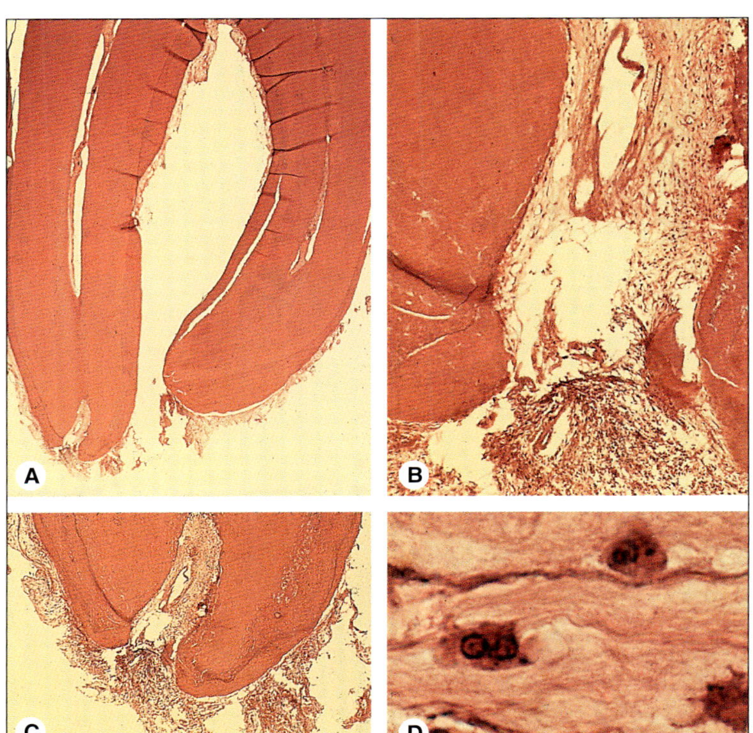

40 Periapikale Entzündung

A Bei einer koronalen Gewebsnekrose treten frühzeitig auch erste periapikale Entzündungszeichen auf, verursacht durch Endotoxinpenetration durch vitales Wurzelkanalpulpagewebe.

B Die Region der apikalen Wurzelkanalpulpa am Übergang zum Foramen apicale ist vital und enthält keine Bakterien. Das periapikale Parodontalgewebe dagegen ist deutlich leukozytär infiltriert.

C In der Ausschnittvergrößerung erkennt man das vitale Gewebe im apikalen Wurzelkanal sowie die periapikale Entzündung angrenzend an das Gewebe im Bereich des apikalen Foramens.

D Die Ausschnittvergrößerung aus dem apikalen Wurzelkanal zeigt innerhalb normalen vitalen Gewebes einzelne polymorphnukleäre Leukozyten sowie kollagene Fibrillen.

Iatrogene Nekrotisierung des Pulpagewebes

Wesentlicher Bestandteil von Pasten zur Devitalisierung der Pulpa ist *Paraformaldehyd.* Der Wirkungsmechanismus freigesetzten Formaldehyds beruht auf der Koagulation von Zellwandproteinen, die zur Denaturierung und letzlich zum Erlöschen der vitalen Zellfunktion führt. Es treten keine umfangreichen Veränderungen der Gewebestruktur auf, das Gewebe wird fixiert. Diese Fixierung des Pulpagewebes ist irreversibel, der Formaldehyd-Gewebe-Komplex kann auseinanderfallen und als Stimulans für immunologische Reaktionen dienen (Friedman 1979).

In Tierversuchen konnten *zelltoxische, mutagene, karzinogene und genotoxische Veränderungen* beobachtet werden (Orstavik u. Hongslo 1985, Judd u. Kenny 1987, Waterhouse 1995). Mittels radioaktiv markiertem Paraformaldehyd konnte für eine Pulpektomie bereits nach 14 Tagen ein Maximum radioaktiver Metaboliten in der Leber festgestellt werden, in regionären Lymphknoten trat dieses Maximum bereits nach einer Stunde auf (Block et al. 1983). Eine systemische Verteilung findet in Blutplasma, Niere, Lunge und Gehirn statt (Hata et al. 1989).

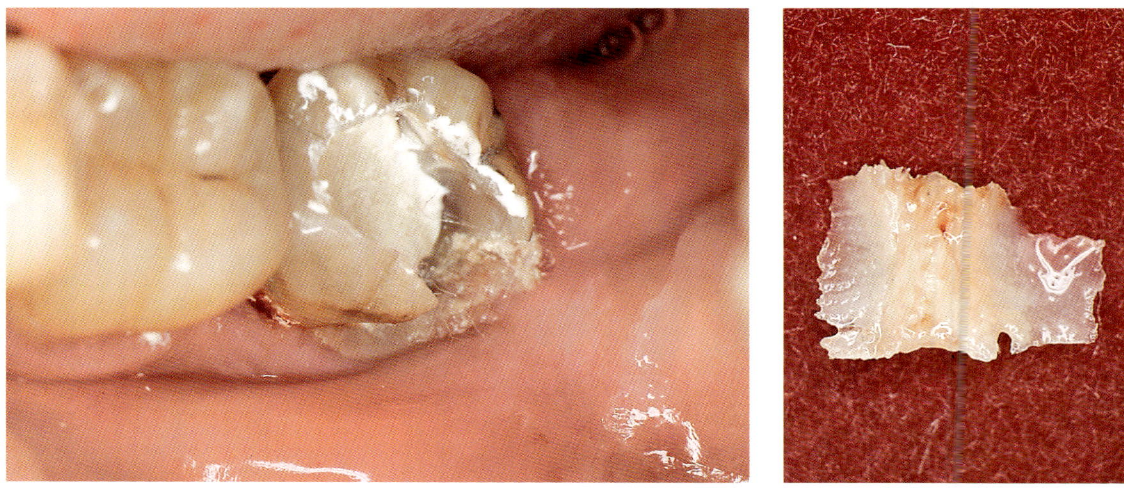

41 Notfallbehandlung
10 Tage nach Besuch des Notdienstes sucht die Patientin bei subjektiver Beschwerdefreiheit die Praxis auf. Zahn 37 weist eine Trepanationsöffnung mit Interimsabdeckung sowie eine gerötete und ödematös angeschwollene Gingiva auf.

Rechts: Aus dem Interdentalraum kann ein etwa 5 mm großer Knochensequester entfernt werden.

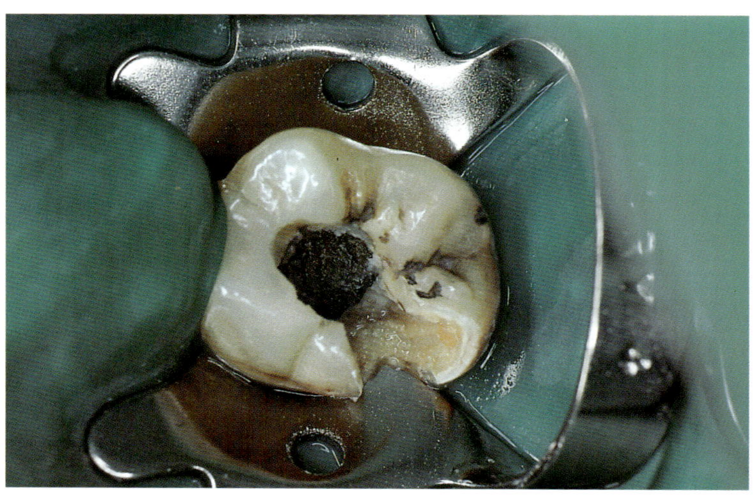

42 Zustand nach intentioneller Devitalisation der Pulpa
Nach Entfernen der Interimsfüllung unter Kofferdam stellt sich eine schwarz-graue Devitalisationpaste auf den Wurzelkanaleingängen dar. Des weiteren ist noch Restkaries am Kavitätenboden festzustellen.

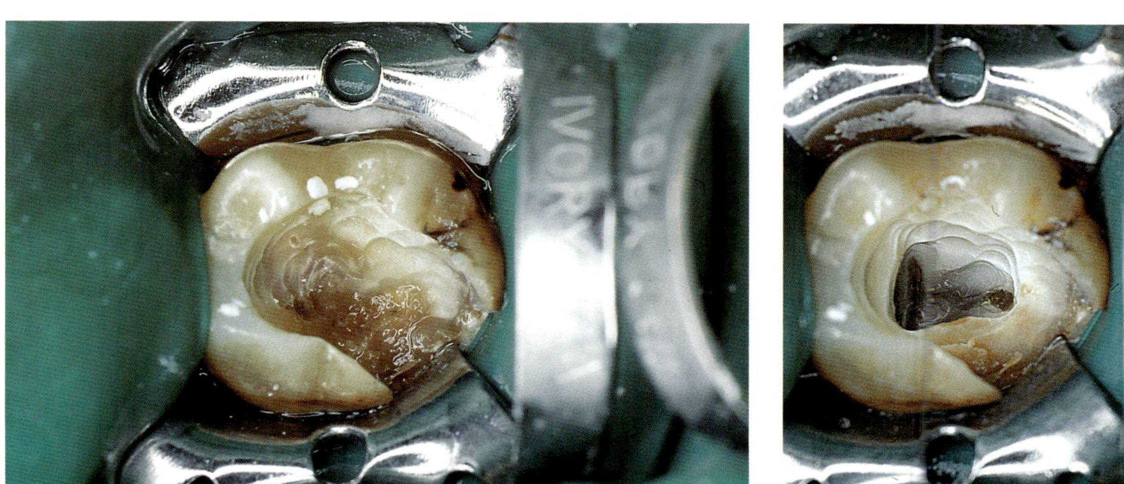

43 Darstellung der Wurzelkanaleingänge
Die Karies wird vollständig entfernt und anschließend die Kofferdamklammer zum besseren Abdichten gewechselt.

Rechts: Nach Exstirpation des fixierten Pulpagewebes müssen die 3 Wurzelkanäle dargestellt sowie initial erweitert werden.

Im Tierexperiment konnten Löst u. Geurtsen (1984) eine Formaldehydpenetration durch undichte Füllungsränder nachweisen. Nach 7 Tagen kommt es im angrenzenden Knochen zur Sequesterbildung, was letztlich zum Zahnverlust führt. Selbst bei optimaler Abdichtung ist nicht zu verhindern, daß Formaldehyd über interradikuläre Verbindungen den Knochen erreichen und schädigen kann (Goldberg et al. 1987).
Heling et al. (1977) berichteten über einen Fall, bei dem es zur Nekrose der Interdentalpapille und zur Knochensequestrierung kam.
Hülsmann (1996c) präsentierte schwere Folgen der Toxavit-Anwendung mit Knocheneinbrüchen sowie persistierenden Beschwerden und Nervschädigung.
Es gibt beim derzeitigen Kenntnisstand *keine* Indikation zur intentionellen Devitalisation des Pulpagewebes. Die Schmerzbehandlung erfolgt ausschließlich durch eine Exstirpation des Pulpagewebes. Die zahlreichen Nebenwirkungen stehen in keinem Verhältnis zum fraglichen therapeutischen Nutzen.

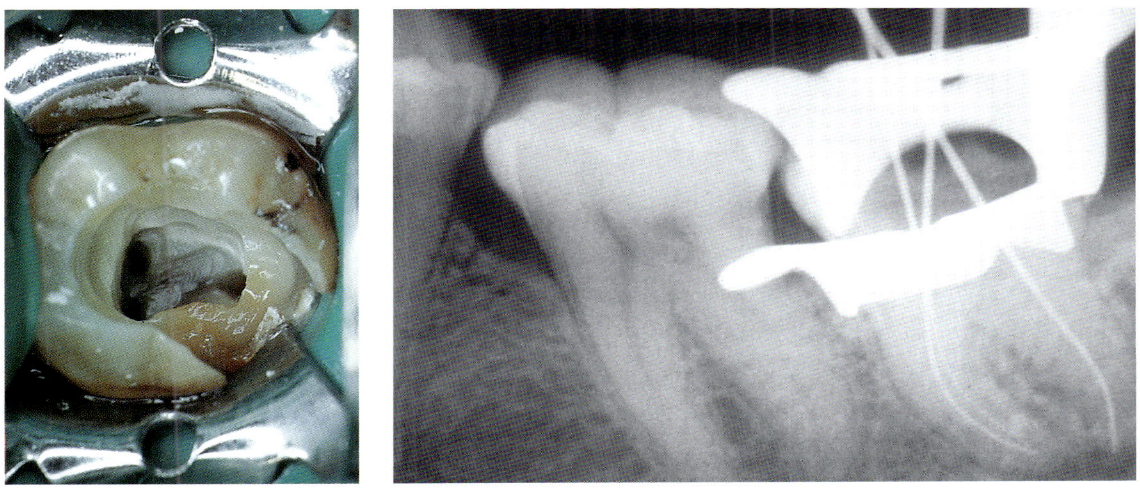

44 Wurzelkanalaufbereitung
Die 3 Wurzelkanäle müssen nach röntgenographischer Längenbestimmung bis kurz vor den Apex aufbereitet werden. Unvollständige Wurzelkanalinstrumentation hinterläßt sowohl nekrotisches als auch mit Formaldehyd fixiertes Gewebe, was eine langfristig wirkende Immunreaktion hervorrufen kann.

Links: Vollständig aufbereitete und erweiterte Wurzelkanäle.

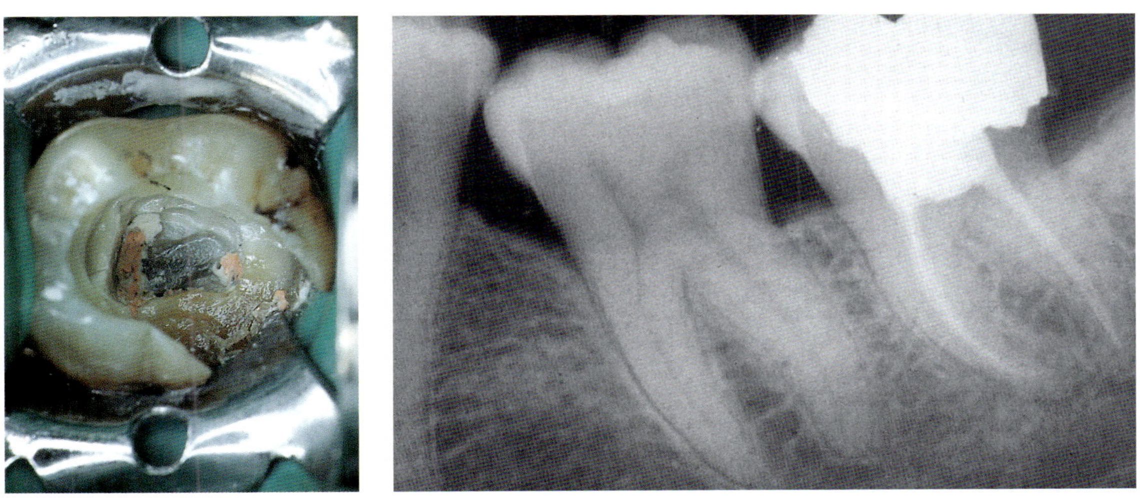

45 Wurzelkanalfüllung
Bei Beschwerdefreiheit können die Wurzelkanäle mit Guttapercha und einem Sealer nach der lateralen Kondensationstechnik abgefüllt werden. Koronal wird die Kavität langfristig dicht verschlossen.

Links: Die Guttapercha wird in Höhe der Kanaleingänge scharf abgesetzt und die Kavität anschließend gereinigt.

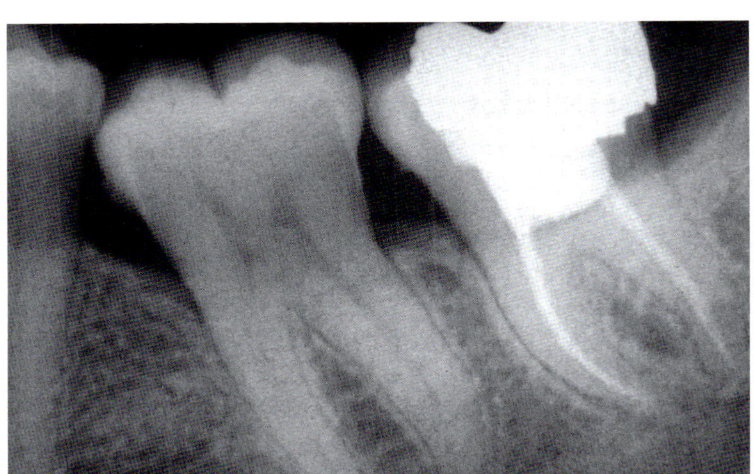

46 Zweijahreskontrolle
Im Röntgenbild ist 2 Jahre nach der Wurzelkanalbehandlung ein unauffälliger periapikaler Knochenraum ohne Zeichen einer Entzündungspersistenz sichtbar. Allerdings findet sich interdental ein leichter vertikaler Knocheneinbruch.

Füllungsmaterialien und Pulpanekrose

Mit Hilfe zahnfarbener Werkstoffe sollen Zähne funktionell und ästhetisch zufriedenstellend restauriert werden. Verarbeitungstechnische Unzulänglichkeiten und mangelnde Werkstofftauglichkeit führen jedoch häufig zu Füllungsdefekten, Randimperfektionen, marginalen und totalen Verfärbungen anfangs optimaler Füllungen. Bei der Therapie des kariösen Hartsubstanzdefekts findet sich ein vorgeschädigtes Gewebe. Biologisch nicht akzeptable Therapiemittel bewirken ein zusätzliches Trauma, in dessen Folge irreversible Reaktionen bis hin zur Pulpanekrose auftreten können (Beer 1989).

Wird ein Zahn mit insuffizienter Wasserkühlung präpariert, so können histologisch in Dentinkanälchen verlagerte Odontoblastenkerne und Erythrozyten nachgewiesen werden. Im angrenzenden Gewebe zeigen dilatierte Kapillaren mit Leukozyten und extravasalen Erythrozyten eine initiale Entzündungsreaktion an (Langeland 1957, Langeland et al. 1973).

Die Zerfallsprodukte von in Dentinkanälchen dislozierten Odontoblasten und Erythrozyten wirken als chemotaktischer Faktor und bewirken eine Migration neutrophiler Granulozyten (Gängler u. Langeland 1981).

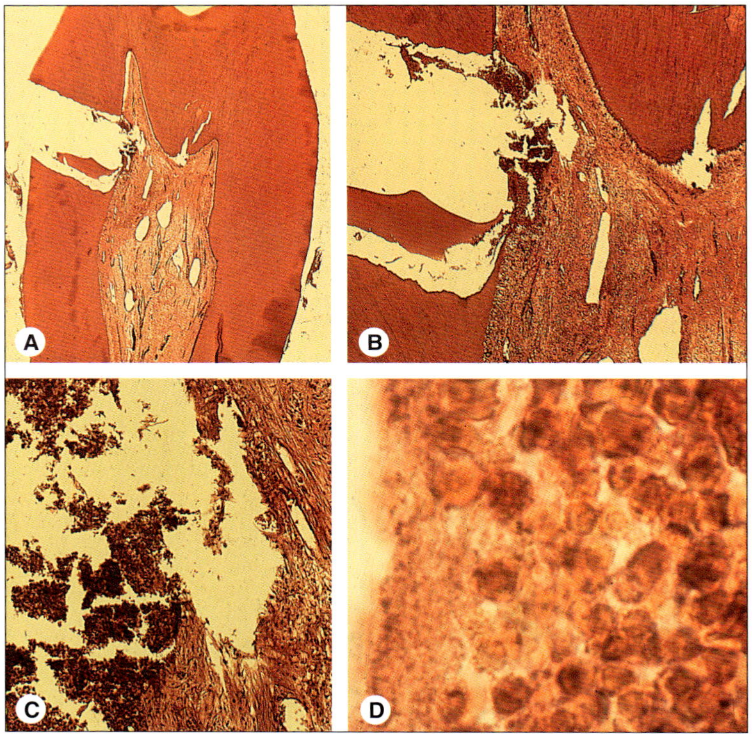

47 Pulpa und Säureätzung

A Tiefe Kavitätenpräparation sowie unbemerkte Eröffnung der Pulpa eines Prämolaren. Anschließend wurde eine niedrigkonzentrierte Säure für 10 Sekunden aufgetragen, abgespült und die Kavität dicht mit einem Glasionomerzement gefüllt. Nach 30 Tagen erfolgte die Extraktion des Zahnes.

B Gegenüber der Kavität ist eine Nekrotisierung des Pulpagewebes zu erkennen. Angrenzend findet sich eine Entzündungszellinfiltration.

C Ausschnitt mit der Nekrosezone. Eine Hartgewebsbrücke ist nicht gebildet worden.

D Das Entzündungszellinfiltrat setzt sich vorwiegend aus neutrophilen Granulozyten zusammen und grenzt die Nekrose ab.

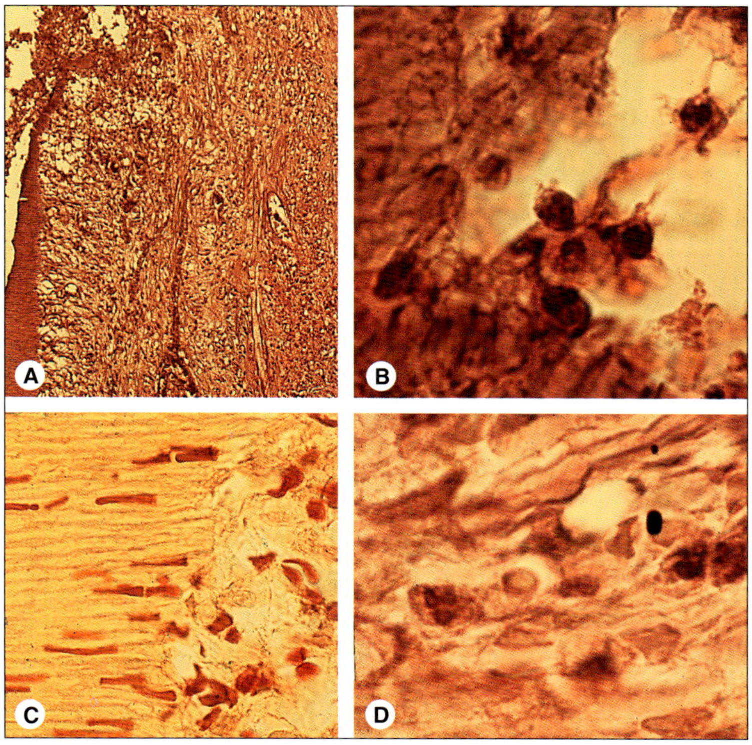

48 Nekrose und Aspiration

A Apikal der Perforationsstelle findet sich eine dünne Restdentinschicht. Der Odontoblastensaum im angrenzenden Pulpagewebe ist zerstört. Weiter koronal und zentral erkennt man eine Gewebsnekrose, durchsetzt mit Entzündungszellen.

B Ausschnitt aus dem koronalen Bereich mit Nekrosezonen, einzelnen Hohlräumen als Mikroabszessen sowie neutrophilen Granulozyten und Lymphozyten.

C Aspiration von Odontoblastenkernen und von Entzündungszellen in angrenzende Dentinkanälchen als Ausdruck einer toxischen Schädigung des Gewebes nach Aufbringen der Säure sowie des Füllungsmaterials.

D Innerhalb der Dentinkanälchen können auch neutrophile Granulozyten beobachtet werden, die nur bei Persistenz eines Reizes penetrieren.

Weisen Füllungsmaterialien Randimperfektionen auf, kann eine bakterielle Besiedelung der Kavität mit einer entzündlichen Infiltration im benachbarten Pulpagewebe korrelieren (Bergenholtz u. Warfvinge 1982).
Nach Präparation einer Kavität, die nach kurzer Speichelkontamination mit Guttapercha verschlossen wurde, kam es zur Infiltration neutrophiler Granulozyten im Pulpagewebe (Lilja et al. 1982).
Da Mikrolücken im Füllungsrand eine Bakterienpenetration zulassen, ist man durch Aufbringen eines Dentinadhäsivs bestrebt, eine chemische Anheftung des Füllungsmaterials zu erreichen. Dies setzt eine Konditionierung der Kavität voraus. Das Aufbringen auch niedrigkonzentrierter Säuren führt jedoch zu schweren Pulpareaktionen (Cotton u. Siegel 1978, McInnes-Ledoux et al. 1985, Beer 1995).
Die anschließende Applikation eines Dentinadhäsivs bewirkt nur in Anwesenheit von Bakterien am Kavitätenboden schwere Gewebsreaktionen. Dies ist jedoch gleichzeitig ein Hinweis auf eine ungenügende Anheftung des Füllungswerkstoffs an das Dentin (Grieve et al. 1991).

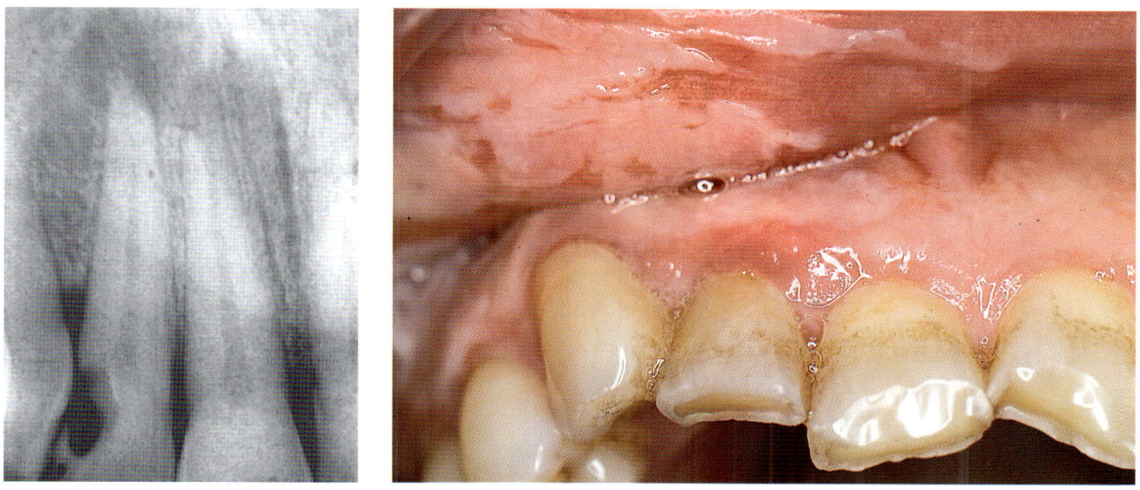

49 Akute Entzündung
Ein 54jähriger Patient stellt sich mit persistierenden Schmerzen in der Praxis vor. Die intraorale Untersuchung zeigt weißliche Beläge und Schleimhautulzerationen im Bereich der Umschlagfalte, die durch ein Einlegen von Azetylsalizylsäuretabletten zustande kam. Zahn 12 weist distal eine intakte Kompositfüllung auf.

Links: Im Röntgenbild erkennt man eine periapikale Aufhellung an Zahn 12 und distal eine tiefe Kavität.

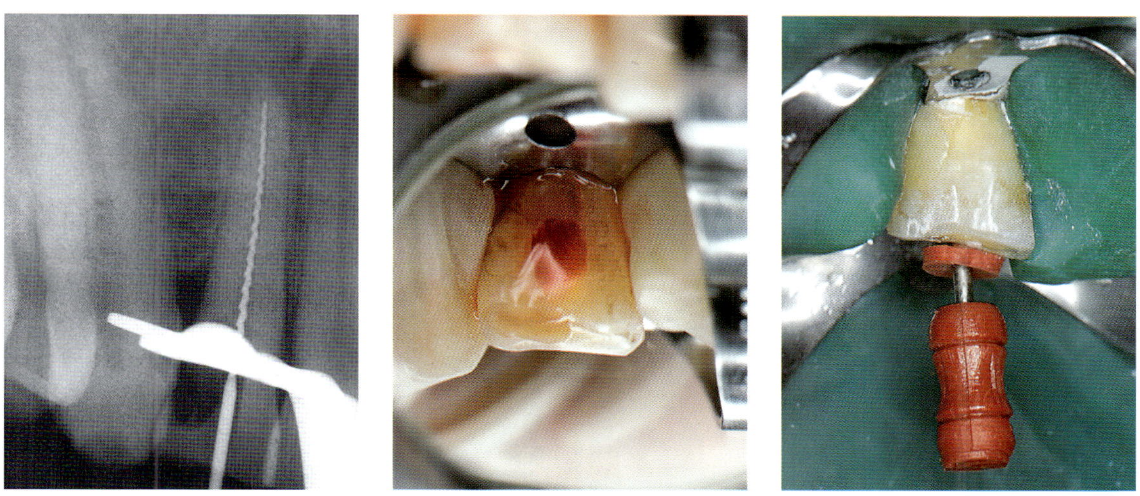

50 Wurzelkanalaufbereitung
Links: Mittels Meßröntgenaufnahme wird die Aufbereitungstiefe bis kurz vor das röntgenographische Foramen festgelegt.

Mitte: Nach der Trepanation und der initialen Erweiterung mit der Hedström-Feile kommt Pus, vermischt mit Blut, aus dem Wurzelkanal.

Rechts: Wurzelkanalaufbereitung bis zur apikalen Meisterfeile der Größe 55 und Spülung mit Natriumhypochloritlösung.

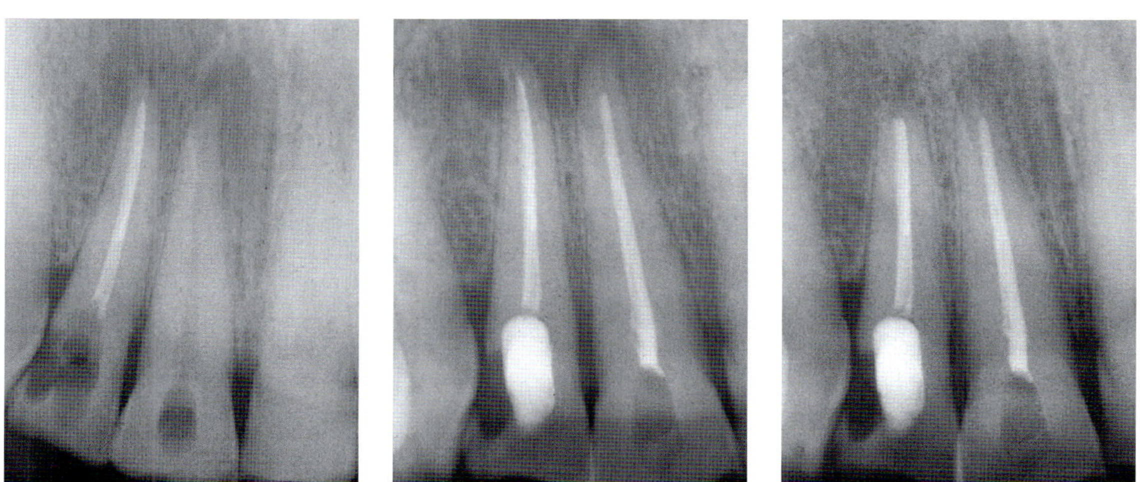

51 Wurzelkanalfüllung
Links: Einen Monat nach der Wurzelkanalfüllung stellt sich der Patient nach Trepanation des Zahnes 11 im Notdienst wiederum in der Praxis vor. Röntgenographisch weisen sowohl Zahn 11 als auch Zahn 12 eine periapikale Aufhellung auf.

Mitte: Zustand nach Wurzelkanalbehandlung des Zahnes 11.

Rechts: Symptomfreie Kontrollaufnahme 2 Jahre nach chirurgischer Intervention bei Persistenz der Aufhellungen.

Bakterielle Infektion im Wurzelkanal

Die in infizierten Wurzelkanälen vorkommenden Bakterien stellen im Vergleich zur Gesamtflora der Mundhöhle von etwa 300 Bakterienarten nur eine beschränkte Anzahl dar. Es können nur eine oder aber bis zu 12 verschiedene Arten isoliert werden, wobei die Zahl der einzelnen Bakterien zwischen 100 und mehr als 10 Millionen variieren kann. Es besteht eine Beziehung zwischen der Größe einer periapikalen Läsion und der Anzahl von Bakterienarten sowie der Bakterienzahl. So lassen sich in Wurzelkanälen von Zähnen mit größeren Läsionen auch mehr Bakterienstämme isolieren (Sundqvist 1992).

Die Dynamik einer bakteriellen Infektion im Wurzelkanal wurde in einer Reihe von Tierexperimenten von Fabricius et al. (1982) nachgewiesen. In den mit Bakterien aus dem Speichel infizierten und anschließend dicht verschlossenen Zähnen wurden anfänglich in einem Zeitraum bis zu 3 Jahren wesentlich häufiger fakultative Anaerobier isoliert. Nach 6 Monaten war die Zahl dieser Bakterien aber auf weniger als 2 % gesunken. Der Anteil strikt anaerober Bakterienstämme stieg an. Ein Selektionsmechanismus innerhalb des Wurzelkanals förderte die Entwicklung spezifischer Umweltbedingungen.

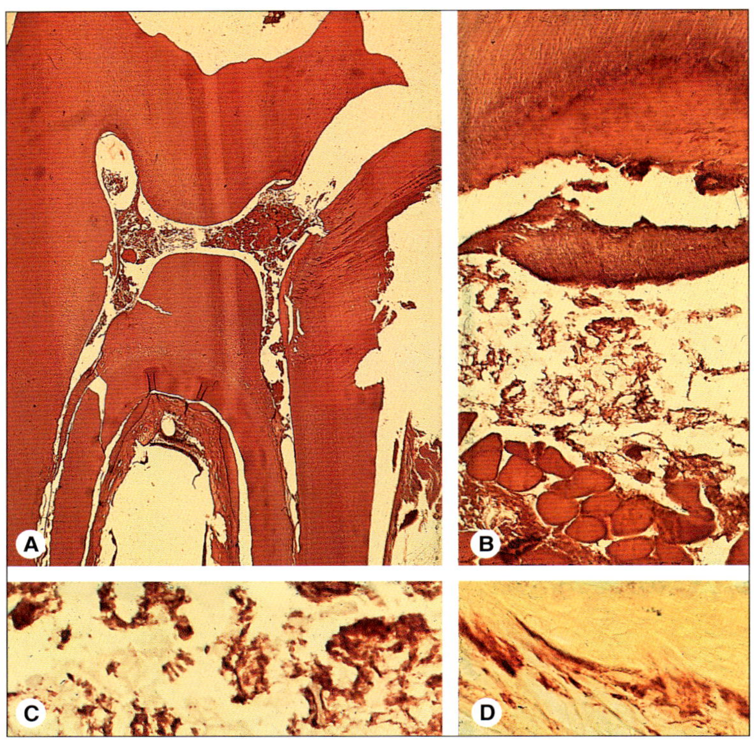

52 Kariespenetration in das Pulpagewebe

A Die Kariesprogression hat zu einer Freilegung des Pulpagewebes mit einer Gewebsnekrose der Kronenpulpa und Teilen der Wurzelkanalpulpa geführt.

B Im Ausschnitt des koronalen Nekrosegebiets ist ein Gewebszerfall sichtbar mit angrenzenden Agglomeraten von Fremdkörperpartikeln.

C Mittels Spezialfärbung nach Brown u. Brenn sind im nekrotischen Gewebe Bakterien rötlich gefärbt.

D Bakterien finden sich innerhalb von Dentinkanälchen, auch das irreguläre Reizdentin kann eine bakterielle Penetration in die Pulpa nicht verhindern.

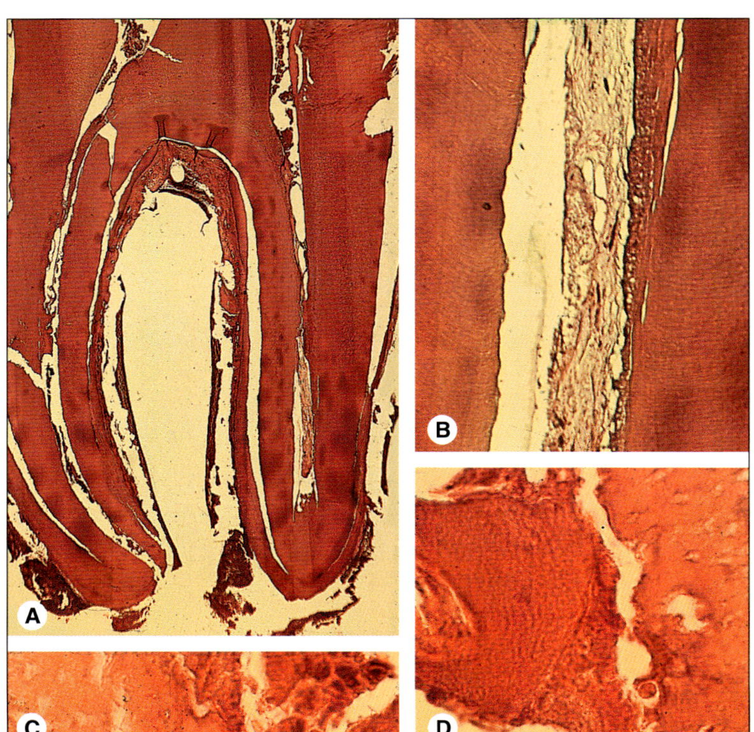

53 Nekrose im Wurzelkanal und apikale Parodontitis

A Die Wurzelkanalpulpa ist weitgehend nekrotisch, periapikal findet sich ebenso eine Entzündung und anheftendes Granulationsgewebe.

B Nekrose der Wurzelkanalpulpa, die Spaltbildung links ist ein histologischer Artefakt. Eine nekrotische Pulpa ohne bakteriellen Infekt führt niemals zur Entstehung einer periapikalen Läsion, erst bei Anwesenheit von Bakterien entwickelt sich eine apikale Parodontitis (Möller et al. 1981).

C Im Wurzelkanal finden erste Obliterationen auf Grund des Entzündungsreizes mit Bildung von irregulärem Reizdentin statt. Angrenzend sind Ansammlungen von neutrophilen Granulozyten zu erkennen.

D Hartgewebsneubildung als Fibrodentikel.

Oft lassen sich Bakterien in Symbiose im Kanal nachweisen. So fanden Sundqvist et al. (1989) häufig Fusobacterium nucleatum zusammen mit Peptostreptococcus micros, Wolinella recta, Porphyromonas endodontalis und Selenomonas sputigena. Viele Faktoren können die bakterielle Kolonisierung des Wurzelkanals beeinflussen. Bakterien können Stoffwechselprodukte, die von anderen Bakterien gebildet werden, als Nährstoffe verwenden (Loesche 1968). Bacteriocin, freigesetzt von bestimmten Mikroorganismen, kann das Wachstum anderer Bakterien hemmen (Van Winkelhoff et al. 1987).

Die in infizierten Wurzelkanälen vorkommenden Bakterien setzen Enzyme frei, die die Pathogenizität der Bakterien erhöhen. So können Immunglobuline des Wirtsorganismus z. B. durch P. asaccharolyticus und endodontalis inaktiviert werden, P. intermedia und gingivalis bauen den Komplementfaktor C3 ab. Beides sind wichtige Opsonine für die Phagozytose dieser Bakterien während des Abwehrprozesses. P. gingivalis kann gleichzeitig Proteinasehemmer abbauen, die zur Erhaltung der Integrität des die Infektion umgebenden Gewebes von Bedeutung sind (Carlsson et al. 1984, Kato et al. 1984).

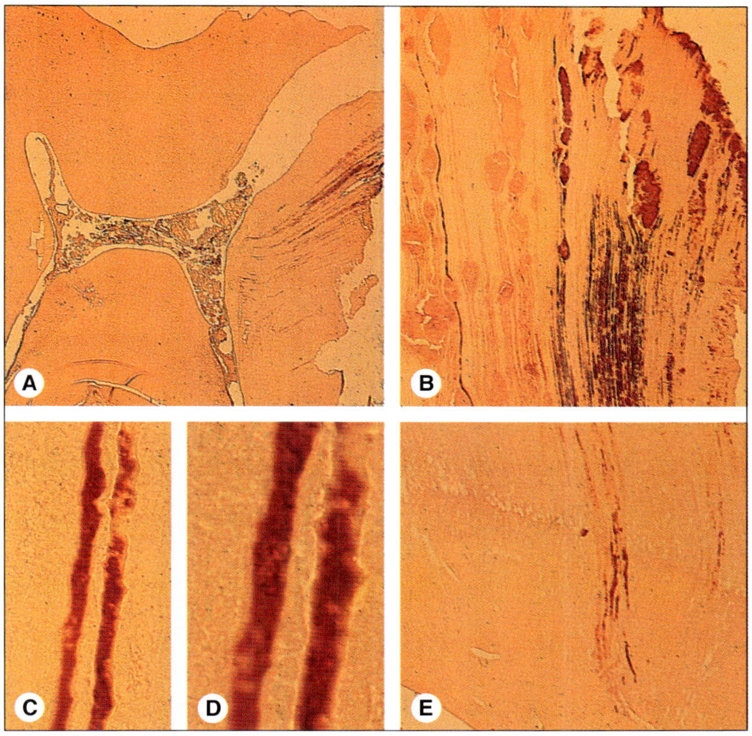

54 Bakterien im Dentin

A Histobakteriologisch läßt sich nichtinfiziertes (gelb) von infiziertem Gewebe (rot) differenzieren. In der Kronenpulpa finden sich Bakterien sowohl in Dentinkanälchen als auch im Pulpagewebe.

B Die Bakterien bewirken eine Auflösung des Dentins, wodurch es zu Aufweitungen, Ampullen oder Kavernen kommt. Die Kavernen sind von Bakterien und Matrixresten ausgefüllt.

C/D 2 vergrößerte Dentinkanälchen enthalten Bakterien.

E Das Reizdentin kann trotz Kanälchenarmut und irregulärem Dentinkanalverlauf eine Penetration der Bakterien nicht abblocken.

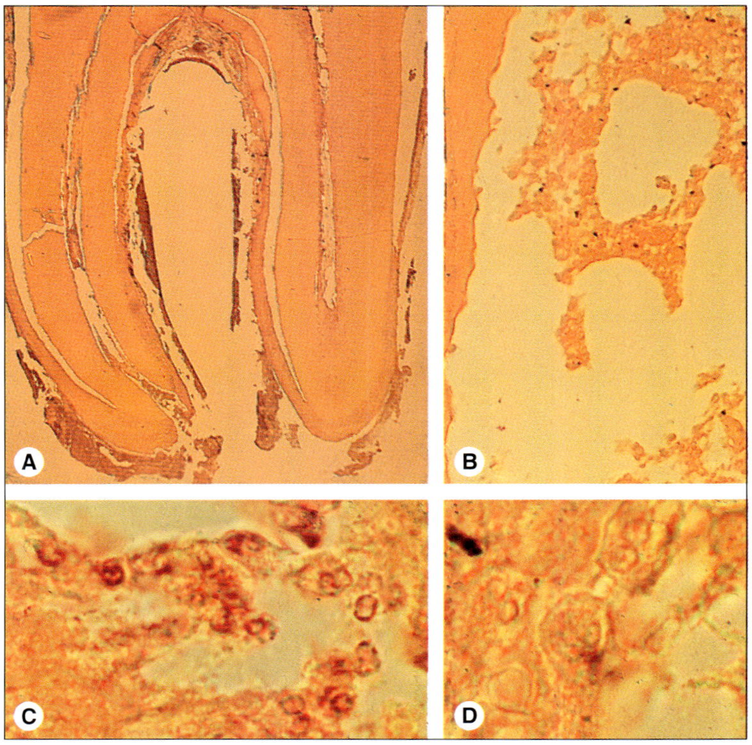

55 Bakterien im Wurzelkanal

A Das Gewebe innerhalb des Wurzelkanals ist nekrotisch, deutlich ist auch die periapikale Entzündungszellansammlung sichtbar. Histobakteriologisch lassen sich viele Bakterien allerdings nicht eindeutig nachweisen.

B Die Kronenpulpa sowie die koronale Wurzelkanalpulpa enthält Bakterienkonglomerate.

C Bei starker Vergrößerung lassen sich im mittleren Wurzelkanalanteil auch intrazellulär Bakterien in neutrophilen Granulozyten nachweisen.

D Im periapikalen Entzündungsgebiet finden sich histologisch keine Bakterien.

Therapie des bakteriellen Infekts

Da Mikroorganismen und toxische Stoffwechselprodukte sowohl für die Entstehung einer Nekrose der Pulpa als auch einer periapikalen Läsion verantwortlich sind, ist die Beseitigung pathogener Bakterien und das Verhindern einer Reinfektion Ziel der endodontischen Behandlung. Diese besteht in der Reinigung des Wurzelkanals, der antibakteriellen Wirkung von Spüllösungen und Zwischeneinlage, einer bakteriendichten Füllung des Wurzelkanals sowie dem koronalen Verschluß zur Verhinderung eines neuen Infekts (Sundqvist 1992).

Die *mechanische Reinigung* ohne Spülung kann die Zahl der Bakterien um den Faktor 1000 verringern. Nach Aufbereitung und Spülung mit Kochsalzlösung konnten in 20 % der Fälle bakterienfreie Wurzelkanäle erzielt werden. Es war sogar möglich, allein mittels mechanischer Reinigung über mehrere Sitzungen die Kanäle bakterienfrei zu bekommen. Wurde dagegen mit *Natriumhypochlorit* gespült, konnten in 50%, bei *ultraschallgestützter Spülung* in 70% der Fälle ein bakterienfreier Zustand erzielt werden (Byström u. Sundqvist 1985).

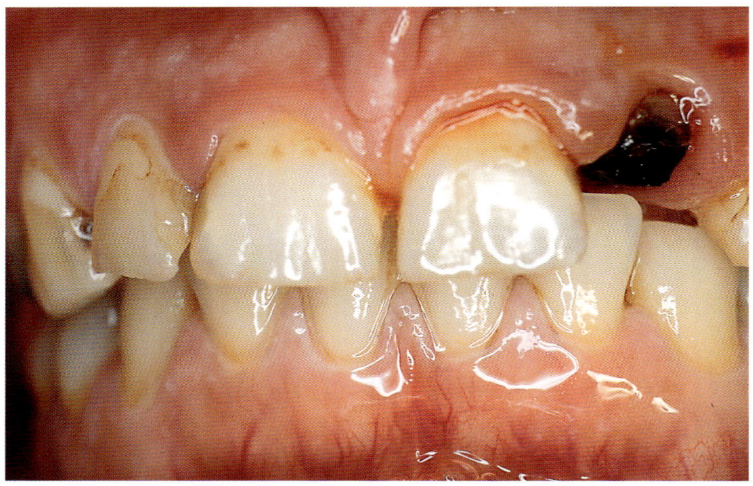

56 Bakterielle Infektion
Der Zahn 22 ist bis in Höhe der Gingiva frakturiert und weist eine schwärzliche Verfärbung auf, verursacht durch pigmentierte Bakterien. Die Palpation weist auf eine verstrichene Umschlagfalte hin, der Zahn ist perkussionsempfindlich. Anamnestisch ist der Zahn bereits seit etwa einem Jahr in diesem Zustand, erst die Schmerzen bewirkten eine Vorstellung beim Zahnarzt.

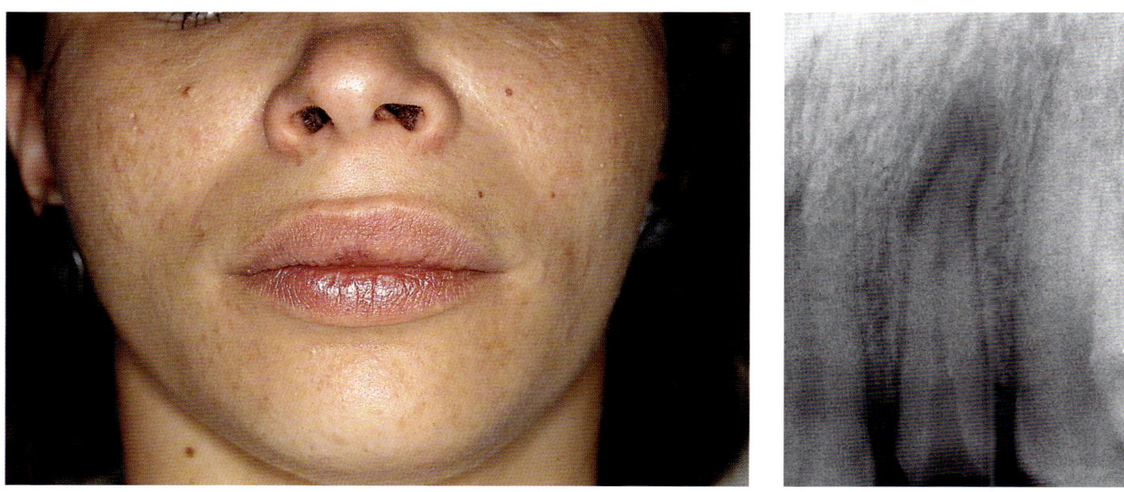

57 Apikale Parodontitis
Die 41jährige Patientin leidet seit einer Woche an zunehmenden Beschwerden mit Schmerzen, anfänglich nur zeitweise und seit einem Tag in einen Dauerschmerz übergehend, sowie an einer Schwellung in der Oberlippenregion und Ausstrahlung bis in die Fossa canina.

Rechts: Im Röntgenbild zeigt sich eine periapikale Aufhellung. Der Zahn ist vor einem Jahr trepaniert und dann offen gelassen worden.

58 Notfallbehandlung
Unter Kofferdam und damit weitestgehend aseptischen Verhältnissen wird das kariöse Dentin entfernt und der Wurzelkanaleingang dargestellt. Danach wird koronal erweitert und mit Natriumhypochlorit (NaOCl) gespült.

Rechts: Palatinal ist vor der Wurzelkanalbehandlung im Wochenendnotdienst (unzureichend) inzidiert worden, besser wäre eine Exzisionsinzision, um ein Verkleben der Schleimhaut zu verhindern.

Restbakterien, die sowohl durch die mechanische Aufbereitung als auch die antibakterielle Spüllösung nicht entfernt werden, vermehren sich und können Anlaß eines Mißerfolgs sein. Phenolverbindungen als *Zwischeneinlage* führen in 70% der Fälle zu einem bakterienfreien Wurzelkanal, Kalziumhydroxid entfaltet eine noch bessere antimikrobielle Wirkung. Nahezu alle Wurzelkanäle waren bereits nach der ersten Sitzung bakterienfrei (Byström et al. 1985). Die Applikation einer antibakteriellen Zwischeneinlage zwischen den Sitzungen ist unbedingt notwendig.

Die koronale Undichtigkeit ist ebenso häufig Ursache für den Mißerfolg wie Restbakterien im Wurzelkanal. Sowohl zwischen den einzelnen Sitzungen als auch zum Abschluß der Wurzelkanalbehandlung muß eine *dichte koronale Füllung* appliziert werden, die eine bakterielle Rekontamination verhindert. Die temporäre Füllung muß mindestens 3,5 mm dick sein. Bei undichtem koronalen Aufbau fanden sich in 50% der mittels lateraler Kondensation dicht gefüllten Wurzelkanäle nach spätestens 42 Tagen Bakterien im periapikalen Gewebe (Torabinejad et al. 1990).

59 Entfernen der bakteriellen Infektion aus dem Kanal
Nach Bestimmung der Arbeitslänge und des koronalen Referenzpunktes wird der Wurzelkanal von koronal nach apikal aufbereitet, um bereits in der Anfangsphase die Hauptmasse an Bakterien zu entfernen. Gespült wird mit einer 1%igen NaOCl-Lösung.

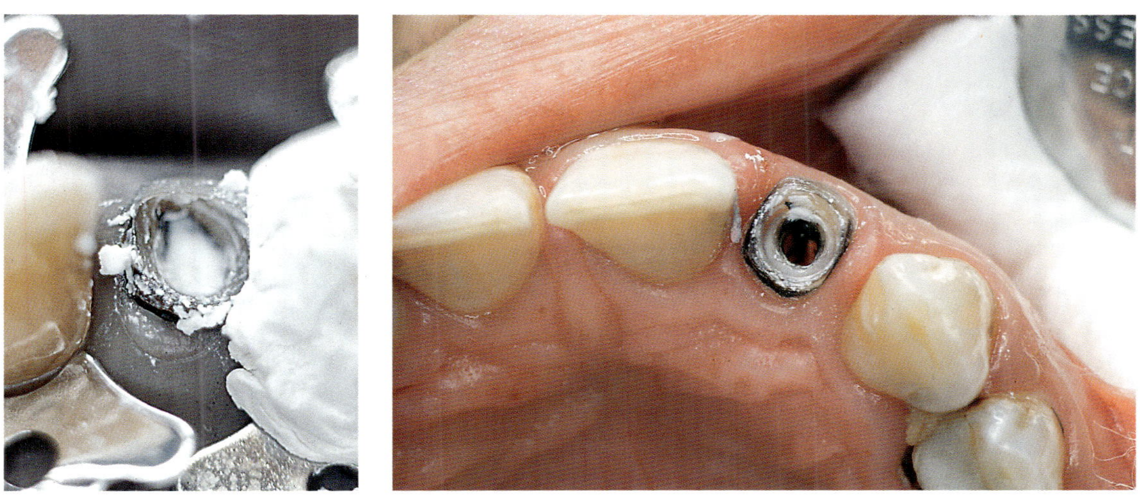

60 Zwischeneinlage und koronale Abdichtung
Nach vollständiger Wurzelkanalinstrumentation in der ersten Sitzung wird der Kanal für einen provisorischen Interimsersatz vorbereitet und der Wurzelkanal koronal dicht verschlossen.

Links: In den Wurzelkanal wird zuvor das antibakteriell wirkende Kalziumhydroxid mittels Papierspitzen eingebracht.

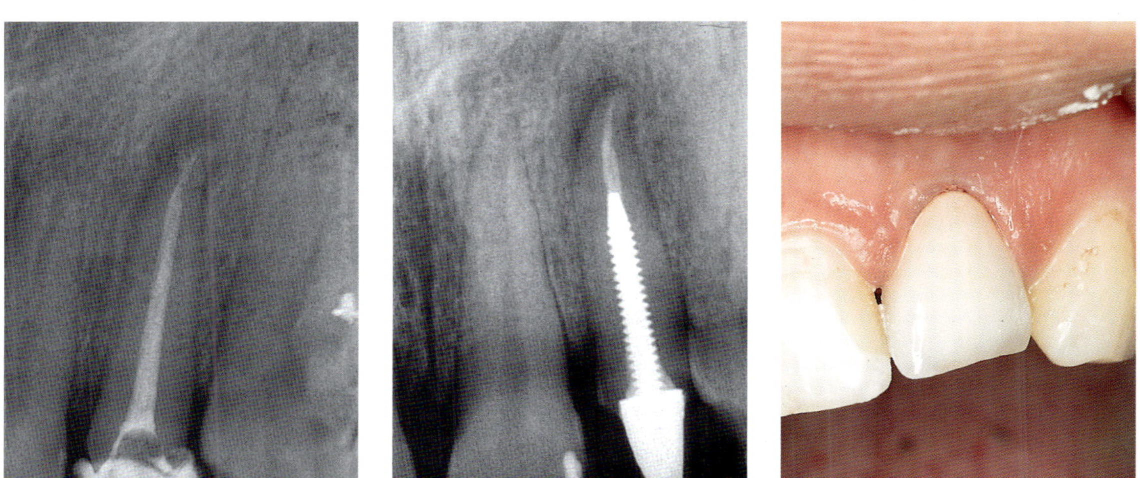

61 Wurzelkanalfüllung und koronale Restauration
Links: 3 Monate nach der Wurzelkanalinstrumentation wird der Kanal nach der lateralen Kondensationstechnik mit Guttapercha und Sealer gefüllt.

Mitte: In der dritten Sitzung wird ein genormter Schraubenaufbau in den Kanal eingebracht und eine Interimskrone zementiert.

Rechts: Bei Symptomlosigkeit und Rückbildung der periapikalen Aufhellung kann die Kronenrestauration zementiert werden.

Akute apikale Parodontitis

Eine periapikale Läsion entsteht nur in *Anwesenheit von Bakterien im Wurzelkanal.* Dies konnten bereits Kakehashi et al. (1965) an keimfrei gehaltenen Ratten nachweisen, deren Zähne erst nach bakterieller Inokulation eine periapikale Entzündung entwickelten. Wurden die Zähne nur trepaniert und zum oralen keimfreien Millieu offen gelassen, bildete sich keine apikale Parodontitis aus. Analoge Ergebnisse erzielten Möller et al. (1981) an Affenzähnen: Nach Nekrotisierung des Pulpagewebes entwickelte sich keine periapikale Läsion, wenn die Trepanationsöffnung dicht verschlossen wurde.

Bei den 31 von Nair (1987) untersuchten periapikalen Läsionen waren innerhalb des Wurzelkanals immer Bakterien nachweisbar, sowohl verteilt als auch fest an der Dentinwand haftend und innerhalb von Dentinkanälchen. In 18% der untersuchten Fälle fanden sich Bakterien im periapikalen Gewebe, ein Fall war eindeutig eine Aktinomykose. Bei 3 weiteren Läsionen war die bakterielle Plaque an die äußere Dentinwand angeheftet, setzte sich bis ins Zentrum der apikalen Parodontitis fort und verursachte eine begrenzte bzw. ausgeprägte Nekrose sowie eine akute Entzündungszellantwort.

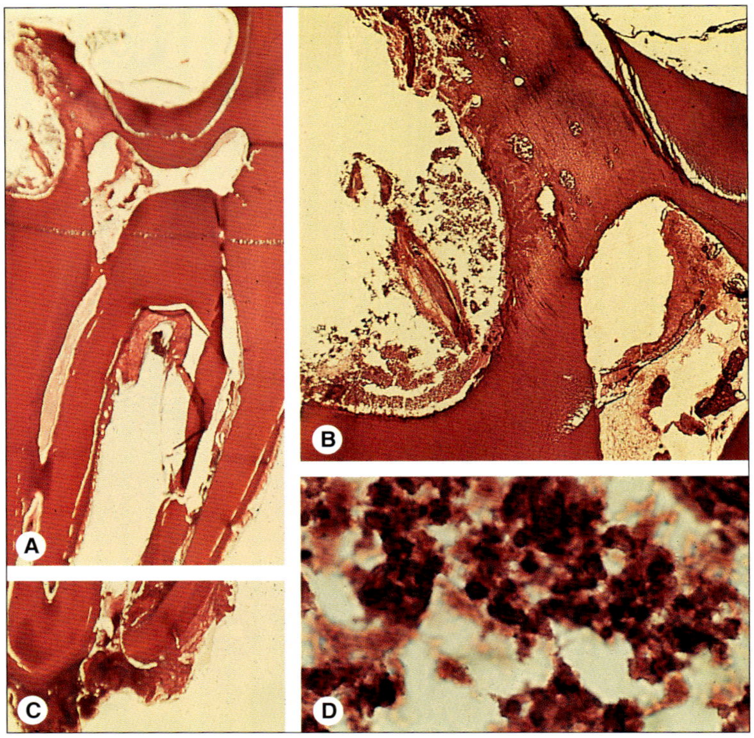

62 Kariesprogression und apikale Parodontitis

A Trotz dünner Dentinschicht kommt es zur Penetration von Bakterien und deren Komponenten, zur Entzündung und schließlich zur Zerstörung des Pulpagewebes.

B Kariöse Zerstörung der Schmelz-Dentin-Haube. Die bakteriellen Reizstoffe bewirken eine Reaktion in der angrenzenden Pulpa mit Gewebsnekrosen.

C Periapikal hat sich eine akute apikale Parodontitis entwickelt.

D Im näheren Umkreis der nekrotischen Bezirke wird das Pulpagewebe von neutrophilen Granulozyten durchsetzt, die Bakterien phagozytieren und entzündungsfördernde lysosomale Stoffe freisetzen.

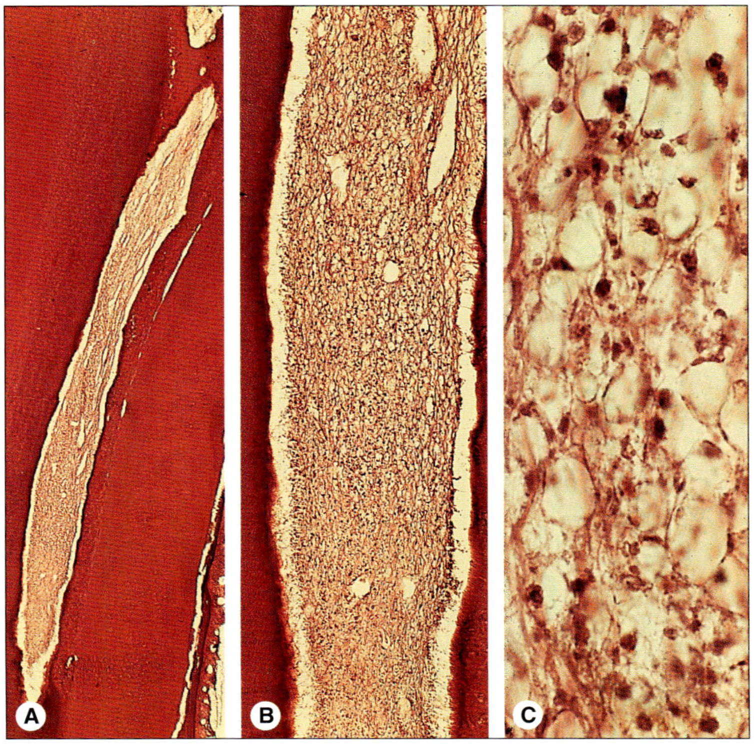

63 Nekrose und Lyse der Wurzelkanalpulpa

A Bakterien und Nekrosen lassen sich in der gesamten Kronenpulpa und in der angrenzenden Wurzelkanalpulpa nachweisen.

B Die Pulpanekrose ist charakterisiert durch Zelltod und Gewebszerfall, der lokal in vitalem Gewebe oder in der gesamten Wurzelpulpa auftreten kann.

C In stärkerer Vergrößerung des Gebietes ist das zerfallene und nekrotische Gewebe sichtbar, indem teils intakte, teils lytisch zerfallene Entzündungszellen sichtbar sind. Es kommt dadurch immer mehr zum Einschmelzen ganzer Pulpagewebsbezirke, wobei sich dieser Prozeß in apikaler Richtung ausdehnt. Nervenfasern können in vielen Fällen strukturell noch völlig intakt sein (Lin u. Langeland 1981 a).

Die akute apikale Parodontitis ist *histopathologisch* als Exsudat polymorphnukleärer Granulozyten und Makrophagen, beschränkt auf den osteoklastisch erweiterten Parodontalspalt, charakterisiert. Makrophagen spielen beim Abbau von Immun- und Komplementkomplexen, neutrophile Granulozyten bei der Abwehr körperfremder Substanzen eine dominierende Rolle. Makrophagen nehmen bakterielle Antigene auf und erhöhen die immunogene Potenz. So kommt es zu einer weiteren massiven Ansammlung neutrophiler Granulozyten mit Gewebsnekrose und -einschmelzung bis zur Abszedierung.

Bei periapikalen Abszessen ist das nekrotische Gewebe um den Apex von Bakterien durchsetzt, abgegrenzt von einem Wall neutrophiler Granulozyten (Nair 1987). Die Flora periapikaler Abszesse ist mit einer Beteiligung von 5 Bakterienarten polymikrobiell. Gramnegative, anaerobe Stäbchen und Peptostreptokokken herrschen in der Flora vor. Periapikale Abszesse enthalten schwarzpigmentierte Bakterienarten, die eine wichtige Rolle in der Ätiologie periapikaler Läsionen spielen sollen. P. intermedia wurde in 63% und P. endodontalis in 53% der Fälle nachgewiesen (van Winckelhoff et al. 1985).

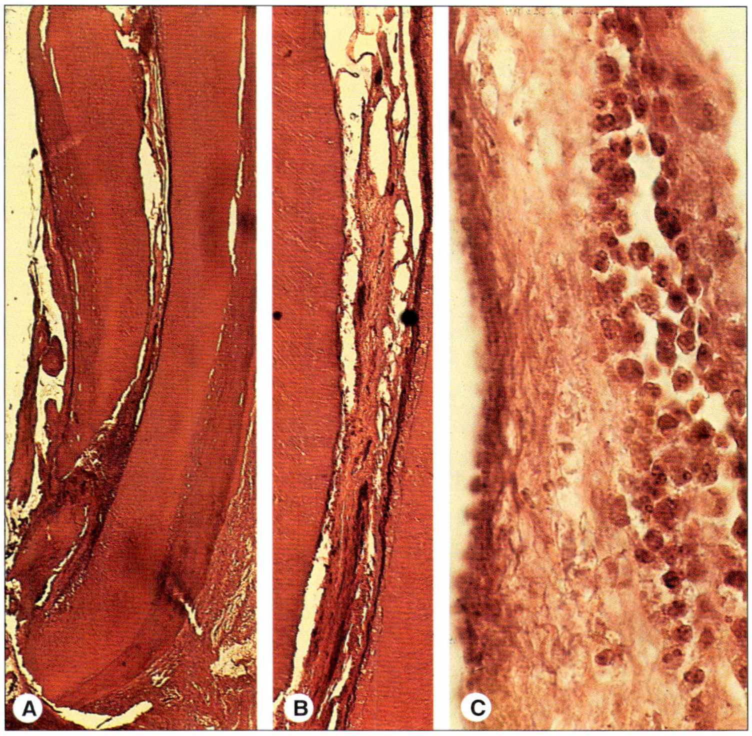

64 Entzündung in der apikalen Wurzelkanalpulpa

A Die apikalen Bereiche der Wurzelkanalpulpa sind teilweise nekrotisch und von Entzündungszellen infiltriert; die während des Entzündungsprozesses freiwerdenden Toxine verursachen eine periapikale Entzündungsreaktion. Dabei können histopathologisch durchaus noch vitale Restpulpaabschnitte festgestellt werden.

B Koronal erkennt man nekrotisches Gewebe, in weiter apikaler Richtung ist das Gewebe vital und enthält nur einzelne Entzündungszellen. Die Hohlraumbildung und Ablösung des Pulpagewebes von der Kanalwand ist ein Artefakt.

C Ausschnitt aus der koronalen Nekrosezone, die von einem Wall neutrophiler Granulozyten gegen das angrenzende Pulpagewebe abgeschirmt wird.

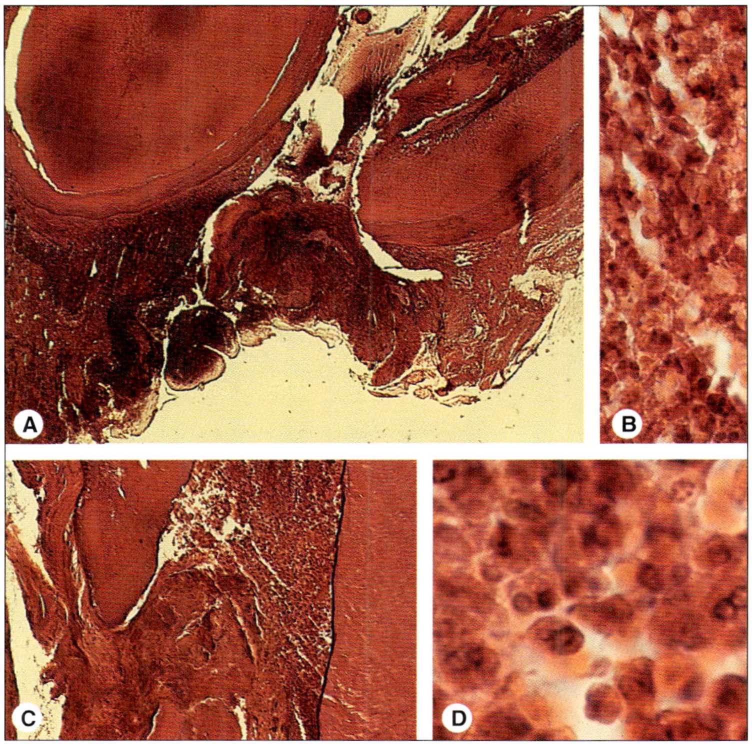

65 Akute apikale Parodontitis

A Periapikal ist eine Ansammlung von Entzündungszellen sichtbar, gleichzeitig weisen Resorptionslakunen innerhalb des Dentins auf eine Dentino- und Osteoklastenaktivität hin. Der Übergangsbereich innerhalb des Wurzelkanals enthält deutlich weniger Entzündungszellen.

B Neben neutrophilen Granulozyten lassen sich auch Eosinophile, Plasmazellen, Fremdkörperriesenzellen und Mastzellen nachweisen. Charakteristisch ist der ständige Entzündungszellnachschub.

C Die Ausschnittvergrößerung der periapikalen Region zeigt eine Ansammlung von Entzündungszellen, daran grenzt eine kollagenfaserreiche Granulationsgewebsschicht an.

D Periapikale Ansammlung von neutrophilen Granulozyten.

Periapikaler Abszeß

Aus einer akuten apikalen Parodontitis kann sich bei Persistenz der Infektion ein periapikaler Abszeß entwickeln. Die akute apikale Parodontitis ist klinisch durch das Gefühl einer Zahnverlängerung, der Perkussion sowie Schmerzen bei axialer Belastung charakterisiert. Der Abszeß kann in akuter oder abgekapselter, chronischer Form vorliegen. Der *akute Abszeß* ist anfänglich nicht im Röntgenbild sichtbar. Die massive Entzündungszellinfiltration und die Osteoklastenaktivität führen erst nach 3 – 4 Wochen zu einem sichtbaren Knochenverlust. In diesem Zeitraum kann der akute Abszeß bereits chronisch abgekapselt sein (Schroeder 1991).

Wird die chronische apikale Parodontitis sekundär bakteriell infiziert, entsteht ein *„Phönixabszeß“* auf der Basis einer akuten Exazerbation. Röntgenographisch findet sich eine periapikale Aufhellung. Klinisch zeigen der primär, aber auch der sekundär akute Abszeß gleiche Symptome: Hochgradige Perkussionsempfindlichkeit, Zahnverlängerung, starker Schmerz sowie Rötung der Schleimhaut.

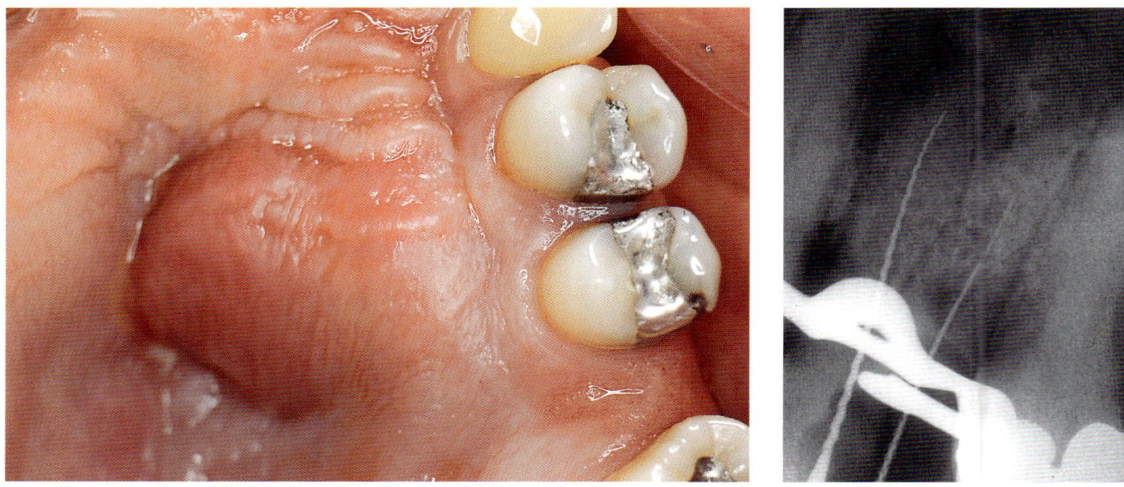

66 Palatinalabszeß
Palatinal hat sich eine pflaumengroße, fluktuierende Schwellung ausgebildet, verursacht durch eine durchgebrochene periapikale Entzündung ausgehend vom ersten oberen Prämolaren, der sowohl deutliche Perkussionsempfindlichkeit als auch Zeichen einer Kronenverlängerung aufweist.

Rechts: Röntgenaufnahme mit deutlich sichtbarer periapikaler Aufhellung sowie in die Wurzelkanäle eingeführten Feilen.

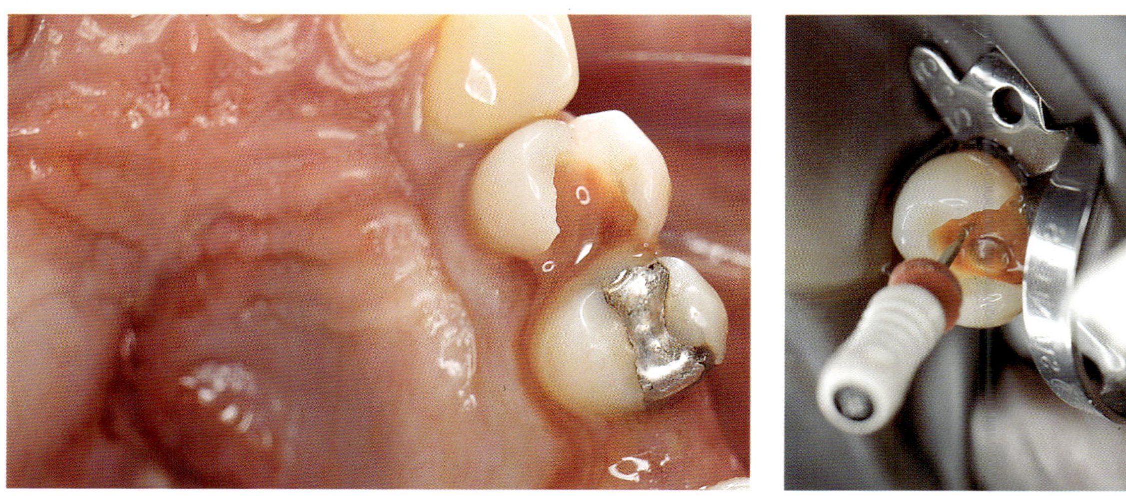

67 Trepanation und Drainage über den Wurzelkanal
Nach der Trepanation entleert sich über den Wurzelkanal massiv Eiter, die palatinale Schwellung war bereits in den ersten Minuten deutlich rückläufig.

Rechts: Die Pusentleerung erfolgt ausschließlich über den Wurzelkanal, der für etwa 20 Minuten offen gelassen wird. Danach werden die Kanäle vollständig aufbereitet.

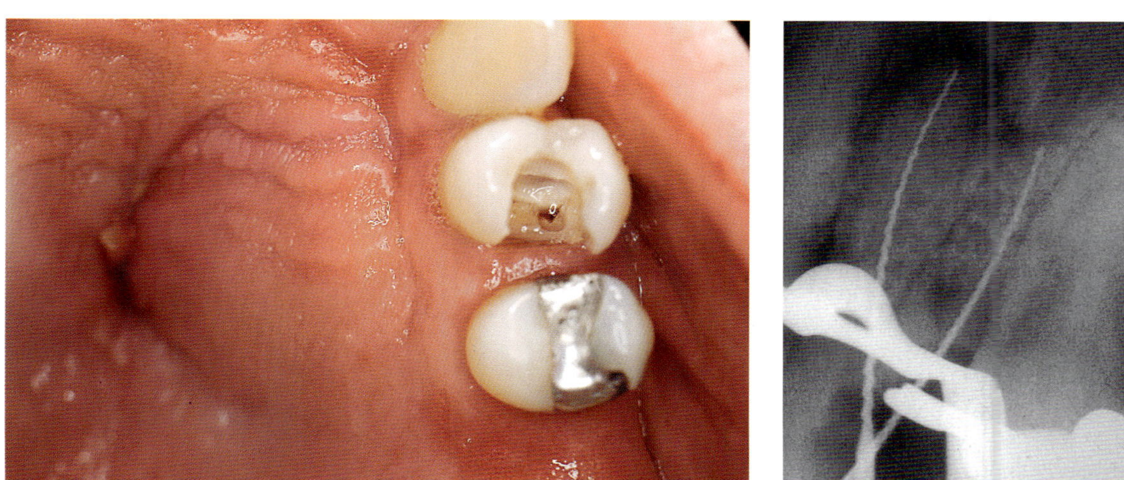

68 Wurzelkanalaufbereitung
Nachdem die Hauptmasse an Pus und Sekret über den Wurzelkanal abfließen konnte, wird in der ersten Sitzung das infizierte Gewebe entfernt und Kalziumhydroxid locker einrotiert. Es zeigt sich schon 3 Tage nach der initialen Aufbereitung ein deutlicher Rückgang der Schwellung.

Rechts: In der zweiten Sitzung wird die Arbeitstiefe röntgenographisch bestimmt.

Histologisch weist die periapikale Läsion keinen Unterschied bei Zähnen mit Schmerzen, Schwellung oder Fistelung gegenüber symptomlosen Zähnen auf (Block et al. 1976). Jedoch findet sich bei Spontanschmerz sowie bei Perkussion eine viel stärkere bakterielle Infiltration als in Kanälen von Zähnen ohne klinische Symptome. Bei Perkussion, Exsudation sowie Schwellung fanden sich vor allem Peptococcus, Peptostreptococcus, Eubacterium, Porphyromonas und Bacteroides. Letztere sind für die typische Geruchsentwicklung im Wurzelkanal verantwortlich (Hashioka et al. 1992).

Bei Fortbestand des bakteriellen Infekts und geschwächter Körperabwehr kann es zu einem Durchbruch des Eiters in die umgebenden Weichteile mit Schwellung oder spontaner Entleerung oder aber zu einer Osteomyelitis kommen. In diesen Fällen treten Allgemeinsymptome auf. Bei der Therapie steht die *Pusevakuierung* im Vordergrund. Kann eine Drainage über den Zahn herbeigeführt werden, erübrigt sich eine Inzision. Erst bei nicht durchführbarer Drainage ist eine Inzision indiziert.

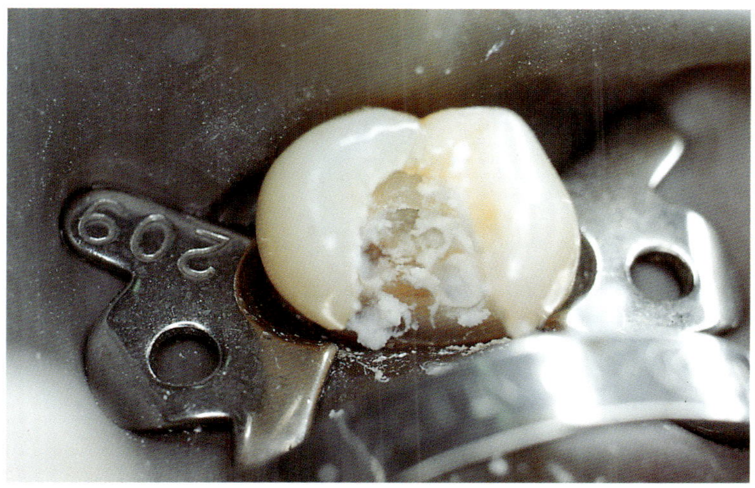

69 Zwischeneinlage
In die aufbereiteten und getrockneten Wurzelkanäle wird Kalziumhydroxid fest mit Papierspitzen eingestopft, nur der Wandkontakt der antibakteriellen Zwischeneinlage sichert eine langfristige Wirkung.

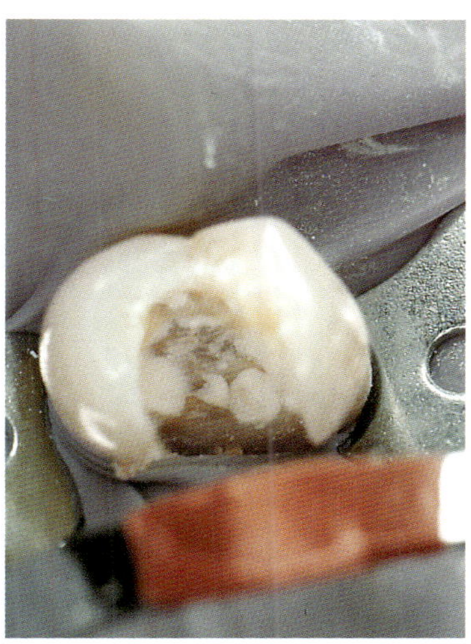

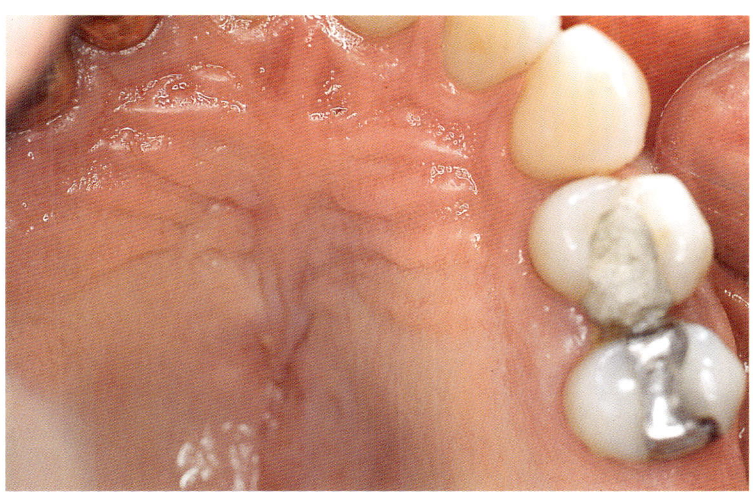

70 Antibakterielle Wirkung
Nach 3 Monaten waren sowohl die palatinale Schwellung als auch die anfänglichen klinischen Symptome nicht mehr nachweisbar. Auch die Interimsfüllung ist dicht und schützt vor einer erneuten bakteriellen Infiltration des Wurzelkanals.

Links: Unter Kofferdam wird die Füllung entfernt, sichtbar ist die intakte Zwischeneinlage.

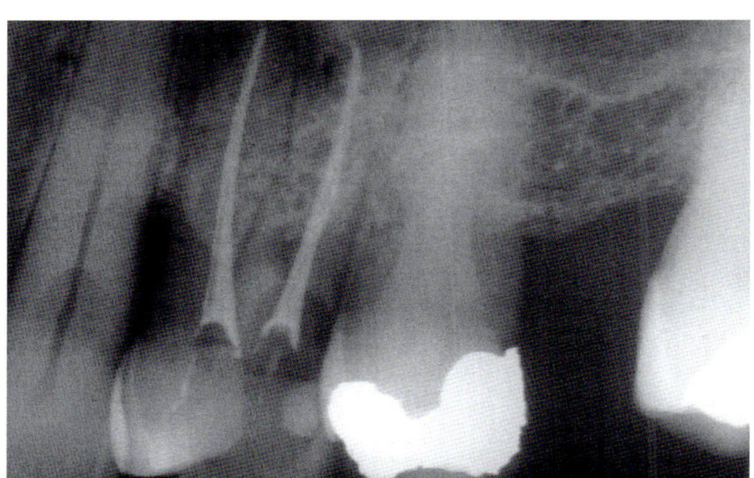

71 Wurzelkanalfüllung
Die Wurzelkanäle werden nach der lateralen Kondensationstechnik mit Guttapercha und einem Sealer gefüllt. Im Röntgenbild erkennt man bereits eine beginnende Rückbildung der periapikalen Aufhellung.

Chronische apikale Parodontitis

Nach Induktion einer apikalen Parodontitis an Rattenmolaren konnte histologisch zwischen dem 7. und dem 20. Tag eine aktive Phase mit starker *Knochendestruktion* und anschließend eine chronische Phase mit geringer Expansion ermittelt werden. Morphometrisch dominierten sowohl nach 15 als auch bis zu 90 Tagen Lymphozyten (50–60% aller Zellen), gefolgt von polymorphnukleären Leukozyten (25–40%), Makrophagen, Plasmazellen und Fibroblasten. T-Helferzellen dominierten in der akuten, T-Suppressorzellen in der chronischen Läsion. Erstere spielen eine wichtige Rolle beim Knochenabbau, letztere dagegen stabilisieren die Läsion im Sinne einer Chronifizierung. T-Helferzellen induzieren die Produktion eines Interferons, das Makrophagen zur Bildung des Knochenresorptionsfaktors IL-1 anregt. Zweitens wird ein Knochenresorptionszytokin produziert, und drittens stimulieren T-Helferzellfaktoren die Bildung von Antikörpern und Immunkomplexen. Hohe IL-1-Konzentrationen verhindern die Knochenneubildung durch Hemmung der Proteinsynthese von Osteoblasten (Stashenko et al. 1994).

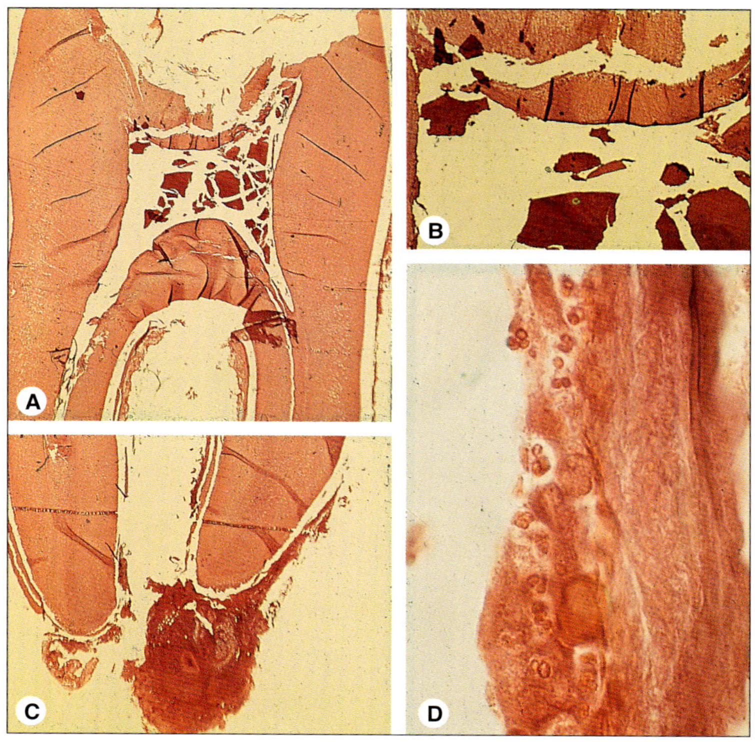

72 Nekrose und chronische periapikale Läsion

A Koronal ist es zur kariösen Freilegung des Pulpakammerdaches und Nekrose gekommen.

B Ausschnittvergrößerung aus dem Gebiet der nekrotischen Kronenpulpa.

C Periapikal erkennt man eine größere abgekapselte Ansammlung von Entzündungszellen, im Zentrum der periapikalen Läsion mehrere abgekapselte Hohlräume.

D Das Gewebe im Wurzelkanal ist nekrotisch und enthält hauptsächlich neutrophile Granulozyten, die teilweise lytisch zerfallen sind und weitere gewebszerstörende Enzyme freigesetzt haben.

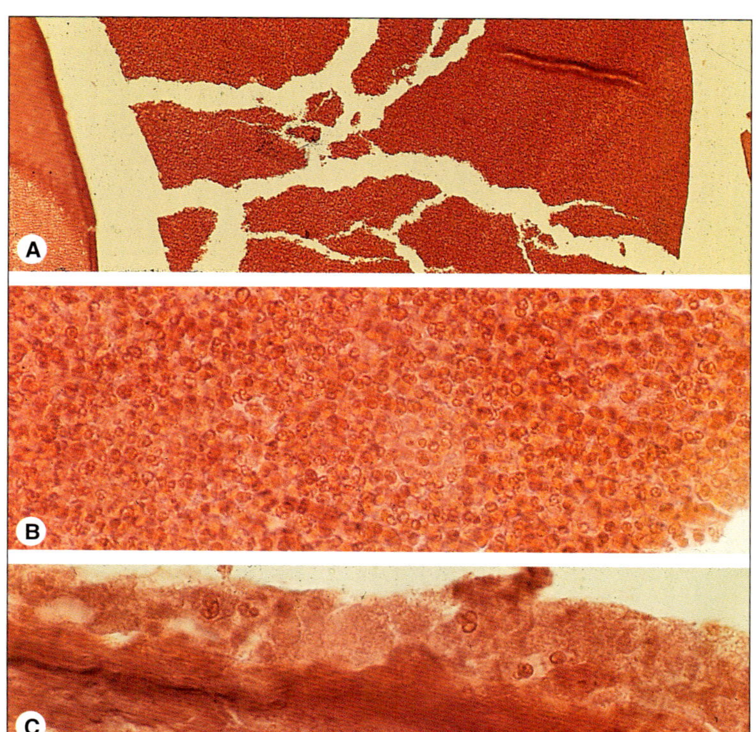

73 Nekrose der Kronenpulpa

A Das Gewebe im Übergangsbereich zum Wurzelkanal ist desintegriert. Die Risse im Nekrosegebiet sind histologische Artefakte.

B Das Gewebe ist vollständig von polymorphkernigen Granulozyten, Lymphozyten und Monozyten infiltriert. Es finden sich keine weiteren Gewebselemente.

C Die Granulozyten werden durch Bakterien und deren Toxine chemotaktisch angelockt und phagozytieren Zelltrümmer sowie eingedrungene Fremdstoffe. Dabei zerfallen sie und zerstören ebenso das umgebende noch intakte Gewebe. Nervenfasern sind auch bei schwerer Entzündung und Gewebsnekrose durchaus noch intakt.

Die chronische apikale Parodontitis ist klinisch asymptomatisch. Es besteht dabei eine direkte Beziehung zwischen der Größe der periapikalen Läsion und dem Ausmaß der bakteriellen Infiltration und Gewebsnekrose im Wurzelkanal. Zähne mit kleinen periapikalen Läsionen reagieren durchaus noch positiv, bei größeren Läsionen ist im Sensibilitätstest keine Reaktion mehr zu erwarten (Lin et al. 1984).

Die *chronische periapikale Läsion* besteht aus 3–4 Hauptkomponenten: erstens einem Infiltrat aus Lymphozyten und Plasmazellen; zweitens kann Granulationsgewebe gefunden werden; drittens können Malassezsche Epithelreste proliferieren, und viertens entsteht eine Bindegewebskapsel mit Fibroblasten und Kollagenfaserbündeln (Schroeder 1991).

Die Erhöhung der Antikörperkonzentration bei akuten Läsionen und ein Absinken nach endodontischer Behandlung zeigt, daß die Aufbereitung des Wurzelkanals und die Entfernung bakteriell infizierten Gewebes bei chronischer apikaler Parodontitis Therapie der Wahl ist (Kettering u. Torabinejad 1984).

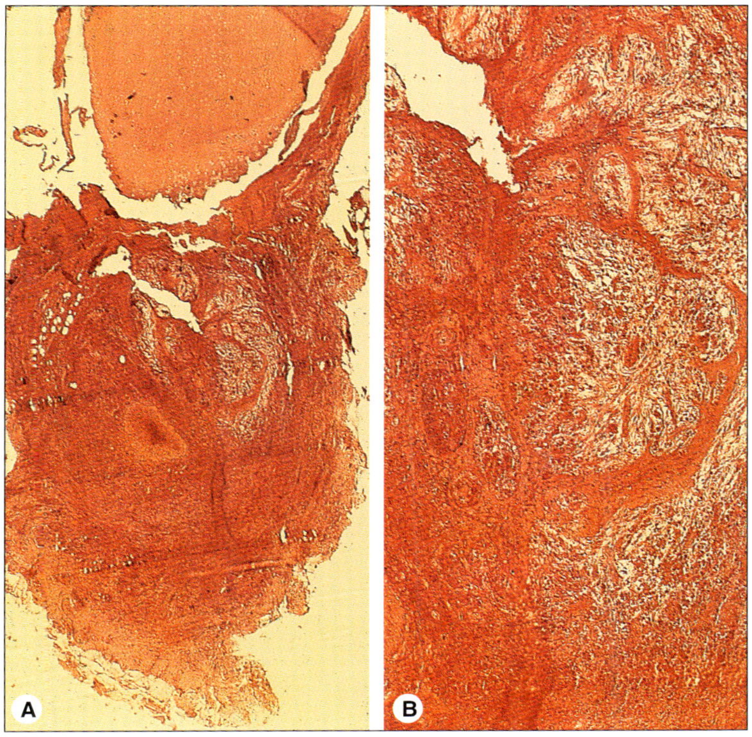

74 Fest anhaftendes periapikales Granulationsgewebe

A Die chronische periapikale Läsion ist umgeben von einer derben Bindegewebskapsel, die Mastzellen, Fibroblasten und Kollagenfaserbündel enthält. Zentral findet sich ein herdförmiges Infiltrat bestehend aus mononukleären Entzündungszellen wie Lymphozyten, Plasmazellen und Makrophagen.

B In der Ausschnittvergrößerung erkennt man Epithelstränge sowohl in unmittelbarer Umgebung des Apex als auch bizarr verteilt in der Kernzone der periapikalen Läsion.
Diese Epithelstränge entstammen vermutlich von Malassezschen Epithelresten, die jedoch nur in 20–40% aller apikalen chronischen Parodontitiden gefunden werden (Langeland et al. 1977).

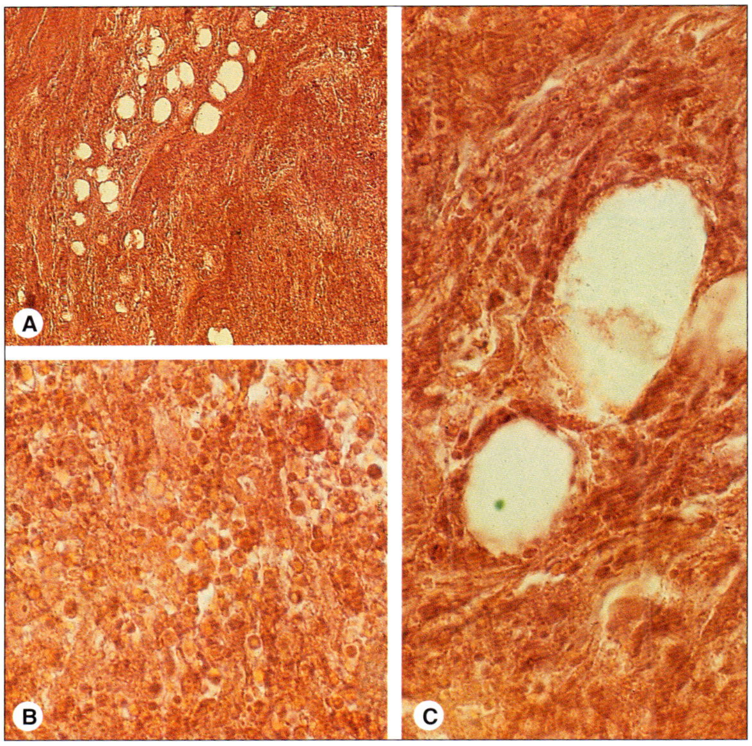

75 Periapikales Granulationsgewebe und Mikrozysten

A Granulationsgewebe mit Fibroblasten und mononukleären Entzündungszellen. Darüber hinaus finden sich im Zentrum der Läsion in 30–60% der Fälle abgekapselte Mikroabszesse, sichtbar als Hohlräume am oberen Bildende.

B Ausschnittvergrößerung mit Epithelsträngen und einer mononukleären Infiltration. Malassezsche Epithelzellen lassen sich nicht eindeutig nachweisen.

C In der starken Vergrößerung erkennt man mehrere abgekapselte und ruhende Mikroabszesse, die möglicherweise das Ausgangssubstrat für ein prospektives Zystenepithel sind. Epitheliale Stränge durchziehen das Granulationsgewebe und umwachsen es arkaden- bzw. netzförmig.

Chronische apikale Parodontitis und radikuläre Zyste

Die Angaben zur Inzidenz radikulärer Zysten schwanken zwischen 6 und 55%, auf Grund von Serienschnitten liegen sie bei 15% (Nair 1995).
In einer klinisch-histologischen Studie an 230 Wurzelspitzenbiopsien mit röntgenographisch periapikaler Aufhellung und klinischen Symptomen konnten nur 14 (6%) Zysten gesichert werden (Block et al. 1976).
Die chronische periapikale Läsion ist meist asymptomatisch. Selten erscheint der Zahn leicht verlängert. Er ist perkussionsempfindlich, und in 20% der Fälle können Fistelungen auftreten (Mortensen et al. 1970).

Im Röntgenbild erscheint die chronisch apikale Parodontitis als rundliche bis ovale, in der Regel scharf begrenzte Aufhellung. Selten wird eine diffuse Begrenzung beobachtet. Durchschnittlich große radikuläre Zysten sind von chronischen periapikalen Läsionen nicht zu unterscheiden, obwohl der Anteil an Zysten ab 10 mm steigt. Auch bei 10–15 mm großen Aufhellungen kann in mindestens 50% keine Zyste erwartet werden. Nur eine computertomographische Untersuchung soll eine Differentialdiagnose zulassen (Trope et al. 1989).

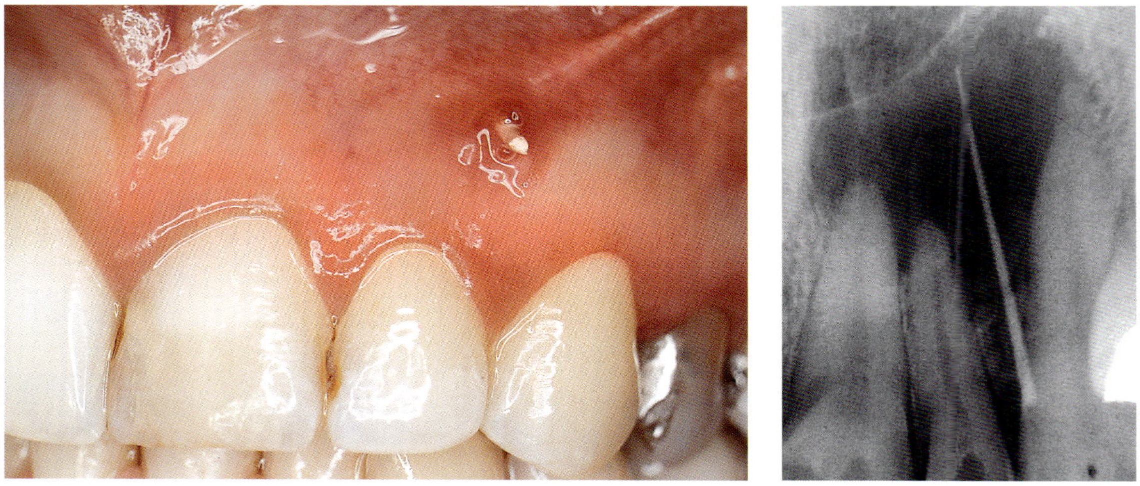

76 Fistel und röntgenographische periapikale Läsion
In etwa 20% der Fälle treten bei chronischer apikaler Parodontitis und in etwa 10% bei einer radikulären Zyste eine labial des Alveolarfortsatzes gelegene Fistelung auf. In der Abbildung ist zur besseren röntgenographischen Darstellung ein Guttaperchastift eingeschoben worden.

Rechts: Im Röntgenbild erkennt man eine fast pflaumengroße periapikale Aufhellung sowie den eingeschobenen Guttaperchastift.

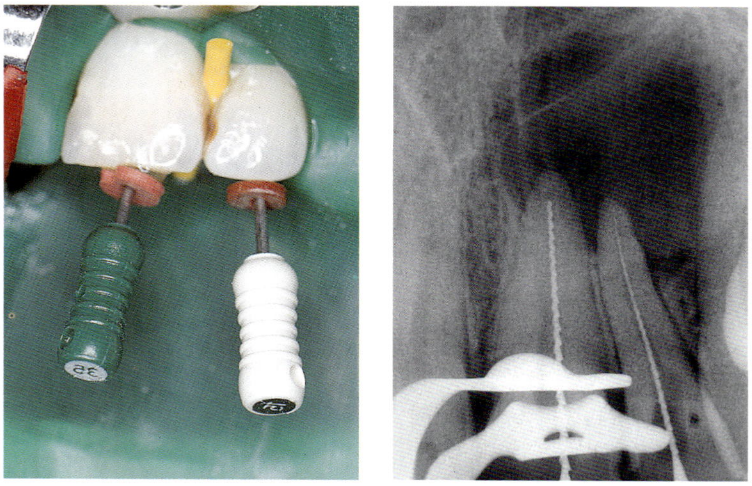

77 Wurzelkanalaufbereitung
Links: Da sowohl Zahn 22 als auch Zahn 21 im Sensibilitätstest negativ reagieren und perkussionsempfindlich sind, werden die Wurzelkanäle beider Zähne aufbereitet. Die Arbeitslänge wird röntgenographisch ausgemessen, eine Überinstrumentation ist bei apikaler Resorption zu vermeiden.

Rechts: Mit Hedström-Feilen wird zuerst koronal weitgehend bakteriell infiltriertes Gewebe entfernt und anschließend die Arbeitstiefe bestimmt.

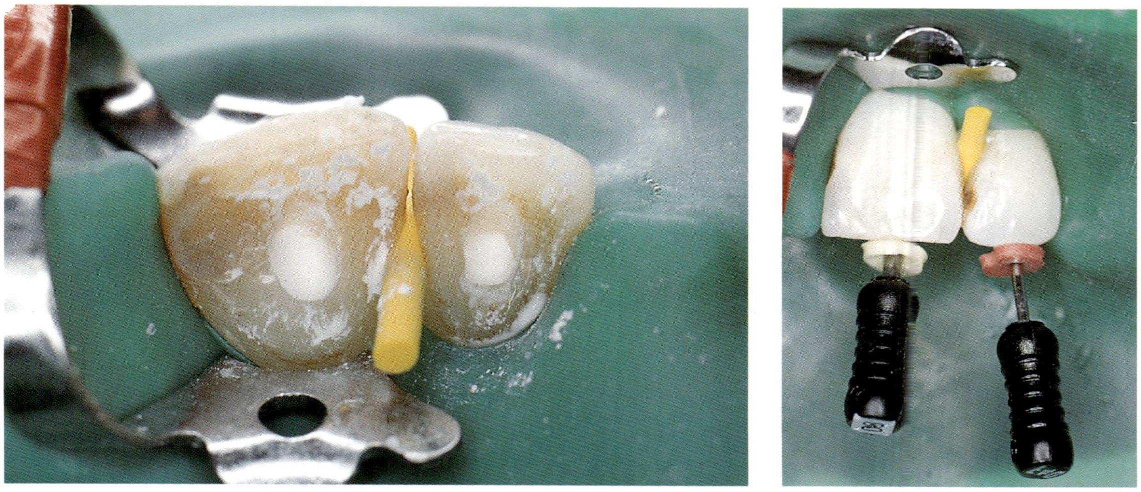

78 Zwischeneinlage
Ist der Wurzelkanal vollständig aufbereitet, so wird nach abschließendem Spülen und Trocknen wässriges Kalziumhydroxid mittels Papierspitzen fest eingestopft und für mindestens 3 und bis zu 6 Monate belassen.

Rechts: Die Wurzelkanäle werden mit Hedström-Feilen und mit K-Feilen instrumentiert und mit einer 1%igen Natriumhypochloritlösung gespült.

Neuerdings unterscheidet man die apikale *wahre Zyste* mit komplett ausgekleideten Hohlräumen von der *Taschenzyste* mit zum Wurzelkanal hin offenen Zystenlumen. Von 256 periapikalen Läsionen wurden 9 % als wahre Zysten und 6 % als Taschenzysten klassifiziert (Nair et al. 1995).

Die Existenz von 2 unterschiedlichen Klassen radikulärer Zysten und die Unmöglichkeit, die Zyste klinisch-röntgenographisch eindeutig von der chronischen apikalen Parodontitis zu differenzieren, haben therapeutische Konsequenzen.

Die Therapie bei periapikalen Läsionen besteht in der Aufbereitung des Wurzelkanals sowie einem bakteriendichten Verschluß. Da auf Grund des röntgenographischen Befunds keine eindeutige Differentialdiagnose erhoben werden kann und der histologische Status nicht bekannt ist, werden periapikale Läsionen zuerst konventionell behandelt. Periapikale Taschenzysten heilen meist aus, während wahre Zysten selten konventionell erfolgreich behandelt werden können (Nair et al. 1993).

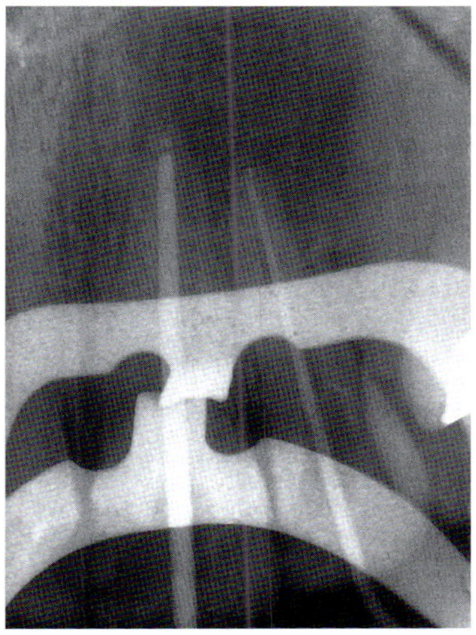

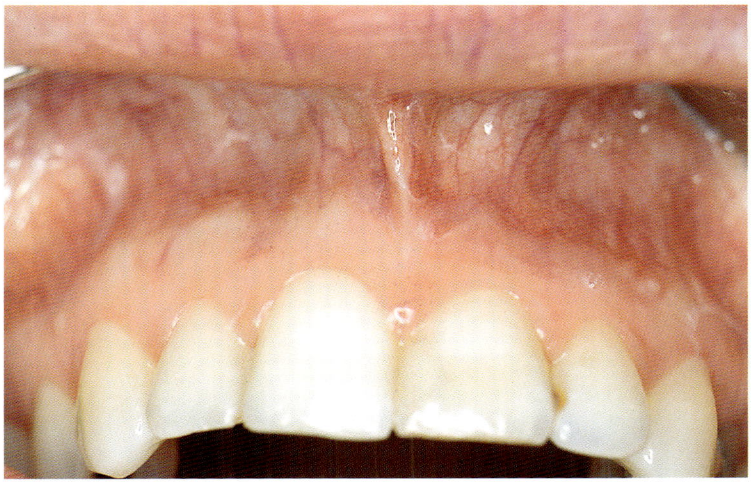

79 Klinische Kontrolle
Nach 3 Monaten wurde die Zwischeneinlage gewechselt. Die Fistel ist nicht mehr nachweisbar. Weitere klinische Zeichen, die auf eine Persistenz der periapikalen Entzündung hinweisen, fehlen.

Links: Nach weiteren 3 Monaten wurde die Zwischeneinlage mit Natriumhypochlorit herausgespült und röntgenographisch sowohl die Regeneration der periapikalen Läsion als auch der Sitz der Guttaperchastifte kontrolliert.

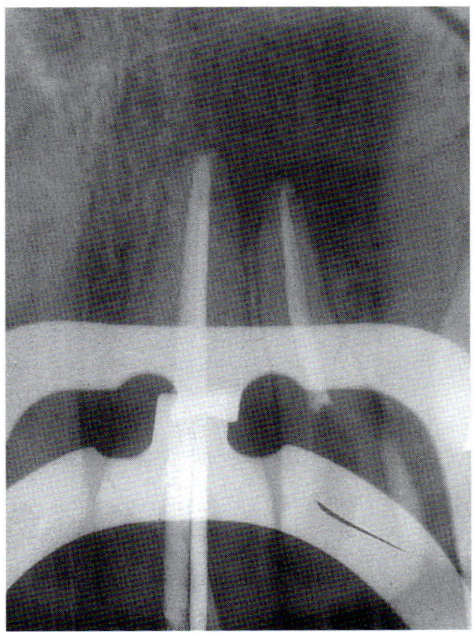

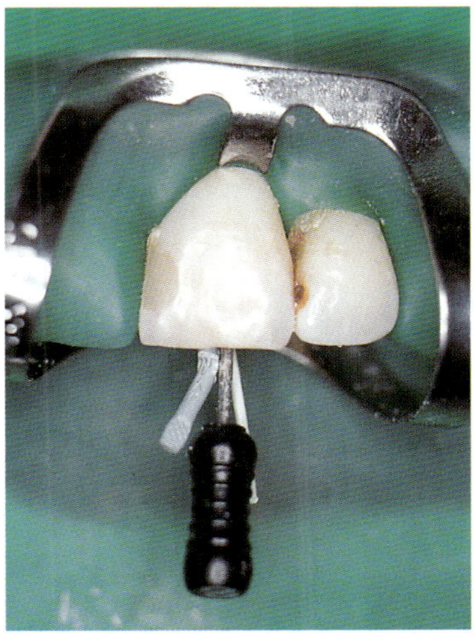

80 Wurzelkanalfüllung
Links: Nachdem die mit Sealer benetzten Guttaperchastifte bis zum Referenzpunkt eingeführt wurden, erfolgte im Anschluß an die erste laterale Kondensation eine röntgenographische Kontrolle, damit ein mögliches Überpressen der Füllung bei vorhandener periapikaler Resorption bereits im Anfangsstadium behoben werden kann.

Rechts: Durch die laterale Kondensation weiterer Guttaperchastifte wird die Kanalfüllung komplettiert.

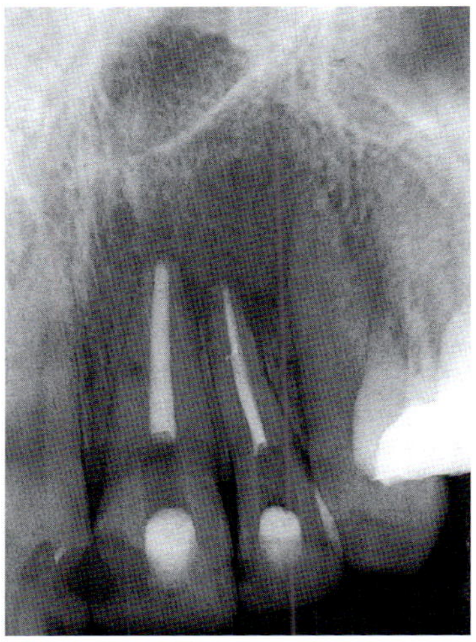

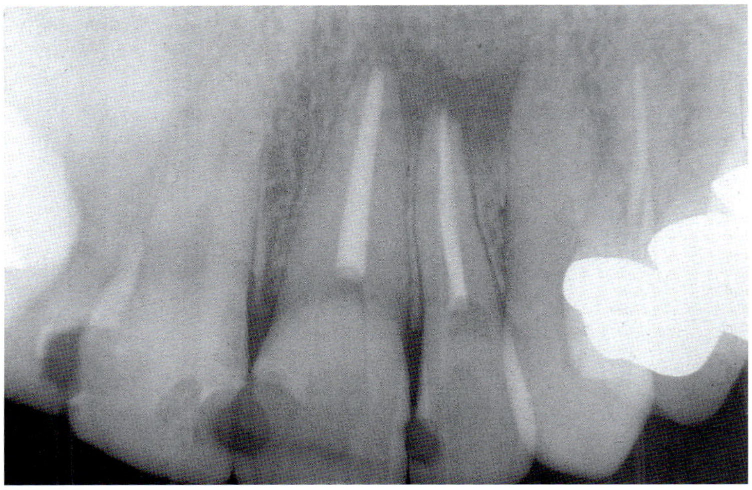

81 Röntgenkontrolle des konservativen Therapieerfolgs
In der Röntgenkontrolle nach 2 Jahren erkennt man eine weitere knöcherne Regeneration der periapikalen Läsion mit Einwachsen von Knochenbälkchen, an der Wurzelspitze von Zahn 22 ist jedoch noch immer eine geringe Aufhellung sichtbar.

Links: Röntgenkontrolle der Wurzelkanalfüllungen ein Jahr nach Behandlungsbeginn mit einer deutlich reduzierten Größe der periapikalen Läsion.

Radikuläre Zyste

Die radikuläre „wahre“ Zyste ist definiert als chronische periapikale Entzündung, die einen epithelial ausgekleideten, geschlossenen Hohlraum umschließt. Sie entsteht auf dem Boden einer chronischen apikalen Parodontitis: In der ersten der *3 Entwicklungsphasen*, der Initiation, beginnen ruhende Malassezsche Epithelreste zu proliferieren. Während der zweiten Phase entsteht ein epithelial ausgekleideter Hohlraum, und in der dritten Phase kommt es als Folge osmotischer und resorptionsstimulierender Faktoren zum Zystenwachstum (Nair 1995).

Die etablierte radikuläre Zyste besteht aus der bindegewebigen Kapsel, einer subepithelialen Zone entzündlichen Infiltrats, der epithelialen Zystenwand und dem Zystenlumen. Dieser Hohlraum enthält neben abgeschilferten nekrotischen Epithelzellen Cholesterinkristalle, Entzündungszellen und Reste des resorbierten Knochengewebes. Die Zystenwand ist ein mehrschichtiges Plattenepithel, von Granulozyten, Makrophagen und Lymphozyten durchsetzt, die subepitheliale Zone enthält T- und B-Lymphozyten sowie Plasmazellen (Schroeder 1991).

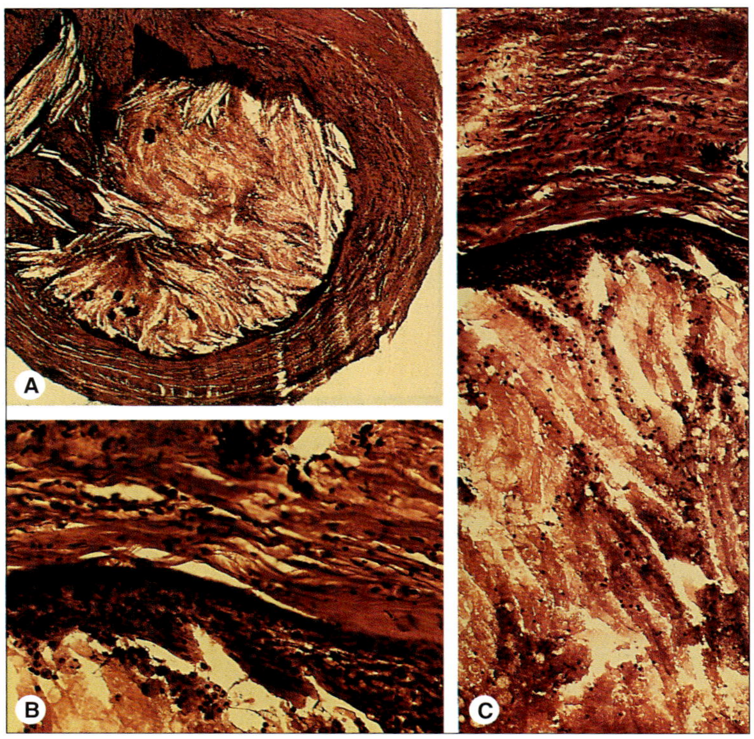

82 Aufbau und Komponenten einer radikulären Zyste

A Im Zystenlumen der etablierten radikulären Zyste finden sich Cholesterinkristalle, umgeben von der epithelialen Zystenwand und der subepithelialen Zone mit Infiltration von Entzündungszellen. Die bindegewebige Kapsel enthält Fibroblasten und Kollagenfaserbündel und ist mit den periapikalen Desmodontalfasern fest verbunden.

B Die epitheliale Zystenwand ist als mehrschichtiges Plattenepithel ohne Stratum corneum ausgebildet und etwa 20 bis maximal 50 Zellagen dick.

C Im Zystenhohlraum findet sich eine braun-gelbliche Flüssigkeit, bestehend aus Cholesterinkristallen und nekrotischem Gewebe, des weiteren lassen sich polymorphnukleäre Granulozyten und mononukleäre Leukozyten nachweisen.

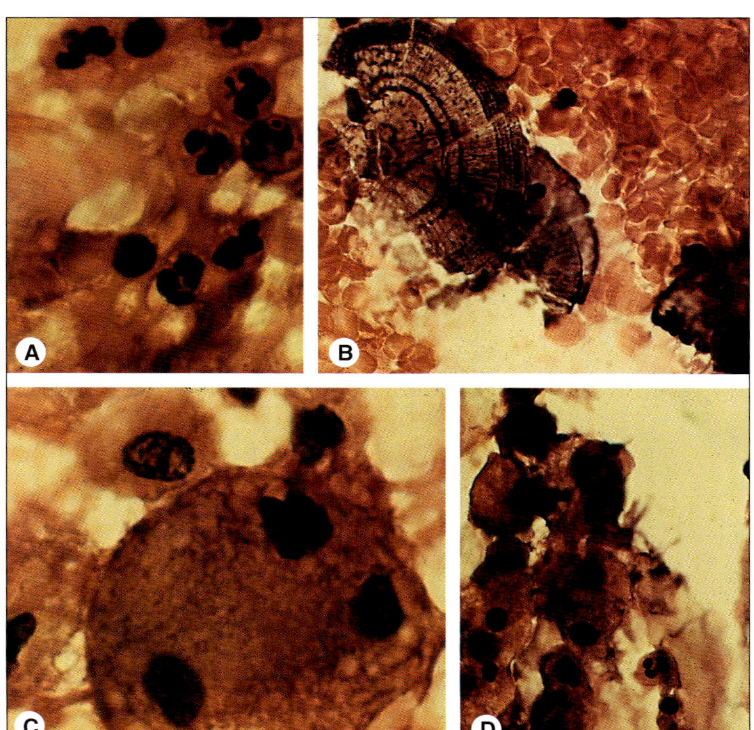

83 Inhalt des Zystenlumens

A Die organischen Bestandteile innerhalb des Zystenhohlraumes bilden einen kaum mehr differenzierbaren Zystenbrei, durchsetzt von neutrophilen Granulozyten und einzelnen Lymphozyten als Ausdruck einer infizierten und akut exazerbierten Entzündung.

B Reste von Lamellenknochen innerhalb des Zystenhohlraumes sind Ausdruck der Resorptionsfähigkeit des Zystengewebes.

C Mehrkernige Riesenzellen sind sowohl Hinweis einer möglichen Fremdkörperreaktion als auch einer osteoklastischen Aktivität; angrenzende Plasmazellen produzieren Antikörper, vorwiegend IgG und IgA, weniger IgM und IgE.

D Lymphozyten sind mehrheitlich T-Zellen, weniger B-Zellen in einem Verhältnis von 3:1.

Befunderhebung und Diagnose

Der Patient, der mit Zahnschmerzen die Praxis aufsucht, stellt innerhalb eines ansonsten geplanten Praxisablaufs eine diagnostische und therapeutische Herausforderung dar. Die ursächliche Schmerzausschaltung ist Ziel des zahnärztlichen Eingriffs. Eine exakte Diagnostik und darauf abgestimmte Therapie wird durch Hinzuziehen subjektiver und objektiver Krankheitskriterien möglich. Wegen ihrer anatomischen Besonderheiten können Erkrankungen des Pulpa- und periapikalen Parodontalgewebes jedoch nicht direkt inspiziert werden. Diese Besonderheit hat zur Entwicklung indirekter Diagnosemethoden geführt. Neben den klinischen Befunden stellt das subjektive Phänomen Schmerz ein wesentliches Beurteilungskriterium des pathologischen Zustands der Pulpa dar, obwohl kein genereller Zusammenhang zwischen dem histologischen Zustand der Pulpa und den klinischen Einzelsymptomen, insbesondere dem Schmerz, besteht und zu erwarten ist. Treten Schmerzen auf, ist abzuklären, ob sie dentogenen Ursprungs sind oder von den Nachbarorganen ausgehen.

Die Untersuchung des Patienten beinhaltet die medizinische und zahnmedizinische Anamnese, den extra- und intraoralen Befund sowie mögliche Differentialdiagnosen. Die subjektiven Patientenangaben enthalten Angaben zu medizinischen und zahnmedizinischen Erkrankungen.

Es gibt keine medizinische Kontraindikation, die gegen die Durchführung einer Wurzelkanalbehandlung spricht. Jedoch sollten medizinische Besonderheiten und die psychische Verfassung des Patienten berücksichtigt werden. Die medizinische Anamnese sollte alle medizinischen Befunde oder Medikationen erfassen, die die endodontische Behandlung beeinflussen oder die selbst durch die zahnärztlichen Maßnahmen beeinflußt werden könnten. Systemische Erkrankungen wie rheumatisches Fieber, koronare Herzerkrankungen, Bluthochdruck bzw. Diabetes sind anamnestisch zu erfassen. Bei Gefahr einer bakteriell bedingten Endokarditis muß antibiotisch abgeschirmt werden.

Die zahnmedizinische Anamnese erfaßt Daten, die für die Behandlungsplanung wichtig sind. Im Rahmen der zahnmedizinischen Anamnese muß eine Schmerzanamnese erhoben werden. Die Entwicklung der gegenwärtigen Beschwerden wird kurz und mit den patienteneigenen Worten festgehalten. Die zahnmedizinische Befragung soll Hinweise auf mögliche traumatische Einwirkungen in der Vergangenheit geben und mögliche Zusammenhänge mit früheren Zahnarztbesuchen ermitteln. Der Patient sollte aufgetretene Schwellungen und Fisteln angeben und mitteilen, ob bei Druck und Entlastung des Zahnes Beschwerden auftreten. Die Schmerzanamnese muß genaue Angaben zu der Art des Schmerzes, dem Zeitpunkt des Auftretens, der Auslösbarkeit und dem Ort sowie der Ausstrahlung in bestimmte Regionen enthalten. Hinzu kommen Fragen zu Blutungen oder Eiterentleerungen aus dem Zahnfleisch, Nahrungsimpaktionen zwischen Zähnen und erhöhter Zahnbeweglichkeit.

Extraorale Untersuchung

Bei der extraoralen Untersuchung werden normale Befunde und pathologischen Veränderungen erfaßt. Es werden äußere Auffälligkeiten der Gesichtsform als symmetrische oder asymmetrische Defekte bzw. Auftreibungen registriert.

Die Hautoberfläche kann z.B. Fisteln, Rötungen, Blässe oder Narben aufweisen, die eine weitere Abklärung erfordern oder auf intraorale Veränderungen hinweisen. Bei der Untersuchung muß abgeklärt werden, ob es sich um eine lokalisierte oder generalisierte Erkrankung handelt.

Die neurologische Untersuchung schließt die Prüfung der Motorik, der Sensibilität, der Sinnes- und der Bewegungsfunktion ein. Durch seitenvergleichende Prüfung der Wahrnehmung äußerer Reize wird die Sensibilität geprüft.

Die Untersuchung der *Lymphknoten* im Kiefer-Gesichts-Bereich kann Hinweise auf entzündliche, infektiöse oder tumoröse Erkrankungen geben. Die Palpation erfolgt bimanuell und seitenvergleichend, schmerzhafte Lymphknoten sind Ausdruck einer akuten Entzündung (Sailer u. Pajarola 1996).

84 Extraoraler Ulkus
Links: Bei einer 25jährigen Patientin ist im Kinnbereich eine rötliche, fast kirschkerngroße, ulzeröse und schmerzfreie Auftreibung sichtbar, die mehr als ein Jahr persistiert. Trotz dermatologischer Behandlung und chirurgischem Verschluß kommt es zur wiederholten Perforation mit Sekretion.

Rechts: Im Röntgenbild kann eine periapikale, scharf begrenzte Aufhellung ermittelt werden. Nach Wurzelkanalbehandlung schließt sich der Fistelgang.

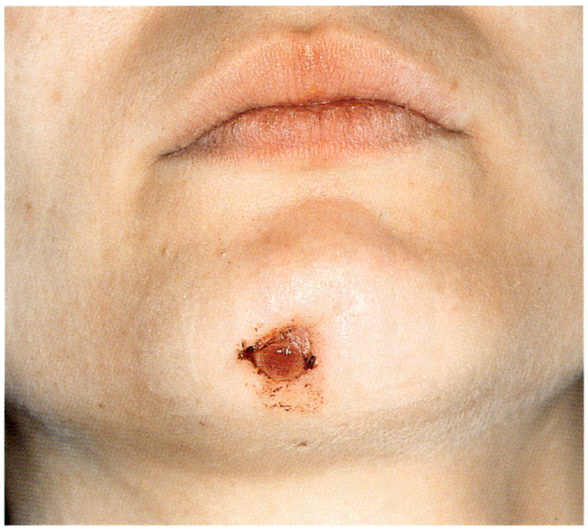

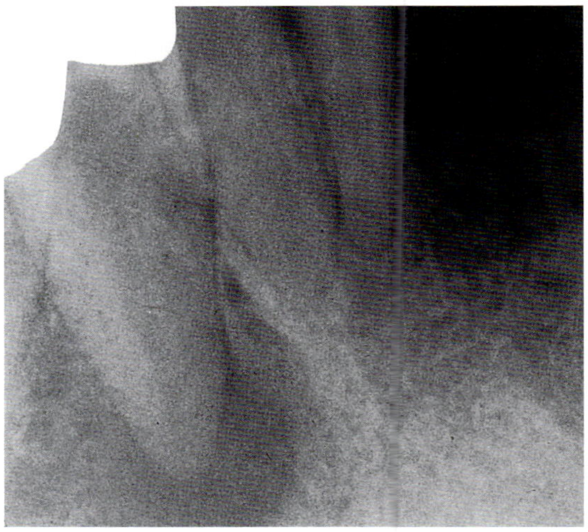

85 Extraorale Schwellung
Links: Der 27jährige Patient sucht die Schmerzsprechstunde auf, weil ihn eine seit 2 Tagen bestehende Auftreibung in der linken Gesichtshälfte beunruhigt. Zahnschmerzen können anamnestisch nicht ermittelt werden.

Rechts: Röntgenographisch weist der erste obere Molar eine periapikale Läsion auf, die die palatinale Wurzel umschließt.

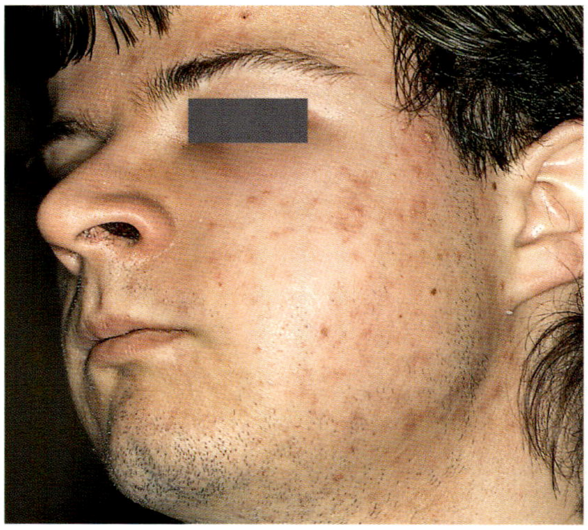

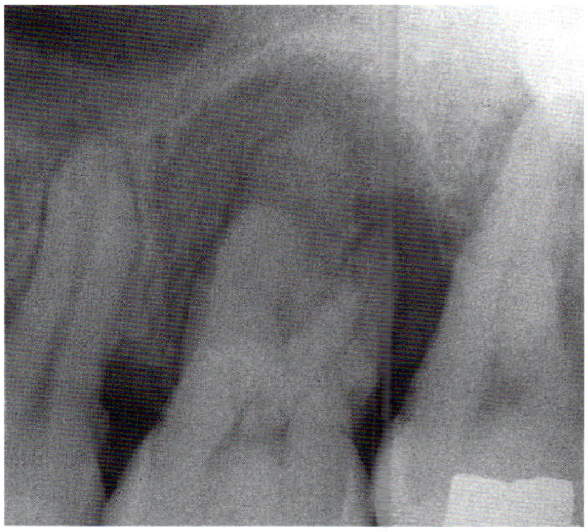

86 Extraorale Fistel
Links: Fistelung mit zeitweiliger Eiterentleerung. Differentialdiagnostisch muß an einen Ulkus gedacht werden, da ein tiefreichender Substanzdefekt sichtbar ist, des weiteren an aphthöse Ulzera und selten auch an ein Karzinom.

Rechts: Nachdem an Zahn 46 die alte Füllung entfernt wurde, zeigt sich eine ältere Perforation des Pulpagewebes, die im kariösen Dentin direkt überkappt worden war.

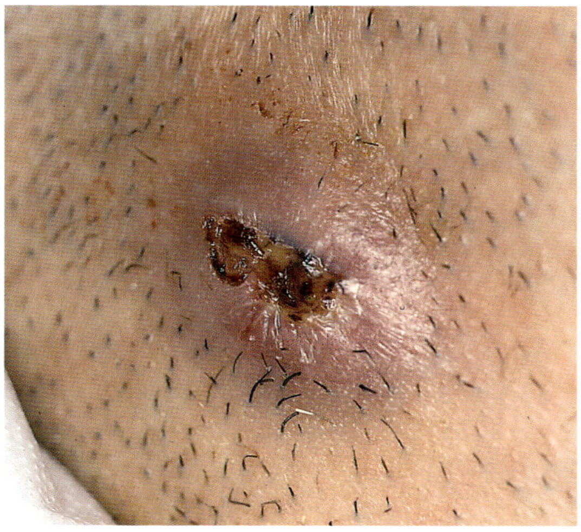

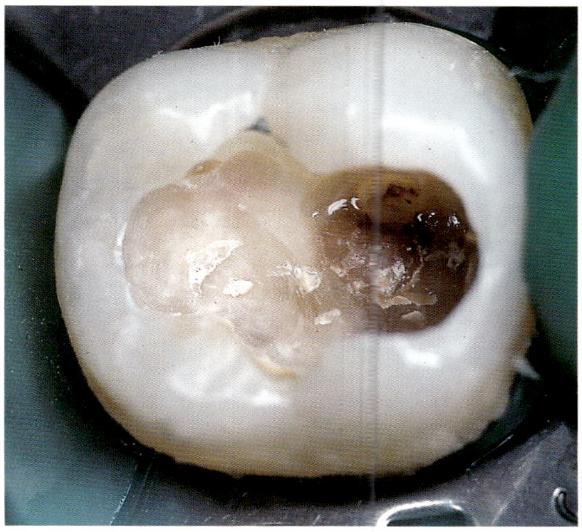

Intraorale Untersuchung

Die visuelle intraorale Untersuchung umfaßt die Suche nach Schwellungen, Rötungen, Fistelungen, nach Eiterentleerungen, dem Zustand des parodontalen Halteapparats, Zahnkaries, Zahnverfärbungen und -lockerungen, Füllungen und dem Zustand des Gesamtgebisses. Einige oder alle nachfolgend genannten Untersuchungsverfahren sollten angewandt werden: Palpation, Perkussion, Bestimmung der Zahnmobilität, parodontale Untersuchung, Analyse der Okklusion, Infraktionstest, Sensibilitätstest, Transillumination, selektiver Anästhesietest oder Röntgenuntersuchung.

Die Perkussion eines betroffenen Zahnes ist ein sicheres Zeichen bereits in frühen pathologischen Zustandsformen. Es stellt sich aber die Frage, ob eine parodontale oder endodontale Ursache vorliegt oder ein okklusales Trauma in Verbindung mit einer marginalen Parodontitis besteht. Die apikale Palpation der Region der Wurzelspitze in der Umschlagfalte gibt Hinweise auf Druckempfindlichkeit, Infiltration, Schwellung oder gar Fluktuation. Durch Ausstreichen des Gewebes kann eine Fistel diagnostiziert werden, wenn aus dieser Exsudat austritt (Beer 1992b).

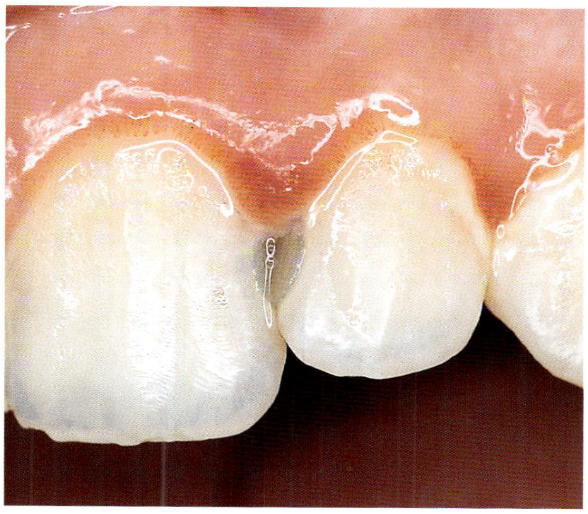
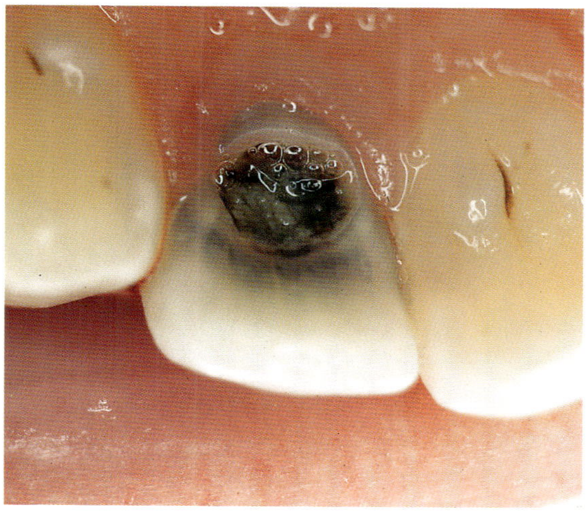

87 Karies und Füllung
Links: Verfärbte Füllungen sind auf Randimperfektionen zu kontrollieren. Gleichzeitig weist die unzureichende Mundhygiene auf Bakterienpenetration hin.

Rechts: Oberer seitlicher Schneidezahn mit tiefer penetrierender Karies; der Befund findet sich bei klinischer Erstuntersuchung, die Mundhygiene der Patientin ist gut. Vermutlich war Plaqueakkumulation an einem Foramen coecum Ausgang der kariösen Zerstörung.

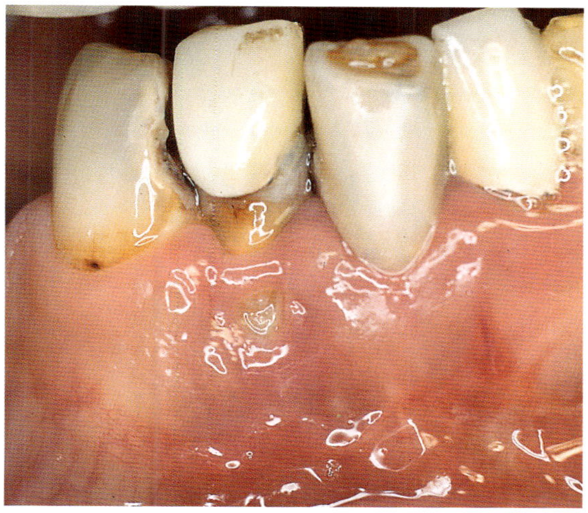
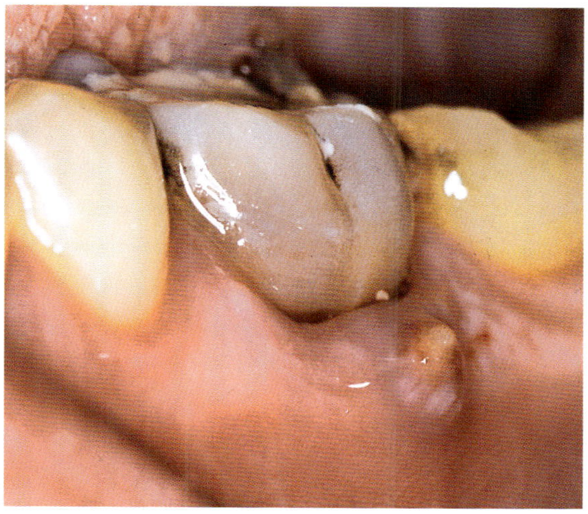

88 Fisteln und Perforationen
Links: Untere Frontzahnregion bei einem 32jährigen Patienten mit insuffizienter Kronenversorgung und gleichzeitig ungenügender Mundhygiene. Die bukkale Perforation hat ihre Ursache in der Korrosion des Stumpfaufbaus mit Gewebsreaktion.

Rechts: Neben einer Verfärbung der Zahnkrone weist die Schwellung und Fistelung auf eine nekrotische Pulpa mit periapikaler Beteiligung hin. Trotz fehlender Schmerzen ist eine eindeutige Diagnose möglich.

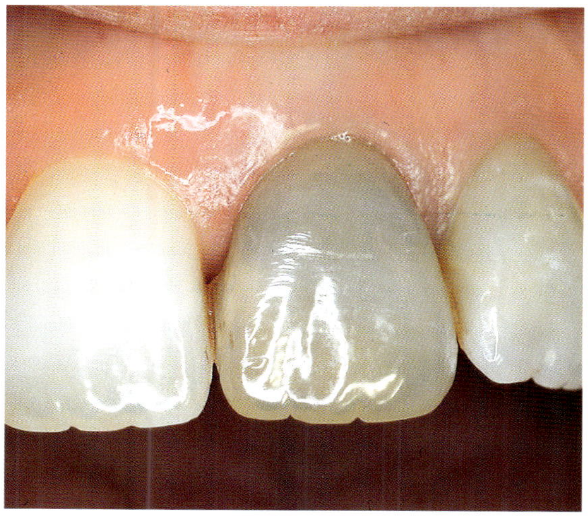
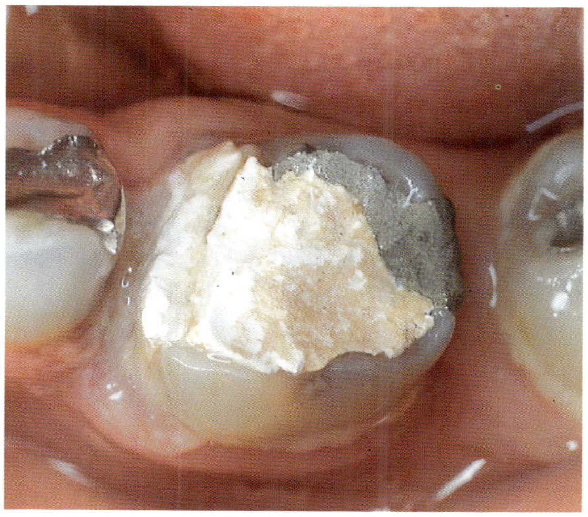

89 Zahnverfärbung
Links: Starke Verfärbung eines oberen Frontzahnes; durch die Röntgenaufnahme läßt sich eine insuffiziente und ins Kronenkavum reichende Wurzelkanalfüllung nachweisen.

Rechts: Nach der notfallmäßigen Exkavation der Karies persistieren die Schmerzen. Die Kavität war mit einem Material abgedeckt, welches Feuchtigkeit beim Abbindeprozeß benötigt. Dadurch ist es zu einer Pulpaschädigung gekommen.

Sensibilitätstestung

Elektrische oder thermische Sensibilitätstest erlauben einen Hinweis, ob das Pulpagewebe stark geschädigt ist oder nicht. Kältetests sind dabei am aussagekräftigsten. Eine exakte Unterscheidung zwischen klinisch gesunder Pulpa, reversibler oder irreversibler Pulpitis ist so in der Regel jedoch durch diesen Test nicht möglich, da intaktes Nervengewebe auch in Gebieten starker Entzündung und Gewebsnekrose nachweisbar ist. Es können sogar noch positive Sensibilitätstests bei kleinen periapikalen Aufhellungen erhoben werden (Lin et al. 1984).

Trotzdem ist die Sensibilitätsprüfung der Pulpa, die fälschlicherweise als „Vitalitätstest" bezeichnet wird, hilfreich bei der Differenzierung einer Pulpaerkrankung. Große Vorzüge gegenüber allen anderen Sensibilitätstests hat die Kälteprüfung mit Kohlensäureschnee. Durch die isolierende Dampfschicht, die den CO_2-Schnee bei Temperaturen über 0 °C umgibt, ist diese Prüfung weder für den Zahn noch die umgebenden Gewebe schädlich. Schmelzsprünge treten frühestens nach 2minütiger Einwirkung auf (Peters et al. 1986).

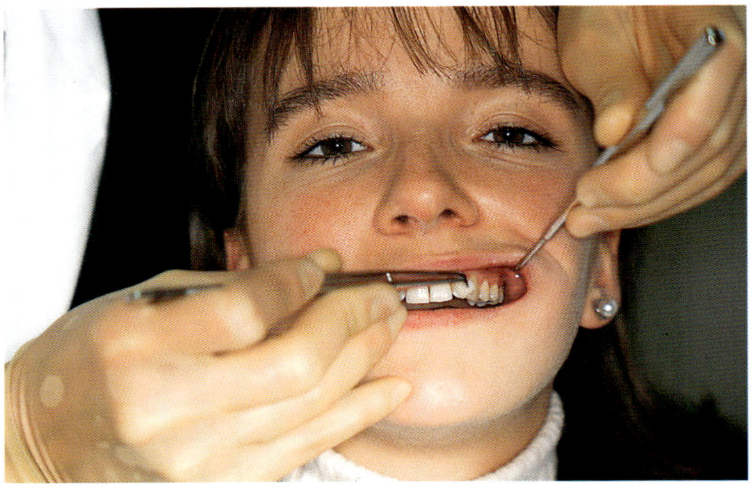

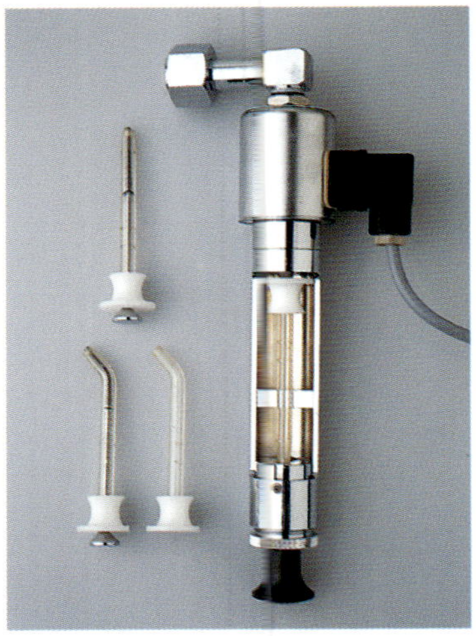

90 Kältetest
Die Kälteapplikation führt nach 4 Sekunden zu Temperaturen zwischen 26 und 30 °C, wodurch eine Schmerzreaktion ausgelöst wird. In der Pulpa sinkt die Temperatur lediglich um 0,2° (Lutz et al. 1974). Eiskegel erreichen Temperaturen bis −20 °C, Frigene aus Spraydosen, die über ein Pellett auf die Zahnoberfläche appliziert werden, senken die Temperatur auf bis zu −40 °C.

Rechts: Komprimierter Kohlensäureschnee erzielt −70 °C.

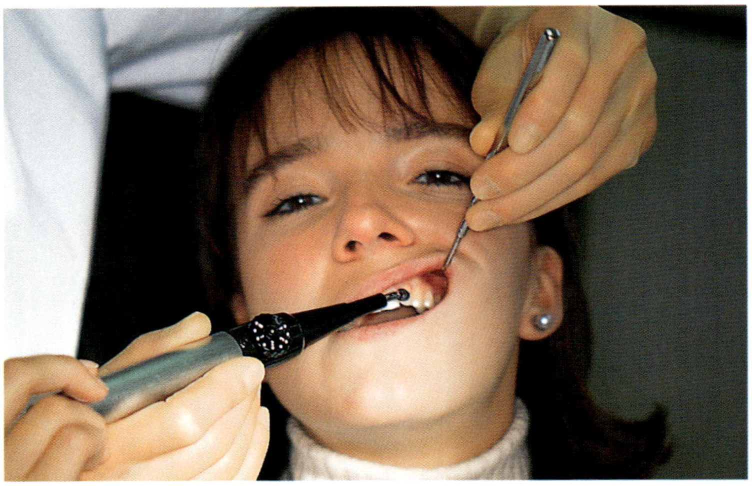

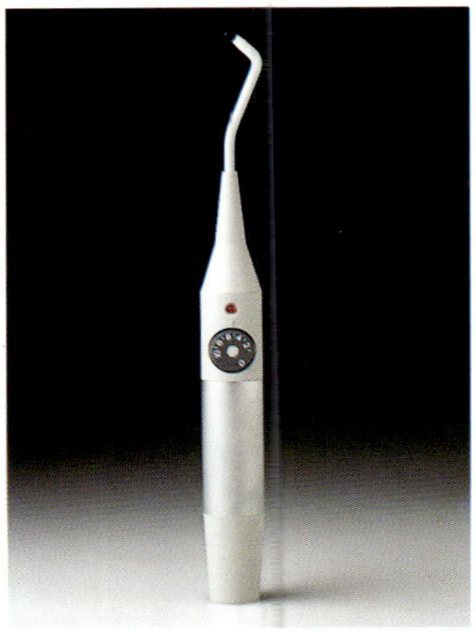

91 Elektrischer Test
Der elektrische Sensibilitätstest ist einfach einzusetzen und meist zuverlässig; die Zahnoberfläche muß dabei trocken sein. Das Ende des Pulpatesters wird angefeuchtet. Mit Handschuhen kann es durch die Isolation zu falschen Ergebnissen kommen. Am einfachsten läßt sich der Stromkreis dann schließen, wenn der Patient ein Metallteil des Pulpatesters mit der Hand berührt.

Rechts: Elektrotester mit verstellbarer Stromstärke (Ubert).

Elektrische Sensibilitätstestverfahren beruhen auf den besonderen Leitverhältnissen der Zahnhartgewebe. In den Testgeräten ist die spannungsregulierte Folge von Reizimpulsen so auf die Impedanz des Zahnes abgestimmt, daß bei einem unbeabsichtigten Nebenschluß über die Mundschleimhaut die Spannung zusammenbricht und ein falsch positives Ergebnis verhindert wird. Die angefeuchtete Elektrode, meist aus leitendem Gummi, wird auf die trockene Zahnoberfläche aufgelegt. Der Stromkreis führt vom Handstück der Elektrode über den Körper des Untersuchenden zum Körper des Patienten und wird über einen Mundspiegel in seiner Hand geschlossen.

Der Test ist bei Milchzähnen und bleibenden Zähnen einsetzbar. Jugendliche Zähne mit weit offenem apikalen Foramen besitzen noch keine voll entwickelte Sensibilität, so daß es zu falsch negativen Ergebnissen kommen kann. Auch nach einer traumatischen Einwirkung kann der Sensibilitätstest für Tage oder mehrere Wochen negativ ausfallen. Die elektrische Sensibilitätsprüfung ist bei Zähnen mit Metallkronen wegen des Nebenschlusses bzw. bei Keramikkronen durch die Isolatorwirkung nicht einsetzbar. Falsch negative Antworten können bei ausgedehnter und fortgeschrittener Karies entstehen, kontraindiziert ist der Test bei Patienten mit Herzschrittmacher.

Klinische Untersuchung und Therapieentscheid

Die Eingangsdiagnostik kann durch eine ganze Reihe einfacher Tests ergänzt und vervollständigt werden. Extraoral können Schwellungen oder Verfärbungen imponieren, die sich beim Ertasten als weich, derb, hart und schmerzhaft abgrenzen lassen. Auch der Lymphknotenbefund uni- und bilateral gibt Hinweise auf entzündliche Prozesse. Im Mund helfen das Erscheinungsbild der Zähne (einschließlich Verfärbungen) und des Zahnfleisches sowie das Abtasten der Wurzeloberfläche in der Umschlagfalte und am Gaumen bei der Differentialdiagnose.

Neben dem Röntgenbild bietet die Transillumination eine Möglichkeit, Karies, Frakturen oder andere Auffälligkeiten sichtbar zu machen. Weiterhin kann eine gezielte Ausschaltung einzelner Zähne per Anästhesie den erkrankten Zahn differenzieren. Weitere wichtige Hinweise erlaubt die Perkussion, die differentialdiagnostische Schlüsse aus einer vertikalen oder horizontalen Klopfempfindlichkeit zuläßt. Beim Aufbißtest mit einem Holzspatel können Frakturen oder Infraktionen durch den Be- oder Entlastungsschmerz deutlich gemacht werden.

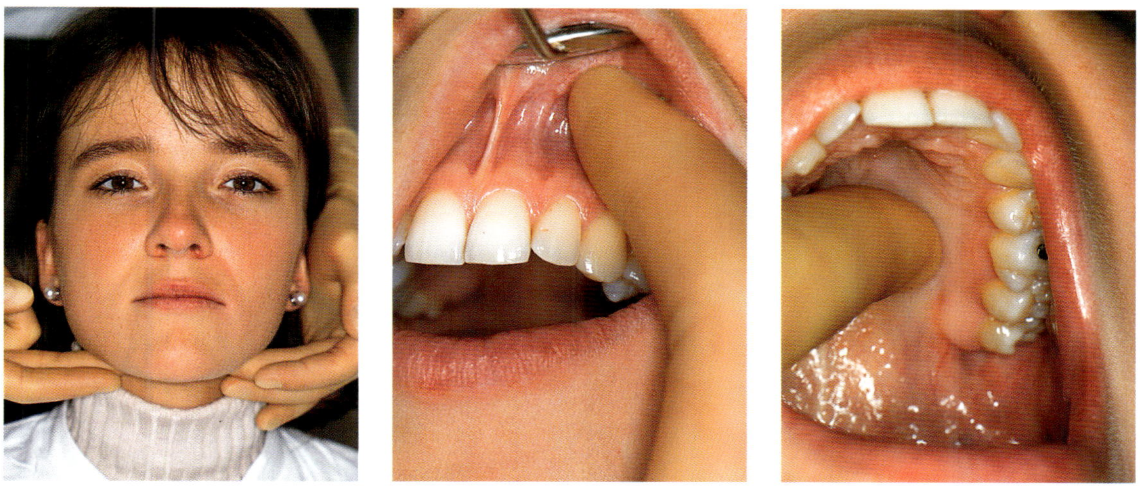

92 Palpation
Die digitale Palpation von Weich- und Hartgewebe gibt wichtige Anhaltspunkte für die Diagnose.

Links: Extraorales bimanuelles Abtasten der Lymphknoten.

Mitte: Vestibulär wird die Wurzeloberfläche bis zum Apex abgetastet, und Mißempfindungen des Patienten werden erfragt.

Rechts: Am Gaumen erfolgt ein Abtasten des Wurzelverlaufs und angrenzender Gewebe.

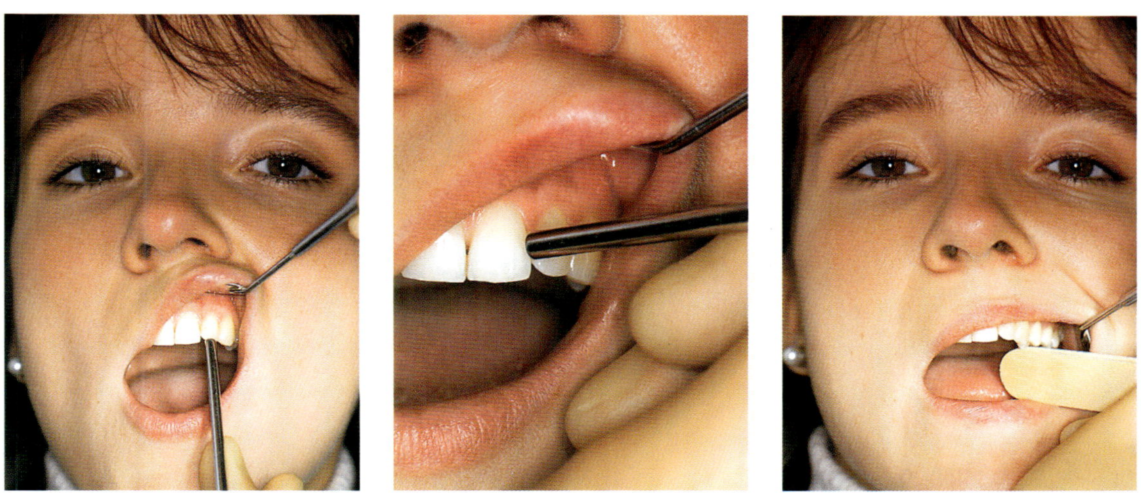

93 Perkussion und Aufbißtest
Die Klopfempfindlichkeit eines Zahnes ist ein Zeichen für das Vorliegen einer periapikalen Entzündung. Auch Frakturen sind durch Perkussion oder Aufbißtest feststellbar.

Links: Vertikale Perkussion immer im Vergleich mit unmittelbar angrenzenden Zähnen.

Mitte: Horizontale Perkussion.

Rechts: Aufbißtest auf einen Holzspatel, Entlastungsschmerz weist auf eine Infraktion hin.

Alle geschilderten Untersuchungen in ihrer Summierung geben dem Zahnarzt neben den klinischen Erfahrungen die Möglichkeit des Therapieentscheids und erlauben eine Einteilung in klinisch gesunde Pulpa, reversible Pulpaerkrankung, die irreversible Pulpitis und Pulpanekrose. Die klinisch gesunde Pulpa zeichnet sich durch fehlende Schmerzempfindung aus, bei reversibler Pulpitis kann Schmerz auf Kälte ausgelöst werden, in beiden Fällen hat die Karies die Pulpa noch nicht erreicht. Bei einer irreversiblen Pulpitis treten Spontanschmerzen auf, der Sensibilitätstest kann noch positiv sein, es liegt ein negativer oder bereits positiver Perkussionsbefund vor.

Bei kurz oder lang andauernder Schmerzanamnese ist eine vollständige Kariesentfernung als exspektative Reaktionsdiagnostik notwendig. Das Belassen auch wenig erweichten Dentins am Kavitätenboden ist absolut kontraindiziert. Erfolgt bei der Kariesexkavation die Eröffnung des Pulpagewebes, so wird eine notfallmäßige Pulpitistherapie durchgeführt. Unter Anästhesie muß die Kronenpulpa bis zum Wurzelkanaleingang scharf abgesetzt werden, der Eingang wird mit einem Wattepellett abgedeckt und die Kavität dicht verschlossen. In einer zweiten Sitzung wird der Wurzelkanal aufbereitet und nach Zwischeneinlage abgefüllt.

Röntgendiagnostik und Befundinterpretation

Nach der klinischen Befunderhebung hat das Röntgenbild für den Therapieentscheid besonders große Bedeutung. Im Seitenzahnbereich wird beispielsweise durch das Röntgenbild 30 bis 70% mehr Karies diagnostiziert als bei alleiniger klinischer Untersuchung (White et al. 1994). Um so erstaunlicher sind die Differenzen in der Befundung gleicher Röntgenbilder durch verschiedene Betrachter: Die Übereinstimmungsquote beträgt weniger als 50%. In einer Nachbefundung 8 Monate nach Erstdiagnose stimmten von den Untersuchenden 88% mit der eigenen Erstdiagnose überein (Goldman et al. 1974).

Die *Kariesprogression* wird röntgenographisch in 4 Grade unterteilt: Grad 1 ist schmelzbegrenzt, bei Grad 2 wird die Schmelz-Dentin-Grenze erreicht, Grad 3 zeichnet sich durch Aufhellung bis zur Hälfte des Dentins aus, bei Grad 4 ist sie tief im Dentin feststellbar. In der Untersuchung von Bille u. Thylstrup (1982) bestand nur geringe Übereinstimmung zwischen den radiographischen und den klinischen Veränderungen. Eindeutige Aussagen ließen sich erst bei Grad-4-Läsionen fällen. Mit dem Röntgenbild allein kann kein verbindlicher Therapieentscheid getroffen werden.

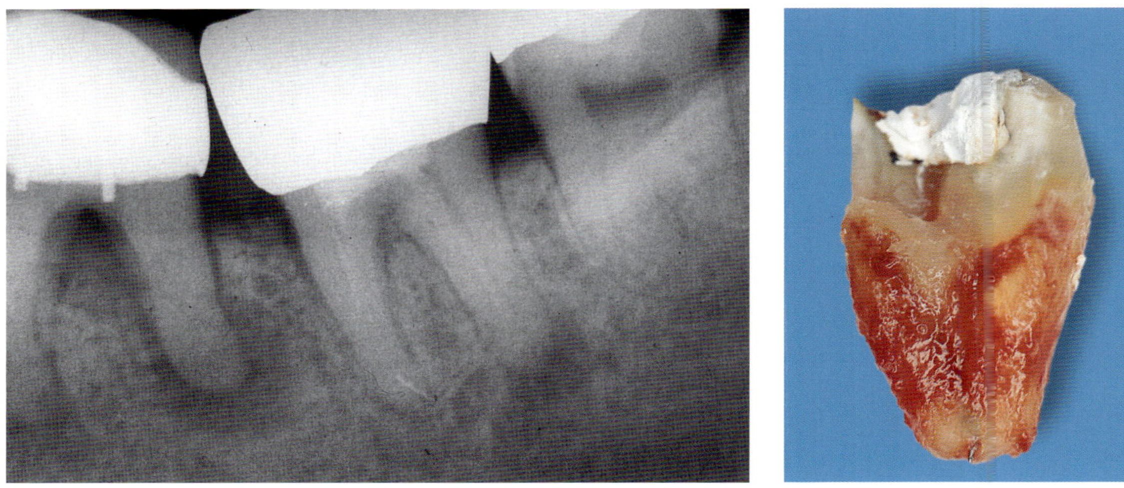

94 Instrumentenbruchstück
Röntgenaufnahme der Zähne 46 bis 48 zwei Jahre nach prothetischer Rekonstruktion durch den Hauszahnarzt. Die seither persistierenden Beschwerden wurden ignoriert. Röntgenographisch ist neben der insuffizienten Wurzelkanalbehandlung eine periapikale Aufhellung an 46 und 47 sowie ein Instrumentenfragment an der mesialen Wurzel von 47 feststellbar.

Rechts: Hedström-Feilen-Bruchstück in der mesialen Wurzel.

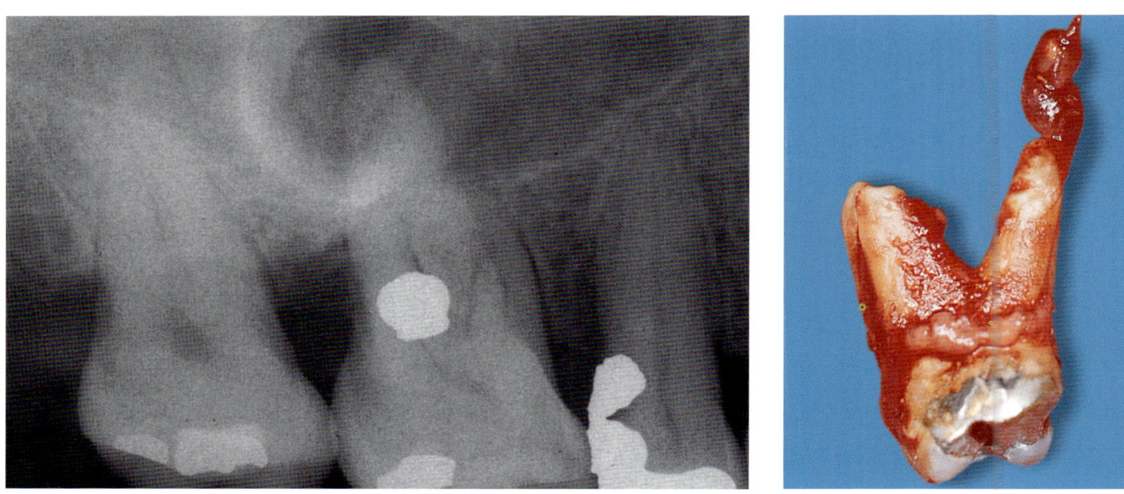

95 Aufhellung im OK
Röntgenographisch sichtbare periapikale Aufhellung im Oberkieferbereich vermutlich an der palatinalen Wurzel des Zahnes 26 bei gleichzeitigem vertikalem Knochenabbau.

Rechts: Weitgehende Bestätigung sowohl des Röntgenbefundes als auch der Ausdehnung der periapikalen Läsion nach Extraktion des Zahnes.

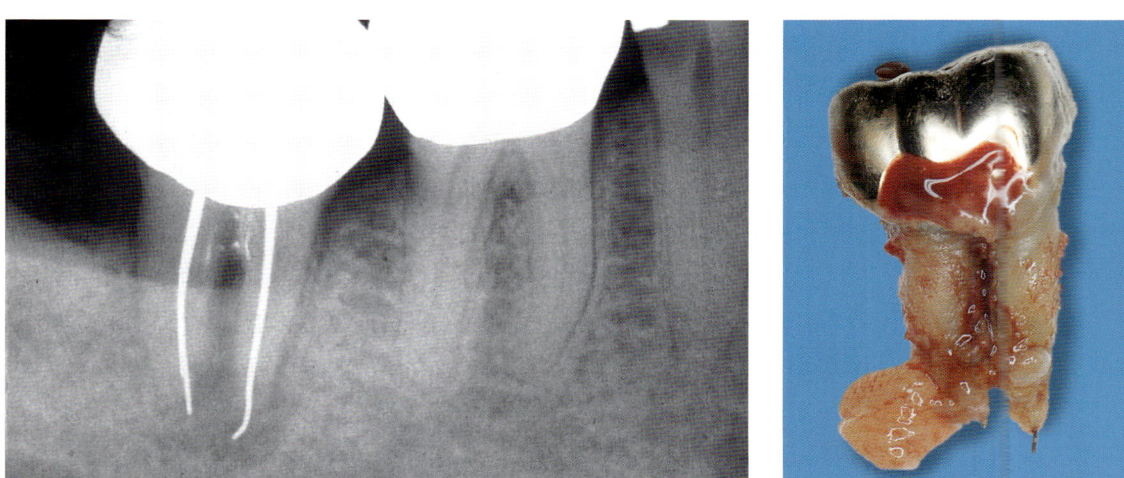

96 Aufhellung im UK
Röntgenbild eines zweiten Unterkiefermolaren, der Schmerz sowie Perkussion aufweist, mit periapikaler Aufhellung und insuffizienter Wurzelkanalfüllung mit Silberstiften.

Rechts: Nach Extraktion des Zahnes kann klinisch eine viel größere Ausdehnung der periapikalen Läsion festgestellt werden, als im Röntgenbild erkennbar ist. Die Korrosionsprodukte der überpreßten Silberstifte sind neben Bakterien Ursache der periapikalen Läsion.

Bei einem Mineralgehalt von 52% im kortikalen Knochen reicht ein Verlust von 6,6% an Knochenmineral aus, um diese Läsionen röntgenographisch sichtbar zu machen. Dabei können Spongiosaläsionen von den Kortikalisanteilen des Unterkieferknochens maskiert werden (Bender 1982). Erst die Entfernung der Übergangszone von Spongiosa zur Kortikalis, die anatomisch jedoch nicht abgrenzbar erscheint, führt durch die dabei entstehenden Veränderungen der trabekulären Knochenstruktur zu röntgenographisch sichtbaren Veränderungen (Shoha et al. 1974, van der Stelt 1985).

Läsionen im periapikalen UK-Wurzelbereich werden erst dann diagnostizierbar, wenn die bukkale Knochenkortikalis bis zur Hälfte perforiert ist. Da keine Aufnahmerichtung hinsichtlich der Erkennbarkeit einer Läsion anderen Projektionsrichtungen überlegen ist, empfehlen Marroquin et al. (1995) eine orthoradiale Projektionsrichtung. Erst für den Fall eines unklaren Befunds soll eine weitere exzentrische Aufnahme gewählt werden. Trotz der problematischen Interpretation der apikalen Röntgenaufnahmen ist ein Verzicht als diagnostisches Mittel undenkbar.

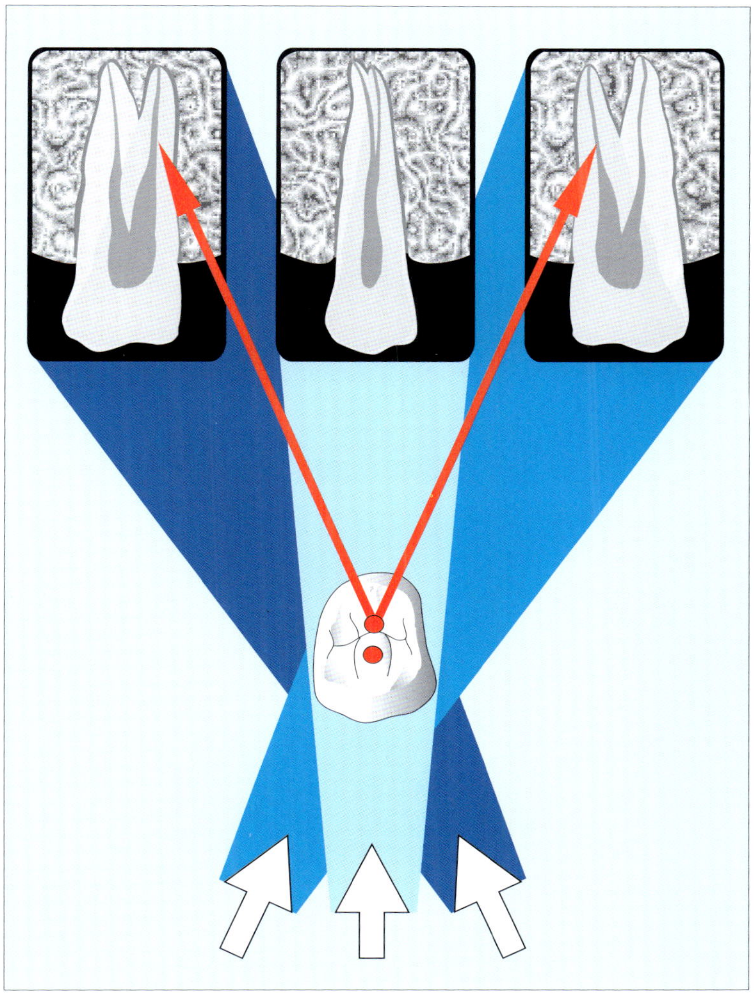

97 Strahlenführung
Einstellung für eine orthoradiale sowie mesial- und distalexzentrische Aufnahmetechnik.
Die exzentrische Projektion wird meist zusätzlich zur orthoradialen Zahnaufnahme notwendig, wenn bestimmte Zahn- oder Knochenstrukturen dargestellt werden sollen. Bei einer Auslenkung des Zentralstrahles nach mesial spricht man von mesialexzentrischer Aufnahmetechnik, bei einer Auslenkung nach distal von distalexzentrischer Aufnahmetechnik.
Man unterscheidet zudem eine apikale von einer parodontalen Aufnahmetechnik, da die größte Schärfe und die geringste Verzeichnung sich dort zeigt, wo der Zentralstrahl das Gewebe passiert. In der Praxis kann aber nicht auf die gleichzeitige Darstellung der Krone und des Apex verzichtet werden. Bei der apikalen Aufnahmetechnik ist der Zentralstrahl auf den Apex gerichtet, die Darstellung des Limbus alveolaris ist von sekundärer Bedeutung.

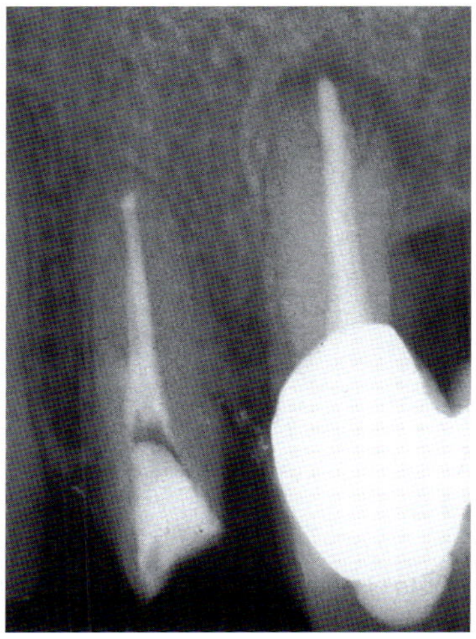

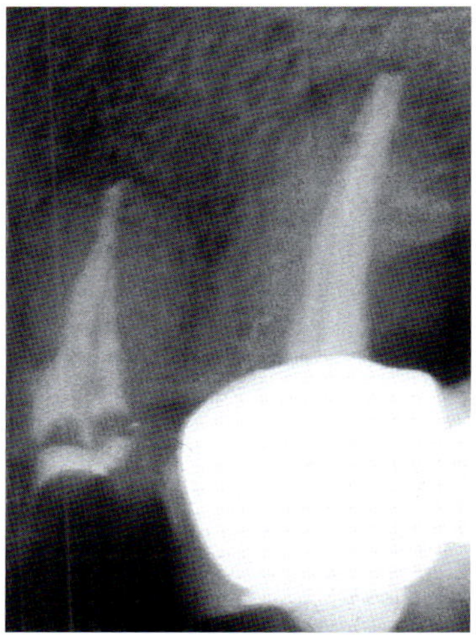

98 Exzentrische Aufnahme
Links: Die Röntgenaufnahme im orthoradialen Strahlengang weist jeweils an den Zähnen 24 und 25 nur einen Wurzelkanal auf. Klinisch kann aber an beiden Zähnen ein zusätzlicher zweiter Wurzelkanal diagnostiziert werden. Dies läßt sich bereits im Röntgenbild durch sich überlagernde Wurzelstrukturen feststellten.

Rechts: Im exzentrischen Strahlengang werden für beide Zähne auch 2 getrennte Wurzelkanäle nachgewiesen.

Röntgen in der Endodontie

Das Röntgenbild ist in der Endodontie ein unverzichtbares Hilfsmittel sowohl zur Behandlungsplanung als auch therapieunterstützend und in der Kontrolle des Therapieerfolgs. Es muß eine sehr gute Qualität aufweisen: Bilder mit einem schlechten Kontrast und mit starken Verzerrungen sind ebenso wertlos wie fehlende Informationen, so z.B. nicht abgebildete Wurzelspitzen. Die Röntgenaufnahme muß eine scharfe Umrißform der Wurzeln aufweisen und die Zahnlänge sowie die Anzahl der Wurzeln und der Kanäle möglichst exakt wiedergeben. Auch die Ausdehnung des Pulpakavums und der Verlauf von Wurzel- und Kanalkrümmungen sollten zu unterscheiden sein. Des weiteren muß das erste Röntgenbild Informationen zu Verkalkungen, Hartgewebsablagerungen, inneren oder äußeren Resorptionen, Ausdehnung und Ursprung periapikaler Läsionen, zu Perforationen und Zahnfrakturen enthalten.

Da Röntgenbilder zweidimensionale Darstellungen der Zahnstrukturen sind, ist die diagnostische Interpretation limitiert. Zur genaueren Unterscheidung werden Lupen empfohlen (Guldener 1993).

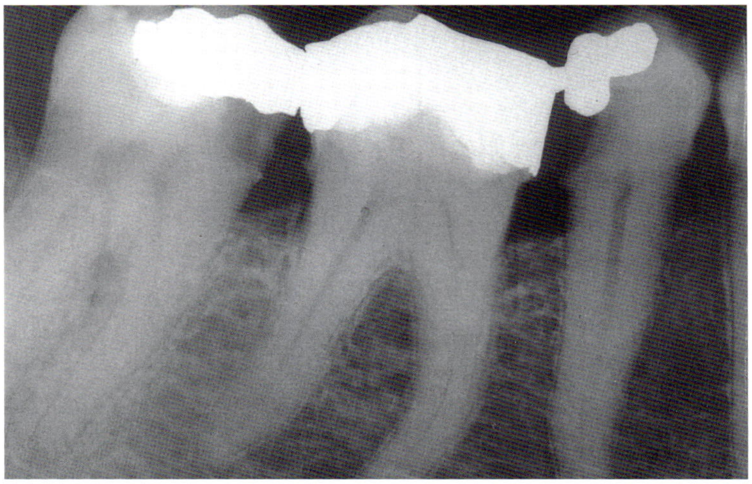

99 Diagnostisches Röntgenbild zur Befundaufnahme
Der zu behandelnde Zahn 37 ist nicht vollständig auf dem ersten Röntgenbild abgebildet, man erkennt sowohl an den Zähnen 36 und 37 insuffiziente Füllungen mit Sekundärkaries, die an Zahn 37 bis in das Pulpagewebe penetriert und eine Pulpanekrose verursacht hatte.

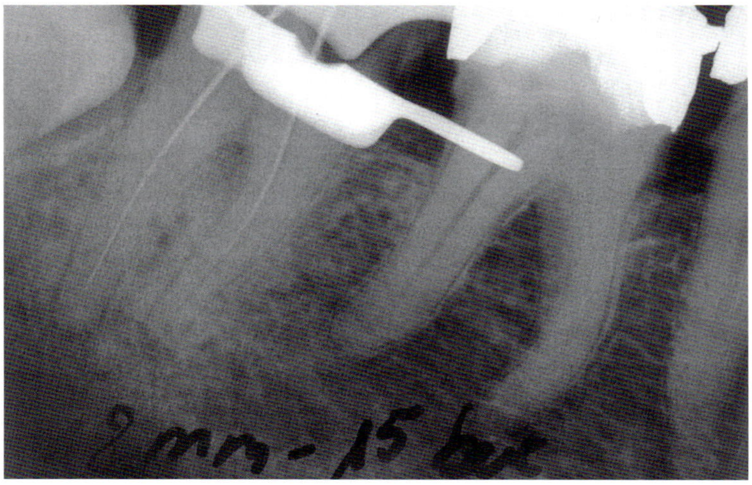

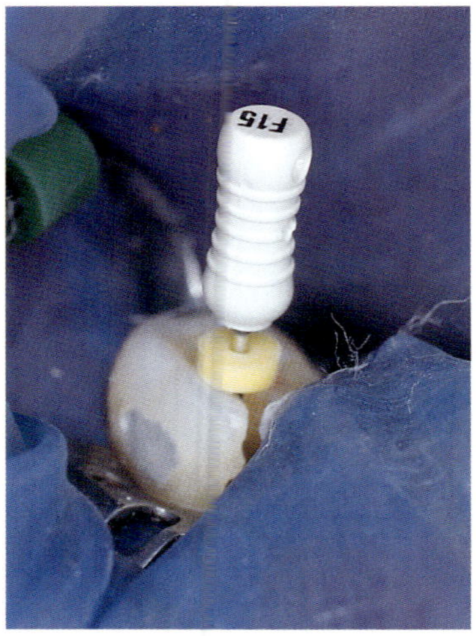

100 Erste Meßaufnahme
Um ein Überpressen des Aufbereitungsinstruments mit Verschleppen von Bakterien aus infizierten koronalen Wurzelkanalanteilen zu vermeiden, kann ein erstes orientierendes Meßröntgenbild angefertigt werden.

Rechts: Klinische Situation mit distal eingeführter Feile.

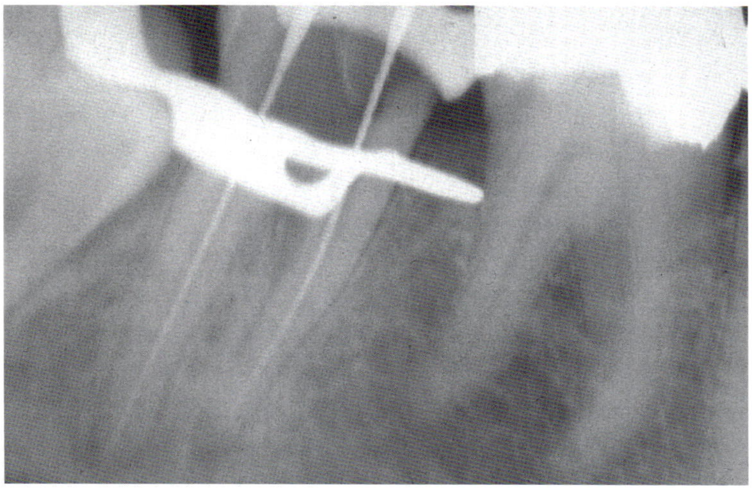

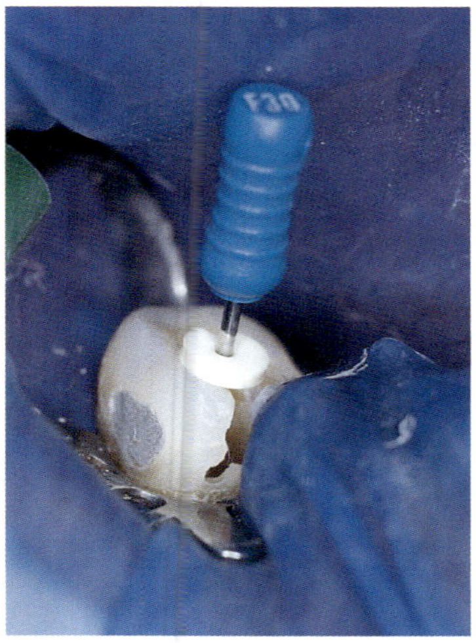

101 Meßröntgenaufnahme
Bestimmung der Arbeitslänge nach Einschieben von Feilen in die 3 Wurzelkanäle; durch die periapikale Resorption ist es distal zum Überpressen des Kanalinstrumentes gekommen, wodurch eine Längenkorrektur notwendig wird. Die Unschärfe des Bildes kommt durch unzureichende Aufnahmetechnik zustande und erschwert die eindeutige Interpretation der Arbeitstiefe.

Rechts: Klinische Situation während der nachfolgenden Wurzelkanalaufbereitung.

Während der Wurzelkanalbehandlung werden, abhängig von der spezifischen Fragestellung, mehrere Röntgenaufnahmen notwendig. Neben der diagnostischen ist die Meßröntgenaufnahme essentiell. Die Masterpointaufnahme kontrolliert die Aufbereitungstiefe und verhindert ein Über- oder Unterfüllen des Wurzelkanals. Durch die abschließende Kontrollaufnahme und die Kontrolle nach einem Jahr wird sowohl die Qualität der Obturation des Kanals nachgewiesen als auch eine Aussage zur Indikation eines endochirurgischen Eingriffs möglich.

Der Zahnarzt kann sich in juristischen Streitfällen nicht darauf berufen, daß der Patient die Anfertigung von Röntgenbildern verweigert hätte, wenn das Röntgenbild aus diagnostischen oder differentialtherapeutischen Gründen für die Behandlung notwendig gewesen wäre. Das Unterlassen präoperativer Röntgenaufnahmen mit entsprechenden Folgen wie z.B. der Behandlung des falschen Zahnes kann zur Umkehr der Beweislast führen. Nicht mehr der Patient muß den Behandlungsfehler nachweisen, sondern der Zahnarzt die korrekte Behandlung (Hülsmann 1995).

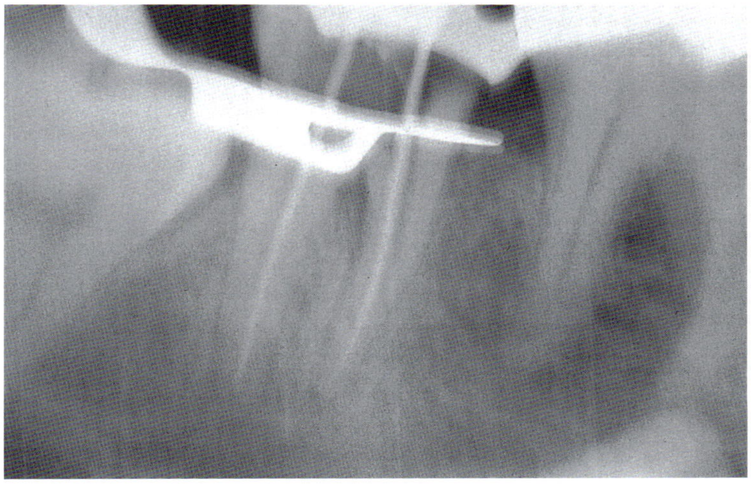

102 Masterpointaufnahme
Nach Aufbereiten der 3 Wurzelkanäle werden entsprechend der Größe der apikalen Meisterfeilen drei Guttaperchastifte eingeführt und die exakte Lage im Röntgenbild ausgemessen. Die Unschärfe des Röntgenbildes läßt eine eindeutige Interpretation nicht zu.

Links: Die klinische Situation zeigt die mit einem Pinzetteneindruck längenmarkierten Guttaperchastifte.

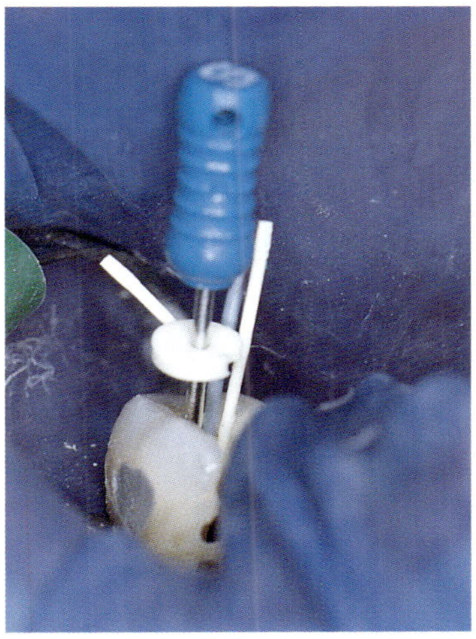

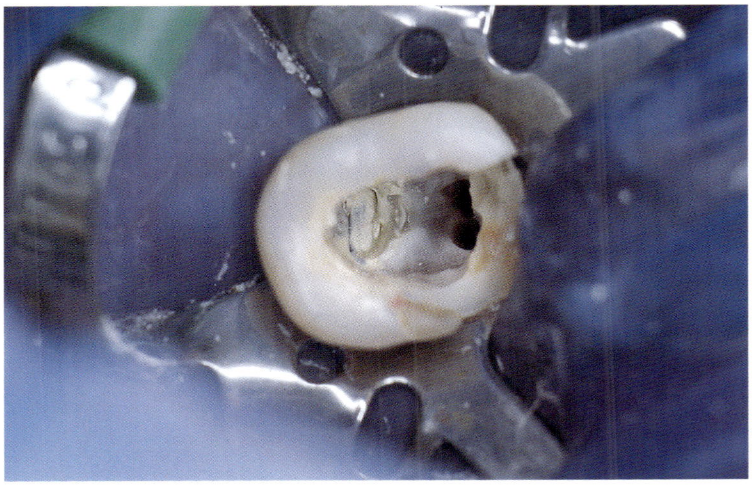

103 Wurzelkanalfüllung
Nach dem Entfernen der 3 Guttaperchastifte werden die Wurzelkanäle vollständig getrocknet und können anschließend abgefüllt werden.

Links: Klinische Situation während der Wurzelkanalfüllung. Die Arbeitslänge wird mittels Stopper auch auf den Fingerspreader übertragen, mit dem die Guttapercha lateral kondensiert wird.

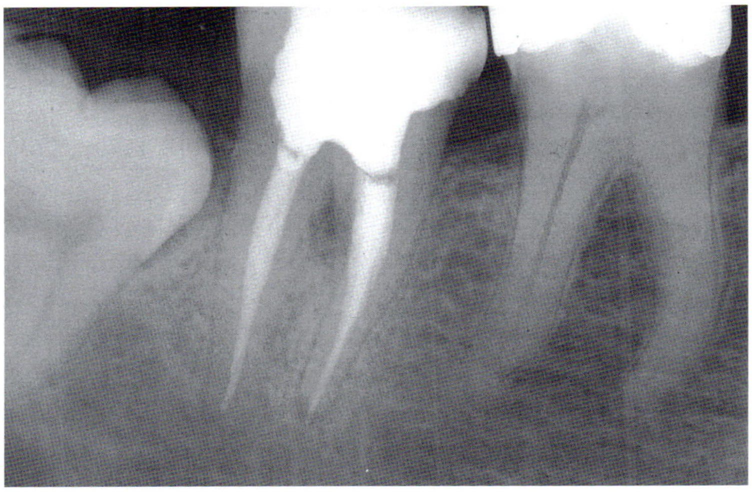

104 Röntgenkontrolle der Wurzelkanalfüllung
Nach Abschluß der Wurzelkanalfüllung wird das Ergebnis röntgenographisch kontrolliert; trotz der Messung der Arbeitstiefe und der Zwischenkontrollen ist mesial ein leichtes Überpressen der Kanalfüllung sichtbar. Bei klinischer Symptomlosigkeit ist eine weitere Röntgenkontrolle nach einem Jahr notwendig.

Digitale Röntgenaufnahmetechnik

Seit der Entdeckung der Röntgenstrahlen werden Röntgenaufnahmen in der Zahnheilkunde vorwiegend über photographische Prozesse dargestellt. Mit der rasch fortschreitenden Entwicklung in der Halbleitertechnik beginnen sich nun jedoch in allen Bereichen der Medizin elektronische Verfahren zur Bildaufzeichnung durchzusetzen. Für diese neue Art der Darstellung hat sich allgemein der Begriff „digitale Röntgenaufnahme" eingebürgert.

Intraorale Systeme

In der Zahnheilkunde hielt die Digitaltechnik vor 10 Jahren in Form der intraoralen Aufnahme Einzug.
Strahlendiagnostik ist immer invasiv. Dies führt dazu, daß Patienten Aufnahmen verweigern oder der Zahnarzt sie in vorauseilender Fürsorge nicht anfertigt. Gerade durch die schwierigen anatomischen Verhältnisse im Zahnwurzelbereich sind aber Behandlungszeit und auch -erfolg endodontischer Maßnahmen mit der Zahl der (sinnvollen) Aufnahmen positiv korreliert.
Vorteile der neuen digitalen Röntgentechnik sind die geringere Dosisbelastung – z.B. 50% weniger als beim aktuell besten Einzelzahnfilm –, die sofortige Verfügbarkeit der Aufnahme, eine Bilddarstellung, die sich der Fragestellung anpassen läßt, der weitgehende Verzicht auf Verbrauchsmaterialien sowie die elektronische Archivierung mit der Einbindung in Datennetze innerhalb und außerhalb der Praxis.
Ein digitales Bild entsteht dadurch, daß der Bildsensor Punkt für Punkt von einem Computer ausgelesen und jedem Punkt abhängig von der dort registrierten Röntgenintensität eine von z.B. 1024 (10 bit) oder 4096 (12 bit) möglichen Intensitätsstufen zugeordnet wird. Diese Stufenzuordnung oder Digitalisierung ist die Voraussetzung für eine Bildverarbeitung im Computer.
Bei Systemen für intraorale Zahnaufnahmen unterscheidet man direkte von indirekten Digitalaufnahmen. Bei der *direkten* Aufzeichnung wandelt eine Halbleiterkamera im Mund des Patienten die Röntgenstrahlungsverteilung in ein elektronisches Signal, das über ein Kabel in den Computer gelangt und ohne Zeitverzug auf einem Monitor dargestellt wird. Beim *indirekten* Verfahren dient eine sog. Speicherfolie als Bildzwischenspeicher. Sie kommt ohne Kabelverbindung zum Computer aus und wird nach der Bestrahlung in einem Lesegerät ausgelesen. Die Bilddarstellung verzögert sich um die Zeit für das Scannen.

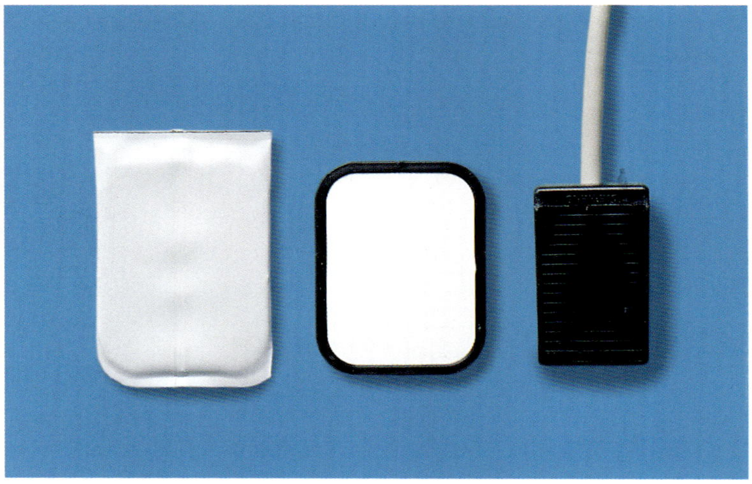

105 Bildaufnehmer intraoraler Digitalsysteme
Die Speicherfolie des Gendex-Digora-Systems (Bildmitte) wird vor der Anwendung in eine Folie geschweißt. Die Bildfläche dieser Folie entspricht einem Zahnfilm (links) und ist breiter als die eines CCD-Sensors.
Die Halbleiterkamera (CCD-Kamera) als direktes Aufzeichnungsgerät ist rechts abgebildet (Siemens Sidexis).

Kontrastverstärkung

Kontrast ist ein Maß für den Helligkeitsunterschied benachbarter Bildbereiche. Das menschliche Auge kennt einen Schwellenwert, ab dem Bildbereiche erst als unterschiedlich hell erkennbar sind. Nachträglich kann der Kontrast elektronisch gezielt erhöht werden.

Positiv-Negativ-Darstellung

Auf elektronischem Weg läßt sich aus der Negativ- eine Positivdarstellung des Bildes erzeugen. Diese entspricht eher den Sehgewohnheiten als die filmübliche Negativdarstellung.

Falschfarbendarstellung

Die auf den Sensor treffende Strahlung kann ihrer Intensität entsprechend nicht nur in Graustufen, sondern auch in verschiedene Farben übersetzt werden. Die Auswirkung dieser willkürlichen Farbzuordnung hängt von der verwendeten Übersetzungstabelle ab.

Millimeterraster

Auf Tastendruck wird über der Bildschirmanzeige ein Raster mit der Kantenlänge 1 mm bezogen auf die Sensorfläche dargestellt. Diese Schätzhilfe darf aber nicht mit dem Objektmaßstab verwechselt werden.

Auflösung

Die Auflösung wird in Linienpaaren pro Millimeter (Lp/mm) angegeben. Je höher die Auflösung, desto kleinere Details sind im Bild unterscheidbar. Klinisch notwendig ist eine Auflösung von mindestens 6 Lp/mm. Da jedoch aufwendigere Filter grundsätzlich auch das Bild vergröbern, sind höhere Auflösungen wünschenswert.

Dynamik

Die Dynamik gibt die Zahl möglicher Intensitätsstufen bei der Digitalisierung an. Größere Dynamik mit mindestens 1024 Graustufen hilft, Über- und Unterbelichtungen zu vermeiden. In Verbindung mit einer ausreichenden Bildauflösung wird der Spielraum für aufwendigere Filter vorgegeben.

Filter

Filter dienen dazu, feine Unterschiede in der Objektstruktur deutlich zu machen, die für das Auge im ursprünglichen Bild nicht erkennbar sind. Die Palette reicht von einfachen Filtern (Postiv-Negativ-Darstellung, Kontrastverstärkung, Regenbogenfärbung) bis hin zu aufwendigeren Verfahren, die z.B. die zufälligen Intensitätsschwankungen im Bild (Rauschen) unterdrücken, Ecken- und Kantenbereiche deutlicher hervorheben oder auch im scheinbaren Relief darstellen.

Grundsätzlich vergröbern aufwendigere Filter die Bildauflösung und lassen bei unkritischer Anwendung wichtige Bereiche verschwinden oder stellen Strukturen dar, die im Objekt nicht existieren.

Über das „gute Gefühl" des Betrachters hinaus bestehen im zahnärztlichen Bereich bislang nur wenige wissenschaftlich begründete Vorstellungen über den Nutzen bestimmter Filter. So scheint der Relieffilter bei endodontischen Meßaufnahmen sehr hilfreich zu sein.

Bildprojektion

Die Digitaltechnik hat die Grundsätze der Bildentstehung nicht verändert. Mit der intraoralen Aufnahme steht nach wie vor die bestmögliche Darstellung einzelner Zähne zur Verfügung. Auch bei der Projektion bleiben alte Regeln gültig. Die Positionierung zumindest der CCD-Sensoren wird jedoch durch Filmhalter erleichtert, so daß die von den Abbildungseigenschaften ohnehin günstigere Rechtwinkeltechnik verwendet werden sollte. Der Langtubus ermöglicht auch bei digitalen Systemen die geometrisch bessere Projektion.

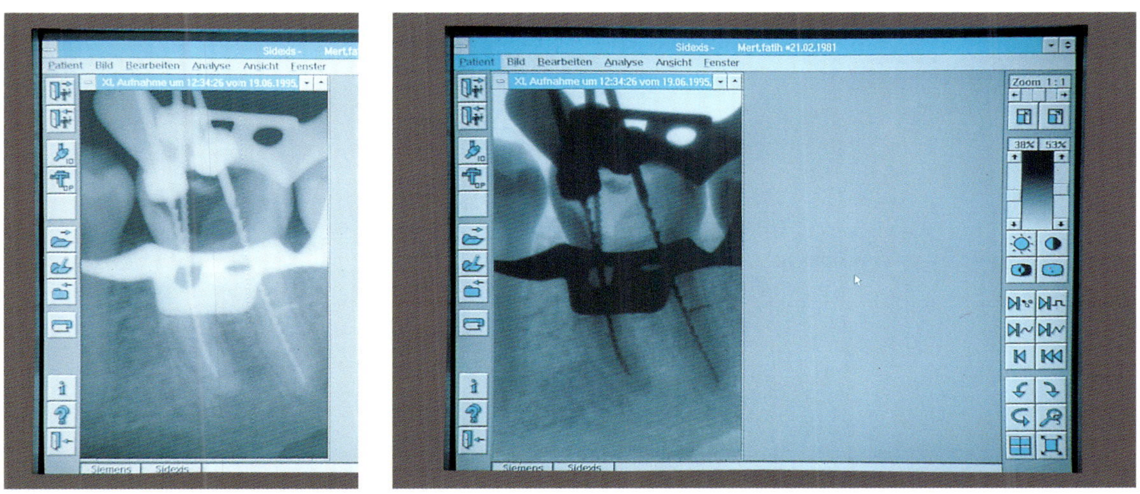

106 Digitale Meßaufnahme
Positivdarstellung.

Links: Standardaufnahme.

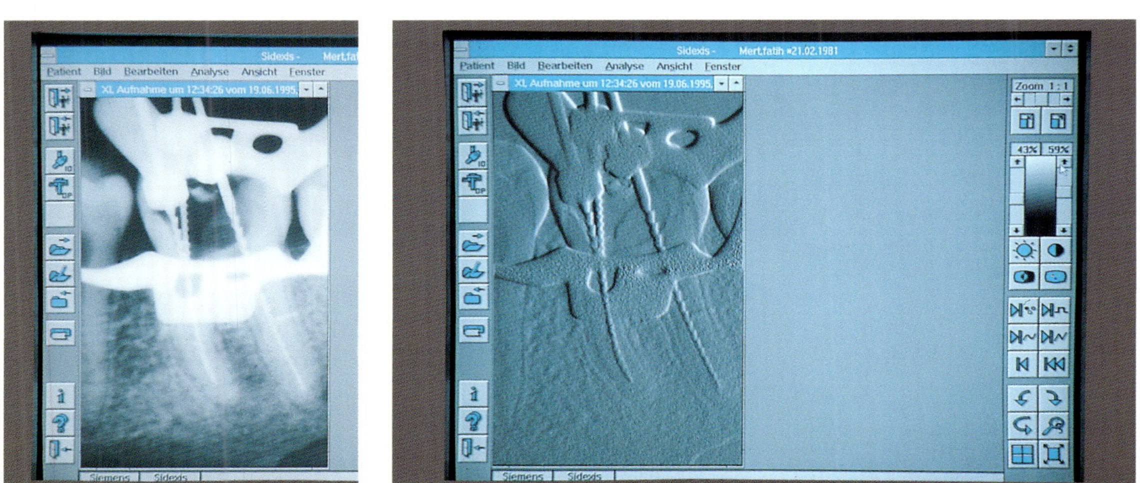

107 Digitale Meßaufnahme
Reliefdarstellung.

Links: Kontrastverstärkung.

Sammlung *C. Benz*

Nutzen digitaler Röntgenaufnahmen

Die Digitaltechnik revolutioniert die Sehgewohnheiten im Bereich der Röntgendiagnostik nicht. Den Hauptanforderungen in der Endodontologie kann sie jedoch durchaus neue Impulse verleihen. Zu diesen Hauptanforderungen zählen die Darstellung des dreidimensionalen Zahnes in einer Weise, die Aufschluß über Lage und Größe relevanter Strukturen ermöglicht. Feine Objektunterschiede wie Feilen kleiner Größen in den Wurzelkanälen oberer Molaren sind besser erkennbar. Die digitale Aufnahme liefert wie der Röntgenfilm nur den zweidimensionalen Schattenriß des Objekts.

Informationen über die dritte Dimension gewährt ein digitales CCD-System leichter als ein Film oder eine Speicherfolie. Das digitale Bild ist unmittelbar verfügbar und die Position des Sensors, die dieser Darstellung entspricht, kann erhalten bleiben. Aus dieser Lage heraus lassen sich andere Einstellungen wählen, wobei erst mehrere Digitalaufnahmen den Dosisbedarf eines konventionellen Bildes erreichen. Die Darstellung feiner Objektunterschiede müßte Paradedisziplin der Digitaltechnik sein. Daß sie es nicht ist, liegt an der zu geringen Dynamik der Systeme.

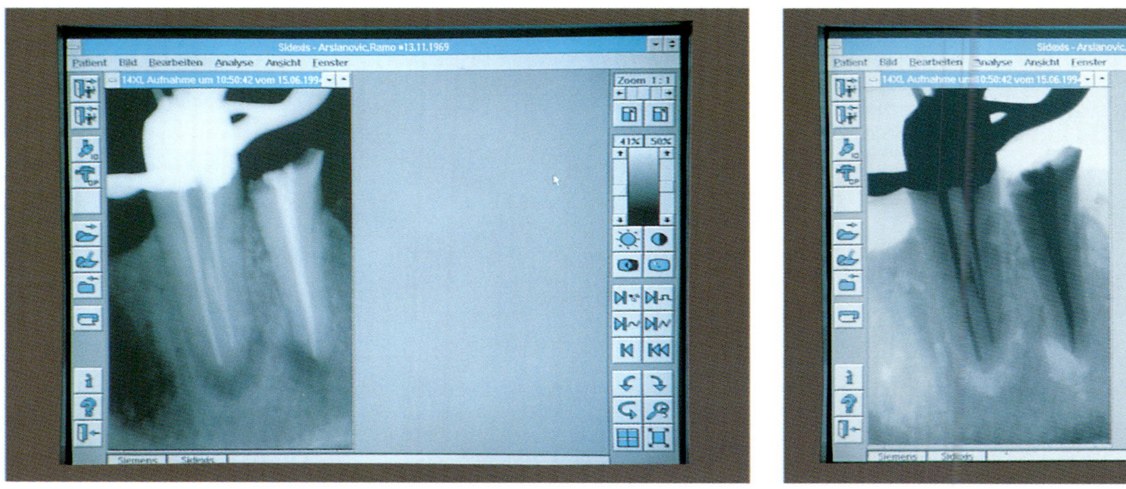

108 Digitale Kontrollaufnahme (Sidexis)
Standardaufnahme.

Rechts: Positivdarstellung.

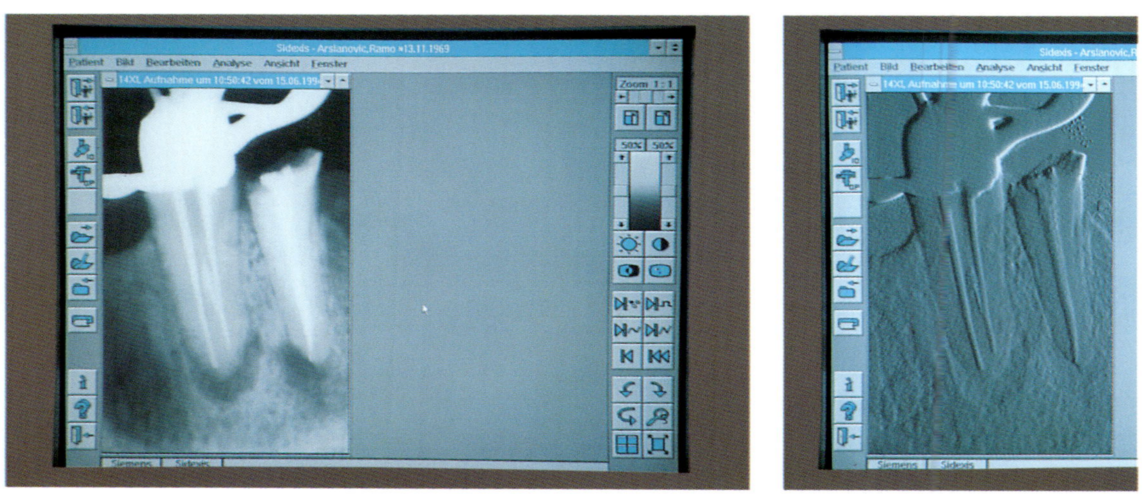

109 Digitale Kontrollaufnahme (Sidexis)
Kontrastverstärkung.

Rechts: Reliefdarstellung.

Sammlung *C. Benz*

Eine Diagnoseaufnahme muß orthoradial im Sinne der Paralleltechnik projiziert werden, damit die Approximalflächen freistehen und Distanzen in Richtung der Zahnhauptachse verhältnismäßig wiedergegeben werden. Auf einer Meßaufnahme sollten in vestibulooraler Richtung hintereinander liegende Kanäle separat dargestellt sein. Dies ist bei unteren Molaren mit der geringsten Angulation und damit Verzerrung aus einer distal-exzentrischen Projektionsrichtung möglich. Um auch die Instrumentenspitze und den Übergang vom röntgenographischen Apex in den Parodontalbereich optimal abzubilden, soll der Sensor gegenüber der Zahnachse nach koronal divergent angewinkelt werden. Dadurch werden Wurzelspitzen sichtbar gemacht, denn der sensornahe Kanal wird kronennäher als der sensorferne abgebildet. Gerade ein System mit geringer Dosisbelastung bietet die Möglichkeit, mehrere Aufnahmen auch unter Variation der Projektionswinkel durchzuführen, bis der Zielpunkt erreicht ist. Instrumente bleiben bis Größe 08 erkennbar. Werden diese Instrumente nicht dargestellt, so liegt dies meist an Fehlern bei der Projektion. Um Überlagerungen zu vermeiden, wählt man den kürzesten Weg durch das Objekt, d.h. den horizontalen und vertikalen Projektionswinkel nahe 90° (Benz 1992).

Anatomie

Das Innere des Zahnes, das Endodont, ist einer direkten Inspektion durch den Behandler weitgehend entzogen. Selbst die Durchleuchtung des Zahnes mit Röntgenstrahlen gibt nur bedingt Aufschluß über die Struktur. Daher wird bis heute sehr viel Zeit und Energie in die Erforschung der „normalen“ Anatomie sowie der statistisch zu erwartenden Formvarianten investiert (Übersicht: Baumann 1995). Man verspricht sich davon eine Hilfe für die tägliche Praxis der Wurzelbehandlung. Aufgrund dessen kennt man die Komplexität des Wurzelkanals, der nicht einfach ein konisches Rohr, sondern ein verzweigtes System von Pulpakavum, Haupt-, Seiten-, lateralen Kanälen (mit Verbindung zum Parodont) oder akzessorischen Kanälen (multiplen Ramifikationen des unteren Wurzeldrittels) ist. Diese Kenntnis ist Grundlage einer erfolgreichen Endodontie. Allerdings kann die theoretisch zu erwartende Anatomie immer nur eine erste Orientierung sein, da die konkrete Behandlungssituation immer neue Varianten offenbart.

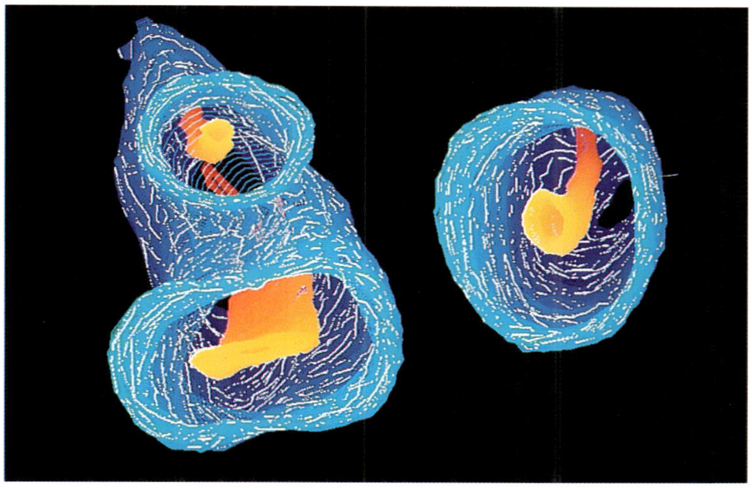

110 3D-Rekonstruktion
Die Wurzelspitze eines oberen Molaren wurde per Computerrekonstruktion – basierend auf histologischen Serienschnitten – dreidimensional als Gittermodell mit einer computergenerierten Oberfläche wiedergegeben. Die Außenkontur des Zahnes ist blau, der Wurzelkanal gelb-orange eingefärbt.

Die erste ausführliche und systematische Darstellung der Wurzelkanalanatomie ist bei Carabelli (1844) zu finden. Die Art und Weise der Darstellung mit Längs- und Querschnitten in verschiedenen Ebenen wird auch in modernen Lehrbüchern (z.B. Cohen u. Burns 1994) genutzt. Diese Abbildungen gehen zum Teil auf eigene Schnitt- oder Schliffserien zurück (Black 1902; Miller 1904).
Neben der direkten Anschauung mit dem Auge oder Mikroskop brachte vor allem die Korrosionsmethode bis heute gültige und wichtige Erkenntnisse. Dabei wird nach der Trepanation die Pulpa verdaut und der entstandene Hohlraum gefüllt.

Der berühmte Schweizer Pulpaforscher Hess (1917) perfektionierte diese Technik, indem er vulkanisierten Kautschuk einfüllte und die umgebende Zahnsubstanz mit 50prozentiger Salzsäure auflöste. Diese Korrosionspräparate zeigten erstmalig und eindrucksvoll die vielfachen Verästelungen des Pulpagewebes und damit des Wurzelkanalsystems. Dabei wurde auch eine räumliche Vorstellung möglich, während die bisherigen Schliffe, Schnitte und Zeichnungen nur zweidimensional waren. Hess untersuchte 2800 menschliche Zähne des bleibenden Gebisses, sein Schüler Zürcher (1922) die Milchzähne. Beide gewannen statistische Daten zu Kanalanzahl und Ramifikationen.

Methoden zur Wiedergabe der Wurzelkanalanatomie

Die meisten Techniken erfordern die Zerstörung des Zahnes. Doch schon zu Beginn des Jahrhunderts entwickelte man die Aufhellungsmethode (Adloff 1913), bei der die Integrität des Zahnes und die räumliche Beziehung von Wurzelkanal und Außenkontur erhalten blieb. Durch eine Trepanationsstelle wurden unterschiedliche Substanzen (von gefärbter Gelatine und Paraffin bis zu Silikon) eingebracht und der Zahn mit Zedernöl, Benzol oder Salizylsäureverbindungen transparent gemacht. Besondere Beachtung verdienen die Arbeiten von Vertucci (1974–1984).

Während histologische Schnitte schon lange zur detaillierten Erkundung des Kanalaufbaus und auch der Gewebestruktur dienten, setzte Meyer (1955–70) neue Maßstäbe. Aus Serienschnitten aller 16 Zahntypen gewann er 50fach vergrößerte Modelle der Wurzelspitzen (jeweils die unteren 6 mm) von 800 Zähnen, indem er die Umrisse des Kanals projizierte und danach Schicht um Schicht Wachsmodelle formte. Diese Untersuchungen verdeutlichten einmal mehr die Komplexität des fortan als Wurzelkanalsystem bezeichneten Pulparaumes und entfachten Diskussionen (Meyer 1955b, 1960).

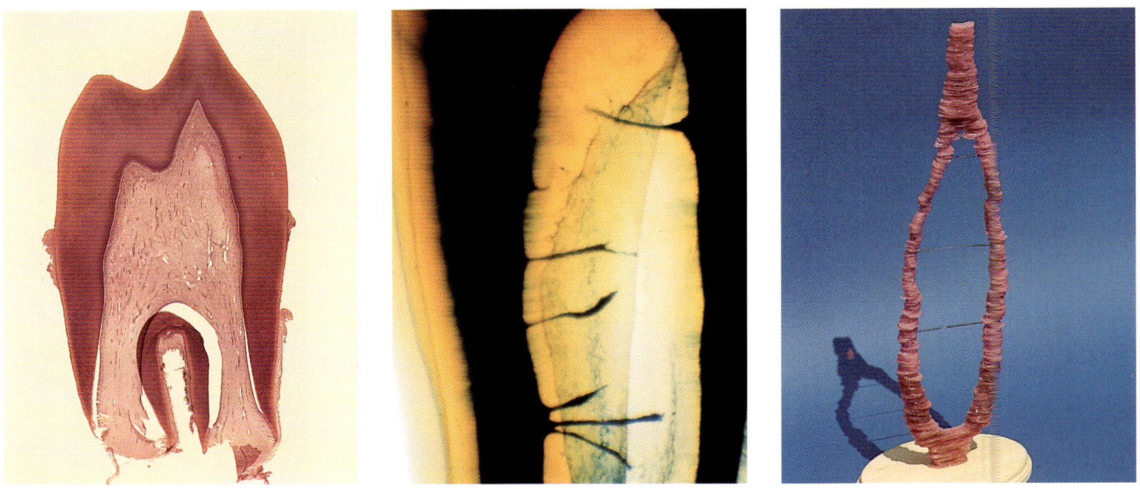

111 Methoden zur Visualisierung der Wurzelkanalanatomie I
Links: Histologischer Längsschnitt durch einen dekalzifizierten Prämolaren. (Sammlung *W. Ketterl*)

Mitte: Aufhellungstechnik. Der Zahn wird trepaniert, die Pulpa verdaut und der Hohlraum mit eingefärbter (Berliner Blau) Gelatine gefüllt. Die Zahnhartsubstanz wird durch Einlegen in Methylsalizylat durchsichtig.

Rechts: Wachsrekonstruktion der Pulpa eines Prämolaren auf der Basis von histologischen Serienschnitten.

Die offensichtlich gewordene große Zahl von Seitenkanälen und Divertikeln führte die Unmöglichkeit der kompletten Aufbereitung aller Aufzweigungen durch die Wurzelkanalbehandlung vor Augen. Nicht zuletzt hieraus resultiert die heutige kombiniert chemisch-mechanische Aufbereitung.

Zwischenzeitlich begann der Einsatz des Röntgens in Studien – Aufnahmen aus 2 Ebenen (mesiodistal und orovestibulär) sind Standard. In-vitro-Studien werden bevorzugt, wobei Pineda u. Kuttler (1972) in der wohl größten Untersuchung an über 4000 Zähnen Alterseinflüsse, Ramifikationen und Varianten von Kanälen, Wurzeln und apikalem Delta zusammenstellten.

Hession (1977a–d) zeigte radiologisch die Gestalt des Wurzelkanalsystems vor und nach In-vitro-Behandlung. Die Palette der vielfältigen Ideen wird durch In-vivo-Röntgen, Mikroradiographie, REM-Einsatz, Computerrekonstruktionen, Monographien einzelner Spezialfälle und noch manches andere ergänzt (Baumann 1995).

Es existiert folglich ein immenses Faktenwissen, das in Büchern, Videos, Diaserien, Vorlesungen, Vorträgen, Seminaren oder Praktika möglichst gut didaktisch aufbereitet und in Studium, Fortbildung oder Postgraduiertenausbildung angeboten werden soll (Baumann 1994a, 1995).

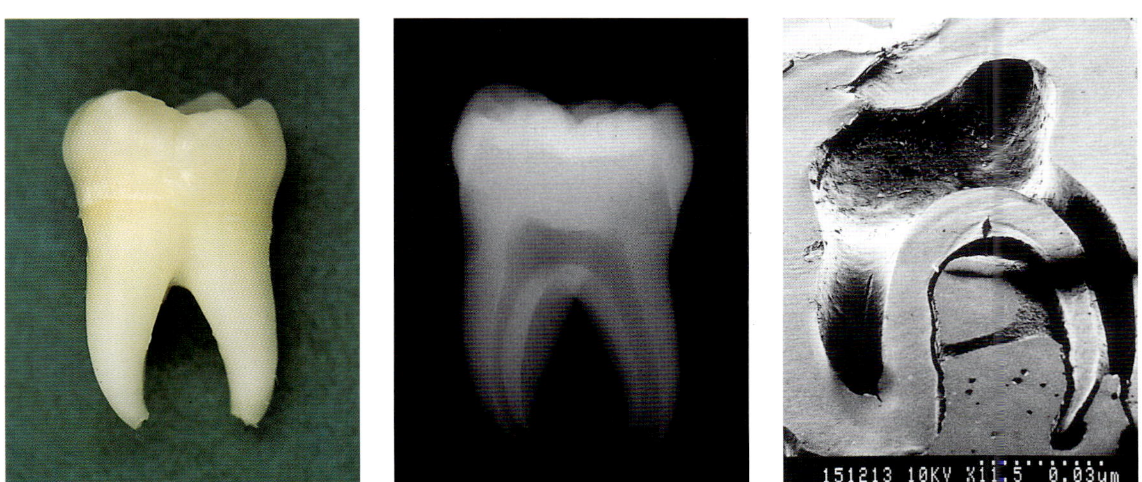

112 Methoden zur Visualisierung der Wurzelkanalanatomie II
Links: Makroskopische Anatomie eines Molaren.

Mitte: Die röntgenologische Abbildung des gleichen Molaren erlaubt einen Blick in die innere Konfiguration des Wurzelkanalsystems.

Rechts: Zahnschnitte dienten früher als Hilfe zur Veranschaulichung der Innenarchitektur von Zähnen. Das Rasterelektronenmikroskop ermöglicht detailliertere Einblicke und eine gewisse räumliche Tiefenwirkung.

Dreidimensionale Computerrekonstruktion

Der geschichtliche Überblick zeigt die lange Tradition der Bemühungen zur Aufklärung der Zahnanatomie. Neuerdings wurde die Anfertigung von Gefrierschnitten (20 µm) kontinuierlich auf Videoband aufgezeichnet. Diese Daten dienen als Basis für eine computergestützte 3D-Rekonstruktion. Bei der *konturbasierten Rekonstruktion* werden nur die Umrisse des Zahnes und des Kanals für die Berechnung benutzt (Baumann et al. 1993d, 1994b). Daraus entsteht ein Konturlinien-, Oberflächen- oder Festkörpermodell, das aus beliebigen Winkeln betrachtet werden kann.

Neue, schnellere Computer ermöglichen die Nutzung aller Grauwertstufen eines Videobildes bei der *volumenbasierten Rekonstruktion* (Volume rendering). Per Ray-tracing werden isotrope Voxel (Raumpunkte) aufbereitet, wobei die Rohdaten unverfälscht für die 3D-Rekonstruktion herangezogen werden (Baumann 1995, Baumann et al. 1993d).

Man erhält Bilder, die in jeder beliebigen Ebene geschnitten, betrachtetet, eingefärbt, gezoomt oder rotiert werden können. Dadurch werden Einblicke in das Endodont möglich, wie man sie bis dahin nicht kannte.

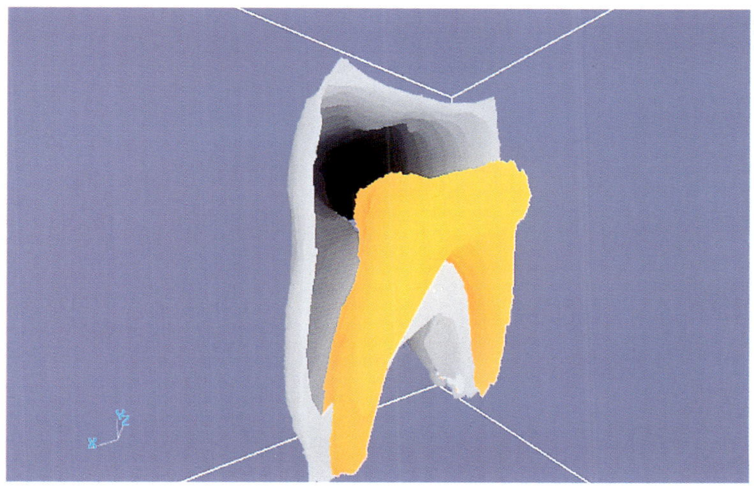

113 Konturbasierte Rekonstruktion
Zu Beginn der 3D-Rekonstruktionen per Computer hat man sich oft auf die Objektkonturen konzentriert. Die Beschränkung auf wesentliche Bildinhalte (hier: Außenhülle des Zahnes und des Kanals) reduzierte die zu verarbeitenden Daten erheblich. Der Dentinmantel des Zahnes aus Abb. 112 ist im Oberflächenmodus und die Pulpa im Festkörpermodus dargestellt. Das „Aufschneiden“ erlaubt einen Blick ins Zahninnere, die spezielle Farbwahl verstärkt den plastischen Eindruck der Rekonstruktion.

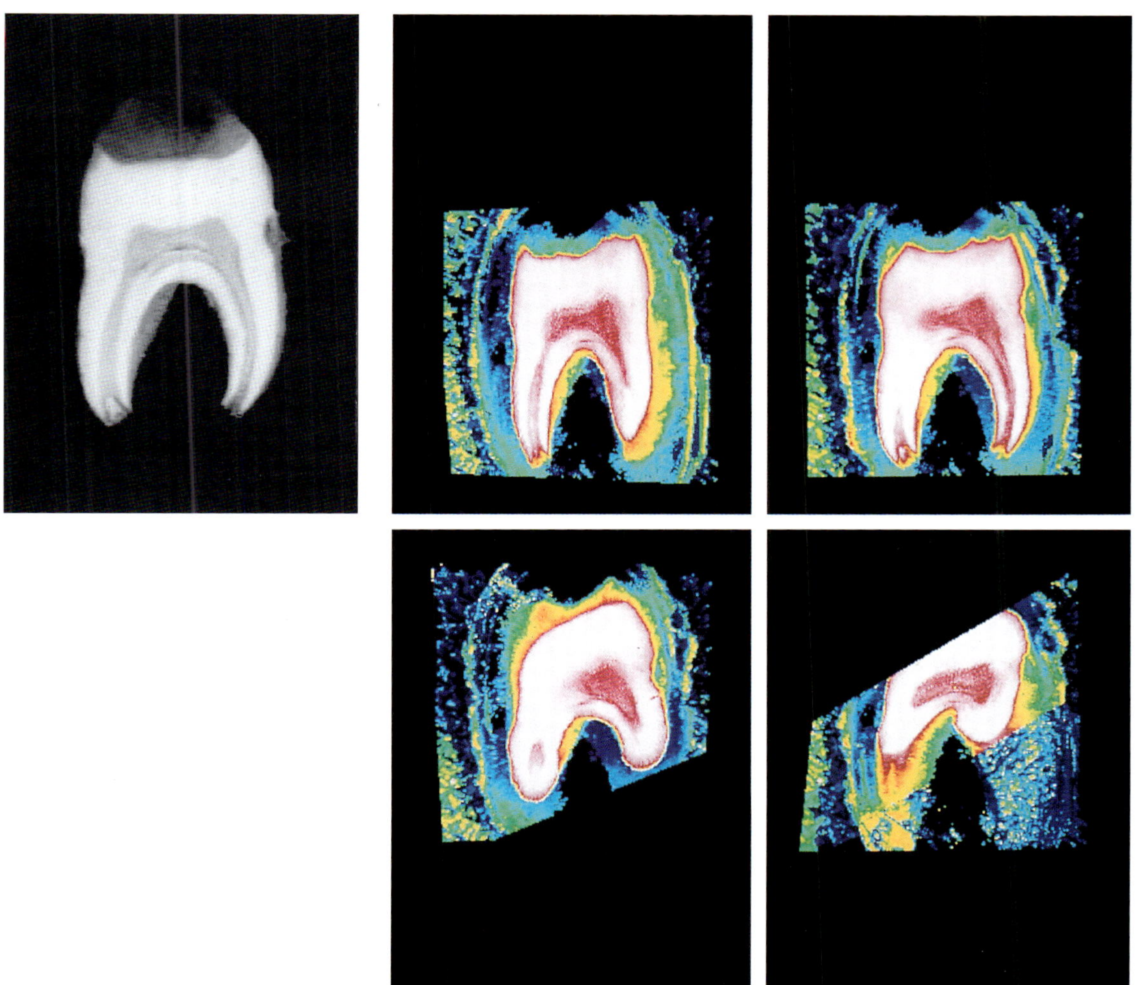

114 Volume rendering
Eine Sequenz histologischer Serienschnitte wird als digitalisierte Bildfolge in einen Computer überführt. Mit einer speziellen Software werden alle Grauwertstufen des Videobildes für eine räumliche Rekonstruktion des Datensatzes herangezogen. Die so generierten Bilder werden durch Zuordnung von Farben statt der Grauwerte pointierter und erlauben eine Betrachtung in jeder beliebigen Ebene.

Links: Videobild der Zahnoberfläche bei der histologischen Aufarbeitung mit einem Gefriermikrotom.

Magnetresonanzmikroskopie (MRM)

Normalerweise sind Zähne und Knochen mittels Magnetresonanztomographie (MRT) nur vage darstellbar. Mit Meßsequenzen aus der Festkörperspektroskopie und besonders starken Magnetfeldern ist es Baumann (1995; Baumann et al. 1993a–d) erstmals gelungen, die H^+-Protonen der Zahnhartsubstanz bildlich darzustellen.
Auch die Weichgewebe des Zahnes (i.e. Pulpa) entziehen sich aufgrund der geringen Ausmaße der MRT. Mit einem Bruker Spektrometer AMX 300 WB (7 Tesla, 300 MHz) sind nun mit der Magnetresonanzmikroskopie (MRM) erste Bilder realisiert worden.

Die Computerrekonstruktion der MRM-Daten erlaubt zwei- und auch dreidimensionale Darstellungen, die rotiert und geschnitten werden können (Baumann 1995; Baumann u. Doll, im Druck). Hierbei handelt es sich erstmals um eine zerstörungsfreie Methode, die ohne ionisierende Strahlung auskommt. 2D-Schnitte von Molaren geben Anlaß zu der Hoffnung, daß auch Texturunterschiede im Gewebe darstellbar werden und bei der Pulpitisdiagnostik helfen. Die räumliche Wiedergabe der individuellen Kanalkonfiguration wäre eine große Erleichterung in der Endodontie.

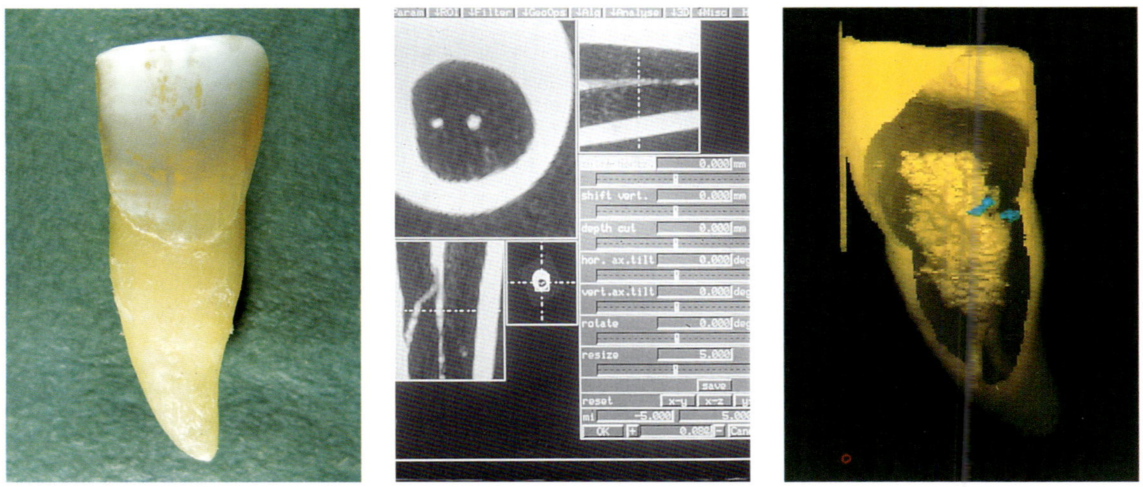

115 MRM eines Schneidezahnes
Links: Makrophoto des Inzisivus.

Mitte: Zweidimensionale Rekonstruktion aus dem MRM-Datensatz. Der Querschnitt (ol) durch die Wurzel läßt den Hauptkanal zentral und einen weiteren weißen Punkt erkennen. Auf dem Längsschnitt parallel zur Horizontalen (ul) wird der Verlauf eines Seitenkanals erkennbar.

Rechts: Die aufgeschnittene 3D-Rekonstruktion zeigt den Seitenkanal klar in seinem Verlauf vom Hauptkanal zur labialen Außenfläche.

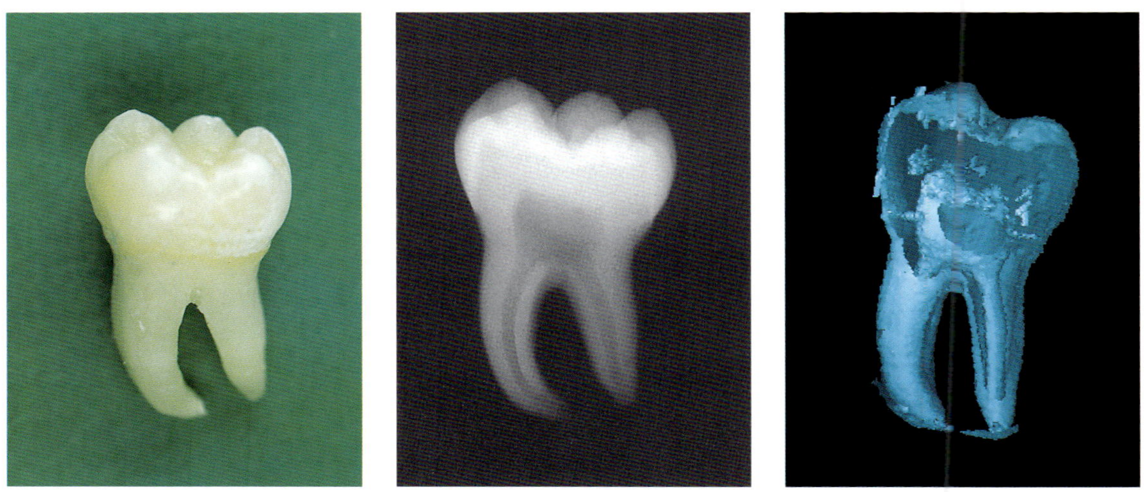

116 MRM eines Molaren I
Links: Makrophoto des UK-Molaren.

Mitte: Röntgenbild des Molaren.

Rechts: Die 3D-Rekonstruktion basiert auf den MRM-Daten. Durch einen elektronisch geführten Schnitt im Kronenbereich erhält man Einsicht in Form und Verlauf des Wurzelkanalsystems.

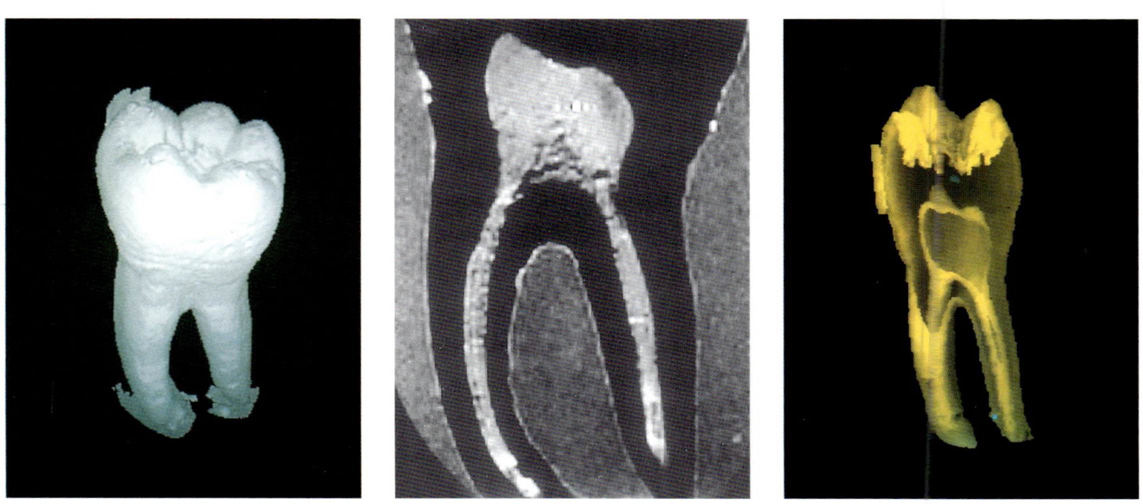

117 MRM eines Molaren II
Links: Die 3D-Rekonstruktion des Molaren unter einem ähnlichen Blickwinkel wie das Makrophoto verdeutlicht die hohe Detailtreue und Exaktheit der MRM-Methode.

Mitte: Auf der 2D-Rekonstruktion lassen sich Texturunterschiede im Pulpagewebe ausmachen, die in der linken Wurzel an ein Blutgefäß erinnern.

Rechts: Ein weiteres 3D-Bild gibt den Wurzelkanal aus einem anderen Blickwinkel wieder.

Grundlegende Aspekte

Eine detaillierte Vorstellung von der „normalerweise" zu erwartenden Form des Wurzelkanalsystems sowie von Anzahl und Verlauf der Wurzelkanäle ist Grundvoraussetzung für das Gelingen der Endodontie. Das Endodont besteht aus der Pulpakammer und dem Wurzelkanal. Die *Pulpakammer* ist ein weiter Hohlraum im Bereich der Krone, der der äußeren Kontur des Zahnes ähnelt und unter den Höckern in spitz ausgezogenen Pulpahörnern mündet. Mit zunehmendem Alter (Soeno 1977) oder infolge Karies, Füllungstherapie oder Abrasion verengt sich dieser Bereich immer stärker und bekommt eine unregelmäßige Gestalt. Der *Wurzelkanal* ist der sich zur Wurzelspitze hin verjüngende Anteil innerhalb der Zahnwurzeln. Auch hier kommt es zu Obliterationen durch Sekundärdentin. Der natürliche Abschluß des Zahninneren ist die Konstriktion des *Foramen physiologicum*, wo Wurzeldentin und -zement aufeinander treffen. Hier soll nach internationalem Konsens die Wurzelfüllung enden (Übersicht: Hülsmann 1989).

Es existiert eine große Zahl von Fakten, die nun in die Praxis übertragen werden müssen. So gab es mehrfach Umbrüche in der Vorstellungswelt: Obwohl schon Hess (1917, 1925a,b) und Fischer (1912) früh die vielfachen Verzweigungen im apikalen Delta gezeigt hatten, führten erst die Wachsmodelle von Meyer (1955–1970) zu einer regen Diskussion, ob denn die Reinigung des komplexen Kanalsystems überhaupt möglich sei. In ähnlicher Weise erschütterten Rankine-Wilson u. Henry (1965) die Fachwelt durch ihre Studie, die eine viel größere Häufigkeit für das Auftreten eines zweiten Wurzelkanals bei unteren Schneidezähnen zeigte als bis dahin angenommen.

Genauso verlief es mit dem ersten Oberkiefermolaren. Beginnend mit Weine et al. (1969) bestätigte sich die Beobachtung, daß der mesiobukkale Kanal je nach Studiendesign in 30–60% der Fälle 2 Wurzelkanäle beherbergt und damit praktisch jeder zweite OK-Molar 4 Kanäle besitzt (Übersicht: Grossman et al. 1988).

Ein weiterer Quantensprung kündigt sich derzeit mit der beginnenden Anwendung eines Operationsmikroskops bei der Endodontie und der retrograden Aufbereitung des Kanals während der Wurzelspitzenresektion an (Beer u. Mayerhöfer 1995).

Klassifikation der Kanalkonfigurationen

Um die Vielfalt anatomischer Varianten besser faßbar zu machen, wurden verschiedene Klassifikationen vorgeschlagen. Weine (1982) nennt 4 Kategorien für den Verlauf von einem oder 2 Kanälen in einer Wurzel. Hier soll jedoch die umfassendere Einteilung nach Vertucci (1984) vorgestellt und benutzt werden. Dabei wird die Anzahl der Kanäle unterschieden, die
1. am Boden der Pulpakammer starten,
2. im Verlauf des Kanals auftreten und
3. am Foramen apicale münden.

Hieraus erwuchsen 8 Typen von Kanalkonfigurationen, die aus den Aufhellungspräparaten eines reichhaltigen Fundus extrahierter Zähne abgeleitet wurden:

Typ I	ein einzelner Kanal mit einem Foramen;
Typ II	2 Kanäle, die im unteren Drittel konfluieren;
Typ III	ein Kanal, der sich zweiteilt und wieder als ein einzelner Kanal mündet;
Typ IV	2 separate Kanäle bis zum Apex;
Typ V	ein Kanal, der sich kurz vor dem Apex teilt;
Typ VI	2 Kanäle, die sich in der Wurzel vereinigen und dann am Apex wieder zweiteilen;
Typ VII	ein Kanal, der sich aufzweigt, wieder vereinigt und schließlich in 2 apikalen Foramina mündet;
Typ VIII	3 separate Kanäle in einer Wurzel.

Zum Abschluß noch die Einteilung des Schwierigkeitsgrades endodontischer Behandlung von Ingle (1976):

Typ I	höchstens geringfügig gebogener Kanal;
Typ II	anatomische Schwierigkeiten wie stark gekrümmter Kanal, komplexe Apikalregion mit Krümmung oder Aufspaltung des Kanals und mehreren Foramina apicalia;
Typ III	Foramen offen, Wurzel unvollständig;
Typ IV	Milchzähne, Resorption der Wurzelspitze.

Bei allem Bemühen um Systematisierung und Veranschaulichung möglicher Kanalkonfigurationen wird die konkrete Behandlungssituation den Zahnarzt stets mit einer einzigartigen und individuellen Zahnform konfrontieren.
Bis die seit nunmehr hundert Jahren hilfreichen Röntgenbilder, die leider nur ein zweidimensionales Abbild sind und keine Aussage über den Zustand des Pulpagewebes erlauben, einmal durch 3D-Bilder per Magnetresonanzmikroskopie mit einer möglichen Aussage über die Pathophysiologie der Pulpa ersetzt werden, wird noch einige Zeit vergehen. Daher kann alles Gesagte nur dazu dienen, auf mögliche anatomische Besonderheiten aufmerksam zu machen und den Blick dafür zu schärfen, denn *man sieht nur, was man weiß.*

Frontzähne des Oberkiefers

Alle Zähne der OK-Front haben eine Wurzel und einen Kanal. Sie gehören danach zum Typ I nach Vertucci. Ausnahmen sind sehr selten. Die Eröffnung dieser Zähne erfolgt parallel zur Zahnachse – die Wurzeln verlaufen normalerweise schräg nach distal.

Das Lumen aller Pulpakammern ist in orovestibulärer (ov) Richtung deutlich weiter als in mesiodistaler (md). Dies ist bei der Aufbereitung zu berücksichtigen. Die Kronenpulpa des Jugendlichen liegt weit inzisal und hat beim OK I_1 3, beim OK I_2 2 Pulpahörner. Mögliche Überhänge des Pulpadaches müssen entfernt werden, um spätere Verfärbungen durch Blut- und Gewebereste zu vermeiden. Bei Älteren trifft man oft erst in Zahnhalshöhe auf das Pulpadach. Daher muß die Trepanationsöffnung oft nahe zur Inzisalkante gelegt werden, um den notwendigen geraden Zugang zu erzielen!

Selbst wenn im Alter das Röntgenbild keinen Kanal erkennen läßt, so ist dieser klinisch oft gut therapierbar, da er in ov-Richtung noch weit ist. Der seitliche Inzisivus hat einen eher ovalen Kanal, die Wurzel ist oft nach bukkal oder distal gekrümmt und erscheint daher im Röntgenbild kürzer als in Wirklichkeit.

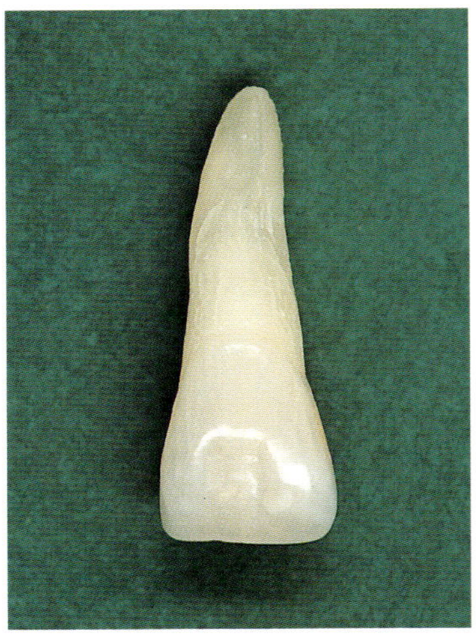
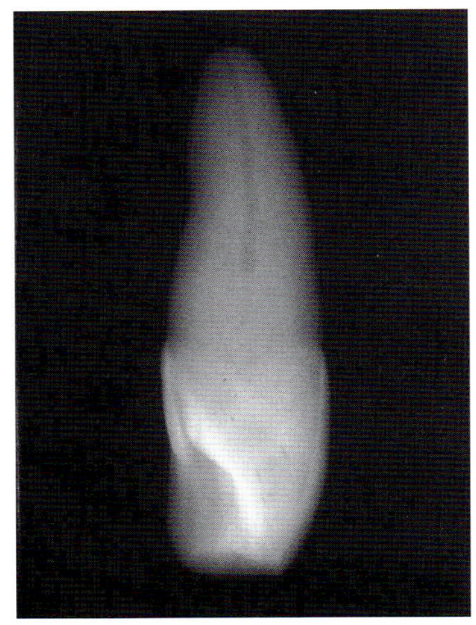

118 Mittlerer Inzisivus des Oberkiefers (I_1)
Links: Die Labialansicht eines mittleren OK-Schneidezahnes zeigt die typische Schaufelform der Krone.

Rechts: Das seitliche Röntgenbild veranschaulicht, daß die Kronenpulpa in orovestibulärer Richtung der äußeren Kronenform entspricht und ein deutlich weiteres Lumen als in mesiodistaler Richtung hat. Dies ist bei der normalen Projektionsrichtung (ov) am Patienten nicht ersichtlich. Im Wurzelbereich des Zahnes läuft die Wurzelpulpa fadenförmig und dünn aus.

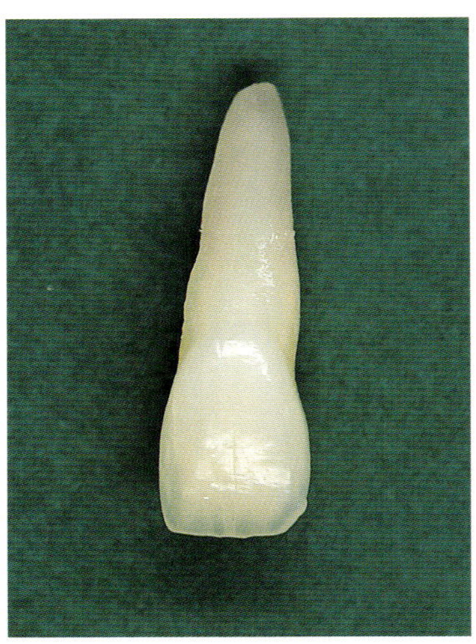
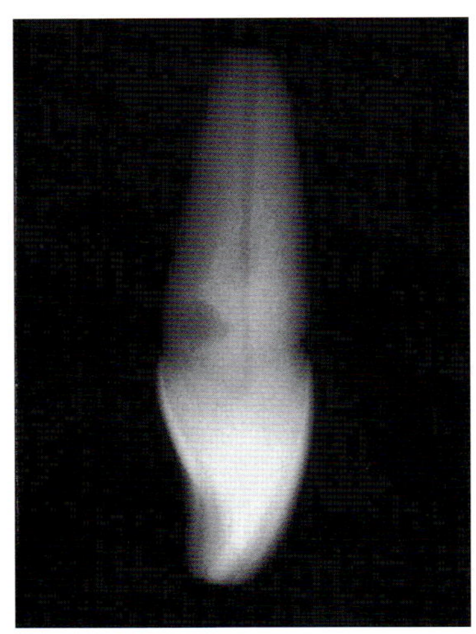

119 Seitlicher Inzisivus des Oberkiefers (I_2)
Links: Der seitliche Schneidezahn ist ein verkleinertes Abbild des mittleren (Labialansicht).

Rechts: Laterales Röntgenbild.

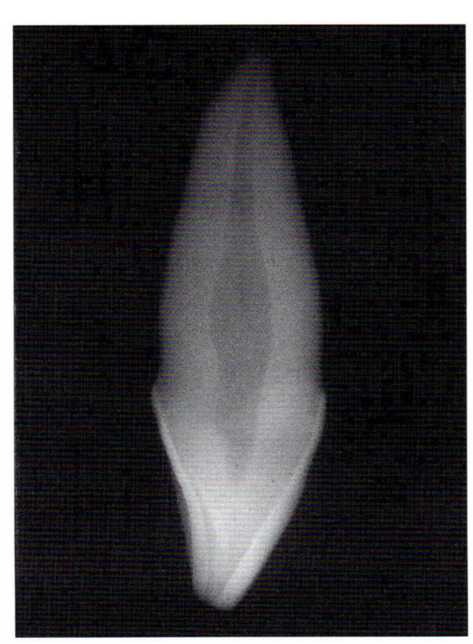

120 Caninus des Oberkiefers (C)
Links: Der Eckzahn des Oberkiefers ist der längste und wuchtigste Zahn des menschlichen Gebisses. Da er oft in die Nähe der Orbita reicht, wird er auch als Augenzahn bezeichnet.

Rechts: Das seitliche Röntgenbild weist darauf hin, daß nicht nur die Kronenpulpa, sondern auch ein Teil der Wurzelpulpa einen breiten Raum einnimmt, der bei der Aufbereitung des Wurzelkanals in seiner ganzen Ausdehnung bearbeitet und gereinigt werden muß.

Frontzähne des Unterkiefers

Obwohl es sich um ein verkleinertes Abbild der OK-Front handelt, ist die UK-Front sehr schwer zu therapieren. Zumeist haben Inzisivi und Canini eine Wurzel mit einem Kanal (Typ I = 60%; Rankine-Wilson u. Henry 1965). In 25–41,4% (Benjamin u. Dowson 1974) trifft man jedoch auf 2 Kanäle, die sich ab dem mittleren Drittel wieder vereinigen (Typ II) oder gar ganz getrennt verlaufen (Typ IV: bis 5,5%).
Die UK-Schneidezähne als solche sind zierlich. Zusätzlich ist die Wurzel in md-Richtung besonders schmal und hat Einziehungen. Ein einzelner Kanal ist gerade, liegt eher labial und hat eine Biegung nach distal oder selten labial. Ein zweiter Kanal ist weiter lingual und deutlich gebogen. Daher muß die Trepanation oft die Schneidekante einbeziehen, oder es wird gar die Entfernung der Krone empfohlen (Hülsmann 1992a).
Hinweise für 2 Kanäle sind (Peters 1992a):

1. nicht zentral liegende Pulpakammer,
2. ein Instrument im gefundenen Kanal ist gekrümmt und ragt heraus, ohne die Schneide zu berühren,
3. beim mesial- od. distalexzentrischen Röntgen (20–30°) liegt das Instrument nicht zentral im Zahn.

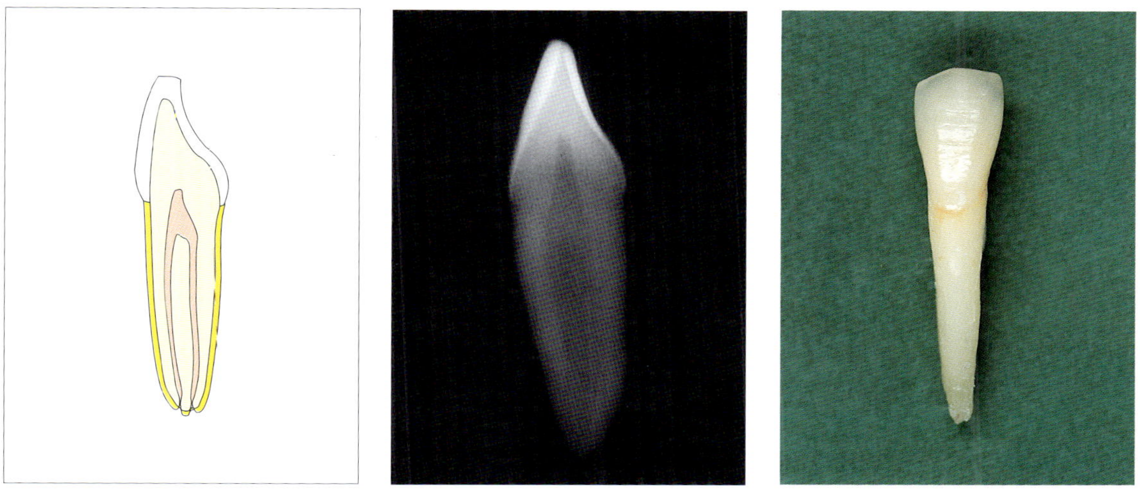

121 Mittlerer Inzisivus des Unterkiefers (I_1)
Links: Etwa ein Viertel aller UK I_1 besitzt 2 Wurzelkanäle. Liegt der gefundene Kanal im exzentrischen Röntgenbild nicht in der Zahnmitte, so ist dies ein wichtiger Hinweis auf das Vorliegen eines zweiten Kanals.

Mitte: Das laterale Röntgenbild zeigt wie schon im Oberkiefer eine breitere Ausdehnung der Kronenpulpa in orovestibulärer Richtung.

Rechts: Der mittlere Schneidezahn des UK ist sehr zierlich. Bei der Trepanation besteht die Gefahr einer Perforation nach mesial oder distal.

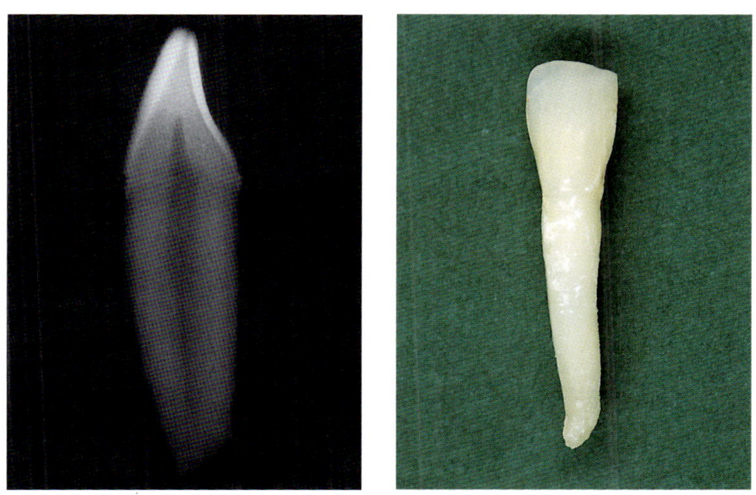

122 Seitlicher Inzisivus des Unterkiefers (I_2)
Links: Laterales Röntgenbild.

Rechts: Im Gegensatz zum seitlichen Oberkieferinzisivus ist der UK I_2 größer und länger als der UK I_1. Ein zweiter Wurzelkanal tritt auch beim seitlichen Inzisivus öfter auf, doch überwiegen im Gegensatz zum mittleren eher 2 Kanäle mit 2 getrennten Foramina.

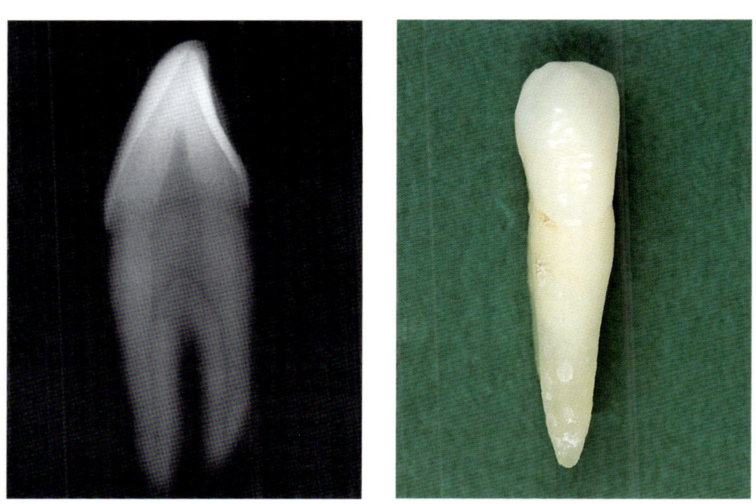

123 Caninus des Unterkiefers (C)
Links: Das seitliche Röntgenbild des Zahnes verdeutlicht, daß es sich hier um eine seltene Variante eines UK-Caninus mit 2 Wurzeln und 2 getrennten Kanälen handelt.

Rechts: Auch die Eckzähne sind im Unterkiefer deutlich kürzer als im Oberkiefer und haben – den unteren Schneidezähnen vergleichbar – in bis zu 25% der Fälle 2 Wurzelkanäle. Zumeist entsprechen sie jedoch dem Typ I der Kanalform (Vertucci 1984) mit einem Kanal und einem Foramen apicale.

Prämolaren des Oberkiefers

Allen Prämolaren des OK sind 2 ausgeprägte Pulpahörner unter den Höckerspitzen eigen, die beim Trepanieren leicht mit den Kanaleingängen verwechselt werden. Die mesiale Konkavität birgt die Gefahr der seitlichen Perforation. Alles, was beim ersten Prämolaren häufig ist, ist beim zweiten Prämolaren selten und umgekehrt. Ein präoperatives Röntgenbild ist oft hilfreich, da ein einwurzliger Zahn mit nur einem Kanal ein durchgängiges Lumen offenbart. Zähne mit 2 Kanälen – in ein oder 2 Wurzeln – zeigen meist nur im Zahnhalsbereich ein klares Bild (Peters 1992b).

Der *erste Prämolar* besitzt typischerweise 2 gut ausgebildete Wurzeln (56%), die im mittleren Wurzeldrittel beginnen und bukkal bzw. palatinal liegen. Etwa 40% haben nur eine Wurzel, aber darin 2 Kanäle (Typ IV), die dann in einem gemeinsamen Foramen münden. Dreiwurzlige erste Prämolaren sind selten (4%) und haben oft 3 Kanäle und 3 Foramina (Typ VIII; Vertucci u. Gegauff 1979). Sie ähneln dann Molaren, wobei 2 Kanäle bukkal und einer palatinal liegen.
Neben der erwähnten Wurzelanzahl ist jedoch die Zahl der Kanäle pro Wurzel für die Endodontie relevanter:

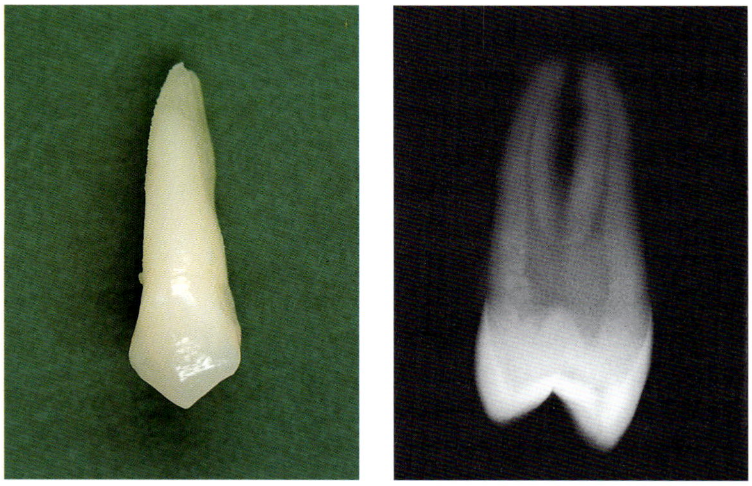

124 Erster oberer Prämolar des Oberkiefers (PM_1)
Links: Im Oberkiefer unterscheiden sich erster und zweiter Prämolar deutlich. PM_1 hat zumeist 2 Wurzeln und auch 2 getrennte Wurzelkanäle, während PM_2 eher eine Wurzel und einen Kanal besitzt.

Rechts: Das seitliche Röntgenbild zeigt die weite Kronenpulpa mit deutlichen Ausstülpungen der Pulpahörner in Richtung der Höckerspitzen. Die 2 Kanäle laufen klar getrennt in 2 spitz zulaufenden Wurzeln.

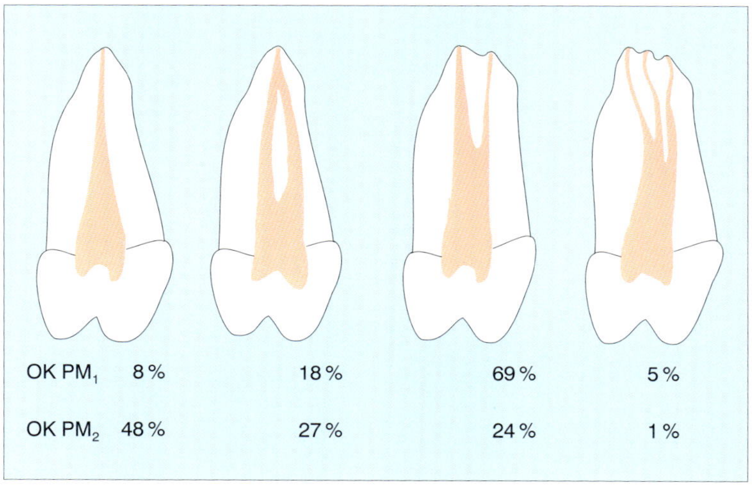

125 Variationsbreite der Wurzelkanäle bei Oberkieferprämolaren
Die Zahlenwerte stammen aus einer Übersichtsarbeit von Peters (1992b).
Der erste Prämolar präsentiert sich überwiegend mit den Kanaltypen IV–VII nach Vertucci, d.h. mit 2 Kanälen, die entweder ganz separat oder mehr oder weniger gemeinsam verlaufen.
Der zweite Prämolar gehört etwa zur Hälfte zum Typ I, zu je einem Viertel zu Typ II (27 %) oder Typ IV–VII (24 %) und äußerst selten zu Typ VIII.

Die Typen I und II der Kanalkonfiguration sind mit 8% bzw. 18% selten (s. Abb. 125). Am häufigsten findet man 2 durchgehend getrennte Kanäle (69%) und selten 3. Mit 21 mm ist der erste Prämolar im Mittel etwas kürzer als der zweite.
Der *zweite Prämolar* besitzt typischerweise eine Wurzel und einen Kanal. Der Rest weist 2 Wurzeln mit je einem separaten Kanal auf. Bei der Kanalkonfiguration dominiert Typ I (48%). Typ II und IV–VII sind etwa gleich häufig. Die Kronenpulpa verliert mit dem Alter an Pulpahörnern und -dach an Höhe (Sekundärdentin). Der Boden der Pulpakammer bleibt aber immer in Höhe des Zahnhalses lokalisiert.

Die Wurzeln der Prämolaren sind oft in alle möglichen Richtungen gekrümmt und teils zweifach (Bajonettform) gebogen. Auch wenn Prämolaren mit 2 Kanälen oftmals die gleiche Arbeitslänge für beide Kanäle besitzen, so kann die Unterscheidung der Position und damit der Kanallänge doch Probleme bereiten. Dann gibt es 2 Methoden:
1. Wird die Röntgenröhre horizontal verschoben (exzentrische Aufnahme), so wandern gemäß der Bukkalregel beim Röntgen filmnahe Objekte (palatinaler Kanal) weniger stark als filmferne (bukkaler Kanal).
2. Die beiden Kanäle werden mit deutlich unterschiedlichen H- und K-Feilen (Oberfläche glatter) beschickt.

Prämolaren des Unterkiefers

Die – im Vergleich zu den UK-Frontzähnen – recht ausladende Krone der UK-Prämolaren suggeriert eine ebenso große Wurzel. Diese ist jedoch zierlich, mit einer mesialen Einziehung und einem zumeist ovalen Umriß mit der größeren Breite orovestibulär.
Aufgrund der Kronenflucht im UK und der kleinen lingualen Höcker soll die Trepanation bukkal von der Zentralfissur angelegt werden. Die Eröffnung geschieht oval und folgt damit der Wurzel- respektive der Kanalform. Die Kronenpulpa ist weit, mit einem deutlichen bukkalen und einem kleinen lingualen Pulpahorn.

Die Kanalform der beiden Prämolaren ist ähnlich und in orovestibulärer Richtung recht ausgedehnt bis in den Bereich des mittleren Kanaldrittels. Daran anschließend ist der Kanal im apikalen Drittel aber sehr schmal. Beide Zähne haben in der Regel eine Wurzel mit einem einzigen Kanal. Beim ersten Prämolaren muß jedoch immerhin bei jedem vierten Zahn mit 2 Wurzelkanalsystemen gerechnet werden.
Die akute Exazerbation einer angetroffenen Parodontitis apicalis kann sich eventuell in vorübergehenden Parästhesien des N. mentalis äußern.

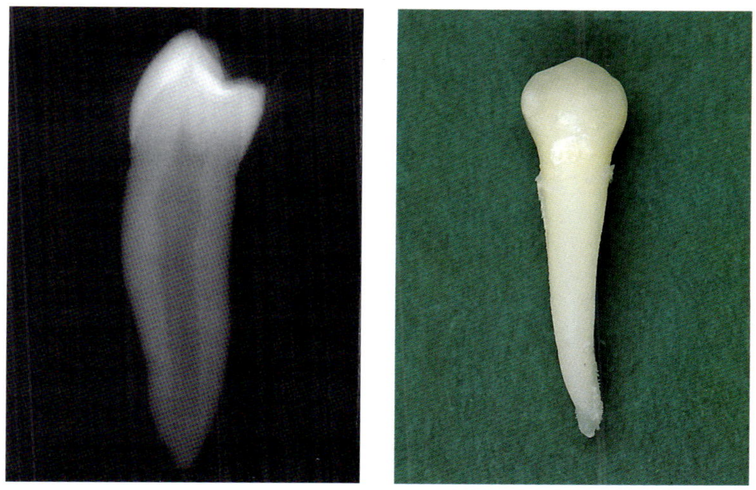

126 Erster Prämolar des Unterkiefers
Links: Das seitliche Röntgenbild zeigt wie im Oberkiefer eine weite Kronenpulpa. Nur die bukkale Ausstülpung des Pulpahornes ist prominent. Das linguale Pulpahorn ist bei ersten Prämolaren – wie hier zu sehen – nur leicht angedeutet, beim zweiten UK-Prämolaren jedoch zumeist deutlicher ausgebildet.

Rechts: Im Unterkiefer haben beide Prämolaren ganz überwiegend eine Wurzel und auch einen Wurzelkanal.

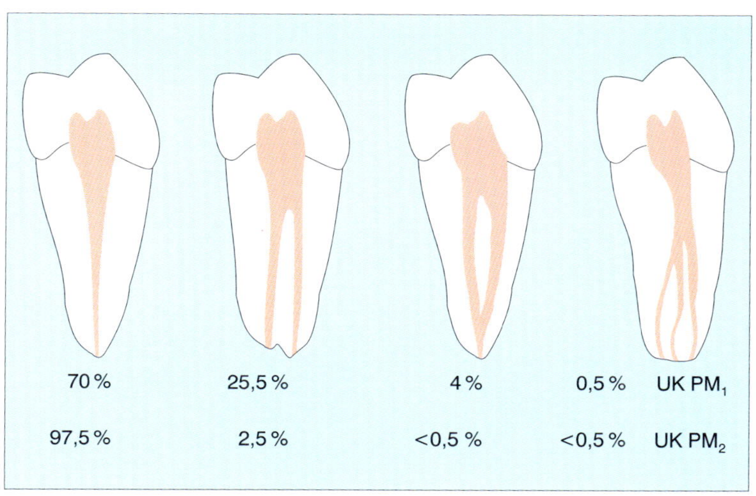

127 Variationsbreite der Wurzelkanäle bei Unterkieferprämolaren
Die Zahlenwerte stammen aus einer Übersichtsarbeit von Peters (1992b).
Beide Prämolaren gehören in den allermeisten Fällen zum Typ I (PM_1: 70 %, PM_2: 97,5 %).
Lediglich beim ersten Prämolaren sind immerhin zu einem Viertel 2 Kanäle der Konfiguration IV oder V anzutreffen, während Typ II- oder III-Konfigurationen mit weniger als 5 % angegeben werden. Der zweite Prämolar hat sehr selten einen zweiten Wurzelkanal.

Der erste untere Prämolar kann bei der endodontischen Aufbereitung insofern Probleme bereiten, als der meist vorhandene einzelne Kanal sich zu immerhin 25% im mittleren bis apikalen Drittel in 2 Kanäle verzweigt (Pineda u. Kuttler 1972, Vertucci 1978). Dabei handelt es sich dann um die Typen IV und V der Kanalkonfiguration nach Vertucci.
Dies bedeutet für die Praxis, daß die Trepanationsöffnung nach lingual erweitert werden sollte, um einen guten Zugang zu schaffen. Der einzelne, zunächst gerade verlaufende Kanal erweist sich nämlich ab der Mitte als deutlich gekrümmt, und zwar sowohl lingual als auch bukkal.

Infolgedessen müssen die Aufbereitungsinstrumente für den bukkalen Kanalanteil von lingual und für den lingualen von bukkal in einer Biegung eingeführt werden. Dabei ist zusätzlich die Gefahr der Begradigung des Kanals und eine zu ausgedehnte Erweiterung des zierlichen apikalen Drittels gegeben. Ein geringer Teil der ersten Prämolaren gehört noch zum Typ II/III (<5%). Weniger als 2% haben 3 Kanäle (Übersicht: Hülsmann 1994).
Der zweite untere Prämolar hat sehr wenige Variationen (2,5%) der Typen II, IV und V. Fast immer (97,5%) findet man eine Wurzel und einen Kanal. Weniger als 1% haben 3 Kanäle und sind sehr schwer aufzubereiten.

Molaren des Oberkiefers

Die Eröffnung sollte in der zentralen Grube nach palatinal hin starten (die Pulpa ist dort ausgedehnt und leicht aufzufinden). Korrespondierend zum Boden des Pulpakavums sollte die Eröffnung viereckig, im Anschluß an die mesiale Randleiste, erfolgen. Im Alter reduziert sich das Kavum durch Sekundärdentin in allen Richtungen, was die Gefahr einer Perforation der Furkation erhöht. Daher soll ein Diamant nur im Schmelz benutzt und dann Rosenbohrer eingesetzt werden. Entwicklungsbedingte Einziehungen und Verfärbungen am Boden sind wichtige Wegweiser zu den Kanälen!

Bei bis zu 75% der Molaren gibt es pulpodesmodontale Kanäle (von der Kammer zur Furkation), die sehr kurz und – wenn übersehen – Ursache für Mißerfolge sind. Der *zweite OK-Molar* ähnelt dem ersten, ist etwas kleiner, hat weniger divergente Wurzeln, die sich in etwa der Hälfte der Zähne vereinigen und dann C-förmige Kanäle bilden können. Auch hier gibt es bei 43% einen zweiten Kanal in der mb-Wurzel. Der db-Kanal liegt weiter mesial als beim OK M_1 auf einer senkrechten Hilfslinie (Nr. 2 in Abb. 129). Der *dritte Molar* bietet eine erhebliche Variationsbreite.

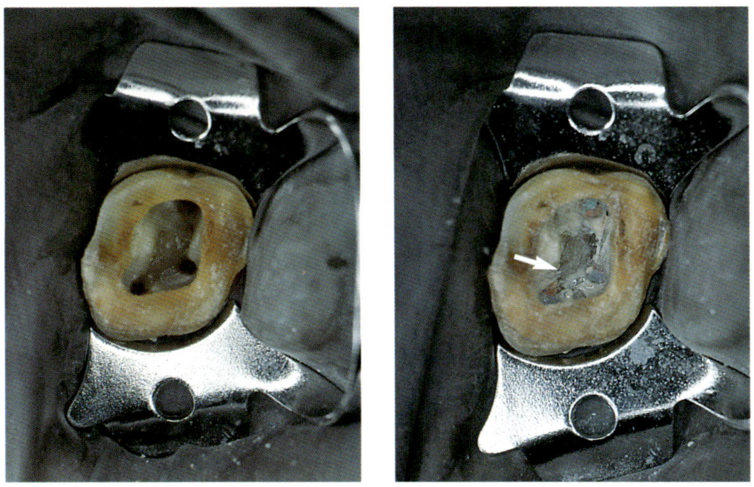

128 Aufsuchen der Kanäle eines ersten Molaren im Oberkiefer
Links: Der erste Blick auf den Boden der Pulpakammer eines OK M_1 offenbart 2 bukkale und einen palatinalen Kanaleingang. Die Kanäle werden instrumentiert, und der Zahn ist daraufhin schmerzfrei.

Rechts: Zustand nach Füllung des Wurzelkanalsystems. (Fortsetzung des Falles s. Abb. 130).

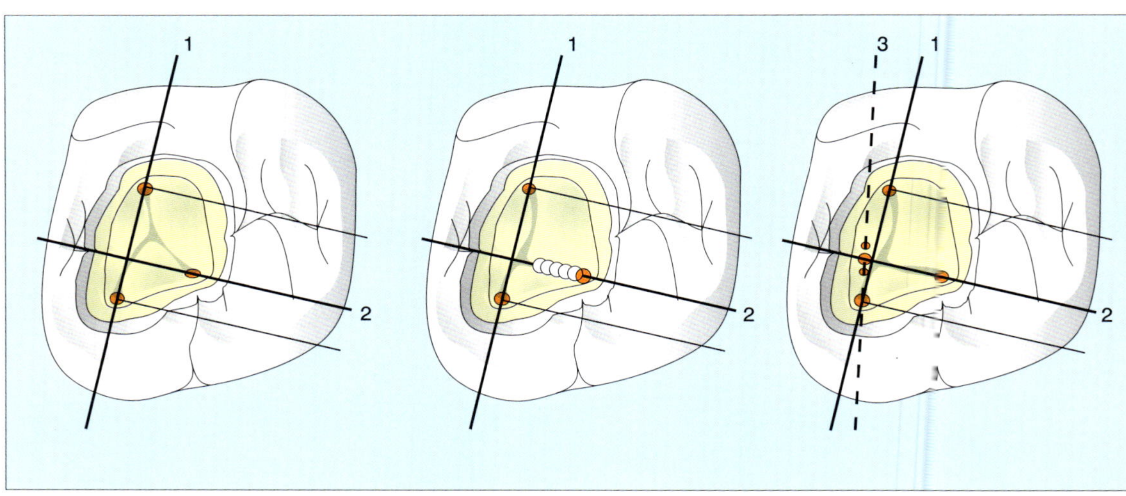

129 Geometrische Hilfslinien
- **A** Eine erste Hilfe ist die Linie 1 zwischen mesiobukkalem und palatinalem Höcker mit den gleichnamigen Kanälen. Bewegt man sich ein Drittel nach palatinal, so trifft die Lotrechte zu Linie 1 (Linie 2) den distobukkalen Kanal.
- **B** Der db-Kanal kann entlang von Linie 2 liegen. Bei M_1 ist er weiter von Linie 1 entfernt, bei M_2 deutlich weiter mesial.
- **C** Der häufige vierte mesiopalatinale Kanal liegt mesial der Kreuzung von Linie 1 und 2 auf der ca. 10° geöffneten Linie 3.

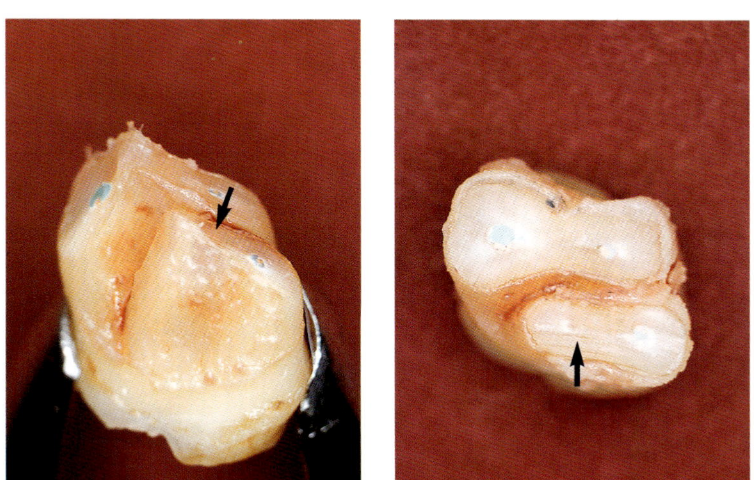

130 Bedeutung des 4. Kanals
Nach einiger Zeit war der erste Molar (Abb. 128) wieder temperaturempfindlich. Dies steigerte sich zu einem Dauerschmerz. Mesiobukkal manifestierte sich eine periapikale Läsion, die durch Wurzelspitzenresektion (WSR) therapiert wurde. Auch danach persistierte der Schmerz. Der Zahn wurde schließlich extrahiert.

Links u. rechts: Die Ansichten des extrahierten Molaren zeigen einen weiteren Kanal in der mb-Wurzel, der bei der Wurzelbehandlung nicht entdeckt und bei WSR nicht verschlossen wurde (Pfeil).

Besonderheiten des ersten Oberkiefermolaren

Der OK M_1 ist ein Zahn mit 3 Wurzeln und 4 Kanälen. Hervorzuheben ist die mb-Wurzel, die bei In-vitro-Studien zu etwa 60%, mit Mikroskop zu 95% (Kulild u. Peters, 1990) und in vivo zu 18–33% 2 Kanäle besitzt (Übersicht: Harty 1990). Der zweite Kanal beginnt meist hinter einem gemeinsamen Foramen (Abb. 132). Die mesialen Kanäle (mb, mp) verlaufen zuerst nach mesial, dann nach bukkal und im apikalen Drittel nach distopalatinal. Der Eingang zum mesiopalatinalen Kanal liegt mesial einer Verbindungslinie von mesiobukkal nach palatinal (Abb. 129).

Da die 2 Kanäle der *mesiobukkalen Wurzel* in orovestibulärer Ebene liegen, sollte im Gegensatz zu anderen Seitenzähnen distalexzentrisch (20°) geröntgt werden. Die *distobukkale Wurzel* hat meist einen Kanal in Wurzelmitte. Es ist die kürzeste Wurzel, die erst nach distal und im Apexdrittel nach mesial gekrümmt ist. Der Kanaleingang liegt eher zentral als distal.
Die *palatinale Wurzel* (Typ I) ist am längsten, hat das größte Lumen und ist apikal nach bukkal gekrümmt, so daß beim Röntgen die Feile vorgebogen werden sollte.

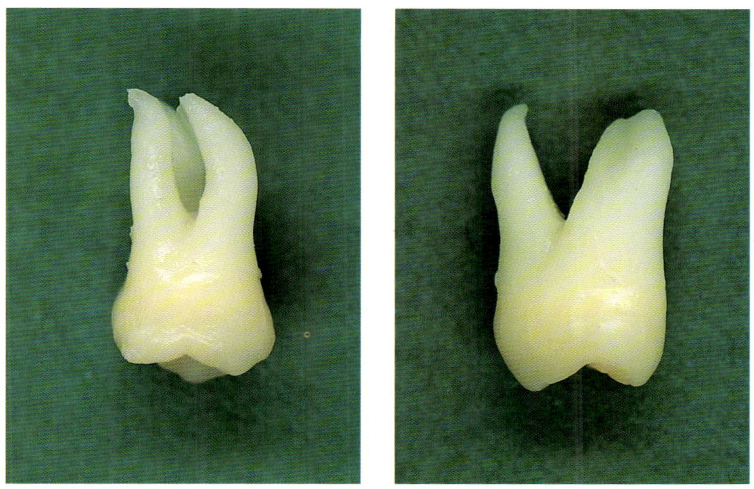

131 Komplexität der Oberkiefermolaren (I)
Links: Die Bukkalansicht zeigt das vertraute Bild zweier getrennter bukkaler Wurzeln, deren Wurzelspitzen nach distal zeigen. Mesial ist ein großer Krümmungsradius gleichmäßig über den Wurzelverlauf verteilt, während distal nur die unteren 2 Millimeter der Wurzelspitze stark abknicken.

Rechts: In der Mesialansicht fällt die Verschmelzung der mesialen und palatinalen Wurzel ins Auge (vgl. Abb. 132 Mitte und rechts).

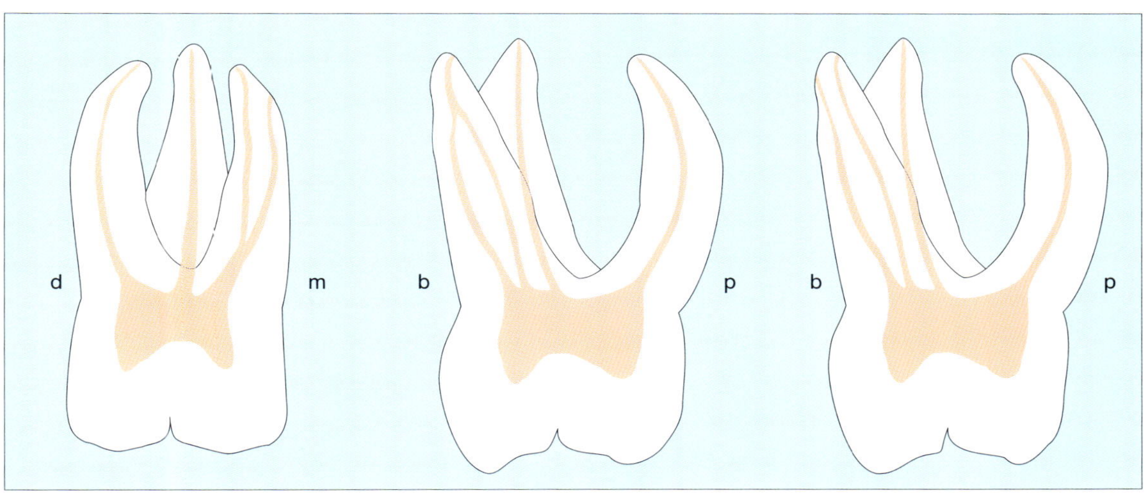

132 Formvarianten der mesiobukkalen Wurzel
In-vitro-Studien zeigten bei OK M_1 in 55–69 % der Fälle einen zweiten Kanal in der mb-Wurzel.

Links: Mesiobukkaler und mesiopalatinaler Kanal beginnen meist in nur einer Öffnung der Pulpakammer.

Mitte: Üblicherweise enden die beiden Kanäle apikal in nur einem Foramen im Sinne des Typs II.

Rechts: Auch die Variante mit 2 getrennten Kanälen wie auch 2 Foramina ist einzukalkulieren.

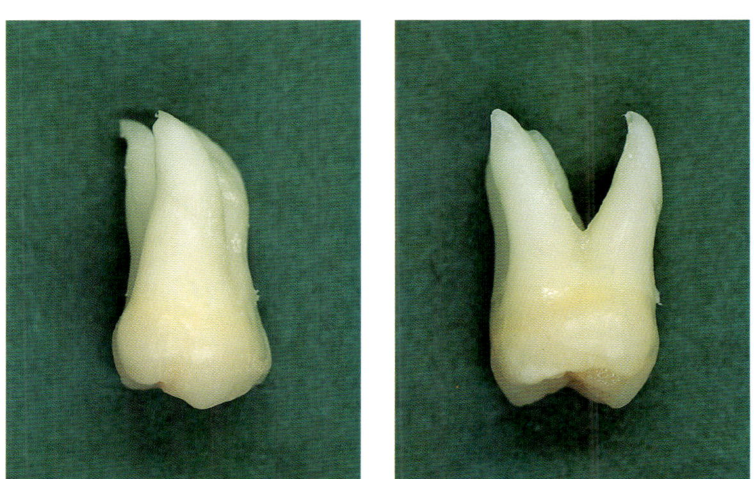

133 Komplexität der Oberkiefermolaren (II)
Links: Die Palatinalansicht zeigt das vertraute Bild einer einzelnen massigen Wurzel. Auch hier weist die Wurzelspitze nach distal und verrät eine deutliche Krümmung des gesamten Kanalverlaufs.

Rechts: In der Distalansicht erscheinen die bukkalen und die palatinale Wurzel weit auseinanderstrebend. Alle Wurzelspitzen weisen nach bukkal.

Molaren des Unterkiefers

Die Eröffnung der UK-Molaren erfolgt vom Zentrum der Kaufläche, lehnt sich trapezförmig mit der breiten Basis am mesialen Randwulst an und schont das distale Zahndrittel. Wie bei OK-Molaren findet man häufiger Dentikel, die vor der Aufbereitung entfernt werden müssen. Meist trifft man auf eine mesiale und eine distale Wurzel, wobei die hintere zierlicher und runder ist. Es gibt oft 5 Pulpahörner, die lingual länger und deutlicher ausgezogen sind. Der Dentinüberhang am mesialen Eingang muß entfernt werden, um die Gefahr eines Zipping zu verringern.

Der *erste Unterkiefermolar* hat 2 Wurzeln, wobei die mesiale Wurzel überwiegend 2 Kanäle hat, die zu 40–45% in einem Foramen enden. Der mesiobukkale Kanal ist der schwierigere, da er vielfach gewunden ist: Einer initialen Mesialwendung folgt in der Wurzelmitte eine nach distal. Der distobukkale Kanal ist weiter und gerader, kann jedoch apikal nach mesial abbiegen. Zwischen beiden mesialen Kanälen bestehen oft umfangreiche Anastomosen (Peters 1992d). Der einzelne distale Kanal ist normal größer, oval und mündet zu 60% kurz vor dem anatomischen Apex auf der Distalfläche der Wurzel (Tamse et al. 1988).

Immerhin haben auch mehr als ein Viertel aller ersten Unterkiefermolaren in der distalen Wurzel 2 Kanäle (Skidmore u. Bjorndal 1971). Nach Pineda u. Kuttler (1972) sind etwa gleich viele vom Typ II (13%) wie vom Typ IV (14%).

Der *zweite Unterkiefermolar* ähnelt dem ersten; die Wurzeln sind kürzer, die Kanäle stärker gekrümmt, und die Variationsbreite ist höher. Sehr häufig (58%) findet man mesial auch nur einen oder 2 Kanäle des Typs II oder IV (je etwa 21%; Pineda u. Kuttler 1972). In der distalen Wurzel gibt es fast immer (> 94%) einen Kanal, selten Typ II (2,1%) oder Typ IV (3,5%; ebenda).

Eine Besonderheit stellen *C-förmige Kanäle* dar. Erstmals von Cooke u. Cox (1979) mit einer Inzidenz von 8% beschrieben, sind sie vor allem beim zweiten Unterkiefermolaren, aber auch beim ersten Unterkiefermolaren, bei Prämolaren oder Oberkiefermolaren zu finden (Übersicht: Simon 1993a). In chinesischen Populationen soll die Häufigkeit 33–52% betragen.

Die Diagnose ist schwierig. Klinische Hinweise sind ein konstanter fortbestehender Schmerz, anhaltende Blutung aus dem Kanal und konfluierende Lumina. Auf dem Röntgenbild erscheinen die Wurzeln eher konisch oder verwachsen, und die Furkation ist nicht oder kaum ersichtlich (Peters 1992d).

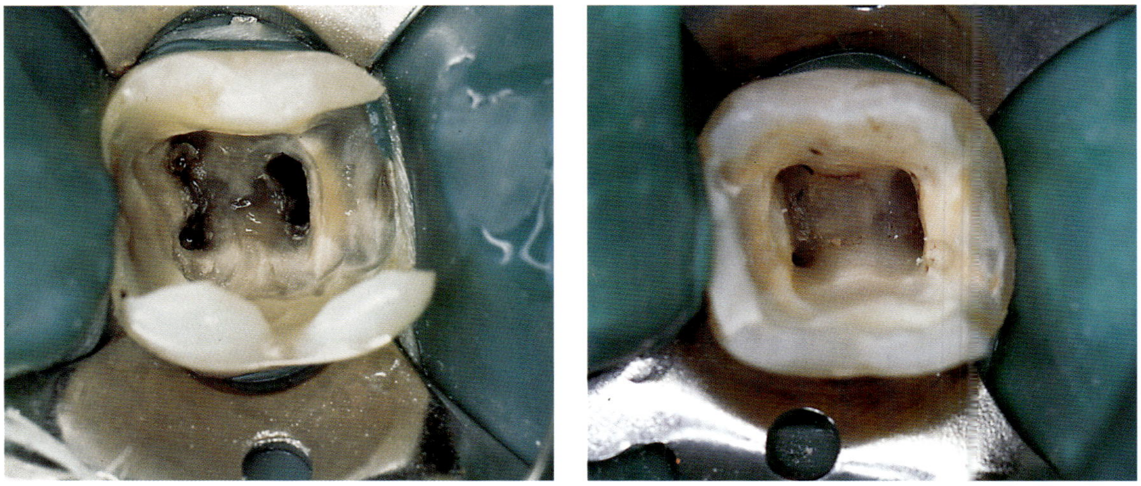

134 Kanaleingänge bei Unterkiefermolaren

Links: Im Regelfall hat die mesiale Wurzel 2 Kanäle (87%) und die distale einen (73%). Die mesialen Kanäle sind eher rund und enden zu 40–45% in einem gemeinsamen Foramen (Typ II). Der distale Kanal ist oval, weiter als der mesiale und endet meist auf der Distalfläche der Wurzel kurz vor dem anatomischen Apex (Peters 1992d).

Rechts: Etwa ein Viertel aller UK-Molaren weist in der distalen Wurzel einen zweiten Kanal auf, der gleich oft zu Typ II oder IV gehört.

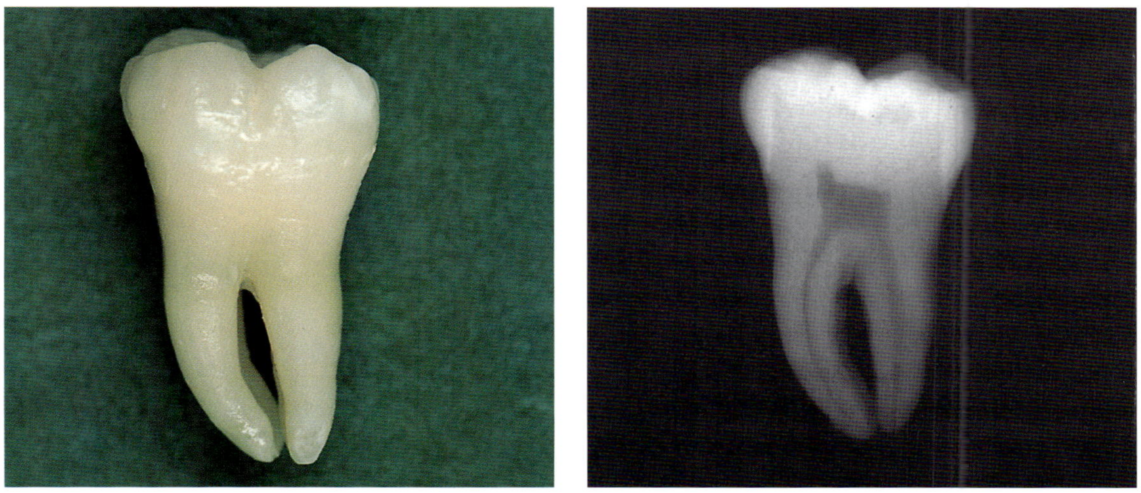

135 Unterkiefermolaren

Links: In der Regel findet man sowohl beim ersten als auch zweiten UK-Molaren eine mesiale und eine distale Wurzel. Oft ist – wie auch hier – die Spitze der mesialen Wurzel klar nach distal gekrümmt, was die Aufbereitung erschwert. Als Besonderheit sind die 3 bukkalen Höcker (mesio-, medio- und distobukkal) zu erwähnen.

Rechts: Das Röntgenbild zeigt das vertraute Bild einer weitlumigen Kronenpulpa mit einer stärkeren Ausprägung des mesialen Pulpahorns. In dieser Projektion scheint jede Wurzel nur einen Kanal zu haben.

Instrumente und Materialien

Die Wurzelkanalbehandlung erfordert von der Trepanation über die Wurzelkanalfüllung bis zu Folgemaßnahmen (WSR, Stiftaufbau) eine Vielzahl von Hilfsmitteln. Während einige seit Jahrzehnten nahezu unverändert bestehen, haben auf anderen Gebieten (Ni-Ti-Instrumente, thermoplastische GP-Füllung, retrograde Ultraschallpräparation) deutliche Entwicklungen stattgefunden. Erst in den fünfziger Jahren begann man mit der Standardisierung endodontischer Instrumente. Gerade 30 Jahre existiert der amerikanische „Council on Dental Materials, Instruments and Equipment" (CDMIE, gegründet 1966) der ADA. Die übergeordnete Behörde ist das „American National Standard Institute" (ANSI). Weltweit beschäftigt sich die Gruppe TC-106 JW6-1 (Technical Committee, Joint Working Group) im Auftrag der International Standard Organisation (ISO) und der Fédération Dentaire Internationale (FDI) mit Normierungen, wobei ISO 3630 (≅ANSI 28,58,63,71) am bekanntesten ist (Miserendino 1994, Orth 1995).

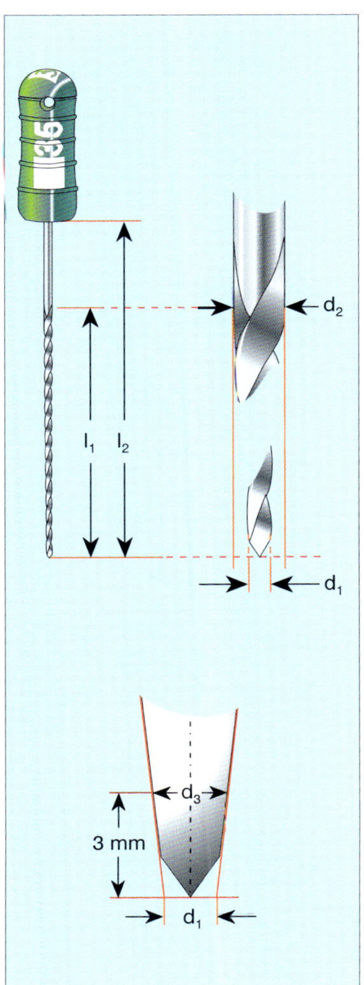

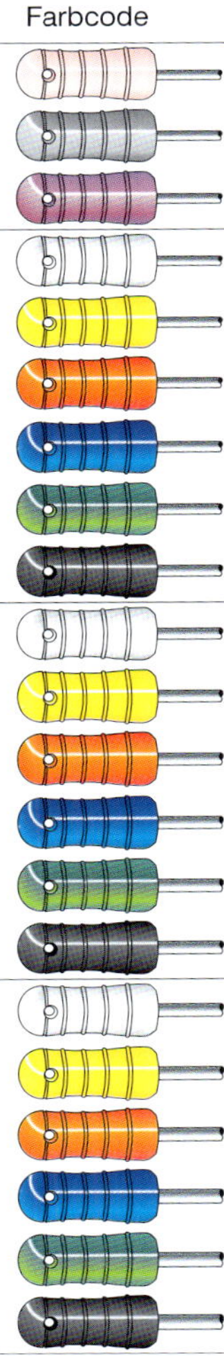

Farbcode	ISO-Größe	$d_1 \pm 0{,}02$ mm	$d_2 \pm 0{,}02$ mm
	006	0,06	0,38
	008	0,08	0,40
	010	0,10	0,42
	015	0,15	0,47
	020	0,20	0,52
	025	0,25	0,57
	030	0,30	0,62
	035	0,35	0,67
	040	0,40	0,72
	045	0,45	0,77
	050	0,50	0,82
	055	0,55	0,87
	060	0,60	0,92
	070	0,70	1,02
	080	0,80	1,12
	090	0,90	1,22
	100	1,00	1,32
	110	1,10	1,42
	120	1,20	1,52
	130	1,30	1,62
	140	1,40	1,72

136 ISO-Standardisierung
Die Dimension endodontischer Instrumente richtet sich nach den Vorgaben der International Standard Organisation. Ein Farbsystem erlaubt die schnelle visuelle Erkennung der Durchmesser. Auf die 3 kleinsten Größen #6 rosa, #8 grau, #10 violett folgt dreimal die Sequenz weiß – gelb – rot – blau – grün – schwarz.

Links: Der schneidfähige Bereich ist nach ISO-Standard 16 mm lang (l_1). Es werden 3 Durchmesser unterschieden: d_1 an der Spitze, d_2 am Ende des Arbeitsteiles nach 16 mm und d_3 3 mm hinter der Spitze.

Die 3 Grundtypen der Instrumente ...

Alle Instrumente gehen auf 3 Grundformen zurück: K-Bohrer (= K-Reamer), K-Feilen, Hedström-Feilen. Zunächst aus Kohlenstoffstahl gefertigt, bestehen sie seit den sechziger Jahren aus Cr-Ni-Edelstahl und sind damit weniger anfällig gegen häufiges Sterilisieren. K-Typen werden durch Verdrillen eines Vierkantstahles (kleine Größen) oder eines Dreikants (ab #30) gewonnen. Der Vierkant ist stabiler und starrer; sein kleiner Spanraum (36%) erlaubt nur einen geringen Abtransport gelösten Materials. Der Dreikant ist flexibler, mit großem Spanraum (60%) und bruchanfälliger.

Der Schneidekantenwinkel – zwischen Instrumentenachse und Schneidekante – gibt Auskunft über Arbeitsweise und Effektivität. Bei Winkeln <45° ist eine rotierend-schabende Technik am besten. Dies gilt für K-Bohrer (mit ~20° am kleinsten) und K-Feilen (~40°). H-Feilen sind mit ihren aus Rundstahl gefrästen, scharfen Schneiden und einem Winkel von ~60° bei feilendem Einsatz extrem effizient. Sie sind K-Feilen deutlich überlegen, die fälschlicherweise oft für rein feilenden Einsatz empfohlen werden, obwohl sie rotierend effektiver sind (Schäfer 1995a).

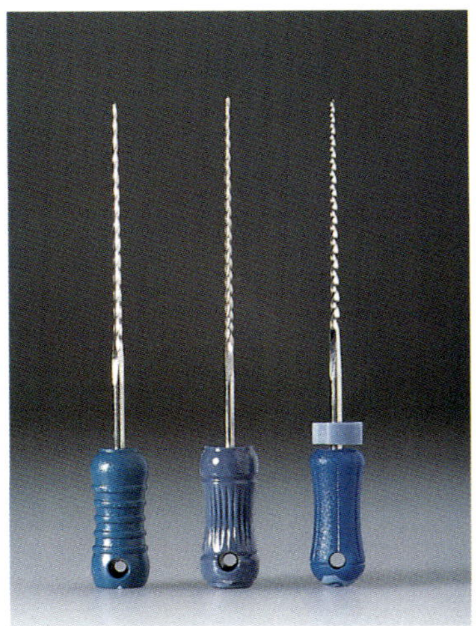

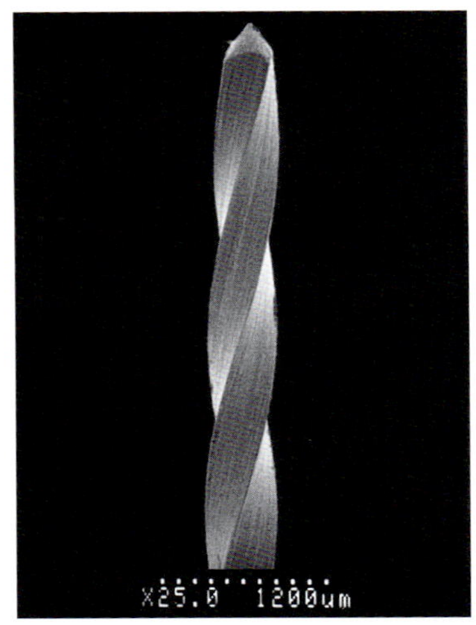

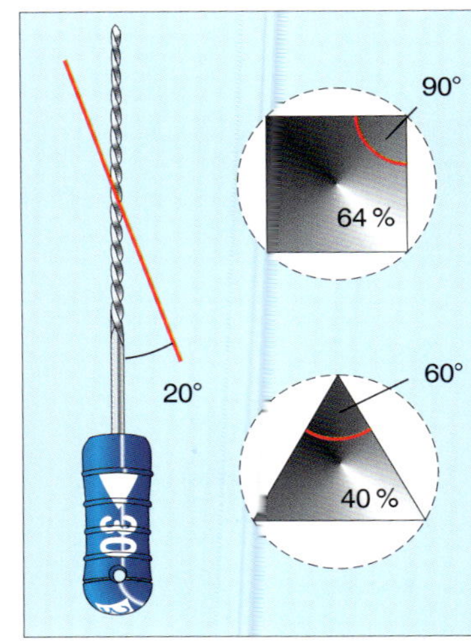

137 K-Bohrer
Links: Der K-Reamer oder K-Bohrer (von links: VDW, Kerr, Maillefer) ist einer der Grundtypen endodontischer Instrumente.

Mitte: Das REM-Bild verdeutlicht bei 25facher Vergrößerung die Schneidenzahl und -geometrie eines Reamers (0,5–1 Windung/mm).

Rechts: Während ein Dreieck als Symbol für den Reamer steht, ist der Querschnitt bei kleinen Größen viereckig (geringer Spanraum von 36 %) und erst später dreieckig (Spanraum 60 %).

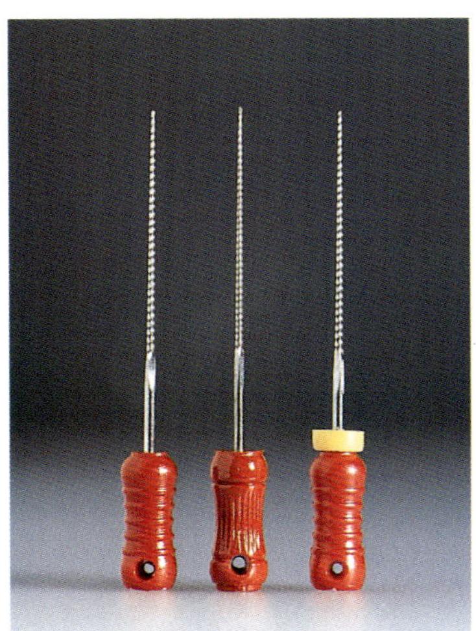

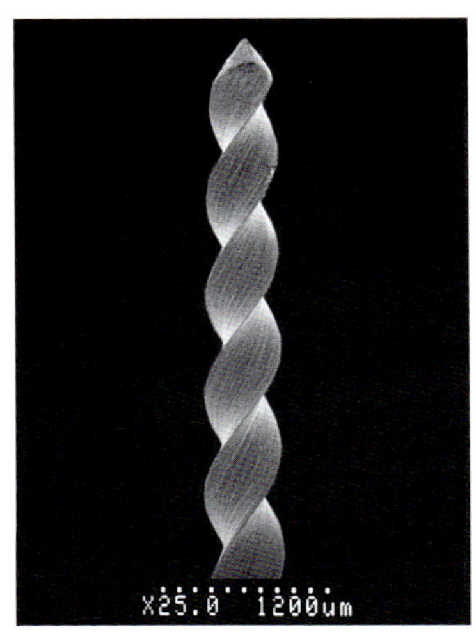

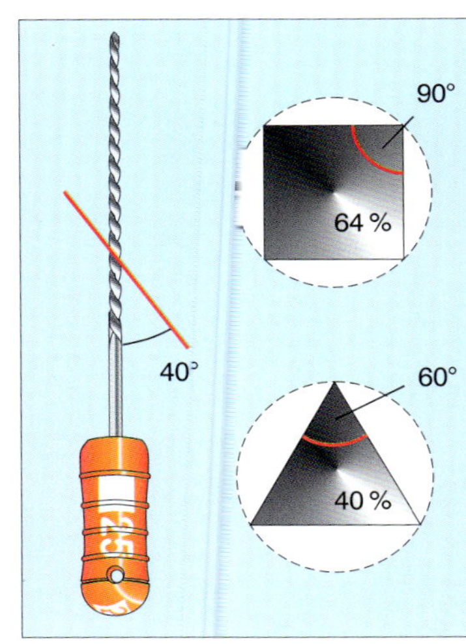

138 K-Feile
Links: Bereits 1915 erhielt die Kerr Manufacturing Corp. das Patent für alle später so benannten K-Typ-Instrumente wie z.B. die K-Feile.

Mitte: Im REM erkennt man bei 25facher Vergrößerung die größere Zahl von Schneiden (1,5 bis 2,5/mm) im Vergleich zum K-Reamer.

Rechts: Auch K-Feilen haben erst einen viereckigen und dann dreieckigen Querschnitt. Symbol ist aber das Viereck. Der Schneidekantenwinkel ist mit 25–40° etwa doppelt so groß wie beim Reamer.

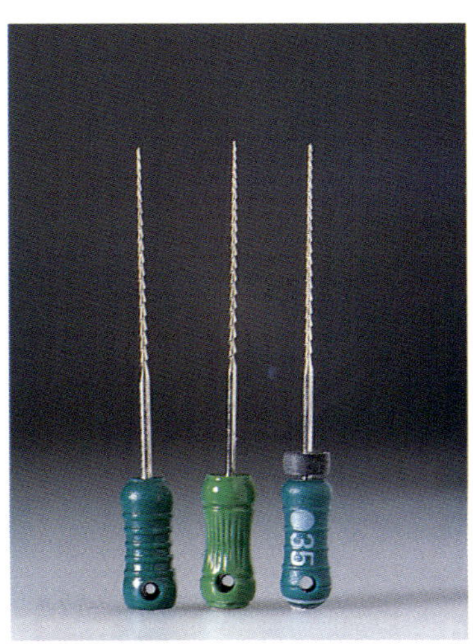

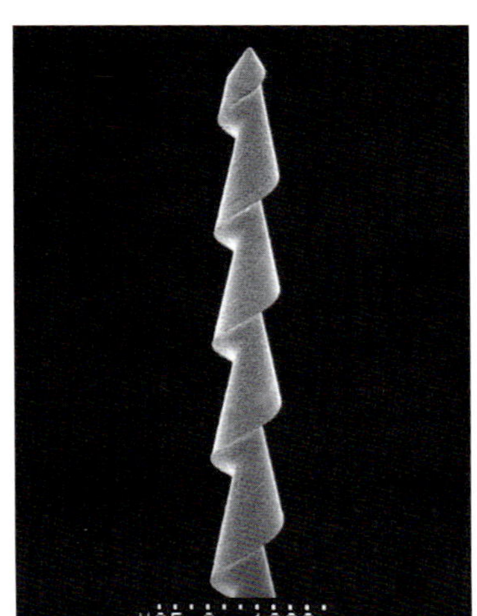

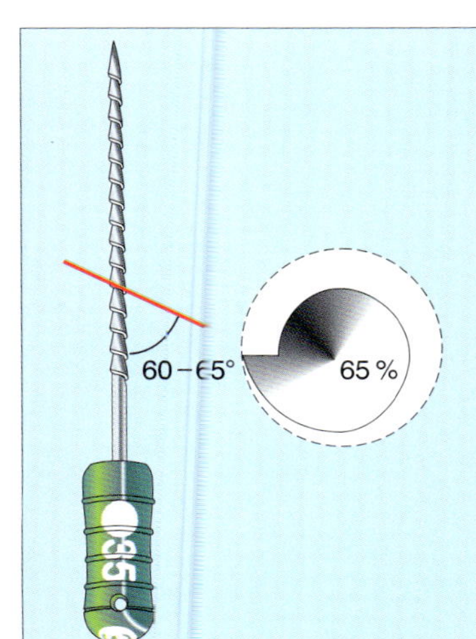

139 H-Feile (Hedström-Feile)
Links: Hedström-Feilen werden im Gegensatz zu den K-Typen aus einem Rundstahlprofil herausgefräst.

Mitte: Das REM-Bild (Vergr. 25fach) verdeutlicht die abweichende Geometrie mit der helikoidalen Schneide.

Rechts: Der Querschnitt einer H-Feile ist rund mit eingefräster Spirale und ermöglicht einen Spanraum von 35 %. Das Symbol ist ein Kreis. Der Schneidekantenwinkel beträgt 60–65°.

... und ihre Weiterentwicklung

Um die Nachteile herkömmlicher Typen zu überwinden, wurden Hybridinstrumente entwickelt, die Vorzüge der K-Typen mit der aggressiven Schneidleistung von H-Typen zu verbinden suchten. Dabei gelang eine höhere Flexibilität durch Veränderung des Querschnitts (Rhombus: K-Flex, Dreieck ab #15 [Flexofile, -reamer] plus Spezialstahl: Flexicut). Mit der Flex-R-File (Roane et al. 1985) begann eine neue Ära, da man die scharfen Kanten an der Instrumentenspitze als eine Ursache für Aufbereitungsfehler erkannte und sie nach dem Prinzip der Batt-Spitze abrundete. Dies ist auch bei Flexofiles und -reamern verwirklicht. Außerdem ist die Flex-R aufgrund des Dreikant eine K-Typ-Modifikation, entsteht aber wie die H-Feile durch Fräsen aus einem Rundstahl. Ähnlich werden auch Unifile und S-File mit Doppelhelix gefertigt. Durch ein kurzes Arbeitsteil (Canal Master U, Flexogates, Heliapical) wollte man Formveränderungen minimieren.

Da bisher die ISO-Nummern linear zunehmen, die Durchmesser aber sprunghaft, wurden Zwischengrößen entwickelt. Jetzt ist eine konstante Zunahme um 29% (Profile 29) im Gespräch (Schilder 1994).

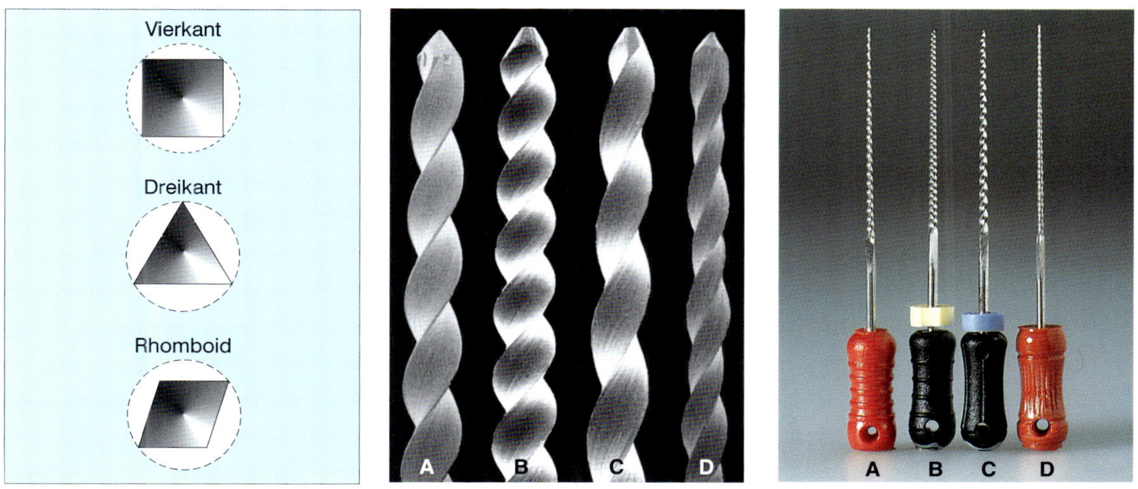

140 Flexible Instrumente
Links: Der Vierkantquerschnitt ist größer und damit starrer als der Dreikant. Neuere Instrumente sind daher auch in kleinen Größen dreieckig (**A**–**C**). Die Rhombusform (**D**) ist ebenfalls flexibler, erlaubt aber nur 2 schneidende Kanten.

Mitte: Die Schneidenzahl der Flexofile (**B**) ist deutlich höher. Bei der K-Flex (**D**) wechseln bauchige und schmale Bereiche → Rhombusform.

Rechts: **A** Flexicut (VDW), **B** Flexofile (Maillefer), **C** Flexoreamer (Maillefer), **D** K-Flex (Kerr).

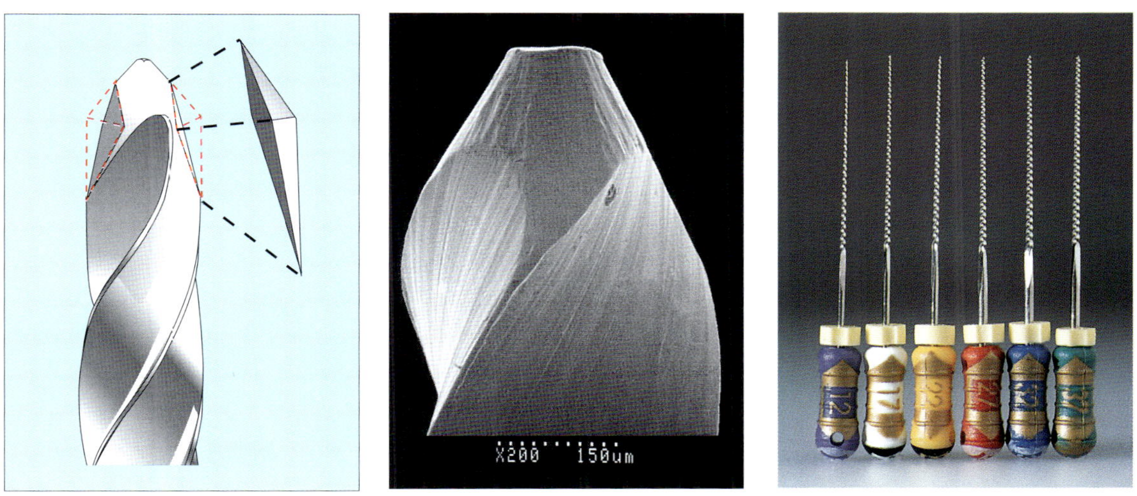

141 Batt-Spitze
Die Flex-R-Feile nach Roane (1985) realisiert erstmals eine nichtschneidende (Batt-)Spitze, die auch in gekrümmten Kanälen eine Stufenbildung zu vermeiden hilft.

Links: Prinzip der Flex-R → Entfernung der scharfen Grate an der Instrumentenspitze (Batt-Form).

Mitte: Das REM-Bild veranschaulicht die Spitzengeometrie (Vergr. 200fach).

Rechts: Auch die Zwischengrößen #12–37 werden bei Maillefer (Golden Mediums) mit Batt-Spitze gefertigt.

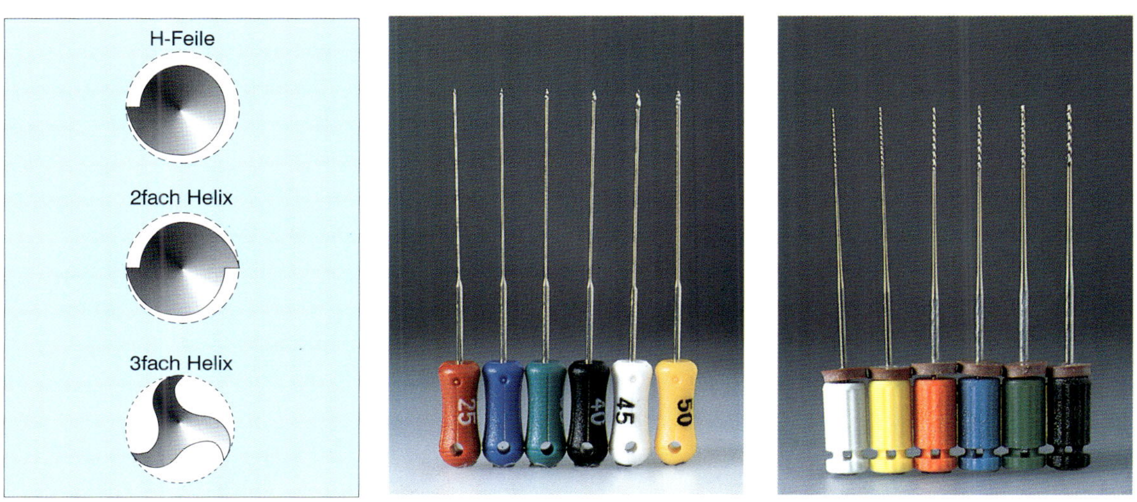

142 Weitere Modifikationen
Einige Hersteller haben das Arbeitsteil der Instrumente stark reduziert, so daß ein kurzer schneidender Bereich und ein langer Schaft aus Rundstahl resultieren.

Links: Der einfach helikoidale Querschnitt der Hedström-Feile wurde bei der S-Feile (Sendoline) zur Zweifach- und bei der Helifile (Micro-Mega) zur Dreifachhelix.

Mitte: Flexogates (Maillefer) mit 2 mm langem Arbeitsteil.

Rechts: Heliapikal (Micro-Mega) mit 5 mm langem Arbeitsteil.

Instrumente aus Titanlegierungen

In der Kieferorthopädie macht man sich die hohe Flexibilität und Widerstandsfähigkeit gegen Ermüdungsbrüche von Nickel-Titan-Legierungen schon lange zu Nutze (Andreasen u. Hilleman 1971). Seit einigen Jahren sind nun Legierungen mit zumeist 56m% Ni und 44m% Ti aus China (Nitalloy), Japan oder USA (Nitinol – NOL = Naval Ordnance Laboratory, Silver Spring) für endodontische Instrumente im Gebrauch.
Interessant sind Spezialeigenschaften wie der Memoryeffekt, d.h. Ni-Ti nimmt auch nach Verformung die Ausgangsgestalt wieder an und zeigt dabei eine Pseudoelastizität. Die zurückbleibende Deformation ist 0°, während K-Feilen aus Edelstahl 10–18° aufweisen (Camps u. Pertot 1995). Allerdings sind Ni-Ti-Instrumente nicht vorbiegbar. Deutlich geringeres Biegemoment und E-Modul (jeweils nur ein Fünftel) als Cr-Ni-Stahl-Instrumente zeigen die große Flexibilität an. Erstaunlicherweise ist die Torsionsfähigkeit bis zum Bruch geringer als von Edelstahl, während die Rotation vergleichbar ist. Dies könnte aus der Herstellung durch Fräsung resultieren, die bei Ni-Sondermetallen schwierig ist und oft zu Scharten führt (Schäfer 1995b).

143 Titanlegierungen
Ein 5fach geringeres E-Modul und das geringere Biegemoment von Titanlegierungen machen diesen Werkstoff besonders für den Einsatz im gekrümmten Kanal interessant.

Links: Nitiflex-Instrumente von Maillefer sind K-Feilen aus Nickel-Titan.

Mitte: Hyflex-X-Files (Hygenic) verbinden den Werkstoff Ni-Ti mit einem neuen Schneidendesign.

Rechts: Die neue Geometrie der Hyflex (links) im Vergleich zur üblichen der K-Feile aus Ti-Al von Micro-Mega (rechts).

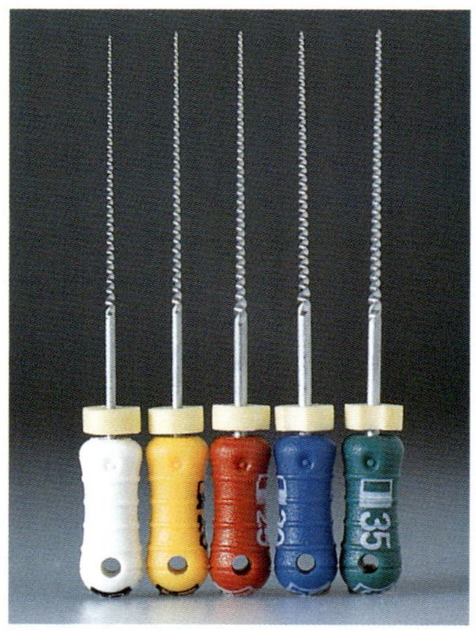

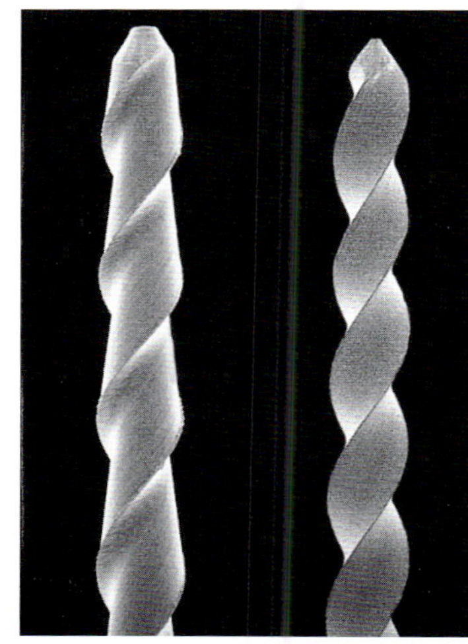

144 Titan-Aluminium-Legierung
Die jüngste Entwicklung manueller Aufbereitung sind die Microtitane-Instrumente von Micro-Mega. Sie basieren auf einer ganz neuen Legierung mit 95 m% Ti und 5 m% Al.

Links: Microtitane-Instrumente gibt es als K-Bohrer, H-Feile, K-Feile.

Mitte: Titaninstrumente lassen sich sehr stark krümmen und verformen.

Rechts: Ti-Al hat nicht die Pseudoelastizität (s.o.) wie Ni-Ti, so daß zwar kein Bruch, aber eine bleibende Verformung zu beobachten ist.

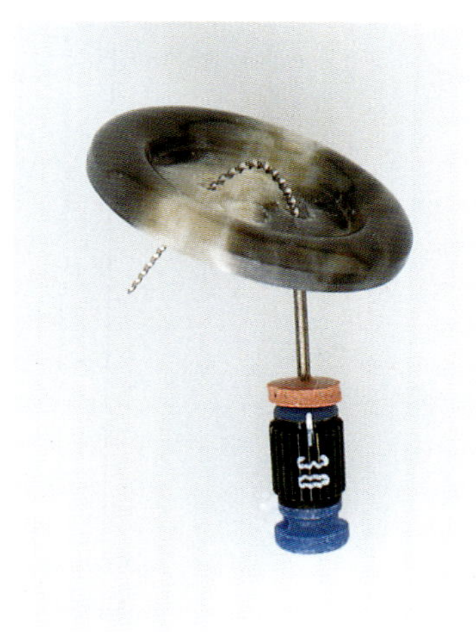

145 Eindringtiefe endodontischer Instrumente (Schäfer 1995b)
Die maximale Eindringtiefe von Instrumenten der ISO-Größen 25 und 35 wurde drehend-schabend an einem Probekörper aus Kunststoff ermittelt. Flexible Edelstahlinstrumente erbrachten, egal ob konventionelle oder Batt-Spitze, die signifikant größte Tiefe. Herkömmliche K-Feilen aus Edelstahl waren besser als K-Reamer. Am schlechtesten schnitten K-Feilen aus Nickel-Titan ab, während die Werte von Titan-Aluminium-Instrumenten höher lagen und in die Nähe konventioneller Edelstahlinstrumente kamen.

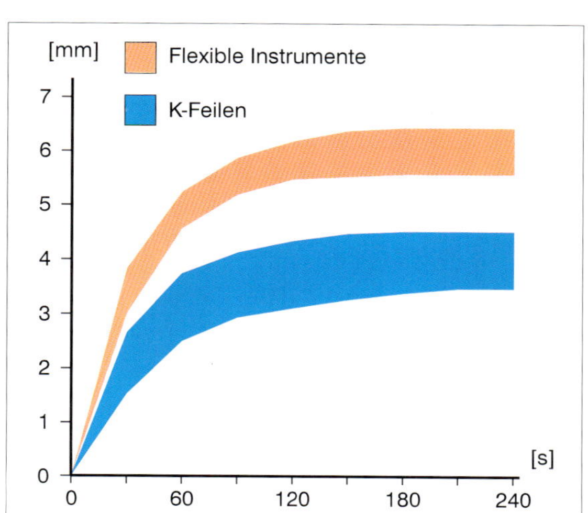

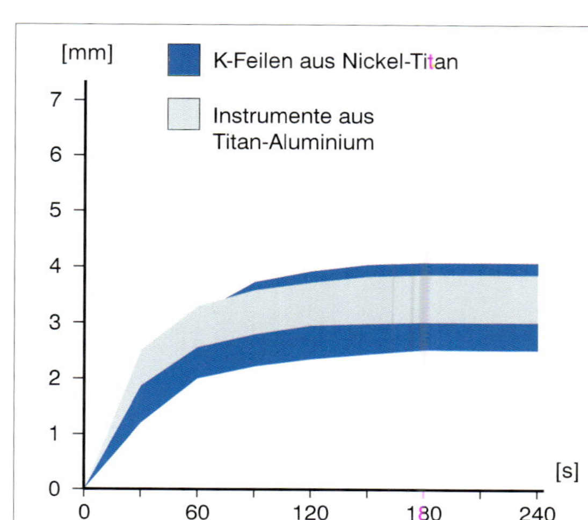

Auch sonst erwies sich die Schneidleistung von Ni-Ti-Instrumenten als niedriger als diejenige konventioneller (ca. 60–90%) und noch einmal schlechter als die flexibler Instrumente (40–60%) (Schäfer et al. 1994a). Speichel, NaOCl und Sterilisieren können zu Korrosion führen, und die Schneidleistung wird bei einfacher Sterilisation schon deutlich reduziert. Das bedeutet für die Praxis, daß 2–3 Ni-Ti-Feilen nötig sind, um die gleiche Eindringtiefe wie mit flexiblen Feilen zu erzielen, und eine längere Arbeitszeit resultiert. Ni-Ti-Instrumente sind zudem etwa 4mal teurer.

Bezüglich der Formtreue einer Aufbereitung zeigten Ni-Ti-Feilen sehr gute Ergebnisse, doch apexnahe fast gar keinen Abtrag. Neuere Typen (Nitiflex, Onyx-R) sind drehend-schabend zwar effektiver als bisherige Ni-Ti-Instrumente, aber schlechter als konventionelle. Die neueste Stufe stellen die Microtitane dar (Micro-Mega: 95 m% Ti und 5 m% Al). Sie haben eine größere Flexibilität bei ähnlicher Schneidleistung wie Edelstahl und fast gleicher Frakturresistenz. Allerdings zeigen sie keine Pseudoelastizität, und in gekrümmten Kanälen schnitten sie schlecht ab (Schäfer 1995b).

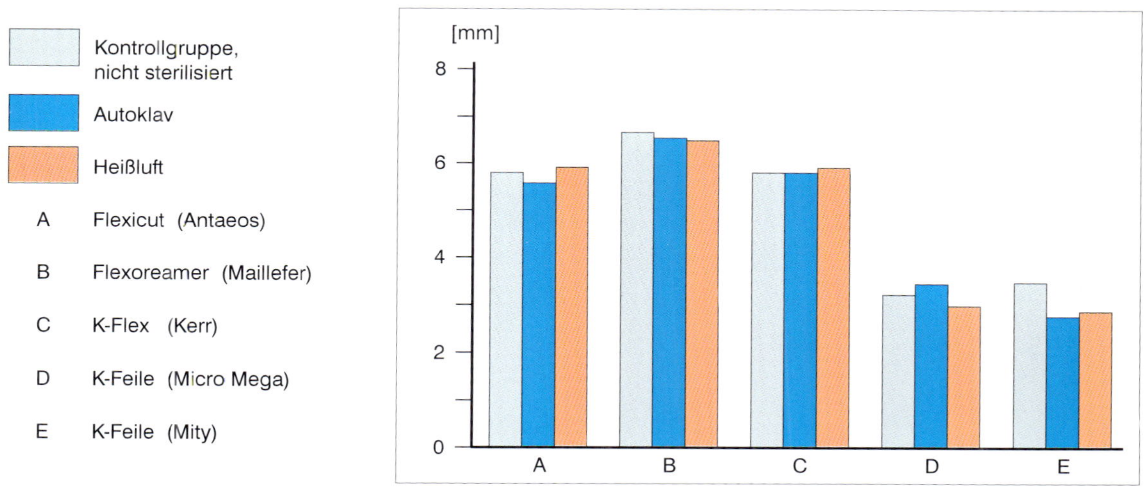

146 Auswirkungen der Sterilisation (Schäfer 1995c)
Instrumente aus Edelstahl (**A**) sowie flexible Typen (**B, C**) hatten nach Sterilisation im Autoklaven oder mit Heißluft keine signifikante Beeinträchtigung ihrer Schneidleistung. Es zeigte sich erneut, daß flexible Edelstahlinstrumente (**B**) die größte Eindringtiefe erzielen, während Ti-Al-Instrumente (**D**, Micro-Mega) nur etwa 40% dessen erreichen. Nickel-Titan-Instrumente (**E**, Mity K-Feile) wiesen bereits nach einmaliger Sterilisation eine signifikant verringerte Schneidleistung auf.

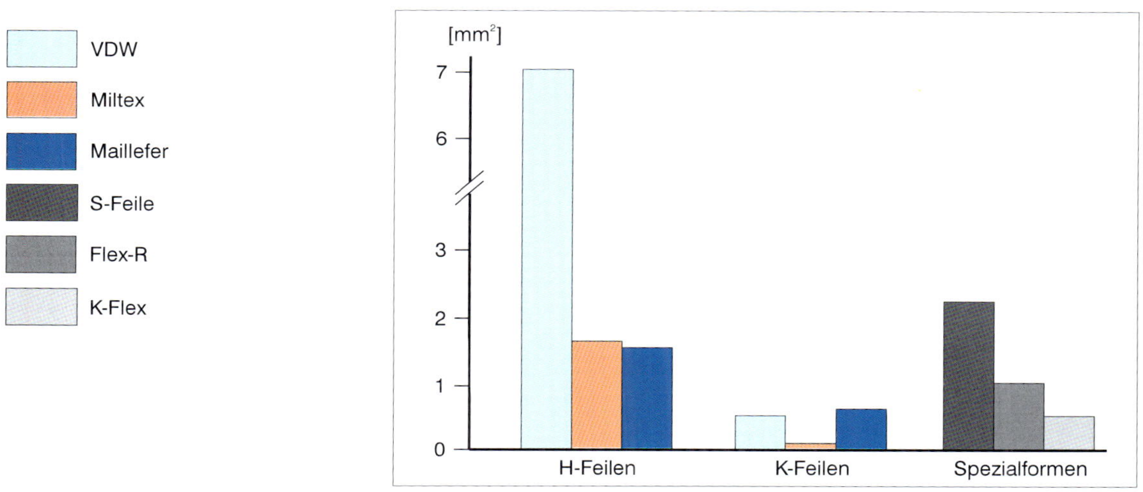

147 Schneideeffizienz (Stenman u. Spångberg 1990a, b)
Die Schneidleistung endodontischer Instrumente wurde an Plexiglasblöcken als abgetragene Fläche (jeweils Mittelwert) nach 300facher Bewegung ermittelt. Mit H-Feilen war die insgesamt größte Effektivität erzielbar, wobei Instrumente von Antaeos (VDW) noch einmal deutlich vor allen anderen lagen. K-Feilen waren dichter beieinander mit der größten Leistung bei K-Flexofiles (Maillefer). Bei den Spezialformen lagen S-Files (den Hedströmfeilen ähnlich) am besten.

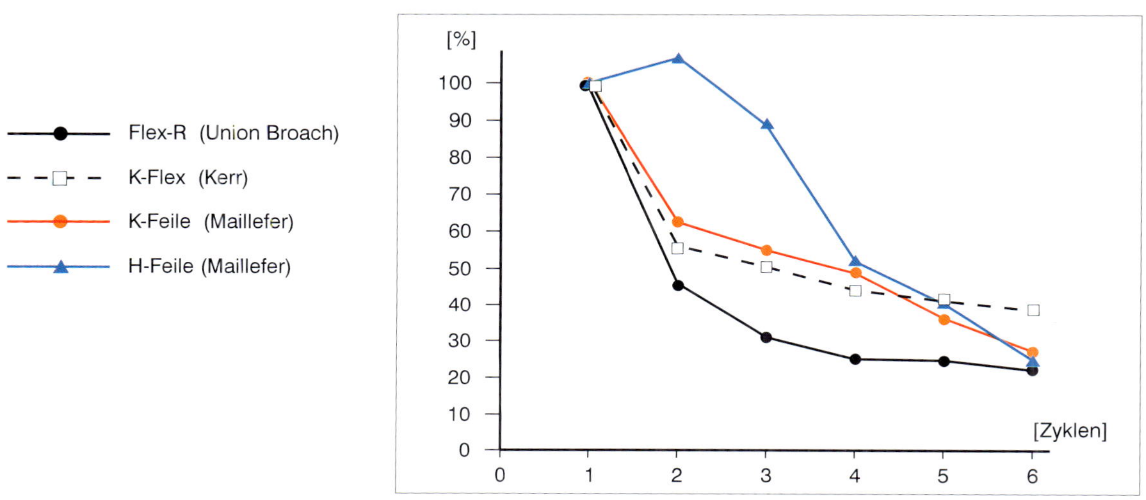

148 Abrieb endodontischer Instrumente (Kazemi et al. 1995)
Alle Testinstrumente wurden 600mal in einem Plexiglasblock bewegt (Ausgangswert). Danach folgten abwechselnd 300 Arbeitsgänge in menschlichem Dentin und 600 in Plexiglas (2.–6. Durchgang). Lediglich die H-Feile von Maillefer erreichte beim 3. Durchgang noch 90% der Abriebleistung des Ausgangswertes und fiel dann auf 50% ab. Die anderen Instrumente erzielten bereits beim 2. Durchgang nur noch 45–65%. Endodontische Instrumente sind Einwegartikel.

Maschinelle Aufbereitung

Schon seit einem Jahrhundert werden Versuche zur Maschinisierung der Wurzelkanalbehandlung unternommen. Erst mit der Giromatic (Micro-Mega) erreichte diese Entwicklung eine erste Akzeptanz, und das Gerät wurde zum Wegbereiter. Allerdings zeigen sich hier wie bei praktisch allen Geräten schon einige Nachteile (Hülsmann 1993a).

Die vor allem erhoffte Zeitersparnis ist je nach Einschätzung gering oder gar nicht möglich, die feine Taktilität der Handinstrumente geht verloren, der Kanal wird oft begradigt und die Wand ungenügend geglättet.

In gekrümmten Kanälen ergeben sich bei maschineller Kanalbearbeitung leicht Aufbereitungsfehler (Transformation bis Perforation, Abb. 152–154), Verlust der Arbeitslänge durch starken Dentinabrieb und -späne sowie Instrumentenbruch. All das ist aber auch bei unsachgemäßer Handaufbereitung zu beobachten.

Genutzt werden die 90°-Drehung (Giromatic, Endocursor, Intra Endo 3LD, Endolift neu), Kombinationen mit Hub (Endolift alt), seitliche Schwingung (Excalibur) und Hub plus freie Rotation (Intra Endo 3 LDSY, Canal Finder).

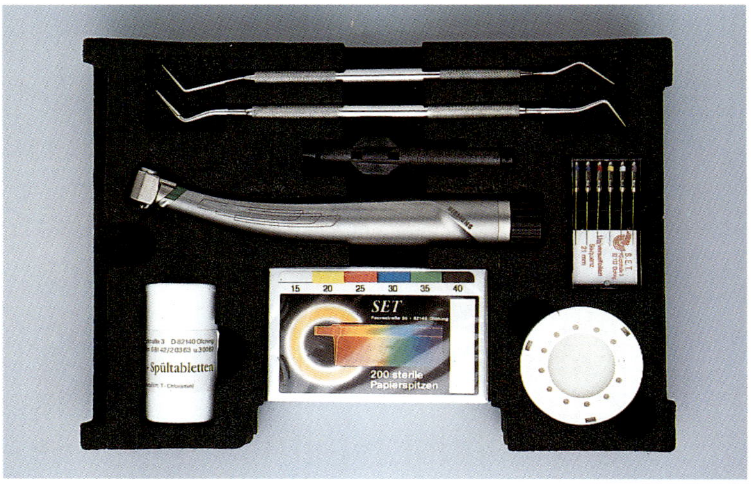

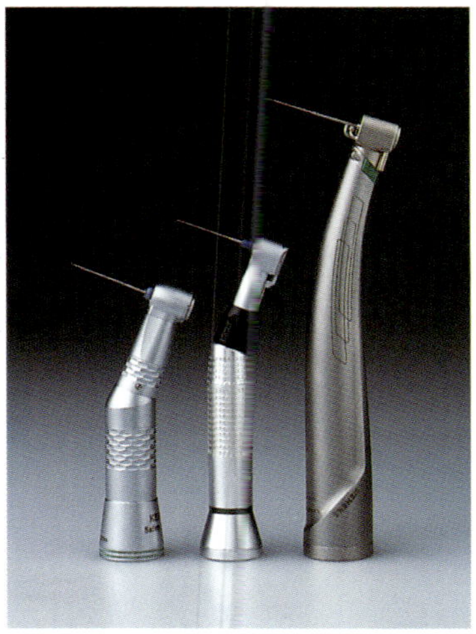

149 Maschinelle Aufbereitung
Der Canal Leader ist eine gut untersuchte und bewährte maschinengetriebene Aufbereitungshilfe. Hier ist der komplette Endo-Set-Koffer in der Version mit Titanwinkelstück für Siemens-Lichtmotoren gezeigt.
NaOCl-Tabletten mit Spülsystem, Papier- und Guttaperchaspitzen, Transfergefäß, Universalfeilen, Wurzelkanalsonde und Handplugger gehören zur Ausstattung.

Rechts: Eine Auswahl maschineller Hilfen: Endolift (Kerr), Giromatic (Micro-Mega) und Canal Leader 2000 in Titanausführung (SET).

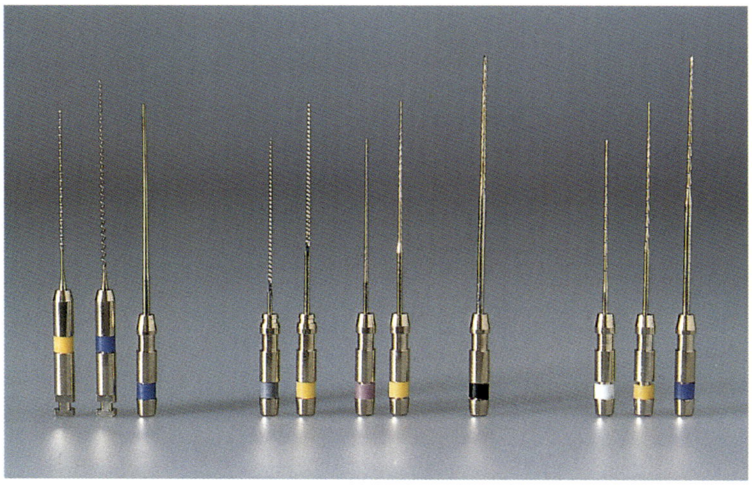

150 Kleininstrumente: Canal Leader 2000
Die ganze Palette der Instrumente zur Wurzelkanalaufbereitung und -füllung.

Von links:
Lentulos (#20, #30), Plugger,
K-Feilen (#08, #20),
H-Feilen (#6, #20, #40),
Universalfeilen (#15, #20, #30).

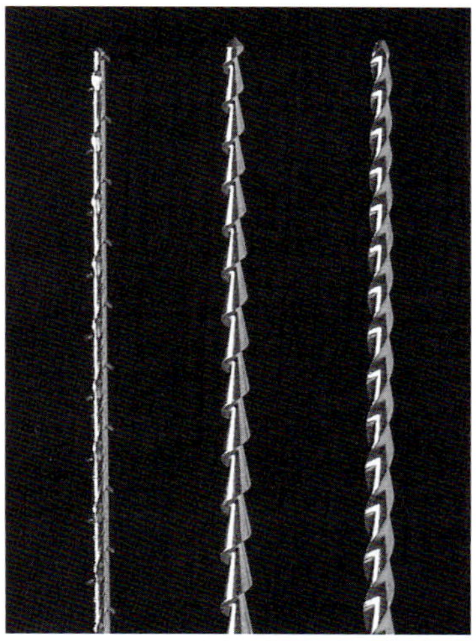

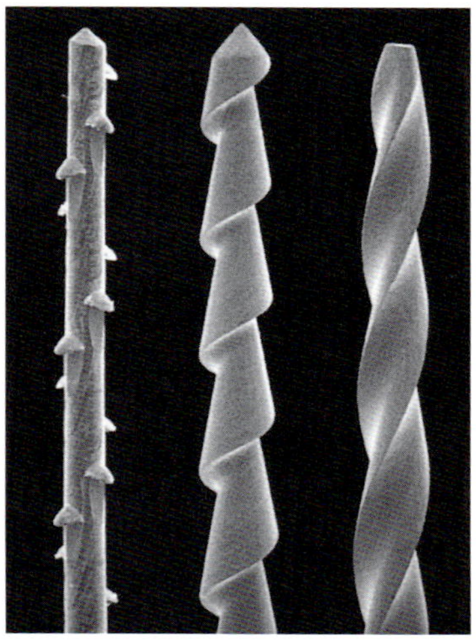

151 Kleininstrumente: Giromatic
Die Giromatic ist auch heute noch als erste maschinelle Aufbereitungshilfe mit weiterer Verbreitung bekannt. Neben dem Einsatz üblicher K-Reamer, K- und H-Feilen mit Winkelstückansatz wurden auch Spezialinstrumente entwickelt.

Links: Giromatic-Reibahle, Giro-File und Heli Giro-File.

Rechts: Im REM (Vergr. 25fach) ähnelt die Reibahle einer Exstirpationsnadel. Die Giro-File erinnert an eine H-Feile und die Heli Giro-File an K-Reamer oder K-Feile.

Canal Finder/Canal Leader 2000

Trotz der weitverbreiteten Zurückhaltung gegenüber maschinellen Hilfen gelang es Levy (1984) mit dem Canal Finder, die Fachwelt zu gewinnen. Neu war die Verbindung der primären, von der Drehzahl des Mikromotors abhängigen Hubbewegung mit einer Rutschkupplung, die bei zu starker Friktion im Kanal nachgab. Mit den speziellen Universalfeilen (Variation der H-Feile mit abgerundeter Spitze) resultierte eine helikoidale Bewegung. Der neue Canal Leader 2000 zeigt eine Rotation von maximal 30° mit Hubbewegungen (0,4–0,8 mm), die vom Kanalwiderstand abhängen. Path-Finding-Files erlauben das Aufsuchen und Gangbarmachen feiner Kanäle. Aufbereitung und Formgebung zeigen wie bei den anderen Systemen Schwächen. Die Ursprungsform wird aber besser erhalten, die Fähigkeit zur Erweiterung zierlicher und gekrümmter Kanäle gelobt, und auch ein Zeitgewinn bestätigt. Die Reinigungswirkung des Canal Leader 2000 erwies sich Ultraschall und Handaufbereitung als ebenbürtig (Hülsmann, im Druck). Die Fähigkeit zur Entfernung alter Wurzelfüllungen oder frakturierter Instrumente ist ein weiterer Vorteil.

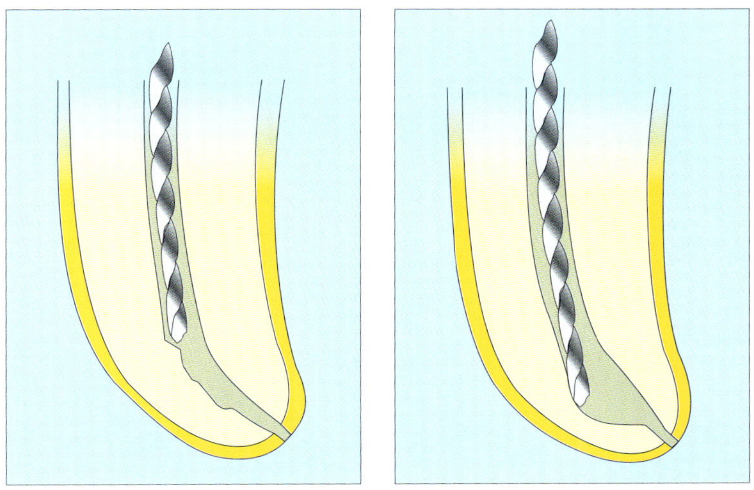

152 Aufbereitungsfehler I
So wie die unsachgemäße Handaufbereitung unerwünschte Formveränderungen des Wurzelkanals hervorruft, verstärkt der Einsatz maschinengetriebener Instrumente diese Fehler oft noch.

Links: Im gekrümmten Kanal entstehen an der Außenseite der Kurvatur leicht Stufen, die oft der Beginn einer Via falsa sind (Transformation).

Rechts: Die zunehmende Begradigung gekrümmter Kanäle durch zu starre Instrumente erzeugt eine engste Stelle, den Elbow.

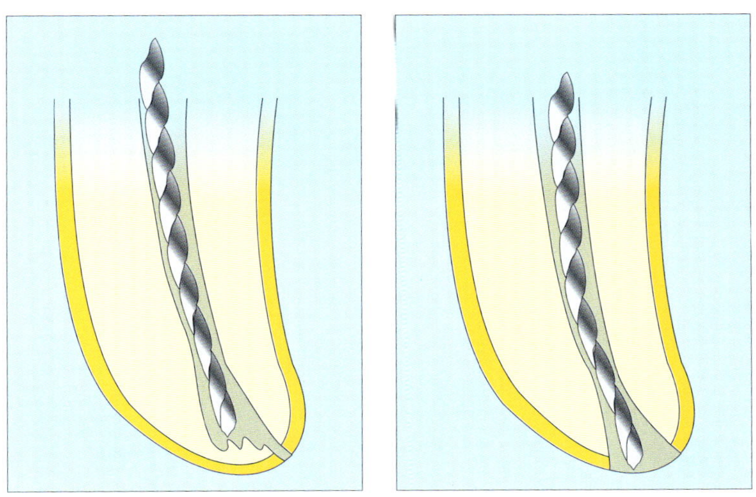

153 Aufbereitungsfehler II – Zip/Rip
Links: Die feilende Aufbereitung des gekrümmten Kanals kann zu einem unkontrollierten Umherschwirren des Instruments – dem sog. Zipping oder Ripping – führen.

Rechts: Das Schwirren oder der Schmiß kann auch am Apex stattfinden und wird dann ebenfalls als Zip oder Rip bezeichnet.

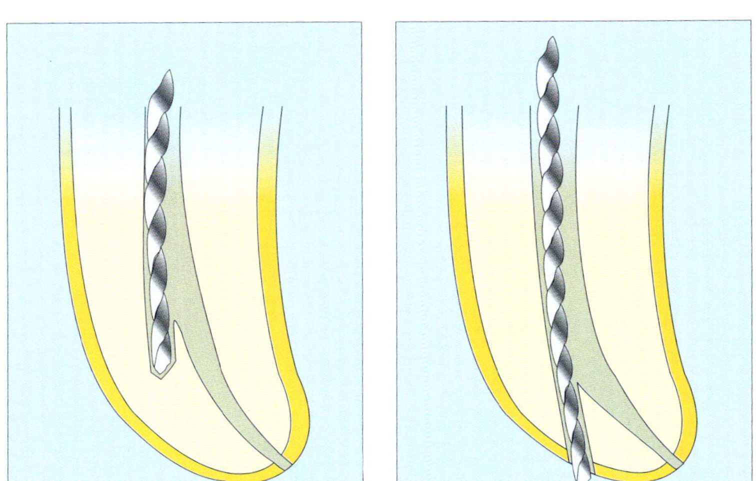

154 Aufbereitungsfehler III
Links: Entsteht ein regelrechter Absatz im apikalen Drittel des Kanals, so spricht man von der Simsbildung (Ledge).

Rechts: Eine extreme Form der Verletzung der Integrität des Wurzelkanals ist das Durchstoßen des Hartsubstanzmantels. Die Folge ist eine künstliche Öffnung. Diese wird als Perforation bezeichnet.

Schall- und Ultraschallsysteme

Das erste Ultraschall-(US-)System geht auf Richman (1957) zurück. Martin und Cunningham (1976–1984) haben 20 Jahre später für den Durchbruch der per Magnetostriktion oder piezoelektrischem Effekt in Schwingungen von 25–40 000 Hz versetzten Geräte gesorgt. Kurz darauf folgte die Vorstellung von Schallvibrationssystemen, die die Druckluft der Zahnarzteinheit in Frequenzen von 1 500–6 000 Hz umsetzen.

Alle Systeme bringen die benutzen Instrumente in transversale Schwingung, die jedoch gedämpft wird, wenn das Instrument an die Wand gepreßt wird oder im Kanal klemmt. Daher sind kleine Instrumente effektiver und Schallfeilen im Vorteil, da sie unter Belastung longitudinal schwingen und die Instrumentenspitze eine größere Amplitude als bei Ultraschall zeigt. Weiterhin sind Frakturen und Probleme wie Stufenbildung, Überpressen von Abrieb etc. bei Schall aufgrund der geringeren Frequenz seltener. Die Formgebung des Gesamtkanals und Aufbereitung des apikalen Drittels ist nicht optimal, so daß vielfach eine Kombination mit Handinstrumenten beschrieben wird. Die Spülung und Desinfektion ist weniger effektiv als mit Ultraschall.

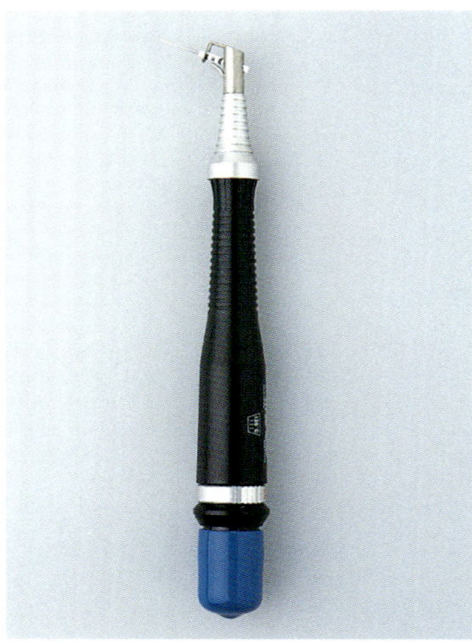
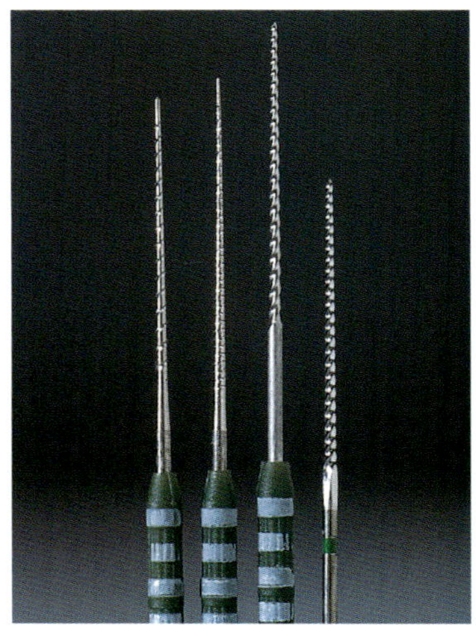

155 Schallaufbereitung
Niedrige Schwingungen bis 6 000 Hz dienen als Anregungsfrequenz für die Schallinstrumente.

Links: Ansatz des Micro-Mega Sonic Air 1500 mit Schallfeile.

Mitte: Spezialinstrumente für die S/US-Aufbereitung.
Von links: Shaper, Rispisonic, Helisonic (S, Micro-Mega) und Endosonore-Feile (US, Maillefer).

Rechts: Shaper und Rispisonic zeigen ein neues Design mit spiralig umlaufenden Widerhaken, während die anderen vertraut sind.

156 Schall- und Ultraschallsysteme

	Gerätename	Hersteller	Frequenzbereich	Anschluß/Antrieb	Instrumente
Schall	Excalibur 969	W & H	500–1000 Hz	(20–25 000 min^{-1})	Flexofiles
	MM Sonic Air 1500	Micro-Mega	1500 Hz (bis 2,5 bar)	Luftschlauch	Meca Rispi, Meca Shaper
	MM Sonic Air 3000	Micro-Mega	1500–3000 Hz	Luftschlauch	Rispisonic, Helisonic, Shaper
	MM Mecasonic 1400	Micro-Mega	1500–3000 Hz	Luft-/Elektromotor	Meca Rispi Meca Shaper
Ultraschall	Cavi-Endo	De Trey	25 000 Hz	Lamellensystem	US-Feilen (Maillefer)
	Piezon Master 401	EMS	25 000–32 000 Hz	Piezokeramik	US-Feilen (Maillefer)
	Suprasson P-Max	Satelec	27 000–33 000 Hz	Piezokeramik	K-Feilen (Satelec)
	ENAC OE-3ID	OSADA/DVG	30 000 Hz	Piezokeramik	
	Odontoson	Goof	42 000 Hz	Ferritstab	

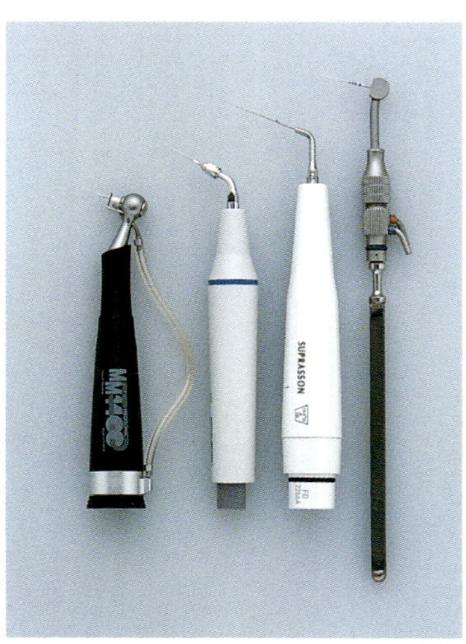
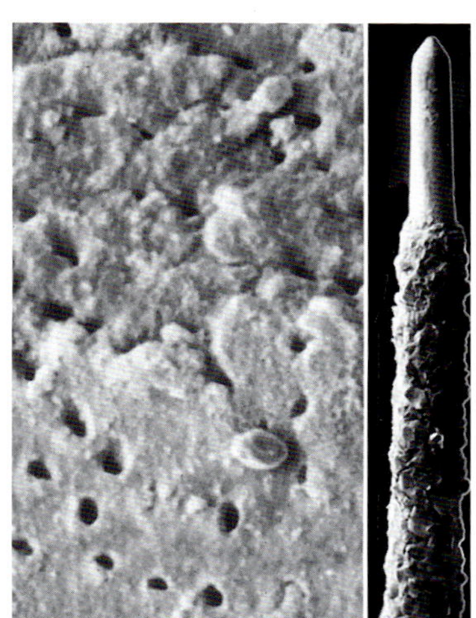
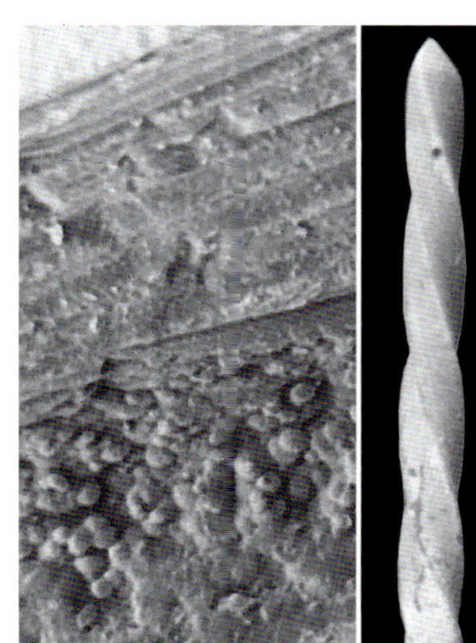

157 Ultraschallaufbereitung
Links: Die Ultraschallgeräte Piezon Master 400 (System 401, EMS) und Suprasson (Satelec) erinnern an ein Handstück. Auch das Cavi-Endo (De Trey), ein Lamellensystem, ist anders als der Winkelstückansatz des Schallgeräts Meca Sonic 1400 (Micro-Mega, links).

Mitte: Die diamantierte US-Feile (De Trey) verursacht starke Rauhigkeiten (Beer u. Gängler 1989).

Rechts: Die K-Feile für US legt Dentintubuli frei. Die Wand ist sauber.

Für den Ultraschall galten Kavitationseffekte (kleinste Bläschen, die durch Implosion wirken) lange Zeit als maßgeblich. Mittlerweile weiß man, daß alleine mikroakustische Strömungen mit kleinen Primärwirbeln im Bereich der Schwingungsbäuche und großen Sekundärwirbel (Außenvortex) Scherkräfte erzeugen, die Gewebsreste, Bakterien und Blutzellen zerreißen. Da dieser Effekt jedoch nur in Flüssigkeiten entsteht, prägten Martin u. Cunningham (1984) den Begriff „Endosonic Ultrasonic Synergistic System". Daher ist die Verwendung einer Spüllösung Grundvoraussetzung.

Die mit der Kombination Ultraschall und NaOCl erzielbare Reinigung und Desinfektion ist allen anderen Methoden überlegen. Leider birgt die eigentliche Aufbereitung wiederum Probleme mit Rauhigkeiten, Formveränderungen und Blockaden im Kanal, so daß Handinstrumente auch durch US nicht zu ersetzen sind. Das Anwendungsgebiet des Ultraschall in der Endodontie beginnt sich zur Zeit durch Mikropräparation bei WSR zu erweitern. Die Zierlichkeit der Instrumente und eine schnelle sowie gute Reinigung erlauben hervorragende Retrokavitäten.

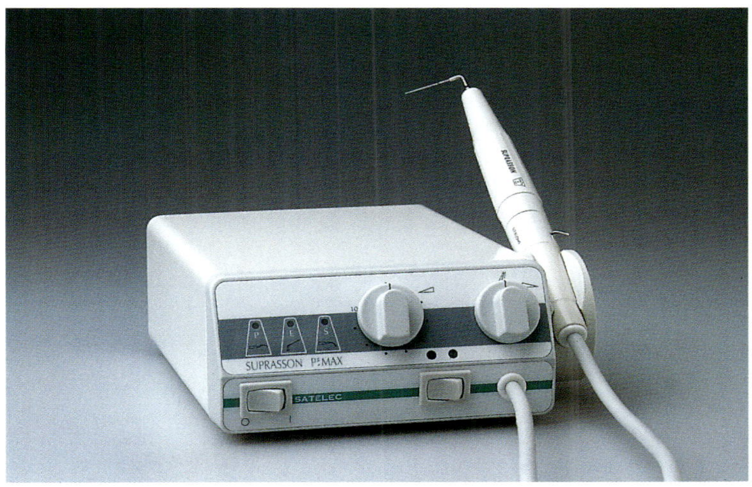

158 US-Kombinationsgerät
Das Suprasson P-Max (Satelec) ist als Multi Clinic Generator (MCG) ausgelegt: Mit einem Ultraschallgenerator sind 4 verschiedene Intensitäten (schwach – mittel – stark – Pulverstrahl) verfügbar. Damit wird eine ganze Palette von zahnärztlichen Anwendungen wie Endodontie, Retrochirurgie, Mikroretrochirurgie und Guttaperchakondensation (sowie Zahnsteinentfernung, PA-Therapie, Lösen von Kronen, Brücken, Kronenpräparation, US-Zementierung von Einlagefüllungen) durch Variation der Handstückansätze abgedeckt.

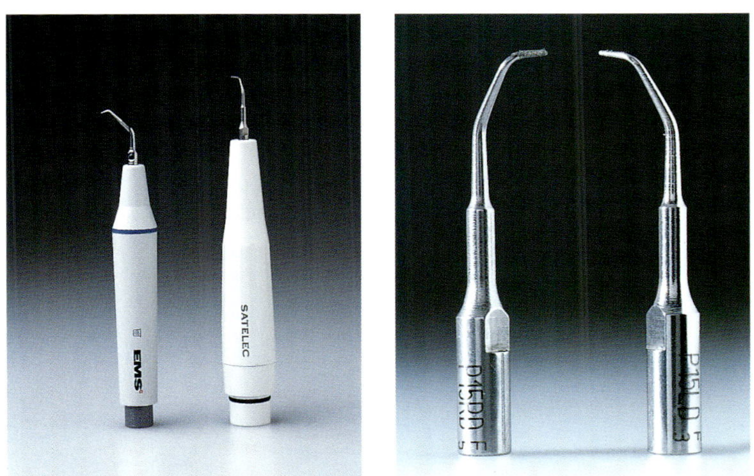

159 Retrochirurgie mit Ultraschall
Links: Die Endodontiehandstücke von Satelec und EMS sind durch das Aufschrauben eigens geformter Mikroarbeitsspitzen schnell für den Einsatz bei der retrograden Aufbereitung des Wurzelkanals nach Wurzelspitzenresektion eingerichtet.

Rechts: Die Ansätze Nr. 15 sind länger und noch dünner und somit für die Mikroretrochirurgie entworfen. Auch hier wieder wechselseitig für rechten OK/linken UK und umgekehrt sowie mit Diamantierung (D).

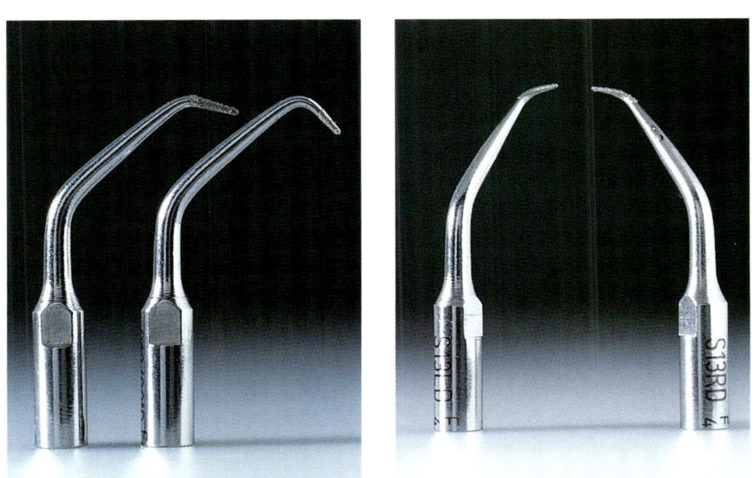

160 Spezialansätze: Retrochirurgie
Die diamantierte Spitze soll Aufbereitungszeit und Eingriff verkürzen.

Links: Diamantierte Spitzen im Winkel von 120° und 90° (S12/90D und S12/120D, Satelec) sind bei Retrochirurgie universell einsetzbar.

Rechts: Ein Ansatz (Retrotip) S13LD (links) wurde für den linken OK und rechten UK und die Variante S13RD (rechts, jeweils Satelec) für den rechten OK/linken UK konzipiert.

Retrograde Mikrochirurgie

Bisher erfolgt die retrograde Bearbeitung des Wurzelkanals, wenn z.B. die konservierende endodontische Behandlung nicht erfolgreich oder die apikale Läsion zu groß ist. Im Gegensatz zur konventionellen Vorgehensweise wird bei der Mikrochirurgie ein sulkulärer Eröffnungsschnitt mit Mikroskalpellen gelegt. Danach folgt die Lappenpräparation und Darstellung der Wurzelspitze. Das Abtrennen der Spitze geschieht mit Mikrohandstücken (z.B. Impact Air 45, EIE), deren Kopf bereits den Resektionswinkel von 45° vorgibt und außerdem keinen Luftaustritt am Arbeitsende hat. Damit werden Luftembolien vermieden, die mit Standardhandstücken (in USA weit verbreitet) vorkamen. Nachdem 3 mm der Wurzelspitze entfernt wurden, beginnt die retrograde Präparation weiterer 3 mm mit speziellen Ultraschallretrospitzen. Diese sind zwecks optimaler Anpassung besonders zierlich und gezielt abgewinkelt. Die Miniaturisierung wird jedoch erst dann voll ausgespielt, wenn eine verbesserte visuelle Kontrolle der Aufbereitung per Mikroskop erfolgt. Exakt abgestimmte Aufbereitungs- und Füllinstrumente sowie Mikrospiegel runden das Mikroset ab.

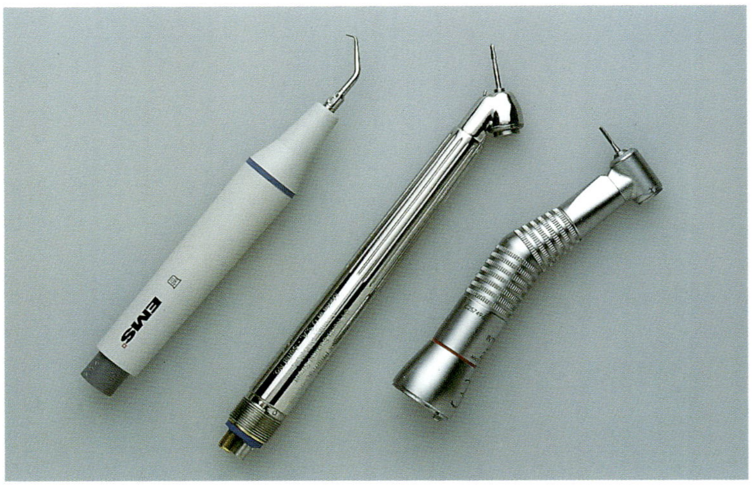

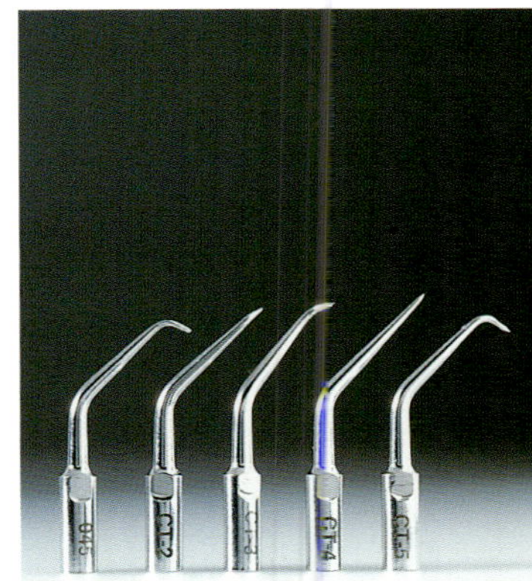

161 WSR-Hand-/Winkelstücke
Ein direkter Größenvergleich veranschaulicht die immensen Dimensionsunterschiede zwischen neuen und konventionellen Geräten für WSR und retrograde Kanalaufbereitung: Ultraschallhandstück mit Retrospitze (EMS, links), chirurgisches Handstück mit HM-Bohrer (Impact Air 45, USA) und Rotring-Winkelstück mit Diamant (KaVo).

Rechts: Retropräparationsspitzen CT 1–5 (universal, rechts, links, Instrumentenentfernung, Isthmus) für EIE, EMS, Enac und Amadent Ultrasonic Units.

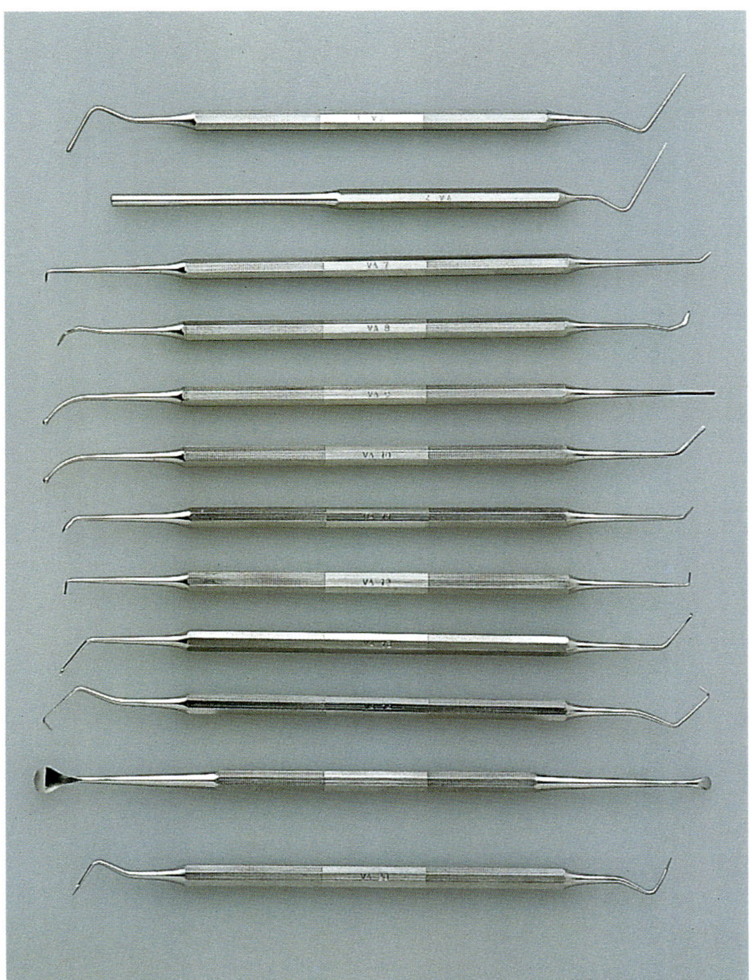

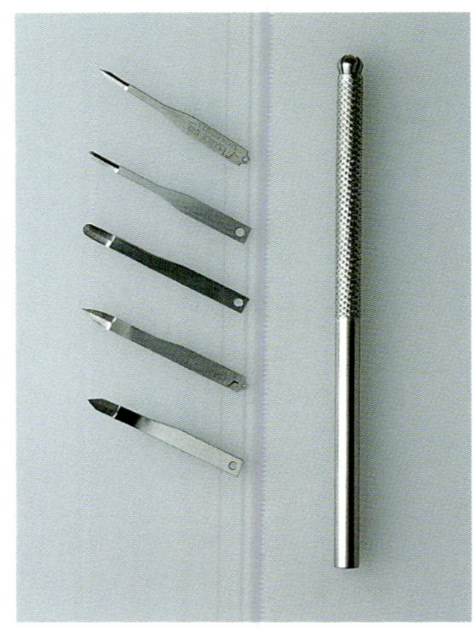

162 Spezialinstrumente für die Mikro-Wurzelspitzenresektion
Einige wenige Hersteller bieten ein komplettes Mikroinstrumentarium für die Wurzelspitzenresektion an (hier Deppeler, CH). Dazu gehören u.a. Mikrosonde (VA 7), Spatel (VA 9,10), Stopfer (VA 9–14), Löffel (VA 16) und Schnitzer (VA 20) nach Dr. Velvart.

Rechts oben: Mikrochirurgische Skalpelle CK1–5 (EIE: Excellence in Endodontics, USA).

Rechts unten: 3 Mikrospiegel (Sapphire Plus Retro Mirrors, EIE) im Größenvergleich zu einem normalen Mundspiegel Größe 4.

Laser in der Endodontie

In der wissenschaftlichen Literatur wird eine immer größere Anzahl von möglichen Indikationen für Laserapplikationen in der Endodontie angegeben. Die meisten Veröffentlichungen beschäftigen sich allerdings mit Themen aus dem Bereich der Grundlagenforschung. Die Frage einer sinnvollen klinischen Anwendung von Lasern in der Endodontie gewinnt jedoch seit der Einführung von Lasergeräten für zahnärztliche Zwecke an Bedeutung. Manipulationen im Wurzelkanalsystem des Zahnes stellen aufgrund des schwierigen Zugangs große Ansprüche an solche Lasersysteme. Daher werden in der Regel Lasertypen angeboten, deren Strahlung über Lichtleitfasern transmittierbar ist. Die Effekte einer Laserbestrahlung des Markorgans sind vergleichbar mit der Wirkung des Laserlichtes auf andere orale Weichgewebe (Frentzen 1994). Es muß jedoch berücksichtigt werden, daß das regenerative Potential der von einem Hartgewebsmantel umgebenen Pulpa sehr gering ist. Das Pulpagewebe und das Dentin des Wurzelkanals können auf direktem oder indirektem Wege durch die Laserenergie beeinflußt werden.

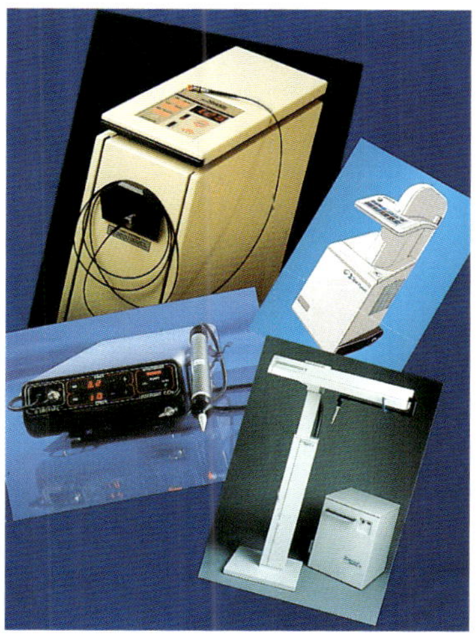

Indikationen	Lasertyp
Vitalitätsprüfung (Laser-Doppler)	HeNe-, Diodenlaser
Caries-profunda-Behandlung	CO_2-, Nd:YAG-Laser
Wurzelkanalsterilisation	Nd:YAG-, CO_2-, Ho:YAG-Laser
Vitalamputation	CO_2-, Nd:YAG-Laser
Wurzelkanalaufbereitung	Excimer-, Nd:YAG-Laser, Er:YAG-Laser
Versiegelung des apikalen Deltas	CO_2-, Nd:YAG-Laser
Thermoplastische Wurzelkanalfüllung	CO_2-, Nd:YAG-Laser

163 Indikationen für Laseranwendungen in der Endodontie
Einsatzgebiete unterschiedlicher Lasertypen in der Endodontie.

Links: Beispiele für verschiedene dentale Lasersysteme.

Lasertyp	Delivery-System
CO_2	Spiegel, Hohlleiter, (Faser)
Er:YAG	Spiegel, Hohlleiter, (Faser)
Ho:YAG	Faser
Nd:YAG	Faser
HeNe	Faser
XeCl-Excimer	Faser

164 Delivery-Systeme
Die für endodontische Applikationen vorgeschlagenen Lasertypen benötigen unterschiedliche Übertragungs-(Delivery-)Systeme.

Links: Lichtleitfaser zur Übertragung der Laserenergie in den Wurzelkanal.

Die *direkte* Bestrahlung des Wurzelkanalsystems, z.B. bei der Vitalamputation oder der Wurzelkanalaufbereitung, kann in Abhängigkeit vom verwendeten Lasertyp und den Energieparametern zu einer Erwärmung, Koagulation, Karbonisierung, Vaporisation oder Ablation des pulpalen Weichgewebes und des Dentins der Kanalwand führen.

Indirekt kann die Pulpa z.B. durch die transmittierte Laserenergie – Erhitzung und Exsikkation des Dentins – oder durch die Schädigung der Odontoblastenfortsätze infolge photoakustischer Effekte (Ultraschall) beeinflußt werden. Als Pulpareaktion tritt in diesen Fällen eine Hyperämie oder Nekrose auf.

Eine laserinduzierte Hyperämie kann langfristig in degenerative Prozesse – z.B. in eine gesteigerte Hartgewebsbildung oder in partielle Nekrosen – übergehen. Diese Veränderungen, die zu einer weitgehenden Obstruktion der Pulpakammer und des Wurzelkanals führen können, erschweren die Durchführung einer Wurzelkanalbehandlung erheblich.

Eine sichere Einschätzung langfristiger Nebenwirkungen ist aufgrund des derzeitigen Standes der Forschung bei vielen Applikationen noch nicht möglich.

Vitalitätsprobe mit der Laser-Doppler-Sonde

Ein Meßverfahren, das sich in der zahnärztlichen Diagnostik bereits bewährt hat, ist die Laser-Doppler-Flußmessung (Tenland 1982). Sie kann z.B. zur Bestimmung der Blutzirkulation in der Zahnpulpa verwendet werden. Das Prinzip beruht auf einem in Abhängigkeit von der Bewegungsrichtung und -geschwindigkeit variierenden Reflexionssignals der Erythrozyten bei Bestrahlung mit Laserlicht. Für Laser-Doppler-Sonden werden HeNe- oder Diodenlaser benutzt. Aufgrund der größeren Eindringtiefe der Laserstrahlung bei 750–800 nm werden für klinische Messungen in der Regel Diodenlaser bevorzugt. In der Grundlagenforschung können mit Hilfe der Laser-Doppler-Flußmessung Veränderungen der Blutzirkulation in der Zahnpulpa, z. B. bei thermischen Reizen oder einer Lokalanästhesie, bestimmt werden (Raab u. Müller 1989, Raab 1989). Klinisch kann dieses Verfahren heute bereits zur „echten" Vitalitätstestung der Zahnpulpa im Rahmen der Traumatologie verwendet werden. Dies ist jedoch noch mit einem hohen technischen Aufwand verbunden, um reproduzierbare, aussagekräftige Daten zu erhalten.

165 Prinzip der Laser-Doppler-Flußmessung

S Sender
E Empfänger
ν_0 Frequenz des emittierten Laserstrahles
ν Frequenz des remittierten Laserstrahles
v Fließgeschwindigkeit

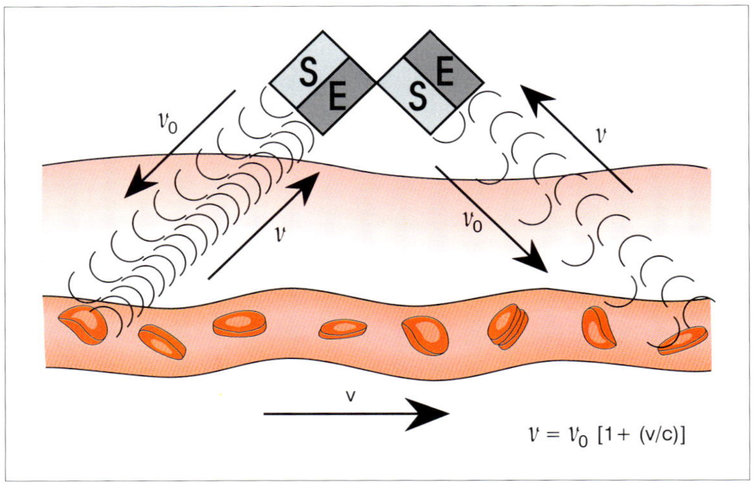

166 Laserbehandlung der „Pulpawunde"

Links: Karbonisierung des Kavitätenbodens. Histologisches Präparat nach Versiegelung einer Dentinkavität mit einem CO_2-Laser.

Rechts: Modell der Sterilisation und Versiegelung von Kavitätenoberflächen. Nach Präparation und Entfernung der kariösen Gewebe wird pulpanahes, verändertes Dentin mit einem CO_2-Laser bestrahlt. Die laserinduzierte „Versiegelung" des Dentins soll Pulpagewebe zu vermehrter Dentinbildung anregen.

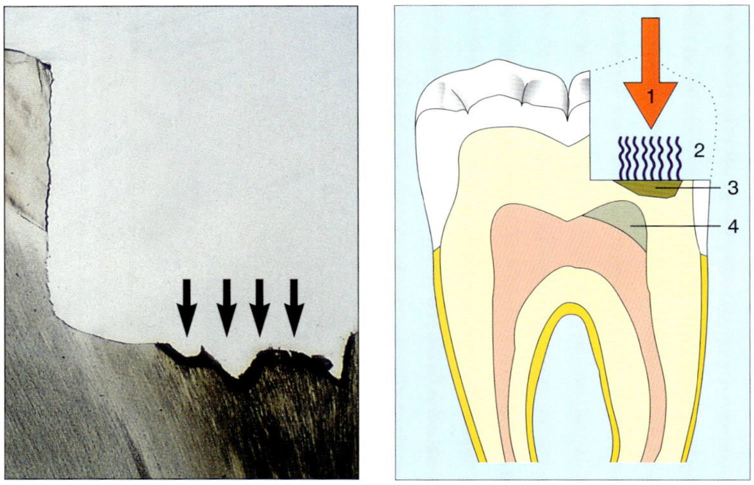

1 CO_2-Laserstrahl
2 verdampfendes Wasser
3 versiegelte Dentinschicht
4 Reiz-(Tertiär-)dentinbildung

Laserbehandlung der Dentin-/Pulpawunde

Bei tiefen kariösen Läsionen entsteht eine ausgedehnte Dentinwunde. Es ist oft nicht auszuschließen, daß das belassene Dentin noch bakteriell infiziert ist. Zur Verbesserung des Behandlungserfolgs wird in diesen Fällen die Bestrahlung des Kavitätenbodens mit Infrarotlasern empfohlen (Melcer et al. 1984). In-vitro-Studien zeigen, daß vor allem der Smear layer eingeschmolzen werden kann. Die Dentinkanälchen werden durch Denaturierung der organischen Strukturelemente verschlossen (Melcer 1982, Tani u. Kawada 1987). Die biologische Wirkung der denaturierten Dentinprodukte wurde bisher noch nicht untersucht. Die Infrarotlaserstrahlung induziert in der unterhalb der Bestrahlungsfläche liegenden Pulpa Reaktionen, die offenbar über eine Hyperämie zu einer verstärkten Tertiärdentinbildung führen können (Melcer et al. 1985, Yamamoto et al. 1989). Offen bleibt, ob durch thermische Reizung der Pulpa als Adjuvans zu konventionellen therapeutischen Methoden keine chronischen Veränderungen im Endodont induziert werden, die infolge einer provozierten Pulpitis chronica eine endodontische Behandlung solcher Zähne erschweren.

Vitalamputation

Eine Vitalamputation kann bei einem Milchzahn im Rahmen der Kariestherapie erforderlich sein, um diesen Zahn als Platzhalter zu erhalten. Auch bei nicht abgeschlossenem Wurzelwachstum ist eventuell eine Pulpaamputation indiziert, um eine Apexifikation zu erreichen. Als Alternative zum konventionellen Vorgehen einschließlich der Anwendung von Pulpaamputationspasten wird die Vaporisation bzw. oberflächliche Koagulation des Pulpastumpfes mit CO_2- und Nd:YAG-Lasern vorgeschlagen. In-vitro-Studien und Tierexperimente zeigen, daß eine gute Blutstillung möglich ist. Die Koagulationszone nach CO_2-Laser-Bestrahlung liegt bei entsprechender Wahl der Parameter bei ca. 100 µm (Shoji et al. 1985). Die thermische Belastung für die umgebenden Gewebe ist gering (Arrastia et al. 1994). Das Gewebe wird an der Amputationsfläche nur wenig traumatisiert. Nach CO_2- wie auch nach Nd:YAG-Laser-Applikationen wurde die Bildung eines Hartgewebsverschlusses im Amputationsbereich beobachtet (Kato et al. 1991, Mungo u. Richardson 1993). Klinische Studien zur Überprüfung der Laseramputation stehen allerdings noch aus.

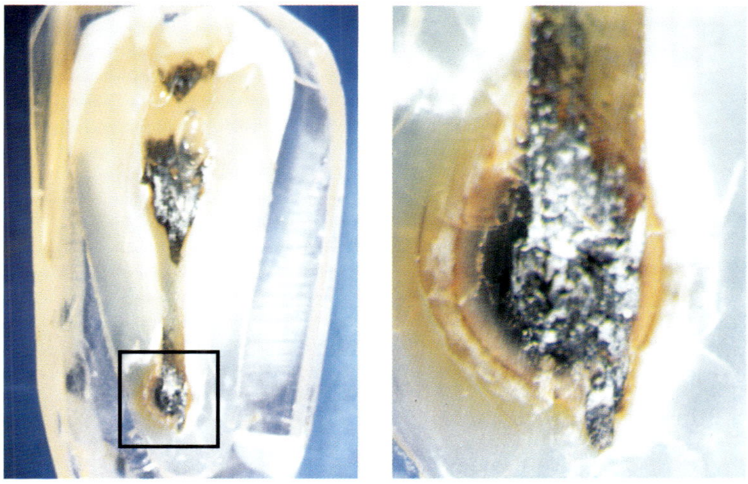

167 Wurzelapex nach dem Versuch der Laserversiegelung mit Nd:YAG-Laser
Links: Pulpagewebe und oberflächliches Kanaldentin wurden karbonisiert, Rißbildung bis in tiefere Dentinschichten (1,75 W; Zahnschliff).

Rechts: Ausschnittvergrößerung.

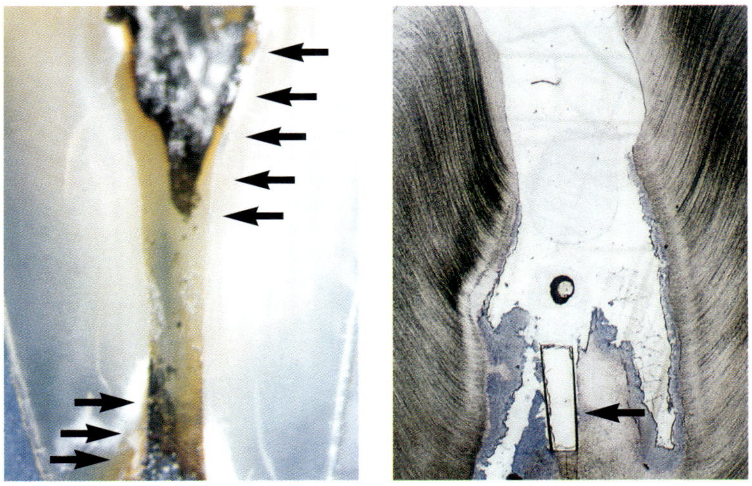

168 Wurzelkanalaufbereitung mit Nd:YAG-Laser (1,75 W; Zahnschliff)
Links: Karbonisierung der Dentinoberfläche. Die Wirkung des Laserstrahles ist abhängig von der Struktur der Kanaloberfläche. Eine gleichmäßige Bearbeitung wurde nicht erreicht.

Rechts: Faserfraktur bei dem Versuch der Wurzelkanalaufbereitung mit einem XeCl*-Laser. Das Faserfragment (Pfeil) war nicht mehr entfernbar (nicht entmineralisierter Dünnschliff, Vergr. 30fach).

Wurzelkanalversiegelung

Grundlegende Untersuchungen beschäftigen sich vor allem mit der Frage, ob die Oberfläche des Wurzelkanals durch Laserbestrahlung versiegelt und sterilisiert werden kann (Dederich et al. 1984). Das Diffusionsvermögen von Farbstoffen durch die mit Infrarotlasern bestrahlte Oberfläche ist im Penetrationstest reduziert (Tani u Kawada 1987). Ursache hierfür ist vor allem eine laserinduzierte Schmelze des Smear layer. Die Wurzelkanaloberfläche wird durch eine glasartige Schicht geschmolzenen Dentins, die durch Haarrisse unterbrochen wird, bedeckt. Mit höheren Energiedichten versucht man, das apexnahe Dentin zu einer glasartigen Masse zu verschmelzen, um so den Wurzelkanal zu verschließen (Weichmann u. Jonnson 1971). Die starke thermische Belastung durch die Infrarotstrahlung führt hierbei jedoch zum Kontinuitätsverlust zwischen den verschiedenen Schichten in Dentin und Wurzelzement, so daß diese Methode derzeit klinisch nicht anwendbar ist. Eine interessante Variante ist das Einschmelzen von Dentinchips in der Region des Periapex zu einer mehr oder weniger homogenen Masse (Zakariasen et al. 1985).

Wurzelkanalaufbereitung

In einigen Studien wird auch auf die Möglichkeit einer Aufbereitung des Wurzelkanals hingewiesen (Levy 1992, Liesenhoff et al. 1989). Beim Versuch der Wurzelkanalaufbereitung mit Nd:YAG-Lasern treten jedoch erhebliche Veränderungen an der Kanalwand auf (Abb. 168 links).

Mit dem XeCl*-Laser ist eine Ablation von Pulpagewebe und Dentin prinzipiell mit Nebeneffekten möglich; die Abtragungsleistung ist jedoch gering. In-vitro-Studien zeigen aber, daß die zur photochemischen Bearbeitung notwendige Ablationsschwelle noch nicht erreicht werden kann (Abb. 169). Zudem dürfen Druckeffekte im Wurzelkanal, die bei der Expansion des Plasmas entstehen, nicht unberücksichtigt bleiben, da sie am Periapex das desmodontale Gewebe schädigen könnten.

Aufgrund ihrer geringen Effektivität ist es zweifelhaft, ob diese Verfahren klinisch anwendbar sind (Frentzen et al. 1991). Ein besonderes Problem der Anwendung von Lichtleitern für Laser in der Endodontie ist die Bruchgefahr der Fasern: Die Faserfragmente sind meist nicht mehr zu entfernen (Abb. 168 rechts).

169 Histologische Untersuchungen nach Aufbereitung des Wurzelkanals
Mechanische Systeme sind der Laserapplikation überlegen; in allen Fällen verbessert die Anwendung der NaOCl-Lösung das histologische Ergebnis.

	Spülflüssigkeit	Kanaloberflächen	
		Bearbeitet	Unbearbeitet
XeCl*-Laser	physiologische NaCl-Lösung (0,9%)	51,9%	48,1%
	NaOCl-Lösung (5%)	73,1%	26,9%
Ultraschall	physiologische NaCl-Lösung (0,9%)	82,8%	17,2%
	NaOCl-Lösung (5%)	88,9%	11,1%
Kerr-Feilen	physiologische NaCl-Lösung (0,9%)	80,0%	20,0%
	NaOCl-Lösung (5%)	81,2%	18,8%

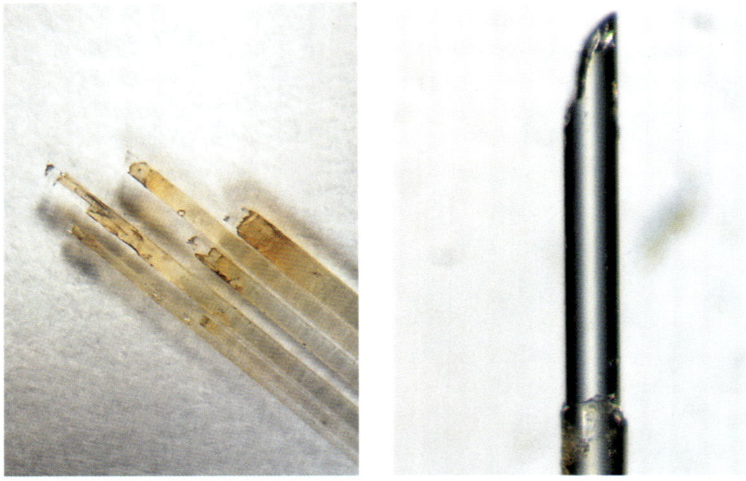

170 „Abbrand" am Faserende
Am Ende der Lichtleitfasern kommt es häufig in Folge von Abnutzungserscheinungen zu Abschmelzungen und Materialausbrüchen. Die biologische Wirkung der Abbrandprodukte ist bisher ungeklärt.

Links: Faserbündel.

Rechts: Faserspitze.

Wurzelkanaldesinfektion

Eine mechanische Bearbeitung des gekrümmten Wurzelkanals mit Handinstrumenten oder maschinellen Aufbereitungssystemen kann aufgrund der Morphologie der Kanalwand meist nur unvollständig durchgeführt werden. Daher wird durch Spülen des Kanals mit gewebslösenden und desinfizierenden Lösungen versucht, die mechanische Aufbereitung zu ergänzen, um im Wurzelkanal vor der Kanalfüllung ein möglichst aseptisches Milieu zu schaffen.

Als Ergänzung dieser Methoden wurde die Anwendung von Lasern vorgeschlagen. Vergleichende Studien belegen, daß der erreichbare antimikrobielle Effekt dem konventioneller Methoden (Spülung z. B. mit NaOCl) entspricht (Hardee et al. 1990). Das Problem bei der Wurzelkanaldesinfektion mit Laserstrahlung besteht zur Zeit in der Strahlführung. Die Hauptenergie wird durch Lichtleitfasern immer in axialer Richtung und nicht in Richtung zur Kanalwand emittiert. Insbesondere bei Nd:YAG-Laserstrahlung konnten daher beim Versuch der „Sterilisation" des Wurzelkanals laserinduzierte Nekrosen in der Region des Periapex nachgewiesen werden (Bahcall et al. 1992).

Spülung, Trocknung und medizinische Einlage

Als Spüllösung wird heute praktisch nur noch Natriumhypochlorit (NaOCl) eingesetzt. Bei einer Konzentration von 1% ergibt sich eine gewisse Selektivität der Fähigkeit zur Auflösung von nekrotischem Gewebe, ohne daß vitales Pulpagewebe geschädigt wird. Die gute Desinfektion und Bleichwirkung stellen weitere Vorzüge dar. Sehr wichtig ist häufiges Spülen (nach jeder Aufbereitungsgröße) mit großen Mengen (5 ml). Vor dem Einbringen jeglichen Materials ist die sorgfältige Trocknung mit Papierspitzen erforderlich.
Kann die Behandlung aus zeitlichen oder medizinischen Gründen (Exsudation, Blutung, fötider Geruch, ...) nicht abgeschlossen werden, ist eine medizinische Einlage erforderlich. Wurden lange Zeit stark desinfizierende oder antibiotikahaltige Mittel propagiert, so weiß man heute, daß jegliche endodontisch bedingte Läsion ausheilt, wenn der Kanal sorgfältig aufbereitet, gereinigt und danach dicht verschlossen wird (Ehrmann 1987). Alleinige Einlage ist daher die wäßrige Suspension von Kalziumhydroxid mit sehr guter Biokompatibilität, Stimulation der Osteoblastentätigkeit und Desinfektion.

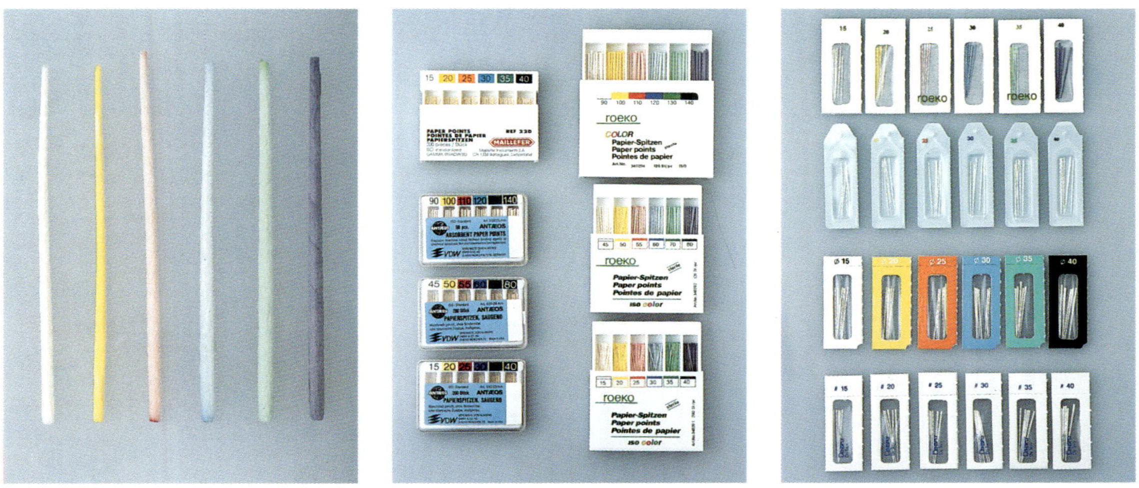

171 Papierspitzen zur Trocknung
Im Anschluß an die chemisch-mechanische Aufbereitung muß eine vollständige Trocknung erfolgen. Dazu werden Papierspitzen in den ISO-Größen #15–140 angeboten. Neben den konventionellen weißen gibt es immer häufiger auch Paperpoints, die gemäß der ISO-Codierung eingefärbt sind (Mitte).

Links: Großaufnahme von farbcodierten Papierspitzen #15–40.

Rechts: Auch sterilisierte und in Kleinmengen abgepackte Papierspitzen gibt es weiß und gefärbt.

172 Zwischeneinlage
Als medizinische Einlage kommt ein Kalziumhydroxidpräparat in wäßriger Suspension zur Anwendung. Am bekanntesten ist Calxyl (OCO-Präparate). Der Bariumzusatz (Calxyl blau) dient der guten Sichtbarkeit im Röntgenbild. Calxyl rot ist bariumfrei. Die Suspension kann zur Spülung eingesetzt werden.

Links: Calxyl wird auch in Spritzensystemen angeboten, um die Applikation in den Kanal zu vereinfachen. Wichtig ist dabei der luftdichte Wiederverschluß, da Kalziumhydroxid rasch eintrocknet.

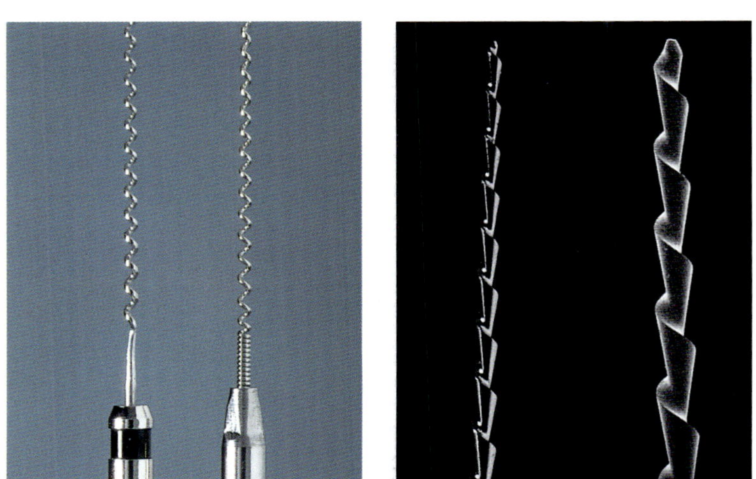

173 Applikationssysteme
Füllspiralen (Lentulos) wurden lange zum Einbringen definitiver Pasten und Zemente genutzt. Heute sollten sie aufgrund der hohen Frakturgefahr nur noch bei provisorischen Einlagen Verwendung finden.

Links: Der Lentulo 4 (Maillefer, schwarz) ist für Größe #70–90 geeignet. Bei VDW (rechts) gibt es am Schaftansatz eine Sicherheitsspirale, die die Bruchgefahr reduziert.

Rechts: Der Guttakondensor (Maillefer) eignet sich besonders zum Einbringen von Calxyl.

Guttapercha

„Getah pertja“ ist malaiisch und bedeutet „Faden aus klebrigem Pflanzensaft“. Der Guttaperchabaum liefert den Rohstoff (eine graue transluzente Masse mit rötlichem Schimmer) für das zahnärztliche Material. Chemisch gesehen handelt es sich um die all-*trans*-Form des Polyisoprens, die härter, brüchiger und weniger elastisch als der verwandte Naturgummi ist. Durch Weichmacher (Wachse, Harze mit 1–4%), Metallsulfate (1–15%, Röntgenopazität) und den Füllstoff ZnO als Hauptanteil mit 59–76% entsteht die vertraute Konsistenz der Guttaperchastifte (Weine 1994).

Guttapercha existiert in verschiedenen Modifikationen:
- α-Form (42–49 °C)
- β-Form (Raumtemperatur; 53–59 °C)
- γ-Form (56–62 °C).

Für die Praxis ist relevant, daß zahnärztliche Guttapercha (GP) meist der β-Form entspricht. Erst bei den Warmtechniken (z. B. Obtura, Ultrafil, Thermafil) wird die α-Form eingesetzt. GP verhält sich bei höheren Temperaturen nämlich wie Kunststoff (Thermoplast): Erweichung ab 65 °C, Schmelzen bei 100 °C und in α-Form ab 160 °C ohne Dekomposition fließfähig.

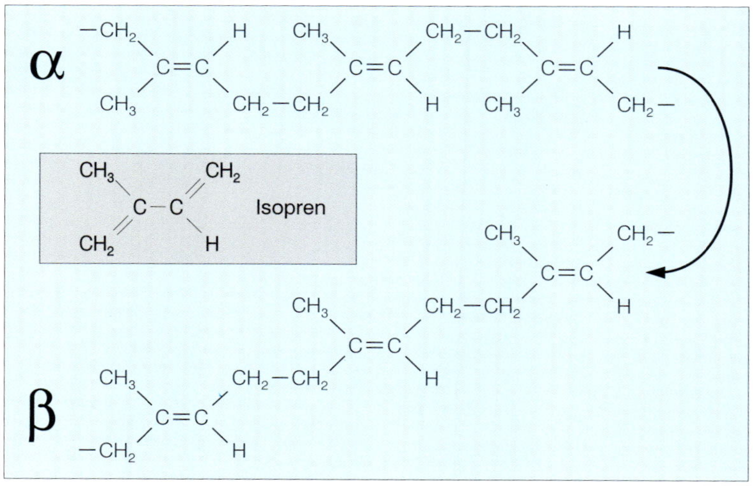

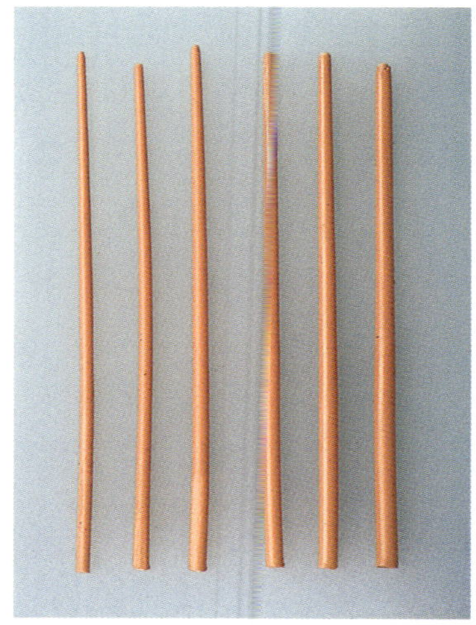

174 Guttapercha (GP)
Der Saft des Baumes Isonandra gutta ist Rohstoff für Guttapercha. Chemisch handelt es sich um das Polymer der *trans*-Form des Isoprenmoleküls. Normalerweise liegt GP in der β-Form vor (zahnärztlicher GP-Stift, bei Raumtemperatur). Erhitzt man GP bis zur Erweichung (65 °C) und kühlt langsam (0,5 °C/h) ab, so entsteht bei 42–49 °C die α-Form, die klebrig, fließfähig und zu weich für eine Kondensation ist.

Rechts: Normierte GP-Stifte der ISO-Größen #15–40.

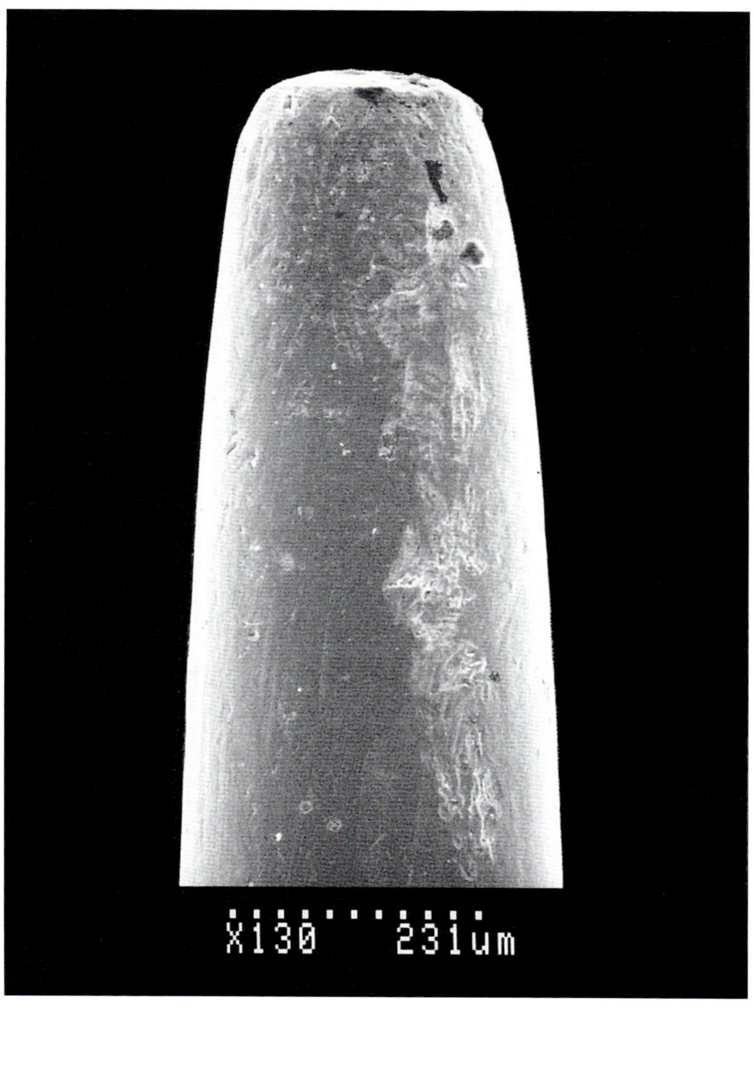

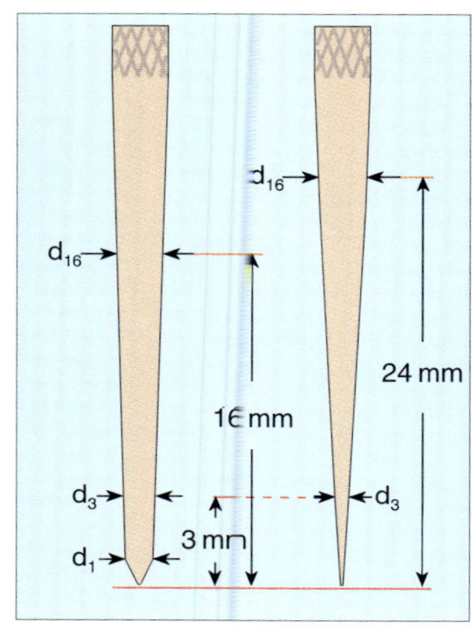

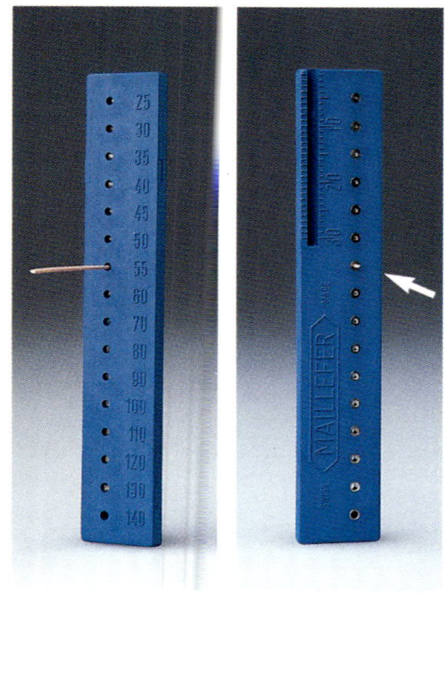

175 Normierung von Guttapercha
GP-Stifte weisen oft oberflächliche Unregelmäßigkeiten auf (REM-Bild, Vergr. 130fach).

Rechts oben: Die Dimension der GP-Stifte ist in mehreren Normen festgelegt. Die Normen geben 3 Punkte vor (d_1 an der Spitze, d_3 und d_{16}), und beschreiben auch ungenormte Stifte. Links ist ein genormter, rechts ein ungenormter Guttaperchastift dargestellt.

Rechts unten: Eine Lehre (Maillefer) ist unerläßlich für die Bestimmung des wahren Durchmessers, da die Guttaperchastifte Toleranzen von ±0,04 mm aufweisen dürfen.

Auch Guttaperchastifte sollen der Standardisierung durch ADA- und ISO-Normen entsprechen. Die bekannten rosafarbenen Stifte sind von #15 bis #140 erhältlich. Die Einfärbung gemäß ISO-Farbcode erleichtert die Auswahl. Sowohl das REM-Bild als auch ausgiebige Untersuchungen (Schäfer u. Göhring 1993) zeigen jedoch, daß es fertigungsbedingte Ungenauigkeiten gibt. So darf der Durchmesser d_1 als Projektion der Spitze des GP-Stiftes nach ISO-Normentwurf ±0,04 mm von der ISO-Größe abweichen. Dies wurde nur von etwa 50% der Stifte erfüllt; der Rest war zu dünn.

Aus diesem Grunde wird die individuelle Vermessung des Spitzendurchmessers mit einer Meßlehre (Maillefer) empfohlen. Damit läßt sich die Übereinstimmung des Hauptstiftes (Masterpoint) mit dem letzten Aufbereitungsinstrument in Höhe des Stops (apikales Masterinstrument) ermitteln. Ragt der Stift in seiner ISO-Größe über die Lehre hinaus, so ist er zu dünn und muß soweit gekürzt werden, bis er mit der Meßlehre abschließt (Abb. 175). Die Wurzelkanalfüllung kann letztlich nur so gut sein wie die Formkongruenz und Korrespondenz von Aufbereitung und Füllung.

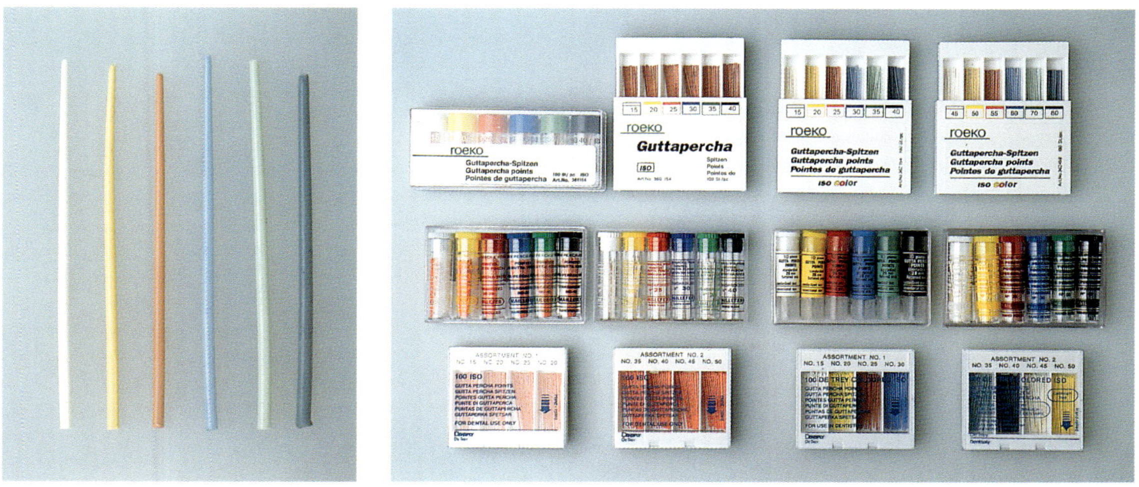

176 Genormte Guttaperchastifte

Eine große Zahl von Herstellern bietet genormte Guttaperchapoints an, die jedoch bezüglich ihrer Dimensionstreue und Steifigkeit große Unterschiede zeigen. Am vertrautesten sind die rosa gefärbten Stifte (linke Bildhälfte), doch kommen immer stärker farbcodierte Stifte auf den Markt, die im Behandlungsablauf die ISO-Zuordnung vereinfachen (Auswahl: rechts).

Links: GP-Stifte von weiß (#15) bis schwarz (#40) in ISO-Farben.

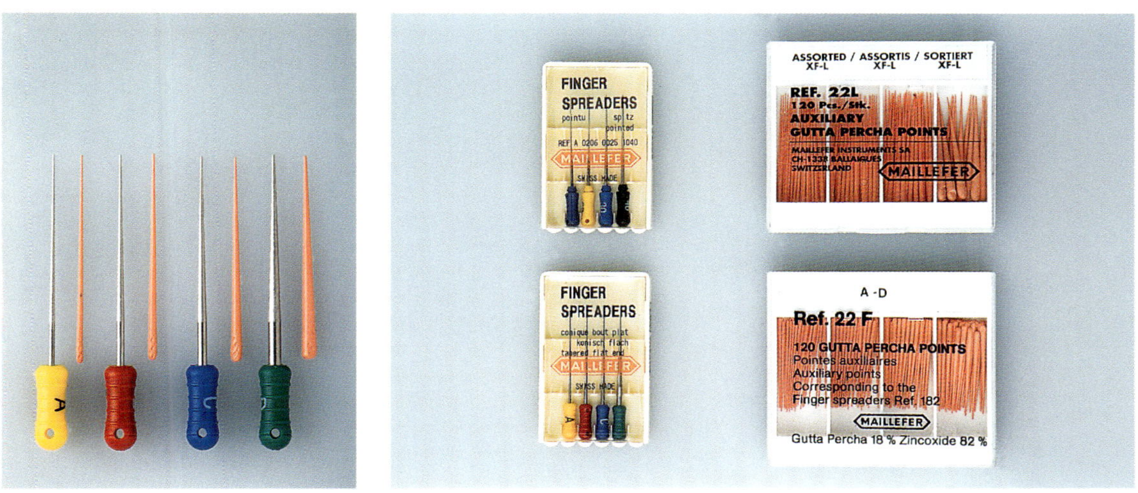

177 Ungenormte Guttaperchastifte

Bei mehreren Kondensationstechniken werden zusätzliche, ungenormte GP-Stifte (Accessory points), eingefügt. Die meisten Hersteller bieten solche Points in 5 konventionellen Größen (xx fine bis large) mit großer Konizität an. Daneben gibt es ungenormte Stifte mit geringerer Konizität entsprechend der ADA-Spezifikation Nr. 57.
Eine Neuerung stellen die Hilfsspitzen A–D von Maillefer dar: Fingerspreader und GP-Stifte sind in der Konizität aufeinander abgestimmt (unten und Detailaufnahme links).

Guttapercha stellt heute für die Abdichtung des Wurzelkanalsystems das Mittel der Wahl dar, weil es viele positive Eigenschaften in sich vereint (Hülsmann 1993b): bioinert, keine Reizung des Periapex, leicht einzubringen und entfernbar, dimensionstreu (Schrumpfung nur bei Warmtechniken), undurchlässig für und unempfindlich gegenüber Feuchtigkeit, gute Radioopazität, keine Verfärbung des Zahnes.
Allerdings ist GP nicht sterilisierbar. Eine Desinfektion kann aber durch Isopropylalkohol (70%), Chlorhexidin (2%) oder NaOCl (5%) erreicht werden. Der Hauptmangel besteht in der unzureichenden Abdichtung des komplexen Kanals, so daß ein Sealer nötig ist.

Ein einzelner GP-Stift wird den trotz standardisierter Aufbereitung zumeist unregelmäßig geformten Kanal nicht vollständig und homogen verschließen können. Daher fügte man bisher ungenormte Zusatzstifte (Accessory points) mit großer Konizität und nicht darauf abgestimmten Spreizinstrumenten ein.
Entgegen einer weit verbreiteten Meinung ist GP erst bei sehr hohen Drucken von 2000 PSI verdichtbar (compressibility). Aufgrund der fertigungstechnisch bedingten Hohlräume läßt sie sich jedoch zusammendrücken (compactibility). Daher empfiehlt es sich, die beiden ersten Zusatzstifte normiert oder aber die neuen, abgestimmten Stifte/Spreader (s.u.) zu wählen.

Kalt- und Warmtechnik für Guttapercha

Während das Einbringen eines einzelnen GP-Stiftes (Einstiftmethode) heute obsolet ist, sind die Techniken der lateralen und vertikalen Kondensation mit Hand- oder Fingerinstrumenten aktuell.
Bei der lateralen Kondensation wird der Masterpoint gesetzt und dann ein Spreader ausgewählt, der bis auf 1 mm an die Arbeitslänge heranreicht. Der verbliebene Raum wird nach und nach mit GP aufgefüllt, bis eine möglichst dichte Packung entstanden ist. Mit Pluggern oder auch normalen Zementstopfern ist ein kaltes, vertikales Zusammenpressen möglich.

Beginnend mit der „sectional GP-technique“ (Coolidge 1946) haben zuletzt Methoden mit erwärmter Guttapercha eine weitere Verbreitung gefunden. Die vertikale Kondensation (3D-Obturation) nach Schilder (1967) kann sehr gut sein, ist jedoch diffizil, zeitaufwendig und setzt Spezialinstrumente voraus. Es folgten:
- thermomechanische Kondensation (Mc Spadden 1980),
- Obtura (Yee et al. 1977),
- Ultrafil (Michanowicz u. Czonstokowsky 1984),
- Endotec (Marlin 1986),
- Thermafil (Johnson 1987) und Quickfil.

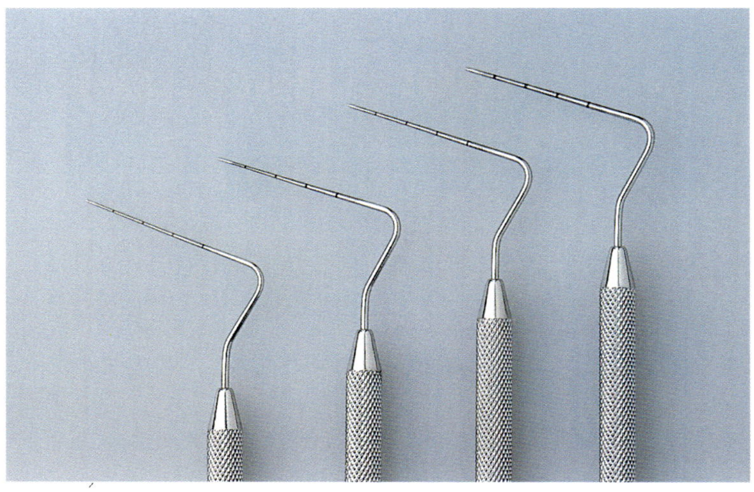
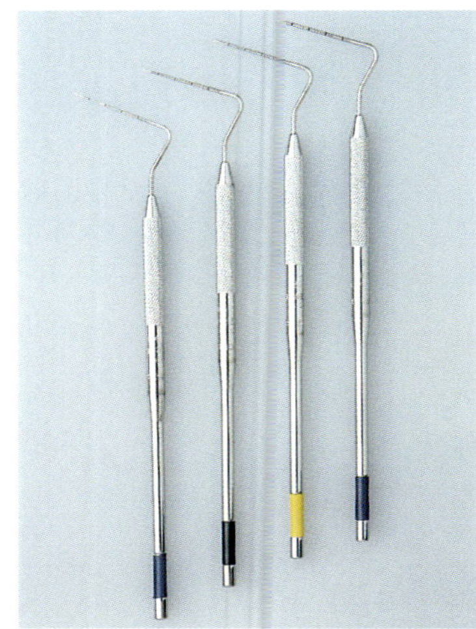

178 Handspreader
Bei der lateralen Kondensation werden Spreizinstrumente eingesetzt. Wichtig ist dabei, daß Guttapercha – bei Raumtemperatur in β-Form – entgegen der landläufigen Meinung nicht verdichtbar ist (no compressibility). Lediglich die Hohlräume (Abb. 175) sind zusammenpreßbar (compactibility).
Handspreader haben oft Kalibrierungen, um die Eindringtiefe abzuschätzen (#30–60, Hu-Friedy). Durch eine Farbmarkierung am Instrumentengriff sind die Handspreader von Hu-Friedy (RCS 30–60) schnell zu identifizieren (rechts).

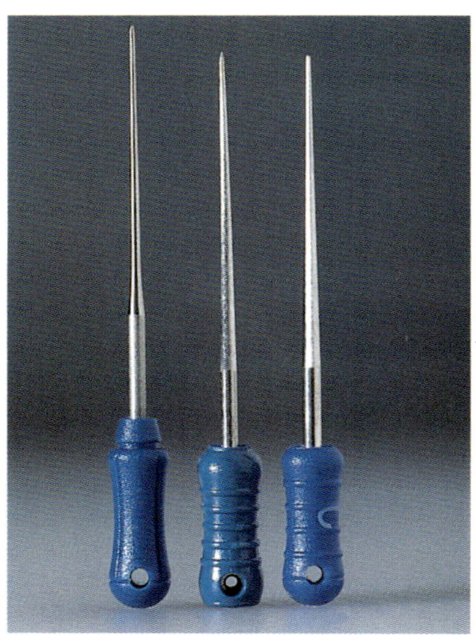
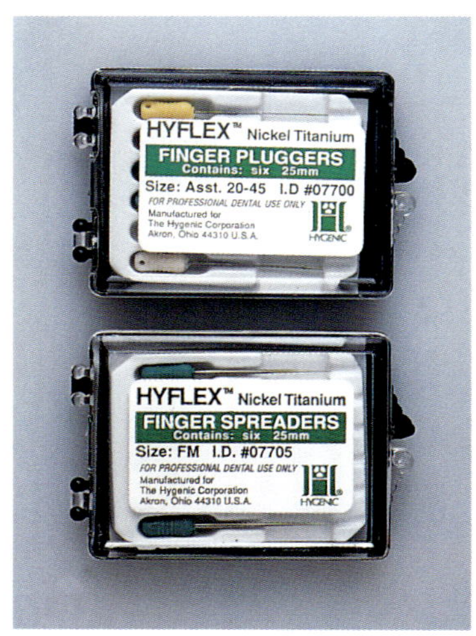

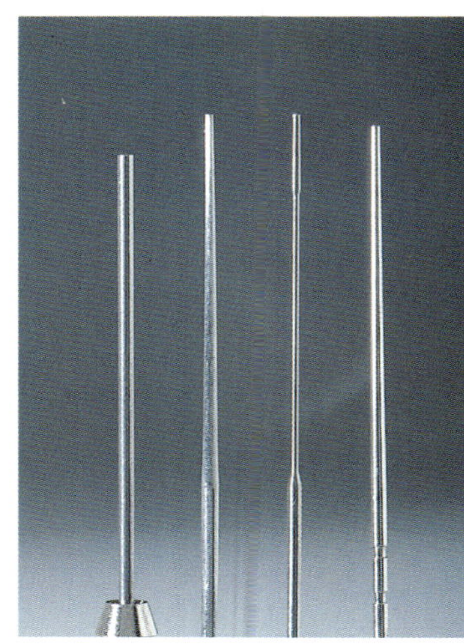

179 Fingerspreader/-plugger
Viele Behandler ziehen Kleininstrumente wegen des besseren Feingefühls bei der Ertastung des Kanalverlaufs, von Widerständen und der eingesetzten Kraft vor.
Fingerspreader (links) unterscheiden sich in ihrer Konizität (Maillefer Standard [#30] links; konisch [C] rechts, VDW #30 in der Mitte).
Der Einsatz von Ni-Ti erlaubt biegsamere Spreader und Plugger (Hyflex-Hygenic, Mitte).
Fingerplugger (rechts) existieren mit unterschiedlichen Enden (parallel: Maillefer, konisch: VDW, kurzes Ende: Hygenic, konisch: Kerr).

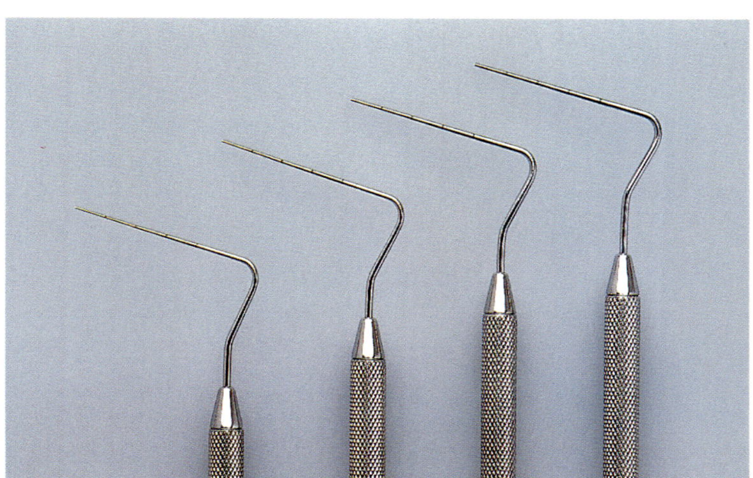
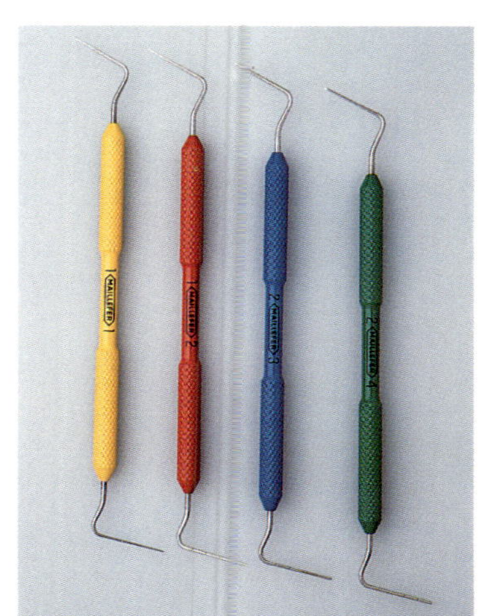

180 Handplugger
Auch die Arbeitsenden der Handplugger sind im 5-mm-Abstand mit Einziehungen versehen, um die Eindringtiefe ermessen zu können (hier: #30–#60 Hu-Friedy).

Rechts: Die Heat-Carrier Plugger (Maillefer) haben auf einer Seite ein Spreader-ähnliches Ende und auf der anderen ein Plugger-ähnliches Ende mit den Durchmessern 0,5, 0,6, 0,8 und 1 mm. Sie eignen sich sowohl für die Kalt- als auch für die Warmkondensation (3D-Technik nach Schilder) von Guttapercha.

Kofferdam

Bei der endodontischen Behandlung ist die absolute Trockenlegung des Zahnes mittels Kofferdam eine unverzichtbare Maßnahme. Nur hierdurch kann der Forderung nach Schaffung eines aseptischen Bereichs mit einem Infektionsschutz für Patient und Behandlerteam entsprochen werden. Der Vielzahl weiterer Vorteile (u.a. Schutz vor Aspiration/Verschlucken, bessere Übersicht und Zugang zum Operationsfeld, Zeitersparnis etc.) steht gerade in Deutschland eine weitverbreitete Zurückhaltung und sogar Skepsis gegenüber. Während in den USA und Skandinavien laut Umfragen in 60% der Fälle bei Endodontie Kofferdam angelegt wird, beträgt die Quote in Deutschland: 5% in jedem Fall und 65% nie (Winkler 1991). Die Gründe für diese Nichtakzeptanz sind vielfältig, oft benannt und dennoch nicht einleuchtend. Ein Zitat von Cragg (1972) trifft das Phänomen gut:

„The most time-consuming thing about the rubber dam
is the time required to convince the dentist to use it.“

In den letzten Jahren zeichnet sich in verschiedenen Bereichen eine Entwicklung ab, die eine vermehrte Anwendung von Kofferdam nach sich ziehen wird. Zum einen sind sehr gute Bücher (Reid et al. 1991; Winkler 1991, mit Videoband) und Artikel (Zeppenfeld 1990) erschienen. Zum anderen werden viele Fortbildungskurse zum Kofferdam angeboten, und das Interesse der Zahnärzte ist bei diesen Anlässen deutlich zu spüren. Weiterhin fördert die zunehmende Verbreitung der adhäsiven Befestigung und Eingliederung von Keramik- und Kompositrestaurationen die Einsicht in Notwendigkeit und Nutzen von Kofferdam, und – sehr wichtig – die zukünftigen Zahnärzte lernen immer häufiger bereits während ihres Studiums den Umgang mit Kofferdam als Selbstverständlichkeit kennen, so daß sie das Material später auch in ihren Praxisalltag integrieren werden.

Seit der wegweisenden Idee des New Yorker Zahnarztes S. Barnum, der am 15. März 1864 bei der Behandlung eines unteren Molaren spontan ein Gummituch lochte und zur Trockenlegung über den Zahn stülpte, ist eine lange Zeit vergangen. Und obwohl Kofferdamklammern in ihrer heutigen Form erst später entwickelt wurden und Spannrahmen noch nicht existierten, sind viele Aspekte der Dambenutzung seit damals kaum modifiziert worden. Bereits 1894 findet man die noch heute gebräuchlichsten Ivory-Klammern, die Ainsworth-Lochzange (bis heute fast unverändert) und eine große und hochentwickelte Zahl von Hilfsmitteln. In den zwanziger Jahren betont die New Yorker Akademie der Medizin die Wichtigkeit der Kofferdam-Anwendung in der Endodontie, doch führen gleichzeitig der Beginn von Herdlehre, Silberamalgam und Absaugtechnik zu einem Rückgang. Durch eine wechselvolle Zeitgeschichte hindurch wird der Wert in Lehrbüchern, durch die Goldhämmerfüllung und in der Endodontie weiterhin betont (Winkler 1991).

In diesem Sinne sollen die folgenden Seiten diesen Entwicklungsprozeß noch einmal unterstützen, indem die bevorzugten Instrumente und Materialien für eine Anwendung des Kofferdams in der Endodontie aufgeführt und die wesentlichen Techniken der Applikation als Bildfolge vorgestellt werden. Der weitergehend Interessierte möge sein Wissen bei den erwähnten Büchern, Vorträgen und Artikeln, die sich ausschließlich mit Kofferdam beschäftigen, vertiefen.

Das Kofferdam-Spanngummi

Ein Gummituch in der Größe 15 mal 15 cm (6" x 6") ist die häufigste Grundlage des Kofferdam-Spanngummis. Als Rohmaterial dient – wie bei Latexhandschuhen – der Saft von Kautschukbäumen. Es handelt sich dabei um *cis*-1,4 Polyisopren (im Gegensatz zu Guttapercha als *trans*-Form). Von den 5 erhältlichen Stärken werden mittel, stark und extrastark in der Endodontie bevorzugt. Latexallergien werden immer häufiger beobachtet. Als Konsequenz gilt es, Zwischenfälle einzukalkulieren und bei Kofferdam-Allergie auf PVC oder Silikon auszuweichen (Denis u. Ott 1993).

Da bei endodontischen Maßnahmen meist nur ein einzelner Zahn freizulegen ist, genügt oft ein zentrales oder leicht exzentrisches Einzelloch. Bei größeren Arealen dienen Lochschablonen bzw. Stempel der Orientierung. Die Lochung geschieht am vorteilhaftesten mit der Ivory-Lochzange.
Während ein spezielles Gleitmittel, Rasierseife oder Vaseline das Gleiten des Kofferdams über die Zähne unterstützen, wird der Komfort beim Patienten durch Eincremen der Lippen und Anlegen einer gekauften oder selbst gefertigten Serviette gesteigert.

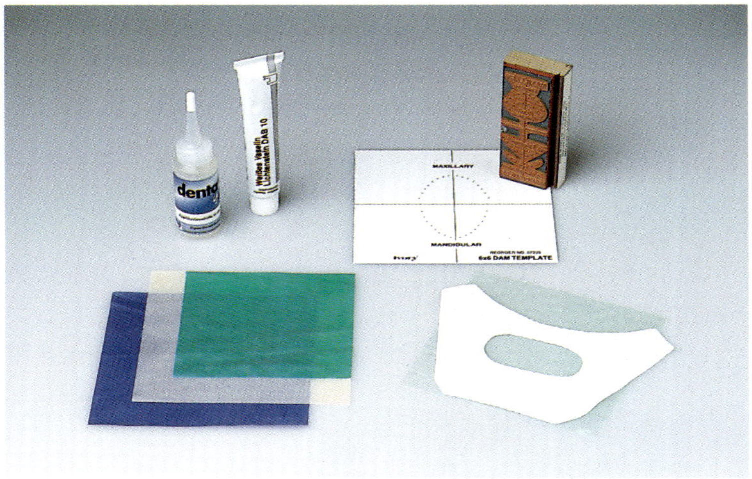

181 Grundausstattung
Latexspanngummi wird in unterschiedlichen Dicken und Farben angeboten. Die Größe ist 5" x 5" (grün) oder 6" x 6" (blau, creme). Die Serviette verhindert ein direktes Aufliegen des Gummis auf der Haut. Seit kurzem ist ein Silikongummi (hellgrün, Roeko) für Latexallergiker erhältlich.
Gleitmittel (Dentaglide, Sigma Dental) oder Vaseline vereinfachen das Überstülpen des Kofferdams. Durch Lochschablone oder Stempel wird die Positionierung der Stanzlöcher erleichtert.

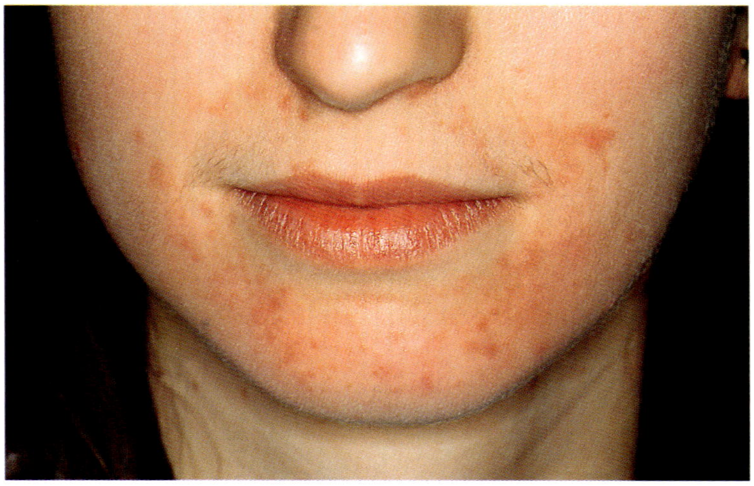

182 Latexallergie
Nach dem Anlegen von Latexspanngummi zeigt sich bei einer Patientin schon bald eine periorale Rötung mit papulovesikulösen Hautveränderungen sowie Juckreiz. Es handelt sich um eine allergische Sofortreaktion (Typ I nach Coombs u. Gell).
Da Latexallergien stark im Zunehmen begriffen sind und die Reaktionen bis hin zu lebensbedrohlichen Schockzuständen reichen können, muß der Zahnarzt dies anamnestisch abklären und ansonsten zumindest eine solche Situation richtig erfassen können.

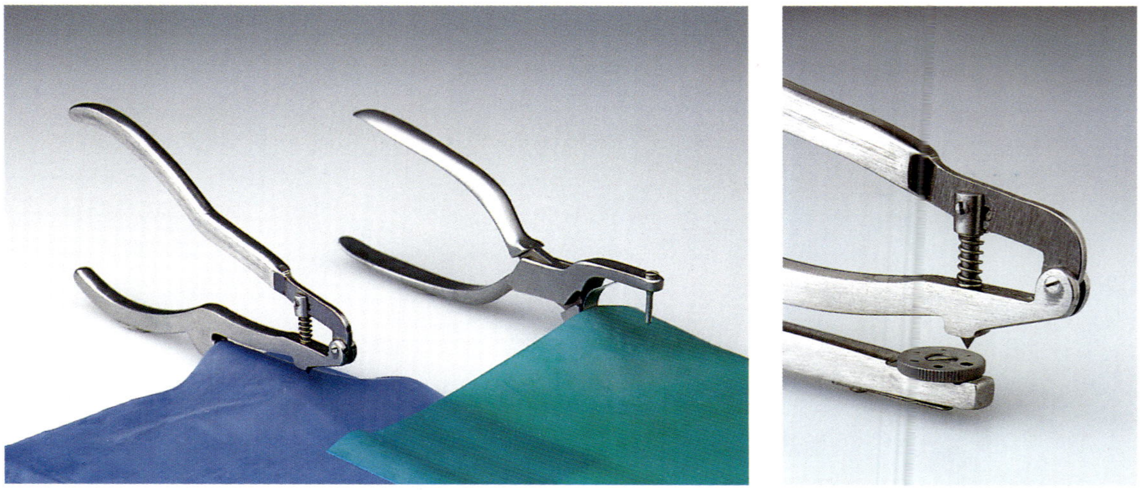

183 Lochzangen
Die Ivory-Lochzange ist das beste Instrument zum Lochen des Kofferdam-Gummis (links). Aufgrund ihrer Konstruktion ist ein sehr weites Einführen des Dams möglich. Da das Scharnier vor der Lochplatte angebracht ist, erlaubt dies eine fast senkrechte, exakte Stanzung. Die Lochzange nach Ainsworth (rechts) besteht unverändert seit etwa 100 Jahren und hat das Scharnier hinter der Lochplatte mit 5 Perforationen.

Rechts: Die Detailaufnahme der Ivory-Lochzange zeigt den Stanzteller mit 6 Öffnungen von 1–2 mm.

Kofferdam-Klammern

In den Anfängen des Kofferdams wurde das Gummi mit Holzkeilen oder Zahnseide befestigt. Schon bald entstanden unterschiedlichste Klammerformen, die den Anforderungen einzelner Zähne oder Fragestellungen möglichst genau entsprechen sollten. Heute haben sich Stahlklammern durchgesetzt, auch wenn es vereinzelt Kunststoffabrikate gibt.

Die Klammer soll punktförmig mit den Kontaktpunkten am Zahn liegen. Neben der Retention, die durch Federwirkung und Halt an Unterschnitten gelingt, kann auch die Retraktion der Gingiva erwünscht sein.

Man unterscheidet folgende Klammerarten:

- Normalklammern (mit Flügeln, Abb. 185),
- flügellose Klammern (wingless = W),
- Distalklammern (distal = D),
- Frontzahn-, Prämolaren- und Molarenklammern,
- Zervikal- oder Labialklammern,
- Retentionsklammern (halten den Kofferdam-Gummi),
- Retraktionsklammern (verdrängen die Gingiva; z.B. Brinker-Geweberetraktoren, Schultz-Klammern).

Eine Ausnahmestellung hat die Klammer 212, die sowohl für Retention als auch Retraktion sorgen kann.

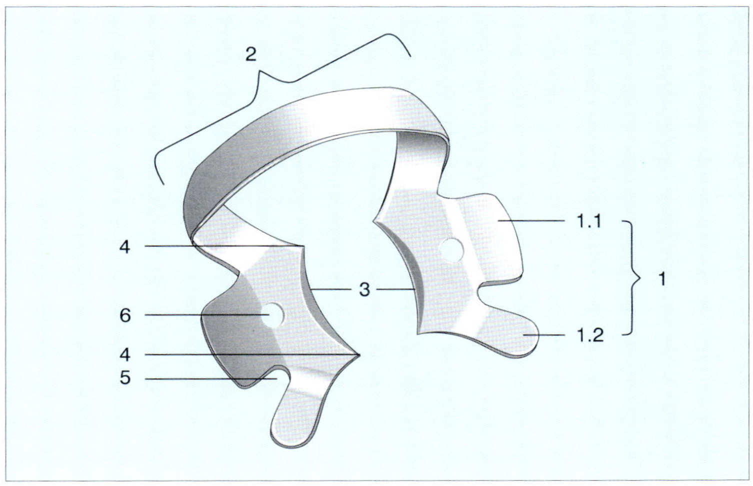

184 Kofferdam-Klammer

1 Klammerarm (lingual und bukkal) mit:
1.1 zentralem Flügel
1.2 anteriorem Flügel
2 Bügel (distal)
3 Backen
4 Kontaktpunkte
5 Kerbe
6 Perforation

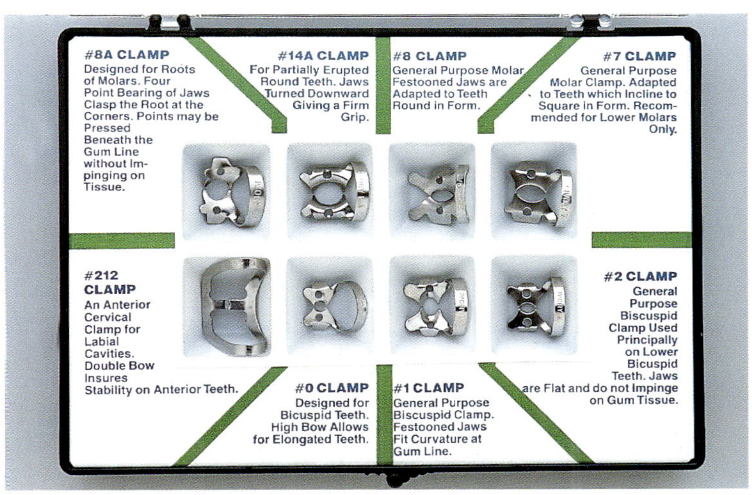

185 Klammerauswahl
Da es eine Vielzahl verschiedener Kofferdam-Klammern sowie Firmen gibt, fällt die Auswahl nicht leicht. Eine gute Orientierungshilfe bieten daher Klammersets. Die hier vorgestellte Auswahl der Firma Ivory besteht aus 8 Typen:

8 A Molar (auch zerstörte Kronen)
14A Molar, teilw. durchgebrochen
8 Molaren des Oberkiefers
7 Molaren des Unterkiefers
212 Frontzähne
0 Prämolaren (hoher Bügel)
1 Prämolaren allgemein
2 Prämolaren des Unterkiefers

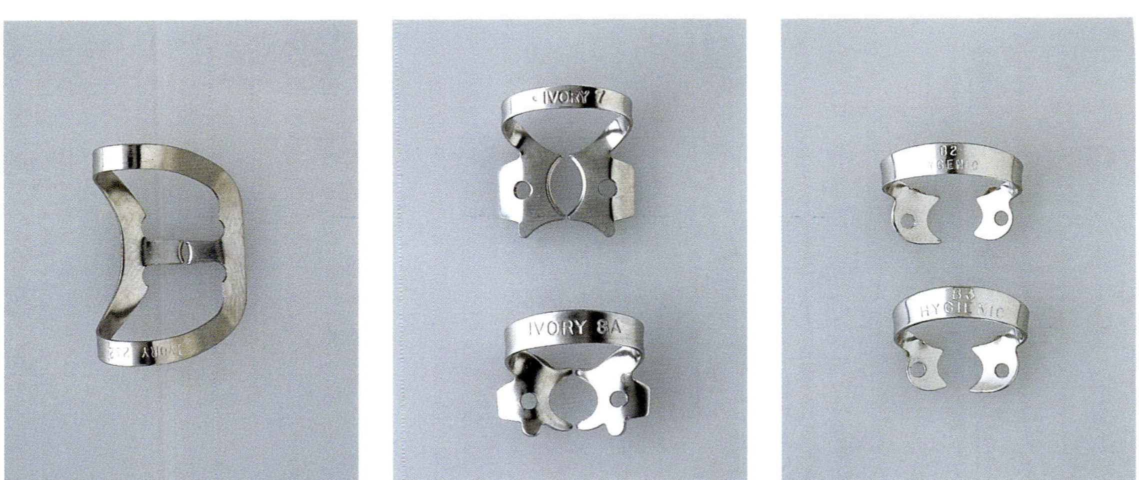

186 Einzelne Klammertypen
Links: Klammer 212 für Frontzähne (eventuell Prämolaren). Die beiden Bügel halten den Kofferdam beidseits ab oder dienen der Befestigung mit Kerr-Masse auf der Zahnreihe.

Mitte: Molarenklammern. Während die Ebene der Backen bei Nr. 7 plan ist, hilft die nach innen gebogene Backe von Nr. 8A bei der Befestigung an tief zerstörten Zähnen.

Rechts: 2 flügellose Klammern. Hygenic B2 (UK-Molaren links) und Hygenic B3 (OK-Molaren rechts).

Weitere Vorbereitungen

Ist die Auswahl von Spanngummi und Klammer erfolgt, so hilft die Klammerzange beim Erfassen und Aufdehnen. Das Modell von Ivory wird bevorzugt, da es Gingivaverletzungen am ehesten vermeiden hilft.
Bei den Spannrahmen gibt es eine ganze Palette von Modellen. Einige Autoren bevorzugen Kunststoffrahmen, da sie beim Röntgen nicht auf dem Zahnfilm abgebildet werden und der Dam deshalb nicht unbedingt abgenommen werden muß. Andererseits ermüden solche Rahmen beim Autoklavieren, so daß sie unansehnlich werden und Dorne abbrechen.

Metallrahmen sollten zum Schutz von Augen und Haut an beiden Enden mit einem Plastikstop versehen sein. Zur Vereinfachung und Beschleunigung des Arbeitsablaufs ist es sinnvoll, wenn die Helferin routinemäßig ein komplettes Kofferdam-Tray vorhält. Als Retentionsmittel sollten Wedjets (Naturlatex), Zahnseide und auch Komposit, Zemente oder Compoundmasse (z.B. Kerr) greifbar sein. Die Abdichtung des angelegten Kofferdams wird schließlich durch Cavit oder Parodontalverband bewerkstelligt.

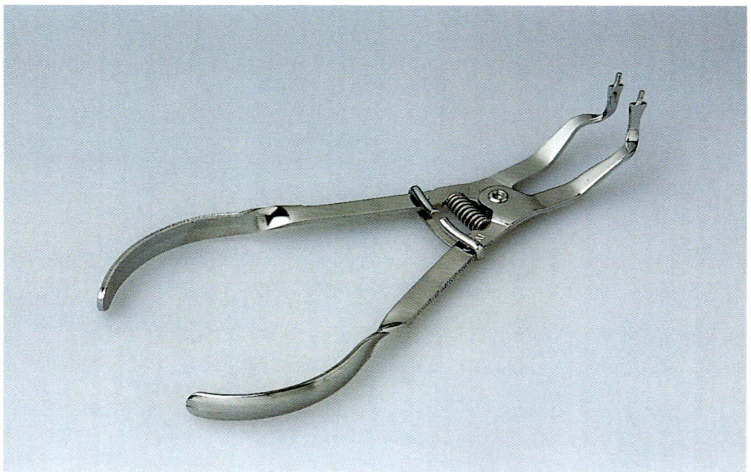

187 Klammerzange
Die Klammerzange nach Ivory ist zu bevorzugen. Eine Stahlfeder hinter dem Scharnier erlaubt zusammen mit einer Stahlschlinge die Arretierung in jedem beliebigen Öffnungsgrad. Das Arbeitsteil ist doppelt abgewinkelt und erleichtert so das Einführen in den Mund.

Rechts: Nur bei der Ivory-Zange münden die Retentionszapfen zum Greifen der Klammer in eine verbreiterte Standfläche, die das Durchdrücken durch die Klammerperforation und damit Verletzungen der Gingiva vermeiden helfen.

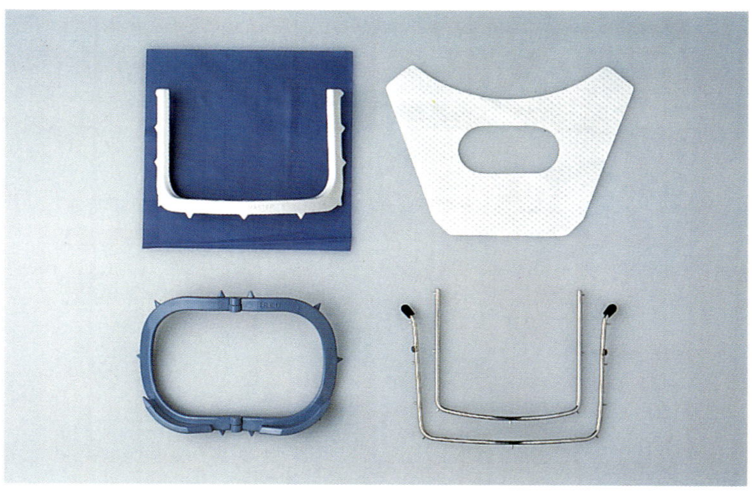

188 Spannrahmen
Viele Rahmen zum Aufspannen des Kofferdam-Gummis sind U-förmig gestaltet, wobei der untere Schenkel des Rahmens am Kinn liegt und der offene Teil zur Nase hin orientiert wird. Dazu gehören Kunststoffrahmen (oben links) oder die – röntgensichtbaren – Metallrahmen z.B. nach Young (unten rechts) in den Größen 5" und 6". Eine Neuentwicklung ist der Klapprahmen nach Sauveur (unten links), der mittels eines Scharniers auf- und zugeklappt werden kann und so das Einführen eines Röntgenfilmes ermöglicht.

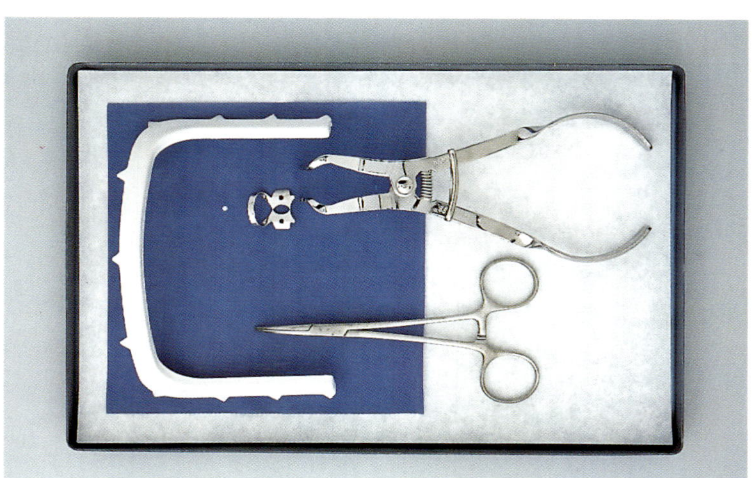
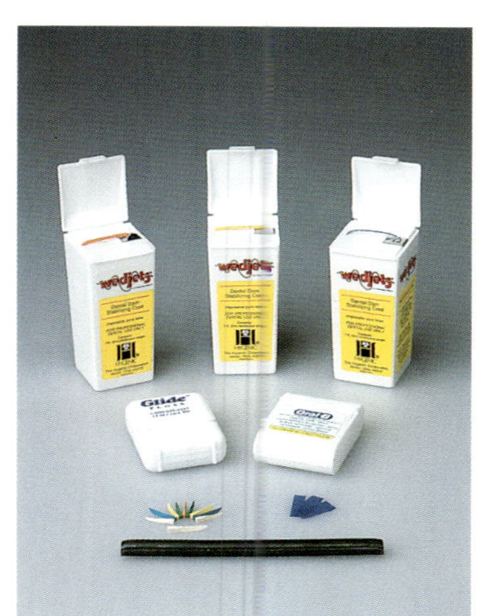

189 Komplettes Kofferdam-Tray
Das Bereitstellen eines fertig vorbereiteten Trays durch die Helferin erleichtert und beschleunigt das Anlegen von Kofferdam. Ein bereits gelochtes Spanngummi, Rahmen, Klammerzange und Klammer sowie Arterienklemme liegen bereit.

Rechts: Zusätzliche Hilfsmittel für die Befestigung des Spanngummis sind beispielsweise Wedjets (Gummibänder in verschiedenen Dicken aus einem Dosenspender), Zahnseide, Holzkeile oder Kerr-Masse.

Anlegen von Kofferdam

Das Anlegen des Kofferdam-Spanngummis kann auf vielfältige Art und Weise geschehen. Im folgenden sollen 4 gebräuchliche Applikationstechniken vorgestellt werden. Dabei ist es generell sinnvoll, einige Vorüberlegungen zu beherzigen:

- Wird die Klammer vor dem Einbringen in den Mund bereits am Gummi fixiert, kann die Sicherung gegen Verschlucken mittels Zahnseide entfallen.
- Das fertige Aufspannen des Gummis am Rahmen erleichtert eine symmetrische Montage und verringert die Zeit für das Anlegen am Patienten.

Kofferdam-Applikation I (Bügeltechnik)

Die Bügeltechnik kann gut alleine ausgeführt werden, wenn man die gezeigte Vorgehensweise befolgt. Weiterhin ist es von Vorteil, daß man im Mund eine sehr gute Übersicht beim Anlegen der Klammer hat. Nachteilig wirkt sich aus, daß das Spanngummi noch über die Flügel gezogen werden muß, wobei es zu Einrissen kommen kann. Zur Vorbeugung sollte man mit der größten Lochung vorstanzen. Der Rahmen kann erst zum Schluß angelegt werden.

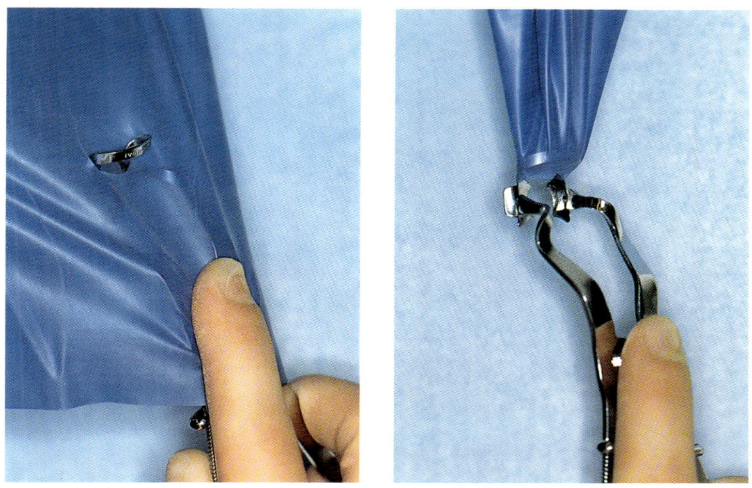

190 Die Bügeltechnik
Links: Mit dem Zeigefinger wird das Gummi in Höhe des Scharniers auf die Klammerzange gedrückt. Der Dam wird mit der anderen Hand gespannt und dabei über den Bügel der bereits zuvor mit den Retentionszapfen der Klammerzange aufgenommenen Klammer gezogen.

Rechts: Die Lochung des Spanngummis ist vollständig über den Klammerbügel gezogen, und das Gummi wird zur besseren Handhabung zusammengefaltet.

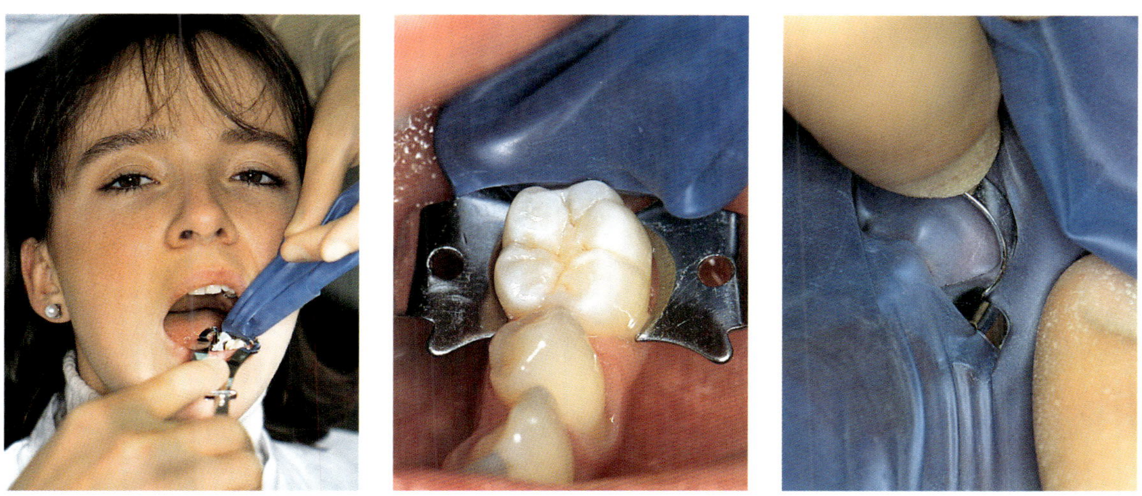

191 Anlegephase I
Links: Die Gummi-Klammer-Zangen-Einheit wird an den Mund der Patientin herangeführt.

Mitte: Die Klammer ist am Zahn befestigt. Bei dieser Applikationstechnik hat man einen sehr guten Überblick und kann leicht den betreffenden Zahn aufsuchen.

Rechts: Das Spanngummi wird bukkal über den zentralen Flügel gezogen.

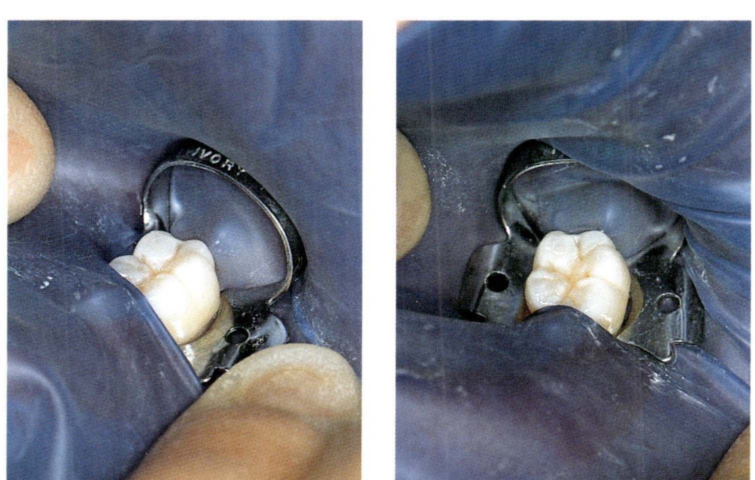

192 Anlegephase II
Links: Der bukkale Flügel ist komplett freigelegt.

Rechts: Das Spanngummi liegt in seiner endgültigen Position, nachdem es auch lingual über die Flügel herübergezogen wurde.

Kofferdam-Applikation II (Flügeltechnik)

Eine weitverbreitete Art, den Kofferdam anzulegen, ist das Einbringen der beiden zentralen Flügel einer Klammer in die Stanzung des Dams. Daher leitet sich auch der Name Flügeltechnik ab. Sie gilt als die einfachste Technik (Winkler 1991) und erlaubt eine einseitige Applikation.
Es lassen sich 2 Phasen trennen: die Vorbereitung (1. Bildseite), die durch die Assistenz eigenständig und vor der Patientenbehandlung vorgenommen werden kann, und das eigentliche Anlegen (2. Bildseite) des komplett vorbereiteten Aufbaus am Patienten.

Am Beginn steht ein Tray mit allen notwendigen Instrumenten. Die Assistenz kann ohne Hilfe einer zweiten Person die vorgesehene Klammer im Winkel von 45° und mit dem Bügel nach distal – in bezug zur zu versorgenden Zahnreihe – in den Dam einbringen.
Danach erfolgt das Befestigen am Spannrahmen, wobei sich das diagonale Aufspannen als hilfreich und praktikabel herausgestellt hat. Außerdem können schon die spätere Positionierung von Dam zu Rahmen vorausgeplant und zwei Taschen am unteren Rand zum Auffangen von Flüssigkeiten ausgeformt werden.

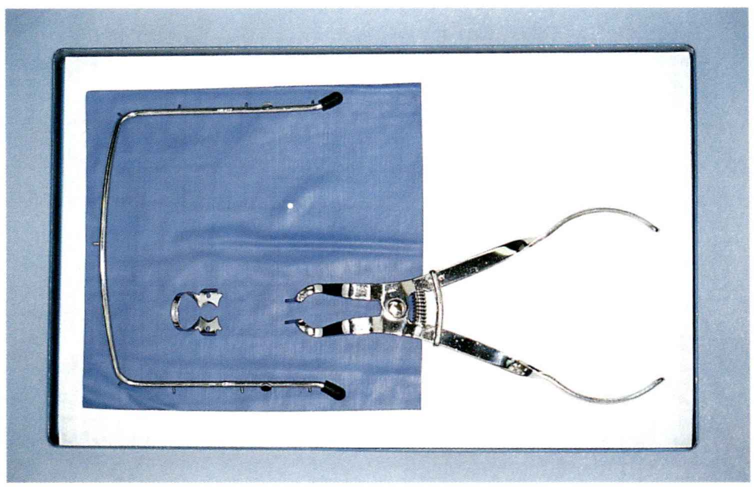

193 Tray für die Flügeltechnik
Ein gelochtes Spanngummi, Klammer Nr. 7 (Ivory) für Unterkiefermolaren, ein Young-Spannrahmen (6" x 6") und die Ivory-Klammerzange sind auf dem Tray vorbereitet.

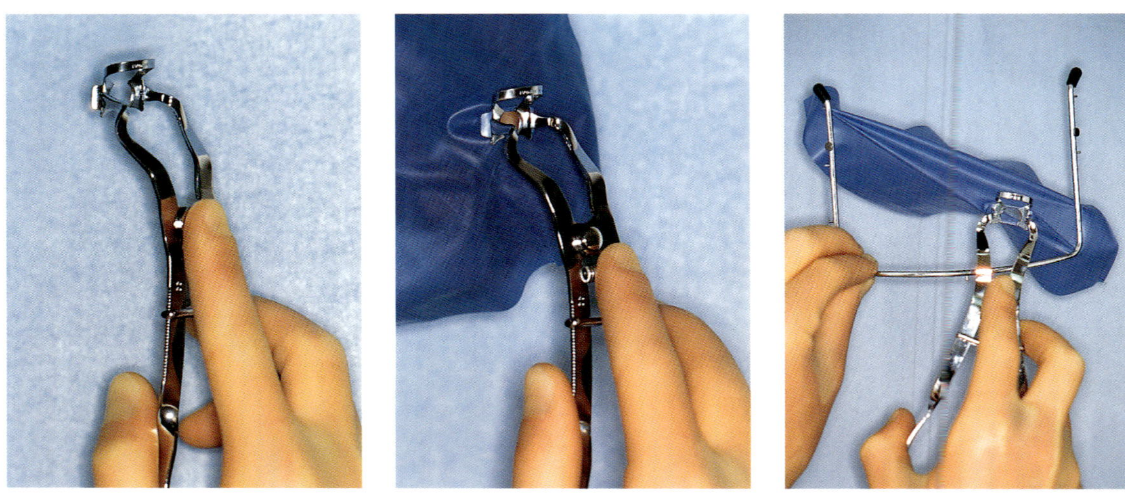

194 Vorbereitungsphase I
Links: Die Klammer wird mit der Klammerzange aufgenommen. Der Zeigefinger liegt auf dem Scharnier der Zange bzw. der Stahlschlinge.

Mitte: Das gelochte Kofferdam-Gummi wird zunächst mit der freien Hand über den einen und dann über den anderen Flügel gezogen.

Rechts: Das Gummi wird diagonal von einem oberen Ende des Young-Rahmens zum gegenüberliegenden unteren Winkel aufgespannt.

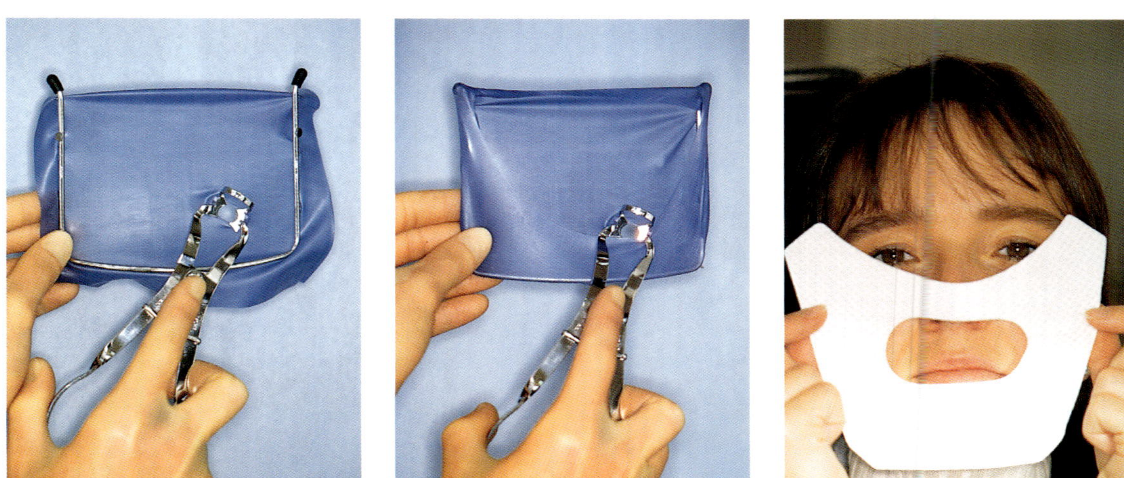

195 Vorbereitungsphase II
Links: Das Kofferdam-Gummi wird über alle Fortsätze des Rahmens gezogen, wobei es an der Rahmenbasis etwas überhängen soll.

Mitte: Der Überhang wird genutzt, um links und rechts Taschen zu formen, indem das Gummi von den Seiten nach innen geschlagen und der untere Teil bis über die zugehörige obere Ecke gezogen wird.

Rechts: Die Patientin hält zur Vorbereitung die Serviette vor Gesicht und Mund.

Wenn die Einheit aus Klammer, Klammerzange, Spanngummi und Rahmen bereits fertig montiert ist, reduziert sich die am Patienten benötigte Zeit auf ein Minimum. Nachteilig bei der Flügeltechnik sind die geringe Sicht beim Einbringen in den Mund und die Notwendigkeit, die Klammer bei weiter hinten gelegenen Zähnen gegen den Widerstand des Kofferdam-Gummis in die richtige Position führen zu müssen. Außerdem sollte man dafür Sorge tragen, daß Weichteile wie Zunge, Lippe oder Wange nicht eingeklemmt oder gar verletzt werden.

Das vorsichtige Absetzen der Klammer unterhalb des Zahnäquators muß immer unter Rücksprache mit dem Patienten erfolgen, der ein eventuelles Einklemmen oder Quetschen der Gingiva signalisieren sollte.
Mit dem Abstreifen des gespannten Dams über die Flügel (unter Zuhilfenahme eines Heidemann-Spatels) und der approximalen Adaptation mittels Zahnseide wird das Anlegen komplettiert.
Mit der geschilderten Technik lassen sich viele Situationen gut und sehr schnell bewältigen. Sie muß zum Standardrepertoire jeder Praxis gehören.

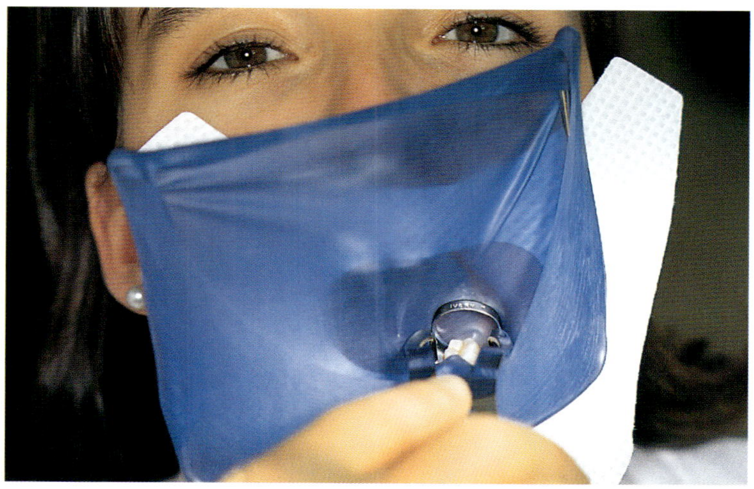

196 Anlegephase I
Die Einheit aus Kofferdam-Gummi, Spannrahmen, Klammerzange und Klammer wird an den Patientenmund herangeführt. Durch leichtes Spreizen der Klammer gewinnt man eine Sichtöffnung, durch die man den betreffenden Zahn lokalisieren kann.

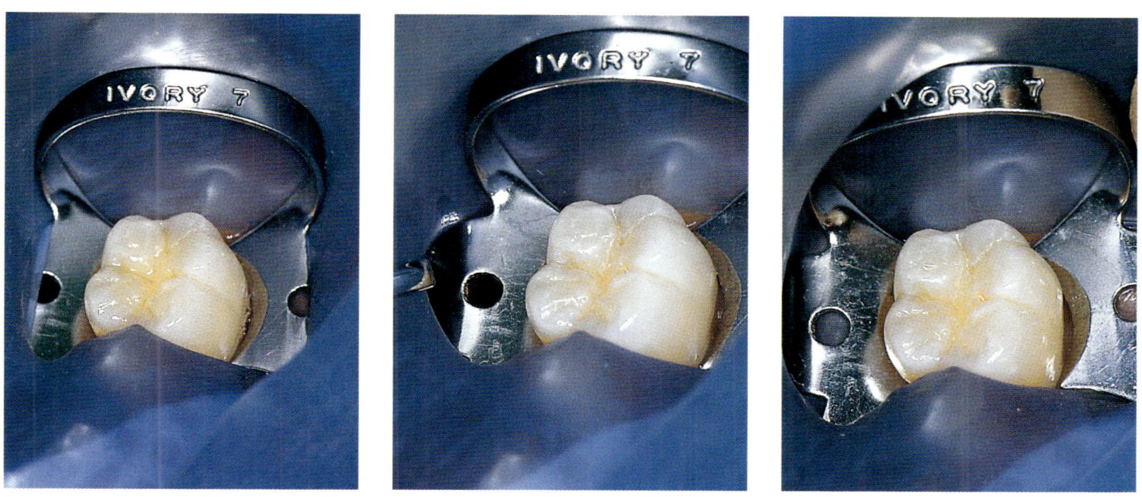

197 Anlegephase II
Links: Die Klammer ist über den Zahn 36 geführt und die Klammerzange abgelöst worden.

Mitte: Ein Heidemann-Spatel ist hilfreich, um das Gummi über den lingualen Flügel zu stülpen.

Rechts: Auch bukkal wird das Gummi per Heidemann-Spatel über den bukkalen Flügel geführt und liegt damit bereits an beiden Glattflächen dem Zahn an.

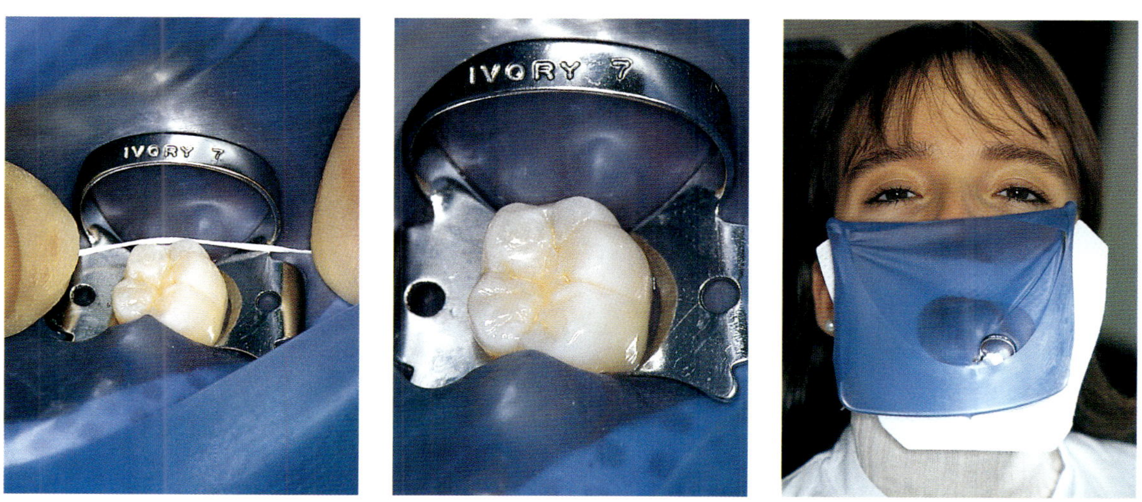

198 Anlegephase III
Links: Mit Zahnseide wird das Gummi abschließend auch im Approximalraum in Richtung Gingiva geführt und somit zirkulär dem Zahn adaptiert.

Mitte: Das Kofferdam-Gummi ist fertig angelegt. Die Kontaktpunkte der Klammer liegen punktförmig der Zahnhalsregion an.

Rechts: Das En-face-Bild zeigt den fertig angelegten Kofferdam mit der Serviette und den Taschen zur Erleichterung des Absaugens.

Kofferdam-Applikation III (Gummi zuerst)

Wie schon zuvor gezeigt, kann auch bei dieser Technik ein Tray mit vormontierten Teilen (Klammer an Klammerzange sowie Spanngummi fertig am Rahmen) von der Assistenz bereitgestellt werden. Als Besonderheit ist der Klapprahmen nach Sauveur abgebildet, der am linken und rechten unteren Rand eine Führungsrinne für den Speichelzieher hat. Zunächst erfolgt eine Anprobe der Klammer. Sitzt diese gut, wird der am Rahmen aufgespannte Dam an den Mund geführt, die Lochung mit den Zeigefingern geweitet und das Gummi über den Zahn gestülpt.

Dieses Vorgehen besitzt einige Vorzüge:
- Schon zu Beginn schützt der Kofferdam vor Aspiration oder Verschlucken.
- Während einige Klammern wie die Doppelbügelklammer 212 eine Montage nur im Anschluß an das Anlegen des Gummis erlauben, können ansonsten alle Klammerformen und -typen verwendet werden.

Nachteilig ist die weite Verdrängung der Weichteile, die bei Molaren schwierig und für den Patienten unangenehm sein kann, wenn das Gummi in Richtung Mundboden oder Wange gedrückt werden muß.

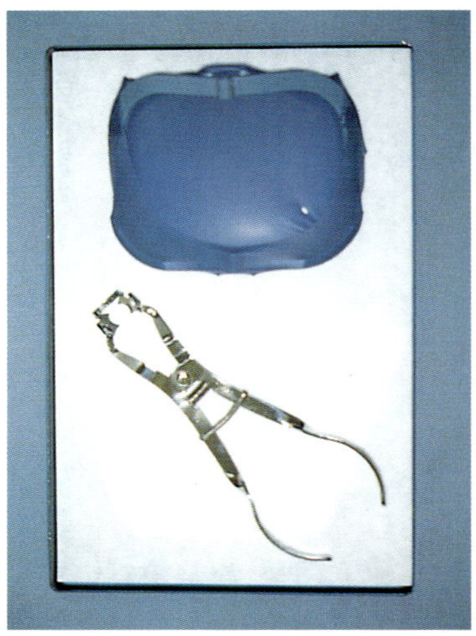
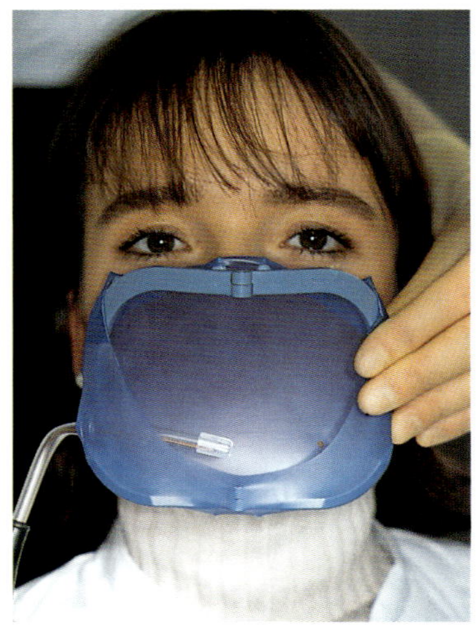

199 Tray für die „Gummitechnik"
Links: Das Spanngummi wurde in Regio 36 gelocht und bereits komplett – inklusive Absaugtaschen – auf den Klapprahmen nach Sauveur vormontiert. Die Molarenklammer Nr. 7 ist schon an der Klammerzange befestigt.

Rechts: Die Einheit aus Gummi und Spannrahmen wird mittig vor die Patientin gehalten. Inzwischen ist der Speichelzieher (im Bild links unten) seitlich eingeführt.

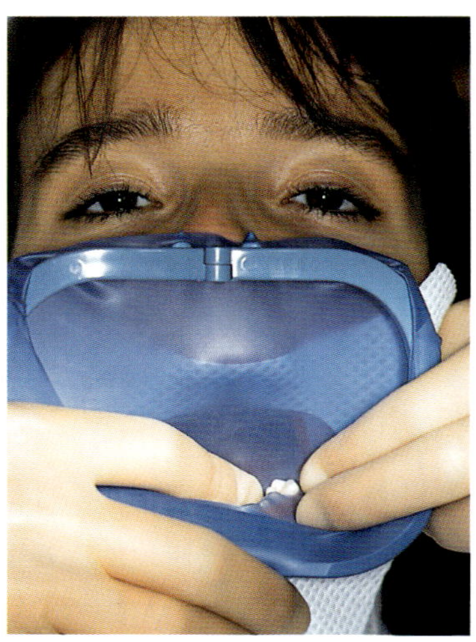
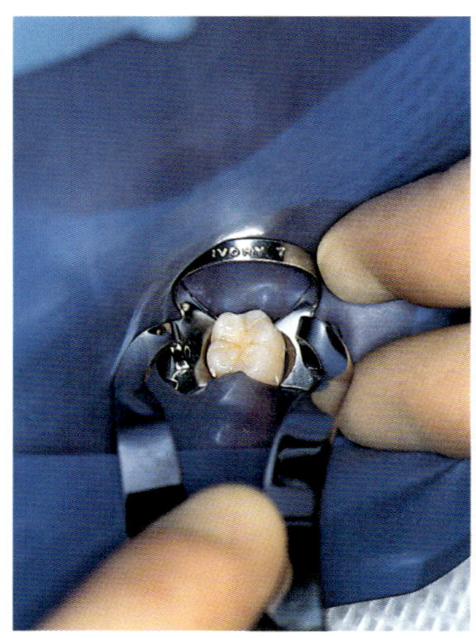

200 Anlegephase I
Links: Das Gummi wird in Richtung Zahn 36 bewegt, die vorgestanzte Öffnung mit den Fingern der linken und rechten Hand aufgeweitet und über die Krone des Zahnes gestülpt.

Rechts: Die vorbereitete Klammerzange wird in den Mund eingeführt und die Klammer vorsichtig in Richtung Zahnhals über den Zahn geschoben. Dabei soll die Klammer immer am Zahn anliegen und nicht auf das Gummi gleiten.

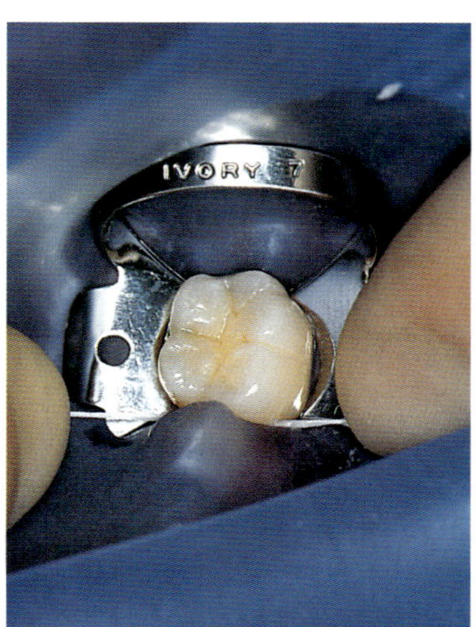

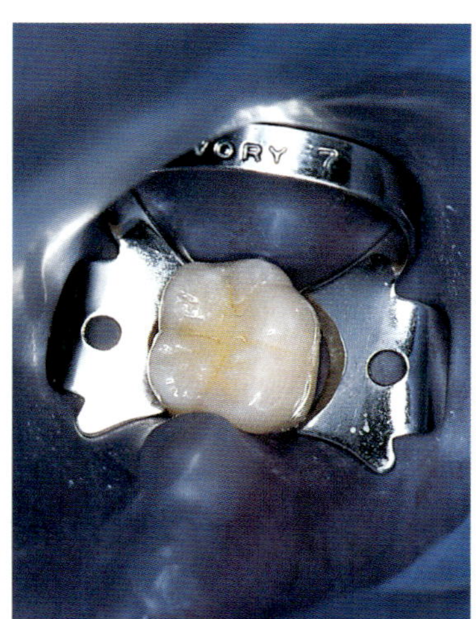

201 Anlegephase II
Links: Unter Zuhilfenahme von Zahnseide wird das Spanngummi approximal unter den Kontaktpunkt gezogen.

Rechts: Spanngummi und Klammer sind in ihrer endgültigen Position.

Kofferdam-Applikation IV (Klammer zuerst)

Zum Abschluß wird eine Technik präsentiert, bei der zuerst die Klammer am Zahn justiert wird. Analog zur Applikation III können wiederum die beiden Einheiten Klammer/Klammerzange sowie Kofferdam/Rahmen bereitliegen. Lediglich die Reihenfolge des Anbringens ist umgekehrt.

Elementar ist die Sicherung der Klammer gegen ein mögliches Abgleiten in den Rachenraum. Dies geschieht durch Zahnseide, die – in ausreichender Länge – um den Bügel geschlungen wird und schnell greifbar aus dem Mund heraushängen soll.

Ein gewisses Problem ergibt sich beim Anlegen des Kofferdams, da die Lochung weit aufgedehnt werden muß, um sie über die ausgewählte Klammer zu führen. Daher empfiehlt sich die Verwendung flügelloser Klammern, bei denen ein Einreißen des Dams aufgrund der geringeren Dimension seltener vorkommen wird. Als Vorteil ist festzuhalten, daß beim Anlegen der Klammer eine gute Übersicht gewährleistet ist.

Bei jeder Technik sollte das Arbeitsfeld abschließend wie bei Operationen desinfiziert werden, wozu sich in der Zahnmedizin Chlorhexidin eignet.

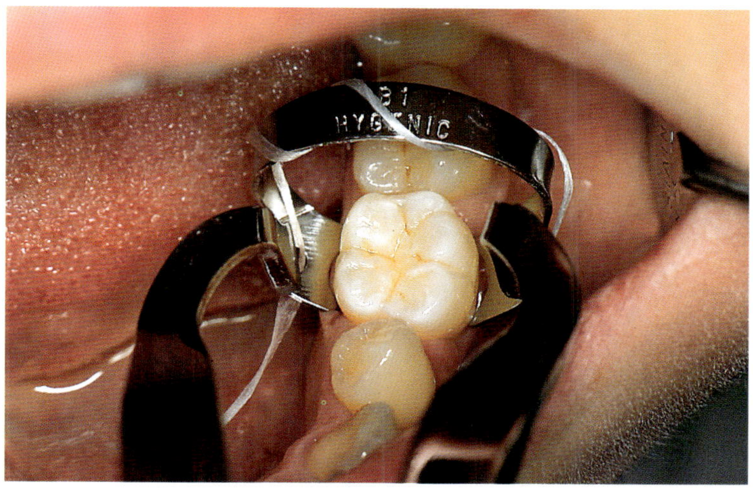

202 Klammertechnik
Eine flügellose Klammer Hygenic B1 wurde mit Zahnseide gegen Aspiration gesichert und mit der Klammerzange direkt an Zahn 36 herangeführt. Dabei tastet man sich vorsichtig über den Zahnäquator bis in Höhe des Zahnfleischsaumes und reduziert die Spannung der Klammerzange langsam.

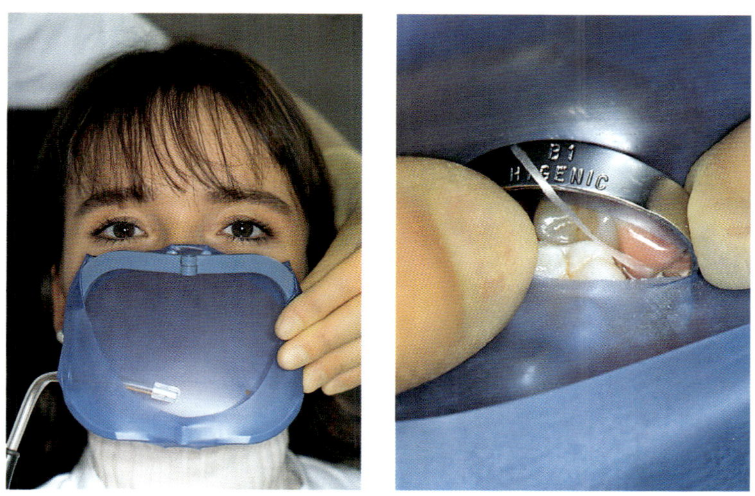

203 Gummi-Spannrahmen-Einheit
Links: Das Spanngummi wurde bereits komplett am Klappspannrahmen nach Sauveur befestigt. Der Dam ist links und rechts unten so über den Spannrahmen gezogen, daß jeweils eine flüssigkeitsdichte Tasche entsteht. Der gezeigte Klapprahmen hat am unteren Rand eine Nut, die als Führung und Halt für einen Speichelzieher dienen kann.

Rechts: Das Spanngummi wird zunächst über den Flügel der Klammer gezogen.

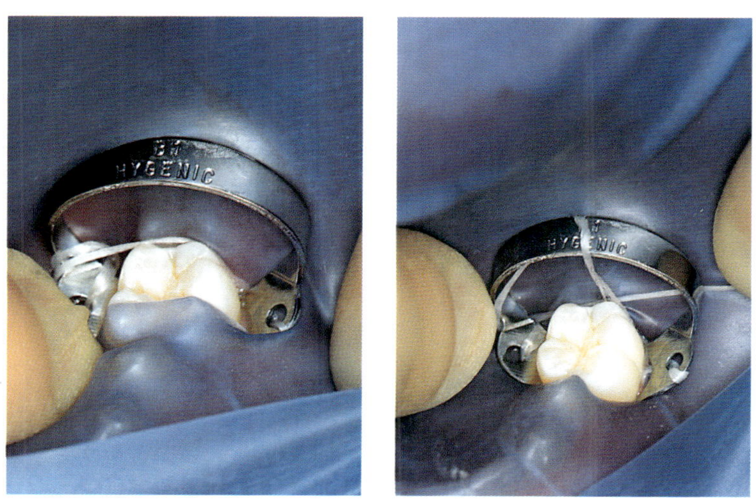

204 Befestigung des Dams
Links: Das Spanngummi wird mit den Fingern lingual über den lingualen Flügel gezogen.

Rechts: Zum Abschluß wird das Gummi mit Zahnseide in den Approximalraum hineingeführt.

Sonderfälle

In einigen Behandlungssituationen wird man die behandelten Techniken modifizieren müssen, um den Kofferdam gut und dicht anzulegen. Einige Hilfsmittel dazu wie Zahnseide, Wedjets, Kerr-Masse oder auch eine zweite Klammer sind zuvor gezeigt worden.
Einen Spezialfall stellen Patienten mit festsitzenden kieferorthopädischen Apparaturen dar. Auch in solch schwierigen Behandlungssituationen ist mit etwas Phantasie und einer geschickten Variation der Hilfsmittel das Anlegen von Kofferdam möglich. Ligaturen mit Zahnseide leisten hierbei gute Dienste.

Vielfach werden auch prothetisch versorgte Zähne einer endodontischen Behandlung bedürfen. Bei Einzelzähnen ist die Abnahme der Krone oft sinnvoll, um eine bessere Übersicht zu gewinnen. Da der Restzahn oft weit zerstört ist, wird die Befestigung des Dams an Nachbarzähnen oder die Zuhilfenahme einer Klammer für tief zerstörte Zähne notwendig. Zur Durchführung einer Röntgenaufnahme wird oft ein Teil des Dams von den Dornen des Rahmens abgenommen. Der Klapprahmen nach Sauveur bietet in diesen Fällen durch sein Scharnier eine elegante Lösung.

205 Anlegen von Kofferdam bei festsitzender Kfo-Behandlung
Das Adaptieren des Spanngummis und der Klammern kann in manchen Behandlungssituationen schwierig sein. Mit etwas Geschick läßt sich jedoch immer eine Lösung finden. Trotz Brackets, einligiertem Draht, Engstand und multiplen Drehungen gelingt hier das Anlegen, indem zuerst das gelochte Gummi über die Zähne gezogen und dann mit einer Klammer am Eckzahn sowie einer Zahnseideligatur am Prämolaren für den Halt Sorge getragen sind.

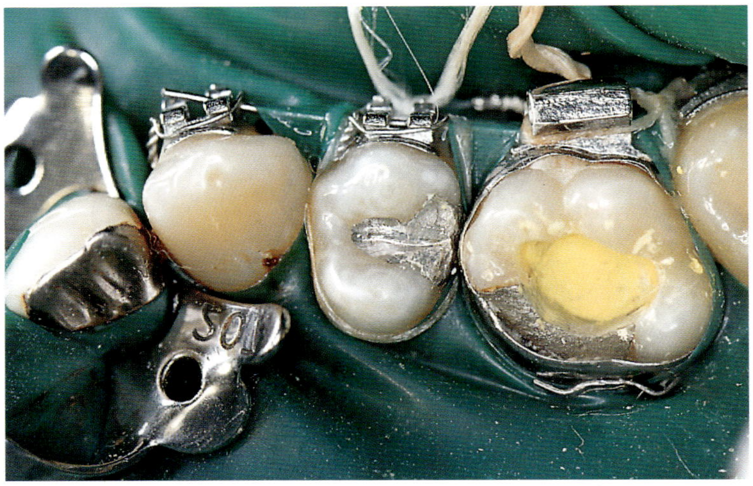

206 Tief zerstörte Zähne
Auch bei Zähnen, deren Kronen weitgehend zerstört sind, kann und soll Kofferdam angelegt werden.

Links: Das Gummi wird mit 3 Lochungen versehen. Durch jeweils eine Klammer wird es an den Nachbarzähnen des zu behandelnden Molaren fixiert. Dieser kann durch Umbörteln des Gummis in den Sulkus freigelegt werden.

Rechts: Dieser kronenlose Molar wird mit einer flügellosen, durch Zahnseide zusätzlich gesicherten Klammer freigelegt.

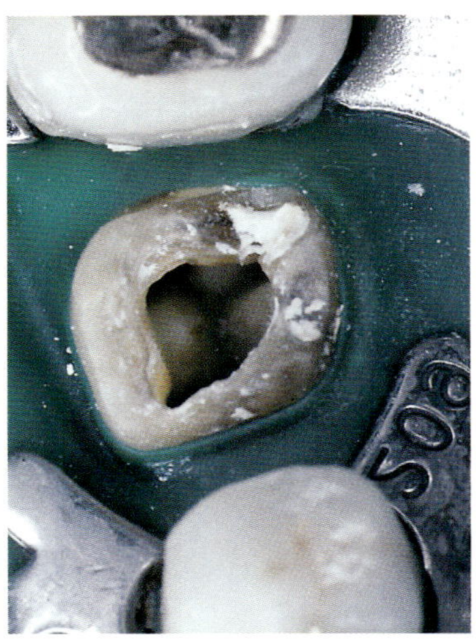

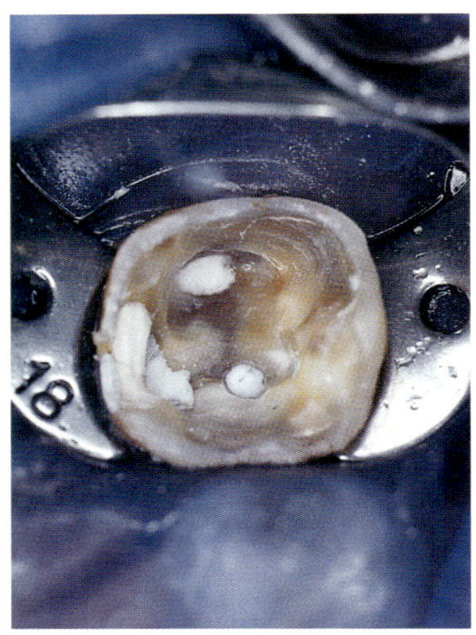

207 Röntgen mit Kofferdam
Üblicherweise mußte zum Röntgen der Dam ganz oder teilweise vom Rahmen abgenommen werden. Der Klapprahmen nach Sauveur erlaubt nun durch ein mittig angebrachtes Scharnier das halbseitige Öffnen.

Links: Im Oberkiefer ist Zahn 16 freigelegt. Die Seitenansicht zeigt den zur Seite geklappten Rahmen in Vorbereitung einer Röntgenaufnahme.

Rechts: Die Patientin hält den Zahnfilm nach Anleitung selbst mit einer Arterienklemme in der gewünschten Position.

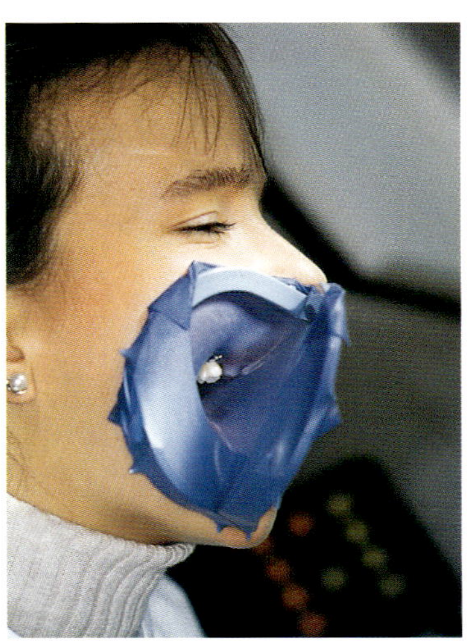

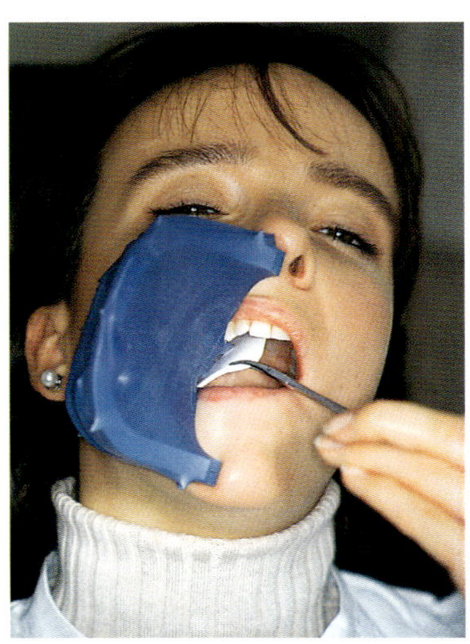

Lokalanästhesie

Die Lokalanästhesie ist für endodontische Behandlungen als prinzipielle Form der Schmerzausschaltung anzusehen (Covino u. Vasallo 1977, Malamed 1986, Lipp 1992). Nur in extremen Ausnahmesituationen dürften supplementäre Analgosedierungsverfahren (z.B. bei allgemeinmedizinischen Risikopatienten) oder gar die Allgemeinanästhesie (z.B. bei absoluten Kontraindikationen zur Lokalanästhesie) zur Anwendung gelangen (Tolksdorf 1985, Daubländer 1989 a, b). Je nach erforderlicher Anästhesietiefe und bestehenden medizinischen Risikofaktoren werden in der Endodontie zur Schmerzausschaltung Lidocain, Mepivacain oder Articain eingesetzt. Die Applikationsformen sind Infiltrations- und Leitungsanästhesie sowie seltener intraligamentäre Injektion.

Die *Oberflächenanästhesie* dient hauptsächlich zur Vermeidung des Injektionsschmerzes, der von immerhin zwei Drittel der Patienten als unangenehm oder angstinduzierend eingestuft wird. Lokalanästhetikum der Wahl ist hier Lidocain, das als einziges Amid eine ausreichend topische Wirkung besitzt. Nach Aufsprühen (oder auch Tupfen) auf die zuvor getrocknete Schleimhaut (Verbesserung der Wirkung) ist die Anschlagszeit von mindestens 2,5, besser 3 Minuten zu beachten.

Bei der *Infiltrationsanästhesie* wird das Lokalanästhetikum in direktem Knochenkontakt unter die Schleimhaut injiziert. Eine subperiostale Applikation sollte aufgrund des stärkeren Injektionsschmerzes unterbleiben. Das Lokalanästhetikum muß durch den spongiösen Knochen an die terminalen Nervenendigungen diffundieren. Dies ist nur bei einer dünnen Kompaktaschicht möglich. Die Infiltrationsanästhesie kann nur im Oberkiefer sowie im kindlichen Unterkiefer (4%iges Articain) eingesetzt werden.

Die *Leitungsanästhesie* zeichnet sich durch die Möglichkeit aus, mit relativ geringen Injektionsmengen ein größeres Behandlungsareal zu anästhesieren. Entscheidend für eine erfolgreiche Schmerzausschaltung ist die exakte Plazierung des Lokalanästhetikums in unmittelbarer topographischer Nachbarschaft zum entsprechenden Nerven: Kleinere Abweichungen der Kanülenspitze können zu „Anästhesieversagern" führen.

Für eine *intraligamentäre Injektion* wird eine sehr feine Injektionskanüle (0,3 mm Durchmesser) etwa 2–4 mm in den Sulcus gingivae eingeführt (Einwag 1985, Erlemeier 1990). Die Ausrichtung sollte dabei parallel zur Längsachse des Zahnes sein. Für die Anästhesie eines Zahnes werden in 2, bei Molaren auch 4 Depots mesial und distal der Wurzel jeweils etwa 0,2 ml des Lokalanästhetikums injiziert. Bei den meisten Applikationssystemen entspricht dies einem Hub der Spritze. Bei der Injektion selbst muß ein deutlicher Widerstand zu spüren sein, da eine „widerstandsfreie" Injektion für eine falsche Kanülenposition spricht. Eine nicht ausreichend tief eingeführte Kanüle führt zu einem Abfließen des Lokalanästhetikums aus dem Sulcus gingivae in die Mundhöhle. Wesentlich für den klinischen Erfolg ist weiterhin, daß das Einbringen des Lokalanästhetikums sehr langsam erfolgt (empfehlenswerte Injektionsdauer: 20–30 s). Nach der Applikation reichert sich das Anästhetikum in den marginalen Abschnitten des Alveolarknochens sowie der umgebenden Gingiva an. Ergebnisse neuerer Untersuchungen zeigen, daß mit der Druckapplikation einer intraligamentären Anästhesie das Lokalanästhetikum offenbar auch in das Gefäßsystem gelangt und somit die Wirkung auf einer selektiven arteriellen Perfusion des Wirkstoffes im Alveolarfortsatzbereich mit Blockaden der Nervenenden von Pulpa und Parodont beruhen kann.

Präparate

Lidocain ist das erste, klassische Amidpräparat, welches 1948 klinisch eingeführt wurde. Lidocain ist weltweit am weitesten verbreitet und hat bezüglich Toxizität und Wirkstärke Procain als Referenzsubstanz abgelöst. Lidocain wird fast ausnahmslos mit Adrenalin als Vasokonstriktor eingesetzt, da es aufgrund der starken vasodilatatorischen Eigenwirkung sehr schnell vom Applikationsort abgeschwemmt wird. Die Pulpaanästhesie ist bei Lidocain mit Vasokonstriktorenzusatz für 30 – 60 Minuten ausgeprägt, die Weichteilanästhesie hält 120 – 150 Minuten an.

Mepivacain wurde 1960 zur Anwendung freigegeben und zeichnet sich durch vasokonstriktorenfreie Lokalanästhesieapplikation aus. Die Substanz besitzt einen eigenen vasokonstriktorischen Effekt, der jedoch nicht stark ausgeprägt ist. Mepivacain ist das Präparat der Wahl für Patienten mit Kontraindikationen für einen Vasokonstriktorenzusatz, Patienten mit allergischen Diathesen sowie Asthmatiker (keinerlei Zusatz von Konservierungsmitteln oder Sulfit). Die Wirkdauer (ohne Vasokonstriktor) beträgt an der Pulpa 20 bis 40 Minuten, in den Weichteilgebieten 45 bis 90 Minuten.

208 Anästhesie des N. nasopalatinus
Am Austritt des Nervs aus dem Canalis nasopalatinus, direkt unter der Papilla incisiva, wird die Anästhesie durchgeführt. Das Ausbreitungsgebiet betrifft die Gaumenschleimhaut im Bereich der Schneidezähne.

Rechts: Anästhesiegebiet und Einstichpunkt der Kanüle.

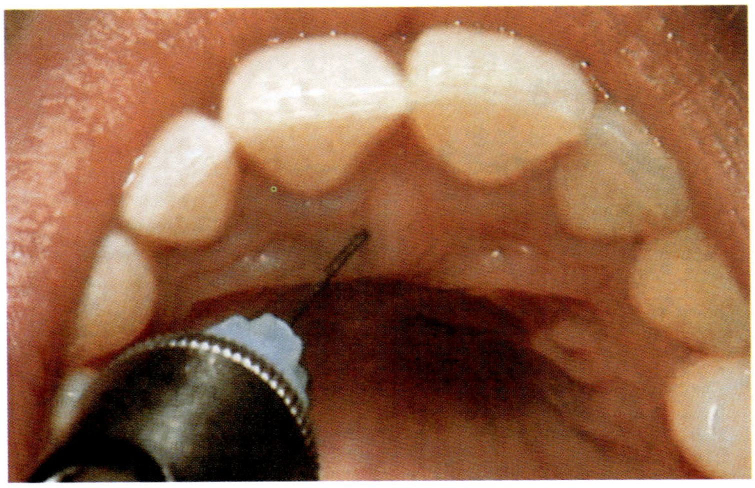

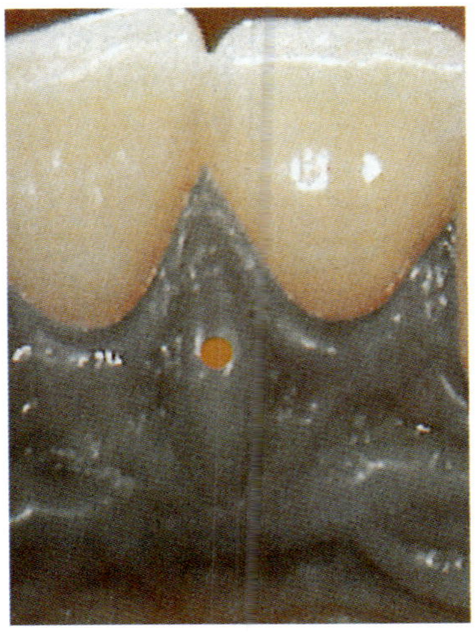

209 Anästhesie der Nn. alveolares maxillares posteriores
An der posterioren Fläche des Oberkiefers wird die Injektionskanüle im Tuberbereich in einem Winkel von etwa 30° zu allen Bezugsebenen eingestochen. Die Injektionstiefe beträgt ca. 0,5 – 1 cm. Vor Applikation ist der Knochenkontakt zu prüfen.

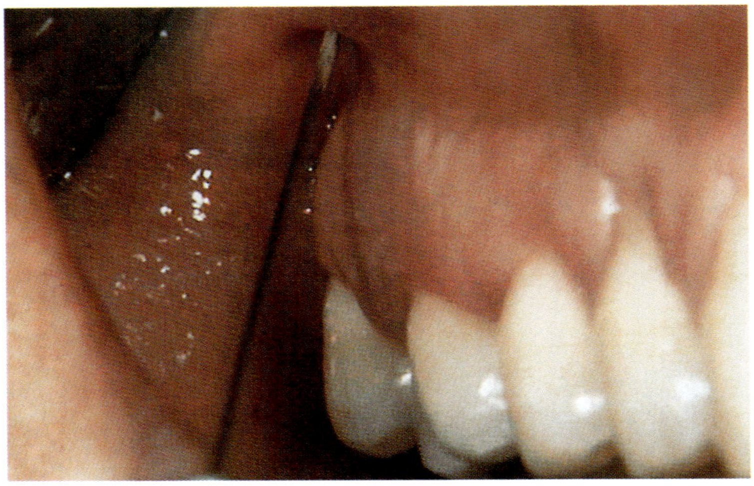

210 Anästhesie der Nn. alveolares maxillares posteriores
Die Anästhesie bildet sich im Oberkiefer, den Molaren und der vestibulären Gingiva aus. Eine mögliche Komplikation tritt bei Verlust des Knochenkontakts und weiterem Vorschieben der Kanüle auf: Punktion der A. maxillaris mit anschließender Ausbildung eines retromaxillären Hämatoms. Im Bild sind das Anästhesiegebiet und der Einstichpunkt hervorgehoben.

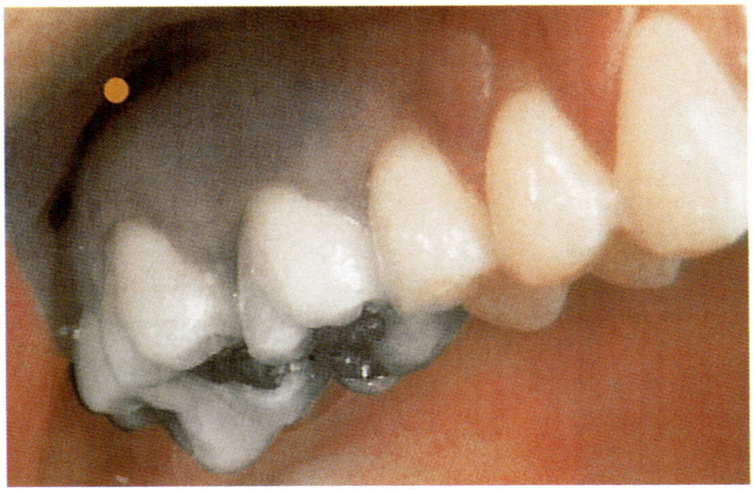

Articain stellt seit seiner Einführung vor 20 Jahren das dominierende Präparat in der Zahnheilkunde dar und zeichnet sich durch einen guten Quotienten aus Wirkstärke und Toxizität aus (2,5 – 3).
Neben seiner langen Wirkdauer bei Injektion mit Adrenalinzusatz (Pulpenanästhesie 75 – 100 Minuten, Weichteilanästhesie bis 240 Minuten) weist es eine ausgeprägt gute Knochenpenetration auf. Es ist auch das Präparat der Wahl bei schwangeren Patientinnen (geringe plazentare Passage aufgrund hoher Plasmaproteinbindung).

Adrenalin ist der einzige empfehlenswerte Vasokonstriktor. In den Konzentrationen 1 : 100 000 oder 1 : 200 000 erzeugt Adrenalin eine ausreichende Vasokonstriktion am Applikationsort und führt nur bei höheren Dosierungen oder versehentlicher intravasaler Applikation zu Komplikationen wie Tachykardie, Blutdruckanstieg, Arrhythmien und Angina-pectoris-Anfällen. Aufgrund der kurzen Plasmahalbwertszeit (2 – 3 Minuten) ist die Symptomatik jedoch nicht prolongiert. Wegen der wesentlich höheren Nebenwirkungsrate und des langanhaltenden Effekts ist Noradrenalin obsolet.

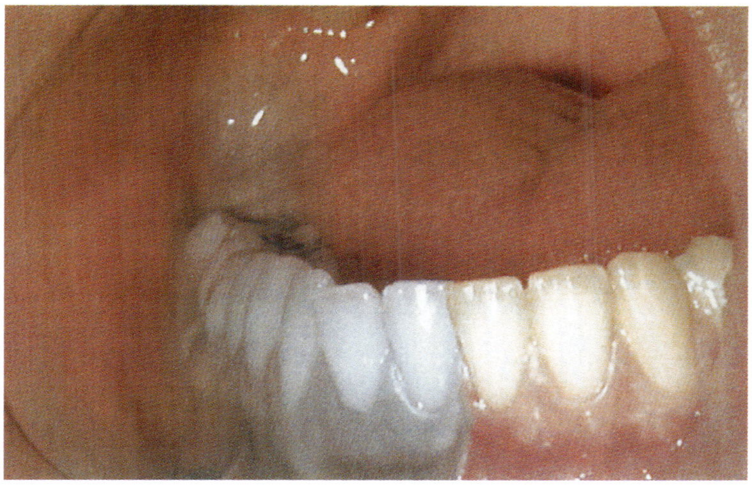

211 Anästhesie des N. mandibularis
Am Sulcus colli mandibulae oberhalb des Foramen mandibulae, etwa 1 cm über der Kauebene, wird die Injektion durchgeführt. Betroffen sind Zähne und Schleimhaut der jeweiligen Unterkieferhälfte. Eine Ausnahme bildet die bukkale vestibuläre Schleimhaut im Molarenbereich.

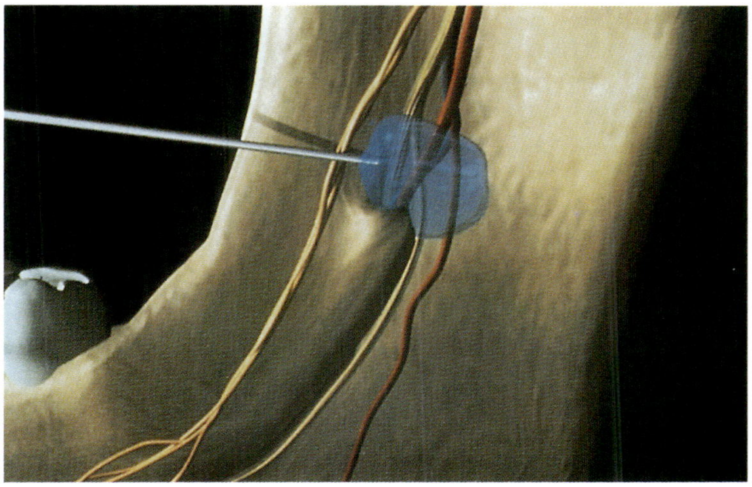

212 Anästhesie des N. mandibularis
Bei einer korrekten Positionierung der Injektionskanüle wird das Lokalanästhetikum oberhalb der Lingula und des Foramen mandibulare appliziert, bei richtiger Positionierung reichen 1 – 1,5 ml der Lösung für eine zuverlässige Lokalanästhesie aus.

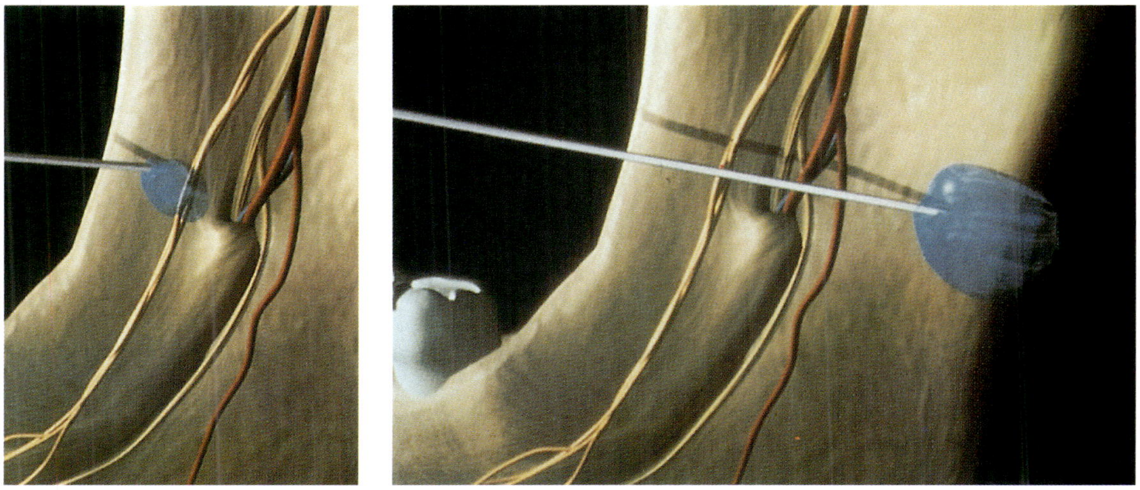

213 Applikationsprobleme bei falscher Positionierung
Wird die Kanülenspitze vor die Lingula (*links*) oder nach retral (großes Bild) geführt, kann eine Abgabe des Lokalanästhetikums ohne Bezug auf den Zielnerven erfolgen. Eine Nebenwirkung bei retraler Applikation ist die Anästhesie des N. facialis.

Abb. 212 – 213 entnommen dem Buch *Lipp, Die Lokalanästhesie.* Erschienen 1992 im Quintessenz Verlag Berlin

Auswahl

Als Kriterien gelten Dauer und Art des Eingriffs bei Erkrankungen des Patienten und Erfahrungen des Behandlers mit dem jeweiligen Anästhesiepräparat. Die unten wiedergegebenen Empfehlungen dienen als Entscheidungshilfe. Die Abwägung für oder gegen ein bestimmtes Präparat muß individuell erfolgen. Im Sinne einer sicheren Lokalanästhesie ist es bei fehlendem Monitoring berechtigt, bereits bei Verdacht auf einen Risikofaktor das entsprechende Verfahren anzuwenden, z. B. zusatzfreies Mepivacain bei Hinweisen auf Rhythmusstörungen (Lipp 1992).

Nebenwirkungen

Wichtig ist das Erkennen von Frühzeichen (Metallgeschmack bei Anästhesieintoxikation oder zunehmende Tachykardie bei hohen Adrenalinspiegeln) und die Durchführung der Sofortmaßnahmen: Abbruch der Injektion, Entfernung von Fremdkörpern, korrekte Lagerung des Patienten, Sicherung (und gegebenenfalls Wiederherstellung) der Vitalfunktionen, qualifizierter Notruf. Sollte das seltene Ereignis eines lokalanästhesiebedingten Notfalles eintreten, ist die sofortige Notfalltherapie durch das zahnärztliche Team entscheidend für die Prognose.

Patient ohne allgemeinmedizinische Vorerkrankungen	Behandlungstyp	Patient mit allgemeinmedizinischen Risikofaktoren
Lidocain mit Adrenalin	Kurze Behandlung	Mepivacain ohne Vasokonstriktor
Lidocain mit Adrenalin oder Articain mit Adrenalin	Routinebehandlung	Mepivacain ohne Vasokonstriktor oder Articain mit Adrenalin (max. 1:200 000)
Articain mit Adrenalin	Langandauernde Behandlung	Articain mit Adrenalin (max. 1:200 000)
Lidocain mit Adrenalin	Räumlich ausgedehnte Behandlung	Lidocain mit Adrenalin oder Articain mit Adrenalin (max. 1:200 000)

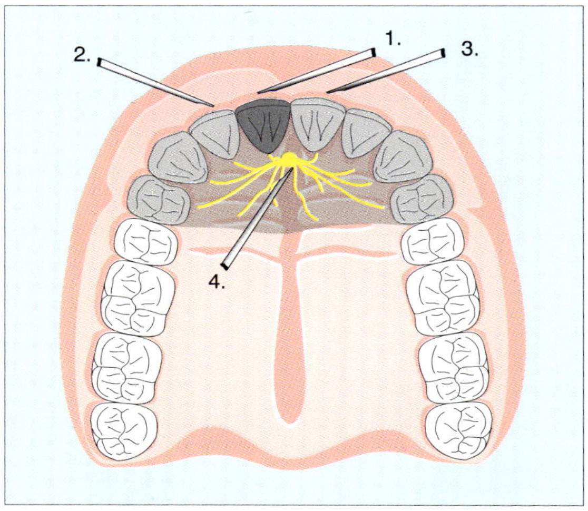

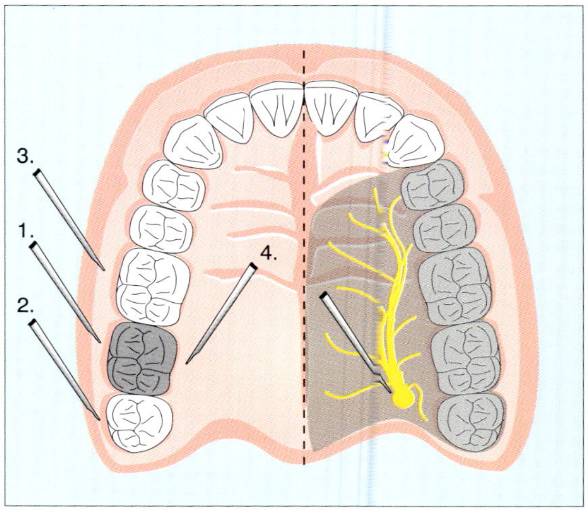

214 Anästhesie bei endochirurgischen Eingriffen im Oberkiefer
Links: Anästhesie im Frontzahngebiet.
Beginn der Injektion vestibulär des Zahnes 21 mit 3 verschiedenen Einstichpunkten, anschließend palatinal des N. nasopalatinus.

Rechts: Anästhesie im Seitenzahngebiet.
Beginn der Injektion vestibulär des Zahnes 27, anschließend palatinal. Rechts ist die Injektion bei Operation an der palatinalen Wurzel des Zahnes 16 dargestellt.

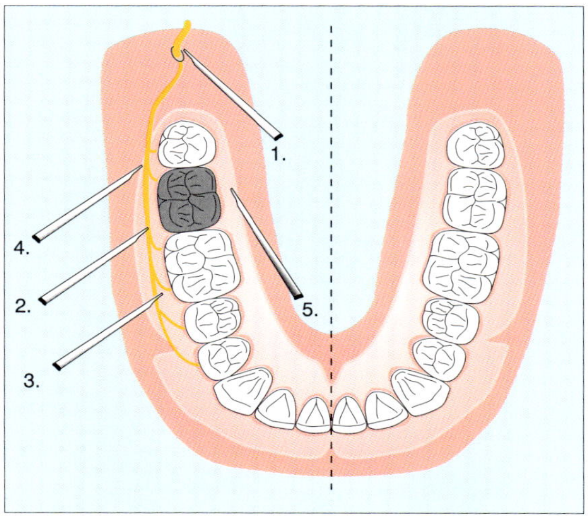

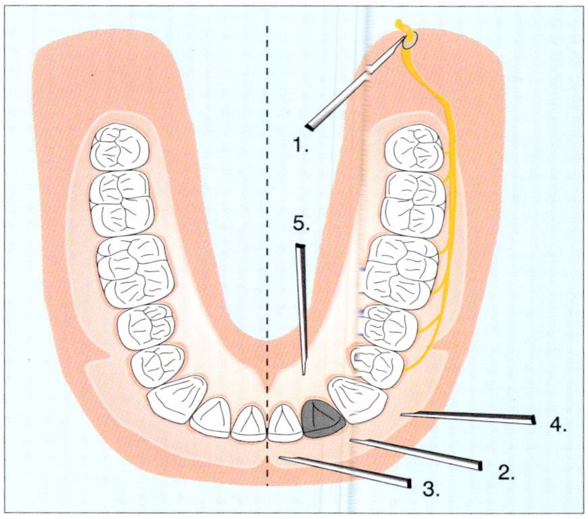

215 Anästhesie bei endochirurgischen Eingriffen im Unterkiefer
Links: Anästhesie im Seitenzahngebiet.
Die Injektion beginnt mit der Leitungsanästhesie am Canalis mandibulae. Anschließend wird vestibulär und zusätzlich lingual an Zahn 47 injiziert.

Rechts: Anästhesie im Frontzahngebiet.
Zuerst Leitungsanästhesie am Canalis mandibulae, anschließend vestibulär und zusätzlich lingual.

Trepanation

Die Wurzelkanalbehandlung beginnt mit der Trepanation des Zahnes, die grundsätzlich unter Kofferdam erfolgen sollte. Schwierigkeiten während der Instrumentation des Wurzelkanals treten meist als Folge einer unzureichenden Trepanation und eines nicht geradlinigen Zugangs zu den Wurzelkanälen auf. Der Eingang zum Wurzelkanal muß direkt einsehbar sein. Dies ist durch den Einsatz einer Lupenbrille oder eines Operationsmikroskops gewährleistet. Koronale Hartsubstanz ist zwar in ausreichendem Maße zu erhalten, und es darf nur soviel Schmelz und Dentin entfernt werden, wie unbedingt notwendig – niemals aber darf eine zu klein gestaltete Trepanationsöffnung das Auffinden der Kanaleingänge behindern. Fehler bei der Gestaltung der Trepanationsöffnung ziehen eine Fülle von Schwierigkeiten während des gesamten endodontischen Eingriffs nach sich. Dazu gehören ein unzureichendes Exkavieren von Karies sowie das Belassen erweichter und ungestützter Zahnhartsubstanz. Das unvollständige Entfernen insuffizienter und undichter Füllungen und Kronenrestaurationen führt zu einer Speichel- und damit zu einer bakteriellen Kontamination des aufbereiteten Wurzelkanals. Der nicht geradlinige Zugang zu den Wurzelkanaleingängen kann sowohl eine Begradigung des gekrümmten Wurzelkanals als auch eine Perforation zur Folge haben. Für die Gestaltung der Trepanationsöffnung ist die Kenntnis der Zahn- und Wurzelkanalanatomie wichtig, da die Trepanationsöffnung ein vergrößertes Abbild des Pulpakavums darstellen soll.

Kompromißbehandlungen während der Wurzelkanalaufbereitung sind meist Folge einer unzureichend gestalteten Trepanationsöffnung. Die Wurzelkanalbehandlung schließt zu Beginn eine vollständige Entfernung aller kariösen Läsionen sowie insuffizienter prothetischer Versorgungen mit ein. Das Entfernen von Karies verhindert eine Kontamination des Wurzelkanals durch Bakterien. Diese können durch ein Aufbereitungsinstrument aus koronalen Bereichen in apikale Kanalabschnitte verschleppt werden und postoperativ Reaktionen auslösen. Unzureichendes Exkavieren der Karies, das Belassen der alten Füllung oder einer insuffizienten Krone kann eine Diffusion und damit eine Kontamination des Wurzelkanals mit Speichel zur Folge haben. Dadurch können Bakterien in das Wurzelkanalsystem eindringen, und es kommt zu einer ungehinderten Penetration in apikale Kanalabschnitte, wodurch langfristig ein endodontischer Mißerfolg auftreten kann.

Bakterien penetrieren bis zu 700 μm in die Dentintubuli, setzen sich dort fest, vermehren sich relativ ungehindert und können später eine periapikale Entzündung mit Knochendestruktion auslösen (Perez et al. 1993). Werden alte Restaurationen nicht vollständig entfernt, können sich Füllungspartikel lösen und während der Aufbereitung zu einer Verblockung des Wurzelkanals führen. Sind alte Füllungen intakt und lassen sich röntgenographisch keine undichten Stellen feststellen, so könnten diese Restaurationen belassen werden. Dagegen spricht jedoch, daß erst bei vollständig entfernter Füllung oder Krone das Ausmaß einer kariösen Penetration sowie undichte Stellen bestimmt, die Wurzelkanaleingänge besser aufgefunden werden können und der geradlinige Zugang des Aufbereitungsinstruments gewährleistet ist. Dies erhöht den Aufwand um das Anfertigen einer Interimskrone oder einer adhäsiv verankerten Füllung, die den Zahn vor einer Fraktur zwischen den Behandlungen schützt (Gutmann et al. 1991).

Aufbaufüllungen

In die Behandlungsplanung sind nur Zähne einzubeziehen, die eine ausreichende Prognose haben und prothetisch rekonstruiert werden können. Nachdem alte Restaurationen entfernt sind, ist das Anfertigen einer Interimsversorgung erwünscht, um einerseits einen koronalen Referenzpunkt zur Festlegung der Arbeitstiefe zu definieren und andererseits den Zahn vor einer Überbelastung mit Fraktur zwischen den Sitzungen zu schützen. Des weiteren ist ein dichter Abschluß gegen das orale Milieu notwendig, um eine Speichelkontamination zu verhindern.

Die Interimsversorgung kann als Kompositfüllung, adhäsiv eingesetztes Kompositinlay oder als ein zementiertes Kunststoffprovisorium erfolgen, letzteres als Sofort- oder Langzeitprovisorium. Die Größe des Zahnhartgewebsdefekts und die erforderliche Tragedauer bestimmen den Versorgungstyp. Glasionomerzemente zeigen initial zwar eine sehr gute Randadaptation. Während der Gebrauchsphase kommt es jedoch zu okklusalem Substanzverlust und einer Verschlechterung der marginalen Randanheftung (Krejci et al. 1996b).

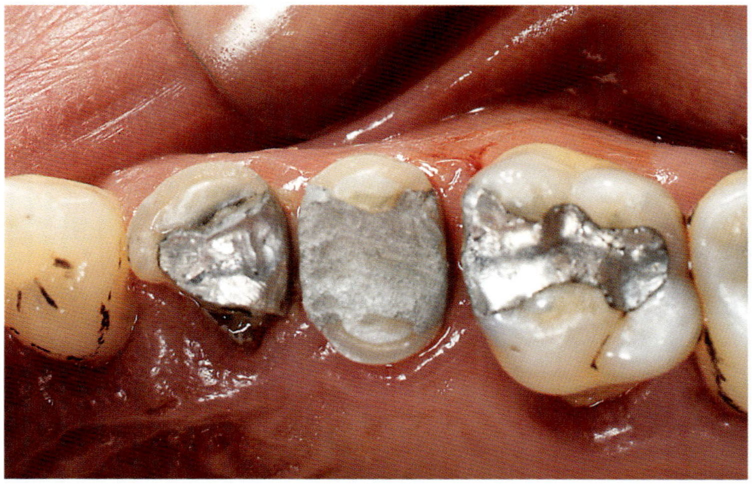

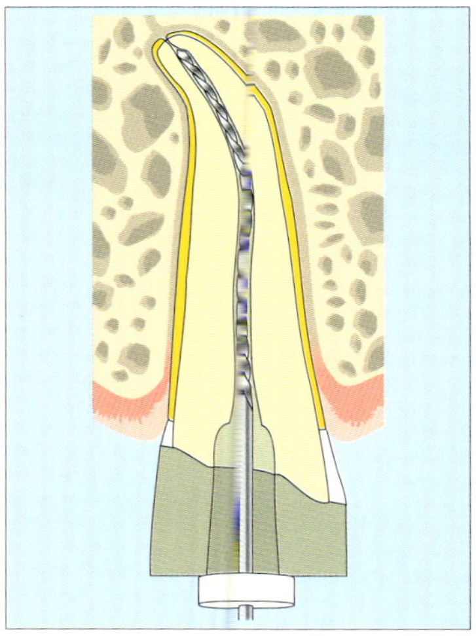

216 Hartgewebszerstörung
Das Zahnhartgewebe ist stark zerstört und muß vor der Wurzelkanalbehandlung wieder aufgebaut werden. Klinisch weisen sowohl Zahn 24 als auch Zahn 25 insuffiziente Amalgamrekonstruktionen auf. Teilweise ist es zur Zahnfraktur gekommen, wodurch das Wiederaufbauen erschwert ist.

Rechts: Der Zahn muß mit einer randdichten Krone wiederaufgebaut werden, so daß eine reproduzierbare Längenmessung möglich wird.

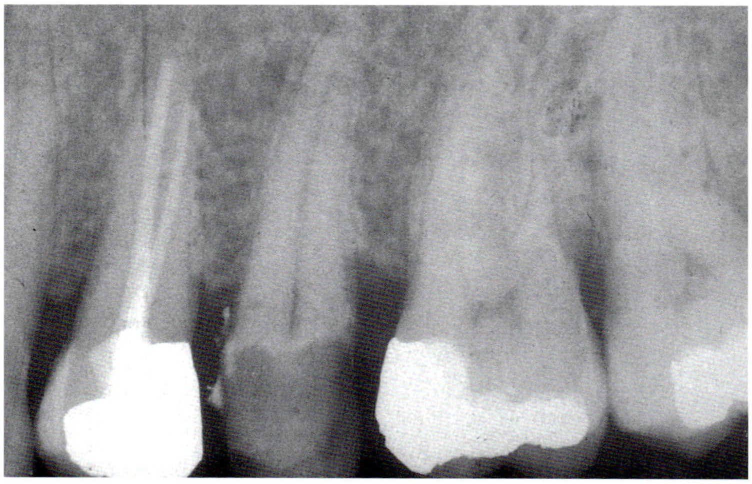

217 Röntgendarstellung
Im diagnostischen Röntgenbild zu Beginn der Wurzelkanalbehandlung erkennt man die zerstörte Zahnhartsubstanz des Zahnes 25. Der periapikale Befund ist unauffällig, die Wurzelkanalfüllung des Zahnes 24 erscheint röntgenographisch dicht und intakt. Eine Revision ist hier nicht erforderlich.

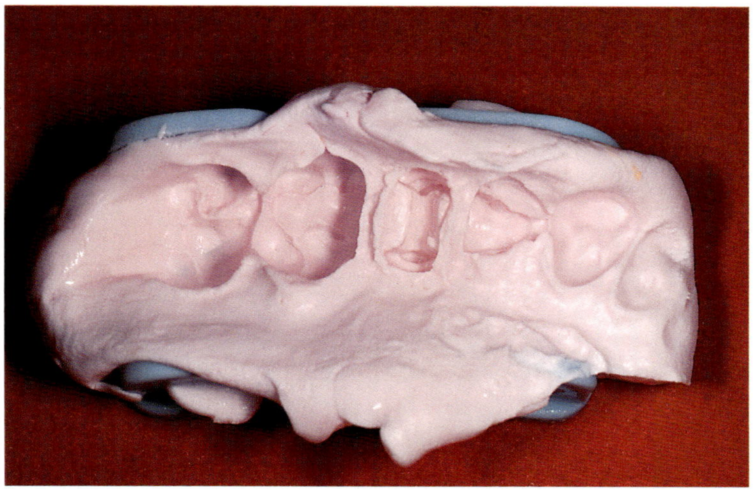

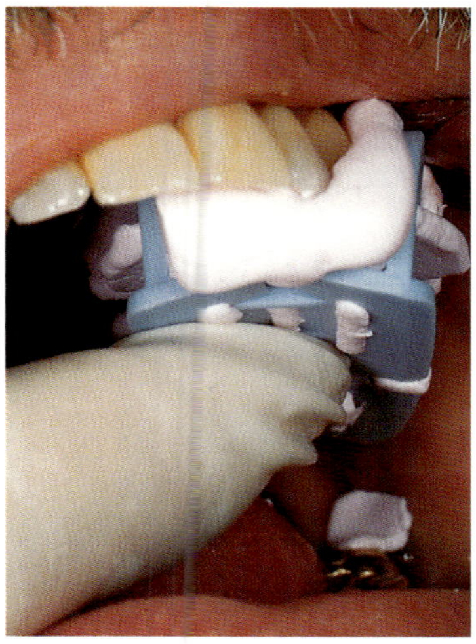

218 Präparation und Abdruck
Die Füllung an Zahn 25 wird vollständig entfernt, die Präparationsform ist weitgehend durch den ausgeprägten Zahnhartgewebsdefekt vorgegeben; anschließend werden mittels Teilabdruck sowohl der Zahn als auch die unmittelbaren Nachbarzähne abgeformt.

Rechts: Abformung der klinischen Situation mit einem additionsvernetzten Silikonmaterial. Anschließend wird direkt am Behandlungsstuhl das Kompositprovisorium hergestellt.

Für mittelgroße Seitenzahnkompositfüllungen führt eine U-förmige, zahnsubstanzschonende Präparation zu einer sehr guten marginalen Adaptation. Die Füllungen, inseriert in kastenförmige Kavitäten und ausgehärtet nach der Zweischichttechnik, weisen nach Kaubelastung nur in 74% der Fälle ideale Randwerte auf (Krejci et al. 1996a). Die rasch ablaufende Polymerisationsschrumpfung der Komposits muß in konventionellen Kavitäten durch aufwendige Insertions- und Polymerisationstechniken kompensiert werden (Lutz et al. 1991).

Sofortprovisorien werden direkt oder indirekt anhand eines Abdrucks der präparierten Situation auf einem Modell hergestellt. Vorfabrizierte Kronenhülsen sowie Tiefziehschienen können unterfüttert werden, die Tragezeit ist auf 1–3 Monate begrenzt. Als Langzeitprovisorien bieten sich für eine Tragezeit bis zu 6 Monaten Eierschalenprovisorien an. Provisorien mit einem reduzierten Metallgerüst und Kunststoffverblendung können für 6 Monate und bis zu 2 Jahre einzementiert werden, setzen aber eine aufwendigere Laborherstellung voraus (Pietrobon et al. 1996).

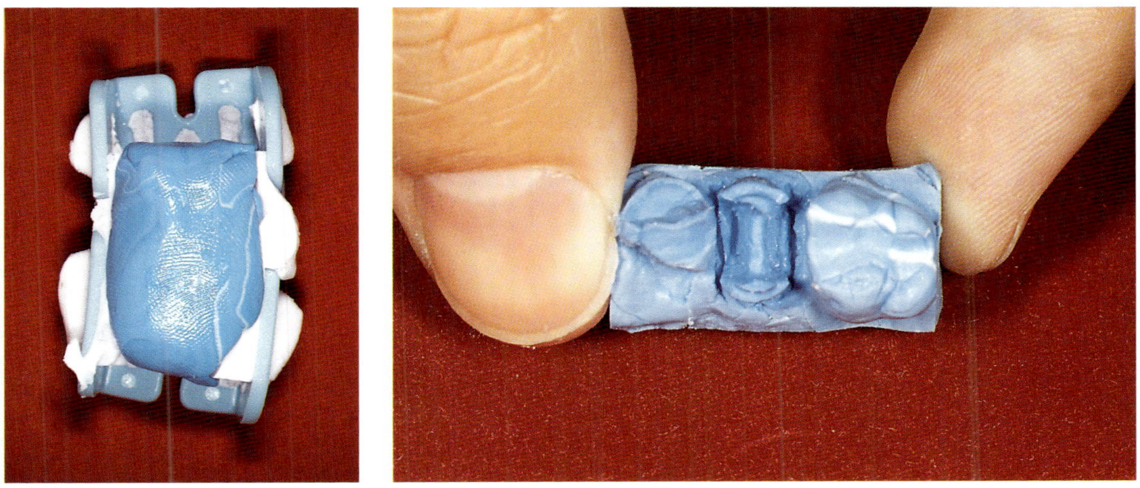

219 Modellherstellung
Nach Isolation des Abdrucks wird mit einem Spezialsilikon ein Positivabdruck hergestellt. Das so entstandene Modell muß seitlich gekürzt werden, und der Zahn kann nach vertikalen Einschnitten einzeln dargestellt werden.

Links: Herstellen eines Positivabdrucks der klinischen Situation nach Abformung.

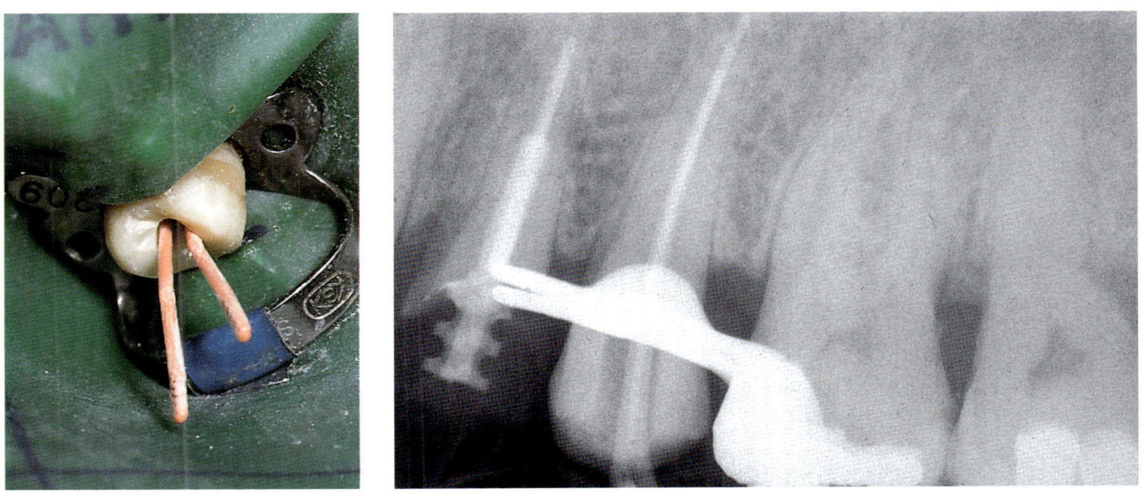

220 Adhäsives Einsetzen
Nach dem adhäsiven Einsetzen des indirekt hergestellten und nachvergüteten Kompositprovisoriums ist im Röntgenbild ein sehr gut sichtbarer und reproduzierbarer koronaler Referenzpunkt hergestellt worden. Der Guttapercha-Masterpoint kann problemlos eingemessen werden.

Links: Nach adhäsivem Einsetzen des Kompositaufbaus kann dieser trepaniert und der Wurzelkanal aufbereitet werden. Die Arbeitslänge ist reproduzierbar.

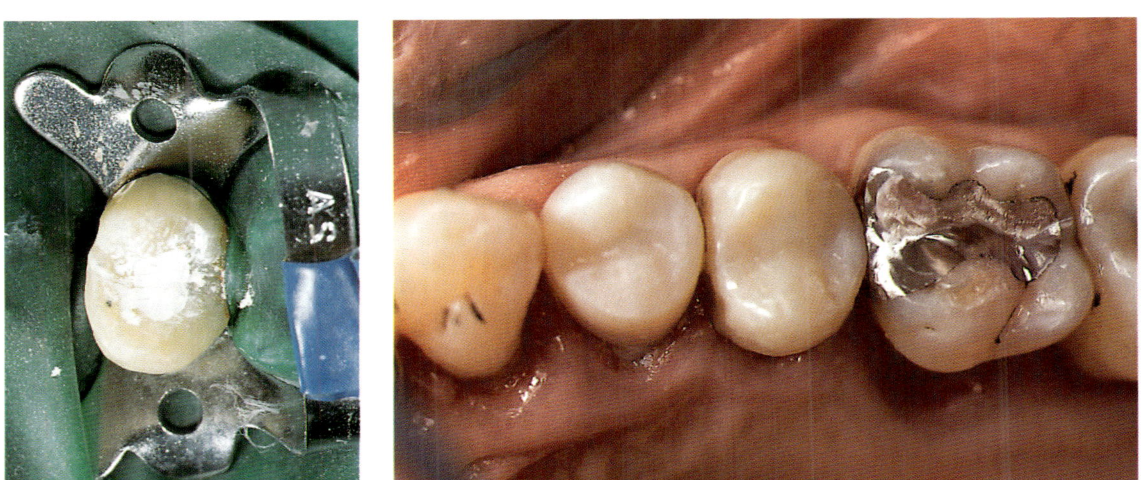

221 Koronaler Verschluß
Nach Abschluß der Wurzelkanalbehandlung wird die Trepanationsöffnung wieder mit einem Komposit verschlossen. Innerhalb eines Zeitraumes von 3 bis maximal 6 Monaten muß die definitive prothetische Versorgung erfolgen, wodurch auch eine Neuanfertigung des Provisoriums notwendig wird.

Links: Provisorischer kurzzeitiger Verschluß der Trepanationsöffnung zwischen 2 Sitzungen mit einem eugenolfreiem Zement.

Eröffnung des Pulpakavums

Ein Hauptproblem bei der Trepanation des Pulpakavums ist neben unzureichender Präparation der Zugangskavität eine fehlerhafte Einschätzung des Winkels zwischen Krone und Wurzel. Dies erschwert das Auffinden der Kanaleingänge. Zur Lokalisation der Wurzelkanaleingänge ist das diagnostische Röntgenbild hilfreich. Bei großen Restaurationen sollte eine Bißflügelaufnahme hinzugezogen werden. Um eine Perforation oder exzessive Präparation am Kavitätenboden zu vermeiden, orientiert sich die Länge des diamantierten Schleifkörpers am Röntgenbild.

Mit diamantierten Kugeln ist ein erster Tiefengewinn zu erzielen, während zylindrische Fräser einen guten seitlichen Abtrag erlauben. Eine sinnvolle Kombination für die gesamte Trepanation bietet der Endo Access Bur nach H. Martin (Maillefer), ergänzt durch zylindrische oder konische Batt-Bohrer mit nichtschneidender Spitze. Sind die Kanaleingänge nicht auffindbar, orientiert man sich am größten Wurzelkanal. Der Kronenpulpaboden bietet durch feine Leisten und Einziehungen Hinweise auf Zahl und Lage der Kanaleingänge. Das Dach muß vorher vollständig entfernt sein.

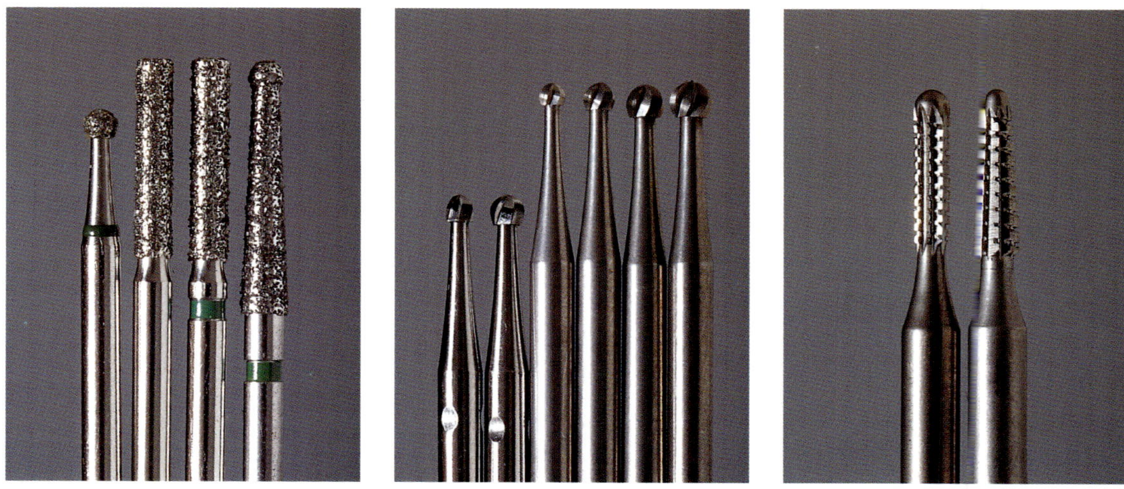

222 Rotierende Instrumente
Links: Kugelförmige und zylinderförmige diamantierte Schleifkörper zur Eröffnung der Zugangskavität, idealerweise als Endo Access Bur nach Dr. Martin *(rechts).*

Mitte: Rosenbohrer mit verschiedenen Schaftlängen.

Rechts: Zylindrische bzw. konische Batt-Bohrer ähneln den Fissurenbohrern; die Stirnfläche ist nichtschneidend ausgelegt, um Perforationen am Kavitätenboden zu vermeiden.

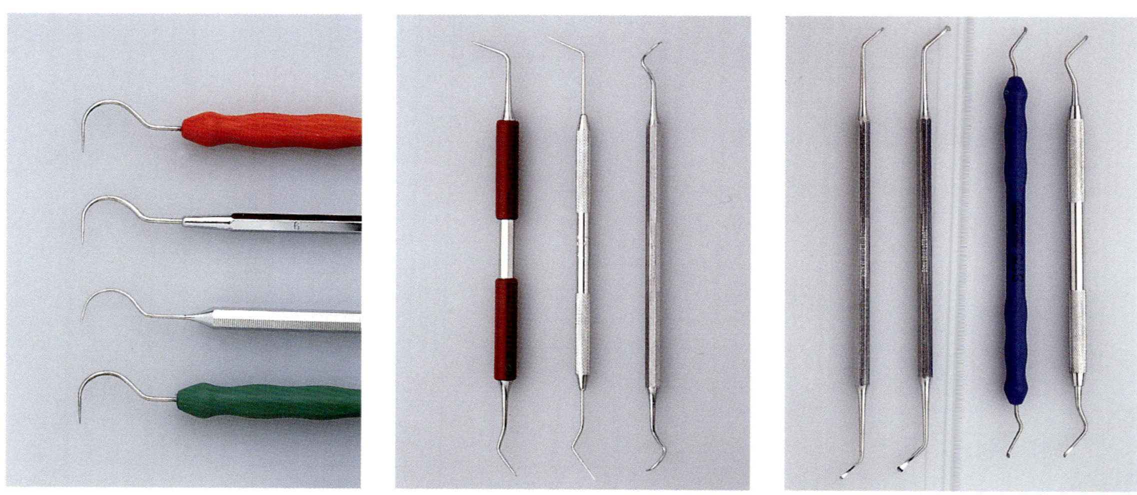

223 Freilegen und Sondieren der Kanaleingänge
Links: Wichtigstes Instrument zum Auffinden eines Wurzelkanaleingangs sind lange, feste Sonden, die zwar nicht in gesundes Dentin eindringen, im Kanaleingang aber steckenbleiben und diesen so lokalisieren helfen.

Mitte: Handinstrumente zum Sondieren und Auffinden der Wurzelkanaleingänge.

Rechts: Mit Exkavatoren wird der Kavitätenboden von Gewebsresten gesäubert.

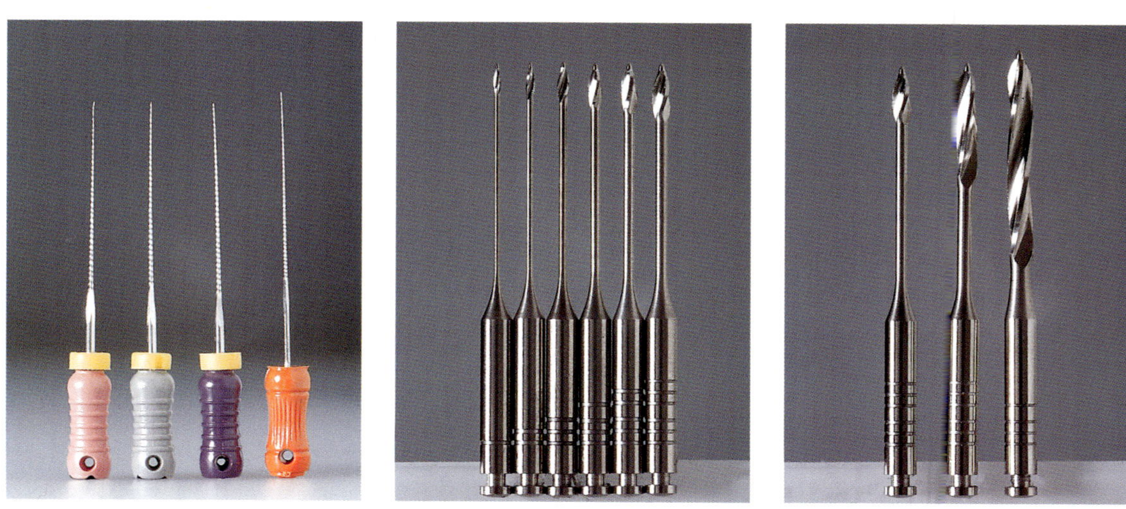

224 Aufsuchen und Erweitern
Links: Bleiben die Sonden im Dentin des Kavitätenbodens stecken, wird mit feinen Feilen der Größen 6, 8 oder 10 bzw. mit einem Pathfinder differenziert, ob ein Wurzelkanal oder eine Perforation vorliegt.

Mitte: Gates-Glidden-Bohrer dienen der intialen koronalen Erweiterung. Die Größe ist durch Ringe gekennzeichnet.

Rechts: Unterschiedliche Formen von Kanaleingangserweiterern (Gates, Peeso).

Darstellung der Kanaleingänge

Die Umrißform der endodontischen Zugangskavität entspricht dem Umriß des Pulpakammerdaches. Die Umrißform der Kavität ist bei Oberkieferschneidezähnen dreieckig und liegt im Zentrum der palatinalen Fläche. Sie muß nach mesial und distal ausreichend extendiert werden, so daß Pulpahörner vollständig erfaßt und Gewebsreste entfernt werden können. Zurückgelassenes Gewebe kann später zu Verfärbungen der klinischen Krone führen. Die Pulpakammer wird in einem 45°-Winkel zur Längsachse des Zahnes präpariert (Peters 1992a).

Die Umrißform der Zugangskavität an Unterkiefermolaren ist trapezförmig. Die Trepanation liegt zentral mit Achsrichtung des Bohrers nach distal, da der Raum über dem distalen Kanal am besten zu lokalisieren ist (Peters 1992b). Im Oberkiefer ist der Trepanationsbeginn zentral mit Achsrichtung des Bohrers zum mesiopalatinalen Höcker, da hier der Pulparaum am ausgedehntesten ist. Nach Erreichen der Pulpakammer wird der Schleifkörper unter Kontakt mit dem Pulpaboden nach bukkal bewegt, um das überhängende Dach zu entfernen (Peters 1992c).

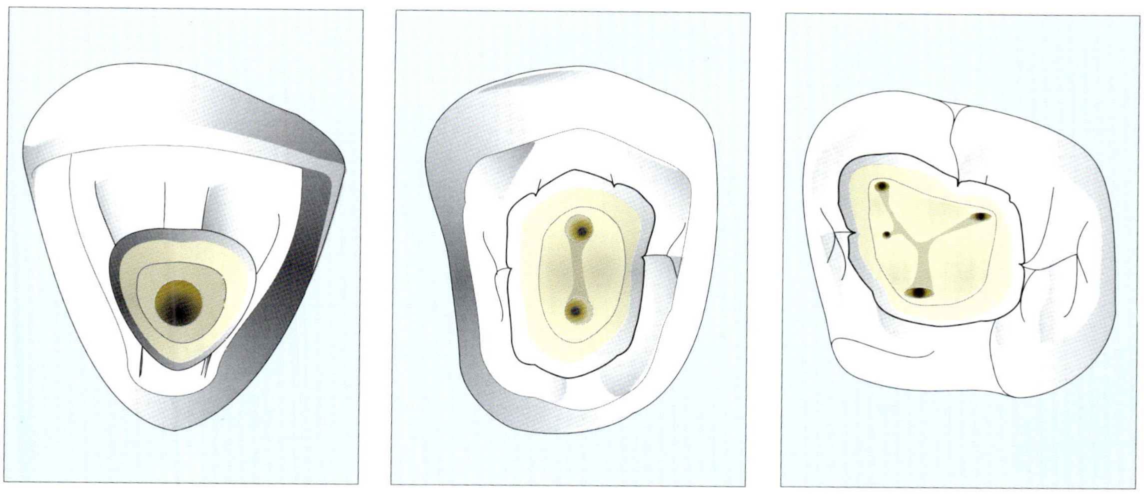

225 Trepanationsöffnungen in Oberkieferzähnen
Links: Frontzähne werden von palatinal eröffnet, die Kavität ist dreieckig, und der zumeist eine Kanal liegt im Zentrum des Zahnes.

Mitte: Prämolaren werden oval in orovestibulärer Richtung trepaniert.

Rechts: OK-Molaren werden rhombus- bzw. trapezförmig eröffnet. In der Mehrzahl findet sich ein vierter Kanaleingang als mesiopalatinaler Wurzelkanal in der mesiobukkalen Wurzel.

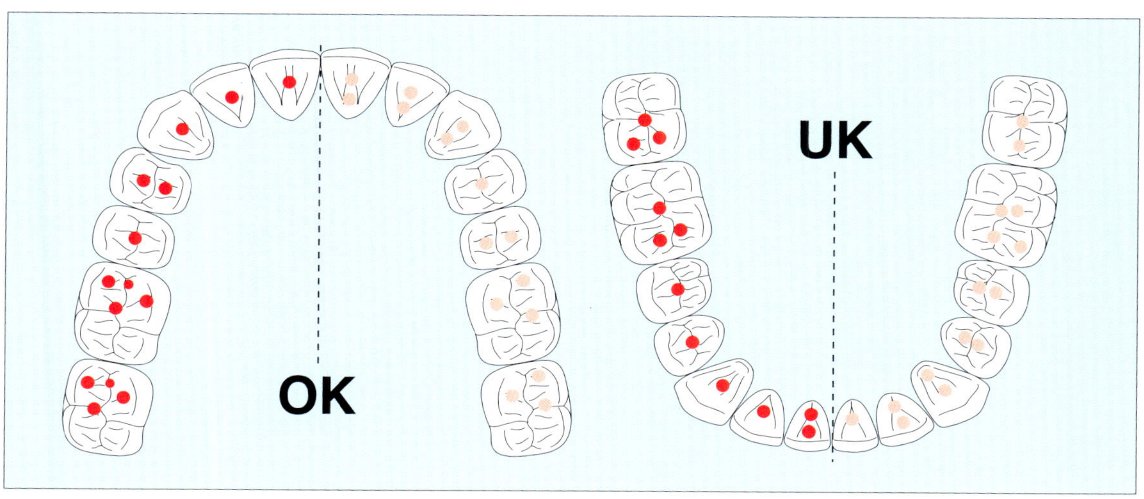

226 Synoptische Darstellung möglicher Kanaleingänge
Auf den Zahnbögen von Oberkiefer (links) und Unterkiefer (rechts) sind die mögliche Anzahl der Wurzelkanäle sowie ihre übliche Position in Relation zur Okklusalfläche gekennzeichnet. Die jeweils linke Bildhälfte gibt in etwas stärkerer Färbung den Regelfall wieder, während rechts die seltenere Konfiguration des Wurzelkanaleingangs eingezeichnet ist.

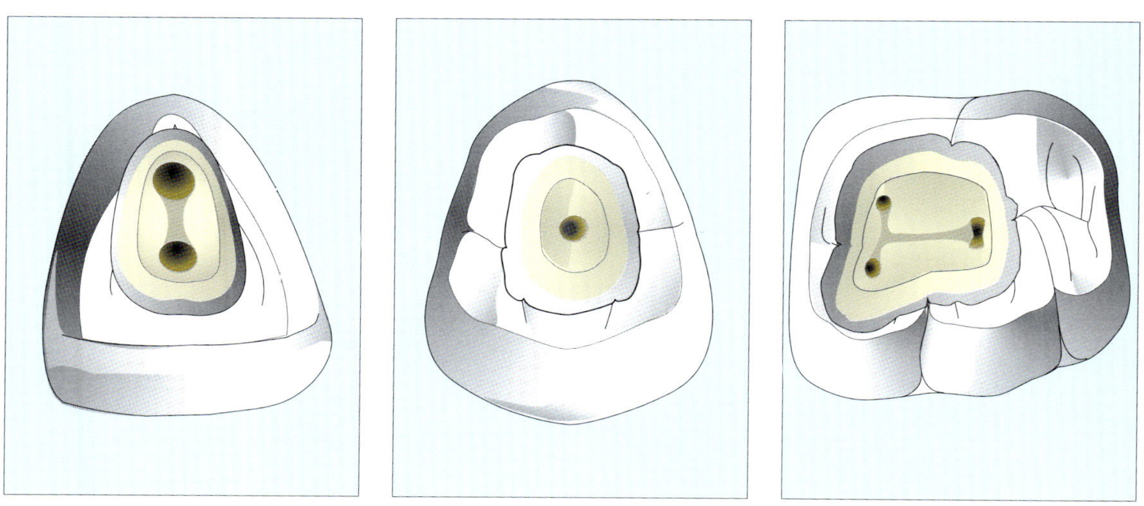

227 Trepanationsöffnungen in Unterkieferzähnen
Links: Schneidezähne und Eckzähne des Unterkiefers haben in bis zu 25% der Fälle 2 Wurzelkanäle. Die Eröffnung erfolgt dreieckig von lingual.

Mitte: Prämolaren werden oval in orovestibulärer Richtung von okklusal aus trepaniert.

Rechts: UK-Molaren werden trapezförmig, mesial in der Regel etwas breiter als distal, im Anschluß an den mesialen Randwulst eröffnet.

Sondieren der Kanaleingänge

Nach Penetration des Pulpakammerdaches und Präparation der Zugangskavität müssen die Wurzelkanaleingänge sondiert werden. Probleme treten immer bei einer unzureichenden Entfernung des Pulpakammerdaches auf. Die Dentinüberhänge werden durch laterale Bewegungen entfernt und die Kavität zur Okklusalfläche hin konisch erweitert. Mit einer Häkchensonde kann beurteilt werden, ob das gesamte Dentin abgetragen wurde. Unterstützt durch eine Lupenbrille soll visuell kontrolliert werden, ob ein ungehinderter Zugang zu den Kanälen präpariert worden ist.

Muß der Zahnarzt durch eine nicht entfernbare Krone präparieren, so sollte er auf dem Röntgenbild den Winkel zwischen Krone und Zahnlängsachse bestimmen. Berücksichtigt man Abknickungen nicht, kann es zu Perforationen kommen, oder die Kanaleingänge sind nicht auffindbar. Größere Aufbaufüllungen unterhalb der Krone behindern das Auffinden und Darstellen der Kanaleingänge. Die Trepanation muß unter ausreichender Wasserkühlung erfolgen, damit Metallpartikel nicht zu einer initialen Verblockung der engen Kanaleingänge führen (Gutmann et al. 1991).

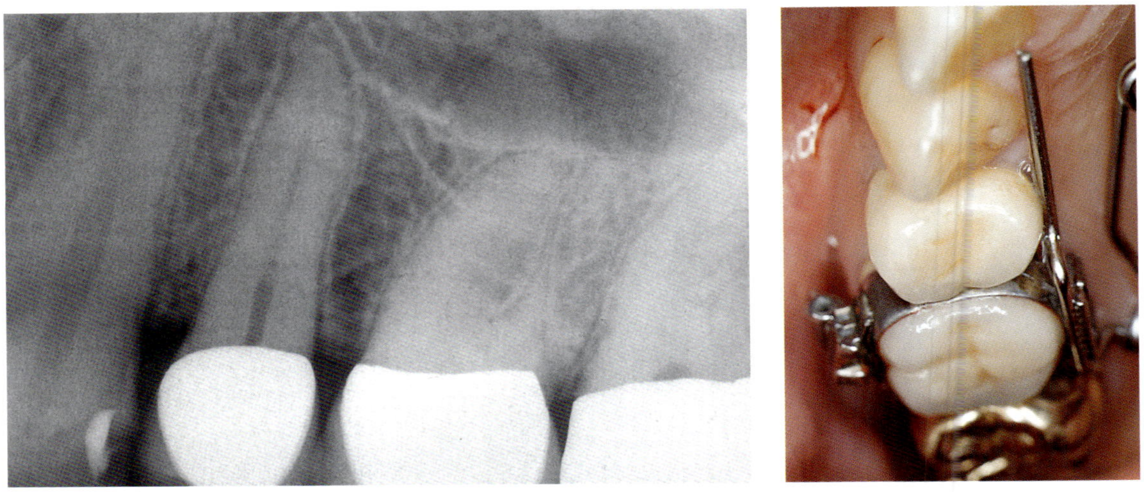

228 Diagnostisches Röntgen
Im ersten Röntgenbild wird versucht, die Lage des Wurzelkanals und des Kanaleingangs zu lokalisieren. Der überkronte erste obere Prämolar weist im Wurzelbereich sich überlagernde Schattenumrisse auf, was auf mehr als einen Wurzelkanal schließen läßt.

Rechts: Eine eindeutige Bestimmung des Kanaleingangs kann durch kieferorthopädische, festsitzende Geräte sowie durch Kronen erschwert sein.

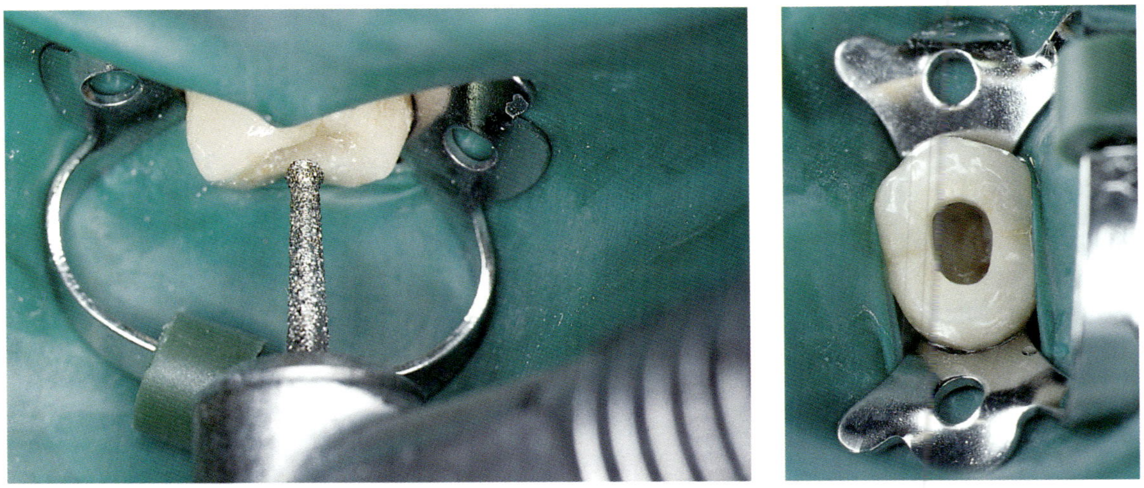

229 Trepanation
Unter Kofferdam wird mit dem diamantierten überlangen Endo Access Bur nach Durchdringen der Krone in die Tiefe präpariert. Nur wenn eine größere Abknickung der Krone gegenüber der Zahnlängsachse vorliegt, soll ohne Kofferdam mit der Präparation begonnen werden.

Rechts: Trepanation bis zum Pulpakammerdach. Die Form der Trepanationsöffnung muß einen ungehinderten Zugang zu den Kanaleingängen erlauben.

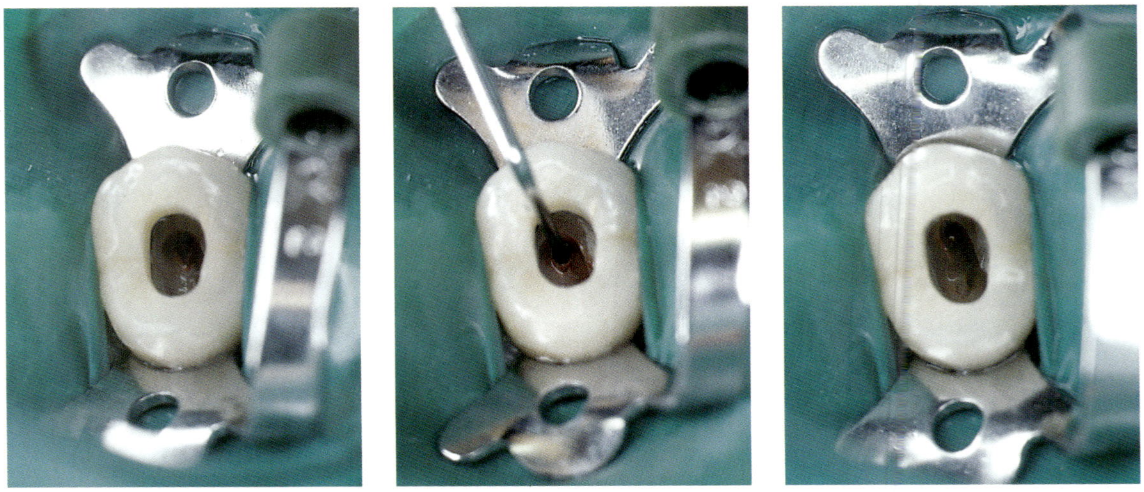

230 Sondieren der Wurzelkanaleingänge
Links: Trepanation durch das Pulpakammerdach und Entfernen der Pulpagewebsreste sowie aller Dentinüberhänge.

Mitte: Auffinden der Wurzelkanaleingänge mit einer endodontischen Spezialsonde (Maillefer Nr. 15) durch Abtasten des Kavitätenbodens.

Rechts: Darstellen der beiden Kanaleingänge, aus denen nur wenig Blut dringt. Dies kann das Auffinden erschweren.

Mit einer dünnen, festen Sonde wird der Kanaleingang abgetastet. Bleibt die Sonde stecken, wird mit einer Hedström-Feile der Größe 15 geprüft, daß es sich nicht um eine Perforation, sondern um einen Wurzelkanal handelt. Erst anschließend wird der Eingangsbereich leicht erweitert. Enge Wurzelkanäle werden von koronal beginnend mit einer Hedström-Feile erweitert, bevor mit einer Tiefenpräparation begonnen werden kann. K-Feilen sind zwar flexibel genug, um Krümmungen und Kalzifikationen zu überwinden, führen aber häufiger zu Verblockungen des Wurzelkanals.

Da die Instrumente am Ende des 16 mm langen Arbeitsteiles einen um 0,32 mm stärkeren Durchmesser haben als an der Instrumentenspitze, klemmen sie häufig in mittleren Kanalbereichen. Deshalb werden die Instrumente nur millimeterweise eingeschoben, unterstützt durch Chelatbildner erweitert man abschnittweise den engen Wurzelkanal. Erst wenn so die Durchgängigkeit hergestellt worden ist, bereitet man mit dem Gates-Glidden-Bohrer die koronalen Wurzelkanalbereiche auf. Anschließend ist eine problemlose Instrumentation des gesamten Wurzelkanals möglich.

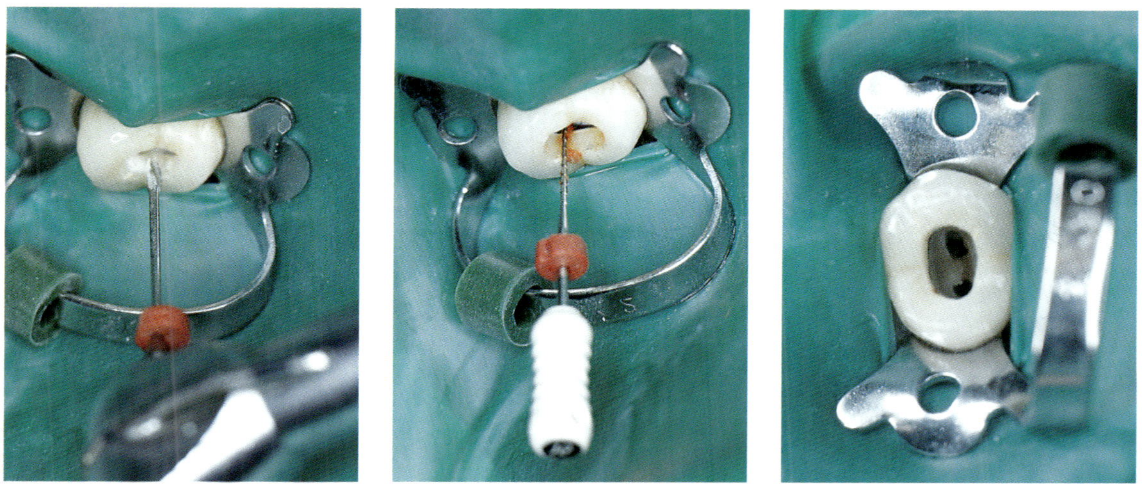

231 Initiale Erweiterung
Links: Vorsichtige Kanaleingangserweiterung mit einem feinen Gates-Bohrer.

Mitte: Mit einer Hedström-Feile der Größe 15 wird der Wurzelkanal vorsichtig millimeterweise von koronal nach apikal erweitert und dabei nekrotisches Pulpagewebe entfernt. Erst bei Durchgängigkeit wird mit der Aufbereitung begonnen.

Rechts: Blick in die Kavität mit den beiden koronal erweiterten Wurzelkanälen.

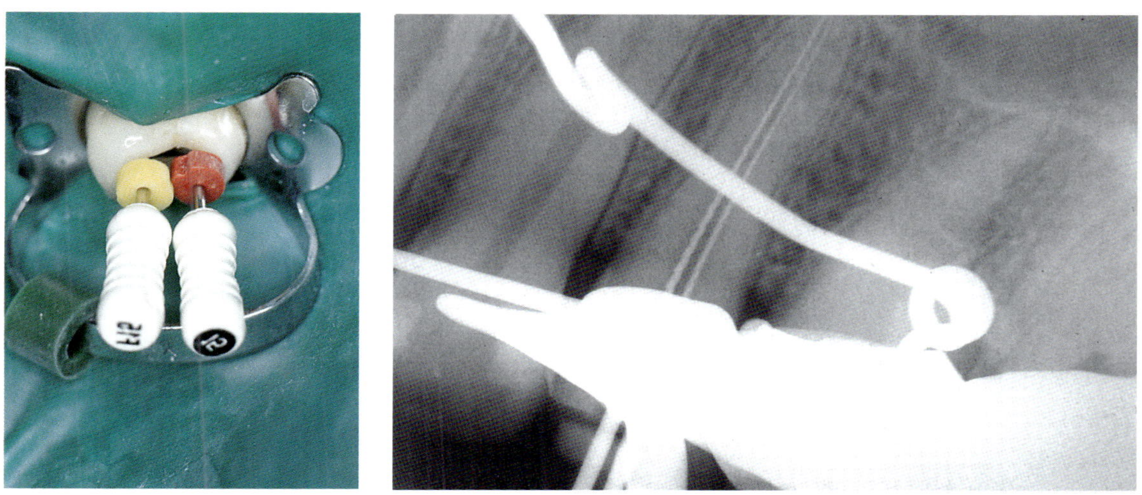

232 Längenbestimmung
Erst nach der initialen koronalen Erweiterung wird vor der apikalen Tiefenpräparation des Wurzelkanals die Länge im Röntgenbild gemessen. Das festsitzende kieferorthopädische Gerät behindert das exakte Plazieren des Röntgenfilmes.

Links: Zur besseren Unterscheidung im Röntgenbild werden verschiedene Instrumente in die beiden Wurzelkanäle eingeführt: in den palatinalen Kanal eine Hedström-Feile, in den bukkalen eine Flexicut-Feile.

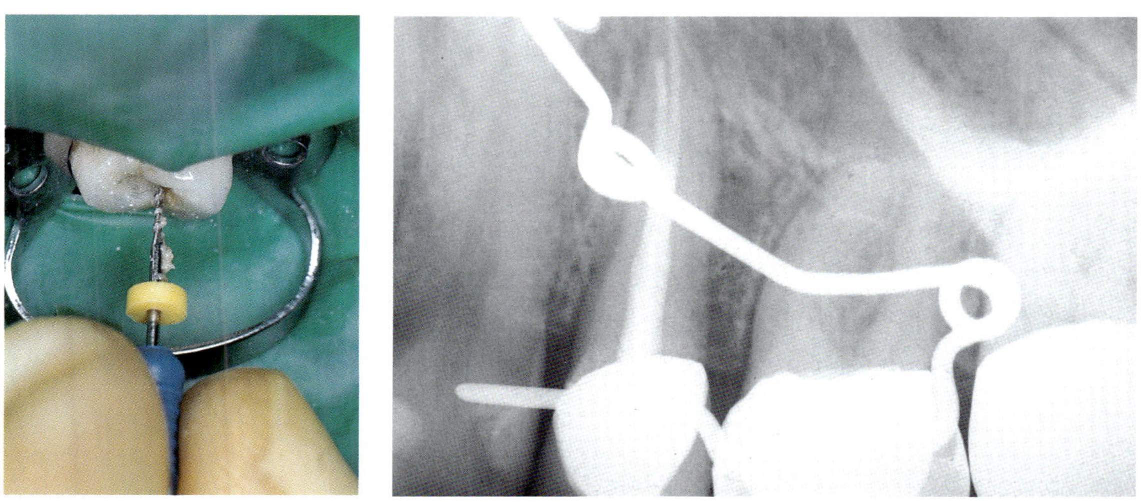

233 Wurzelkanalbehandlung
Nach Wurzelkanalaufbereitung werden die beiden Kanäle mit Guttapercha und einem Sealer abgefüllt und der Erfolg der Behandlung mittels Abschlußröntgenbild kontrolliert.

Links: Die weitere Instrumentation nach der Längenbestimmung und vor der Wurzelkanalfüllung erfolgt mit Hedström- und K-Feilen.

Geradliniger Zugang zum Wurzelkanal

Nach initialer Durchdringung des Pulpakammerdaches über dem palatinalen Kanaleingang wird die Extension vervollständigt. Im Oberkiefer ist die Lage des palatinalen Wurzelkanals eine Hilfe zum Auffinden der weiteren Eingänge. Der Diamantschleifkörper wird unter Kontakt mit dem Pulpakammerboden nach bukkal bewegt, um das überhängende Dach zu entfernen und die mesio- und distobukkalen Kanäle darzustellen. Die endgültige Präparation erfolgt durch einen Diamantschleifkörper mit glatter Spitze. Die Kavität wird leicht divergierend präpariert (Peters 1992a–d).

Die endgültige Form verschafft ungehinderten Zugang zu allen Wurzelkanälen. Erst dadurch wird ein geradliniges Einführen der Wurzelkanalinstrumente möglich. Da viele Wurzelkanäle koronal anfangs gekrümmt sind, muß die zervikale Leiste bzw. die koronale Auswölbung vorsichtig entfernt werden. Ist die Pulpakammer nur schwer auffindbar, wird mit einem Rosenbohrer in der trockenen Kavität in Richtung der vermuteten Kanaleingänge bis in eine Tiefe von 2 mm niedrigtourig präpariert. Chelatbildner sind keine wesentliche Hilfe beim Auffinden der Kanaleingänge.

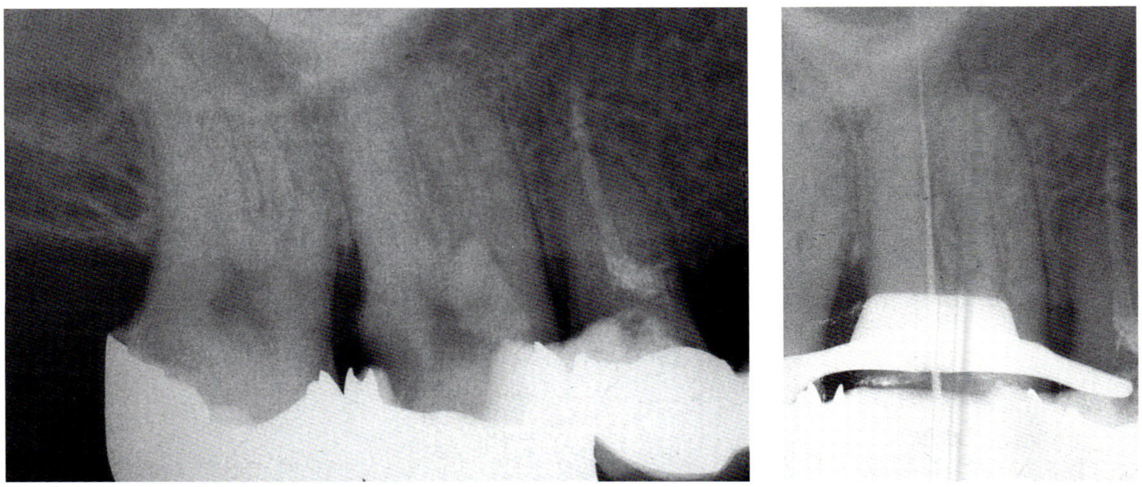

234 Röntgendiagnostik
Oberer erster Molar mit tiefer, penetrierender und approximal gelegener Sekundärkaries; die Lage der kariösen Läsion und des approximalen Kastens können für die Bestimmung der Tiefe der Kavität herangezogen werden.

Rechts: Notfallmäßige Aufbereitung in der ersten Sitzung: Nur der am einfachsten aufzufindende Kanaleingang wird präpariert und der größte Wurzelkanal (hier der palatinale) aufbereitet.

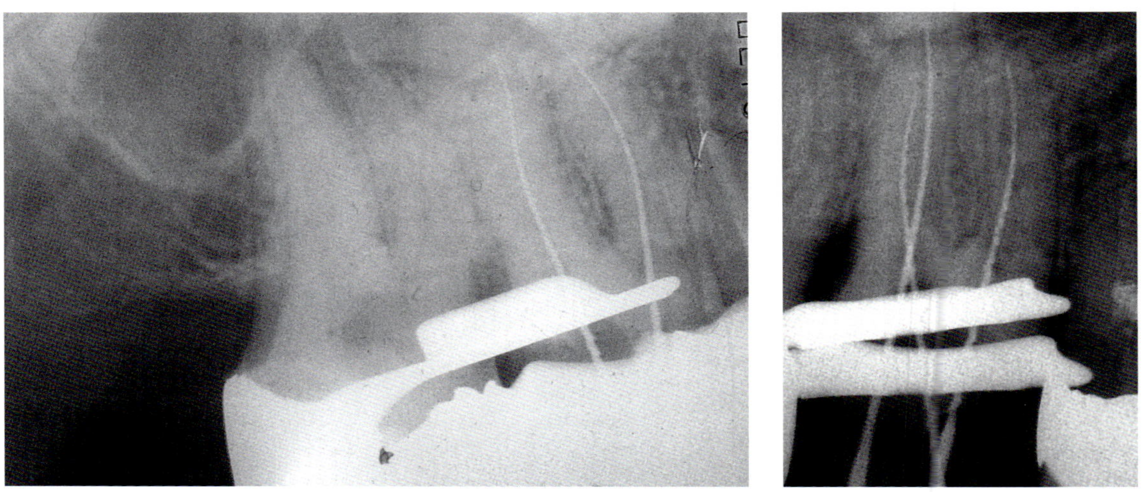

235 Meßröntgenaufnahme
Um Überlagerungen mit dem palatinalen Wurzelkanal bei der Längenmessung zu vermeiden, können die bukkalen Wurzelkanäle auch separat ausgemessen werden. Die Dentinüberhänge sind noch nicht vollständig entfernt.

Rechts: Nach Entfernen der alten Krone können sowohl kariöse Läsionen als auch alle Dentinüberhänge abgetragen werden, so daß ein geradliniger Zugang der Instrumente gewährleistet ist.

236 Wurzelkanalaufbereitung
Die Wurzelkanalinstrumente müssen ohne Behinderung und geradlinig in den Wurzelkanal bis zur Arbeitstiefe eingeführt werden können.

Rechts: Ausgangssituation vor der Trepanation der Zugangskavität. Sichtbar sind die Dentinüberhänge am Übergang zu den Wurzelkanaleingängen, die vor der Instrumentation der Kanäle entfernt werden müssen.

Der Boden der Pulpakammer liegt 1–2 mm unter der Schmelz-Zement-Grenze. Ist die Lokalisation der Pulpakammer schwierig, kann der Abstand am Röntgenbild ausgemessen und auf den Endo Access Bur übertragen werden. Auch eine Parodontalsonde ist für die Messung hilfreich, um Perforationen zu vermeiden. Obere erste Molaren haben normalerweise 3 Wurzeln mit 4 Wurzelkanälen; in der mesiobukkalen Wurzel ist der vierte, der mesiopalatinale Kanaleingang lokalisiert. Die beiden mesialen Kanäle können sich auf einer bukkopalatinalen Röntgenaufnahme überlagern. Mit einer exzentrischen Aufnahme läßt sich die Differenzierung verbessern. Eine Komplikation ist die apikale Krümmung nach distal und palatinal. Mit einem vorgebogenen Instrument muß die Verlaufsrichtung vor der Aufbereitung taktil erfaßt werden. Dazu wird die Einkerbung des Stoppers in Richtung der Instrumentenkrümmung gedreht und das Instrument in den Wurzelkanal eingeführt. Die Stoppermarkierung zeigt den Kanalverlauf und in Richtung der Krümmung. Ohne Kontrolle durch den Stopper ist eine Orientierung innerhalb des Wurzelkanals nicht möglich.

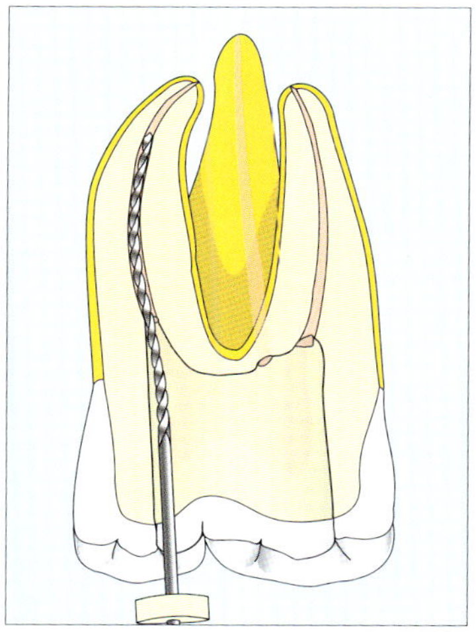

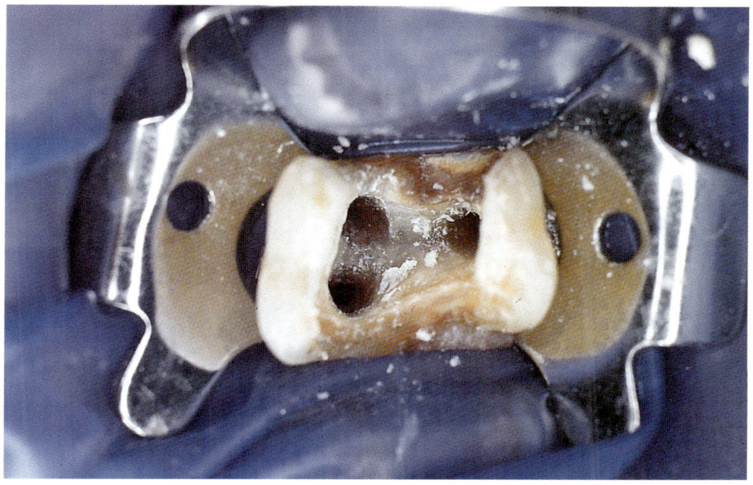

237 Koronale Erweiterung
Die 3 Wurzelkanäle sind koronal erweitert und anschließend vollständig aufbereitet worden. In der sehr gut einzusehenden Kavität ist eine freie Instrumentation möglich.

Links: Die Zugangskavität ist parallelwandig gestaltet worden, so daß das Instrument geradlinig in den Wurzelkanal eingeführt werden kann.

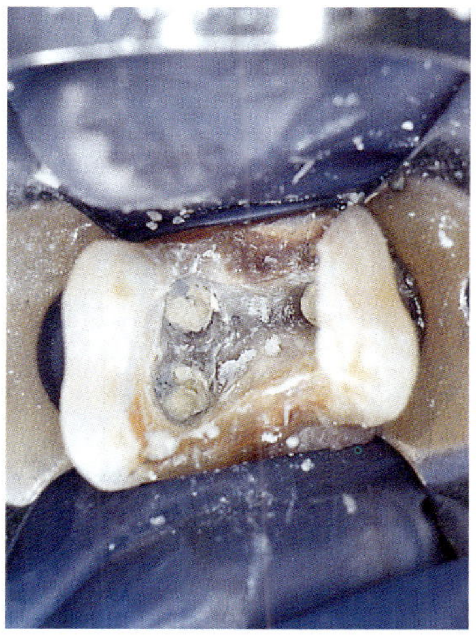

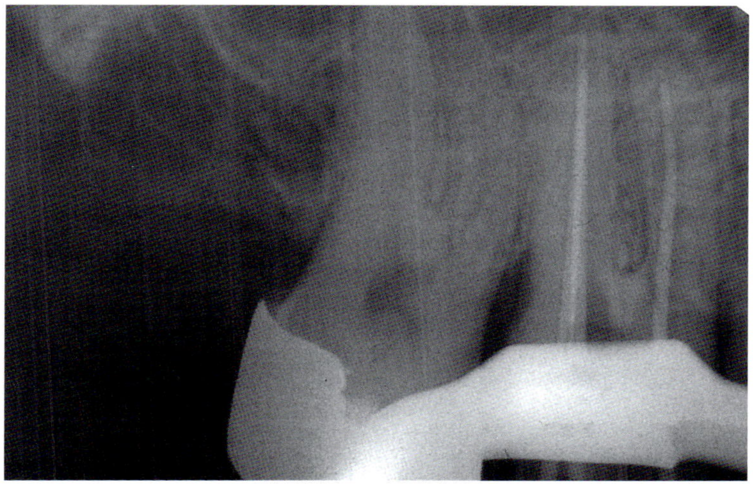

238 Wurzelkanalfüllung
Durch Entfernung der alten Restauration, großzügige Trepanation und Gestaltung der Zugangskavität sowie anschließende ungehinderte Aufbereitung ist das Einmessen der 3 Guttaperchastifte problemlos möglich.

Links: Im Anschluß an die laterale Kondensation werden die koronal herausragenden Guttaperchastifte abgetrennt.

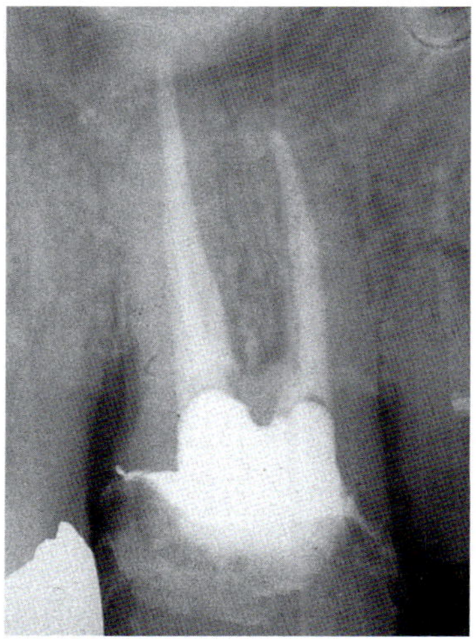

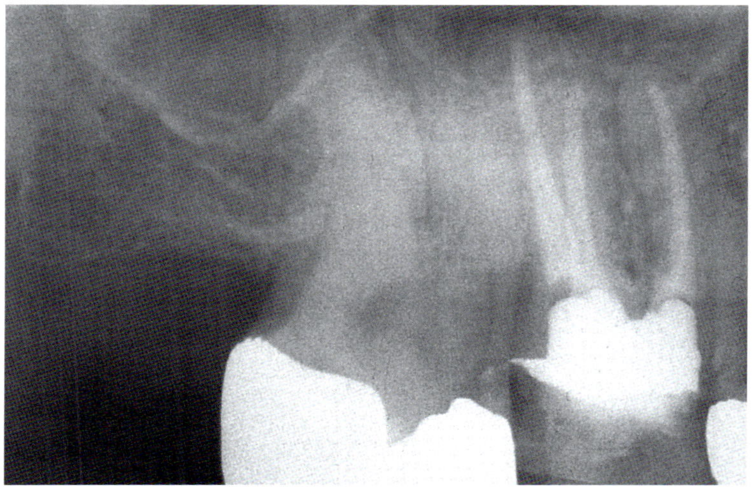

239 Kontrollröntgenbild
6 Monate nach Beginn der Wurzelkanalaufbereitung und vor Eingliedern der definitiven Restauration ist das Röntgenbild periapikal unauffällig.

Links: Die Kontrollaufnahme unmittelbar nach der Wurzelkanalfüllung und dem Einzementieren der provisorischen Krone weist eine korrekt abschließende und dichte Füllung nach.

Obliterierter Wurzelkanal

Die Eigenschaft des Pulpagewebes, Hartgewebe zu bilden, ist nicht nur auf die Odontoblastenschicht beschränkt. Fibrodentinablagerungen können als Dentikel auch zentral im Pulpagewebe beobachtet werden, sowohl bei durchgebrochenen als auch bei noch nicht durchgebrochenen Zähnen, Milch- und permanenten, jungen und alten Zähnen (James et al. 1959).
Mit zunehmendem Alter kommt es zur vermehrten Bildung intrapulpalen Dentins, wodurch der Wurzelkanal immer enger werden kann. Diese Hartsubstanzbildungen sind meist Folge entzündlicher Prozesse.

Mit Ausnahme gut organisierter tubulärer Dentikel, die von Odontoblasten gebildet werden, bestehen atubuläre osteoide oder lamelläre dentinoide Hartsubstanzbildungen aus Fibrodentin. Sie sollen von distanzierten Pulpoblasten gebildet werden, die mit den Mesenchymzellen der Zahnpapille identisch sind (Baume 1980). Hinsichtlich Genese und Einteilung der Dentikel gibt es verschiedene Hypothesen. Infolge äußerer Einwirkungen gehen Zellen in der Pulpa zugrunde, um die sich konzentrische Dentikel bilden. Auch Temperaturreize könnten eine Rolle spielen (Gerstner 1971).

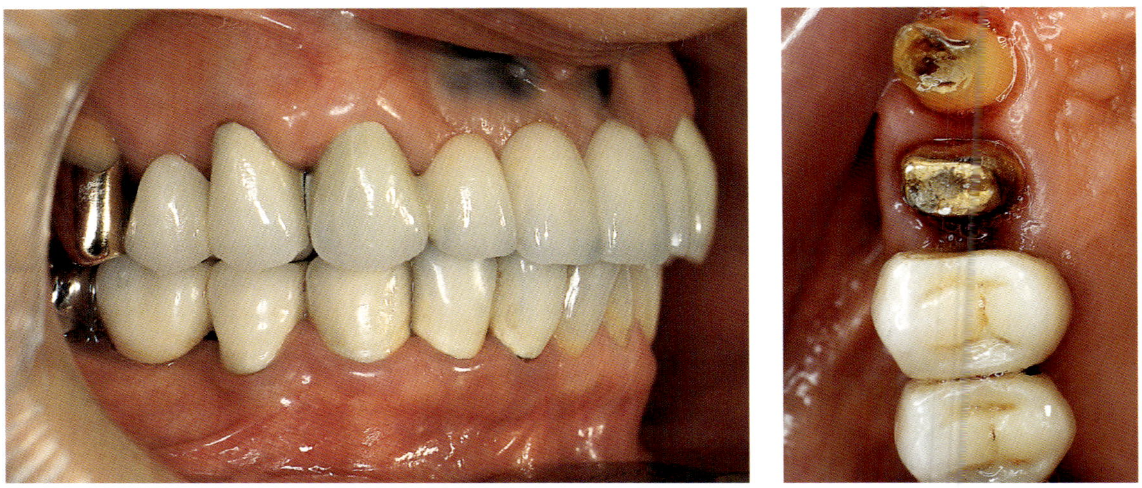

240 Klinische Situation
Klinische Ausgangssituation bei einem 63jährigen Patienten vor prothetischer Neuversorgung.

Rechts: Nach Abnahme der kosmetisch und funktionell unbefriedigenden Brückenversorgung von Zahn 13 nach Zahn 24 weist Zahn 24 einen Stumpfaufbau auf. Die Zähne 24 und 25 waren beim Sensibilitätstest negativ.

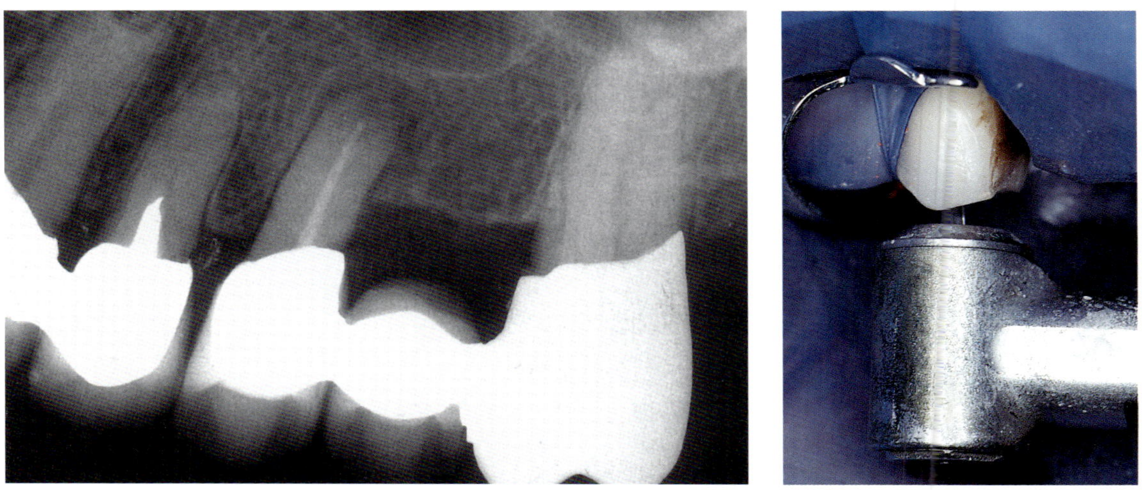

241 Röntgensituation
Im Röntgenbild zeigt Zahn 25 einen einzelnen Wurzelkanal mit einer insuffizienten Wurzelkanalfüllung und einer deutlichen periapikalen Aufhellung. Zahn 24 weist einen zu kurzen Stumpfaufbau ohne eine Kanalfüllung auf. Der Wurzelkanal ist teilweise obliteriert und kaum noch identifizierbar.

Rechts: Trepanation der Zahnkrone des Zahnes 25 unter ausreichender Wasserspraykühlung.

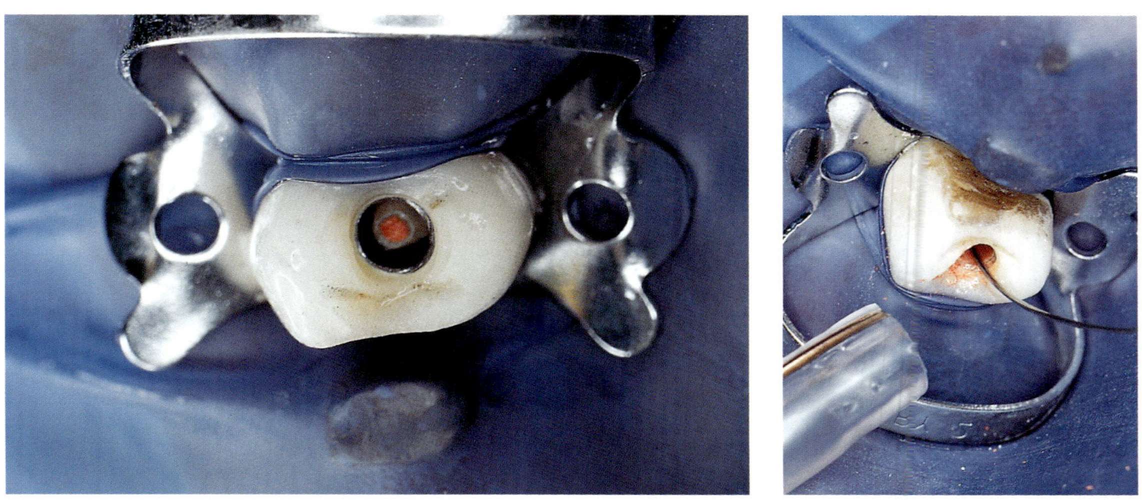

242 Wurzelkanalsituation
Nach Trepanation der Metallkeramikkrone von Zahn 25 findet sich klinisch bei geringer Lupenvergrößerung ein einzelner Wurzelkanal, der mit Zement und einem Guttaperchastift nach der Zentralstifttechnik gefüllt worden war.

Rechts: Nach Lösen der Guttapercha und Entfernen der insuffizienten Wurzelkanalfüllung wird mit Natriumhypochloritlösung gespült.

Diffuse Mineralablagerungen innerhalb des Wurzelkanals bestehen aus amorphem Kalziumphosphat. Sie befinden sich entlang von Gefäßen oder Kollagenfasern und kommen auch bei klinisch intakten Zähnen vor. In kariösen Zähnen ist jedoch ein signifikanter Anstieg der Mineralisation zu verzeichnen (Seltzer et al. 1963). Infolge chronischer Entzündung sind Dentikel und Mineralablagerungen im Endodont eher die Regel. Mit fortschreitender Karies nimmt die Ausdehnung der Mineralisation zu. Dies kann zur vollständigen Obliteration des Kanals führen (Beer et al. 1986b).

Cvek u. Lundberg (1983) fanden bei kronenfrakturierten Zähnen in 50% der Fälle Mineralisationen, sowohl lamelläre Dentikel als auch diffuse Ablagerungen. In 25% der Fälle ließen sich Entzündungszellen nachweisen. Im Alter von 10–20 Jahren treten nur bei 8% der Pulpen Mineralisationen auf, kariöse Zähne der gleichen Altersgruppe zeigen dagegen eine Inzidenz von 36%. In der Altersgruppe von 45–63 Jahren weisen 90% der untersuchten Zähne Kalzifikationen auf. Im Röntgenbild lassen sie sich allerdings erst ab einer Größe von 200 µm eindeutig nachweisen (Tamse et al. 1982).

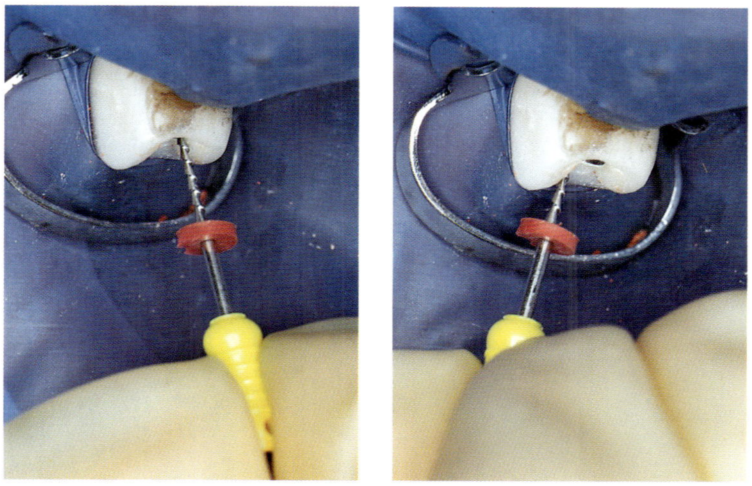

243 Kanalerweiterung
Links: Zirkumferentes Feilen mit Hedström-Feilen zur gleichmäßigen Bearbeitung des Wurzelkanals. Gleichzeitig wird der zweite Kanaleingang dargestellt.

Rechts: Die initiale koronale Erweiterung erfolgt mit Hedström-Feilen, durch zirkumferentes Feilen.

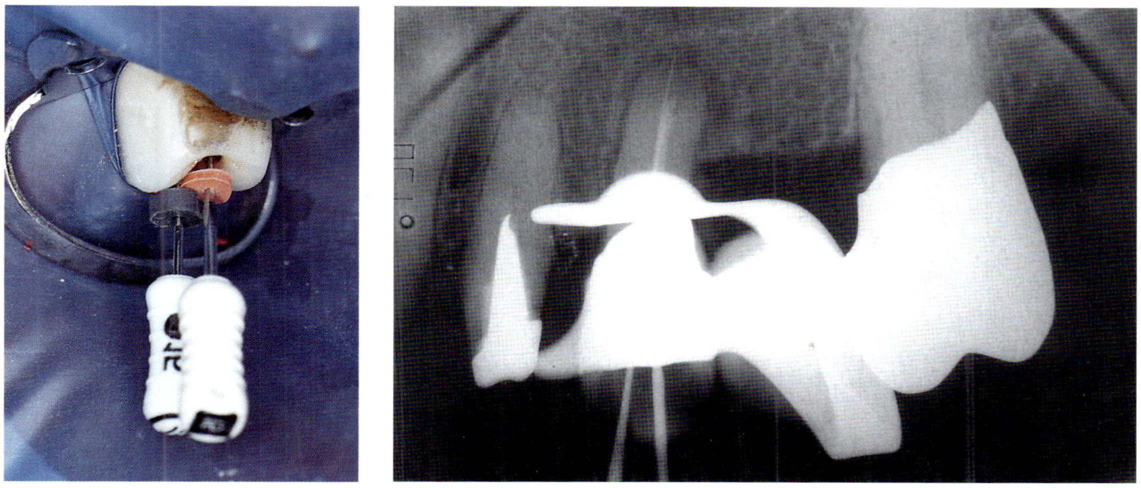

244 Längenbestimmung
Nach Trepanation und Reinstrumentation des einen gefüllten Wurzelkanals wird röntgenographisch die Arbeitstiefe und die exakte Lage der Feilen innerhalb der Kanäle bestimmt.

Links: Zur besseren Differenzierung der Feilen im Röntgenbild werden in einen Kanal eine Hedström-Feile und in den zweiten eine K-Feile der Größe 15 eingeschoben.

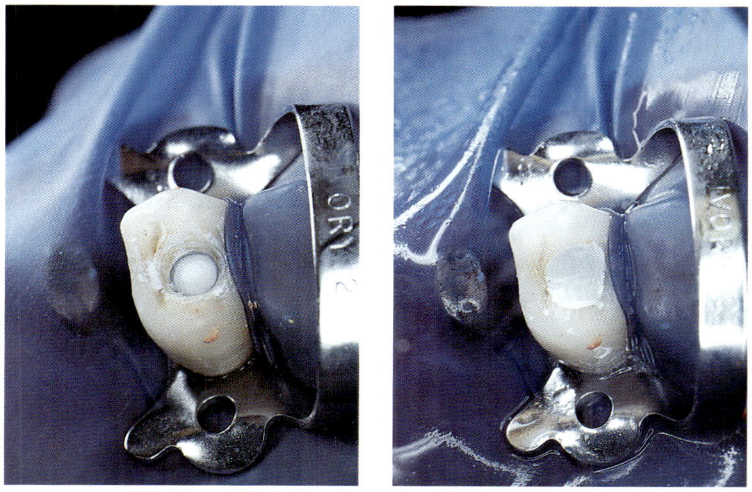

245 Provisorischer Verschluß
Links: Als Zwischeneinlage wird mit Papierspitzen eine wäßrige Kalziumhydroxidsuspension in die Wurzelkanäle eingestopft und koronal die Kavität sorgfältig gereinigt.

Rechts: Die Trepanationsöffnung muß zur Vermeidung einer bakteriellen Rekontamination sorgfältig verschlossen werden.

Kanaldarstellung mittels Operationsmikroskop

Das Operationsmikroskop wird seit Jahren bei mikrochirurgischen Eingriffen in der Kiefer- und Gesichtschirurgie eingesetzt. Den Beginn der Mikrochirurgie vor etwa 35 Jahren leitete ein Bericht von Jacobsen u. Suarez (1960) ein, die kleinste Gefäße unter einem Operationsmikroskop nähten. Daß eine Limitierung von Operationen an kleinsten Strukturen in erster Linie vom menschlichen Auge ausgeht, hatte man in der Hals-Nasen-Ohren-Chirurgie bereits 40 Jahre früher erkannt. Nylen setzte schon 1924 ein monokulares Mikroskop in der Innenohrchirurgie ein.

Die Kanaldarstellung mittels Operationsmikroskop erfordert eine völlig neue Ergonomie des Instrumenteneinsatzes. Es muß in Ober- und Unterkiefer indirekt in 12-Uhr-Position mit Hilfe eines Spiegels gearbeitet werden, und der Zeitaufwand ist deutlich erhöht. Das Arbeitsfeld muß zur besseren Übersicht öfters getrocknet werden. Hierzu eignet sich eine speziell entwickelte Spülspritze (Stropko, EIE); keinesfalls darf der Luftbläser eingesetzt werden. Erst nach Trepanation des Pulpakavums wird das Operationsmikroskop zum Aufsuchen der Kanaleingänge in Position gebracht.

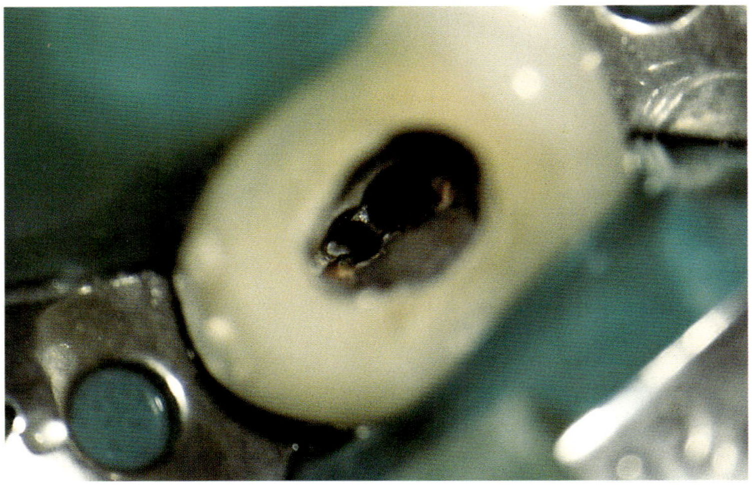

246 Trepanation
Mit dem Operationsmikroskop erkennt man in 10facher Vergrößerung nach initialer Darstellung und Gangbarmachung 2 getrennte Wurzelkanaleingänge von Zahn 25, der im Röntgenbild (Abb. 241) scheinbar nur einen Wurzelkanal aufwies.

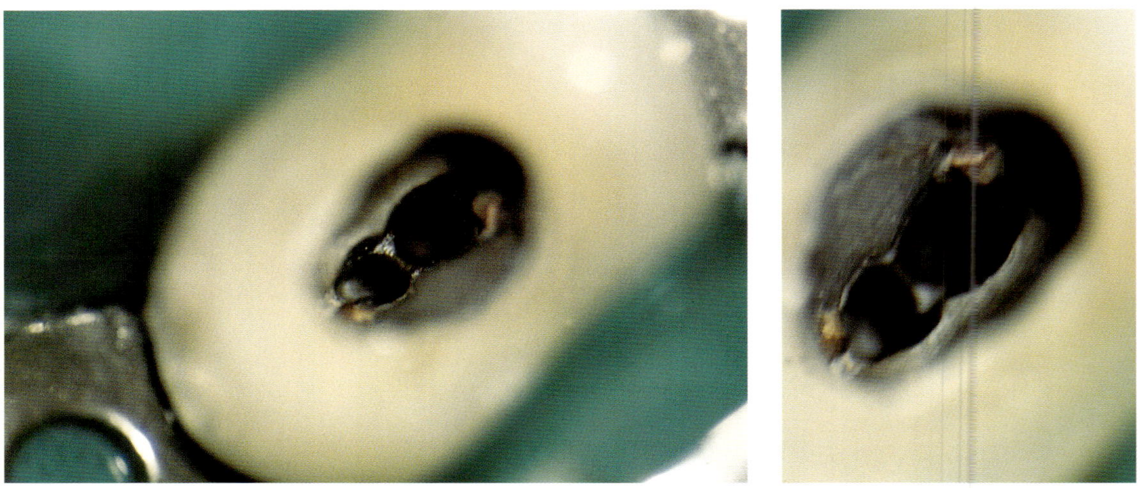

247 Lokalisation obliterierter Kanaleingänge
In dem klinischen Fall von Seite 100/101 lassen sich bei stärkerer Vergrößerung die beiden getrennten Wurzelkanaleingänge sehr gut darstellen. Des weiteren kann der Kavitätenboden abgetastet werden, und die geraden Wurzelkanalanteile lassen sich optisch darstellen.

Rechts: Kontrolle der Trepanationsöffnung in 25facher Vergrößerung.

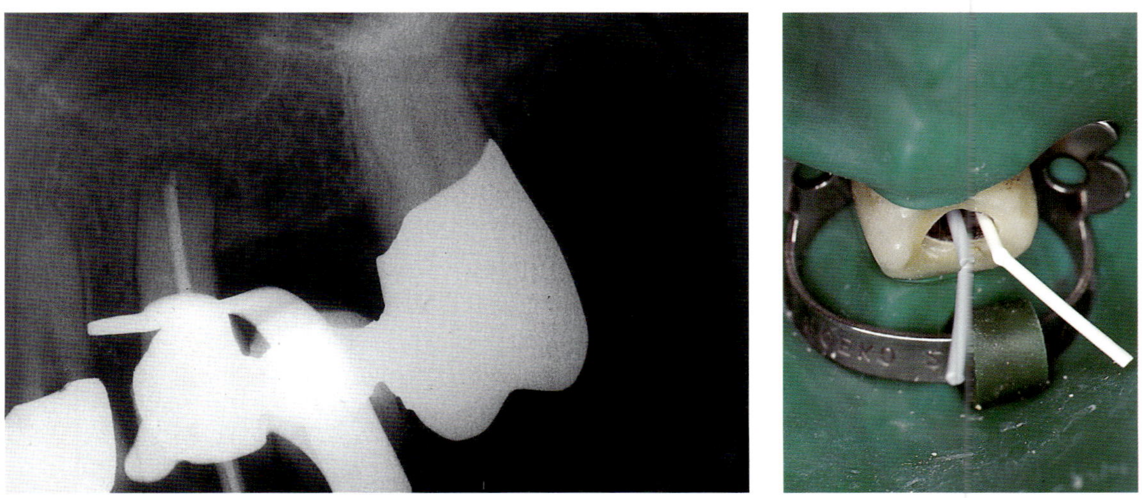

248 Wurzelkanalfüllung
Nach vollständiger Instrumentation werden die beiden Guttapercha-Masterpoints eingemessen. Anschließend wird röntgenographisch der exakte Sitz kontrolliert.

Rechts: Durch Pinzetteneindruck wird klinisch die Länge auf die beiden Guttaperchastifte übertragen. Anschließend werden die Stifte in die Kanäle eingeschoben.

Ist der Wurzelkanaleingang lokalisiert, wird eine 21 mm lange K-Feile der Größe 08 langsam eingeschoben. Ein Instrument der Größe 10 ist in der Anfangsphase der Aufbereitung zu dick, in der Größe 06 ist es zu nachgiebig. Das Instrument wird apikal vorgebogen und diese Biegung mit der Stoppereinkerbung kenntlich gemacht. Die 21-mm-Feile ist flexibel genug, um Kalzifikationen und Krümmungen zu überwinden, ohne zu einer iatrogenen Verblockung beizutragen. Während der Aufbereitung kann dann auf größere und längere Instrumente übergegangen werden.

Das Instrument wird nur langsam und ohne große Druckausübung in den Wurzelkanal eingeführt. Die korrekte Lage und Eindringtiefe muß wiederholt durch Meßröntgenaufnahmen kontrolliert werden, um eine Via falsa zu vermeiden. Die Feile ist nach Gebrauch und vor dem Wiedereinführen sorgfältig zu reinigen und zu sterilisieren. Reichliches Spülen mit Natriumhypochlorit entfernt nicht nur Dentinspäne, sondern löst auch das Gewebe auf. Mit Ultraschallfeilen darf erst aufbereitet werden, wenn die Arbeitslänge bereits mit Handinstrumenten erreicht ist (Gutmann et al. 1991).

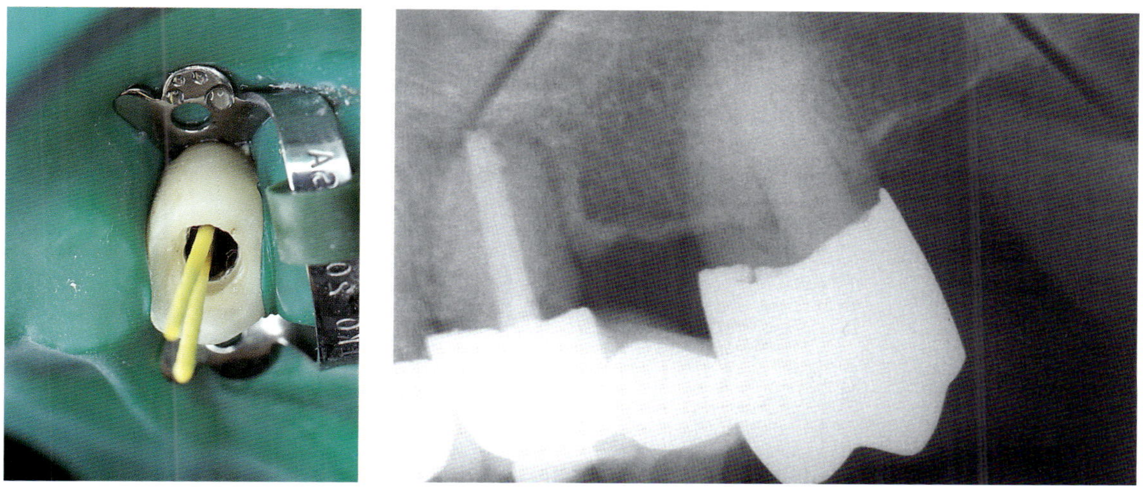

249 Röntgenkontrolle
Mittels exzentrischer Röntgenaufnahme können die 2 separaten Wurzelkanalfüllungen bis zum röntgenographischen Foramen gut kontrolliert werden.

Links: Vor der endgültigen Füllung der Wurzelkanäle werden diese mit Papierspitzen sorgfältig getrocknet und können mit dem Operationsmikroskop nochmals kontrolliert werden.

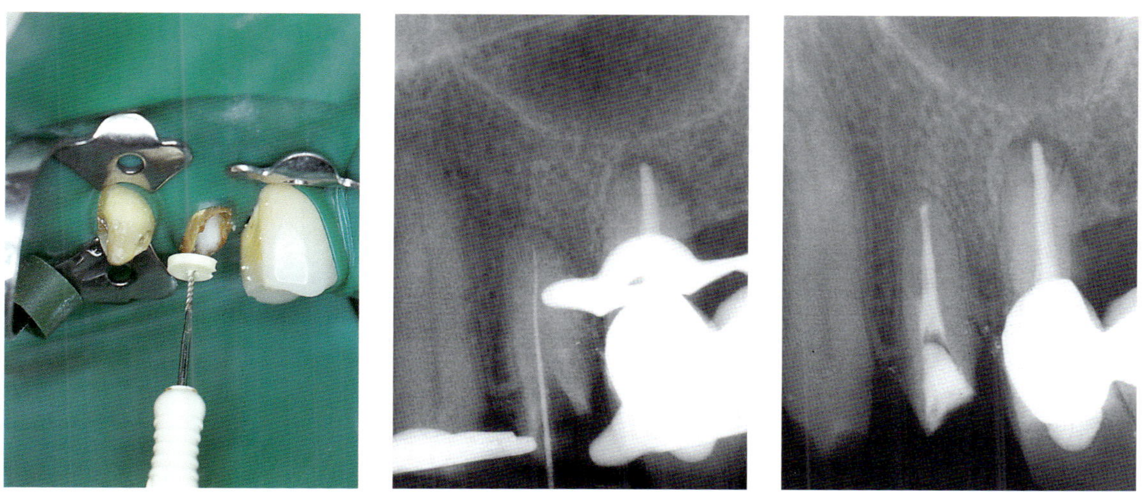

250 Gangbarmachen obliterierter Wurzelkanäle
Links: Ein Kanal von Zahn 24 (Falldarstellung in Abb. 240) wird mit einer K-Feile unter Zuhilfenahme eines Chelatbildners vorsichtig und nur millimeterweise gangbar gemacht.

Mitte: Hat die Feile die Arbeitstiefe erreicht, wird mittels Röntgenbild die Lage kontrolliert und die Länge ausgemessen.

Rechts: Kontrollröntgenaufnahme nach Wurzelkanalfüllung in orthoradialer Richtung.

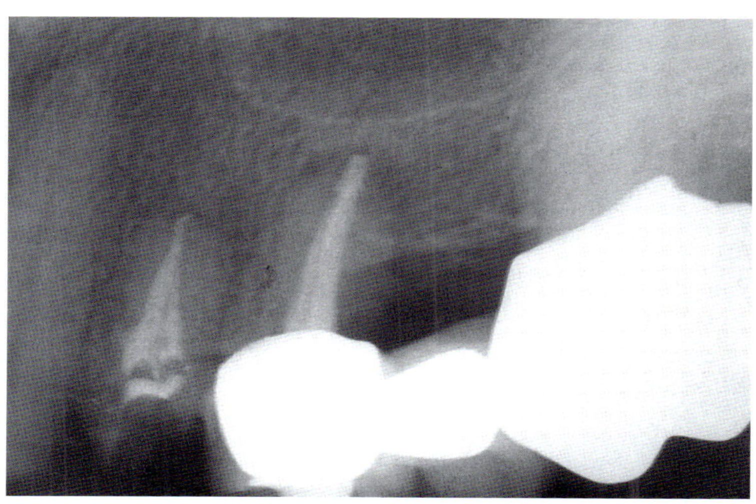

251 Röntgenkontrolle
Im Röntgenbild 4 Monate nach Abschluß der Wurzelkanalbehandlung sind im exzentrischen Strahlengang sowohl an Zahn 24 als auch an Zahn 25 die beiden getrennten Wurzelkanäle sehr gut differenzierbar. Jene des Zahnes 24 vereinigen sich kurz vor dem Apex zu einem Wurzelkanal.

Chemische Hilfsmittel

Zu den Gefahren bei der initialen Aufbereitung gekrümmter Wurzelkanäle gehören die Verblockung mit Dentinchips, die zu starke apikale Erweiterung und die Perforation. Vor allem in apikalen Bereichen treten Obstruktionen des Wurzelkanals selten vor der Behandlung auf, vielmehr werden sie durch eine falsche Instrumentationstechnik erzeugt. Die Verblockungen lassen sich in der weiteren Behandlung kaum mehr überwinden. Prophylaktisch läßt sich eine Obstruktion des Kanals durch den Gebrauch eines EDTA-haltigen Gleitmittels vermeiden.

Solche Gleitmittel können das Zusammenpressen von Pulpagewebsresten und Dentinspänen verhindern, bis der koronale Kanalanteil so erweitert ist, daß Spülmittel in den Wurzelkanal tief genug eindringen. Von Nygaard-Östby wurde bereits 1957 Äthylendiamintetraessigsäure (EDTA) als Komplexbildner zur Unterstützung der Instrumentation in der Endodontie eingesetzt. Durch Einbau des Kalziums in einen elektronegativen Komplex können Dentin entkalkt und somit Verblockungen innerhalb des Wurzelkanals überwunden werden (Burck 1988).

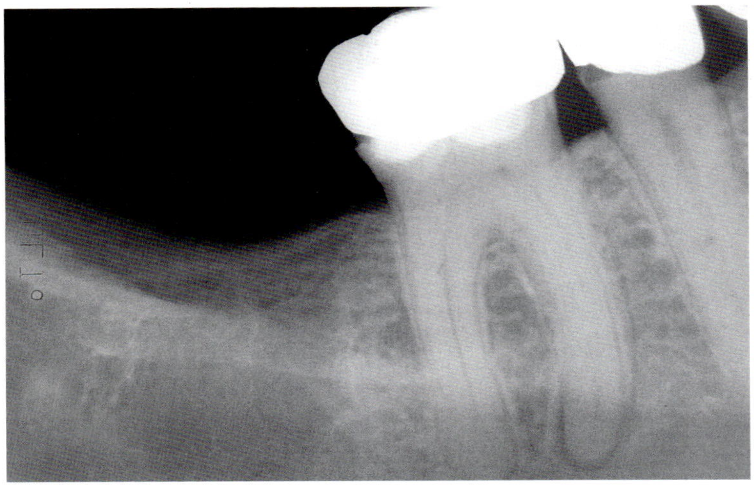

252 Obliteration
Unterer erster Molar mit periapikaler Aufhellung und nekrotischer Pulpa. Röntgenographisch sind alle Wurzelkanäle scheinbar durchgängig, sichtbar ist eine vermutliche Eröffnung des Pulpagewebes mit direkter Überkappung im mesialen Kronenanteil.

Rechts: Nach Abnahme der Kronenrestauration sind die Wurzelkanaleingänge vor allem distal nicht eindeutig zu lokalisieren.

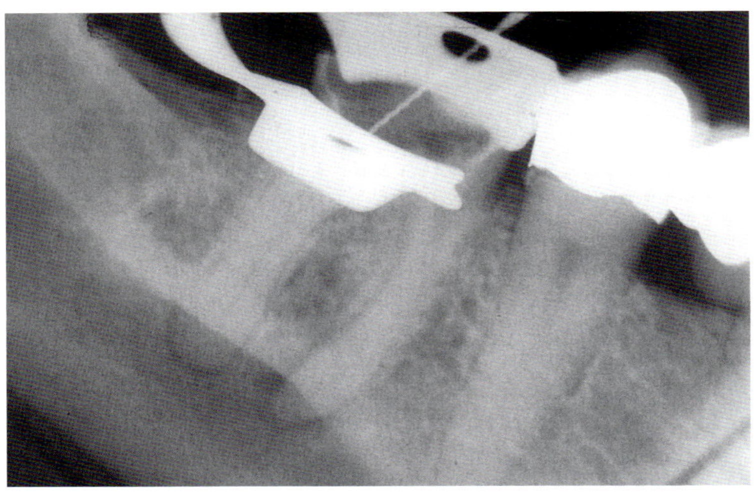

253 Auffinden des Kanals
Nachdem die Lokalisation des Wurzelkanaleingangs mit einer Sonde gelungen ist, erweist sich der distale Wurzelkanal als obliteriert: Die Feile kann nicht in den gesamten Kanal eingeschoben werden. Im ersten Meßröntgenbild erkennt man die geringe Penetrationstiefe, die Feile befindet sich aber innerhalb des Wurzelkanals.

Rechts: Die Länge des Wurzelkanals muß vor der Tiefenpenetration orientierend mit einer Meßlehre ermittelt werden.

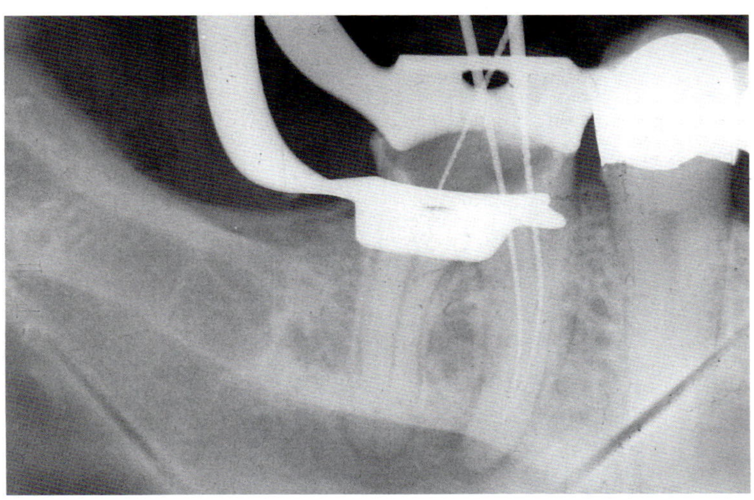

254 Überwinden der Obliteration im Wurzelkanal
Im zweiten Meßröntgenbild ist die Durchgängigkeit der beiden mesialen Kanäle erkennbar, allerdings konnte noch nicht bis zur apikalen Konstriktion aufbereitet werden. Distal ist der Wurzelkanal nicht vollständig durchgängig.

Rechts: Klinische Situation bei der röntgenographischen Festlegung des bisherigen Aufbereitungserfolgs.

EDTA kann die Dentinpermeabilität erhöhen und dadurch das Debridement des Wurzelkanals günstig beeinflussen (Goldberg u. Abramovich 1977). Auf Grund der langsamen Wirkung dieser hartgewebsdemineralisierenden Mittel während der Kanalinstrumentation ist eine Entkalkung des Dentins aber eher unwahrscheinlich. Stewart et al. (1969) haben das Präparat RC-Prep (Premier Dental; 15% EDTA und 10% Harnstoffperoxid, eingebettet in einen wasserlöslichen Glykolträger) zur Instrumentation empfohlen. RC-Prep weist eine sehr gute Gleit- und Reinigungswirkung auf.

Zur initialen Gangbarmachung obliterierter Wurzelkanäle wird die Spitze der K-Feile durch eine kleine Menge RC-Prep gezogen und anschließend mit kleinen Drehbewegungen in den Wurzelkanal eingeführt. Um die Obstruktionen zu überwinden, ist ein größerer Zeitaufwand notwendig. Die Feile muß nach Entfernen aus dem Kanal sorgfältig mit einer sterilen Gaze gereinigt werden. Anschließend spült man den Kanal mit NaOCl-Lösung, wodurch sich die Dentinpermeabilität erhöht, vermehrt Sauerstoff freigesetzt und EDTA neutralisiert wird.

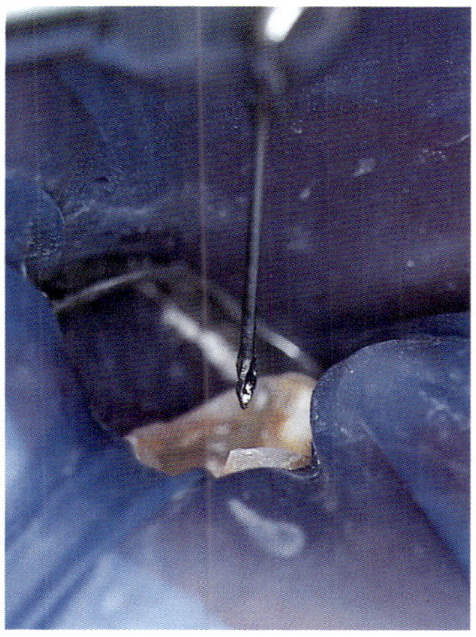

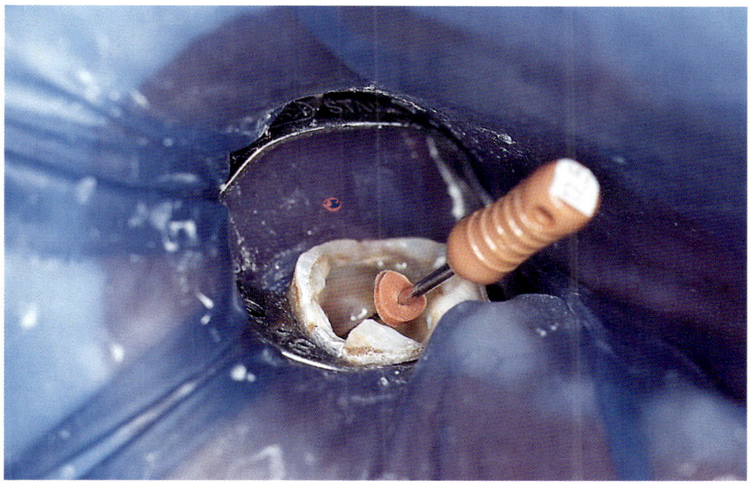

255 Koronale Erweiterung
Mit K-Feilen wird durch leichte Viertelkreisbewegungen der distale Wurzelkanal aufbereitet, bis die Durchgängigkeit hergestellt ist. Um Verblockungen zu vermeiden, werden Zwischengrößen eingesetzt.

Links: Der manuell durchgängig gemachte Wurzelkanal muß vorsichtig mit Gates-Bohrern erweitert werden, um koronal ein Klemmen des Arbeitsteiles der Feilen zu vermeiden.

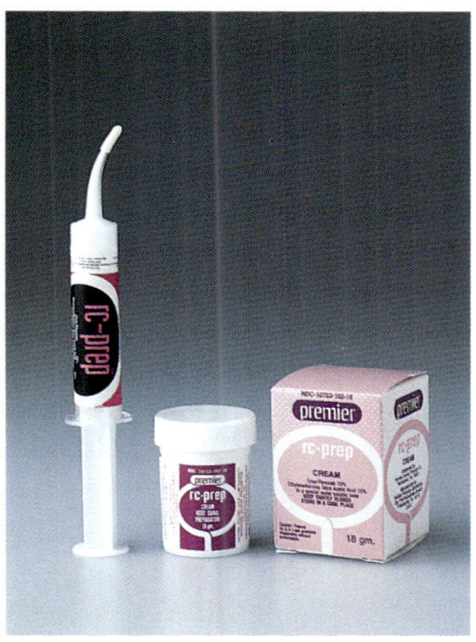

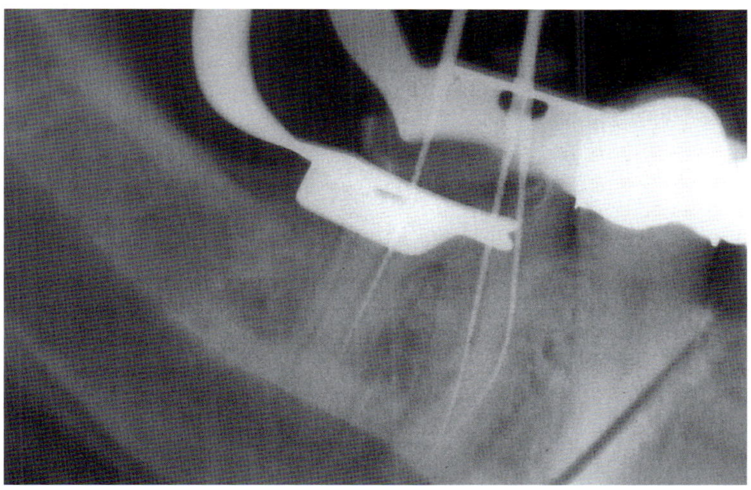

256 Chelatoren
Ohne Zuhilfenahme eines Chelators zur Dentindemineralisation und als Gleitmittel ist eine weitere Tiefenpenetration nicht möglich. Röntgenographisch erscheinen mesial im Meßröntgenbild die Kanäle fast durchgängig, distal ist die endgültige Arbeitstiefe noch nicht erreicht.

Links: RC-Prep besteht aus EDTA und Harnstoffperoxid. Es weist eine sehr gute Gleit- und Reinigungswirkung auf.

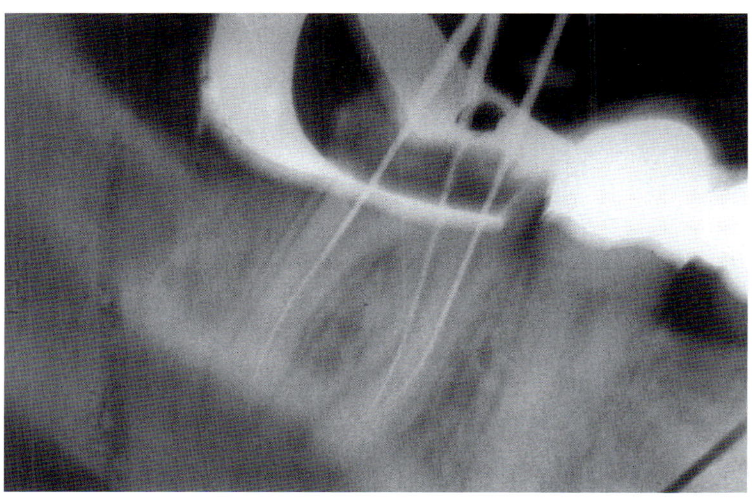

257 Arbeitstiefe
Nach einer zeitlich sehr aufwendigen manuellen und chemischen Lockerung der Obliteration kann im vierten Röntgenbild die Durchgängigkeit nachgewiesen werden.

Links: In die mesialen Kanäle werden zur besseren Differenzierung unterschiedliche Feilen eingeführt, die Stopper werden noch bis zum koronalen Referenzpunkt geschoben.

258 Instrumentation
Links: Wurzelkanalerweiterung beginnend mit einer K-Feile der Größe 15 bis zur röntgenographisch bestimmten Arbeitstiefe.

Rechts: Auf Grund der engen und apikal stärker gekrümmten Wurzelkanäle müssen in der Anfangsphase der Instrumentation Zwischengrößen verwendet werden. Erst nach Größe 17,5 wird auf die Instrumentenstärke 20 übergegangen, so daß eine iatrogene Verblockung vermieden wird.

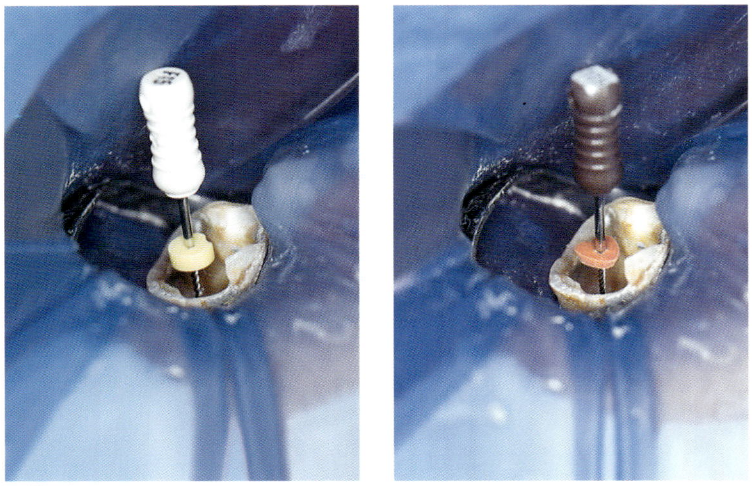

259 Konische Ausformung
Der Wurzelkanal wird um 3–4 Instrumentenstärken aufbereitet und anschließend konisch noch stärker erweitert. Zu erkennen ist ein fast runder und deutlich erweiterter Wurzelkanalquerschnitt.

Rechts: Die konische Kanalform kann entweder nach der Stepback-Technik allein mit K-Feilen oder mit maschinell arbeitenden Instrumenten erzielt werden.

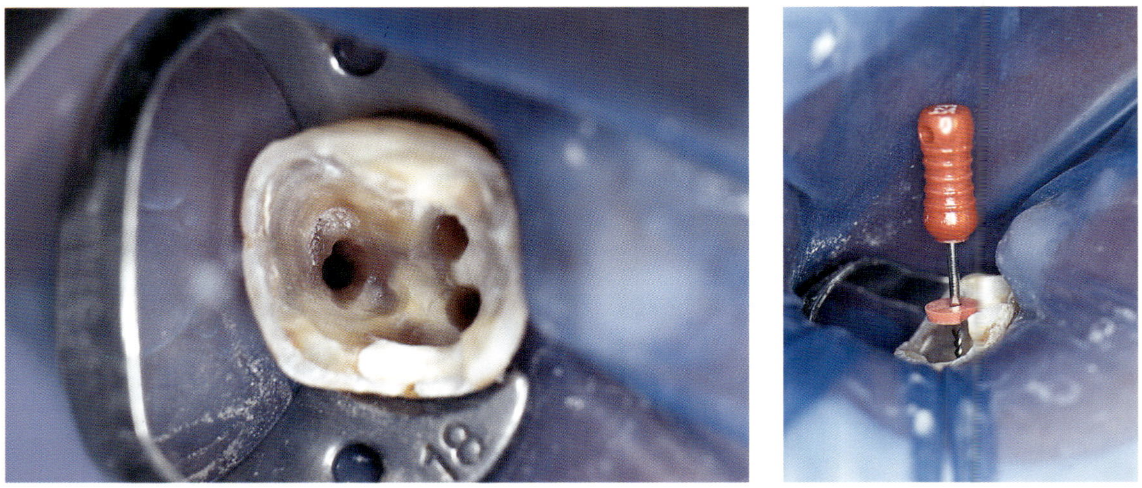

260 Wurzelkanalfüllung
Nach dem Trocknen der Kanäle werden diese mit Guttapercha und einem Sealer dicht gefüllt und die Überstände in Höhe des Kanaleingangs abgetrennt.

Rechts: Die Wurzelkanalfüllung erfolgt nach der lateralen Guttapercha-Kondensationstechnik.

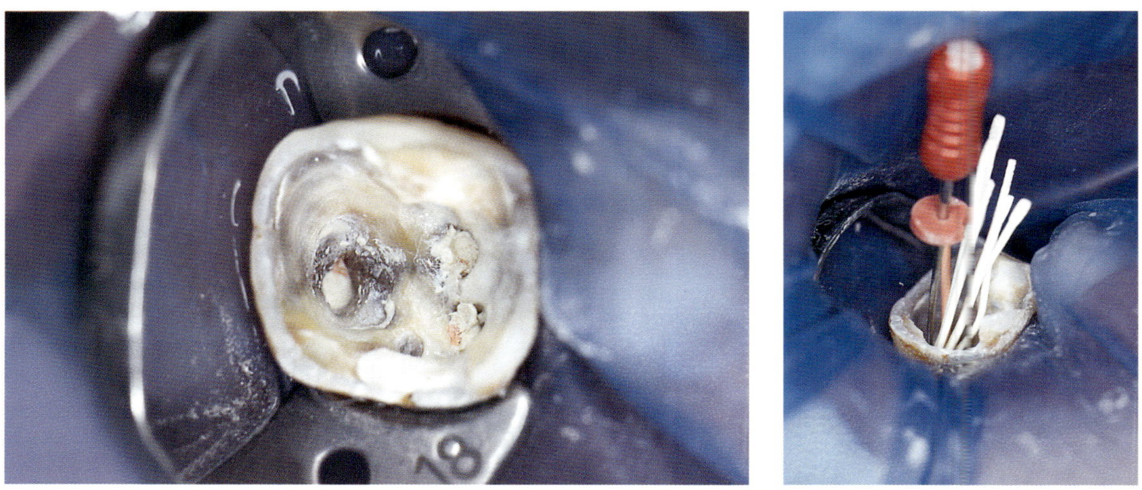

261 Röntgenkontrolle
Nach Wurzelkanalfüllung aller 3 Kanäle wird in der gleichen Sitzung der distale Wurzelkanal zur Aufnahme eines Schraubenaufbaus präpariert und dieser einzementiert. Nach dem koronalen Verschluß und Cermetaufbau wird der Erfolg der Wurzelkanalbehandlung röntgenographisch kontrolliert. Gegenüber der Anfangsaufnahme (Abb. 252) ist eine sehr gute Erweiterung und Aufbereitung in der Tiefe trotz der sehr engen und teilweise obliterierten Wurzelkanäle erzielt worden.

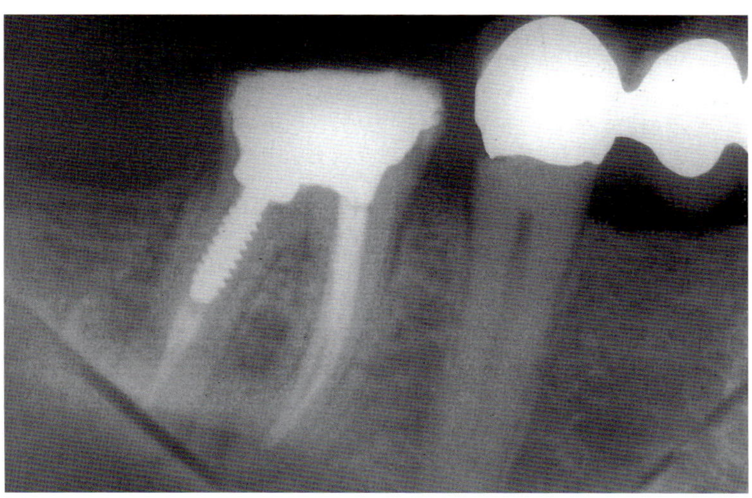

Wurzelkanalaufbereitung

Die Wurzelkanalaufbereitung verfolgt das Ziel, den Kanal von Pulpagewebsresten, Bakterien und nekrotischen Gewebsresten zu säubern und ihm eine Form zu verleihen, die die Füllung des gesamten Kanals mit einem biologisch inerten Material erlaubt. Die Aufbereitung soll bis zur engsten Stelle des Wurzelkanals, der apikalen Konstriktion, erfolgen. Die Erfolgsaussichten der Wurzelkanalbehandlung sind dann eindeutig am größten (Beer u. Baumann 1994).
Meist stimmt diese Konstriktion mit der Dentin-Zement-Grenze überein, d.h. hier treffen Dentin des Wurzelkanals und zelluläres Zement aufeinander. Das apikale Foramen ist die Zirkumferenz am Ende des Wurzelkanals, wo Pulpagewebe in das apikale Parodontalgewebe übergeht.
Schon 1931 empfahl Grove die Dentin-Zement-Grenze als idealen Endpunkt der Wurzelkanalaufbereitung. Kuttler (1955) entwickelte diese Vorstellung mit seiner sehr aufwendigen histologischen Untersuchung an über 400 Zähnen weiter und beschrieb sehr genau die Lage der apikalen Konstriktion auch in bezug zum apikalen Foramen. Bei 56% der untersuchten Zähne befand sich die Dentin-Zement-Grenze auf beiden Seiten des Wurzelkanals in gleicher Höhe, bei den anderen Zähnen lag sie auf beiden Kanalseiten unterschiedlich hoch. Die Distanz zwischen dem Zentrum des apikalen Foramens und der apikalen Konstriktion betrug jeweils im Mittel 0,52 mm für die Altersgruppe bis 25 Jahre und 0,66 mm jenseits der 55-Jahres-Grenze. Ausgangspunkt dieser Messung war jedoch nicht der röntgenographische Apex.

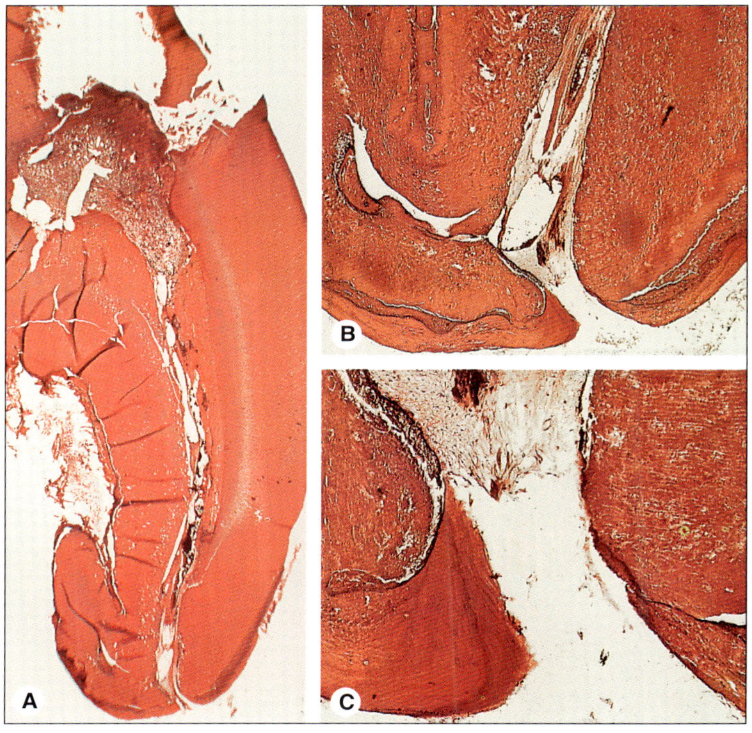

262 Definition des Apex

A Histologischer Schnitt des palatinalen Wurzelkanals eines oberen ersten Molaren mit Nekrose und ulzerierender Pulpitis aperta. Der Wurzelkanal ist teilweise durch Hartgewebe eingeengt, enthält pathologische Kalzifikationen und ist S-förmig gekrümmt mit distalwärts gerichteter Krümmung im apikalen Wurzelkanalabschnitt.

B Im apikalen Bereich liegt die Konstriktion oberhalb des Foramen apicale in Höhe der Dentin-Zement-Grenze. Das apikale Foramen öffnet seitlich oberhalb des anatomischen Apex.

C Der vergrößerte Ausschnitt zeigt die Dentin-Zement-Grenze, die auf beiden Seiten der apikalen Konstriktion nicht auf gleicher Höhe zu finden ist.

Röntgenographische Längenbestimmung

Die Wurzelkanalaufbereitung sollte kurz vor dem Apex enden. Der anatomische Apex ist der Punkt des Zahnes, der morphologisch am weitesten von der Inzisalkante bzw. Okklusalfläche entfernt ist. Der radiologische Apex dagegen ist der auf dem Röntgenbild am weitesten entfernte Punkt. Seine Position kann von der des anatomischen Apex abweichen. Das apikale Foramen ist die Öffnung am Ende des Zahnes, an der Pulpagewebe in Parodontalgewebe übergeht. Die apikale Konstriktion liegt im Wurzelkanal kurz vor dem apikalen Foramen und bestimmt die engste Stelle (Simon 1993).

Die genaue Festlegung der Arbeitslänge gehört zu den wichtigsten Arbeitsschritten der endodontischen Behandlung und entscheidet über Erfolg und Mißerfolg. Sie kann mittels Röntgenbild sowie unterstützend taktil und durch elektronische Hilfsmittel erfolgen. Des weiteren ermöglicht Sekret oder Blut an der Papierspitze beim Trocknen der Kanäle einen wichtigen Hinweis auf die Arbeitslänge. Blut an der Spitze weist auf eine zu starke Erweiterung des apikalen Foramens mit Überinstrumentation hin, Blut seitlich an der Papierspitze auf eine streifenförmige Perforation (Beer 1995).

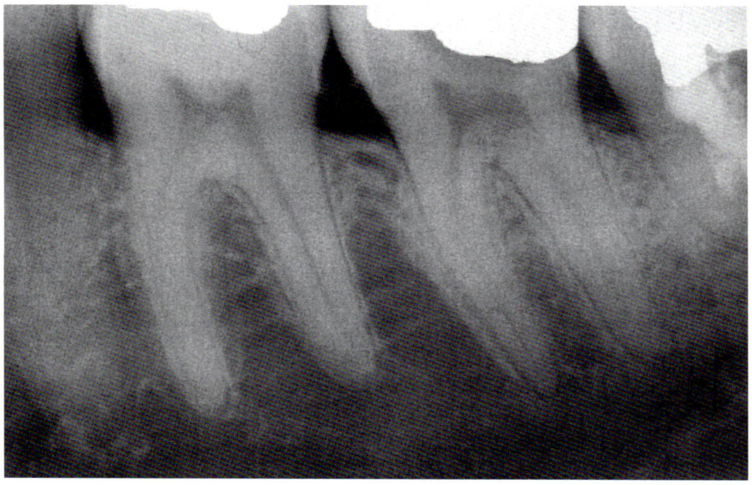

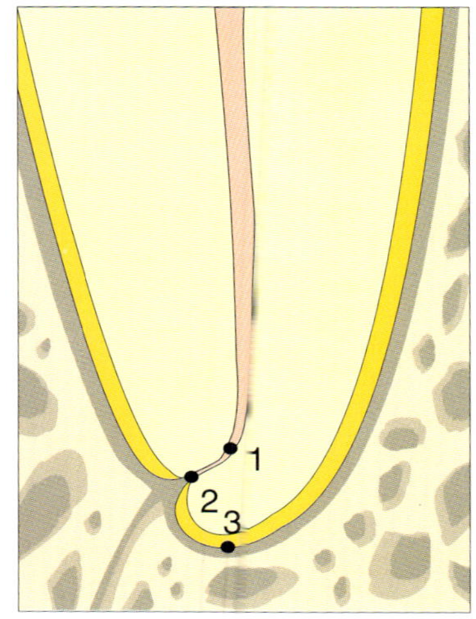

263 Diagnostisches Röntgen
Vor der Behandlung wird zu diagnostischen Zwecken ein Röntgenbild angefertigt, dem man Hinweise zur Anatomie der Wurzelkanäle entnehmen kann.

Rechts: Schematische Darstellung der anatomischen Details im Apexbereich mit apikaler Konstriktion (**2**) als engster Stelle des Wurzelkanals und anatomischem Apex (**3**). Zwischen beginnender apikaler Krümmung (**1**) und apikaler Konstriktion kann nekrotisches und infiziertes Gewebe liegen.

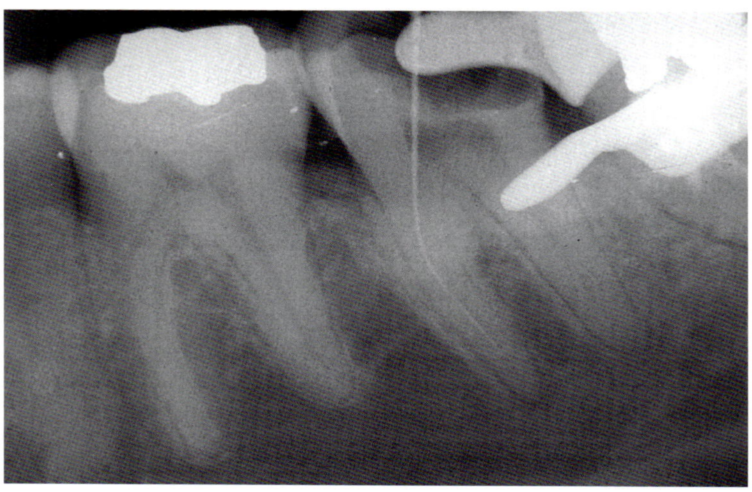

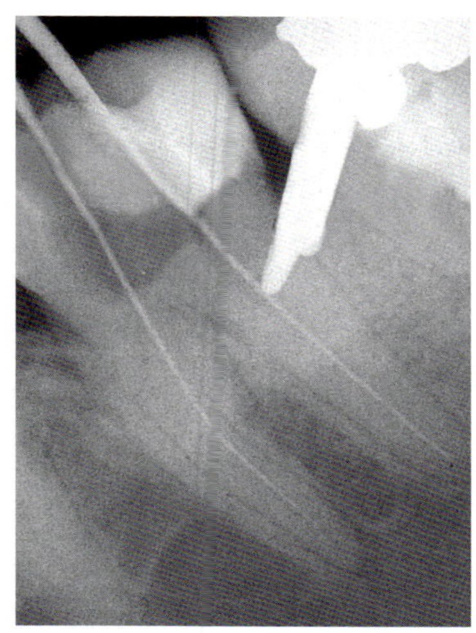

264 Erstes Meßröntgenbild
Nach Trepanation des Zahnes 37 und Darstellung der Kanaleingänge werden die Wurzelkanäle sondiert. Bei Überlagerungen von Wurzelkanälen werden diese einzeln nacheinander ausgemessen; die in den mesiobukkalen Kanal eingeschobene K-Feile ist 2 mm zu kurz.

Rechts: Die anschließende Meßaufnahme des distalen und mesiolingualen Wurzelkanals weist ebenfalls eine zu kurze Länge nach.

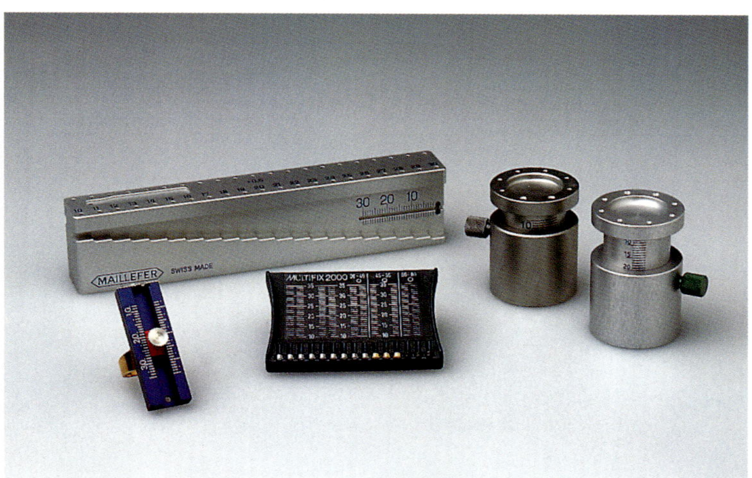

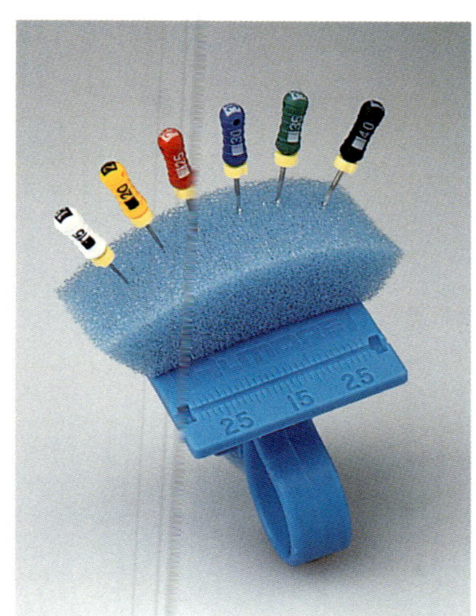

265 Meßröntgenkorrektur
Meßinstrumente zur Übertragung der ermittelten Arbeitslänge auf die Aufbereitungsinstrumente.
Links oben: Guldener Meßblock, darunter ein über den Ringfinger zu streifendes Meßgerät (Maillefer).
Mitte: Multifix 2000 (VDW) mit Metallstopper.
Rechts: Höhenverstellbare Meßblöcke von Roeko.

Rechts: Meßlineal mit Ablage für Instrumente nach Buchanan (DVG).

Da sich die apikale Konstriktion anhand des Röntgenbildes nicht direkt ermitteln läßt, wird die Zahnlänge über den Abstand zwischen koronalem Referenzpunkt und röntgenologischem Apex bestimmt. Dazu müssen röntgenopake Hilfsmittel in den Wurzelkanal eingeführt werden. Die Meßröntgenaufnahme mit einer eingeschobenen Feile der Größe 15 gibt u. a. Aufschluß über Wurzelkanalanatomie, Anzahl der Wurzelkanäle und Verlauf der Kanalkrümmung. Wichtig für die Bestimmung der Arbeitslänge ist die Festlegung eines reproduzierbaren Referenzpunktes.

Kommt es im Röntgenbild zur Überlagerung mehrerer Wurzelkanäle, wird in einen Kanal eine Hedströmund in den anderen eine K-Feile eingeführt. Zusätzlich kann eine weitere mesial- oder distalexzentrische Aufnahme angefertigt werden.
Die Kanallänge kann sich beim Aufbereitungsprozeß etwa durch Begradigung von Kanalkrümmungen ändern, so daß zusätzliche Meßaufnahmen notwendig werden. Längenabweichungen über 2 mm müssen durch eine weitere Meßröntgenaufnahme abgeklärt und korrigiert werden.

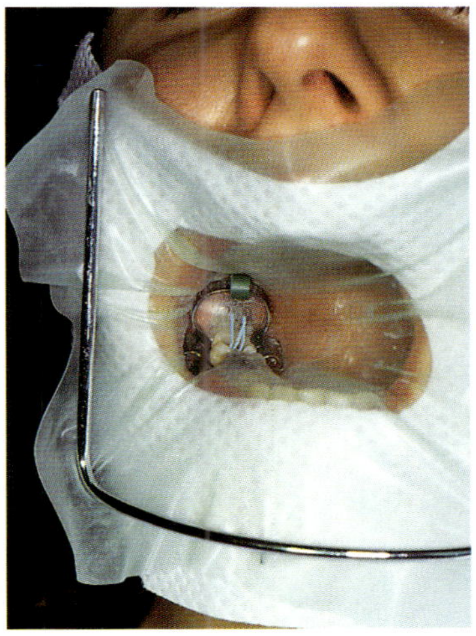
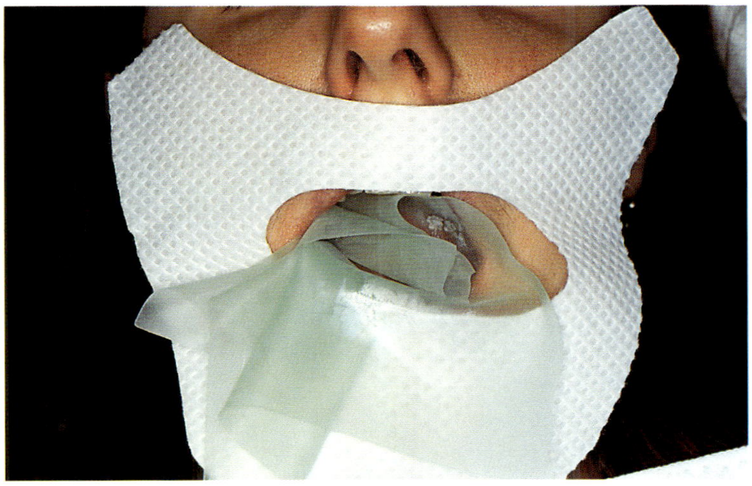

266 Röntgen und Kofferdam
Für die Meßröntgenaufnahme muß der Metallrahmen abgenommen werden. Kunststoffrahmen oder Klapprahmen können zum Röntgen belassen werden, allerdings kann die genaue Plazierung des Röntgenfilms intraoral erschwert sein.

Links: Nach Anfertigen der Röntgenaufnahme wird der Kofferdam wieder auf den Rahmen gespannt und in der Zwischenzeit das Röntgenbild im Schnellgang entwickelt.

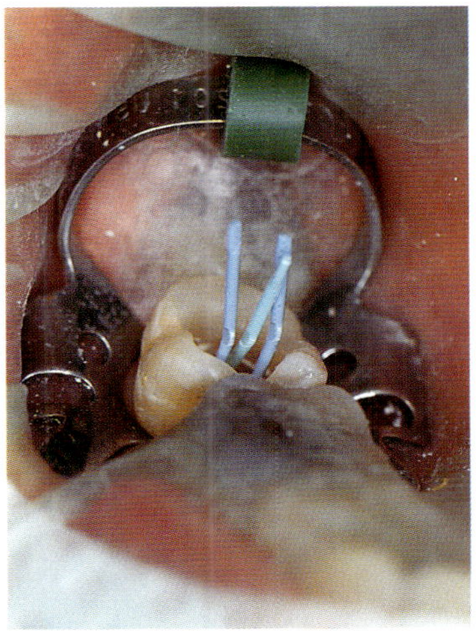
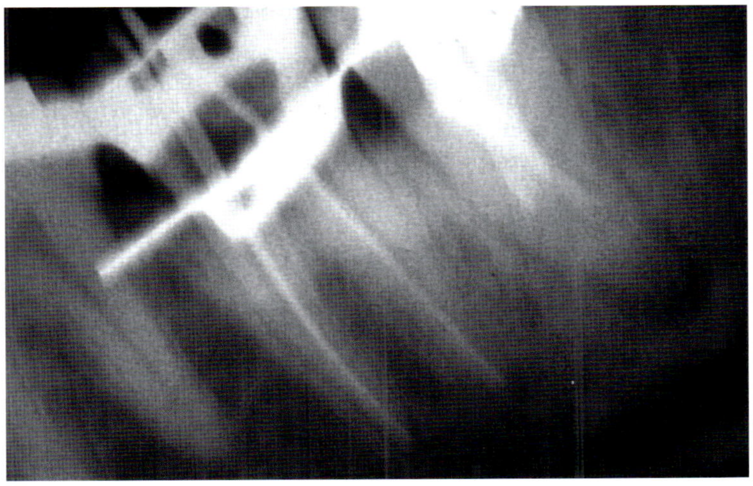

267 Masterpointröntgen
Nach der Wurzelkanalaufbereitung können die 3 Guttapercha-Masterpoints mittels Röntgenbild eingemessen werden, so daß eine zusätzliche Kontrolle des Aufbereitungsergebnisses möglich ist; Korrekturen sind in diesem Stadium der Kanalbehandlung ohne größeren Aufwand möglich.

Links: Die Arbeitslänge wird durch Pinzetteneindruck auf die Guttaperchastifte übertragen, diese Kennzeichnung ist aber relativ ungenau.

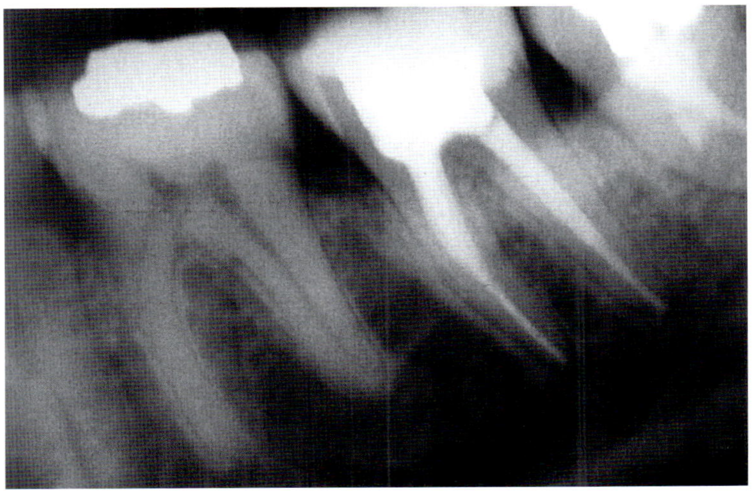

268 Röntgenkontrolle
Nach Abschluß der Wurzelkanalfüllung muß das Ergebnis auch aus forensischen Gründen mittels Röntgenbild kontrolliert werden. Die Wurzelkanalfüllungen enden korrekt ohne Zeichen einer Unter- oder Überfüllung.

Schwierigkeiten bei der Längenbestimmung

Die Zahnlänge entspricht der Distanz zwischen koronalem Referenzpunkt und anatomischem Apex, die Arbeitslänge der zwischen Inzisalkante und apikaler Konstriktion. Letztere läßt sich allerdings diagnostisch nicht eindeutig ermitteln. Aus der Studie von Kuttler (1955), der zwischen apikaler Konstriktion und Zentrum des apikalen Foramens einen durchschnittlichen Abstand von 0,52 mm bestimmte, wurde die Philosophie des Endpunktes der Aufbereitungstiefe abgeleitet. Die Wurzelkanalaufbereitung soll 0,5 mm vor dem röntgenologischen Apex enden (Voß 1993). Durch diesen willkürlich gewählten Endpunkt sollte das apikale Foramen vor einer Erweiterung geschützt und damit ein Überpressen von Bakterien in den periapikalen Raum verhindert werden. Allerdings bleiben bei dieser Längenfestlegung Massen von Bakterien in der kritischen apikalen Zone, so daß sich postoperativ eine periapikale Läsion entwickeln kann. Die kritische Zone stellen die apikalen 3 mm des Kanals dar. Um Bakterien und ihre Produkte vollständig zu eliminieren, ist deshalb auch eine Instrumentierung bis zum röntgenologischen Apex sinnvoll (Simon 1993).

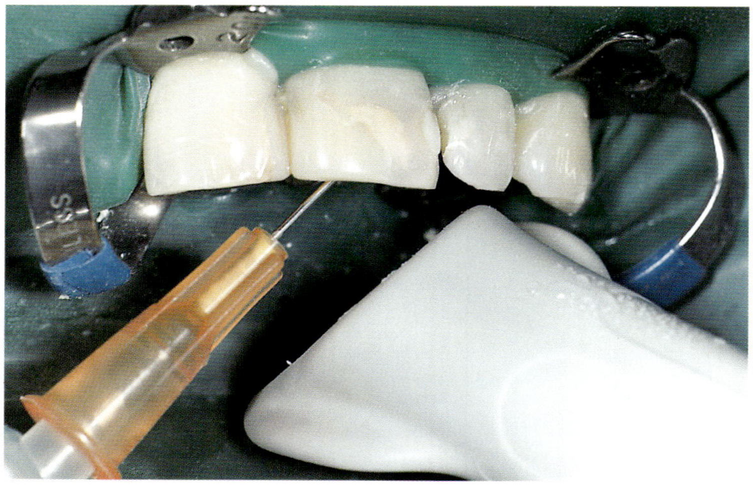

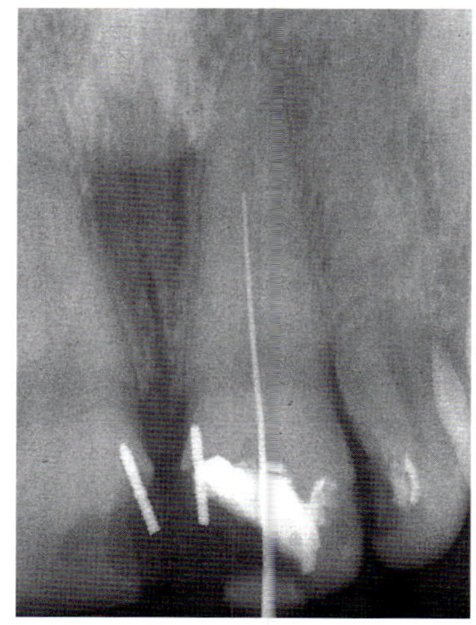

269 Erstinstrumentation
In der ersten Sitzung wurde der Wurzelkanal von Zahn 21 unter Natriumhypochloritspülung instrumentiert und eine Kortikosteroid-Antibiotikum-Zwischeneinlage einrotiert.

Rechts: Die erste Meßröntgenaufnahme zeigt eine um 4–5 mm zu kurze Arbeitslänge, die zwar rechnerisch korrigiert wurde, aber keine eindeutige Längenbestimmung zuläßt, so daß sich noch Bakterien im nichtinstrumentierten apikalen Kanalabschnitt befinden.

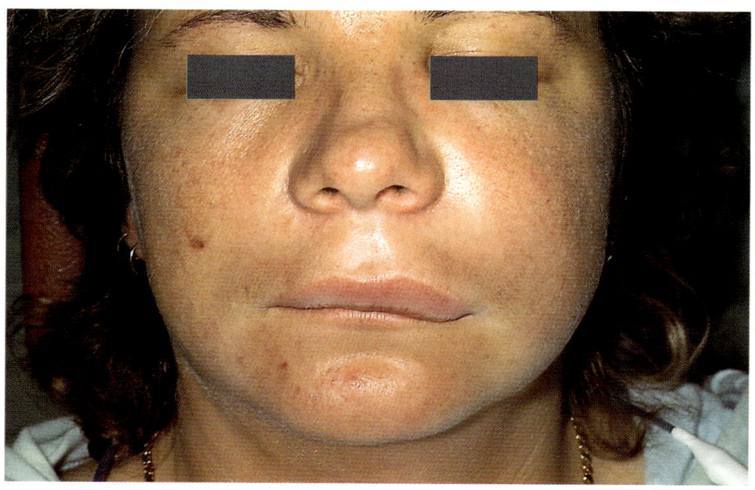

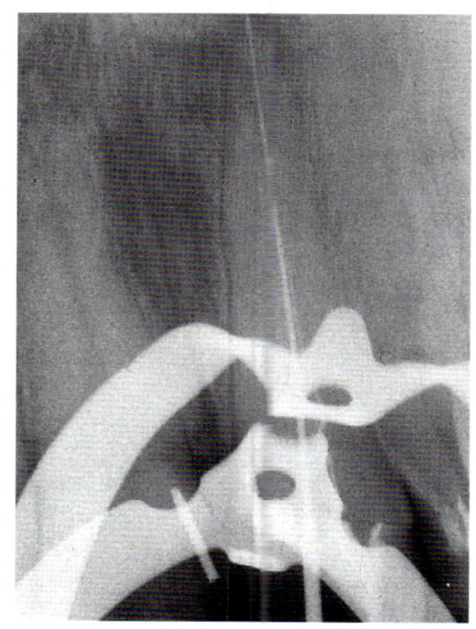

270 Überinstrumentation
Eine Woche nach der Erstinstrumentation wurde der Wurzelkanal wieder eröffnet, anschließend vollständig aufbereitet und mit Kalziumhydroxid als Zwischeneinlage gefüllt. Bereits 24 Stunden später erscheint die Patientin mit einer starken Schwellung.

Rechts: Ursache der postoperativen akuten Reaktion mit der massiven Pusansammlung ist das geringe Überpressen der Meßfeile mit Verschleppung von Bakterien.

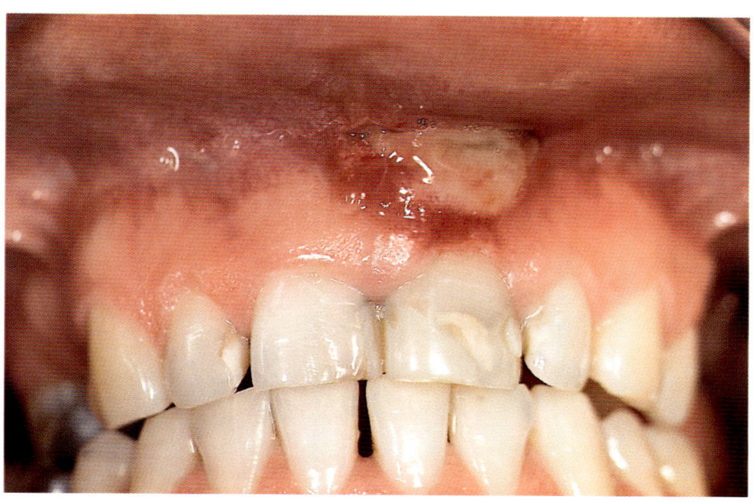

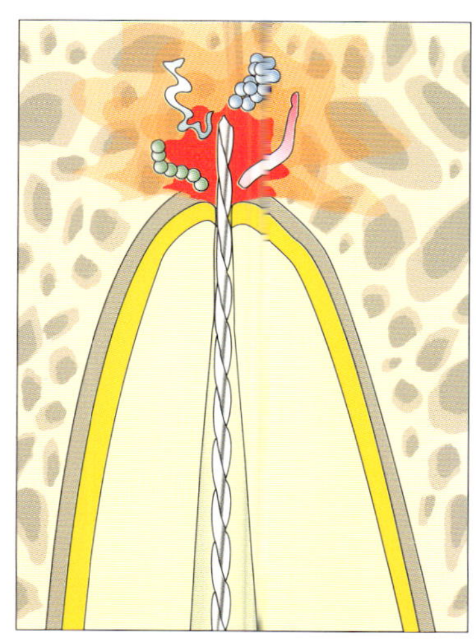

271 Notfalltherapie
Da eine Drainage für einen Pusabfluß über den Wurzelkanal nicht möglich ist, muß inzidiert werden. Dadurch tritt eine sofortige Besserung der klinischen Symptome auf.

Rechts: Bakterien können sich bei falscher Längenbestimmung im Restwurzelkanal vermehren und werden iatrogen über den Apex in den periapikalen Raum transportiert, wodurch eine akute postendodontische Reaktion auftreten kann.

Der röntgenologische Apex ist der einzige Punkt, der mittels Röntgenbild meßbar ist. Im Einzelfall kann die Differenz zwischen Apex und apikaler Konstriktion nicht eindeutig bestimmt werden. Van de Voorde u. Bjorndahl (1969) fanden, daß die apikale Konstriktion im Mittelwert 1,1 mm und das Foramen apicale 0,3 mm vom anatomischen Apex entfernt ist. Eine absolut korrekte Bestimmung der Arbeitslänge wird nur in etwa 75% der Fälle erzielt (Negm 1983). 45% der röntgenographisch kurz vor dem Apex liegenden Instrumente ragen über das apikale Foramen hinaus (Chunn et al. 1981).

Bei Sichtkontrolle nach chirurgischer Freilegung fanden sich nur 30% der Meßfeilen in regelrechter Lage (Kollmann 1985). Nach Extraktion erwiesen sich ein Viertel der röntgenographisch korrekt erscheinenden Kanalbehandlungen als insuffizient (Kersten et al. 1987). Bedingt durch projektionstechnische Verzerrungen ist eine direkte Korrektur der Arbeitslänge aus dem Röntgenbild kaum möglich. Bei senkrechtem Einfall der Röntgenstrahlen auf die Wurzelspitze wird der Zahn vergrößert dargestellt. Auch die Rechtwinkeltechnik vergrößert die wahre Zahnlänge um 7% (Rocke 1993).

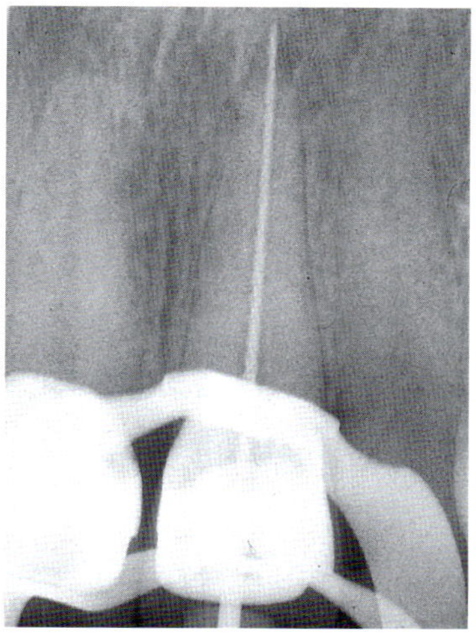
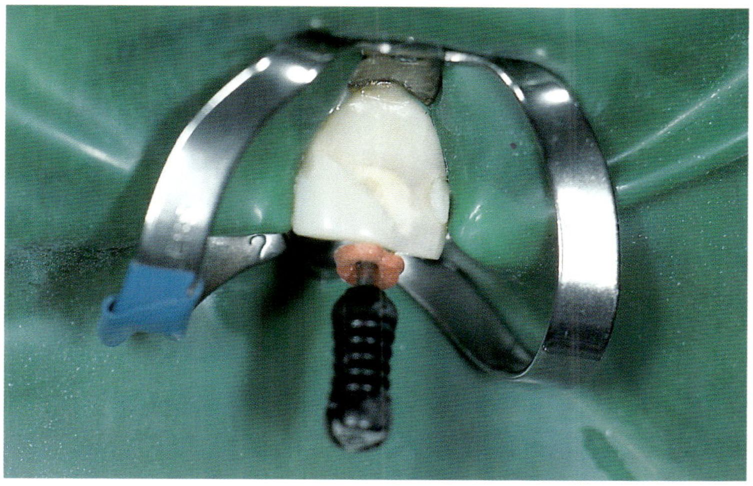

272 Längenbestimmung
Nach Abklingen der Symptome 5 Tage nach Inzision kann der Wurzelkanal erneut instrumentiert werden. Anschließend wird Kalziumhydroxid fest in den Wurzelkanal eingestopft.

Links: Festlegung der Arbeitslänge vor der weiteren Instrumentation durch eine Meßröntgenaufnahme, die die Lage der K-Feile nachweist. Eine nochmalige Längenkorrektur um 1 mm ist erforderlich.

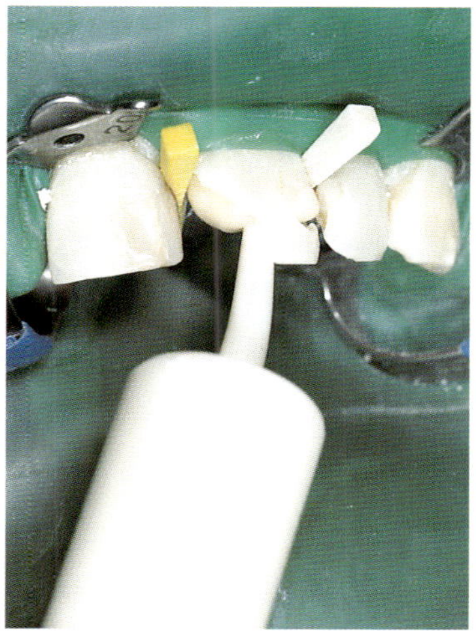
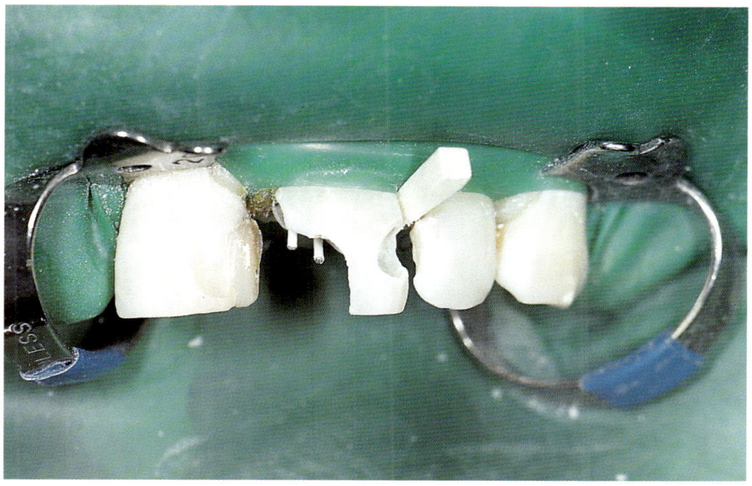

273 Wurzelkanalfüllung und koronaler Verschluß
2 Monate nach Beginn der Wurzelkanalbehandlung kann bei Abklingen aller klinischen Symptome der Wurzelkanal mit Guttapercha abgefüllt werden. Anschließend werden die Kompositrestaurationen vollständig entfernt und mesial 2 parapulpäre Stifte eingeschraubt.

Links: Der Wurzelkanal wird mit einem Glasionomerzement abgedeckt. Danach kann die Kompositinterimsfüllung appliziert werden.

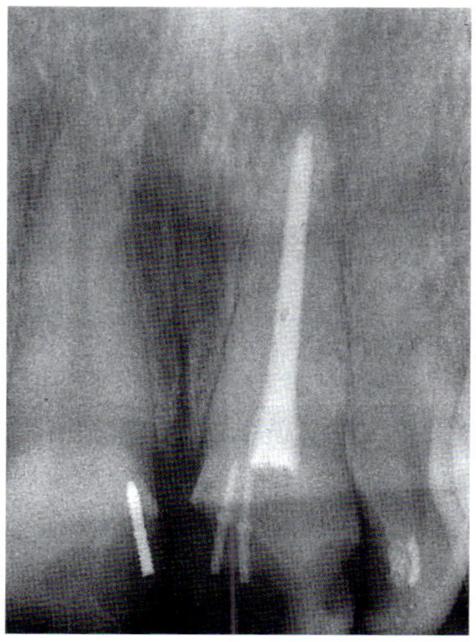
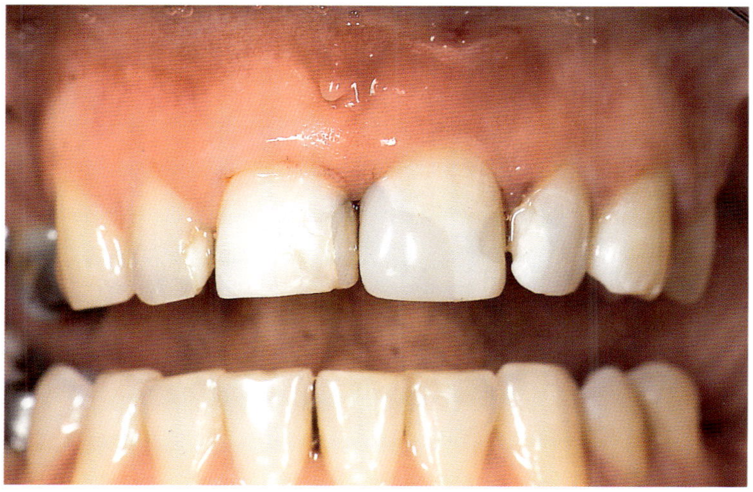

274 Röntgenkontrolle
Nach Politur der Füllung wird der Kofferdam abgenommen. Sichtbar wird die geringe Narbenbildung und der gute Wundverschluß der ehemaligen Inzisionsöffnung.

Links: Im Kontrollröntgenbild ist ein dichter Wurzelkanalverschluß sowie die auch in der Länge gelungene Wurzelkanalfüllung sichtbar.

Verlust der Arbeitslänge

Während der Wurzelkanalinstrumentation kann es ungewollt zu einer iatrogenen Verblockung des Kanals kommen. Ursache sind eine Akkumulation von Dentinspänen, die nicht herausbefördert werden, eine Kompression von Pulpagewebsresten oder auch eine apikale Stufenbildung mit Ansammlung von Hart- und Weichgewebe. Dadurch wird ein ungehinderter Zugang der Feile bis zur apikalen Konstriktion unmöglich. Die ständige Kontrolle des Stoppers und damit der Eindringtiefe sowie das vorsichtige Einführen des Aufbereitungsinstruments können das Verblocken verhindern.

Die Kompression von Pulpagewebe kann durch eine sorgfältige Exstirpation vermieden werden. Nach Eröffnen des Kanaleingangs sollte ausschließlich mit einer Hedström-Feile der Größe 15 gearbeitet werden, die leicht rotierend die Pulpa entfernt und ein Zusammenpressen verhindert. Klinische Erfahrungen zeigen, daß RC-Prep in dieser Behandlungsphase zur Emulgierung des Pulpastumpfes führt und dadurch den Zusammenhalt der Kollagenfasern auflöst. Gewebslösende Spülungen dringen in dieser Phase noch nicht tief genug in den Wurzelkanal ein (Baumgartner u. Mader 1987).

275 Apikale Parodontitis
Im diagnostischen Röntgenbild des Zahnes 36, angefertigt nach der Paralleltechnik, ist mesial eine kirschkerngroße periapikale Aufhellung sichtbar. Eine Behinderung der Kanalinstrumentation durch eine Obliteration der Wurzelkanäle erscheint ausgeschlossen, obwohl die Wurzelkanäle eher eng sind.

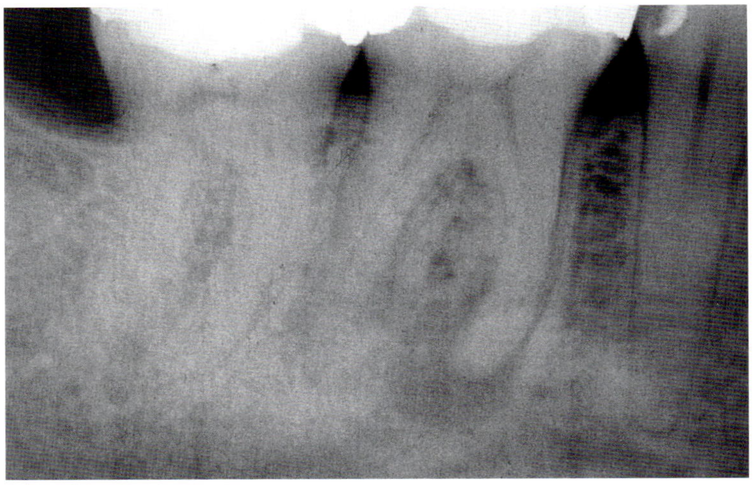

276 Meßröntgenaufnahme
Im ersten Meßröntgenbild ist die Feile im mesiolingualen Wurzelkanal auch auf Grund der apikalen Dentinresorption leicht überpreßt worden, was die Durchgängigkeit dieses Kanals nachweist. Distal fehlen bis zum Erreichen der Arbeitslänge noch 1,5 mm.

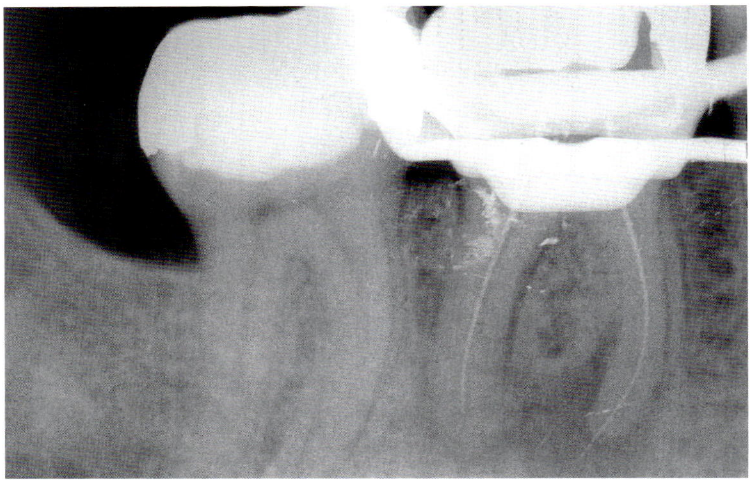

277 Meßröntgenaufnahme
In die mesialen Wurzelkanäle werden zur besseren Unterscheidung verschiedene Feilen eingeschoben. Die K-Feile im mesiolingualen Kanal hat die Arbeitslänge erreicht, die Hedström-Feile im mesiobukkalen Kanal ist zu kurz. Im distalen Kanal ist gegenüber der ersten Meßröntgenaufnahme keine Veränderung der Arbeitstiefe zu erkennen.

Rechts: Die Arbeitslänge der mesiobukkalen Feile muß um 1,5 mm korrigiert werden.

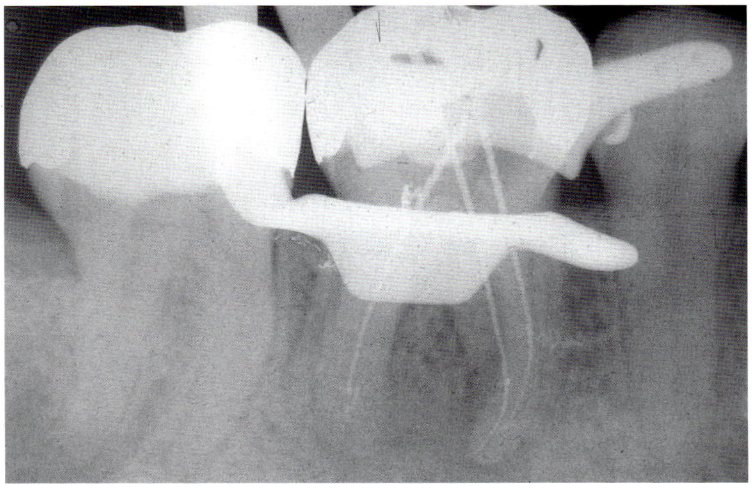

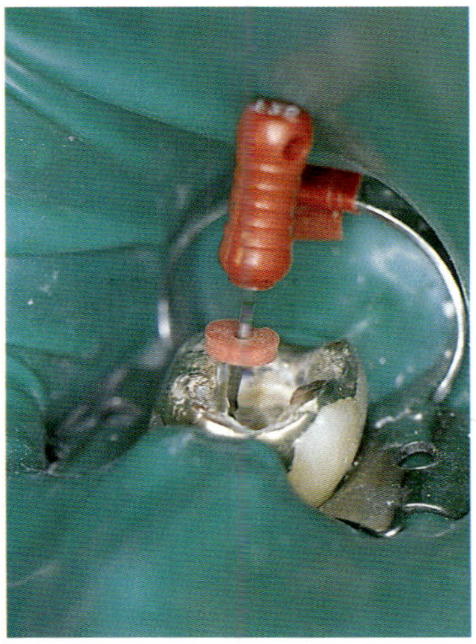

Ist es zur Kompression von Pulpagewebe gekommen, müssen Gleitmittel auch in der Tiefe des Wurzelkanals eingesetzt werden. Nur durch den leicht drehenden Gebrauch einer Hedström-Feile der Größe 15 kann diese Gewebeansammlung durchdrungen werden. Die Feile muß immer wieder gereinigt und zwischensterilisiert werden. Tritt während der Aufbereitung ein Verlust der Arbeitslänge auf, so ist eine kraftvolle Tiefenpräparation zur Überwindung der Obstruktion unbedingt zu vermeiden. Das Einrotieren von demineralisierenden Substanzen als Zwischeneinlage ist absolut kontraindiziert.

Dentinreste können sich bei einer drehenden Aufbereitung mittels K-Feilen oder Canal-master-Instrumenten im apikalen Bereich ansammeln (Beer 1993c). Die Verwendung von maschinengetriebenen Instrumenten ist sowohl für die apikale Instrumentation sehr enger Wurzelkanäle als auch zur Überwindung von Obstruktionen ungeeignet, da der wichtige Tastsinn verlorengeht. Die Präparation eines weiten koronalen Zugangs und häufige Spülungen können eine Verblockung verhindern helfen. Nur mit einer vorgebogenen Hedström-Feile kann die Obliteration passiert werden (West et al. 1994).

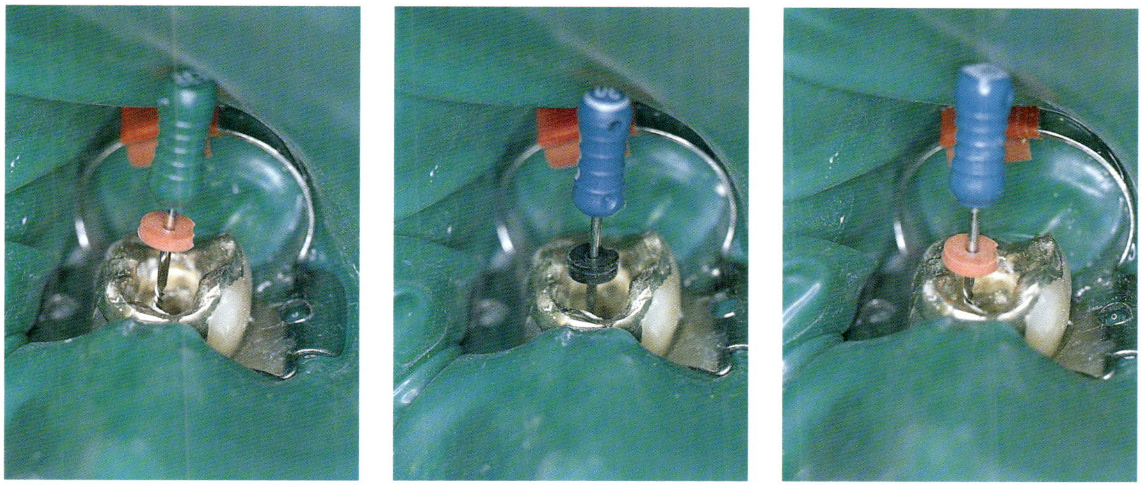

278 Arbeitslängenkorrektur
Links: Die Arbeitslänge des mesiobukkalen Wurzelkanalinstruments wird um 1,5 mm verlängert, der Stopper hat den koronalen Referenzpunkt aber noch nicht erreicht.

Mitte: Mit einer Hedström-Feile wird durch Verrutschen des Gummistoppers die falsch eingestellte Arbeitstiefe zwar erreicht.

Rechts: Durch falsches Einstellen der Arbeitslänge mittels Gummistopper kommt es aber zur Verblockung des mesiobukkalen Wurzelkanals.

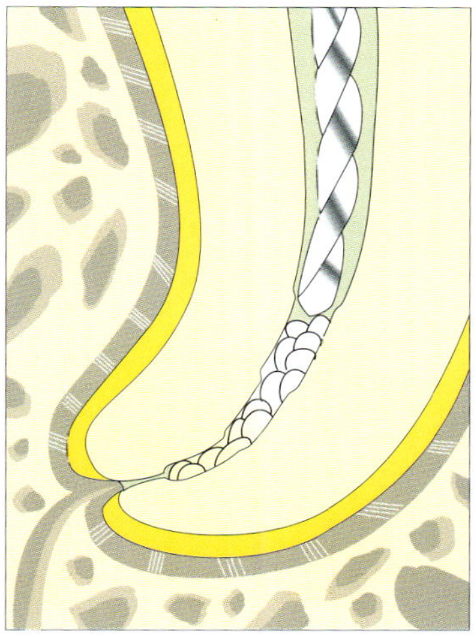

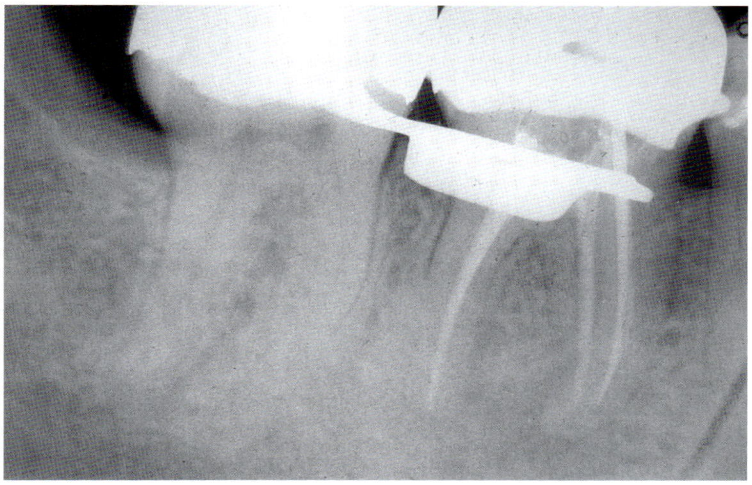

279 Wurzelkanalfüllung
Die Wurzelkanalfüllung erfolgt mit Guttapercha und einem Kalziumhydroxid-Sealer bei klinischer Symptomlosigkeit. Während der lateralen Kondensation wird ein Zwischenkontrollbild angefertigt, so daß noch Korrekturen möglich sind. Sichtbar ist neben dem Guttapercha-Masterpoint der eingeführte Fingerspreader.

Links: Schemazeichnung der Ablagerung von Dentinchips infolge unzureichender Längeneinstellung.

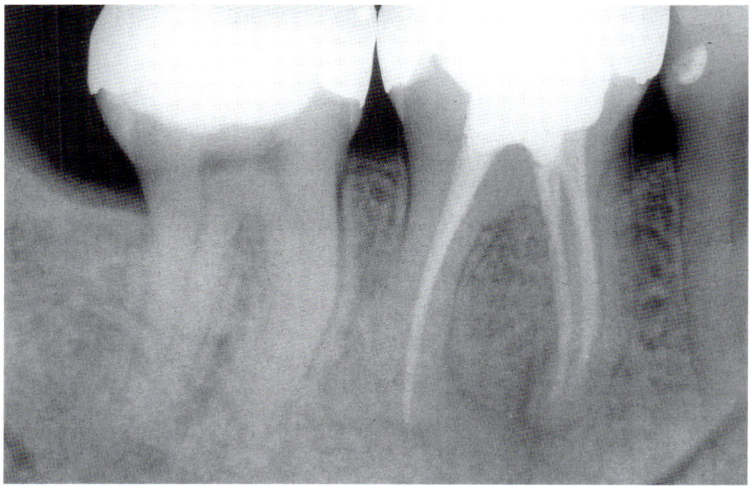

280 Röntgenkontrolle
Das Kontrollröntgenbild 3 Monate nach der Aufbereitung und nach Kalziumhydroxidzwischeneinlage zeigt eine deutliche Reduktion der periapikalen Aufhellung. Die iatrogene Verblockung der mesialen Wurzelkanäle, die zu Behandlungsbeginn noch durchgängig waren, konnte nicht mehr überwunden werden. Trotzdem ist eine Heilungstendenz sichtbar.

Arbeitslänge bei apikaler Resorption

Die chronische apikale Parodontitis zeichnet sich durch 4 Hauptkomponenten aus: das meist herdförmige entzündliche Infiltrat aus hauptsächlich Plasmazellen und Lymphozyten, das Granulationsgewebe mit Fibroblasten und Kapillarsprossungen, die proliferierenden mehrschichtigen Epithelstränge sowie die Bindegewebskapsel (Schroeder 1991). Bakterien finden sich im apikalen Wurzelkanalabschnitt, abgegrenzt durch einen Wall neutrophiler Granulozyten. Erst bei akuter Exazerbation können Bakterien über das Foramen apicale in das periapikale Gewebe penetrieren (Nair 1987).

Während der angrenzende periapikale Knochen knochenresorbierende Osteoklasten enthält, zeigt der Wurzelapex im Bereich der chronischen Entzündung Zeichen einer Zement- und Dentinresorption. Gleichzeitig finden sich sowohl im apikalen Teil des Wurzelkanals als auch weiter koronal ausgedehnte Resorptionsflächen entlang der Kanalwand. Die chronische apikale Parodontitis weist aber nicht nur Resorption mit Erweiterung des Apexbereichs und der apikalen Konstriktion auf, sondern auch Reparationszeichen mit Zementapposition (Delzangles 1988).

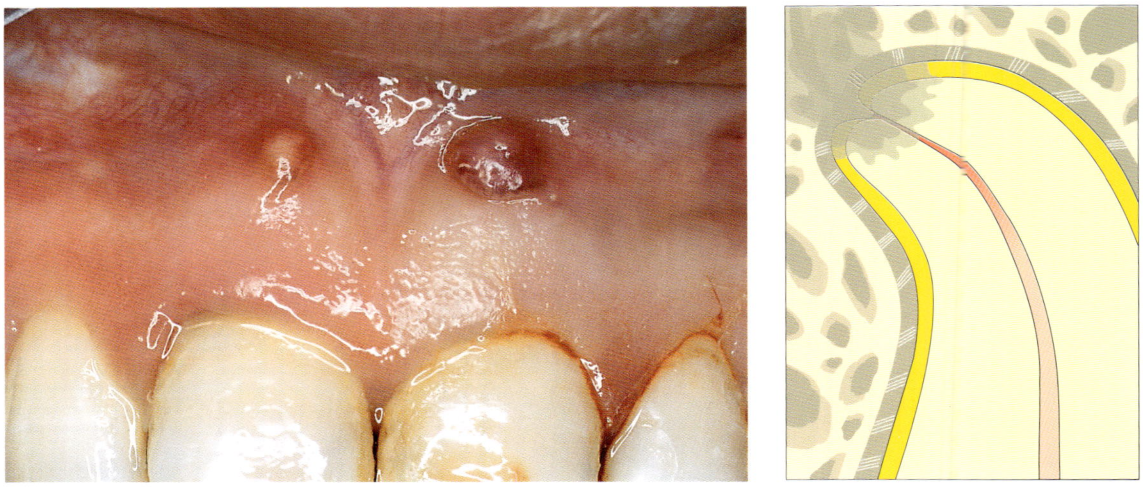

281 Periapikale Läsion
Die Fisteln in der Umschlagfalte in Regio der Wurzelspitzen der Zähne 11 und 21 bei ansonsten klinischer Symptomlosigkeit weisen auf eine chronische apikale Parodontitis mit akuten Exazerbationsschüben hin; beide Zähne reagieren negativ im Sensibilitätstest und positiv im Perkussionstest.

Rechts: Durch den periapikalen Resorptionsprozeß ist keine apikale Konstriktion mehr vorhanden.

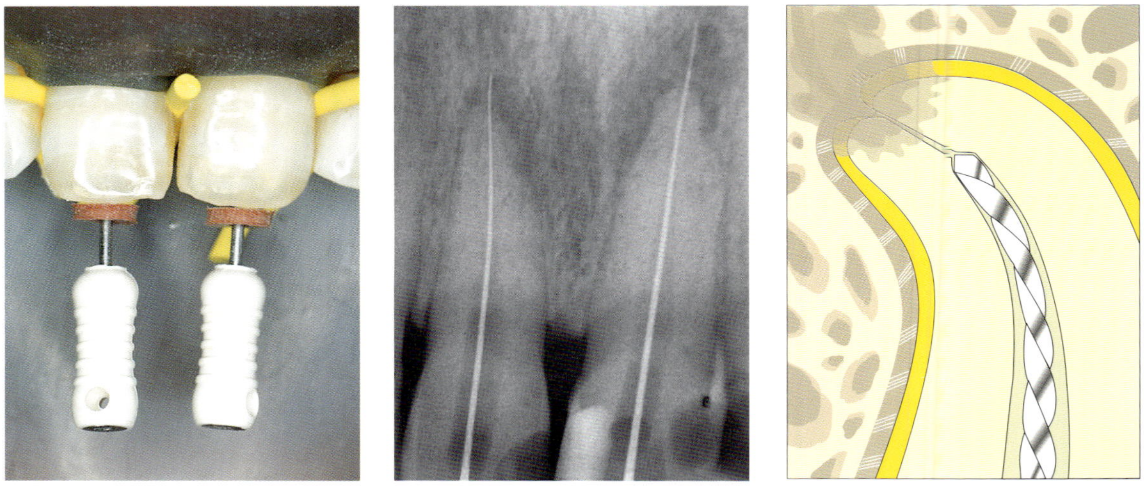

282 Wurzelkanalaufbereitung
Links: Nach der koronalen Erweiterung werden 2 Feilen der Größe 15 bis zum ersten taktilen Widerstand in die Wurzelkanäle eingeschoben.

Mitte: Im Röntgenbild erkennt man ein deutliches Überpressen der Feilen über den Apex bis in den periapikalen resorbierten Knochenbereich hinein.

Rechts: Schema der Präparation eines apikalen Stops.

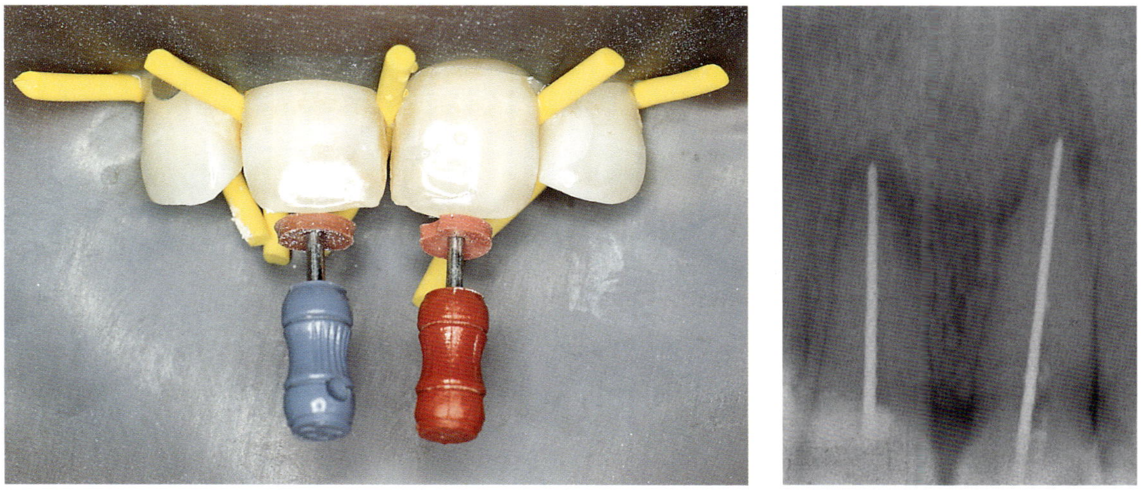

283 Kontrolle der Aufbereitungstiefe und apikaler Stop
Nach Korrektur der Arbeitslänge werden die Wurzelkanäle instrumentiert. Die zuletzt benutzten Feilen werden abschließend links gedreht, wodurch ein apikaler Stop aus Dentinspänen entsteht. Diese dürfen jedoch nicht infiziert sein.

Rechts: In der Röntgenkontrolle erkennt man leichtes Überinstrumentieren. Die Länge muß korrigiert und mit einem größeren Instrument erneut ein Stop erzeugt werden.

Da in den meisten Wurzelkanälen mit periapikaler Läsion keine apikale Konstriktion oder Dentin-Zement-Grenze mehr vorhanden ist, sollte während der Instrumentation ein *apikaler Stop* präpariert werden. Dieser muß so nah wie möglich am apikalen Foramen liegen, um durch die Aufbereitung alle sich in diesem Gebiet befindenden Bakterien zu eliminieren. Das Vorgehen, willkürlich die Instrumentationstiefe 0,5 bis 1,5 mm vom Apex zurückzusetzen, erfüllt nicht das Ziel der Wurzelkanalbehandlung, die apikalen infizierten Bereiche vollständig zu reinigen (Simon 1993).

Der apikale Stop verhindert ein Überpressen der Wurzelkanalfüllung. Bei Überinstrumentation reagiert das periapikale Gewebe mit einer akuten Entzündungsreaktion mit Knochen- und Wurzelresorption, die nach einem Monat in eine persistierende chronische Entzündung übergehen kann (Seltzer et al. 1973). Wird eine Dentinplastik, d.h. ein apikaler Stop mit nach apikal transportierten Dentinspänen im Anschluß an die vollständige Instrumentation bis kurz vor den Apex durchgeführt, so finden sich histologisch fast ausnahmslos gute Ergebnisse (Tronstad 1978).

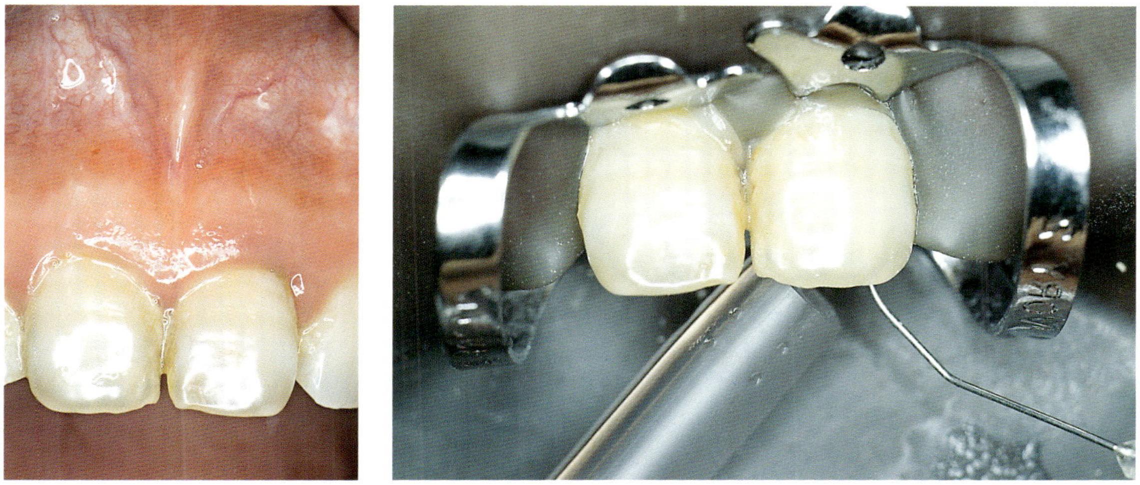

284 Zwischeneinlage

Nach der Instrumentation wird in die Wurzelkanäle eine Kalziumhydroxidzwischeneinlage fest eingestopft, die die Regeneration der periapikalen Hartgewebsresorption fördern soll. Nach 3 Monaten wird die Zwischeneinlage wieder entfernt und der Wurzelkanal gespült.

Links: Bereits 3 Wochen nach der ersten Sitzung sind die beiden Fisteln nicht mehr nachweisbar.

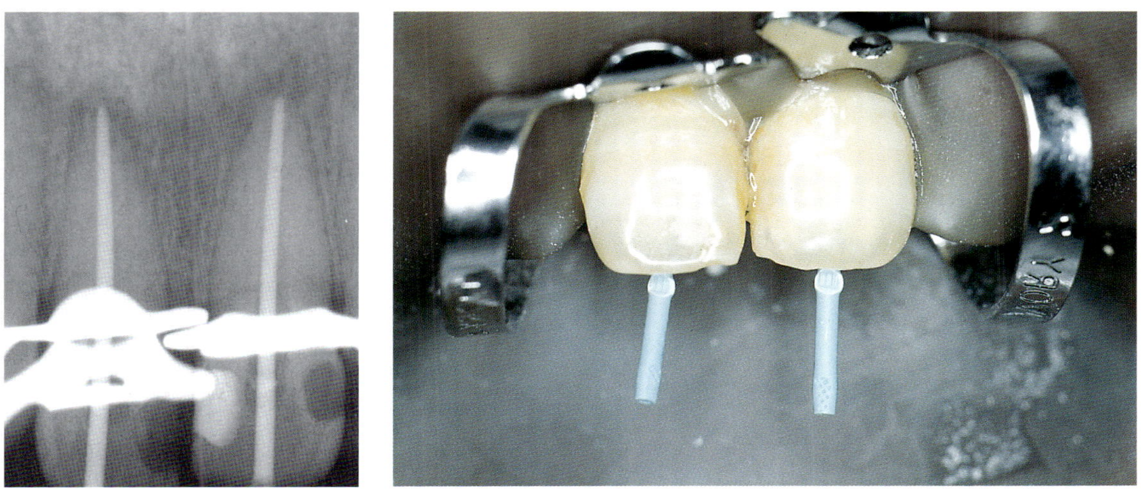

285 Masterpointröntgen

Die Arbeitstiefe wird durch Pinzetteneindruck auf beide Guttaperchastifte übertragen, und diese werden in die Wurzelkanäle eingemessen.

Links: Die Masterpointröntgenaufnahme erlaubt eine wichtige Kontrolle der richtigen Arbeitslänge; die Länge der Guttaperchastifte muß noch gering gekürzt werden.

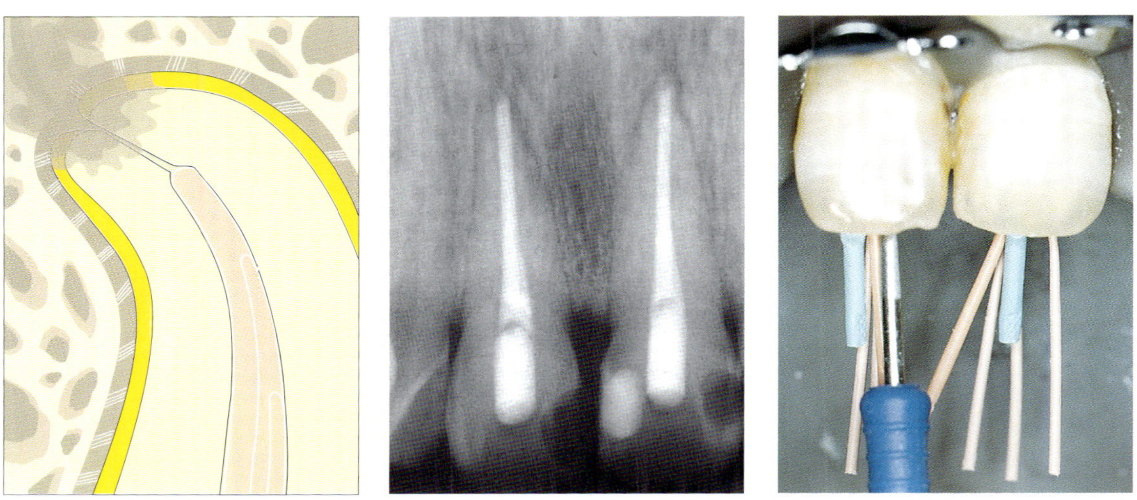

286 Wurzelkanalfüllung

Links: Ein iatrogen präparierter apikaler Stop garantiert eine korrekte Länge der Wurzelkanalfüllung.

Mitte: Röntgenkontrolle der Wurzelkanalfüllung; sichtbar ist auch eine gute Reneration der periapikalen Läsionen.

Rechts: Nachdem die Masterpoint-Guttaperchastifte apikal gekürzt wurden, erfolgte die Wurzelkanalfüllung nach der lateralen Kondensationstechnik.

Elektrische Längenbestimmung

Die Methoden der elektrisch gestützten Bestimmung der Arbeitslänge beruhen auf der Messung absoluter Impedanzen, der Änderung der Elektrodenimpedanzen oder der Messung eines Impedanzprofils. Die meisten der heute angebotenen Geräte integrieren das von Sunada (1961) angegebenen Meßprinzip: Wenn der Widerstand zwischen Meß- und Gegenelektrode einen bestimmten Wert annimmt, hat die Instrumentenspitze den Apex erreicht. An Zähnen mit nicht exstirpiertem Kanalinhalt beobachtete er, daß sich in seinem Meßkreis ein Widerstand von ca. 6,5 kΩ einstellte.

Dieses Prinzip der Längenmessung definiert einen absoluten Widerstand bzw. Widerstandsbereich. Die Gewebeimpedanz zwischen Apex und Schleimhaut ist jedoch nicht direkt meßbar. Ist der Wurzelkanal während des Meßvorgangs bis zum apikalen Foramen trocken, was klinisch selten möglich ist, wird der Meßkreis bei Kontakt zum periapikalen Gewebe geschlossen. Der Fehlerbereich nimmt mit dem Kanalquerschnitt zu. Ist der Wurzelkanal feucht und enthält Pulpagewebsreste, wird der voreingestellte Widerstandswert schon vor dem Apex erreicht (Voß 1988).

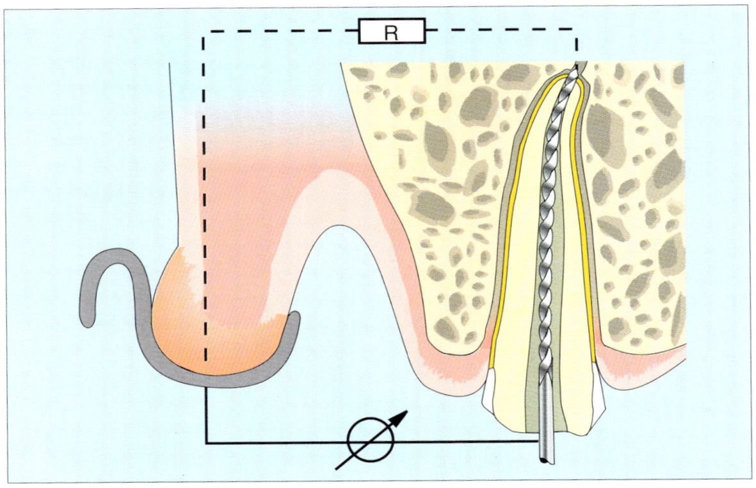

287 Prinzip der Messung absoluter Impedanzen
Ein Wurzelkanalinstrument wird über eine Klemme an das Endometriegerät angeschlossen. Über die Feile wird ein Strom in den Wurzelkanal geleitet, als Gegenelektrode dient eine Lippen- oder Handelektrode. Die Geräte zeigen das Foramen apicale bei einem vom Hersteller voreingestellten absoluten Widerstandswert an. Wechselströme verschiedener Frequenzen verkleinern den Einfluß elektrochemischer Polarisierungsprozesse (Voß 1993).

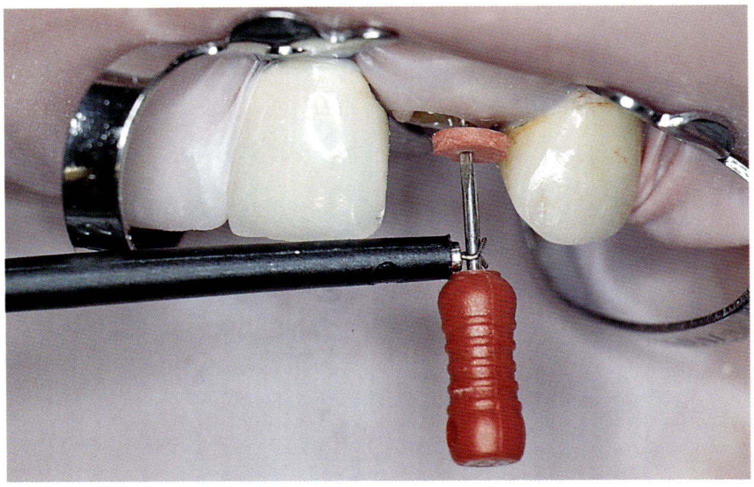

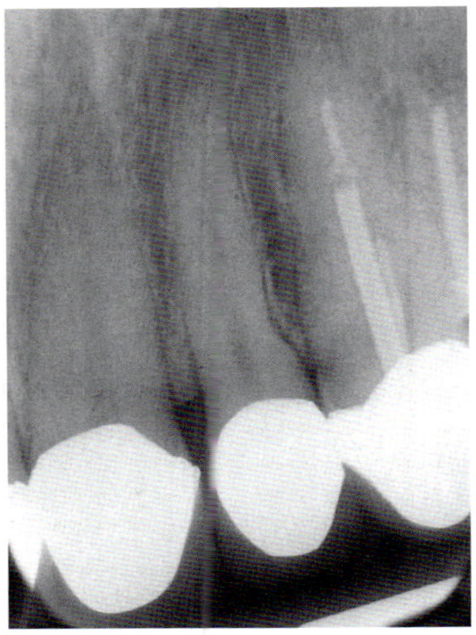

288 Klinische Messung
Der Apexfinder erzeugt einen rechteckigen Meßstrom von 20 µA bei einer Wechselfrequenz von 800 Hz. Das Aufbereitungsinstrument wird über eine Klemme mit dem Schaltkreis verbunden und eine U-förmige Gegenelektrode in den Mundwinkel des Patienten eingehängt.

Rechts: Diagnostisches Röntgenbild eines oberen seitlichen Schneidezahnes mit nekrotischer Pulpa und ohne deutliche Zeichen einer periapikalen Aufhellung.

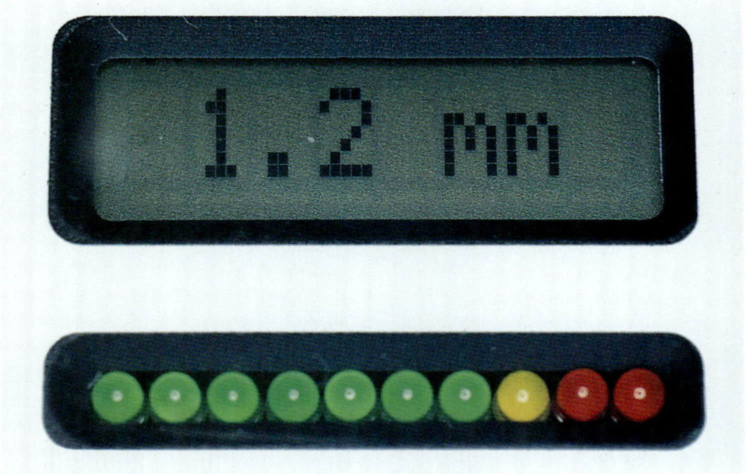

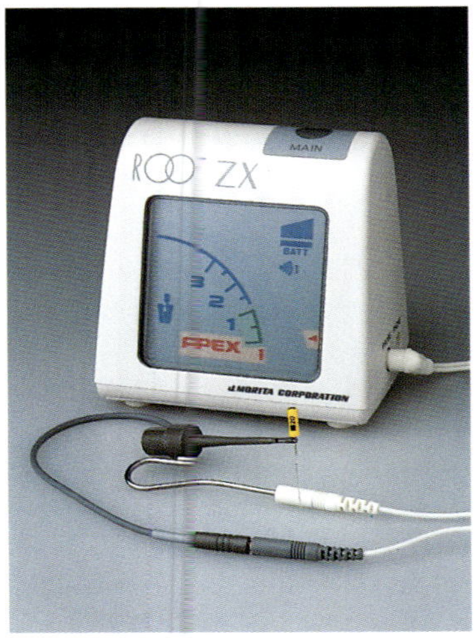

289 Spannungsabfall
Der zwischen den Elektroden gemessene Spannungsabfall wird auf einer Skala von Leuchtdioden angezeigt. Die digitale Anzeige weist jedoch nicht auf die wahre Entfernung der Feile zum apikalen Foramen hin, sondern ist nur als Ergänzung der Diodenanzeige zu sehen.

Rechts: Neuere Endometriegeräte, die im elektrolytgefüllten Wurzelkanal messen, ergeben eine geringere Streuung bei Wiederholungsmessungen.

Beim Vergleich von elektrisch und röntgenographisch bestimmten Kanallängen treten deutliche Abweichungen auf. Durch das Röntgenbild kann in 88,5% und mit der elektrischen Messung nur in 73,1% der Fälle die Länge exakt bestimmt werden (Hembrough et al. 1993). Bei trockenen Wurzelkanälen liegt die Anzahl korrekter Meßergebnisse zwischen 67 und 90%. Sind die Kanäle mit Äthanol gefüllt, kann je nach Gerätetyp in 50–73% und bei Füllung mit NaOCl in 37–73% der Fälle exakt gemessen werden. Messungen mit Endex sind in 73–90% der Fälle korrekt (Fuad et al. 1993a).

Auch neuere Geräte, die die Impedanzänderung erfassen, wenn die Elektrode den Kanal verläßt, können die apikale Konstriktion nicht exakt ermitteln. Allein durch Messung eines Impedanzprofils soll die Lage der apikalen Konstriktion bestimmbar sein. Die derzeitige Endometrie kann dies jedoch nicht reproduzierbar leisten. Wenn auch das Röntgenbild viele Unwägbarkeiten aufweist, bleibt es für eine korrekte Längenbestimmung derzeit unersetzlich. Denn nur röntgenographisch kann die Lage des Instruments im Kanal auch dokumentiert werden (Voß 1993).

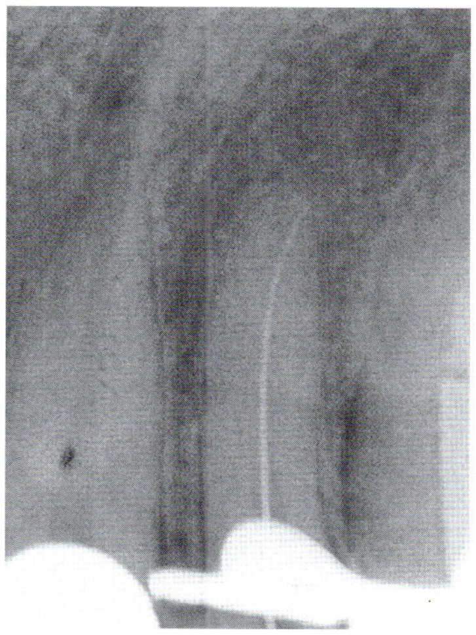

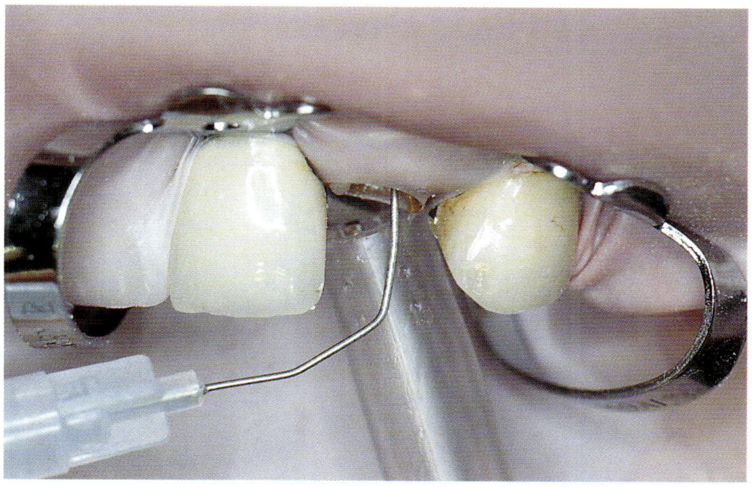

290 Meßröntgenaufnahme
Um die elektrische Messung nicht vom Elektrolytgehalt des Wurzelkanals abhängig zu machen, muß dieser nach der Spülung und vor der Messung mit Papierspitzen getrocknet werden.

Links: Im Röntgenbild hat die Feile die Aufbereitungstiefe erreicht und weist auf apikale Krümmungen des Wurzelkanals hin. Ein Einsatz der elektrischen Messung ohne nachfolgende Röntgenkontrolle ist zu unsicher (Cohen 1986).

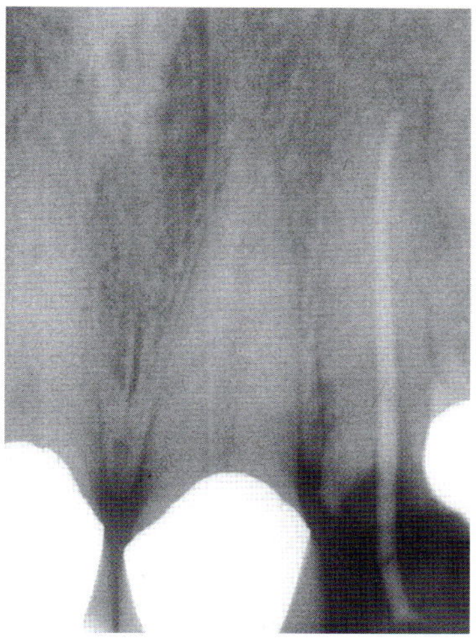

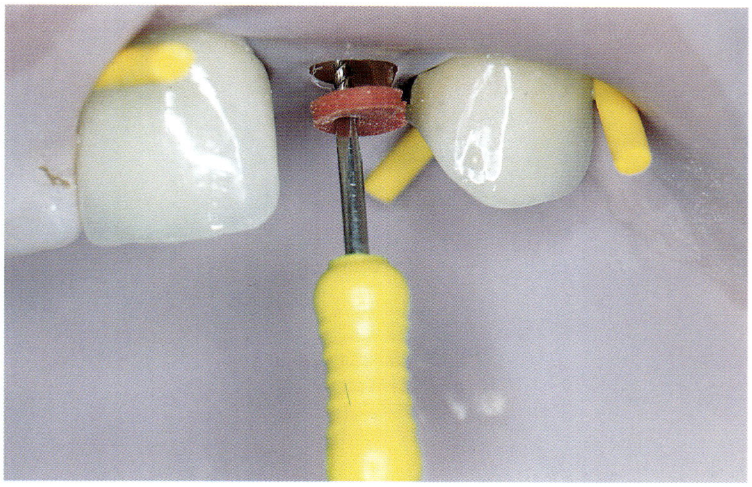

291 Wurzelkanalaufbereitung
Mit vorgebogenen Feilen wird der Wurzelkanal nach der endgültigen Festlegung der Arbeitstiefe aufbereitet. Die Länge kann zwischendurch elektrometrisch kontrolliert werden.

Links: Auf eine Guttapercha-Masterpointaufnahme sollte trotz Endometrie nicht verzichtet werden, da sie ein Über- oder Unterfüllen des Wurzelkanals verhindern hilft.

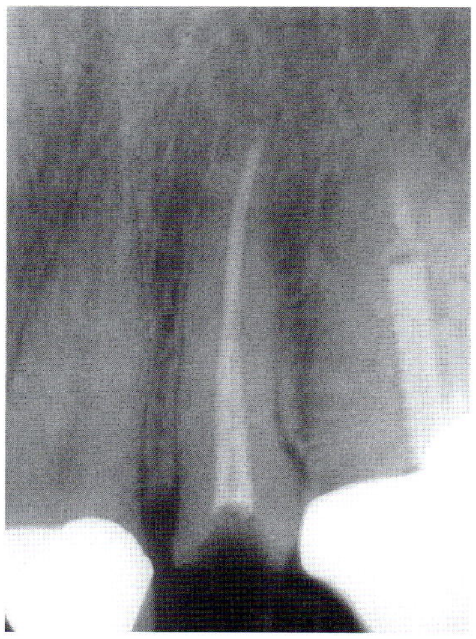

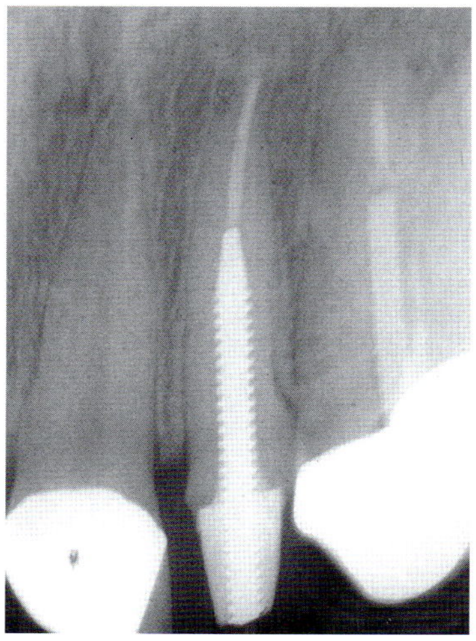

292 Röntgenkontrolle
Links: Nach Abschluß der Wurzelkanalfüllung wird auch aus Gründen der Dokumentation eine Kontrollröntgenaufnahme gemacht, die sowohl den dichten Kanalverschluß als auch die gute apikale Lage der Füllung zeigen soll.

Rechts: Eine weitere Kontrollaufnahme zeigt die gute Lage des Stiftaufbaus innerhalb des Wurzelkanals. Anschließend kann für eine Kronenrestauration beschliffen und abgeformt werden.

Instrumentation gerader Wurzelkanäle

Bei der Instrumentation unterscheidet man die apikal-koronale von der koronal-apikalen Aufbereitungstechnik. Bei der *apikal-koronalen Technik* wird zuerst der apikale Bereich vollständig aufbereitet und anschließend der Kanal konisch erweitert. Diese Technik erzeugt einen apikalen Stop und formt den Wurzelkanal leicht ansteigend aus. Es gibt 2 Methoden der koronalen Erweiterung: die Step-back- und die standardisierte Technik. Bei der *koronal-apikalen Instrumentation* wird zuerst koronal erweitert und dann der apikale Wurzelkanalbereich aufbereitet (Beer 1992a).

Vessey (1969) fand in einer Studie an Frontzähnen mit geraden Kanälen, daß eine runde Präparationsform nur dann erreichbar ist, wenn Reamer oder K-Feilen drehend, also in einer „reaming-motion" benutzt werden. Eine ein- und auswärts gerichtete, schabende und feilende Bewegung – die „filing-motion" – erzeugt Irregularitäten der Kanalform. Jungmann et al. (1975) verglichen die Aufbereitungsqualität beider Techniken an gekrümmten Wurzelkanälen und fanden, unabhängig von der verwendeten Technik, weder 1 mm noch 6 mm vom Apex entfernt eine runde Präparationsform.

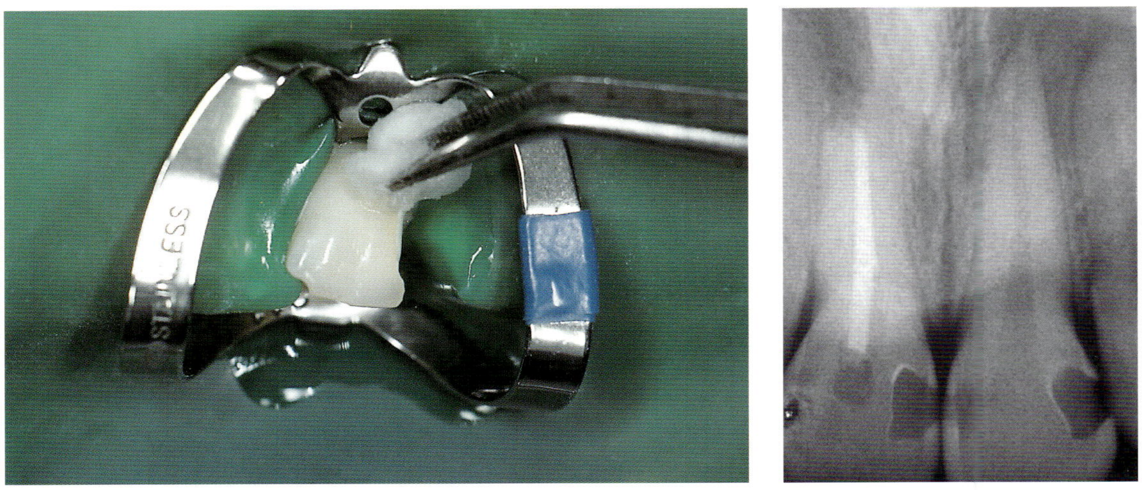

293 Trepanation
Nach Anlegen von Kofferdam an den oberen Frontzahn werden Zahn und Kofferdam desinfiziert und anschließend der Kanaleingang trepaniert und dargestellt.

Rechts: Im diagnostischen Röntgenbild weist der Zahn 11 eine Wurzelkanalfüllung auf und ist vermutlich wurzelspitzenreseziert. An Zahn 21 erkennt man eine periapikale Aufhellung, der Wurzelkanal ist fast gerade.

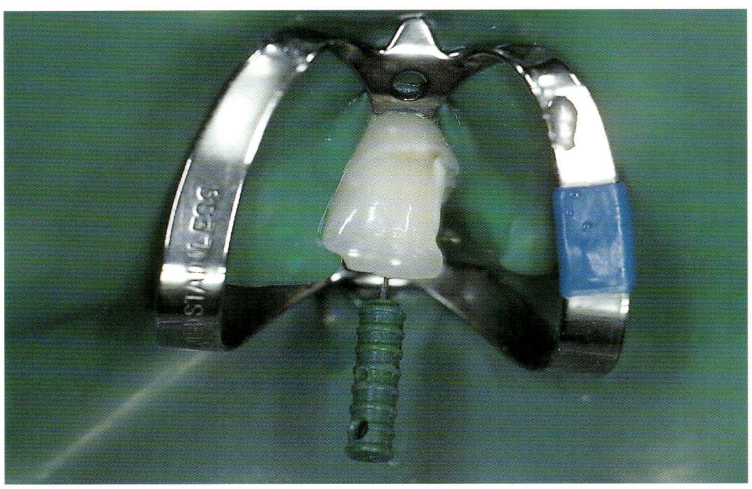

294 Exstirpation
Nach Sondieren des Wurzelkanaleingangs wird eine Exstirpationsnadel eingeführt und durch eine Drehung das Pulpagewebe bzw. dessen Reste von der Dentinwand abgetrennt und aus dem Kanal befördert.

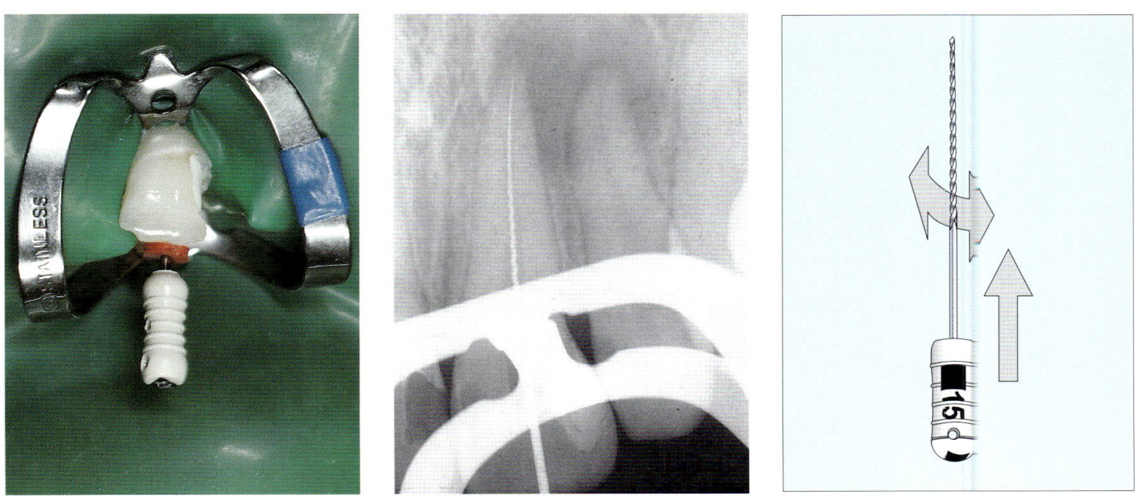

295 Aufbereitung
Links: Ein Reamer der Größe 15 wird durch leichte Drehbewegungen in den Wurzelkanal bis nach apikal eingeführt.

Mitte: Mit einer Meßröntgenaufnahme wird die Arbeitslänge zu Beginn der Instrumentation bestimmt.

Rechts: Die Instrumentation erfolgt nach der apikal-koronalen Technik mit Einführen der Feile bis apikal und leichten Rechts- und Linksdrehbewegungen.

Die Aufbereitung gerader Wurzelkanäle erfolgt mittels einer in Richtung des Uhrzeigers drehenden Bewegung, also in einer rechtsdrehenden Form. Allerdings ist diese Instrumentation nicht ohne Risiko. Während der Drehbewegung können sich die Schneiden tief ins Dentin eindrehen, wodurch sich das Instrument verkeilt und im Kanal klemmt. Bei der Aufbereitung und beim Entfernen aus dem Wurzelkanal kann es zur Fraktur des Schaftes kommen. Ist der Wurzelkanal leicht gekrümmt, werden Stufen eingeschnitten, die zum Verlust der Arbeitslänge führen können (West et al. 1994).

Schneider (1971) verwendete K-Feilen in einer drehenden Aufbereitungsform und erreichte dabei in 80% der Fälle 1 mm vom Foramen entfernt einen runden Wurzelkanalquerschnitt. Die Kanalkrümmung betrug dabei maximal 5°. Vergrößerte sich der Krümmungsradius, so verringerte sich die Anzahl runder Präparationsformen. Bei einem Krümmungsradius über 25° zeigten nur noch 33% der Kanäle einen runden Querschnitt. Auf dem apikalen 1-mm-Niveau ist erst bei Erreichen der Aufbereitungsgröße 40 mit einer runden Kanalform zu rechnen (Kerekes u. Tronstad 1977).

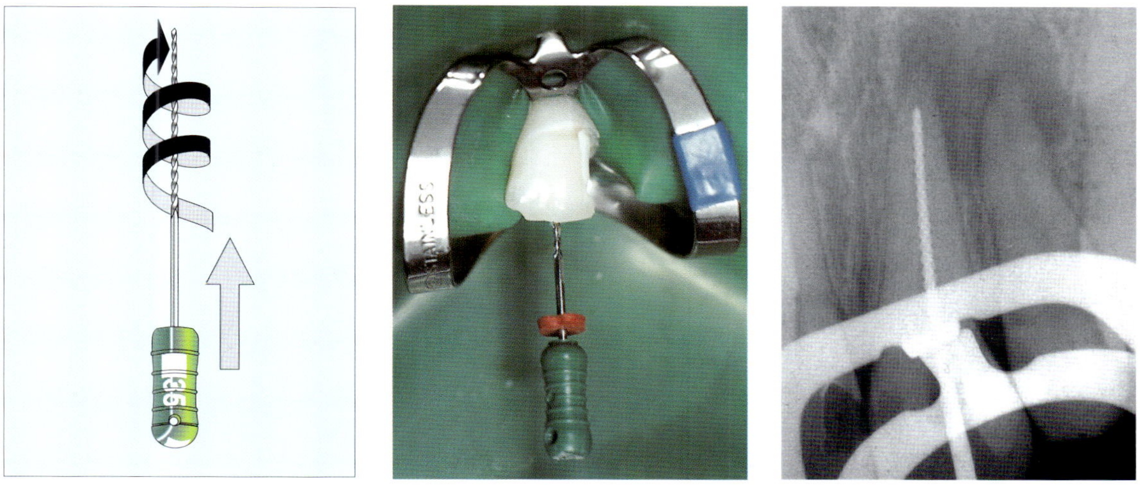

296 Aufbereitung
Links: Die weitere Aufbereitung des geraden Wurzelkanals erfolgt in einer fortlaufend rechtsgerichteten Drehbewegung, allerdings ist eine erhöhte Frakturgefahr zu berücksichtigen.

Mitte: Reamer sind für diese Aufbereitungsform auf Grund der guten Deflektionseigenschaften besonders geeignet.

Rechts: Die Meßröntgenaufnahme mit einem Reamer zeigt die gerade Verlaufsform des Wurzelkanals.

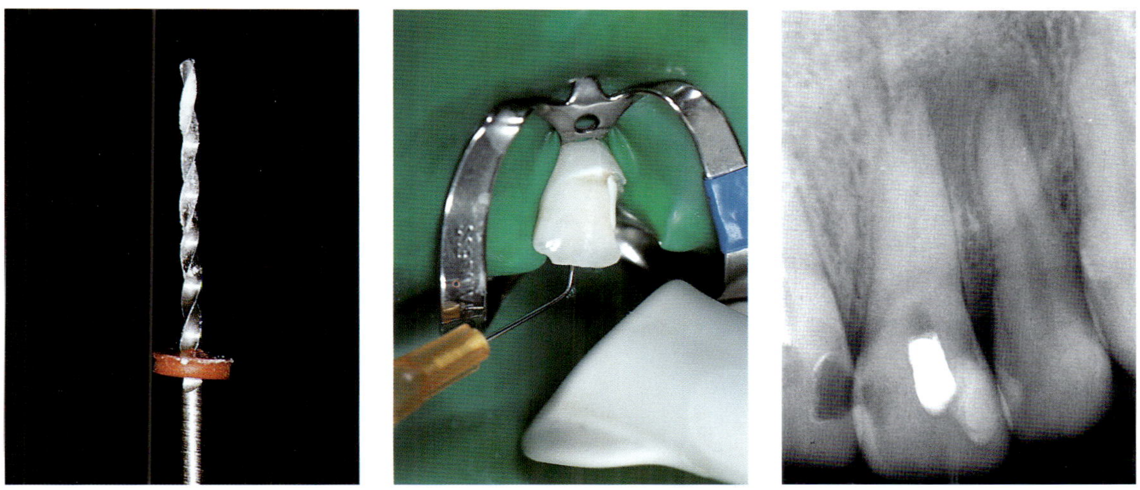

297 Zwischeneinlage
Links: Die Wurzelkanalaufbereitung ist beendet, wenn nur noch weiße, nichtinfizierte Dentinspäne aus dem Wurzelkanal herausbefördert werden.

Mitte: Abschließend wird der Wurzelkanal gespült und mit Papierspitzen getrocknet.

Rechts: In den Wurzelkanal wurde Kalziumhydroxid fest eingestopft. Nach 3 Monaten ist die periapikale Aufhellung fast vollständig zurückgegangen.

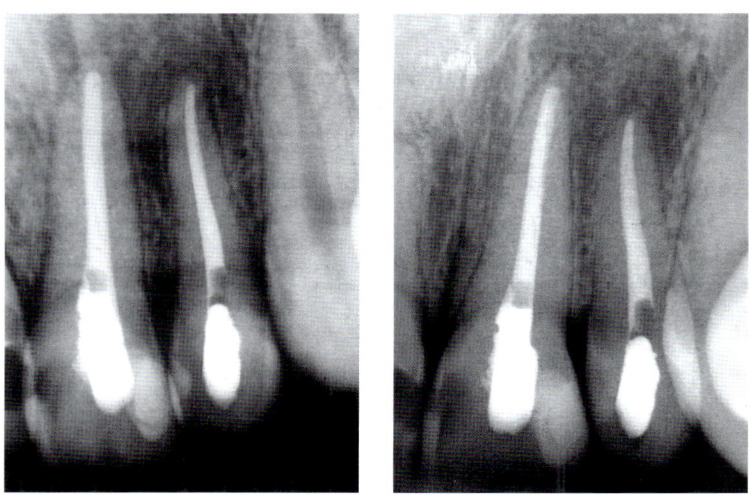

298 Wurzelkanalfüllung
Links: Nach Entfernen der Zwischeneinlage wird der Wurzelkanal des Zahnes 21 und der inzwischen ebenfalls instrumentierte Kanal von Zahn 22 mit Guttapercha obturiert.

Rechts: In der 1-Jahres-Kontrollaufnahme ist die Regeneration der periapikalen Läsion sichtbar, was den Erfolg der Instrumentations- und Fülltechnik an diesen Frontzähnen mit fast geraden Wurzelkanälen nachweist.

Balanced-force-Technik

Roane et al. stellten 1985 eine neue Methode zur Aufbereitung gekrümmter Wurzelkanäle vor, bei der in einer modifizierten drehenden Bewegungsform instrumentiert wird. Das Verfahren setzt die Verwendung spezieller Wurzelkanalinstrumente mit einer Batt-Spitze voraus. Frühe Untersuchungen hatten gezeigt, daß die Abrundung der schneidenden Spitze einer K-Feile die Gefahr der Stufenbildung und der Perforation deutlich verringert (Miserendino et al. 1986). Die Flex-R-Feile (Union Broach) war die erste Feile, die diese spezielle Instrumentengeometrie aufwies.

Die Instrumentenspitze ist nichtschneidend und schließt einen Winkel von 70 bzw. 35° ein. Sie setzt sich aus der Anfangsspitze („initial tip") und einem Führungsteil („secondary guiding tip") zusammen, gefolgt von den Instrumentenschneiden. Aufgabe dieses speziellen Spitzendesigns ist das Führen des Instruments durch den gekrümmten Wurzelkanal, wodurch der ursprüngliche Kanalverlauf kaum verändert werden soll (Calhoun u. Montgomery 1988). Veränderungen des Kanalverlaufs sind Folge einer nicht ausgewogenen Krafteinwirkung (Miserendino 1994).

299 Einführen der Feile
Nach der koronalen Eröffnung des Wurzelkanals wird die K-Feile ohne größere Druckanwendung in den Wurzelkanal eingeführt. Der nichtschneidenden Spitze folgend tritt das Instrument ohne Gefahr einer Stufenbildung in den Kanal ein.

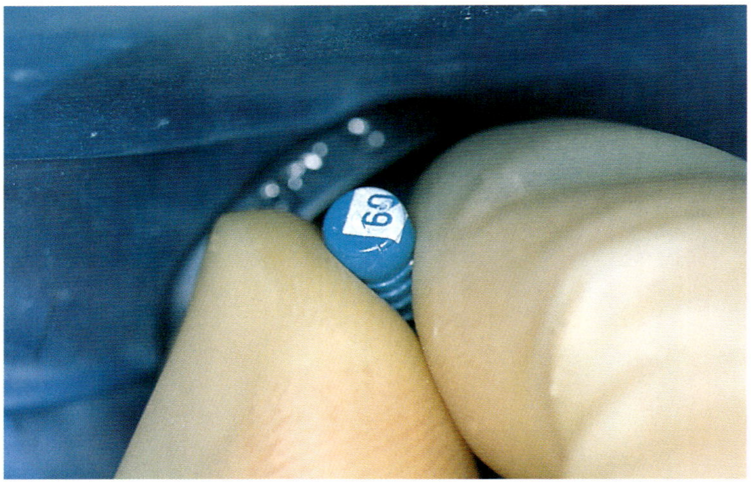

300 Rechtsdrehung
Während des Einführens der Feile in den Kanal oder kurz vor Erreichen der Arbeitstiefe wird die Feile in Uhrzeigerrichtung um eine Vierteldrehung rotiert.

Rechts: Durch die Vierteldrehung nach rechts wird die Feile in direkten Kontakt zur Kanalwand gebracht, ohne tiefer in das Dentin einzudringen.

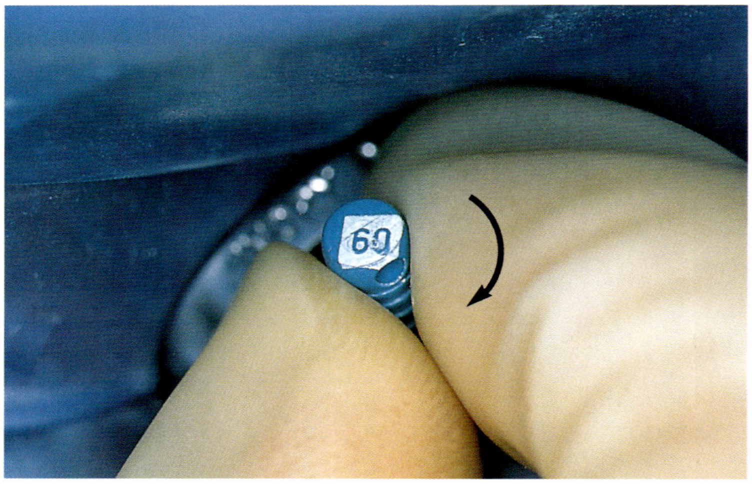

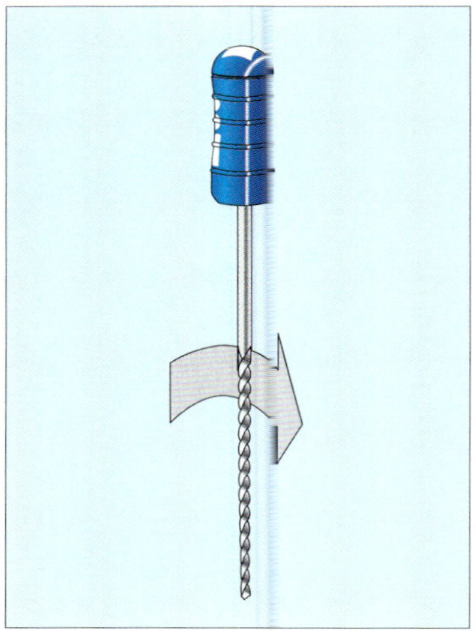

301 Linksdrehung
Die anschließende Dreiviertel-Linksdrehung trägt Dentin von der Wurzelkanaloberfläche ab. Gleichzeitig wird in apikaler Richtung leicht Druck ausgeübt, um einem Herausbewegen der Feile vorzubeugen.

Rechts: Nach der Dreiviertel-Linksdrehung wird während einer Rechtsdrehung bis in die Ausgangslage das Instrument wieder aus dem Wurzelkanal entfernt.

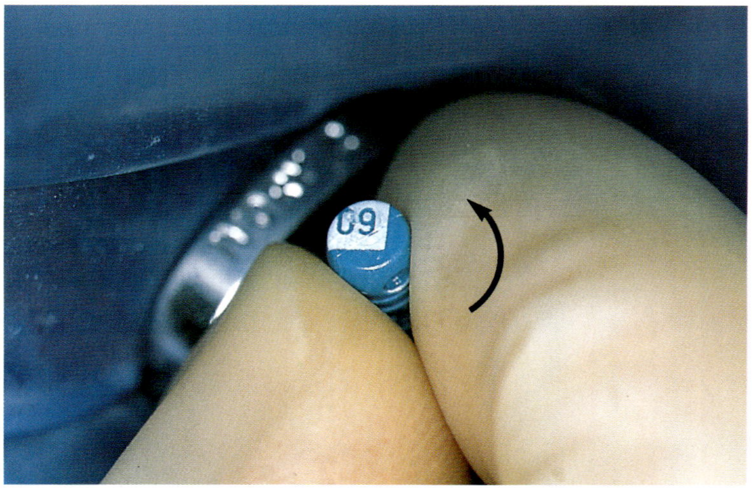

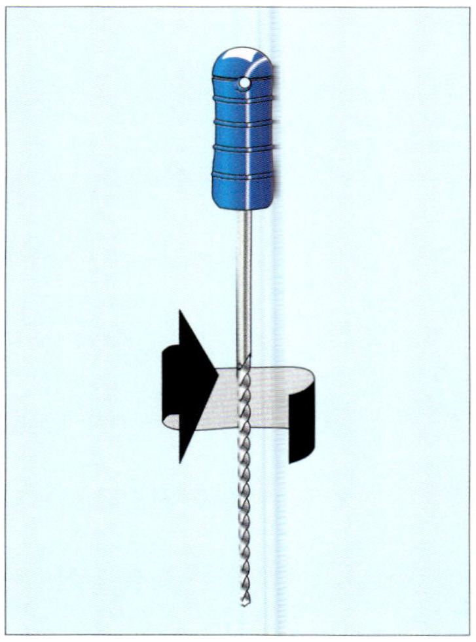

Bei der Balanced-force-Technik wird die K-Feile ohne Krafteinwirkung in den Wurzelkanal eingeführt. Gleichzeitig wird das Instrument in Uhrzeigerrichtung („clockwise") eine Vierteldrehung nach rechts bewegt. Diese Bewegung führt die Instrumentenschneiden an die Dentinwand heran. Anschließend wird die Feile in einer Dreivierteldrehung nach links, also gegen die Uhrzeigerrichtung („counterclockwise") gedreht. Dabei muß das Instrument gegen die Auswärtsbewegung durch leichtes apikalwärts gerichtetes Drücken im Kanal fixiert werden.

Während dieser Drehbewegung wird Dentin ohne ein erhöhtes Frakturrisiko von der Wurzelkanalwand abgetragen. Anschließend werden die Dentinspäne durch eine halbe Rechtsdrehung des Instruments aufgenommen und aus dem Kanal befördert. Durch diese Methode lassen sich auch gekrümmte Wurzelkanäle bis zur Größe 40 in über 80% der Fälle ohne eine Veränderung des Kanalverlaufs aufbereiten (Southard et al. 1987). Außerdem soll gegenüber der Step-back-Technik deutlich weniger Dentinabrieb durch das apikale Foramen hinausgepreßt werden (McKendry 1990).

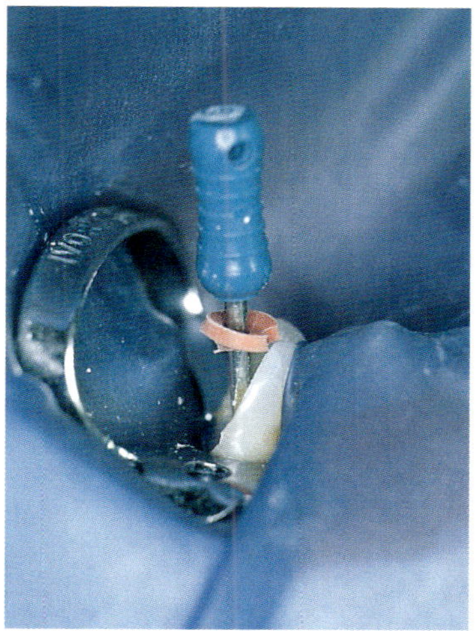

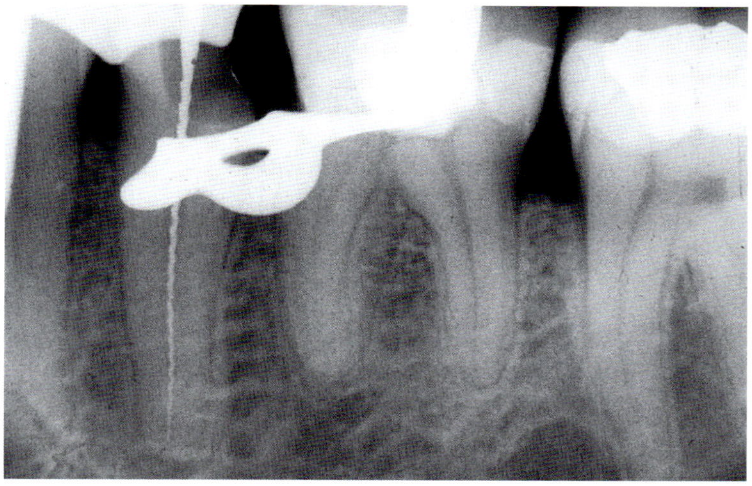

302 Arbeitstiefe
Die Aufbereitung in drehender Arbeitsweise erfolgt bei Erreichen der vollen Arbeitstiefe, die vorher röntgenographisch ausgemessen wurde.

Links: Die koronale konische Kanalgestaltung kann sowohl mit Hedström- als auch mit konventionellen K-Feilen in feilender Auf- und Abwärtsbewegung erfolgen.

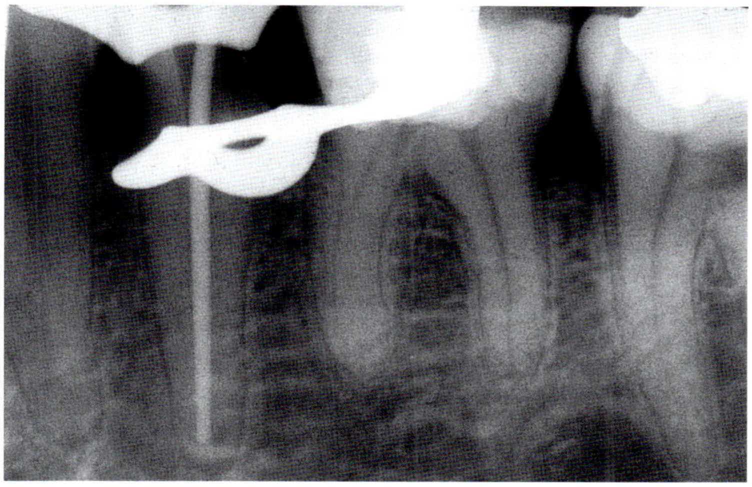

303 Masterpoint
Durch die drehende Aufbereitung erzielt man beim geraden Wurzelkanal einen runden Kanalquerschnitt, der das exakte Plazieren eines Guttaperchastiftes erleichtert. Die Länge wird mittels Masterpointröntgenaufnahme überprüft.

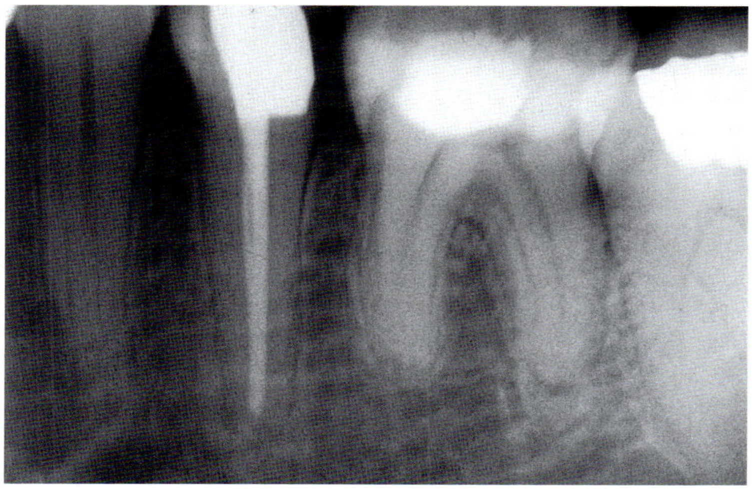

304 Kontrolle
In der abschließenden Kontrollröntgenaufnahme nach Wurzelkanalfüllung ist eine homogene und dichte Füllung sichtbar. Sie erfolgte nach der lateralen Kondensationstechnik.

Step-back-Technik

Die Abkehr von der Silberstiftfüllung und die Hinwendung zur verformbaren, inerten Guttapercha war auch mit einer Veränderung des Aufbereitungskonzepts verbunden. Die relativ parallelwandige und nur gering ansteigende Aufbereitungsform wurde zugunsten einer konischen Kanalform verlassen. Diese Instrumentationstechnik vermeidet die Reizung periapikalen Gewebes durch Medikamente oder Füllmaterial, da ein apikaler Stop präpariert wird. Durch die geringe apikale Erweiterung ist der Dentinverlust und damit die Perforationsgefahr geringer.

In einer Studie von Goldman et al. (1988) wurde die Sauberkeit des Wurzelkanals sowie der Kanalverlauf und die Form nach Aufbereitung mit K-, Hedström- und Unifeilen untersucht. Dabei präparierte allein die K-Feile mittels Step-back-Technik einen definierten apikalen Stop, einen fast runden Kanalquerschnitt, eine sehr gute apikale Aufbereitung ohne Ausbuchtungen sowie eine konische Kanalform von apikal nach zervikal. Bei gekrümmten Kanälen kam es jedoch in 46% der untersuchten Zähne apikal zu einer Änderung des Kanalverlaufs (Cinnis et al. 1988).

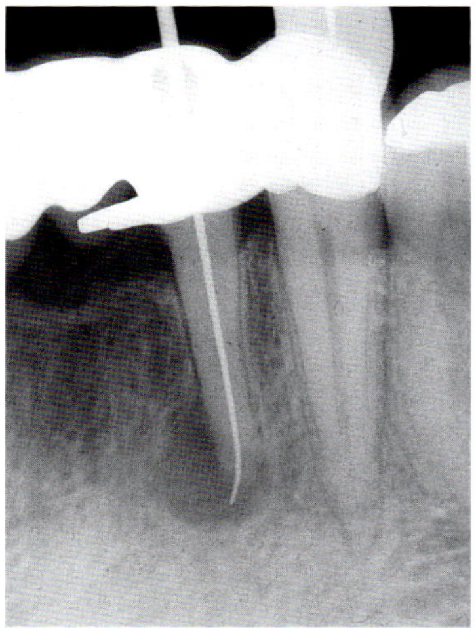

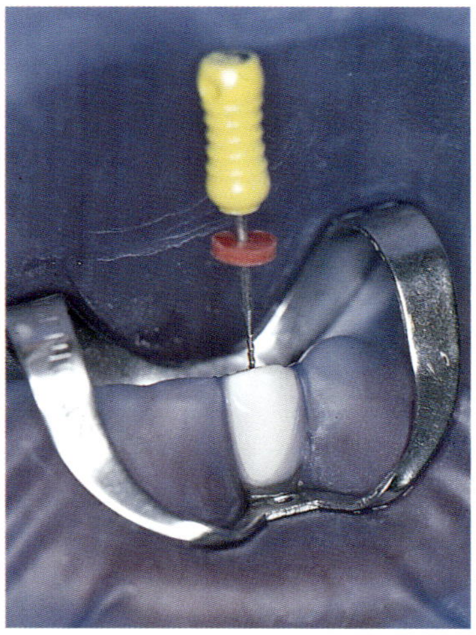

305 Apikale Präparation
Links: Zu Beginn der Instrumentation wird die Länge mittels Meßröntgenaufnahme sowie anschließend die Größe der initialen Apikalfeile (IAF) bestimmt. Sichtbar ist eine periapikale Aufhellung und ein leichtes Überpressen der Meßfeile.

Rechts: Der Wurzelkanal wird ausgehend von der IAF um 4 Größen bis auf Arbeitstiefe erweitert.

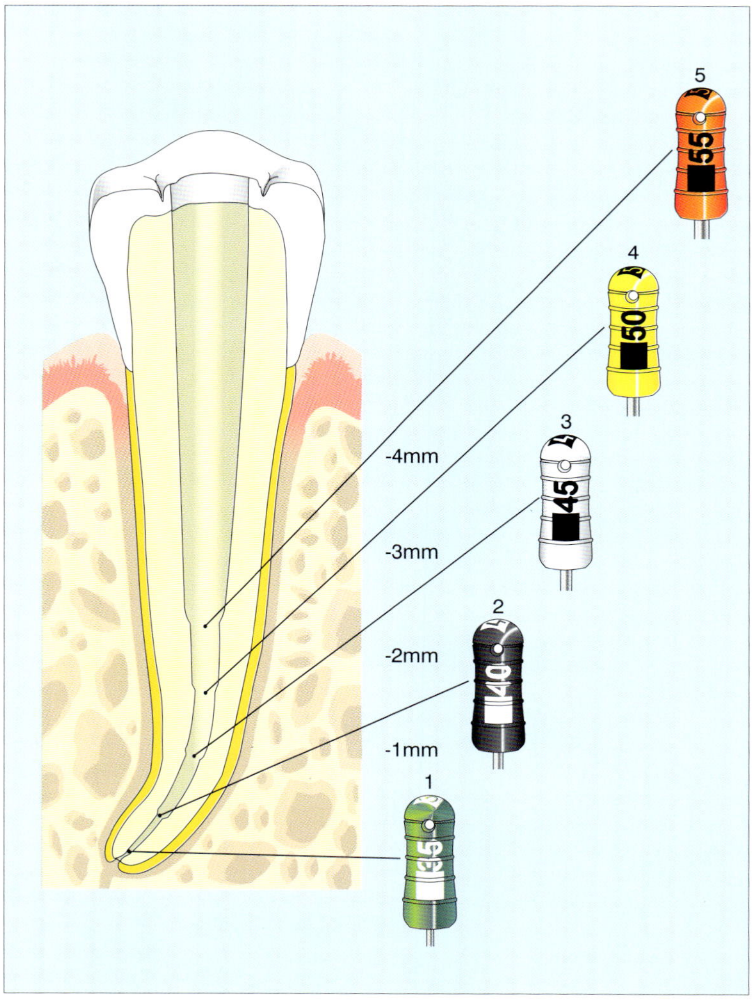

306 Step-back-Technik
Nachdem der Wurzelkanal auf ganzer Länge bis zur Größe der apikalen Meisterfeile, hier Größe 35, aufbereitet ist, werden die folgenden Größen um jeweils 1 mm gekürzt. Die K-Feile der Größe 40 bereitet demzufolge 1 mm kürzer auf, Größe 45 wird um 2 mm, Größe 50 um 3 mm und Größe 55 um 4 mm gegenüber der apikalen Meisterfeile kürzer eingestellt. Sehr gut ist die dabei entstandene konisch ansteigende Wurzelkanalform sichtbar. Die Stufen werden durch den intermittierenden Gebrauch der apikalen Meisterfeile geglättet. Gleichzeitig wird dadurch ein apikales Verblocken durch Dentinchips vermieden und die Durchgängigkeit bis zur apikalen Konstriktion überprüft.
Bei dieser Aufbereitungstechnik werden ausschließlich K-Feilen eingesetzt.

Bei der Step-back-Technik wird zuerst apikal aufbereitet und anschließend koronal ausgeformt. Nach der Trepanation wird mittels einer Meßröntgenaufnahme die Arbeitslänge bestimmt. Die erste auf Arbeitslänge im Wurzelkanal klemmende Feile wird als *initiale Apikalfeile* (IAF) bezeichnet. Der Wurzelkanal muß von dieser Größe durch zirkuläres Feilen um weitere 4 Instrumentenstärken erweitert werden. In dieser Anfangsphase der Aufbereitung dürfen keine Instrumentengrößen übersprungen werden, da es sonst zu Verblockungen kommen kann.

Die zuletzt auf Arbeitslänge instrumentierende Feile, die nur noch weiße Dentinspäne entfernt, wird als *apikale Meisterfeile* (AMF) bezeichnet. Ihre Größe entspricht später dem Guttapercha-Masterpoint. Der koronale Teil des Wurzelkanals wird anschließend „step-back" um weitere 4 Größen aufbereitet. Dazu werden die folgenden K-Feilen um jeweils 1 mm kürzer eingestellt, so daß eine konische Kanalkonfiguration mit definiertem apikalen Stop entsteht. Eine ständige Rekapitulation mit der apikalen Meisterfeile sichert die Durchgängigkeit des Wurzelkanals.

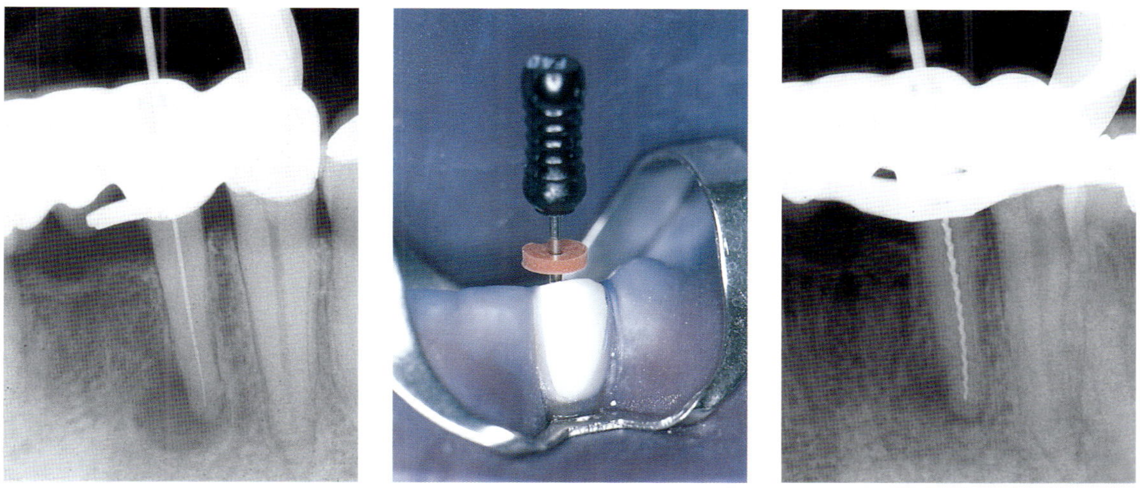

307 Erster Schritt
Links: Apikal wird der Kanal bis zur AMF aufbereitet. Die Röntgenaufnahme zeigt die korrigierte Arbeitslänge.

Mitte: Die erste Feile nach der AMF bereitet um 1 mm kürzer auf, die Länge wird mittels Stopper übertragen.

Rechts: Die Röntgenkontrolle weist eine korrekte Arbeitslänge und eine Reduktion der periapikalen Aufhellung nach 3monatiger Zwischeneinlage auf.

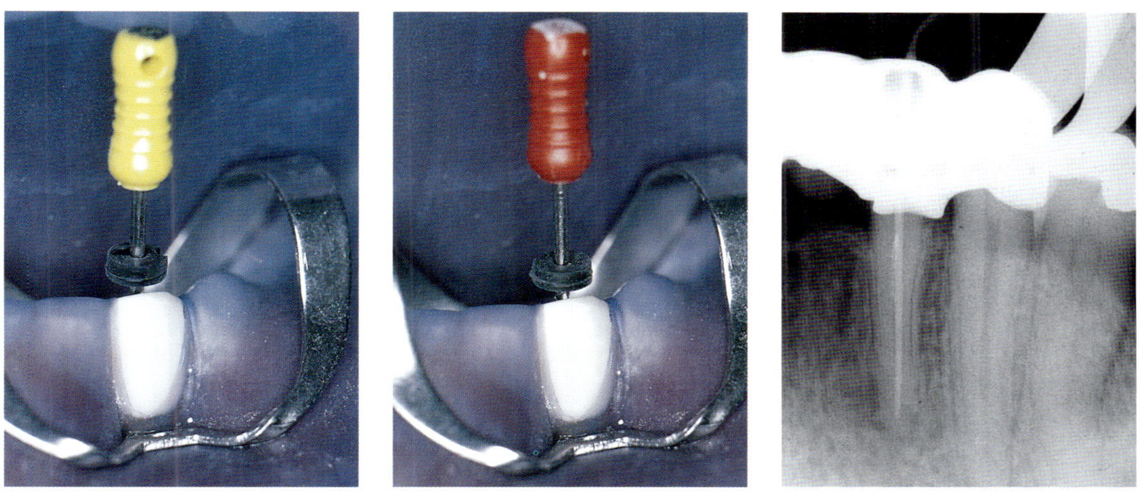

308 Finalfeile
Links: Die K-Feile der Größe 50 weist eine um 3 mm kürzere Arbeitslänge als die AMF auf.

Mitte: Die abschließende Finalfeile erweitert den Wurzelkanal bereits 4 mm weniger tief als die ursprüngliche Arbeitslänge.

Rechts: Nach der konischen Kanalausformung wird der Guttaperchastift von der Größe der apikalen Meisterfeile eingemessen.

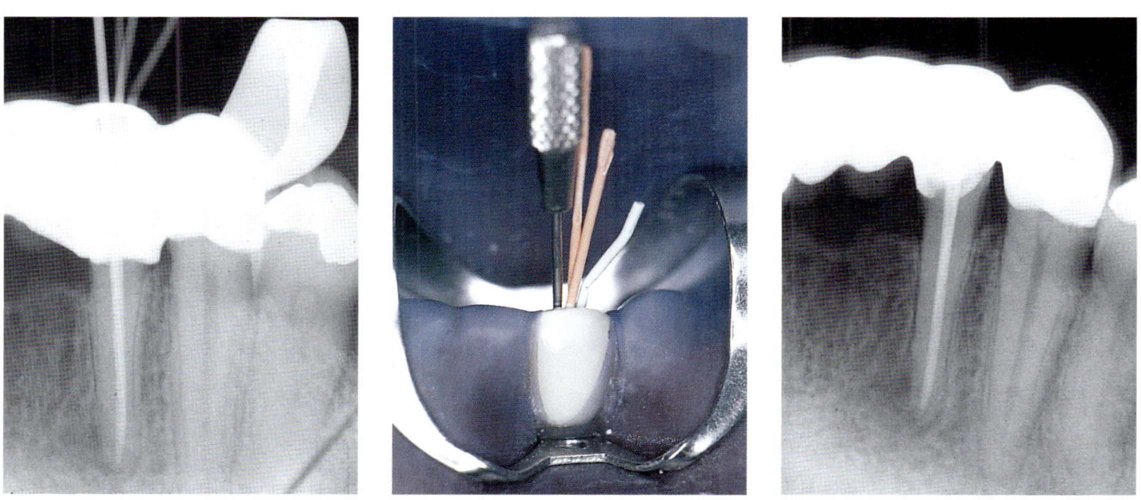

309 Kanalfüllung
Links: Die konische Ausformung des Wurzelkanals erlaubt die laterale Kondensation bis apikal.

Mitte: Durch die Kondensation mehrerer Guttaperchastifte ist eine biologisch neutrale Wurzelkanalfüllung möglich.

Rechts: Im abschließenden Röntgenbild ist eine homogene und konisch leicht ansteigende Wurzelkanalfüllung mit apikalem Stop sichtbar.

Instrumentation des gekrümmten Wurzelkanals: Teil I

Gekrümmte und enge Wurzelkanäle werden nach der koronal-apikalen Instrumentationstechnik aufbereitet. Bei dieser Methode wird zuerst koronal erweitert und erst anschließend der apikale Wurzelkanalbereich aufbereitet. Ein Vorteil gegenüber der apikal-koronalen Technik ist dabei, daß durch die koronale Erweiterung die Spülkanüle ausreichend tief in den Wurzelkanal eingeführt werden kann. Bei der Instrumentation apikaler Bereiche wird vitales und nekrotisches Pulpagewebe mit Natriumhypochloritlösung aufgelöst und anschließend aus dem Kanal herausgespült.

Zu Beginn der Aufbereitung muß im Anschluß an die Trepanation die weitestgehende Durchgängigkeit festgestellt werden. Dazu wird eine Hedström-Feile der Größe 15 anfänglich durch Achtelkreisbewegung und mit leichter Druckausübung in den Wurzelkanal eingeführt. Durch feilende Auf- und Abwärtsbewegungen wird die koronale Hälfte erweitert, die apikalen Bereiche bleiben unbearbeitet. Die gleichmäßige Bearbeitung des Wurzelkanals erfolgt durch zirkumferentes Feilen, bei dem das Instrument an die Kanalwand gedrückt wird und diese umlaufend bearbeitet.

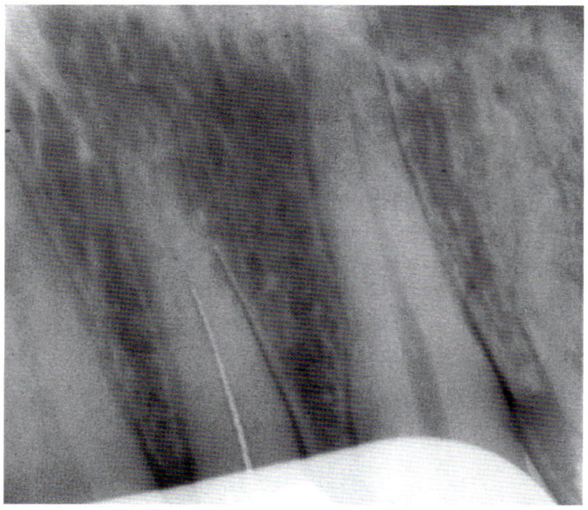

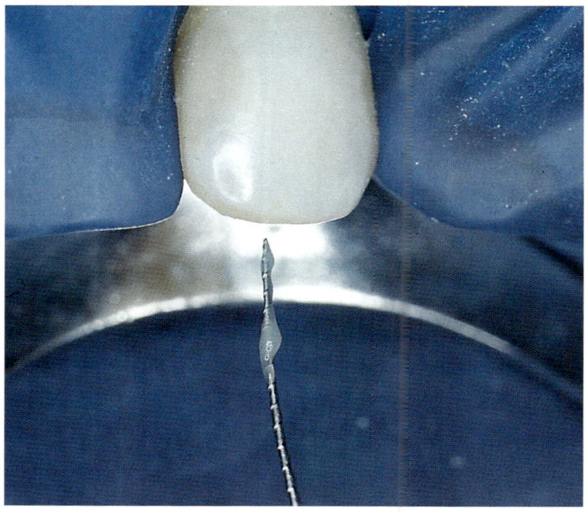

310 Durchgängigkeit
Links: Im ersten Röntgenbild ist das Meßinstrument auf Grund des sehr engen Wurzelkanals nur in das koronale Drittel eingedrungen. Eine starke Druckausübung ist zu vermeiden.

Rechts: Durch leichte Rotationsbewegungen wird die Hedström-Feile in den Wurzelkanal eingeführt und prüft die Durchgängigkeit. Die Spitze ist mit dem Gleitmittel benetzt.

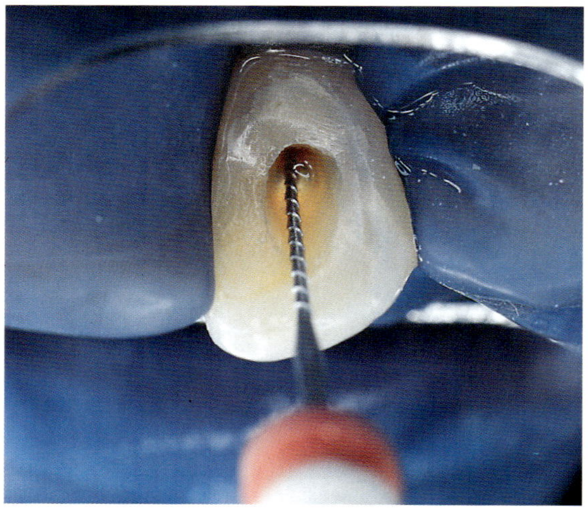

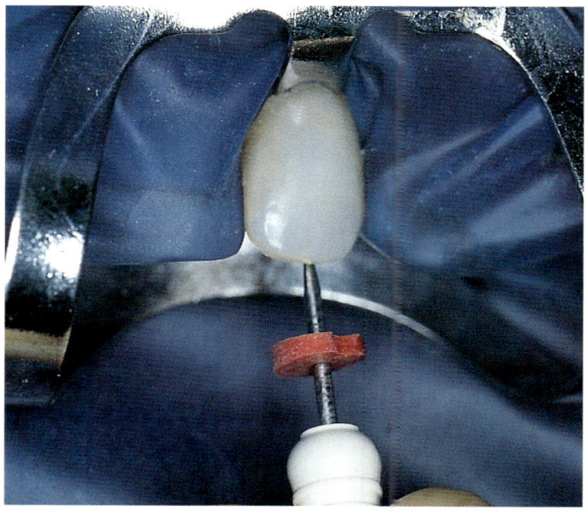

311 Zirkumferentes Feilen
Links: Die Hedström-Feile hat weitestgehende Durchgängigkeit des koronalen und mittleren Wurzelkanals erzielt. Eine Meßröntgenaufnahme zur Bestimmung der Arbeitstiefe wird noch nicht erhoben.

Rechts: Durch zirkumferentes Feilen wird der Kanal vorsichtig erweitert. Ein Verblocken ist in dieser Aufbereitungsphase nicht zu befürchten.

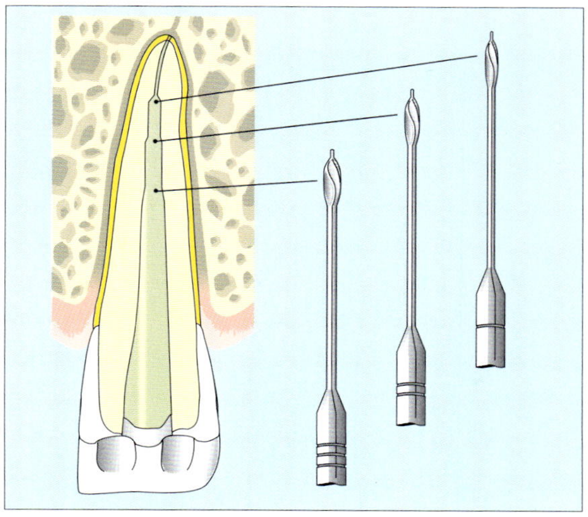

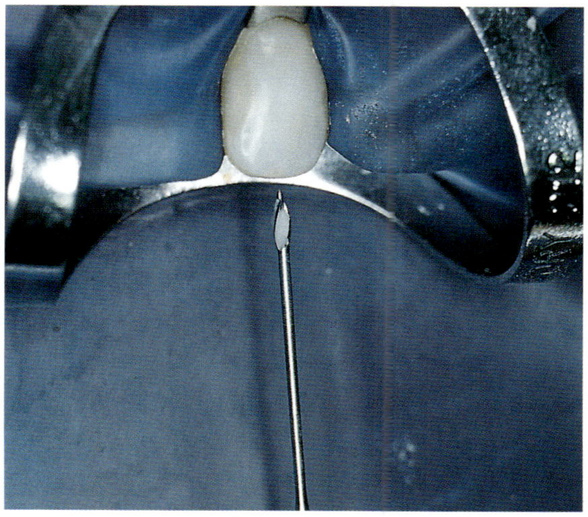

312 Koronales Erweitern
Links: Mit Gates-Glidden-Bohrern in aufsteigender Größe wird der gerade koronale Wurzelkanal konisch erweitert. Dazu dringt der Gates-Bohrer der Größe 1 apikal bis zur Kanalkrümmung ein. Der nächstgrößere Gates-Bohrer wird 2 mm kürzer eingestellt.

Rechts: Gates-Bohrer erweitern vor der Tiefenpräparation den koronalen Wurzelkanalanteil.

Anschließend erweitert ein langsamlaufender Gates-Glidden-Bohrer der Größe 1 den koronalen geraden Wurzelkanal bis zum Beginn der Kanalkrümmung. Wichtig ist ein Benetzten der Instrumentenspitze mit einem Gleitmittel (z.B. RC-Prep), um einem Verklemmen innerhalb des Kanals vorzubeugen. Vorsicht ist beim Herausziehen des sich drehenden Gates-Bohrers aus dem Kanal geboten, da es leicht zu einer Instrumentenfraktur kommen kann. Analog zur Step-back-Technik wird der koronale Wurzelkanal mit Gates-Bohrern in ansteigender Größe konisch erweitert.

Zwischen dem Wechsel zu größeren Gates-Bohrern muß mit Natriumhypochlorit ausreichend gespült und die Durchgängigkeit mit einer Hedström-Feile geprüft werden. Vorteil dieser Methode ist es, daß sie Platz für ein problemloses Bearbeiten apikaler Bereiche des Kanals mit Handinstrumenten schafft. Dadurch kann man den Krümmungen des Wurzelkanals besser folgen. Nachteilig kann sich allerdings die Gefahr eines Instrumentenbruches von Gates-Bohrern der Größe 1 oder 2 in tieferen Kanalabschnitten auswirken, auch streifenförmige Perforationen sind möglich.

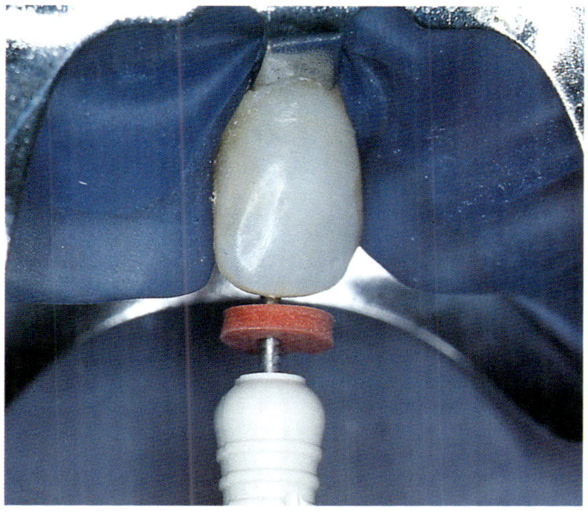

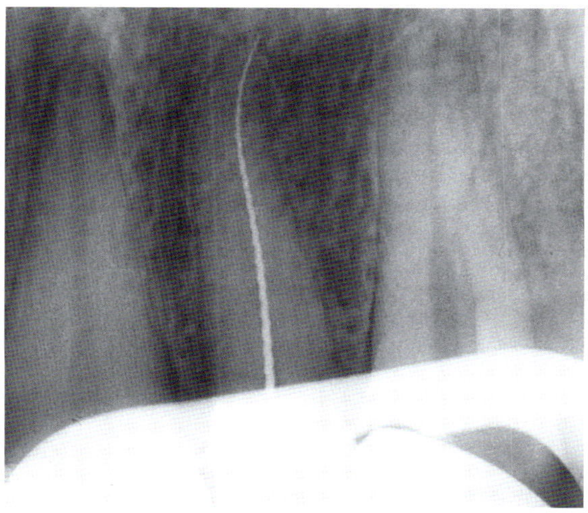

313 Längenbestimmung

Links: Nach der koronalen Erweiterung ist ein Spülen des Wurzelkanals möglich. Anschließend dringt eine vorgebogene K-Feile bis apikal in den Kanal ein.

Rechts: Vor der weiteren apikalen Instrumentation wird erst jetzt die Arbeitslänge mittels Meßröntgenaufnahme bestimmt.

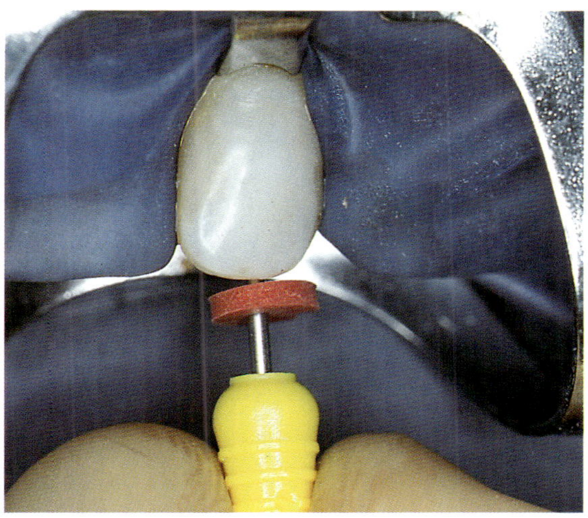

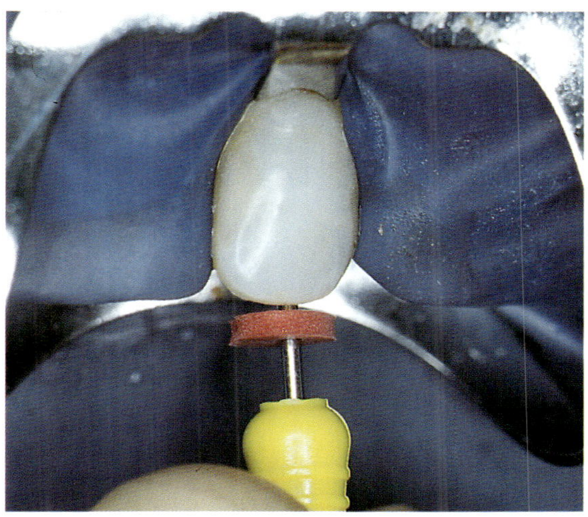

314 Apikale Präparation

Links: Mittels Balanced-force-Technik wird der Wurzelkanal auf ganzer Länge erweitert. Dazu wird in einer Rechtsdrehung das Instrument in den Wurzelkanal eingeführt.

Rechts: Anschließend trägt die Feile in einer Linksdrehung Dentin von der Wurzelkanalwand ab. Gleichzeitig wird der apikale Wurzelkanal geglättet und ausgeformt.

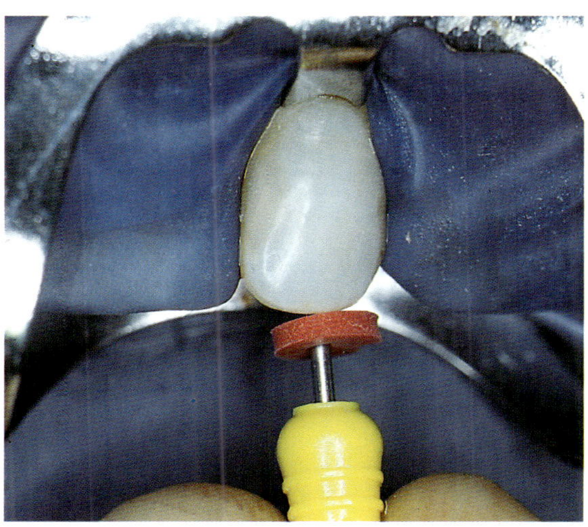

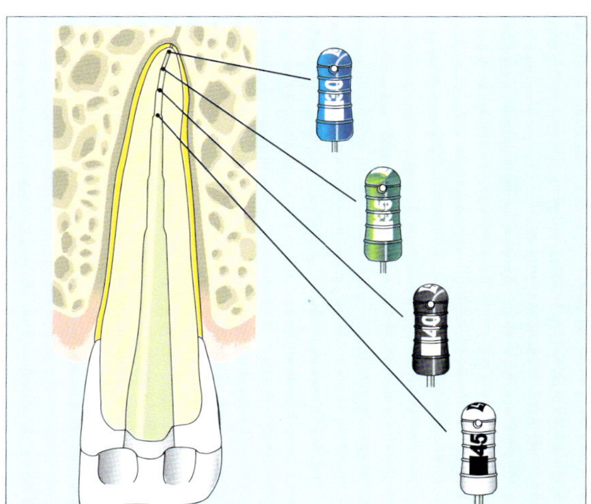

315 Konische Form

Links: Zum Abschluß der Balanced-force-Technik wird das gelockerte Dentin in einer Rechtsdrehung vom Instrument aufgenommen und herausbefördert.

Rechts: Der Wurzelkanal wird ausgehend von der apikalen Meisterfeile apikal nach der Step-back-Technik konisch aufbereitet.

Instrumentation des gekrümmten Wurzelkanals: Teil II

Nach der koronalen Erweiterung wird die Arbeitslänge mit einer K-Feile der Größe 15 röntgenographisch bestimmt. Liegt die Instrumentenspitze mehr als 2 mm kürzer, so wird nach weiterer vorsichtiger Präparation eine zweite Meßaufnahme durchgeführt. Kann die K-Feile auf Grund des sehr engen Wurzelkanals nicht bis zur Arbeitstiefe eingeschoben werden, muß mit einer Hedström-Feile vorsichtig auch die apikale Durchgängigkeit hergestellt werden. Erst anschließend kann die Größe der initialen Apikalfeile bestimmt und apikal um 4 Größen erweitert werden.

Die apikale Aufbereitung erfolgt abwechselnd zuerst mit Hedström-Feilen in einer zirkumferent feilenden Arbeitsweise und danach drehend mit K-Feilen (Batt-Spitze; „balanced force"). Mit einer Hedström-Feile der Größe 20 wird danach koronal erweitert. Anschließend instrumentiert eine vorgebogene K-Feile der Größe 20 den gesamten Wurzelkanal bis zur Arbeitslänge. Kann die Feile nicht bis zur Arbeitslänge eingeführt werden, so darf keinesfalls der Versuch unternommen werden, das Instrument durch Rotation apikalwärts zu führen, da es sonst zu Verblockungen kommt.

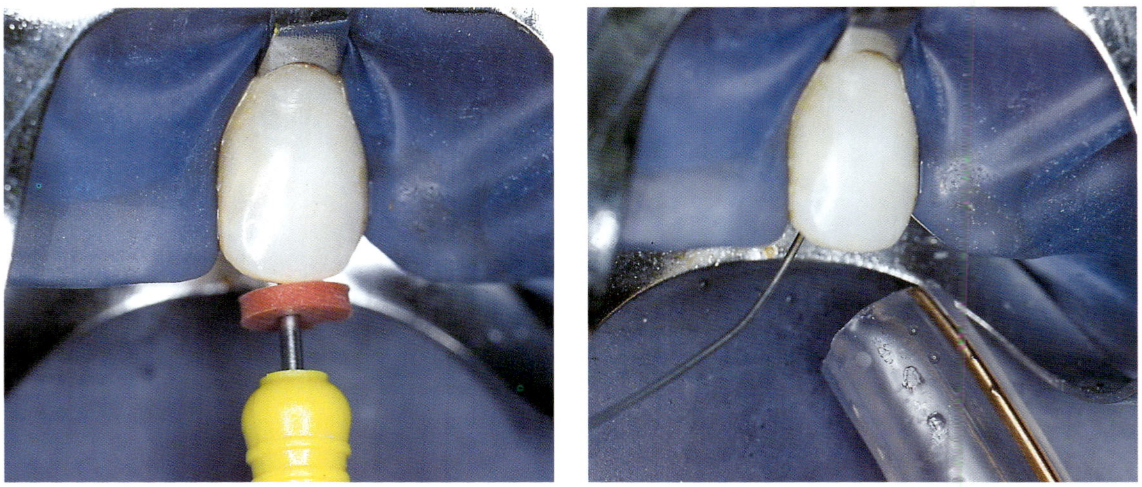

316 Spülung
Links: Durch die drehende Bearbeitung des Wurzelkanals in der Balanced-force-Technik werden Dentinspäne gelockert und müssen aus dem Kanal transportiert werden.

Rechts: Durch Spülung mit Natriumhypochloritlösung nach jedem Instrumenteneinsatz werden Dentinspäne aus dem Kanal herausgespült, gleichzeitig wird Pulpagewebe gelöst.

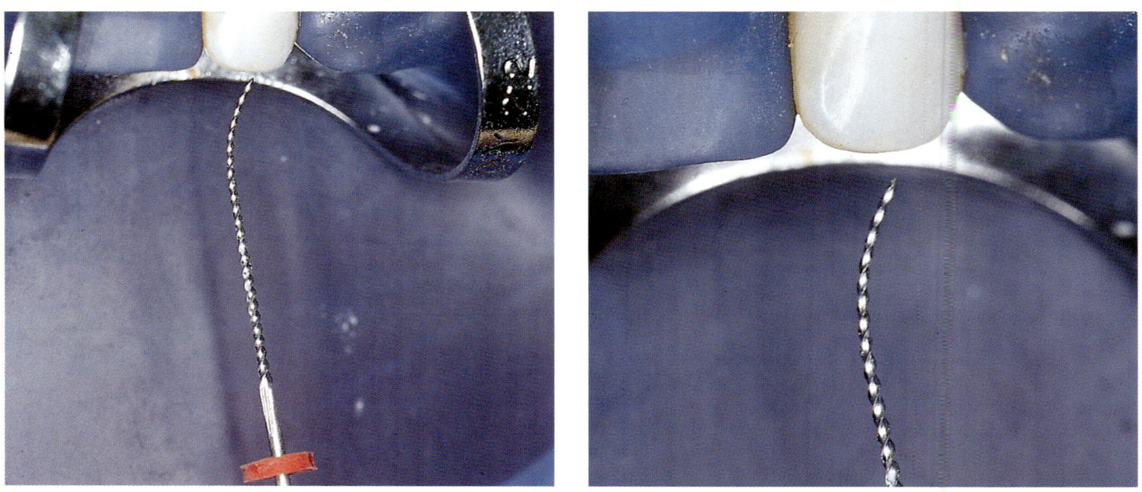

317 Instrumentenbiegung
Links: Die Instrumente müssen entsprechend der Krümmung des Wurzelkanals vorgebogen werden, um einer apikalen Trichterbildung entgegenzuwirken.

Rechts: Die Biegung muß im apikalen Teilstück des Instruments angebracht werden. Eine weiter koronal liegende Biegung charakterisiert ein ungenügend angepaßtes Kanalinstrument.

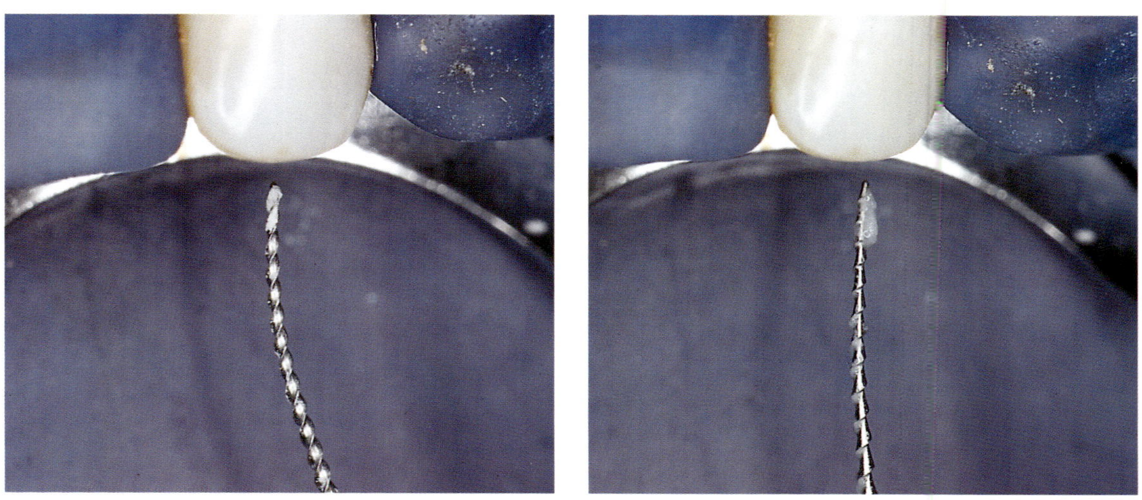

318 Instrumentenwechsel
Links: Mittels spezieller K-Feilen werden apikale Bereiche des Wurzelkanals nach der Balanced-force-Technik instrumentiert und die Dentinspäne herausbefördert.

Rechts: Die Durchgängigkeit und Konizität des Wurzelkanals wird mit Hedström-Feilen präpariert, die grundsätzlich zuerst und vor Gebrauch von K-Feilen eingesetzt werden.

Durch den richtigen Gebrauch einer Patency-Feile ist die Gefahr einer Kanalverblockung nahezu ausgeschlossen, und den Kanalkrümmungen kann besser gefolgt werden. Ein Klemmen des weniger konisch ansteigenden Instruments in der Anfangsphase der Aufbereitung ist ebenfalls ausgeschlossen. Auch kann es bei dieser Technik nicht zu einer Verschleppung von Bakterien aus infizierten koronalen Kanalabschnitten in nichtentzündete apikale Bereiche kommen. Dadurch wird die Häufigkeit postendodontisch auftretender akuter Entzündungen sowie Schmerzen verringert.

Einer Empfehlung von Buchanan (1991) zufolge sollte ein Pathfinder-Instrument bei der Prüfung der Kanaldurchgängigkeit die apikale Konstriktion leicht durchstoßen, ohne sie zu erweitern. Wird mit der Feile auch nur 0,5 mm vor der apikalen Konstriktion aufbereitet, kann es zu einer Dentinverbolzung kommen. Die postoperative Komplikationsrate ist durch dieses bewußte Einführen der Feile in den kritischen Raum hinter der apikalen Konstriktion mit möglicher Keimverschleppung nicht größer, und die Vorteile sollen die Nachteile mehr als aufwiegen (Simon 1993b).

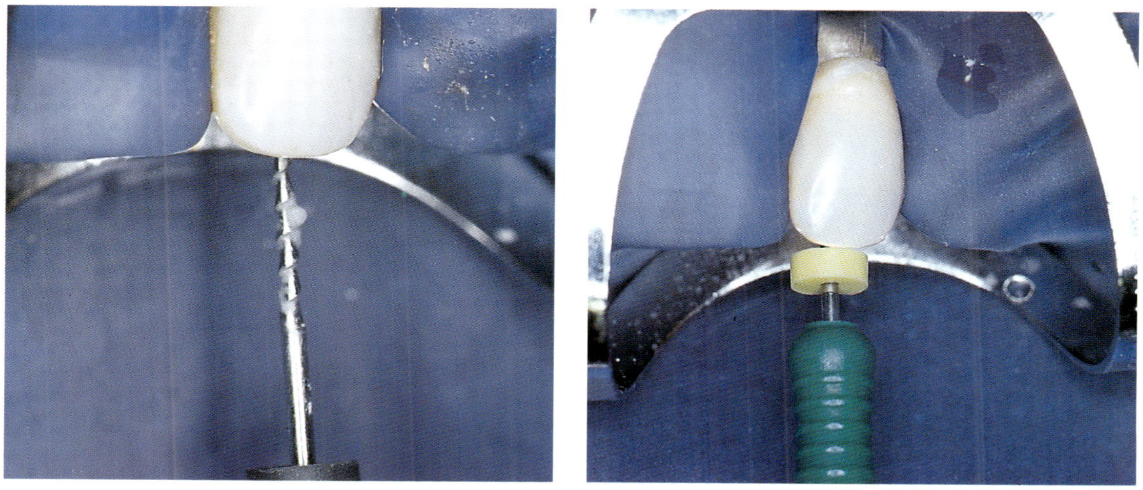

319 Apikale Meisterfeile
Links: Nach Bestimmen der initialen Apikalfeile wird der Wurzelkanal um 4 Größen bis zur apikalen Meisterfeile, in diesem Fall der Größe 35, erweitert; zuerst geschieht dies durch zirkumferentes Feilen mit der Hedström-Feile.

Rechts: Anschließend erfolgt die apikale Präparation mit der Flex-o-file (Batt-Spitze) bis zur Arbeitstiefe.

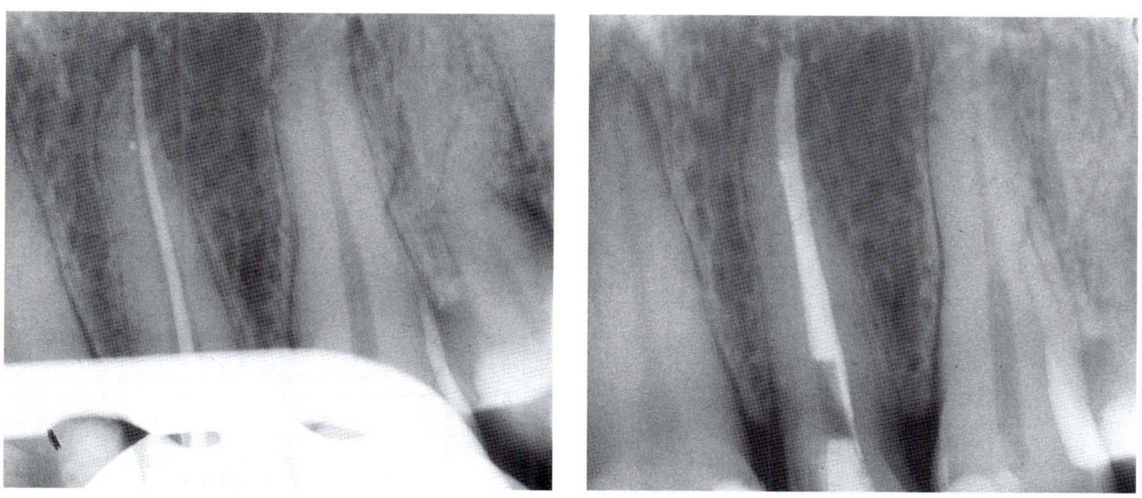

320 Wurzelkanalfüllung
Links: Einmessen des Guttapercha-Masterpoints der Größe 35 bis zur apikalen Konstriktion. Durch die geringfügige Begradigung des Wurzelkanals kommt es zu einer Verkürzung der Arbeitslänge, was bei der Wurzelkanalfüllung zu berücksichtigen ist.

Rechts: Die Wurzelkanalfüllung zeigt gegenüber der Anfangsröntgenaufnahme die apikale Begradigung des Kanals.

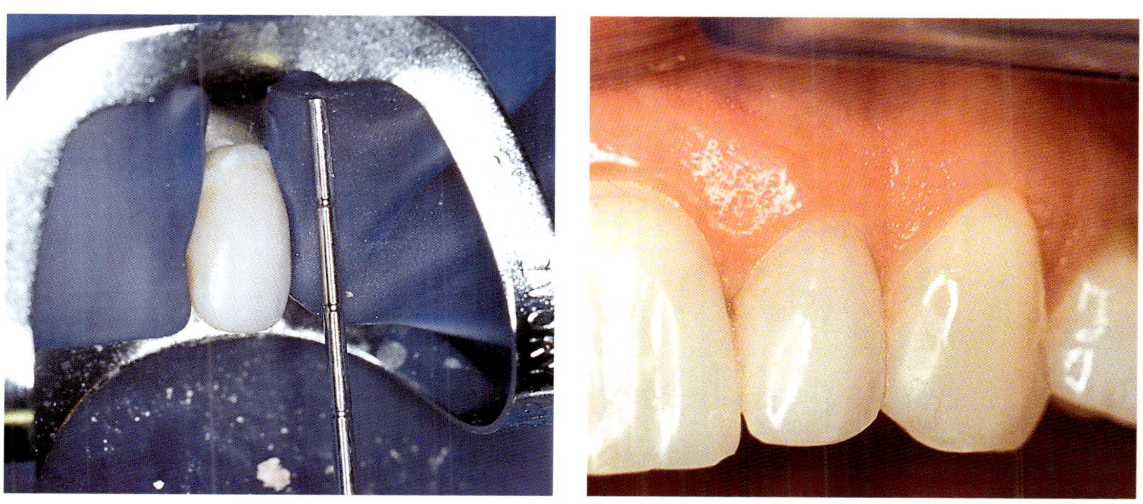

321 Abschlußfüllung
Links: Um Verfärbungen der Zahnkrone durch Inhaltsstoffe aus dem Wurzelkanalfüllmaterial zu vermeiden, muß die Füllung 2 mm unterhalb der Schmelz-Zement-Grenze abgetrennt werden. Hilfreich zum Stopfen ist ein längenmarkierter Plugger.

Rechts: Bei der Kontrolle der Kompositfüllung ein Jahr nach der Wurzelkanalfüllung weist die Zahnkrone keine Verfärbung auf.

Oberfläche des Wurzelkanals nach manueller Instrumentation

Bei der manuellen Bearbeitung des Wurzelkanals mit Handinstrumenten werden Dentin und Pulpagewebsreste zerkleinert, und ein Teil davon wird anschließend durch die Instrumente und durch die Spülung aus dem Wurzelkanal herausbefördert. Reste verbleiben jedoch auf der Oberfläche der Wurzelkanalwand und können beim nächsten Instrumentationsprozeß an die Kanalwand und in angrenzende Dentintubuli hineingedrückt werden. Die Haftung dieser Trümmerschicht („smear layer") am darunterliegenden Dentin ist nicht besonders ausgeprägt (Koçkapan 1995).

Die 2–5 µm dicke oberflächliche Auflagerung besteht aus einem Gemisch aus zermahlenem und zertrümmertem Dentin und Prädentin, bei ungenügender Erweiterung auch teilweise aus bakteriell infizierten nekrotischen Resten des Pulpagewebes (McComb et al. 1976). Im Rasterelektronenmikroskop erscheint die Oberfläche des Kanals relativ glatt. Die Dentintubuli sind durch Verlegung mit abgeriebenem Dentin bedeckt. Die grobkörnigen Dentinpartikel („smear plugs") können in den Tubuli bis zu einer Tiefe von 40 µm nachgewiesen werden (Mader et al. 1984).

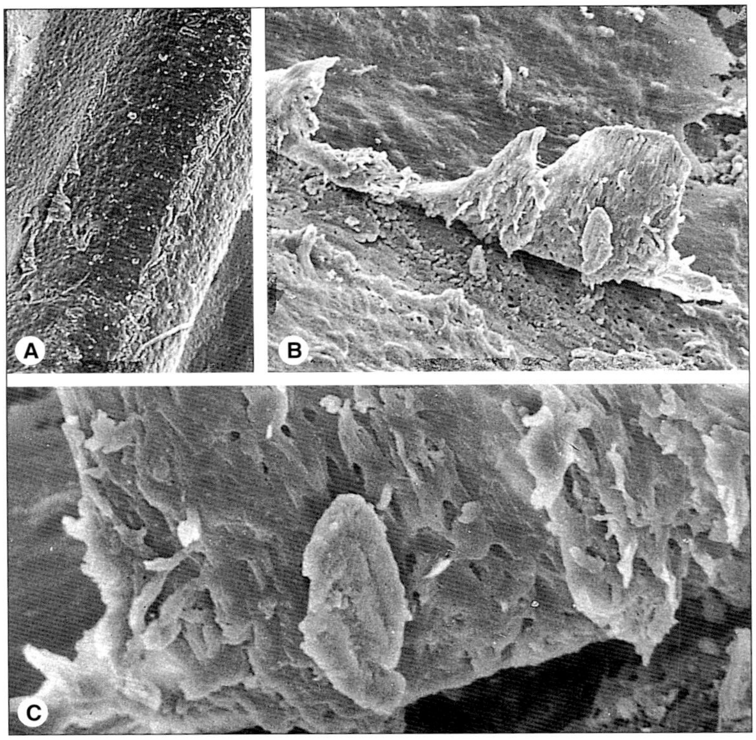

322 Wurzelkanal nach Exstirpation

A Nach der Pulpaexstirpation und vor der Instrumentation ist das Weichgewebe weitestgehend von der Wurzelkanaloberfläche entfernt. Zu erkennen ist eine gleichmäßige Bedeckung der Kanalwand mit Pulpagewebsresten.

B Bei stärkerer Vergrößerung erkennt man die von der Kanalwand abgerissenen Pulpagewebsreste sowie teilweise offene Dentinkanaleingänge.

C Die Gewebsreste enthalten abgerissene Odontoblastenfortsätze und können bakteriell infiziert sein.

(REM-Aufnahmen)

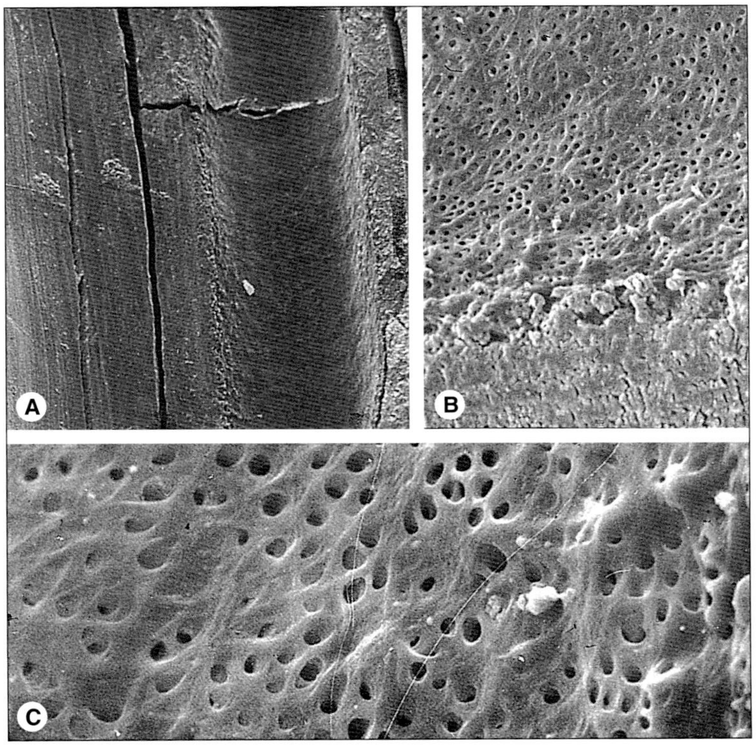

323 Wurzelkanal nach Instrumentation mit Hedström-Feilen

A Der Wurzelkanal ist in mittleren Abschnitten glatt und frei von Pulpagewebsresten, allerdings sind größere Längsrillen durch ungleichmäßiges zirkumferentes Feilen entstanden.

B Das Dentin der Kanalwand ist geglättet, eine Schmierschicht bedeckt teilweise die Dentintubulieingänge, jedoch finden sich auch unbedeckte Abschnitte.

C In stärkerer Vergrößerung sind die Eingänge der Dentintubuli zu erkennen. Gespült wurde während der Instrumentation mit Natriumhypochloritlösung.

(REM-Aufnahmen)

Nach alleiniger Pulpaexstirpation finden sich auf der Wurzelkanaloberfläche größere Pulpagewebsreste, einzelne Gewebsstücke sind vom darunterliegenden Dentin abgerissen. Die Instrumentation gerader Wurzelkanäle mit Hedström-Feilen führt zu einer Oberfläche frei von größeren Gewebsresten, jedoch weisen die Kanäle Längseinkerbungen auf. In mittleren Abschnitten ist der Kanal sauber mit teilweise offenen Dentintubuli. Allein die drehende Aufbereitung mit Reamern führte zu einer glatten Oberfläche ohne größere Dentinreste (Beer u. Gängler 1989).

Über 80% der gekrümmten Wurzelkanäle werden sowohl mit Hedström- als auch K-Feilen über die gesamte Länge sehr gut gereinigt, 17% der Kanäle weisen im apikalen Drittel eine unbefriedigende Reinigung auf (Haikel u. Alleman 1988). Die Aufbereitung mit K-Feilen reinigt apikal die Wurzelkanaloberfläche besser als Canal-master-Instrumente (Lightspeed-Technik). Die apikale Verblockung mit Dentinspänen erscheint zudem problematisch (Beer 1993c). In 94,7% der Fälle traten auch hier Veränderungen im Kanalverlauf („transportation“) auf (Gilles u. delRio 1990).

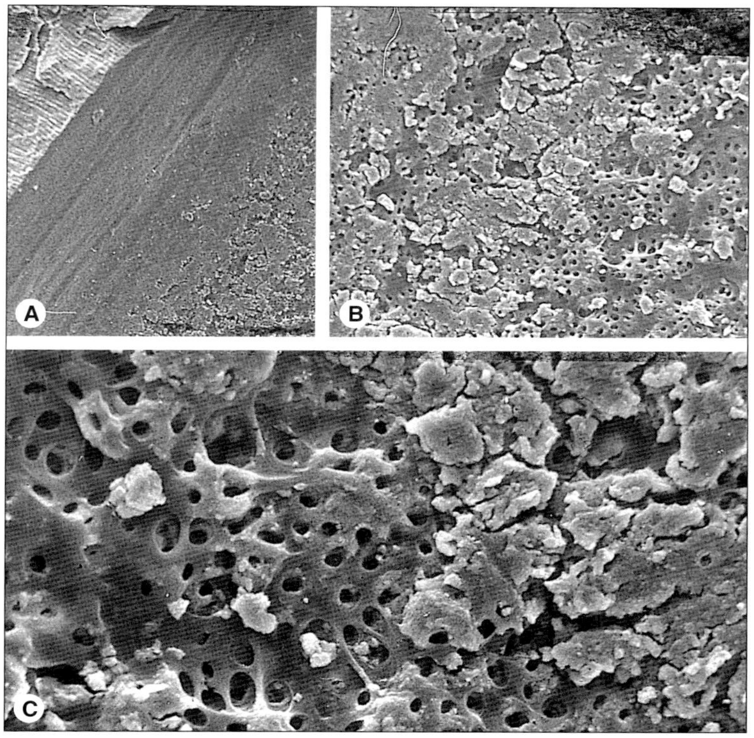

324 Wurzelkanal nach Instrumentation mit Rattenschwanzfeilen

A Die Oberfläche des aufbereiteten Wurzelkanals erscheint aufgerauht, Unregelmäßigkeiten und Längsrillen sind sichtbar.

B Das Dentin ist zerklüftet und aufgerissen, ein regelmäßiger Schmierschichtbelag ist nicht zu erkennen.

C Bei stärkerer Vergrößerung sind größere und kleinere Dentinschollen sichtbar, die teilweise locker dem darunterliegenden Dentin aufgelagert sind. Die Eingänge zu den Dentintubuli sind jedoch weit offen und nicht mit Dentinspänen verblockt.

(REM-Aufnahmen)

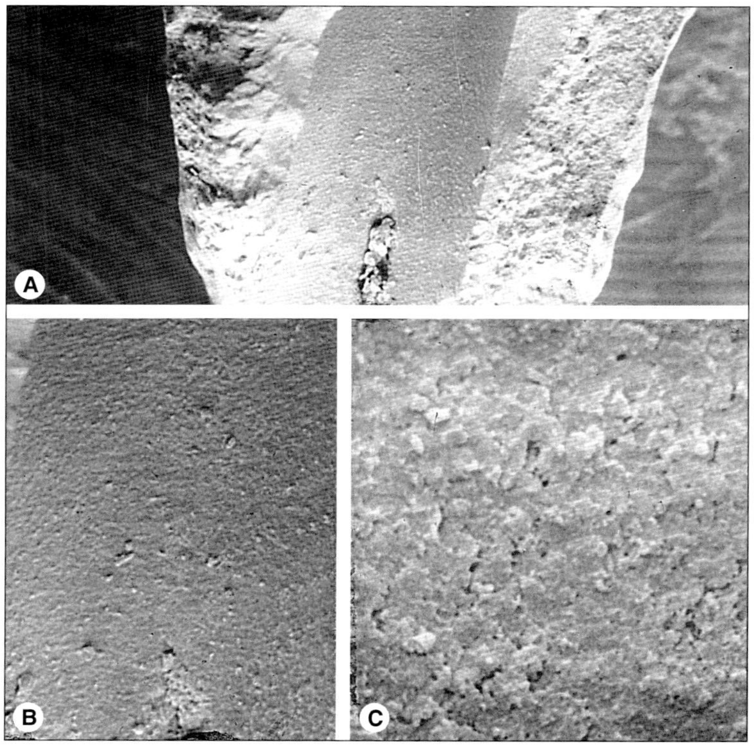

325 Wurzelkanal nach Instrumentation mit K-Feilen

A Nach drehender Aufbereitung mittels Balanced-force-Technik ist auch der apikale Bereich des Wurzelkanals glatt und frei von Gewebsresten. Ein lateraler Seitenkanal ist mit Dentinspänen verbolzt.

B Die Oberfläche des Kanals ist gleichmäßig von einer Schmierschicht bedeckt, Ergebnis des direkten Instrumentenkontakts.

C Bei stärkerer Vergrößerung erkennt man die saubere Kanaloberfläche und den vollständigen Verschluß der Dentintubuli.

(REM-Aufnahmen)

Instrumentation unter dem Operationsmikroskop

Es ist nicht möglich, feinste Einzelheiten durch immer stärkere Annäherung des betrachteten Objekts an das Auge zu erkennen. Liegt der Gegenstand direkt vor dem Auge, kann er wegen der begrenzten Akkommodationsfähigkeit nicht mehr scharf abgebildet werden. Normalsichtige Erwachsene erkennen Gegenstände noch scharf, die mindestens 10 cm vom Auge entfernt sind. Dabei kommt es aber sehr schnell zur Ermüdung. Erst wenn der Abstand auf 25 cm wächst, kann das Objekt längere Zeit ohne besondere Anstrengung scharf gesehen werden. Diese Strecke wird als konventionelle Sehweite bezeichnet (Gerlach 1985). Ein Beobachter kann aus diesem Abstand 2 Punkte dann noch eben unterscheiden, wenn sie mindestens 0,15 mm voneinander entfernt sind – dies entspricht einem Sehwinkel von 2 Winkelminuten. Im Mikroskop wird das zu beobachtende Objekt vom Objektiv optisch erfaßt und zunächst nach unendlich projiziert. Die Tubuslinse entwirft ein Zwischenbild, das vom Okular erfaßt und dem Auge vergrößert angeboten wird. Der resultierende Sehwinkel ist nun viel größer, so daß wesentlich kleinere Details erkennbar sind (Kapitza 1994).

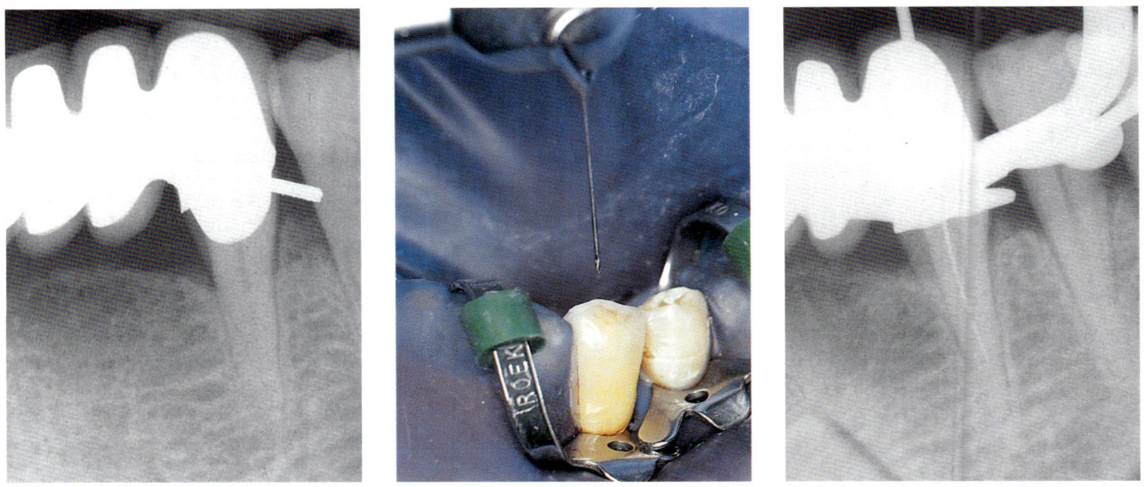

326 Trepanation
Links: Unterer Eckzahn zeigt nach dem Einzementieren einer umfangreichen prothetischen Rekonstruktion akute Beschwerden.

Mitte: Der Zahn wird trepaniert, koronal eröffnet und maschinell erweitert.

Rechts: Die Meßröntgenaufnahme weist bei leicht exzentrischer Technik auf einen möglichen zweiten Wurzelkanal hin.

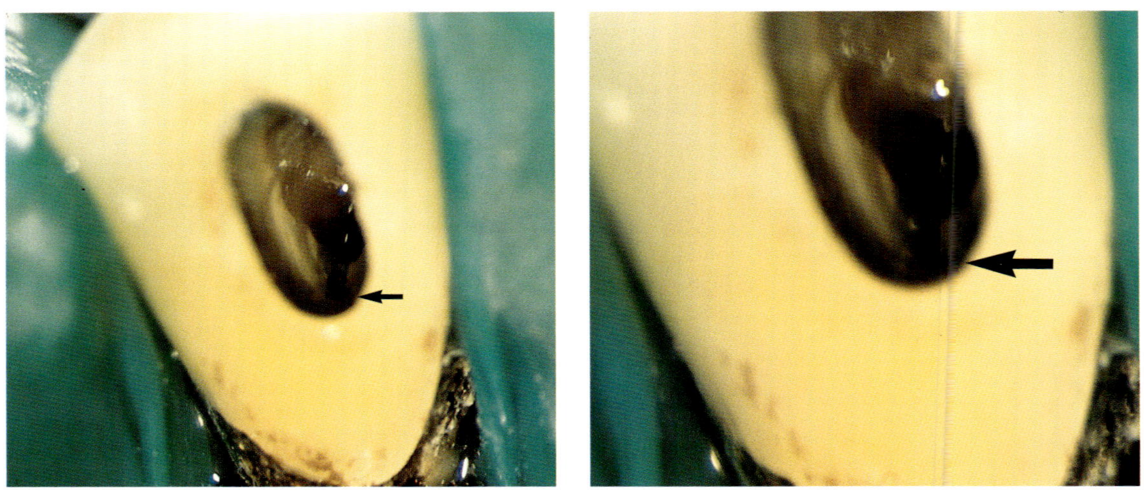

327 Trepanationsöffnung
Links: Mit dem Operationsmikroskop ist bei 20facher Vergrößerung lingual des ersten, bereits instrumentierten Wurzelkanals der Eingang zu einem zweiten Kanal sichtbar.

Rechts: Bei 25facher Vergrößerung ist der zweite Kanaleingang gut zu lokalisieren.

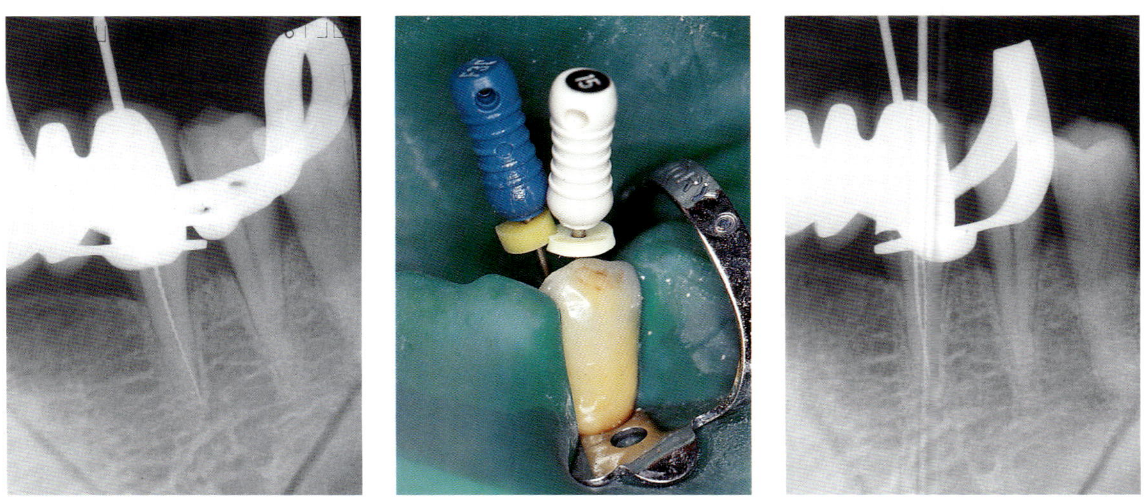

328 Längenbestimmung
Links: Nach Längenkorrektur der ersten Meßaufnahme erreicht die Feile die apikale Konstriktion, bei Überlagerung kann separat ausgemessen werden.

Mitte: In die Wurzelkanäle werden 2 unterschiedliche Meßfeilen eingeschoben.

Rechts: Der Verlauf der beiden Instrumente offenbart 2 getrennte Wurzelkanäle, die auch 2 separate Foramina aufweisen.

Greenough schlug im Jahre 1892 vor, 2 getrennte Tuben mit je einem Objektiv und einem Okular 14–16° zueinander zu neigen und das Objekt so mit beiden Augen zu beobachten. Dieser Winkel entspricht dem Konvergenzwinkel der Augen bei Akkomodation auf einen Gegenstand in der Sehweite von 25 cm. Damit die Bilder auch seiten- und höhenrichtig werden, ist zwischen jedem Objektiv und Okular ein bildaufrichtendes Porroprisma zwischengeschaltet. Im ersten durchlaufenden Prisma werden die Seiten und im zweiten die Höhen vertauscht (Czapski u. Gebhard 1897).

Das stereoskopische Sehen mit dem Operationsmikroskop beruht auf der Tatsache, daß durch den Augenabstand die Blickrichtung auf einen Gegenstand für jedes Auge unterschiedlich ist und somit beide Netzhautbilder nicht ganz identisch sind. Erst im Gehirn werden sie zu einem einzigen Gesamteindruck verarbeitet, der zu einer dreidimensionalen Darstellung führt. Bei räumlichen Objekten ist die Erzeugung eines stereoskopischen Effekts nur innerhalb der Schärfentiefe möglich. Deshalb wendet man das Operationsmikroskop nur bei schwacher Vergrößerung an.

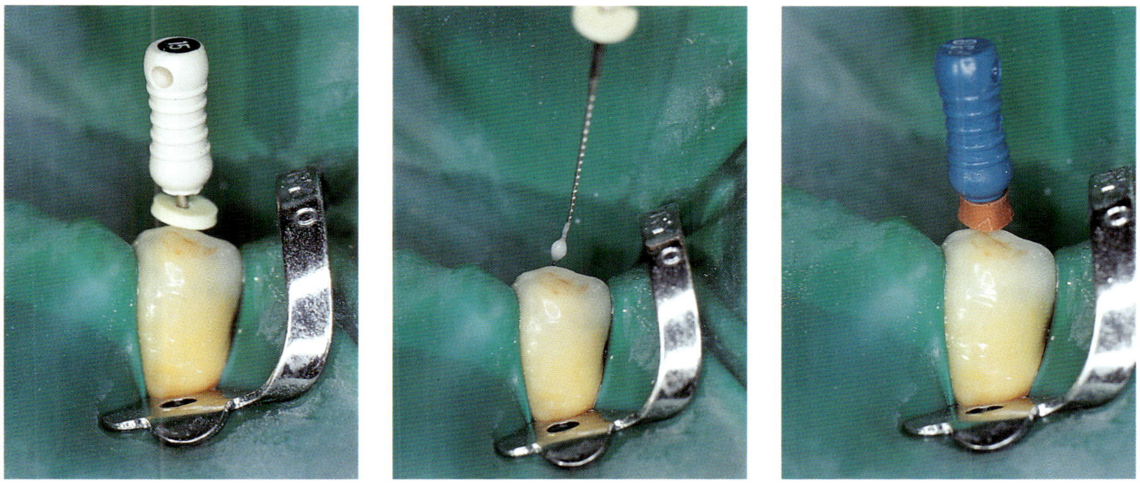

329 Tiefenpräparation
Links: Die Aufbereitung unter dem Mikroskop beginnt bei 10- bis 16facher Vergrößerung mit der Erweiterung mittels Hedström-Feile.

Mitte: Zur Gesamtdarstellung des Wurzelkanals wird ein EDTA-haltiges Gleitmittel an der Feilenspitze eingesetzt.

Rechts: Nach fortlaufender Erweiterung instrumentiert die abschließende apikale Meisterfeile den Kanal.

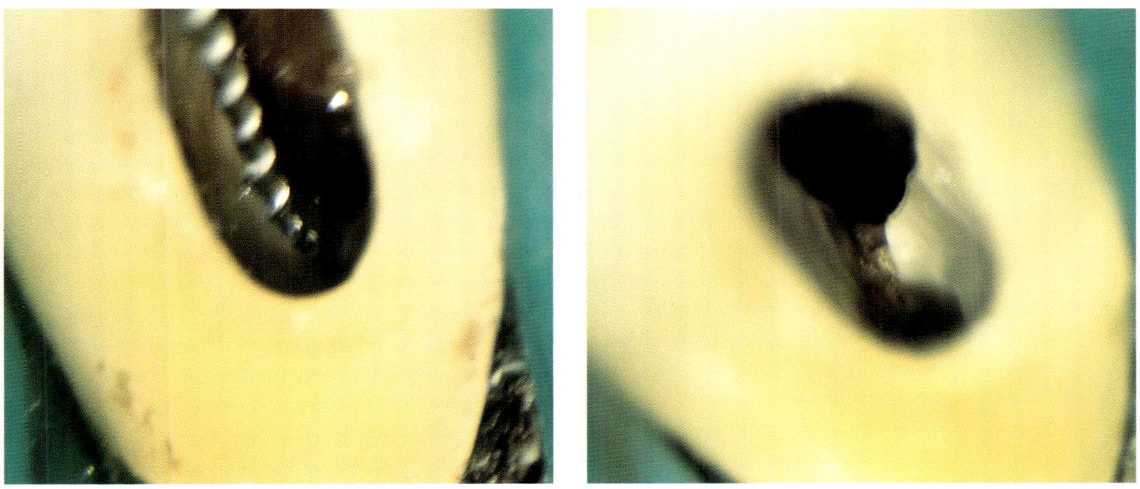

330 Mikroskopeinsatz
Links: Zwischen dem Instrumentenwechsel wird bei 16- bis 25facher Vergrößerung der Kavitätenboden kontrolliert. Wegen der besseren Gesamtübersicht sollte bei geringer Vergrößerung instrumentiert werden.

Rechts: Beide Wurzelkanäle werden durch einen Isthmus verbunden, der noch Gewebsreste enthält. Auch der zweite Kanal ist nun vollständig aufbereitet.

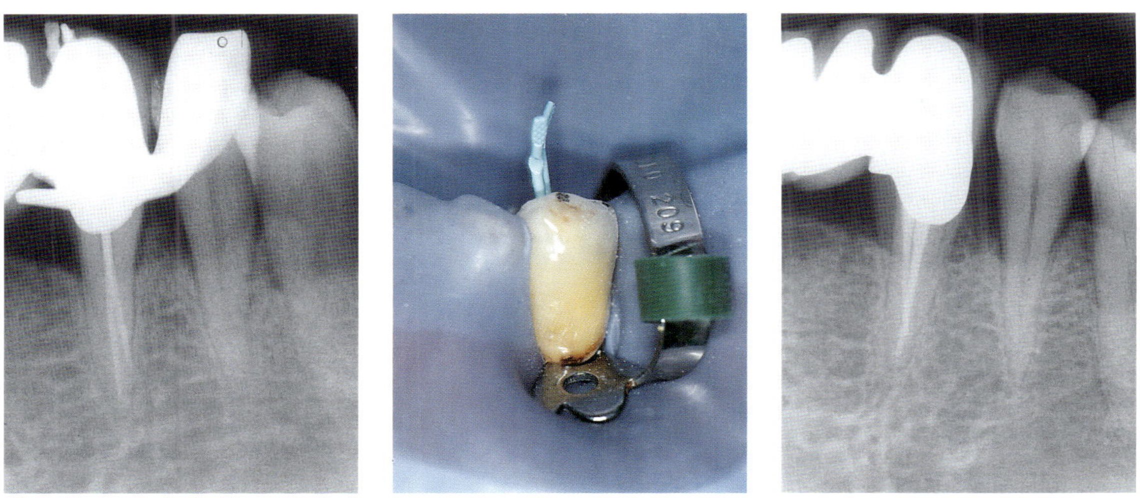

331 Wurzelkanalfüllung
Links: Bei klinischer Symptomlosigkeit werden in der zweiten Sitzung die Guttaperchastifte eingemessen.

Mitte: Die beiden längenmarkierten Hauptstifte werden bis zum Pinzetteneindruck in die Kanäle eingeschoben.

Rechts: Nach Abschluß der Wurzelkanalfüllung mittels lateraler Kondensation ist im Röntgenbild ein exakter Abschluß erkennbar.

Aufbereitung gekrümmter Molarenwurzelkanäle: Teil I

Ein endodontischer Mißerfolg liegt außer in einem unzureichenden Behandlungskonzept in der Unkenntnis komplexer Wurzelkanalverhältnisse begründet: Meist ist ein Übersehen von apikalen Ramifikationen oder von zusätzlichen und bakteriell infizierten Kanälen die Ursache. Beispielsweise variiert die Häufigkeit des Auftretens eines vierten Wurzelkanals im ersten oberen Molaren je nach Untersuchungsmethode zwischen 19 und 77% und im zweiten oberen Molaren zwischen 10 und 38% (Weine et al. 1969, Seidberg et al. 1973, Vertucci 1984, Neaverth et al. 1987).

Neuere Studien weisen sogar bei 90% der ersten und 70% der zweiten oberen Molaren 2 Wurzelkanäle in der mesiobukkalen Wurzel nach, d.h. die Mehrzahl dieser Zähne hat 4 Wurzelkanäle. In 52,4% der Fälle finden sich 2 Kanäle, die sich kurz vor dem Apex vereinen, 33% haben 2 separate Kanäle, und in 4,8% der Fälle liegt nur ein Kanal vor, der sich apikal in 2 separate Kanäle aufzweigt. Ein mesiopalatinaler Kanaleingang wird bei 81% der ersten und 59% der zweiten Molaren mit mittleren Durchmessern von 0,49 bzw. 0,42 mm ermittelt (Gilles u. Reader 1990).

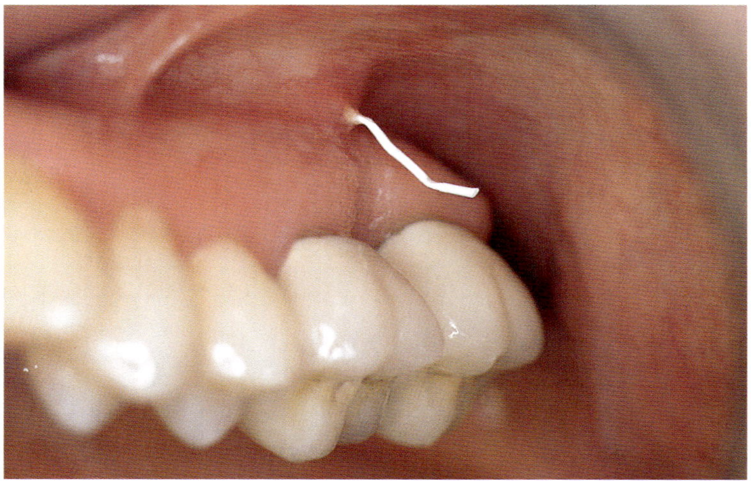

332 Fistelbildung
Oberer erster Molar, bei dem sich eine Fistel gebildet hat. In den Fistelgang ist ein Guttaperchastift eingeschoben. Der Zahn ist vor einem Jahr überkront worden und seither leicht aufbißempfindlich. Der Perkussionstest ist positiv, der Sensibilitätstest in der Aussage nicht eindeutig.

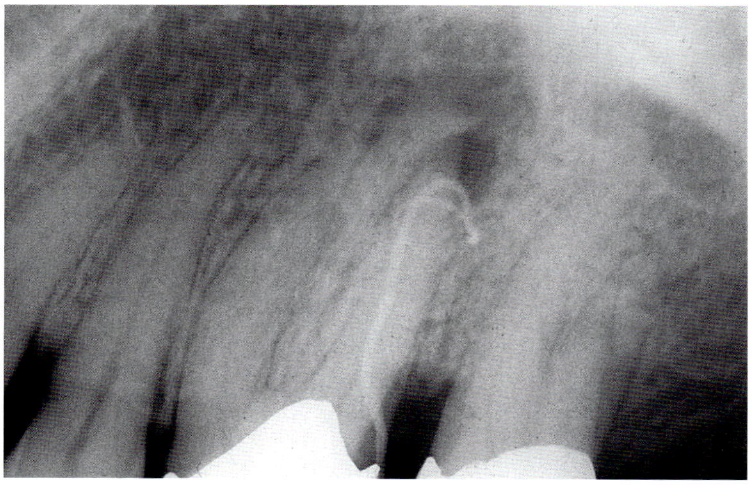

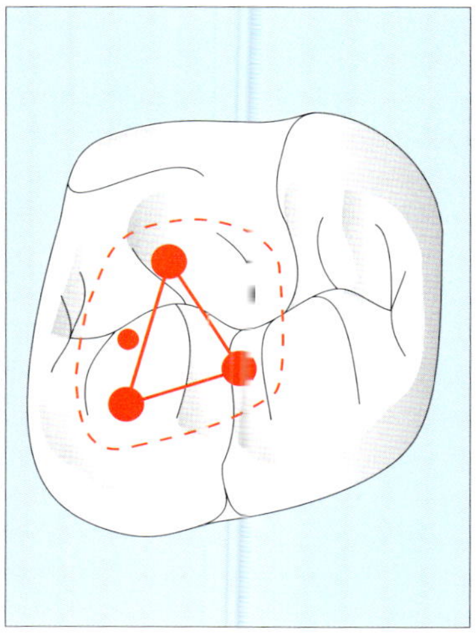

333 Trepanationsöffnung
Im Röntgenbild erkennt man distobukkal die periapikale Aufhellung, von der die Fistel ausgeht, kenntlich durch den Guttaperchastift, sowie die 3 Wurzeln, aber keine 2 separaten Kanäle in der mesiobukkalen Wurzel.

Rechts: Die Strichlinie zeigt die Mindestgröße der Trepanationsöffnung zur Darstellung aller Kanaleingänge.

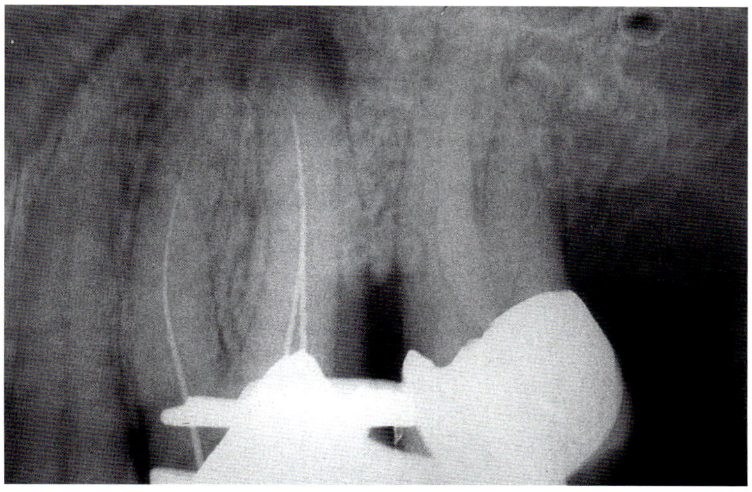

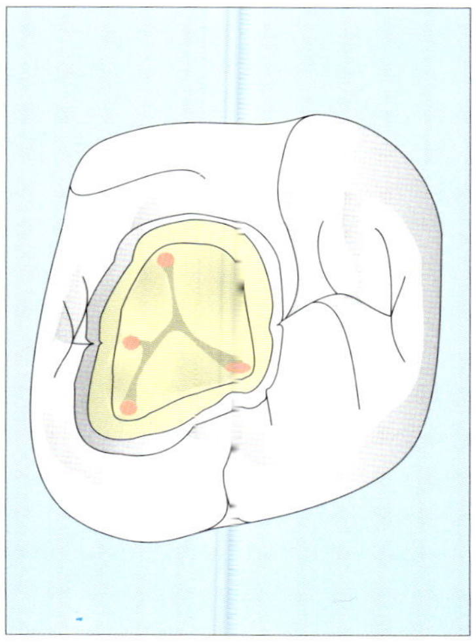

334 Zugangskavität
Nach Präparation der Zugangskavität werden die Kanaleingänge aufgesucht und die Wurzelkanäle durch das Einführen von Feilen im Röntgenbild kenntlich gemacht. In der mesiobukkalen Wurzel findet sich anfänglich nur ein Kanal.

Rechts: Lage der 4 Kanaleingänge, die durch feine dunkle Linien miteinander verbunden sind.

Der Größenwert eines Instruments gibt den Durchmesser des bis zur Spitze projizierten Kegels des Instrumentenarbeitsteiles – in Hundertstel Millimeter – an. Ein Instrument der Größe 15 hat demnach an der Spitze einen Durchmesser von 0,15 mm. Die Länge der Arbeitsteile aller Instrumente beträgt 16 mm. Das Arbeitsteil steigt konisch an, pro Längenmillimeter um 0,02 mm. Zwischengrößen können durch millimeterweises Kürzen der Instrumentenspitze hergestellt werden. So entsteht aus einer Feile der Größe 15 durch Abschneiden von 1 mm die Größe 17.

Durch die Verwendung von K-Feilen vom Typ Golden medium (Maillefer) erübrigt sich dieses apikale Abtrennen, da diese Instrumente in den Zwischengrößen 12, 17, 22, 27 und 32 vorliegen und damit das mit der Größe 10 beginnende Instrumentenprogramm ergänzen. So wird ein guter Übergang zur nächsten Instrumentengröße geboten. Da die Durchmesser der Wurzelkanalinstrumente Toleranzgrenzen von ± 0,02 mm aufweisen, diese also im Bereich der Größenunterschiede der Zwischengrößen liegen, bleibt der Nutzen dieser Feilen jedoch umstritten.

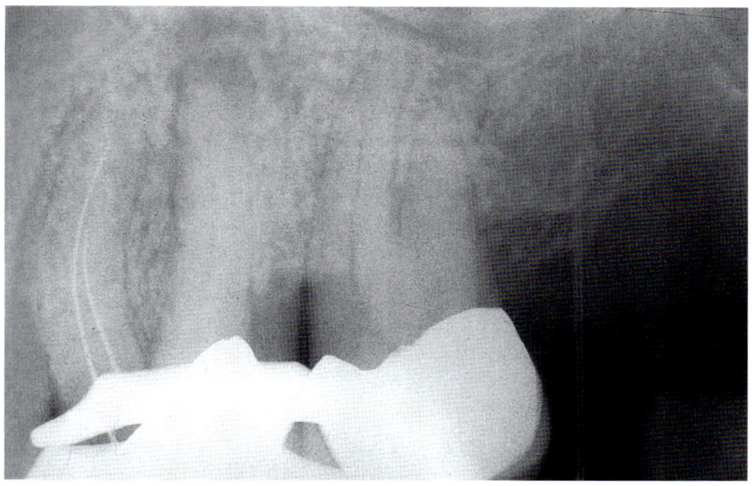

335 Mesiobukkale Wurzel
In der mesiobukkalen Wurzel sind 2 separate Wurzelkanäle erkennbar, die sich im Röntgenbild nach Einführen von Meßfeilen vermutlich als Typ 2 darstellen, d.h. sie vereinigen sich apikal zu einem Kanal.

Links: Zur besseren Unterscheidung werden eine K-Feile und eine Hedström-Feile eingesetzt.

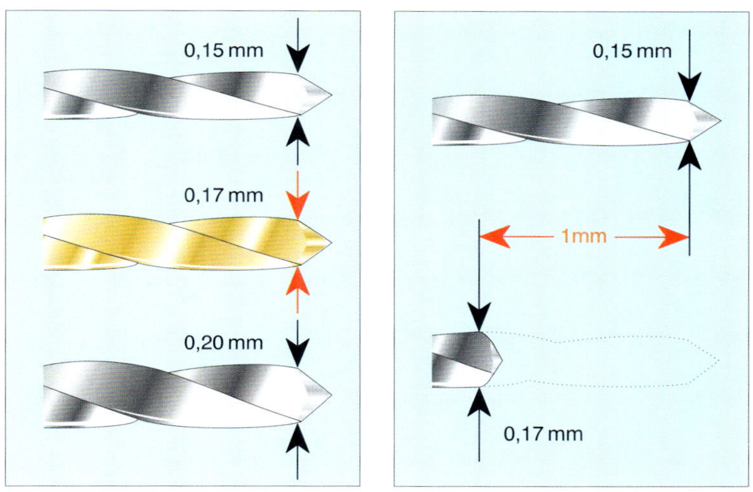

336 Instrumentation
Um ein Verblocken der engen Wurzelkanäle durch Ablagerung von Dentinspänen zu vermeiden, müssen in der Anfangsphase Zwischengrößen verwendet werden.

Links: Als Zwischengrößen können auch K-Feilen vom Typ Golden medium verwendet werden.

Rechts: Durch millimeterweises Kürzen der Instrumentenspitze entstehen ebenfalls Zwischengrößen.

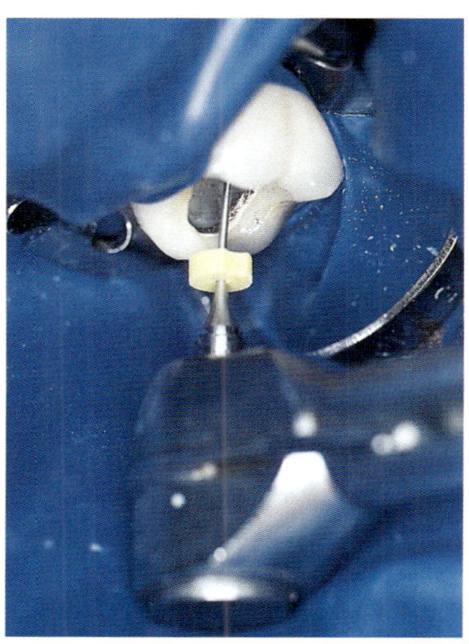
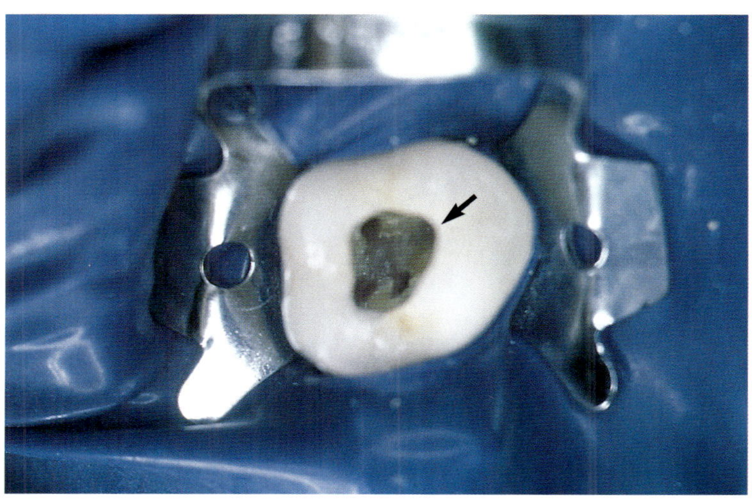

337 Koronale Erweiterung
Vor der Tiefenpräparation wird der koronale gerade Wurzelkanalanteil maschinell erweitert. Alle 4 Wurzelkanaleingänge sind hier gefunden und dargestellt worden. (Der Pfeil kennzeichnet den palatinalen Kanal.)

Links: Koronale Erweiterung mit langsam rotierenden Gates-Glidden-Bohrern unter Zuhilfenahme eines Gleitmittels.

Aufbereitung gekrümmter Molarenwurzelkanäle: Teil II

Die Feilen müssen anhand des ersten diagnostischen Röntgenbildes sorgfältig vorgebogen werden. Dazu verwendet man das Flexobend (Maillefer), mit dessen Plastikrollen die Instrumente an jeder Stelle ohne Beschädigung der Schneiden gleichmäßig und ohne Knickung gebogen werden können. Werden die Feilen nicht vorgebogen, so tragen Dreikantfeilen an der Außenseite des gekrümmten Kanals im apikalen Bereich Material ab. Dies führt zu einer bauchförmigen Veränderung des Kanals. Die Arbeitslänge verkürzt sich um 2,4 mm (Schäfer u. Hoppe 1995).

Entsprechend der Kanalanatomie vorgebogene Feilen klemmen in gekrümmten Kanälen nur an der Instrumentenspitze, nicht vorgebogene Feilen hingegen auf ganzer Länge. Klemmen nur an der Spitze ermöglicht sowohl ein besseres taktiles Bestimmen von Widerständen beim Aufbereiten als auch ein gefühlvolles und kraftloses Bearbeiten apikaler Wurzelkanalbereiche. Allerdings setzt dies ein koronales Eröffnen und Erweitern vor der apikalen Tiefenpräparation voraus, und bei jedem Instrumentenwechsel muß ausreichend gespült werden.

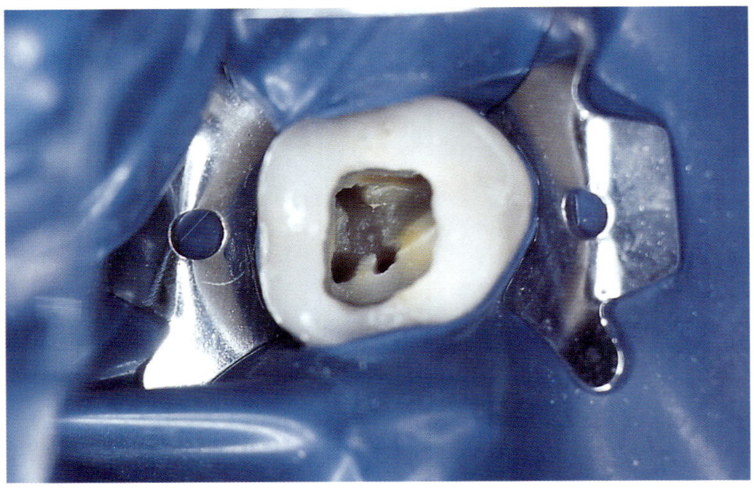

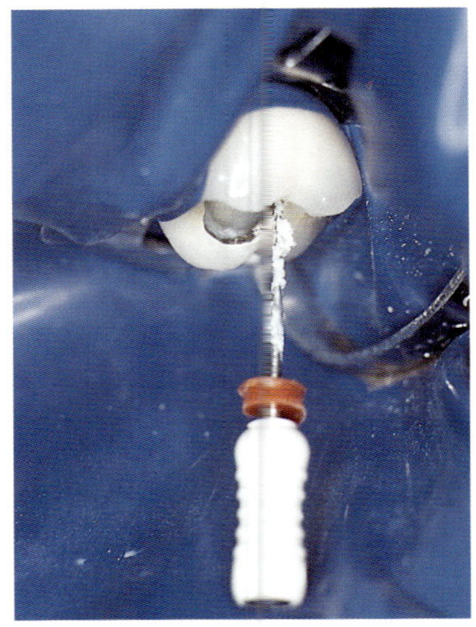

338 Aufbereitung
Der Einblick in die Kavität zeigt eine gute koronale Erweiterung. Anschließend erfolgt die apikale Instrumentation mit vorgebogenen Handinstrumenten.

Rechts: Wichtigstes Instrument ist eine vorgebogene Hedström-Feile der Größe 15. Erst nach ausreichend intensiver Erweiterung darf auf das nächste Instrument übergegangen werden.

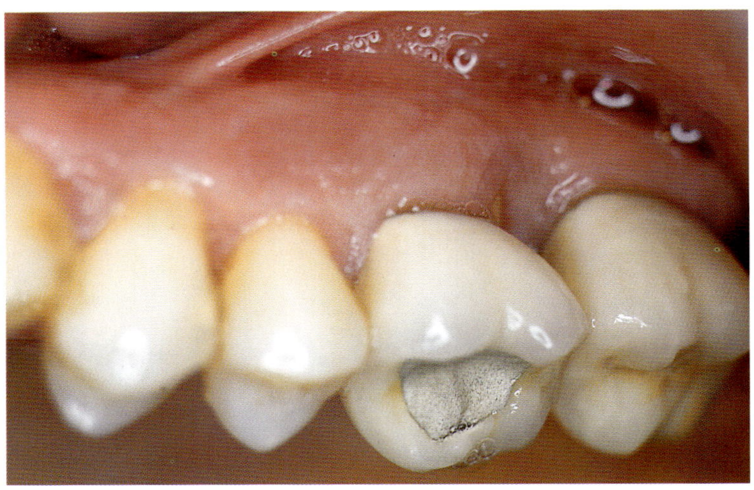

339 Verschluß
Bereits 3 Wochen nach der ersten Wurzelkanalaufbereitung und der Zwischeneinlage hat sich die Fistel geschlossen. Die Trepanationskavität ist mit einem Glasionomerzement dicht verschlossen.

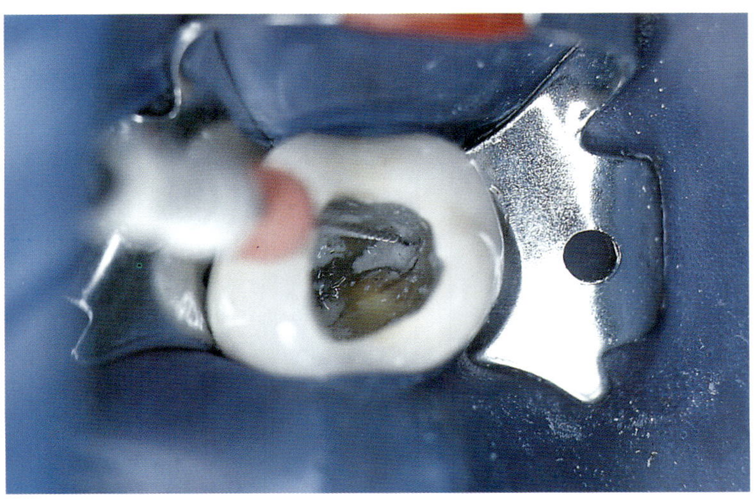

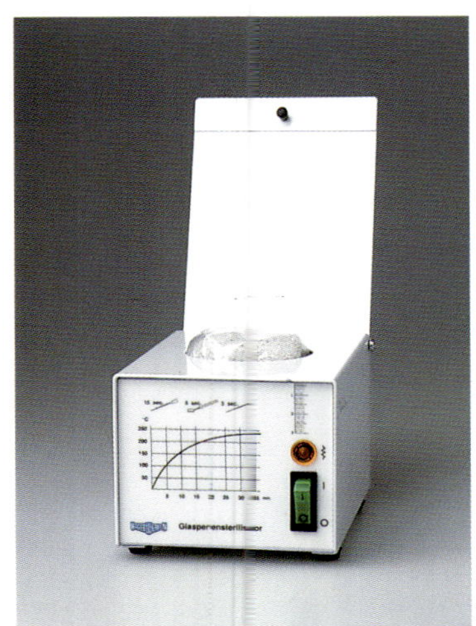

340 Desinfektion und Sterilität
Die desinfizierende Einlage wird 3 Monate nach der ersten Sitzung mit einer Hedström-Feile gelockert und anschließend mit Natriumhypochlorit herausgespült.

Rechts: Der Glaskugelsterilisator gewährleistet Keimarmut der Instrumentenoberfläche während der Aufbereitung, aber keine vollständige Sterilität (Hurtt u. Rossman 1996).

Gerade und nicht vorgebogene Feilen können nur mit Kraft in den Kanal eindringen. Dabei können Irregularitäten nicht erkannt und umgangen werden, so daß u.U. Stufen und Verblockungen entstehen. Gleichzeitig geht bei dieser kraftvollen, apikalwärts gerichteten Instrumentation das „taktile Feedback“ vollständig verloren und damit eine der wichtigsten zusätzlichen Informationen über das Erreichen der apikalen Konstriktion. Nicht vorgebogene Instrumente erzeugen einen apikalen Trichter und eine Änderung des ursprünglichen Kanalverlaufs (Weine et al. 1975).

Häufige Ursache von postoperativen Schmerzreaktionen ist nicht nur das Übersehen zusätzlicher Wurzelkanäle, sondern auch eine unvollständige Instrumentation, Formgebung und Füllung der Wurzelkanäle. Meist endet die Instrumentation 1–3 mm vor dem radiographischen Apex. In diesem nicht aufbereiteten Kanalanteil können sich aber nekrotische Gewebsreste und Bakterienbestandteile befinden. Tritt keine Besserung der Symptome auf, müssen die Kanalbehandlung revidiert und die Kanäle bis zum apikalen Endpunkt aufbereitet werden (Beer 1996).

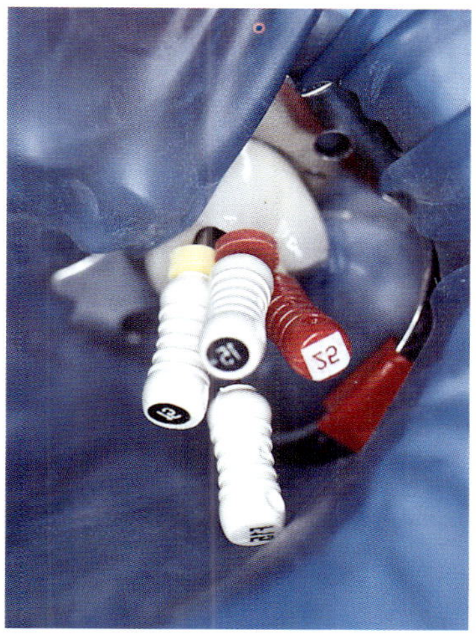

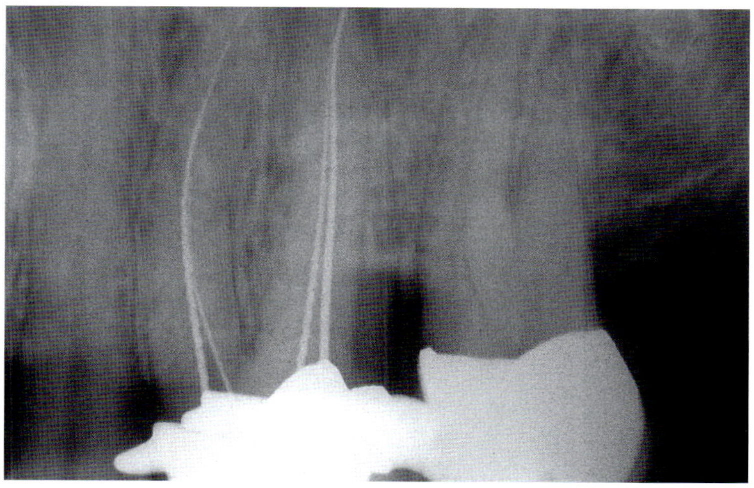

341 Röntgenkontrolle
Die Meßröntgenaufnahme weist die Durchgängigkeit aller 4 Wurzelkanäle nach. Die Instrumente sind durch die Überlagerung allerdings nur schlecht zu unterscheiden.

Links: Die IAF im palatinalen Kanal ist eine K-Feile der Größe 25. In die anderen Kanäle sind Feilen der Größe 15 eingeschoben.

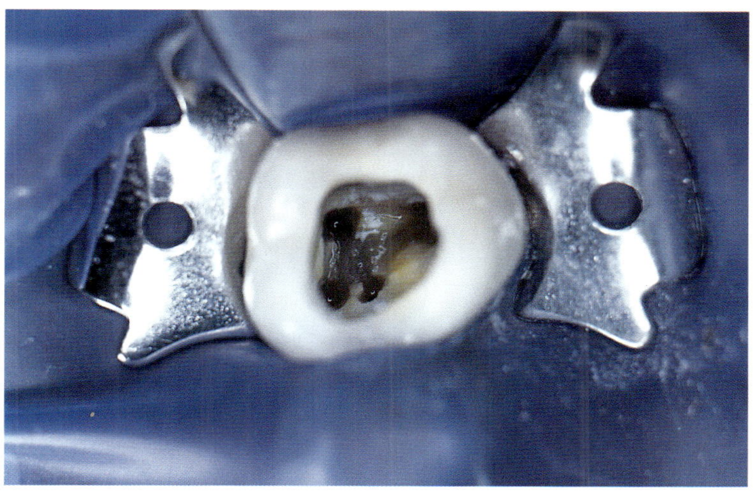

342 Inspektion
Die Kontrolle der vollständigen Aufbereitung aller 4 Kanäle zeigt runde Querschnittsformen. Der Zahn ist klinisch symptomlos und kann wurzelkanalgefüllt werden.

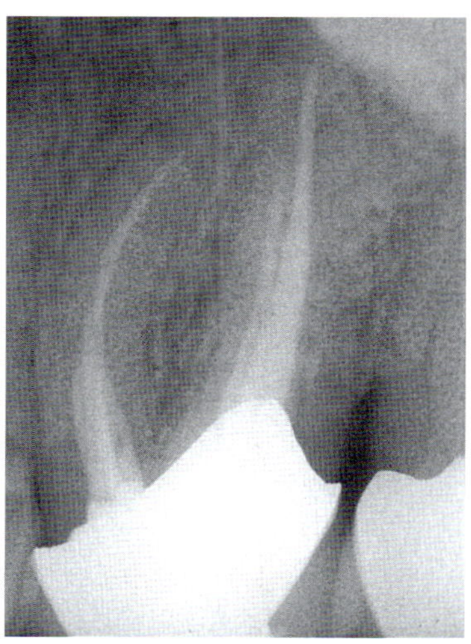

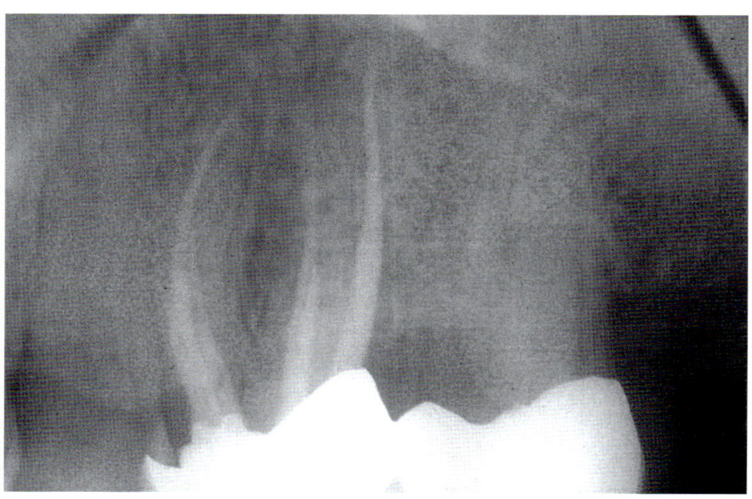

343 Wurzelkanalfüllung
Das Kontrollröntgenbild im exzentrischen Strahlengang ein Jahr nach der Wurzelkanalbehandlung zeigt die Regeneration der periapikalen Aufhellung. Mesiobukkal sind koronal 2 getrennte Kanäle sichtbar.

Links: Das Kontrollröntgenbild unmittelbar nach der Wurzelkanalfüllung weist eine dichte Obturation nach.

Problemlösungen bei der Instrumentation

Stufenbildung

Die Wurzelkanalinstrumente müssen zur Vermeidung von Stufenbildungen oder Verblockungen im Bereich der apikalen 4 mm vorgebogen werden. Bei der Verwendung von Instrumenten mit einer Länge von über 25 mm sowie bei eingeschränkter Mundöffnung treten Platzprobleme in der Mundhöhle auf. Das Instrument wird deshalb während der initialen Erweiterung in die mesialen Wurzelkanäle von Molaren eingedreht, die Stoppereinkerbung dient dabei als Orientierung und zeigt zuerst nach mesial und abschließend nach distal.

Trichterbildung

Ein apikaler Trichter entsteht infolge unsachgemäßer Instrumentation und Begradigung des apikalen Wurzelkanals. Zur Vermeidung dieser Trichterbildung müssen die Instrumente apikal stärker vorgebogen werden, als es die im Röntgenbild sichtbare Kanalkrümmung vorgibt. Nur durch den langen Gebrauch dünner Feilen wird diese apikale Erweiterung vermieden. Bei der Balanced-force-Technik müssen die Instrumente nach jeder Rotation aus dem Kanal entfernt, gereinigt und wieder vorgebogen werden.

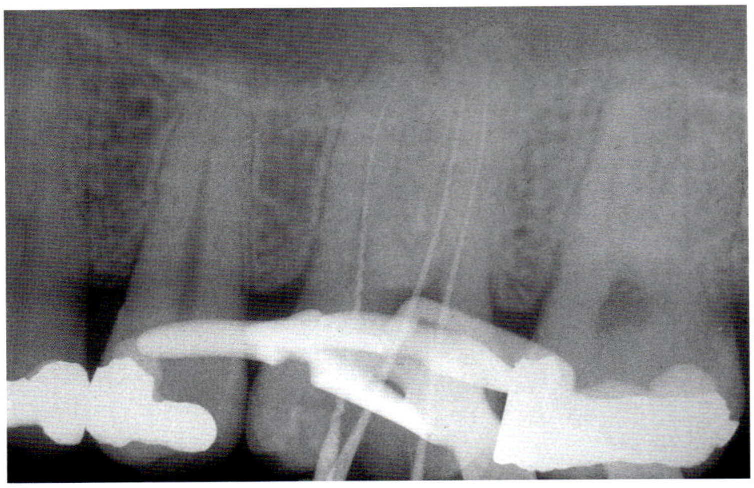

344 Meßröntgenaufnahme
In die 3 Wurzelkanäle des Oberkiefermolaren werden nicht vorgebogene Feilen der Größe 15 zur Bestimmung der Arbeitslänge eingeschoben. Gleichzeitig wird die Krümmung der Wurzelkanäle einschätzbar.

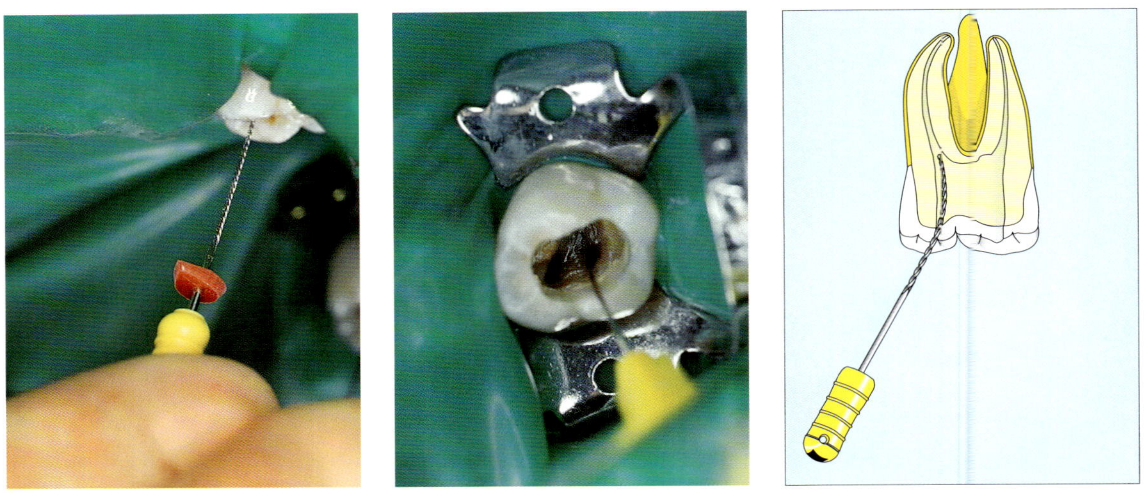

345 Vorbiegen der Aufbereitungsinstrumente
Links: Apikal werden die Instrumente stärker vorgebogen als die Kanalkrümmung. Diese wird durch die Stopperspitze gekennzeichnet, die anfänglich nach mesial zeigt.

Mitte: Einschieben des Instruments.

Rechts: Gegen die Richtung der Wurzelkanalkrümmung wird das Instrument in den mesiobukkalen Kanal eingeschoben.

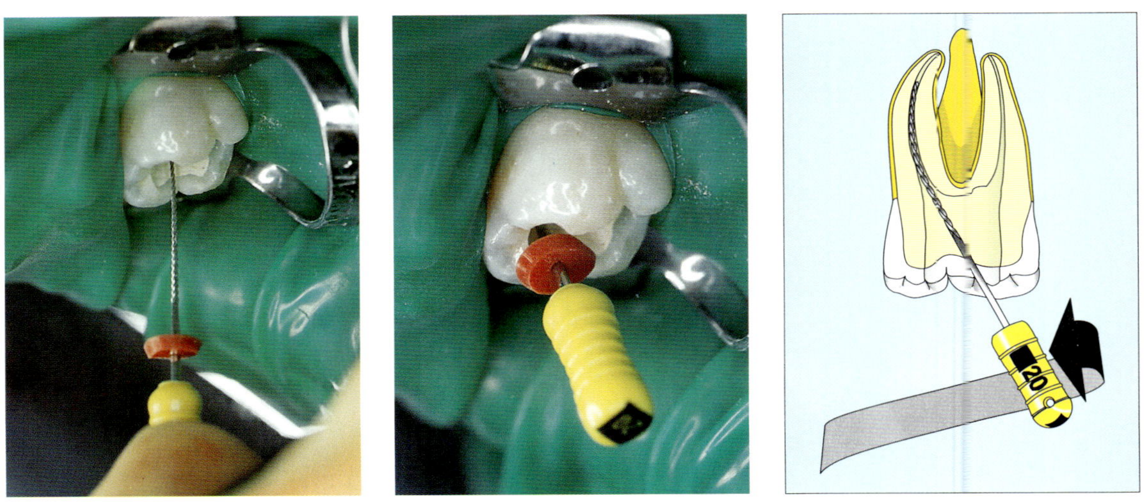

346 Eindrehen des Instruments in den Kanal
Links: Während des weiteren fast kraftlosen Vorschiebens der Feile in den Wurzelkanal hinein wird die Feile gedreht, sichtbar an der Stopperspitze.

Mitte: Problemlos konnte die K-Feile bis zur Arbeitstiefe in den Wurzelkanal eingedreht werden. Die Stopperspitze zeigt nun nach distal.

Rechts: Drehung des Instruments um 180° in den Kanal hinein.

Perforation

Durch zu starke initiale Erweiterung mesialer Kanäle von Molaren kann es zur Schlitzung der Kanalwand kommen. Am diagnostischen Röntgenbild ist der Wurzelkanalverlauf sorgfältig einzuschätzen. Erst danach sollte über den Gebrauch von Gates-Glidden-Bohrern entschieden werden. Hedström-Feilen bis zur Größe 25 können den Wurzelkanal initial ebenfalls ausreichend erweitern. Durch Feilen gegen die Kanalkrümmung läßt sich der übermäßige Hartsubstanzabtrag vermeiden.

Überinstrumentation

Die Erweiterung der apikalen Konstriktion kann postendodontische Reaktionen zur Folge haben. Diese Gefahr läßt sich durch röntgenographische Längenbestimmung und Ermittlung des richtigen apikalen Referenzpunktes verringern. Wichtig ist das Festlegen eines reproduzierbaren koronalen Referenzpunktes, der für jeden Wurzelkanal unterschiedlich sein kann. Zwischenröntgenaufnahmen ermöglichen Längenkorrekturen, die infolge Begradigung gekrümmter Kanalabschnitte auftreten.

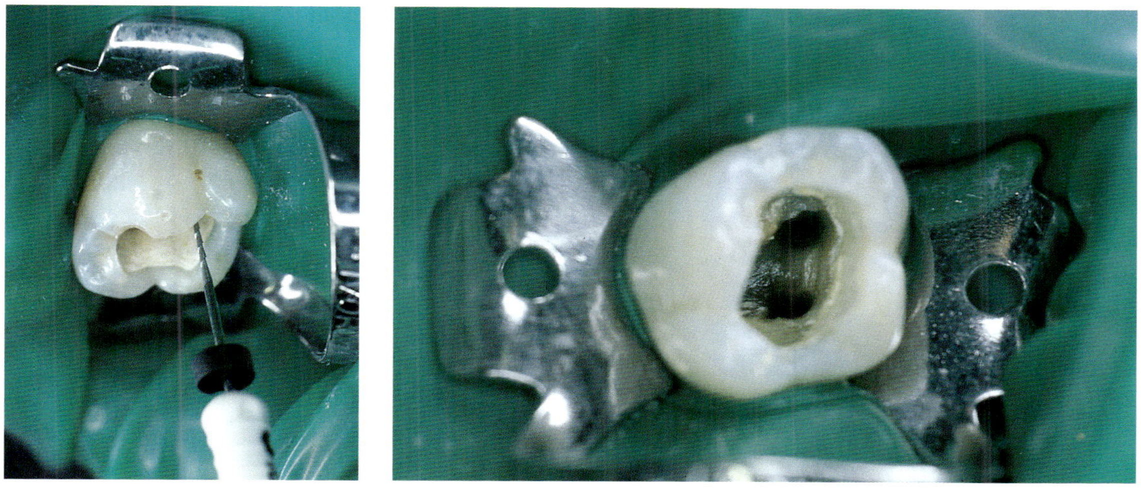

347 Kanalinstrumentation
Die gekrümmten Wurzelkanäle werden durch diese Instrumentationstechnik vollständig aufbereitet.

Links: Koronale Ausformung und konische Kanalgestaltung mittels flexibler Hedström-Feilen.

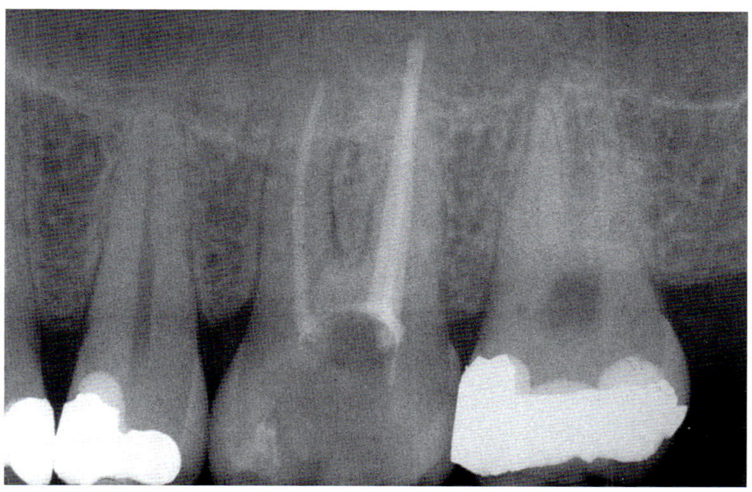

348 Wurzelkanalfüllung
Die 3 Wurzelkanäle werden mittels lateraler Guttapercha-Kondensationstechnik bis zum apikalen Referenzpunkt gefüllt. Eine Begradigung des Kanalverlaufs ist nicht aufgetreten.

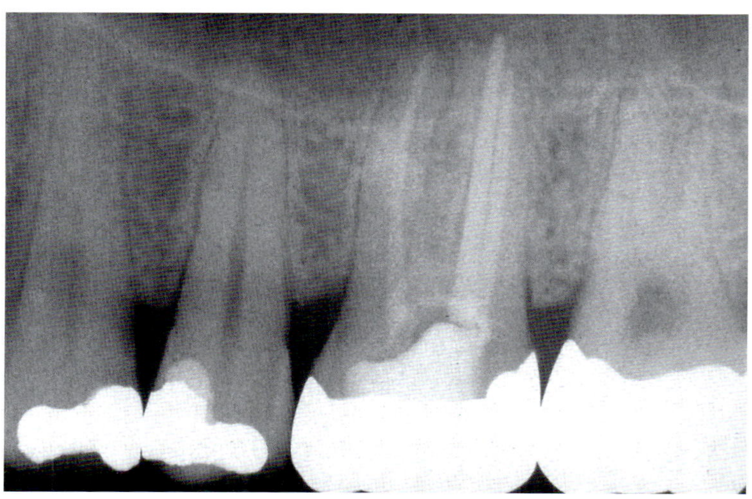

349 Röntgenkontrolle
2 Jahre nach der Wurzelkanalbehandlung und der prothetischen Rekonstruktion ist der Befund unauffällig und ohne Zeichen einer pathologischen Reaktion. Der Patient ist beschwerdefrei.

Instrumentation mit Feilen aus Titanlegierungen

In jüngster Zeit sind Instrumente auf Titanbasis entwickelt worden, wobei zwischen Nickel-Titan (Nitinol) und Titan-Aluminium (Microtitane) zu unterscheiden ist. Sie sollen ganz besonders geeignet sein, den gekrümmten Wurzelkanal ohne unerwünschte Formveränderungen aufzubereiten (Himel u. Ahmed 1993). Alle nicht vorgebogenen Feilen tragen an der Außenseite des gekrümmten Wurzelkanals Dentin ab, bei Nitinol-Feilen resultiert aber ein gleichmäßigerer Materialabtrag als bei herkömmlichen Feilen (Schäfer u. Tepel 1993).

Microtitane-Feilen tragen Dentin apikal am stärksten bis 4 mm vor dem apikalen Endpunkt ab. Dies führt zu einer ausgeprägten bauchförmigen Veränderung des Wurzelkanals. Die Innenseite wird hingegen nicht bearbeitet. Die Arbeitslänge verkürzt sich bei der Aufbereitung um 2,2 mm. Nitinol-Feilen führen nicht zu einer apikalen Aufweitung des Kanals. Die Arbeitslänge verkürzt sich ebenfalls. K-Feilen aus Microtitane und Nitinol bewirken eine Begradigung des Wurzelkanals und eine unterschiedlich starke apikale Isthmusbildung (Schäfer u. Hoppe 1995).

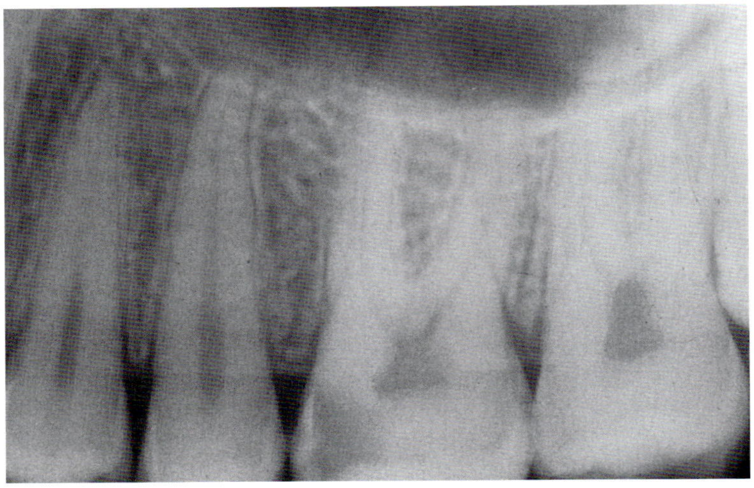

350 Klinische Situation
Die Röntgendiagnostik eines oberen ersten Molaren mit penetrierender Karies zeigt gekrümmte mesio- und distobukkale Wurzelkanäle.

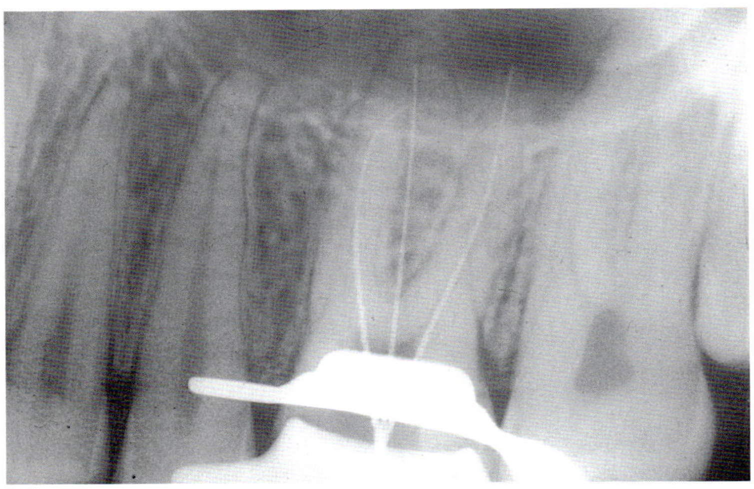

351 Durchgängigkeit
Nach Trepanation und Exstirpation des Pulpagewebes wird die Durchgängigkeit der Kanäle festgestellt und eine orientierende Längenbestimmung durchgeführt.

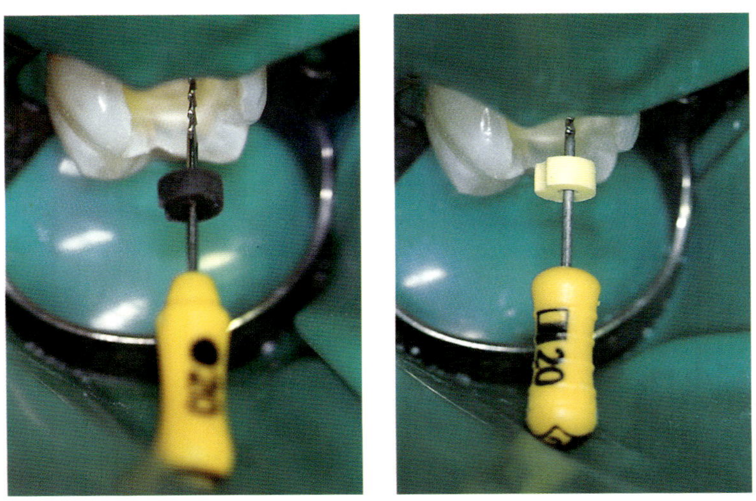

352 Kombinierte Anwendung
Links: Zuerst wird der Wurzelkanal mit konventionellen, vorgebogenen Hedström-Feilen (Stahl) leicht konisch in einer zirkumferent feilenden Arbeitsweise erweitert.

Rechts: Die anschließende Tiefenpräparation erfolgt mit Nitinol-Feilen in einer drehenden Arbeitsweise nach der Balanced-force-Technik.

Bereitet man den Wurzelkanal kombiniert mit Stahl- und Nitinol-Instrumenten auf, kann eine ausreichend gute Kanalform präpariert werden. Dazu muß in der ersten Phase koronal mit Gates-Glidden-Bohrern erweitert werden. Anschließend wird koronal mit vorgebogenen Stahlfeilen die Durchgängigkeit hergestellt. Apikal werden Nitinol-Feilen nach der Balanced-force-Technik eingesetzt (Beer 1996c). K-Feilen aus Nickel-Titan sind allein nicht in der Lage, das Kanallumen ausreichend zu erweitern. Die Schneidleistung lag im Vergleich zu Stahlfeilen lediglich bei 48,7–62,5% (Schäfer et al. 1992). Neuentwickelte Nickel-Titan-Instrumente der Profile Series 29 (Tulsa) sind an der Spitze nicht ISO-normiert und zeichnen sich sämtlich durch eine konstante Querschnittszunahme von 29,2% aus (Schilder 1993). Buchanan (1996) stellte kürzlich die Nitinol-Instrumente Greater Taper (Tulsa) vor, die 4 unterschiedliche Konizitäten aufweisen und eine Kanalerweiterung bereits während der initialen Aufbereitung erlauben. In beiden Fällen soll keine Verblockung auftreten und eine schnellere Aufbereitung gekrümmter Wurzelkanäle möglich sein.

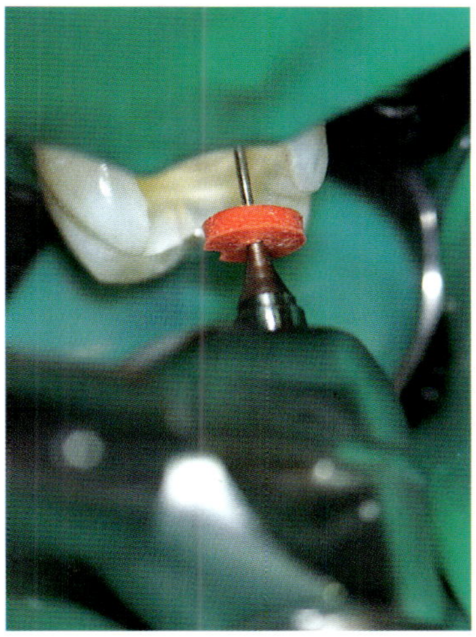

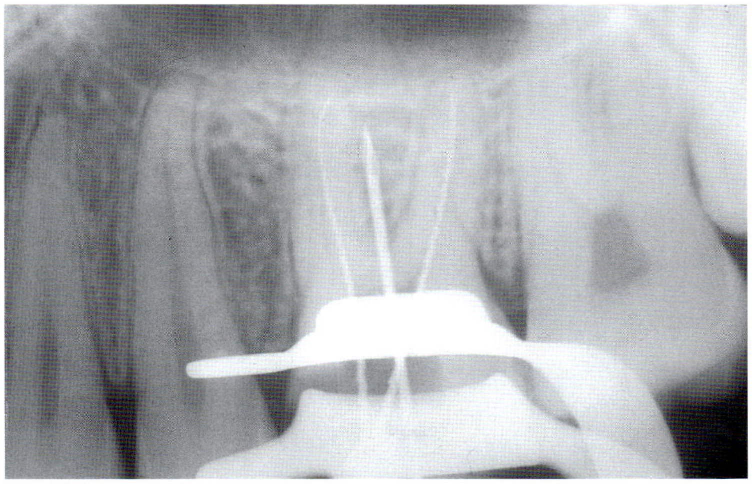

353 Maschinelle Erweiterung
Röntgenkontrolle der Durchgängigkeit der bukkalen Wurzelkanäle mit deutlicher apikaler Krümmung der Meßfeilen. In den palatinalen Wurzelkanal ist ein Gates-Bohrer eingeführt, der die Tiefe der maschinellen Aufbereitung verdeutlicht.

Links: Maschinelle Erweiterung mit längenmarkiertem Gates-Glidden-Bohrer.

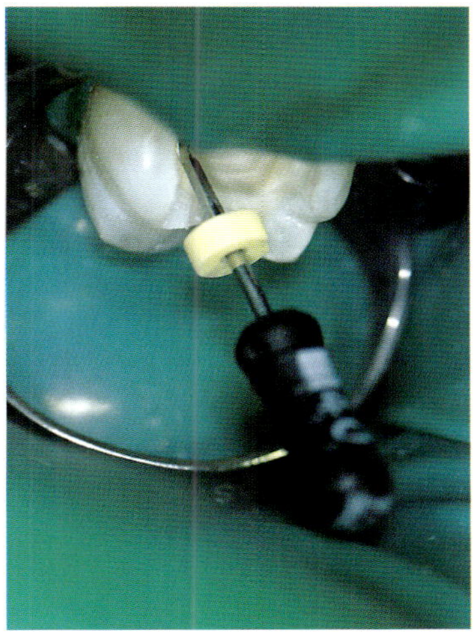

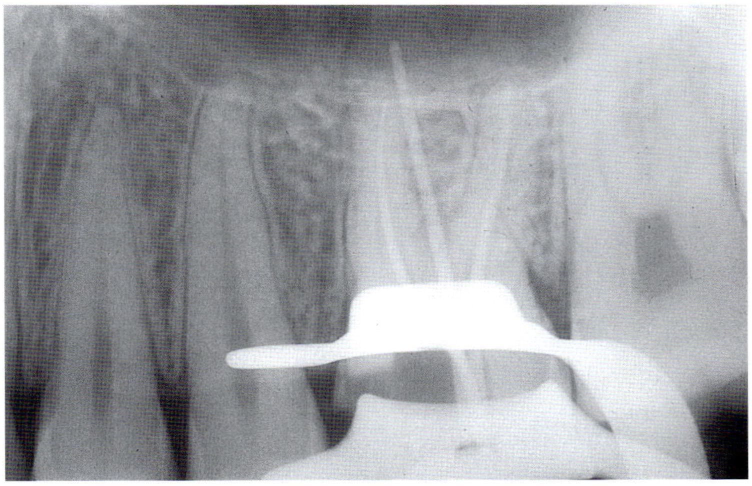

354 Kontrolle
Nach der kombinierten Aufbereitung der gekrümmten Wurzelkanäle mit Stahl- und Nitinol-Feilen erfolgt vor der Wurzelkanalfüllung eine Kontrolle des Aufbereitungsergebnisses mit eingeführten Guttaperchastiften.

Links: Apikale Meisterfeile im palatinalen Wurzelkanal.

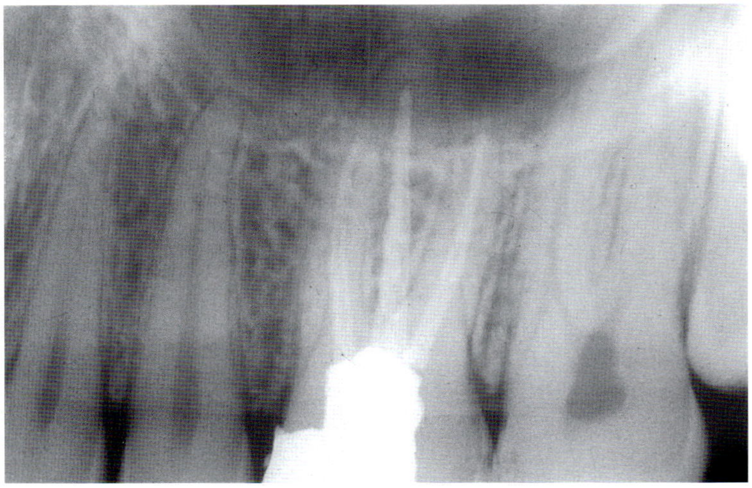

355 Aufbereitungsergebnis
Nach der Wurzelkanalfüllung wird das Ergebnis der Wurzelkanalbehandlung röntgenographisch kontrolliert. Erkennbar ist eine leichte Begradigung und Veränderung des Kanalverlaufs in der mesiobukkalen Wurzel.

Maschinelle Kanalinstrumentation

Um dem Zahnarzt die sehr mühsame und zeitaufwendige Wurzelkanalaufbereitung zu erleichtern, wurde bereits 1899 von Rollins ein nadelförmiger Wurzelkanalbohrer entwickelt, der über einen Dentalmotor angetrieben wurde. Zur Vermeidung von Instrumentenfrakturen erfolgte eine Limitierung der Drehzahl auf 100 U/min. Aber erst mit der Einführung des Racer-Feilenkopfes 1958 und des Giromatic-Winkelstückes im Jahre 1964 begann die eigentliche Epoche der maschinellen Wurzelkanalinstrumentation (Hülsmann 1993a).

Das Racer-System läßt das Instrument eine Hubbewegung ausführen. Die Giromatic vollführt reziproke Viertelkreisbewegungen und wurde vielfach in weiteren Winkelstücken kopiert. Das Intra-Endo 3LD führt wechselseitige 80°-Drehungen aus. Der Endolift 1 führte neben reziproken Viertelkreis- auch Hubbewegungen durch. Die primäre Bewegung des Canal-Finder-Systems ist eine Längsbewegung, die Amplitude hängt von der Drehzahl und dem Kanalwiderstand ab. Beim Excalibur vollführen die Feilen Multilateralbewegungen, sog. aleatorische Schwingungen.

356 Ausgangssituation
Diagnostisches Röntgenbild eines Oberkiefermolaren mit nach distal gekrümmten Wurzelkanälen. Durch die maschinelle Bearbeitung sollen die Wurzelkanäle gleichmäßig konisch ausgeformt werden, das apikale Foramen darf nicht erweitert werden, und es soll ein apikaler Stop präpariert werden. Die Kanalwand soll vollständig von nekrotischen Gewebsrückständen gereinigt sein.

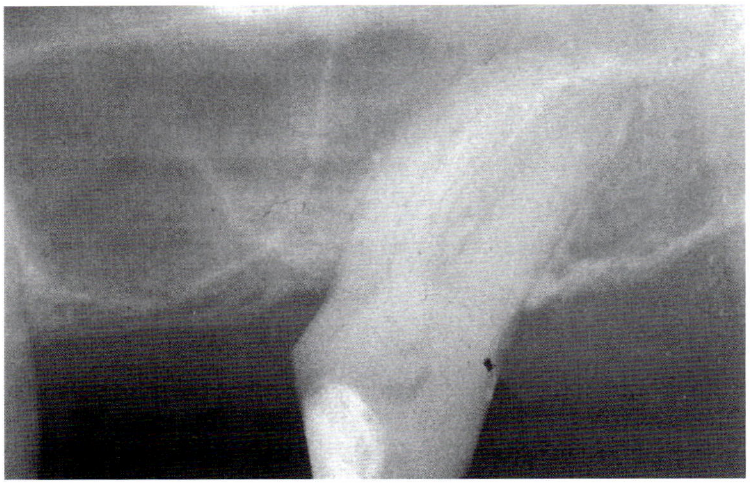

357 Arbeitslänge
Nach der Präparation der Zugangskavität werden die Arbeitstiefen der Wurzelkanäle mittels Meßröntgenaufnahme bestimmt. Wegen der teilweise starken Begradigung des gekrümmten Wurzelkanals durch alle maschinellen Aufbereitungshilfen kann es zu einer Verkürzung der Arbeitslänge kommen.

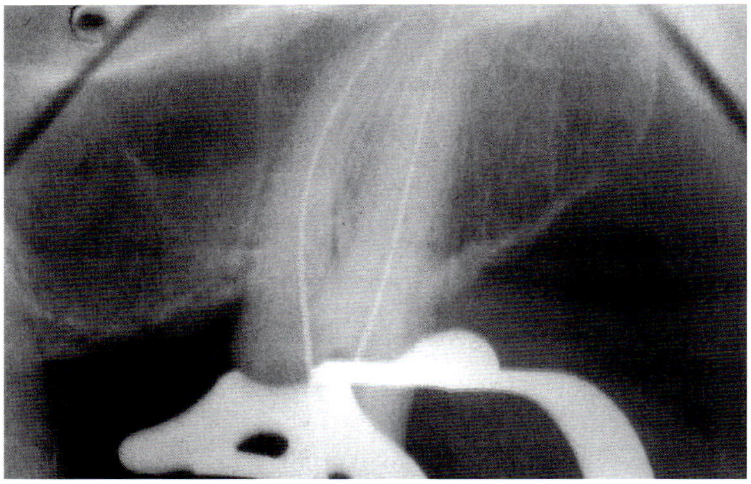

358 Arbeitsweise
Die Arbeitsweise der Giromatic und des Endolift 2 ist eine reziproke Viertelkreisbewegung. In das Endolift-2-System können herkömmliche Handinstrumente eingespannt werden.

Rechts: Im klinischen Einsatz muß die Arbeitslänge mit einem Stopper festgelegt werden. Die Instrumente werden vorgebogen und müssen öfters hinsichtlich der Oberflächenintegrität begutachtet werden.

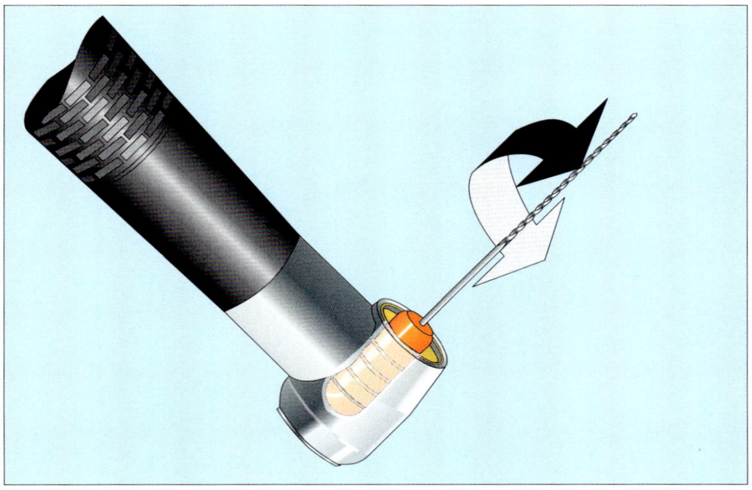

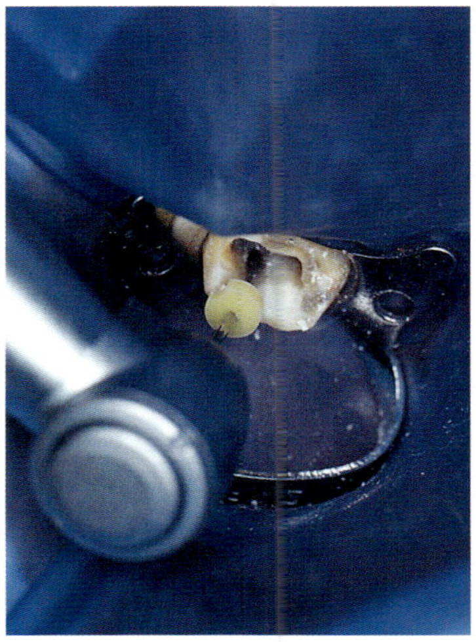

Der Einsatz des Racer und des Endolift 1 war mit einem Auftreten akuter Schmerzreaktionen durch Überpressen infizierter Dentinspäne verbunden. Nach Präparation bis Größe 35 waren nur zwei Drittel der gekrümmten Wurzelkanäle zufriedenstellend präpariert. In allen Kanälen war es zu einer Begradigung des apikalen Kanalbereichs gekommen. Nach Excalibur-Bearbeitung wies sogar nur ein Drittel der Kanäle eine akzeptable Form auf. Im Vergleich verschiedener maschineller Systeme erwies sich der Endolift als das System mit dem geringsten Materialabtrag. Dagegen trug die Giromatic am besten Dentin ab. Die Formgebung wird aber wegen Veränderungen der apikalen Strukturen und der ursprünglichen Kanalmorphologie als kritisch bezeichnet. Auch der Canalfinder bereitete gekrümmte Wurzelkanäle nur unzureichend auf, und es konnten unbearbeitete Kanalbezirke beobachtet werden. Keiner der untersuchten Kanäle war vollständig gereinigt und durchgängig gut geglättet. Die reduzierte Taktilität einhergehend mit Verlust der Arbeitslänge ist allen Winkelstücken gemeinsam (Hülsmann 1992b, 1993a).

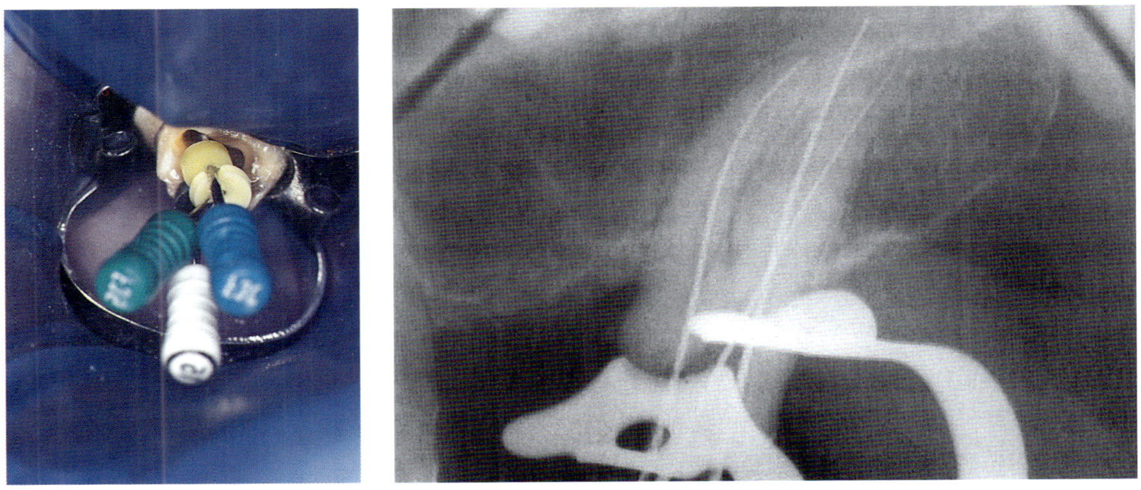

359 Längenkontrolle
Mit den zuletzt benutzten Aufbereitungsfeilen wird die Arbeitstiefe erneut kontrolliert. Das Röntgenbild weist eine akzeptable Kanalmorphologie und apikale Präparationstiefe nach.

Links: Die 3 Arbeitsfeilen, die dem Winkelstückkopf entnommen wurden, werden zur Längenkontrolle eingeführt.

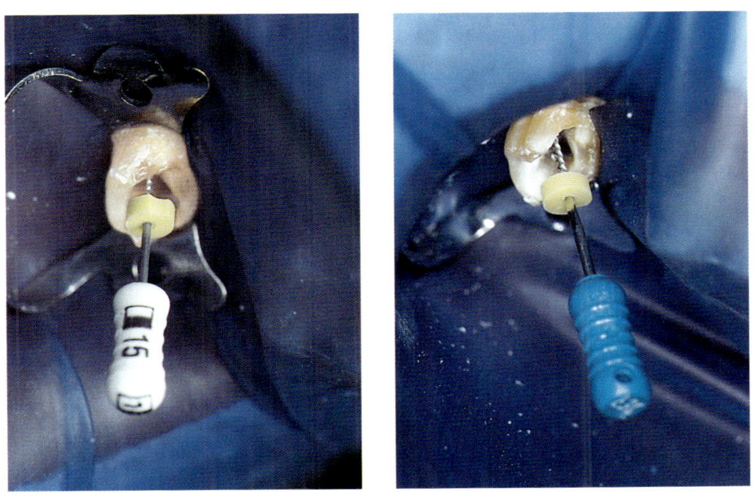

360 Instrumente
Links: In das Winkelstück können für die initiale Aufbereitung Nitinol-Feilen mit höherer Flexibilität eingesetzt werden, allerdings ist der Materialabtrag deutlich geringer.

Rechts: Mit Handinstrumenten sollte der Wurzelkanal nachpräpariert und endgültig ausgeformt werden.

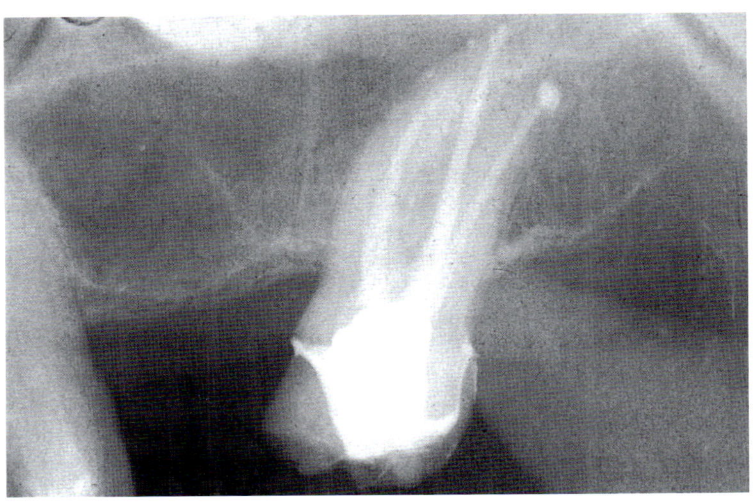

361 Ergebnis
Im Röntgenkontrollbild erkennt man eine geringe Begradigung mit Verlust der Arbeitstiefe im mesiobukkalen Wurzelkanal sowie eine Überinstrumentation des distobukkalen Kanals. Ursachen sind Begradigung des Wurzelkanals, schlechte Formgebung mit Stufenbildung und apikaler Verblockung sowie Perforation mit Überfüllung durch fehlende taktile Rückinformation.

Maschinelle Instrumentation mit Titanfeilen

Die maschinelle Bearbeitung gekrümmter Kanäle mit neuentwickelten Nitinol-Feilen scheint Vorteile gegenüber der Handinstrumentation aufzuweisen. In der Studie von Glosson et al. (1995) erforderte die Instrumentation 651 Sekunden, wenn mit vorgebogenen K-Flex-Feilen drehend bis zur Größe 45 und anschließend step-back aufbereitet wurde. Mit der Lightspeed-Technik konnte die Kanalinstrumentation bereits nach 423 Sekunden abgeschlossen werden, und bei Einsatz maschineller NiTi-Feilen betrug der Zeitaufwand nur 250 Sekunden.

Die maschinelle NiTi-Sensorfeile (McSpadden) arbeitet in einem Reduzierwinkelstück bei konstanter Rotationsbewegung mit 300 U/min. Zuerst muß der Wurzelkanal mit einer Nitinol-Handfeile der Größe 10 in zirkumferent feilender Form erweitert und anschließend die maschinelle Feile der Größe 15 vorsichtig rotierend bis zum Apex geführt werden.

Die Instrumentation mit Lightspeed-Instrumenten beginnt mit einer koronalen Erweiterung bei 750 U/min, danach beginnt man den Wurzelkanal apikal mit Größe 20 aufzubereiten.

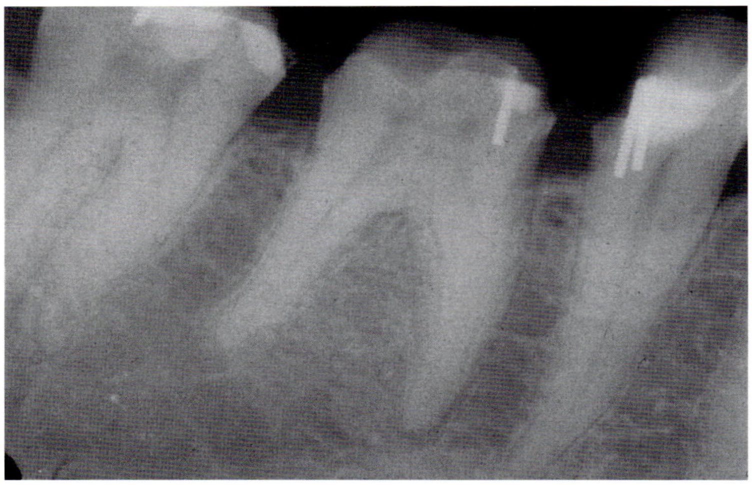

362 Röntgendiagnostik
Unterer erster Molar mit apikaler Parodontitis. Die alte Kronenrestauration ist vor der endodontischen Behandlung entfernt und durch ein Kunststoffprovisorium ersetzt worden.

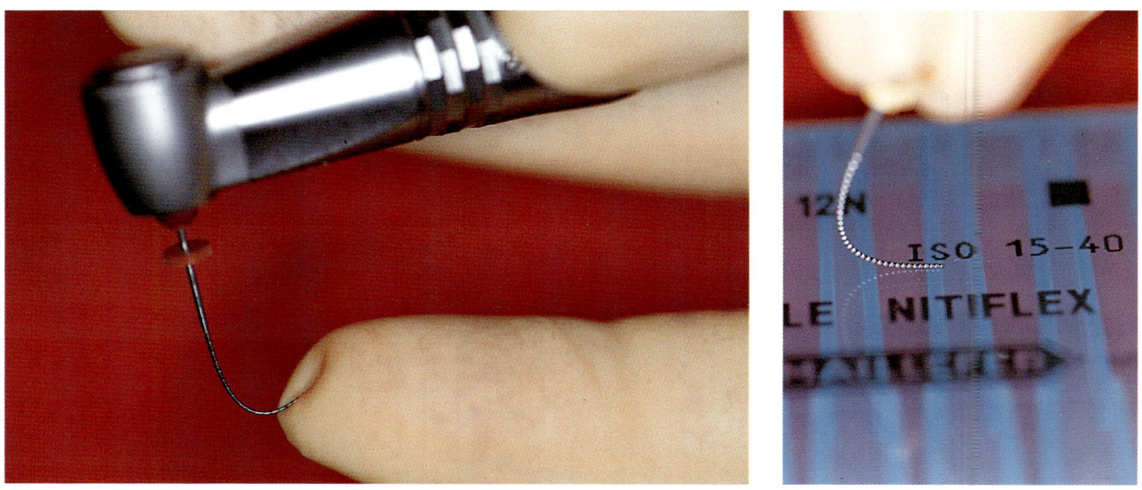

363 Nitinol-Feilen
In ein Winkelstück werden Nitinol-Instrumente eingespannt, die in den kleinen Größen außerordentlich flexibel sind und nicht vorgebogen werden müssen.

Rechts: Nitinol-Feilen sollten wegen geringerer Schneideeffizienz nur als Einmalinstrumente eingesetzt werden. Sie sind in einer sterilen Verpackung eingeschweißt.

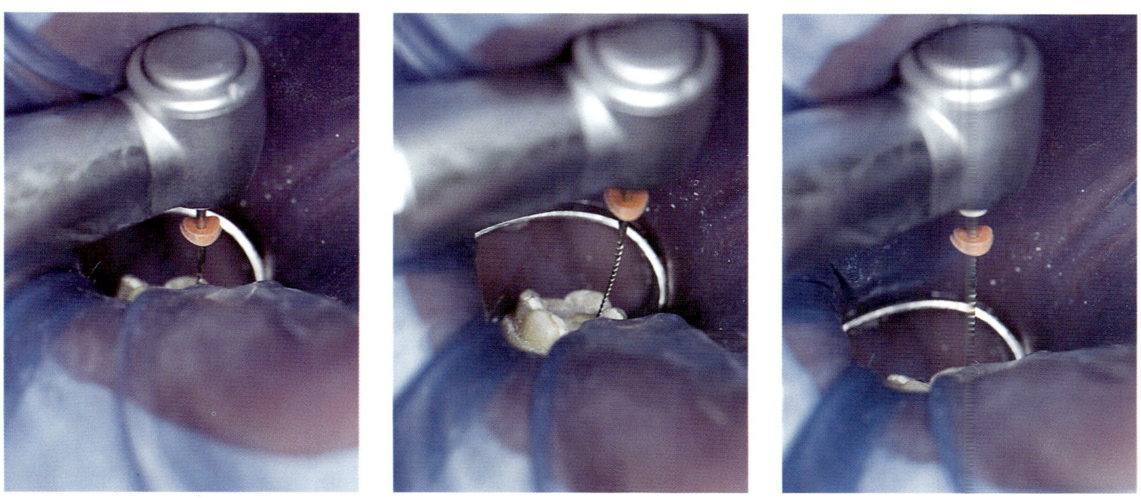

364 Instrumentation
Links: Der Kanal wird mit Natriumhypochloritlösung gefüllt. Anschließend wird eine längenmarkierte Nitinol-Feile in den koronalen Wurzelkanalbereich eingeführt.

Mitte: Vor der apikalen Präparation muß zuerst koronal erweitert werden.

Rechts: Durch zirkumferentes Führen des Instrumentenkopfes wird der mittlere und koronale Anteil instrumentiert.

Vorgebogene Edelstahlfeilen haben in engen Wurzelkanälen den entscheidenden Vorteil, daß man Konstriktionen und Unebenheiten taktil besser erfassen kann. Dagegen tritt bei Nitinol-Feilen ein meßbarer Verlust des Tastgefühls auf. Die Handinstrumentation mit Nitinol-Feilen führt zu einer sichtbaren Veränderung der Kanalmorphologie. Jedoch wird weniger Dentin abgetragen. Lightspeed- und NiTi-Sensorfeilen der Größe 30 entfernen nur halb soviel Dentin wie K-Flex-Feilen. Die Aufbereitung mit diesen beiden Nitinol-Feilen führt zu einer besser zentrierten Kanalpräparation. Veränderungen im Kanalverlauf sind weniger stark ausgeprägt. Die Abweichung vom Kanalzentrum beträgt bei Instrumentation mittels K-Flex im Mittel 0,28 mm, mit den maschinellen Nitinol-Instrumenten lag die Abweichung bei nur 0,08 mm. Auch die Ausformung erscheint bei maschineller Instrumentation günstiger zu sein mit häufiger runden Querschnittsformen. Allerdings kam es 2mal zur Fraktur von NiTi-Feilen der Größe 50, die festklemmten und deshalb auch nicht aus dem Wurzelkanal entfernt werden konnten (Glosson et al. 1995, Marsicovetere et al. 1996).

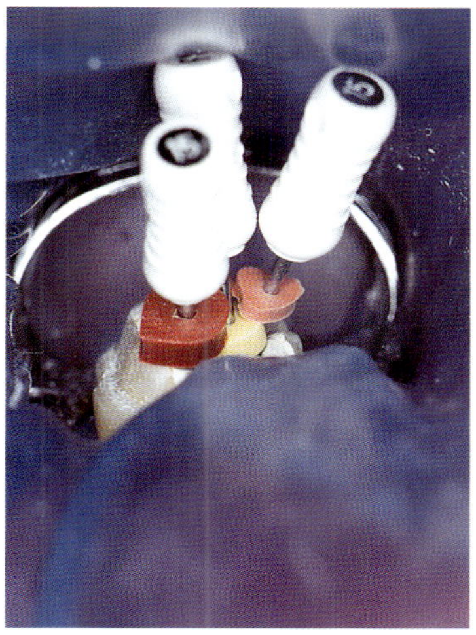

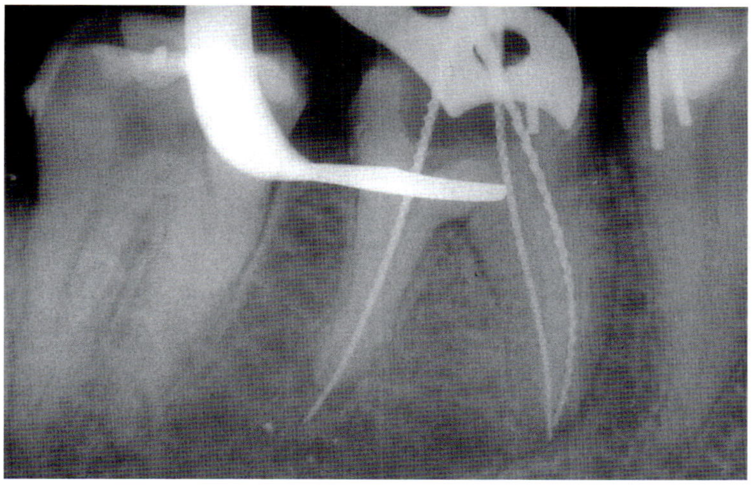

365 Längenmessung
Vor der apikalen Präparation muß die Arbeitstiefe jedes einzelnen Wurzelkanals röntgenographisch ermittelt und gegebenenfalls korrigiert werden. Eine Überinstrumentation tritt bei maschineller Instrumentation häufiger auf als bei Handaufbereitung.

Links: In die Wurzelkanäle werden vorgebogene Stahlfeilen der Größe 15 eingeschoben; Nitinol-Feilen weisen einen zu geringen Röntgenkontrast auf.

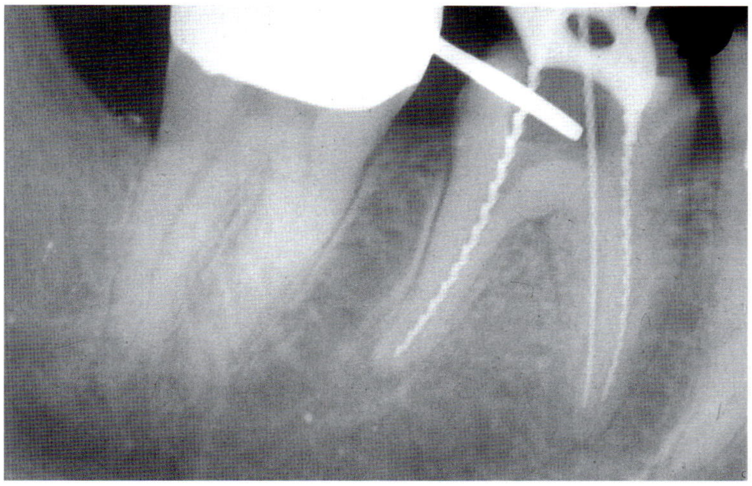

366 Kanalbegradigung
Zum Ende der apikalen Instrumentation mit maschinellen Nitinol-Feilen wird der Verlauf der Wurzelkanäle nochmals im Röntgenbild kontrolliert. Man erkennt eine leichte Begradigung der beiden mesialen Wurzelkanäle. Durch die Längenkorrektur im Anschluß an die erste Meßaufnahme sind die Kanäle richtig instrumentiert worden.

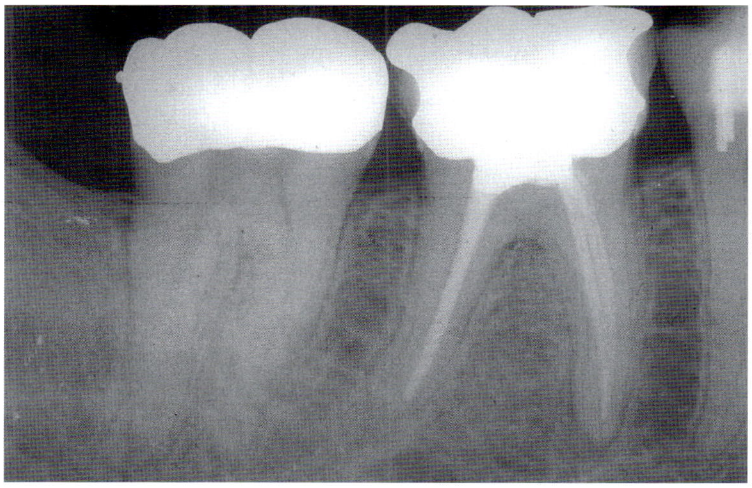

367 Röntgenkontrolle
In der abschließenden Röntgenaufnahme erkennt man eine sehr gute Adaptation der Wurzelkanalfüllung in den 3 Kanälen sowie eine leichte Veränderung der Kanalmorphologie im Vergleich zur ersten Meßaufnahme (Abb. 365).

Kanaloberfläche nach maschineller Bearbeitung

Mehr als 50% der gekrümmten Wurzelkanäle waren nach Schallinstrumentation apikal ungenügend bearbeitet (Haikel u. Alleman 1988).
Wurzelkanäle mit geradem Verlauf können mit manuellen, schall- oder ultraschallschwingenden Feilen vollständig aufbereitet werden. Gekrümmte Kanäle werden dagegen unabhängig von der eingesetzten Technik nur unvollständig von infizierten Pulpagewebsresten befreit. Die Wurzelkanalanatomie beeinflußt die Effektivität der Kanalaufbereitung also mehr als eine spezielle Aufbereitungsmethode (Langeland et al. 1985).

Nach maschineller Aufbereitung mittels Canal master waren die koronalen und mittleren Kanalabschnitte sauber und frei von Dentinresten, apikal fanden sich aber Dentinverschiebungen und Ablagerungen bis hin zu apikalen Verblockungen (Beer 1993b). Keiner der Wurzelkanäle war nach Instrumentation mittels Canal finder vollständig gereinigt und durchgängig gut geglättet. Insbesondere im apikalen Kanaldrittel war die Oberflächengüte unzulänglich, und die Reinigungswirkung der Handinstrumentation erwies sich als überlegen (Hülsmann et al. 1988, 1989).

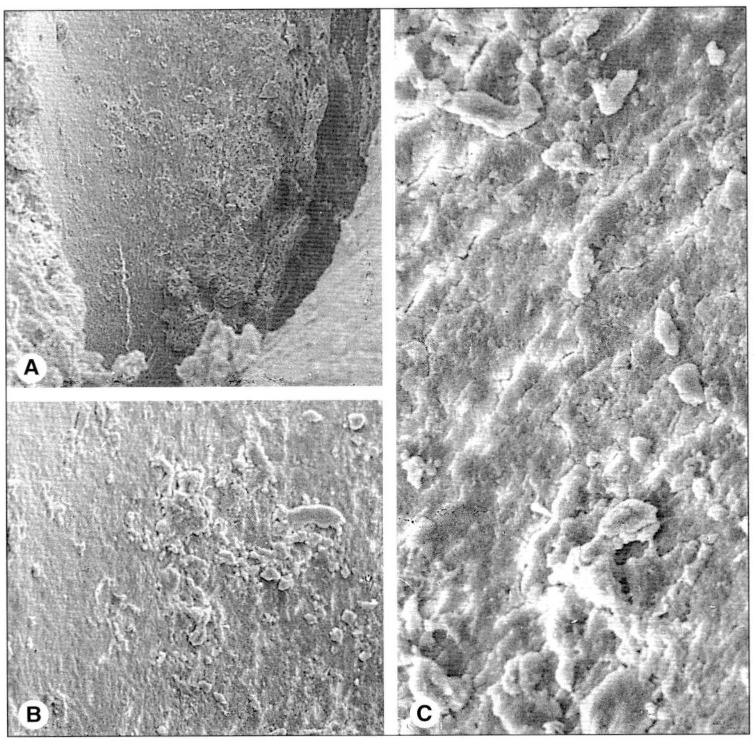

368 Oberfläche nach apikaler Instrumentation

A Nach Instrumentation apikaler Wurzelkanalabschnitte mittels spezieller Hedström-Feilen im Canal finder erkennt man eine unregelmäßige Kanaloberfläche mit kleineren und größeren Dentinablagerungen als Zeichen unzureichender Gewebsentfernung.

B Bei stärkerer Vergrößerung ist ein gleichmäßiger Schmierschichtbelag erkennbar mit aufgelagerten größeren Hart- und Weichgewebsresten, die infiziert sein können.

C Der vergrößerte Ausschnitt aus **B** macht die unregelmäßige Oberfläche deutlich. Es konnten keine geglätteten Areale beobachtet werden, die auf ausreichende Instrumentation hinweisen.

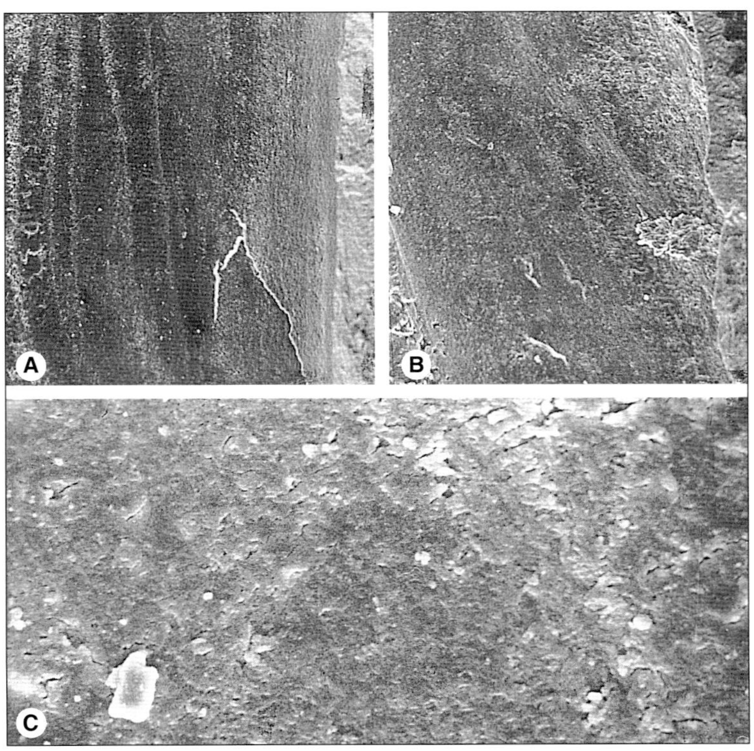

369 Instrumentation mittlerer Kanalabschnitte

A Die Instrumentation mit speziellen Hedström-Feilen, eingespannt in den Endoplaner, der ausschließlich Hubbewegungen unter Kanalkontakt ausführt, führt zu tieferen Rillen in der Wurzelkanaloberfläche. Der Kanal ist insgesamt sehr unregelmäßig ausgeformt.

B Mittlere Kanalbereiche sind gut gesäubert und frei von größeren Gewebsauflagerungen.

C In stärkerer Vergrößerung sind die fast vollständig verschlossenen Dentintubuli erkennbar mit einheitlichem Schmierschichtbelag als Ausdruck einer gleichmäßigen instrumentellen Bearbeitung.

REM-Aufnahmen

Desinfektion

Nach der Aufbereitung können sich noch Bakterien im Wurzelkanal befinden, die für das Auftreten von Schmerzsymptomen verantwortlich sind. Eine systemische Anwendung von Antibiotika ersetzt weder die unzureichende Instrumentation noch den sinnvollen Einsatz unterstützender desinfizierender Substanzen. Durch den Einsatz intrakanalär applizierter Medikamente sollen alle im Wurzelkanal verbliebenen Bakterien eliminiert werden, die periapikale Entzündung reduziert und die Knochenneubildung angeregt werden. Bei einer zeitweisen koronalen Undichtigkeit muß eine Barrierefunktion übernommen, eingedrungene Mikroorganismen bekämpft und das Sezernieren von Flüssigkeiten in den instrumentierten Wurzelkanal unterbunden werden (Chong u. Pitt Ford 1992).
Wird der Wurzelkanal zwischen den Sitzungen nicht mit einer desinfizierenden Zwischeneinlage versehen, können sich Bakterien vermehren und zahlenmäßig fast die Größenordnung wie zu Beginn der Wurzelkanalbehandlung erreichen (Byström u. Sundquist 1981). In der klinischen Praxis wird entweder eine Zwischeneinlage mit einem antibakteriell wirksamen Mittel empfohlen (Byström et al. 1985, Chong u. Pitt Ford 1992), oder der Wurzelkanal kann bereits in der ersten Sitzung obturiert werden, um so den Mikroorganismen Nahrungsgrundlage und Raum zur Vermehrung zu entziehen (Soltanoff 1978, Oliet 1983).
Durch die lokale Applikation von Kortikoiden (z. B. Ledermix) wird zwar eine klinische Symptomlosigkeit erzeugt, gleichzeitig jedoch die gesamte Regenerationsleistung eingeschränkt. Kortikoide unterdrücken alle Phasen der Entzündung, hemmen zugleich aber die Umwandlung von Fibroblasten und die Bildung von Antikörpern. Da die Entzündung nicht primär eine Erkrankung, sondern eine nützliche Abwehrreaktion des Gewebes ist, kann die Zwischeneinlage mit Glukokortikoiden keine kausale Therapie darstellen (Raab 1993).
Allerdings muß die Zwischeneinlage auch Gewebsreste auflösen, die während der ersten Sitzung nicht erreicht werden konnten. Sowohl Turek u. Langeland (1982) als auch Langeland et al. (1985) konnten keine vollständig saubere Dentinwand bei gekrümmten, teilweise obliterierten oder resorptiv veränderten Wurzelkanälen erzielen – unabhängig von der verwendeten Aufbereitungsmethode. In Dentinkanälchen und im Restpulpagewebe verbleiben nicht nur nekrotische Pulpagewebsreste sondern auch Bakterien oder deren Stoffwechselprodukte. Aufgabe desinfizierender Spülflüssigkeiten und Zwischeneinlagen ist deshalb auch das Auflösen und Abtransportieren infizierter Restgewebsareale bei gleichzeitiger antimikrobieller Wirkung (Spangberg et al. 1973, Barnett et al. 1985).

Da Medikamente in das periapikale Gewebe diffundieren oder während der Instrumentation des Wurzelkanals über das apikale Foramen hinaus transportiert werden, verursachen stark antibakteriell wirkende Mittel erhebliche postendodontische Beschwerden (Walton u. Langeland 1978).

Mikrobielle Infektion des Wurzelkanals

Bakterien können im nekrotischen Pulpagewebe, auf der Wurzelkanaloberfläche und in Dentinkanälchen nachgewiesen werden (Nair et al. 1990b).
Eine apikale Parodontitis geht immer mit der Existenz von Bakterien im Endodont einher (Kakehashi et al. 1965). Bei periapikalen Läsionen tritt eine Mischinfektion mit 4–6 (Haapasalo 1989) bzw. 2–12 Bakterienarten auf (Sundqvist 1976). Es besteht eine direkte Beziehung zwischen der Größe der periapikalen Läsion und der Anzahl von Keimen im Wurzelkanal (Byström et al. 1987).

Periapikale Läsionen mit Symptomen sind an das Vorhandensein bestimmter Keime im Endodont geknüft. Prevotella buccae, Porphyromonas endodontalis sowie Porphyromonas gingivalis werden bei Zähnen mit Schmerzen, Perkussion und Fistelung nachgewiesen (Haapasalo 1989). Yoshida et al. (1987) konnten eine Beziehung zwischen schwarz-pigmentierten Keimen und klinisch akuten Läsionen mit Spontanschmerz aufzeigen. Der Nachweis dieser Keime wird auch mit einer Schmerzpersistenz nach Wurzelkanalbehandlung in Verbindung gebracht (Haapasalo 1989).

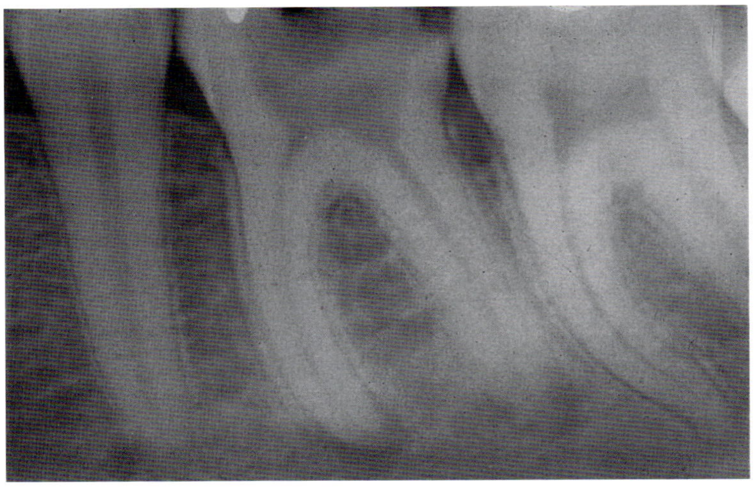

370 Apikale Parodontitis
Röntgenbild eines unteren Molaren mit mesialer und distaler periapikaler Aufhellung. Die Krone ist kariös zerstört und das Pulpagewebe nekrotisch.

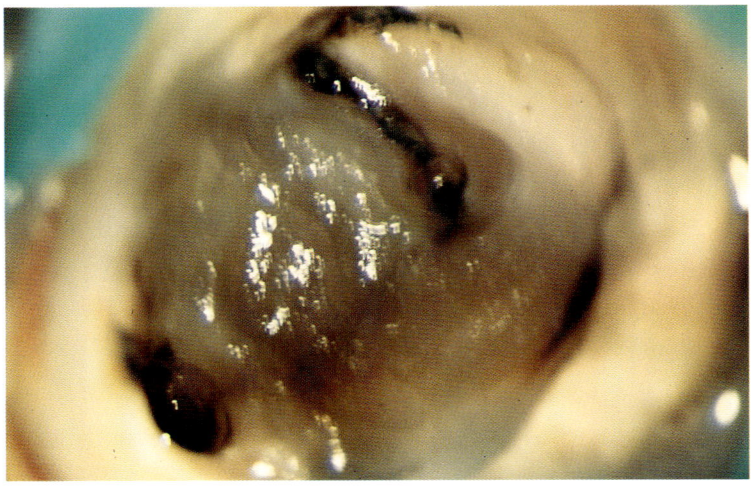

371 Bakterieller Infekt
Nach Anlegen von Kofferdam und Trepanation der Krone wurde das nekrotische Kronenpulpagewebe exkaviert. Unter dem Operationsmikroskop erkennt man in 25facher Vergrößerung schwarz verfärbte Kanaleingänge. Auch die starke Geruchsentwicklung läßt eine massive bakterielle Infektion vermuten.

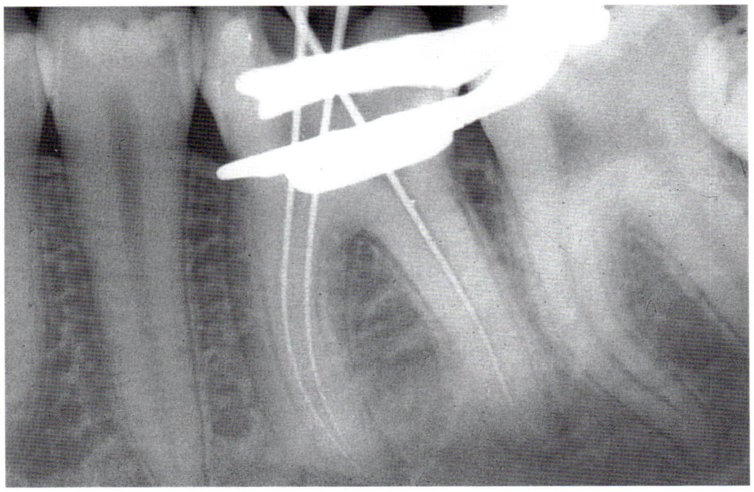

372 Längenmessung
Die 3 Wurzelkanäle werden koronal erweitert. Danach wird mittels Röntgenmeßaufnahme die Arbeitstiefe bestimmt, und anschließend erfolgt die apikale Instrumentation.

In einer Studie untersuchten Orstavik et al. (1991) die Auswirkung der Instrumentation des Wurzelkanals und einer Zwischeneinlage auf die endodontische Bakterienflora. Insgesamt wurden 6 symptomatische und 17 asymptomatische periapikale Läsionen endodontisch behandelt, dabei waren 22 der 23 Probenentnahmen positiv. Nach apikaler Bearbeitung in drehender Aufbereitungstechnik bis Größe 25 und Spülung mit physiologischer Kochsalzlösung enthielten noch 20 Wurzelkanäle Bakterien, nach Erweiterung bis Größe 35 waren noch immer 14 Kanäle infiziert. Die stärkere Erweiterung bis zur Größe 80 hatte keine wesentliche Verbesserung zur Folge. Die 7tägige Einlage von Kalziumhydroxid beschränkte den bakteriellen Infekt auf nur noch 8 Wurzelkanäle. Nach nochmaliger Erweiterung des Wurzelkanals um jeweils eine Instrumentengröße waren lediglich noch 2 bzw. 1 Dentinprobe infiziert. Die Ergebnisse dieser Studie zeigen deutlich, wie wichtig die rein mechanische Bearbeitung des Wurzelkanals zur Reduktion der Keimbesiedelung ist, und dokumentieren die antimikrobielle Wirkung der Zwischeneinlage.

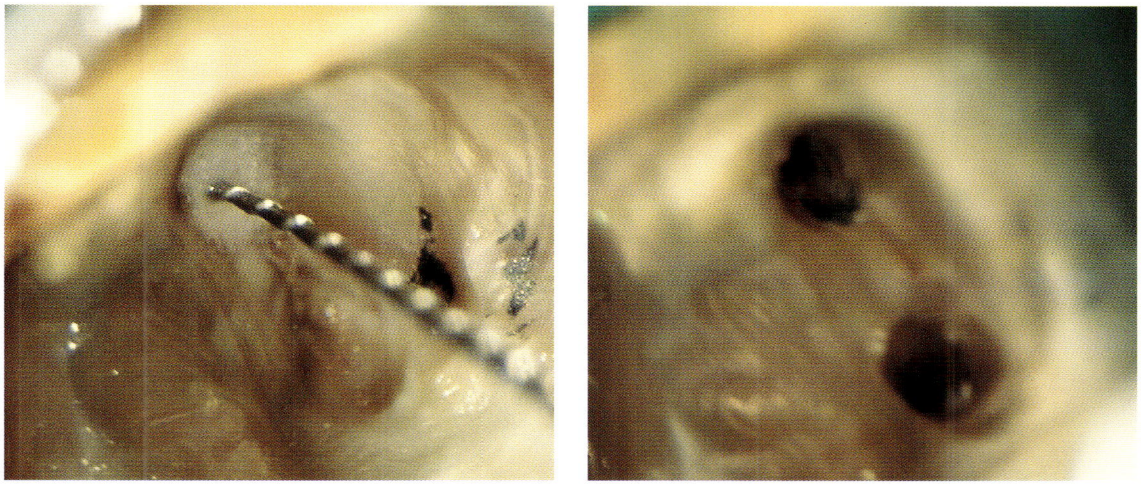

373 Instrumentation
Links: Unter Zuhilfenahme von RC-Prep wird der Kanal koronal erweitert und anschließend nach der Balanced-force-Technik apikal ausgeformt. Gespült wird mit einer 1%igen Natriumhypochloritlösung.

Rechts: Die vollständige Bearbeitung der Wurzelkanäle hat weitestgehende Keimarmut hergestellt.

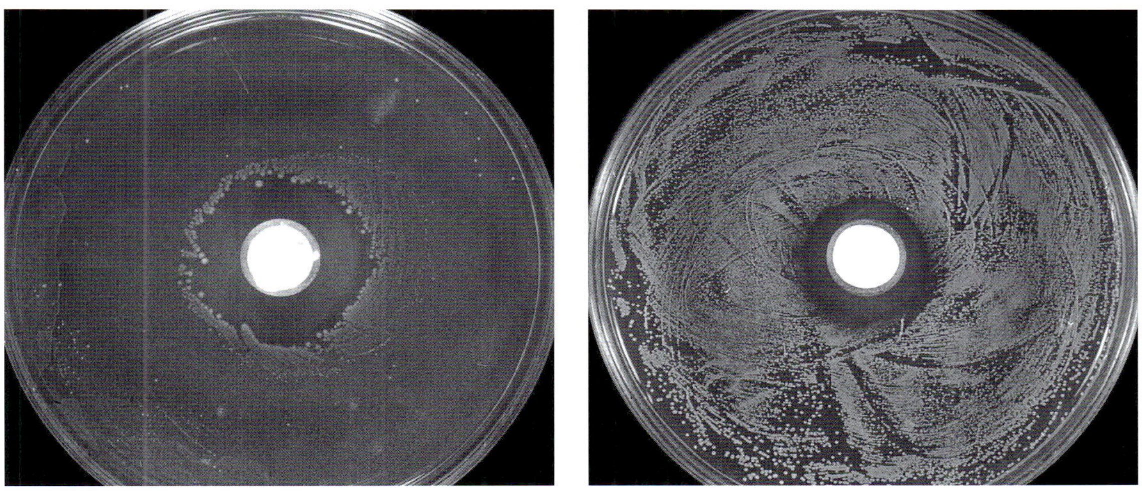

374 Antibakterielle Wirkung
Die Hemmhofbildung um das mit Kalziumhydroxid gefüllte Teströhrchen in der Mitte ist Zeichen der antibakteriellen Wirkung.

Links: Hemmhof auf mit Bacteroides beimpfter Agarplatte.

Rechts: Hemmhof auf mit Streptococcus beimpfter Agarplatte.

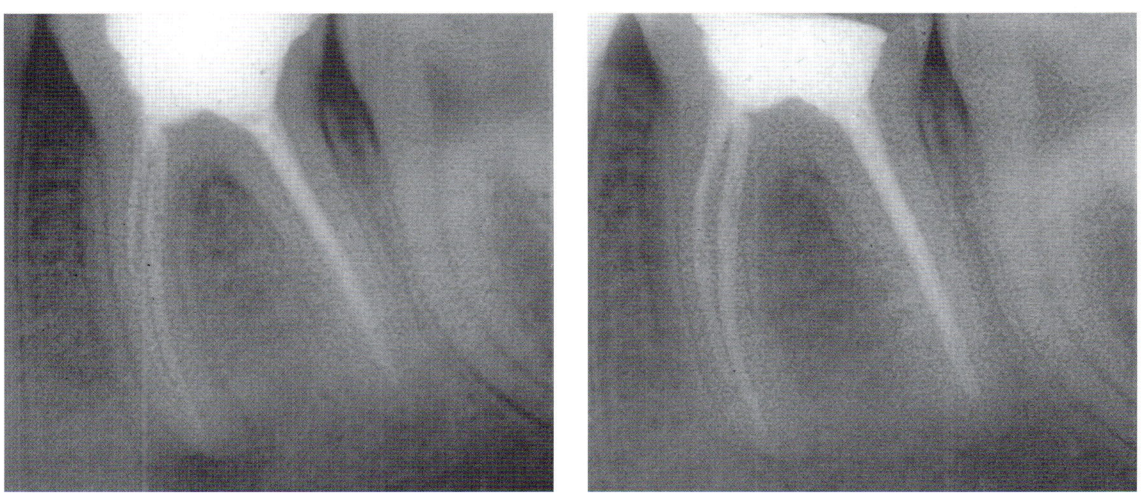

375 Klinische Wirkung
Die Therapie besteht aus mechanischer Reinigung und antibakterieller Wirkung von Spül- und Einlagemedikament. Wichtig ist ein ausreichender Zeitraum, in dem die Medikamente ihre Wirkung voll entfalten können.

Links: Zustand unmittelbar nach Wurzelkanalfüllung.

Rechts: Regeneration der periapikalen Aufhellung nach 8 Monaten.

Spülung des Wurzelkanals

Martin (1976) untersuchte an mit Keimen infizierten Zähnen die Spülwirkung einer Natriumhypochloritlösung gegenüber einer Salzlösung (PBS). Dabei zeigte sich nur bei Verwendung von NaOCl eine Keimreduktion. Dies wurde an Hunde- und menschlichen Zähnen auch von Byström u. Sundqvist (1983) und Barnett et al. (1985) bestätigt. Gegenüber einer 0,5%igen NaOCl-Lösung war die antibakterielle Aktivität einer 2,5%igen Lösung um den Faktor 3,5 höher, die einer 5,25%igen Lösung sogar um den Faktor 5,5 (Yesilsoy et al. 1995).

Als 5%ige Lösung ist NaOCl jedoch deutlich toxisch, weshalb Spangberg et al. (1973, 1986) eine 1%ige Lösung empfehlen. Yesilsoy et al. (1995) stellten bei Ratten mit subkutan implantierten 2,5- bzw. 5,25%igen NaOCl-Lösungen oder 0,12%iger Chlorhexidinlösung nach 2 Wochen eine Entzündungs- und Fremdkörperreaktion fest. Spülungen mit 11,6%igem Alkohol sind zwar kaum toxisch, entwickeln aber auch keine antibakterielle Aktivität. Allein die 0,5 bzw. 1%ige NaOCl-Lösung kann deshalb aus biologischer Sicht empfohlen werden (Beer 1989).

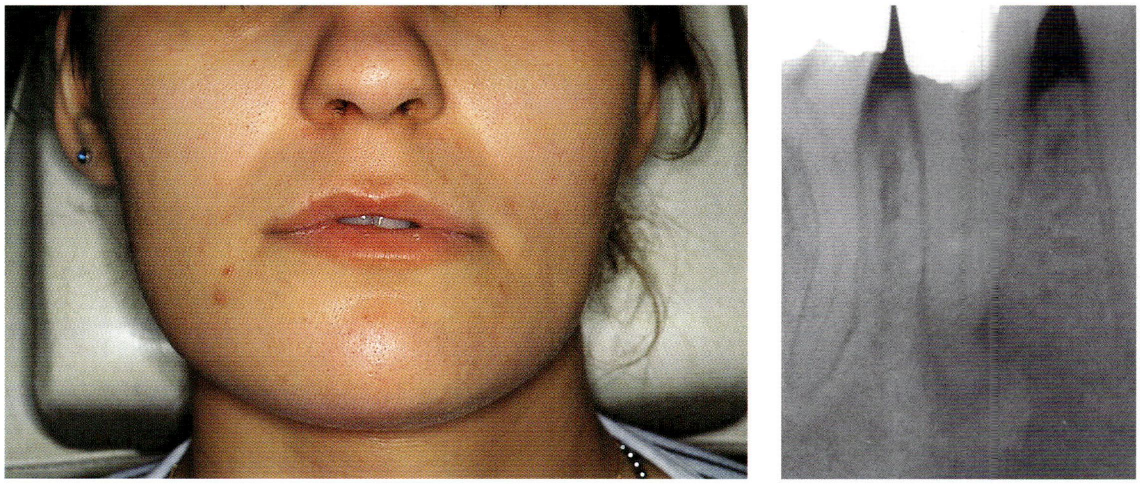

376 Apikale Parodontitis
Bei extraoraler Untersuchung fällt eine Schwellung im rechten Unterkieferrand auf. Die Druckdolenz und die geschilderten Symptome sowie die intraorale Untersuchung lassen eine dentale Ursache vermuten.

Rechts: Der leicht perkussionsempfindliche, aber klinisch sonst symptomlose Zahn 35 weist röntgenographisch eine deutliche periapikale Aufhellung auf.

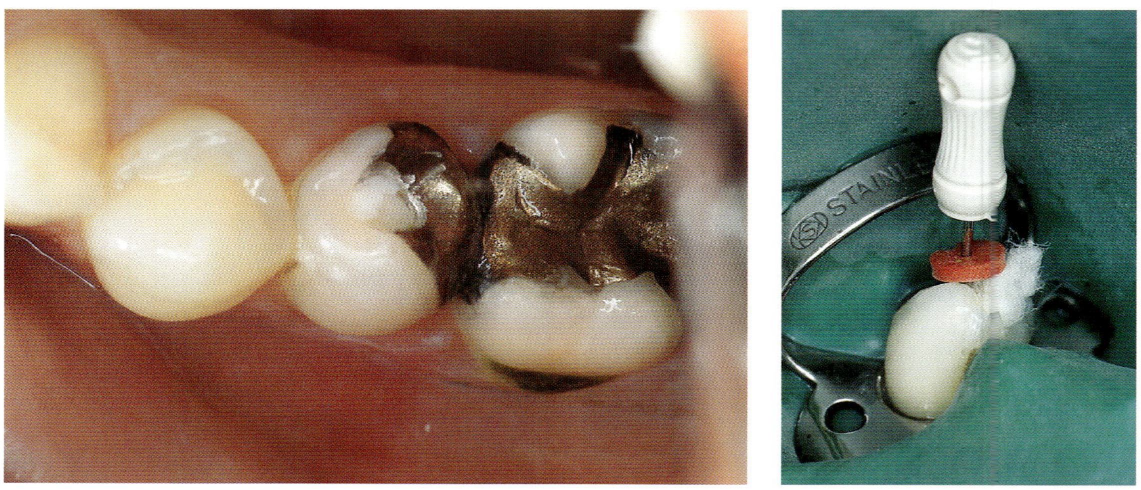

377 Trepanation
Der Zahn war mit einer Amalgamfüllung verschlossen. Nach Trepanation wird Kofferdam angelegt.

Rechts: Aus dem Wurzelkanal wird ein Wattefaden entfernt; die Patientin kann sich an eine vor einem Jahr durchgeführte Wurzelkanalbehandlung erinnern. Der erste Röntgenbefund war ohne periapikale Aufhellung.

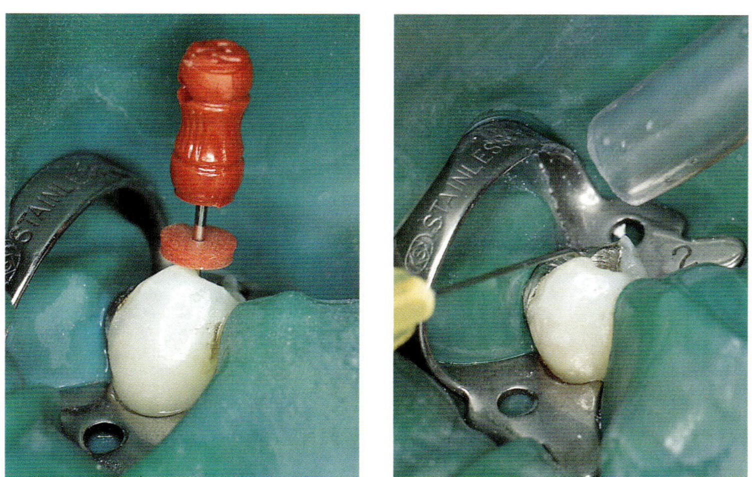

378 Instrumentation und Spülung des Wurzelkanals
Links: Nach koronaler Eröffnung und Bestimmung der Arbeitslänge wird der Wurzelkanal bis zur apikalen Konstriktion aufbereitet.

Rechts: Intermittierend wird der Kanal vor jedem Instrumentenwechsel mit wenigstens 2 ml einer 1%igen Natriumhypochloritlösung gespült.

Die Auflösung von nekrotischen Pulpagewebsresten ist eine der wichtigsten Aufgaben der Spüllösung. Bei der Prüfung der Reinigungswirkung zeigten aufbereitete Wurzelkanäle nach Spülung mit einer 2%igen NaOCl-Lösung eine saubere Oberfläche (Beer et al. 1988a). Bereits in den ersten 15 Minuten löst eine 2%ige NaOCl-Lösung 15% des Pulpagewebes auf, nach 60 Minuten Einwirkzeit sind 45% und nach 2 Stunden ist das gesamte Pulpagewebe aufgelöst, wodurch auch die Bedeutung der Behandlungszeit aufgezeigt wird (Andersen et al. 1992).

Wichtig für die effektive antibakterielle und reinigende Wirkung der Spüllösung ist ein tiefes Eindringen der Kanüle in den Wurzelkanal (Abou-Rass u. Piccinino 1982). Führt man die Spülkanüle jedoch bis in den apikalen Wurzelkanalbereich ein, steigt auch die Gefahr des Überpressens von Spülflüssigkeit über das Foramen in das periapikale Gewebe. Wird koronal ein Spülflüssigkeitsreservoir gebildet und durch Einführen der Feile tiefer in den Wurzelkanal befördert, wird NaOCl weniger häufig und in geringeren Mengen extrudiert (Brown et al. 1995).

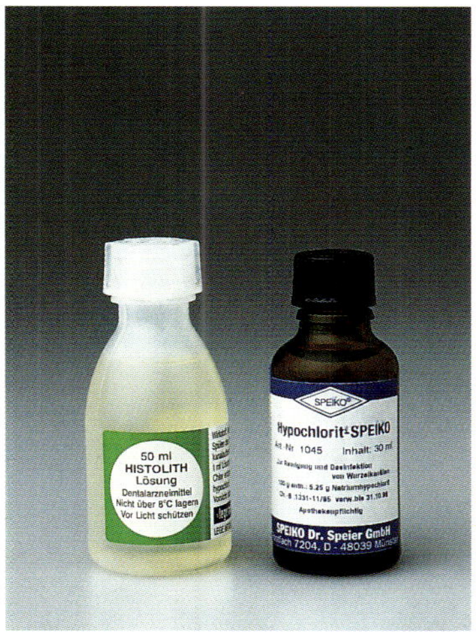

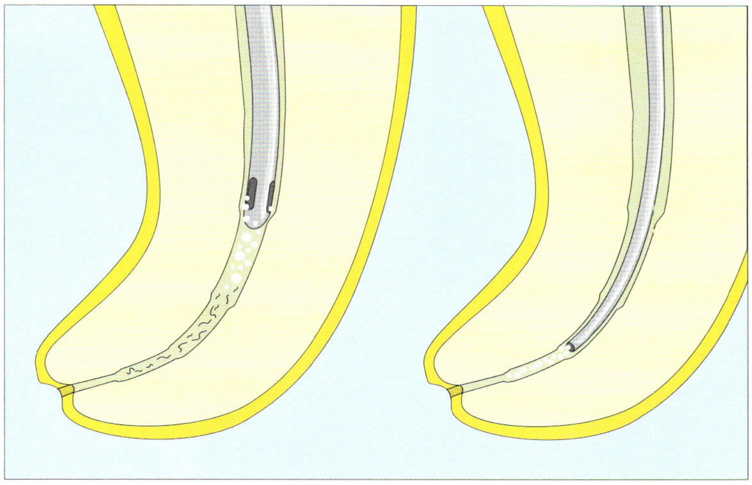

379 Eindringtiefe
Die seitlich öffnende Spülkanüle (links) kann wegen ihres größeren Durchmessers initial nicht tief genug in den Kanal eingeführt werden. Die apikal abgerundete Kanüle nach Dr. Buquet (rechts) dringt tiefer in den Wurzelkanal ein, wodurch die Einwirkung der Spülflüssigkeit verbessert ist.

Links: Die NaOCl-Lösung als 6%iges Fertigprodukt sollte auf eine 1%ige Konzentration verdünnt werden.

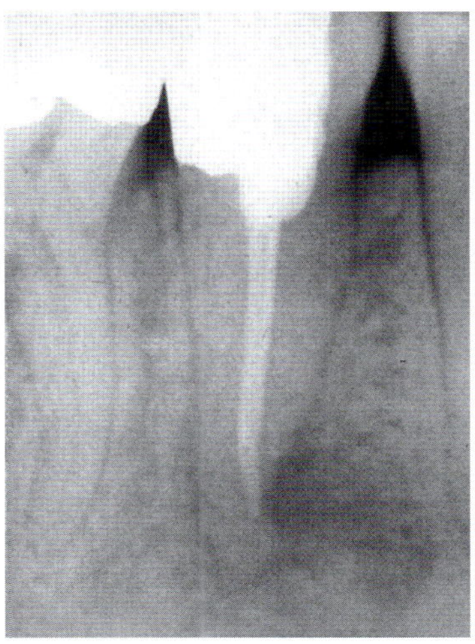

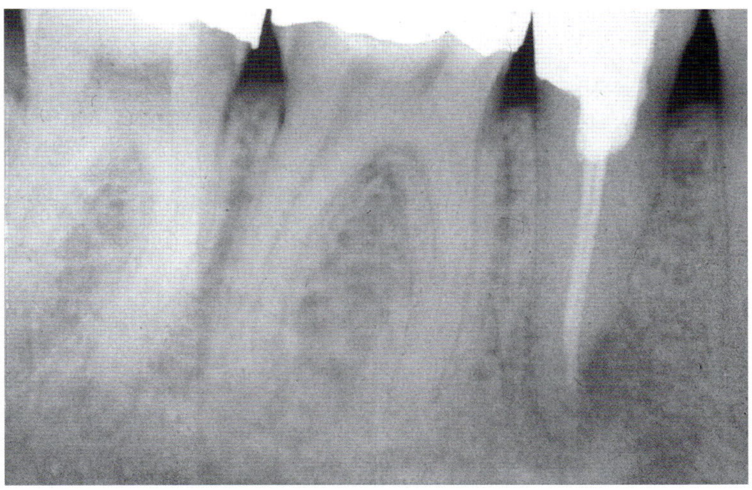

380 Erste Kontrolle
Die Röntgenkontrolle 6 Monate nach Wurzelkanalfüllung zeigt eine deutliche Reduktion der periapikalen Aufhellung.

Links: 3 Monate nach der ersten Wurzelkanalinstrumentation wird der Wurzelkanal mit Guttapercha bis zur apikalen Konstriktion gefüllt. Deutlich ist das weit koronal und seitlich liegende apikale Foramen erkennbar. Die periapikale Läsion erscheint gegenüber der Anfangsaufnahme bereits reduziert.

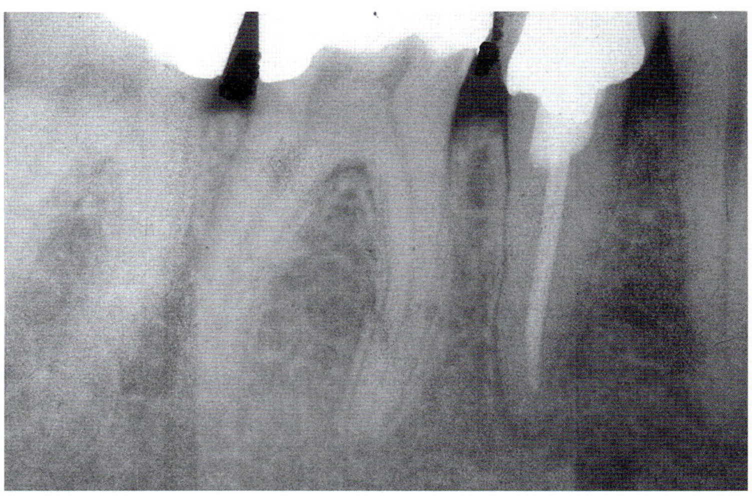

381 Zweite Kontrolle
2 Jahre nach Abschluß der Wurzelkanalfüllung ist es zu einer vollständigen Rückbildung der periapikalen Läsion gekommen. Der Zahn ist zwischenzeitlich mit einer Krone koronal verschlossen worden.

Spülung der periapikalen Läsion

Periapikale Läsionen bilden sich in der großen Mehrzahl der Fälle nach rein konservativer endodontischer Behandlung zurück. In einer klinischen Studie konnten Morse et al. (1983) eine Erfolgsquote von 94,5% ermitteln. Die Mißerfolgsquote bei 458 behandelten Wurzelkanälen betrug 1,8% für vitalexstirpierte gegenüber 6,7% für nekrotische Pulpen. Der konservativ erreichbare Erfolg hängt entscheidend von der Bakterienfreiheit ab, die durch effektive Kanalaufbereitung, antibakterielle Spülung und bakteriendichte Füllung erreicht werden kann (Beer u. Mayerhöfer 1995).

Bei periapikalen Läsionen mit einem Durchmesser über 20 mm nimmt man an, daß es sich in der Regel um eine Zyste handelt (Lalonde 1976), obwohl klinisch-röntgenographisch keine eindeutige Differenzierung möglich ist (Block et al. 1976, Lin et al. 1996). Bei diesen sehr großen periapikalen Läsionen läßt sich durch Marsupialisation eine Verbindung zur Mundhöhle herstellen, auch ohne im Sinne einer Zystostomie den Knochen chirurgisch abtragen zu müssen. Die Verbindung kann über ein vestibulär eingesetztes Röhrchen erfolgen (Freedland 1963, Wong 1991).

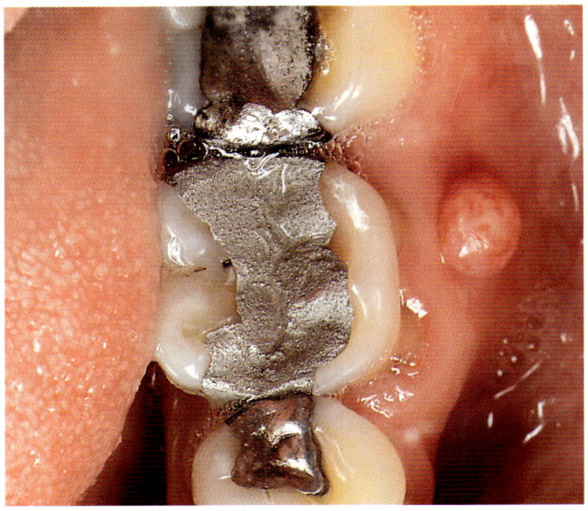
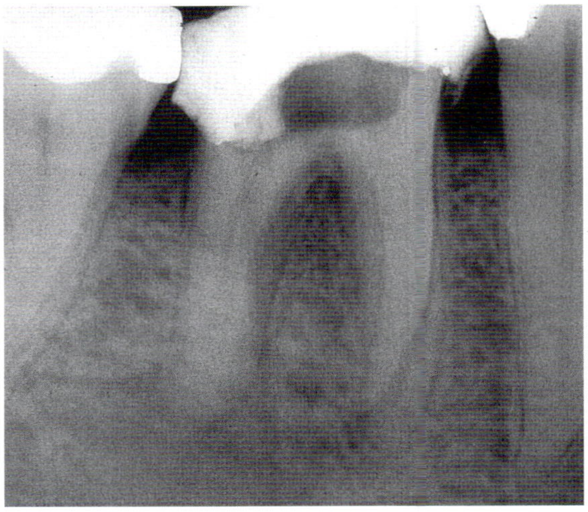

382 Periapikale Läsion
Links: Unterer erster Molar mit vestibulär gelegener Fistel. Der Zahn war druck- und perkussionsempfindlich, aber anamnestisch eher unauffällig.

Rechts: Im diagnostischen Röntgenbild ist eine große periapikale Aufhellung mit einem Durchmesser von ca. 20 mm sichtbar, die nicht scharf gegen das umgebende Knochengewebe abgegrenzt erscheint.

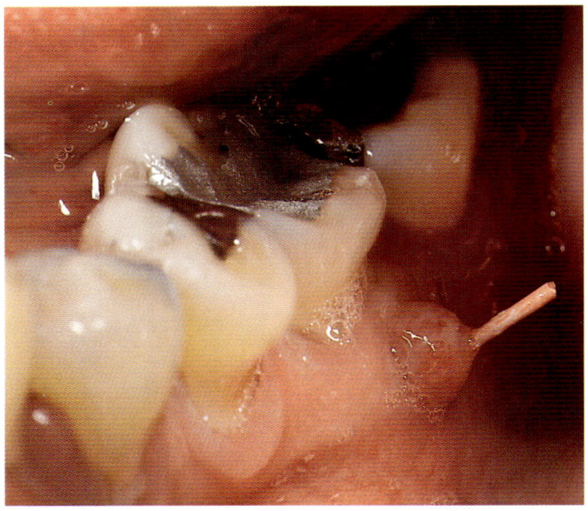
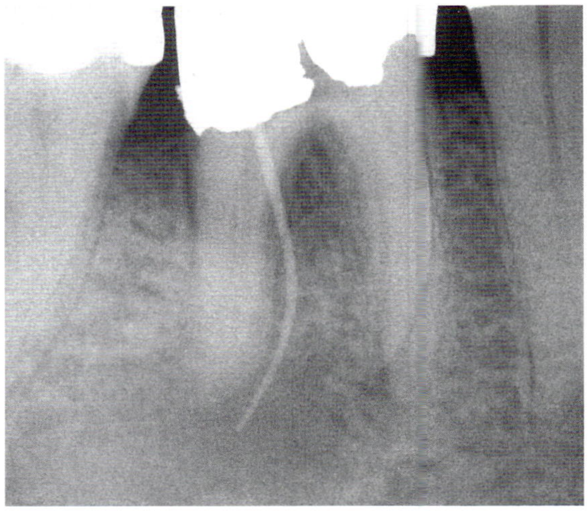

383 Fistelung
Links: In den Fistelgang wird ein Guttaperchastift eingeschoben, um die verursachende Region und Wurzelspitze festzustellen.

Rechts: Im Röntgenbild erkennt man den Verlauf des Fistelkanals anhand des röntgenopaken Guttaperchastiftes, der an der distalen Wurzelspitze endet.

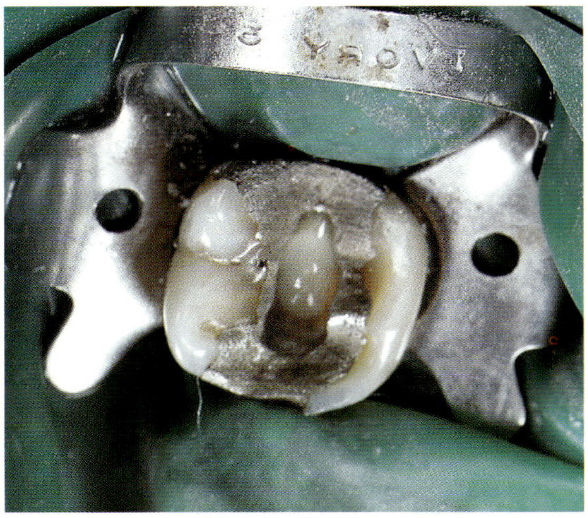
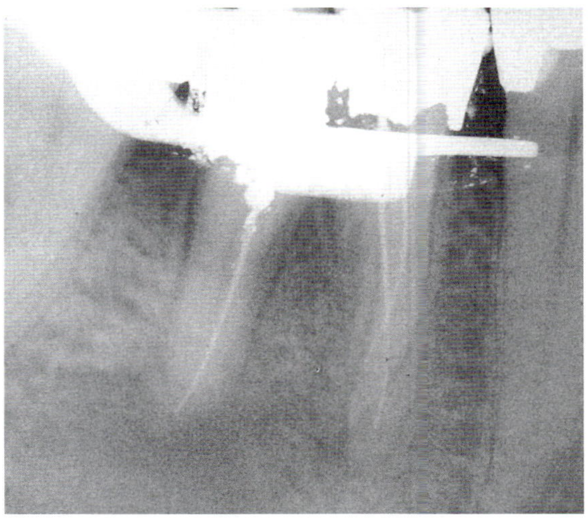

384 Instrumentation
Links: Nach der Trepanation des Pulpakavums unter Kofferdam und vorsichtiger Instrumentation entleert sich massiv Pus aus dem distalen Wurzelkanal.

Rechts: Im Anschluß an die koronale Eröffnung wird die Arbeitslänge bis zur apikalen Konstriktion im Röntgenbild ermittelt.

Eine „Dekompression“ kann auch durch Eröffnen der periapikalen Läsion über den Wurzelkanal erfolgen. Nach der Erweiterung mit Gates-Glidden-Bohrern wird ein Edelstahlröhrchen mit einem Durchmesser von 1,2 mm in den Wurzelkanal einzementiert. Die Patienten werden jede Woche einmal zur Spülung des Kanals mit 0,9%iger NaCl-Lösung einbestellt. Gleichzeitig wird das eingesetzte Röhrchen mittels Ultraschall gereinigt. Nach 3 – 4 Monaten kann es entfernt, die Exsudation kontrolliert und eine Zwischeneinlage appliziert werden (Tsurumachi u. Saito 1995).

Die Erweiterung der apikalen Konstriktion und die Spülung der periapikalen Läsion birgt aber eine Reihe von Gefahren. Wird der bakteriell infizierte Wurzelkanal überinstrumentiert, so kommt es in fast allen Fällen zu einer Bakteriämie: Im Blut lassen sich u.a. Peptostreptokokken und Fusobakterien nachweisen (Debelian et al. 1992, 1995). Das Überpressen von Natriumhypochlorit bewirkt akute Reaktionen mit Schmerz, Schwellung und Gewebsnekrosen, erfordert umgehende chirurgische Maßnahmen (Gatot et al. 1991) und muß deshalb als endodontisches Routineverfahren abgelehnt werden.

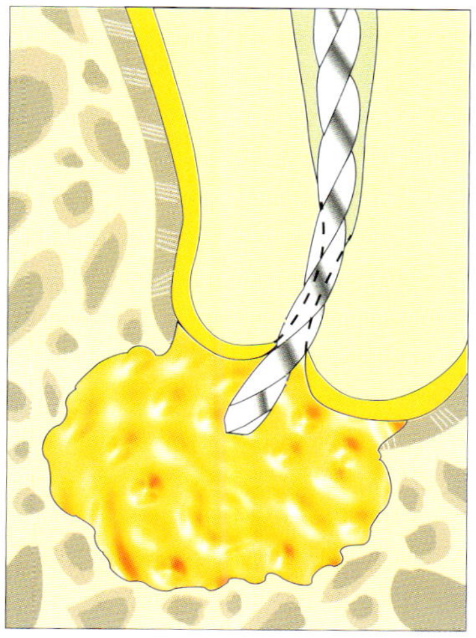

385 Apikale Erweiterung
Der Wurzelkanal wird instrumentiert, im koronalen und mittleren Abschnitt sollte er auf einen Mindestdurchmesser von 1,2 mm erweitert werden.

Links: Die apikale Konstriktion wird bewußt erweitert, um einen Abfluß über den Wurzelkanal herbeizuführen. Dieses Verfahren ist aber mit großen Risiken behaftet.

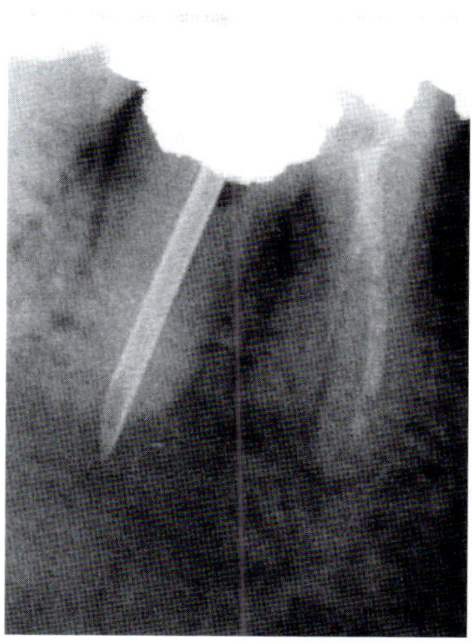

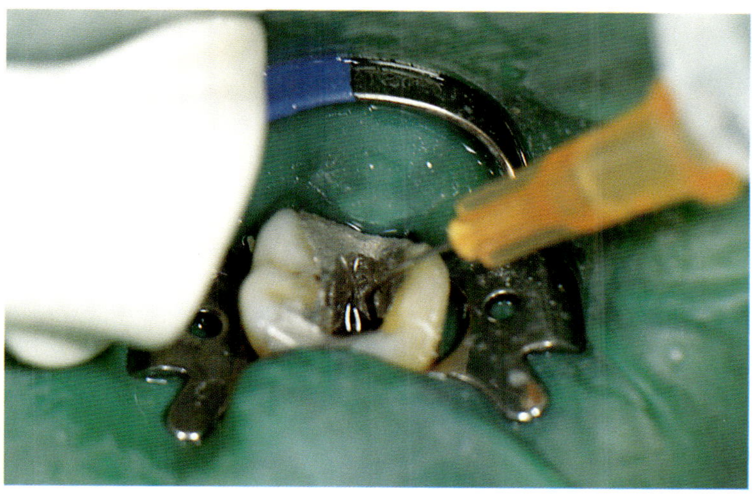

386 Periapikale Spülung
Mit Kochsalzlösung, aber keinesfalls mit Natriumhypochlorit (!) kann der Wurzelkanal und die periapikale Läsion alle 2 Tage über das Röhrchen gespült werden. Wöchentlich sollte das Röhrchen dem Kanal entnommen, gereinigt und sterilisiert werden.

Links: In den Wurzelkanal wird eine Kanüle oder ein Edelstahlröhrchen einzementiert und die restliche Kavität provisorisch verschlossen.

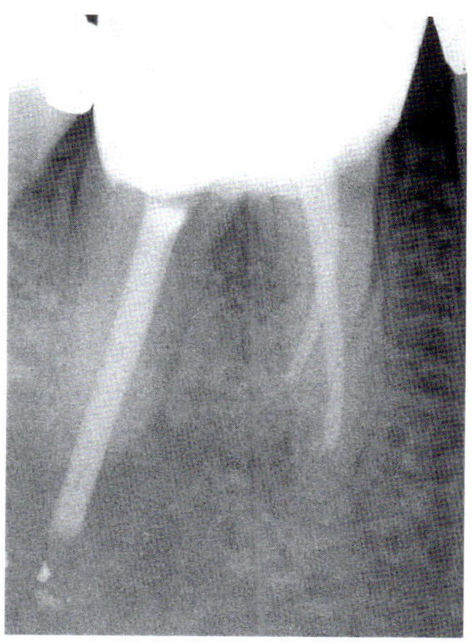

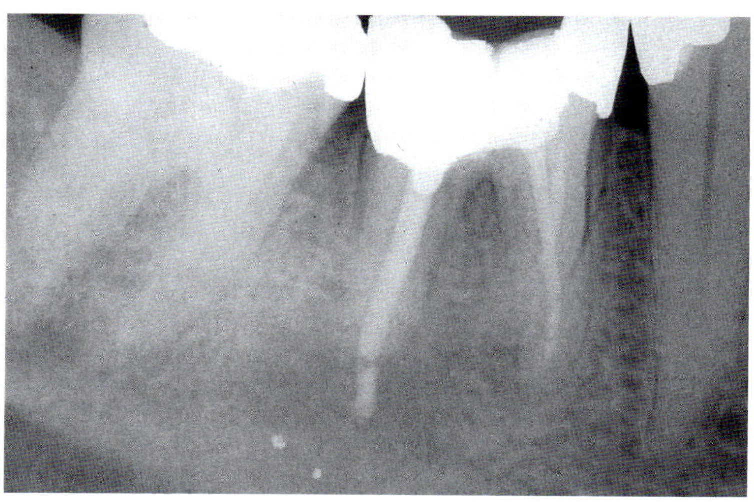

387 Gefahren
6 Monate nach Wurzelkanalfüllung hat sich überpreßte Guttapercha apikal abgetrennt – ein chirurgischer Eingriff ist indiziert. Das Therapieverfahren hat sich nicht bewährt.

Links: 8 Wochen nach Marsupialisation sowie weiteren 3 Monaten Zwischeneinlage werden die Wurzelkanäle gefüllt. Trotz Einmessen der Guttaperchastifte ist durch den fehlenden apikalen Stop eine massive Überfüllung aufgetreten.

Ultraschallunterstützte Wurzelkanalspülung

Die Ultraschallfrequenzen der eingesetzten Geräte liegen im Bereich von 25–40 kHz. Während der Instrumentation wird die Energie hauptsächlich longitudinal ausgekoppelt, nur ein geringer Teil wird in transversale Schwingungen umgesetzt. Bereits eine kleine Last verhindert das Oszillieren. Wichtige Ultraschallphänomene sind die Kavitation und das Microstreaming. Während Kavitationseffekte an der Spitze eines Ultraschallscalers nachweisbar sind, treten sie innerhalb des Wurzelkanals nicht auf (Ahmad et al. 1987, Lumley et al. 1988, Walmsley u. Williams 1989).

Microstreaming ist wahrscheinlich der einzige in der Endodontie nutzbare Vorteil. Man versteht darunter die Erzeugung ständig in einer Richtung verlaufender Flüssigkeitszirkulationen in unmittelbarer Nachbarschaft eines kleinen, schwingenden Objekts. Es können zahlreiche Wirbel auftreten, deren schnellste an der Spitze des Wurzelkanalinstruments nachweisbar sind. Der durch Wirbel erzeugte Effekt besteht in einem gerichteten Flüssigkeitsstrom (Ahmad et al. 1987). Folge des akustischen Microstreaming kann die Zersetzung von Bakterien und Enzymen sein (Stock 1992).

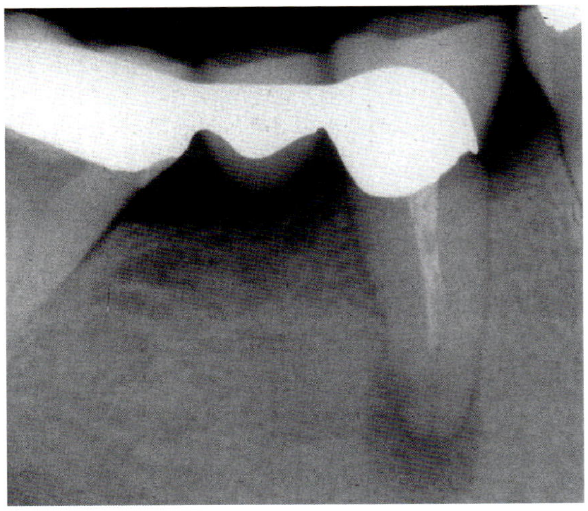

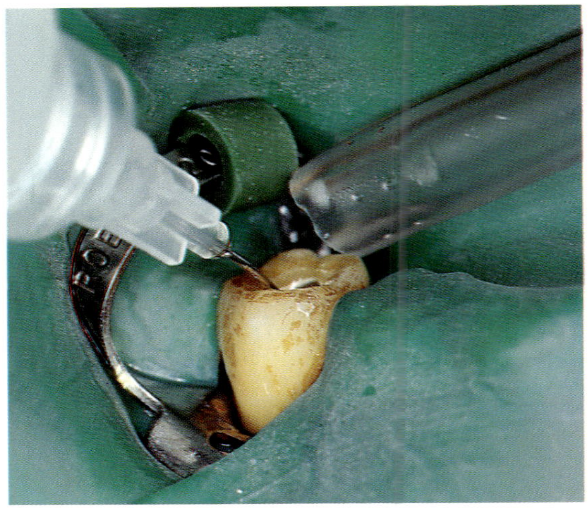

388 Trepanation
Links: Unterer Prämolar mit insuffizienter Wurzelkanalfüllung, der röntgenographisch eine periapikale Aufhellung aufweist und klinisch perkussionsempfindlich ist.

Rechts: Das Pulpagewebe ist nekrotisch und bakteriell zersetzt, erkennbar am fauligen Geruch während der Exstirpation des Restgewebes. Die NaOCl-Spülung löst das Gewebe und wirkt bereits antibakteriell.

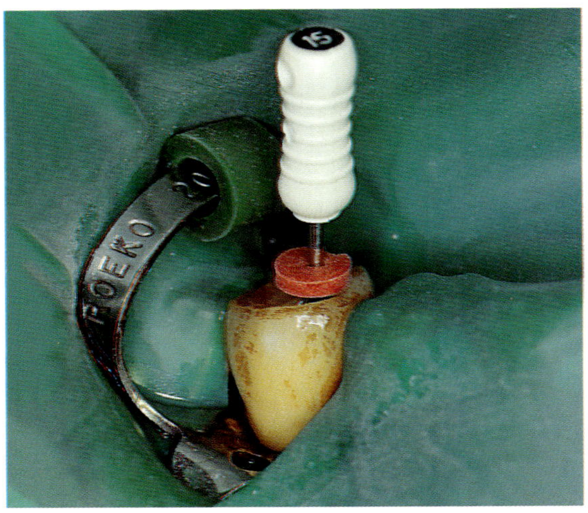

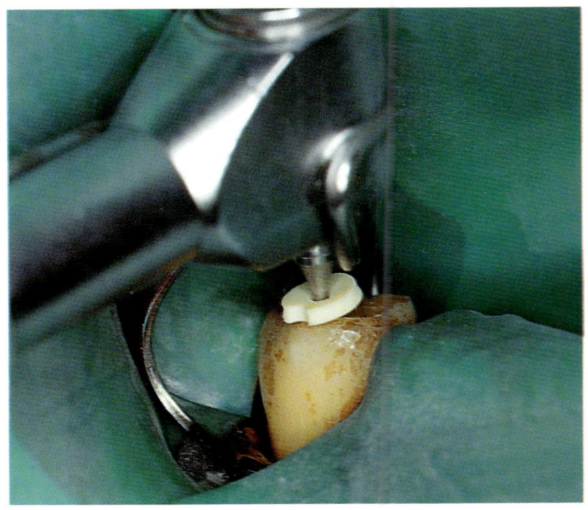

389 Instrumentation
Links: Die Wurzelkanalaufbereitung erfolgt durch Handinstrumente, beginnend mit der koronalen Erweiterung und anschließender apikaler Aufbereitung.

Rechts: Koronal wird der Kanal durch Gates-Glidden-Bohrer erweitert; nur dies ermöglicht anschließend ein freies Schwingen der Ultraschallfeile im Wurzelkanal.

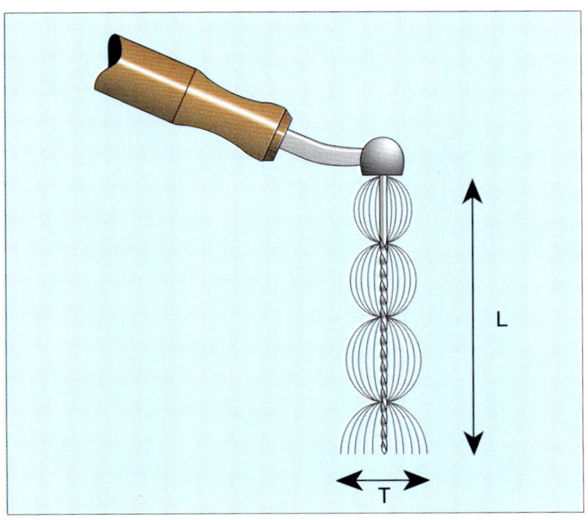

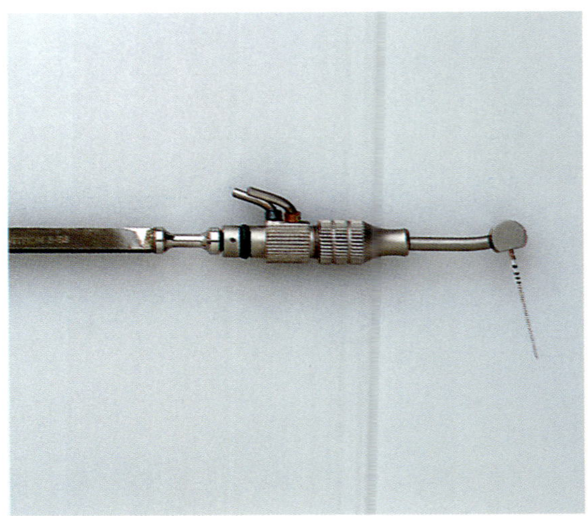

390 Wirkungsweise
Links: Die quer zur Hauptachse verlaufende Schwingung besteht aus Schwingungsknoten mit minimaler Amplitude und Schwingungsbäuchen mit maximaler Amplitude. Die Feilenspitze schwingt frei mit der größten Amplitude (Stock 1992).

Rechts: Bei der Magnetostriktion wird ein ferromagnetischer Körper in Stabform einem magnetischen Wechselfeld ausgesetzt. Als Folge entstehen mechanische Schwingungen.

In Modellversuchen haben Krell et al. (1988) nachgewiesen, daß während der Ultraschallanwendung die Spüllösung nur dann bis in die Spitze des Wurzelkanals vordringt, wenn die Feile frei schwingt. Dagegen gelangt das Spülmittel nicht über den ersten Schwingungsknoten, wenn die Schwingungen durch Interferenzen mit der Kanalwand behindert werden. Nur K-Feilen der Größe 15 werden empfohlen und sollten durch Vorbiegen dem Kanalverlauf angepaßt werden, so daß eine Begradigung des Kanals mit Stufenbildung vermieden wird (Lumley et al. 1992).

Eine abschließende manuelle Spülung mit einer 1%igen NaOCl-Lösung erwies sich hinsichtlich Keimreduktion als sehr effektiv. Ihr folgt eine 2%ige Spüllösung. Einen deutlich schlechteren antibakteriellen Effekt wiesen ultraschallgestützte NaOCl-Spülungen auf (Briseno et al. 1991). In einer histologischen Studie konnte kein Unterschied der periapikalen Gewebsreaktionen nach manueller bzw. ultraschallunterstützter Aufbereitung festgestellt werden. Es war noch nekrotisches Restgewebe nachweisbar, teilweise bakteriell infiltriert (Watts u. Patterson 1993).

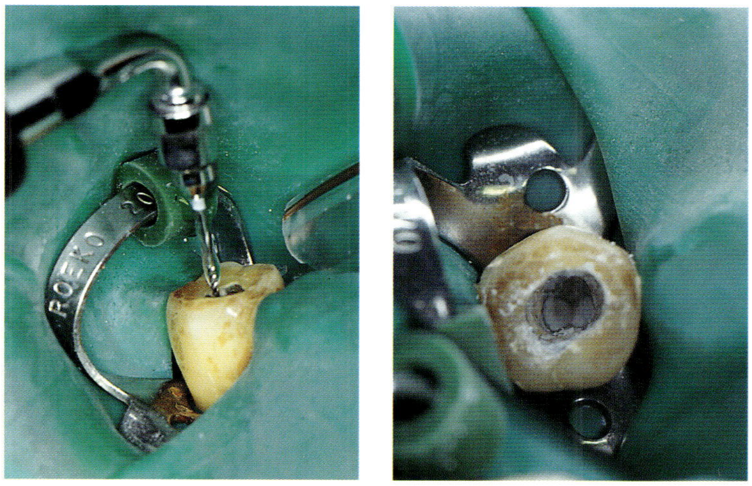

391 Spülung
Links: Unter Anwendung von Ultraschall dauert es bei einer Durchflußrate von 20 ml Spüllösung pro Minute mindestens 30 Sekunden, bis die Spüllösung den apikalen Wurzelkanalbereich erreicht hat (Krell et al. 1988).

Rechts: Im Anschluß an die Spülung und Trocknung des Wurzelkanals wird Kalziumhydroxid als antibakteriell wirkende Zwischeneinlage eingestopft.

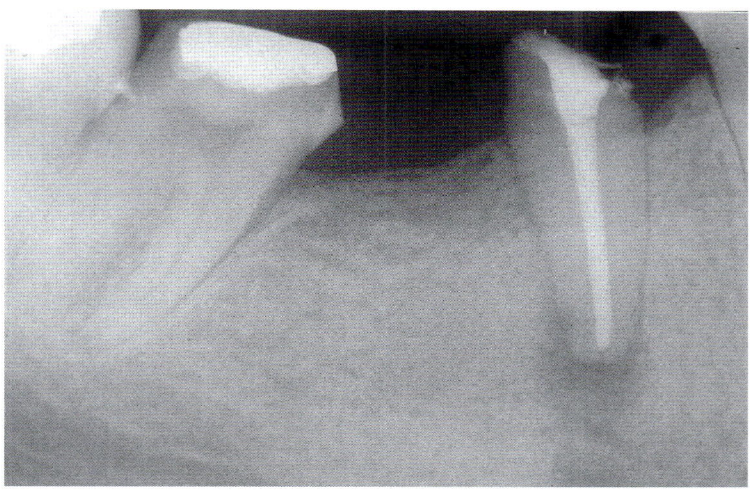

392 Röntgenkontrolle
3 Monate nach Beginn der Wurzelkanalbehandlung wird der Wurzelkanal gefüllt. Das Kontrollröntgenbild weist gegenüber der Anfangsaufnahme (Abb. 388) eine beginnende Reduktion der Größe der periapikalen Läsion auf.

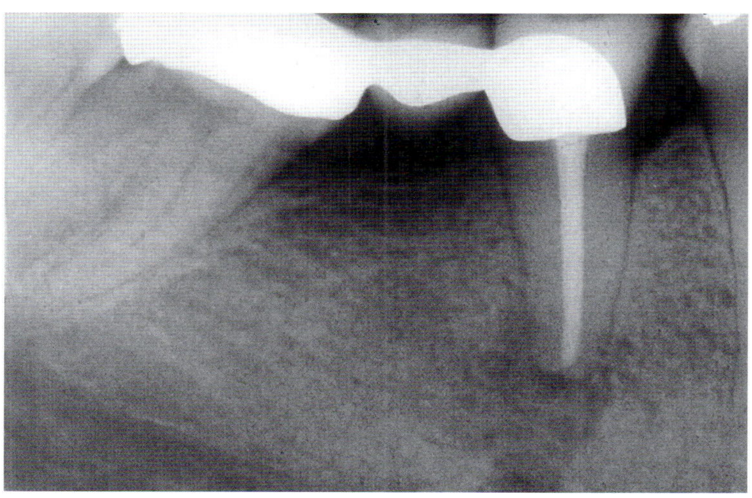

393 Röntgenkontrolle
Nach einem Jahr ist das Gebiet der periapikalen Läsion deutlich, aber noch nicht wieder vollständig knöchern regeneriert. Der klinische Vorteil der ultraschallgestützten Wurzelkanalspülung ist weiterhin umstritten und nicht eindeutig.
Die Notwendigkeit einer Natriumhypochloritspülung bleibt aber unbestritten, und die Applikation, wie in Abb. 388 dargestellt, scheint völlig ausreichend zu sein (Briseno et al. 1991).

Entfernen der Schmierschicht

Die Schmierschicht entsteht auf der Kanaloberfläche als Folge der Instrumentierung und führt zum Verschluß der Tubuliöffnungen. Auch die Aufbereitung der Wurzelkanäle mit Ultraschall kann die Bildung der Schmierschicht nicht verhindern (Baumgartner u. Cuenin 1992, Lumley et al. 1992). Man unterscheidet zwischen dem in die Dentintubuli hineingepreßten Dentinabrieb und der an der Wurzelkanalwand anliegenden oberflächlichen Schmierschicht. Elektronenmikroskopisch läßt sich die Schmierschicht vom übrigen Wurzeldentin nicht eindeutig differenzieren (Kockapan 1987).

Die Schmierschicht bildet eine Diffusionsbarriere, die die Permeabilität des Dentins um 25–30% herabsetzt (Pashley et al. 1988). Wird die Schmierschicht entfernt, können Einlagemedikamente besser in das Kanalwanddentin eindringen, damit nimmt die antibakterielle Wirkung zu (Orstavik et al. 1990). Der Gebrauch von EDTA und Ethylendiamin als abschließende Spülung entfernt die Schmierschicht vollständig, außerdem werden die Tubuliöffnungen wegen Auflösung peritubulären Dentins größer (Goldberg u. Abramovich 1977, Aktener u. Bilkay 1993).

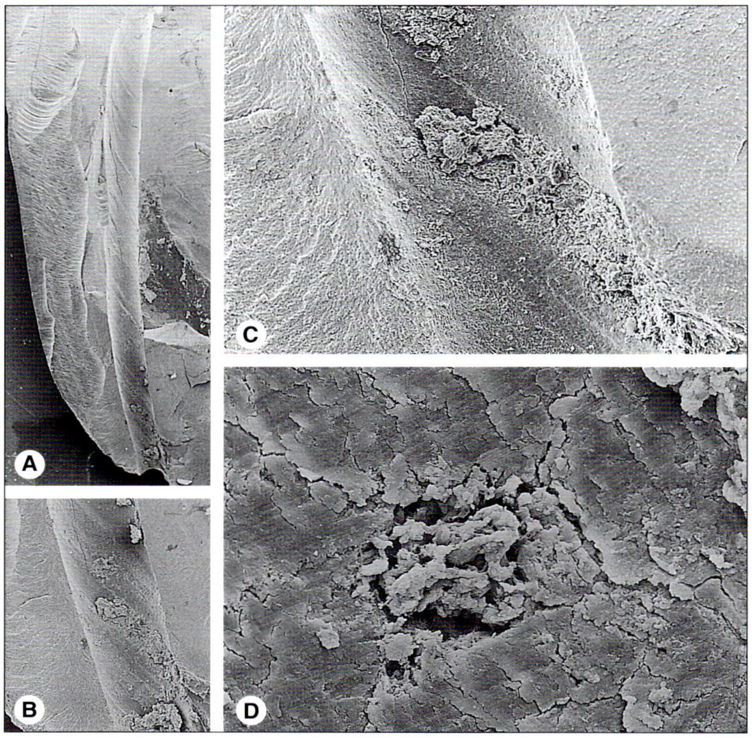

394 Schmierschicht

A Mit Handinstrumenten aufbereiteter Wurzelkanal nach Längsspaltung im rasterelektronenmikroskopischen Bild.

B Die Wurzelkanaloberfläche weist eine geschlossene Schmierschicht und Dentinverschiebungen auf.

C Die Schmierschicht entsteht als Folge der Instrumentierung des Wurzelkanals. Man erkennt größere Dentinreste.

D Charakteristisch ist die glatte Oberfläche der Schmierschicht. Die Eingänge der Dentintubuli sind durch Verlegung mit abgeriebenem Dentin nicht zu erkennen. Die Schmierschicht besteht aus unzähligen kleinen Partikeln, die auch Seitenkanäle verschließen können.

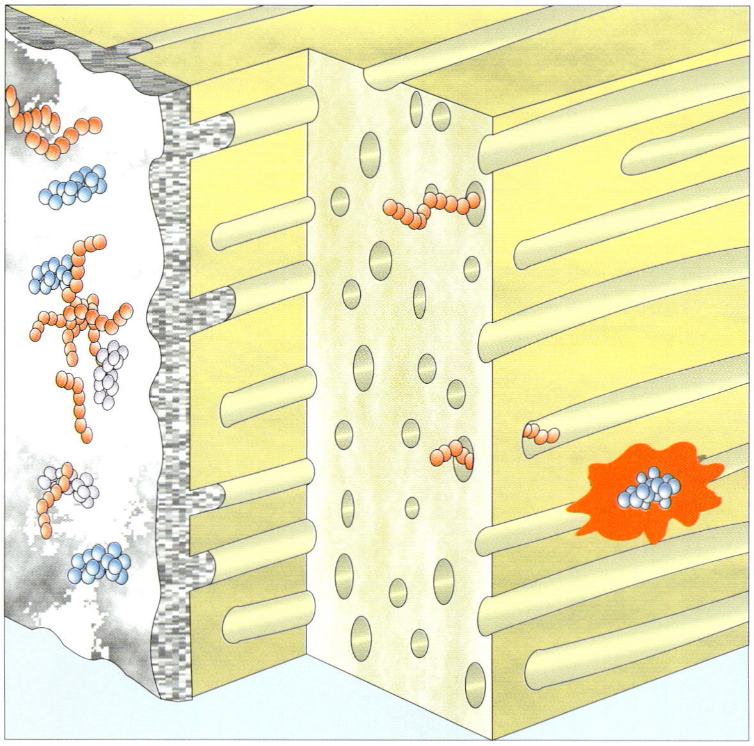

395 Wurzelkanaloberfläche mit und ohne Schmierschicht

Auf der Bruchfläche links ist die Schmierschicht weiß eingezeichnet. (Normalerweise ist eine deutliche Abgrenzung gegen darunterliegendes Dentin nicht vorhanden.) Grobkörnige Dentinplugs führen zu einer Verbolzung der Dentintubuli bis 5 µm Tiefe. Die Schmierschicht kann ein Eindringen von Mikroorganismen in die Dentintubuli verhindern bzw. verzögern.

Im rechten Bildabschnitt ist die Schmierschicht durch Säurespülung entfernt worden bei gleichzeitiger Freilegung der Öffnungen der Dentintubuli. Dies fördert das Eindringen von Mikroorganismen. Die Tubuli können schneller von Bakterien besiedelt und auch durchdrungen werden (Drake et al. 1994).

An die Schmierschicht können sich relativ leicht Bakterien anheften. Die Entfernung der Schmierschicht mit 6%iger Zitronensäurelösung und die anschließende NaOCl-Spülung bewirkt eine um 15% geringere Bakterienzahl auf der gleichzeitig sauberen Wurzelkanaloberfläche (Calas et al. 1994).

Die Auflösung der Schmierschicht durch Chelatoren und Säuren birgt aber auch Gefahren in sich. Safavi et al. (1989) entfernten die Schmierschicht mit 50%iger Zitronensäurelösung und stellten 3 Wochen nach Beimpfen der Wurzelkanäle ein tiefes Eindringen von Streptococcus faecium in die angrenzenden Dentintubuli fest. In der Kontrollgruppe ohne Entfernen des Schmierbelags konnten Bakterien nur auf der Dentinoberfläche beobachtet werden. Auch Drake et al. (1994) stellten fest, daß eine intakte Schmierschicht die Anheftung und Penetration von Bakterien erschweren kann. Allerdings kann die Schmierschicht ein Eindringen von Bakterien in Dentintubuli nur verzögern und nicht verhindern (Akpata u. Blechman 1982). 21 Tage nach Inokulation penetrierten die Testkeime das Dentin bis zur Wurzeloberfläche (Nii et al. 1994).

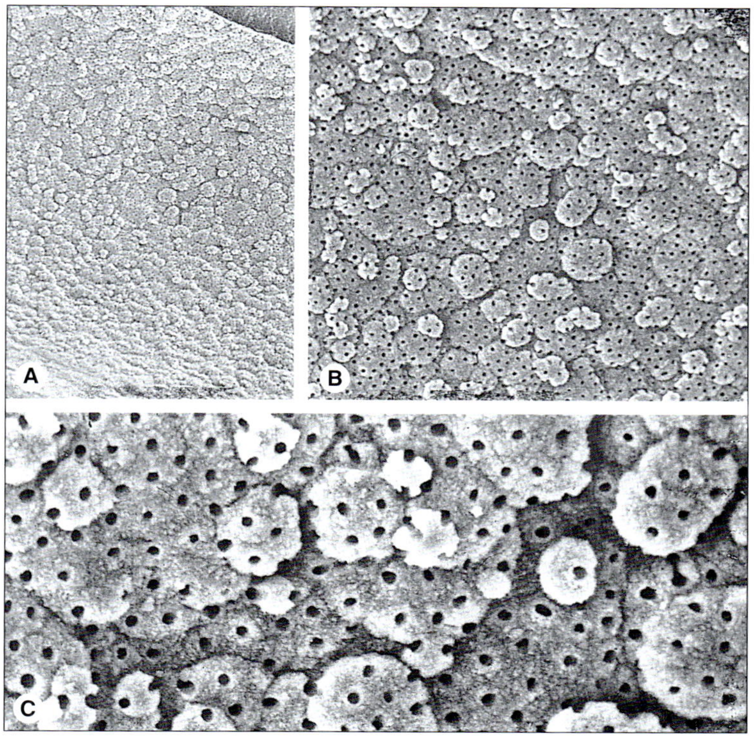

396 Oberfläche nach Schmierschichtentfernung

A Wurzelkanaloberfläche im Rasterelektronenmikroskop nach abschließenden Spülungen mit 6%iger Zitronensäure- und 2%iger NaOCl-Lösung.

B Die Wurzelkanaloberfläche ist sauber, die Schmierschicht entfernt, und die Dentintubuli sind weit geöffnet.

C In stärkerer Vergrößerung sind die offenen Dentintubuli erkennbar. Damit soll gleichzeitig auch die Permeabilität steigen (Cohen et al. 1970).
Liegt allerdings keine externe Wurzelresorption sowie intaktes Wurzelzement vor, ist keine Zunahme der Permeabilität festzustellen (Tao et al. 1991).

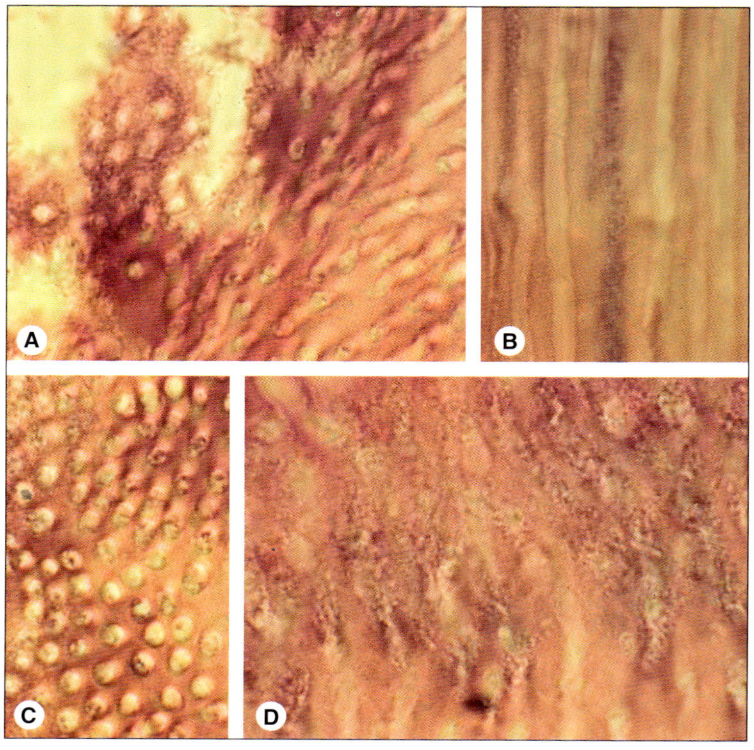

397 Bakterielle Penetration

A Die lichtmikroskopische Darstellung des Dentins im Querschnitt zeigt weit offene Dentintubuli.

B Nach Entfernen der Schmierschicht und anschließender Beimpfung der Dentinoberfläche mit einem Testkeim ist es zu einer tiefen Penetration der Bakterien in die Dentintubuli gekommen.

C Quer angeschnittene Tubuli weisen Bakterien sowie eine beginnende Demineralisation auf.

D Die längere Einwirkung bakterieller demineralisierender Substanzen führt zur Auflösung von Hartgewebe und zum Mißerfolg der endodontischen Behandlung.

Antibakterielle Zwischeneinlage

Infizierte Wurzelkanäle können mehr als 10^8 Bakterien (mikrobiologisch schwer nachweisbare Anaerobier) pro ml Kanalinhalt aufweisen (Byström u. Sundqvist 1991). Die Instrumentation des Wurzelkanals reduziert deren Zahl allein auf mechanischem Weg um den Faktor 1000, NaOCl-Spülungen nochmals um 50% (Sundqvist 1992). Medikamentöse Zwischeneinlagen sind nun in der Lage, die auch nach sorgfältiger Instrumentation und Spülung verbliebenen Mikroorganismen zu bekämpfen und einen Reinfekt zu verhindern (Staehle 1993).

Flüssige Substanzen werden mit einer Papierspitze in den Kanal eingebracht, pastenförmige Einlagen mittels Füllspirale einrotiert. Da Bakterien in Dentinkanälchen nachweisbar sind, müssen Zwischeneinlagen einen direkten Wandkontakt aufweisen (Armitage et al. 1983). In einer Studie an infizierten Wurzelkanälen wurden Einlagemedikamente nach 1, 3, 7 bzw. 45 Tagen aus dem Wurzelkanal entfernt und die antibakterielle Wirkung bestimmt. Flüssige Einlagemedikamente entwickelten bereits nach 1 Tag keine antibakterielle Wirkung mehr (Tronstad et al. 1985).

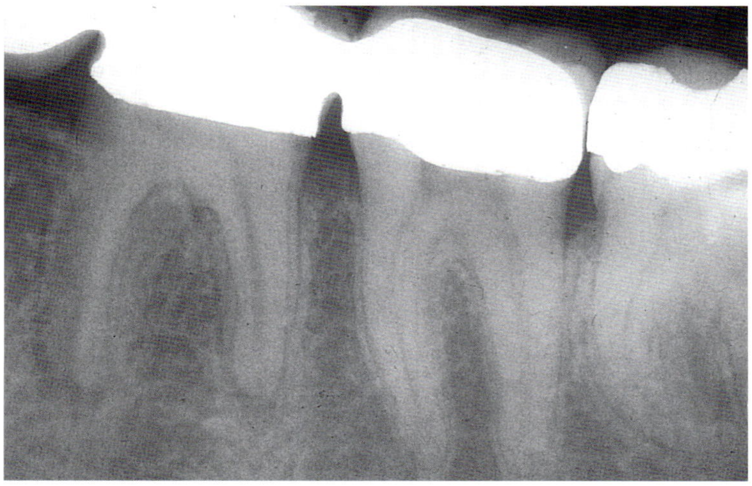

398 Pulpanekrose
Überkronter unterer erster Molar mit periapikaler Aufhellung und Pulpagewebsnekrose. Bei marginal undichter Rekonstruktion und bei Sekundärkaries kommt es zur Infektion des Wurzelkanals. In Dentinkanälchen können dann bis 2 mm von der Kanalwand entfernt lebensfähige Bakterien festgestellt werden (Ando u. Hoshino 1990). Auch Endotoxine penetrieren bis 300 µm tief in die Dentinkanälchen (Horiba et al. 1990).

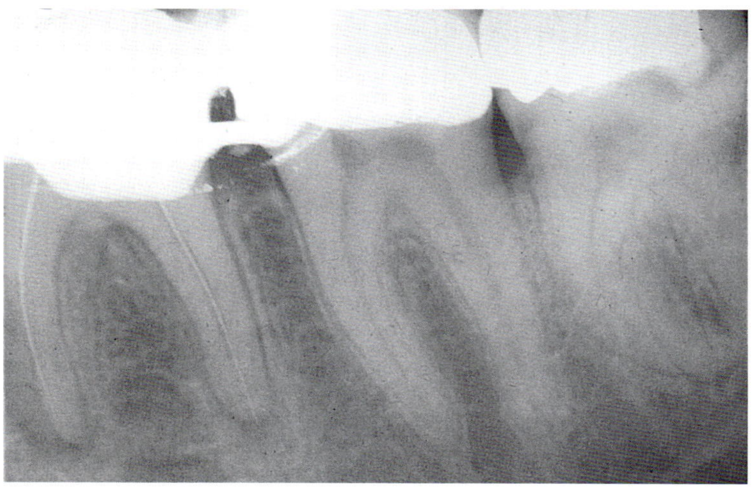

399 Notfallbehandlung
Nach Exstirpation und koronaler Eröffnung wird die Arbeitslänge bestimmt, und die Wurzelkanäle werden instrumentiert. Ein kurzfristiger Einsatz von Kortison-Antibiotika-Präparaten ist dann möglich, wenn schmerzhafte Symptome bei irreversibler Pulpitis unterbunden werden sollen. Bei nekrotischer Pulpa und Infektion des Wurzelkanals sind sie kontraindiziert, da eine Beeinträchtigung der körpereigenen Abwehr auftritt (Seltzer u. Naidorf 1985).

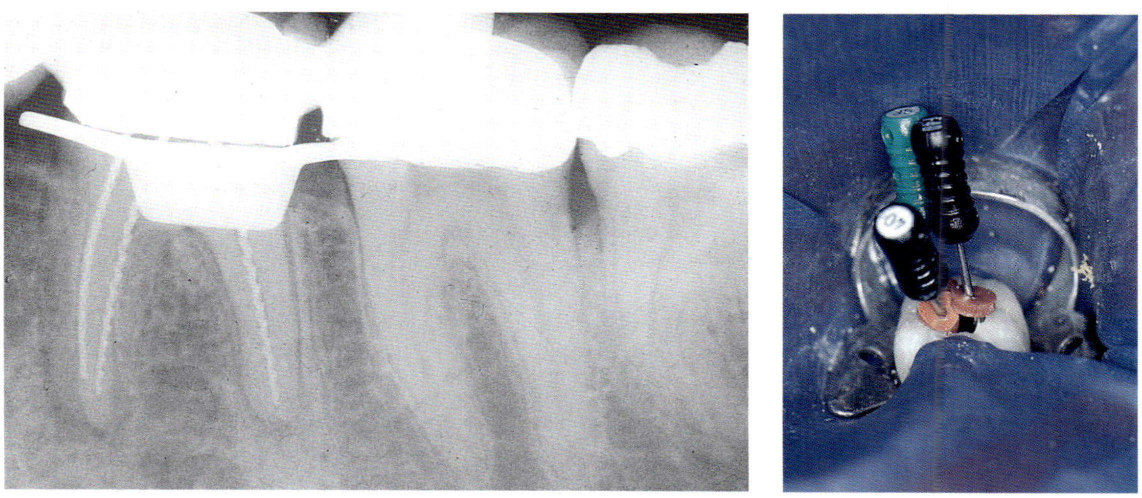

400 Instrumentation
Die weitgehende Eliminierung der Bakterien erfolgt durch Instrumentation bis zur apikalen Konstriktion und durch Spülungen mit Natriumhypochlorit. Zwischeneinlagen sind nicht in der Lage, Unzulänglichkeiten der chemomechanischen Behandlung auszugleichen, sollen aber Keimreduktion sowie Gewebslösung bewirken.

Rechts: Bestandteil einer effektiven Instrumentation ist die Bestimmung der Arbeitslänge.

Von Phenolpräparaten wie Kresol, Thymol und Chlorphenol versprach man sich eine keimreduzierende, z.T. auch schmerzlindernde Wirkung. In einem Nutzen-Risiko-Vergleich stehen einem nur kurzfristigen keimreduzierenden Effekt die anhaltenden toxischen Eigenschaften gegenüber (Tronstad 1991). Fehr et al. (1992) warnen aus allergologischer Sicht dringend vor dem Einsatz von Formaldehyd und dessen Derivaten; Belanger (1988) verweist auf deren mutagene Wirkung. Bei Glutaraldehyd sind die gleichen Nebenwirkungen zu erwarten (Yacobi et al. 1991).

Bei symptomlosen Zähnen gibt es keine Indikation für Kortison-Antibiotika-haltige Einlagen. Auch das Auftreten von Schmerzen nach Kanalbehandlung kann nicht zuverlässig verhindert werden (Trope 1990). Kortisonpräparate können die körpereigene Abwehr beeinträchtigen und unerwünschte systemische Nebenwirkungen haben. Die für die Abwehr und Heilung notwendigen entzündlichen Prozesse werden unterdrückt und das periapikale Gewebe dadurch für eine Invasion von Bakterien und Toxinen empfänglicher (Seltzer u. Naidorf 1985, Staehle 1993).

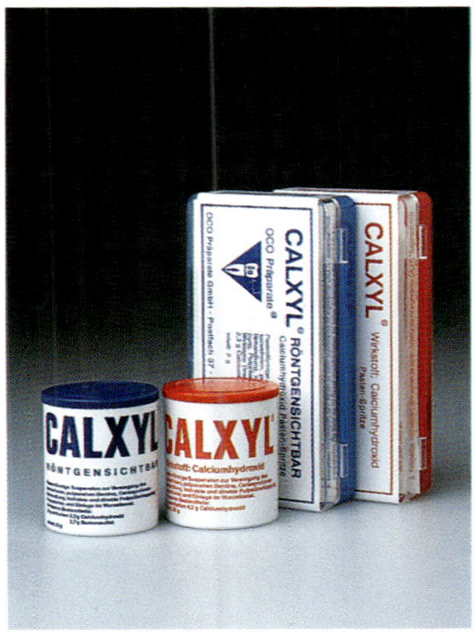

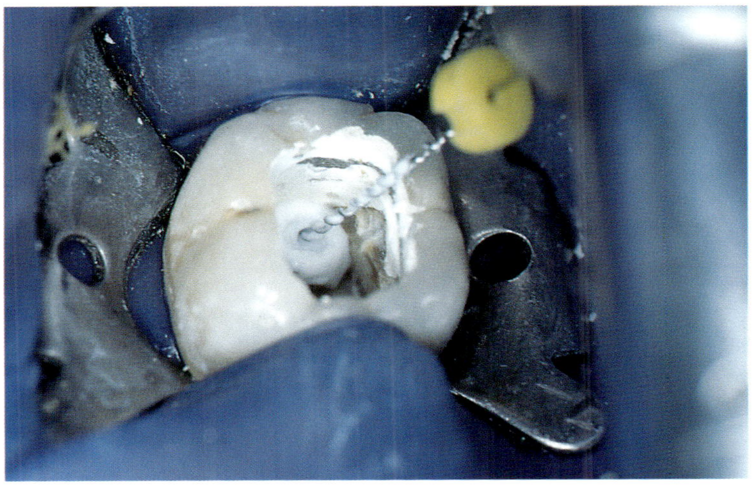

401 Zwischeneinlage
Derzeit wichtigstes temporäres Einlagemedikament ist Kalziumhydroxid [$Ca(OH)_2$], das als wäßrige Lösung in den Wurzelkanal einrotiert wird.

Links: Kalziumhydroxid (Calxyl) ist leicht applizierbar und entfernbar. Es weist eine sehr gute antimikrobielle Wirkung bei direktem Dentinkontakt und keine unerwünschten Nebenwirkungen auf.

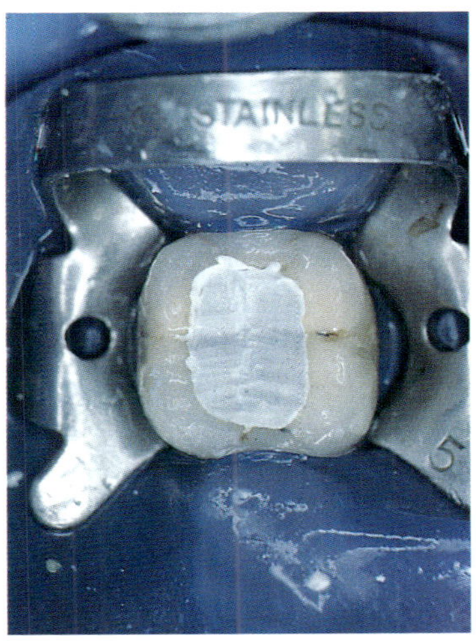

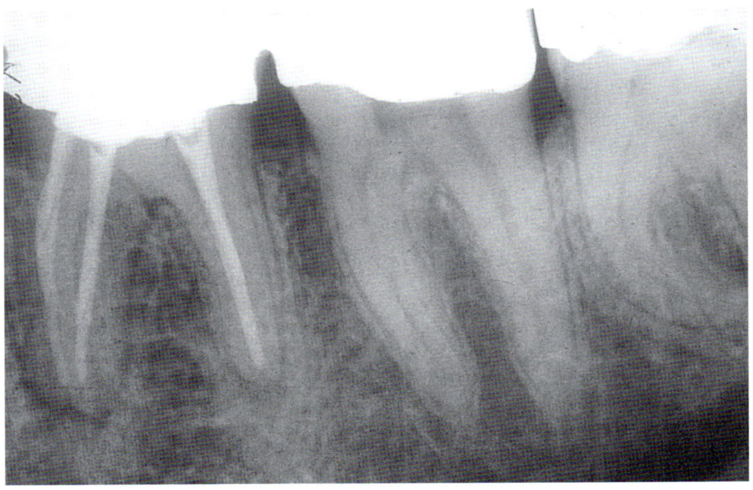

402 Behandlungsergebnis
Die Zwischeneinlage wird nach frühestens 1–3 Monaten mit Natriumhypochlorit aus dem Kanal herausgespült. Eine weitere Instrumentation ist nicht erwünscht. Nach Trocknen wird mit Guttapercha abgefüllt.

Links: Nach jeder Behandlung muß die Trepanationsöffnung dicht verschlossen werden, um eine bakterielle Reinfektion zu verhindern.

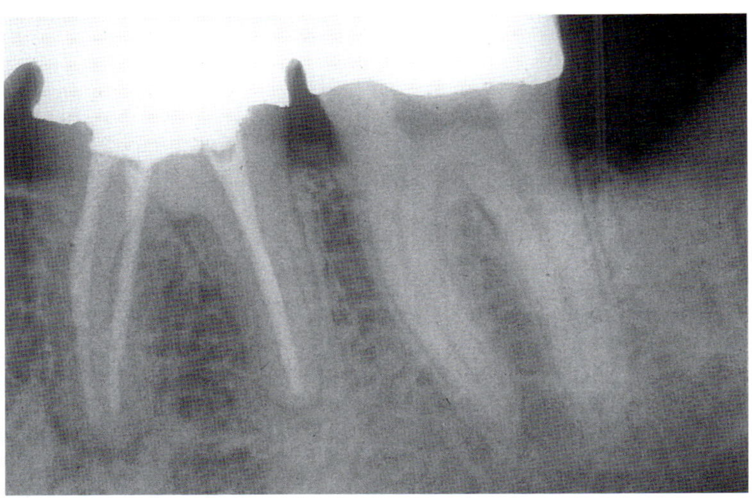

403 Röntgenkontrolle
Die Röntgenkontrolle nach 1 Jahr weist eine vollständige Regeneration der periapikalen knöchernen Läsion auf.
Die Überfüllung des Wurzelkanals mit Jodoform zur „Sterilisierung" des periapikalen Gewebes entbehrt jeder wissenschaftlichen Grundlage, führt zu unkontrollierter Entzündung und ist weder als Einlage noch als definitive Füllung indiziert (Martin 1991).

Applikation von Kalziumhydroxid [$Ca(OH)_2$]

Sundqvist (1992) fand nach Applikation einer phenolhaltigen Zwischeneinlage 66% der Kanäle bakterienfrei, nach Kalziumhydroxideinlage waren dagegen 97% der Kanäle bakterienfrei. Bakterielle Lipopolysaccharide (z.B. Endotoxin), die beim Zerfall der Bakterien aus deren Zellwand freigesetzt werden, sind als ätiologischer Faktor periapikaler Knochenzerstörung anzusehen. Safavi u. Nichols (1993) konnten nachweisen, daß Kalziumhydroxid zu einer Zerstörung dieser Lipopolysaccharide führte, was den antibakteriellen Effekt erklärt.

Der Auswahl der Träger- und Lösungssubstanz für Kalziumhydroxidpulver kommt für die antimikrobielle und periapikal regenerative Wirkung besondere Bedeutung zu. Die Mischung mit dem Phenolpräparat CMCP führt im Vergleich mit destilliertem Wasser nicht zu verbesserter Wirkung, die Bildung von Kalzium-*p*-Chlorphenolat verhindert eine Dissoziation und Kalziumfreisetzung. Das auf Dauer beste Lösungsmittel neben Wasser ist Propylenglykol mit langfristiger Freisetzung von $(OH)^-$- und Ca^{2+}-Ionen sowie Kontrolle der pH-Wertänderung (Simon et al. 1995).

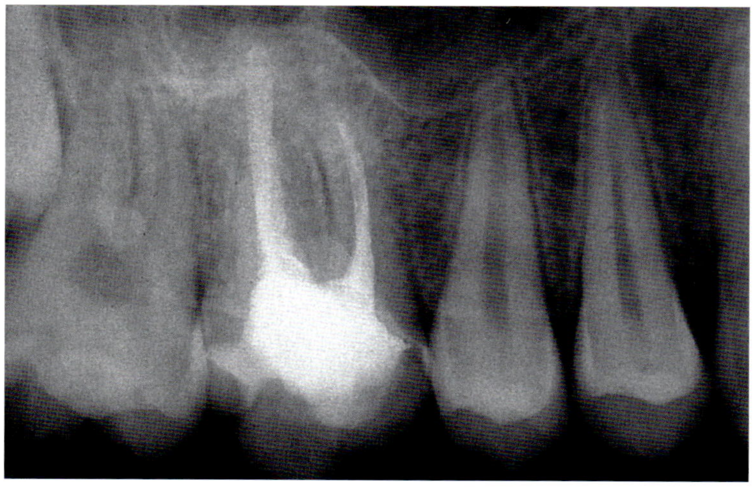

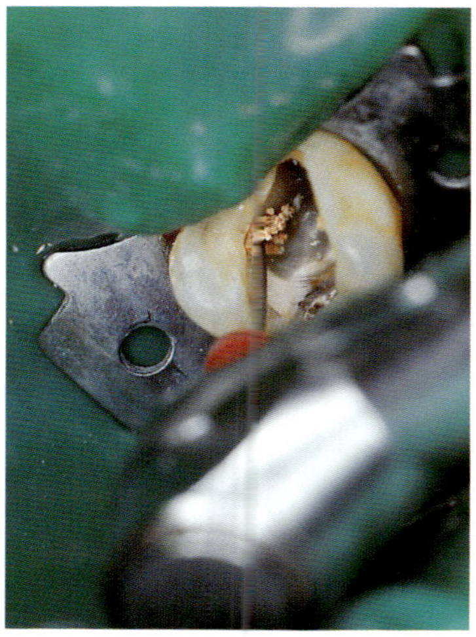

404 Kanalinstrumentation
Oberer Molar mit insuffizienter Wurzelkanalbehandlung und klinischen Symptomen. Röntgenographisch ist eine periapikale Aufhellung nicht eindeutig diagnostizierbar.

Rechts: Nach Anlösung der Guttaperchafüllung wird diese maschinell entfernt; die Wurzelkanäle werden anschließend aufbereitet.

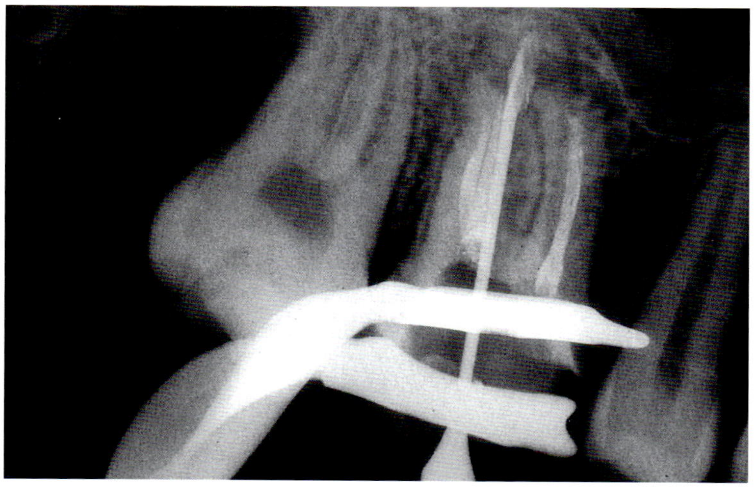

405 Tiefenpräparation
Im Röntgenbild muß die Lage des Gates-Glidden-Bohrers während der Präparation kontrolliert werden, um Perforation oder Stufenbildung zu vermeiden.

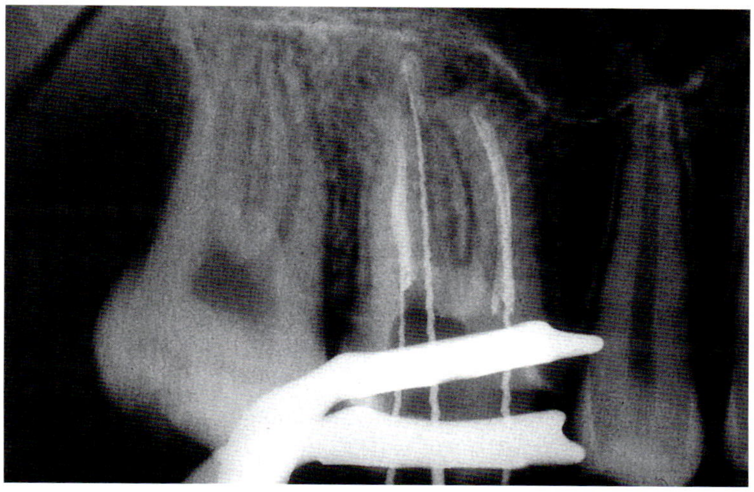

406 Apikale Aufbereitung
Die Instrumentation erfolgt bis apikal mit Handinstrumenten. In der Studie von Yared u. Dagher (1994) zeigte sich nach apikaler Aufbereitung bis Größe 40 weniger häufig Bakterienwachstum als nach Erweiterung nur bis Größe 25. Nach einwöchiger Zwischeneinlage mit Kalziumhydroxid war dagegen kein Unterschied zwischen beiden Gruppen mehr zu ermitteln, ein quantitatives Bakterienwachstum konnte nicht festgestellt werden.

Kalziumhydroxidpulver allein ist in stark gekrümmte Wurzelkanäle nur schwer und unvollständig einzubringen. Es muß deshalb mit einer Flüssigkeit angemischt werden. Wird eine Paste aus in synthetischem Glyzerin gelöstem Kalziumhydroxid mittels Lentulo in gekrümmte Wurzelkanäle einrotiert, so lassen sich gegenüber Kalziumhydroxidmischungen mit sterilem Wasser homogenere und bessere Füllungen erzielen. Im apikalen Drittel war jeder zweite Kanal mit dieser Glyzerinpaste dicht gefüllt, dagegen kein Kanal mit der wäßrigen Mischung (Rivera u. Williams 1994).

Für bis Größe 25 aufbereitete und gekrümmte Wurzelkanäle empfehlen sich flexible McSpadden-Compactoren oder Lentulo-Förderspiralen, mit denen in 87% der Fälle die Zwischeneinlage bis in den apikalen Bereich befördert werden kann. Die Injektionstechnik führt in 48% der Fälle zu ausreichend gefüllten Wurzelkanälen, und mit linksdrehenden K-Feilen wurde die Zwischeneinlage nur in 21,7% der Fälle exakt plaziert. Überstopftes Kalziumhydroxid wird schnell resorbiert und kann kurzfristig zu akuten Entzündungsreaktionen führen (Orstavik et al. 1991).

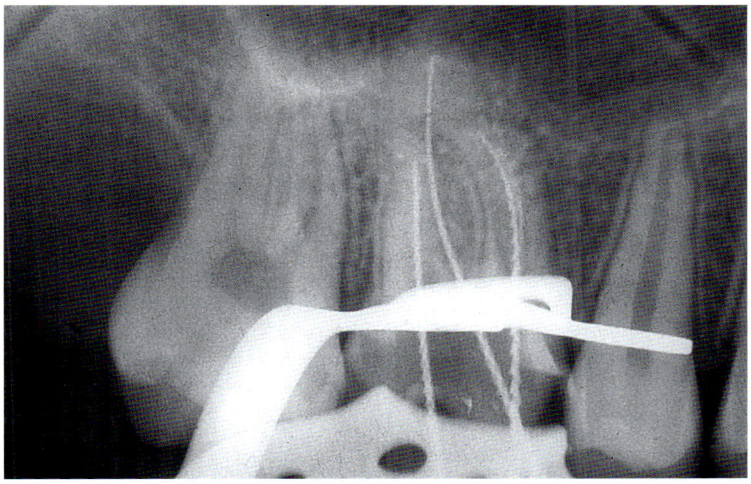

407 Zwischeneinlage
Während der Instrumentation wird mit eingeführten Feilen die Arbeitstiefe und die Effizienz der Erweiterung kontrolliert. Anschließend wird eine Zwischeneinlage eingebracht. Die antibakterielle Einlage soll verbliebene Bakterien erreichen, die während der Aufbereitung nicht entfernt wurden und sich zwischen 2 Behandlungssitzungen zahlenmäßig schnell vermehren, wenn die Kanäle ungefüllt bleiben (Byström et al. 1985, 1987).

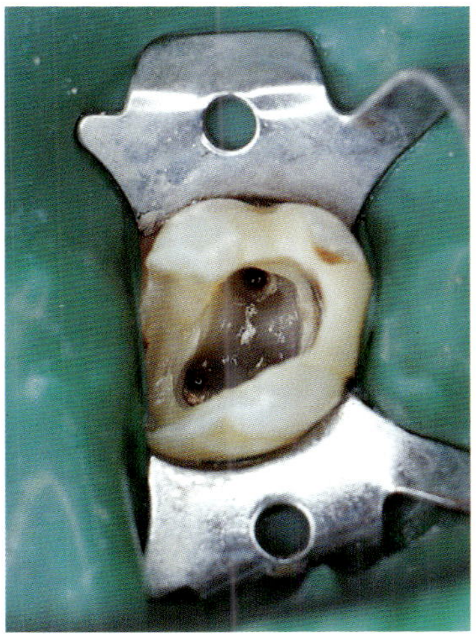

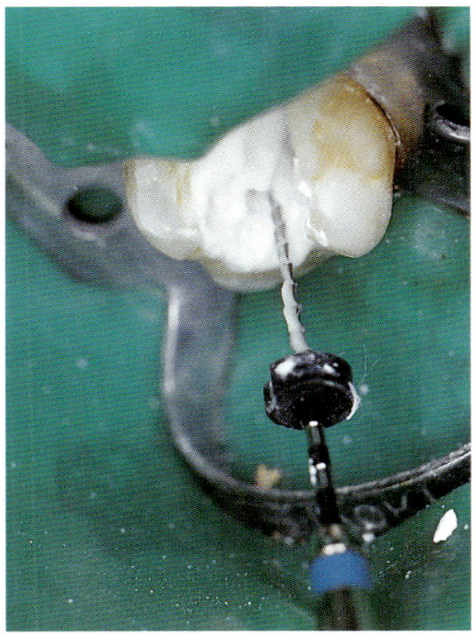

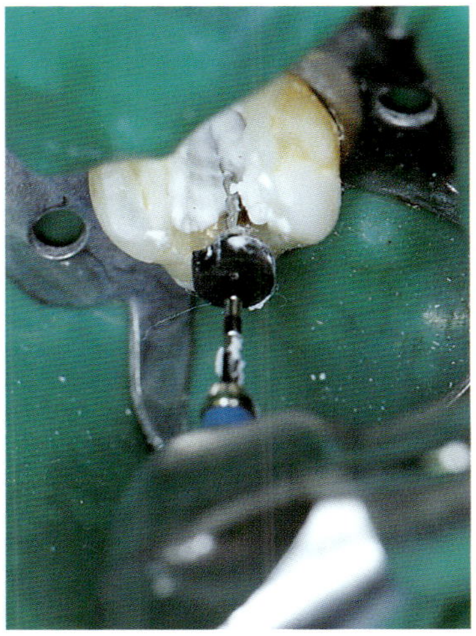

408 Einbringen der Zwischeneinlage
Links: Die 3 Wurzelkanäle sind aufbereitet und gespült und werden noch getrocknet.

Mitte: Ein mit wäßriger Kalziumhydroxidsuspension beschickter McSpadden-Compactor wird niedertourig in den Wurzelkanal eingeführt.

Rechts: Während des zirkumferenten Herausziehens des rotierenden Compactors wird die Zwischeneinlage an die Kanalwände appliziert.

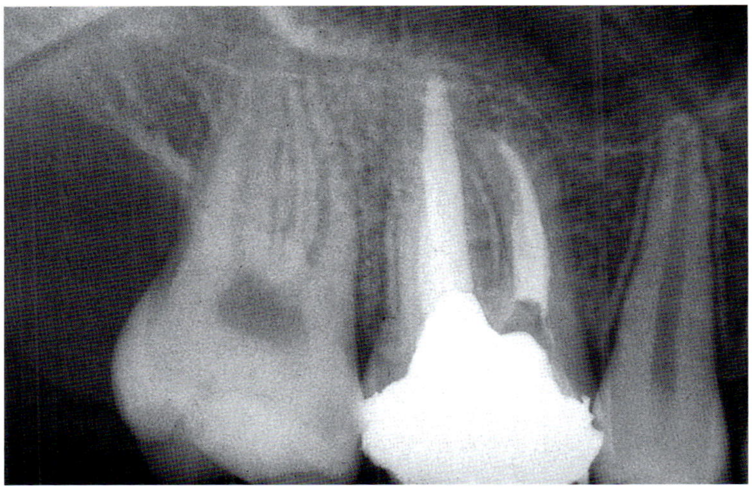

409 Wurzelkanalfüllung
Die einwöchige Zwischeneinlage mit Kalziumhydroxid führt zu deutlich dichteren Guttapercha-Wurzelkanalfüllungen. Die lineare Farbstoffpenetration betrug nach Kalziumhydroxideinlage 1,3 mm gegenüber 6,6 mm in der Kontrollgruppe ohne Zwischeneinlage (Porkaew et al. 1990). Unabhängig vom Röntgenzustand sollte immer eine Zwischeneinlage eingebracht werden.

Zwischeneinlage bei chronisch apikaler Parodontitis

Da gekrümmte Wurzelkanäle allein durch die chemomechanische Instrumentation nicht vollständig gewebefrei sind (Langeland et al. 1985), kommt der Zwischeneinlage eine ebenso wichtige Bedeutung zu wie der Wurzelkanalspülung. Die anaeroben Bedingungen innerhalb verschlossener Wurzelkanäle beeinflussen die gewebslösenden Eigenschaften nicht. Nach 7 Tagen bewirkt Kalziumhydroxid eine sehr gute Gewebslösung, die im Gegensatz zur initial schnellen Lösung bei Natriumhypochlorit kontinuierlich und langsamer verläuft (Yang et al. 1995). Pulpagewebe löst sich nach 3 Stunden in 0,5%igem NaOCl auf, wenn die Lösung alle 30 Minuten erneuert wird. In Kalziumhydroxidsuspension löst es sich nach 12 Tagen vollständig auf. Wird das Gewebe für 7 Tage in $Ca(OH)_2$ vorbehandelt, löst NaOCl schon nach 60 Minuten Pulpagewebe vollständig auf (Hasselgren et al. 1988). Bereits eine einwöchige Kalziumhydroxideinlage löst die nicht instrumentierte Odontoblastenschicht auf, und die 4wöchige Einlage erodiert die Prädentinschicht ohne weitere Hartgewebsauflösung (Wakabayashi et al. 1995).

410 Apikale Parodontitis
Zufallsbefund einer chronisch apikalen Parodontitis bei einer röntgenographischen Untersuchung vor prothetischer Neuversorgung. Der erste untere Prämolar war schmerzfrei und klinisch symptomlos, anamnestisch waren in der Vergangenheit keine Schmerzreaktionen aufgetreten.

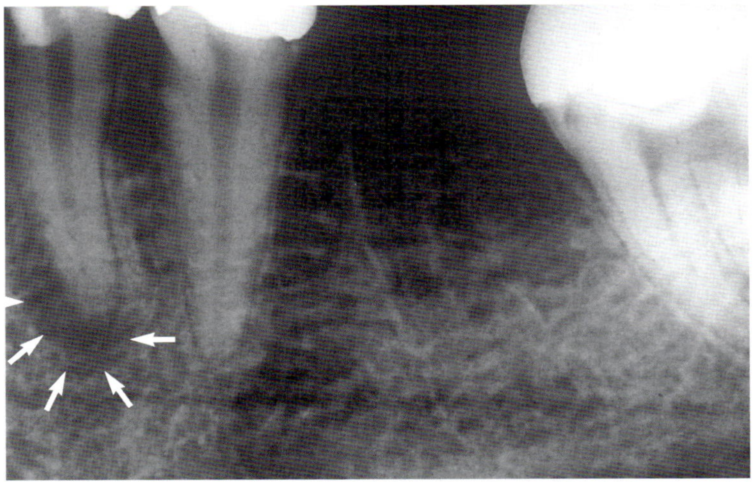

411 Wurzelkanalspülung
Nach Eröffnung und Exstirpation der Gewebsreste wird der Wurzelkanal instrumentiert und mit einer 2%igen Natriumhypochloritlösung reichlich gespült. Die Dauer der Behandlung beeinflußt den Behandlungserfolg. Die Einwirkzeit der Spüllösung während der Aufbereitung sollte wenigstens eine Stunde betragen, danach ist bereits 50% des Pulpagewebes aufgelöst (Andersen et al. 1991).

Rechts: Trocknen des Kanals mit Papierspitzen.

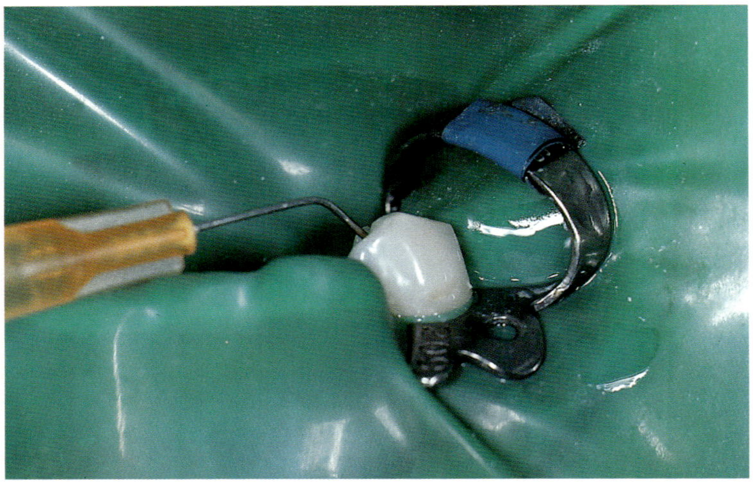

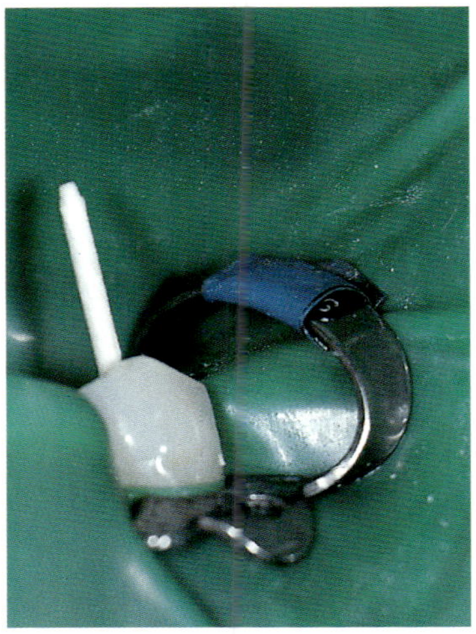

412 Zwischeneinlage
Die Zwischeneinlage muß sorgfältig mittels Papierspitzen in den Wurzelkanal eingestopft werden. Dadurch ist der Dentinkontakt gewährleistet.

Rechts: Das anschließende Verdichten mit trockenen Papierspitzen entzieht der wäßrigen Kalziumhydroxidsuspension Flüssigkeit und stabilisiert sie. So wird eine homogene, bis zum Apex reichende Füllung erzielt.

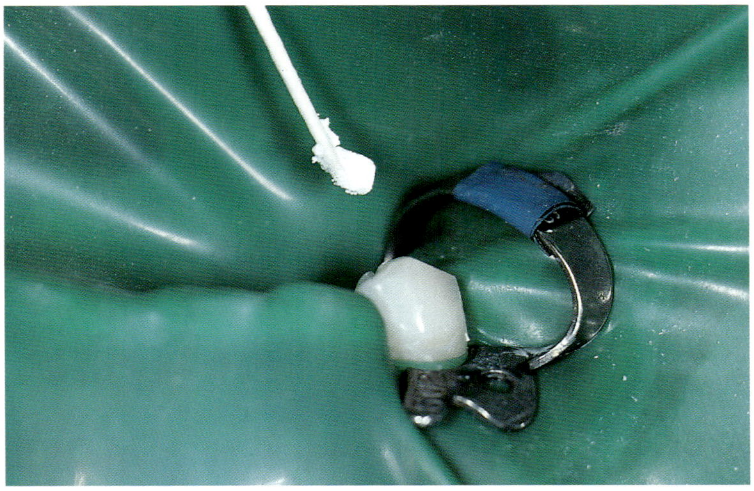

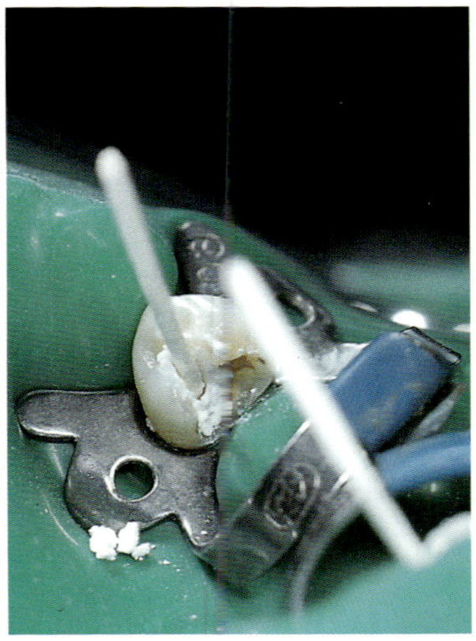

Lichtmikroskopische Untersuchungen weisen nach, daß eine einwöchige Zwischeneinlage und die anschließende Spülung während der Instrumentation mit NaOCl den Isthmus mesialer Unterkieferwurzelkanäle vollständig reinigen. Der zusätzliche Ultraschalleinsatz verbesserte die Reinigungswirkung nicht (Metzler u. Montgomery 1989). Hydroxylionen diffundieren durch Dentin mit einem pH-Wert-Maximum, wenn die Zwischeneinlage wenigstens 3 Wochen liegt. An der inneren Dentinkanalwand wurde das pH-Maximum von 10,8 bereits nach 24 Stunden erreicht (Nerwich et al. 1993).

Je länger die Zwischeneinlage im Wurzelkanal wirkt, desto günstiger ist die Regeneration des periapikal entzündeten Gewebes. Trope et al. (1995b) verglichen in einer histologisch kontrollierten Studie die kurz- und langfristige Wirkung von Kalziumhydroxid bei experimentell induzierter apikaler Parodontitis und fanden nach einwöchiger Einlage nur in 50% der Fälle knöcherne Regeneration. Wurde das Medikament dagegen über einen Zeitraum von 12 Wochen jede Woche erneuert, so konnte in allen Fällen vollständige Gewebsregeneration mit Zementapposition festgestellt werden.

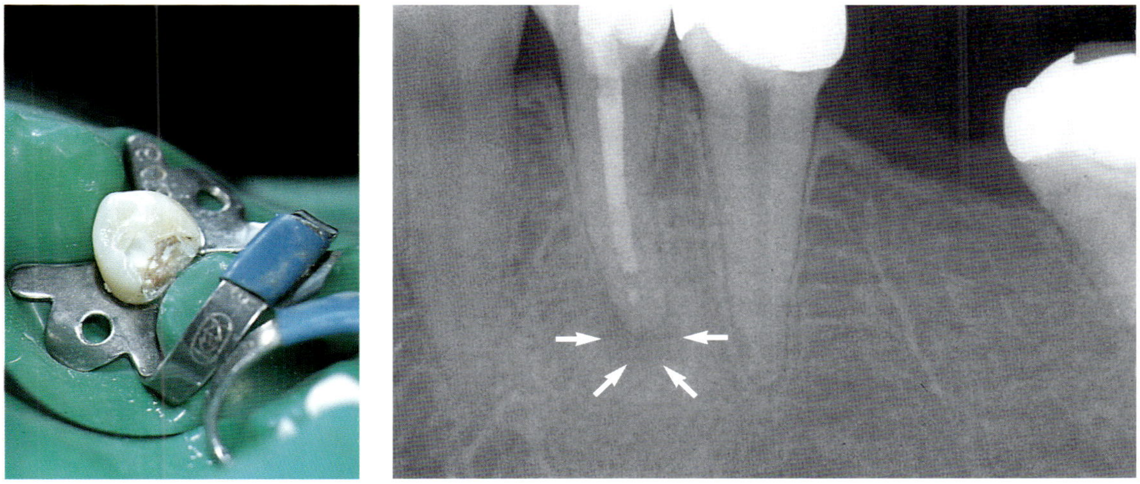

413 Einlagekontrolle
Die Röntgenkontrolle der Zwischeneinlage weist bereits nach 3 Wochen eine beginnende Regeneration der periapikalen Läsion auf. Der Röntgenkontrastzusatz zur Kalziumhydroxideinlage ermöglicht zwar eine bessere Kontrolle, bei Überpressen wird das Medikament allerdings schlechter resorbiert.

Links: Der Wurzelkanal wird bis unter die Schmelz-Dentin-Grenze mit Kalziumhydroxid gefüllt.

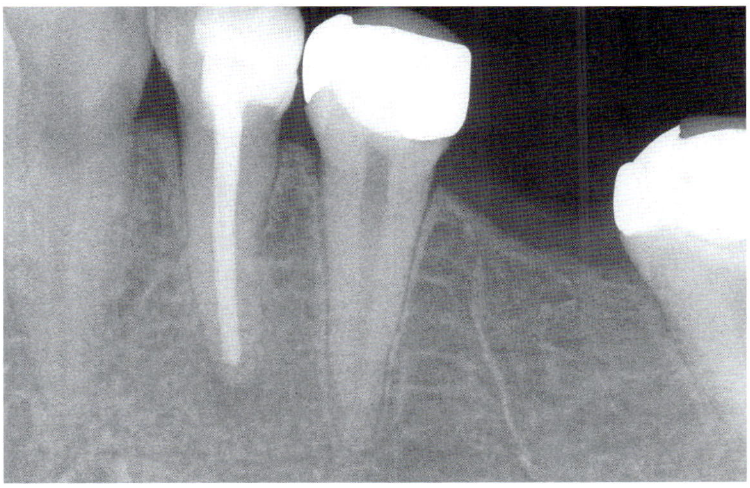

414 Wurzelkanalfüllung
Nach dem Wechsel des Einlagemedikaments nach 3 Wochen auf Grund anfänglicher Auflösung wird die Zwischeneinlage nach 3 Monaten mit einer Hedström-Feile gelockert und mit Natriumhypochlorit herausgespült, ohne den Wurzelkanal erneut zu instrumentieren. Anschließend erfolgt die Wurzelkanalfüllung. Die periapikale Radioluzenz hat sich zwischenzeitlich deutlich verringert.

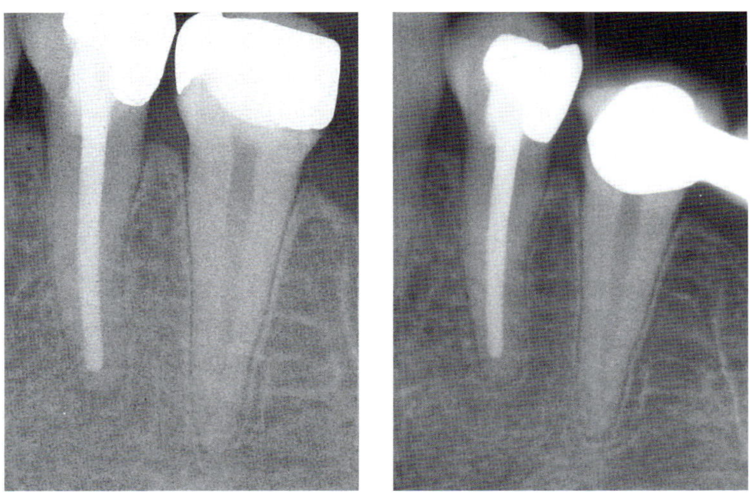

415 Röntgenkontrolle
Links: Die Kontrolle nach 8 Monaten weist eine weitere Rückbildung der periapikalen Läsion auf.

Rechts: Nach eineinhalb Jahren ist im Röntgenbild keine periapikale Läsion mehr nachzuweisen.

Zwischeneinlage bei akuter apikaler Parodontitis

Bei akuter apikaler Parodontitis ist der Übergang zum Alveolarabszeß im enossalen Stadium fließend und eine eindeutige Diagnose erschwert. Klassische Symptome sind pulsierende und ausstrahlende Schmerzen, der Zahn erscheint verlängert mit erhöhter Zahnbeweglichkeit. Unter Kofferdam wird trepaniert, in zahlreichen Fällen kommt es nach Eröffnung zur spontanen Drainage von purulentem Exsudat, meist vermischt mit Blut. Intensive NaOCl-Spülungen (Dauer mit Unterbrechungen: 15 Minuten und länger) werden vorgenommen, bis die Exsudation nachläßt.

Der Wurzelkanal wird getrocknet und eine Kalziumhydroxidsuspension locker einrotiert. In einer Studie wiesen Zähne mit apikaler Parodontitis, die bereits in der ersten Sitzung wurzelkanalgefüllt wurden, nach 9 Monaten Zement- und Dentinresorption mit persistierender akuter Entzündung und in 80% der Fälle sogar eine Abszedierung auf. Wurde dagegen erst nach einer 7tägigen Kalziumhydroxideinlage abgefüllt, so konnten zwar in 18,8% Leukozyteninfiltrate beobachtet werden, gleichzeitig aber auch eine knöcherne Regeneration der periapikalen Läsion (Leonardo et al. 1995).

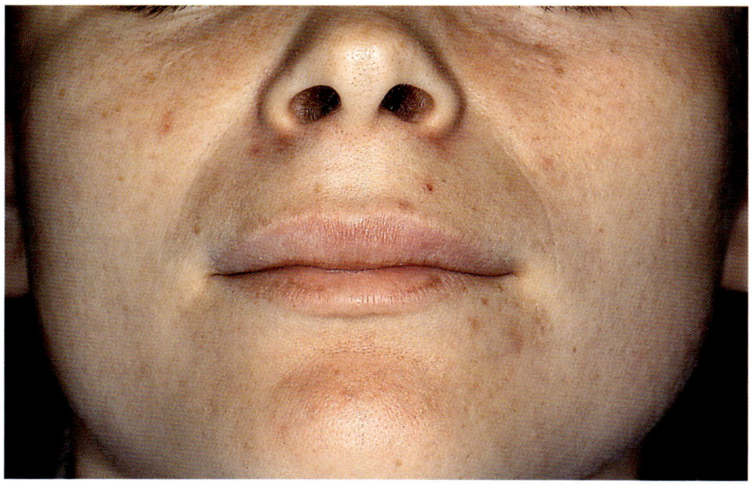

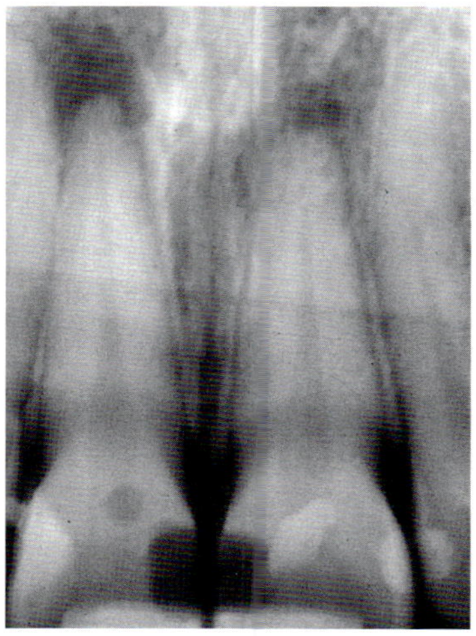

416 Schwellung
Die Patientin klagt über starke Beschwerden in der Oberkieferfrontzahnregion mit ausstrahlenden Schmerzen und extraoral sichtbarer Schwellung.

Rechts: Im Röntgenbild weisen beide Frontzähne eine periapikale Aufhellung auf. Die klinische und röntgenographische Situation läßt eine akute Exarzerbation einer ehemals chronisch apikalen Parodontitis vermuten.

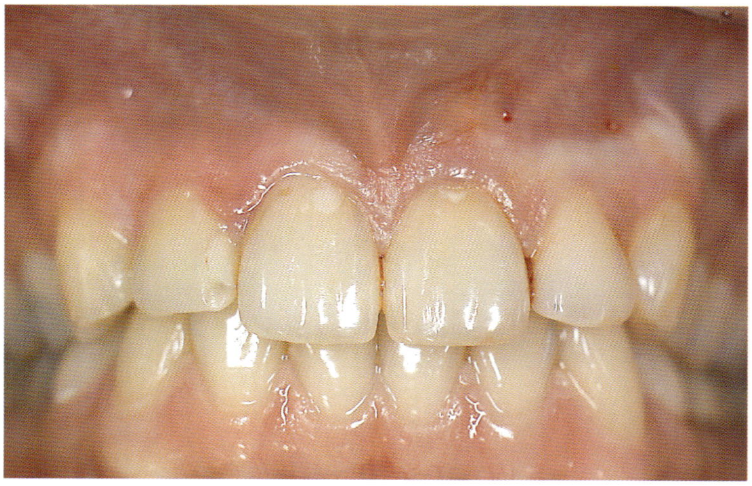

417 Intraorale Situation
Klinisch zeigen primär und sekundär akuter Abszeß gleiche Symptome: erhöhte Zahnbeweglichkeit, apikale Druckempfindlichkeit sowie Schwellung im Vestibularraum. Eine Fluktuation ist allerdings noch nicht feststellbar.

Rechts: Nach Anästhesie wird der Zahn fixiert und die Pulpakammer hochtourig eröffnet.

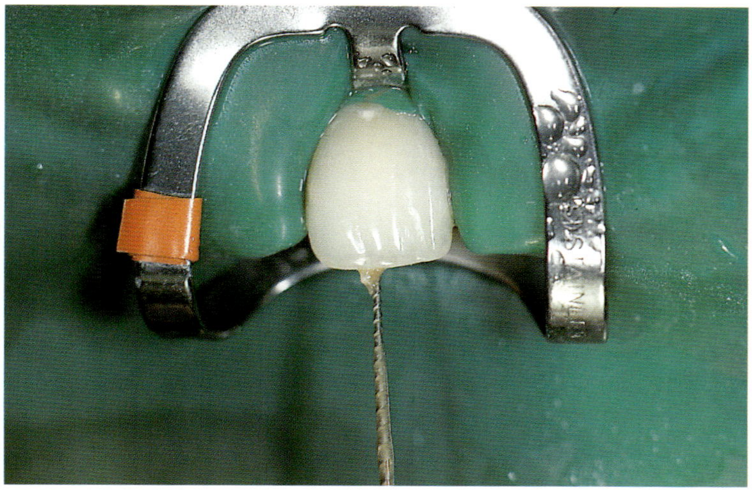

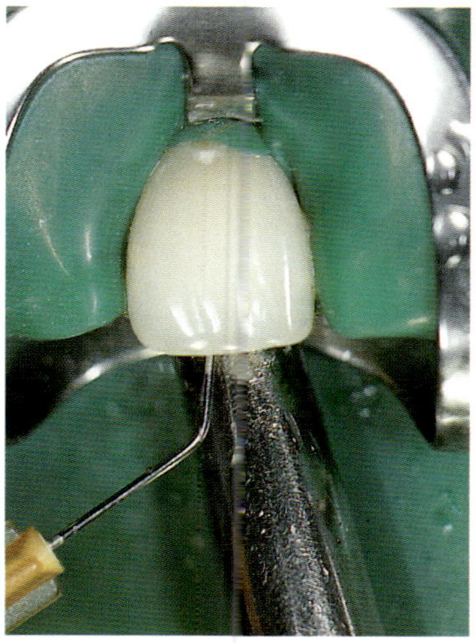

418 Sekretabfluß
Nach Einführen einer Hedström-Feile, die nicht die apikale Konstriktion durchstößt, entleert sich spontan Pus.

Rechts: Der Wurzelkanal wird erweitert, instrumentiert sowie für 15 Minuten und länger mit Natriumhypochlorit gespült, bis die Exsudation nachläßt.

Der Wurzelkanal wird nach Einbringen der Zwischeneinlage koronal verschlossen, die Einlage nach 7 Tagen gewechselt und Kalziumhydroxid mit Papierspitzen festgestopft. Nur in 5% der Fälle treten bei Zähnen mit Alveolarabszeß akute Reaktionen auf, wenn der Wurzelkanal koronal abgedichtet wurde (August 1982). Die Zwischeneinlage und der definitive Verschluß verhindern eine Reinfektion und erhöhen den Anteil der konservativ erfolgreich behandelten Zähne auf 61,1% gegenüber 22,2% ohne Einrotieren einer antibakteriellen Einlage (Leonardo et al. 1994).

Die zweite Zwischeneinlage sollte langfristig wirken und wenigstens 3 Monate im Wurzelkanal liegen. Kalziumhydroxid entwickelt im verschlossenen Wurzelkanal eine sehr gute antimikrobielle Wirkung.
In vitro waren anaerobe Bakterienspezies wie Peptostreptokokken, Porphyromonas und Fusobakterien nicht mehr nachweisbar (Georgopoulou et al. 1993). Der relativ hohe pH-Wert von 13,1 bleibt über eine Versuchsdauer von 30 Tagen konstant, so daß langfristig eine gute antimikrobielle Wirkung gesichert ist (Fuss et al. 1996).

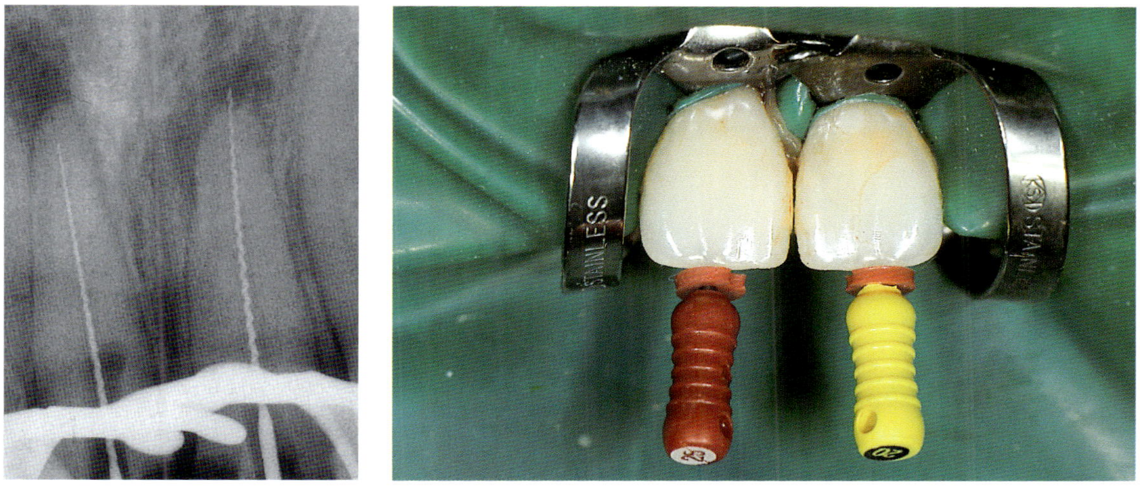

419 Instrumentation
Die Arbeitstiefe und die Größe der initialen Apikalfeile werden ermittelt und anschließend beide Wurzelkanäle in der ersten Sitzung vollständig aufbereitet.

Links: Röntgenographische Bestimmung der Arbeitslänge. Eine Unter- bzw. Überinstrumentation sollte vermieden werden, deshalb wird die Länge noch korrigiert.

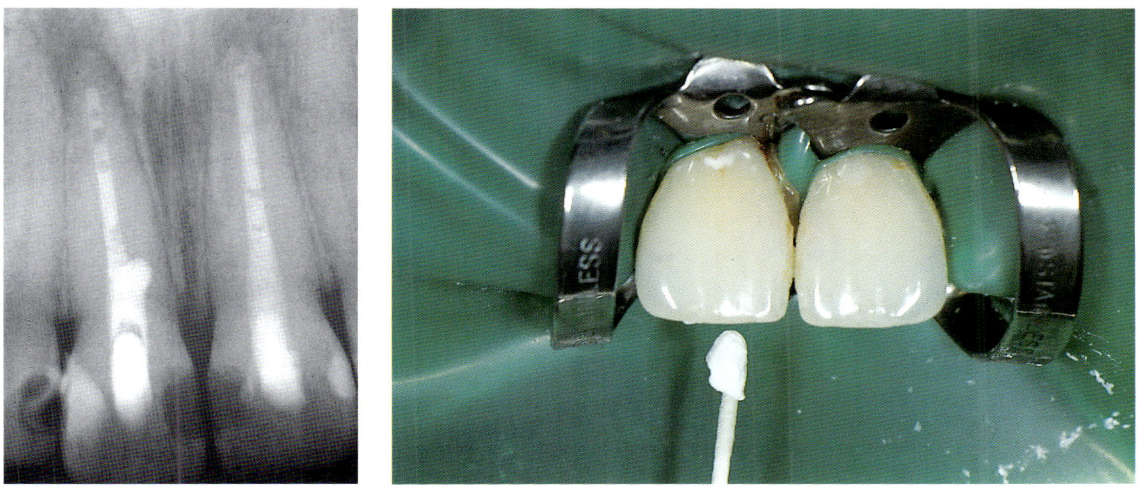

420 Zwischeneinlage
Tritt kein oder kaum noch Pus aus, wird der Wurzelkanal getrocknet und mit Kalziumhydroxid gefüllt.

Links: Die Röntgenkontrolle nach einer Woche zeigt die Resorption der Zwischeneinlage. Die anfangs noch persistierende Sekretion macht einen Einlagewechsel notwendig. Bereits nach der ersten Sitzung sind die klinischen Symptome rückläufig.

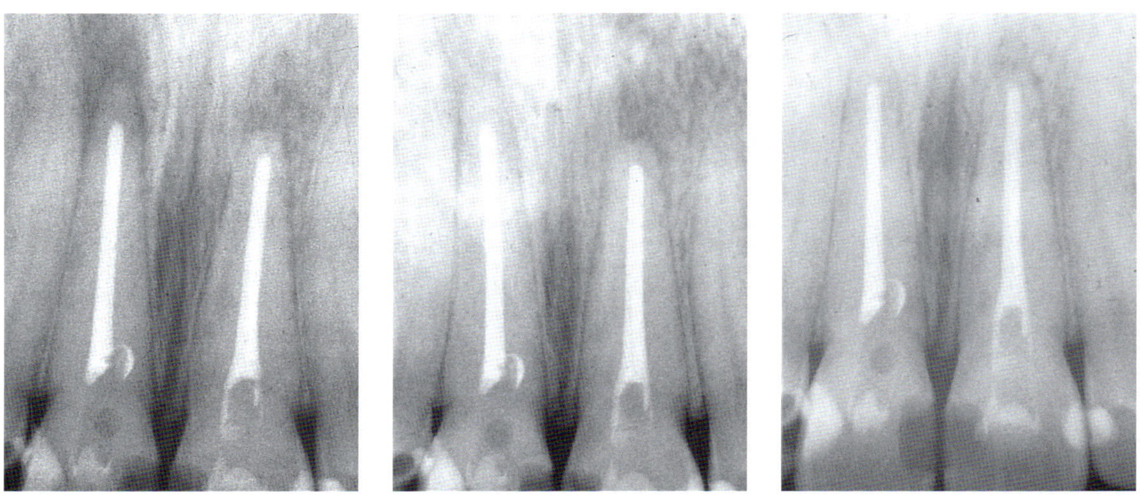

421 Verlaufskontrollen
Links: 3 Monate nach Instrumentation erfolgt bei klinischer Symptomlosigkeit und periapikalen Regenerationszeichen die Wurzelkanalfüllung.

Mitte: Nach 6 Monaten ist eine weitere Regeneration der periapikalen Aufhellung sichtbar.

Rechts: In der Röntgenkontrolle nach eineinhalb Jahren ist periapikal keine Aufhellung mehr nachweisbar.

Klinischer Erfolg

Wird Kalziumhydroxid als Zwischeneinlage verwendet, so zeigen nach 3 Jahren 82% aller (auch größerer) periapikalen Läsionen vollständige Regeneration. In 18% der Fälle ist röntgenographisch nur eine geringe Reduktion oder eine Persistenz der apikalen Parodontitis sichtbar. Die größte Reduktion der periapikalen Läsion tritt bereits im 1-Jahres-Zeitraum auf (Eriksen et al. 1988). Erste Regenerationszeichen können im Röntgenbild frühestens nach 12 Wochen, in digitalisierten Bildern bereits nach 3–6 Wochen bestimmt werden (Orstavik 1991).

Schmerzen treten weit häufiger bei kleineren als bei größeren periapikalen Läsionen auf (Torabinejad et al. 1988). Die prophylaktische Gabe eines Antibiotikums verringert die Schmerzen nach endodontischer Behandlung im Vergleich mit einem Plazebo nicht (Walton u. Chiapinelli 1993).
Wird der Zahn offengelassen, beobachtet man periapikale Entzündung, Mikroabzesse, Dentin-, Zement- und Knochenresorption. Wird eine Zwischeneinlage einrotiert, geht die periapikale Läsion bei reparativer Zementbildung zurück (Holland et al. 1992).

422 Apikale Parodontitis
Unterer Molar mit insuffizienter Amalgamfüllung und ausgeprägter periapikaler Läsion. Diese befindet sich vorwiegend an der mesialen Wurzel und dehnt sich bis in den Bifurkationsraum aus.

Rechts: Klinisch ist eine vestibuläre Fistel sichtbar, aus der sich periodisch Pus entleert.

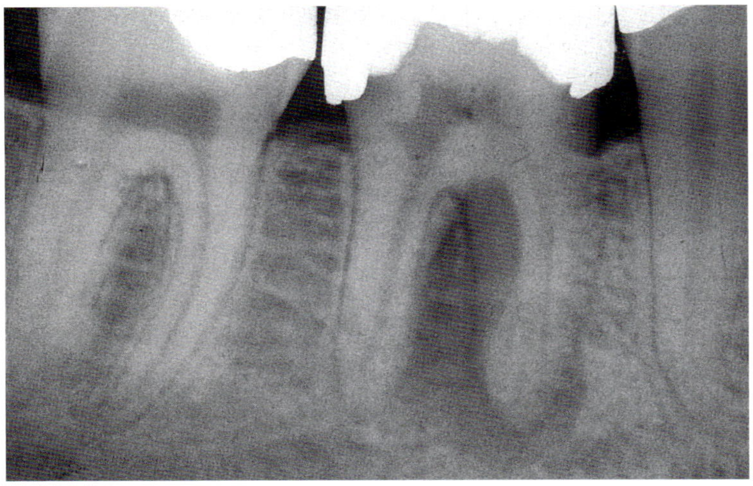

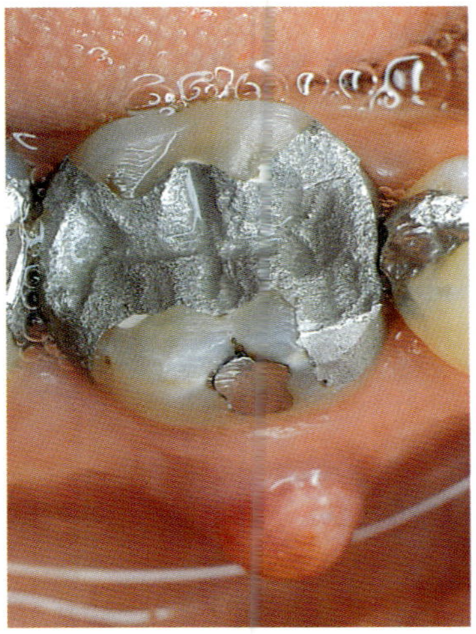

423 Wurzelkanalbehandlung
Die Wurzelkanäle wurden instrumentiert, reichlich mit Natriumhypochloritlösung gespült und nach 3monatiger Kalziumhydroxid-Zwischeneinlage wurzelkanalgefüllt. Im Röntgenbild ist die beginnende Regeneration der periapikalen Läsion sichtbar.

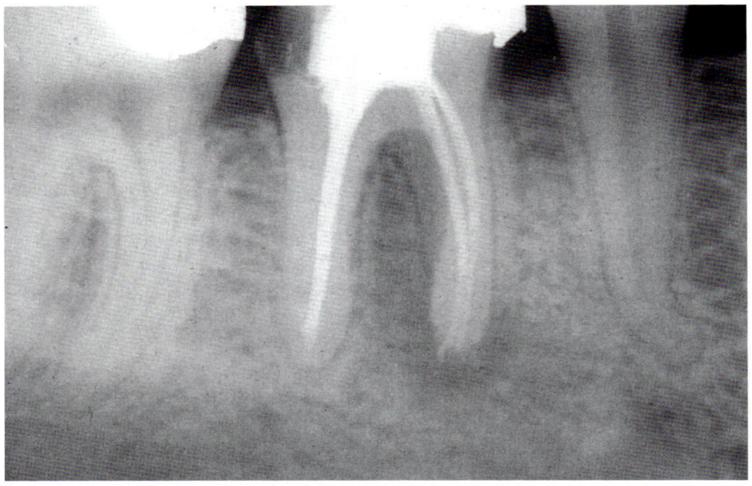

424 Klinische Kontrolle
Die Röntgenkontrolle nach eineinhalb Jahren zeigt die vollständige Regeneration der ehemals ausgeprägten periapikalen Läsion.

Rechts: Klinisch ist kein Fistelgang mehr feststellbar. Die Zähne können jetzt prothetisch versorgt werden.

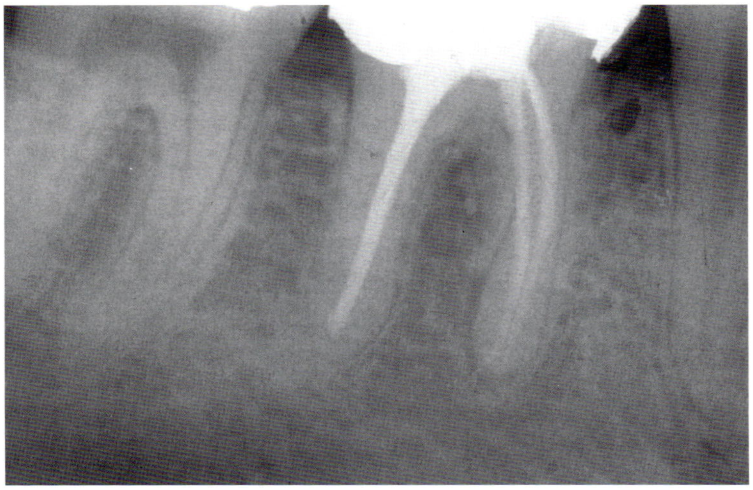

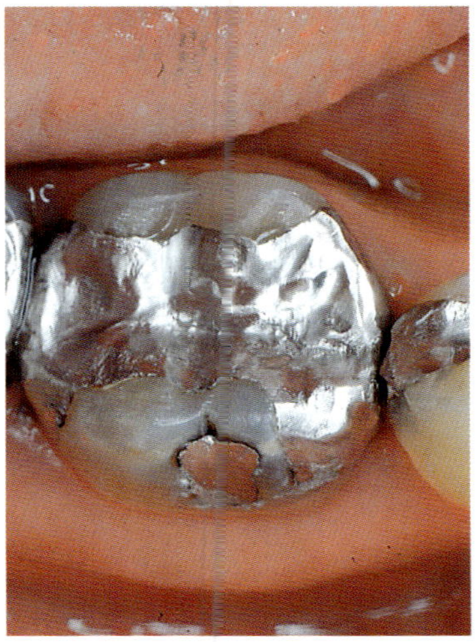

Wurzelkanalfüllung

Abschließende Maßnahme der Wurzelkanalbehandlung ist der möglichst hermetische Verschluß mit einem das Gewebe nicht irritierenden Füllmaterial. Die gründliche mechanische Aufbereitung und Formgebung des Kanals sind die wichtigsten Voraussetzungen für den endodontischen Erfolg. Wird der Wurzelkanal nur unvollständig aufbereitet, so kann nicht mit einem Behandlungserfolg gerechnet werden. Durch die Wurzelkanalfüllung soll der Zahn in einen für den Gesamtorganismus möglichst inerten Zustand versetzt und Reinfektion sowie Wachstum von im Kanal verbliebenen Mikroorganismen unterbunden werden (Beer 1993a).

Resorbierbare Pasten führen im Tierversuch bei Überpressen in den Periapikalraum zur Infiltration akuter Entzündungszellen, zur Resorption des angrenzenden Alveolarknochens und in wenigen Fällen zur Abszedierung (Erausquin u. Muruzabal 1969). Bei Füllung des Kanals mit einem Kunstharzzement auf Polyketonbasis zeigt das periapikale Gewebe eine Entzündung mit Vorherrschen von Makrophagen und Fremdkörperriesenzellen. In wenigen Fällen kann auch hier eine akute Entzündungsreaktion beobachtet werden (Erausquin u. Muruzabal 1970). Die Überfüllung mit diesem Zement ruft Nekrosen sowie Zement- und Knochenresorption unterschiedlichen Ausmaßes hervor. Nach 80 Tagen hat sich eine Kapsel um das überstopfte Material gebildet, eine Resorption des Zements tritt nicht ein, dagegen eine deutliche Fremdkörperreaktion (Erausquin u. Muruzabal 1968). Die Wurzelkanalfüllung mit dem formaldehydhaltigen Wurzelkanalzement N2 bewirkt eine Fremdkörperreaktion; angrenzend an fixiertes Gewebe können Nekrosebezirke und Ansammlungen von Leukozyten beobachtet werden. Dieser Füllstoff unterliegt einer dauernden Resorption und wird über das periapikale Gewebe im ganzen Körper verteilt (Horsted et al. 1982).

Ein ideales Wurzelkanalfüllmittel sollte das periapikale Gewebe nicht reizen, den Wurzelkanal lateral und vertikal dicht verschließen, volumenbeständig sein und im Wurzelkanal nicht schrumpfen. Es sollte das Bakterienwachstum nicht begünstigen, sogar möglichst bakteriostatisch sein, dabei aber biologisch kompatibel und nicht toxisch sein. Der Füllstoff sollte vor seiner Verwendung schnell und leicht sterilisierbar sein, er sollte den Zahn zudem nicht verfärben und radiopak sein. Ein Wurzelkanal-Sealer sollte nicht zu schnell abbinden, nach dem Abbindevorgang eine gute Anheftung an Dentin und Füllstift aufweisen, in Gewebsflüssigkeit unlöslich sein sowie möglichst eine geringe Expansion aufweisen (Ngyuen 1994). Diese Idealforderung kann eine einzige Formulierung jedoch nicht erfüllen, was sich in der großen Zahl unterschiedlicher Wurzelkanalfüllmaterialien und -techniken niederschlägt.

Die Wurzelkanalfüllung mit Guttaperchastiften und einem Sealer ist die biologisch günstigste und die langfristig sicherste Methode (Orstavik et al. 1987). Weitverbreitete Methoden der Guttaperchaapplikation sind die laterale Kondensation, die vertikale Kondensation, die thermomechanische Kondensation sowie Injektionstechniken.

Biologische Eigenschaften

Alle Wurzelkanalzemente besitzen gewebsreizende Eigenschaften, allein Guttapercha ist biologisch inert (Beer 1989). Nach subkutaner Implantation von Chloropercha fanden Olsson et al. (1981a) nach 180 Tagen am Röhrchenende chronische Entzündungen mit kleineren Nekroseherden gefolgt von einer Zone desintegrierter Zellen. Nach Knochenimplantation herrschte nach 180 Tagen bei Chloropercha eine akute und bei AH-26 und Kerr-Sealer eine chronische Entzündung vor. Eine Materialresorption durch Makrophagen trat bei allen getesteten Sealern auf (Olsson et al. 1981).

Unter klinischen Bedingungen führte AH-26 nach 7 Tagen zu schweren Reaktionen mit Infiltraten neutrophiler Granulozyten und Makrophagen in das periapikale Gewebe. Bakterien konnten in keinem der untersuchten Zähne gefunden werden. Bereits nach 30 Tagen dominierten unabhängig vom getesteten Füllzement chronische Zellinfiltrate. Die anfänglich schwere Reaktion auf AH-26 reduzierte sich nach 3 Jahren deutlich, bei Kloroperka dagegen steigerte sich die anfänglich geringe Reaktion innerhalb des Untersuchungszeitraumes zu einer schweren (Pascon et al. 1991).

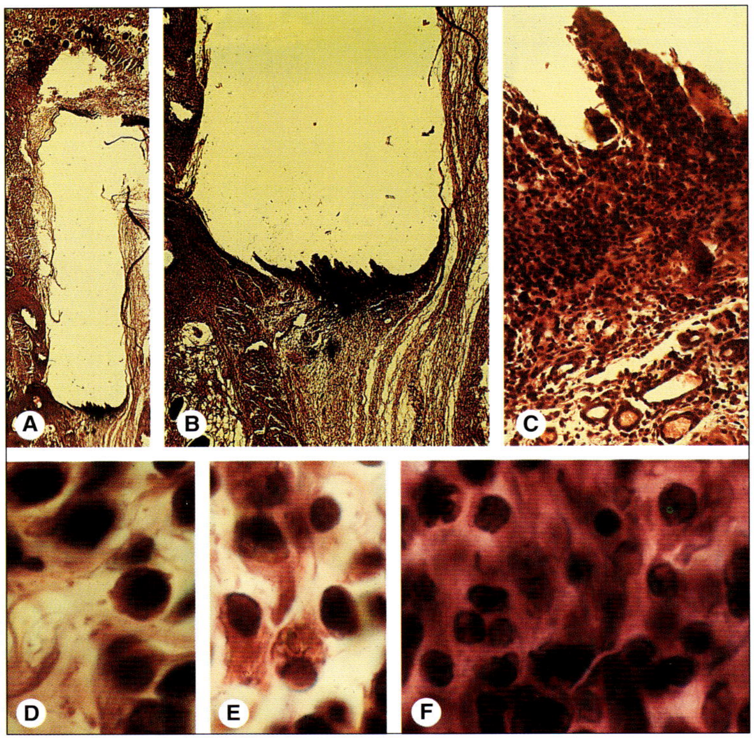

425 Subkutane Implantation von Grossman-Zement

A Durch die Verwendung von Teflonröhrchen als Trägermaterial können weichbleibende und aushärtende Zemente untersucht werden.

B Gegenüber der Röhrchenöffnung ist eine schwere Gewebsreaktion auf das Prüfmaterial sichtbar.

C Ansammlung akuter und chronischer Entzündungszellen.

D/E/F Lymphozyten, Plasmazellen und Makrophagen als Ansammlung mononukleärer Entzündungszellen sind Ausdruck eines persistierenden Entzündungsreizes. Materialpartikel sowohl verteilt im Gewebe als auch innerhalb der Makrophagen weisen auf Resorbierbarkeit hin.

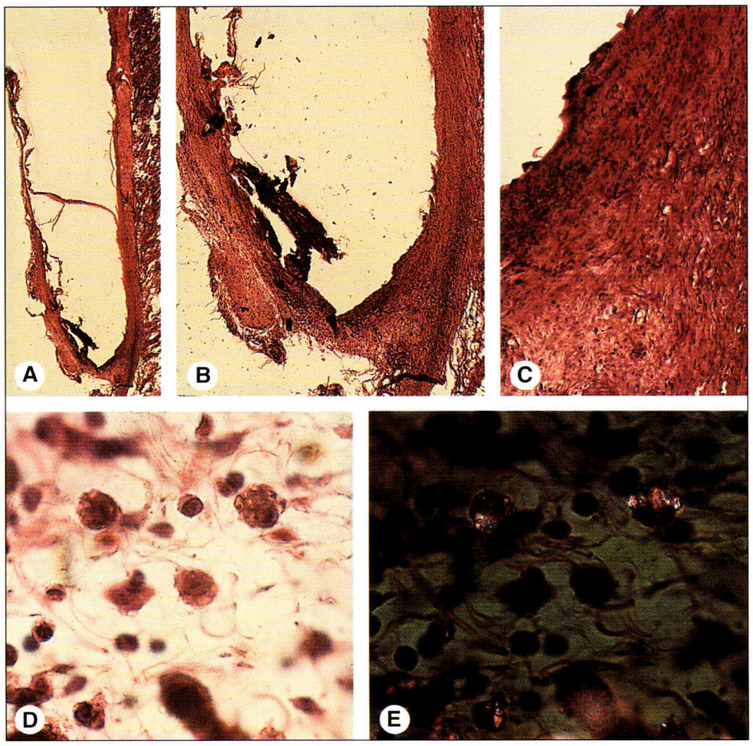

426 Gewebsreaktion nach Implantation von Diaket

A Das Gewebsröhrchen wurde dem subkutanen Ratten-Bindegewebe entnommen.

B/C Gegenüber der Röhrchenöffnung läßt sich eine mittelschwere Entzündungsreaktion mit massiver lymphozytärer Infiltration feststellen.

D Die Ansammlung von Makrophagen weist auf eine aktive Phagozytose von Zementpartikeln hin, das Auftreten von Lymphozyten und Plasmazellen ist Ausdruck einer immunologischen Reaktion.

E Im polarisationsoptischen Bild finden sich einzelne Materialpartikel verteilt im Gewebe sowie innerhalb von Phagozyten.

Physikalische Eigenschaften

Zu den physikalischen Eigenschaften gehören u.a. das Abdichtungsvermögen, die Randdichte, die Schrumpfung und die Viskosität des Sealers. Zu ihrer Beurteilung liegen zahlreiche Untersuchungen mit unterschiedlichen Ergebnissen vor. Wiener u. Schilder (1971) untersuchten die Dimensionsänderungen, dazu wurden Mikropipetten als Wurzelkanalmodell gefüllt. Die Sealer, die am schlechtesten abgebunden hatten, zeigten auch als erste Zeichen einer Schrumpfung. Nur AH-26 expandierte nach 7 Tagen leicht, gefolgt von einer geringen Schrumpfung nach 30 Tagen.

Orstavik (1982) untersuchte die Filmdicke von 28 Sealern. Sie variierte zwischen 4,5 und 10 µm. Es bestand eine Beziehung zwischen der Filmdicke und dem exakten Sitz des Guttaperchastiftes: je größer die Filmdicke, desto größer die aufzuwendende Kraft, um den Stift in die ausgemessene Position zu bringen. Beste Werte erzielten Kerr-Sealer und Proco-Sol. Osinus et al. (1983) verglichen verschiedene Sealer und Füllmethoden: Die beste Abdichtung wurde mit der vertikalen Kondensation und AH-26 erreicht, am schlechtesten schnitten alle Techniken ohne Sealer ab.

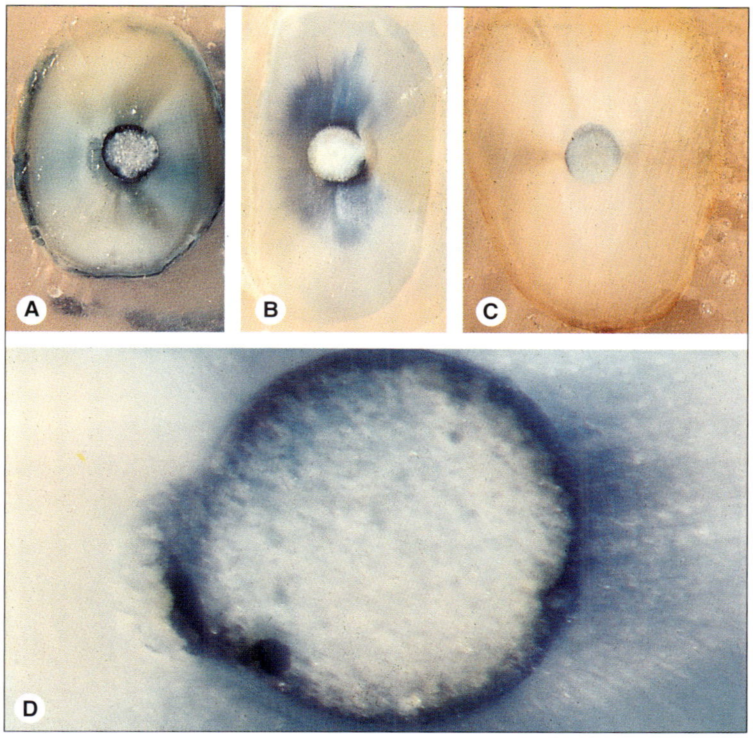

427 Farbstoffpenetrationstest eines Glasionomerzements
Extrahierte Zähne wurden instrumentiert, wurzelkanalgefüllt und zur Kontrolle der Abdichtung einem Farbstoffpenetrationstest unterzogen.

A 1 mm oberhalb der Wurzelspitze findet sich entlang der Wurzelkanalfüllung Farbstoff.

B 2 mm oberhalb der Wurzelspitze ist eine Penetration sichtbar.

C Erst in einer Entfernung von 8 mm ist kaum noch Farbstoff nachweisbar.

D Farbstoff zwischen Kanalwand und Wurzelkanalfüllung sowie innerhalb des Glasionomerzements weist auf Undichtigkeiten hin.

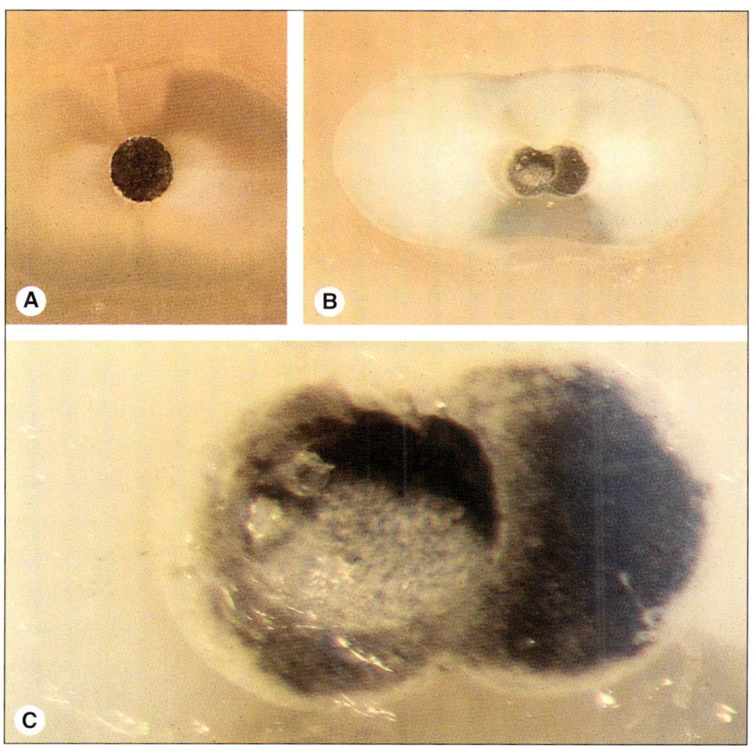

428 AH-26 im Farbstofftest
Die Variabilität des Abdichtungsverhaltens ist für den Vergleich unterschiedlicher Füllmethoden von großer Bedeutung. Penetrationstests treffen eine vergleichende, aber keine absolute Aussage.

A 1 mm von der Wurzelspitze entfernt zeigt sich fast keine Farbstoffpenetration; der Wurzelkanal ist offenbar gut abgedichtet.

B In 2 mm Entfernung können erste Hohlraumbildungen innerhalb des Wurzelkanalfüllmaterials ermittelt werden.

C Die stärkere Vergrößerung zeigt die Blasenbildung im Inneren des Füllmaterials – Ausdruck einer ungenügenden Homogenität.

Voraussetzungen für die Wurzelkanalfüllung

Ein Wurzelkanal kann obturiert werden, wenn der Zahn nicht mit Schmerzen, Schwellung, Perkussion oder Fistelung assoziiert ist und wenn der aufbereitete Kanal trocken und geruchlos ist. Bei nekrotischer Pulpa sowie periapikaler Läsion erfolgt die Wurzelkanalfüllung erst in der zweiten Sitzung. Vitales Pulpagewebe kann mit Hand- bzw. Ultraschallinstrumenten aus Wurzelkanälen mit einem Krümmungsradius von 35° in der ersten Sitzung nur zu 54% entfernt werden (Walker u. delRio 1989). Gekrümmte Kanäle werden daher erst in der zweiten Sitzung gefüllt.

Die endodontische Behandlung in nur einer Sitzung führt bei apikaler Parodontitis zu deutlich schlechteren Ergebnissen im Vergleich zu mehreren Behandlungsintervallen mit einer antibakteriellen Zwischeneinlage (Holland et al. 1992).

Für eine Zwischeneinlage mit Kalziumhydroxid spricht auch eine deutlich bessere Adaptation der Wurzelkanalfüllung an die Kanalwand. Die Abdichtung nach nur 3tägiger Zwischeneinlage war mehr als doppelt so gut wie bei unmittelbarer Füllung in der gleichen Sitzung (Holland et al. 1994).

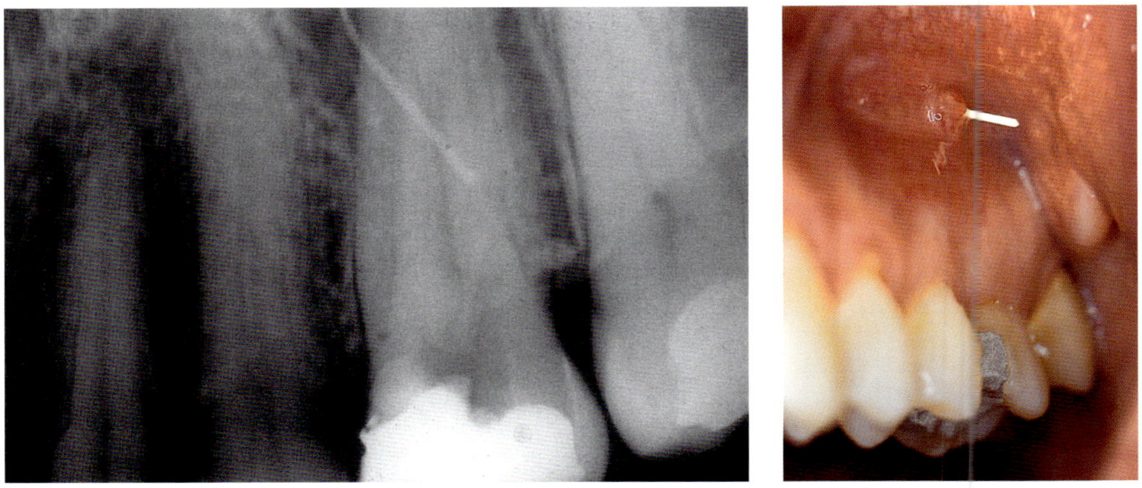

429 Klinische Ausgangssituation
Im diagnostischen Röntgenbild ist eine periapikale Aufhellung an der mesialen Wurzelspitze des ersten oberen Molaren sichtbar. Die Guttaperchaspitze deutet auf den Ursprung des Fistelkanals.

Rechts: In den Fistelgang wird eine Guttaperchaspitze eingeschoben, die durch ihre Röntgenopazität die Ursache aufzeigen soll.

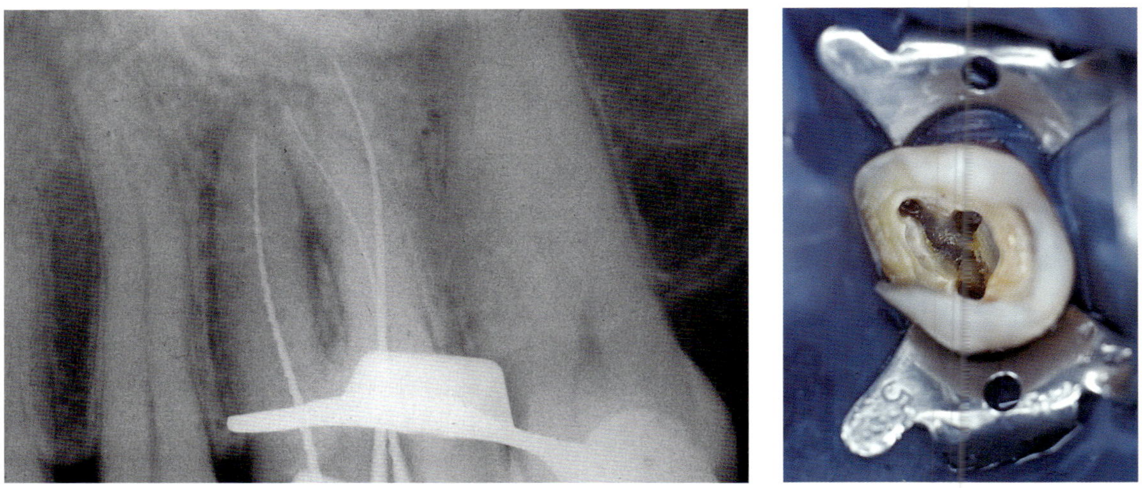

430 Kanaldarstellung
Nach der koronalen Eröffnung werden die Arbeitslängen der 3 Wurzelkanäle röntgenographisch bestimmt und diese im Anschluß an die Instrumentation mit Kalziumhydroxid gefüllt.

Rechts: Wegen der Persistenz der Fistel wird nach 10 Tagen erneut eröffnet und der Boden der Kavität nach weiteren Kanaleingängen abgesucht.

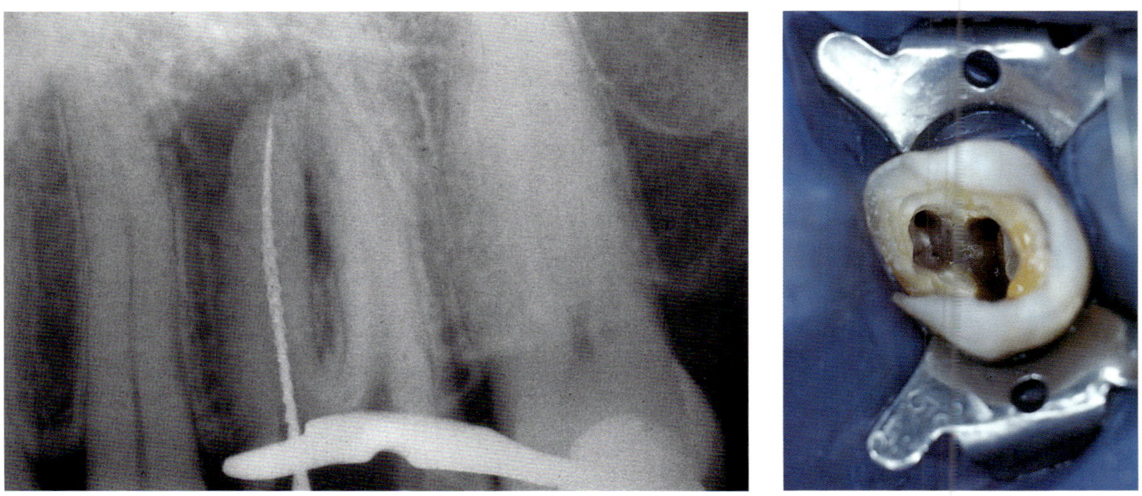

431 Vierter Wurzelkanal
In die mesiobukkale Wurzel sind nach Darstellung des vierten, mesiopalatinalen Wurzelkanals 2 Feilen zur Bestimmung der Durchgängigkeit eingeschoben worden.

Rechts: Mit einem feinen, überlangen Rosenbohrer wird der vierte Kanaleingang lokalisiert, anschließend vorsichtig sondiert und instrumentiert.

Im infizierten Wurzelkanal sollte das Füllmittel möglichst antibakteriell wirksam sein. Endomethasone und N2 zeigen im Diffusionstest die stärkste antibakterielle Wirkung, gefolgt von AH-26, Diaket und, deutlich geringer, Grossman-Zement (Pumarola et al. 1992). Allerdings rufen Endomethasone und N2 im biologischen Implantationstest auch die schwerste Gewebsirritation hervor. AH-26 bewirkt eine initial starke, mit Versuchsdauer jedoch schwächer werdende Gewebsreaktion, Grossman-Zement eine persistierende mittelschwere (Orstavik u. Mjör 1988).

Für kalziumhydroxidhaltige Sealer wurde eine etwas bessere antibakterielle Effizienz als für Kunststoff-Sealer ermittelt (Canalda u. Pumarola 1989). Innerhalb angrenzender Dentintubuli erzielten AH-26 und Sealapex eine starke antibakterielle Aktivität (Heling u. Chandler 1996). Die biologische Reaktion steht dazu allerdings im Widerspruch. Sealapex bewirkte eine Fremdkörperreaktion mit Infiltration von Riesenzellen und Makrophagen. Die Reaktion im Implantationstest verstärkte sich während der 30- und 90tägigen Versuchsdauer (Zmener et al. 1988).

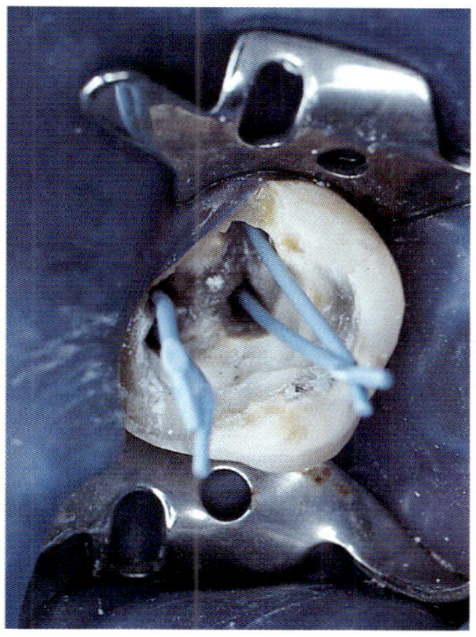
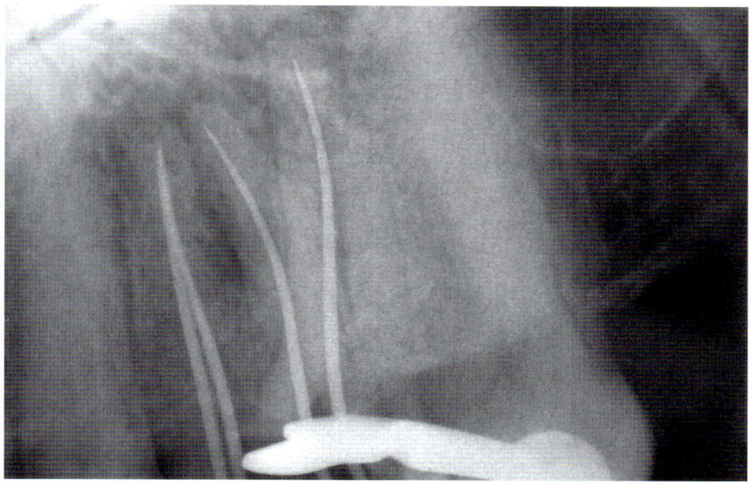

432 Röntgenkontrolle
Mittels Masterpointröntgenaufnahme wird der Sitz aller 4 Guttaperchastifte in den Wurzelkanälen kontrolliert.

Links: Die Wurzelkanäle werden vor der Masterpointaufnahme noch nicht vollständig getrocknet und können gegebenenfalls noch aufbereitet werden.

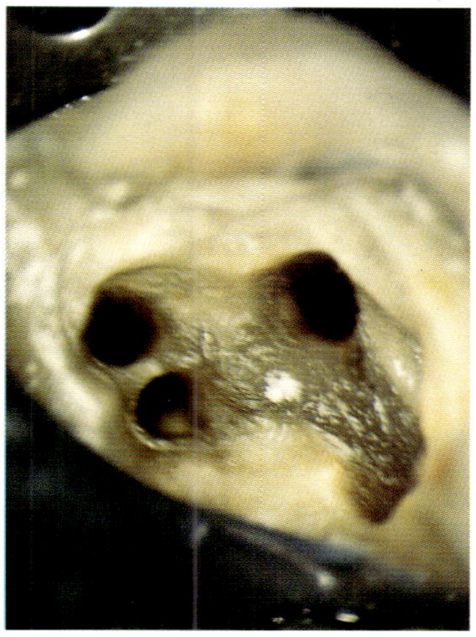
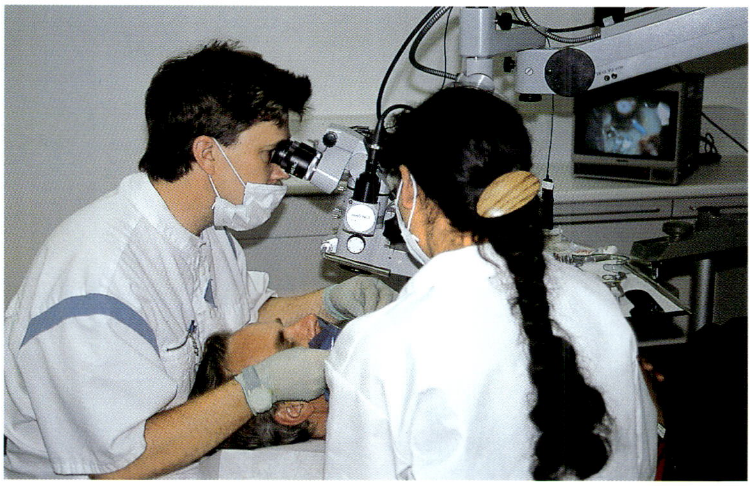

433 Optische Kontrolle
Unter dem Operationsmikroskop wird der Erfolg der Aufbereitung kontrolliert. Dazu können bei stärkster Vergrößerung gerade Wurzelkanalanteile von apikal nach koronal durch Nachfokussierung „abgefahren“ werden.

Links: Einblick in die präparierte Kavität mit den erweiterten und rund gestalteten Wurzelkanaleingängen.

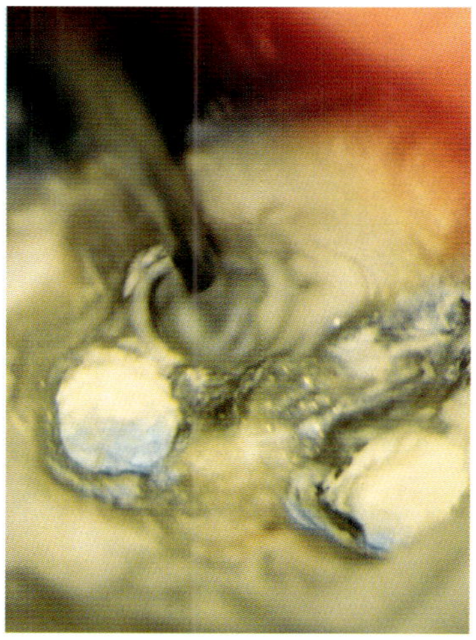
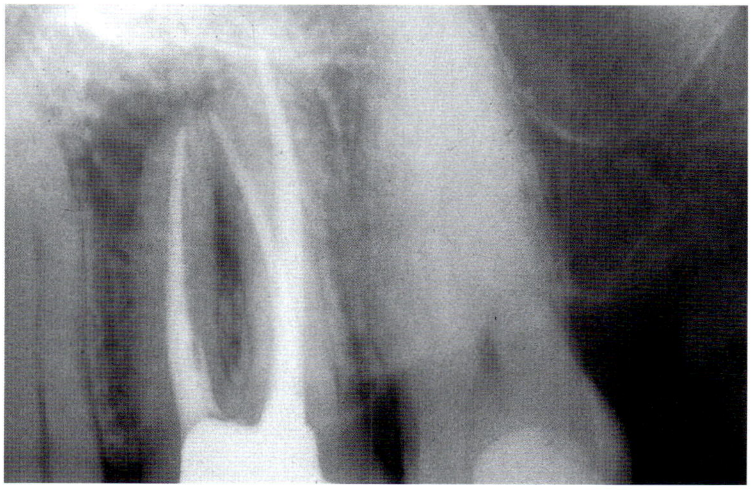

434 Wurzelkanalfüllung
Die Wurzelkanäle werden mit Guttapercha und einem Sealer nach der lateralen Kondensationstechnik abgefüllt. Der vierte Kanal ist vom mesiobukkalen Wurzelkanal überlagert und die Füllung nicht zu differenzieren.

Links: Unter dem Operationsmikroskop erkennt man die gut aneinander kondensierten Guttaperchastifte. Mesiopalatinal kontrolliert ein Spreader nochmals die Arbeitstiefe.

Laterale Kondensation von Guttapercha

Die Wurzelkanalfüllung beginnt mit der Auswahl des Guttapercha-Masterpoints. Guttapercha soll nicht überlagert sein, da sie sonst spröde und brüchig wird und sich nicht mehr ausreichend gut kondensieren läßt. Dies wird auf die durch Licht und Wärme beschleunigte Veränderung im kristallinen Gefüge zurückgeführt. Nicht ausgetrocknete Guttapercha läßt sich besser verformen (Kolokuris et al. 1992). Bei Lagerung im Kühlschrank kontrahiert Guttapercha, wird härter, aber nicht spröder (Best et al. 1963). Weichere Guttaperchastifte lassen sich besser kondensieren (Hülsmann 1993b).

Vor dem Einpassen des Guttaperchahauptstiftes (Masterpoint) wird ein geeigneter Spreader ausgesucht. Das Abdichtungsvermögen der Wurzelkanalfüllung hängt von der Eindringtiefe und der Form des Spreaders ab. Der Abstand zwischen der Spitze des Guttaperchastiftes und dem D-11-Spreader mit konisch keilförmiger Form beträgt im Wurzelkanal mehr als 2 mm. Dagegen kann der ISO-standardisierte Fingerspreader bis 1 mm an die Guttaperchaspitze herangeführt werden. Daraus resultiert eine homogenere und dichtere Wurzelkanalfüllung (Chohayeb 1993).

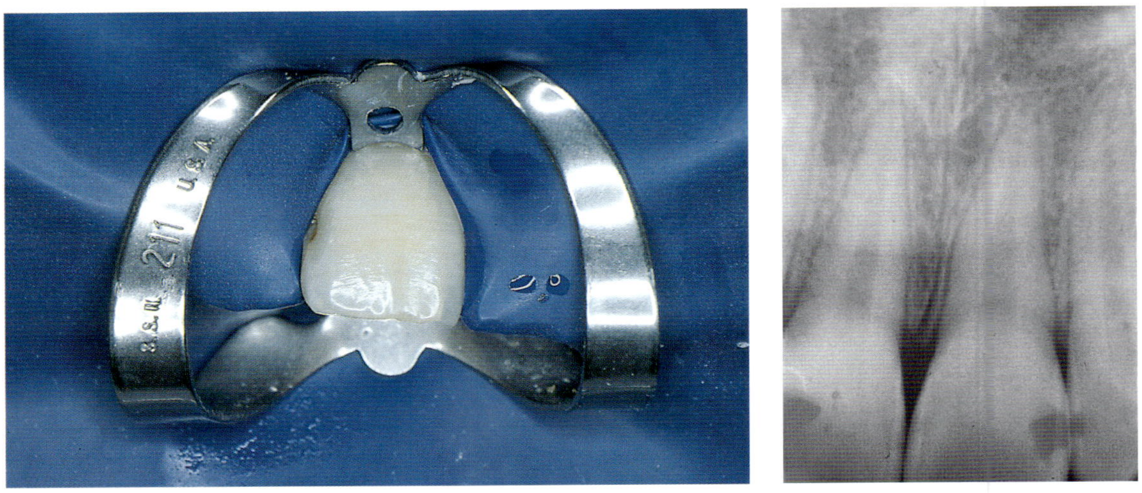

435 Vitalexstirpation
Oberer Frontzahn mit irreversibler Pulpitis. Nach Anlegen von Kofferdam wird die Krone trepaniert und das Pulpagewebe vitalexstirpiert.

Rechts: Der Wurzelkanal ist fast gerade und apikal nur gering nach distal gekrümmt, so daß er in der gleichen Sitzung aufbereitet und abgefüllt werden kann.

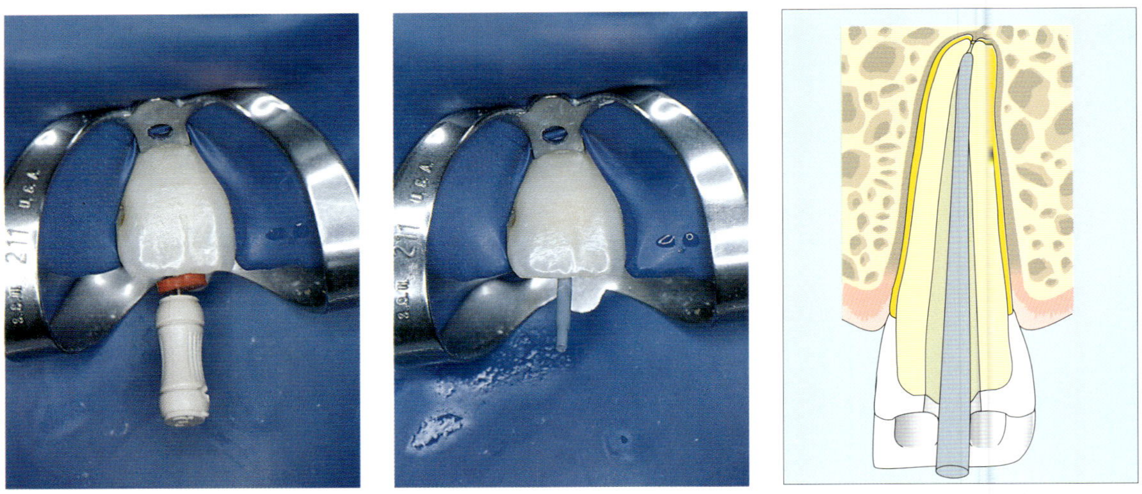

436 Masterpoint
Links: Nach der Bestimmung der Arbeitstiefe wird der Wurzelkanal aufbereitet, gespült und getrocknet.

Mitte: Entsprechend der apikalen Meisterfeile wird der mit Pinzetteneindruck längenmarkierte Guttapercha-Masterpoint ausgewählt.

Rechts: Der Guttaperchastift wird in den Kanal eingemessen und sollte kurz vor dem apikalen Aufbereitungspunkt enden.

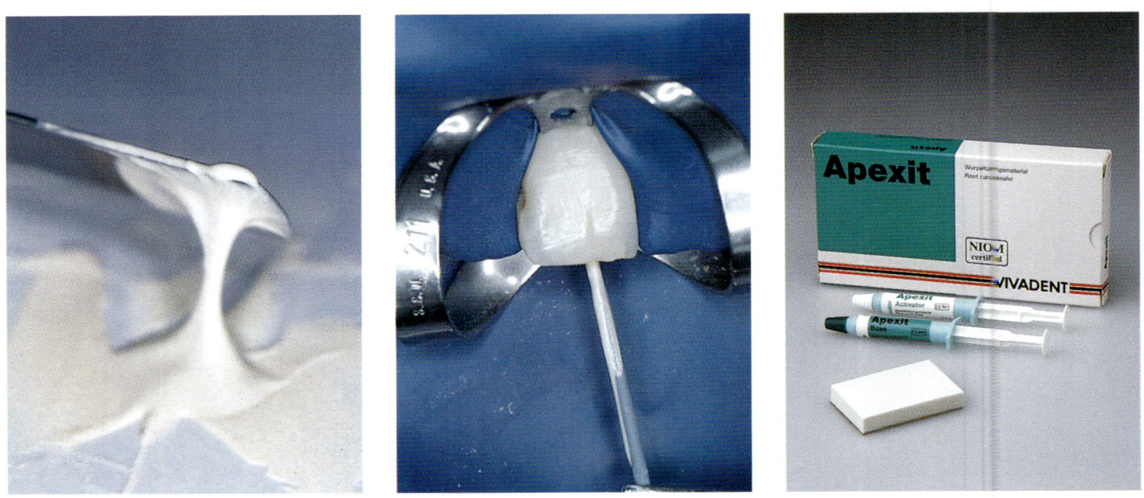

437 Wurzelkanalzement
Links: Anmischen des Sealers und Spateltest zur Bestimmung der gewünschten Konsistenz.

Mitte: Die Hälfte des Masterpoints wird mit Sealer bestrichen und bis zur ausgemessenen Position in den Kanal eingeführt.

Rechts: Apexit als kalziumhydroxidhaltiger Kunstharz-Sealer dichtet den Wurzelkanal besser als Sealapex und Tubliseal ab (Limkangwalmongkol et al. 1991).

In leicht gekrümmten Wurzelkanälen bewirken Fingerspreader im Gegensatz zu Handspreadern der gleichen Form eine bessere Abdichtung, vermutlich bedingt durch die freie Bewegung und Rotation des Fingerspreaders (Simons et al. 1991).
Die Gefahr einer Vertikalfraktur ist beim Kondensieren relativ gering und vom Spreaderdesign abhängig. Konische Spreader bewirken viermal häufiger Dentindeformation mit Expansion als standardisierte Fingerspreader. Vertikale Zahnfrakturen traten bei 5% der obturierten Zähne auf (Dang u. Walton 1989).

Nach der ersten Kondensation des Guttaperchahauptstiftes werden weitere Zusatzstifte an die Kanalwand kondensiert. In einer Studie von Jerome et al. (1988) waren die Wurzelkanäle, die mit ISO-normierten Zusatzstiften der Größe 25 und mit Fingerspreader obturiert worden waren, deutlich homogener, besser abgedichtet und wiesen keine Überfüllung oder Faltenbildung auf. Ungenormte fine-fine-Zusatzstifte bewirkten bei 30% der Kanäle eine Überfüllung; die Füllungen wiesen sehr häufig Falten, Hohlräume und Inhomogenitäten auf.

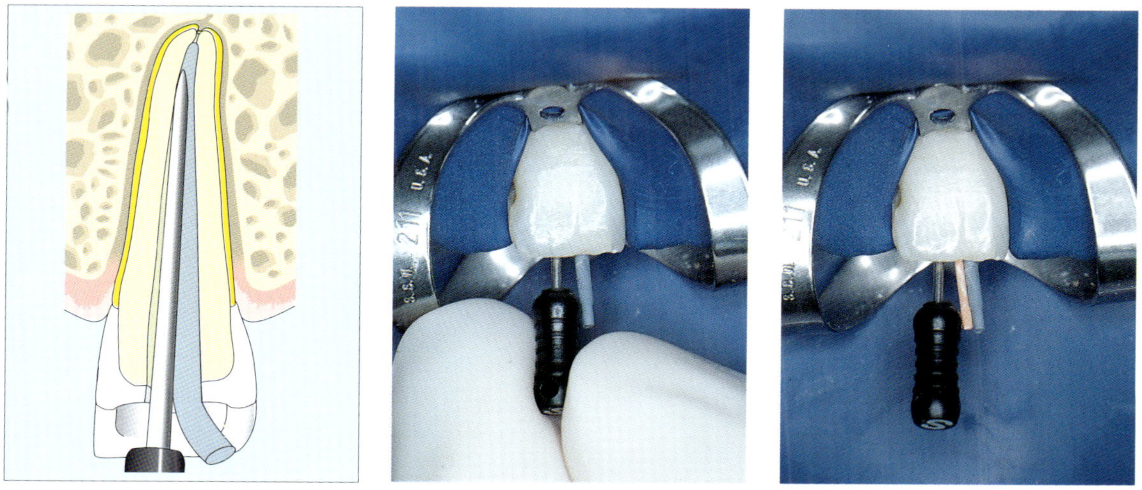

438 Laterale Kondensation der Guttapercha
Links: Der Fingerspreader wird zwischen Kanalwand und Stift bis 1 mm vor die Arbeitstiefe eingeführt.

Mitte: Ist die Arbeitstiefe erreicht, verbleibt der Spreader für 15 Sekunden im Kanal, wodurch eine Rückstellung der Guttapercha vermieden wird.

Rechts: Der mit wenig Sealer benetzte Zusatzstift wird mit dem Fingerspreader an den ersten kondensiert.

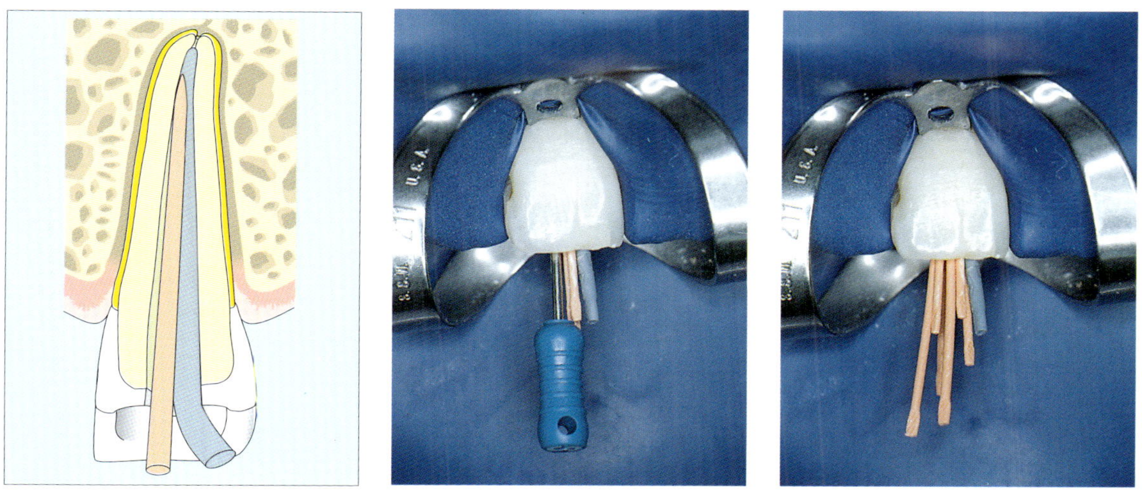

439 Accessory-Points
Links: Der Spreader wird mit leichten Drehbewegungen entfernt, und in den Hohlraum wird ein genormter Zusatzstift eingesetzt.

Mitte: Mit wenig Sealer benetzte Accessory-Guttaperchastifte der Größe 25 und 20 werden aneinander kondensiert.

Rechts: Die Guttapercha wird zu einer homogenen Kanalfüllung verdichtet.

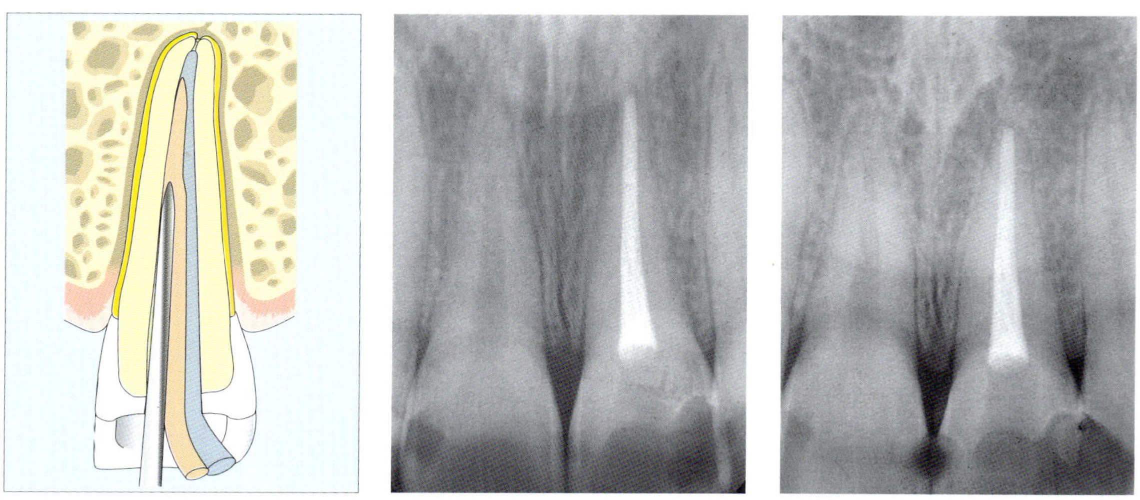

440 Röntgenkontrolle
Links: Durch den apikalen Druck des Spreaders wird der Accessory-Point lateral verformt.

Mitte: Die koronal herausragenden Guttaperchastifte werden 1 mm unterhalb des Kanaleingangs abgetrennt, und die Füllung wird röntgenographisch auf exakten Sitz und Homogenität kontrolliert.

Rechts: Die Röntgenkontrolle 3 Jahre nach Abschluß der Wurzelkanalbehandlung weist ein reizloses Periapikalgewebe auf.

Verformung der Guttapercha

Ist der Guttapercha-Masterpoint röntgenographisch eingemessen worden, wird er wieder aus dem Kanal entfernt, und dieser wird gespült und getrocknet. Anschließend wird die apikale Meisterfeile in den trockenen Wurzelkanal eingeführt und durch Balanced-force-Drehbewegung noch einige Restdentinspäne herausbefördert. Eine abschließende Spülung mit 1 ml Isopropylalkohol führt im Vergleich zu NaOCl nicht zu verbesserter Applikation des Sealers. Jeder dritte Wurzelkanal wies im apikalen Wanddrittel weniger als 50% Sealer auf (Wilcox u. Wiemann 1995).

Der Sealer bedeckt die Kanalwand nicht gleichmäßig, unabhängig von der Methode des Einbringens in den Wurzelkanal. Nach Einbringen des Sealers mit K-Feilen, die linksdrehend wieder entfernt wurden, war nur 1/3 der Kanalwandfläche bedeckt. Die Applikation mittels Ultraschallfeile verbesserte das Ergebnis nicht. Mit Lentulo konnte der Sealer in der Hälfte der Fälle ausreichend gut appliziert werden. Wird dagegen der Guttaperchastift mit Sealer bestrichen und in den Kanal eingeschoben, war mit 70% die höchste Erfolgsquote zu verzeichnen (Wiemann u. Wilcox 1991).

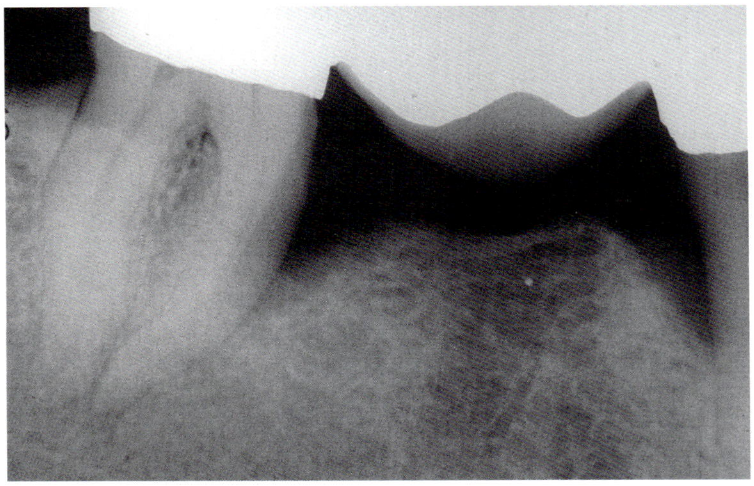

441 Ausgangszustand
Unterer Molar mit einer Paro-Endo-Läsion und primär parodontalem Problem. Der Infekt geht von der parodontalen Tasche aus. Bakterien sind über die parodontale Läsion in die Wurzelkanäle eingedrungen und haben zu einer Gewebsnekrose und anschließend zur apikalen Parodontitis geführt.

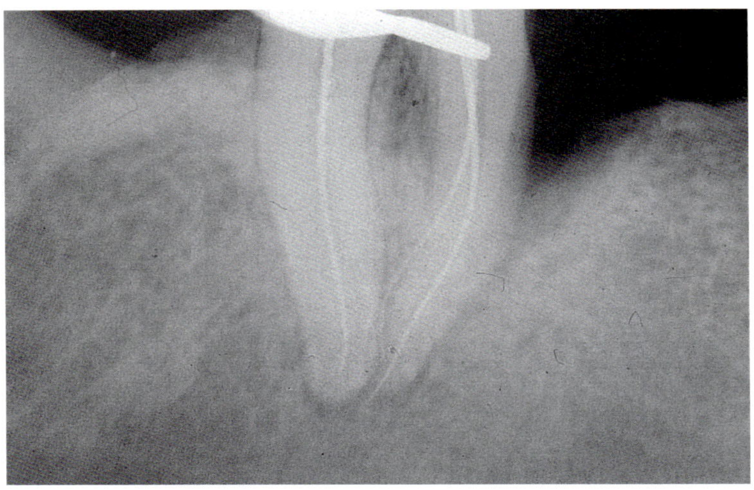

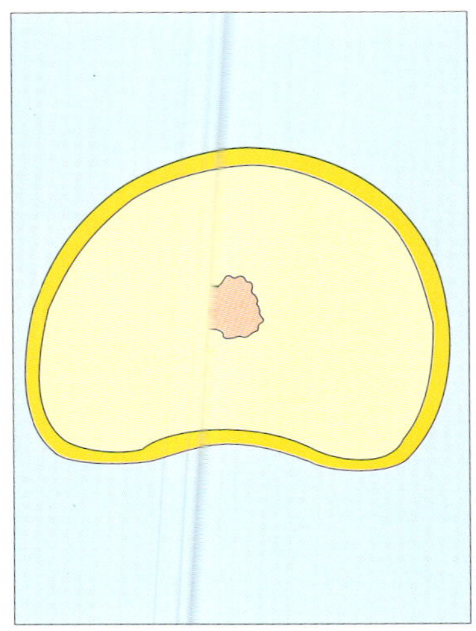

442 Arbeitstiefe
In die Wurzelkanäle werden nach koronaler Erweiterung Instrumente der Größe 15 eingeschoben, und die Arbeitslänge wird bestimmt. Ein Überpressen der Feile im mesiolingualen Kanal zeigt der Knochenkontakt an.

Rechts: Im Querschnitt ist die distale Wurzel dargestellt, deren Wurzelkanal noch nicht aufbereitet und erweitert worden ist.

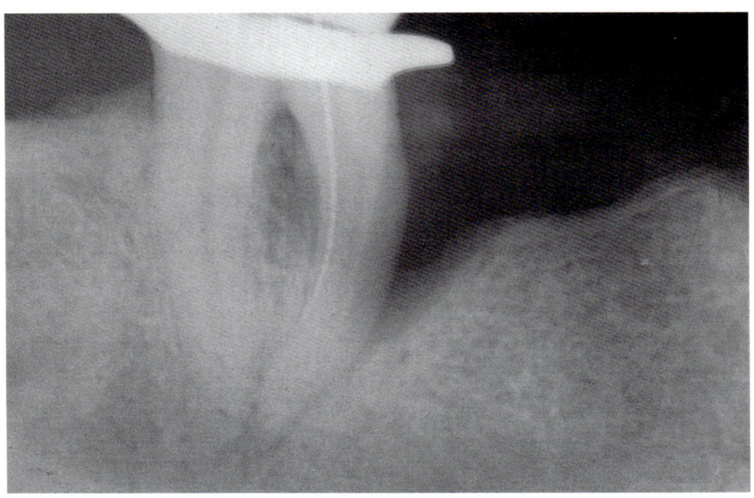

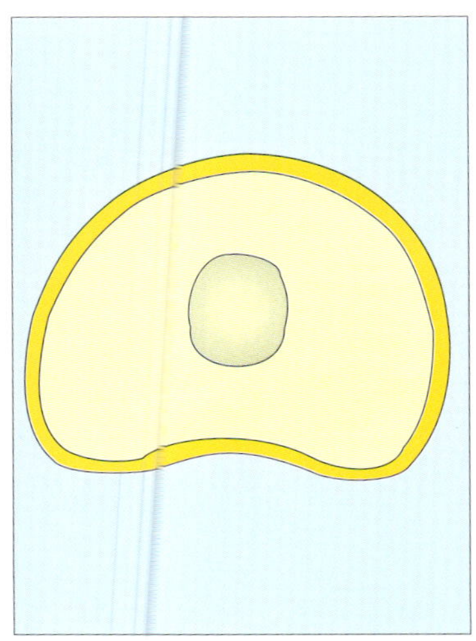

443 Längenkorrektur
Die Meßaufnahme mit einer in den mesiolingualen Kanal eingeführten Feile zeigt die korrekte Länge und somit die Verbindung zur parodontalen Tasche.

Rechts: Der Wurzelkanal wird anschließend erweitert und ausgeformt. Gekrümmte Wurzelkanäle erhalten apikal keine runde Querschnittsform.

Für die biologische Bewertung der Wurzelkanalfüllung ist es von großer Bedeutung, wieviel Sealer mit dem periapikalen Gewebe in Kontakt kommt. Zu fordern ist ein Verhältnis von etwa 95% biologisch inerter Guttapercha zu 5% resorbierbarem Sealer. Unter Verwendung von Proco-Seal als Sealer ergab eine Untersuchung von Eguchi et al. (1985) für die laterale Kondensation einen Wert von 94,5% Guttapercha in 1 mm Entfernung von der Wurzelspitze bei Eintauchen des Guttaperchastiftes in Chloroform. Schlechter schnitt die vertikale Kondensation mit 91,7% ab.

Auch die Filmdicke des Sealers beeinflußt die Abdichtung der Wurzelkanalfüllung. AH-26 und Sealapex dichten in Schichtstärken von 0,3 mm ab, Kerr-Sealer am besten in einer Schichtdicke von 0,05 mm (Georgopoulou et al. 1995). Zur Kondensation in gekrümmten Wurzelkanälen scheinen Nitinolspreader Vorteile zu besitzen, die im Vergleich mit Stahlspreadern geringere Belastungskräfte induzieren. In geraden Kanälen konnte dagegen kein Unterschied in der Kraftentfaltung und damit in der Abdichtung festgestellt werden (Dwan u. Glickman 1995).

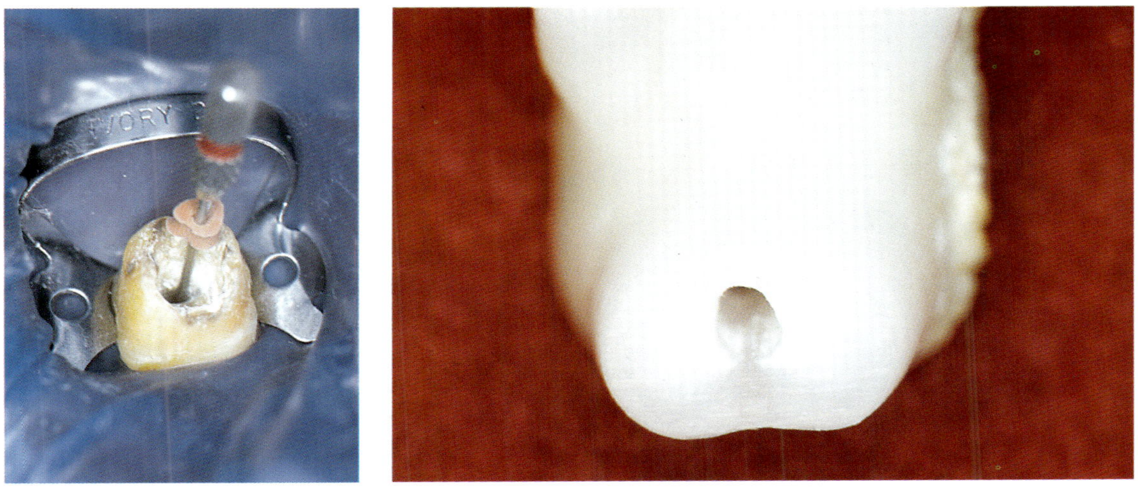

444 Spreadereinprobe
Nachdem der Wurzelkanal vollständig aufbereitet ist, erfolgt eine abschließende Spülung, aber noch nicht vollständiges Trocknen, um die Spreader- und Guttaperchaeinprobe zu erleichtern. Die Wurzel ist 3 mm vom Apex entfernt quer abgetrennt dargestellt.

Links: Ein geeigneter Fingerspreader wird ausgewählt, der 1 mm vor Erreichen der Arbeitslänge Wandkontakt haben soll. Die Länge kann mittels Stopper markiert werden.

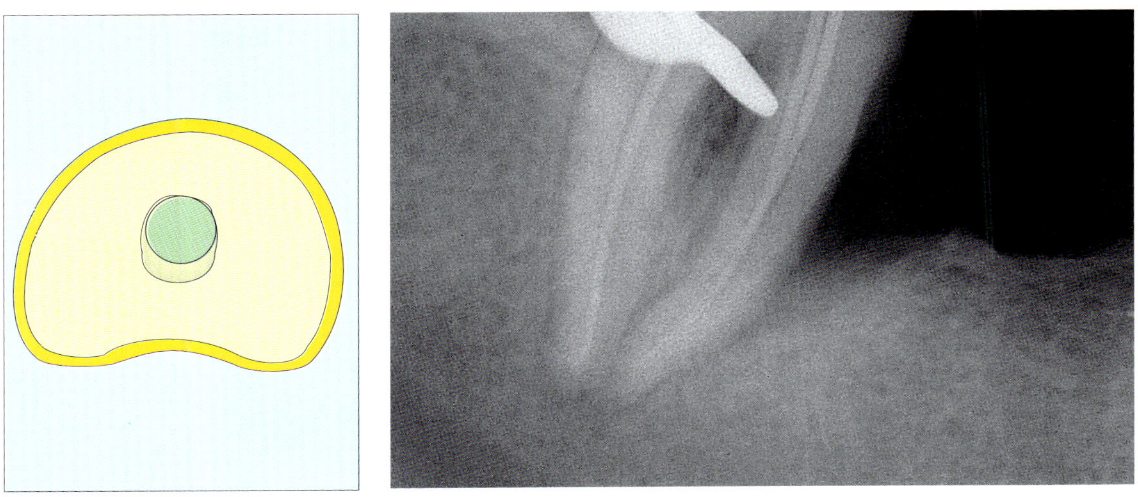

445 Masterpointeinprobe
Entsprechend der Größe der apikalen Meisterfeilen werden die Guttaperchahauptstifte ausgesucht und die Länge und Lage in den Wurzelkanälen mittels Meßröntgenaufnahme bestimmt.

Links: Der Querschnitt weist einen guten Wandkontakt des ersten Guttaperchastiftes (grün) auf, der den Kanal wegen der unregelmäßigen Form nicht vollständig ausfüllen kann.

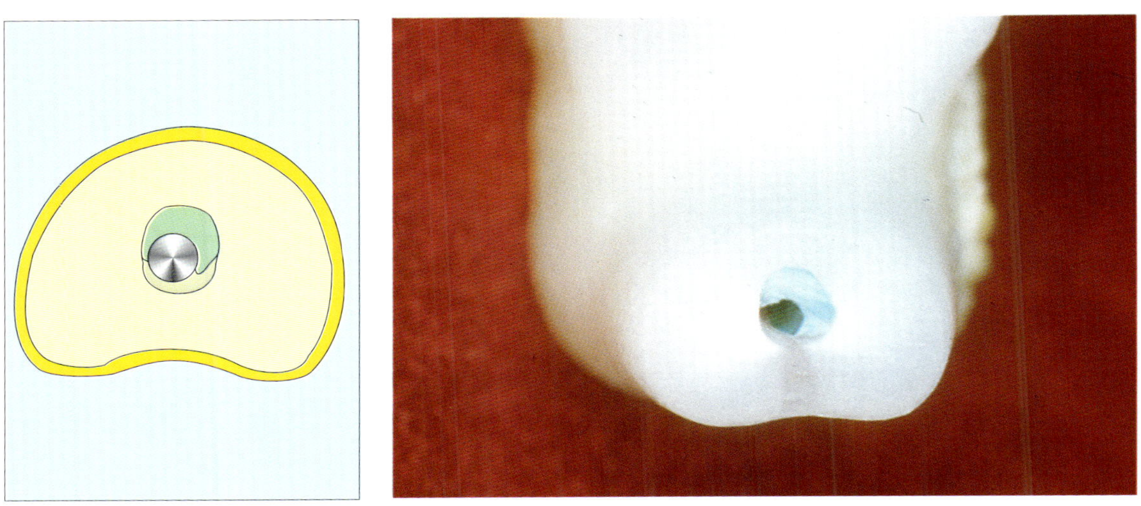

446 Erste Kondensation
Zwischen Guttaperchastift und Dentinkanalwand wird der Fingerspreader in den Kanal eingeführt, mit Kraft nach apikal möglichst bis in die ausgemessene Tiefe eingeführt und nach 15 Sekunden durch Drehbewegungen wieder entfernt. Die Guttapercha ist nun an die Kanalwand gepreßt.

Links: Der Querschnitt zeigt den ersten Kondensationsvorgang mit Lateralverformung der Guttapercha.

447 Zweiter Guttaperchastift
Links: Die Länge der Guttaperchastifte wird mit einem Pinzetteneindruck übertragen.

Mitte: Der Nitinolspreader wird bis zur Stoppermarkierung in den Wurzelkanal eingeführt, dort für wenigstens 15 Sekunden belassen und leicht drehend wieder entfernt.

Rechts: In den entstandenen Hohlraum wird ein genormter Guttaperchazusatzstift der Größe 20 eingeschoben.

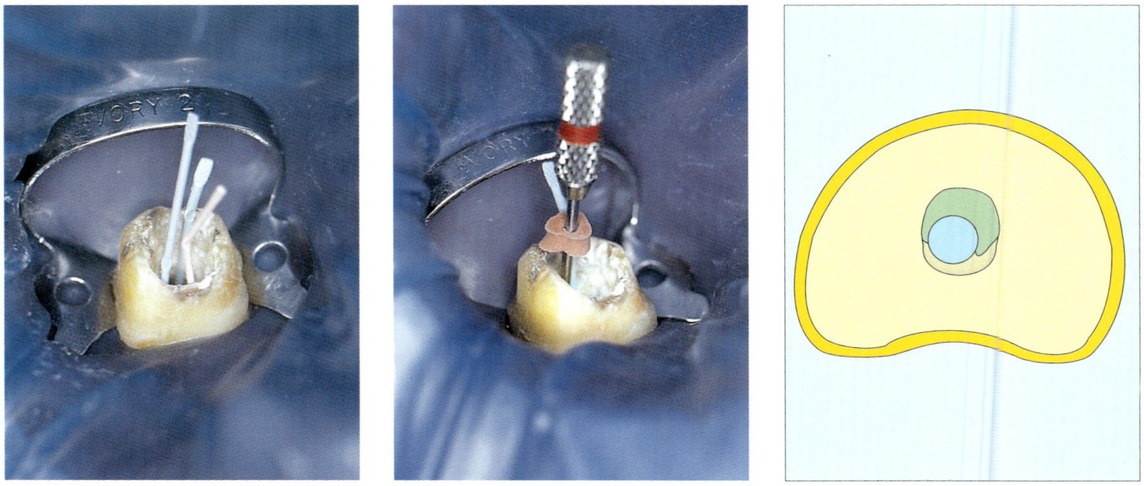

448 Laterale Kondensation
Der zweite Guttaperchastift wird durch Einführen des Spreaders gegen den ersten Stift und an die Kanalwand gepreßt und verformt sich dabei, so daß wiederum ein Hohlraum entsteht.

Rechts: Der metallfarbene Spreader kondensiert den zweiten (blauen) Guttaperchastift an den ersten (grünen) Hauptstift.
(Die Farbe der Guttapercha entspricht nicht den ISO-Farbmarkierungen).

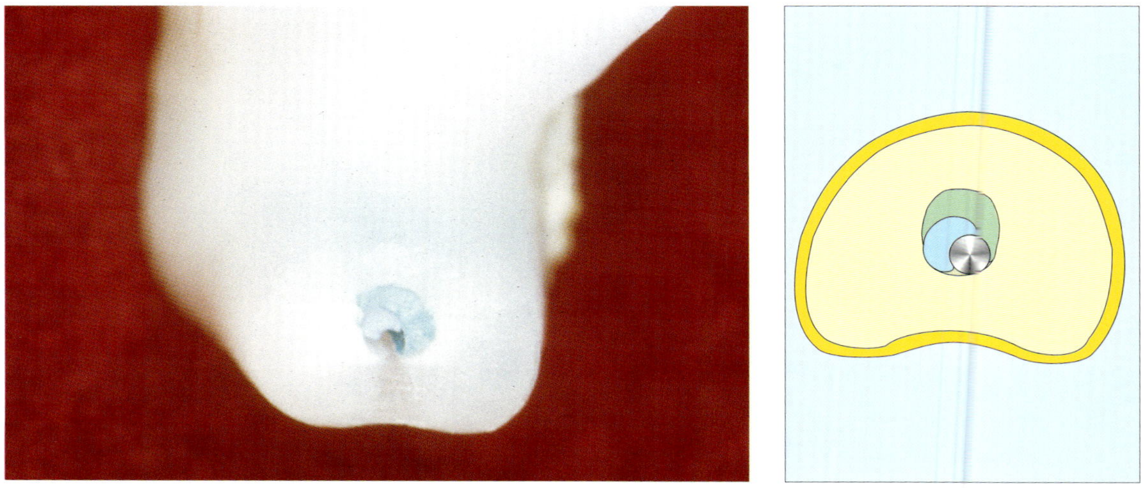

449 Dritter Guttaperchastift
Der dritte Guttaperchastift wird durch einen erneuten Kondensationsvorgang mit dem Spreader verformt und an die beiden ersten Stifte gepreßt.

Rechts: Im Querschnitt erkennt man den dritten Guttaperchastift (rot) vor der Lateralverformung. Alle Zusatzstifte werden an der Spitze kurz durch den Sealer gezogen und erst dann in den Kanal eingeführt.

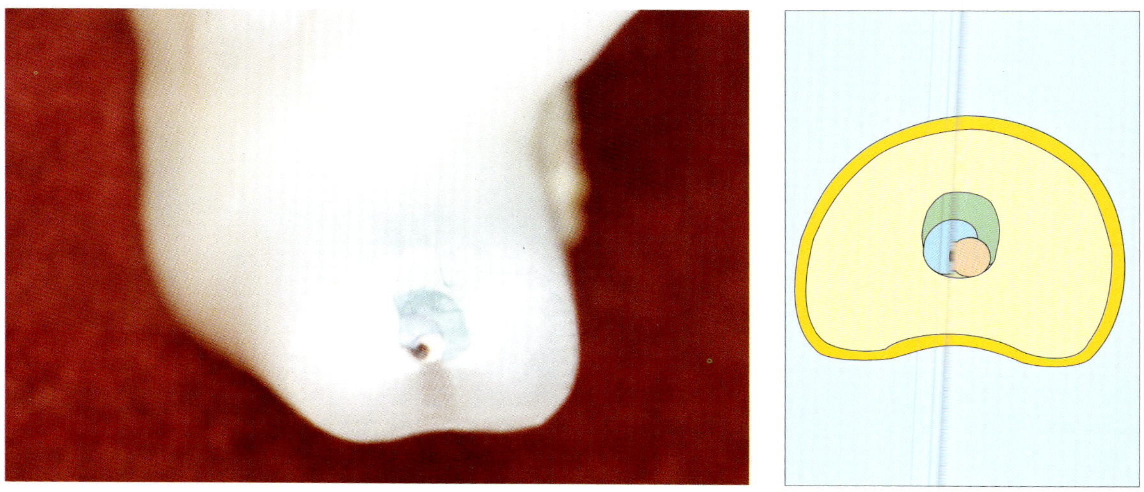

450 Kondensation
Links: Der Fingerspreader kondensiert solange, bis er nur noch in das koronale Drittel eingeführt werden kann.

Mitte: Weitere Guttaperchastifte werden zu einer homogenen Wurzelkanalfüllung kondensiert.

Rechts: Im Schema erkennt man die laterale Verformung des dritten Guttaperchastiftes an die ersten beiden durch den metallfarbenen Spreader.

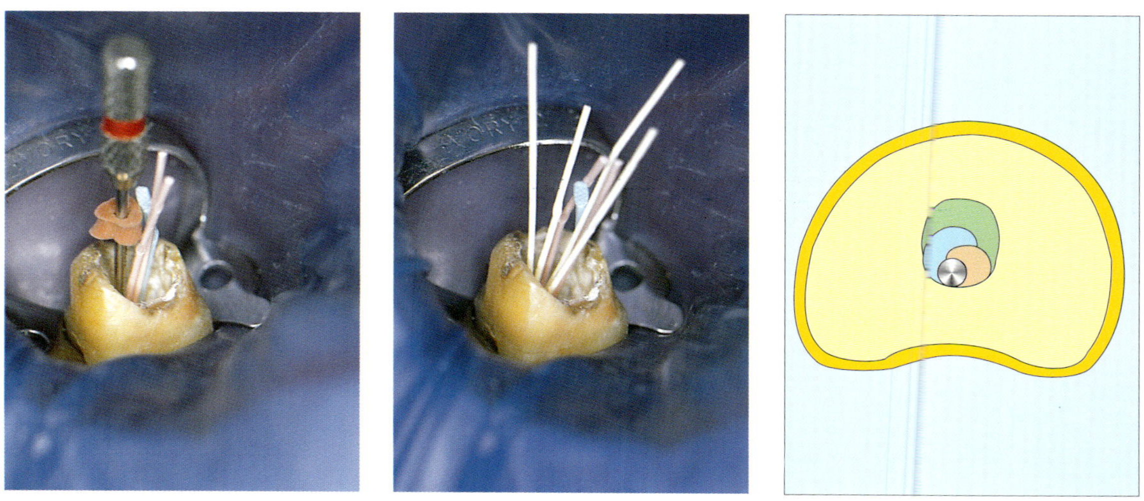

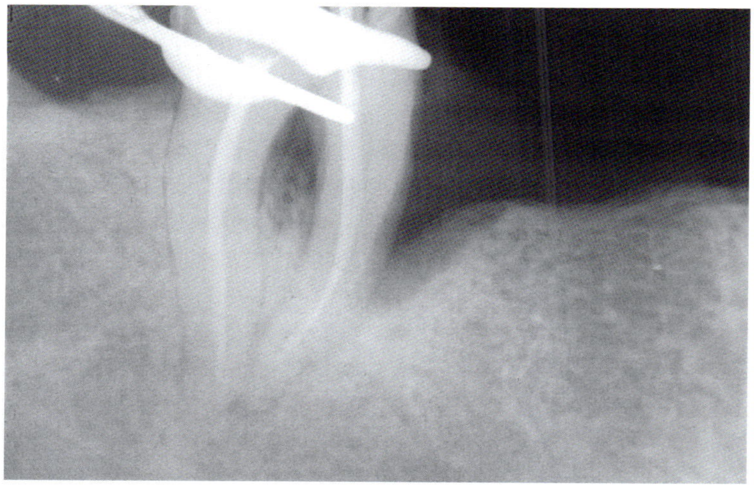

451 Kontrolle während des Kondensationsvorgangs
Bevor die Guttapercha koronal abgetrennt wird, kann mittels Röntgenbild bei eingeführtem Fingerspreader im mesiobukkalen Kanal die Lage und Tiefe kontrolliert werden. Dadurch sind noch Korrekturen möglich. Der distale Kanal ist bereits vollständig und dicht abgefüllt.

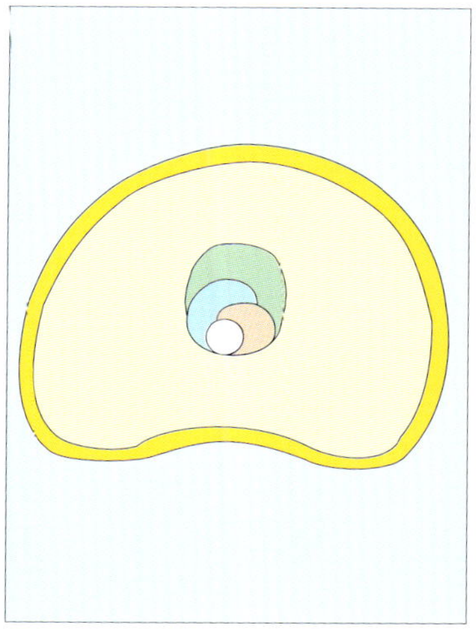

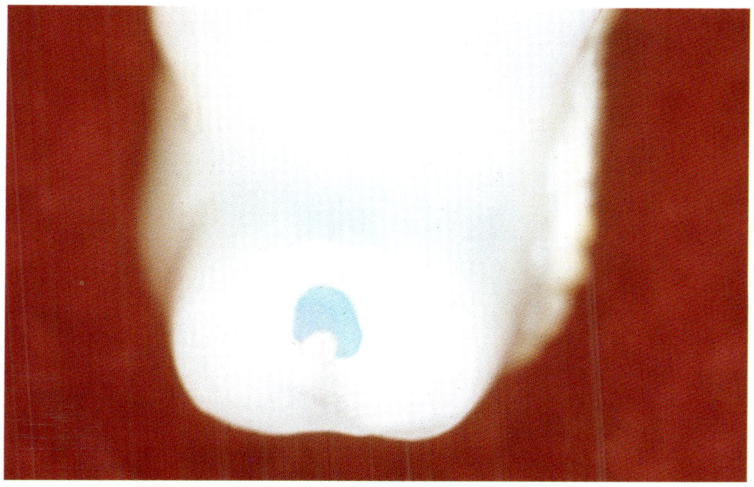

452 Homogenität der Wurzelkanalfüllung
Im Querschnitt erkennt man die Verformung der einzelnen Guttaperchastifte zu einer homogenen Masse, so daß der Anteil des Sealers an der gesamten Füllung unter 5% liegt.

Links: Das Schema zeigt die lateralkondensierten Guttaperchastifte. Der weiße Stift füllt den vom Spreader entstandenen letzten Hohlraum aus.

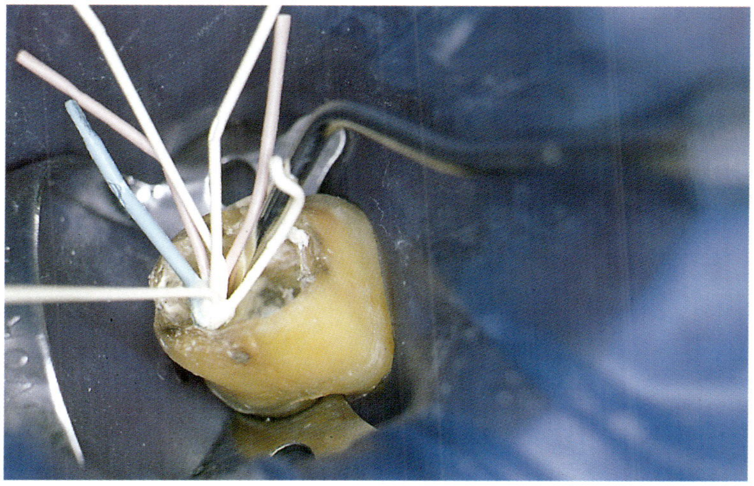

453 Koronales Abtrennen des Guttaperchaüberschusses
Mit einem über der Spiritusflamme erhitzten Exkavator wird die koronal herausragende Guttapercha in Höhe des Wurzelkanaleingangs abgetrennt.

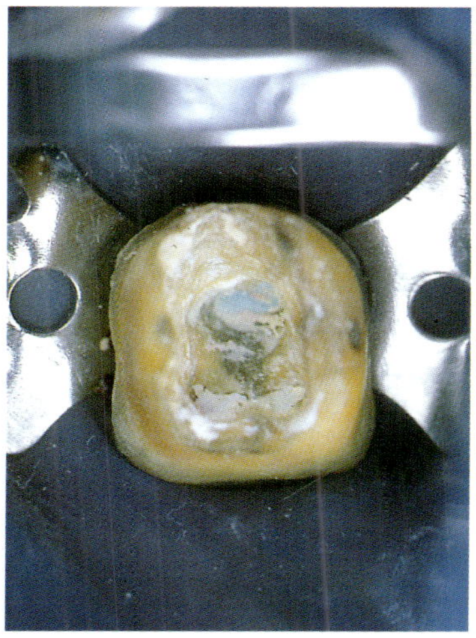

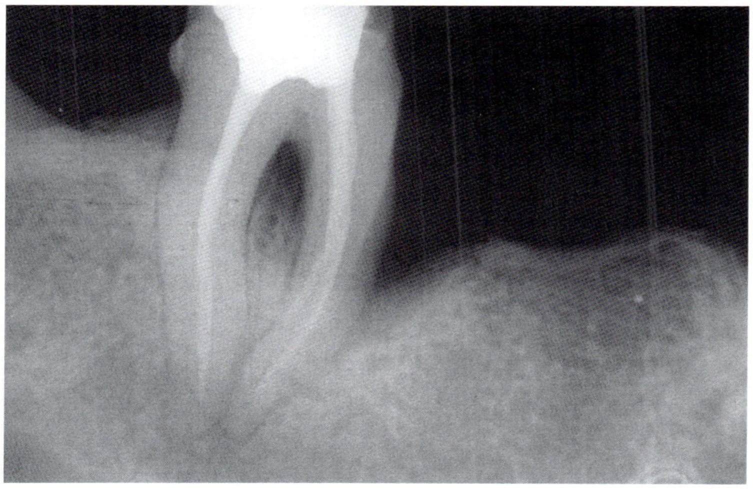

454 Röntgenkontrolle
Die exakte Lage der Wurzelkanalfüllung wird im Röntgenbild kontrolliert. Die parodontale Situation scheint sich gegenüber der Anfangssituation verschlechtert zu haben. Die parodontalchirurgische Behandlung schließt sich der endodontischen an.

Links: Die Guttapercha wird nach Abtrennen mit einem Plugger vertikal kondensiert.

Korrekturen während der Kondensation

Dringt der Spreader während des Einprobierens nicht tief genug ein, liegt meist eine falsche Gestaltung des Wurzelkanals vor. Mit vorgebogenen Hedström-Feilen werden Form und Konizität verbessert. Des weiteren kann die Ursache in einer falschen Spreadergröße liegen. Klemmt das Kondensierinstrument in mittleren Kanalbereichen, sollte mit Gates-Glidden-Bohrern koronal stärker erweitert werden, oder es wird ein kleinerer Spreader ausgewählt. Keilförmige Spreader sind wegen der Gefahr einer vertikalen Zahnfraktur nicht indiziert (Lindauer et al. 1989).

Die mittlere Kraft, bei der mit einem D-11-Spreader eine Fraktur erzeugt werden kann, beträgt über 7,5 kg. 3% der Zähne frakturieren, wohingegen es bei Kräften von 1–3 kg, die bei der lateralen Kondensation eingesetzt werden, in keinem Fall zu Frakturen kommt (Onnink et al. 1994). Der Vergleich der apikalen Abdichtung weist auch keinen Unterschied auf, wenn mit Kräften zwischen 1 und 2,5 kg kondensiert wird (Hatton et al. 1988). Wurzelfrakturen treten auf, wenn es durch lokale Irregularitäten nahe der Spreaderspitze zu Überlastungen im Dentin kommt (Telli et al. 1994).

455 Koronale Erweiterung
Oberer Molar mit periapikaler Aufhellung und vermutlichen Resorptionsdefekten im Apexbereich der palatinalen Wurzel.

Rechts: Koronale Erweiterung vor der Tiefenpräparation mit Gates-Glidden-Bohrern nach der Stepdown-Technik.

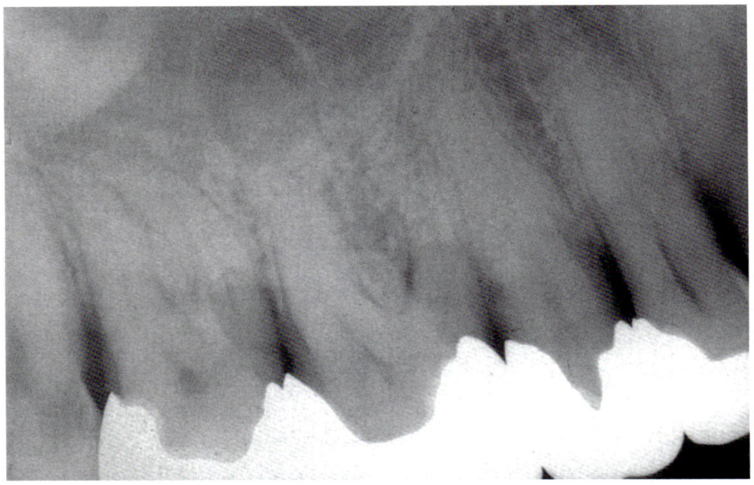

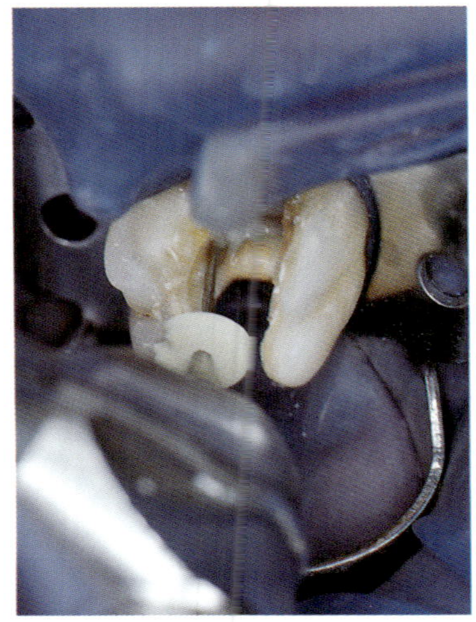

456 Meßröntgenaufnahme
Erste röntgenographische Überprüfung der Arbeitstiefe mit Feilen der Größe 15. Die Arbeitslänge ist im palatinalen Wurzelkanal noch nicht erreicht.

Rechts: Die Wurzelkanäle werden koronal weiter aufbereitet und mit der ausgemessenen bzw. korrigierten Arbeitslänge instrumentiert.

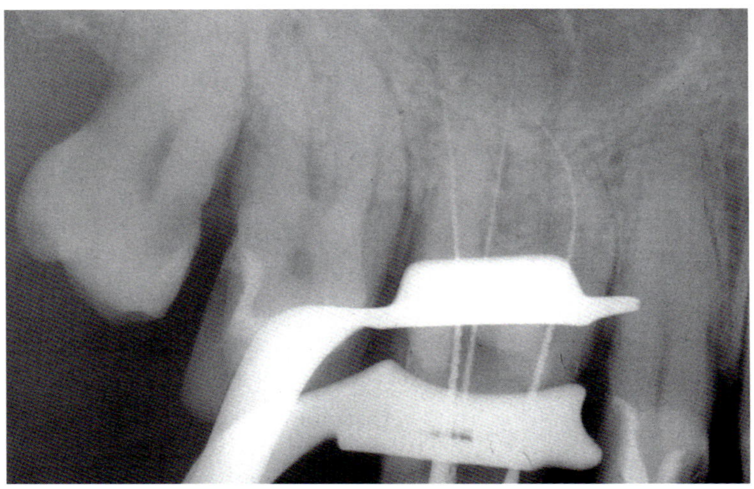

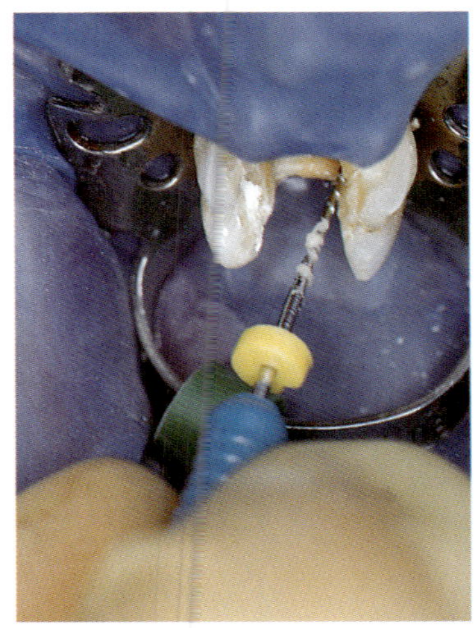

457 Meßröntgenaufnahme
Beträgt die zu korrigierende Arbeitslänge mehr als 2 mm, sollte durch eine erneute Meßaufnahme die Länge festgelegt werden.

Rechts: Mit der neuen Arbeitslänge werden die Wurzelkanäle apikal nach der Balanced-force-Technik instrumentiert.

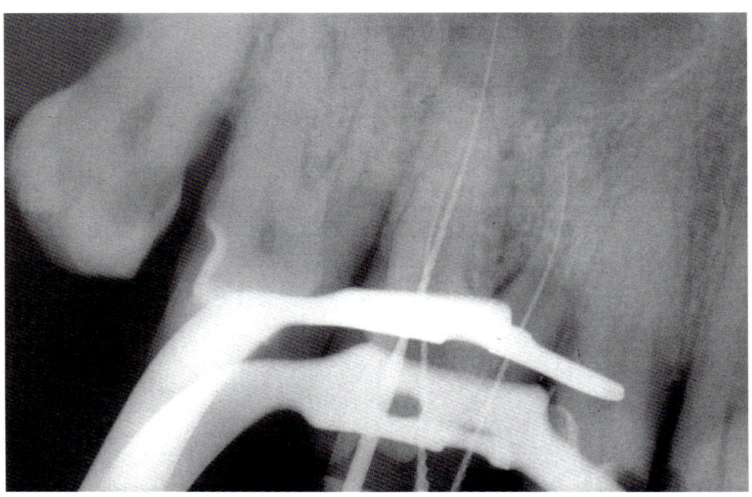

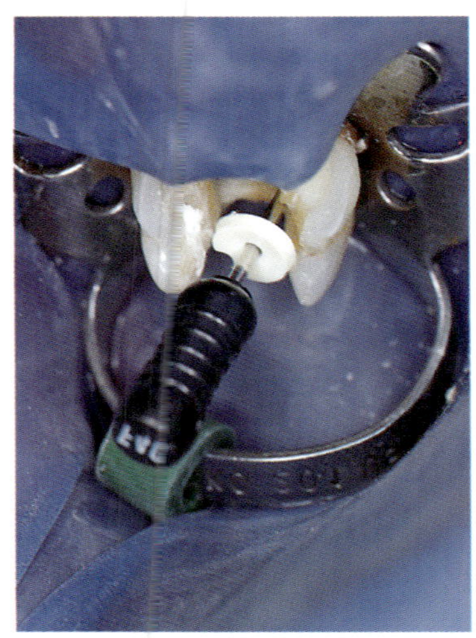

Während der Kondensation kommt es beim Einführen des Spreaders nicht nur zur Lateralverformung, sondern auch zu einer Apikalwärtsverschiebung der Guttapercha. Die gesamte Elongation war in einer Studie von Yared u. Dagher (1993) mit einem Durchschnittswert von 0,29 mm allerdings gering. An der Spitze des Guttaperchastiftes traten Verschiebungen von 0,69 mm auf. Ist ein apikaler Stop präpariert worden, so kommt es nicht zu einem Überpressen. Diese Gefahr besteht jedoch bei der vertikalen Kondensation und bei offenem apikalen Foramen (Yared et al. 1992).

Ursachen des Überpressens der Guttaperchafüllung sind meist ein exzessives Instrumentieren über die apikale Konstriktion hinaus, unerwartete resorptive Defekte, iatrogene Defekte wie Perforation, Schlitzung oder apikale Trichterbildung, zu starke Kraftanwendung während der Kondensation sowie die Verwendung eines zu kleinen Guttaperchastiftes (Gutmann et al. 1991). Zur Vermeidung und Kontrolle ist eine Masterpointröntgenaufnahme essentiell. Auch kann während des Kondensationsvorgangs eine weitere Kontrollröntgenaufnahme angefertigt werden.

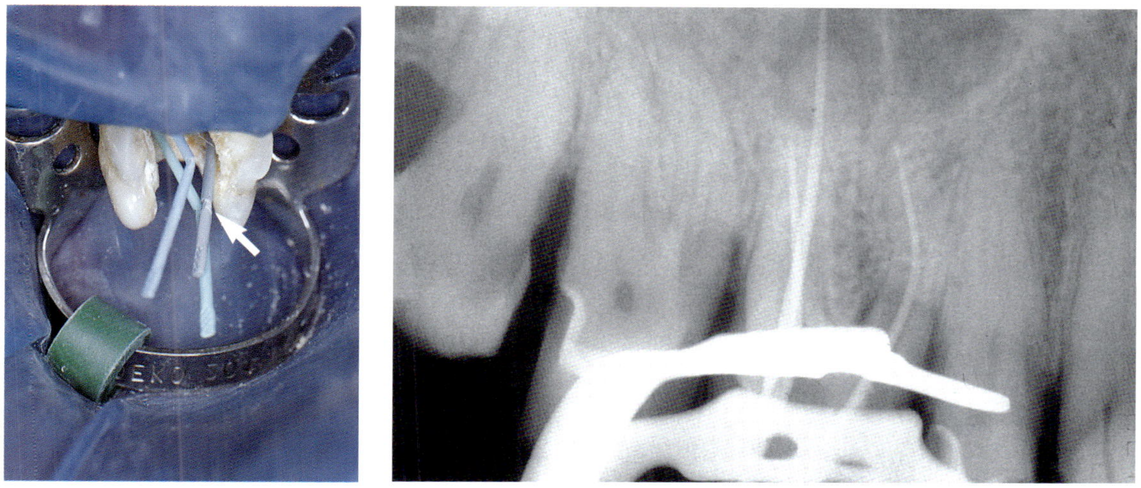

458 Masterpointröntgen
Nach der Wurzelkanalaufbereitung werden die 3 Guttaperchahauptstifte mittels Masterpointröntgenaufnahme eingepaßt. Palatinal muß die Länge um 2 mm gekürzt werden.

Links: Die 3 Masterpoints entsprechen der Größe der apikalen Meisterfeilen und werden bis zur Längenmarkierung (Pfeil) in die Kanäle eingeführt. Palatinal ist ein Stift der Größe 40 eingeschoben.

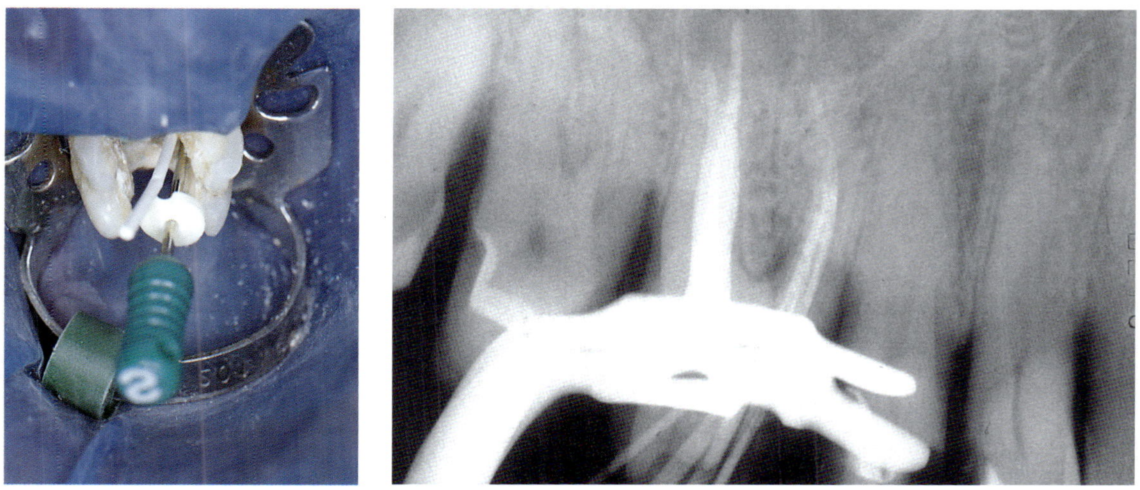

459 Röntgenkontrolle während der lateralen Kondensation
Wird eine Überfüllung im palatinalen Wurzelkanal befürchtet, kann nach den ersten Kondensationen mit eingeführtem Spreader eine Kontrollaufnahme erhoben werden, die eine mögliche Überfüllung signalisiert und noch Korrekturen zuläßt.

Links: Erste Kondensation des um eine Nummer größeren Guttaperchastiftes der Größe 45 mit einem Fingerspreader.

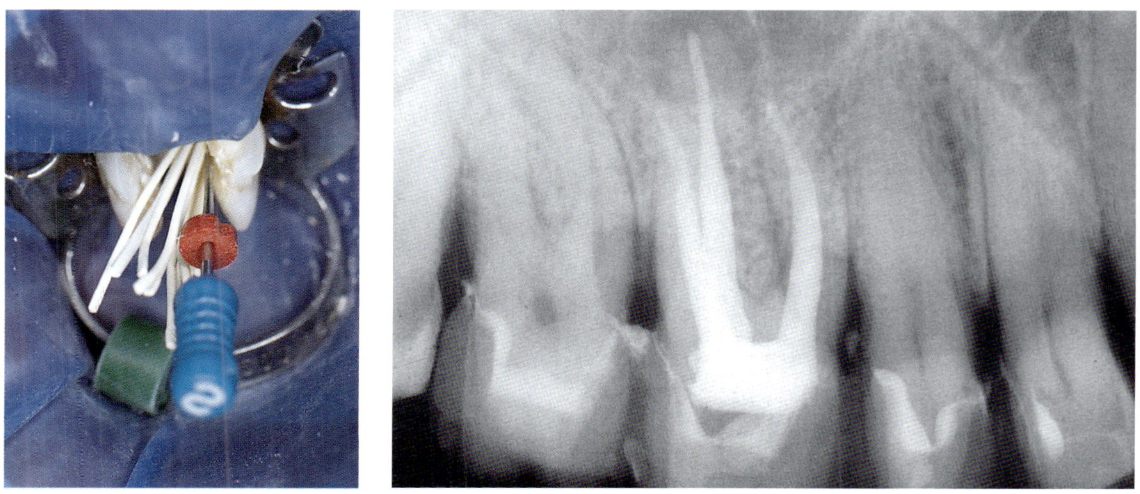

460 Abschlußkontrolle
Nach der Wurzelkanalfüllung werden mittels Abschlußröntgenbild die Homogenität und der apikale Abschluß kontrolliert. Korrekturen sind jetzt nur noch durch eine vollständige Revision möglich.

Links: Laterale Kondensation weiterer Guttaperchastifte im palatinalen Kanal. Der koronal herausragende Überschuß wird anschließend abgetrennt.

Guttaperchamasterpoint zu lang

Wurzelkanalfüllzemente sind gewebsreizend und können resorbiert werden, nur Guttapercha ist biologisch inert. Da Guttapercha allein den Wurzelkanal nicht hermetisch abdichtet und an der Wand haftet, müssen Sealer verwendet werden. Wird Guttapercha und Grossman-Zement überpreßt, so ist die Gewebsreaktion in der Mehrzahl der Fälle gering: Eine umschriebene Entzündungsreaktion umgibt überpreßte Sealerpartikel, um den Guttaperchastift kommt es zur Bildung einer dünnen Bindegewebskapsel mit Fibroblasten und einzelnen Lymphozyten (Beer 1989).

Ist es zu einer Überinstrumentation mit Erweiterung der apikalen Konstriktion gekommen, muß der Einprobe des Guttaperchamasterpoints besondere Bedeutung beigemessen werden. Vorteil der lateralen Kondensationstechnik sind mögliche Korrekturen noch während des Füllvorgangs. Andererseits ist die Gefahr, Pasten und Zemente mittels Füllspirale in das periapikale Gewebe zu überpressen, relativ hoch (Kockapan 1993). Bei Überfüllungen in den Mandibularkanal stellten Ehrenfeld et al. (1992) trotz mikrochirurgischer Operationsmethoden niemals vollständige Restitution fest.

461 Ausgangssituation
Unterer Molar mit kariöser Eröffnung der Pulpa, Nekrose des Gewebes und periapikaler Aufhellung.

Rechts: Nach Anlegen von Kofferdam wird der Zahn trepaniert, die Karies vollständig exkaviert und anschließend das Dentindach entfernt. Die Kanaleingänge werden sondiert und erweitert.

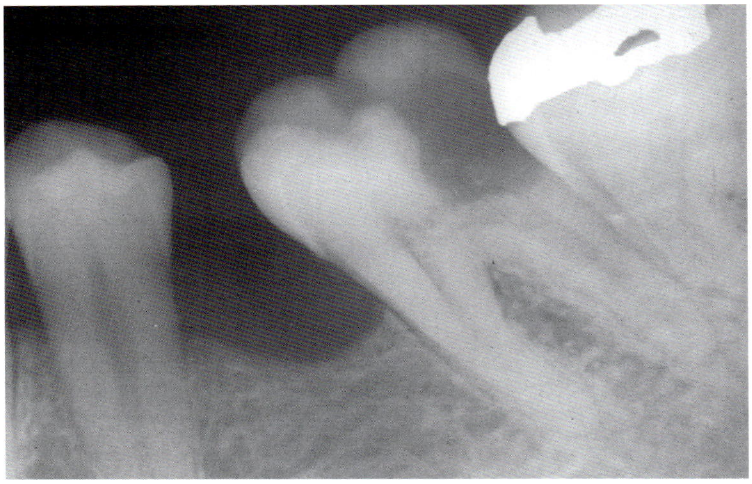

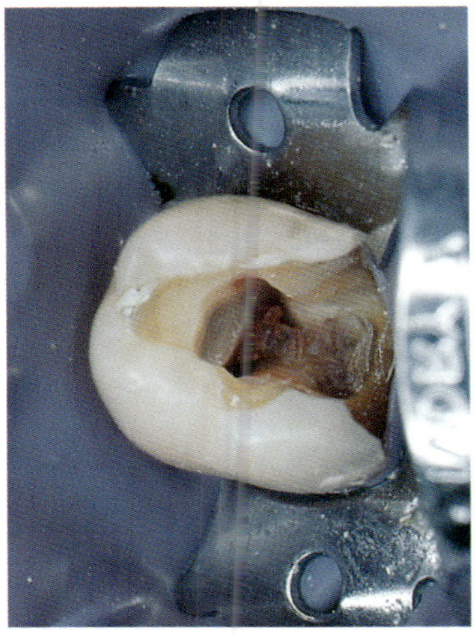

462 Meßröntgenaufnahme
Nach Eröffnung und koronaler Erweiterung wird mittels Meßaufnahme die Arbeitstiefe festgelegt und nötigenfalls korrigiert.

Rechts: Zur besseren Unterscheidung werden unterschiedliche Feilen in die 3 Wurzelkanäle eingeschoben.

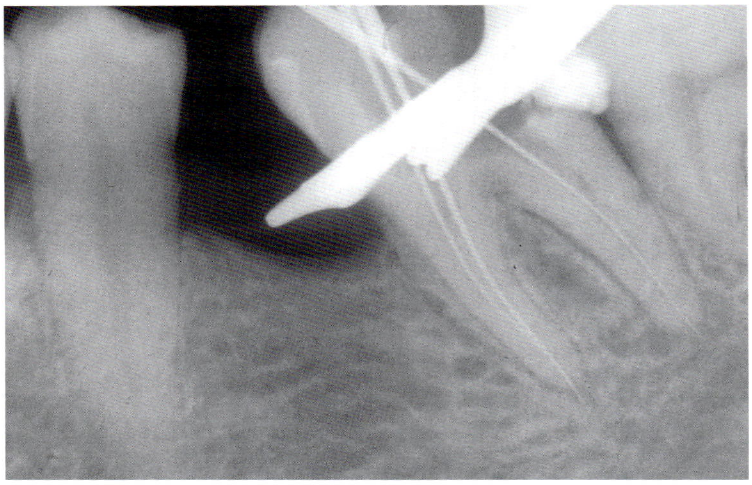

463 Masterpointröntgen
Die erste Meßröntgenaufnahme nach vollständiger Aufbereitung zeigt distal einen überpreßten Guttaperchastift, mesial ist die Arbeitslänge zu kurz und muß durch erneutes Instrumentieren korrigiert werden.

Rechts: Die 3 Guttaperchastifte werden bis auf Arbeitslänge in die Kanäle eingeführt.

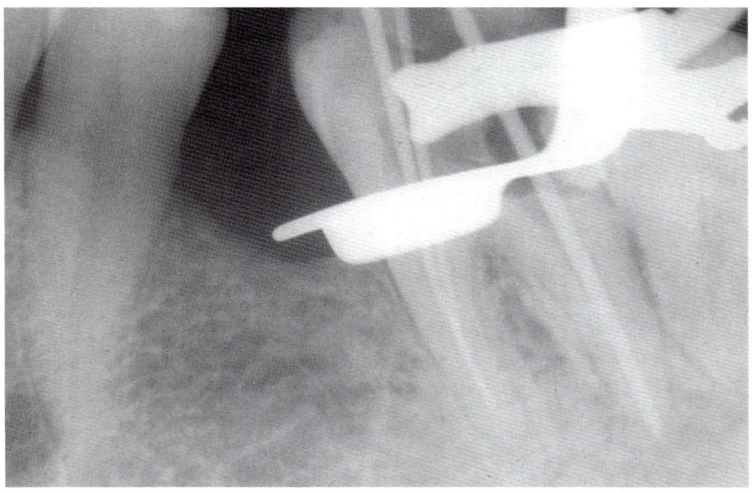

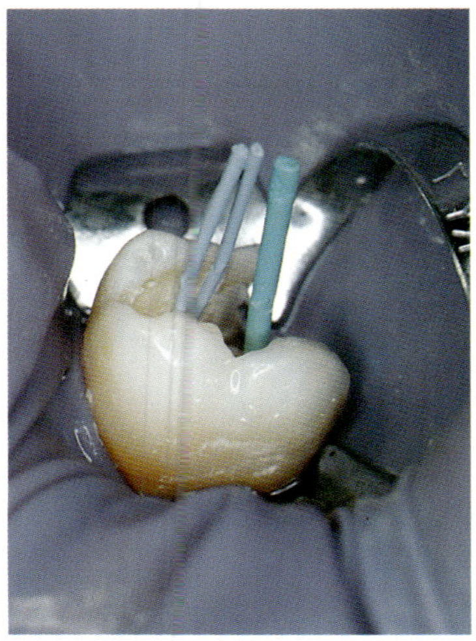

Ist der Masterpoint zu lang, so wird er mit einem Skalpell auf einer Glasplatte millimeterweise gekürzt, wodurch ein stärkerer Durchmesser erzielt wird. Anschließend muß das Schnittende durch leichtes Rollen geglättet werden. Der Guttaperchastift wird danach durch Eintauchen in ein Lösungsmittel der individuellen Wurzelkanalform angepaßt. Der Wurzelkanal darf nicht vollständig trocken sein, da der Guttaperchastift sonst während der Einprobe an der Kanalwand klebt. Die apikalen 5 mm des Guttaperchastiftes werden entweder 5 Sekunden in Chloroform, 15 Sekunden in Halothan oder 25 Sekunden in Eukalyptol getaucht (Yancich et al. 1989, Smith u. Montgomery 1992). Bereits nach einer Sekunde absorbiert Guttapercha 0,35 mg Lösungsmittel, von dem nach 3 Minuten 62% abdiffundiert sind. Allerdings verbleiben noch 20% Chloroform auf der Stiftoberfläche (Metzger et al. 1988). Der Stift wird bis zur Längenmarkierung in den Kanal eingeschoben und nach etwa 15 Sekunden wieder entfernt. Nach Trocknen des Kanals kann der mit Sealer bestrichene Stift kondensiert und eine homogene, gut adaptierte Füllung erzielt werden (Moyer et al. 1995).

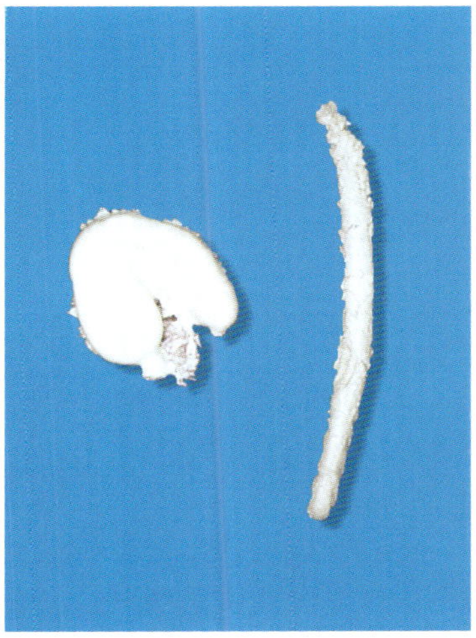
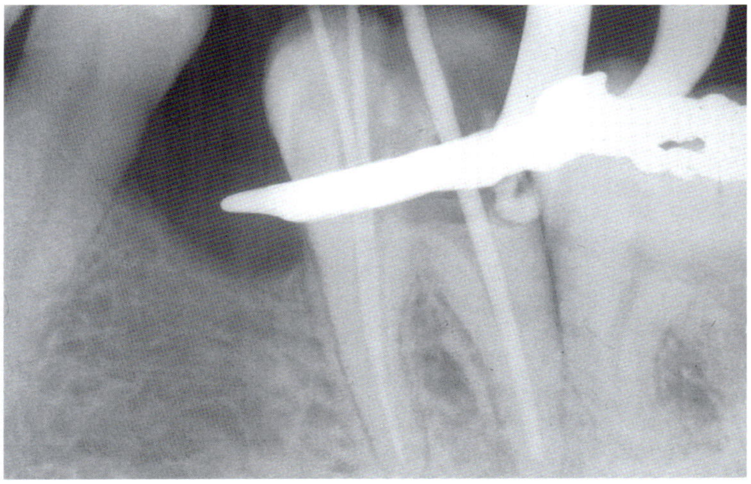

464 Masterpointröntgen
Nach Kürzen und Individualisieren des distalen Guttapercha-Masterpoints und mesialem Erweitern der Wurzelkanäle zeigt die zweite Masterpointröntgenaufnahme einen exakt tiefen Sitz der 3 Hauptstifte.

Links: Nach Eintauchen von Guttapercha in Eukalyptol (rechts) ist die Oberfläche angelöst, in Chloroform (links) kann Guttapercha fast vollständig gelöst werden.

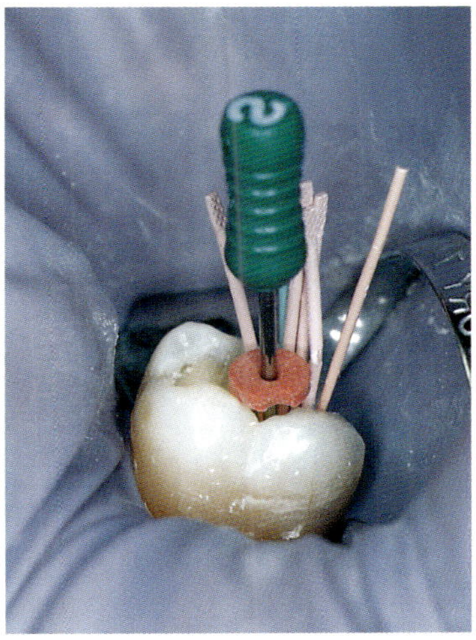
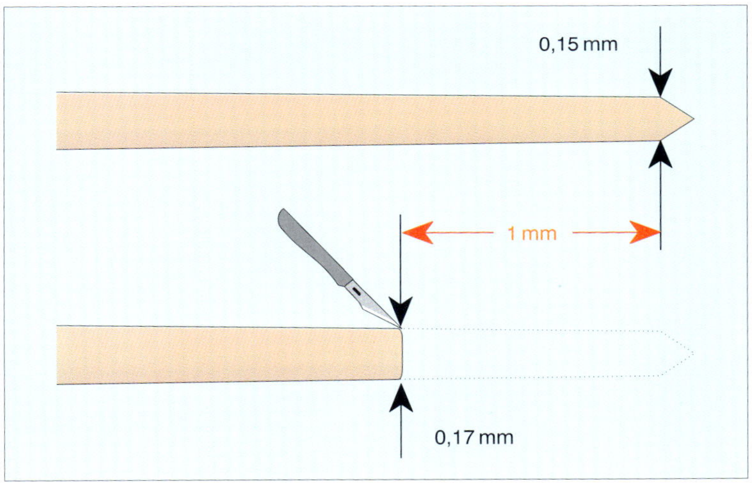

465 Längenkorrektur
Die Guttaperchastifte steigen leicht konisch an, so daß durch millimeterweises Abtrennen Zwischengrößen hergestellt werden können.

Links: Nur der erste Guttaperchastift wird der Größe des Wurzelkanals angepaßt, die weiteren werden als nicht individualisierte, genormte Stifte lateral kondensiert.

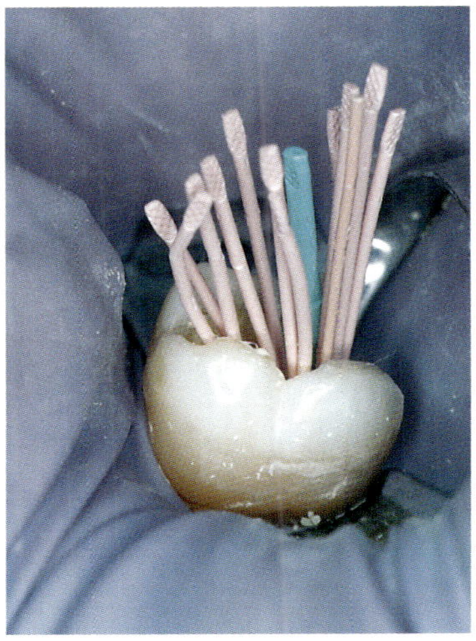
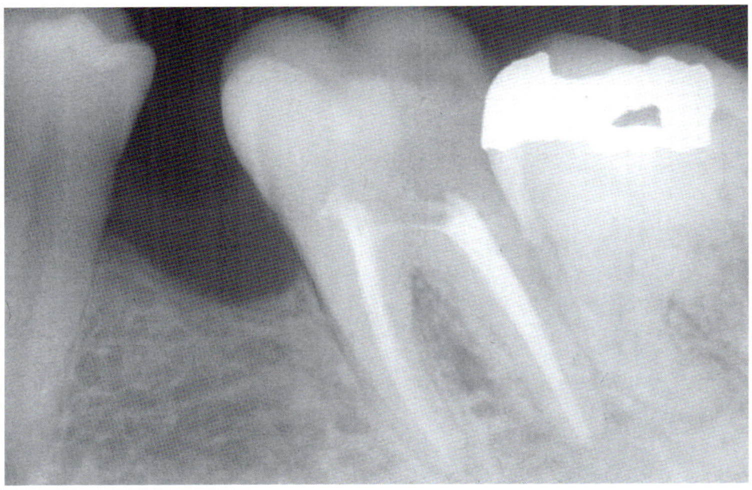

466 Guttaperchafüllung
Das Kontrollröntgenbild der fertigen Guttaperchafüllung zeigt eine sehr gut adaptierte Wurzelkanalfüllung. Gegenüber der zweiten Masterpointaufnahme ist distal die Füllung während der Kondensation noch leicht nach apikal verschoben worden.

Links: Lateral kondensierte Guttaperchastifte im distalen Kanal.

Guttapercha-Masterpoint zu kurz

Erreicht der Guttapercha-Masterpoint nicht die volle Arbeitslänge, so haben sich meist Dentinspäne im apikalen Drittel des Wurzelkanals angesammelt und diesen verblockt. Weitere Ursachen sind koronale Stufenbildung, stufiger Übergang vom mittleren in den apikalen Kanalbereich, Begradigung des gekrümmten Kanals mit apikaler Erweiterung bzw. Via falsa, oder aber der Guttaperchastift selbst ist zu groß. Eine Verblockung kann mit einer Hedström-Feile der Größe 20 durch drehende Bewegung und mit RC-Prep überwunden werden (Beer u. Baumann 1994).

Zur Überwindung von Obliterationen und Verblockungen können Säuren und Chelatoren eingesetzt werden. Allerdings soll der Einsatz von RC-Prep zur Überwindung von Obstruktionen die Wurzelkanalfüllung und damit die Abdichtung negativ beeinflussen. Vermutlich verbleiben Reste von EDTA auf der Kanaloberfläche bzw. in den Tubuli und setzten im Laufe der Zeit die Dichtheit der Wurzelkanalfüllung herab (Cooke et al. 1976). Wird dagegen intermittierend mit NaOCl und Salvizol gespült, ist kein Unterschied in der Abdichtung feststellbar (Biesterfeld u. Taintor 1980).

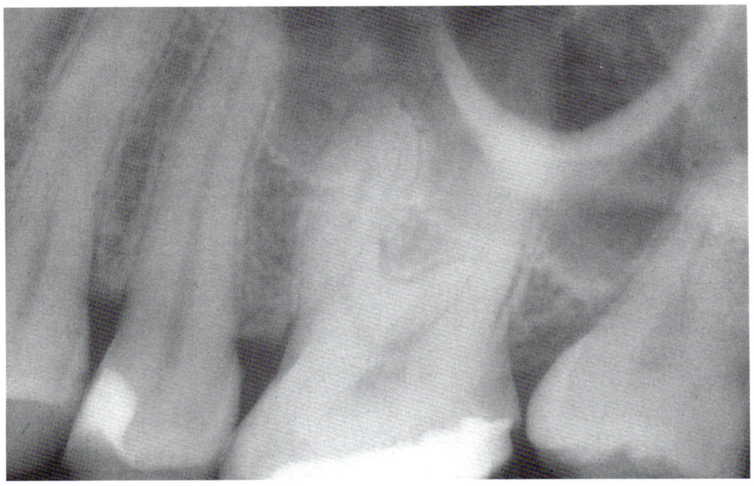

467 Ausgangssituation
Der Patient hat unklare Beschwerden im Seitenzahnbereich des Oberkiefers, vermutlich ausgehend vom zweiten Prämolaren, der eine tiefe Kunststoffüllung mit Sekundärkaries aufweist; der dahinterliegende Molar wurde zwischenzeitlich wegen Fraktur extrahiert.

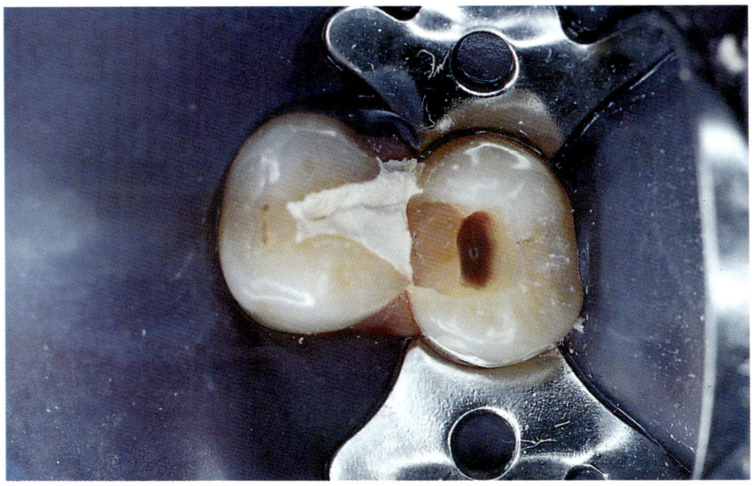

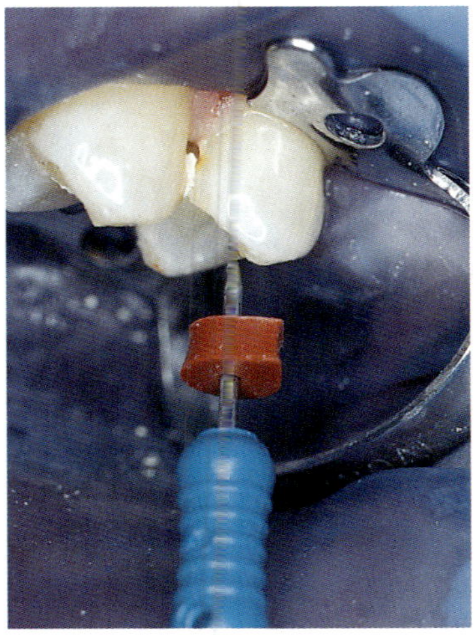

468 Trepanation
Füllung und Karies werden entfernt, der Zahn wird trepaniert und der Kanal koronal erweitert.

Rechts: Bei der Aufbereitung des Wurzelkanals tritt eine Verblockung mit Dentinspänen auf, so daß die Hedström-Feile nicht bis zur Arbeitstiefe in den Wurzelkanal eingeführt werden kann.

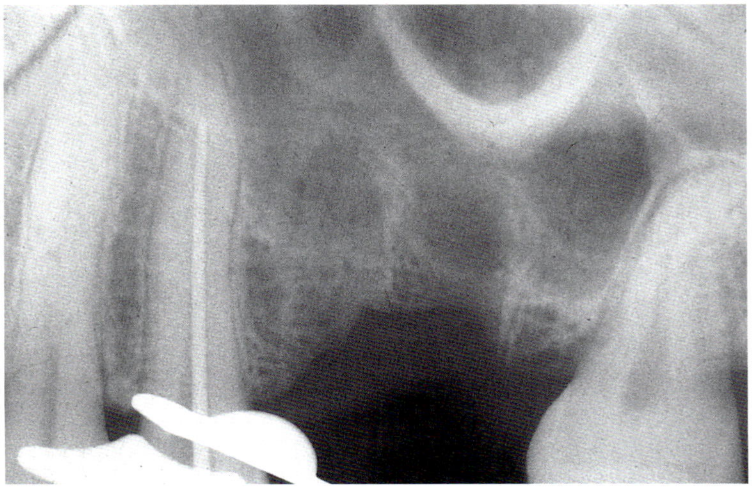

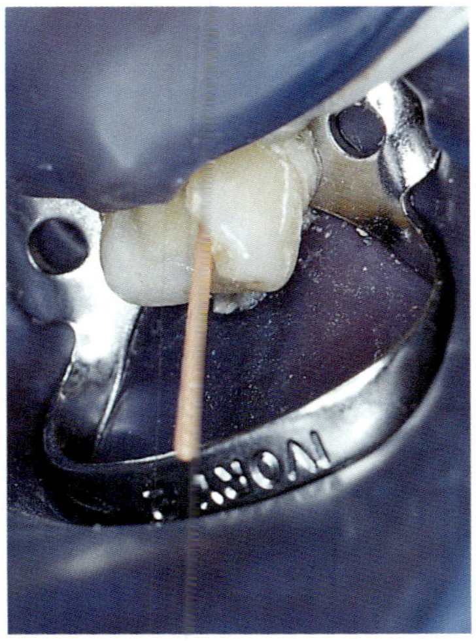

469 Masterpointröntgen
Der Guttaperchastift erreicht die volle Arbeitslänge nicht, es fehlen noch 2,5 mm bis zur apikalen Konstriktion. Verursacht wird dies durch eine Obstruktion im apikalen Bereich.

Rechts: Der in den Kanal eingeschobene Guttapercha-Masterpoint wird nach der Röntgenaufnahme wieder entfernt.

Die Spülung des Wurzelkanals mit Säure oder einem Chelator begünstigt das Eindringen von Sealer in angrenzende Dentintubuli (White et al. 1987). Auch dringt injizierte Guttapercha nach Entfernen der Schmierschicht besser in die Tubuli ein (Gutmann 1993, Gencoglu et al. 1993). Interessanterweise stellten Vassiliadis et al. (1994) jedoch fest, daß Grossman-Zement auch bei vorhandener Schmierschicht bis 300 μm in angrenzende Dentintubuli hineingepreßt wird. Die Schmierschicht verhindert demzufolge das Eindringen des Sealers in die Tubuli nicht.

Die Ansammlung von Dentinspänen wird durch fehlerhafte Drehung der K-Feilen und durch mangelnde Spülung mit NaOCl-Lösung verursacht. Sind die Dentinspäne durch Hedström-Feile und Chelatoren gelockert und durch reichliches Spülen entfernt worden, muß erneut mit der apikalen Meisterfeile bis zur vollen Arbeitslänge aufbereitet werden. Mit der Feile werden dann die Kanalwände durch zirkumferentes Feilen konisch erweitert. Mit der kleinen H-Feile wird der Kanal erneut rekapituliert und der Guttaperchastift anschließend eingemessen (Gutmann et al. 1991).

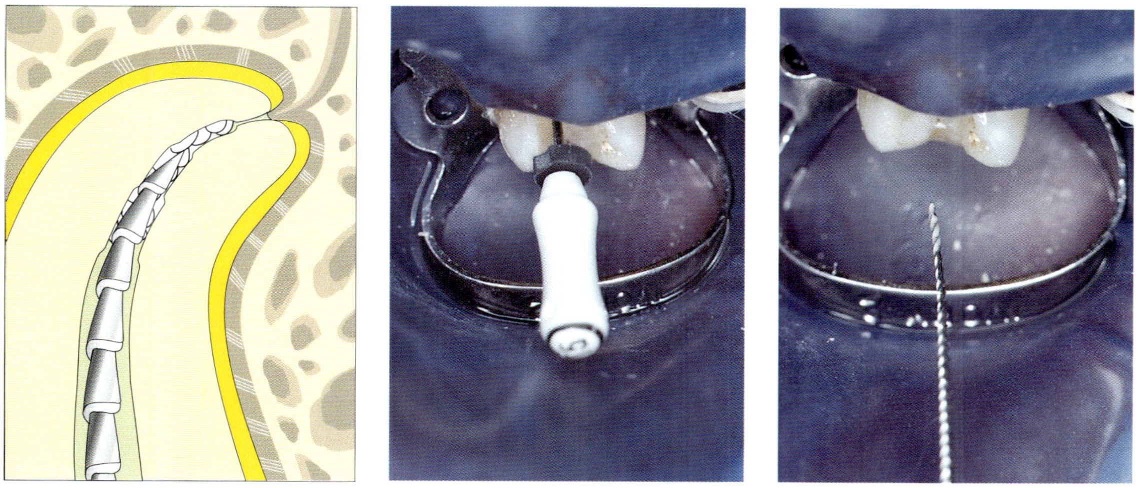

470 Überwinden der Obstruktion
Links: Die Hedström-Feile dringt in die Dentinablagerungen ein und lockert diese.

Mitte: Mit einer Hedström-Feile werden die Dentinchips gelockert. Dazu wird die Feile in leichten Drehbewegungen eingesetzt.

Rechts: Ist ein Tiefengewinn erzielt worden, wird die apikale Meisterfeile zum Entfernen der Dentinspäne und zum apikalen Ausformen des Wurzelkanals benutzt.

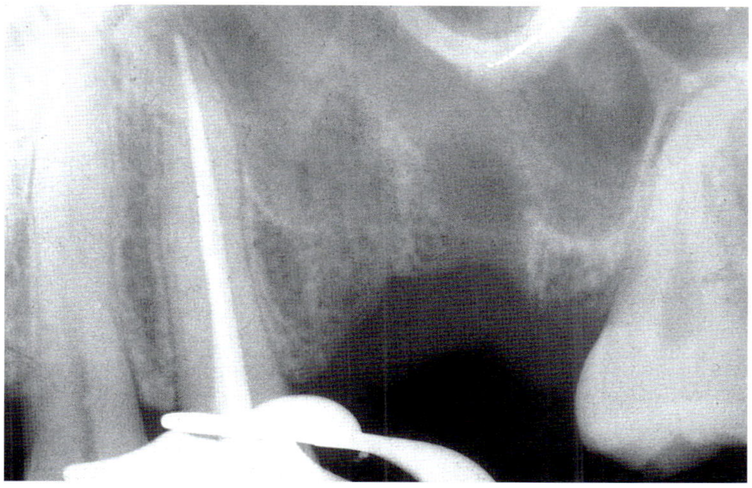

471 Röntgenkontrolle während des Füllvorgangs
Nach Trocknen des Kanals wird der Masterpoint erneut eingemessen und während des zweiten Kondensationsvorgangs mit eingeführtem Spreader die Lage der Wurzelkanalfüllung im Röntgenbild kontrolliert.

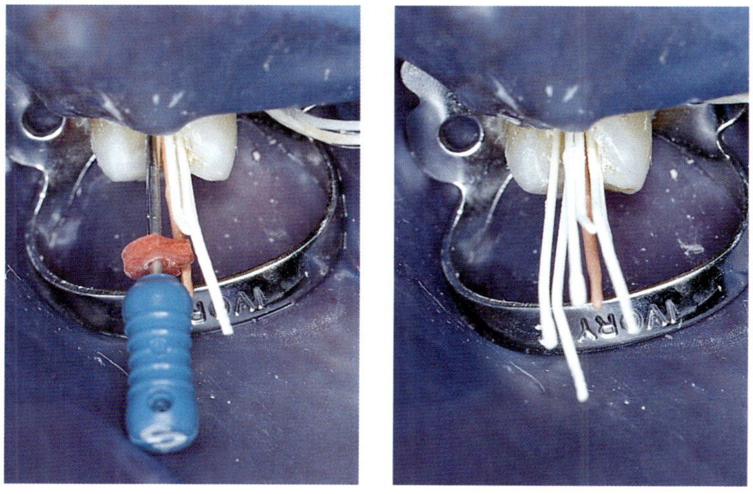

472 Wurzelkanalfüllung
Links: Ein zweiter und dritter genormter Accessory-Guttaperchastift wird an den ersten Stift lateral kondensiert.

Rechts: Durch Einführen weiterer Guttaperchastifte der Größe 15 und 20 wird die Wurzelkanalfüllung vervollständigt. Anschließend wird die Kavität nach dem Entfernen der Überschüsse verschlossen.

Thermomechanische Kondensation

Ein Compactor auf der Basis einer revers arbeitenden Hedström-Feile wird mit 8000 U/min parallel zum eingepaßten und mit Sealer benetzten Masterpoint mit leichtem Druck in den Kanal eingeführt. Der rotierende Compactor erwärmt und verformt die Guttapercha und wird rotierend aus dem Kanal herausgezogen. Nachteile dieser Füllmethode sind ein ungleichmäßiges Erhitzen der Guttapercha als spiralförmige Verdichtungsabschnitte sowie Dentinabrieb von der Kanalwand. Die laterale Kondensation ergab vergleichsweise homogenere Füllungen (Wong et al. 1981).

Tagger et al. (1983) ermittelten hinsichtlich der Abdichtung des Wurzelkanals keinen Unterschied zwischen der thermomechanischen und der lateralen Kondensation. Für eine Hybrid-Technik, bei der der Masterpoint zuerst lateral und anschließend thermomechanisch kondensiert wurde, ergab ein Farbstoffpenetrationstest sogar eine bessere Abdichtung als für die laterale Kondensation allein. Die Gefahr eines Instrumentenbruches, einer Überfüllung, Blasenbildung bzw. unvollständigen Kanalfüllung schränken eine breite Anwendung jedoch ein (Beer et al. 1986a).

473 Einführen des Guttapercha-Masterpoints
Links: Der oberer Frontzahn mit geradem Wurzelkanal wird instrumentiert und konisch erweitert.

Rechts: Der Guttapercha-Masterpoint von der Größe der apikalen Meisterfeile wird eingemessen, mit Sealer benetzt und in den instrumentierten Wurzelkanal geschoben.

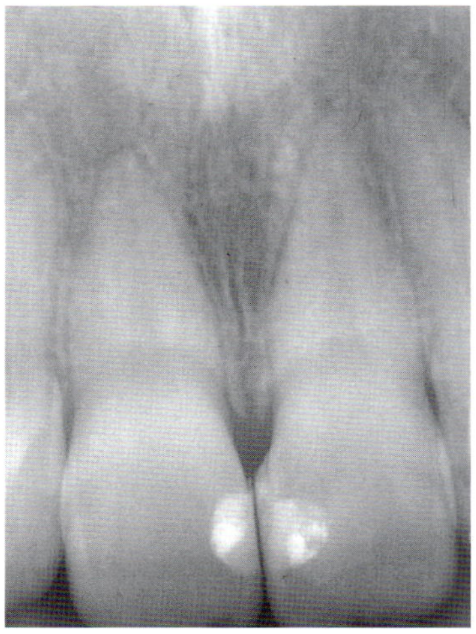

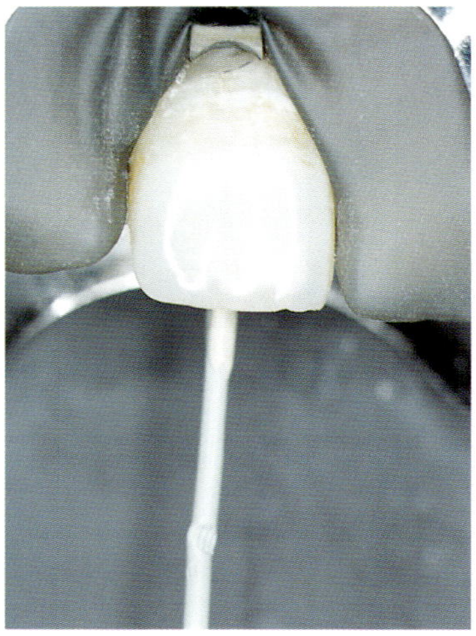

474 Thermomechanische Kondensation
Links: Der rotierende Compactor wird mit leichtem Druck an der Kanalwand entlang bis etwa 2 mm vor die Arbeitstiefe in den Wurzelkanal eingeführt.

Rechts: Nach 2–3 Sekunden verspürt man einen deutlichen Widerstand. Der Guttaperchastift wird erwärmt und durch den Compactor in den Kanal hineingedrückt.

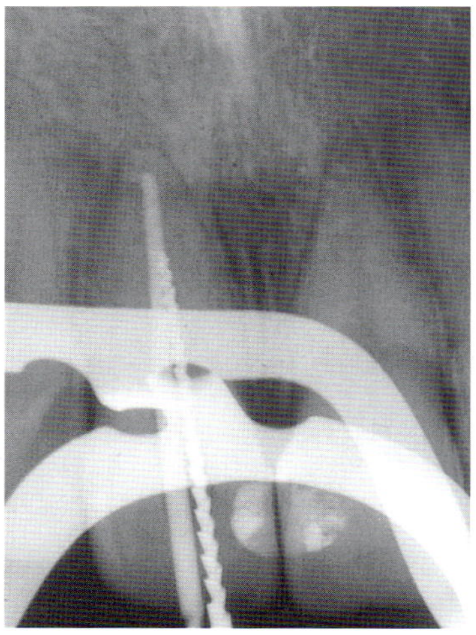

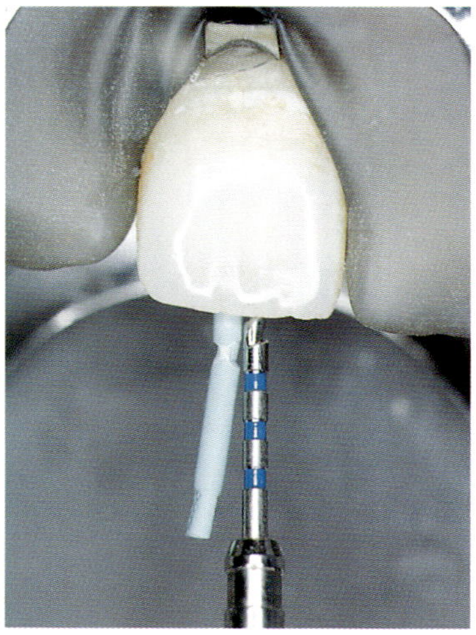

475 Entfernen des Compactors
Links: Im Röntgenbild ist eine weitgehend homogene Wurzelkanalfüllung zu erkennen. Wird ein apikaler Stop präpariert, ist die Gefahr der Überfüllung gering.

Rechts: Der rotierende Compactor wird langsam aus dem Wurzelkanal gezogen und verdichtet dabei die Guttapercha.

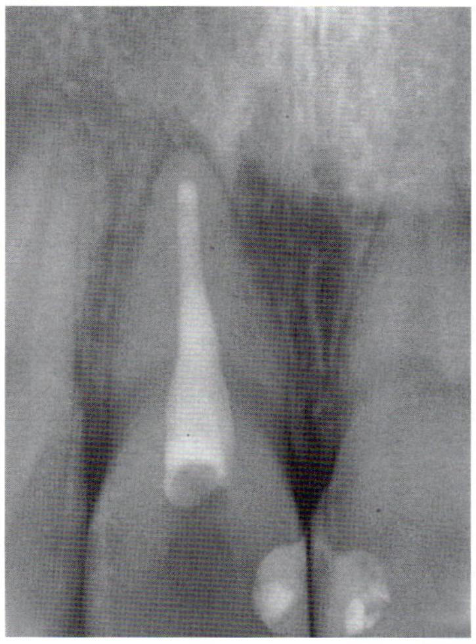

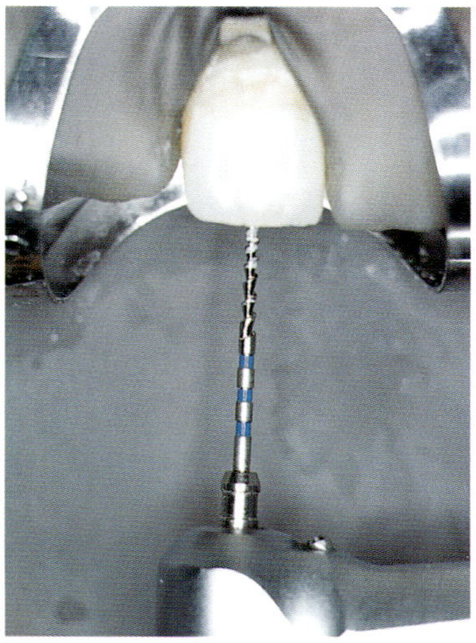

Thermafil

Mit dem Thermafil-System können Wurzelkanäle bei stark reduziertem Zeit- und Arbeitsaufwand mit Guttapercha abgefüllt werden. Es handelt sich bei diesem System um genormte Plastikstifte, die mit α-Guttapercha ummantelt sind. Bei Erwärmung wird die Guttapercha weich und der Wurzelkanal kann in einem Arbeitsgang verschlossen werden. Nach Aufbereitung bis Größe 25 zeigen sich aber häufig Unterfüllungen, nach Aufbereitung bis Größe 35 erreichen die Stifte fast immer den Apex, wobei es jedoch zur Überfüllung kommt (Chohayeb 1993).

In der Studie von Clark u. ElDeeb (1993) war die Häufigkeit der Überfüllung bei Thermafil-Füllungen größer als bei der lateralen Kondensation. Auch waren die Thermafil-Füllungen weniger dicht (Chohayeb 1992, McMurtrey et al. 1992). Guttapercha wird während des Einbringens teilweise vom Stift abgestreift, so daß apikal der Trägerstift in direkten Kontakt mit dem Periapikalgewebe tritt (Juhlin et al. 1993). Unzureichende Eindringtiefe in dünne und gekrümmte Wurzelkanäle und teilweise massive Überfüllung lassen zur Vorsicht in der klinischen Routine raten.

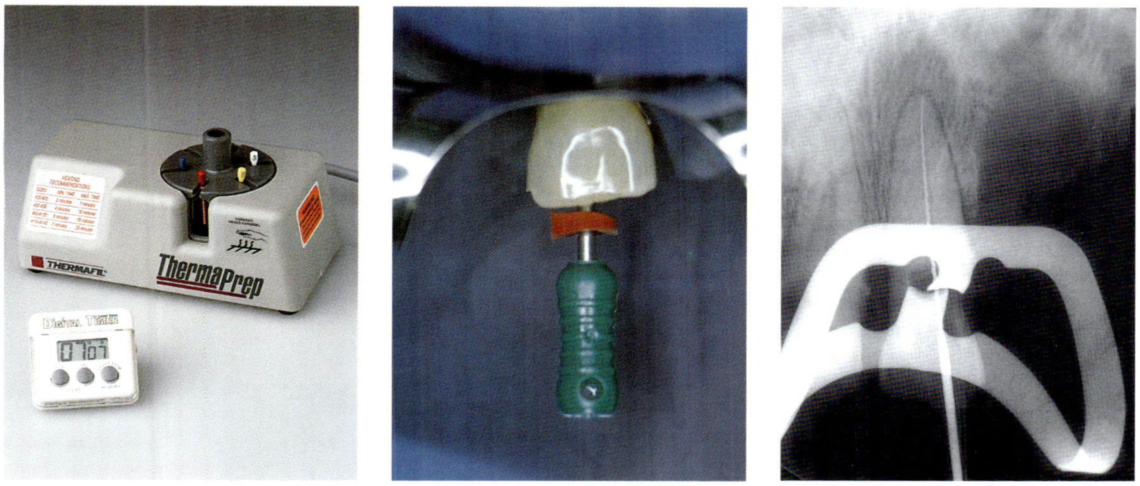

476 Erweiterung und Einprobe
Links: Spezialofen zur Erwärmung der mit Guttapercha ummantelten Thermafil-Stifte.

Mitte: Die Aufbereitung des geraden Wurzelkanals erfolgt mit Handinstrumenten bis zur Größe 70.

Rechts: Kontrolle der Arbeitslänge mittels Meßröntgenaufnahme.

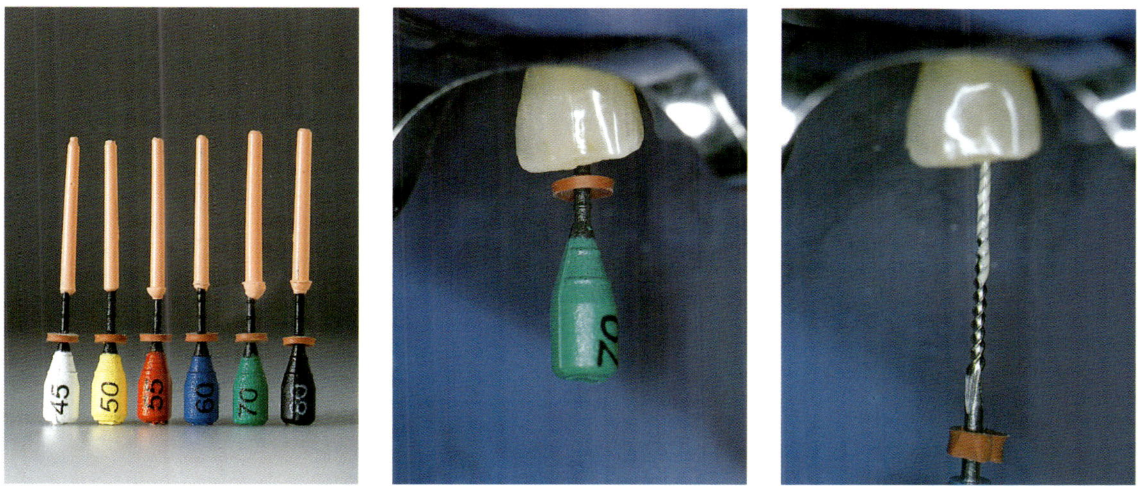

477 Thermafil-Füllung
Links: Guttapercha ummantelt spezielle Plastikträgerstifte. Vor der Applikation wird die Guttapercha erwärmt und damit verformbar.

Mitte: Die Wurzelkanalerweiterung wird mit einem Trägerstift kontrolliert, der nicht mit Guttapercha ummantelt ist.

Rechts: Mit einer K-Feile wird linksdrehend der Sealer in den getrockneten Wurzelkanal einrotiert.

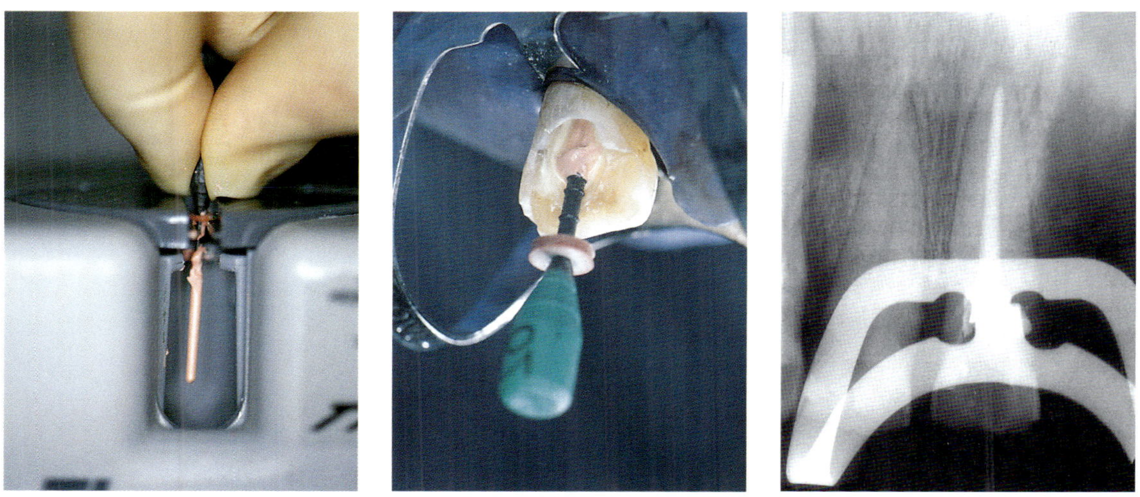

478 Abtrennen und Röntgenkontrolle
Links: Der Thermafil-Carrier wird nach Erwärmung dem Öfchen entnommen und bis zur Stoppermarkierung in den Wurzelkanal eingeschoben.

Mitte: Mit einer überlangen Diamantfräse wird der Thermafil-Stift in Höhe des Kanaleingangs abgetrennt.

Rechts: Die Röntgenkontrolle weist eine etwas kurze, aber homogene Füllung auf.

Thermoplastische Injektionstechnik

Das Ultrafil-System wurde 1984 von Michanowicz u. Czonstkowsky vorgestellt: Auf 70 °C erwärmte Guttapercha wird mit einer Peripress-Spritze in den Wurzelkanal eingepreßt und soll auch Ramifikationen abfüllen. Guttaperchagefüllte Ampullen werden 15 Minuten in einem Gerät erwärmt, wobei die Guttapercha plastifiziert wird. Guttapercha wird in 3 Zusammensetzungen angeboten, die sich durch Fließfähigkeit und Erhärtungszeit unterscheiden. Die Ampullen besitzen eine stumpfe Kanüle mit einem Durchmesser von 0,7 mm.

Empfohlen wird die Aufbereitung des mittleren Kanaldrittels bis Größe 70, damit die Applikationskanüle eingeführt werden kann (Heidemann u. Ramil-Diwo 1993). Bei der Trifekta-Technik wird vor der Injektion erwärmte Guttapercha mit einer K-Feile in den Kanal einrotiert und mit einem Plugger vertikal kondensiert. Während der anschließenden Injektion ist darauf zu achten, daß ein kontinuierlicher Fluß der Guttapercha durch die Injektionskanüle gewährleistet ist. Die Kanüle wird durch die austretende Guttapercha passiv aus dem Wurzelkanal herausgedrückt.

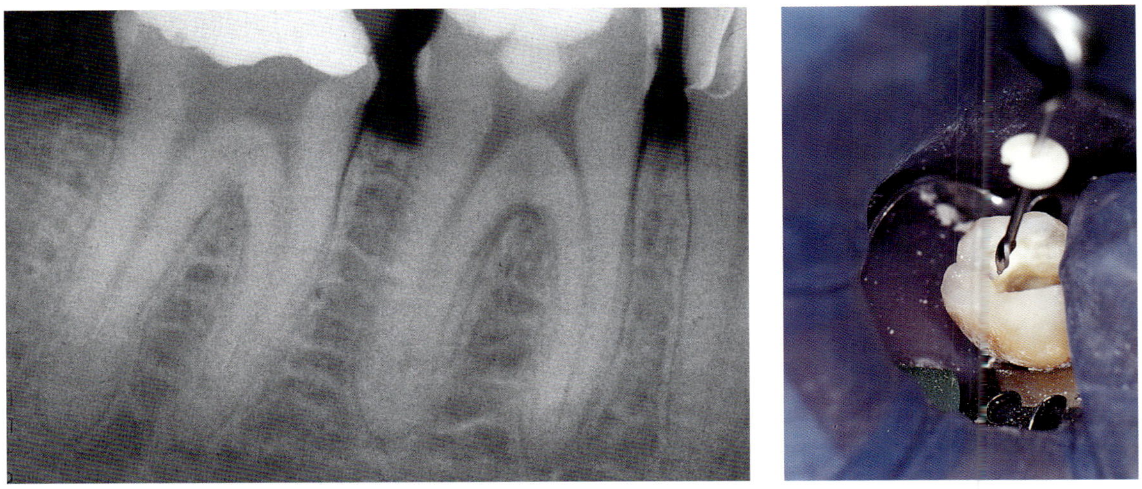

479 Aufbereitung
Der untere zweite Molar mit irreversibler Pulpitis wird zuerst koronal erweitert und anschließend apikal bis Größe 30 aufbereitet.

Rechts: Um der mit einem Durchmesser von 0,7 mm recht dicken Kanüle eine ausreichende Penetrationstiefe zu gewähren, muß nach der apikalen Instrumentation nochmals koronal erweitert werden.

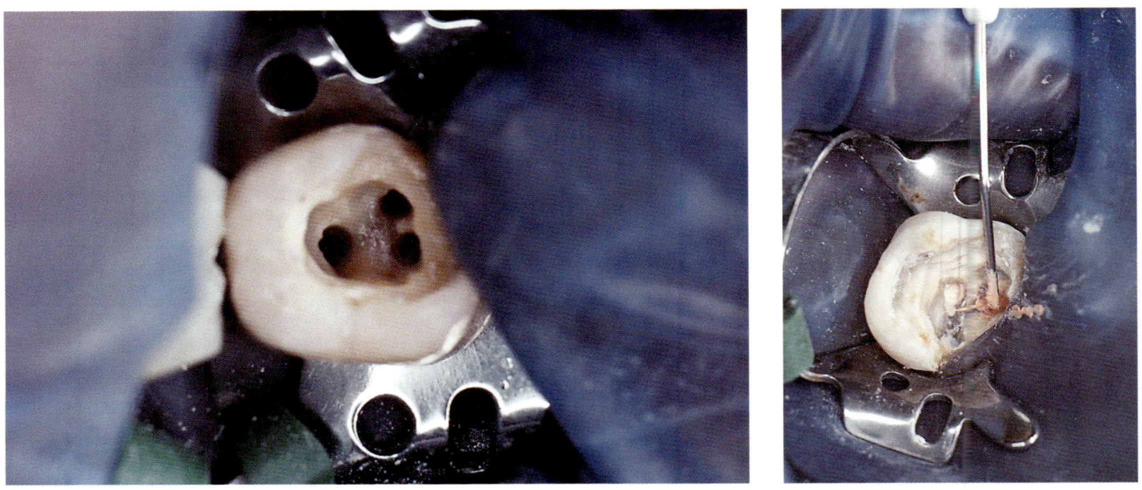

480 Einführen der Kanüle
Die Wurzelkanäle werden ausreichend gespült und getrocknet. Der Querschnitt ist durch die abschließende maschinelle Gestaltung fast rund.

Rechts: Nach Erwärmen der Applikationsampulle wird die Kanüle bis in mittlere Kanalbereiche eingeführt und die Guttapercha in den Wurzelkanal injiziert.

481 Ultrafil-Set
Das Ultrafil-Füllsystem besteht aus Ampullen, die mit Guttapercha unterschiedlicher Fließfähigkeit und Erhärtungszeit gefüllt sind. Je schneller die Guttapercha erhärtet, desto größer sind mögliche Kontraktionen während der Abkühlphase. Bereits 5 Minuten nach Injektion treten deutliche Ablösungen von der Kanalwand auf, die durch die vertikale Kondensation nur wenig verringert werden können (Capurro et al. 1993).

In Untersuchungen an extrahierten Zähnen wiesen 23% der mit Ultrafil-regular gefüllten Kanäle Farbstoff als Zeichen einer schlechten Abdichtung auf, dagegen nur 11,8% der mit Ultrafil-firm gefüllten Kanäle. Sealer verbesserte die Dichtheit nur unwesentlich. Demgegenüber waren alle mittels lateraler Kondensation und Sealer abgefüllten Kanäle dicht (Hata et al. 1995). Auch in der Untersuchung von Hülsmann u. Meinert (1994) schnitt Ultrafil im Vergleich zur lateralen Kondensation deutlich schlechter ab. (Farbstoffpenetration 2,1 mm versus 0,15 mm.)

Ähnliche Ergebnisse wurden mit Trifekta-Füllungen erzielt (1,1 mm versus 0,5 mm für die laterale Kondensation; Goldberg et al. 1995). Die thermoplastische Injektion führt durch ihre mangelnde Kontrollierbarkeit öfter zu Über-, aber auch zu Unterfüllungen und zu Inhomogenitäten in der Füllmasse. Die Extrusion von Guttapercha über das apikale Foramen ist von der Größe der Kanalerweiterung abhängig. Bei Aufbereitung bis Größe 40 wurde mit 1,94 mg mehr Guttapercha überfüllt als bei Instrumentation nur bis Größe 20 (0,53 mg; Ritchie et al. 1988).

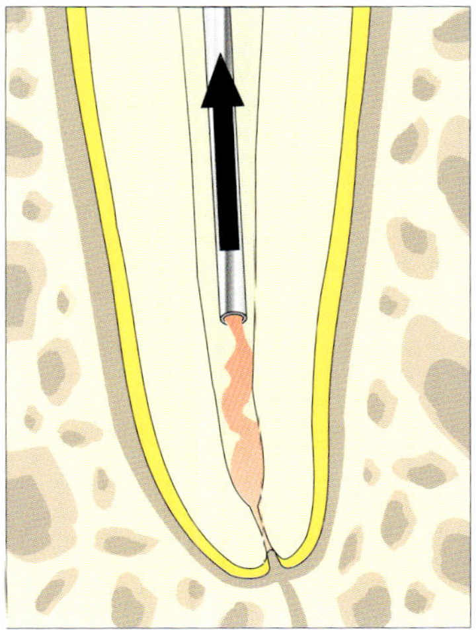

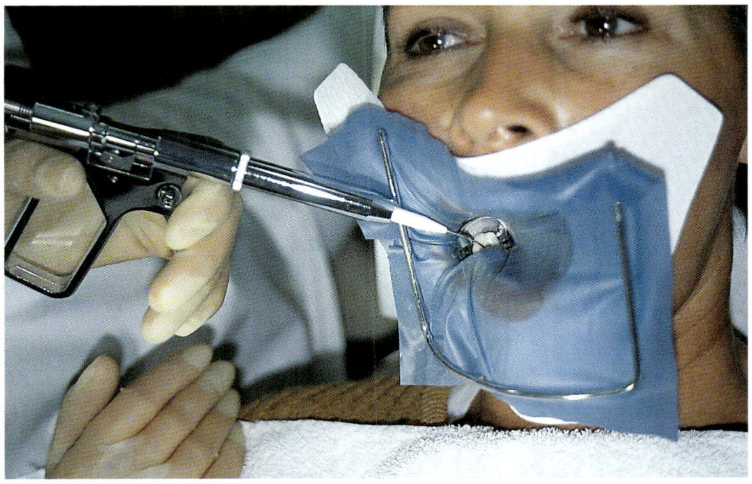

482 Guttapercha-Injektion
Mit einer modifizierten Peripress-Spritze wird die Guttapercha injiziert.

Links: Die injizierte Guttapercha drückt die Kanüle passiv aus dem Wurzelkanal heraus. Eine Kontrolle der Eindringtiefe der Guttapercha ist während des Füllvorgangs nicht möglich, so daß Unter- oder Überfüllungen möglich sind.

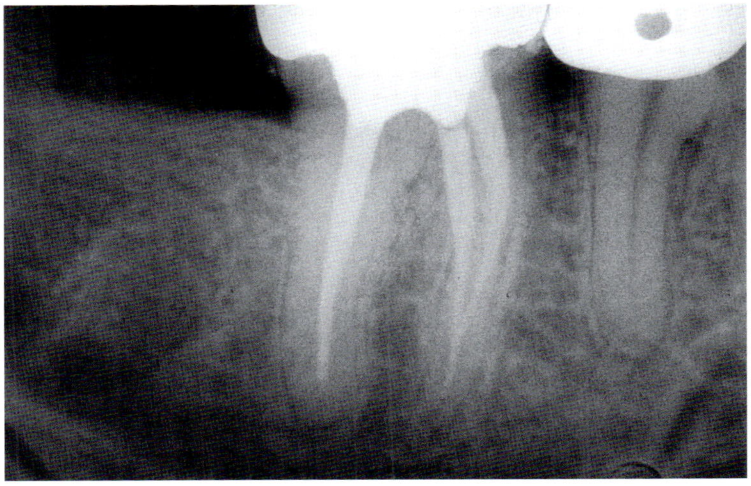

483 Röntgenkontrolle
Die Röntgenkontrolle weist eine zufriedenstellende Wurzelkanalfüllung nach. Durch die starke koronale Erweiterung der Wurzelkanäle bei gleichzeitig geringer apikaler Aufbereitung mit Präparation eines apikalen Stops ist ein Überfüllen vermieden worden.

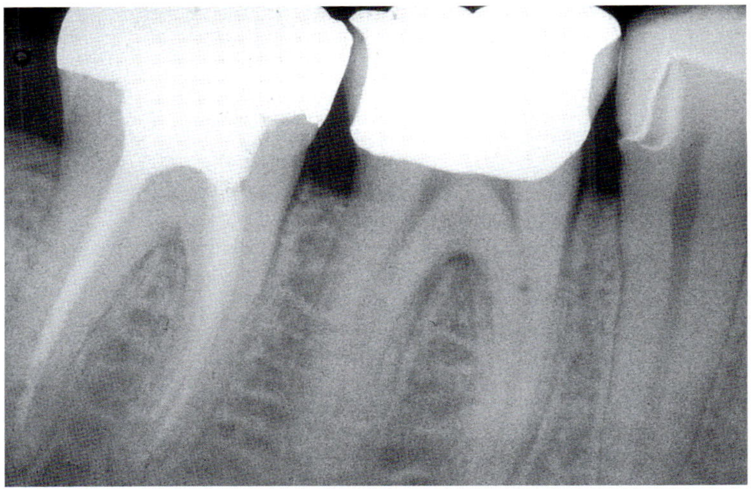

484 1-Jahres-Kontrolle
Die Kontrollröntgenaufnahme nach einem Jahr weist reizlose periapikale Verhältnisse auf. Der in der Injektionstechnik geübte Zahnarzt kann zufriedenstellende Guttaperchafüllungen erzielen. Das Röntgenbild läßt allerdings keine Aussage über physikalische Veränderungen innerhalb der Guttapercha nach deren Applikation zu.

Dreidimensionale Guttaperchafüllungen

Das Wurzelkanalsystem enthält Seitenkanäle, die im Bereich der Furkation oder apikal mit dem Parodontalgewebe kommunizieren (Hess 1925a,b, Scianamblo 1977). Jede Ausmündung aus dem Wurzelkanal ist bei nekrotischer Pulpa als mögliche Durchtrittsstelle von Zerfallsprodukten anzusehen (Ruddle 1989). Die Regenerationstendenz periapikaler Läsionen endodontischen Ursprungs ist von einer Vielzahl von Parametern abhängig, unter anderem von einer vollständigen Füllung in 3 Dimensionen. Eine entsprechende Technik wurde 1967 von Schilder vorgestellt.

Walton u. Langeland (1978) zeigten die biologische Bedeutung der Wurzelkanalfüllung für den Gesamtorganismus. Nach Entfernen der koronalen Pulpa in einer tierexperimentellen Studie wurde Sealer auf den Pulpastumpf aufgebracht und das Kavum verschlossen. Bereits nach 40 Tagen fanden sich Sealerpartikel in Lymphknoten. Die systemische Verteilung von resorbierbaren Zementen bewiesen auch Block et al. (1983). Sie beobachteten eine Anreicherung radioaktiv markierter Sealerpartikel in Lymphknoten, aber auch in Niere und Leber der Versuchstiere.

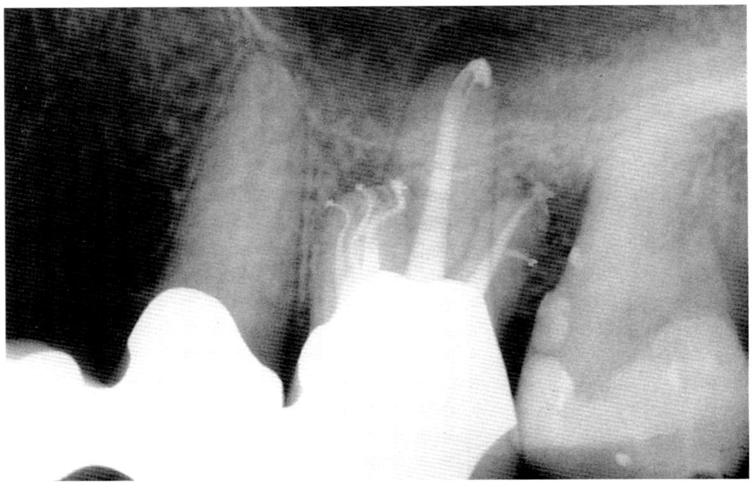

485 Dreidimensionale Wurzelkanalfüllung
Postoperative Darstellung eines ersten Oberkiefermolaren mit einer dreidimensionalen Füllung des komplexen Wurzelkanalsystems. Während des vertikalen Kondensierens kommt es zu geringradiger Überfüllung von Guttapercha, die im Gegensatz zum Sealer biologisch inert und dadurch tolerierbar ist.

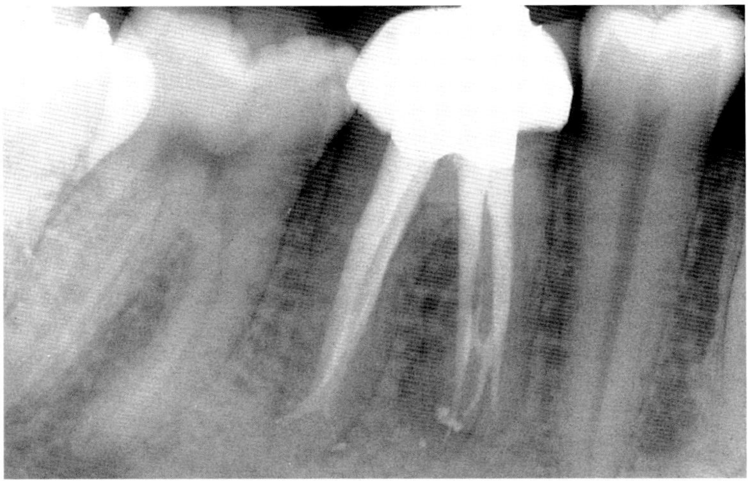

486 Abfüllen von Seitenkanälen
Kontrollröntgenaufnahme nach vertikaler Kondensation des Wurzelkanalsystems eines Unterkiefermolaren mit 4 Wurzelkanälen und zahlreichen Anastomosen zwischen den mesialen Hauptkanälen sowie apikalen Ramifikationen, die mit Guttapercha gefüllt worden sind.

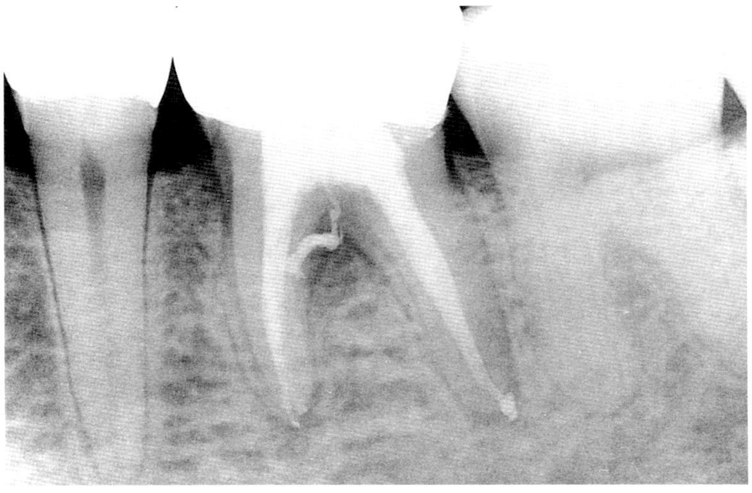

487 Parodontale Läsion
Röntgenaufnahme nach Wurzelkanalfüllung eines ersten Unterkiefermolaren. Die Verbindung des Wurzelkanals zur parodontalen Läsion, verursacht durch bakterielle Toxine, deutet auf einen endodontalen Ursprung hin.

Mit erwärmter bioinerter Guttapercha ist eine dreidimensionale Wurzelkanalfüllung möglich. Guttapercha leitet dabei die Hitze über 4–5 mm im Wurzelkanal – in diesem Bereich erfolgt eine Kondensation. Wiederholtes Erwärmen des Guttaperchastiftes auf 40–45 °C ermöglicht ein Plastifizieren über die gesamte Länge des Stiftes bis nach apikal. Während der Phase der Abkühlung von 45 auf 37 °C wird mit einem Plugger vertikal kondensiert. Dies adaptiert und stabilisiert die Guttapercha in allen 3 Dimensionen und füllt auch Seitenkanäle (Goldman et al. 1971).

Obwohl anatomische Besonderheiten wie multiple Kanäle mit der Zahl endodontischer Mißerfolge korrelieren, sind unvollständige Reinigung, Formgebung und Obturation des Hauptkanals die häufigsten Ursachen für einen Mißerfolg. Scianamblo (1993) empfiehlt deshalb, alle Wurzelkanalsysteme bis zum radiographischen Apex abzufüllen. In einer klinischen Studie von Morse u. Wilcko (1980) zeigte sich, daß bei großen periapikalen Läsionen nach vertikaler Kondensation mit biologisch inerter Guttapercha in 97,9% der Fälle eine Knochenregeneration zu verzeichnen war.

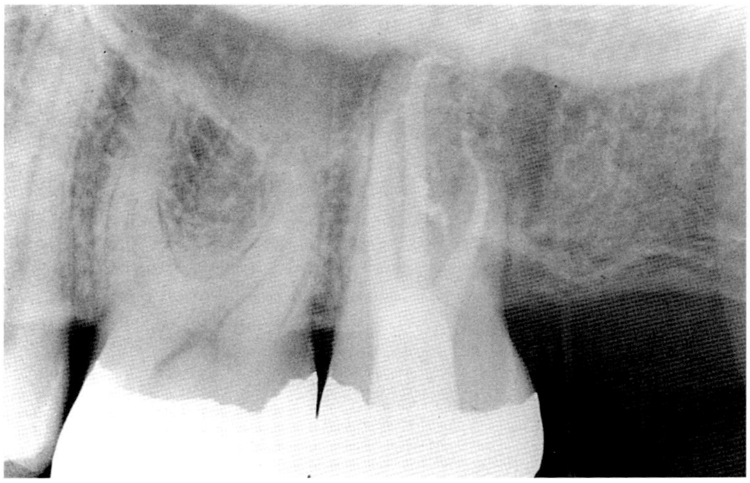

488 Füllen gekrümmter Wurzelkanäle
Der obere zweite Molar zeigt eine dichte Füllung des gesamten Kanalsystems. Die starke Krümmung der distobukkalen Wurzel nach mesial stellt kein Hindernis für eine komplette Füllung dar. In der Furkation ist ein mit Guttapercha gefüllter akzessorischer Kanal sichtbar.

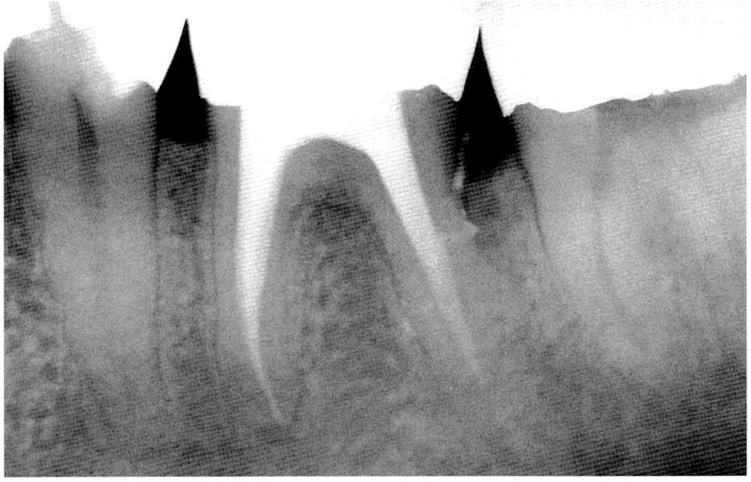

489 Parodontale Taschenbildung
Kontrollröntgenaufnahme eines unteren ersten Molaren mit einem distal abgefüllten Seitenkanal, der eine Verbindung zur parodontalen Taschenläsion aufweist. Durch Scaling kann die überschüssige Guttapercha entfernt werden.

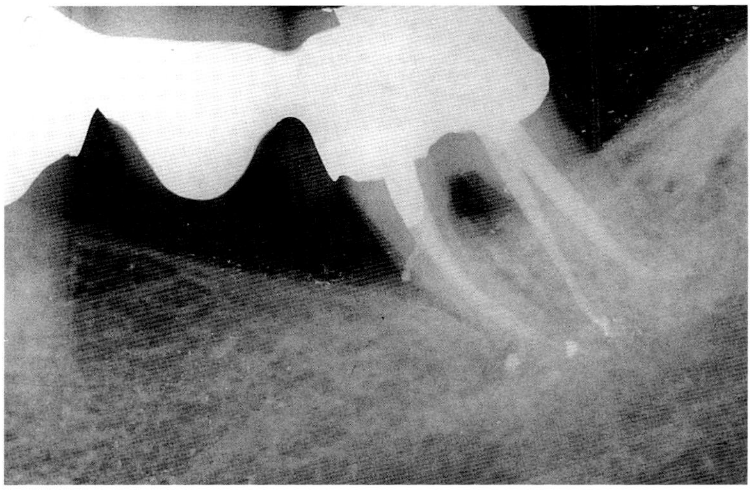

490 Füllung bei Paro-Endo-Läsion
Unterer zweiter Molar als Pfeilerzahn einer Brückenrekonstruktion mit einem seit 10 Jahren stabilen Furkationsproblem. 2 laterale Seitenkanäle an der mesialen Wurzel weisen auf das periodontal-endodontale Problem hin.

Röntgenbilder: *C. Ruddle*

Vertikale Kondensation: Teil I

Das Instrumentarium besteht aus einem Pluggerset von 9 Instrumenten. Der Durchmesser des Instruments der Größe 8 beträgt 0,4 mm und nimmt bis Größe 12 pro Instrument jeweils um 0,1 mm zu. Die Plugger weisen Markierungen in 5-mm-Intervallen auf, dadurch ist eine Längenkontrolle auch innerhalb des Wurzelkanals möglich. Es werden 3 Plugger verwendet, die geringfügig kleiner sind als der Durchmesser der Wurzelkanalerweiterung in der entsprechenden Tiefe. Der kleinste Plugger sollte bis auf 4–5 mm an das apikale Foramen heranreichen, ohne im Kanal zu klemmen.

Im koronalen Drittel muß der dickste Plugger ohne Berühren der Kanalwand arbeiten können. Ein schmalerer Plugger wird für das mittlere Kanaldrittel ausgewählt. Die Plugger werden vor Einprobe des Masterpoints und vor der vollständigen Trocknung des Kanals ausgewählt. Zur Erwärmung der Guttapercha kann ein über der Spiritusflamme erhitzter Spreader verwendet werden. Besser sind jedoch Hitzegeräte, etwa das Touch'n-heat 5004 (Analytic Technology) das die Guttapercha auf höchstens 45 °C erwärmt und dadurch abschnittsweise plastifiziert (Ruddle 1993).

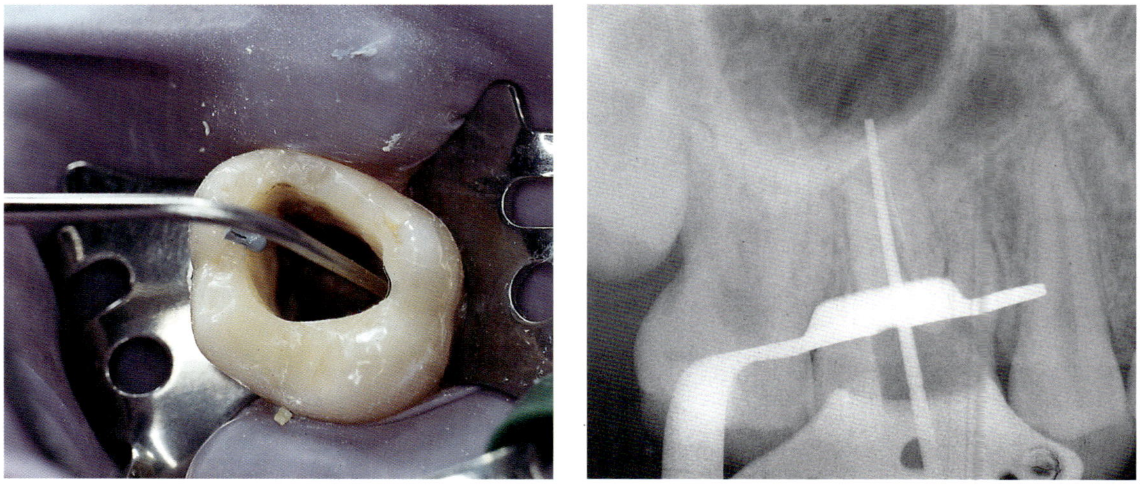

491 Pluggereinprobe
Links: Ein dicker Plugger wird bis zum Ende des koronalen Drittels in den Kanal eingeführt, ohne die Kanalwand zu berühren. Ein um eine Größe kleinerer Plugger wird bis in den mittleren Kanalbereich vorgeschoben und ein noch dünnerer Plugger bis etwa 4–5 mm an das apikale Foramen herangeführt.

Rechts: Mit einem zusätzlichen Röntgenbild kann die erwartete Eindringtiefe des dünnsten Pluggers kontrolliert werden.

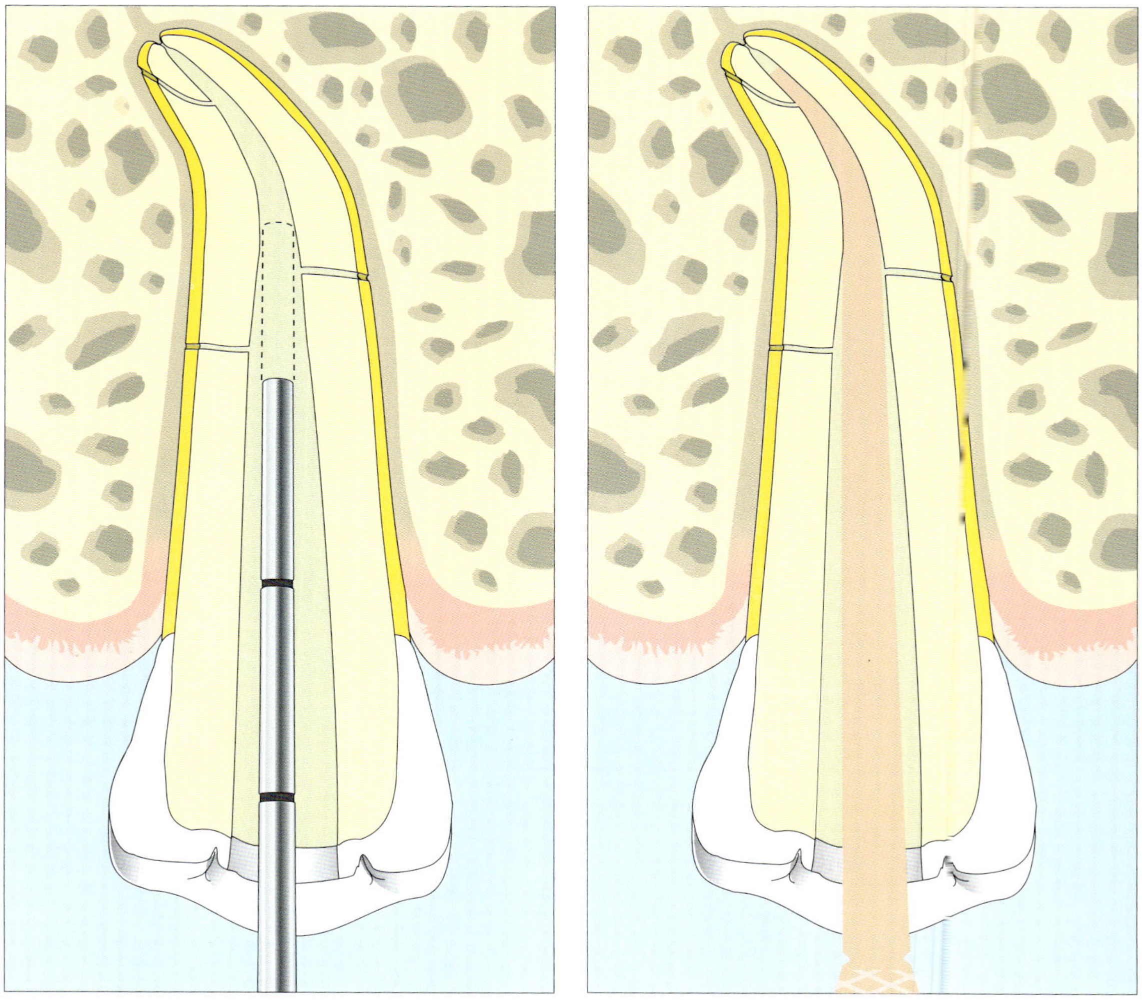

492 Plugger- und Masterpoint-einprobe
Links: Einprobe des dünnsten Pluggers, der bis zur apikalen Kanalkrümmung eingeführt wird, ohne an der Kanalwand zu schaben. Der Abstand zur apikalen Konstriktion sollte maximal 4–5 mm betragen. Ein mittelgroßer Plugger sollte das mittlere Kanaldrittel passiv erreichen. Die Länge kann entweder mit einem Gummistopper markiert werden, oder man notiert sich die Längenmarkierung auf der Pluggeroberfläche. Die Pluggerauswahl stellt sicher, daß das Instrument beim Kondensiervorgang nur auf die plastifizierte Guttapercha trifft und nicht an der zu dünnen Kanalwand hängenbleibt. Sonst ist ein weiteres vertikales Kondensieren nicht möglich.

Rechts: Einführen des um 0,5 mm gekürzten Guttaperchahauptstiftes nach Sealerapplikation.

Nach der Instrumentation wird ein nicht standardisierter Guttaperchastift der Größe „medium" ausgewählt, der der Form des konisch präparierten Wurzelkanals entspricht und sich durch seine ebenfalls konische Form der Kanalform anpaßt. Der Masterpoint wird bis zur vollen Arbeitslänge einprobiert und die Lage mittels Röntgenbild kontrolliert. Danach wird er aus dem Wurzelkanal entfernt und zeigt beim Zurückziehen einen apikalen Widerstand („tugback"). Bevor anschließend der Guttaperchastift wieder eingesetzt wird, schneidet man noch 0,5 mm von der Spitze ab.

Die zuletzt benutzte K-Feile wird mit Sealer beschickt und bis zur Arbeitstiefe in den Wurzelkanal eingeführt. Für die vertikale Kondensation wird Kerr-Sealer empfohlen, der innerhalb von 30 Minuten aushärtet und im Vergleich mit 27 anderen Sealern die geringste Filmdicke sowie sehr gute Fließfähigkeit und Viskosität aufweist (Orstavik 1982). Sind Sealer und Masterpoint eingesetzt, beginnt man in der ersten Phase („downpack") mit dem heißen Abtrennen der Guttapercha in Höhe des Kanaleingangs und der ersten Kondensation mit dem stärksten Plugger.

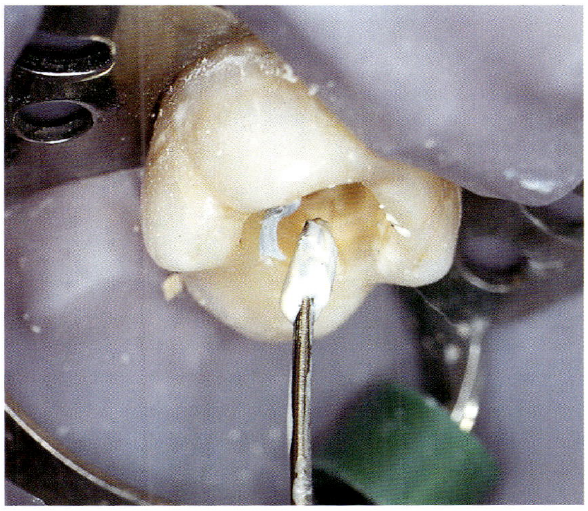
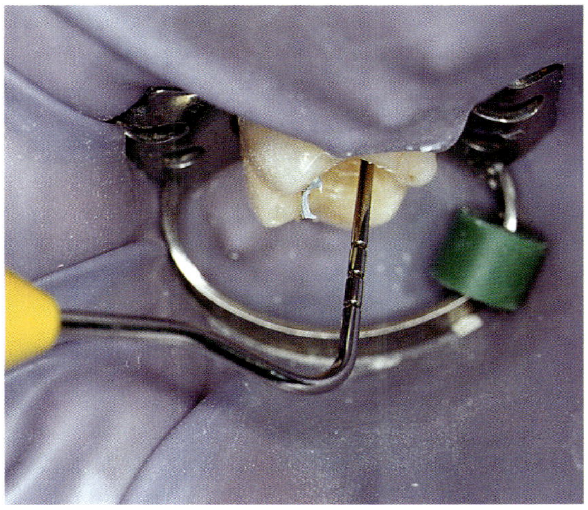

493 Vertikale Kondensation
Links: Ein Guttapercha-Masterpoint wird bis zur Arbeitstiefe in den Wurzelkanal eingeführt, und anschließend wird mit einer heißen Sonde koronal Guttapercha entfernt.

Rechts: Nachdem mit einem heißen Spreader die Guttapercha erwärmt und plastifiziert worden ist, erfolgt die vertikale Kondensation mit einem Plugger.

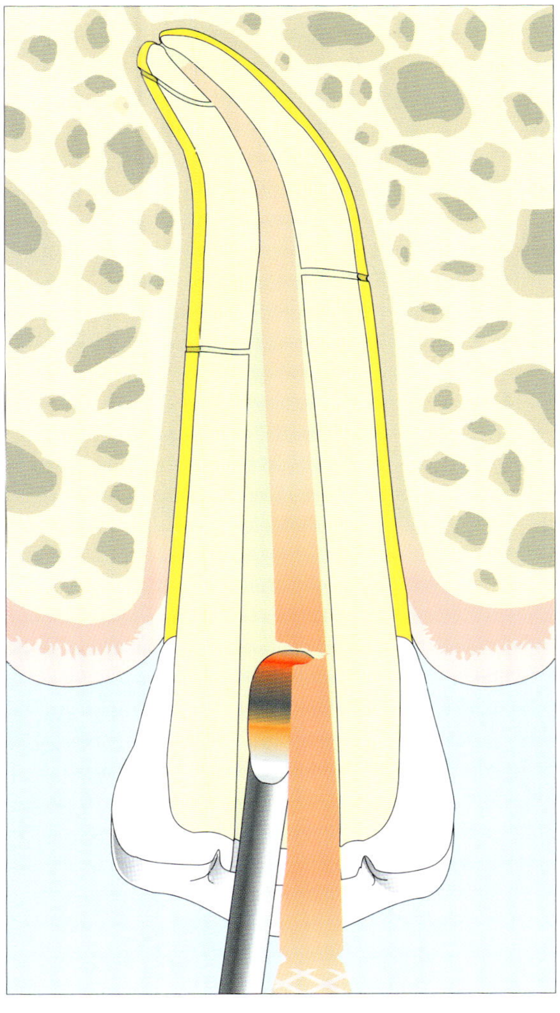
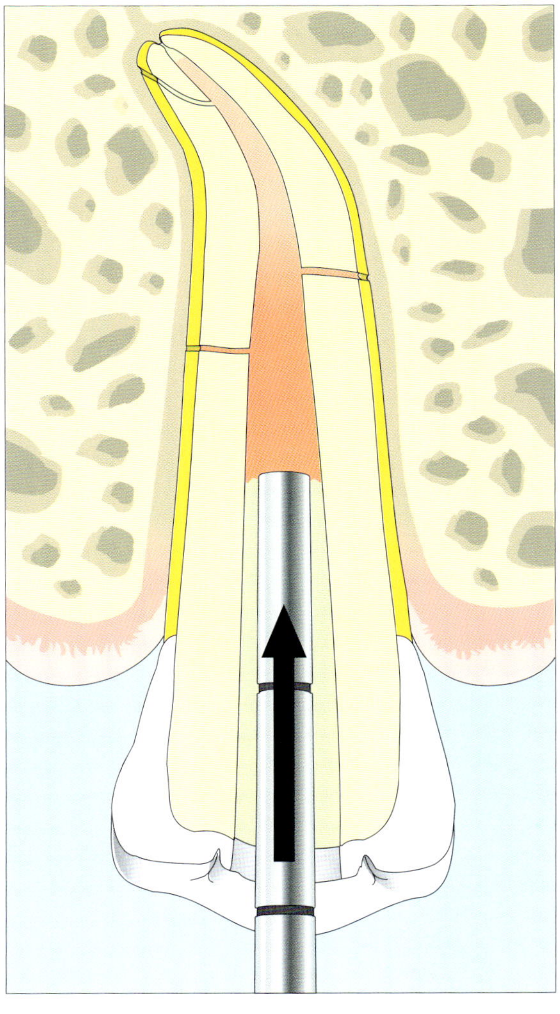

494 Erwärmen und Stopfen
Links: Der Masterpoint wird apikal um 0,5 mm gekürzt und mit Sealer benetzt in den Wurzelkanal eingeführt. Mit einem Exkavator bzw. einer erhitzten Sonde wird der Guttaperchaüberschuß abgetrennt und die Hitze zur Erwärmung der oberen Guttapercha verwendet.

Rechts: Durch Eintauchen des dicken Spreaders in Zementpulver wird ein Kleben an der plastifizierten Guttapercha vermieden. Anschließend drückt man mit kurzen zirkumferenten Bewegungen in die Guttapercha, wodurch sie kondensiert wird. Zum Abschluß wird der Plugger fest nach apikal gedrückt, und man spürt ein Festwerden der Guttapercha. Durch den Druck sowie den apikalen Gegendruck der nicht erwärmten Guttapercha wird das plastische Füllmittel in laterale Kanäle gepreßt.

Vertikale Kondensation: Teil II

Nach der ersten vertikalen Kondensation wird die Touch'n-heat-Sonde erneut in die Guttapercha eingeführt, die Hitzezufuhr am Handgriff unterbrochen und nach einem kurzen Moment die Sonde aus der Guttapercha herausgezogen. Dadurch kühlt das Metall ab und entfernt eine kleine Menge an der Oberfläche klebende Guttapercha. Nun kann der kleinere Plugger tiefer in den Wurzelkanal eindringen und die erwärmte Guttapercha kondensieren. Guttapercha und Sealer verteilen sich dabei dreidimensional über eine Strecke von 4–5 mm auch in laterale Kanäle.

Während des letzten Erwärmvorgangs erreicht die Hitzesonde den apikalen Bereich. Der dünnste Plugger wird bis maximal 5 mm an die apikale Konstriktion herangeführt und füllt während der Kondensation feine Verzweigungen des apikalen Deltas. Er wird mit kräftigem, apikalwärts gerichteten Druck eingesetzt, bis die Guttapercha abgekühlt ist, um ein Schrumpfen in der Abkühlphase zu verhindern. Die Gefahr des Überpressens ist relativ gering, wenn der Masterpoint um 0,5 mm gekürzt und dem Wurzelkanal exakt angepaßt wurde (Dagher u. Yared 1993).

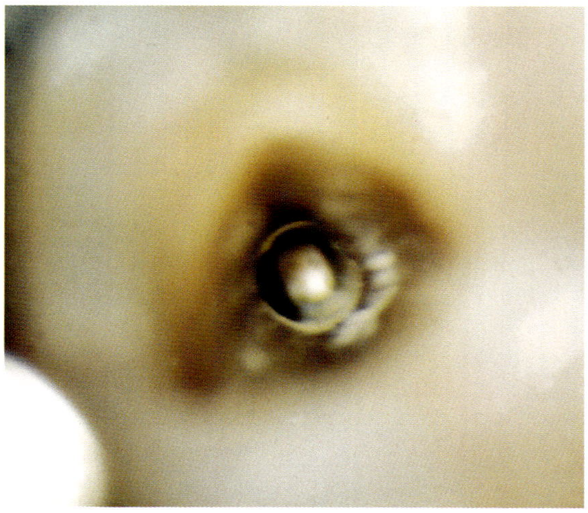

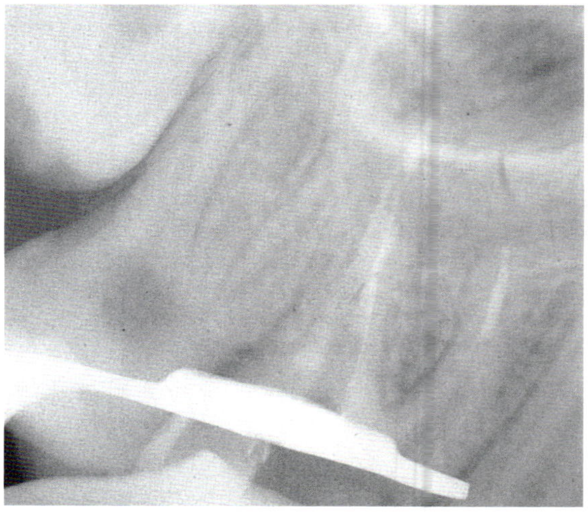

495 Apikale Kondensation
Links: Mit dem Operationsmikroskop wird der gesamte Wurzelkanal von koronal nach apikal fokussiert und kontrolliert. Im apikalen Bereich erkennt man die kondensierte Guttapercha.

Rechts: Nach der ersten Phase der vertikalen Kondensation („downpack") wird der apikal abgefüllte Bereich der Wurzelkanäle mittels Röntgenbild kontrolliert.

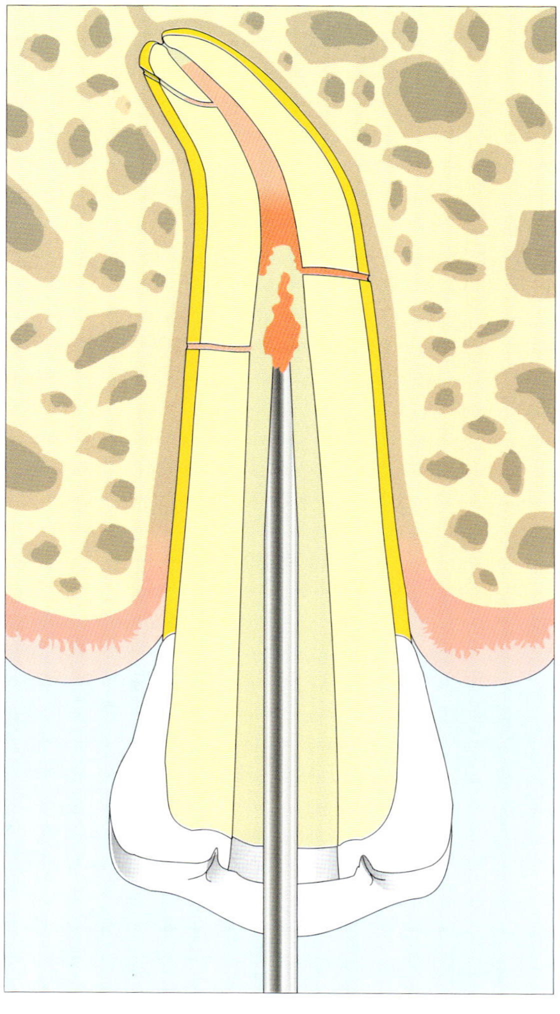

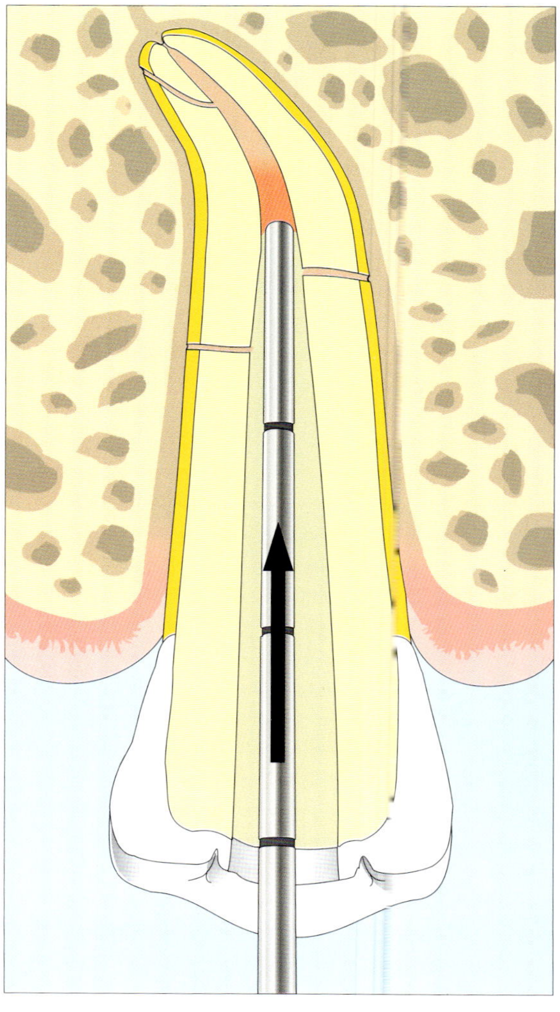

496 Apikale Kondensation
Links: Die Hitzesonde wird nach Erreichen des apikalen Bereichs erneut 3–4 mm in die Guttapercha eingeschoben. Sie erwärmt und plastifiziert diese und entfernt beim Herausziehen eine geringe Menge.

Rechts: Der kleinste der 3 Plugger kondensiert die erwärmte Guttapercha nach apikal, gleichzeitig werden laterale Kanäle bzw. apikale Ramifikationen abgefüllt. Dieser Vorgang des Erwärmens und vertikalen Kondensierens der Guttapercha wird drei- bis viermal wiederholt, bis der dünnste Plugger 4–5 mm an die vorher bestimmte Arbeitstiefe heranreicht.
Eine Gefahr des Überpressens von Guttapercha besteht dann nicht, wenn der Wurzelkanal konisch erweitert und der Masterpoint gut angepaßt wurde, wenn die Temperatur 45 °C nicht übersteigt und die Hitzesonde nicht näher als 4 mm an das apikale Foramen gebracht wird (Ruddle 1993).

Nach Abschluß der ersten Phase der vertikalen Kondensation („downpack") schließt sich entweder das Einpassen eines Stiftaufbaus an, oder der Wurzelkanal wird koronal vollständig mit Guttapercha gefüllt („backpack"). Dazu wird eine Guttaperchapistole, die Obtura II, eingesetzt, welche die Guttapercha auf 160 °C erhitzt (Yee et al. 1977). Die plastifizierte Guttapercha verläßt mit einer Temperatur von 47 bis maximal 81 °C die Injektionskanüle, ohne Schäden im angrenzenden marginalen Parodontalgewebe zu bewirken (Gutmann et al. 1987a, b).

Die heiße Injektionskanüle erwärmt die apikal kondensierte Guttapercha und ermöglicht eine gute Haftung des anschließend eingepreßten Guttaperchastückes. Der dünnste Plugger kondensiert dieses 4-5 mm lange Teilstück, bis es im Kanal erkaltet ist. Durch abwechselndes Einfüllen und Kondensieren der thermoplastischen Guttapercha wird der Wurzelkanal vollständig gefüllt. Lugassi u. Yee (1982) untersuchten an extrahierten Zähnen das Abdichtungsverhalten der vertikalen Kondensation und erreichten bei Verwendung eines Sealers eine komplette Obturation des Wurzelkanalsystems.

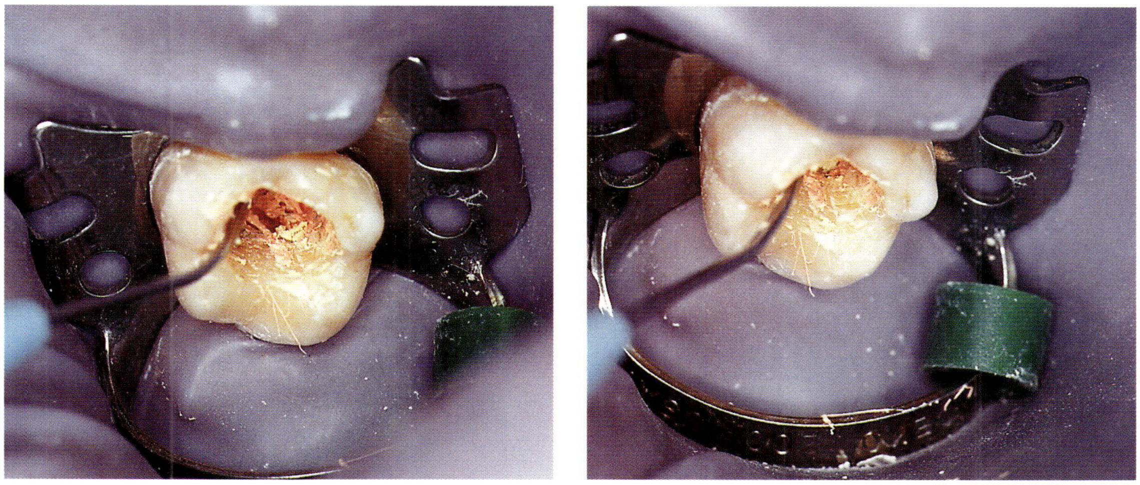

497 Koronale Füllung
Links: Nach Füllen des apikalen Wurzelkanalbereichs erfolgt in der zweiten Phase („backpack") das Auffüllen mit einer Guttaperchapistole.

Rechts: Die Guttaperchapistole wird in direkten Kontakt zur apikalen Füllung gebracht, und anschließend wird ein 4–5 mm langes Teilstück Guttapercha in den Kanal injiziert.

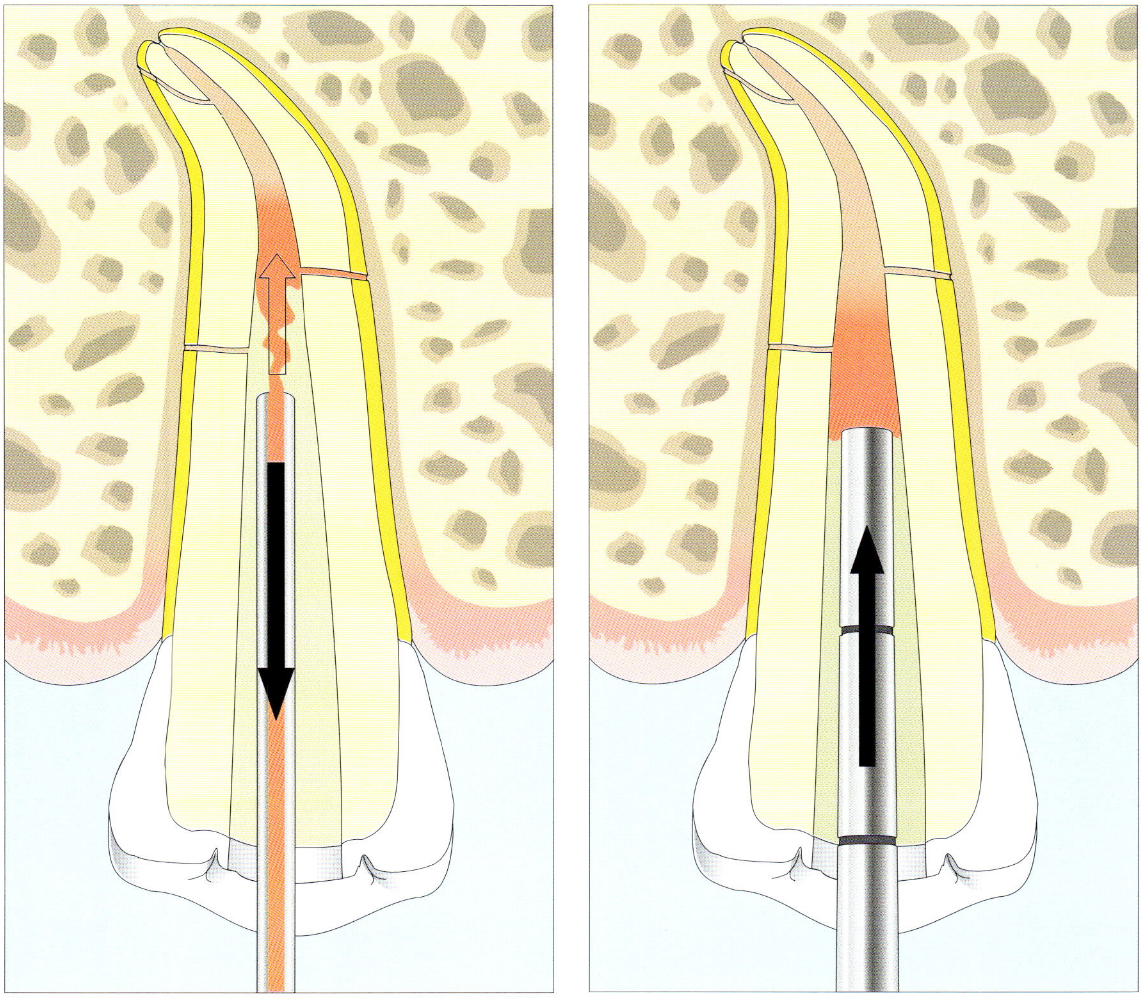

498 Koronale Füllung
Links: Die Kanüle der Guttaperchapistole hat Kontakt mit der apikalen Guttaperchafüllung und erweicht die Oberfläche. Unter vorsichtigem Zurückziehen wird eine kleine Menge Guttapercha abgegeben. Man fühlt dabei, wie die Injektionskanüle aus dem Wurzelkanal gedrückt wird.

Rechts: Der mittlere Plugger drückt die Guttapercha nach apikal, danach wird noch zirkumferent kondensiert, um eine homogenere Füllung zu erzielen. Der Plugger bleibt solange im Kanal, bis die Guttapercha erkaltet ist. Durch diese weitere vertikale Kondensation werden auch laterale Kanäle abgefüllt.
Nach Abschluß der Wurzelkanalfüllung wird mit einer Röntgenaufnahme die Abdichtung der Füllung kontrolliert.

Klinischer Erfolg

In einer klinischen Studie von Morse et al. (1983) wurden 458 Wurzelkanäle nach der lateralen Kondensation mit Eukapercha als Sealer gefüllt. Es lagen z. T. ausgeprägte periapikale Aufhellungen vor. Nach einem Jahr betrug die Erfolgsquote 94,5%. Prämolaren zeigten mit 98,2% ein besseres Ergebnis als Molaren mit 92,5%. Nach Vitalexstirpation trat nur bei 1,8% der Fälle ein Mißerfolg auf gegenüber 6,7% bei nekrotischer Pulpa. Wurde der Wurzelkanal unterfüllt, so lag die Erfolgsrate nur bei 71%. Ein fast 100%iger klinischer Erfolg war bei Füllung bis zum Foramen apicale zu verzeichnen.

Weisz (1985) fand unter 650 behandelten Zähnen nach 2 Jahren bei 56% eine Knochenregeneration von zwei Dritteln des Knochendefekts und bei 40% röntgenographisch ein völlig regeneriertes Periapikalgewebe.
In einer klinischen Studie von Schilder (1962) wurden 100 Oberkieferfrontzähne mit periapikalen Läsionen von 8–35 mm Durchmesser konservativ behandelt und nach der vertikalen Kondensationstechnik abgefüllt. Röntgenuntersuchungen nach 6 Monaten zeigten vollständige bzw. 90%ige Regeneration in 56% der Fälle, nach 2 Jahren betrug die Heilungsrate 99%.

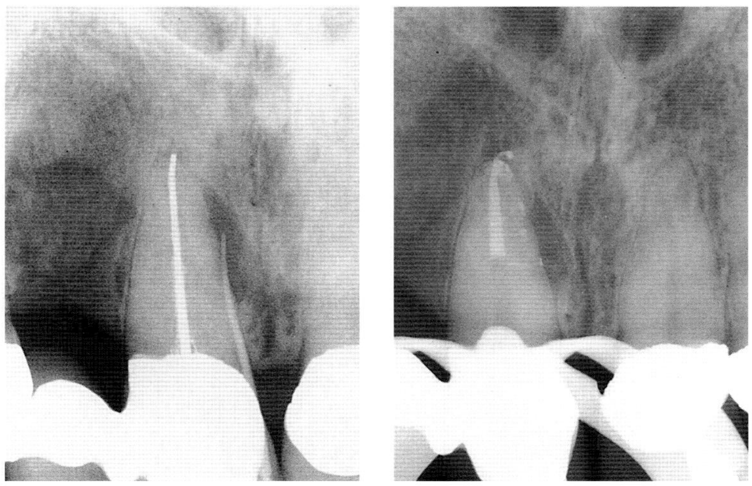

499 Downpack
Links: Oberkieferfrontzahn als Brückenpfeiler mit einer lateralen Aufhellung. In den Fistelgang ist ein Guttaperchastift eingeschoben. Die alte, insuffiziente Wurzelkanalfüllung wird revidiert.

Rechts: Kontrollaufnahme nach der ersten Phase der vertikalen Kondensation mit abgefüllten Ramifikationen.

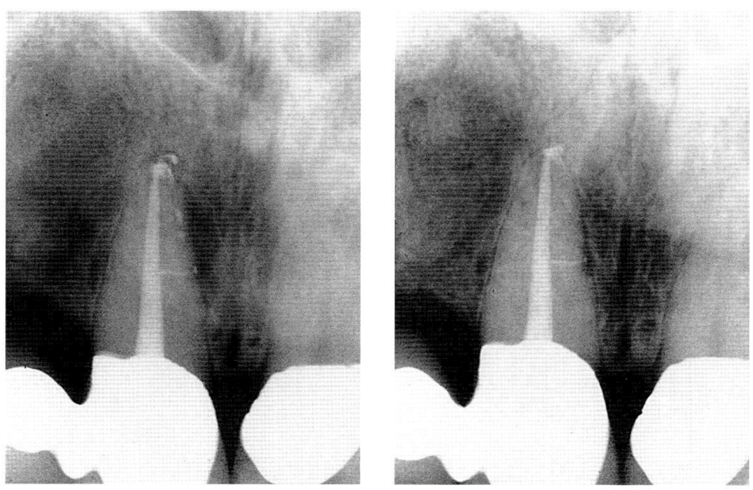

500 Backpack
Links: Nach dem apikalen Wurzelkanalbereich wird mittels Guttaperchapistole auch der koronale abgefüllt. Seitenkanäle, über die vermutlich bakterielle Toxine in die laterale Läsion diffundiert waren, sind nun verschlossen.

Rechts: Die 5-Jahres-Kontrolle weist eine vollständige Ausheilung der Läsion aus.

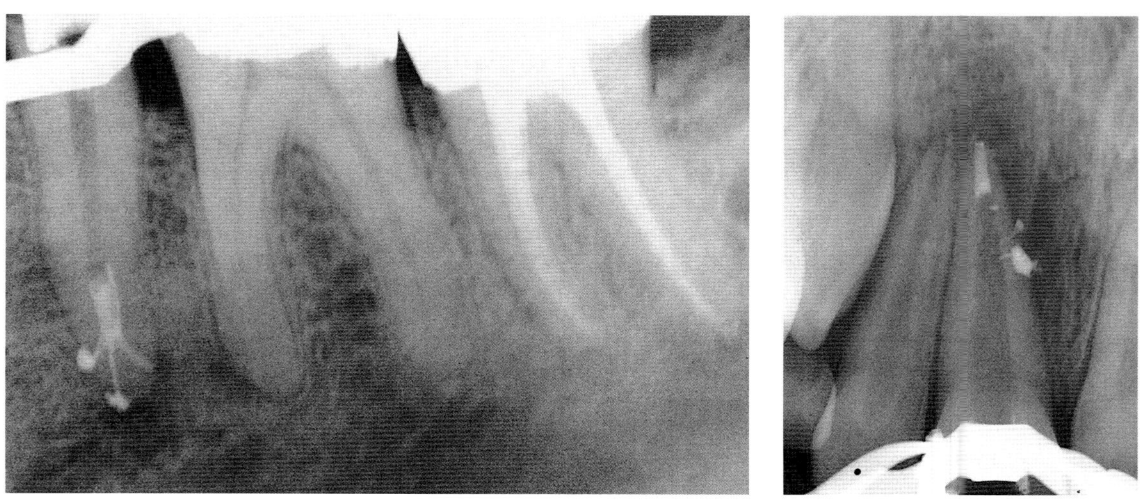

501 Apikales Delta
Nach der ersten Füllphase der vertikalen Kondensation sind 3 Kanalverzweigungen dieses unteren Prämolaren abgefüllt.

Rechts: Der Oberkieferschneidezahn weist nach der ersten Füllphase 3 abgefüllte laterale Kanäle auf, der Rest des Wurzelkanals wird in der zweiten Füllphase mit der Obtura II gefüllt.

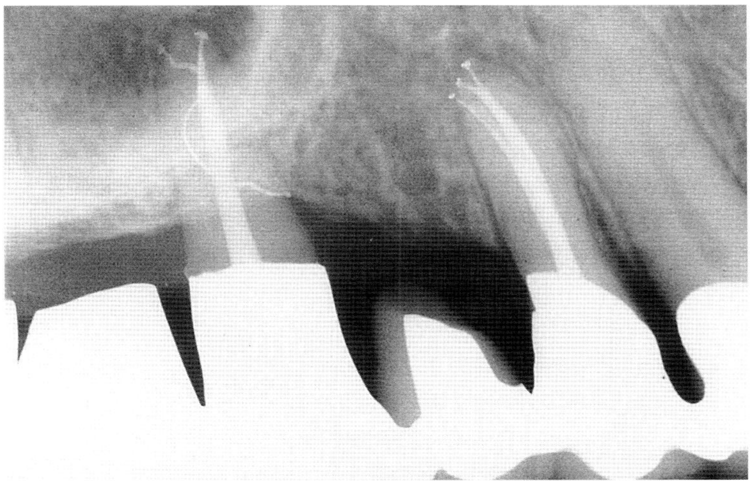

502 Komplexes Wurzelkanalsystem

Nach vollständiger Reinigung, Formgebung und anschließender vertikaler Kondensation ist das komplexe Wurzelkanalsystem dieser beiden Oberkieferzähne rein konservativ behandelbar und die Zähne langfristig als Brückenpfeiler geeignet.

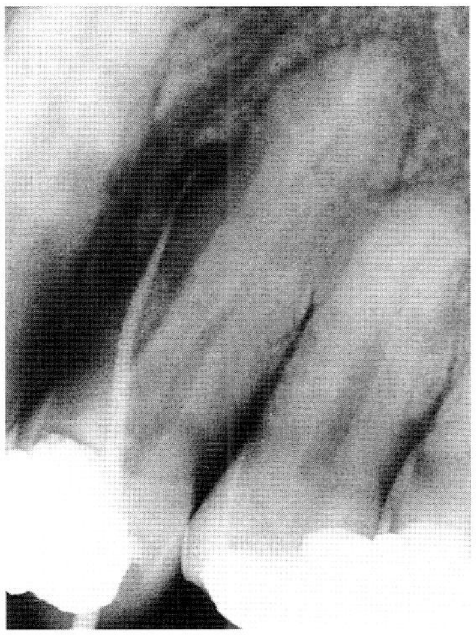

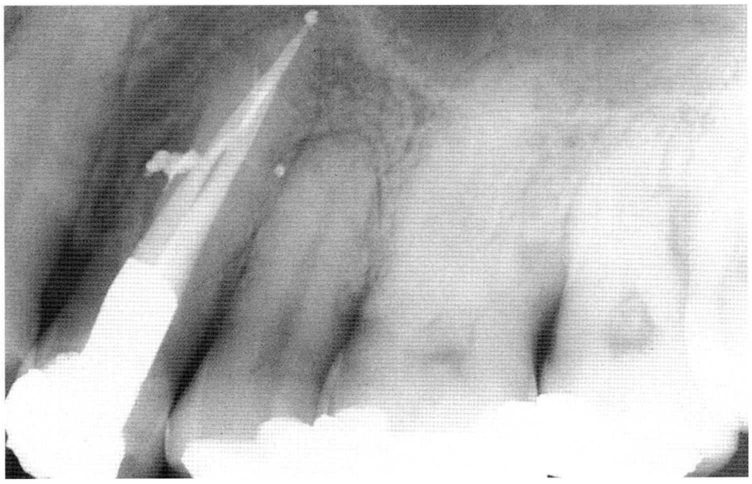

503 Wurzelkanalsystem und laterale Läsionen

Die 3-Jahres-Röntgenkontrolle bei diesem oberen Prämolaren zeigt die Regeneration einer Knochenläsion und die komplexe Wurzelkanalanatomie mit Anastomosen zwischen bukkalem und lingualem Hauptkanal.

Links: Präoperativ wies der erste Prämolar eine ausgedehnte laterale Aufhellung auf; zu erkennen ist ein in den Fistelgang eingeführter Guttaperchastift.

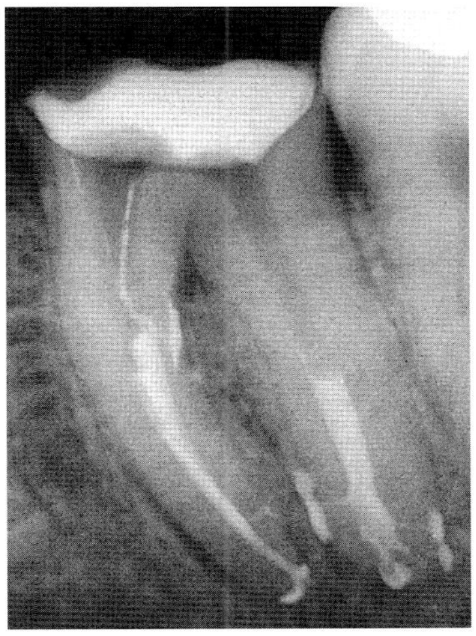

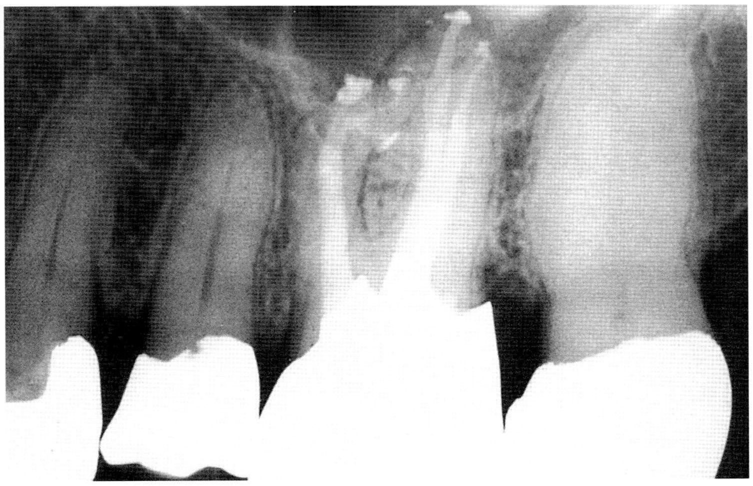

504 Abfüllen der Kanalkrümmungen

Kontrollröntgenbild nach der Wurzelkanalfüllung eines oberen ersten Molaren mit leichten Überfüllungen von Guttapercha. Die beiden mesiobukkalen Hauptkanäle weisen apikal eine Bifurkation und 4 Ramifikationen auf.

Links: Der untere zweite Molar zeigt an der mesialen Wurzel einen abgefüllten Seitenkanal, der in die furkale Läsion führt. Der Kanal der distalen Wurzel weist 4 Foramina auf.

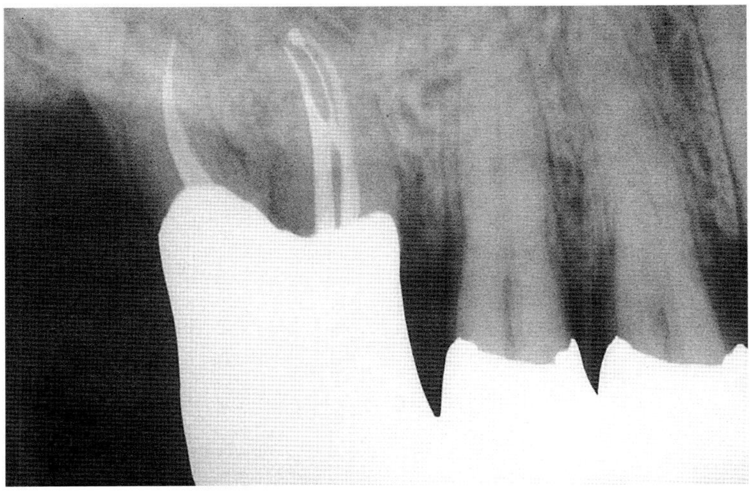

505 Wurzelkanalfüllung und Hemisektion

Die palatinale Wurzel des ersten Oberkiefermolaren wurde amputiert und die mesiobukkale und distobukkale Wurzel in die Brückenrekonstruktion einbezogen. Der mesiale Wurzelkanal weist 3 wurzelkanalgefüllte apikale Endpunkte auf.

Behandlung *C. Ruddle*

Vollautomatische Methode zur Wurzelkanalaufbereitung

Ziel der Wurzelkanalbehandlung als zahnerhaltender Maßnahme ist die vollständige Ausräumung irreversibel geschädigten und infizierten Pulpagewebes und der bakteriendichte Verschluß des Wurzelkanalsystems.
Der Verwirklichung dieser Punkte stehen die komplizierten anatomischen Verhältnisse der Wurzelkanäle gegenüber. Obwohl mit den bisher vorgestellten Instrumentationstechniken gute klinische Ergebnisse erzielt werden, ist es mit ihnen nicht immer möglich, alle Nebenkanäle aufzubereiten und zu verschließen. Mit einer neuen vollautomatischen Methode soll das gesamte Wurzelkanalsystem erreicht, aufbereitet und abgefüllt werden (Lussi et al. 1993, Portmann u. Lussi 1994, Lussi et al. 1995).
Die biologische Verträglichkeit endodontischer Spül- und Reinigungslösungen spielt für den therapeutischen Erfolg eine dominierende Rolle (Barnes u. Langeland 1966, Block et al. 1983). Als 5%ige Lösung löst Natriumhypochlorit neben nekrotischem auch vitales Pulpagewebe auf und ist deutlich zytotoxisch, weshalb Spangberg et al. (1986) eine maximal 1–3%ige Lösung empfehlen.

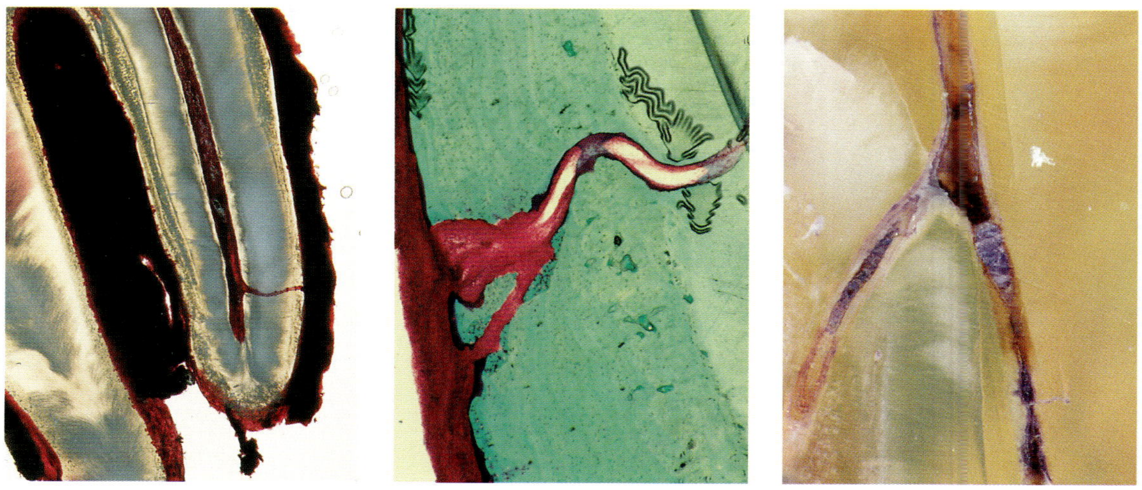

506 Anatomie des Endodonts mit lateralen Kanälen
Links: Ein Seitenkanal ist histologisch im apikalen Bereich dargestellt.

Mitte: Seitenkanal in stärkerer Vergrößerung mit Granulationsgewebe, Zement und Wurzeldentin.

Rechts: Die nicht vollständige Wurzelkanalbehandlung führte zu Schmerzen und anschließend zur Extraktion des Zahnes.

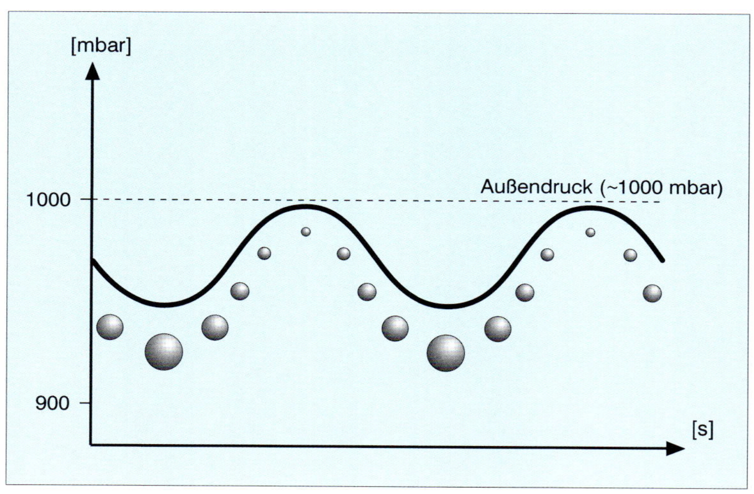

507 Wirkungsweise der vollautomatischen Reinigung
Durch periodische Druckschwankungen bilden sich Blasen, die anschließend implodieren. Dieser Vorgang findet bei Unterdruck statt und führt zu hydrodynamischen Turbulenzen, die einen regen Austausch der Spülflüssigkeit bewirken.

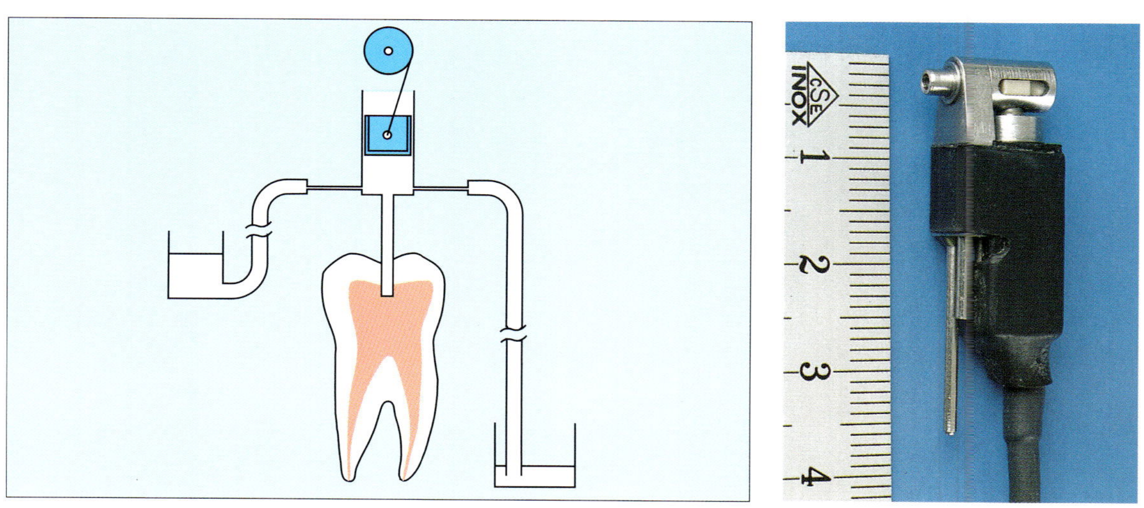

508 Schema der Reinigungsapparatur
Ein Motor bewirkt Druckschwankungen und damit die Blasenbildung. Das Vorratsgefäß für die Natriumhypochlorit-Spüllösung (links), das Röhrensystem und das Gefäß für die verbrauchte Spülflüssigkeit sind so angebracht und konstruiert, daß die Reinigung bei Unterdruck stattfinden kann. Dies verhindert einen Übertritt der Reinigungsflüssigkeit in das periapikale Gewebe.

Rechts: Reinigungsapparatur im Größenvergleich.

Der koronal eröffnete und endodontisch zu behandelnde Zahn wird isoliert, damit die Reinigung unter reduziertem Druck vollzogen werden kann. Bei bestehendem Unterdruck kommt es zu Druckschwankungen, die zur Bildung von Blasen und anschließender Implosion derselben führen (Kavitation). Dieser Vorgang findet bis zu 250mal pro Sekunde statt und bewirkt einen intensiven Austausch der Reinigungsflüssigkeit Natriumhypochlorit innerhalb des Hauptkanals und in den Seitenkanälen. Die gute gewebsauflösende Wirkung von Natriumhypochlorit (Barnett et al. 1985, Baumgartner u. Cuenin 1992) führt dadurch innerhalb von 10–15 Minuten zur Auflösung des Pulpagewebes. Eine Darstellung der Kanaleingänge erübrigt sich; es genügt, durch Trepanation einen Zugang zum Pulpakavum herzustellen.

Die Blasen, die einen maximalen Durchmesser von 50 μm haben, bewirken die Verteilung von Natriumhypochlorit im gesamten Wurzelkanalsystem. Die Penetration in das periphere Gewebe soll durch ein Einbluten am Apex verhindert werden.

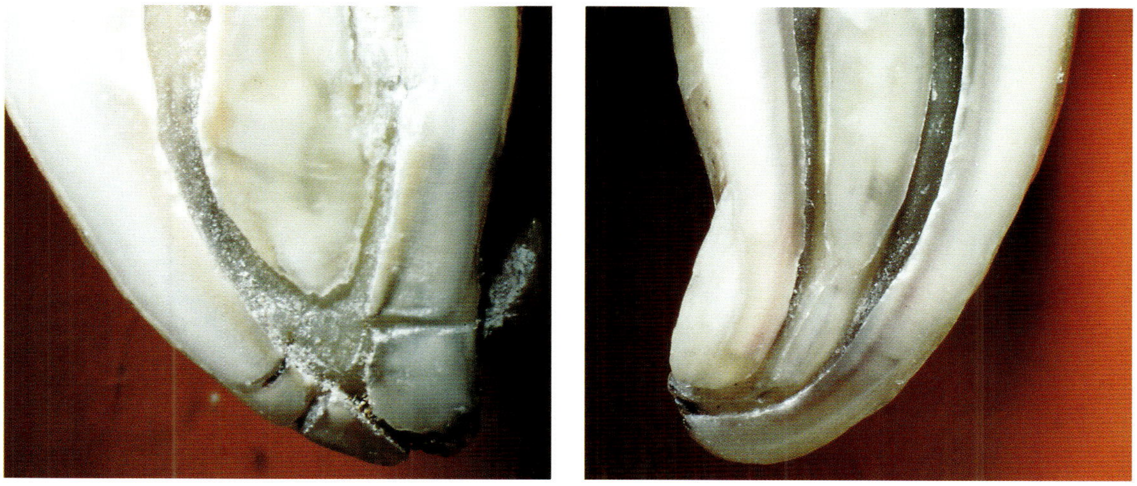

509 Aufbereitete Wurzelkanäle
Die Zähne wurden für die histologische Aufbereitung längs geschliffen und anschließend eingefärbt.

Links: Das apikale Delta ist deutlich dargestellt, im Seitenkanal links sind Gewebsreste erkennbar.

Rechts: 2 gut gereinigte Wurzelkanäle, die sich apikal vereinigen. Dort finden sich noch kleinere Gewebsreste.

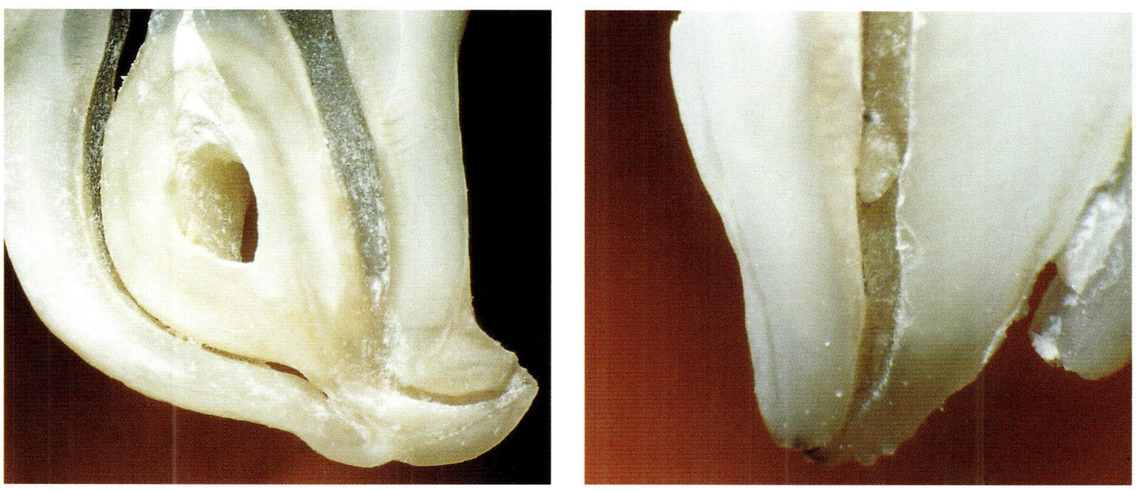

510 Aufbereitete Wurzelkanäle
Links: Außer geringen Gewebsresten im apikalen Drittel des linken Wurzelkanals ist der Zahn gut gereinigt.

Rechts: Hartgewebsablagerungen (Dentikel) stören die Aufbereitung nicht. Die Blasen, welche die Turbulenzen erzeugen, sind maximal 50 µm groß und ermöglichen trotz Hindernissen einen Austausch der Reinigungsflüssigkeit.

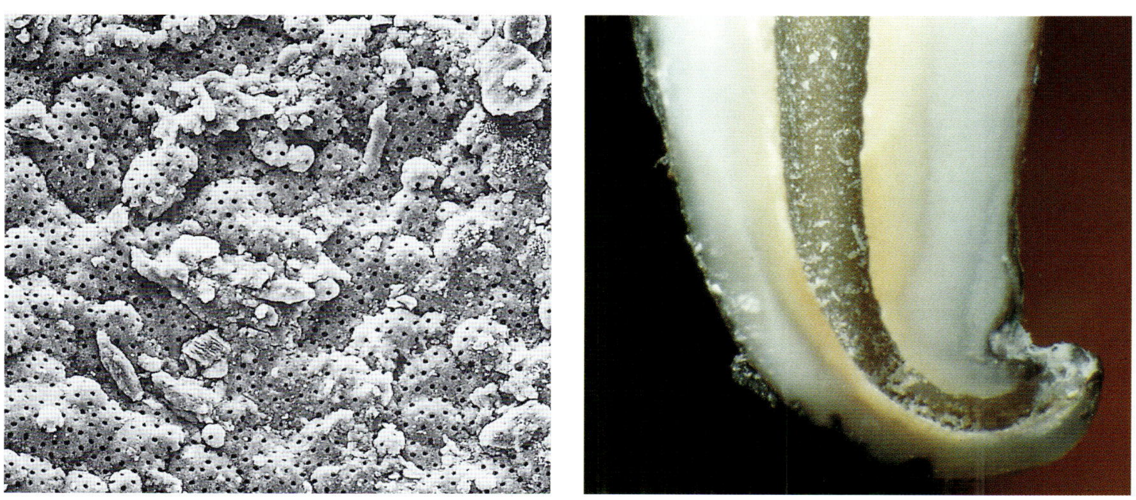

511 Aufbereitete Wurzelkanäle
Links: Die rasterelektronenmikroskopische Darstellung des Zahnes rechts im Bild zeigt deutliche Kalkosphäriten mit offenen Dentintubuli. Eine Schmierschicht ist nicht sichtbar.

Rechts: Sauberes Wurzelkanalsystem mit vollständig entferntem Pulpagewebe. Weiße Partikel stammen vom Schleifvorgang zur Kanaldarstellung während der Trennung der Zahnhälften.

Histologie *A. Lussi*

Vollautomatische Methode zur Wurzelkanalfüllung

Bei der Reinigung mit der vollautomatischen Methode nach Lussi et al. (1993) wird kein Dentin entfernt, so daß es auch zu keiner Schwächung des Zahnes kommt. Eine Obturation mit herkömmlicher Technik ist somit jedoch nicht möglich.

Durch Anlegen eines Unterdruckes von unter 10 mbar (= 7,5 mmHg) ist eine perfekte Obturation in vitro und in vivo unter Praxisbedingungen möglich (Lussi et al. 1995, 1997 a, b). Nachdem der Zahn abgedichtet ist, wird er mit einer Hochleistungsvakuumpumpe verbunden. Der geforderte Unterdruck ist nach zirka 10 Minuten erreicht. Inzwischen wird das Füllungsmaterial gemischt und in den dazu bestimmten Behälter eingefüllt. Durch Betätigen eines Hahnes wird es mit dem Wurzelkanalsystem verbunden und durch Unterdruck in den Kanal eingesogen. Um eine spätere Revision zu ermöglichen, wird ein Nachschieben von Guttaperchaspitzen empfohlen.

Da die vollautomatische Aufbereitungsmethode erst in Einzelfällen am Patienten getestet wurde, erfolgte die Obturation bislang ausschließlich an konventionell aufbereiteten Wurzelkanälen.

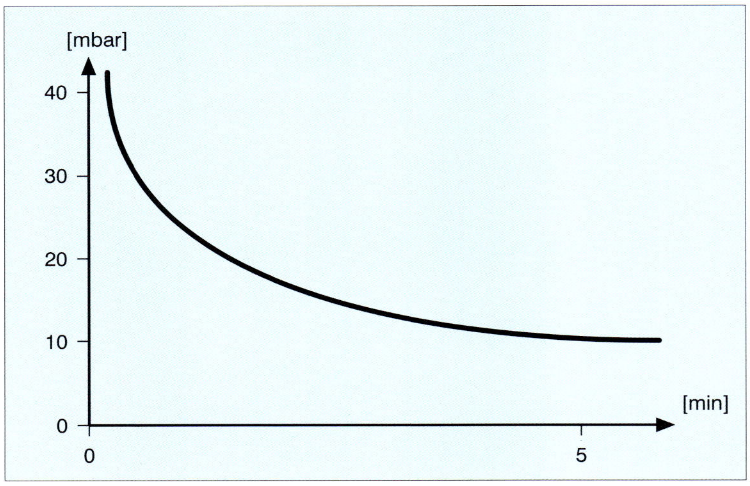

512 Wirkungsweise
Eine mehrstufige Vakuumpumpe ermöglicht es, im Endodont einen absoluten Unterdruck von 10 mbar oder weniger herzustellen (0 mbar = absolutes Vakuum). Dadurch verdampfen Flüssigkeitsreste vollständig. Anschließend wird die Wurzelkanalfüllpaste in die Kanäle eingesogen.

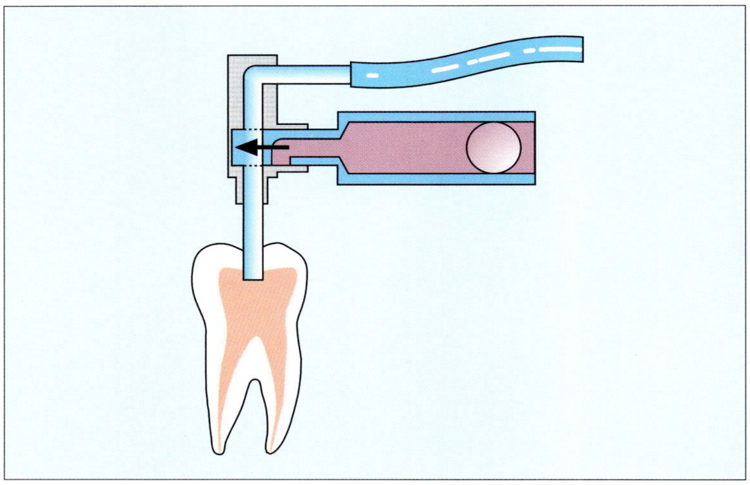

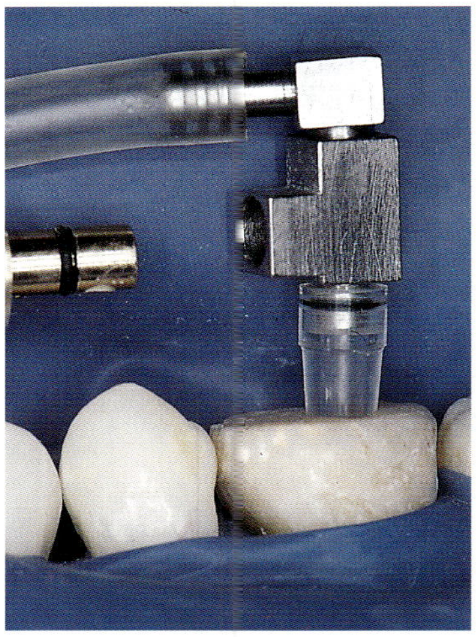

513 Schema der Apparatur
Eine Leitung (oben) führt zur Vakuumpumpe. Das Reservoir enthält die Füllpaste (unten), die nach Erreichen des gewünschten Unterdruckes hineingedrückt wird (Pfeil) und das Wurzelkanalsystem obturiert. Die Kugel im Reservoir ist notwendig, damit keine Luft angesogen wird.

Rechts: Angeschlossene Apparatur zur Erzeugung des Unterdruckes.

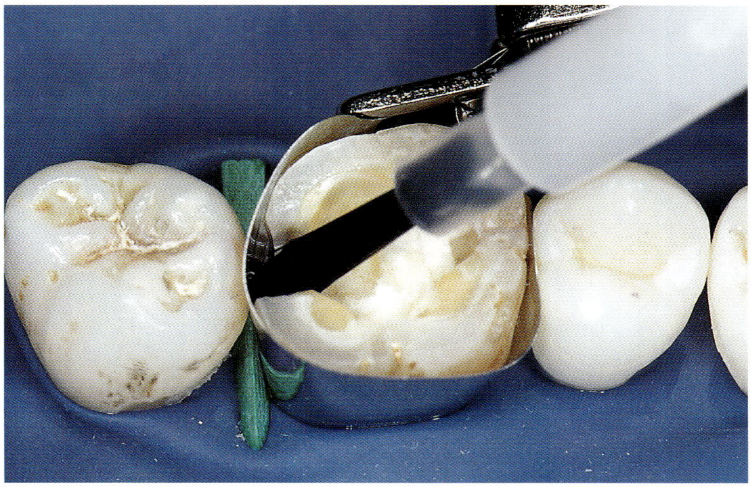

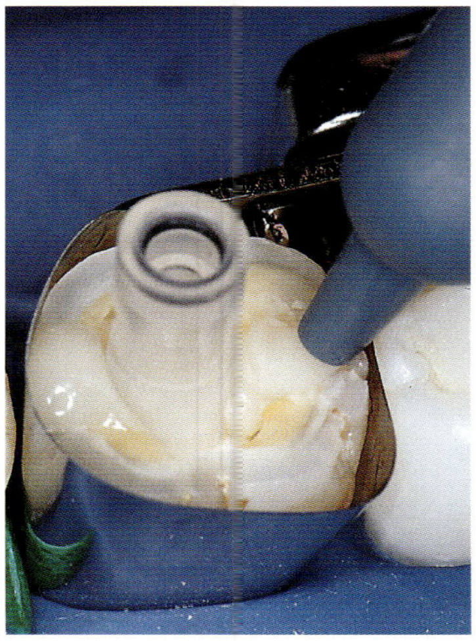

514 Herstellung eines Kompositaufbaus
Links: Sowohl für die Aufbereitung als auch für die Obturation muß man das Wurzelkanalsystem einem Unterdruck aussetzen können. Eine Möglichkeit für eine gute Abdichtung ist ein Aufbau aus einem Komposit mit einem Dentin- und Schmelzhaftvermittler.

Rechts: Einpolymerisation einer passenden Hülle nach Trepanation.

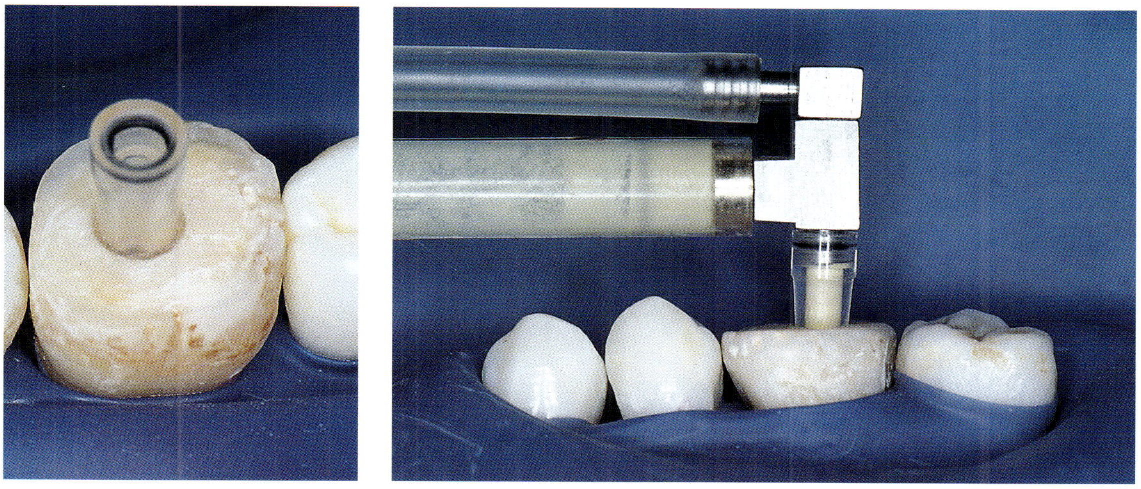

515 Wurzelkanalfüllung
Nachdem der gewünschte Unterdruck erreicht ist, wird die Füllpaste in das Wurzelkanalsystem eingesogen. Um eine blasenfreie Füllpaste zu erhalten, wird diese ebenfalls einem Unterdruck ausgesetzt.

Links: Die Größe der Hülse richtet sich nach der Zahngröße, wobei für Reinigung und Obturation die gleiche Hülse verwendet werden kann.

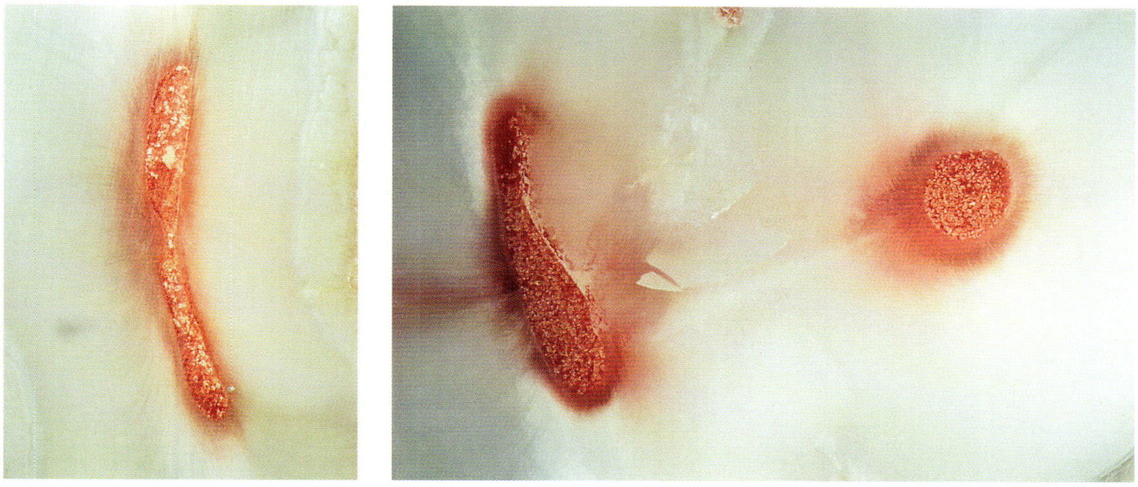

516 Abgefüllte Zähne
Histologischer Querschnitt durch 2 Wurzelkanäle. Es wird deutlich, daß die Anatomie der Wurzelkanäle bei der Reinigung nicht verändert wird.
Experimentelle Füllpaste, rot eingefärbt.

Links: 2 durch einen Isthmus verbundene, abgefüllte Wurzelkanäle.

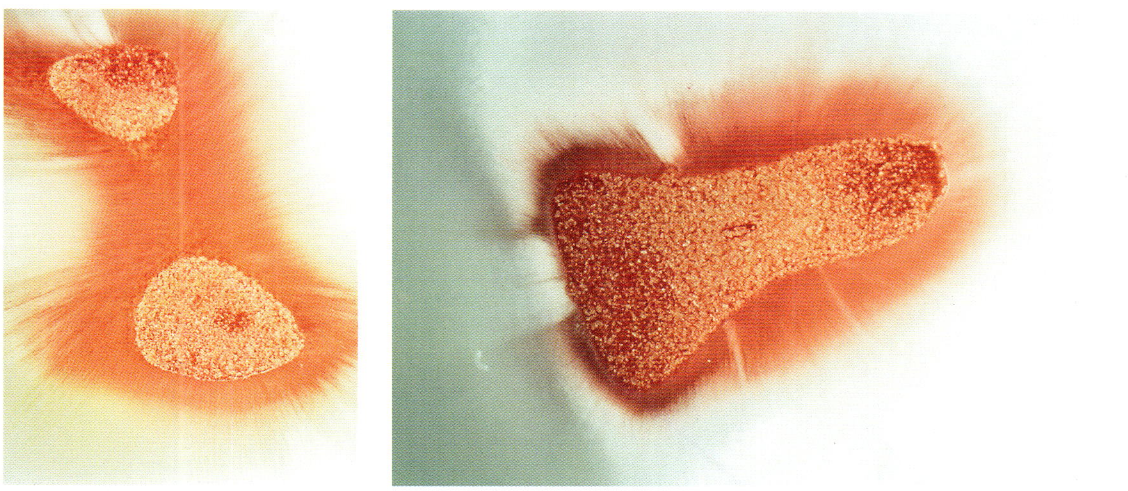

517 Abgefüllte Zähne
Der histologische Querschnitt durch die Wurzelkanäle zeigt die Penetration der Wurzelkanalfüllpaste in die Dentintubuli. Dies ist möglich, weil bei der Reinigung keine Schmierschicht entsteht und dadurch die Dentintubuli ebenfalls einen reduzierten Druck aufweisen.

Links: Dichte Obturation von 2 ovalen Kanälen.

Sammlung *A. Lussi*

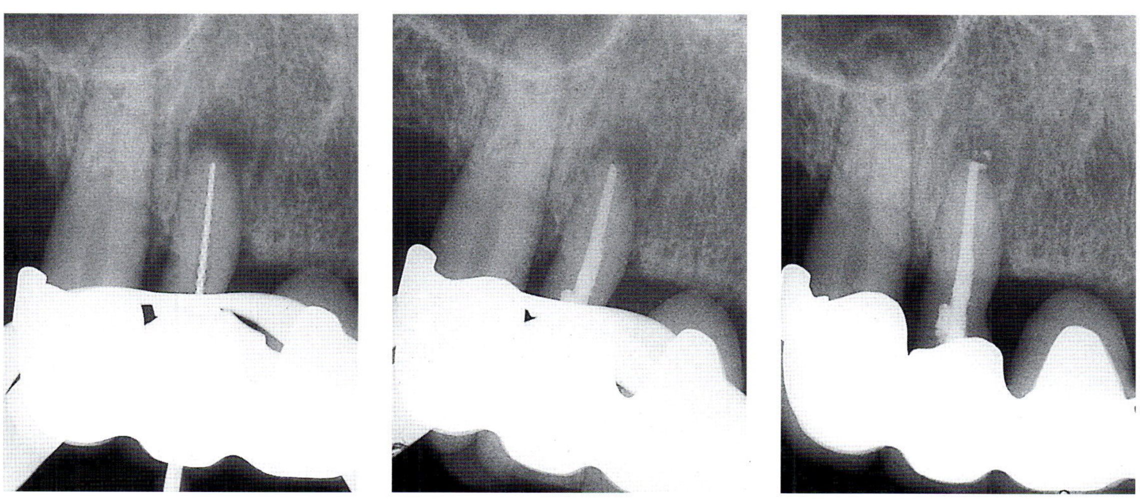

518 Klinisches Fallbeispiel
Links: Zahn 12 mit eingeführtem Wurzelkanalinstrument, Aufbereitung nach der Roane-Technik mit anschließender Kalziumhydroxideinlage.

Mitte: Status nach Obturation mit der neuen Methode. Sichtbar ist eine gefüllte interne Resorption.

Rechts: Die zusätzliche laterale Kondensation hat zum Übertritt von Füllpaste in den periapikalen Raum geführt.

Behandlung *B. Suter*

Endodontischer Mißerfolg

Innerhalb eines Jahres mußten in einer endodontischen Praxis 116 wurzelkanalbehandelte Zähne extrahiert werden. Der hohe Anteil der aus prothetischen Gründen entfernten Zähne (59,4%) weist darauf hin, daß eine endodontische Therapie erst mit der prothetischen Rekonstruktion abgeschlossen ist. 46,5% der Mißerfolge waren Kronenfrakturen, und bei 8,6% traten wegen insuffizient plazierter Stiftaufbauten Wurzelfrakturen auf. 32% der Zähne wurden wegen parodontaler Gründe extrahiert, nur bei 10% waren endodontische Gründe für den Mißerfolg verantwortlich (Vire 1991).

Die Häufigkeit und die Qualität von Wurzelkanalfüllungen wurden von Klimek et al. (1995) anhand der Röntgenaufnahmen von 500 Patienten aus dem Jahre 1991 bewertet. In dieser Untersuchung waren 4,6% aller Zähne wurzelkanalgefüllt, am häufigsten waren endodontisch behandelte Frontzähne mit 34% vertreten. 47% der Wurzelkanalfüllungen endeten in der Region 0–2 mm vor dem röntgenographischen Apex. Die Homogenität der Füllungen war nur in 50% ausreichend. Über 45% der Zähne wiesen postendodontisch eine periapikale Aufhellung auf.

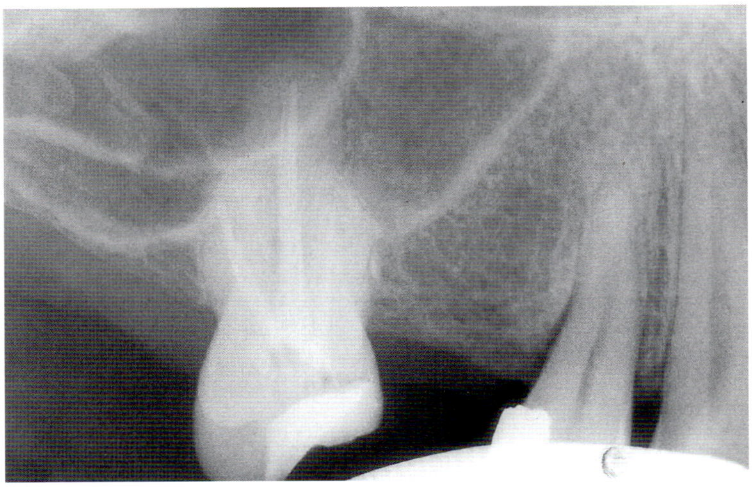
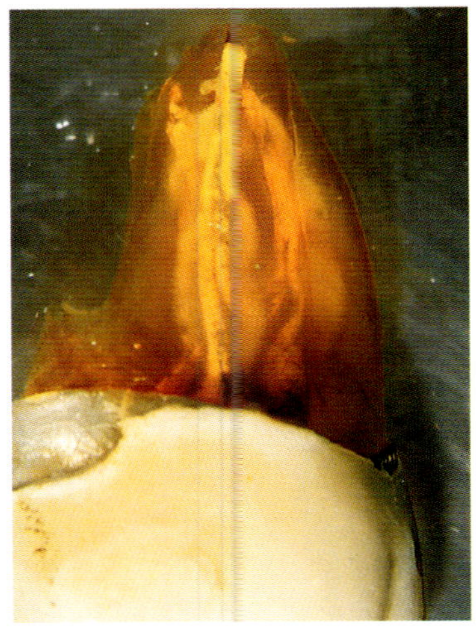

519 Inhomogene Füllung
Obwohl anatomische Besonderheiten eher endodontische Mißerfolge nach sich ziehen, ist eine ungenügende Reinigung, Formgebung und Obturation der Hauptkanäle doch die häufigste Ursache für Fehlschläge.

Rechts: Der extrahierte und anschließend aufgehellte Oberkiefermolar weist eine inhomogene Wurzelkanalfüllung infolge fehlender Kondensation der einzelnen Guttaperchastifte auf.

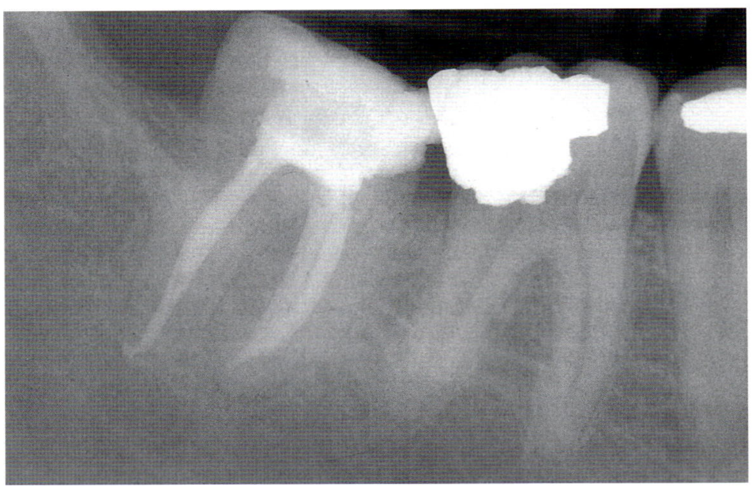
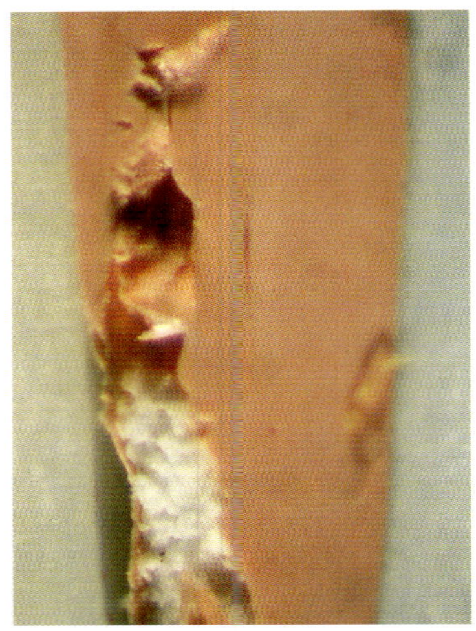

520 Blasenbildung
Der endodontische Mißerfolg als Folge einer unvollständigen Aufbereitung und Obturation geht auf ein falsches Behandlungskonzept zurück.

Rechts: Wurzelkanalfüllung mit Hohlräumen und einer größeren Menge Sealer. Der Zahn ist nach Extraktion aufgehellt worden.

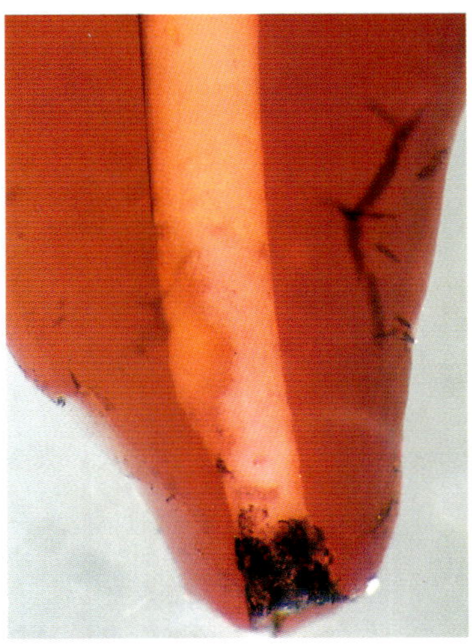
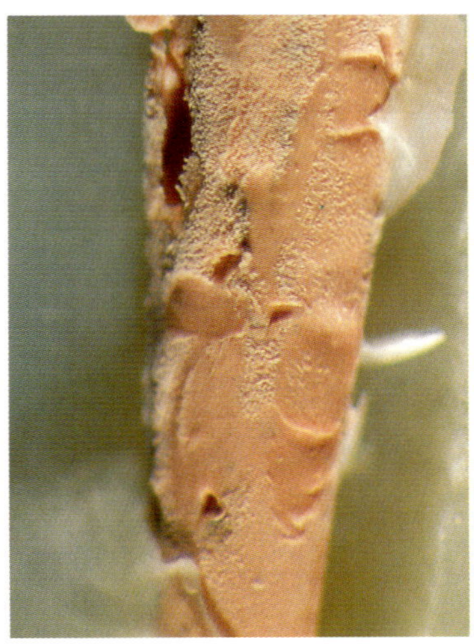

521 Undichte Füllung
Links: Apikaler Bereich eines wurzelkanalgefüllten und aufgehellten Zahnes mit Hohlraumbildung und Farbstoffpenetration.

Rechts: Wurzelkanalfüllung mit schlecht adaptierten Guttaperchastiften infolge eines zu konischen Spreaders.

Histologie *J. Gutmann*

Endodontie im Milch- und Wechselgebiß

Kariesbedingter vorzeitiger Milchzahnverlust kann die Entwicklung des bleibenden Gebisses und des ganzen Kausystems ungünstig beeinflussen. Die Mehrheit der Kinder hat kaum oder gar keine Karies, nur bei einer Minderheit ist der Karieszuwachs hoch. Zur Steigerung der Effektivität präventivzahnmedizinischer Maßnahmen ist es die Aufgabe des Zahnarztes, dieses Kariesrisiko zu bestimmen und gegebenenfalls eine effektive Individualprophylaxe und Frühbehandlung einzuleiten. Gleiche Behandlungskonzepte bei allen Patienten sind nicht indiziert. Die Einstufung eines Patienten in die Kategorie „hohes Kariesrisiko" bleibt eine umfeld- und patientenspezifische differentialdiagnostische Leistung, bei der verschiedene Einzelbefunde kombiniert werden müssen (Axelsson 1989, Lutz et al. 1990).

Die endodontische Behandlung von Kindern und Jugendlichen nimmt aus mehreren Gründen eine Sonderstellung ein. Zum einen haben wir die Psyche des Kindes zu berücksichtigen. Zum anderen zeigen die Milchzähne mit einem dünneren Dentinmantel sowie einem ausgedehnteren Pulpakavum im Vergleich zu den bleibenden Zähnen andere anatomische Gegebenheiten. Grundvoraussetzung für eine erfolgreiche Therapie ist jedoch die Mitarbeit des jungen Patienten. Bei der endodontischen Behandlung des Milchzahnes muß abgewogen werden, ob der möglicherweise begrenzte Nutzen die mit der Behandlung verbundene Belastung des Kindes überhaupt rechtfertigt. Kompromißbehandlungen mit Eröffnung des Zahnes sind bei akuter Symptomatik vertretbar, längerfristig stellen sie jedoch eine bakterielle Eintrittspforte dar und sind als unbefriedigende Lösung auch im Hinblick auf die Motivation des Patienten zur effektiveren Zahnreinigung zu sehen (Staehle 1993).

Die traumatische Verletzung der Pulpa bei vitalen Zähnen, die kariöse Eröffnung des Pulpakavums und pulpitische Beschwerden sind die wichtigsten *Indikationen* für eine endodontische Behandlung im Milchgebiß. *Kontraindikationen* sind stark zerstörte oder nicht restaurierbare Zahnkronen, über die Hälfte der Wurzellänge fortgeschrittene Wurzelresorptionen, ausgeprägter interradikulärer oder periapikaler Knochenabbau und erhöhte Zahnbeweglichkeit, ein stark vernachlässigtes Gebiß, schwere Allgemeinerkrankungen sowie eine ungenügende Behandlungsbereitschaft des Kindes (Leisebach et al. 1993). Die endodontische Behandlung im Milchgebiß umfaßt die Versorgung pulpanahen Dentins ohne Eröffnung des Pulpagewebes, die direkte Überkappung bei freiliegender Pulpa, die Pulpotomie als Amputation koronaler Pulpaanteile und die Pulpektomie und Wurzelkanalfüllung mit resorbierbaren Materialien. Oberstes Ziel der endodontischen Versorgung bleibender Zähne mit nicht abgeschlossenem Wurzelwachstum ist die Vitalerhaltung, um den *Abschluß des Wurzelwachstums* zu ermöglichen. Eine konventionelle Wurzelkanalbehandlung ist bei weit geöffnetem Foramen apicale nur bedingt möglich. Die therapeutischen Maßnahmen umfassen neben der direkten Überkappung und Pulpotomie die Apexifikation bei Pulpagewebsnekrose und anschließende Wurzelkanalfüllung (Lenhard u. Staehle 1996).

Pulpotomie im Milchgebiß

Pulpotomie bedeutet vollständige Amputation der koronalen Pulpa bis zum Wurzelkanaleingang. Die spezielle Indikation ist die freiliegende Pulpa am weitgehend vitalen Zahn. Die Pulpotomie ist im Milchgebiß der direkten Überkappung vorzuziehen. *Kontraindikationen* sind klinische Symptome wie Schmerzen, Schwellung, Perkussionsempfindlichkeit, Fistelung sowie abnorme Beweglichkeit des Zahnes. Röntgenographische Kontraindikationen sind Veränderungen wie interne und starke externe Resorption sowie periapikale und interradikuläre Läsionen (Staehle 1993).

Bei vitalem und eröffnetem Pulpagewebe muß vor der Pulpotomie eine Lokalanästhesie vorgenommen werden. Die Kronenpulpa wird mit einem schnellaufenden Diamantschleifkörper unter Kochsalzberieselung abgesetzt, wodurch die anschließende Blutung am besten kontrolliert werden kann. Nach der vollständigen Gewebsentfernung und Spülung mit Kochsalzlösung wird durch Aufpressen eines sterilen Wattepellets Blutstillung erreicht. Anschließend wird ein Überkappungsmittel aufgetragen und der Zahn koronal dicht und dauerhaft verschlossen.

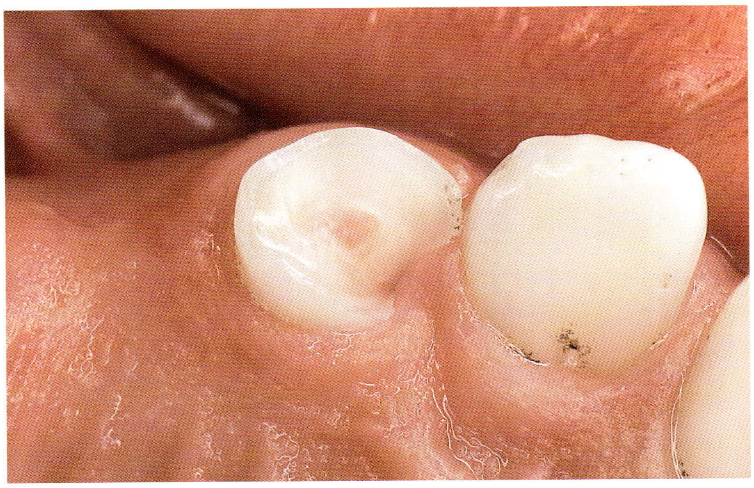

522 Zahnfraktur
Oberer Milcheckzahn mit Verlust weiter Teile der Zahnkrone sowie punktförmiger Eröffnung des Pulpakavums. Der Zahn ist symptomlos, weist einen positiven Sensibilitätstest sowie keinen Perkussionsbefund auf, eine Fistel oder Schwellung ist nicht palpierbar. Unter Anästhesie kann die Pulpotomie erfolgen.

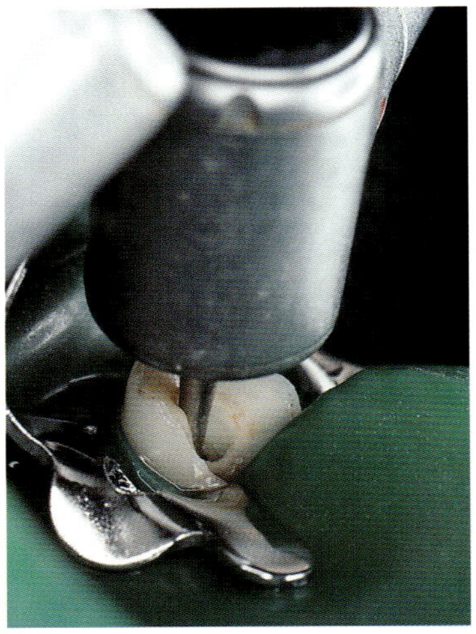

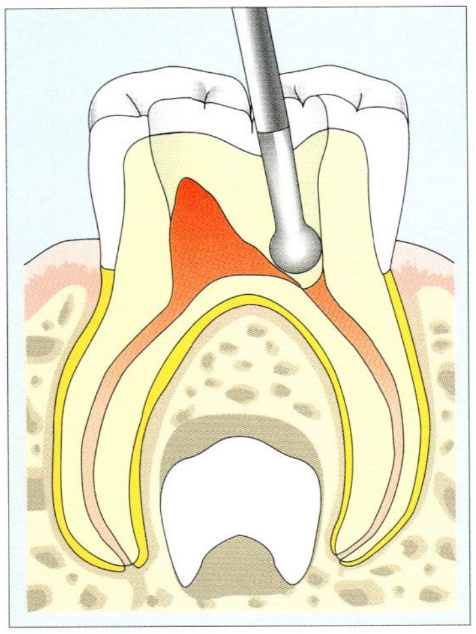

523 Amputation
Links: Hochtourig wird mit einer Diamantfräse das koronale Pulpagewebe abgetragen und die gesamte Kavität von Gewebsresten gesäubert und mit Kochsalzlösung gespült.

Rechts: Vitales Pulpagewebe wird bis in Höhe der Wurzelkanaleingänge unter ständiger separater Spülung mit steriler Kochsalzlösung scharf abgesetzt.

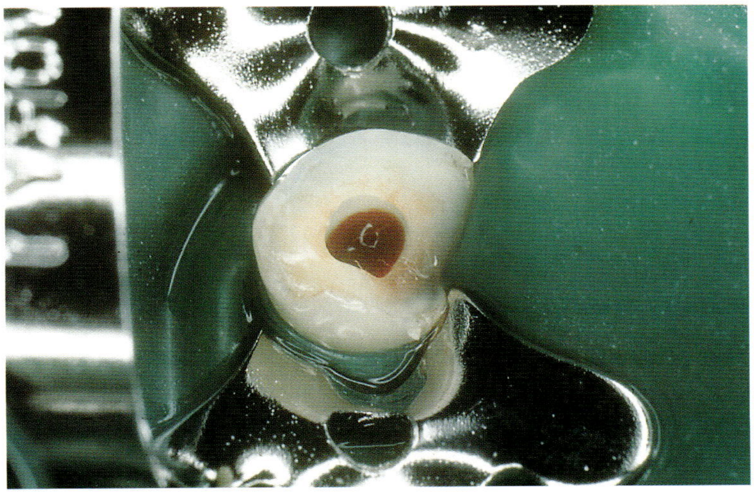

524 Blutstillung
Auf die Restpulpa wird ein steriles Wattepellet gedrückt und mehrmals bis zur völligen Stillung der Blutung gewechselt. Kann keine Blutstillung erreicht werden, liegt meist ein stark entzündetes Pulpagewebe vor. Eine Pulpotomie ist dann nicht mehr indiziert (Leisebach et al. 1993).

Nach Auftragen von Kalziumhydroxid kann es auch beim Milchzahn zu einer Hartgewebsbrückenbildung kommen. Bei unzureichender Blutstillung bildet sich ein Koagulum aus, wodurch eine chronische Entzündung und nachfolgend eine interne Wurzelresorption induziert wird (Schröder 1985).
Klinische Studien weisen eine Erfolgsrate von 31–100% der behandelten Fälle auf (Schröder 1978, Heilig 1984), histologisch zeigen aber nur 50% eine Dentinbrücke und Heilung, der Rest Entzündung und interne Resorption (Doyle et al. 1962).

Auch heute noch wird Formokresol, eine Kombination von 19%igem Formaldehyd und 35%igem Kresol, im Milchgebiß eingesetzt. Die Applikation für 5 Minuten führt zu oberflächlicher Fixation, angrenzend befindet sich vitales, aber chronisch entzündetes Pulpagewebe. Auf das amputierte Gewebe wird reines Zinkoxid-Eugenol aufgetragen und der Zahn anschließend verschlossen. Die systemische Verteilung im Organismus spricht trotz der klinischen Erfolgsquote von 94–98% (Verco et al. 1984, Hicks et al. 1986) gegen eine Anwendung im Milchgebiß (Araki et al. 1993).

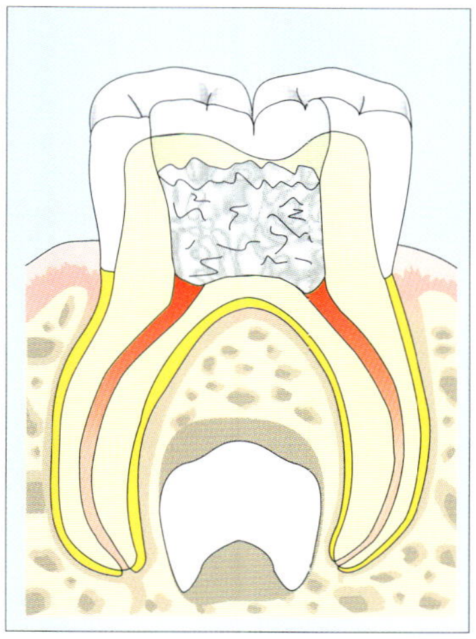

525 Formokresol
Ein mit Formokresol getränktes Wattepellet wird für 5 Minuten auf das Restpulpagewebe aufgedrückt. Es kommt zu einer oberflächlichen Devitalisation und Verschorfung des darunterliegenden Gewebes.

Links: Formokresol muß in direkten Kontakt mit dem Pulpagewebe gebracht werden, wodurch dieses fixiert wird. Darunterliegendes Gewebe ist teilweise nekrotisch und leukozytär infiltriert.

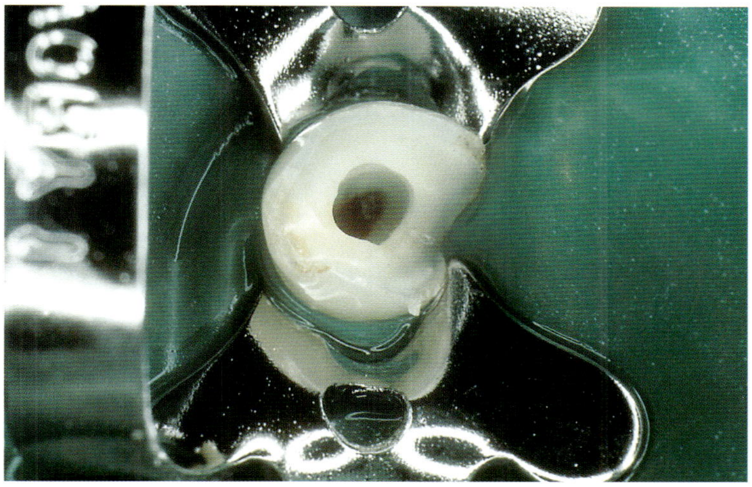

526 Gewebsreaktion
Das Pulpagewebe weist nach Entfernen des Wattepellets eine bräunliche Farbe auf. Trotz Entfernen des überschüssigen Formokresols ist eine systemische Verteilung mit Anreicherung in Parodontalligament, Knochen, Leber, Niere und Lunge tierexperimentell nachgewiesen (Pashley et al. 1980). Ein toxischer Effekt ist bei der verwendeten Konzentration von 0,38 µM aber auszuschließen (Ranly 1985, 1987).

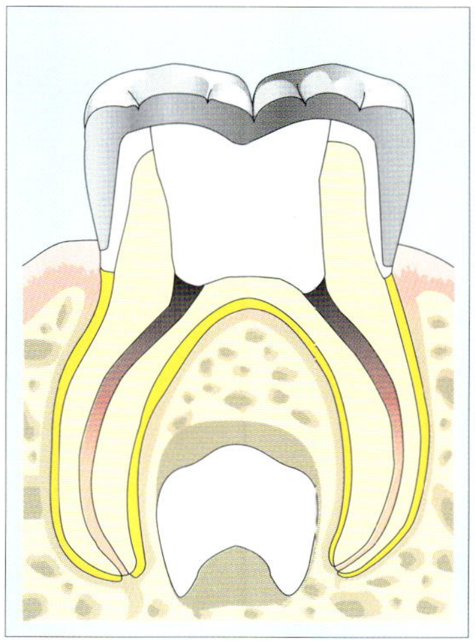

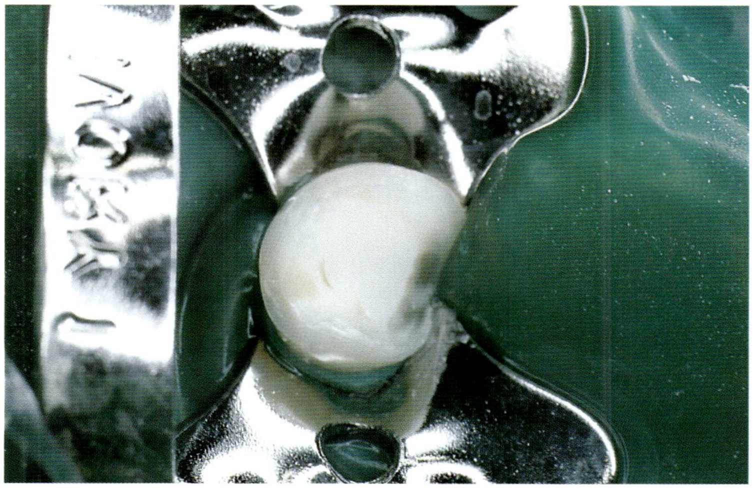

527 Aufbaufüllung
Nur der prothetisch rekonstruierte Milchzahn ist klinisch langfristig ein Erfolg. Mutagenes und karzinogenes Potential des Formokresols lassen den Nutzen dieser Milchzahntherapie allerdings fragwürdig erscheinen (Goldmacher u. Thilly 1983, Friedberg et al. 1990).

Links: Auf die Amputationsstelle wird reines Zinkoxid-Eugenol aufgetragen. Anschließend wird mit Glasionomerzement abgedeckt und eine konfektionierte Krone eingesetzt.

Pulpektomie im Milchgebiß

Eine Wurzelkanalbehandlung am Milchzahn ist dann indiziert, wenn eine irreversible Pulpitis bzw. Nekrose vorliegt. *Kontraindikationen* sind ein nicht restaurierbarer Zahn, röntgenographisch sichtbare interne Resorption, Zähne mit mechanischer bzw. kariöser Perforation des Pulpakammerbodens, ausgedehnte pathologische Resorption von über einem Drittel der Wurzel und Knochenresorption mit Furkationsbefall sowie scharf begrenzte periapikale Läsion. Grenzt man diese Fälle aus, kann mit einer Pulpektomie eine klinische Erfolgsquote von 90% erzielt werden (Camp 1994).

Die Trepanationsöffnung liegt im Frontzahngebiet lingual, im Seitenzahnbereich ist der dünne Dentinkanalboden zu berücksichtigen. Die vorgebogenen Handinstrumente bereiten den Kanal 2–3 mm kürzer als die röntgenographische Länge auf und dürfen die dünnen Wände nicht perforieren. Da die apikalen Ramifikationen mechanisch nicht erreicht werden, muß reichlich mit Natriumhypochlorit gespült werden. Die Kanäle des nicht anästhesierten Zahnes werden mit resorbierbarem Zinkoxid-Eugenol ohne Zusätze gefüllt. Anschließend wird der Zahn wieder aufgebaut (Goerig u. Camp 1983).

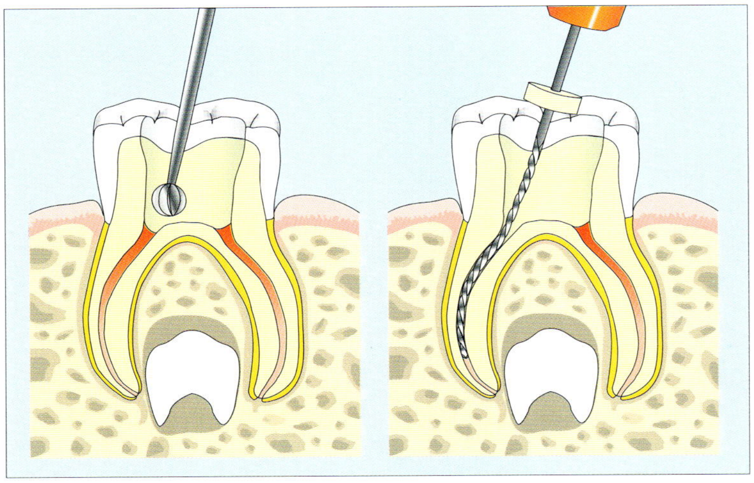

528 Kanalaufbereitung
Links: Unter Kofferdam wird der Milchzahn trepaniert und die koronale Pulpa ausgeräumt.
Da der Kavitätenboden im Gegensatz zum bleibenden Zahn dünner ist, ist die Perforationsgefahr groß.

Rechts: Am diagnostischen Röntgenbild wird die voraussichtliche Länge bestimmt. Anschließend wird der Kanal bis zur Arbeitstiefe, die 2–3 mm vor dem Apex liegt, vorsichtig erweitert.

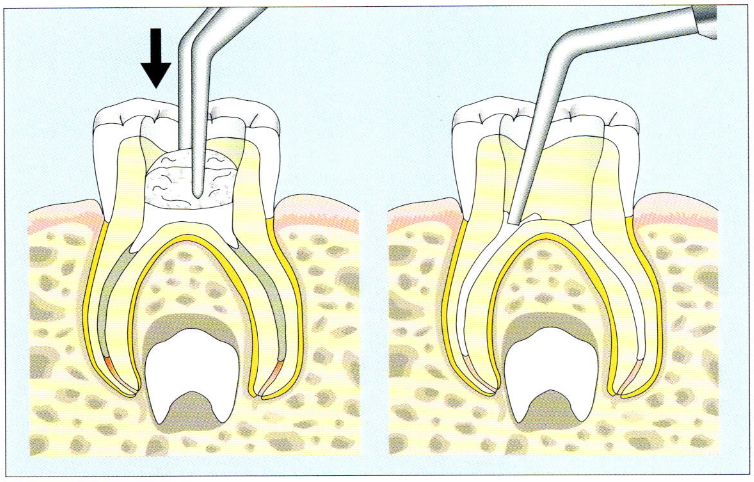

529 Kanalfüllung
Links: Zinkoxid-Eugenol ohne Zusätze in einer sahnigen Konsistenz wird auf den Kavitätenboden appliziert und mit einem sterilen Wattepellet in die Wurzelkanäle eingepreßt.

Rechts: Mit einem längenmarkierten Plugger wird die Wurzelkanalfüllung langsam in den Kanal eingestopft, ohne diesen zu überfüllen.

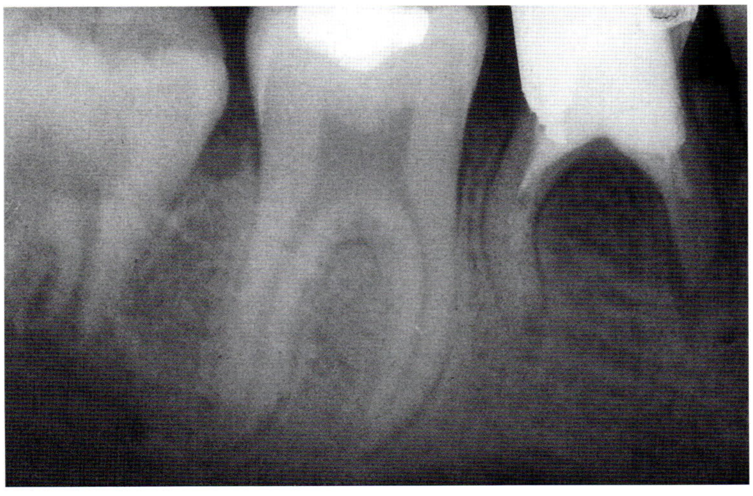

530 Röntgenkontrollen
Unmittelbar nach der Wurzelkanalfüllung sowie ein und 2 Jahre später wird mittels Röntgenaufnahmen der Erfolg der Behandlung sowie die normale Wurzelresorption und die Resorption des Füllmittels überprüft. In einer kontrollierten 2-Jahres-Studie an 1363 wurzelkanalbehandelten Milchzähnen traten nur 7 Mißerfolge auf. Das Risiko einer Zahnkeimschädigung war nicht höher als bei Formokresol-Pulpotomie (Rabinowicz 1953).

Direkte Überkappung

Direkte Überkappung im bleibenden Zahn mit nicht abgeschlossenem Wurzelwachstum bedeutet, die eröffnete Pulpa mit einem Wundverband abzudecken, der die Bildung von neuem Hartgewebe induziert. Ist das Pulpagewebe zu Behandlungsbeginn nicht entzündet, besitzt es die höchste Regenerationspotenz (Heys et al. 1985). Bei bakterieller Kontamination durch Karies oder durch Kontakt mit Speichel über 24 Stunden ist normalerweise nicht mit einem Behandlungserfolg zu rechnen. Auch einer bakteriendichten Restauration kommt große Bedeutung zu (Cox u. Bergenholtz 1982).

Die stärkste Kalziumionenfreisetzung und damit der größte induktive Reiz zur Hartgewebsbildung geht von wäßrigen Kalziumhydroxidpräparaten aus (Schubich et al. 1978). Jedoch wird das für eine Hartgewebsbrücke erforderliche Kalzium vom körpereigenen Gewebe zur Verfügung gestellt (Pisanti u. Sciaky 1964). Unterhalb der durch Kalziumhydroxid induzierten Gewebsnekrose findet eine Differenzierung sekundärer Odontoblasten statt, und es kommt zur Bildung irregulären osteoidähnlichen und tubulären Reizdentins (Schröder u. Granath 1971, Fitzgerald 1979, Schröder 1985).

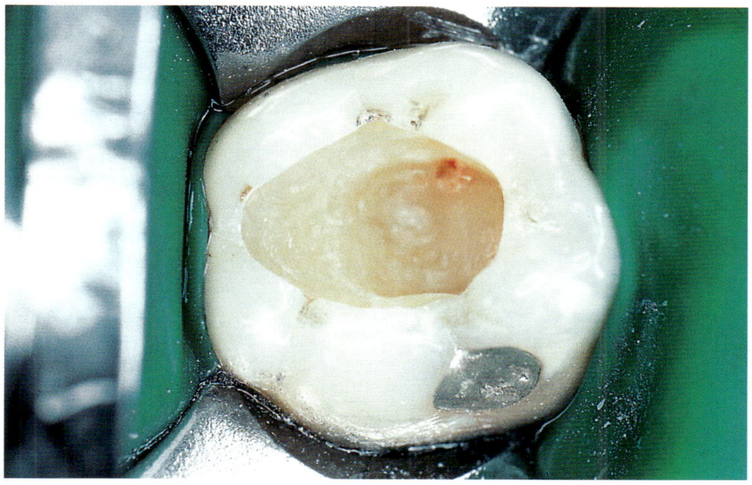

531 Pulpafreilegung
Die während einer Präparation freigelegte Pulpa ohne Entzündung weist ein hohes Regenerationspotential auf. Mit einem sterilen Wattepellet wird die Blutung gestoppt. Ein Blutkoagulum zwischen Pulpa und Überkappungsmaterial senkt die Heilungsrate um ca. 50 % (Schröder 1973). Bei Zähnen mit nicht abgeschlossenem Wurzelwachstum ist die Prognose sehr gut; sie nimmt mit steigendem Alter ab (Horsted et al. 1985).

532 Überkappung
Wäßriges Kalziumhydroxid wird dünn aufgetragen und leicht mit einem sterilen Wattepellet aufgedrückt. Anschließend wartet man eine mögliche Sickerblutung ab. Ist diese sichtbar, muß das Überkappungsmittel abgespült und nach erneuter Blutstillung wieder aufgetragen werden. Kalziumhydroxidpräparate in Pastenform sind auf Grund der doppelt so hohen Ionenfreisetzung pro Zeiteinheit Zementen deutlich überlegen (DeFreitas 1982).

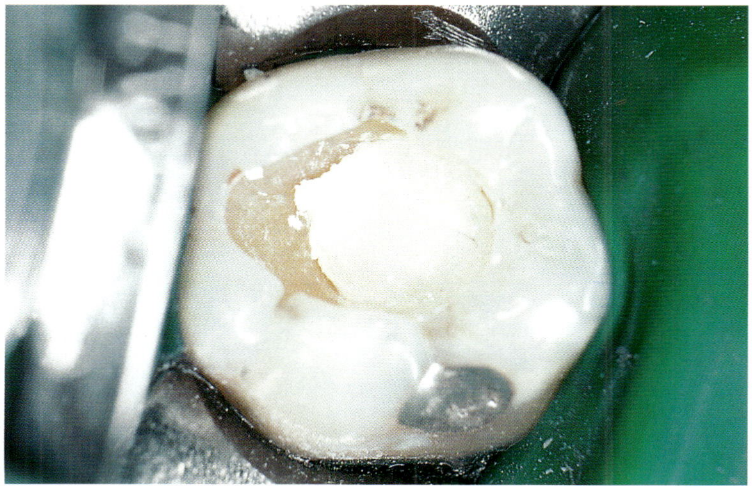

533 Restauration
Voraussetzung für den Therapieerfolg ist auch eine perfekte koronale Restauration. Findet eine bakterielle Penetration statt, kommt es zu einer Entzündung, und das Pulpagewebe wird nekrotisch. Das Kalziumhydroxid wird mit Zinkoxid-Eugenol abgedeckt, anschließend wird Phosphat- oder Glasionomerzement und eine Restauration appliziert.

Pulpotomie im Wechselgebiß

Indikation einer Pulpotomie am symptomlosen bleibenden Zahn mit nicht abgeschlossenem Wurzelwachstum ist eine breitflächige Eröffnung ohne oder mit einer auf die Kronenpulpa beschränkten Entzündung. Die Pulpaamputation hat Interimscharakter. Neben der Bildung einer Hartgewebsbrücke kommt es bereits nach 4 Monaten zur inselförmigen Ablagerung von Reizdentin, die zur fast vollständigen Obliteration des Wurzelkanals führen kann. Nach Abschluß des Wurzelwachstums erfolgt trotz Symptomlosigkeit die Wurzelkanalbehandlung (Sübay et al. 1995).

Ziel der Pulpotomie ist die zeitlich begrenzte Vitalerhaltung der Wurzelkanalpulpa, wodurch ein *weiteres Wurzelwachstum* mit Ausbildung einer apikalen Konstriktion gewährleistet werden soll (Magnusson 1981). Unter Anästhesie wird die Kronenpulpa mit einer hochtourig laufenden Diamantfräse ausgeräumt, das Kavum mit Kochsalzlösung gespült und ein steriles Wattepellet zur Blutstillung auf die Wurzelkanaleingänge gepreßt. Ein Blutkoagulum zwischen Überkappungsmittel und Pulpastumpf verzögert bzw. verhindert die Hartgewebsbrückenbildung (Masterton 1966).

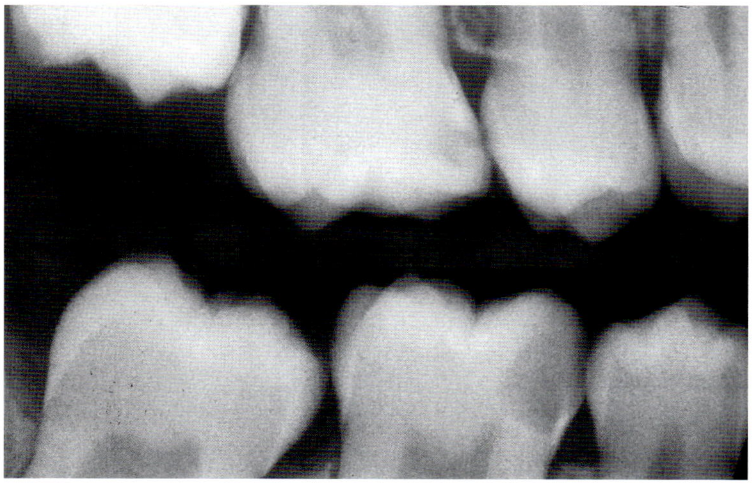

534 Kariesprogression
Die Bißflügelröntgenaufnahme im linken Seitenzahngebiet eines 13jährigen Mädchens zeigt approximal an Zahn 36 eine tiefe Karies. Es traten bislang noch keine klinischen Symptome auf. Der Zufallsbefund weist weitere kariöse Läsionen an den Zähnen 25 und 26 auf.

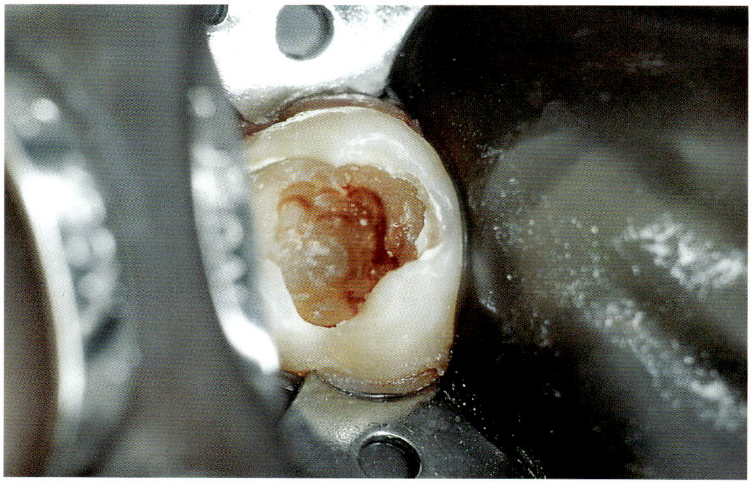

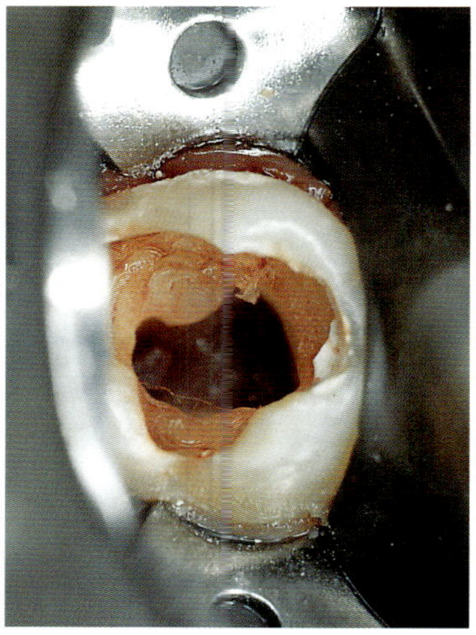

535 Pulpaeröffnung
Während der Kariesexkavation ist es zur breitflächigen Eröffnung des Pulpagewebes gekommen. Als Interimslösung wird die koronale Pulpa exstirpiert und erst nach Abschluß des Wurzelwachstums die Wurzelkanalbehandlung durchgeführt.

Rechts: Mit einer hochtourig laufenden Diamantfräse wird die Kronenpulpa bis in Höhe der Kanaleingänge abgesetzt.

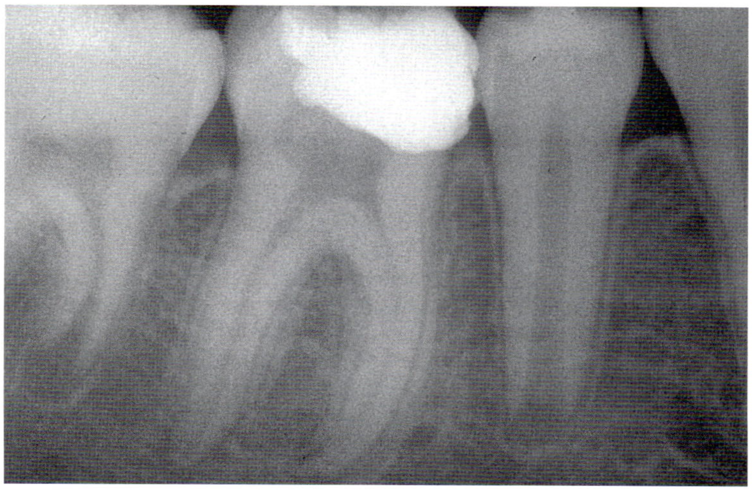

536 Wurzelwachstum
Mittels Röntgenbild wird zu Beginn der Behandlung das Wurzelwachstum bestimmt. Ist das Wachstum weit fortgeschritten, ist die Pulpotomie nur als kurzfristige Lösung bis zum vollständigen Abschluß der Wurzelbildung anzusehen. Hartgewebsablagerungen führen zum Verschluß des Wurzelkanals und können die spätere Kanalaufbereitung komplizieren.

Kalziumhydroxid wird dünn aufgetragen und das Kavum auf eine Sickerblutung kontrolliert. Anschließend wird die Schicht auf eine Dicke von 2 mm ergänzt und mit IRM- und Glasionomerzement abgedeckt. Kalziumhydroxid ist beim jugendlichen bleibenden Zahn Überkappungsmittel der Wahl. Gemischt mit Trikalziumphosphat induziert es die Hartgewebsbildung ohne die für reines Kalziumhydroxid typische initiale Destruktion des angrenzenden Pulpagewebes (Yoshiba et al. 1994). Der dichte koronale Verschluß scheint für den Erfolg ebenso wichtig zu sein (Snuggs et al. 1993).

In regelmäßigen 3- bis 6monatigen Kontrollsitzungen wird der Therapieerfolg klinisch und das Wurzelwachstum röntgenographisch überprüft. Sensibilitätstests am amputierten Zahn sind wenig sinnvoll (Leisenbach et al. 1993). In einer klinischen Untersuchung an 37 bleibenden Zähnen war die Behandlung in 93,5% der Fälle ohne klinische und röntgenographische Symptome erfolgreich, doch auch für symptomatische Zähne mit periapikaler Läsion kann die Pulpotomie in vielen Fällen zum gewünschten Ziel führen (Mejare et al. 1993).

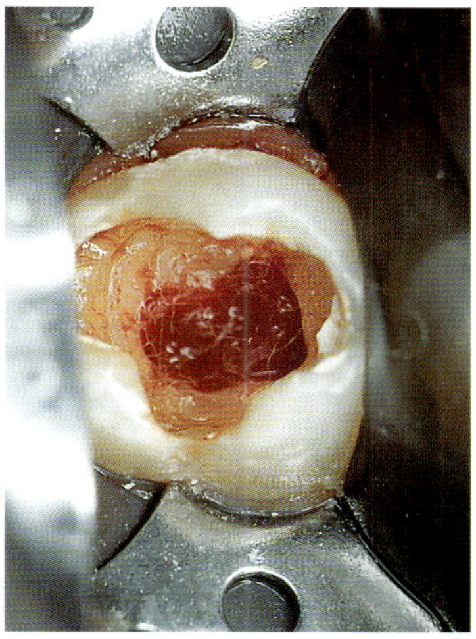

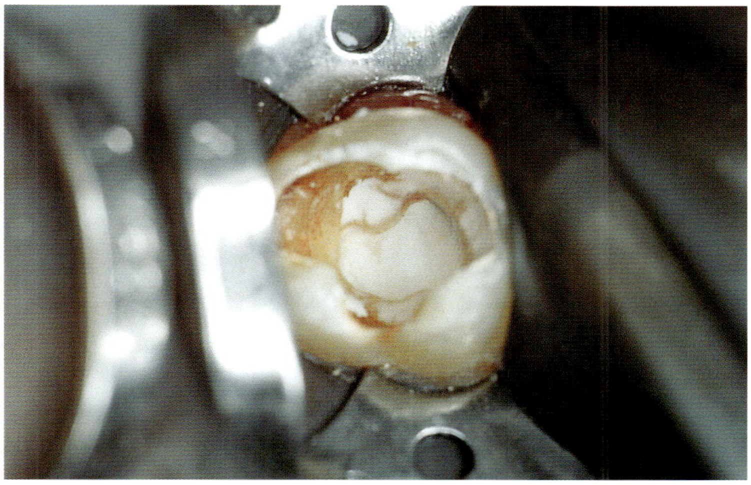

537 Überkappungsmittel
Kalziumhydroxid in wäßriger Suspension wird dünn auf die Pulpastümpfe aufgetragen. Anschließend wird visuell auf Sickerblutung kontrolliert. Danach wird die Überkappung auf eine Dicke von 1–2 mm ergänzt und der Zahn koronal dicht verschlossen.

Links: Mit Aufpressen steriler Wattepellets wird vor Auftragen des Überkappungsmittels vollständige Blutstillung herbeigeführt.

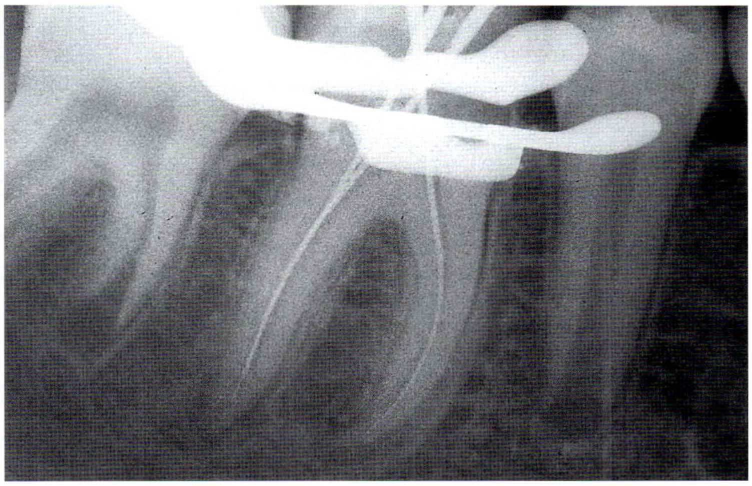

538 Wurzelkanalaufbereitung
Treten nach der Pulpotomie Symptome auf, wird die Amputation zur Apexifikation ausgeweitet, da mit einer irreversiblen Pulpitis der Wurzelkanalpulpa zu rechnen ist. Treten keine Symptome auf, wird nach Abschluß des Wurzelwachstums mit einer Meßröntgenaufnahme die Arbeitstiefe bestimmt und unter Anästhesie der Wurzelkanal vollständig aufbereitet.

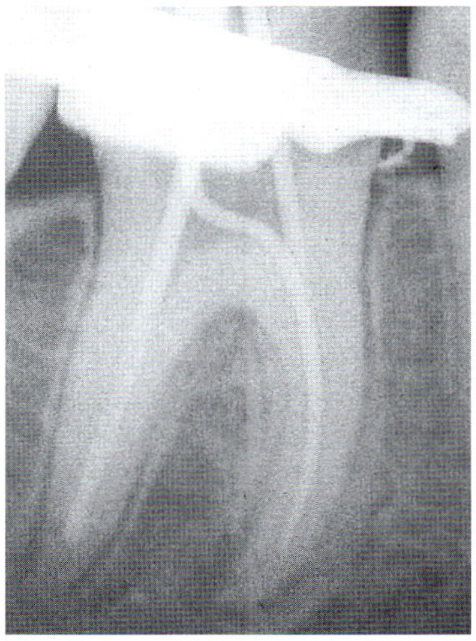

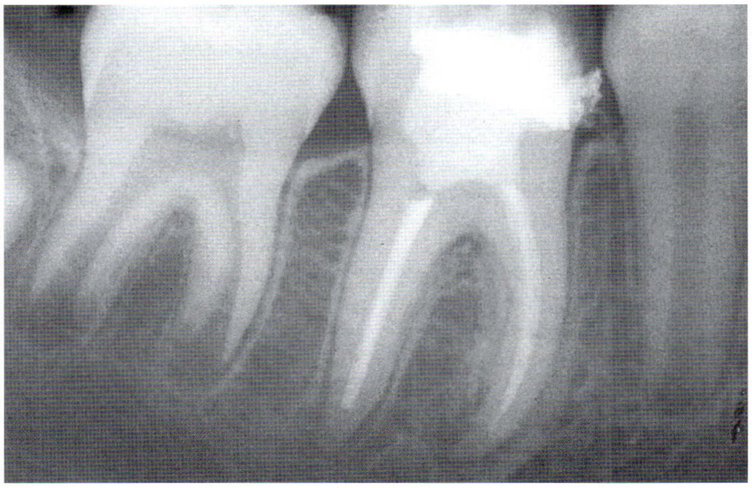

539 Wurzelkanalfüllung
Die Kanäle werden nach der Zwischeneinlage mit Guttapercha und eugenolfreiem Sealer obturiert. Anschließend wird die Kavität mit einer adhäsiven Füllung verschlossen und für eine Teilkronenversorgung vorbereitet.

Links: Die Guttaperchastifte sucht man vor der Füllung entsprechend der Größe der apikalen Meisterfeile aus und kontrolliert ihre Lage mit einer Masterpointaufnahme.

Zähne mit entwicklungsbedingten Fehlbildungen

Dens invaginatus

Diese Fehlbildung resultiert aus einer Invagination des mineralisierten Kronenanteils; auch ein Einschluß der Wurzel ist möglich. Die Inzidenz eines solchen „Dens in dente“ kann sowohl im Milch- als auch bleibenden Gebiß 10% betragen. Am häufigsten findet man ihn am seitlichen oberen Schneidezahn. Ein Dens in dente tritt meist mit einer konisch zulaufenden Krone und einem erweiterten Wurzelkanal auf. Formen mit erweiterter Krone und normaler bzw. erweiterter Wurzel kommen ebenfalls vor (Bimstein u. Shteyer 1976).

Sobald diese Zähne in die Mundhöhle durchgebrochen sind, kann sich eine Pulpanekrose entwickeln. Ursache ist eine Bakterieninvasion über die koronale Invagination. Ist die Invagination schmal, kann sie während der Präparation der Zugangskavität abgetragen werden. Bei komplexen Invaginationen sollte der anatomischen Form folgend sorgfältig instrumentiert werden. Bei frühzeitiger Diagnose eines Dens invaginatus kann der koronale Defekt verschlossen und einer Nekrose vorgebeugt werden (Rotstein et al. 1992a).

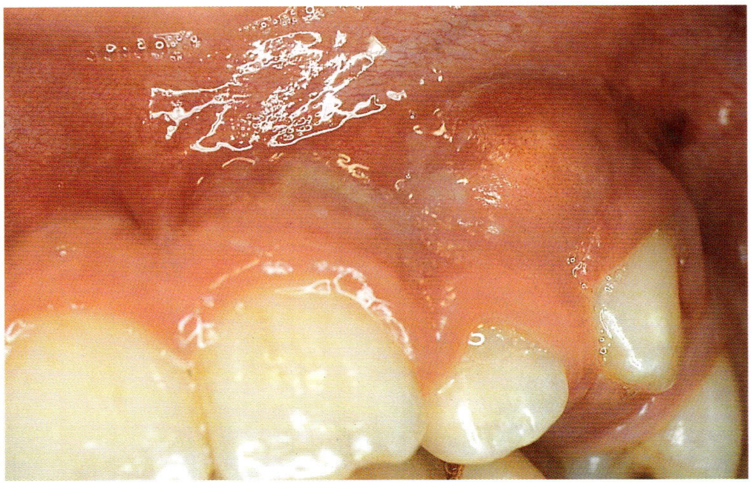

540 Abszedierung
Vestibulärer submuköser Abszeß in Höhe der Wurzelspitze des durchbrechenden seitlichen Schneidezahnes. Nach Abfluß des angesammelten Eiters wurde die Inzisionsöffnung 5 Tage durch einen Gummidrain offengehalten und gespült.

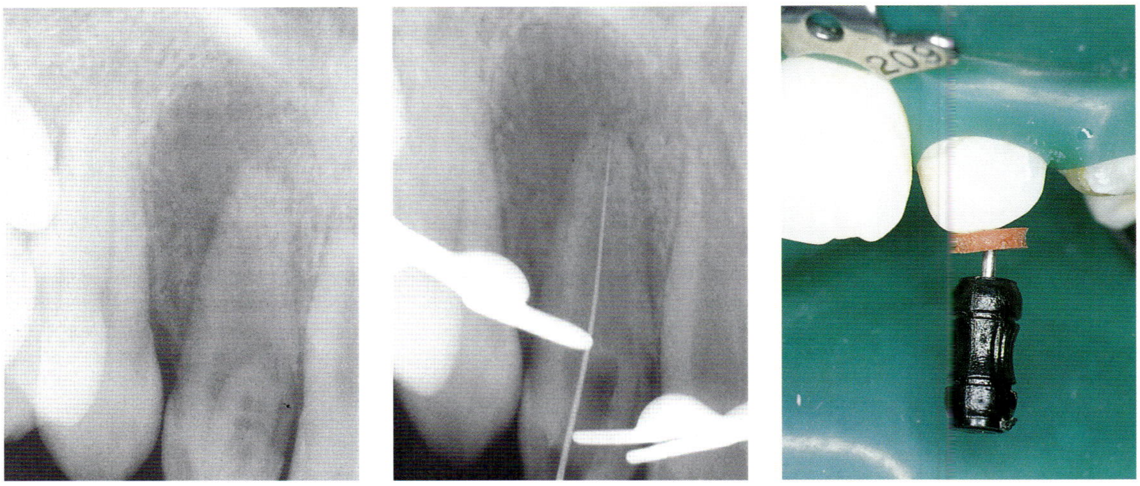

541 Instrumentation
Links: Im Röntgenbild zeigt sich eine koronal liegende Veränderung, die auf einen Dens invaginatus hindeutet; periapikal ist eine kirschgroße Aufhellung sichtbar.

Mitte: Nach Trepanation wird ein weiter Zugang zum Wurzelkanal hergestellt, wodurch bereits Teile der Invagination entfernt werden.

Rechts: Die Aufbereitung des Wurzelkanals mit Feilen erfolgt bis zur Arbeitstiefe.

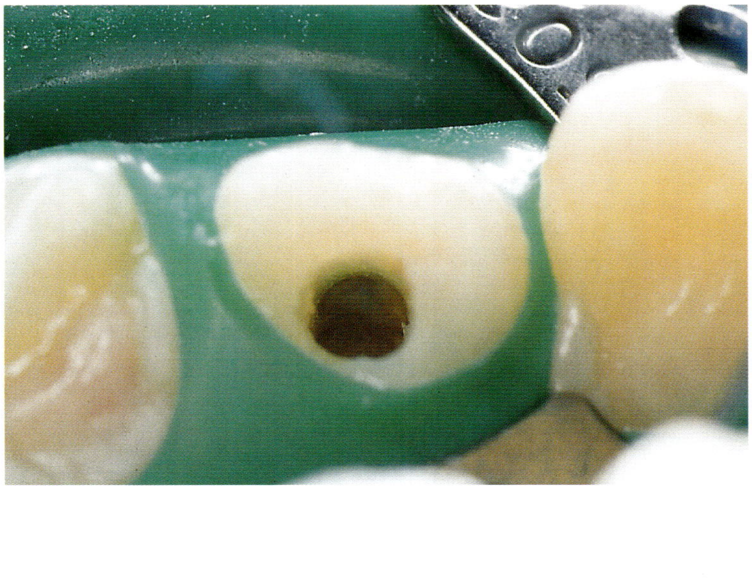

542 Reinigung
Der Wurzelkanal wird mit Handinstrumenten gereinigt. Durch die unregelmäßige Kanalmorphologie bleiben Gewebsreste zurück, die durch reichliche und häufige Natriumhypochloritspülungen gelöst und herausgeschwemmt werden müssen.

Palatinale Wurzeleinziehung

Ungefähr 8,5% der Zähne weisen diese Entwicklungsanomalie auf. Am häufigsten findet man auch diese Fehlbildung bei oberen seitlichen Schneidezähnen. Palatinale Wurzeleinziehungen können zu parodontalem Knochenabbau infolge Einstroms bakterieller Toxine entlang der Einziehung führen (Whiters et al. 1981). Der knöcherne Defekt reicht apikal so tief wie die Einziehung. Eine apikale Extension der Einziehung über den Zahnhals hinaus ist mit einer schlechten Prognose assoziiert (Lee et al. 1968).

Als Komplikation kann eine Pulpagewebsnekrose auftreten. Bakterien penetrieren über tiefe Wurzeleinziehungen in das Pulpagewebe. Im Röntgenbild läßt sich die palatinale Wurzeleinziehung als feine parapulpäre radioluzente Linie diagnostizieren. Ein in den Fistelgang eingeführter Guttaperchastift führt zum seitlich liegenden parodontalen Defekt. Eine konservative Therapie soll die Wurzeleinziehung eliminieren bzw. reduzieren, indem der Defekt nach chirurgischer Freilegung geglättet oder gefüllt wird (Rotstein et al. 1992a).

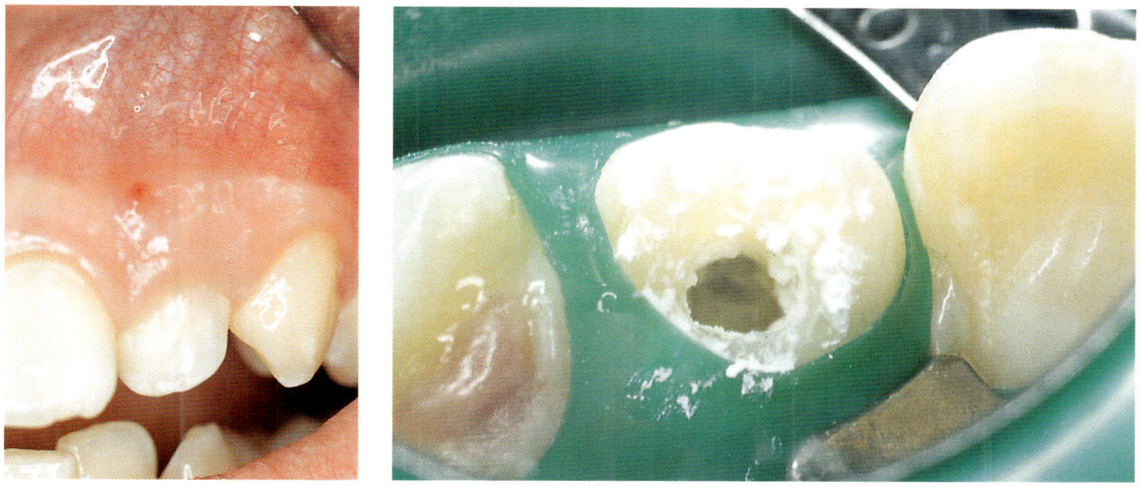

543 Zwischeneinlage
In den trockenen Wurzelkanal wird mit Papierspitzen Kalziumhydroxid fest eingestopft. Bei starker Sekretion wird die Zwischeneinlage bereits nach 7 Tagen und nach weiteren 30 Tagen erneut gewechselt.

Links: Schon nach wenigen Tagen ist die Schwellung rückläufig und die Schleimhaut weitgehend normal durchblutet.

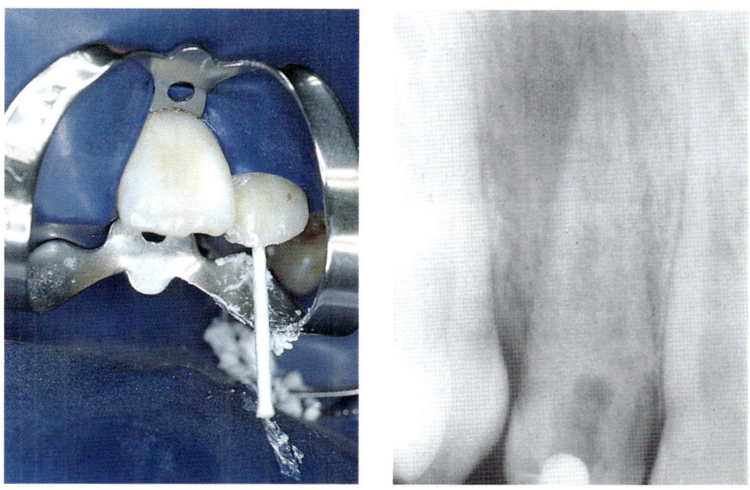

544 Apikale Regeneration
Links: Die zuletzt festgestopfte Zwischeneinlage verbleibt für weitere 3–6 Monate im Wurzelkanal, um sowohl gewebslösend als auch antibakteriell zu wirken.

Rechts: Das Röntgenbild nach 3 Monaten weist eine deutliche Regeneration der periapikalen Aufhellung auf. Der Wurzelkanal erscheint durch das eingestopfte Kalziumhydroxid leicht verschwommen.

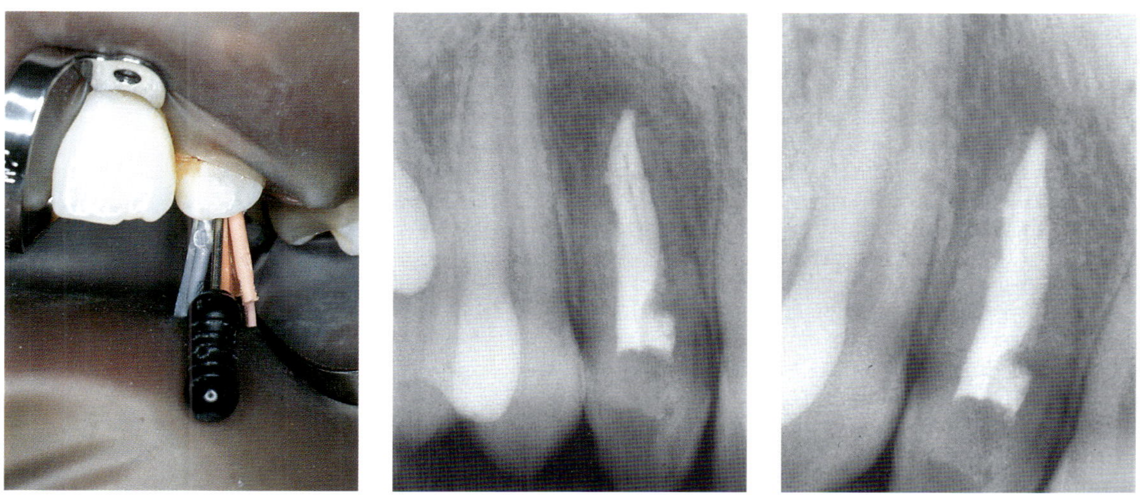

545 Wurzelkanalfüllung
Links: Nach Einmessen des Guttaperchastiftes wird der Wurzelkanal mit Guttapercha und Sealer nach der Methode der lateralen Kondensation abgefüllt.

Mitte: Die Röntgenaufnahme unmittelbar nach der Wurzelkanalfüllung zeigt einen guten apikalen Abschluß.

Rechts: In der Röntgenkontrolle nach eineinhalb Jahren ist die Regeneration der periapikalen Läsion sichtbar.

Apexifikation

Indikation für eine Apexifikation beim Zahn mit nicht abgeschlossenem Wurzelwachstum und mit bzw. ohne klinische und röntgenographische Symptome ist die Pulpanekrose. Ein Wurzelwachstum bei Nekrose ist unwahrscheinlich. Die Wurzelkanalwände divergieren apikal, und eine Präparation eines apikalen Stops ist nicht möglich. Die Behandlung ist deshalb darauf ausgerichtet, die Bildung eines apikalen Widerlagers aus Hartgewebe zu induzieren, wodurch ein Überfüllen des Kanals vermieden werden kann. Kalziumhydroxid scheint dafür das geeignete Mittel zu sein (Heithersay 1975).

Die Arbeitslänge wird 2 mm kürzer eingestellt, um ein Überinstrumentieren zu vermeiden. Auch darf der Kanal wegen der dünnen Dentinwand nicht exzessiv erweitert werden, daher muß ausgiebig gespült werden. Werden apikal offene Wurzelkanäle für 3 Monate mit Calasept gefüllt und wird die Einlage alle 4 Wochen gewechselt, so kommt es zur Regeneration der periapikalen Aufhellung mit Bildung einer zementoiden Hartsubstanz. Werden die Wurzelkanäle nicht mit Kalziumhydroxid gefüllt, persistiert die Entzündung und ein apikaler Verschluß kommt nicht zustande (Leonardo et al. 1993).

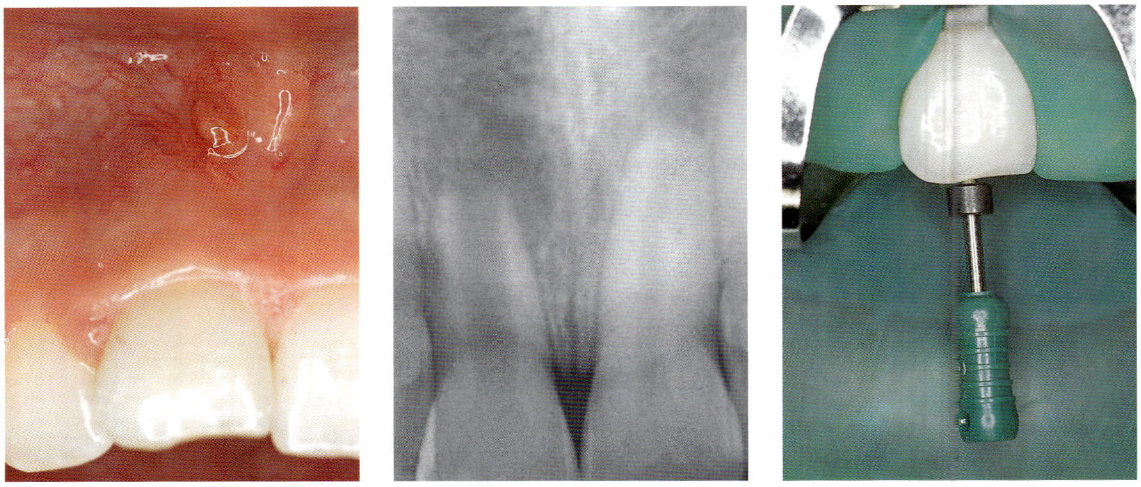

546 Pulpanekrose
Links: Symptomloser oberer Frontzahn eines 14jährigen Mädchens mit vestibulärer Fistel und vermutlich traumatischem Schmelzdefekt.

Mitte: Im Röntgenbild ist eine periapikale Läsion und – im Gegensatz zum Nachbarzahn – ein weit offenes apikales Foramen sichtbar.

Rechts: Mit Hilfe der ersten Röntgenaufnahme wird die Arbeitslänge 2 mm kürzer eingestellt.

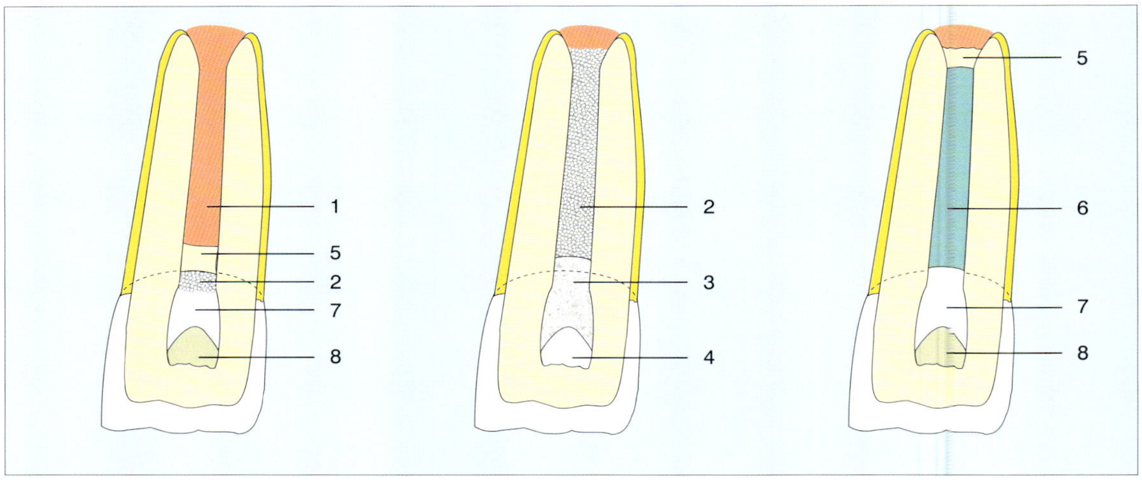

547 Wurzelkanaleinlage
Bei einer *Vitalamputation* (links) wird das Pulpagewebe (**1**) mit Kalziumhydroxid (**2**), GIZ (**7**) und Komposit (**8**) abgedeckt, es bildet sich eine Gewebsbrücke (**5**).
Bei der *Apexifikation* (Bildmitte) wird dagegen der gesamte Wurzelkanal mit Kalziumhydroxid gefüllt, ZnOE (**3**) und eine dichtes Provisorium (**4**) schließen koronal ab. Nach frühestens 9 Monaten (rechts) hat sich apikal eine Hartsubstanzbrücke (**5**) gebildet, und der Kanal kann mit Guttapercha (**6**) gefüllt werden.

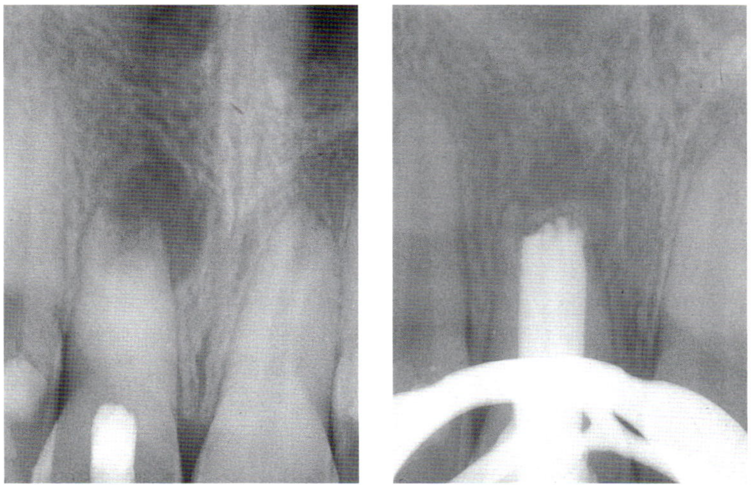

548 Verlaufskontrolle
Links: Der Wurzelkanal wird nach vorsichtiger Instrumentation mit Kalziumhydroxid gefüllt. Durch die Resorption bei periapikaler Entzündung muß die Einlage anfänglich alle 4 Wochen gewechselt werden.

Rechts: Nach 20 Monaten wird die Einlage entfernt und der Wurzelkanal mit Guttapercha gefüllt. Das Röntgenbild weist eine Regeneration der Aufhellung und die Hartgewebsbrücke nach.

Revision endodontischer Mißerfolge

Der endodontische Mißerfolg als Folge einer unzureichenden Aufbereitung und Entfernung mikrobieller Infektionen oder einer insuffizienten Obturation liegt oft in einer Nachlässigkeit des Behandlers oder in falsch verstandenen Behandlungskonzepten und der Verwendung toxischer Materialien begründet. Er kann auch auf unzureichende Kenntnisse der Wurzelkanalanatomie und auf mangelndes Gespür bei der Berücksichtigung komplexer Wurzelkanalverhältnisse zurückgeführt werden (Scianamblo 1993). Gründe für eine Revision sind u.a. Mißerfolge wegen einer zu kurzen Wurzelkanalfüllung, einer deutlichen Überfüllung oder eines ungefüllten Wurzelkanals sowie einer Perforation. Man unterscheidet Revisionen unzureichender Wurzelkanalbehandlungen bei klinischer Symptomlosigkeit und ohne röntgenographische Veränderungen von solchen mit klinischen und/oder röntgenographischen Symptomen. Indiziert ist die Revision bei klinischen Symptomen wie Fistelung, Schwellung, Schmerzen, Perkussion bzw. bei Aufbißbeschwerden und für den Fall, daß sich eine apikale Läsion vergrößert oder nicht rückläufig ist. Dabei kommt es vor allem bei Pastenfüllungen, die den Wurzelkanal nicht nur ungenügend abdichten, sondern auch im Laufe der Zeit mehr oder weniger stark resorbiert werden, zu chronischen apikalen Entzündungen und zur Persistenz einer periapikalen Aufhellung. Die Revision der insuffizienten Wurzelkanalbehandlung soll die Infektion eliminieren und eine Reinfektion verhindern (Beer u. Baumann 1994).

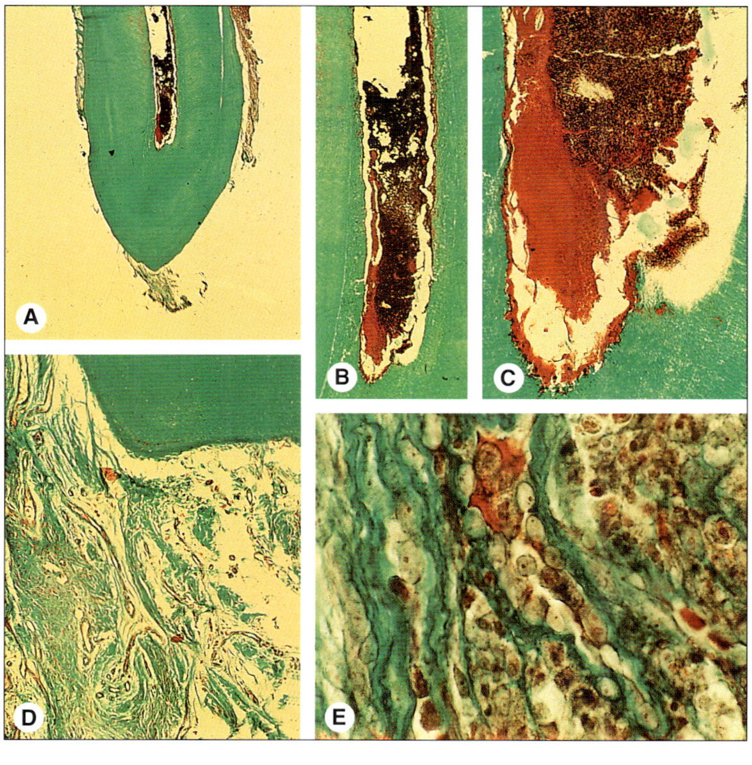

549 Insuffiziente Wurzelkanalfüllung

A Formaldehydhaltige Pastenfüllung eines unvollständig aufbereiteten Wurzelkanals mit periapikaler Entzündungszellansammlung.

B In der Vergrößerung läßt die Wurzelkanalregion eine schlecht adaptierte Füllung mit Hohlräumen erkennen.

C Der nochmals vergrößerte Ausschnitt des Endpunktes der Pastenfüllung zeigt auch Reste fixierten Pulpagewebes.

D Die Periapikalregion mit Zeichen einer Entzündung.

E Füllmittelreste sind im Gewebe verteilt und induzieren eine Ansammlung von Fremdkörperriesenzellen und neutrophilen Granulozyten.

Mißerfolge und Wurzelkanalanatomie

Übersehene Hauptkanäle oder apikale Ramifikationen sind die häufigste Ursache endodontischer Mißerfolge. Etwa 40% aller unteren Schneidezähne haben 2 Wurzelkanäle, nur bei 1% findet man aber auch 2 Foramen apicale. Bei der Revision müssen orthoradiale und exzentrische Röntgenaufnahmen angefertigt werden, um anatomische Varianten besser darstellen zu können. 84% aller ersten oberen Prämolaren und 58% aller zweiten weisen einen weiteren Wurzelkanal auf. Des weiteren haben 8% der ersten Prämolaren 3 oder mehr primäre Ramifikationen (Vertucci 1974b).

In der Embryonalentwicklung haben der mesiobukkale und der mesiopalatinale Wurzelkanal des oberen ersten Molaren ursprünglich je einen Hauptkanal. Während der Entwicklung sind Ansätze zur Invagination und Einlagerung von Hartgewebe festzustellen, so daß der palatinale Anteil in der mesiobukkalen Wurzel kleiner ausfällt und teilweise oder vollständig obliterieren kann (Pineda 1973). Tritt ein Mißerfolg bei oberen Molaren auf, so ist eine unzureichende Instrumentation in Form von nicht behandelten Kanälen und Foramina die wahrscheinliche Ursache.

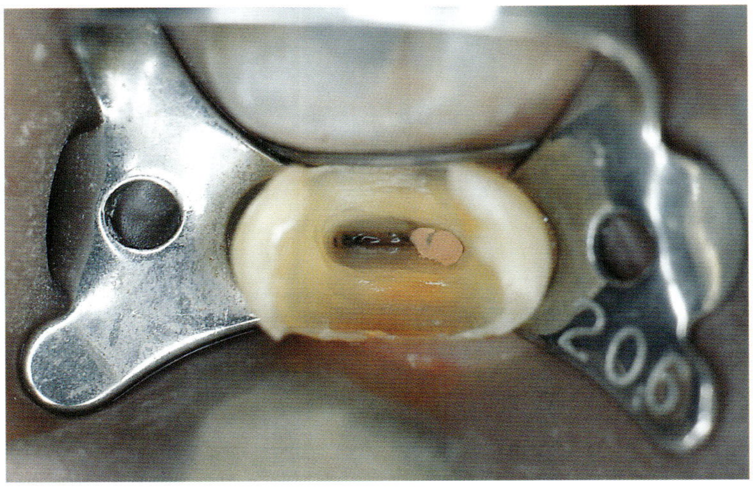

550 Übersehener Kanal
Der obere zweite Prämolar weist nach Trepanation einen aufbereiteten und abgefüllten Wurzelkanal sowie einen zweiten, bislang nicht entdeckten Kanal auf. Der Patient klagte seit der ersten endodontischen Behandlung über spontan auftretende starke Beschwerden, die den behandelnden Zahnarzt aber nicht zur Revision veranlaßten.

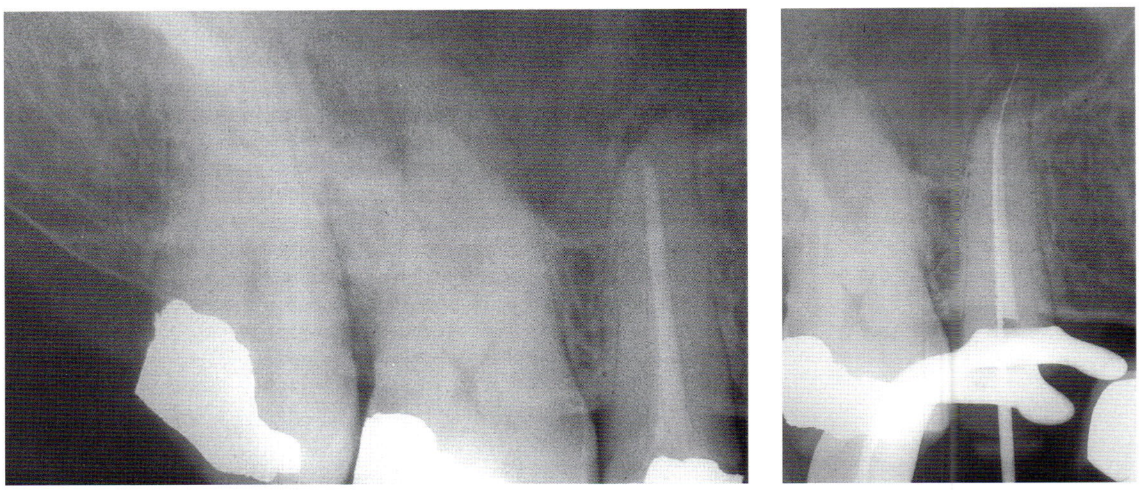

551 Periapikale Aufhellung
Links: Im diagnostischen Röntgenbild erkennt man eine periapikale Aufhellung bei einer scheinbar erfolgreichen Wurzelkanalfüllung, die allerdings die apikale Krümmung des Wurzelkanals nicht erfaßt.

Rechts: Die Meßröntgenaufnahme weist einen gut durchgängigen zweiten Kanal auf. Die Länge wird vor der weiteren Instrumentation noch korrigiert.

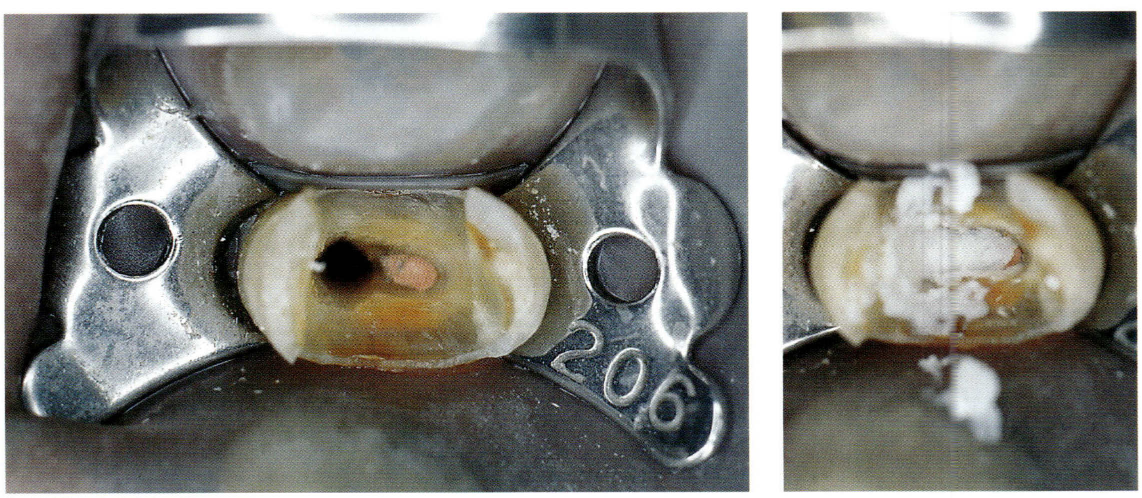

552 Instrumentation
Der zweite Wurzelkanal wird vollständig bis zur apikalen Konstriktion aufbereitet. Die Wurzelkanalfüllung des ersten Kanals kann wegen der röntgenographisch guten Adaptation belassen werden.

Rechts: In den Wurzelkanal wird anschließend Kalziumhydroxid fest eingestopft und die Kavität mit einer adhäsiven Aufbaufüllung dicht verschlossen.

Untere Prämolaren weisen das komplizierteste Wurzelkanalsystem auf. DeDeus et al. (1975) entdeckten bei ca. 31% der ersten und bei 11% der zweiten Prämolaren 2 primäre Ramifikationen, 3% besitzen sogar einen dritten Hauptkanal. Die Wurzelkanäle müssen mit feinen, vorgebogenen Feilen der Größe 08 sondiert werden. Dazu wird die Feile entlang der Außenwand des bereits lokalisierten Kanals vorgeschoben, bis ein Widerstand bzw. eine Abzweigung spürbar ist. Durch leichte Drehbewegungen wird der zusätzliche Kanal vollständig erschlossen (Scianamblo 1993).

Sekundäre und tertiäre Ramifikationen als laterale oder akzessorische Kanäle sind Verzweigungen des Wurzelkanals, die im Parodontalspalt münden. Mehr als 20% aller Frontzähne und 50% der Seitenzähne besitzen zahlreiche Ramifikationen (Burch u. Hulen 1974). Diese Verzweigungen sind instrumentell kaum erfaßbar, aber durch ausreichende Spülung mit Natriumhypochlorit effektiv zu reinigen. Bei der Revision sind sie meist durch Pasten oder Dentinspäne verschlossen, so daß die vollständige Gewebsentfernung nicht möglich ist (Scianamblo 1993).

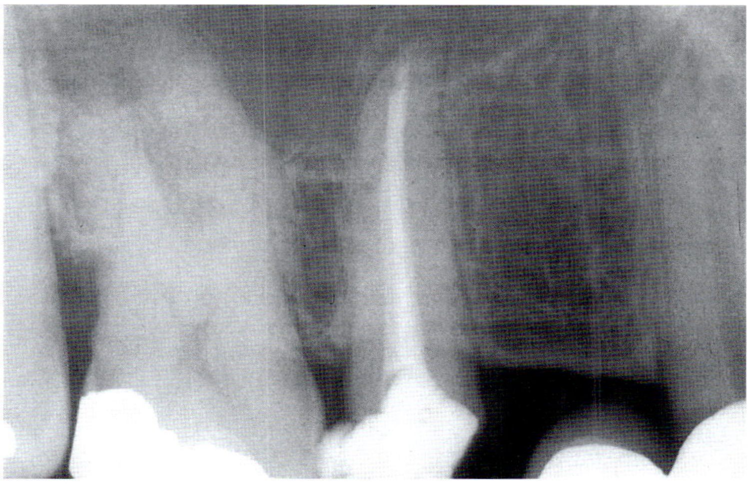

553 Kanalfüllung
3 Monate nach Einbringen der Zwischeneinlage wird diese herausgespült und der zweite Wurzelkanal mit Guttapercha und Sealer verschlossen. Eine beginnende Regeneration der periapikalen Aufhellung ist sichtbar.

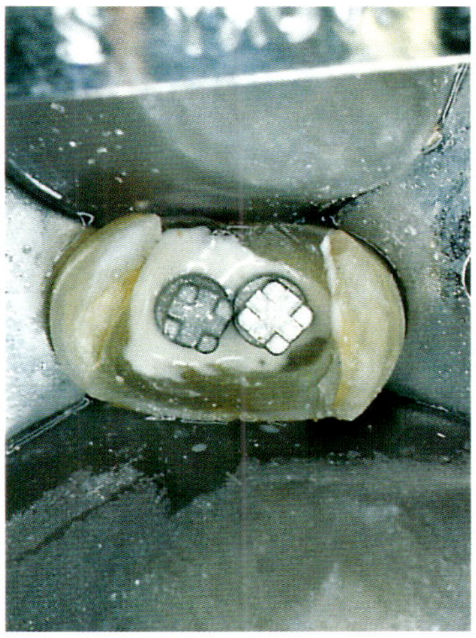

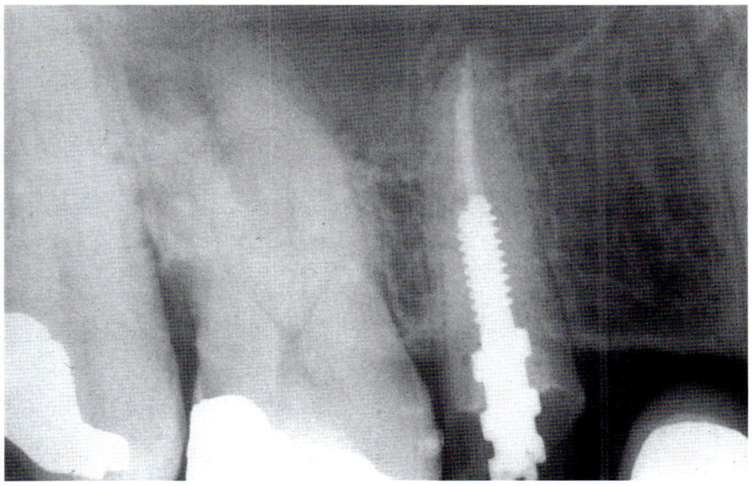

554 Stiftaufbau
Nach weiteren 2 Monaten wird die Zahnkrone wieder aufgebaut. In die Wurzelkanäle werden spannungsfrei 2 Aufbauschrauben (Endofix-A) eingesetzt, deren Lage man im Röntgenbild kontrolliert.

Links: Die Schrauben sind nach Vorschneiden eines Gewindes mit Polycarboxylatzement eingesetzt worden.

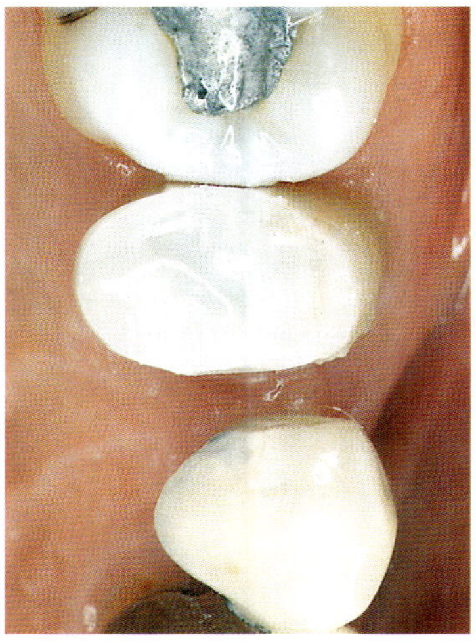

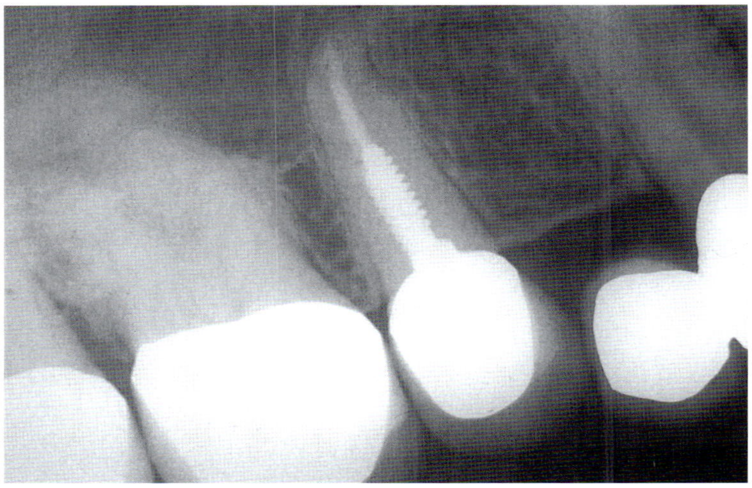

555 Kronenrestauration
Ein Jahr nach Beginn der endodontischen Revision ist die periapikale Aufhellung vollständig rückläufig und der Zahn mit einer Krone versorgt. Die Wurzelkanalbehandlung findet erst mit der definitiven Restauration ihren Abschluß.

Links: Vor Einsetzen der Kronenrestauration wird die Kavität mit einer adhäsiven Kompositfüllung aufgebaut und der Zahn anschließend beschliffen.

Indikationen für eine Revision

Hauptursache für endodontische Mißerfolge sind im Wurzelkanalsystem belassene Bakterien. Grossman (1972) unterteilte die Gründe in: 1. ungenügende Diagnose, 2. schlechte Prognose, 3. technische Schwierigkeiten und 4. nachlässige Behandlung. In der Washington-Studie (Ingle 1985) werden bei 76% der Mißerfolge Behandlungsfehler als Hauptgründe verantwortlich gemacht, d.h. unvollständige bzw. ungefüllte Wurzelkanäle, Perforationen, starke Überfüllungen und abgebrochene Instrumente. Bei 22% der Fehlschläge waren Fehler in der Fallauswahl verantwortlich.

Nair et al. (1990a) untersuchten in einer licht- und elektronenmikroskopischen Studie die Gründe für das Auftreten therapieresistenter periapikaler Läsionen bei asymptomatischen Zähnen. 10% der wurzelkanalbehandelten Zähne mußten in einem Zeitraum von 4–10 Jahren chirurgisch revidiert werden. 6 von 9 Biopsien wiesen Mikroorganismen im apikalen, nichtbehandelten Wurzelkanalanteil auf, 4 enthielten mehrere Bakterienspezies. In anderen Fällen ohne Bakteriennachweis lag ein Riesenzellgranulom als Fremdkörperreaktion auf das Füllmittel vor.

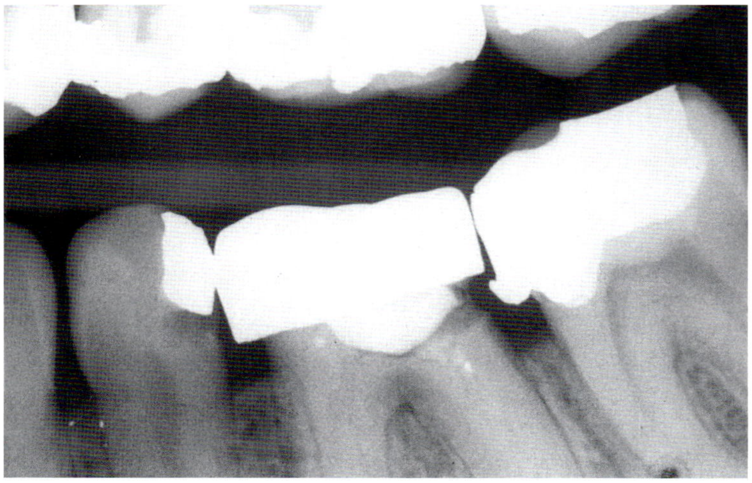

556 Prothetische Versorgung
Das Bißflügelröntgenbild im rechten Seitenenzahngebiet eines 41jährigen Patienten vor der prothetischen und konservativen Versorgung weist neben insuffizienten und überstehenden Kronen und Füllungen Sekundärkaries an den Zähnen 35 und 36 auf. Der klinisch symptomlose erste Molar ist früher vermutlich bereits wurzelkanalbehandelt worden, worauf Reste eines Wurzelkanalfüllmittels hindeuten.

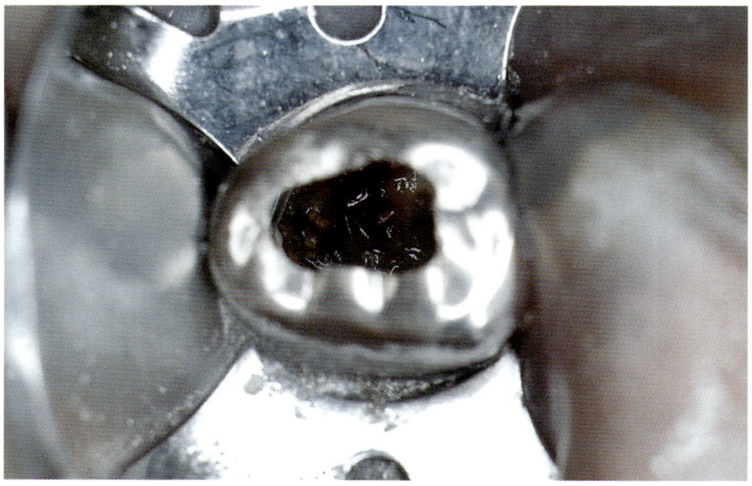

557 Trepanation
Die Krone wird trepaniert. Dabei erkennt man eine kariöse Zerstörung der Hartsubstanz. Die Karies und erweichtes Dentin werden bis in Höhe der Kanaleingänge entfernt, und die Kanaleingänge werden sondiert.

Rechts: Um eine Penetration von Mikroorganismen und Speichel zwischen den Sitzungen zu vermeiden, wird Cavit in die Kavität gestopft und diese somit abgedichtet.

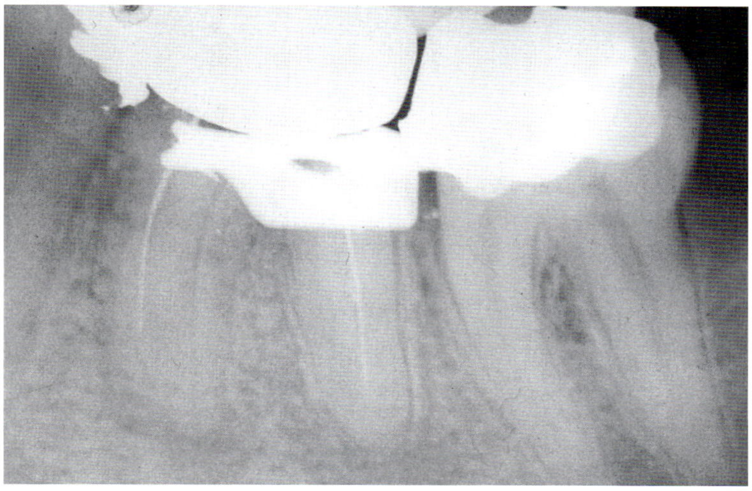

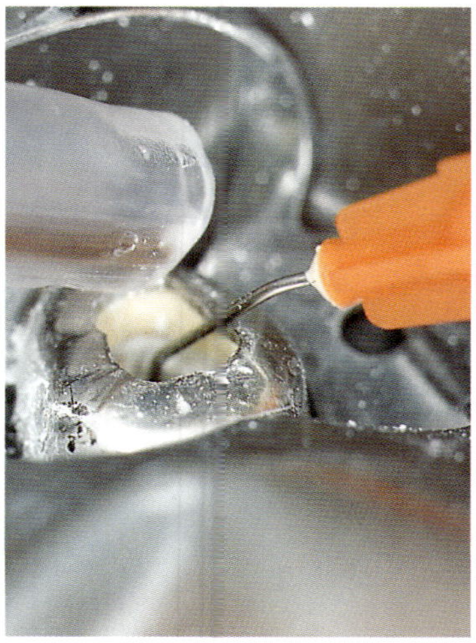

558 Instrumentation
Vorsichtig sondiert man die teilweise obliterierten Wurzelkanäle mit dünnen Feilen und kontrolliert deren Lage mit einer ersten Meßröntgenaufnahme.

Rechts: Reichliches Spülen mit Natriumhypochlorit löst Gewebsreste und hilft, Obstruktionen zu überwinden.

Indikation für die Revision sind wurzelkanalbehandelte Zähne mit periapikaler Aufhellung, die auch nach 4 Jahren nicht rückläufig ist oder sich neu ausbildet. Eine Revision ist auch indiziert bei ausschließlich klinischen Symptomen wie Perkussion, apikaler Druckdolenz, Fistelbildung oder Weichteilschwellung als Folgen einer apikalen Parodontitis. Mangelhafte Wurzelkanalfüllungen müssen bei prothetischer Neuversorgung auch dann revidiert werden, wenn keine Symptome vorliegen. Das Gleiche gilt für zum oralen Milieu exponierte Füllungen.

Das Unterlassen von Röntgenaufnahmen führt in der Endodontie zu Behandlungsfehlern. Der Zahnarzt kann sich nicht darauf berufen, daß der Patient die Anfertigung eines Röntgenbildes nicht gewünscht oder verweigert hätte, wenn dieses aus diagnostischen oder differentialtherapeutischen Gründen notwendig gewesen wäre (Hülsmann 1995). Laut Günther (1967) ist das Röntgenbild zur Prüfung und Ergänzung der klinischen Diagnose, zur Kontrolle während der Wurzelbehandlung, nach Füllung des Wurzelkanals sowie vor Anfertigen einer Restauration unverzichtbar.

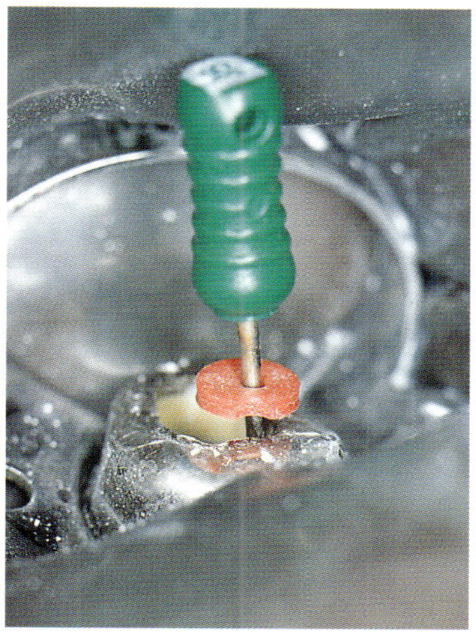

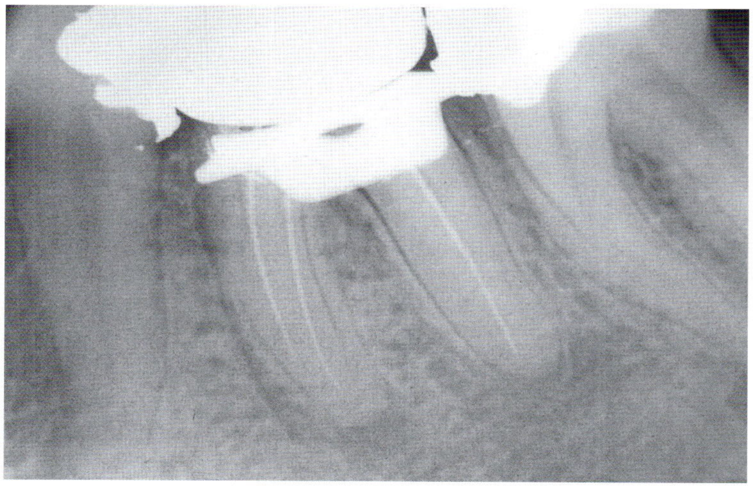

559 Instrumentation
Nach der initialen Darstellung und koronalen Erweiterung der Wurzelkanäle wird mit einer zweiten Meßröntgenaufnahme die Arbeitstiefe bestimmt.

Links: Die Wurzelkanäle werden bis zur apikalen Konstriktion um 4 Größen erweitert. Die apikale Meisterfeile hat die Größe 35.

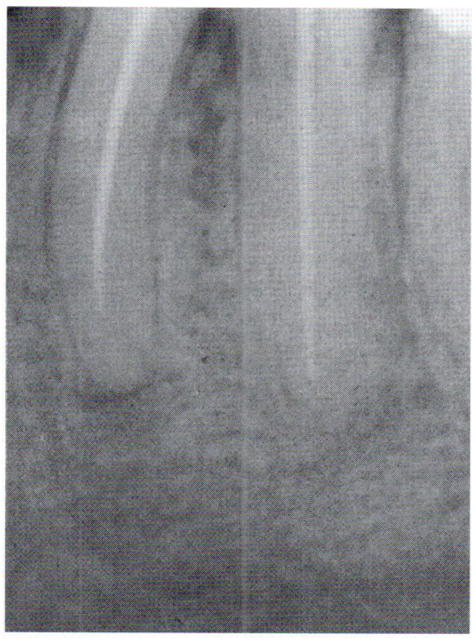

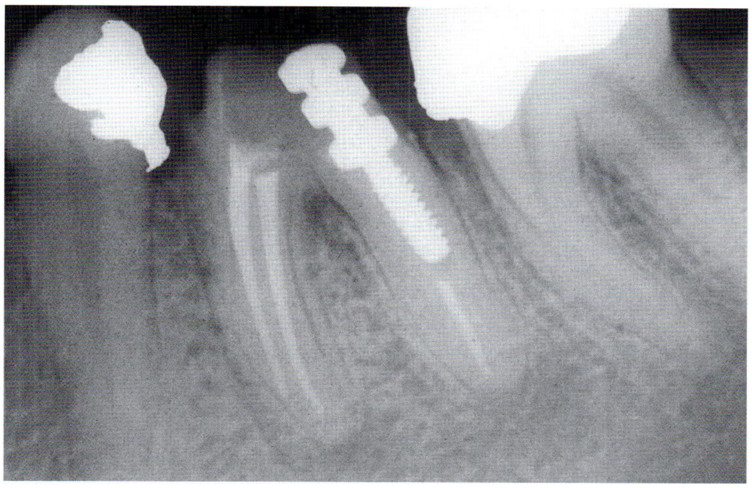

560 Kanalfüllung
In der zweiten Sitzung nach frühestens 4 Wochen wird der Wurzelkanal des symptomlosen Zahnes mit Guttapercha und Sealer gefüllt. Anschließend wird die Interimskrone entfernt und in den distalen Kanal ein Schraubenaufbau eingesetzt.

Links: Die Kanalerweiterung wird mit dem Einmessen der Guttaperchastifte kontrolliert und der mesiobukkale Kanal noch 1 mm tiefer aufbereitet.

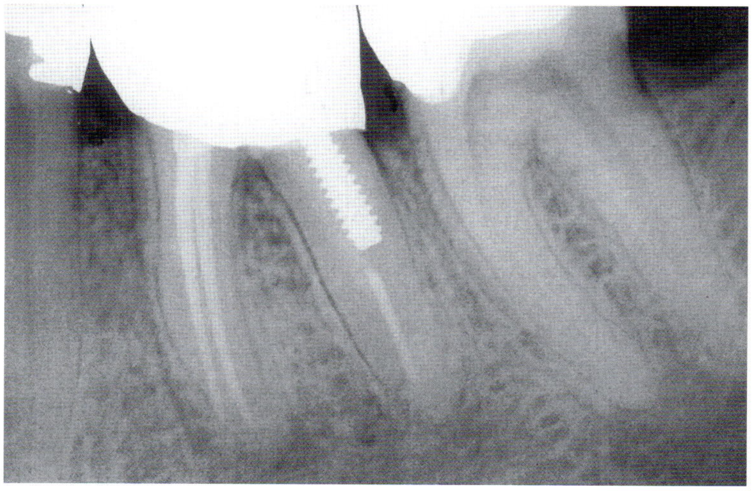

561 Kronenversorgung
Nach Fertigstellung der Aufbaufüllung wird der Zahn beschliffen und abgeformt, die angrenzenden Füllungen werden erneuert bzw. rekonturiert. Der Molar wird mit einer Goldgußkrone rekonstruiert. Das Röntgenbild 3 Jahre nach Wurzelkanalbehandlung zeigt reizlose periapikale Verhältnisse.

Schmerzen nach Wurzelkanalbehandlung

Innerhalb von Stunden oder wenigen Tagen nach der Wurzelkanalbehandlung können Schmerzen kombiniert mit Schwellung auftreten. Schmerzen traten der Untersuchung von Walton u. Fuad (1992) zufolge nur bei 3,2% der 946 endodontisch behandelten Zähne auf. Eine nekrotische Pulpa war in 6,5%, eine irreversible Pulpitis nur in 1,3% der Fälle mit Schmerzen verbunden. Starke Schmerzen zu Behandlungsbeginn waren in 19% der Fälle auch mit postoperativen Beschwerden verbunden, bei initial geringen Schmerzen traten nur in 1,7% der Fälle postendodontische Probleme auf.

Über die Hälfte von 150 Mißerfolgen war in der Studie von Lin et al. (1991) nicht mit klinischen Symptomen verbunden. Schmerz trat nur bei jedem vierten Fall auf. In 2 von 3 Zähnen fanden sich Bakterien, und die Schwere der Entzündung korrelierte mit der Anwesenheit von Bakterien im Kanal. Bei Schmerzen als einzigem Symptom waren in 80%, bei Schwellung in 75% der Fälle Bakterien nachzuweisen. Schmerzen kombiniert mit Schwellung traten nur bei gleichzeitiger Anwesenheit von Bakterien auf, und in 84,6% der Fälle waren Bakterien Ursache einer Fistelbildung.

562 Postoperativer Schmerz
Links: Trotz Wurzelkanalbehandlung an dem unteren ersten Molaren mit 4 Wurzelkanälen sind die bereits vor Behandlungsbeginn vorhandenen starken Schmerzen nicht rückläufig.

Rechts: Die Krone wird wieder entfernt, die Wurzelkanalfüllung revidiert, und die Wurzelkanäle werden mit einem Prednisolon-Antibiotika-Gemisch (Ledermix) zur Schmerzstillung abgefüllt.

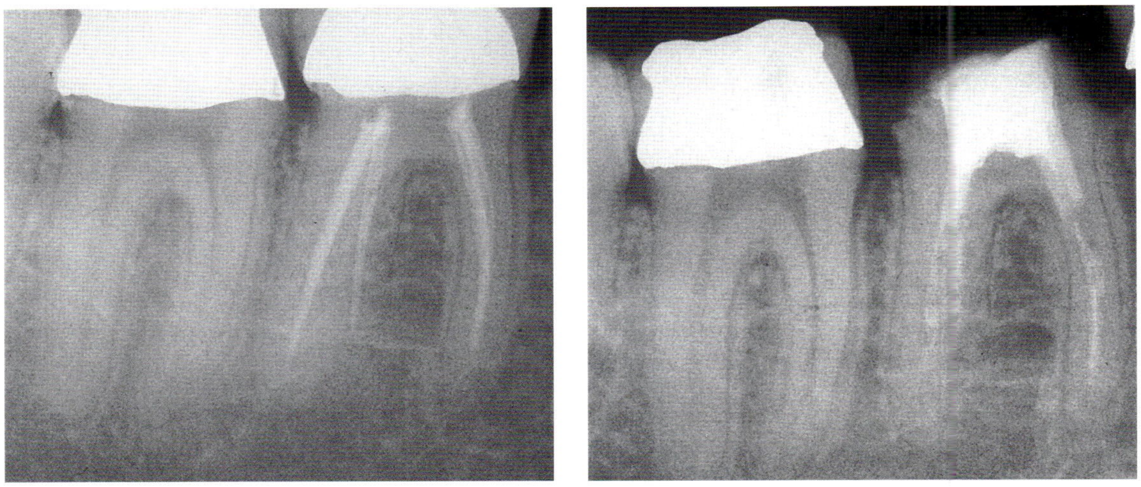

563 Instrumentation
Links: Die Zwischeneinlage wird wegen Schmerzpersistenz wieder entfernt, und die Kanäle werden mit einer Kalziumhydroxideinlage gefüllt.

Rechts: Wiederum muß die Einlage innerhalb einer Woche entfernt werden, da die Schmerzen als teilweise unerträglich geschildert werden.

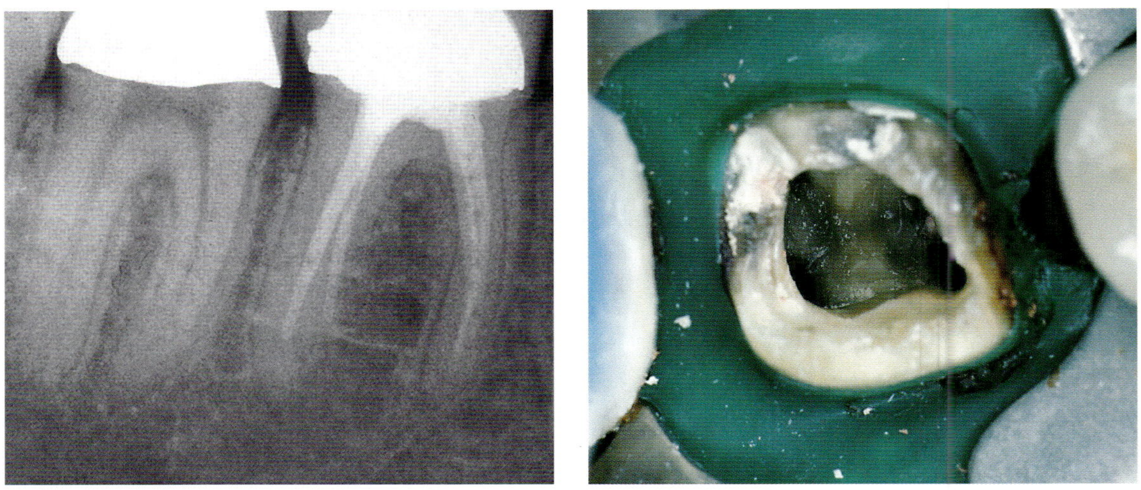

564 Schmerzfreiheit
Links: Bei Schmerzpersistenz wird der zweite Molar ebenfalls wurzelkanalbehandelt. Die Meßröntgenaufnahme legt die Arbeitstiefe fest.

Rechts: Nachdem die Zwischeneinlage in die Kanäle eingebracht ist und die Zähne wieder verschlossen sind, ist die Patientin in der Folgezeit schmerzfrei.

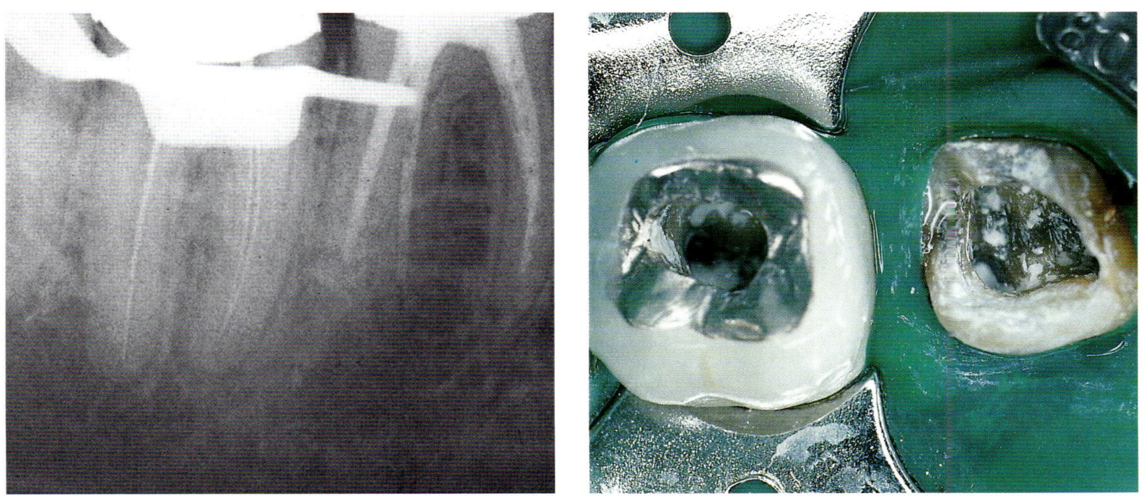

Von allen untersuchten Parametern waren in einer Studie nur die folgenden 3 mit dem Auftreten postoperativer Schmerzen verbunden: Schmerzen zu Behandlungsbeginn, Angst vor der Behandlung sowie eine bestimmte Medikation nach dem endodontischen Eingriff. Bei geringen präoperativen Schmerzen konnte kein Unterschied zwischen dem Plazebo oder einem bestimmten Medikament ermittelt werden. Dagegen waren bei starken Beschwerden Ibuprofen und besonders Erythromyzin sowie Penizillin deutlich effektiver als ein Plazebo (Torabinejad et al. 1994).

Die Art und Weise der Instrumentation des Wurzelkanals und das Überpressen von möglicherweise bakteriell infizierten Dentinchips in das Periapikalgewebe begünstigen das Auftreten postoperativer Schmerzen (Byström u. Sundqvist 1985). Aber auch die Wurzelkanalanatomie beeinflußt den postoperativen Erfolg. In histologischen Schnitten C-förmiger Wurzelkanäle, die bei 13,9% aller Molaren auftreten, war die verbliebene Menge an Debris und nicht instrumentierten Kanalwandanteilen besonders auffällig, speziell im mittleren und apikalen Drittel (Simon 1993a).

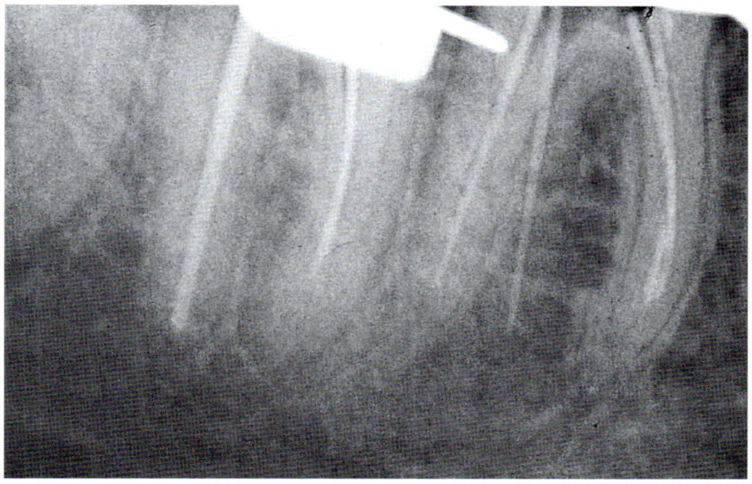

565 Wurzelkanalfüllung
Nachdem die Patientin 4 Wochen schmerzfrei ist, erfolgt das röntgenographische Einmessen der Guttaperchastifte zur Obturation der Wurzelkanäle.

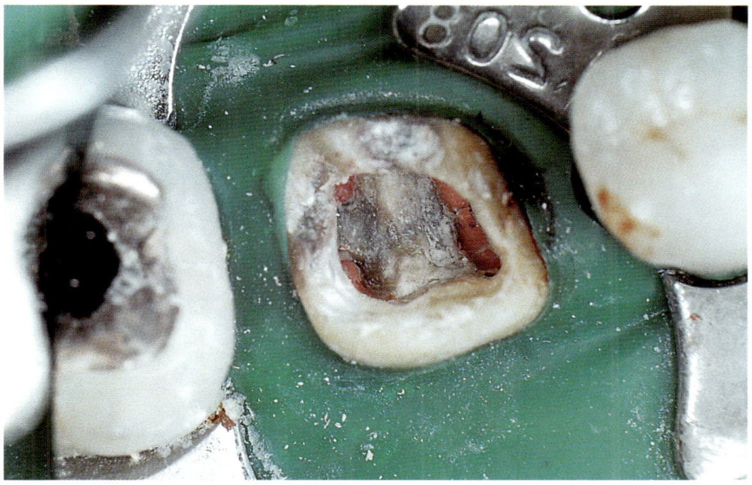

566 Wurzelkanalfüllung
Mittels lateraler Kondensation erfolgt die bakteriendichte Obturation der 7 Wurzelkanäle und der anschließende koronale Verschluß der beiden Zähne.

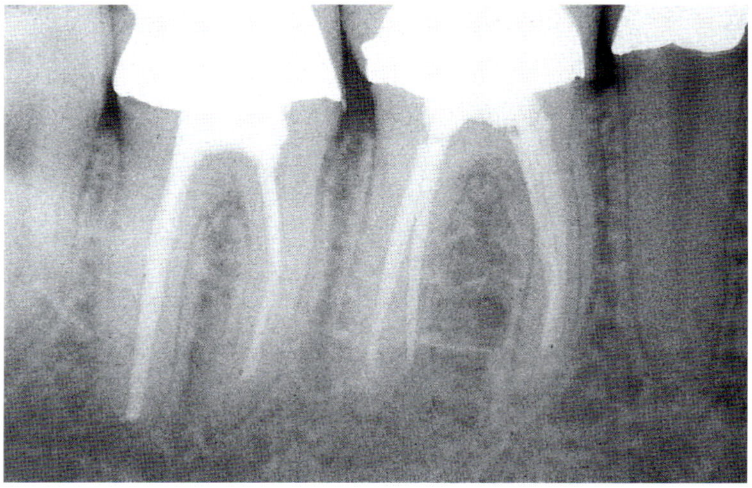

567 Schmerzfreiheit
Die Röntgenkontrolle 2 Jahre nach der Behandlung zeigt ein normales periapikales Gewebe. Die Patientin ist seit der endodontischen Behandlung der beiden Zähne vollkommen schmerzfrei.

Entfernen von Stiftaufbauten

Ist der Zahn mit Krone und Stiftaufbau versorgt, sollten diese vor der Revision entfernt werden. Die Zahnanatomie läßt sich bei entfernter Krone besser begutachten, und so kann eine günstigere Zugangskavität präpariert werden. Ohne Restauration ist die Auswertung diagnostischer Röntgenbilder hinsichtlich Perforation, Länge einer Silberstiftfüllung oder Obliterationen im Kanaleingangsbereich erleichtert. Eine Vertikalfraktur und das Ausmaß kariöser Demineralisation kann ohne Krone ebenfalls besser eingeschätzt werden (Stabholz u. Friedman 1988).

Die Präparation eines Stiftaufbaus schwächt die Zahnhartsubstanz. Muß dieser Aufbau entfernt werden, kann es zur Fraktur des Zahnes kommen. Das Entfernen eines geschraubten Stiftes ist meist weniger gefährlich, wobei das Risiko proportional mit der Kontaktfläche ansteigt. Ultraschall führt zu einer Verringerung der Haftkraft zur Wurzelkanaloberfläche und vereinfacht das Entfernen des Aufbaus erheblich. Zementreste müssen vor Lösen des Stiftes mit einem spitz zulaufenden Ultraschallscaler gelockert werden, Diamant- oder Hartmetallfräsen sind kontraindiziert.

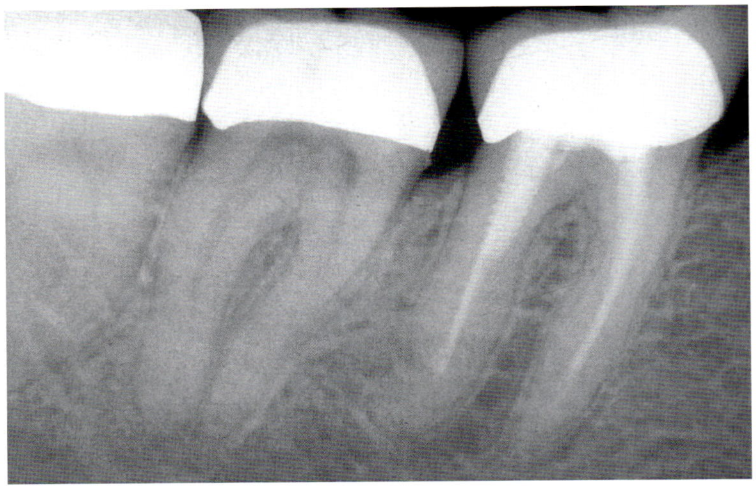

568 Schmerz als Indikation zur Revision
Unterer erster Molar mit Kronenrestauration, Schraubenaufbau und einer zu kurzen Wurzelkanalfüllung. Intermittierende Schmerzen veranlassen zu einer Revision der erst 2 Jahre alten Behandlung, obwohl keine röntgenographischen Veränderungen vorliegen.

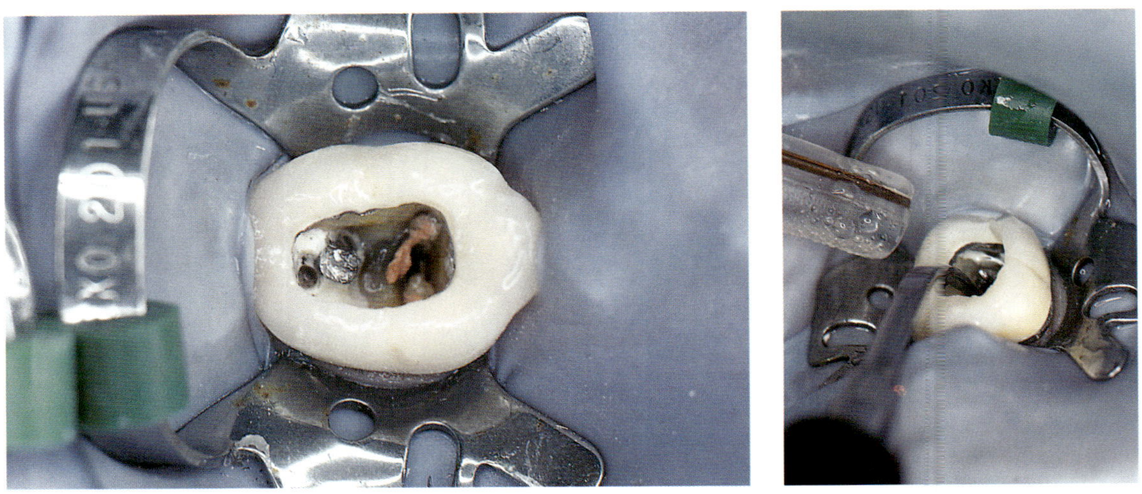

569 Entfernen des Schraubenaufbaus
Nachdem eine ausreichend große okklusale Kavität in die klinisch intakte Krone gefräst und die Aufbaufüllung weitgehend abgetragen ist, erfolgt die vollständige Zemententfernung um die Schraube mit einem spitz zulaufenden Ultraschallscaler.

Rechts: Anschließend wird der Stiftaufbau in einer Höhe von etwa 2 mm mit einem breiten Ultraschallansatz umfahren und gelockert.

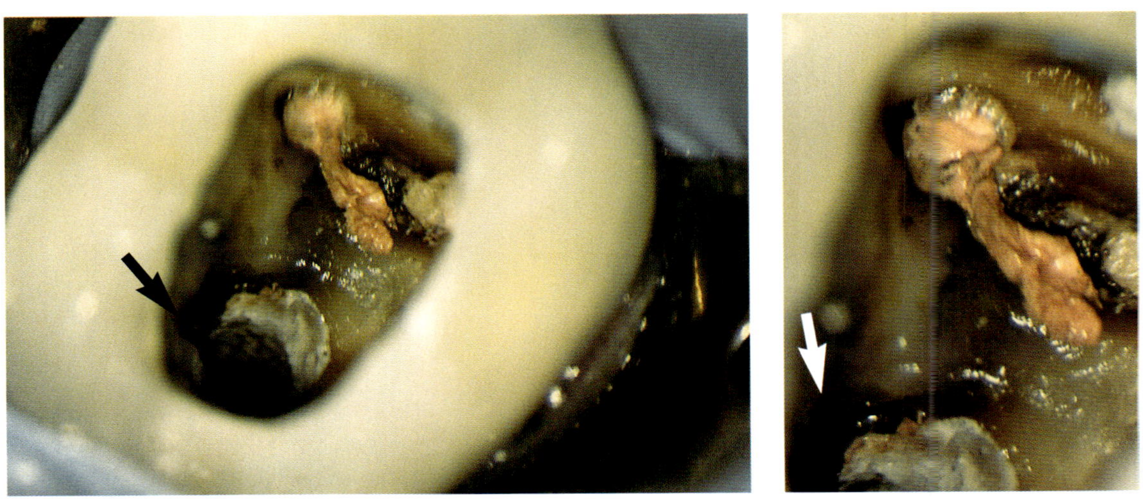

570 Lokalisieren der Kanaleingänge
Der Schraubenaufbau ist nach etwa 6 Minuten deutlich gelockert und kann mit einer Zange herausgeschraubt werden.

Rechts: Die operationsmikroskopgestützte Abtastung des Kavitätenbodens läßt keine Frakturlinien erkennen. Neben dem distalen Wurzelkanal kann jedoch ein vierter Kanaleingang lokalisiert werden.

Parallelwandige Parapost-Stifte, die mit Zinkphosphatzement 4 mm tief innerhalb des Wurzelkanals verankert waren, konnten mit den Ultraschallgeräten Cavi-Endo (Dentsply) und Enac (Osada) innerhalb von 8 Minuten gelöst und anschließend mit einer Luer-Zange und einem Kraftaufwand von ca. 1 kg entfernt werden. Dagegen konnten im Schallbereich schwingende Scaler innerhalb von 60 Minuten die Aufbaustifte auch nicht partiell lockern und erwiesen sich damit für die Stiftentfernung als ungeeignete Hilfsmittel (Buoncristiani et al. 1994).

Das Herausziehen der Stiftaufbauten aus dem Kanal kann nach Ultraschalleinsatz mit 35% weniger Kraftaufwand erfolgen (Berbert et al. 1995). Nach der Entfernung der Stiftaufbauten müssen die Kanaleingänge möglichst mit Hilfe einer Lupenbrille oder eines Operationsmikroskops lokalisiert und anschließend die Wurzelkanäle reinstrumentiert werden. Gleichzeitig erfolgt eine optische Kontrolle des Kavitätenbodens auf Frakturlinien, die eine Vertikalfraktur infolge der Entfernung des Stiftaufbaus andeuten und die Prognose des Revisionserfolgs verschlechtern.

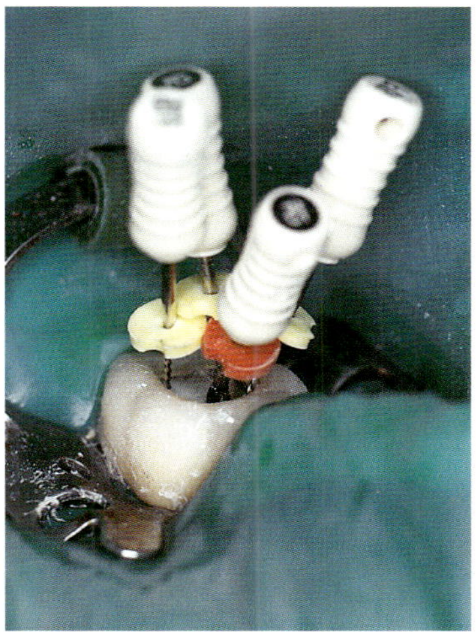

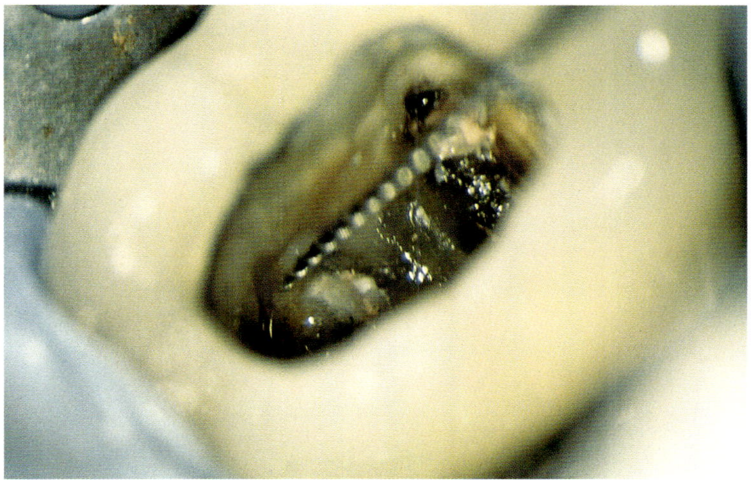

571 Gewebsnekrose
Die Schmerzursache ist vermutlich der nicht instrumentierte vierte Wurzelkanal mit einer Gewebsnekrose, aber ohne bakterielle Infektion und periapikale Aufhellung.

Links: Alle 4 Wurzelkanäle werden revidiert bzw. instrumentiert, und die Arbeitslänge wird mittels Röntgenbild bestimmt.

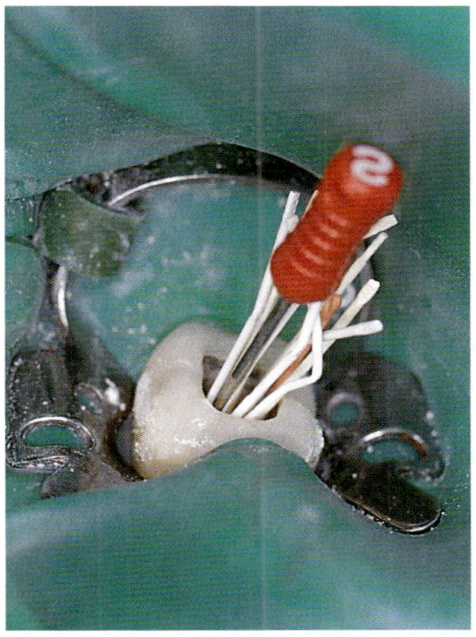

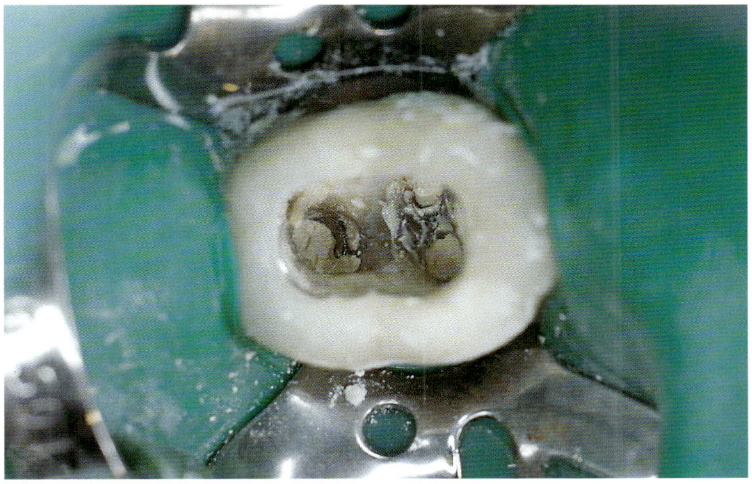

572 Wurzelkanalfüllung
Nach einer 3monatigen Kalziumhydroxid-Zwischeneinlage werden die 4 Wurzelkanäle bei klinischer Symptomlosigkeit mit Guttapercha abgefüllt.

Links: Die Wurzelkanalfüllung erfolgt nach der lateralen Kondensationstechnik.

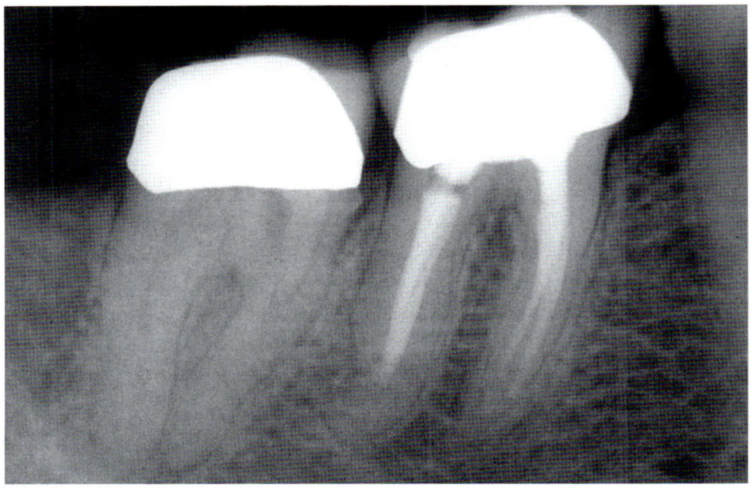

573 Röntgenkontrolle
Im Röntgenbild nach Abschluß der Revision sind die deutlich stärker erweiterten Wurzelkanäle sowie eine – gegenüber der Anfangsaufnahme – dichte Obturation sichtbar. Die distalen Wurzelkanäle enden 2 mm oberhalb des röntgenographischen Apex, sichtbar durch seitlich abzweigendes Füllmaterial.

Revision von Guttaperchafüllungen

Der Erfolg der Revision einer Guttaperchafüllung hängt von der Qualität der Kondensation, der Länge der Füllung und der Krümmung des Kanals ab. Koronale Anteile werden mit einer heißen Sonde plastifiziert und entfernt. Anschließend wird ein 3–5 mm langes Guttaperchastück mit einem Gates-Glidden-Bohrer niedertourig herausgebohrt, um Platz für die Applikation eines Lösungsmittels zu schaffen. Das Anlösen der Guttapercha ist indiziert, wenn die Füllung gut verdichtet und nicht überpreßt ist. Danach wird das Füllmittel mit Hedström-Feilen entfernt.

Als effektivstes Lösungsmittel für Guttapercha gilt Chloroform. Vor wenigen Jahren ist Chloroform jedoch als mögliches Karzinogen eingestuft worden. Wird es während der Behandlung offen gelagert, ergibt sich eine Belastung, die für den Zahnarzt doppelt so hoch ist wie für die Assistenz. Bei Aufbewahrung in einer Spritze ist sie dagegen deutlich reduziert und wird als weitgehend ungefährlich eingestuft (Allard u. Andersson 1992). Mittlerweile sind andere Lösungsmittel wie Eukalyptol oder Halothan mit ähnlich guten Lösungseigenschaften bekannt (Hunter et al. 1991).

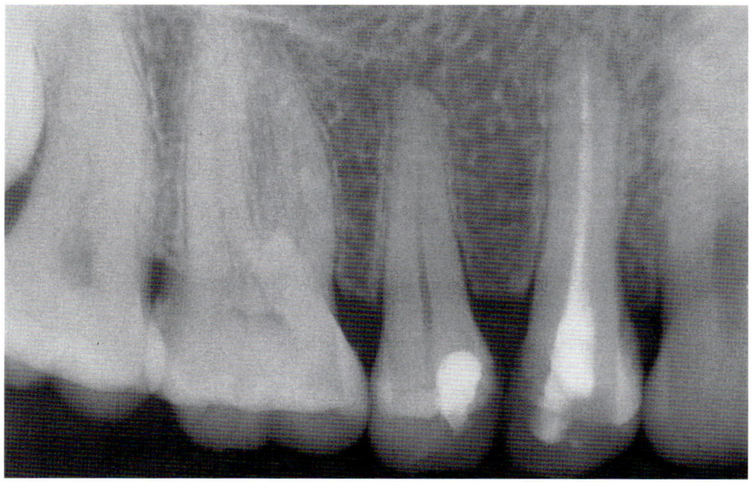

574 Röntgendiagnostik
Der obere erste Prämolar weist im diagnostischen Röntgenbild eine Verbreiterung des Periapikalspaltes sowie eine schlecht adaptierte Wurzelkanalfüllung auf. Der Patient berichtet über Aufbißbeschwerden, und eine geringe Klopfempfindlichkeit kann festgestellt werden.

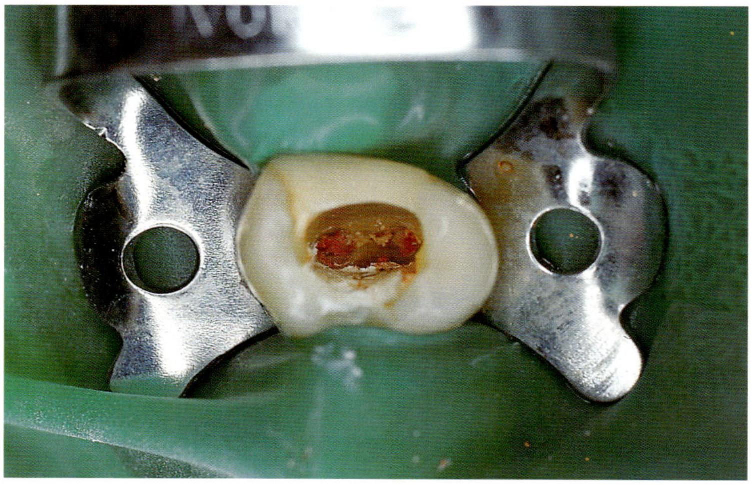

575 Trepanation
Die Kunststoffüllung wird trepaniert und die Eingangskavität großzügig dargestellt, so daß beide Wurzelkanaleingänge gut einsehbar sind. Dadurch ist ein geradliniger Zugang für maschinelle Instrumente möglich.

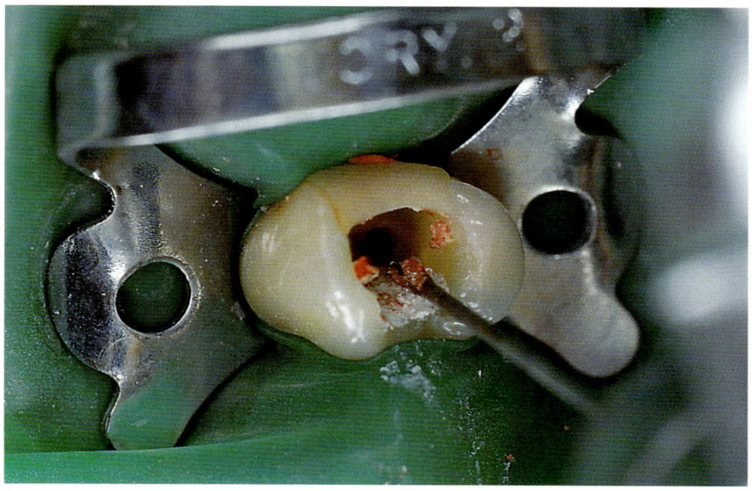

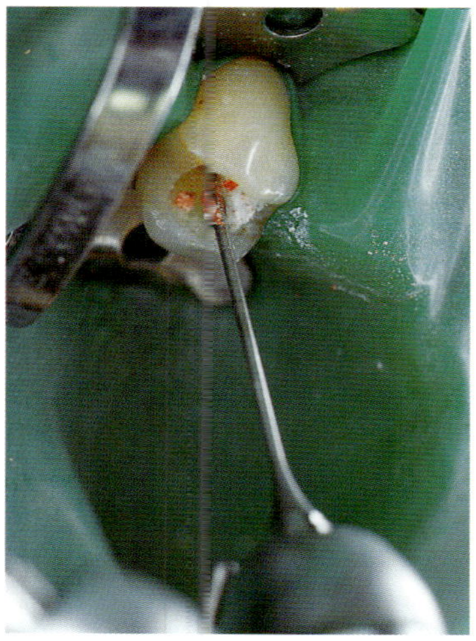

576 Herausbohren
Mit einem Gates-Glidden-Bohrer der Größe 3 wird die Guttapercha auf einer Länge von etwa 4 mm entfernt.

Rechts: Um einen Instrumentenbruch zu vermeiden, darf kein zu großer Druck ausgeübt werden. Die Oberfläche des Gates-Bohrers wird vor dem Wiedereinführen in den Kanal sorgfältig von Guttaperchaesten gereinigt.

Eukalyptol ist weniger irritierend als Chloroform. Das Überpressen ins periapikale Gewebe bewirkt jedoch ebenfalls eine Gewebsreaktion (Friedman et al. 1990). Chloroform löst die Guttaperchafüllung bis in eine Tiefe von 1,1 mm auf, Eukalyptol dringt bis zu 0,9 mm und Halothan bis 0,8 mm ein. Alle 3 Lösungsmittel ermöglichen das Eindringen einer Hedström-Feile innerhalb von 70 Sekunden in die erweichte Guttapercha bis in eine Tiefe von 10 mm (Hunter et al. 1991). Die Revision mit Halothan nimmt jedoch mehr Zeit in Anspruch (Wilcox u. Wiemann 1995).

Mit Hedström-Feilen kann die angelöste Füllung millimeterweise entfernt werden. Ultraschall ist keine Hilfe und erleichtert das Entfernen der Guttapercha nicht. Nach alleiniger NaOCl-Spülung waren noch 0,1% der Kanaloberfläche mit Guttaperchaharesten und 20% mit Sealerresten bedeckt. Wurde ein Lösungsmittel eingesetzt, waren 0,6% mit Guttapercha, aber nur noch 12,6% mit Sealer bedeckt (Wilcox 1989). Die durchschnittliche Dauer der Revision beträgt in Abhängigkeit des verwendeten Sealers 7 Minuten bei AH26 und bei Ketac-Endo über 10 Minuten (Moshonov et al. 1994).

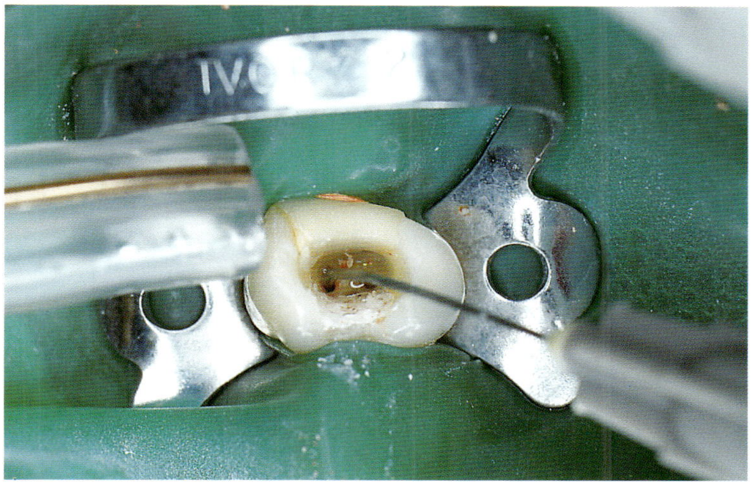

577 Lösungsmittel injizieren
Mit einer Spritze wird eine geringe Menge des Lösungsmittels Eukalyptol DAB 6 in den entstandenen Hohlraum injiziert. Dies löst und erweicht die Guttapercha auf einer Länge von etwa 1 mm.

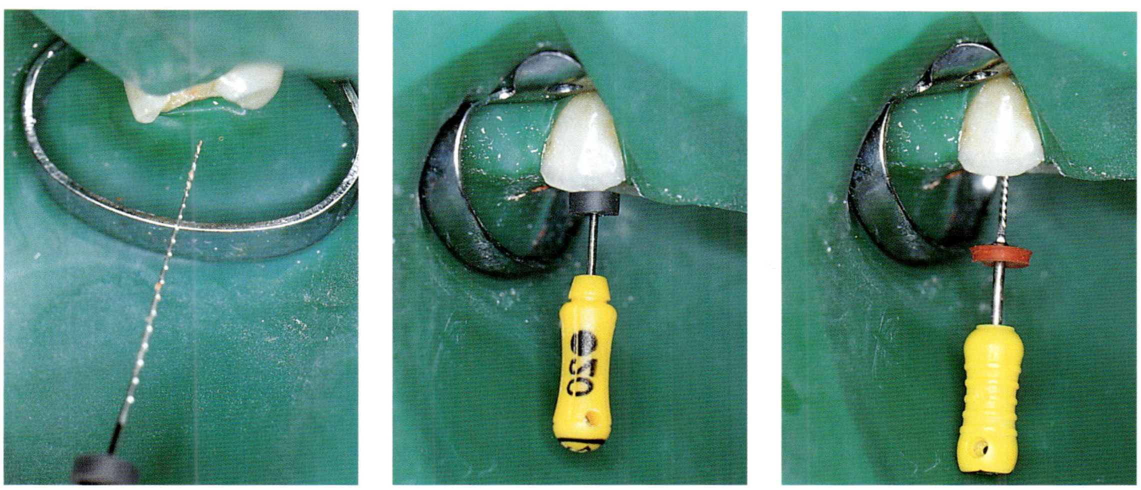

578 Entfernen der Füllung
Links: Mit einer Hedström-Feile der Größe 20 wird die Guttapercha millimeterweise entfernt. Die Oberfläche der Feile wird wiederholt gereinigt, um ein Klemmen im Wurzelkanal zu vermeiden.

Mitte: Die Hedström-Feile hat die voraussichtliche Arbeitstiefe erreicht.

Rechts: Vorsichtig werden die Wurzelkanäle koronal erweitert und geglättet.

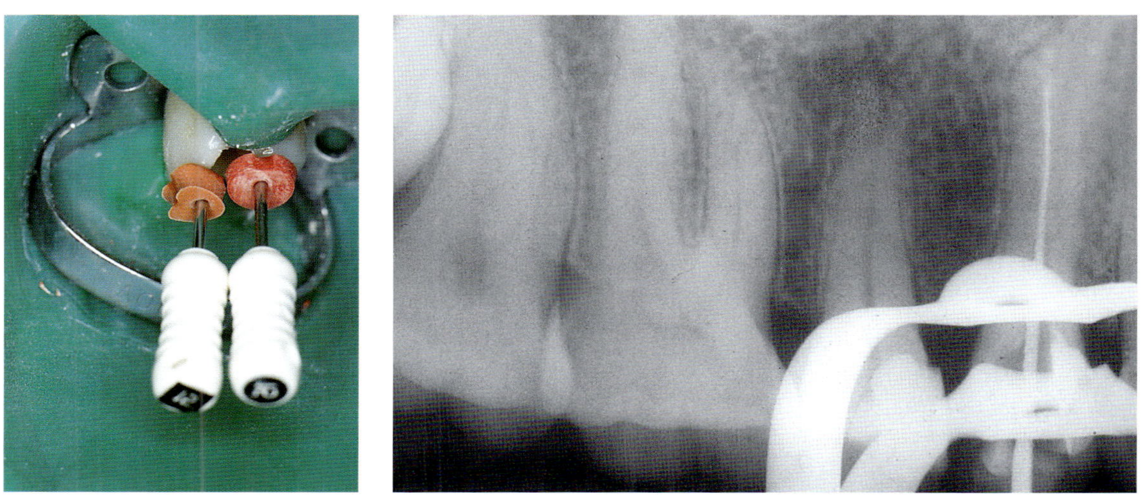

579 Längenmessung
Nachdem die Hauptmasse des Füllmaterials aus den Wurzelkanälen entfernt ist, kann die Arbeitstiefe mit einer Meßröntgenaufnahme festgelegt werden.

Links: Zur besseren Identifizierung bei der Längenmessung werden unterschiedliche Feilen in die beiden Kanäle eingeschoben.

580 Längenmessung

Um Perforationen zu vermeiden, kann während der Instrumentation öfters mit einem elektrischen Längenmeßgerät kontrolliert werden. Einen Ersatz für die Meßröntgenaufnahme stellt die elektrische Messung aber nicht dar, weil sie keine Aussage über die Kanalanatomie erlaubt.

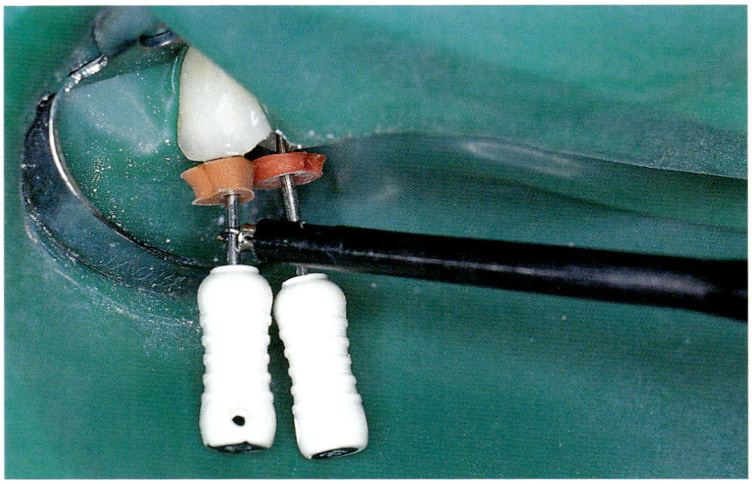

581 Erweiterung

Links: Mit Handinstrumenten wird der Wurzelkanal bis zur Arbeitstiefe erweitert, vollständig aufbereitet und dadurch altes Füllmaterial von der Kanalwand abgetragen.

Rechts: Apikal werden K-Feilen nach der Balanced-force-Technik in einer drehenden Arbeitsweise eingesetzt, um einen möglichst runden Kanalquerschnitt zu erzeugen.

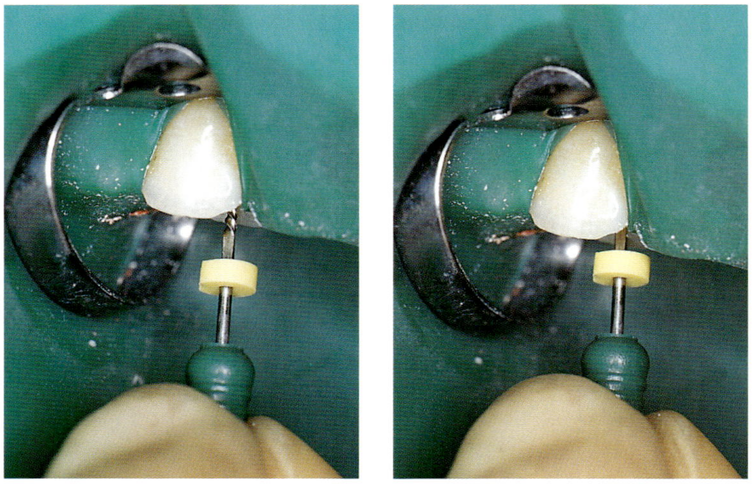

582 Zwischeneinlage

Links: Durchschnittlich wird der Durchmesser gerader Kanäle bei der Reinstrumentation apikal um 25% und koronal um 3% erweitert (Wilcox u. van Surksum 1991).

Rechts: Nach der abschließenden Spülung werden die Kanäle getrocknet, und Kalziumhydroxid wird als Zwischeneinlage eingebracht.

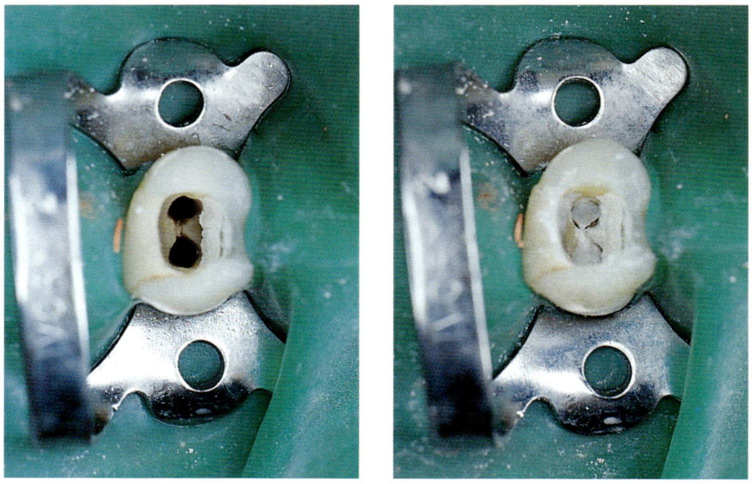

583 Entfernung der Einlage

Nach 3 Monaten wird der Zahn wieder eröffnet, die Zwischeneinlage mit einer kleinen Hedström-Feile gelockert und mit Natriumhypochloritlösung herausgeschwemmt.

Rechts: Vor dem Entfernen wird optisch geprüft, ob die Zwischeneinlage infolge koronaler Undichtigkeit aufgelöst worden ist. Bei intakter Einlage können die Wurzelkanäle abgefüllt werden.

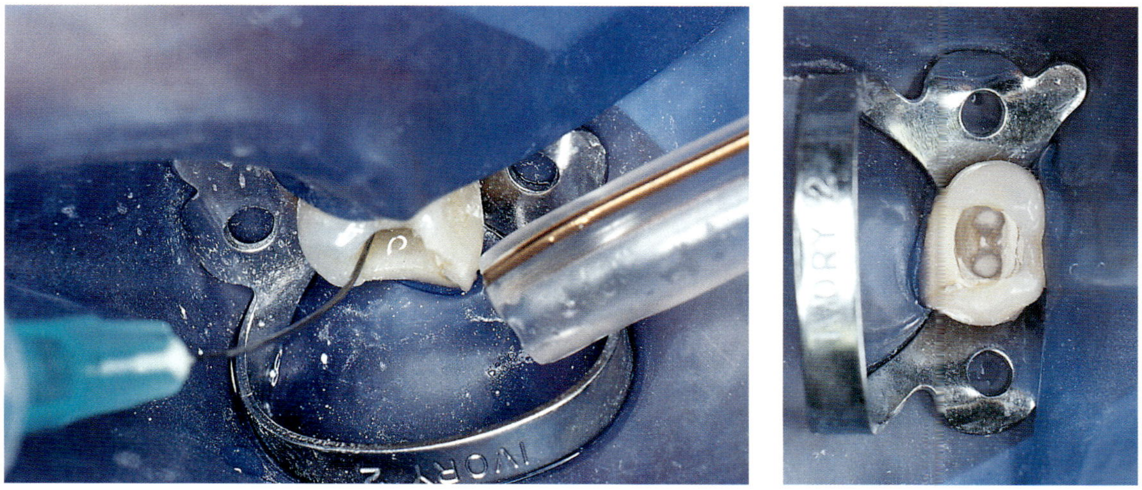

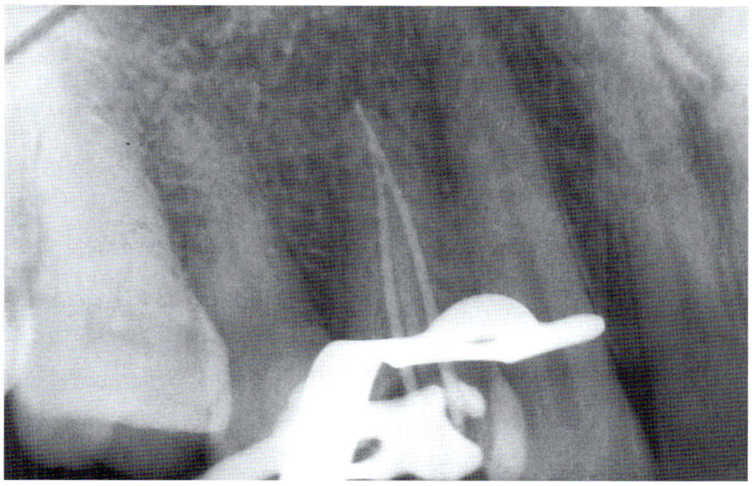

584 Masterpointeinprobe
Ist die Wurzelkanalaufbereitung abgeschlossen, werden 2 Guttaperchastifte eingeführt, und die Länge wird ausgemessen. In einer exzentrischen Röntgenaufnahme sind die beiden Guttaperchastifte gut zu unterscheiden. Apikal vereinigen sich beide Kanäle und enden in einem gemeinsamen Foramen.

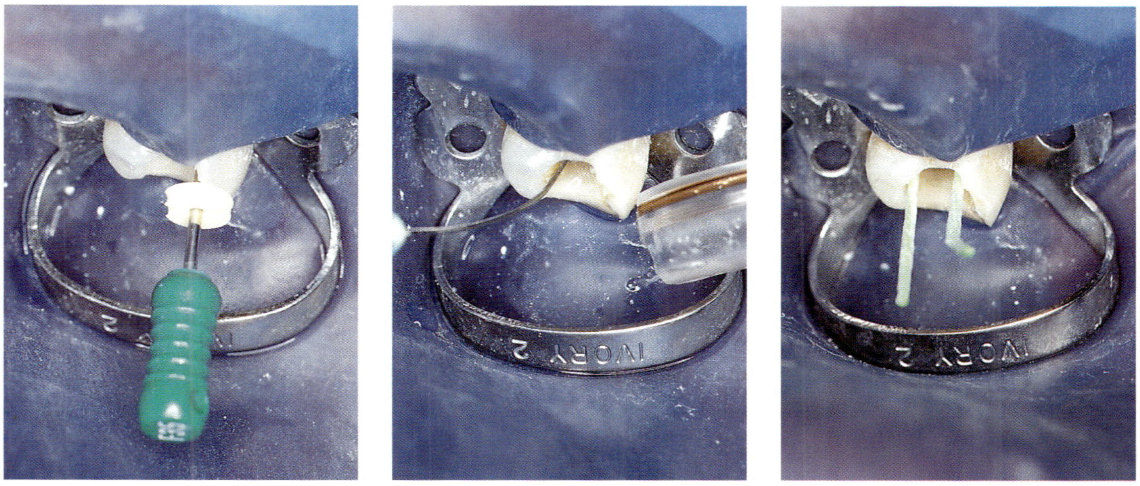

585 Vorbereitung zur Füllung
Links: Nach der Einprobe der Guttaperchastifte wird die apikale Meisterfeile eingeführt und glättet nochmals die Kanaloberfläche.

Mitte: Die Kanäle werden abschließend ausgiebig mit Natriumhypochlorit gespült, um alle Gewebs-, Füll- und Lösungsmittelreste zu entfernen.

Rechts: Mit Papierspitzen wird getrocknet.

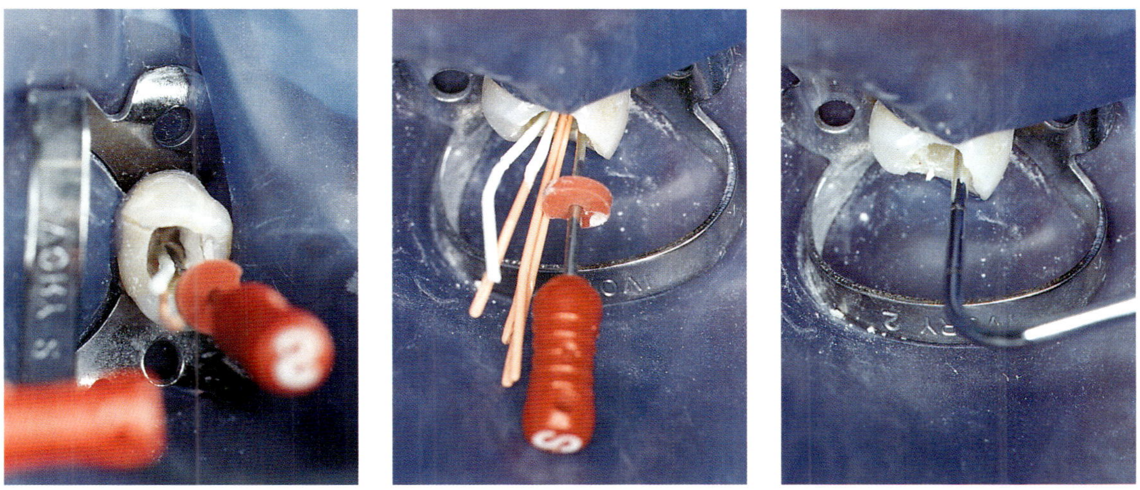

586 Wurzelkanalfüllung
Links: Der mit wenig Sealer bestrichene Guttaperchahauptstift wird mit einem Spreader lateral an die Kanalwand gepreßt.

Mitte: In den entstandenen Hohlraum werden nach jedem Kondensationsvorgang weitere Guttaperchastifte eingeführt.

Rechts: Nach Abtrennen des Guttaperchaüberschusses wird die Füllung vertikal mit einem Plugger kondensiert.

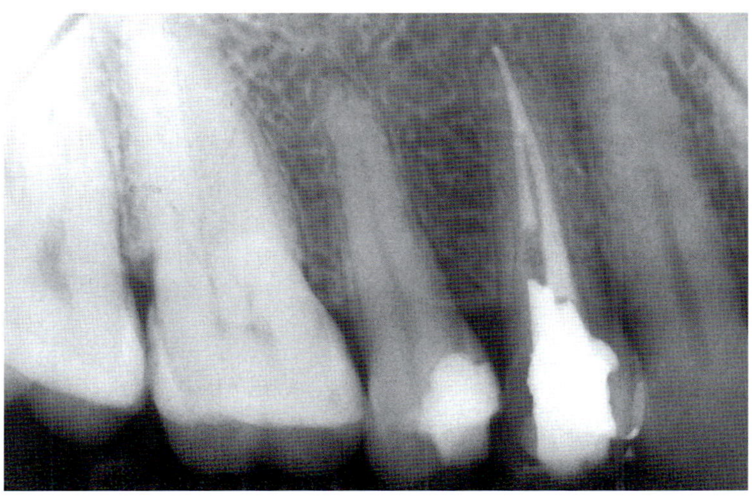

587 Röntgenkontrolle
Die Röntgenaufnahme nach Abschluß der Behandlung zeigt eine gute Regeneration der zu Behandlungsbeginn vorhandenen periapikalen Aufhellung und eine sehr gut adaptierte Wurzelkanalfüllung. In den palatinalen Kanal wird vor der prothetischen Versorgung ein Stift eingesetzt, Teile des Füllmaterials sind bereits entfernt worden.

Entfernen von Instrumentenbruchstücken

Instrumentenfragmente sind, wann immer möglich, aus dem Wurzelkanal zu entfernen, und dieser sollte anschließend erneut instrumentiert werden. Die Erfolgsrate einer Revision betrug in der Studie von Allen et al. (1989) an 253 insuffizienten Silberstiftfüllungen 69%; bei insgesamt 697 Guttaperchafüllungen betrug sie 63%. Abgebrochene Instrumente wurden in 80% der Fälle erfolgreich entfernt. Bereits einmal revidierte Mißerfolge konnten in 47% der Fälle erfolgreich wiederbehandelt werden, chirurgisch vorbehandelte Fälle dagegen nur in 33% der Fälle.

Die Revision sollten mit einer Analyse der Art des Fragments und seiner Lage im Kanal beginnen. Die Chancen einer erfolgreichen Revision sind um so besser, je weiter koronal das Frakturstück liegt. Wurde ein Instrument mit zuviel Kraft ins Kanaldentin eingedreht, ist von starker Friktion auszugehen, so daß die Chancen einer erfolgreichen Revision minimal sind. Beim Ermüdungsbruch dagegen ist die Friktion gering und die Revisionsmöglichkeit gut. Frakturierte Förderspiralen sind ausreichend flexibel und können gut umgangen und entfernt werden (Hülsmann 1996b).

588 Röntgendiagnostik
Die Bißflügelaufnahme zeigt in dem klinisch fast kariesfreien Gebiß eines 16jährigen Jugendlichen einen wurzelkanalbehandelten unteren Molaren. Der Patient hat zeitweise unklare Beschwerden und Schmerzen in dieser Region.

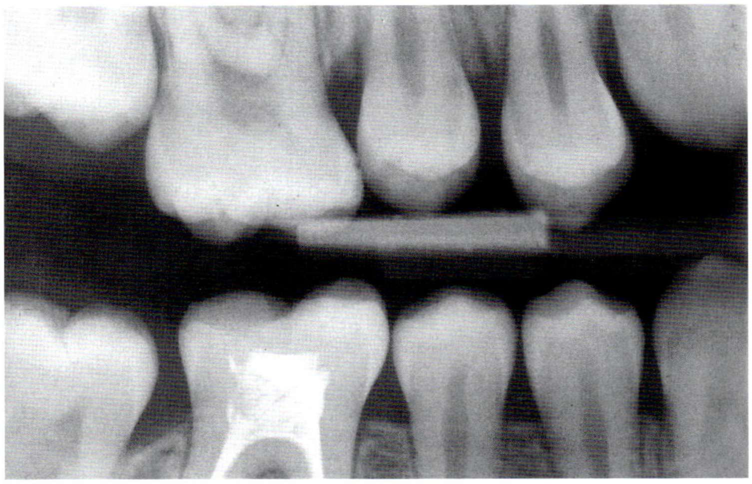

589 Röntgendiagnostik
Das während der Revision aufgenommene Einzelzahnröntgenbild enthüllt neben der periapikalen Aufhellung an den mesialen und distalen Wurzeln eine zu kurze Wurzelkanalfüllung sowie eine frakturierte Förderspirale im mesiobukkalen Wurzelkanal.

Rechts: Die Kunststoffüllung wird entfernt, die Aufbaufüllung abgetragen, und die Kanaleingänge werden freigelegt.

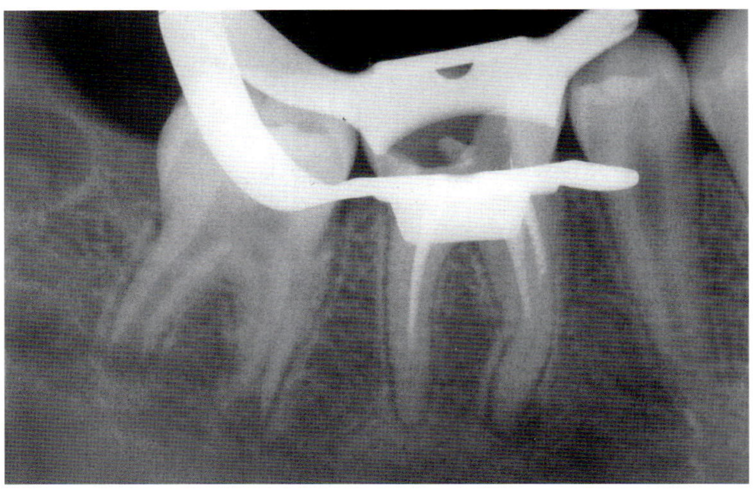

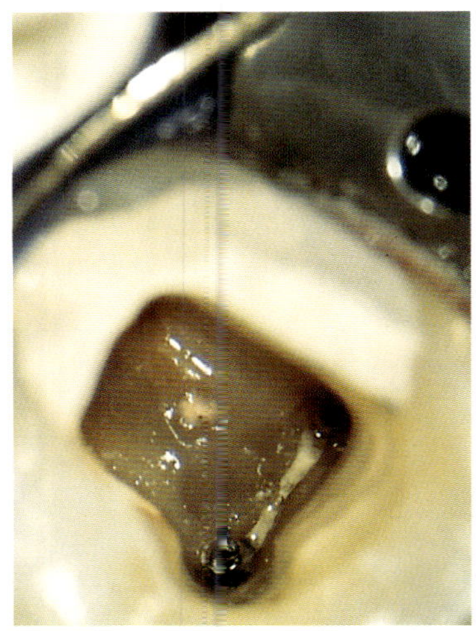

590 Instrumentenbruchstück
Unter operationsmikroskopischer Kontrolle in 25facher Vergrößerung ist das abgebrochene Instrument im mesiobukkalen Kanaleingang zu erkennen. Mit einem grazilen Ultraschallscaler ist vorher der gesamte Zement entfernt worden.

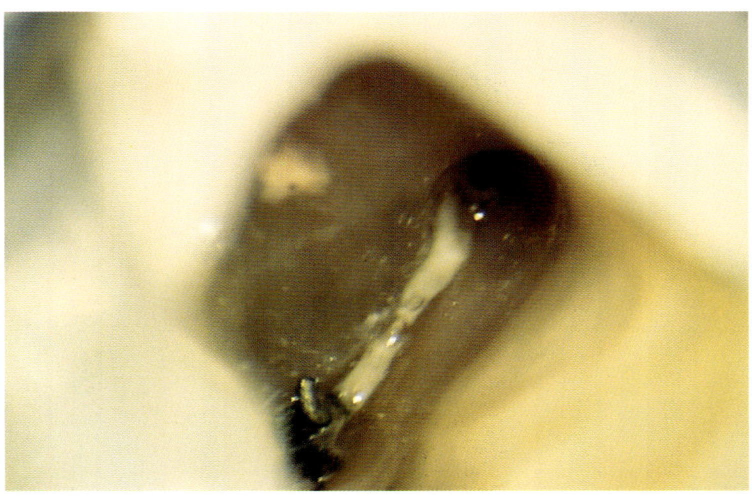

Eine sehr großzügige Zugangskavität mit koronaler Erweiterung des Wurzelkanals erleichtert die Lagebestimmung des Instrumentenfragments. Ein EDTA-haltiges Gleitmittel begünstigt die Revision durch Entfernen von Dentinabrieb und erleichtert die Passage des Bruchstückes mit einer Feile der Größe 10. Silberstifte und Instrumentenfragmente können am besten mit Ultraschallfeilen gelockert werden: Die Vibrationen und das ständige Spülen lösen den engen Kontakt zur Kanalwand. Nur teilweise passierte Bruchstücke lassen sich aber selten entfernen.

Nagai et al. (1986) berichteten über eine Erfolgsrate von 66%; in 15,5% der Revisionen konnte das Bruchstück zumindest umfahren werden. Der Zeitaufwand lag zwischen 3 und 40 Minuten. Jedoch sind der Bruch einer Ultraschallfeile oder Perforationen der Kanalwand häufig auftretende Komplikationen (Ahmad u. Roy 1994). Unter 1300 behandelten Mißerfolgen führte die orthograde Revision in 72,7% der Fälle zum Erfolg. Dagegen waren nur 57,4% der Wurzelspitzenresektionen und 60% der retrograden Füllungen erfolgreich (Allen et al. 1989).

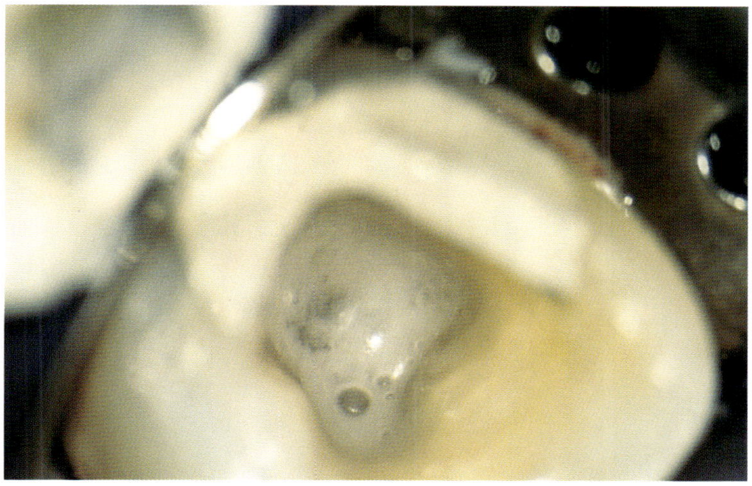

591 Bruchstück lösen
Die Kavität wird mit einem Chelator gefüllt, wodurch Dentin leicht angelöst und der enge Kontakt des Instruments zur Kanalwand aufgelockert werden soll.

Links: Mit einer Ultraschallfeile wird das Bruchstück im Wurzelkanal vorsichtig umfahren und dadurch gelockert.

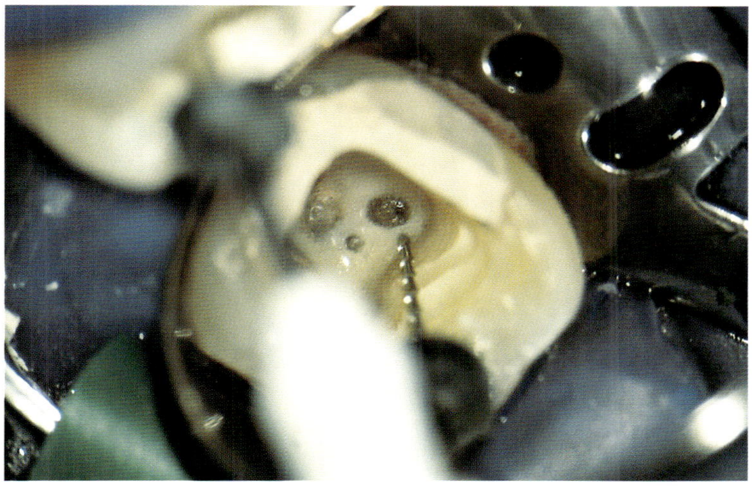

592 Reinstrumentation
Die koronalen Kanalanteile werden mit einer Hedström-Feile aufbereitet, die schlecht adaptierte Wurzelkanalfüllung wird entfernt. Dabei wird das Instrumentenbruchstück umfahren und weiter gelockert.

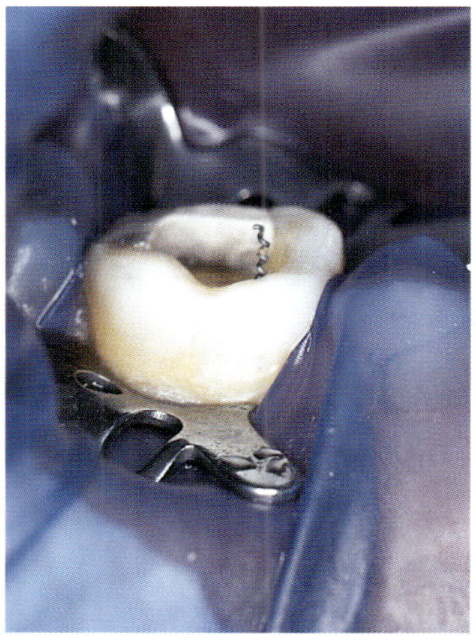

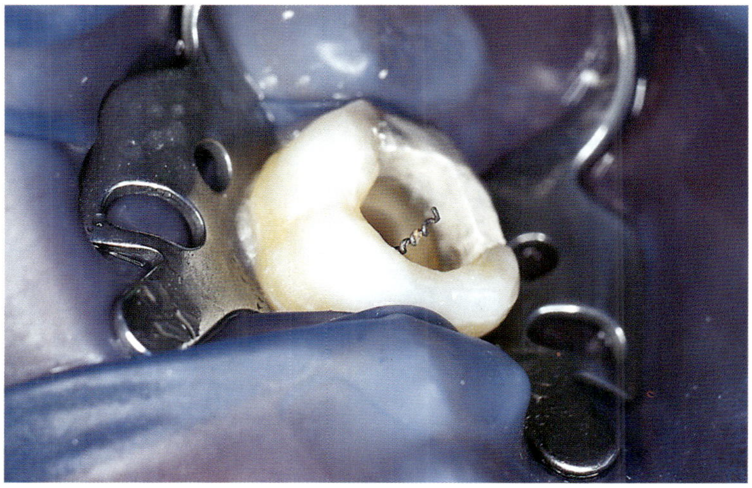

593 Bruchstück entfernen
Durch wiederholtes Einführen der Ultraschallfeile und der Hedström-Feile mit Chelator kann die Förderspirale gelockert werden.

Links: Nachdem das Instrumentenbruchstück locker ist, kann es mit einem Mikrochirurgie-Nadelhalter gefaßt und problemlos herausgezogen werden.

594 Röntgenkontrolle
Während der Lokalisation der Wurzelkanäle und der Instrumentation muß im Röntgenbild kontrolliert werden, daß dem richtigen Wurzelkanalverlauf gefolgt und keine Perforation erzeugt wird. Die Röntgenkontrolle gibt auch Aufschluß darüber, wieweit die Feilen noch vom Apex entfernt sind.

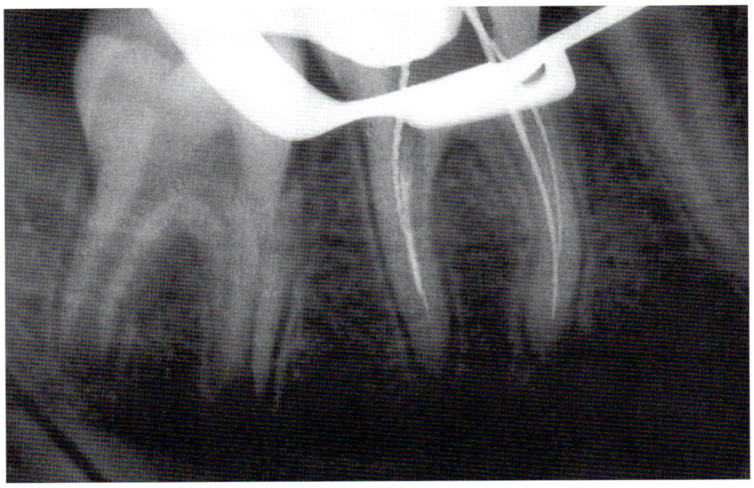

595 Tiefenpräparation
Mit Gates-Glidden-Bohrern wird der mittlere und koronale Wurzelkanalbereich erweitert und somit für das Spülmittel ein ungehinderter Zugang zu apikalen Abschnitten ermöglicht.

Rechts: Durch vorsichtige Watch-winding-Viertelkreisbewegungen der Hedström-Feile lockert man apikale Obstruktionen.

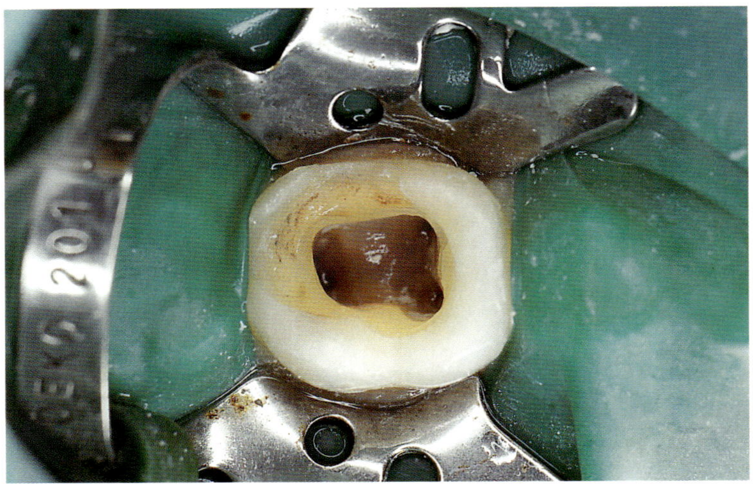

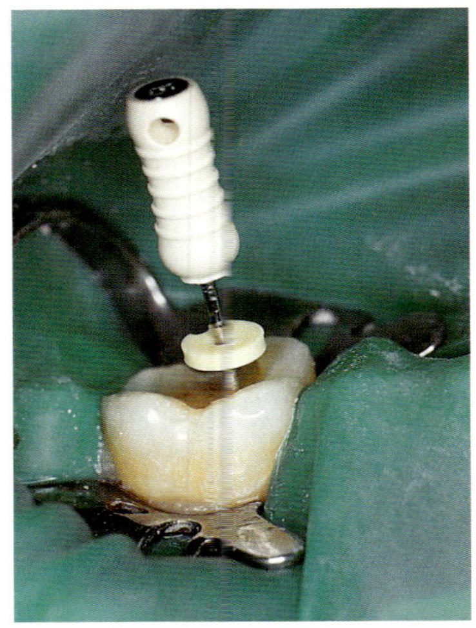

596 Meßröntgenaufnahme
Die Arbeitslänge wird mit einer Meßaufnahme bestimmt: Mesial haben beide Feilen die Arbeitstiefe fast erreicht, distal fehlen noch wenigstens 3 mm. Des weiteren ist noch ein Rest des Füllmittels sichtbar.

Rechts: Mit K- und Hedström-Feilen wird die Arbeitstiefe ermittelt.

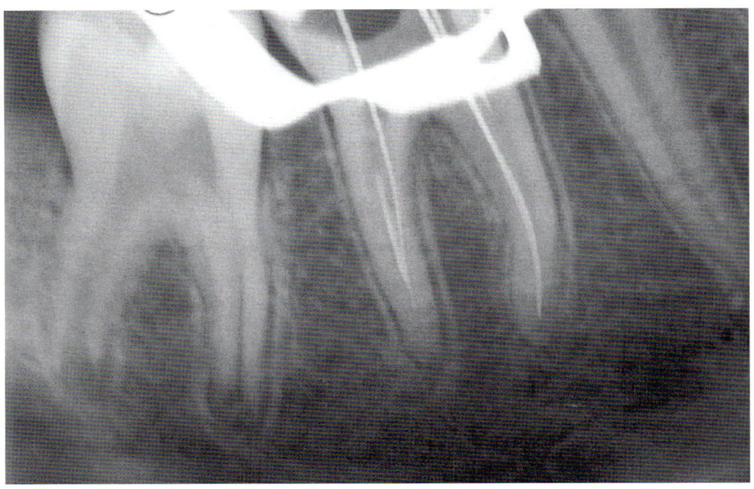

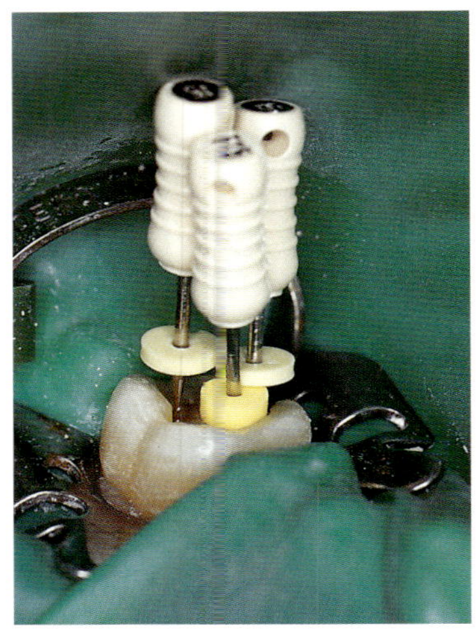

597 Mikroskopkontrolle
Mit dem Operationsmikroskop wird der Erfolg der Revision begutachtet und werden die geraden Wurzelkanalbereiche visuell abgefahren.

Rechts: Bei der Untersuchung des distalen Wurzelkanals stellt sich eine angrenzende dünne Linie mit nekrotischen Gewebsresten dar, was differentialdiagnostisch entweder einer Fraktur oder einem weiteren Kanaleingang zuzuordnen ist.

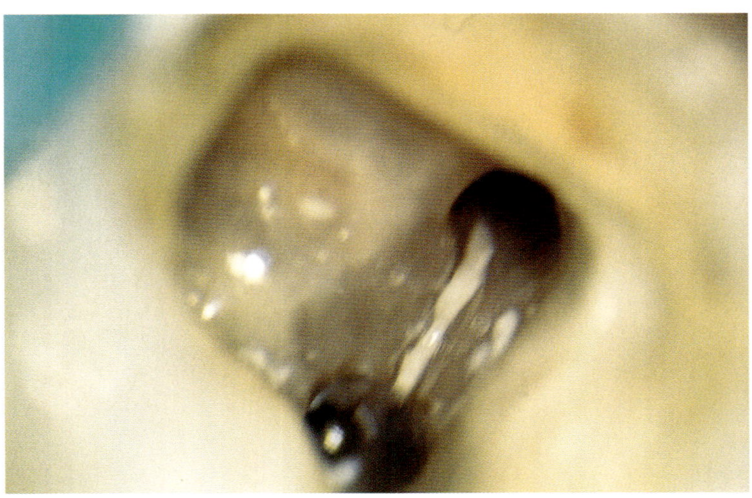

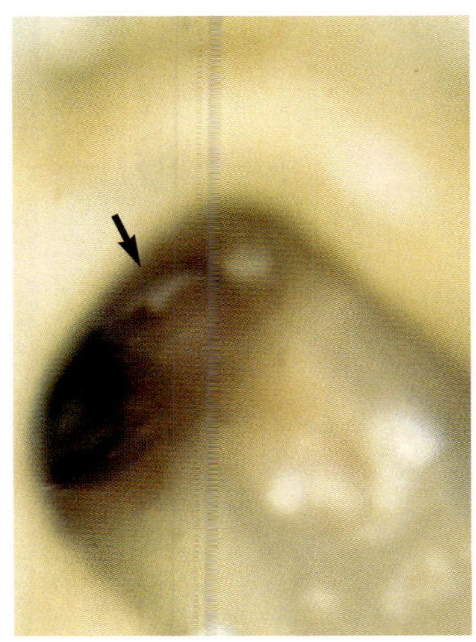

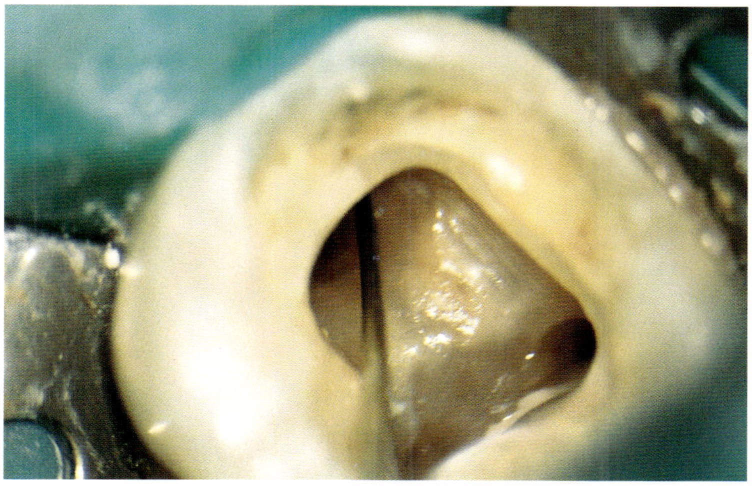

598 Kanaleingang sondieren
Mit einer spitzen und festen, langen Sonde wird kontrolliert, ob es sich um einen Kanaleingang oder eine Perforation handelt. Da die Spitze der Sonde deutlich hängen bleibt, vermutet man einen vierten Wurzelkanal.

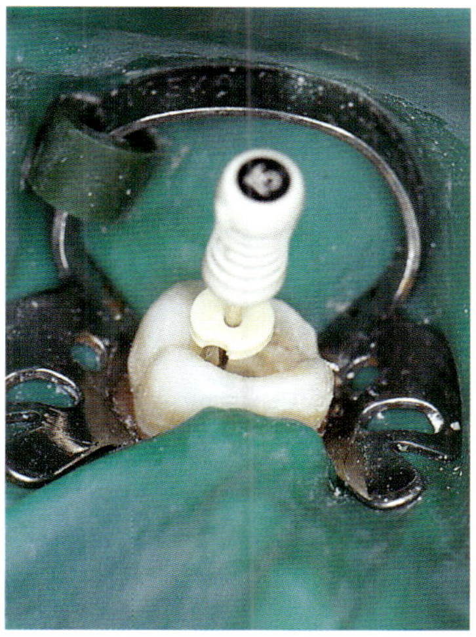

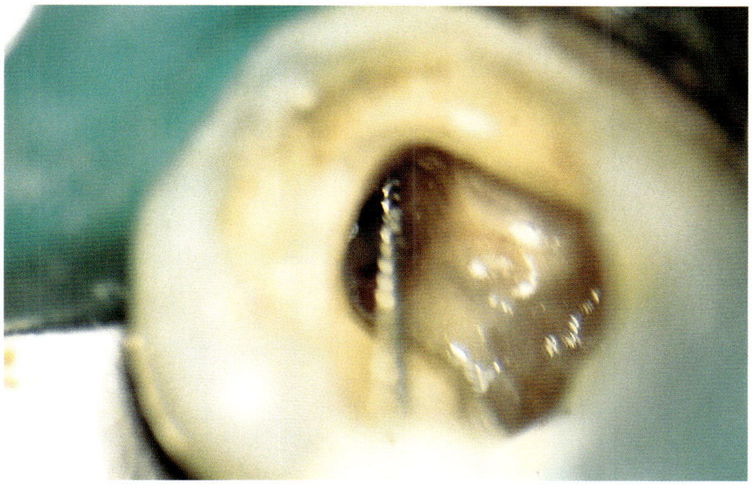

599 Vierter Wurzelkanal
Mit einer dünnen Feile wird der Wurzelkanal in der Tiefe dargestellt und vorsichtig von koronal beginnend erweitert. Da kein Blut aus dem Kanal tritt, liegt offenbar eine vollständige Gewebsnekrose vor.

Links: Mit einer Hedström-Feile der Größe 15 wird unter Zuhilfenahme eines Chelators erweitert und anschließend bis auf die Tiefe des distobukkalen Wurzelkanals präpariert.

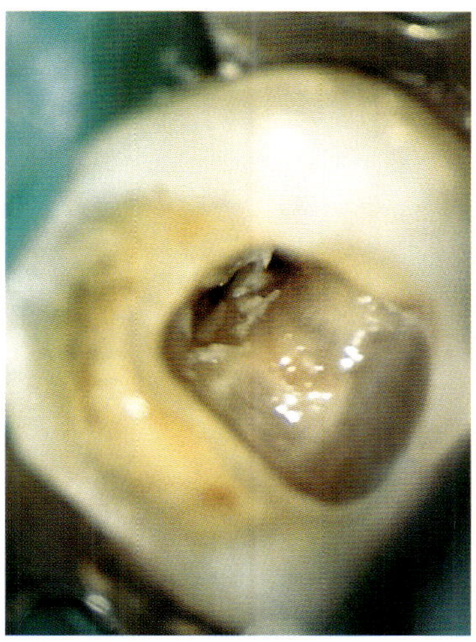

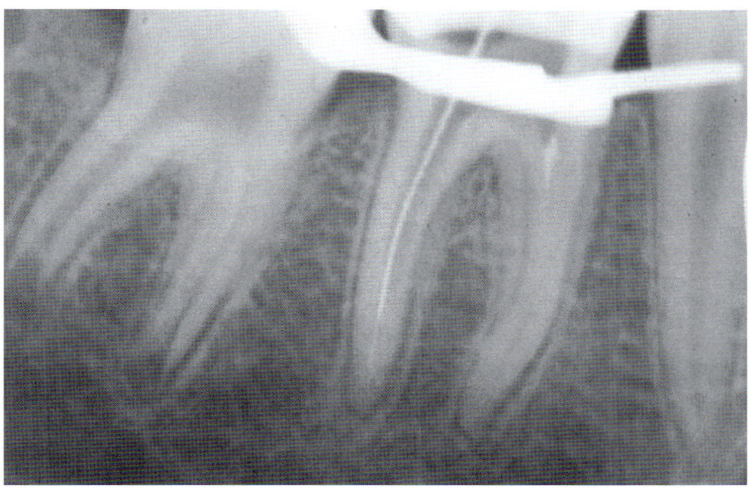

600 Meßröntgenaufnahme
Die Länge des distolingualen Wurzelkanals wird mit der eingeführten Feile bestimmt. Gegenüber der ersten Meßaufnahme (Abb. 596) ist distal auch ein anderer Kanalverlauf erkennbar.

Links: Der vierte Wurzelkanal wird weiter aufbereitet und nekrotisches Gewebe entfernt.

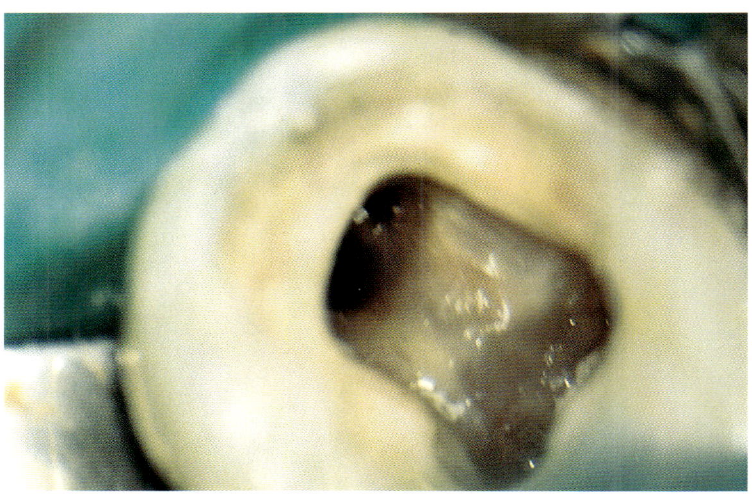

601 Optische Kontrolle
Mit dem Mikroskop sind die 2 distalen Wurzelkanäle sichtbar, die koronal nur durch eine dünne Dentinwand getrennt sind. Exzessives koronales Erweitern vor der optischen Suche eines weiteren Wurzelkanaleingangs ist unbedingt zu vermeiden, da dies zu einer Verlagerung des Kanaleingangs in den ersten Wurzelkanal führt.

602 Spülung
Die Wurzelkanäle müssen während der Instrumentation häufig mit 1%iger Natriumhypochloritlösung gespült werden, um Gewebsreste aufzulösen, Obliterationen zu überwinden und Reste des Gleitmittels zu neutralisieren.

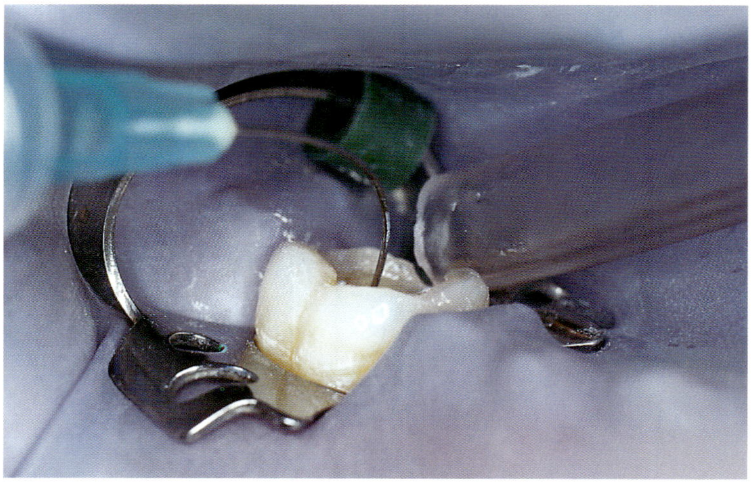

603 Meßröntgenaufnahme
Die dritte Meßaufnahme zeigt das Erreichen des apikalen Endpunktes in den mesialen Wurzelkanälen sowie die Überwindung der Obstruktionen in den distalen Kanälen. Nach geringer Längenkorrektur kann nun apikal um 3–4 Instrumentenstärken erweitert werden.

Rechts: In alle 4 Kanäle werden zur besseren Unterscheidung Hedström- und K-Feilen eingeführt.

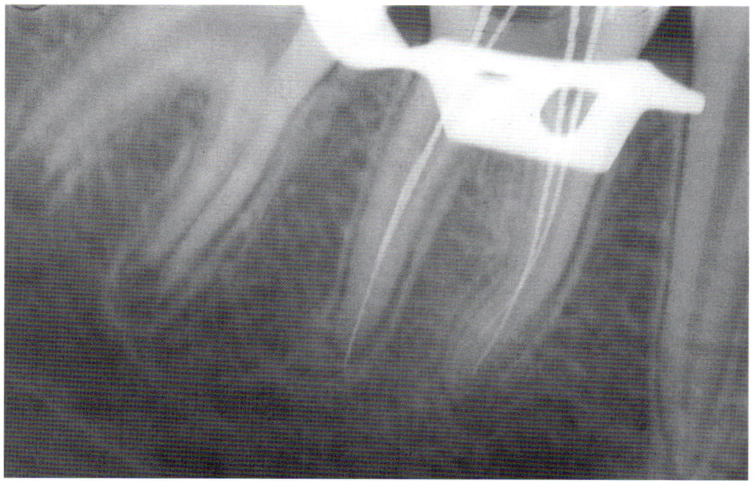

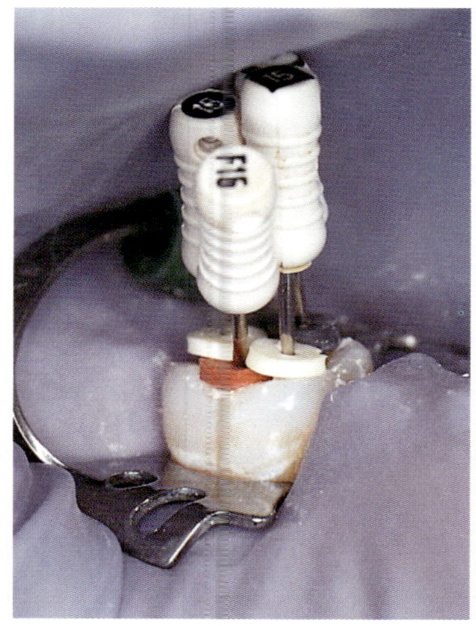

604 Instrumentation
Links: Die apikale Aufbereitung erfolgt abwechselnd zuerst mit Hedström-Feilen und anschließend mit K-Feilen, die beide den Kanal bis zur Arbeitstiefe bearbeiten. Hedström-Feilen erweitern den Wurzelkanal in einer rein feilenden Arbeitsweise.

Rechts: Die K-Feile mit spezieller Spitzengeometrie formt den apikalen Bereich in drehender Bearbeitung zu einem annähernd runden Querschnitt aus.

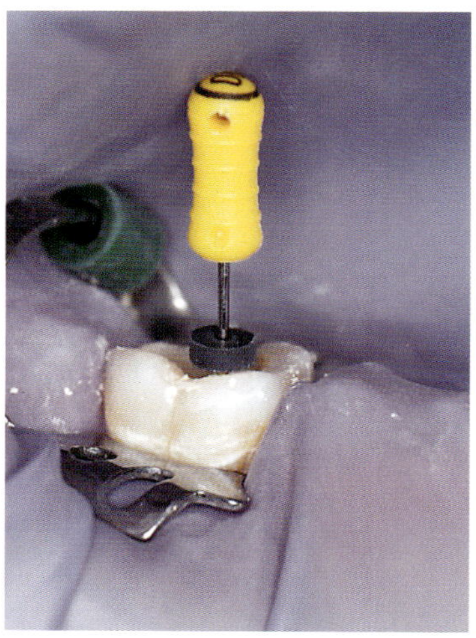

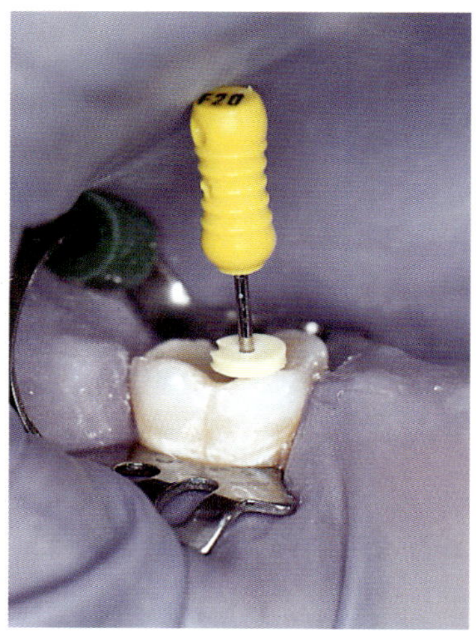

605 Apikale Meisterfeile
Die Wurzelkanäle werden apikal um 4 Größen erweitert. Die optische Kontrolle zeigt die beiden distalen Wurzelkanäle.

Rechts: Die Kanäle werden bis zur Größe 30 erweitert, und die zuletzt auf Arbeitslänge arbeitende Feile wird als apikale Meisterfeile bezeichnet.

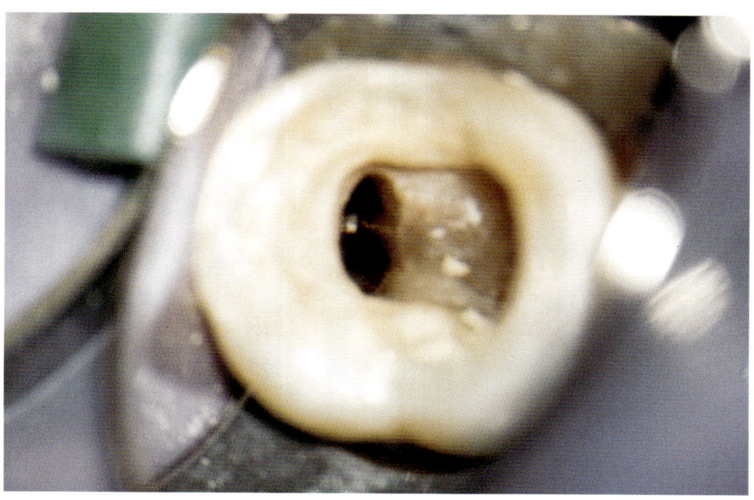

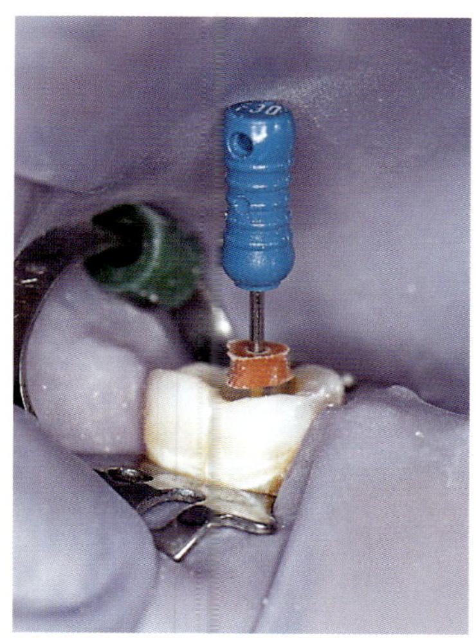

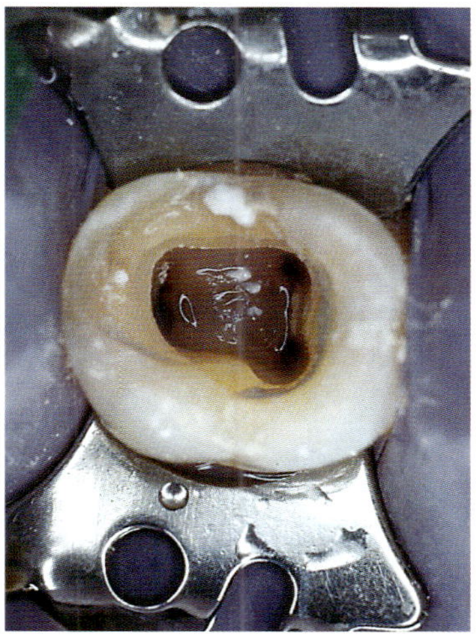

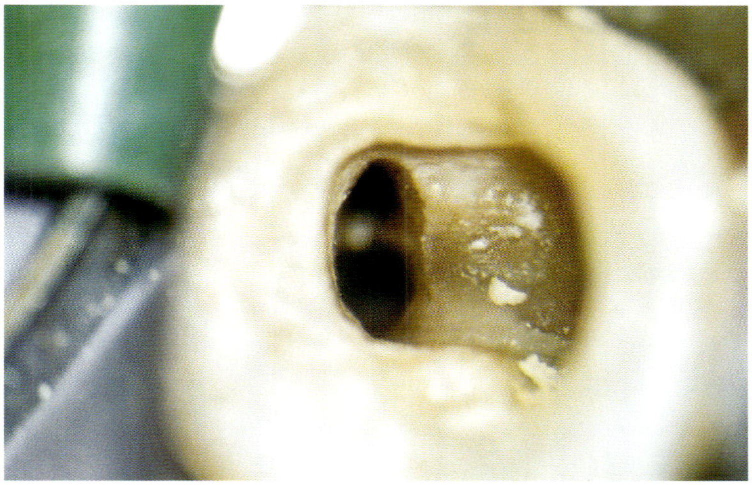

606 Spülen und Trocknen
Mit dem Operationsmikroskop wird abschließend bei starker Vergrößerung die Sauberkeit und der Erfolg der Revision kontrolliert.

Links: Nach der letzten Instrumentation werden die Wurzelkanäle ausgiebig gespült und vor der Wurzelkanalfüllung mit Papierspitzen getrocknet.

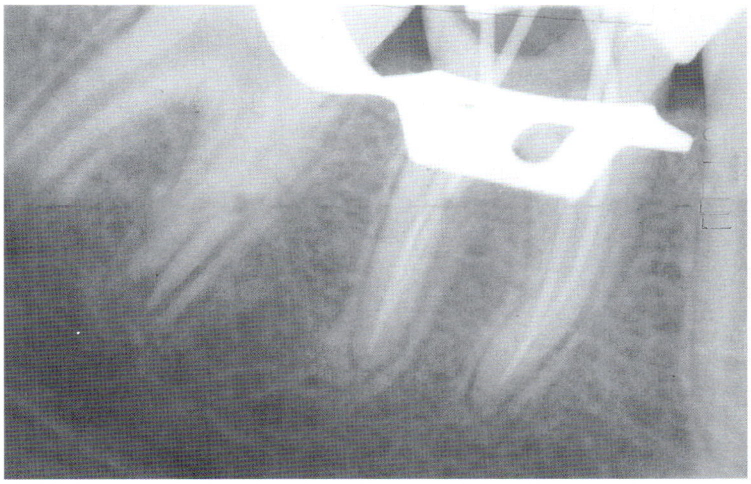

607 Masterpointeinprobe
In die noch nicht vollständig trockenen Wurzelkanäle werden längenmarkierte Guttaperchastifte, deren Größe jener der apikalen Meisterfeile entspricht, eingeführt. Die Länge wird mittels Röntgenbild kontrolliert. Man erkennt die exakte Tiefe der Guttaperchastifte.

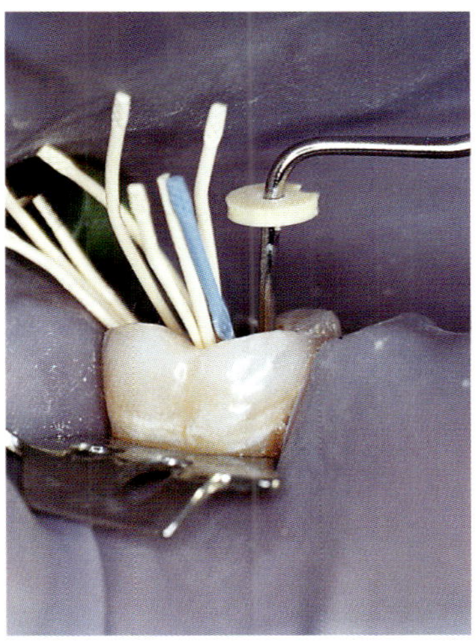

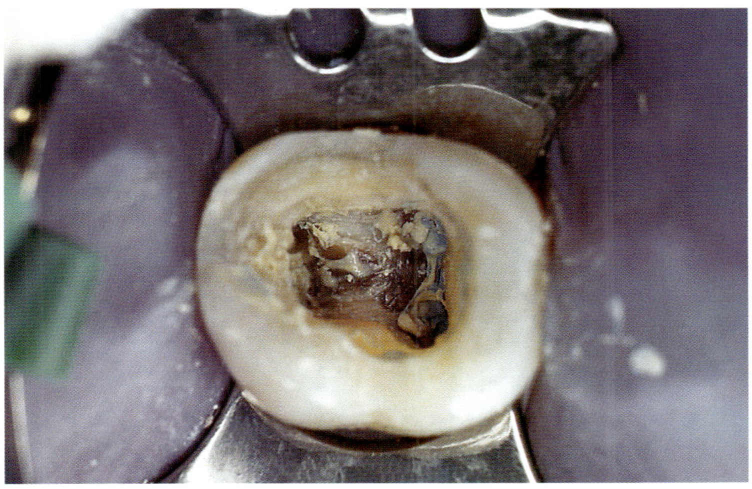

608 Wurzelkanalfüllung
Die Wurzelkanäle werden mit Guttapercha und AH-plus als Sealer gefüllt. Die koronal herausragende Füllung wird abgetrennt und die Kavität mit Alkohol gereinigt.

Links: Neben dem Masterpoint (blau) werden weitere Accessory-Points durch den Spreader an die Kanalwand lateral verformt, so daß eine homogene Füllung entsteht.

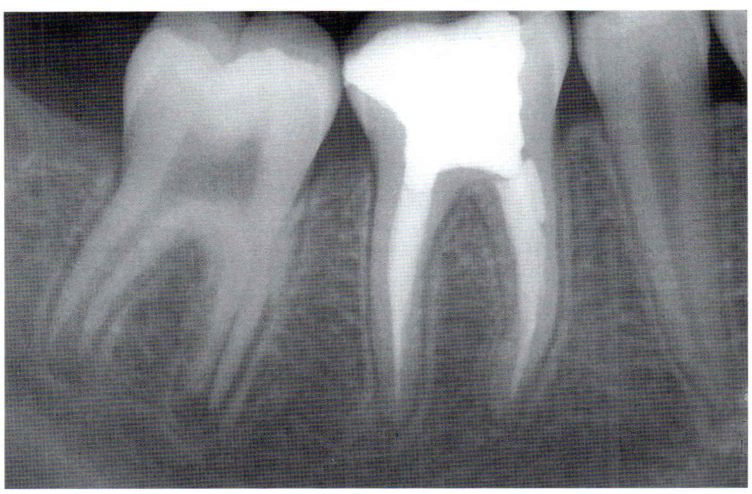

609 Abschlußröntgen
Die Röntgenaufnahme 3 Monate nach der Revision der ehemals insuffizienten Wurzelkanalfüllung zeigt außer der homogenen und in Höhe der apikalen Konstriktion endenden Füllung auch einen Rückgang der periapikalen Aufhellung.

Umfahren frakturierter Instrumente

Jeder Revision eines endodontischen Mißerfolgs muß eine ausführliche Patientenaufklärung vorangehen. Es kann während der Entfernung der insuffizienten Füllung zu einer Perforation der Wurzel, zur Instrumentenfraktur und zum Überstopfen von Füllmaterial oder eines Frakturstückes über den Apex kommen. Unter Abwägung möglicher Alternativen muß der Patient selbst entscheiden, ob er sich diesem Versuch der Zahnerhaltung auch unter Berücksichtigung eines erhöhten Zeitaufwands und der physischen Belastung unterziehen will.

Masseran (1966, 1972) hat ein Instrumentarium bestehend aus Trepanbohrern mit unterschiedlichen Längen und Durchmessern entwickelt, mit denen sich Instrumentenfrakturstücke im Wurzelkanal umschneiden lassen, so daß sie mit Greifinstrumenten entfernt werden können. Einschränkungen sind bei gekrümmten und grazilen Wurzeln gegeben, wenn das Bruchstück apikal der Krümmung liegt. Die starke Erweiterung des Wurzelkanals mit dem Trepanbohrer auf eine Größe von 120 oder 150 führt zu einer Schwächung, gegebenenfalls auch zur Perforation der Wurzel.

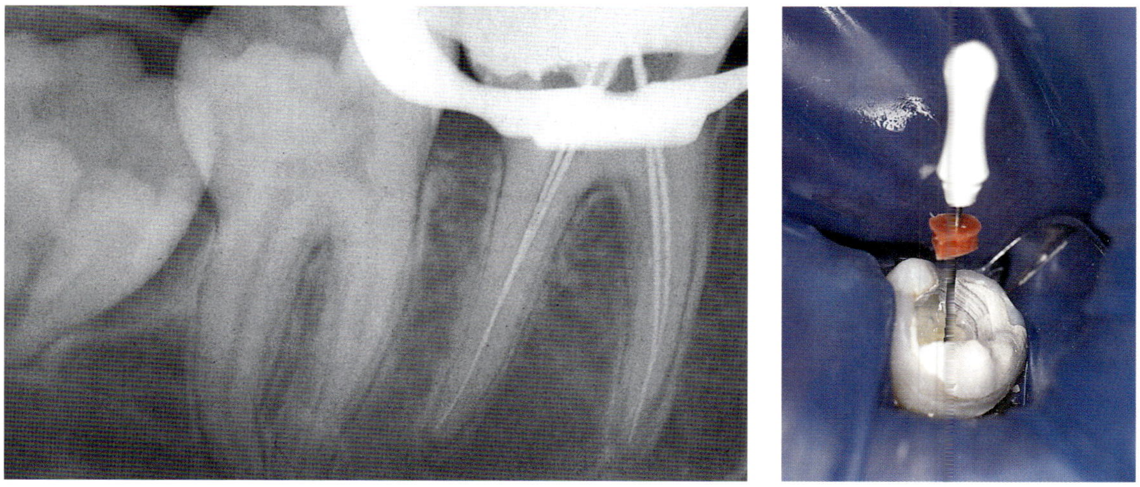

610 Instrumentenfraktur
Während der initialen Darstellung der Kanäle ist es zur Fraktur einer Hedström-Feile gekommen. Das etwa 3 mm lange Bruchstück liegt im distalen Wurzelkanal. Es kann nicht gelockert werden, läßt sich aber mit einer K-Feile umfahren.

Rechts: Mit einer Hedström-Feile gelingt die Tiefenlokalisation des Frakturstückes im distalen Kanal.

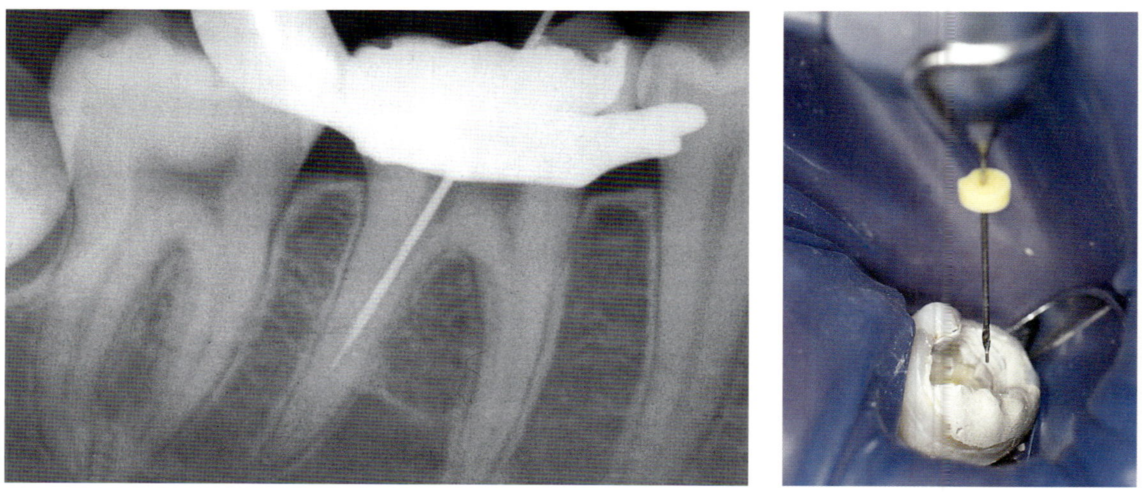

611 Freilegung
Nach Prüfung der Durchgängigkeit mit Handinstrumenten wird der koronale und mittlere Kanalabschnitt mit einem Gates-Glidden-Bohrer erweitert. Auch das anschließende Einführen einer Ultraschallfeile kann das Frakturstück nicht lockern.

Rechts: Mit dem Gates-Bohrer wird der koronale Kanalbereich konisch erweitert.

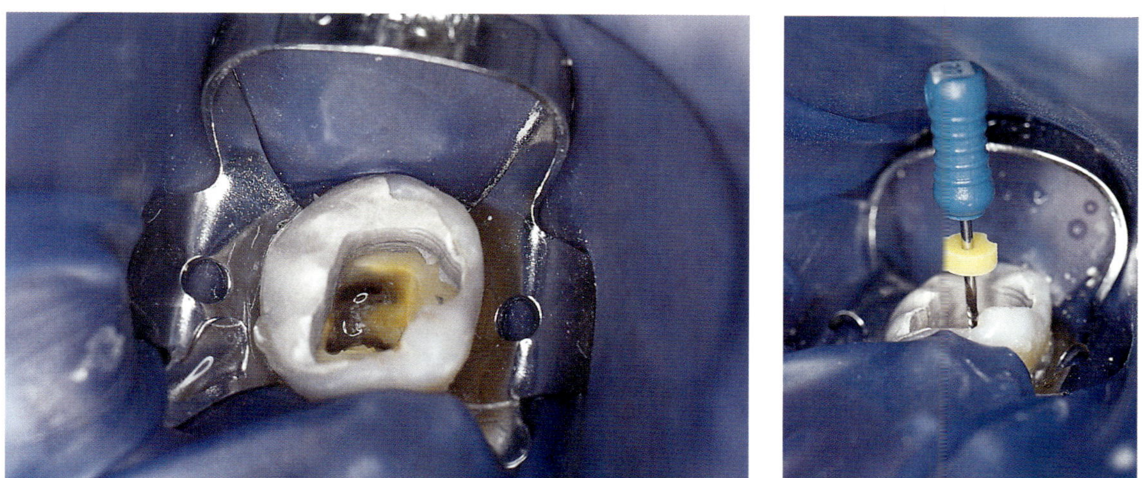

612 Instrumentation
Unter ausreichender Spülung und Zuhilfenahme von Chelatoren wird das Instrumentenbruchstück mit einer Feile umfahren. Anschließend werden die Kanäle um 3 Größen erweitert.

Rechts: Die Instrumentation des distalen Wurzelkanals bis zur apikalen Konstriktion erfolgt wenigstens bis zur Größe 30.

Kommt es im apikalen Drittel enger und gekrümmter Kanäle zur Instrumentenfraktur und kann das Instrument auf Grund starker Friktion nicht gelockert werden, versucht man es zu umfahren und den Kanal nach vorsichtiger Erweiterung mit Guttapercha abzufüllen. Frakturierte Stahlinstrumente, die im Kanal verbleiben, werden von Eleazer (1991) als relativ inert eingestuft und weisen auch nach 2 Jahren sowohl rasterelektronenmikroskopisch als auch mikroanalytisch keine Anzeichen einer Korrosion auf. Dagegen korrodieren Silberstiftfragmente und müssen entfernt werden.

Nach Entfernen einer insuffizienten Wurzelkanalfüllung kann es auch bei zuvor klinisch schmerzfreien Zähnen zu einer akuten Entzündungsreaktion kommen (13% der Fälle). Zähne mit einer periapikalen Aufhellung unterliegen einem noch größeren Risiko. Ursache dieser akuten Reaktion sind in 69% der Fälle im Kanal belassene Bakterien, in 10% der Fälle während der Instrumentation über den Apex extrudierte Bakterien (Lin et al. 1991). Nach jeder Reinstrumentation muß deshalb Kalziumhydroxid eingestopft und für 4–12 Wochen im Kanal belassen werden.

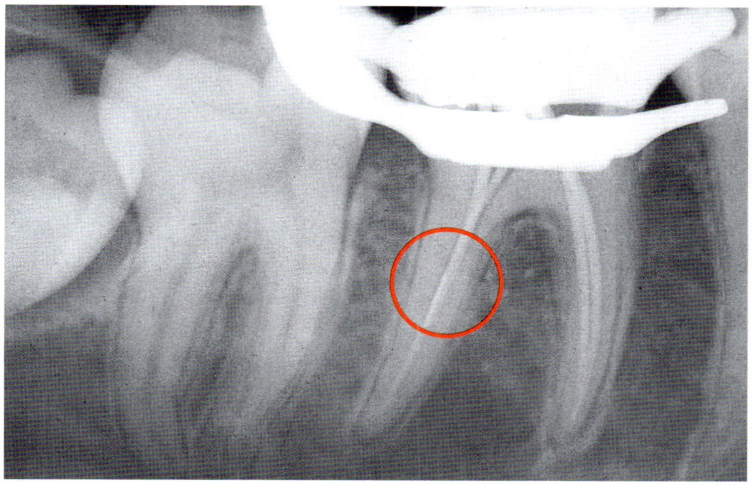

613 Masterpointeinprobe
Nach Instrumentation und 3wöchiger Zwischeneinlage werden die Guttaperchastifte eingemessen und ihre exakte Lage mit einer Masterpointaufnahme kontrolliert. Die Lage des Instrumentenbruchstückes im distalen Wurzelkanal ist durch den roten Kreis gekennzeichnet.

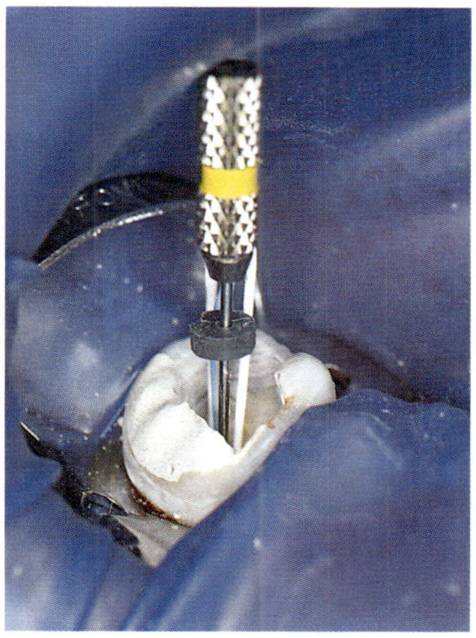

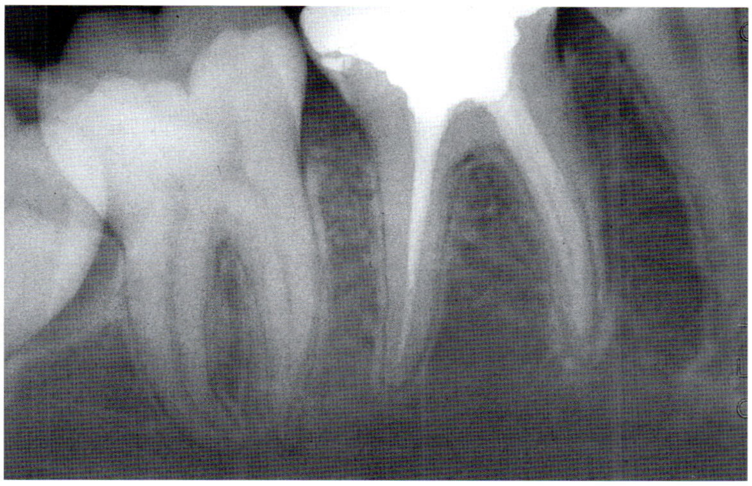

614 Wurzelkanalfüllung
Die Wurzelkanalfüllung erfolgt mit weiteren Guttaperchastiften nach der lateralen Kondensationstechnik. Das Instrumentenbruchstück wird dabei durch die Guttapercha eingeschlossen, und die Kanäle werden dicht verschlossen.

Links: Koronal vom Instrumentenfragment wird der Wurzelkanal mit weiteren Guttaperchastiften separat gefüllt.

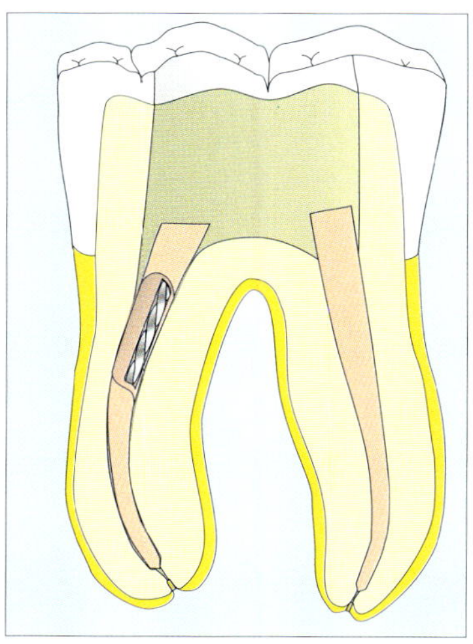

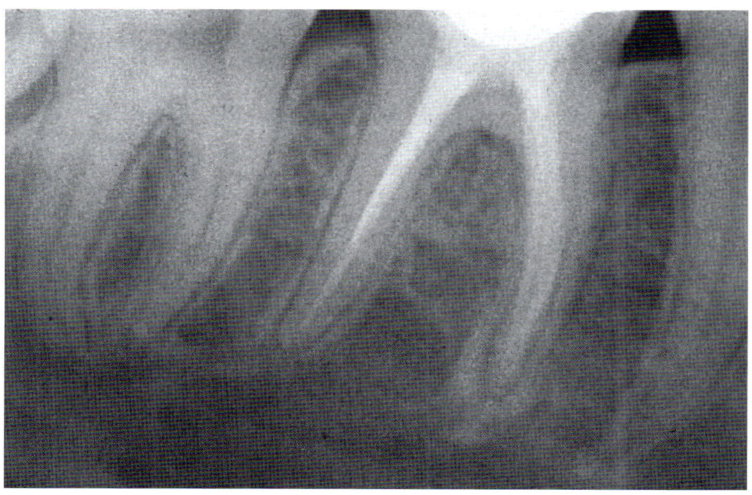

615 Röntgenkontrolle
Die Röntgenkontrolle nach 2 Jahren weist reizlose periapikale Verhältnisse auf. Man erkennt noch andeutungsweise das in die Guttapercha eingebettete Bruchstück.

Links: Das Schema zeigt das in die Guttaperchafüllung eingeschlossene Instrumentenfragment. Sein Verbleib kann für den Gesamtorganismus als ungefährlich eingestuft werden.

Abdichten lateraler Perforationen

Perforationen werden als der zweithäufigste Grund eines endodontischen Mißerfolgs angesehen. Die Prognose ist bei sofortigem Verschluß der Perforationsöffnung am günstigsten und verbessert sich mit zunehmender Entfernung vom Apex (Sinai et al. 1989). Liegt die Perforation im koronalen Drittel, sind eine orthograde Behandlung und ein Verschluß möglich. Eine chirurgische Freilegung ist meist bei Perforationen im mittleren Wurzeldrittel indiziert, eine Wurzelspitzenresektion, Amputation oder Hemisektion bei Perforationen im apikalen Drittel (Kaufman u. Keila 1989).

Die Perforation der Wurzel wird mit einer in den trockenen Wurzelkanal eingeführten Papierspitze diagnostiziert. Blut an der Spitze bedeutet Überinstrumentation, Blut an der Seite weist auf eine laterale Perforation bzw. Wurzelschlitzung hin. Die genaue Lage der Perforation kann nach Blutstillung mit einem elektrischen Längenmeßgerät bestimmt werden. Nach koronaler Fixation der vorgebogenen K-Feile mit IRM-Zement wird mittels Röntgenbild der Abstand zum Referenzpunkt bestimmt und an der Richtung der Stoppereinkerbung die dreidimensionale Lage geprüft.

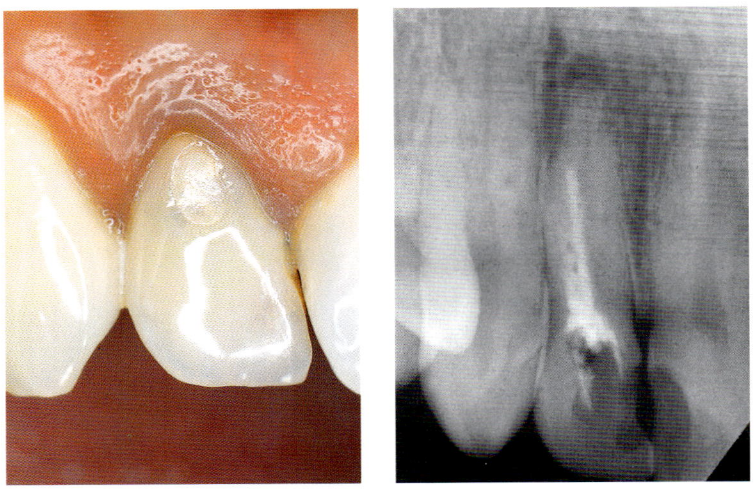

616 Perforation
Links: Im Rahmen der prothetischen Neuversorgung deutet die Verfärbung der Krone des oberen seitlichen Schneidezahnes auf eine möglicherweise insuffiziente Wurzelkanalfüllung hin.

Rechts: Im Röntgenbild ist eine zweifache Perforation der Wurzel erkennbar, die mit einem Zement abgefüllt wurde. Der Hauptkanal wurde nicht instrumentiert und abgefüllt. Periapikal ist eine Aufhellung sichtbar.

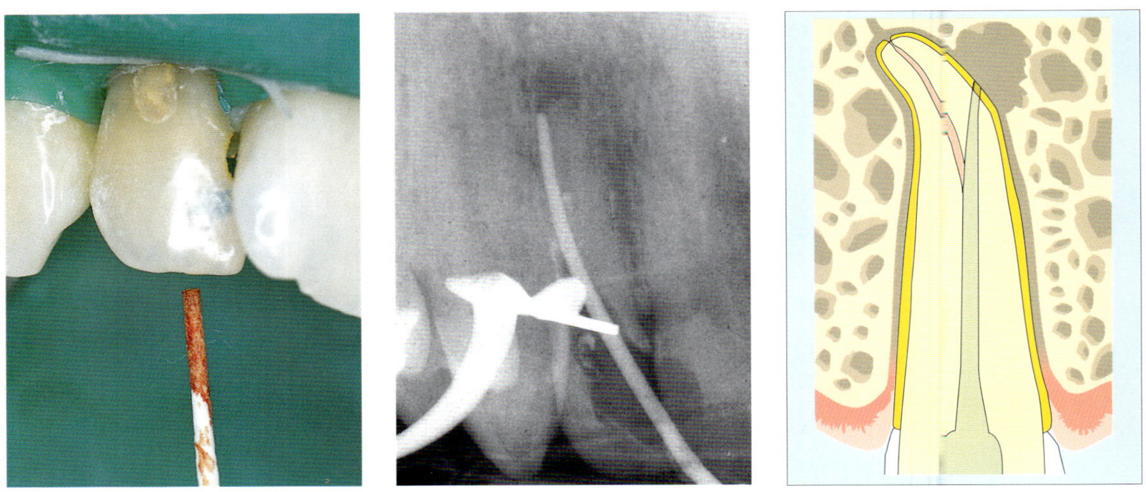

617 Lokalisation
Links: Blut an der Papierspitze verweist auf eine größere laterale Perforation.

Mitte: Nach der koronalen Freilegung wird die alte Wurzelfüllmasse vorsichtig entfernt und mit einem Guttaperchastift die Perforationsstelle lokalisiert.

Rechts: In der ersten Sitzung ist der Hauptkanal nicht instrumentiert, sondern eine Perforation erzeugt worden.

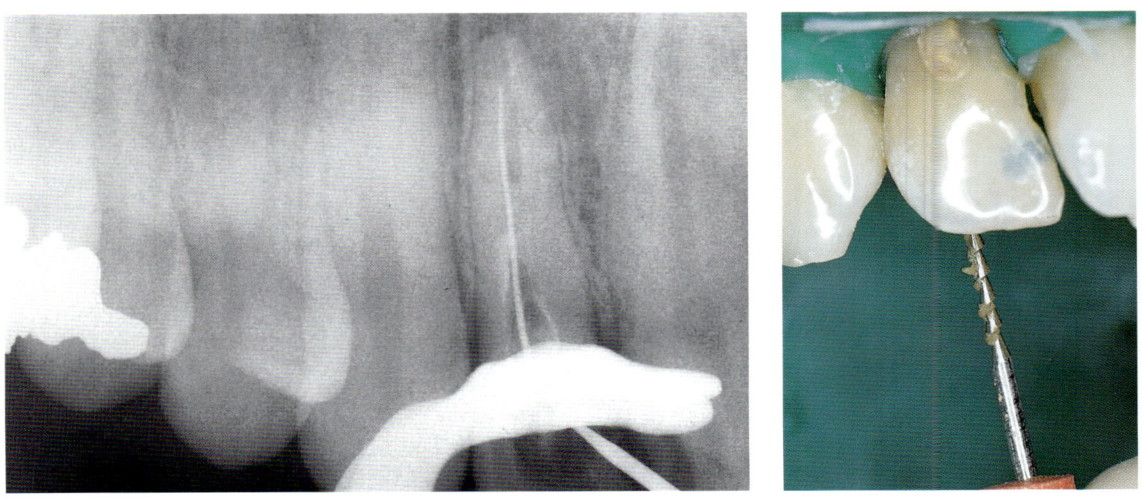

618 Auffinden des Hauptkanals
Der eigentliche Wurzelkanal wird mit einer feinen, vorgebogenen K-Feile lokalisiert und aufbereitet. Das Röntgenbild mit eingeführter Feile dient der Längenbestimmung und der Kontrolle, ob der richtige Wurzelkanal tatsächlich gefunden ist.

Rechts: Der Hauptkanal wird anschließend erweitert und das nekrotische Gewebe entfernt.

Nach Lokalisation der Perforationsöffnung wird je nach deren Lage und Größe zur Schaffung eines Widerlagers eine geringe Menge denaturierten Kollagens (Gelfoam, Upjohn) mit einem Plugger durch die Perforationsöffnung ins laterale Parodontalgewebe gepreßt. Anschließend sucht man mit einer dünnen Hedström-Feile den Hauptkanal auf und beläßt die Feile dort. Mit einem längenmarkierten Plugger wird fest angespatelter IRM-Zement in kleinen Portionen in den Perforationskanal bis auf das Widerlager gestopft und so die Perforation verschlossen (Walia et al. 1988).

Im Vergleich zu anderen hämostatischen Agentien war die Gewebsreaktion auf Gelfoam akzeptabel bei vollständiger Resorption des Materials und Knochenneubildung nach experimentellen Defekten (Ibarrola et al. 1985). Perforationen, die mit gefriergetrockneten Knochengranula abgedichtet wurden, wiesen nach 6 Monaten nur Bindegewebskapselbildung auf (Hartwell u. England 1993). Dagegen induziert mineralisches Trioxid sowohl kurz- als auch langfristig eine Neubildung von osteoidem Zement mit deutlich besserer Reaktion als auf Amalgam (Pitt Ford et al. 1995).

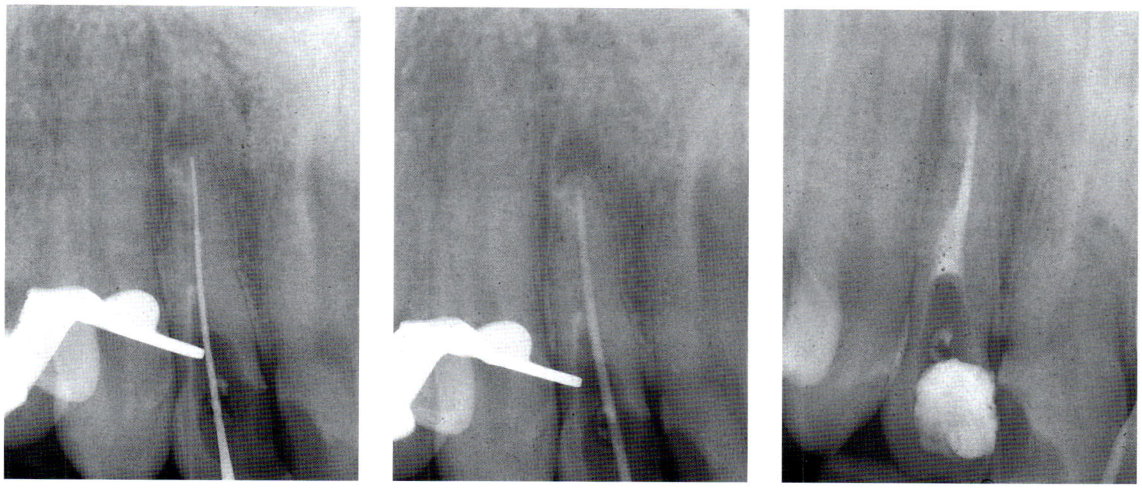

619 Füllen des Hauptkanals
Links: In einer zweiten Sitzung nach Zwischeneinlage wird die Länge ausgemessen und der Wurzelkanal vollständig instrumentiert.

Mitte: Der Guttapercha-Masterpoint wird in den Kanal eingemessen.

Rechts: Der Hauptkanal wird vollständig obturiert, und mit einem heißen Spreader wird die Füllung wieder aus dem perforierten Kanal entfernt.

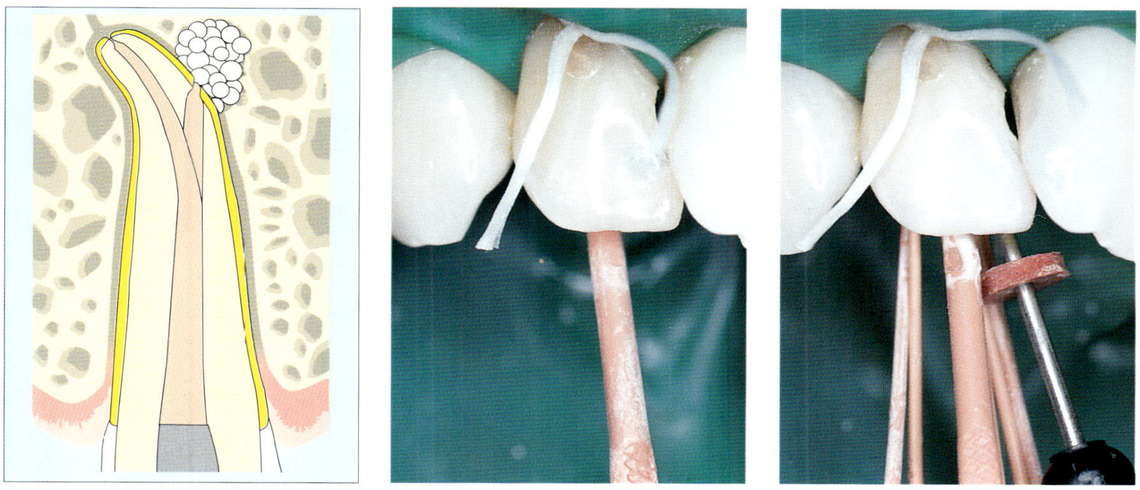

620 Abdichten der Perforation
Links: In den perforierten Kanal wird mit einem Plugger Gelfoam (Upjohn) über die Perforationsöffnung gestopft, das der Wurzelkanalfüllung als Widerlager dienen soll.

Mitte: Ein größerer Guttaperchastift wird dem Kanal angepaßt.

Rechts: Mit weiteren Guttaperchastiften wird auch der zweite Kanal abgefüllt.

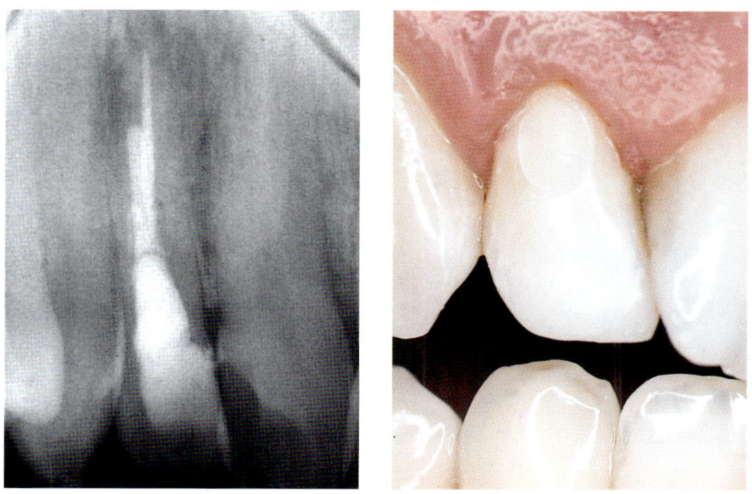

621 Kontrolle
Links: Im Kontrollröntgenbild 3 Monate nach Beginn der Revision ist eine Regeneration der periapikalen Aufhellung sichtbar. Die laterale Perforation ist abgedichtet und der Hauptkanal korrekt gefüllt.

Rechts: Nach Bleichen der Zahnkrone wird auch die insuffiziente Kompositfüllung erneuert.

Abdichten koronaler Perforationen

Perforationen im koronalen Wurzelbereich können während der Gestaltung der Zugangskavität, beim Auffinden obliterierter Wurzelkanäle oder bei der Präparation für einen endodontischen Stiftaufbau auftreten. Hinweise sind, neben blutigen Papierspitzen, Schmerzen beim Sondieren in ungewöhnlicher Höhe und stärkere Blutungen auch nach vollständiger Aufbereitung des Wurzelkanals. Weitere diagnostische Hinweise sind laterale Perkussionsempfindlichkeit und Austritt von Exsudat aus dem Sulkus bei sonst entzündungsfreier Gingiva (Seltzer et al. 1967, Alhadainy 1994).

Perforationen koronal des Gingivarandes werden unproblematisch mit einem zahnfarbenen Füllungsmaterial versorgt. Unterhalb des Zahnfleisches bei nicht zugänglichen größeren Perforationen sowie bei massiver Überfüllung ist eine chirurgische Therapie notwendig (Nichols 1962). Nach Darstellung des Defekts und Lappenbildung mit bzw. ohne Osteotomie wird die Perforationsöffnung mit IRM- oder EBA-Zement, Cavit oder GIZ-Zement verschlossen, die Wurzeloberfläche geglättet und, wenn nötig, eine resorbierbare Membran gelegt (Moloney et al. 1993, Duggins et al. 1994).

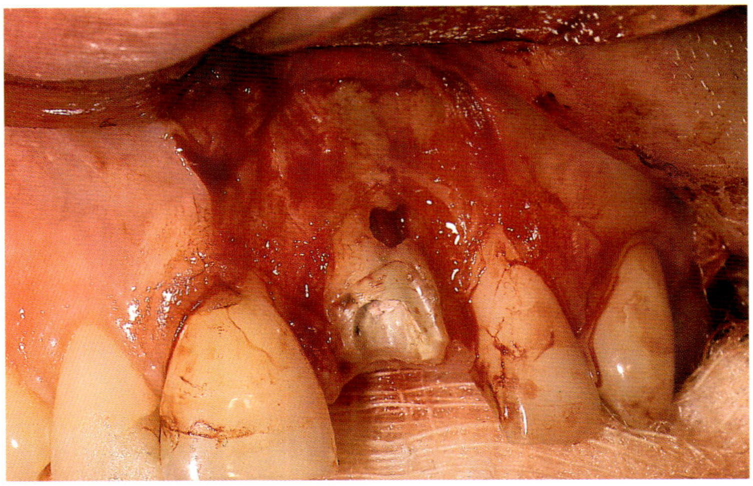

622 Perforation
45jähriger Patient mit druckdolentem, wurzelkanalbehandeltem oberen Frontzahn, der prothetisch neu versorgt werden soll. Bei vestibulärer Sondierung gibt der Patient Schmerzen an, und es entleert sich Exsudat. Nach Lappenbildung stellt sich eine stecknadelkopfgroße Perforation 3 mm unterhalb der Zahnfleischgrenze dar, gefüllt mit Granulationsgewebe.

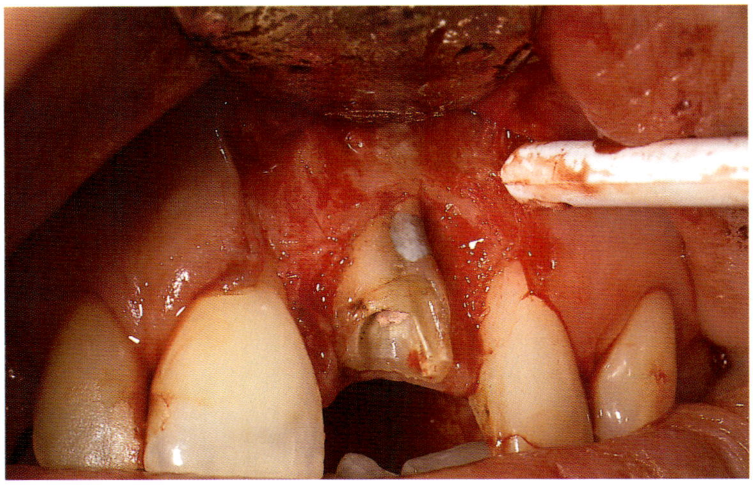

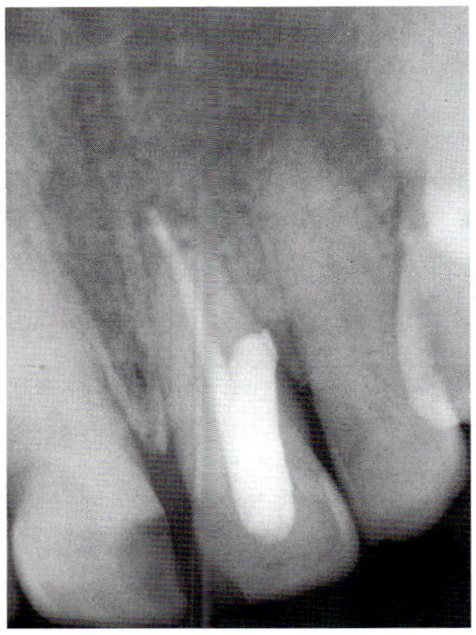

623 Perforationsverschluß
Der Perforationskanal wird von koronal über die Zugangskavität dargestellt und aufgefrischt, gereinigt und getrocknet. Anschließend wird Glasionomerzement mittels Kapselapplikationssystem in den Perforationskanal gepreßt, durch Matrize angepaßt und die Oberfläche poliert.

Rechts: Vor Lappenadaptation wird mit einem Röntgenbild das Ergebnis kontrolliert.

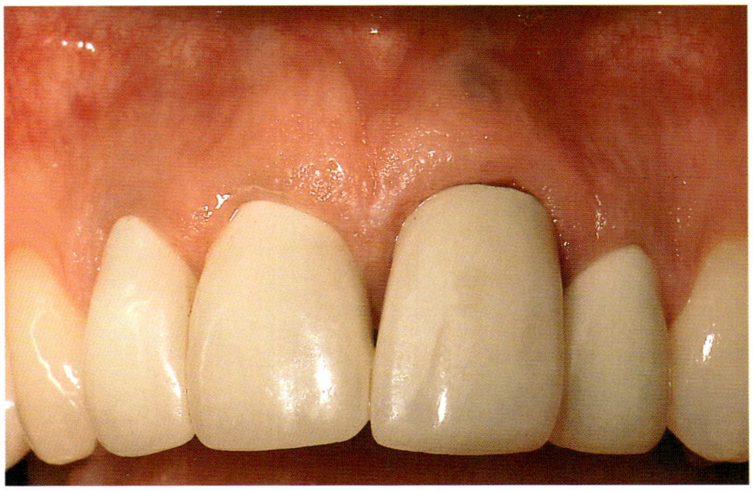

623 Lappenreposition
Der Zahnfleischlappen wurde reponiert, eine provisorische Krone wurde eingesetzt, und nach 7 Tagen wurden die Fäden entfernt. Nach 3 Monaten erfolgte die endgültige Versorgung mit einer Krone, und ein Jahr nach dem chirurgischen Eingriff ist der Zahn klinisch unauffällig und weist reizlose Verhältnisse auf.

Behandlung *J. L. Gutmann*

Mikrochirurgische Endodontie

Führt die konservative endodontische Behandlung nicht zu einer vollständigen Ausheilung, so kann eine chirurgische Intervention notwendig sein. Schon in den frühen sechziger Jahren nutzten einige Zahnärzte in Europa das Mikroskop bei zahnärztlich-operativen Eingriffen (Ducomin u. Boussens 1977, Boussens u. Ducomin 1982), doch wurden die damit verbundenen Chancen zunächst allgemein nicht erkannt. Die erste Anwendung in der endodontischen Chirurgie erfolgte durch den Italiener Dr. Gabriele Pecora (Pecora u. Abbondenos 1990, Pecora u. Andreana 1993). Mitte der achtziger Jahre entwarf der Amerikaner Dr. Gary Carr als erster Ultraschallspitzen und Mikrospiegel für die endodontische Chirurgie unter dem Mikroskop (Carr 1992).

Gegenwärtig nutzen bereits mehr als ein Viertel aller Fachzahnärzte für Endodontie in den USA das Mikroskop, und auch in Europa und Asien gibt es viele Impulse in Richtung mikrochirurgischer Endodontie, wie sich an erfolgreichen internationalen Konferenzen zu diesem Thema zeigt. Von 1997 an müssen alle endodontischen Postgraduierten-Ausbildungen in den USA „Endodontie und endodontische Chirurgie unter dem Mikroskop" unterrichten. Möglicherweise werden in 10 Jahren bereits alle endodontischen Maßnahmen grundsätzlich unter Zuhilfenahme des Mikroskops ausgeführt.

Die Hauptvorteile der Mikrochirurgie sind kleine Osteotomien und flache Kanten, die sowohl Knochenkortikalis wie auch Wurzelsubstanz bewahren helfen. Außerdem offenbart die Zuhilfenahme des Mikroskops rasch anatomische Details der Resektionsfläche. In Verbindung mit den Ultraschallinstrumenten wird eine konservative, der Zahnachse folgende Präparation der Wurzelspitze sowie eine exakte Füllung möglich. Chirurgische Fehler können deutlich reduziert oder sogar eliminiert werden. Die Unterschiede zwischen konventioneller Chirurgie und Mikrochirurgie stellen sich zusammenfassend folgendermaßen dar:

Verfahren	Chirurgie	Mikrochirurgie
Osteotomie	groß	klein
Inspektion der Wurzeloberfläche	schwierig	einfach
Winkel der Abschrägung	spitz (45°)	flach (<10°)
Aufsuchen des Isthmus	unmöglich	einfach
Retropräparation	ungünstiger Winkel	parallel zur Wurzel
Retrofüllung	ungenau	präzise

Prinzipien der endodontischen Mikrochirurgie

Die Einführung des chirurgischen Operationsmikroskops und der Ultraschallinstrumente hat die endodontische Chirurgie auf ein neues, ausgeklügelteres Niveau gehoben. Resultat dieser technischen Innovation ist die mikrochirurgische Behandlung.

Beleuchtung, Vergrößerung und Instrumente begründen die Trias der Mikrochirurgie. Das Mikroskop und neue Mikroinstrumente – speziell für die Bedürfnisse der Mikrochirurgie entworfen – haben den mikrochirurgischen Ansatz Realität werden lassen. Chirurgische Maßnahmen an der Wurzelspitze können jetzt mit hoher Präzision und großer Sicherheit durchgeführt werden. Unwägbarkeiten und Ungenauigkeiten der konventionellen Chirurgie sind dadurch überwunden worden. Mit dem hellen, fokussierten Licht werden alle Details am Apex sichtbar. Dies ermöglicht eine präzisere Behandlung. Kleinere Osteotomien und geringerer Knochenverlust bringen eine schnellere Ausheilung und weniger Unannehmlichkeiten für den Patienten. Damit schafft das Mikroskop eine fundamentale Änderung des Vorgehens bei Wurzelspitzenresektionen (Carr 1994).

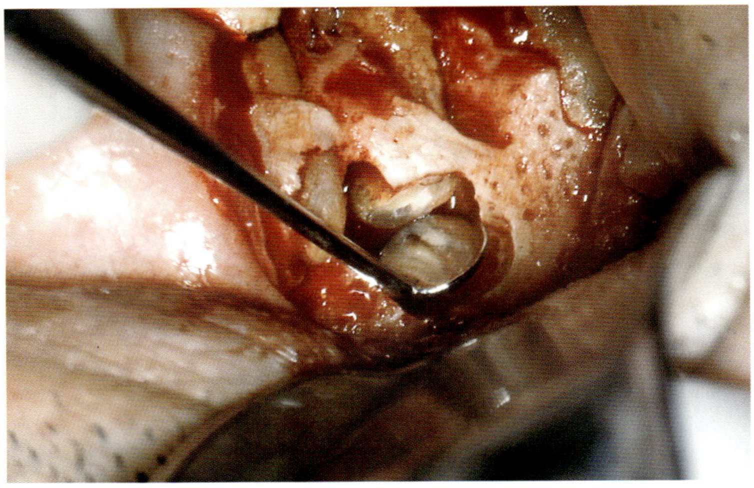

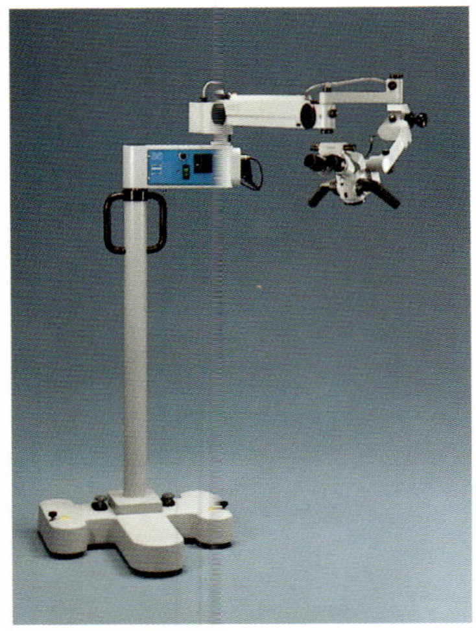

625 Mikroskopische Chirurgie
Resezierte Wurzeloberfläche eines ersten Prämolaren des Oberkiefers im Mikrospiegel. Bei dieser geringen (4fachen) Vergrößerung sind noch keine Details erkennbar. Das sichtbare Feld ist sehr weit, so daß die benachbarten Strukturen einschließlich der Nachbarzähne sichtbar sind.

Rechts: Ein typisches Operationsmikroskop (Zeiss) mit fahrbarem Stativ, wie es in der endodontischen Mikrochirurgie eingesetzt wird.

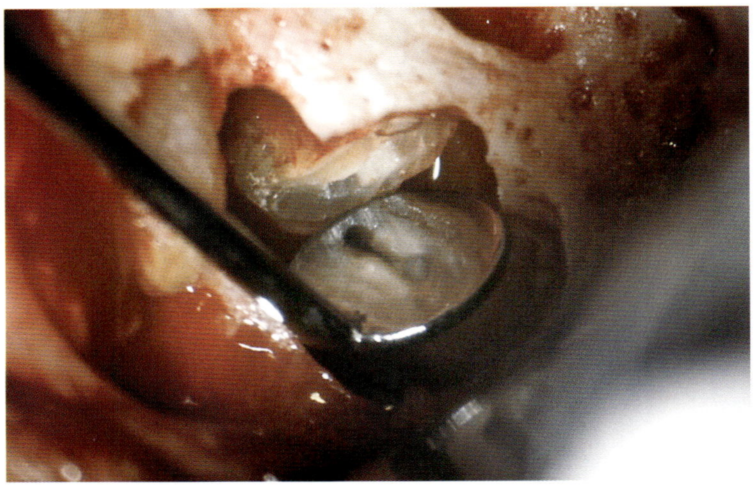

626 Schwache Vergrößerung
Bei der nächsten Vergrößerungsstufe (6fach) ist beim gleichen Zahn zwischen dem bukkalen und dem palatinalen Apex der resezierten Wurzeloberfläche kein Isthmus sichtbar.

Alle Abbildungen dieser Doppelseite sind Photoaufnahmen über einen runden Mikrospiegel.

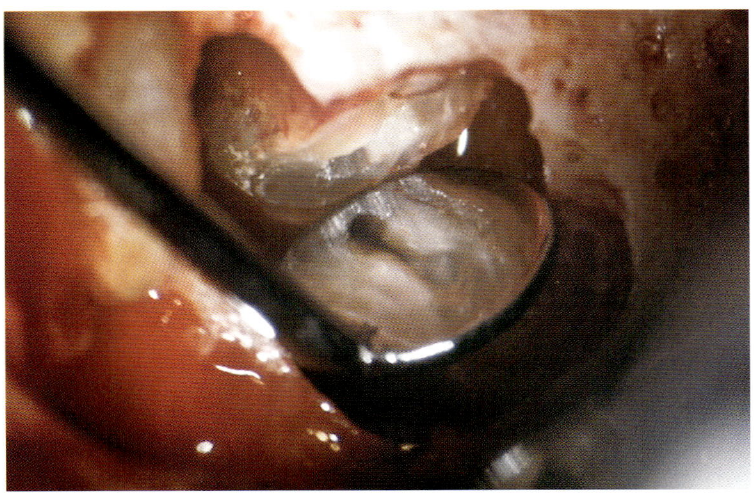

627 Achtfache Vergrößerung
Die 8fache Vergrößerung eignet sich gut für vielfältige chirurgische Manipulationen, da die Tiefenschärfe groß genug und das Sichtfeld recht weit ausgedehnt ist. Anatomische Details sind aber noch nicht ganz klar ersichtlich.

Rechts: Komponenten des eigentlichen Mikroskops: Okular, Auslenkprismen für Photo- und Videoanschluß in der Mitte und Objektiv. Der Tubus ist schwenkbar.

Beleuchtung und Vergrößerung

Das Mikroskop verkörpert 2 Elemente der mikrochirurgischen Trias: Beleuchtung und Vergrößerung. Das Spiegelbild der Resektionsfläche bietet dem Praktiker im Mikrospiegel bei fokussierter Beleuchtung und bis zu 25facher Vergrößerung ein beeindruckendes Erlebnis: Ausläufer des Kanals (Seitenkanäle und blind endende Divertikel), akzessorische Apizes, Isthmusbildungen, Mikrofrakturen, C-förmige Apizes sowie undichte orthograde oder auch retrograde Füllungen.

Bei der endodontischen Mikrochirurgie benötigt man für ein komfortables Arbeiten ein chirurgisches Operationsmikroskop mit einer 5stufigen Vergrößerung (4fach, 6fach, 10fach, 16fach, 25fach) und ein um 180° schwenkbares Binokular mit einem Objektiv von 150–200 mm Brennweite. Für höhere Ansprüche und eine größere Effizienz kann ein automatischer Zoom eingebaut werden. Unter den vielfältigen Typen von Mikrospiegeln ist der rechteckige am sinnvollsten, da die Resektionsfläche der Wurzeln von Prämolaren und Molaren längs in bukkolingualer Richtung verläuft. Der runde Mikrospiegel eignet sich für rund-ovale Resektionsflächen von Frontzähnen.

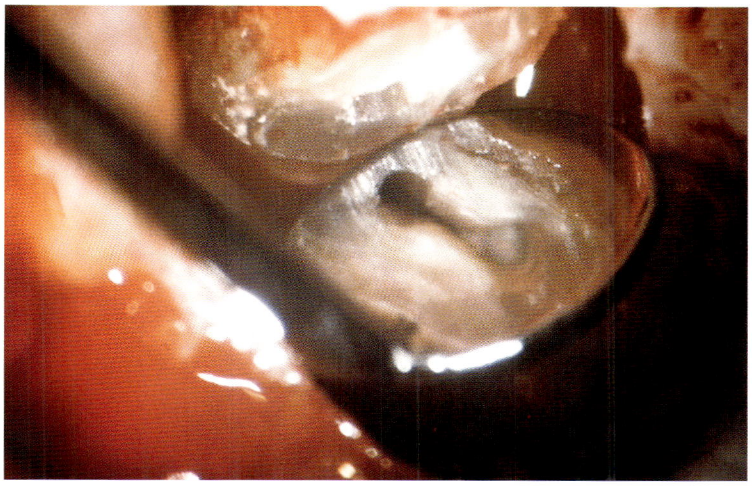

628 Mittlere Vergrößerung
Die 12fache Vergrößerung wird bei chirurgischen Verfahren am häufigsten eingesetzt, weil die Einzelheiten der Resektionsfläche nun deutlich erkennbar sind.

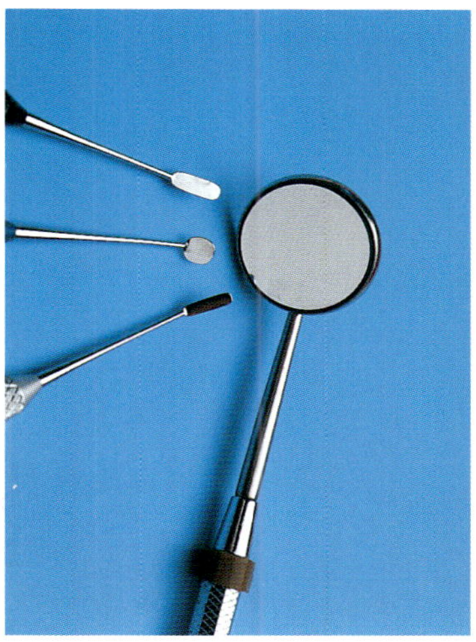

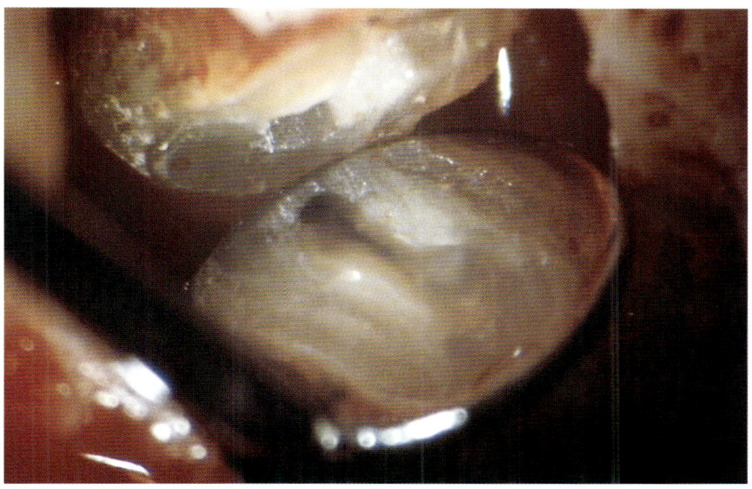

629 16fache Vergrößerung
Die 16fache Vergrößerung ermöglicht schließlich eine so genaue Inspektion der Wurzeloberfläche, daß anatomische Besonderheiten und Abnormitäten entdeckt werden können. Aufgrund der geringen Tiefenschärfe und des engen Blickfeldes sind chirurgische Manipulationen bei dieser Vergrößerung schwierig.

Links: Zum Größenvergleich sind 3 Arten von Mikrospiegeln neben einen regulären zahnärztlichen Spiegel gelegt.

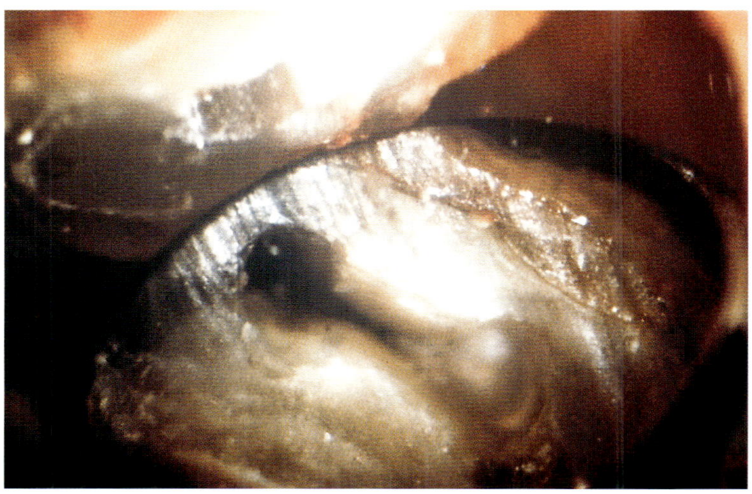

630 Höchste Vergrößerungsstufe
Die 25fache Vergrößerung eignet sich sehr gut für die Betrachtung und das Aufsuchen feinster Details, die bei geringerem Zoom nicht ersichtlich sind. Aufgrund der physikalischen Gesetzmäßigkeiten sind aber Tiefenschärfe und Blickfeld stark reduziert.

Indikationen für chirurgische Eingriffe

Bei der Indikationsstellung für die chirurgische Intervention sind klinische Zeichen wie Schmerzen, Schwellung und Fistelbildung, offensichtliche Aufhellungen des periapikalen Bereichs und das Erscheinungsbild der Wurzelkanalfüllung auf Röntgenbildern sowie die Anamnese des Zahnes zu berücksichtigen. Im wesentlichen gibt es *4 Hauptindikationen:*

1. Fehler bei der konservativen endodontischen Therapie,
2. Vergrößerung/Persistenz einer apikalen Veränderung nach konservativer Endodontie und Stiftversorgung,
3. anatomische Abweichungen sowie
4. Fehler bei der Wurzelkanalbehandlung wie Perforation, Instrumentenfraktur im Kanal oder Überfüllung des Wurzelkanalsystems.

Des weiteren gibt es Fälle, bei denen der Zahn zwar Symptome zeigt, die klinische und röntgenologische Diagnostik aber kein eindeutiges Ergebnis liefert. Dann ist ein explorativer chirurgischer Eingriff angezeigt, der gewöhnlich die Ursache aufklärt. In solchen Situationen erfolgt der endgültige Therapieentscheid nach Präparation des Schleimhautlappens und direktem Blick auf die Wurzeloberfläche.

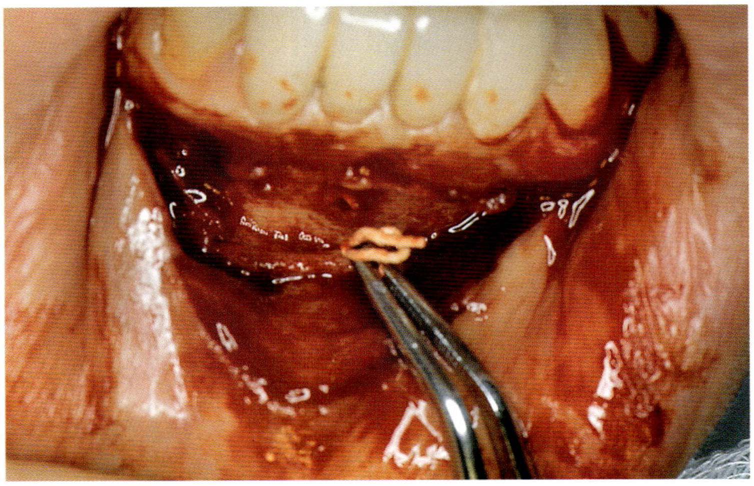
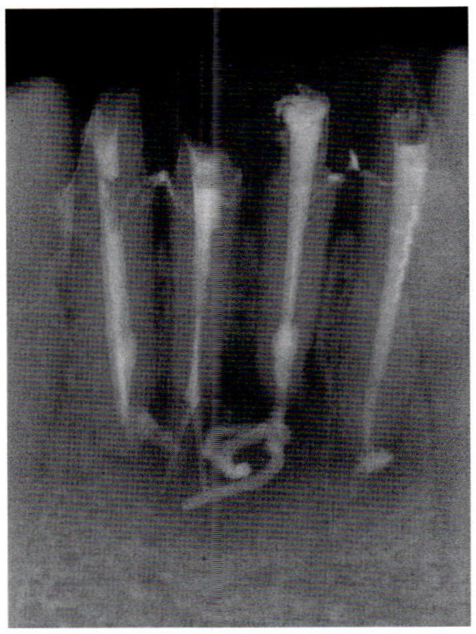

631 Mißerfolg der endodontischen Therapie
Die chirurgisch freigelegten Wurzelspitzen eines Unterkieferfrontzahnes zeigen eine überstopfte Wurzelkanalfüllung mit Guttapercha. Dies ist ein Beispiel für eine fehlgeschlagene endodontische Therapie, die Schwellung und Schmerzen hervorrief.

Rechts: Das zugehörige Röntgenbild zeigt das „Spaghetti"-Phänomen, das beim Überfüllen eines Wurzelkanals auftritt.

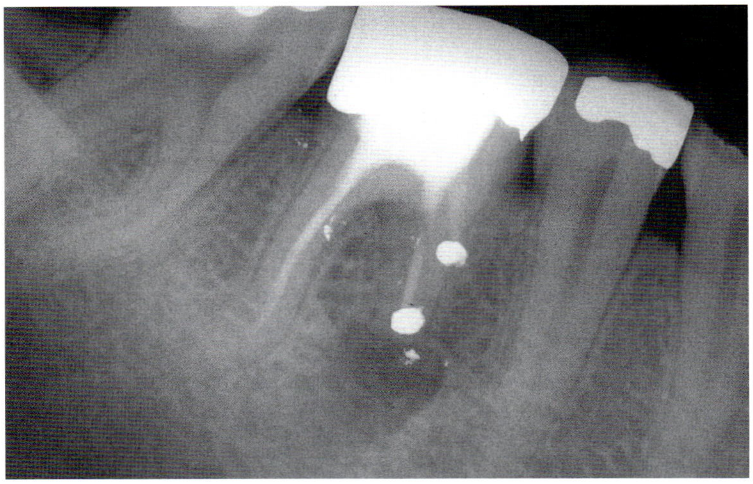
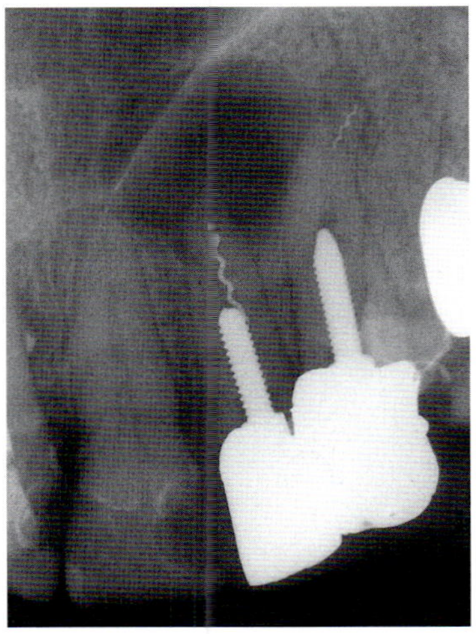

632 Weitere Mißerfolge
Beispiel für eine gescheiterte konventionelle Endochirurgie mit retrograden Amalgamfüllungen. Die periapikale Läsion heilte nicht aus, und der Patient berichtet über eine persistierende Schwellung sowie Beschwerden.

Rechts: Große periapikale Läsion bei insuffizienter Wurzelkanalfüllung, frakturiertem Instrument und Schraubenaufbau. Bei konventioneller Revision besteht die Gefahr einer Wurzelfraktur.

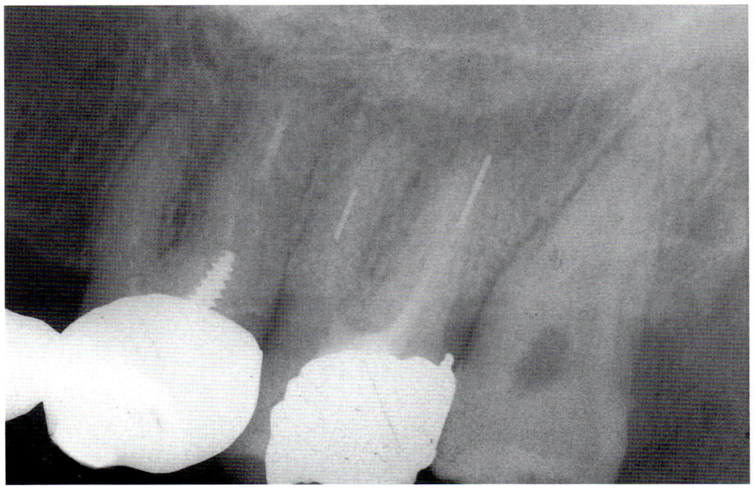
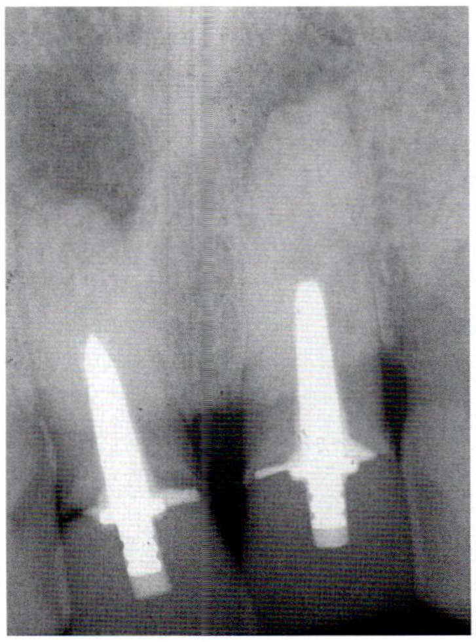

633 Behandlungsfehler
Dieses Beispiel zeigt frakturierte und in den Wurzelkanälen belassene Aufbereitungsinstrumente sowie insuffiziente Wurzelkanalfüllungen.

Rechts: Persistierende apikale Läsion mit Schwellung und großer Stiftrestauration. Hier würde ein mikrochirurgischer Eingriff viel Zahnsubstanz bewahren helfen. Im Gegensatz dazu bedeutet die Entfernung der Wurzelstifte gleichzeitig ein zusätzliches Opfern von viel Wurzelsubstanz, wobei die Frakturgefahr sehr hoch wäre.

Untersuchung vor dem chirurgischen Eingriff

Für die Chirurgie ist die gründliche visuelle und röntgenologische Untersuchung des entsprechenden Zahnes sowie der benachbarten Strukturen eine essentielle Voraussetzung. Das Weichgewebe muß vorsichtig auf Schwellungen und Fistelgänge hin abgesucht werden. Außerdem ist der chirurgische Zugang – besonders in der Molarenregion – zu evaluieren. Die röntgenologische Untersuchung ist gerade deswegen unerläßlich, weil sie die räumliche Beziehung zwischen angrenzenden Wurzeln und die Nähe zu wichtigen anatomischen Strukturen wie beispielsweise Foramen mentale, N. alveolaris inferior oder Kieferhöhlen erhellt.

Bei Prämolaren und Molaren sollten 2 Röntgenbilder unter verschiedenen Projektionswinkeln erstellt werden: eines senkrecht zur Wurzeloberfläche und ein zweites 25–30° mesial oder distal exzentrisch, um die räumliche Beziehung der Wurzeln bereits vor dem Eingriff zu ergründen. So ist beispielsweise die palatinale Wurzel der Prämolaren des Oberkiefers vollständig durch dicken Knochen von der bukkalen Wurzel getrennt, und die mesialen Wurzeln der Molaren des Unterkiefers sind fusioniert (Gutmann 1984).

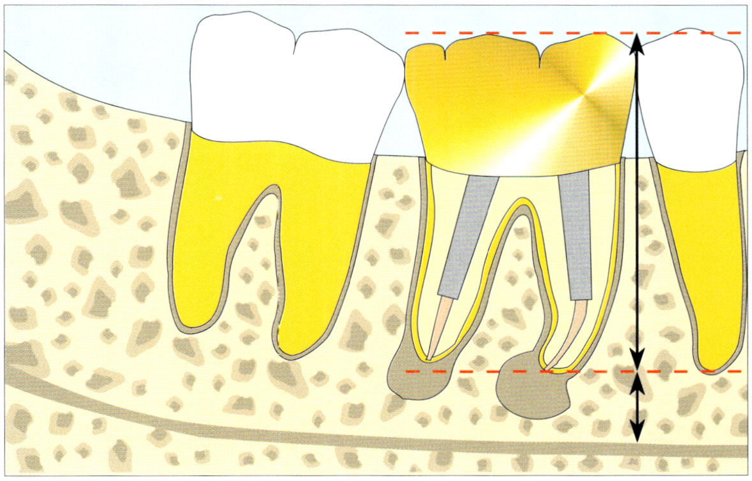

634 Festlegen der Osteotomie I
Um die Entfernung zwischen Höcker- und Wurzelspitze (Wurzellänge) sowie N. alveolaris inferior näherungsweise abzuschätzen, muß ein Zahnfilm senkrecht zur Zahnebene angefertigt werden. Die röntgenologische Distanz zwischen Höcker- und Wurzelspitze wird auf den Mund übertragen und zeigt die Stelle für die initiale Eröffnung durch Osteotomie.

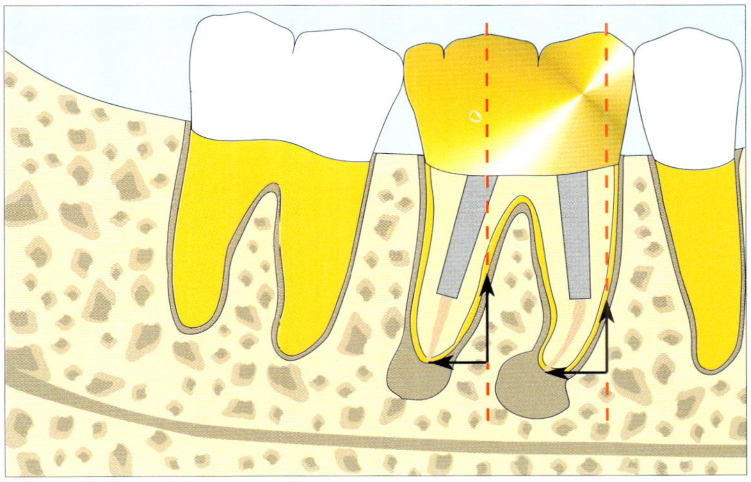

635 Festlegen der Osteotomie II
Die Krümmung des unteren Wurzelbereichs und der Apizes sollen im Vergleich zu den Höckerspitzen geschätzt werden, wie es in Abb. 634 gezeigt ist. Dabei ist eine gute Röntgentechnik sowie das exakte Ausmessen des Zahnfilmes essentiell für die korrekte Lokalisation der Osteotomie und für die Festlegung von deren Größe.

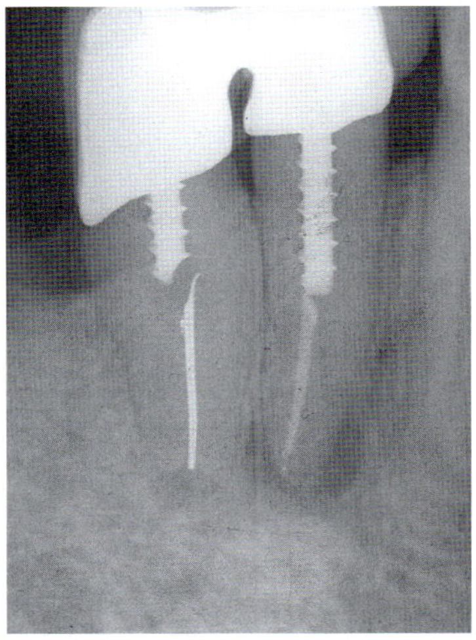

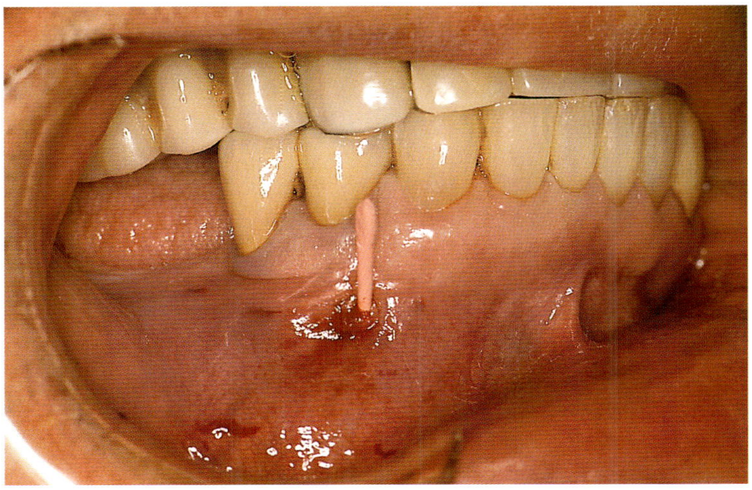

636 Lokalisation der periapikalen Läsion
In Regio 42–43 wird ein Guttaperchastift eingeführt, um den Verlauf eines Fistelgangs zu objektivieren.

Links: Das Röntgenbild zeigt die pathologische Situation in der periapikalen Region eines ersten und zweiten Prämolaren des Unterkiefers mit einem Schraubenaufbau und einer Krone.

Lappendesign und Lappenbildung

Prinzipiell werden mit der ordnungsgemäßen Präparation des Weichgewebes 2 Ziele verfolgt: Ein geeigneter Zugang und eine gute Heilung der Osteotomie. Je nach Lage des zu behandelnden Zahnes werden die 2 bevorzugten Lappendesigns mit einem oder 2 Entlastungsschnitten durchgeführt.

Mukoperiostlappen

Dieser Typus ist am besten für überkronte Zähne geeignet, bei denen als Folge des chirurgischen Eingriffs eine ästhetische Beeinträchtigung des Zahnfleischrandes möglich ist. Dem Gingivaverlauf folgend wird ein Schnitt in der Mitte der befestigten Gingiva geführt. Dabei soll das Skalpell im Winkel von 45° zur Knochenkortikalis stehen, da so die breiteste Schnittfläche erreicht und die spätere Adaptation des Lappens erleichtert wird. Ein mesialer oder ein zusätzlicher distaler Entlastungsschnitt ermöglichen den adäquaten Zugang, ohne die Integrität der befestigten Gingiva rund um Zahn oder Krone zu zerstören. Die Vertikalinzision sollte den Faserzügen der Mukosa folgen, die geradlinig auf die Wurzelspitze zulaufen.

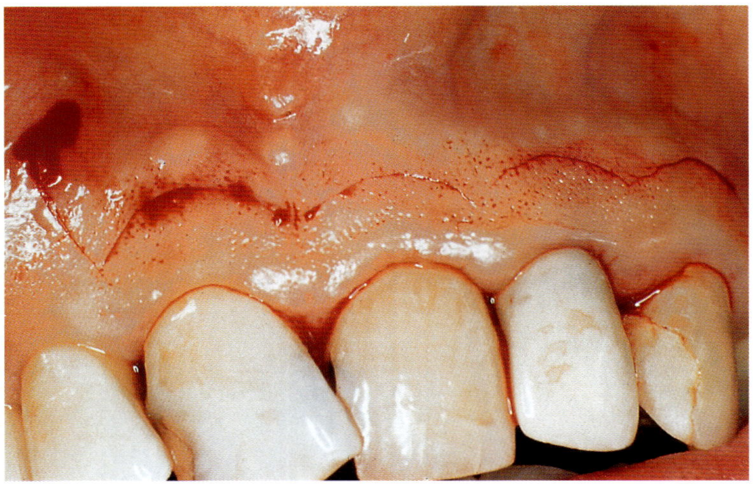

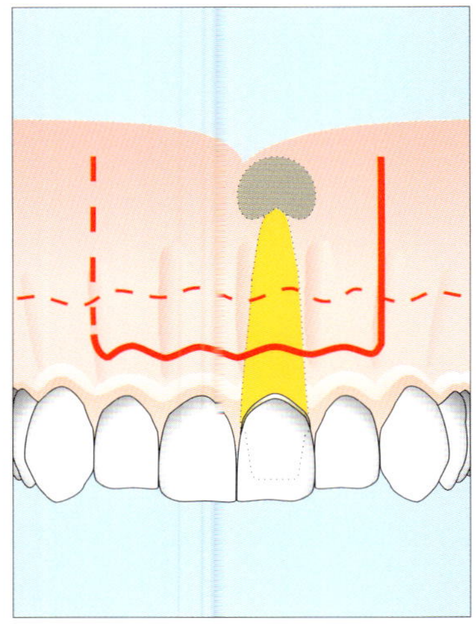

637 Schnittführung beim Mukoperiostlappen
Die Aufnahme der Oberkieferfront verdeutlicht das Design des Mukoperiostlappens. In halber Höhe der befestigten Gingiva wird ein girlandenförmiger Schnitt geführt, der beidseits über die Region des zu behandelnden Zahnes hinausreicht.

Rechts: Schemazeichnung des Lappendesigns. Die beiden Entlastungsschnitte sind streng vertikal und folgen den Linien der Mukosafasern.

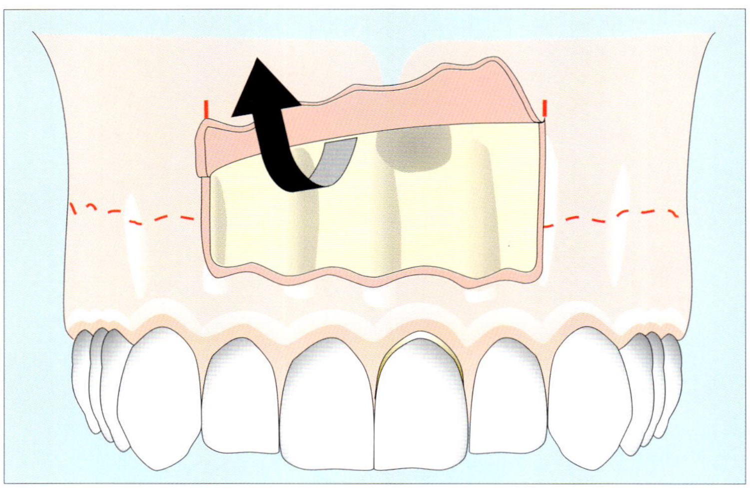

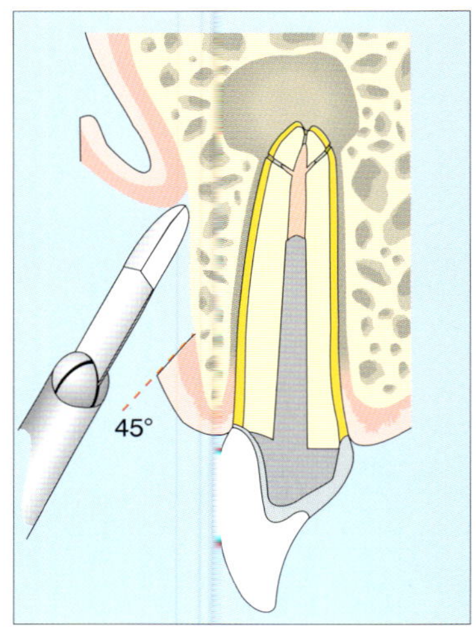

638 Schema des mobilisierten Mukoperiostlappens
Ein Rechtecklappen ist im Frontzahngebiet des Oberkiefers präpariert und aufgeklappt worden. Dies erlaubt dem Chirurgen einen exzellenten Zugang zum Apex und zur Wurzeloberfläche.

Rechts: Die Inzision beginnt in der Mitte der Gingiva mit einem Skalpell 15c oder einer Beaver-Mikroklinge.

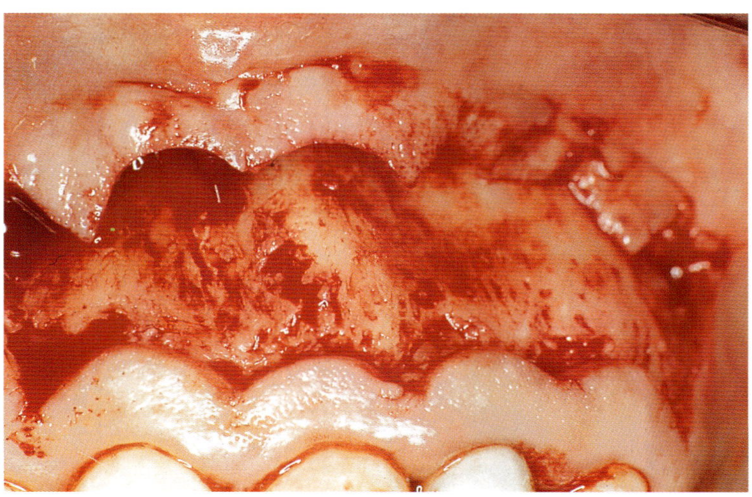

639 Klinisches Bild
Das mukogingivale Gewebe ist durch ein schmales, scharfes Raspatorium aufgeklappt worden.

Vollmobilisierter Lappen

Dieses Lappendesign liefert den besten Zugang bei geringster Traumatisierung. Bei nur einem Entlastungsschnitt spricht man von einem Dreieck-, bei zweien von einem Rechtecklappen. Unabhängig von der schließlich gewählten Schnittvariante wird diese Lappenform aufgrund ihrer Vorzüge in der endodontischen Mikrochirurgie am häufigsten verwendet. Sie hinterläßt nach der Heilung eine kaum sichtbare Narbe. Die Entlastungsinzision erfolgt eine Zahnbreite mesial und/oder distal des involvierten Zahnes.

Bei Frontzähnen ist der Rechtecklappen zu bevorzugen. Nachteilig ist jedoch, daß gerade bei überkronten Zähnen eine Geweberetraktion erfolgt, so daß dieses Lappendesign aus ästhetischen Gründen bei Frontzähnen mit Kronen nicht angewendet werden darf (Harrison u. Jurosky 1991). In der Seitenzahnregion bringt der distale Entlastungsschnitt keine wirklichen Vorteile. Durch das sehr geringe Raumangebot in diesem Bereich kommt es eher noch zu Problemen bei der Naht. Daher wird im Seitenzahnbereich der Dreiecklappen bevorzugt.

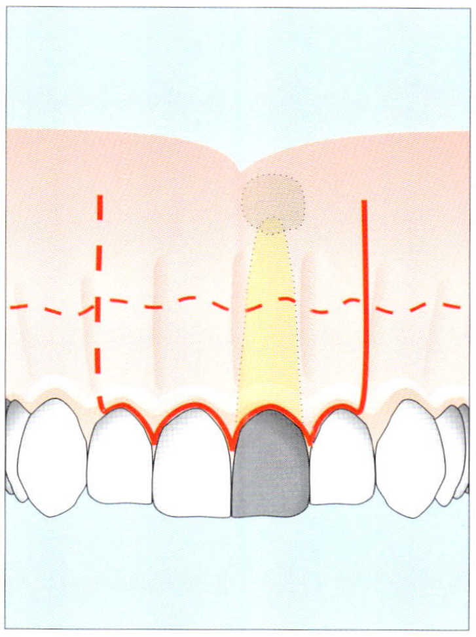

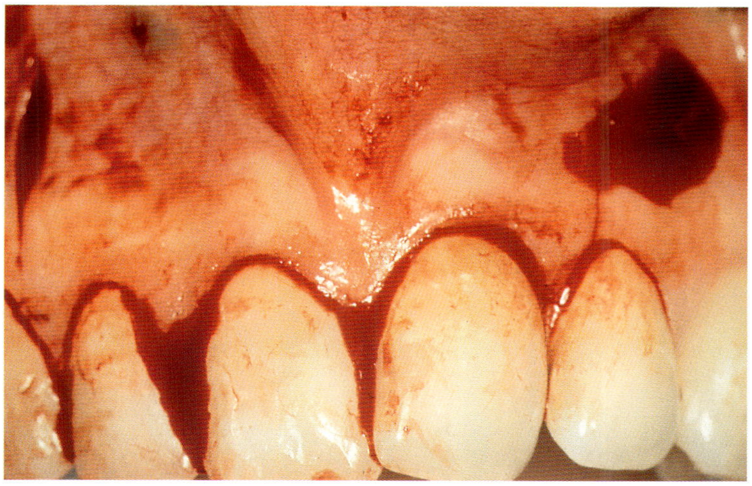

640 Vollmobilisierter Lappen
Klinisches Bild der Oberkieferfrontzahnregion nach intrasulkulärem Schnitt für einen vollmobilisierten Lappen.

Links: Schemazeichnung des vollmobilisierten Lappens bei intrasulkulärer Schnittführung. Der vertikale Entlastungsschnitt wird in gerader Verlängerung der vertikalen Zahnachse geführt und vereinfacht die Naht. Das Skalpell (15c oder Mikroklinge) soll die befestigte Gingiva vollständig durchtrennen.

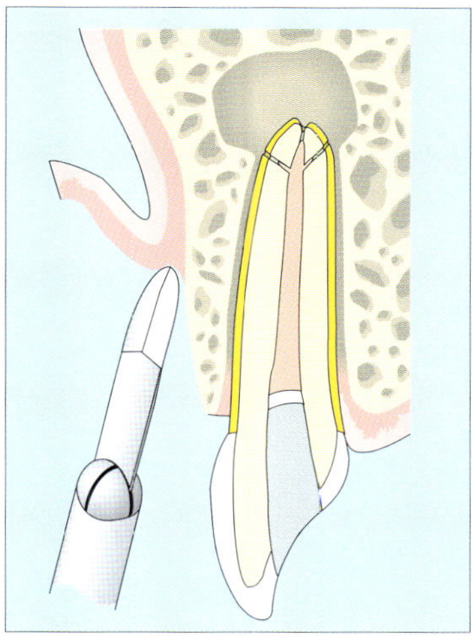

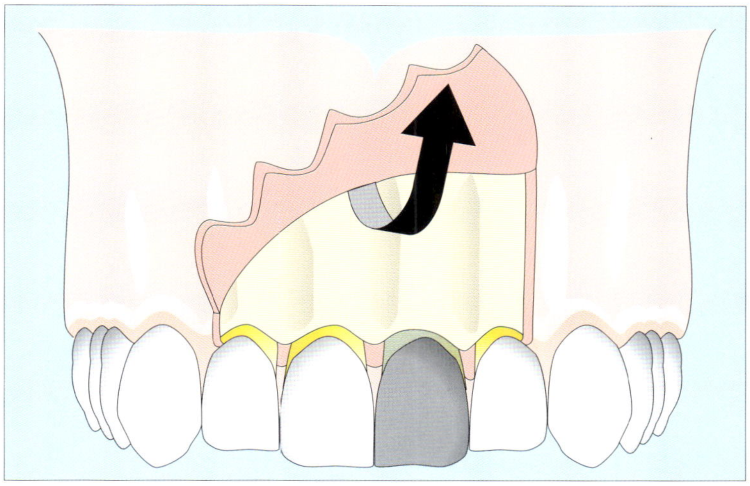

641 Schema des vollmobilisierten Lappens
Der Mukoperiostlappen wird mit einem Raspatorium mobilisiert. Wann immer es möglich ist, sollte ein vertikaler Entlastungsschnitt angebracht werden.

Links: Schnittführung zum Lösen der Gingiva. Besondere Beachtung gilt der vollständig zurückgeklappten befestigten Gingiva.

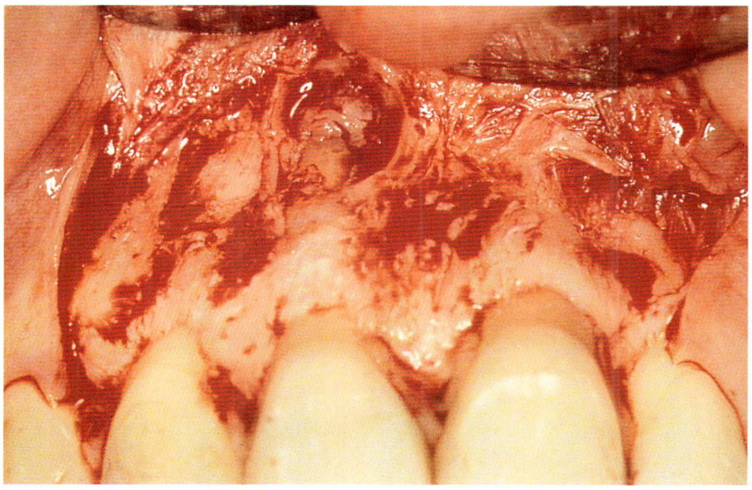

642 Klinisches Bild
Das eröffnete Operationsfeld weist einen guten Zugang auf. Gewöhnlich ist die Blutung nach der Entlastungsinzision minimal, und das Gewebe heilt mit einer geringen oder sogar ohne sichtbare Narbe.

Wurzelspitzenresektion

Die eigentliche Entfernung der Wurzelspitze scheint unkompliziert zu sein. Dennoch gibt es 2 wesentliche Gesichtspunkte, die bestimmen, ob die Mikrochirurgie erfolgreich sein wird oder nicht.

Erstens stellt sich die Frage, wieviel vom Apex entfernt werden soll, und zweitens, unter welchem Winkel dies erfolgen soll. Dabei kommt es auf die Häufigkeit von Seitenkanälen und apikalen Verzweigungen an. In-vitro-Resektionen der Apizes menschlicher Zähne in Abständen von 1, 2, 3 oder 4 mm von der Wurzelspitze zeigten, daß Aufzweigungen des Wurzelkanalsystems in jeder dieser Ebenen auftraten. Jenseits von 3 mm ging deren Anteil jedoch auf weniger als 10% zurück. Daher sollten 3 mm der Wurzelspitze reseziert werden, um 90% der Seitenkanäle und apikalen Ramifikationen sicher zu entfernen.

Aus biologischer Sicht ist ein Resektionswinkel von 0° optimal, d. h. eine Resektion senkrecht zur Wurzel. Mit dem praktizierten Winkel von 10° ist bei guter Lagerung des Patienten ein ausreichender visueller Zugang und eine gute Arbeitsposition erreicht (Gilheany et al. 1994).

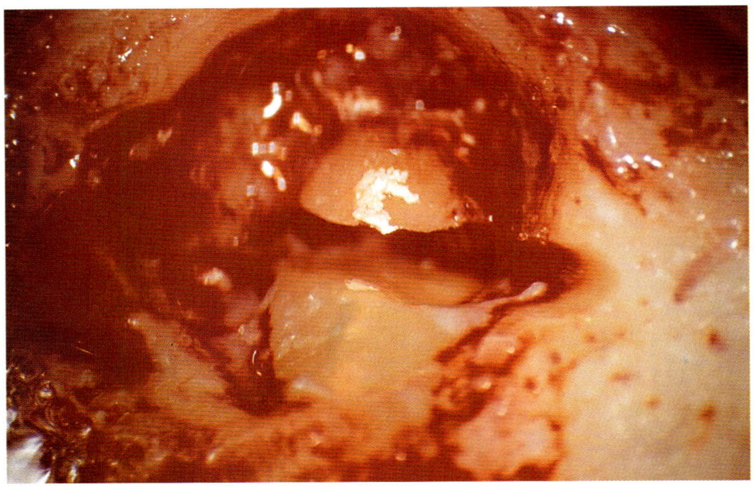

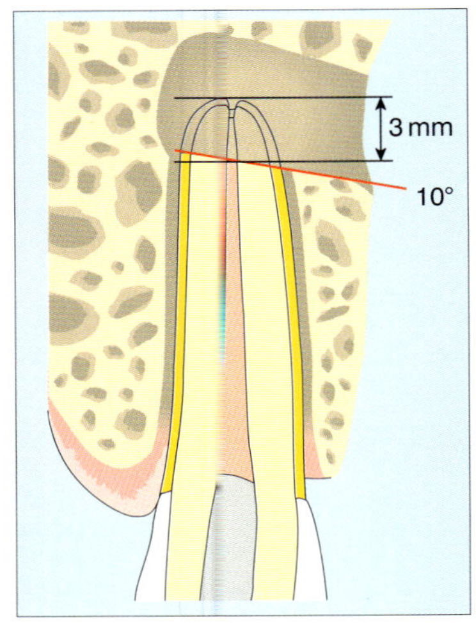

643 Wurzelspitzenresektion
Die Wurzelspitze des ersten Prämolaren im Oberkiefer ist im Abstand von 3 mm zum Apex durchtrennt worden. Sie kann jetzt in toto entfernt werden.

Rechts: Schemazeichnung der Resektion. Um den Hauptanteil der apikalen Ramifikationen zu entfernen, muß die Wurzelspitze um 3 mm gekürzt werden. Ein Resektionswinkel von 10° hat sich als ausreichend und sinnvoll erwiesen.

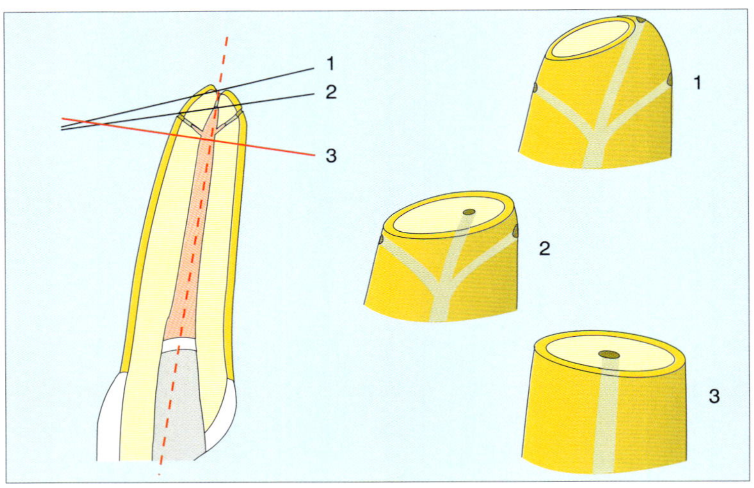

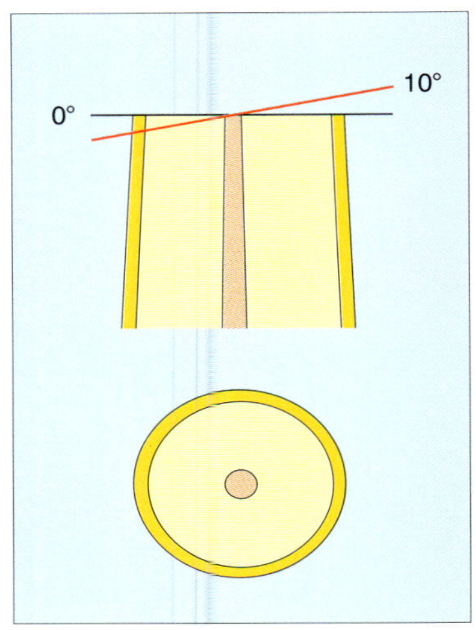

644 Varianten des Resektionswinkels
Die Wurzel sollte senkrecht zur Längsachse entlang der Linie **3** reseziert werden. So ist gewährleistet, daß der größte Anteil des apikalen Deltas mit den Aufzweigungen entfernt wird. Wurzelspitzenresektionen, die entlang der Linien **1** oder **2** verlaufen, führen nicht zum Erfolg.

Rechts: Der flache Verlauf des Resektionswinkels schont Zahnsubstanz, ohne den Zugang zur Wurzeloberfläche zu erschweren.

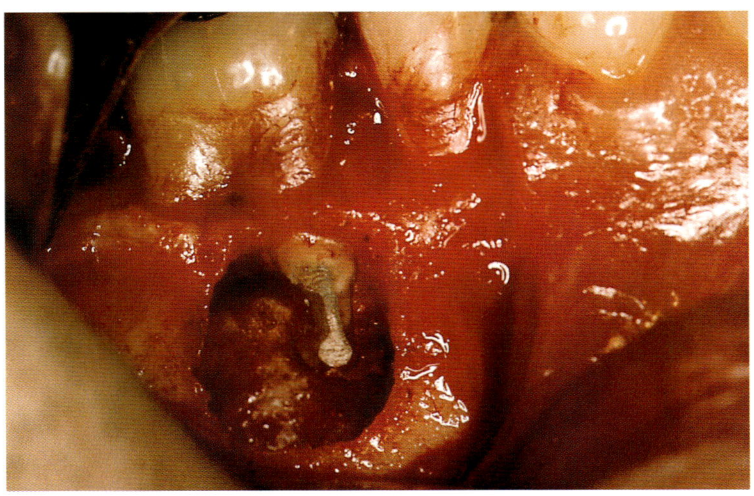

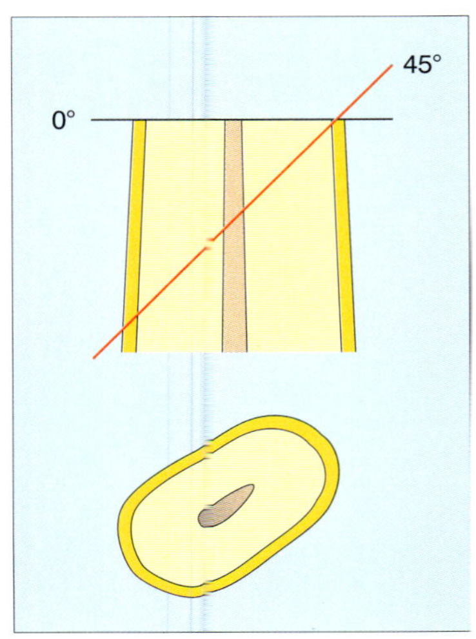

645 Häufige Fehler bei der endodontischen Mikrochirurgie
Eine übergroße Osteotomie und eine spitze Abschrägung mit mehr als 45°.

Rechts: In der Vergangenheit wurde ein Winkel über 45° lediglich deshalb gefordert, weil dem Chirurgen damit der Blick auf den Kanaleingang ermöglicht werden sollte. Die gegenwärtigen Mikroinstrumente setzen nicht länger die Entfernung eines so großen Teiles der Zahnsubstanz voraus.

Resektionswinkel

Bis vor kurzem wurde in Lehrbüchern ein Winkel von 45° angegeben. Allerdings gibt es dafür keine biologische oder klinische Erfordernis. Der einzige Grund für diese steile Präparation war, daß der Chirurg einen visuellen und operativen Zugang zur Resektionsfläche benötigte, um das Material für die retrograde Füllung plazieren zu können. Bei diesem Vorgehen wurde die mesiobukkale Wurzeloberfläche jedoch massiv reduziert, und dies erzeugte oftmals Verbindungen zwischen Parodont und Endodont und zog in einigen Fällen sogar den Zahnverlust nach sich.

Mit dem chirurgischen Operationsmikroskop und mikrochirurgischen Instrumenten kann das Entfernen von Knochen und Wurzelspitze minimiert werden: Erstens wird die Größe der zu entfernenden bukkalen Knochenplatte verringert, was den Zahn stabilisiert. Zweitens werden weniger Dentinkanälchen freigelegt, was eine ausgedehnte Undichtigkeit und Kontamination verhindert. Drittens vermeidet man potentielle Verbindungen zwischen Endodont und Parodont und erhält somit den Zahn. Abb. 645 zeigt einen repräsentativen Fall.

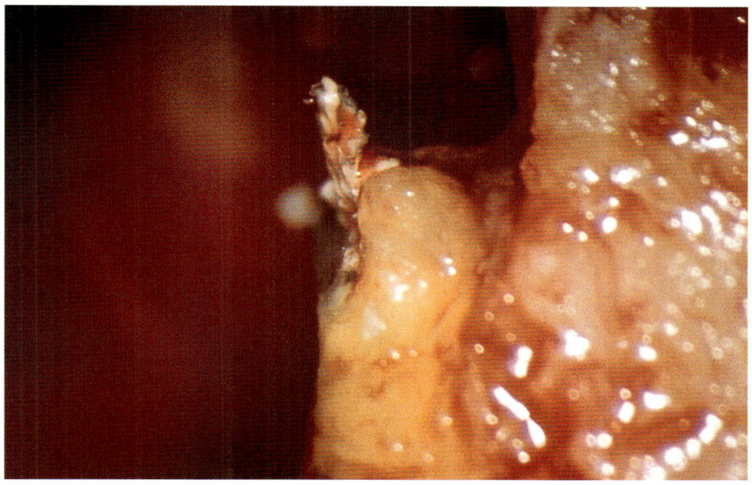

646 Überfüllter Wurzelkanal
Nach Ausräumen des Granulationsgewebes wird die überstopfte Guttapercha sichtbar. Diese Überfüllung kam durch einen deutlich sichtbaren Isthmus bei einer zu steil gestalteten Resektionsfläche zustande.

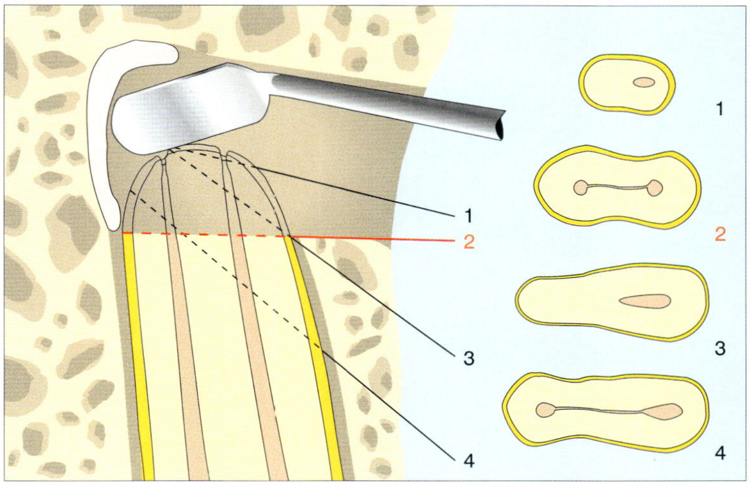

647 Resektionswinkel
Werden die Wurzelspitzen mit unterschiedlichen Winkeln abgetragen, so zeigt das Spiegelbild (rechts) verschiedene Resektionsflächen.
Bei flachem Resektionswinkel, aber zu starker Zurückhaltung wird nicht genügend Zahnsubstanz entfernt (Linie **1**). Ein steiler Winkel (**3** und **4**) zieht die Entfernung eines Großteils der bukkalen Knochenplatte nach sich, so daß die orale Wurzelspitze eventuell nicht erreicht wird (Linie **3**). Ideal wäre ein Winkel von 10° (Linie **2**), wobei 3 mm der Wurzelspitze entfernt werden müssen.

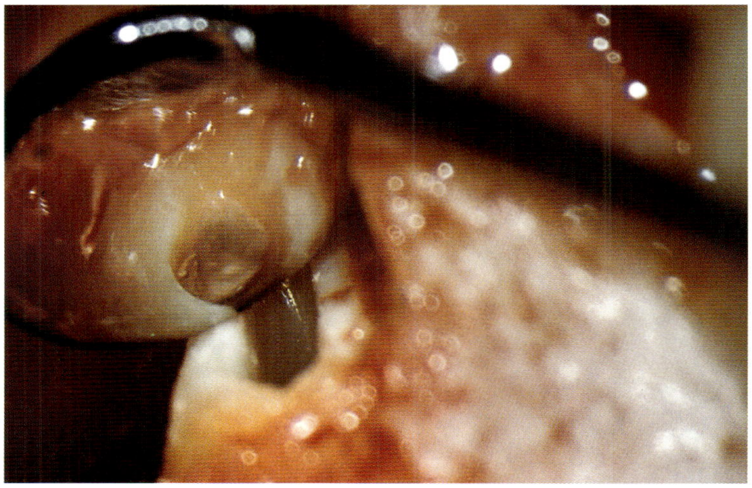

648 Präparierter Isthmus
Die Wurzelspitze des Zahnes aus Abb. 646 wurde mit einem Resektionswinkel von 10° abgetragen. Mit einem Ultraschallinstrument wird anschließend eine Isthmuspräparation vorgenommen.

Blutstillung

Eine erfolgreiche Blutstillung beginnt bereits mit einer effektiven Lokalanästhesie. Normalerweise ist eine profunde Betäubung mit einem Adrenalinzusatz von 1:50 000 ausreichend, um eine gute Blutleere zu erzielen. In manchen Fällen wird jedoch die zusätzliche Anwendung blutstillender Mittel wie Eisensulfatlösung, mit Adrenalin getränkter Wattepellets, Knochenwachs, Gelfoam (Upjohn), Surgicel oder anderer Präparate nötig sein. Bei einer starken Blutung aus der Knochenhöhle ist das Einbringen eines adrenalingetränkten Pellets auf den Boden der Resektionshöhle am effektivsten. Darüber werden zusätzlich mehrere sterile und trockene Wattepellets eingebracht und unter leichtem Druck in Position gehalten. Nach einigen Minuten können diese vorsichtig eines nach dem anderen wieder entfernt werden. Das unterste, getränkte Pellet soll aber noch belassen werden. Dieses Vorgehen bewährt sich sogar, wenn eine beträchtliche Blutung aus den Blutgefäßen des Knochens vorliegt. Nach der Abschlußnaht kann ein in Kochsalz getränkter Gazelappen über dem OP-Feld helfen, den Lappen zu stabilisieren und Sickerblutungen zu stoppen.

649 Mittel zur Blutstillung
Eisensulfatlösung (CutTrol), Adrenalinpellets (1:50 000) und resorbierbare Zelluloseschwämmchen (Surgicel) werden zur Stillung von Blutungen eingesetzt.

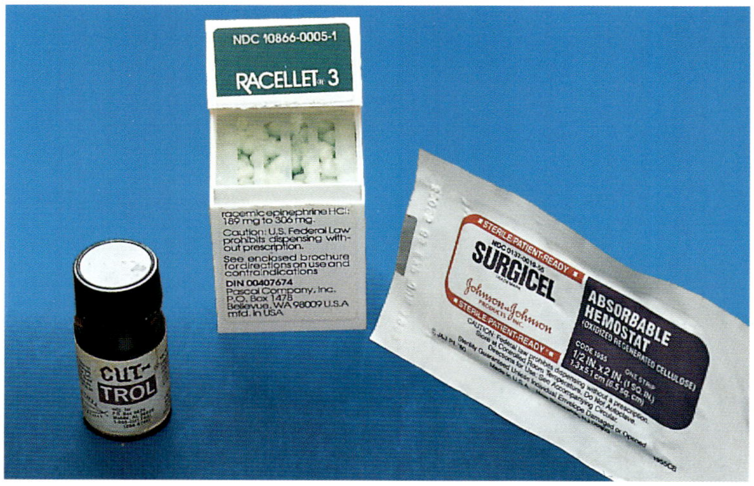

650 Pellet-Technik
2 Knochenhöhlen sind nach Abtrennen der Wurzelspitzen und Entfernen des Granulationsgewebes mit adrenalingetränkten Wattepellets austamponiert.

Rechts: Schematische Darstellung der Tamponadetechnik. Lediglich Pellet 1 ist mit der blutstillenden Lösung getränkt. Die weiteren Pellets 2–5 sind nicht vorbehandelt, werden mit einem stumpfen Instrument hineingepreßt und für etwa 3 Minuten belassen.

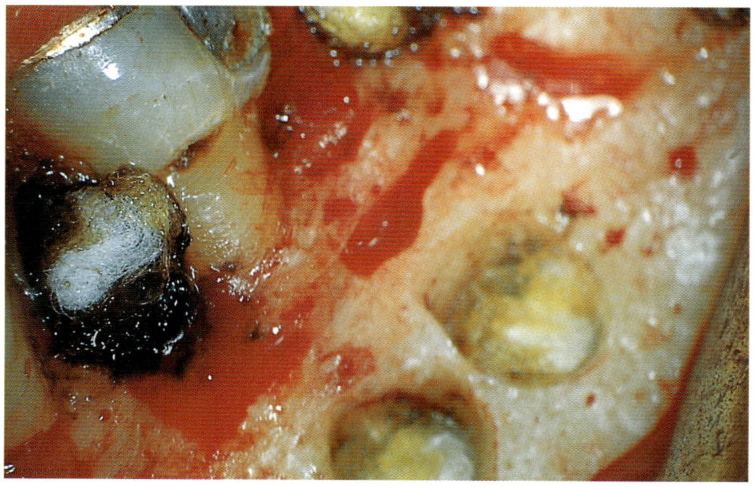

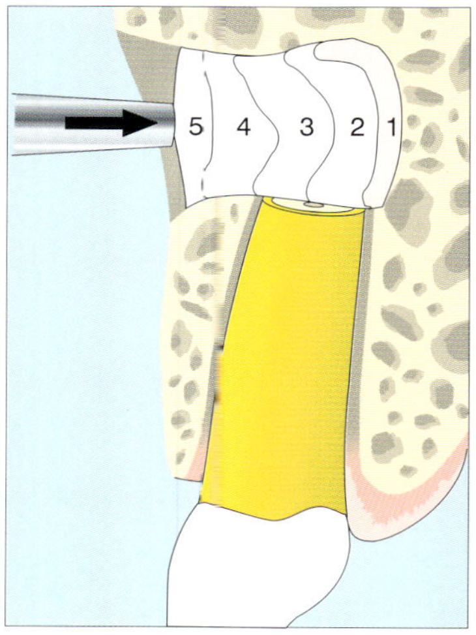

651 Blutfreies Operationsfeld
Die Blutstillung mit Cut-Trol ist erfolgreich und die Resektionshöhle frei von Blut.

Rechts: Mit Ausnahme des ersten, mit Adrenalin getränkten Pellets werden alle Pellets wieder entfernt. Damit ist das Arbeitsfeld wieder zugänglich, und die blutstillende Wirkung hält an.

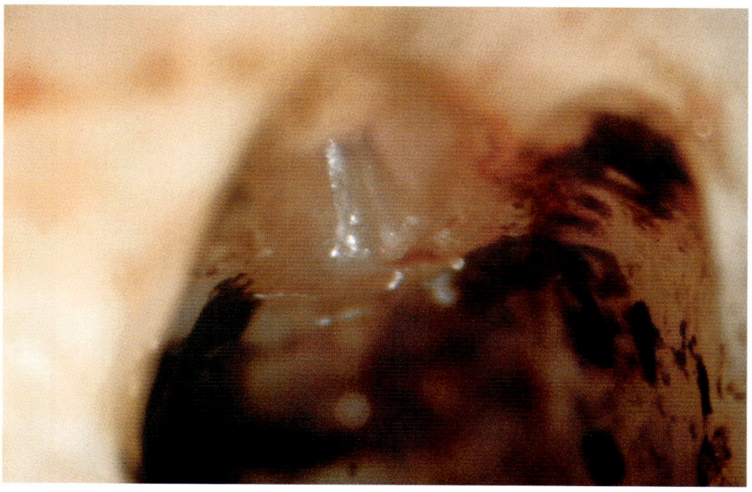

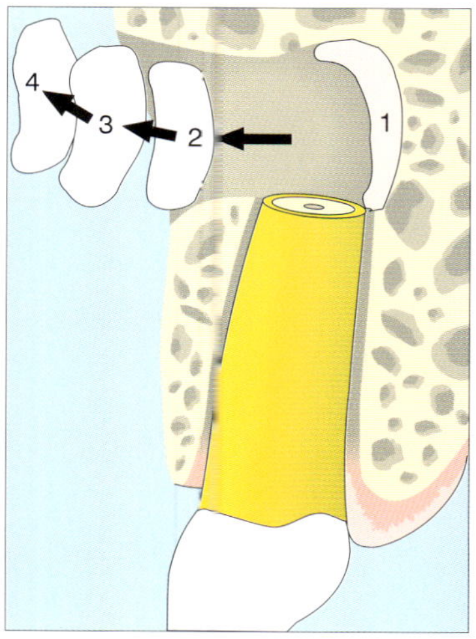

Inspektion der Resektionsfläche unter dem Mikroskop

Wenn Blutstillung erreicht ist, kann die sorgfältige Untersuchung der resezierten Wurzeloberfläche mit einem Mikroexplorer CX-1 bei 12–25facher Vergrößerung stattfinden. Zur verstärkten Hervorhebung der anatomischen Strukturen wird die Oberfläche der Wurzel mit Methylenblau eingefärbt. Nach Entfernung des Farbüberschusses sind das Desmodont und undichte Areale deutlich sichtbar. Oftmals erkennt man anatomische Details wie einen Isthmus, C-förmige Kanäle, akzessorische Kanäle, Kanalausläufer, apikale Mikrofrakturen und undichte Kanäle mit unvollständiger Versiegelung durch Guttapercha und/oder Sealer. Die exakte Untersuchung der Wurzeloberfläche und des präparierten Kanalwandbereichs eines mit größter Sorgfalt aufbereiteten Zahnes unter dem Operationsmikroskop hilft dem Chirurgen auch bei der Beurteilung der Güte einer angetroffenen Kanalfüllung. Eine der häufigsten Ursachen für Mißerfolge sowohl der endodontischen als auch der endochirurgischen Behandlung liegt in der schlechten marginalen Adaptation des Wurzelkanalfüllmaterials.

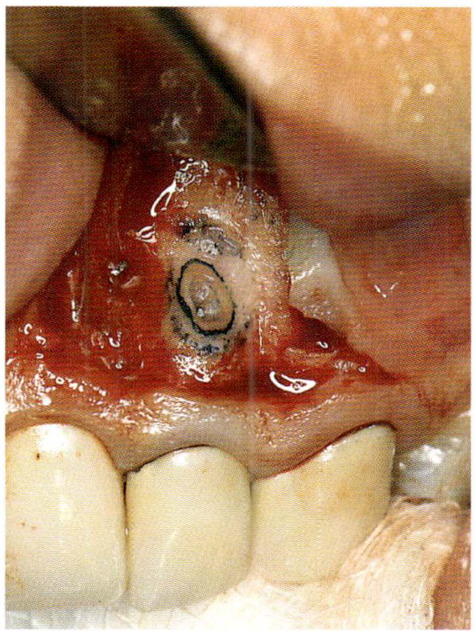

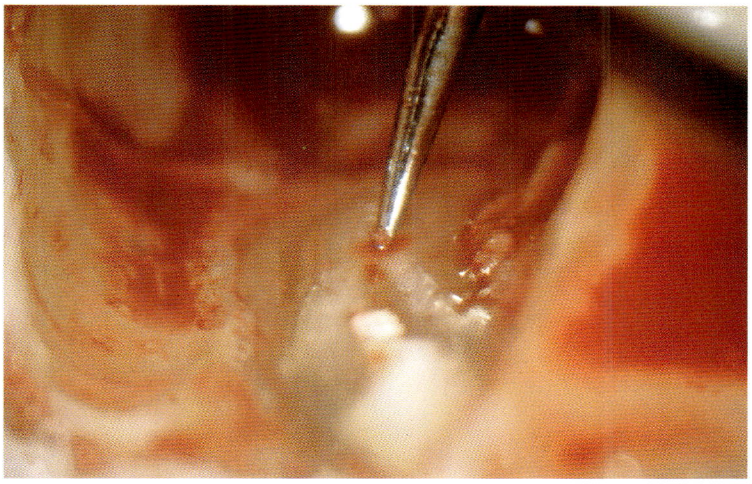

652 Aufsuchen des Wurzelkanals
Ein häufiger Grund für endodontische Mißerfolge sind unbehandelte Wurzelkanäle, die nur mit dem Mikroskop gefunden und gefüllt werden können. Die Sonde (CX-1) hilft beim Aufsuchen des zunächst übersehenen zweiten Kanaleingangs (Vergr. 12fach).

Links: Die Resektionsfläche ist mit Methylenblau eingefärbt, um die Umrisse des Kanalverlaufs und des desmodontalen Gewebes hervorzuheben (Vergr. 6fach).

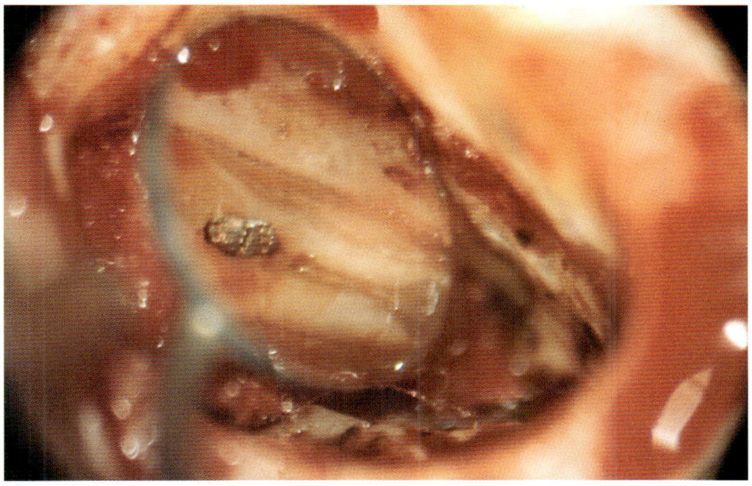

653 Inspektion der resezierten Wurzeloberfläche
Bei 16facher Vergrößerung erkennt man im Mikrospiegel deutlich einen Isthmus, der 2 Apizes verbindet. Der bukkale Kanal ist gefüllt. Der linguale Kanal ist unbehandelt und der Isthmus weit offen – gleich 2 Gründe für einen Behandlungsfehler.

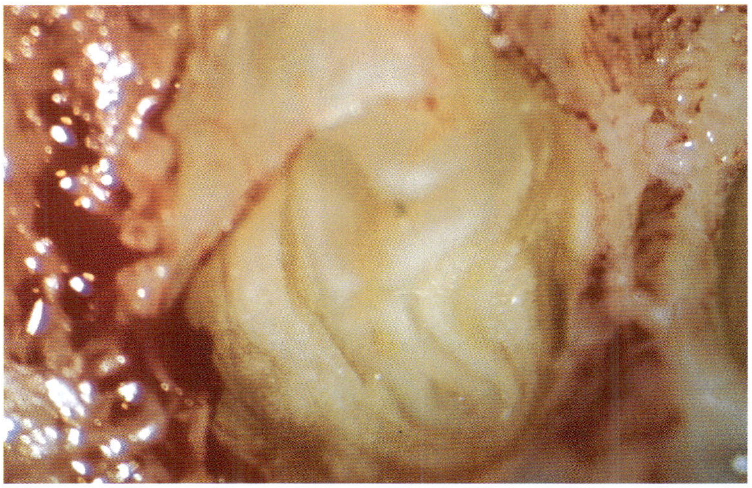

654 Komplexität der Wurzelspitze
Eine der Hauptursachen für das Scheitern von endodontischen und endochirurgischen Eingriffen besteht darin, daß nekrotisches Gewebe im Isthmusbereich nicht entfernt wird. Bei der hier gezeigten komplexen Isthmusform sind eine Vielzahl von Apizes miteinander verbunden (Vergr. 16fach). Mit der Ultraschallaufbereitung kann eine solche Situation sehr effektiv beherrscht werden.

Isthmus

Die Erfolgsrate bei endochirurgisch behandelten Seitenzähnen ist niedriger als die bei Frontzähnen. Friedman et al. (1991) berichteten über nur 44,1% erfolgreich resezierter Prämolaren und Molaren. Andere Autoren wiesen einen klinischen Erfolg bei 71–73% der wurzelspitzenresezierten Molaren nach (Altonen u. Mattila 1976, Joannides u. Borstlap 1983). Dagegen liegt die Erfolgsrate bei Frontzähnen bei 85–90% (Rapp et al. 1991). Die Wurzelspitzen mesiobukkaler Wurzeln von ersten Oberkiefermolaren sind relativ leicht zu resezieren, allerdings ist die Erfolgsrate deutlich geringer als bei ersten Unterkiefermolaren, obwohl der chirurgische Eingriff sich bei letzteren schwieriger gestalten kann (Nordenram u. Svardstrom 1970). Mögliche Ursachen für diese Mißerfolge sind neben technischen Unzulänglichkeiten im Operationsablauf vor allem unbehandelte Wurzelkanäle oder eine insuffiziente Abdichtung. Ein vielfach unterschätzter Grund für einen Behandlungsmißerfolg ist ein nicht aufgefundener Kanalisthmus, der einen Korridor, eine laterale Verbindung oder Anastomose zweier separater Wurzelkanäle darstellen kann (Pineda 1973).

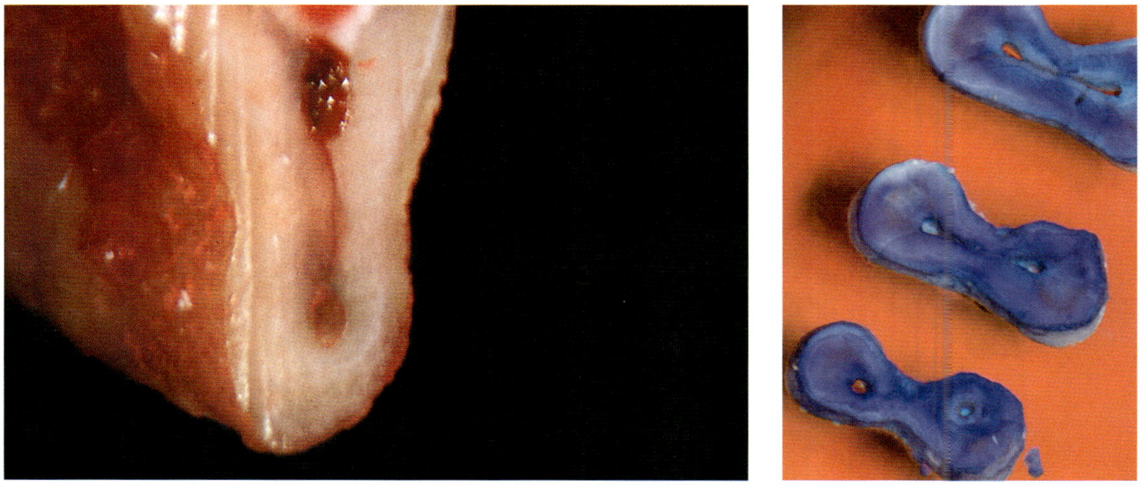

655 Isthmus
Mißerfolg aufgrund eines nicht behandelten Isthmus.

Rechts: Wurzelabschnitte, die im Abstand von 3–5 mm vom Apex reseziert und mit Methylenblau eingefärbt wurden.

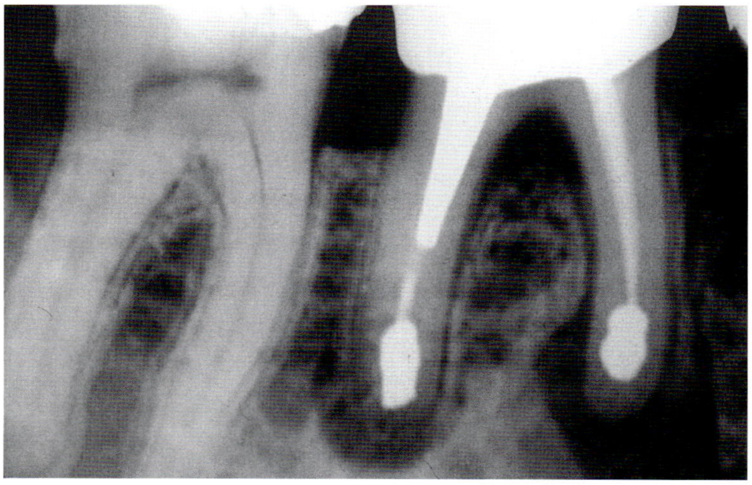

656 Wurzelspitzenresektion ohne Darstellung des Isthmus
Das Röntgenbild zeigt den Zustand eines Unterkiefermolaren direkt nach konventioneller Chirurgie. Beide Wurzelspitzen sind mit einer retrograden Amalgamfüllung versehen.

Sammlung *S. Friedman*

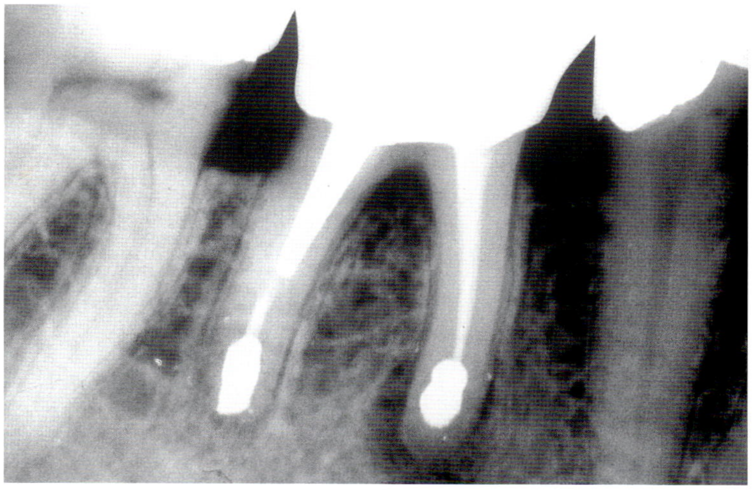

657 Mißerfolg nach Wurzelspitzenresektion
Röntgenologische Kontrolle nach 3 Jahren. Warum ist die distale Wurzel ausgeheilt und die mesiale nicht? Mit großer Wahrscheinlichkeit liegt es an einem nicht behandelten Isthmus.

Ein Isthmus ist eine enge Verbindung zwischen 2 separaten Wurzelkanälen, die Pulpagewebe oder im Falle einer Pulpanekrose auch bakteriell infiziertes und nekrotisches Gewebe enthalten kann. Die Häufigkeit schwankt je nach Zahn und bei mehrwurzeligen Zähnen auch in Abhängigkeit von der jeweiligen Wurzel. So findet man einen Isthmus lediglich bei 15% der Frontzähne sowie bei 20% der distalen Wurzeln von Unterkiefermolaren. In einer Studie von Weller et al. (1995) wiesen 40% der mesiobukkalen Wurzeln von ersten Oberkiefermolaren einen einzelnen Wurzelkanal auf. Dagegen fanden sich bei 60% der Fälle 2 separate Kanäle. Ein Isthmus war am häufigsten im Abstand von 3–5 mm zum Apex anzutreffen. Alle Wurzeln mit 2 Kanälen hatten auch einen Isthmus, der die Kanäle komplett verband oder nur partiell auftrat. 2%iges Methylenblau ist sowohl in histologischen Studien als auch in der klinischen Anwendung eine Hilfe zum Sichtbarmachen eines Isthmus. Nach Anfärben der resezierten Wurzeloberfläche wird der Kanaleingang und das Pulpagewebe im Verbindungsweg angefärbt, und letzteres kann mit einem Ultraschallretrotip entfernt werden.

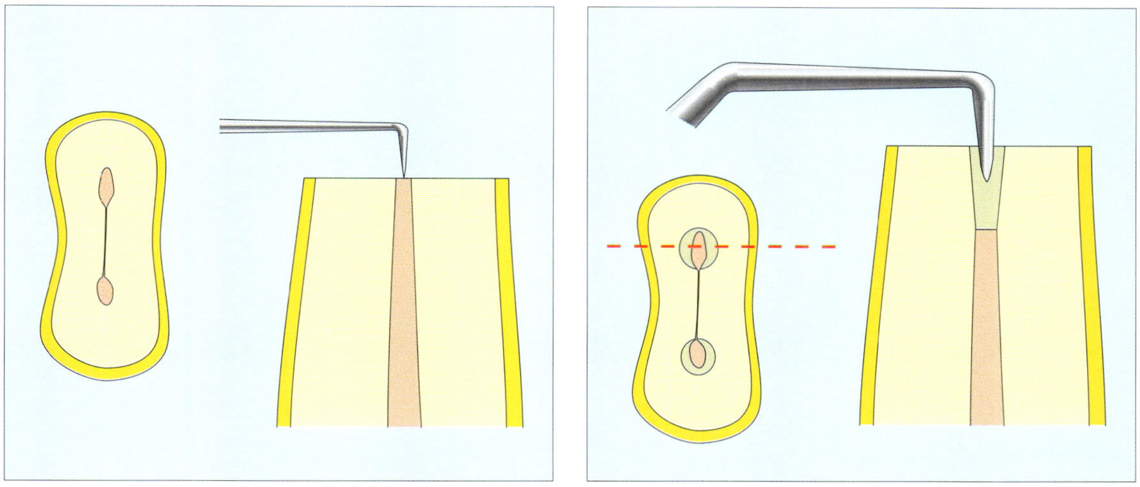

658 Isthmuspräparation I
Links: Die Schemazeichnung gibt die Situation eines Isthmus zwischen 2 Kanälen wieder. Mit einem Mikro-Explorer (CX-1) wird der Isthmus sondiert.

Rechts: Die Ultraschallspitze CT-1 wird entlang der sondierten Rille geführt, um den Isthmus zu präparieren.

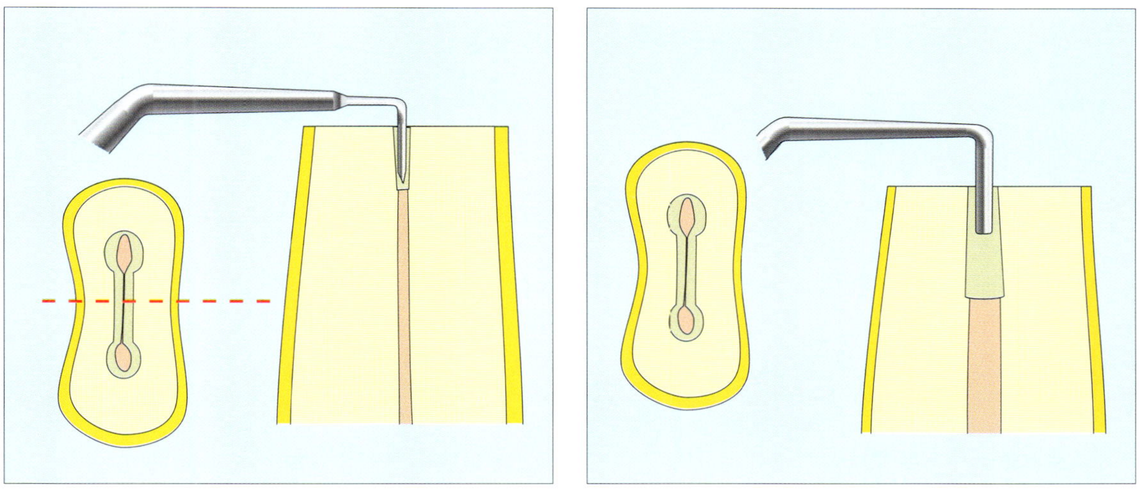

659 Isthmuspräparation II
Links: Die Präparation soll unter reichlicher Spülung bis zu einer Tiefe von 3 mm erfolgen. Aus diesem Grund weist die Ultraschallspitze CT-1 eine Länge von 3 mm auf.

Rechts: Für die abschließende Präparation wird der Ansatz CT-5 benutzt. Damit können parallele bzw. leicht unter sich gehende Wände zur Retention der Retrofüllung erzeugt werden. Links ist die fertige Präparation in Aufsicht dargestellt.

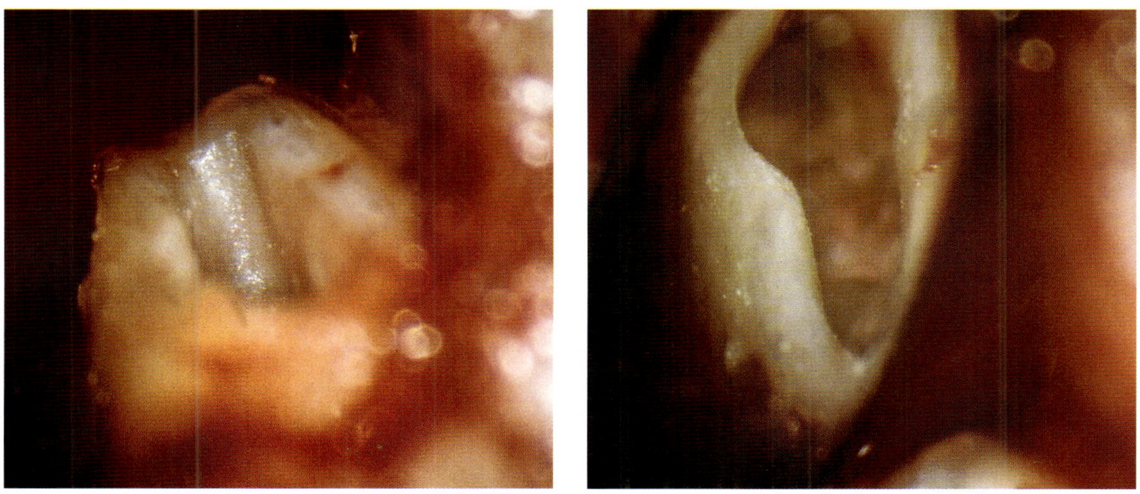

660 Isthmuspräparation im klinischen Bild
Links: Die komplette Isthmuspräparation zeigt eine hintere Lingualfläche mit einer scharfen Demarkation der Präparation.

Rechts: Bei 16facher Vergrößerung kann man mit Hilfe eines Mikrospiegels ins Innere schauen. Der rosa Guttaperchastift am Grund der Kavität ist 3 mm tief im Kanal versenkt.

Klinische Behandlung des Isthmus

Die Existenz eines Isthmus war zwar theoretisch durch anatomisch-histologische Studien bekannt (Hess 1925a, b, Meyer 1955a), doch fehlte bis dato die Schlußfolgerung, daß das Vorliegen eines Isthmus auch therapeutische Konsequenzen haben könnte und unbedingt in der praktischen Tätigkeit bei der Wurzelspitzenresektion berücksichtigt werden muß.

Da der nekrotische Wurzelkanal nicht nur im Bereich des Apex, sondern auch am Isthmus infektiöse Mikroorganismen enthält, ist die gründliche Reinigung und der anschließende Verschluß das Hauptanliegen des mikrochirurgischen Eingriffs. Unsere klinischen Untersuchungen zeigen, daß die Hauptursache chirurgischer Mißerfolge in über 80% der Fälle in der Vernachlässigung oder falschen Behandlung eines Isthmus besteht. Dabei variiert auch die Form in weiten Grenzen. Die Ultraschallaufbereitung dieser anatomischen Struktur erfordert eine vorsichtige und feinfühlige Handhabung, da der Isthmus im zierlichen und fragilen Anteil des Zahnes gelegen ist, der leicht perforiert oder aufgerauht werden kann.

Die Auswahl der Ultraschallspitzen hängt daher von

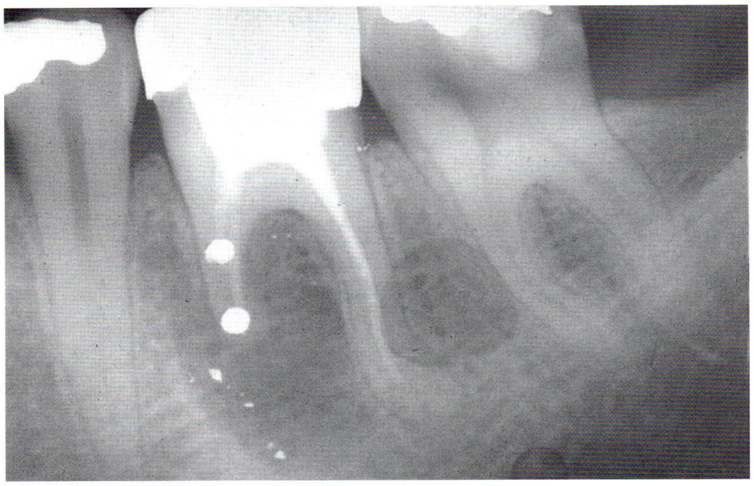

661 Präoperatives Röntgenbild
Dieser erste Molar des linken Unterkiefers wurde beim chirurgischen Eingriff mit einer retrograden Amalgamfüllung versehen. 3 Jahre später stellt der Patient sich mit einer Schwellung der Wange vor. Das Röntgenbild zeigt eine periapikale Aufhellung an der mesialen Wurzel und läßt eine Reinfektion vermuten.

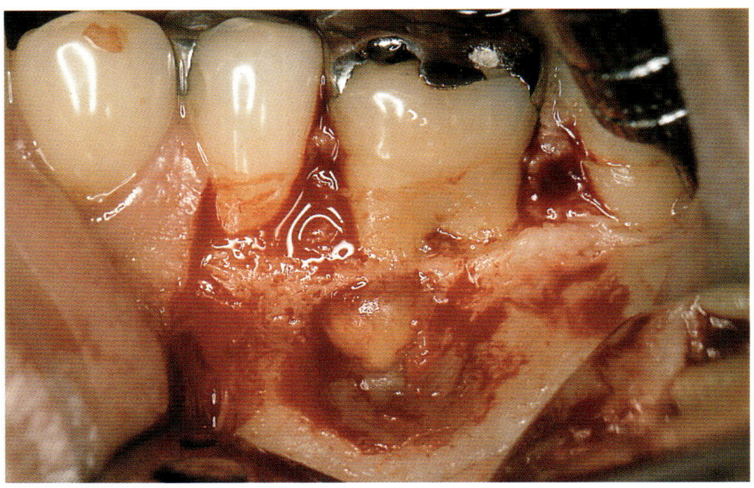

662 Darstellung und Präparation des Lappens
Direkt nach dem Abheben des Lappens sieht man eine umfangreiche Knochendestruktion mit Granulationsgewebe, das an der Wurzel haftet. Ursache der periapikalen Läsion ist auch hier ein nicht behandelter Isthmus, der bakteriell infiziertes Gewebe enthält.

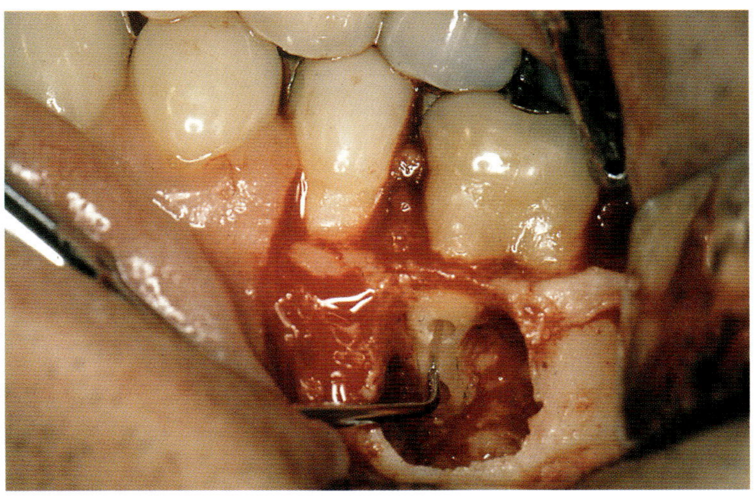

663 Ultraschallpräparation
Die Knochenhöhle wurde gründlich kürettiert und die alte Amalgamfüllung aus den mesialen Wurzelkanälen des Unterkiefermolaren entfernt. Die Kanäle waren unzureichend und der Isthmus überhaupt nicht aufbereitet. Der apikale Kanalbereich sowie der Isthmus werden daher erneut entlang der Längsachse des Zahnes mit Ultraschall präpariert.

der Form der zu resezierenden Wurzelspitze ab. Wenn der Isthmus in einem zierlichen Bereich der Wurzel liegt, so sollte die Präparation mit der Spitze CT-1 mit einem scharfen und punkförmigen Arbeitsende erfolgen. Liegt er in einem substanzreicheren Teil, so ist der Ultraschallansatz CT-5 effektiv.

Üblicherweise verläuft der Isthmus von bukkal nach lingual. Zu Beginn arbeitet man daher kurzzeitig ohne Wasserkühlung, um – dem Isthmus folgend – eine Verbindungslinie zwischen den beiden Apizes einzuschneiden. Dies sollte schnell und mit sanftem Strich erfolgen. Eine umgehende Kontrolle bei mittlerer, 12–16facher Vergrößerung zeigt, ob der Verlauf des Isthmus getroffen und damit die richtige Position für die Vertiefung der Kavität gegeben ist. Die weitere Präparation erfolgt dann wieder mit der Spitze CT-5 unter ausreichender Wasserkühlung.

Zur retrograden Aufbereitung des Wurzelkanals muß die gesamte Länge der aktiven Arbeitsspitze von 3 mm eingesetzt werden. Bei hoher Vergrößerung (>16fach) wird abschließend das Ergebnis und die Sauberkeit der Kavität überprüft.

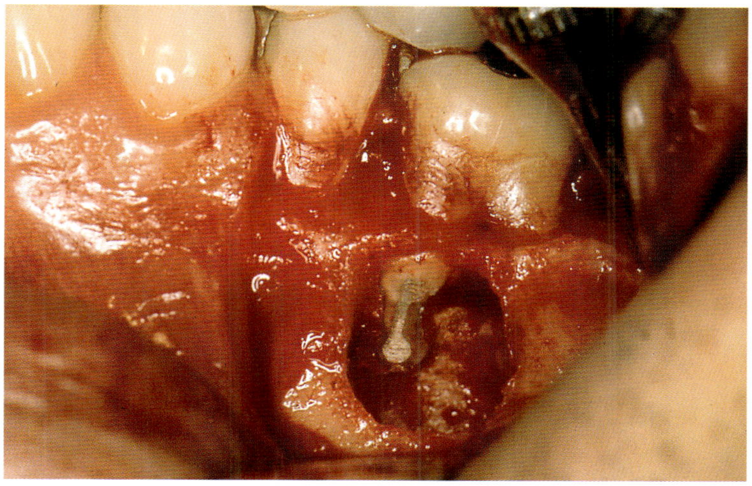

664 Retrograde Füllung
Retrograder Kanal und Isthmus werden mit Super EBA, einem verstärkten Zinkoxid-Eugenol-Zement, gefüllt. Der Lappen wird reponiert und anschließend vernäht.

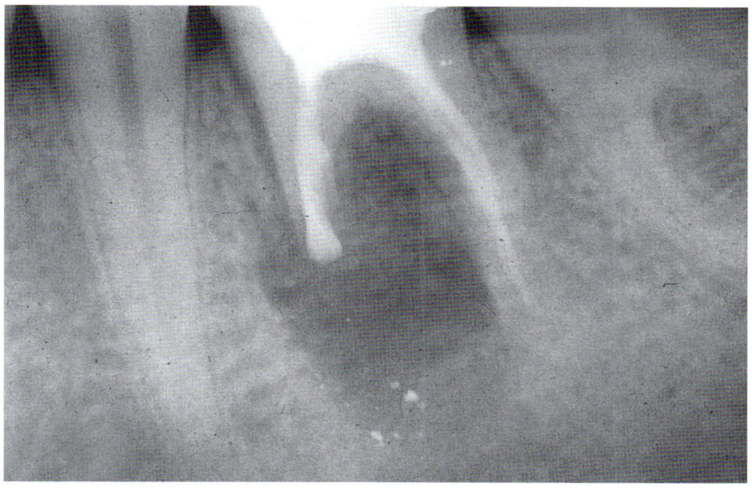

665 Postoperatives Röntgenbild
Der Super EBA-Zement ist nicht so radiopak wie Amalgam. Die Füllung verbindet die beiden mesialen Kanäle und markiert so den Isthmusbereich. Die meisten Füllungen eines Isthmus haben radiographisch ein ähnliches Erscheinungsbild. Runde, punktförmige Retrofüllungen (Abb. 661) wird man in der Mikrochirurgie von Molaren in Zukunft nur noch selten antreffen.

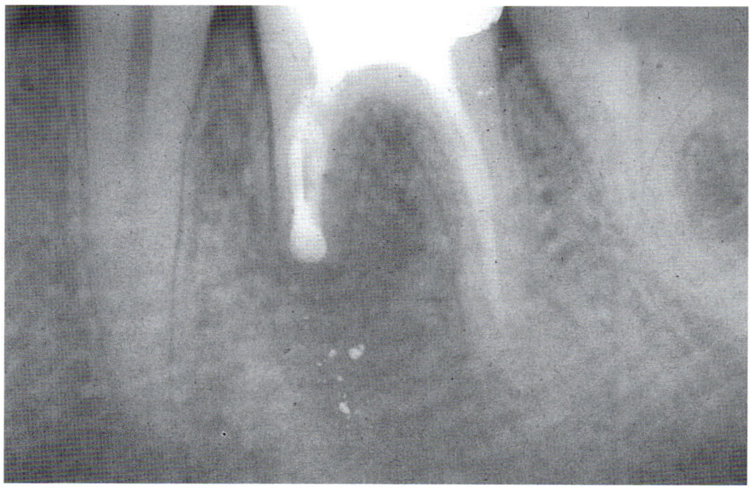

666 Nachuntersuchung
Beim Recall-Termin nach 6 Monaten zeigt das Röntgenbild eindeutige Zeichen einer Regeneration des Knochendefekts. Dies bestätigt, daß der zunächst nicht beachtete Isthmus die Ursache für das vorherige Problem war.

Retrograde Präparation mit Ultraschall

Der zweite Teil der mikrochirurgischen Trias, die Ultraschalleinheit, ist unverzichtbar für eine korrekte Reinigung und Formgebung des Wurzelkanals. Es werden eine Reihe verschiedener Ultraschallansätze – in Anlehnung an den Inaugurator Gary B. Carr auch als Carr-Tips (CT1-5) bezeichnet – angeboten (in Deutschland von Satelec und EMS). Damit ist die Behandlung der unterschiedlichen Zahnregionen möglich, indem das Arbeitsende der Spitzen mit verschiedenen Abwinkelungen hergestellt wird. Die Spitzen sind in Übereinstimmung mit der Anatomie des Wurzelkanalsystems gestaltet, so daß keine zusätzliche Zahnhartsubstanz entfernt werden muß, um einen guten Zugang zum Arbeitsfeld zu erzielen. Die Größe, Form und Auswahlmöglichkeiten der Ultraschallansätze helfen, alle Schwachpunkte der konventionellen Präparation mit einem rotierenden Instrument zu überwinden:

1. Die Ultraschallpräparation erfordert einen wesentlich schmaleren knöchernen Zugang.
2. Sie kann leicht in bukkolingualer Richtung ausgedehnt werden.

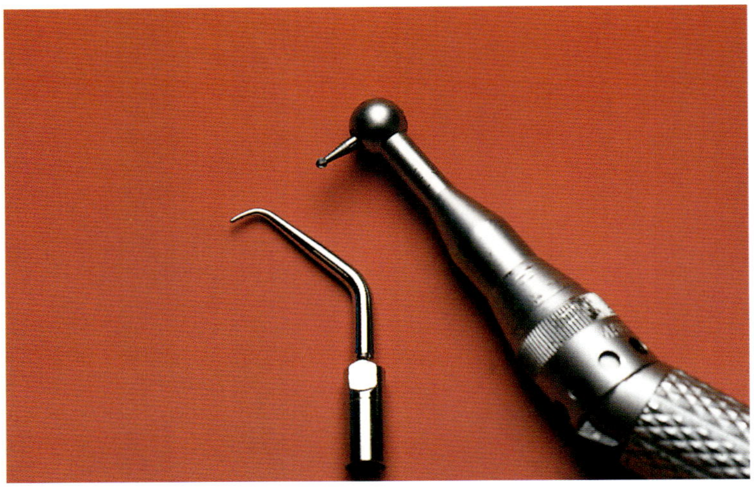
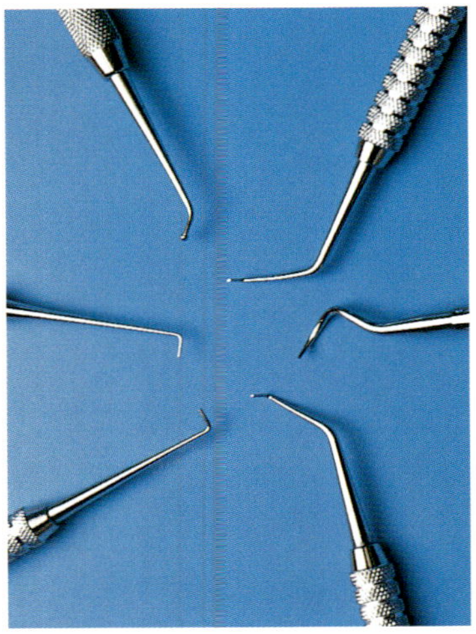

667 Größenvergleich der Instrumente zur retrograden Präparation
Eine standardisierte Ultraschallspitze nach Carr ist wesentlich zierlicher als ein kleiner runder Bohrer im Mikrowinkelstück. Die Ultraschallspitze ist 3 mm lang und hat einen Durchmesser von 0,25 mm, während Mikrohandstück und Bohrer eine Länge von 10 mm aufweisen.

Rechts: Instrumente zum Bearbeiten oder Füllen der retrograden Kavität.

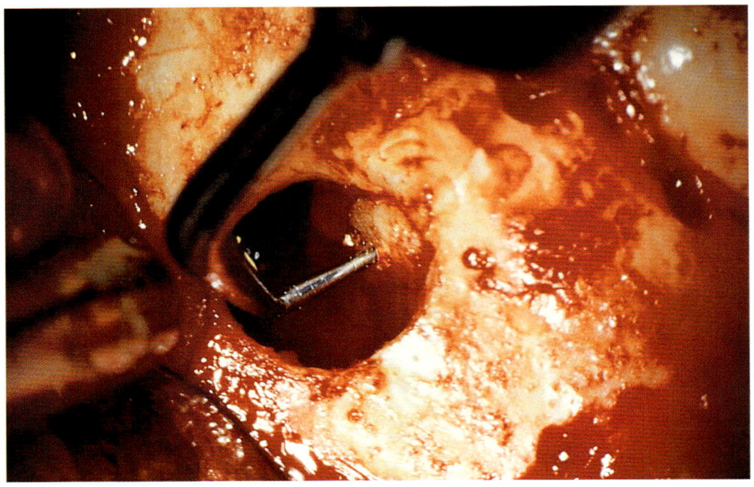

668 Die Ultraschallspitze CT-1
Mesial des ersten Unterkiefermolaren wird die Spitze CT-1 zum Beginn einer Retropräparation aktiviert. Es fällt die geringe Größe der Osteotomie auf. Die Ultraschallspitze wird entlang der Längsachse des Zahnes ausgerichtet (vgl. Abb. 671 links). Die 3 mm lange Spitze wird anschließend bei der Präparation vollständig in der Kavität versenkt.

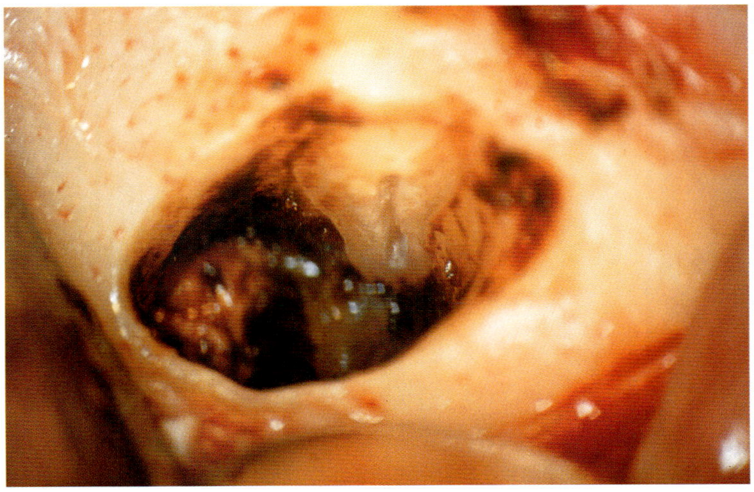

669 Retropräparation
Die mesiale Wurzel des Unterkiefermolaren ist jetzt vollständig per Ultraschall aufbereitet. Besondere Beachtung verdient der Isthmus zwischen mesiobukkalem und mesiolingualem Kanal, der ebenfalls dargestellt und aufbereitet ist.

3. Sie verläuft parallel zur Längsachse der Zahnwurzel.
4. Der Isthmus kann einfach präpariert werden.

Bei der konventionellen endodontischen Retrochirurgie besteht das Hauptproblem – neben der immensen Größe selbst des kleinsten Handstückes und des zu langen Bohrers – darin, der Verlaufsrichtung der Wurzel nicht folgen zu können. Dadurch kam es in der Vergangenheit häufig zu Perforationen des lingualen Apexanteils, der auf der abgewandten Seite des Operationsfeldes liegt und auf dem Röntgenbild nicht einsehbar ist.

Weiterhin erforderte die Präparation mit rotierenden Instrumenten eine über 10 mm große Osteotomieöffnung, um genügend Platz für Handstück und Bohrer zu haben. Bei der Ultraschallpräparation genügen jetzt weniger als 5 mm Durchmesser, da die Ultrasschallansätze lediglich 3 mm lang sind und einen zierlichen Schaft haben. Aufgrund der damit erzielten geringeren Traumatisierung des Knochens gelingt eine deutlich schnellere und bessere Ausheilung der Osteotomiestelle – ein Vorzug der mikrochirurgischen Endodontie (Rubinstein u. Kim 1996).

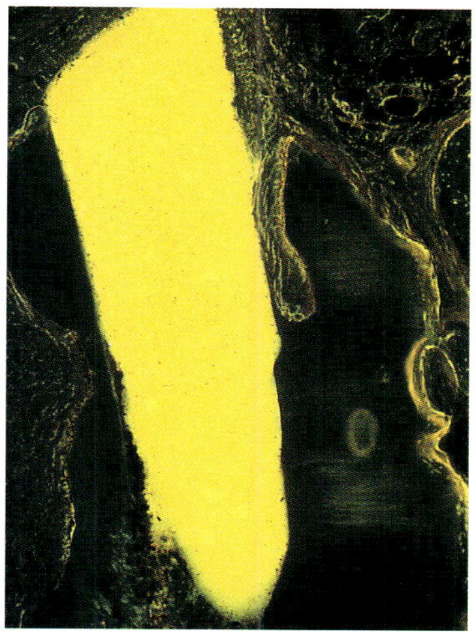

670 Histologie bei Ultraschallpräparation
Entkalkter Gewebeschnitt eines Hundezahnes nach Ultraschallpräparation und Retrofüllung mit Super EBA. Die Füllung erstreckt sich 3 mm tief in den Wurzelkanal.

Links: Mit einer Fluorochromfärbung läßt sich bei starker Vergrößerung die Beziehung zwischen Retrofüllung (gelb) und umgebender Wurzelstruktur noch deutlicher darstellen.

Histologie *H. Planck*

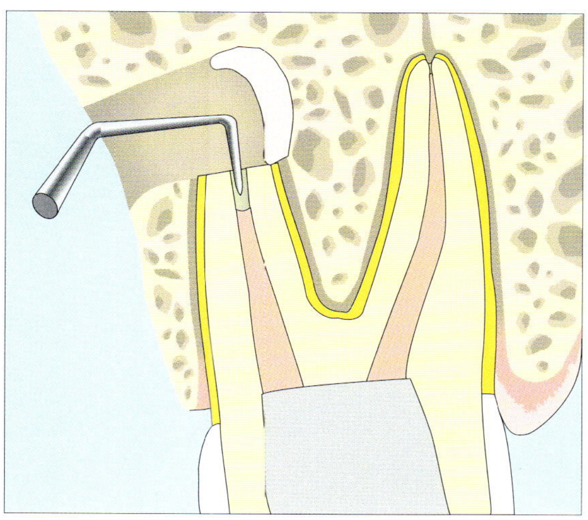
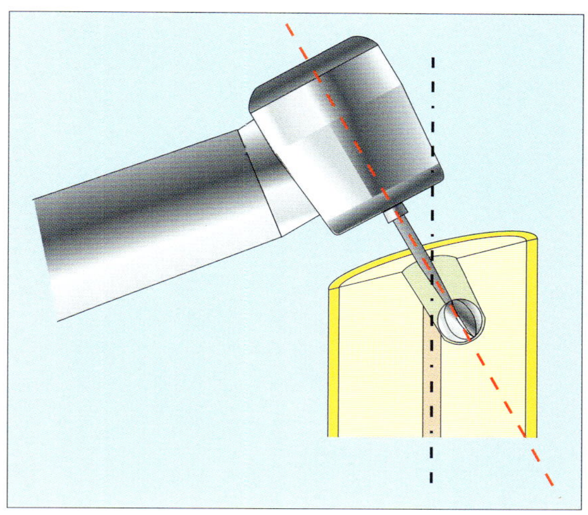

671 Retropräparation
Links: Die Ultraschallspitze wird am Kanaleingang parallel zur Längsachse ausgerichtet.

Rechts: Die Schemazeichnung illustriert Probleme bei der Retropräparation mit rotierenden Instrumenten. Bedingt durch Form und Größe des Handstückes kann die Präparation zwangsläufig nicht der Längsachse der Wurzel folgen. Dies führt häufig zu apikalen Perforationen, besonders bei lingualen Apizes, die weit oral liegen.

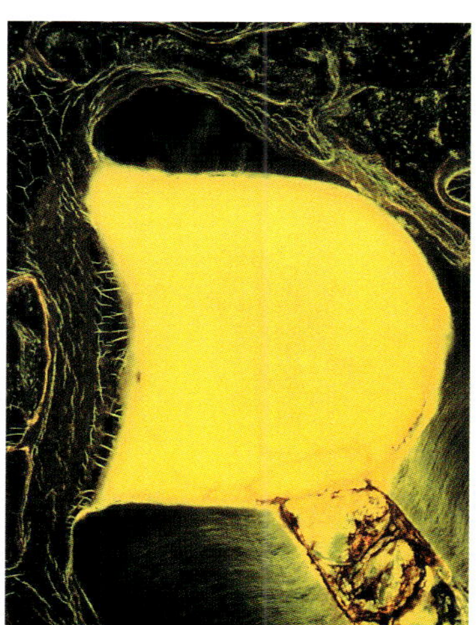
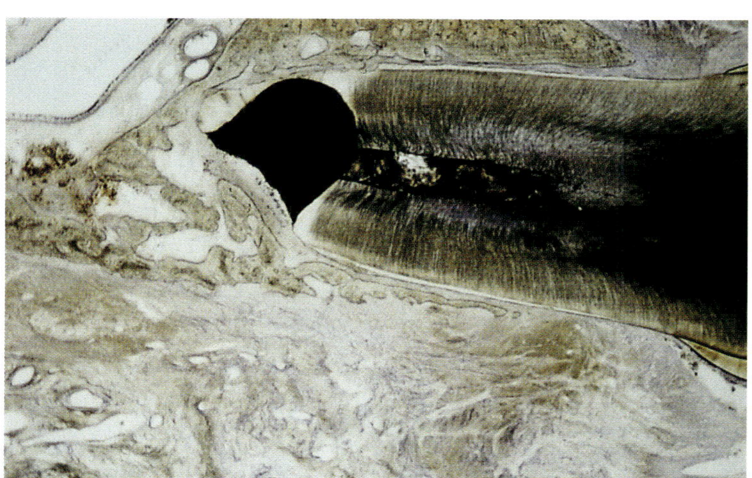

672 Histologie bei Retropräparation mit rotierenden Instrumenten
Ein ähnlicher Gewebeschnitt wie in Abb. 670 verdeutlicht, daß der Apex eines anderen Zahnes bei der konventionellen Retropräparation beinahe perforiert wurde. Die Resektion erfolgte unter einem Winkel von 45°.

Links: Die Fluorochromfärbung zeigt bei starker Ausschnittvergrößerung des Resektionsbereichs die Verletzung durch den Bohrer am Apex.

Trocknung der retrograden Präparation

Keines der bekannten Materialien für die retrograde Füllung – weder Amalgam noch Zemente auf Zinkoxid- oder Kunststoffbasis – kann den Kanal dicht verschließen, wenn das Arbeitsfeld feucht ist. Daher werden oft Papierspitzen für die Trocknung eingesetzt, die jedoch meist nicht sehr effektiv sind.

Eine wesentlich wirksamere und elegantere Methode stellt die Verwendung des Stropko-Irrigators und -Trockners dar (EIE, USA). Es handelt sich um eine Vorrichtung, die auf den genormten Ansatz der Multifunktionsspritze (Luft, Wasser, Spray) paßt und per Luerlock-Verschluß mit einer blauen Ultradent-Mikrospitze versehen werden kann. Da die Mikrospitze sehr klein ist, läßt sie sich spielerisch in alle Richtungen bewegen und erlaubt damit eine komplette Trocknung der Retropräparation.

In Deutschland wird ein ähnliches System (Endo-Vacuum-Set) passend für den Absaugschlauch zur Trocknung des Wurzelkanals von der Firma DVG angeboten. Der Stropko-Ansatz paßt außerdem noch an die Standardwasserspritze und eignet sich daher zusätzlich zur Spülung der Retropräparation.

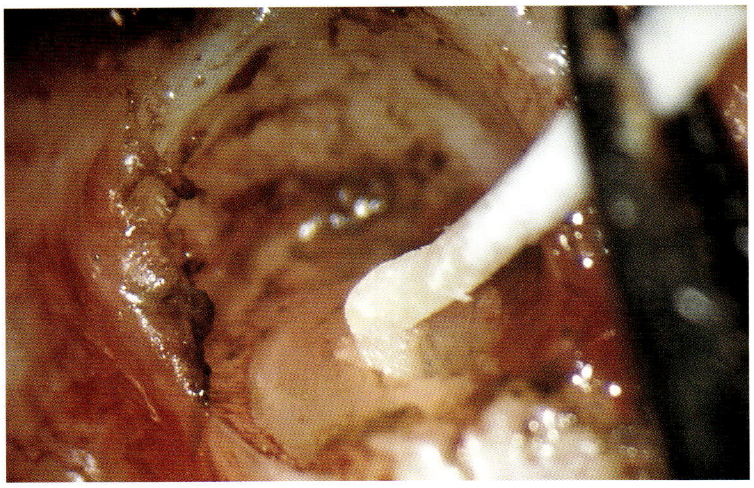

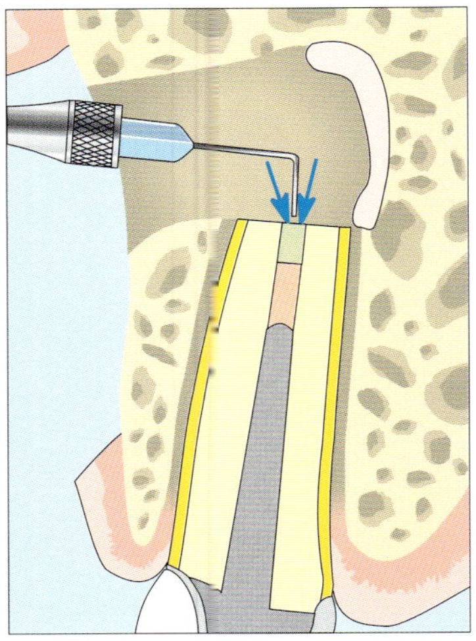

673 Trocknung
Mit Hilfe von Papierspitzen wird der Apex nach Retropräparation getrocknet. Man beachte die schlechte Passung der Papierspitze, woraus eine unzureichende Trocknung resultiert.

Rechts: Stropko-Irrigator/Trockner. Eine feine, stumpfe Kanüle wird fest mit der von Stropko entwickelten Kombination als Bläser und Sauger verbunden und zur kompletten Trocknung an die Retropräparation herangeführt.

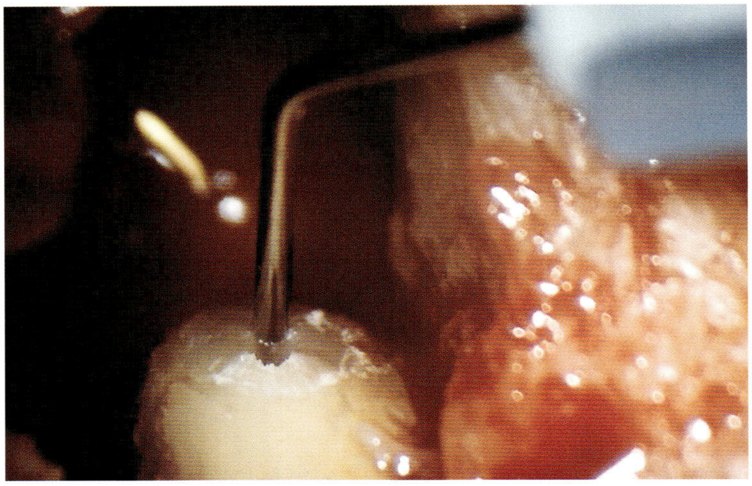

674 Stropko-Ansatz
Bei 6facher Vergrößerung erkennt man den Stropko-Ansatz am Kanaleingang. Hiermit ist eine vorsichtige und gezielte Trocknung des retrograden Kanalbereichs möglich.

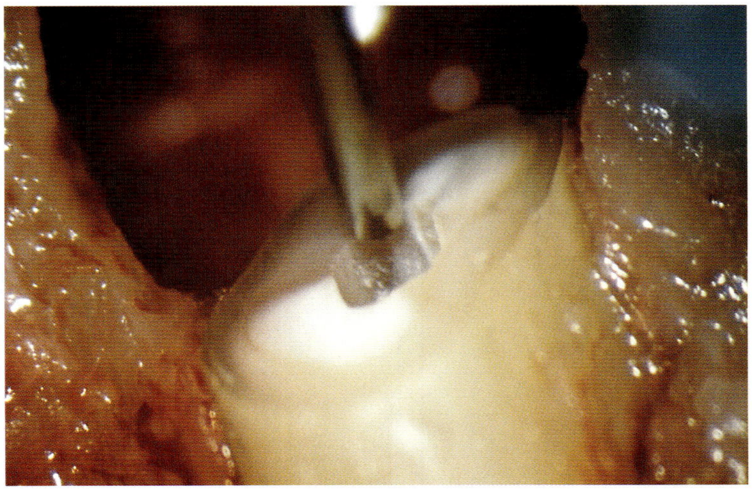

675 Stropko-Trockner
Bei stärkerer (16facher) Vergrößerung stellt sich die enge Lagebeziehung zwischen dem speziellen Luftbläser und der Kanalpräparation dar. Dies ermöglicht erst die effektive Trocknung ohne die Gefahr eines Emphysems.

Retrograde Füllung

Die Anforderungen an ein ideales Material für die retrograde Füllung der Resektionsstelle sind:
- biokompatibel,
- wasserabweisend,
- einfache Anwendung,
- hermetischer Verschluß der Präparation,
- keine Schrumpfung,
- nicht resorbierbar,
- röntgensichtbar.

Zur Zeit genügt jedoch kein Material sämtlichen Anforderungen.

Silberamalgam war über Jahrzehnte hinweg das Material der Wahl bei der Wurzelspitzenresektion. Aufgrund der Diskussion um die Toxizität des Quecksilberanteils wurde Amalgam in letzter Zeit seltener eingesetzt. Man hatte schon länger beobachtet, daß retrograde Amalgamfüllungen Korrosionserscheinungen zeigen und zu Verfärbungen sowohl periapikal als auch an der darüberliegenden Mukosa und Gingiva führen. Im Jahre 1992 hat das BGA schließlich ein Verbot von Amalgam bei retrograder Wurzelkanalfüllung ausgesprochen.

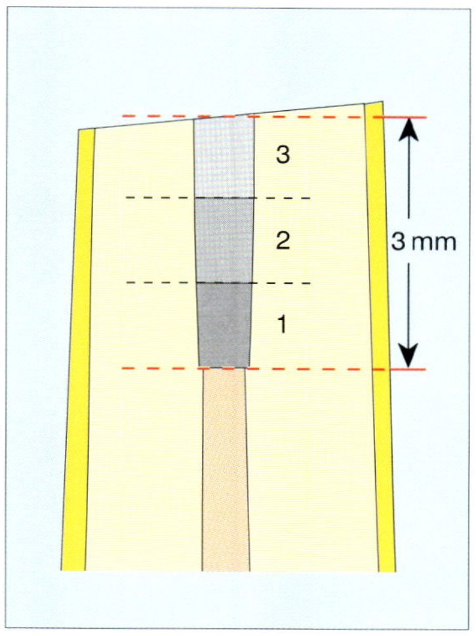

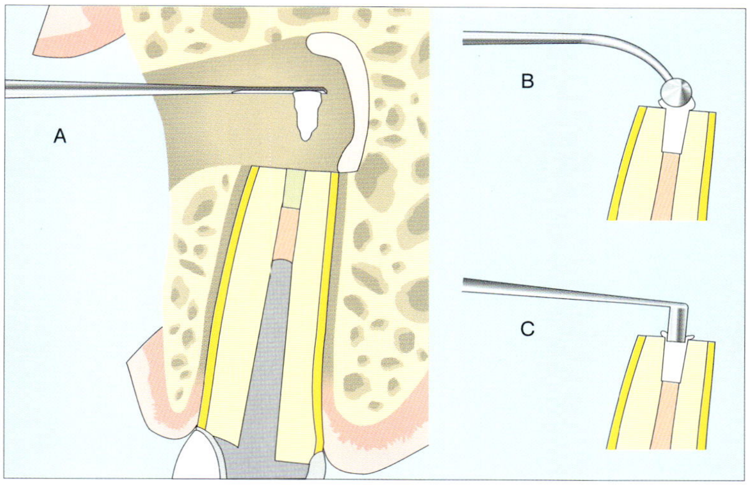

676 Tiefe der Retrofüllung
Der Super EBA-Zement wird auf einer Glasplatte zu einem kleinen Kegel gerollt. Die Kegelspitze wird mit einem Exkavator oder einer Kürette mit zierlichem Arbeitsende aufgenommen und gemäß der Abbildung in die Retrokavität eingebracht (**A**). Dann wird der Zement mit Hilfe eines Mikrokondensers (**B**) oder eines Mikroball-Burnishers (**C**) in kleinen Portionen im Kanal verdichtet.

Links: Für eine sichere Versiegelung des Kanals ist eine retrograde Präparation von 3 mm Tiefe notwendig.

Gegenwärtig gibt es eine ganze Palette von alternativen Materialien für die retrograde Wurzelkanalfüllung (Beer 1996, Baumann u. Gerhards 1996). Während Goldstopffüllungen und Komposite sich nicht bewährt haben und Versuche mit Dentinbonding sich erst in den Anfängen befinden, sind derzeit Diaket, Guttapercha, Biocem, Glasionomerzemente und vor allem die in den USA bevorzugten Produkte Super EBA und IRM zu berücksichtigen.
Das als Sealer bekannte Diaket sowie thermoplastische Formen der Guttapercha zeigen eine befriedigende Verschlußdichtigkeit, erfordern allerdings besondere Geschicklichkeit bei der Applikation.

Biocem (je ein Drittel Acrylat, Hydroxylapatit und Zirkondioxid) wird positiv beurteilt, hat aber noch keine weite Verbreitung gefunden. Glasionomerzemente sind als Kapselsysteme gut handhabbar und bereits nach 10 Minuten polierbar. Sie haben in einigen Studien sowohl in vivo als auch in vitro eine gute Dichtigkeit und Bioverträglichkeit gezeigt, auch wenn es weniger positive Untersuchungsergebnisse gibt (Beer 1989). Aufgrund dessen werden Glasionomerzemente zur Zeit in Deutschland häufig eingesetzt.
Ein vielversprechendes Präparat ist das in Loma Linda neuentwickelte Mineraltrioxid (Torabinejad et al. 1995). Eine klinische Erprobung steht aber noch aus.

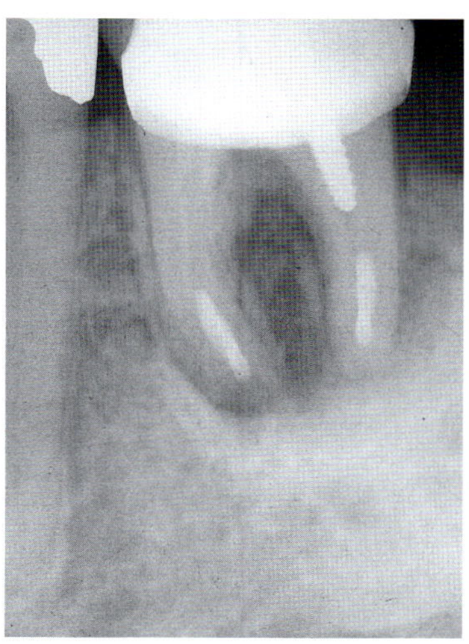

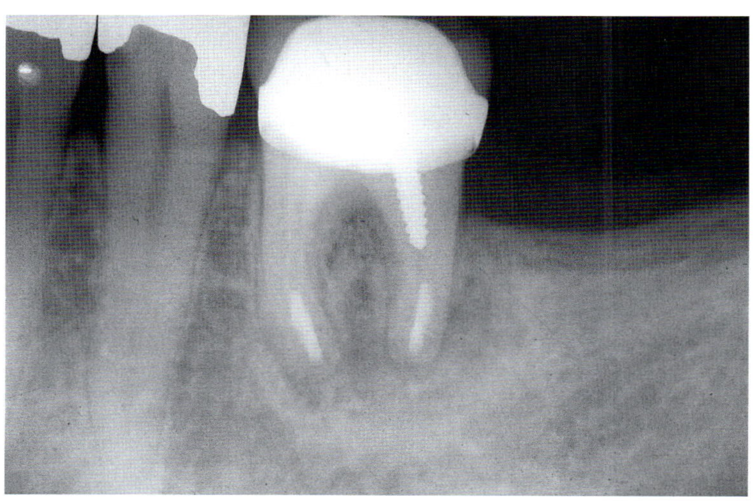

677 Postoperatives Röntgenbild
Die Röntgenkontrolle des Unterkiefermolaren nach einem Jahr verdeutlicht die periapikale Regeneration.

Links: Dieses Röntgenbild des ersten Unterkiefermolaren wurde unmittelbar nach dem mikrochirurgischen Eingriff aufgenommen. Das Retrofüllungsmaterial ist Super EBA; beide Apizes – mesial und distal – hatten einen Isthmus.

Super EBA-Zement

Heutzutage wird in den USA am häufigsten Super EBA-Zement (Bosworth, USA) eingesetzt. Die Zusammensetzung lautet:

- Flüssigkeit: 37,5% Eugenol, 62,5% *o*-Ethoxybenzoesäure,
- Pulver: 60% ZnO, 30% Aluminiumoxid, 6% Naturharz.

Super EBA ist also eine verstärkte Modifikation des gewöhnlichen Zinkoxid-Eugenol-Zementes. Die Pulverkomponente wird durch Naturharz und Aluminium verstärkt, und der Flüssigkeit ist Ethoxybenzoesäure zugesetzt, wie man es von den bekannten EBA-Zementen und den Vorläufern der Glasionomerzemente her kennt. In vielen Studien hat Super EBA sowohl bei klinischen als auch bei histologischen Untersuchungen exzellente Ergebnisse erzielt. Eine kürzlich durchgeführte Nachuntersuchung von 94 eigenen klinischen Fällen mit periapikalen Läsionen, aber intakter Kortikalis und Super-EBA als einzigem retrograden Füllungsmaterial ergab eine Heilungsrate von 96,8% im 1-Jahres-Zeitraum (Rubinstein u. Kim 1996).

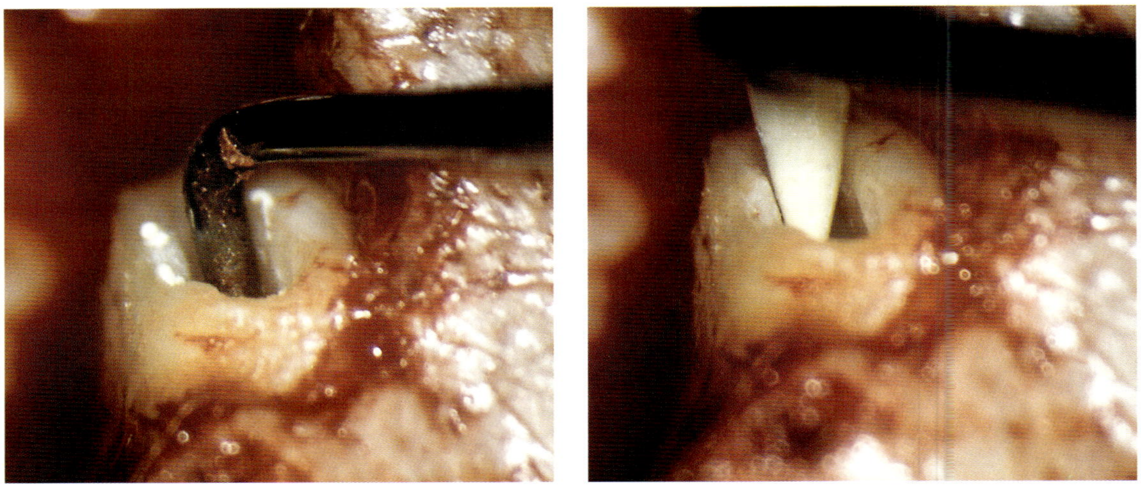

678 Retrofüllung mit Super EBA-Zement
Links: Präparation der 3 mm tiefen Kavität.

Rechts: Der Zement ist zur Hälfte in den Kanal eingebracht. Wenn das Einbringen des Super EBA als Konus vollständig gelingt, so kann auf zusätzliche Portionen verzichtet werden.

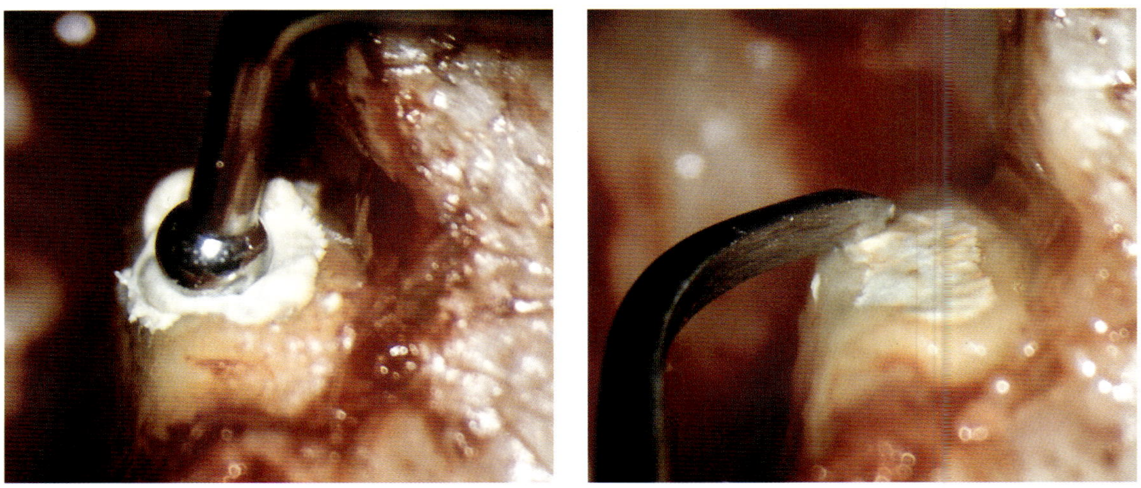

679 Verdichtung des Super EBA-Zementes
Links: Ein Mikroball-Burnisher eignet sich zum Verdichten. Der Überschuß wird in den Kanal hineingepreßt.

Rechts: Mit Parodontalküretten (z.B. Columbia) wird der kondensierte Super EBA-Zement vorsichtig bearbeitet, um Überschüsse zu entfernen.

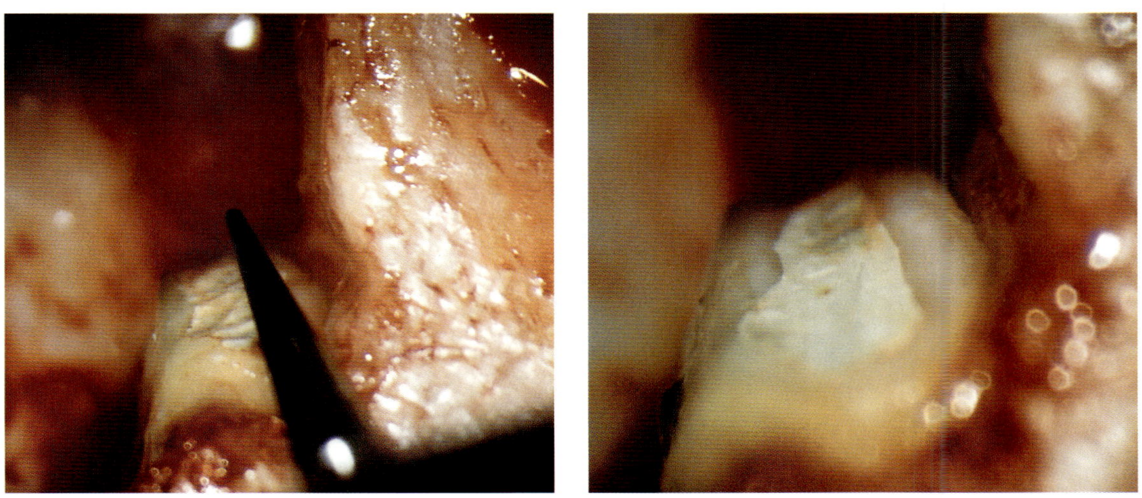

680 Politur
Links: Die kondensierte und geschnitzte Oberfläche wird mit einem Hartmetallschleifer unter reichlicher Wasserkühlung geglättet.

Rechts: Bei der abschließenden Inspektion wird nicht nur die Qualität der Füllung geprüft. Gleichzeitig gilt es, mögliche Problemstellen oder Mikrofrakturen zu entdecken, die zuvor noch nicht beobachtet worden sind. Dies geschieht üblicherweise bei hoher Vergrößerung mit dem Mikrospiegel.

Gemäß Herstellerangaben werden eine geringe Flüssigkeitsmenge mit reichlich Pulver auf einer Glasplatte angemischt. Die Konsistenz sollte am Ende des Anmischens so beschaffen sein, daß die Mixtur gerade noch an der Glasplatte klebt und die Oberfläche leicht feucht glänzt. Das Gemisch wird auf der Glasplatte vorsichtig zu einem kleinen Kegel von 2–3 mm Länge und etwa 1 mm Dicke gerollt. Dann wird eine Portion des Zements aufgenommen und in die Retropräparation eingebracht. Der Abbindeprozeß kann beschleunigt werden, indem man ein Wattepellet aufbringt, das zuvor in heißes Wasser getaucht wurde. Überflüssiges Füllungsmaterial wird entfernt und die Resektionsfläche mit einem Zylinderdiamanten geglättet und anschließend poliert. Danach wird die Oberfläche noch ein weiteres Mal unter dem Mikroskop überprüft, um anatomische Unregelmäßigkeiten oder Defekte in der Füllung auszuschließen oder zu erkennen. Die operativen Arbeitsschritte werden bei 6–12facher Vergrößerung durchgeführt, die abschließende Überprüfung des chirurgischen Feldes erfolgt bei 16–25facher Vergrößerung.

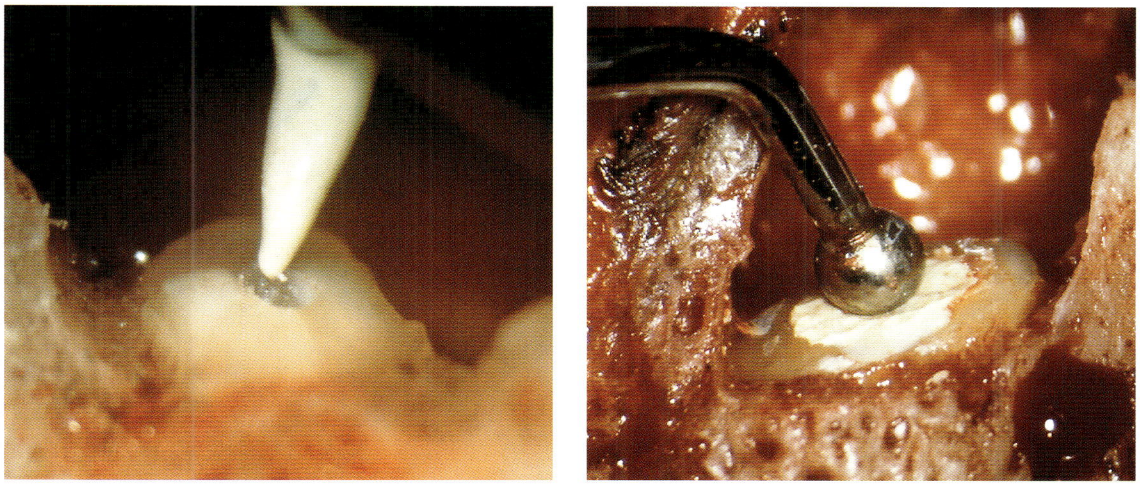

681 Retrofüllung
Links: Vor dem Einbringen wurde der Zement konisch geformt. In dieser Konsistenz ist Super EBA weich genug für Manipulationen und bereits ausreichend hart zum Verdichten.

Rechts: Nach der initialen Kondensation wird überfließendes Super EBA abgetragen und mit dem Mikroball-Burnisher besonders sorgfältig an den Rändern der Präparation adaptiert.

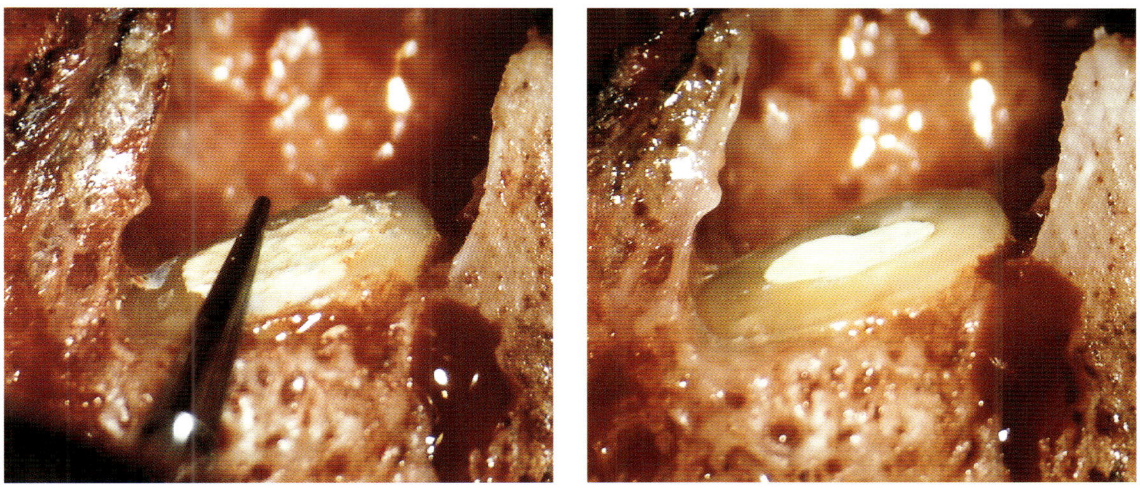

682 Politur mit Diamantschleifer
Links: Bei der Politur der Retrofüllung mit einem Schleifkörper werden nicht nur alle Überschüsse des Super EBA entfernt, sondern es wird auch eine glänzende Oberfläche mit sauberen Rändern erzeugt.

Rechts: Abschließende Begutachtung der Qualität von Retropräparation, Füllungsoberfläche und Zahnoberfläche bei hoher Vergrößerung.

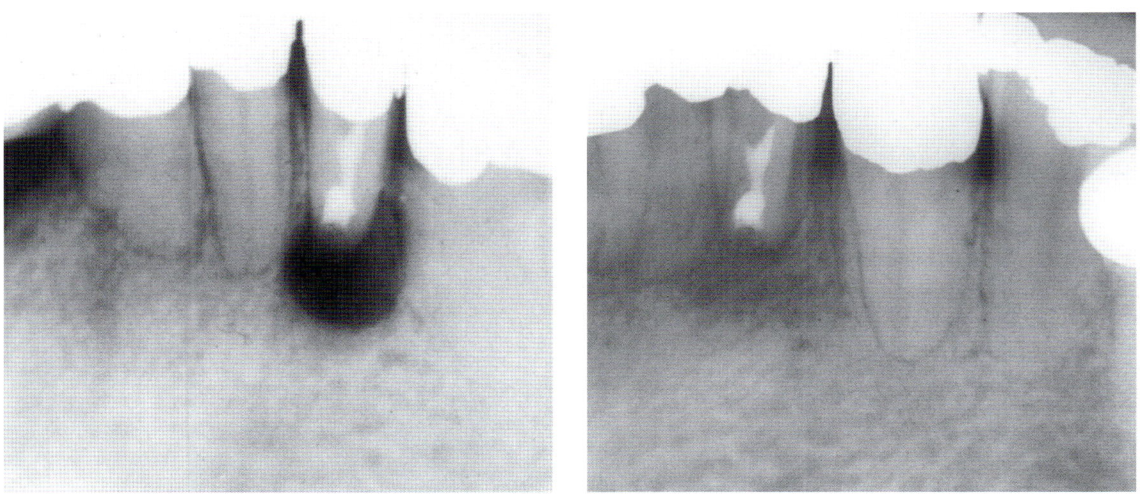

683 Postoperative Röntgenkontrolle
Links: Röntgenbild eines Unterkieferfrontzahnes unmittelbar nach dem chirurgischen Eingriff.

Rechts: Bei der Nachuntersuchung nach 12 Monaten läßt sich eine gute Regeneration feststellen.

Ausheilung des Weichgewebes und Nahtverschluß

Zur Zeit wird am häufigsten ein glattes Nahtmaterial aus Nylon (Supramid) verwendet, das nur wenig oder gar keine Plaqueanlagerung im Bereich der Naht zuläßt. Lange Zeit wurde Seide als Nahtmaterial der Vorzug gegeben. Da Seide aber geflochten ist, sammeln sich viel leichter Speisereste und Plaque an. Eine besondere Mundhygiene ist für eine gute Wundheilung essentiell. Der Patient wird deshalb aufgefordert, mehrfach am Tag mit Chlorhexidin oder Listerine zu spülen. Vertikale Inzisionen in der Molarenregion haben während der Heilungsphase die Tendenz zur Öffnung. Dies ist zwar nicht wünschenswert, aber ungefährlich, da es zu einer sekundären Wundheilung mit Einwachsen von Granulationsgewebe kommt. Die Heilung dauert länger, verläuft aber ohne Narbenbildung. Der wichtigste Gesichtspunkt der Weichgewebsheilung nach erfolgter Naht ist das Befolgen einer strikten Mundhygieneanweisung.
Um eine optimale Regeneration zu erreichen, sollte die Nahtentfernung 2–3 Tage post operationem erfolgen. Bei längerem Abwarten steigt das Risiko von Sekundärinfektionen aufgrund der Speiseanlagerung und Plaqueakkumulation um die Nähte.

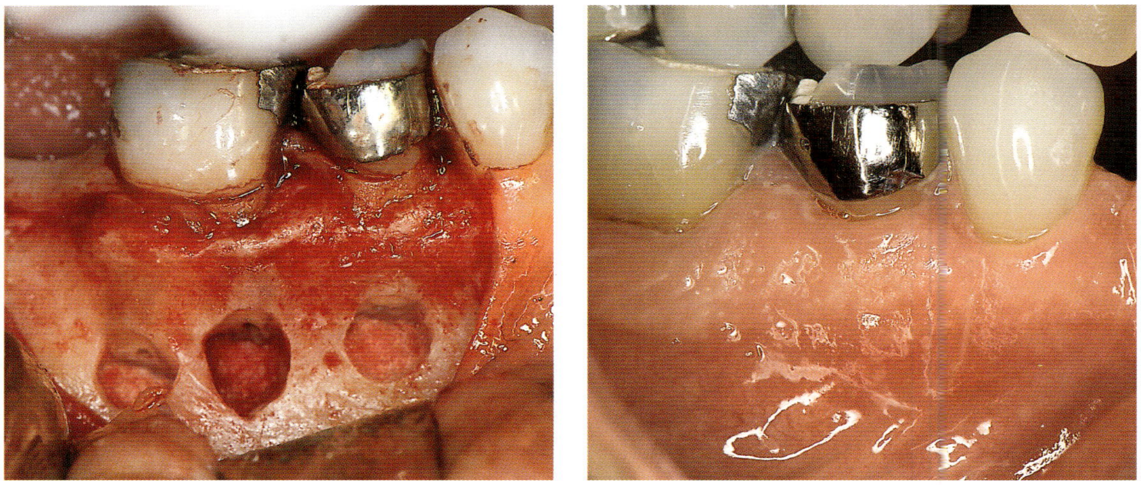

684 Chirurgische Situation bei geringer Vergrößerung
Links: Der mikrochirurgische Eingriff wird am zweiten Prämolaren und am ersten Molaren des rechten Unterkiefers durchgeführt. Mesial des Operationsfeldes wird lediglich ein vertikaler Entlastungsschnitt vorgenommen und nur eine kleine Osteotomieöffnung geschaffen.

Rechts: Kontrolltermin nach einem Monat. Es ist kein Narbengewebe sichtbar. Als Nahtmaterial wurde Supramid verwendet und bereits nach 48 Stunden wieder entfernt.

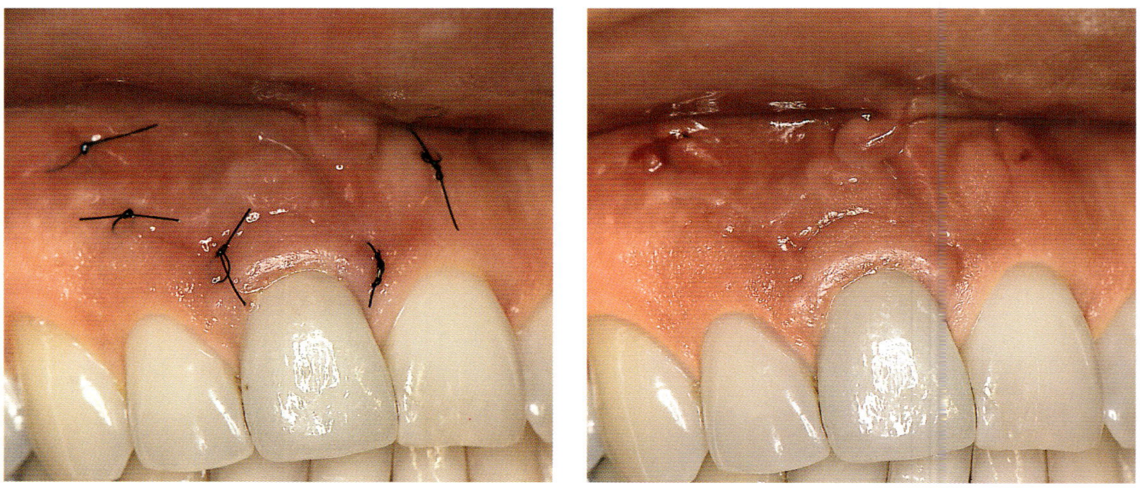

685 Supramidnaht
Links: Der vollmobilisierte Lappen mit intrasulkulärem Schnitt wurde mit einer Supramidnaht aus Nylon versehen. Das Bild zeigt den Zustand unmittelbar nach der Naht.

Rechts: Bei Entfernung der Naht 48 Stunden nach dem chirurgischen Eingriff stellen sich die Gewebe sauber und sehr gut adaptiert dar. Es gibt keine Anzeichen eines Aufreißens oder einer Schwellung.

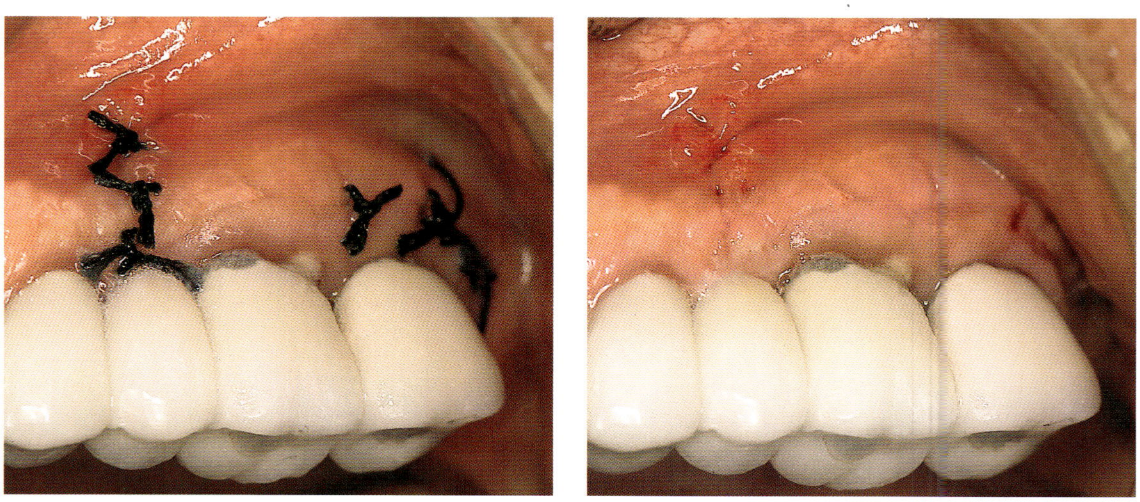

686 Seidennaht
Links: Bei diesem Molaren ist eine Naht mit Seide gelegt worden. Die große Dicke des Materials wird besonders deutlich, wenn man es mit der Nylon-Supramidnaht in Abb. 685 (links) vergleicht.

Rechts: Bei Entfernung der Seidennaht eine Woche post operationem zeigt sich eine akzeptable Heilung. Dennoch erkennt man eine leichte Schwellung. Die postoperative Reaktion des Gewebes hängt bei einer Nahtversorgung mit Seide stark von der Mundhygiene des Patienten ab.

Traumatische Zahnverletzung

Zahnverletzungen sind die häufigsten Verletzungen im Kiefer-Gesichts-Bereich. Sie erfordern in Abhängigkeit von Art und Schwere der Verletzung ein diffiziles diagnostisches und therapeutisches Vorgehen, das neben chirurgischen auch restaurative, endodontische und prothetische Behandlungsschritte umfaßt. Während bei bis zu 30% der verunglückten Kinder und Jugendlichen Schäden an den bleibenden Zähnen und bei bis zu 20% Schäden an den Milchzähnen registriert werden, tritt bei erwachsenen Unfallverletzten in 24,2% der Fälle eine Zahnverletzung auf (Zerfowski et al. 1995). Aufgrund ihrer exponierten Lage sind die mittleren Oberkieferschneidezähne mit 75% aller Zahnverletzungen besonders häufig betroffen, gefolgt von den unteren mittleren und den oberen seitlichen Schneidezähnen sowie den Eckzähnen und Prämolaren mit 6–8% (Forsberg u. Tedestam 1990).

Zahnluxationen mit und ohne Dislokationen treten im Milchgebiß mit einer Häufigkeit von 81,4% und im bleibenden Gebiß mit 43% auf. Extraalveoläre Frakturen sind mit 40,5% im bleibenden Gebiß gegenüber 5,7% im Milchgebiß weit häufiger nachzuweisen. Avulsionen treten mit 12–14% gleich häufig auf (Zerfowski et al. 1995).

Zahnverletzungen können das Resultat eines direkten oder eines indirekten Traumas sein. Bei direkten Traumen wird der Zahn selbst getroffen, zu indirekten Traumen kommt es, wenn der Unterkiefer gewaltsam gegen den Oberkiefer gepreßt wird. Aufprallstärke, Elastizität und Form des aufprallenden Gegenstands sowie die Richtung der auftreffenden Kraft bestimmen das Ausmaß der Verletzung. Ein heftiger Aufprall begünstigt eine reine Kronenfraktur, bei einem stumpfen Aufschlag wird die Kraft auf die apikale Region übertragen, wodurch es zu einer Luxation oder einer Wurzelfraktur kommen kann. Wird der Zahn von einem elastischen Objekt getroffen oder wird der Schlag durch die Lippe gedämpft, so ist das Risiko einer Kronenfraktur verringert und das einer Luxation bzw. Alveolarfortsatzfraktur erhöht. Ein Aufprall mit geringer Geschwindigkeit verursacht größere Schädigungen des Zahnhalteapparats. Bei hoher Geschwindigkeit ist eher mit einer Kronenfraktur zu rechnen; die Aufprallenergie wird zum größten Teil bereits durch die Kronenfraktur abgefangen und kaum auf die Wurzel übertragen (Andreasen 1988).

Zahnverletzungen müssen immer als Notfall betrachtet werden. Pulpanekrosen können bei Schmelzfrakturen in 1% der untersuchten Fälle auftreten, bei Schmelz-Dentin-Frakturen in 3%, bei komplizierten Kronenfrakturen mit Pulpaexposition in 4%, bei Wurzelfrakturen in 20%, bei lateraler Luxation in 58% und bei Intrusion in 85% der untersuchten Fälle (Andreasen u. Vestergaard et al. 1985, 1986, Ravn 1981a, b, Cvek 1978, Zachrisson u. Jacobson 1975). Eine verzögerte Versorgung der initialen Pulpafreilegung mehr als einen Monat nach dem Trauma bewirkte bei allen 114 untersuchten Fälle eine Pulpanekrose. Zudem entwickelte sich eine apikale Parodontitis. Bei 53% aller untersuchten Schmelz-Dentin-Frakturen ohne Pulpaeröffnung trat eine Gewebsnekrose auf, und 7% wiesen bereits eine externe Wurzelresorption auf (Al-Nazhan et al. 1995).

Kronenfrakturen

Extraalveoläre Kronenfrakturen untergliedert man in unkomplizierte (ohne Pulpafreilegung) und in komplizierte Frakturen (mit Pulpaexposition). Schmelzfrakturen sind auf den Schmelz beschränkte unkomplizierte Frakturen, bei denen nur in 1% von 2862 untersuchten Zähnen eine Pulpanekrose aufgetreten ist (Ravn 1981a). Schmelzfrakturen stellen also ein sehr geringes Risiko für das Pulpagewebe dar. Dagegen trat bei einer unkomplizierten Schmelz-Dentin-Fraktur ohne Freilegung der Pulpa bereits in 3,2% von 3044 untersuchten Zähnen eine Gewebsnekrose auf (Ravn 1981b).

Bei der komplizierten Kronenfraktur kommt es nach Dentinabsprengung zur Freilegung des Pulpagewebes. Die direkte Überkappung wies dabei eine Erfolgsquote von 90,5% mit Bildung einer Hartgewebsbrücke auf, wobei die Quote bei unvollständig ausgebildeter Wurzel mit 94% – gegenüber 88% bei abgeschlossenem Wurzelwachstum – besser ausfiel (Ravn 1982).
Eine Amputation 2 mm unterhalb der Eröffnung war bei jugendlichen Zähnen in 96% der Fälle erfolgreich, unabhängig von Lokalisation und Größe der Freilegung sowie vom Zeitpunkt der Behandlung (Cvek 1978).

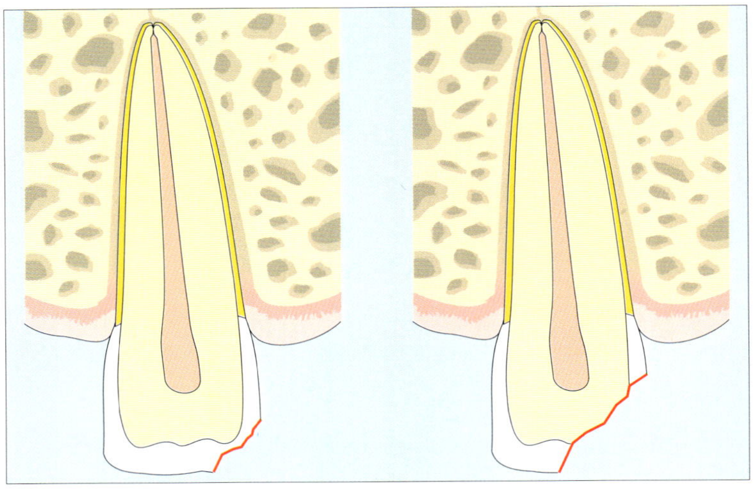

687 Unkomplizierte Frakturen
Links: Unkomplizierte extraalveoläre Schmelzfraktur ohne Dentinverlust und ohne direkte Freilegung des Pulpagewebes.

Rechts: Unkomplizierte Schmelz-Dentin-Fraktur ohne Eröffnung des Pulpagewebes, aber mit breitflächiger Dentinbeteiligung und damit Freilegung von Dentintubuli.

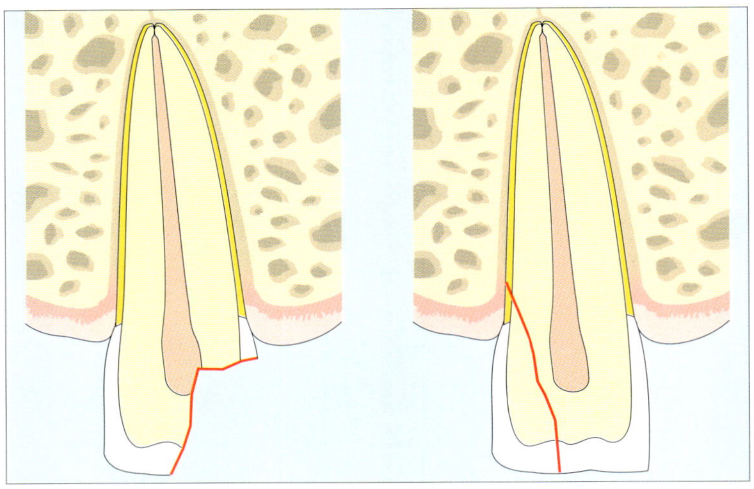

688 Komplizierte und unkomplizierte Frakturen
Links: Komplizierte extraalveoläre Kronenfraktur mit Schmelz- und Dentinbeteiligung und mit Freilegung des Pulpagewebes.

Rechts: Unkomplizierte Kronen-Wurzel-Fraktur. Schrägfraktur mit Schmelz-, Dentin- und Zementbeteiligung, aber ohne Pulpaeröffnung.

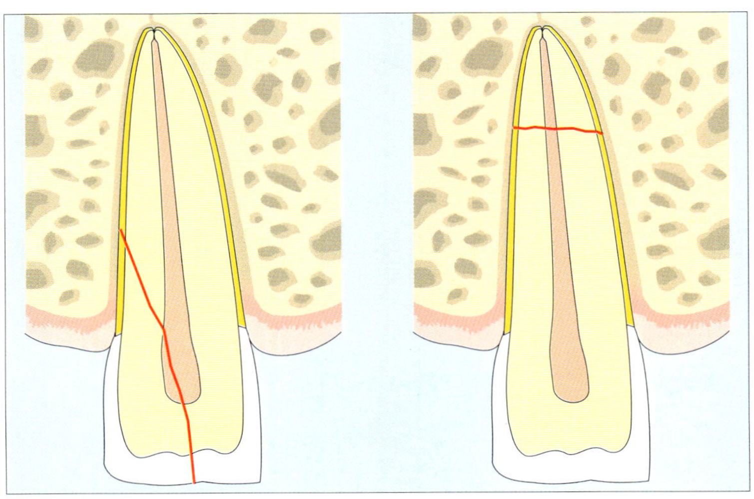

689 Komplizierte Frakturen
Links: Komplizierte Kronen-Wurzel-Fraktur mit Schmelz-, Dentin- und Zementbeteiligung als Schrägfraktur.

Rechts: Intraalveoläre Wurzelquerfraktur im apikalen Drittel mit Dentin- und Zementbeteiligung sowie mit Freilegung des Pulpagewebes.

Bei kleineren Defekten ist das Glätten scharfer Schmelzkanten und Fluoridierung ausreichend. Bei Defekten mit Dentinfreilegung erfolgt die Restauration mit einem Komposit im Anschluß an die Abdeckung der Dentinwunde. Freiliegendes Dentin bei Milchzähnen bleibt unbehandelt, nur scharfe Kanten werden beigeschliffen.

Bei komplizierter Kronenfraktur führt die unbehandelte Eröffnung der Pulpa langfristig zur Nekrose. Das Entwicklungsstadium ist für die Auswahl der Therapievariante von entscheidender Bedeutung. Die eröffnete Pulpa jugendlicher Zähne mit unvollständigem Wurzelwachstum soll erhalten werden, die von Zähnen mit abgeschlossener Wurzelbildung soll entfernt werden (Cvek 1988). Bei Symptomfreiheit ohne periapikale Läsion und fortschreitendem Wurzelwachstum ist mit einem Behandlungserfolg zu rechnen (Masterton 1966). 22% der traumatisch geschädigten Zähne entwickeln innerhalb von gut 4 Jahren eine Obliteration des Wurzelkanals, weshalb die endodontische Therapie auch bei klinischer Symptomlosigkeit rechtzeitig eingeleitet werden sollte (Schindler u. Gullickson 1988).

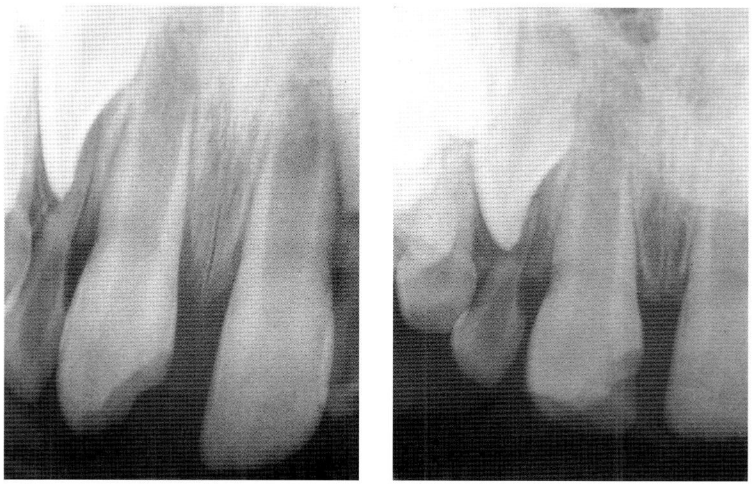

690 Unkomplizierte Kronenfraktur
Links: Fraktur eines jugendlichen bleibenden Zahnes mit nicht abgeschlossenem Wurzelwachstum. Das Pulpagewebe ist nicht eröffnet.

Rechts: Im Röntgenbild erkennt man keine Zeichen einer Wurzelfraktur oder Luxation. Das Dentin wird mit einer dünnen Kalziumhydroxidschicht abgedeckt und der Zahn mit einem Komposit wieder aufgebaut.

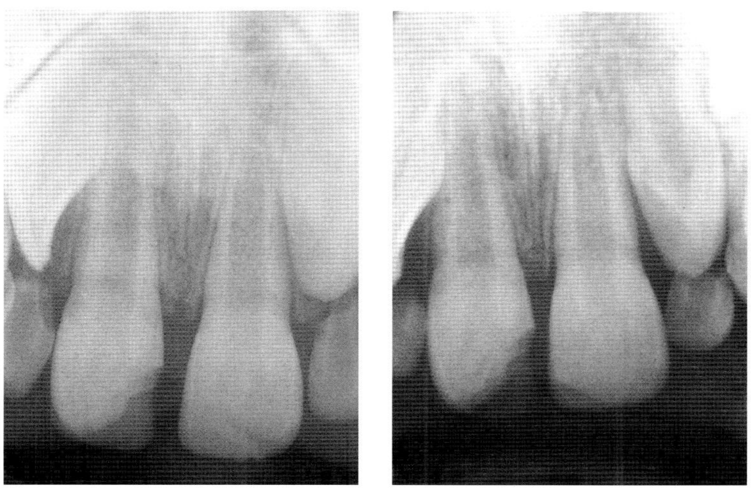

691 Röntgenkontrolle
Links: Nach 3 Monaten ist der Zahn symptomfrei und röntgenographisch unauffällig, das Wurzelwachstum ist weiter fortgeschritten.

Rechts: 6 Monate nach dem Trauma ist der Zahn ohne Perkussionsbefund. Der Sensibilitätstest ist wieder positiv, und im Röntgenbild ist eine unauffällige Periapikalregion sichtbar.

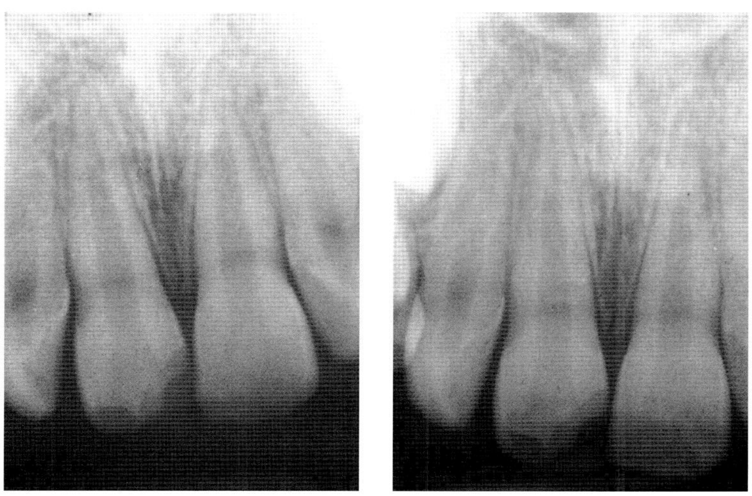

692 Röntgenkontrolle
Links: Ein Jahr nach der traumatischen Dentinabsprengung ist der klinische und der röntgenographische Befund unauffällig.

Rechts: 3 Jahre nach der Behandlung ist das Wurzelwachstum abgeschlossen und der Röntgenbefund ohne Zeichen einer apikalen Läsion.

Behandlung *J. L. Gutmann*

Kronen-Wurzel-Frakturen

Bei Kronen-Wurzel-Frakturen sind sowohl Schmelz und Dentin als auch Zement betroffen. Andreasen (1985) klassifiziert diesen Verletzungstyp als eigenständige Frakturform, bei der es auch zur Freilegung der Pulpa kommen kann. 5% aller Verletzungen des bleibenden Gebisses und 2% derjenigen des Milchgebisses sind diesem Frakturtyp zuzuordnen. Kronen-Wurzel-Frakturen werden meist durch ein direktes Trauma ausgelöst. Klinisch ist oft nur eine minimale Verlagerung des koronalen Fragments festzustellen (Andreasen 1988).

Kronen-Wurzel-Frakturen führen beim Kauen zu Beschwerden, sonst sind sie jedoch symptomlos. Die klinische Diagnose ist relativ einfach, wenn das koronale Fragment gelöst ist. Dagegen ist die Röntgendiagnose insbesondere der lingualen Ausdehnung erschwert. Verläuft der Bruchspalt senkrecht zum auftreffenden Zentralstrahl, so ist die Kronen-Wurzel-Fraktur nicht eindeutig zu diagnostizieren. Vertikalfrakturen können in mesiodistaler Richtung schlecht, in labiolingualer Richtung dagegen besser differenziert werden (Andreasen u. Andreasen 1992).

693 Kronen-Wurzel-Fraktur
Querfraktur der beiden oberen Frontzähne nach Schlagverletzung bei einem 22jährigen Mann. Die Zähne blieben über ein Jahr unversorgt und sind klinisch symptomlos. Das Pulpagewebe ist nekrotisch.

Rechts: Das Röntgenbild weist keine eindeutigen periapikalen Aufhellungszeichen auf, obwohl das Pulpagewebe nekrotisch ist.

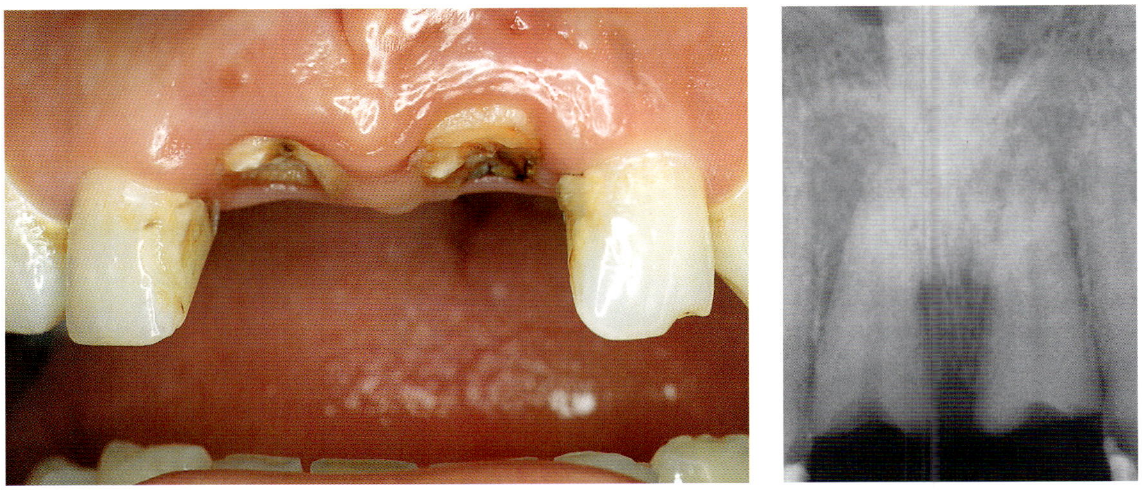

694 Kanalaufbereitung
Nach Kariesexkavation wird die Wurzeloberfläche mit Cavit abgedeckt und Kofferdam appliziert. Durch das Cavit hindurch wird der Kanaleingang dargestellt und der Wurzelkanal aufbereitet.

Rechts: Bestimmung der Arbeitslänge und anschließende Korrektur der Aufbereitungstiefe um 3 bzw. 2 mm.

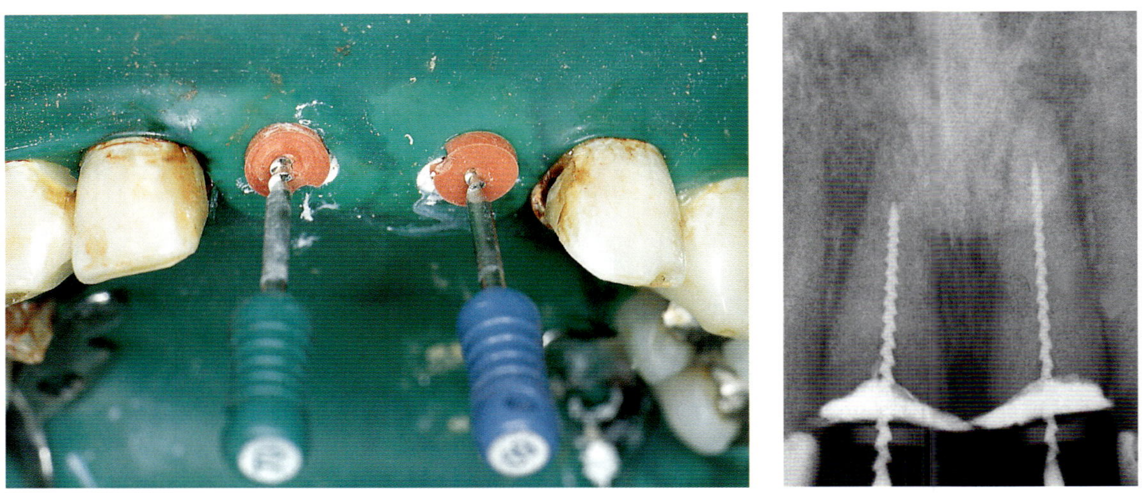

695 Zwischeneinlage
Durch die Nekrose des Pulpagewebes und die Kontamination mit Speichel und Bakterien ist nach der Instrumentation eine Zwischeneinlage mit Kalziumhydroxid für wenigstens einen Monat notwendig.

Rechts: Im Röntgenbild ist eine intakte Einlage sichtbar, Zeichen einer periapikalen Aufhellung gibt es nicht.

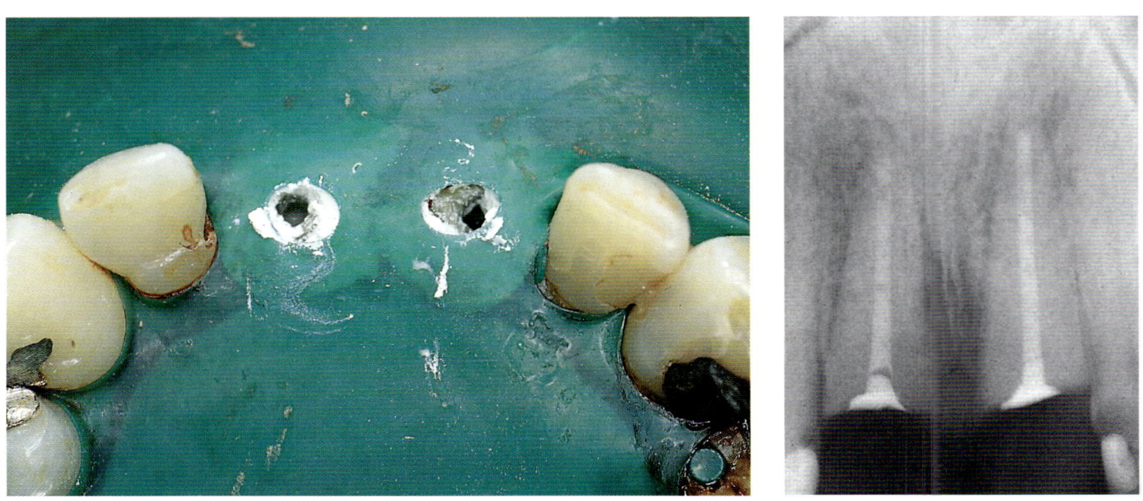

Das koronale Fragment muß zur genauen Untersuchung entfernt werden. Ist es nicht zur Eröffnung der Pulpa gekommen, kann bei unkomplizierter Fraktur das Kronensegment mittels Schmelz-Ätz-Technik wieder angeklebt oder aber der Zahn mit einem Komposit aufgebaut werden. In etwa 20% der Fälle ist mit einem Spontanverlust des adhäsiv befestigten Kronenfragments zu rechnen. Im ersten Jahr trat bei der Hälfte der 334 untersuchten Zähne ein Behandlungsmißerfolg auf. Insgesamt lag die 10-Jahres-Erfolgsrate der so restaurierten Zähne bei 20–25% (Andreasen et al. 1995).

Bei Längsfrakturen oder wenn das Fragment auch ein Drittel der Wurzel enthält, sollte der Zahn extrahiert werden. Bei komplizierten, tiefen Kronen-Wurzel-Frakturen muß die Frakturoberfläche operativ dargestellt und durch Osteotomie 2 mm unterhalb der Frakturlinie freigelegt werden. Nach Vitalexstirpation kann der gerade Wurzelkanal in der gleichen Sitzung obturiert und ein Stiftaufbau eingesetzt werden. Dazu empfehlen sich konfektionierte Systeme. Der gekrümmte und/oder nekrotische Kanal darf erst nach Zwischeneinlage gefüllt und wieder aufgebaut werden.

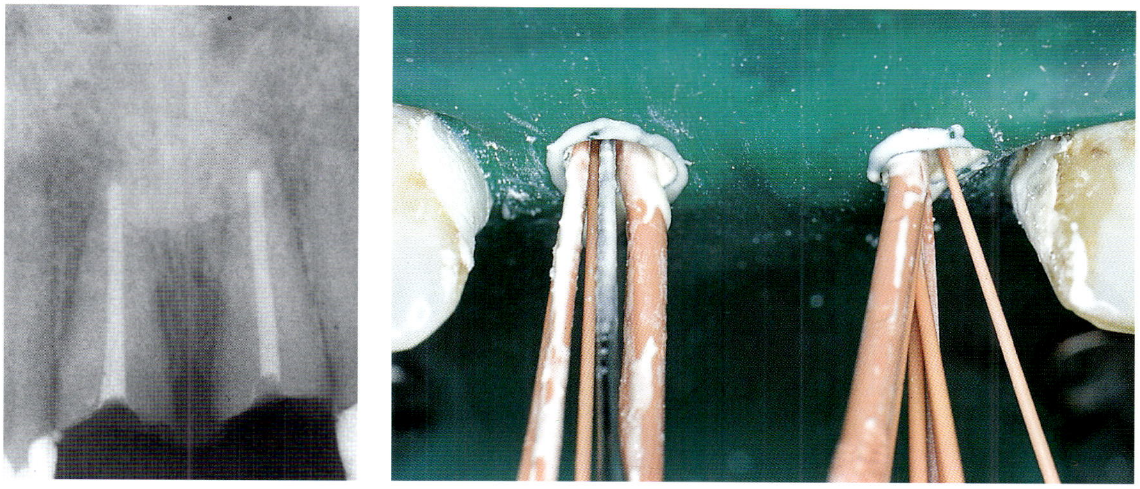

696 Wurzelkanalfüllung
Nach Herauspülen der Zwischeneinlage werden die Kanäle getrocknet und anschließend mit Guttapercha und Sealer nach der lateralen Kondensationstechnik gefüllt.

Links: Röntgenkontrolle der dichten Obturation der Wurzelkanäle mit Guttapercha.

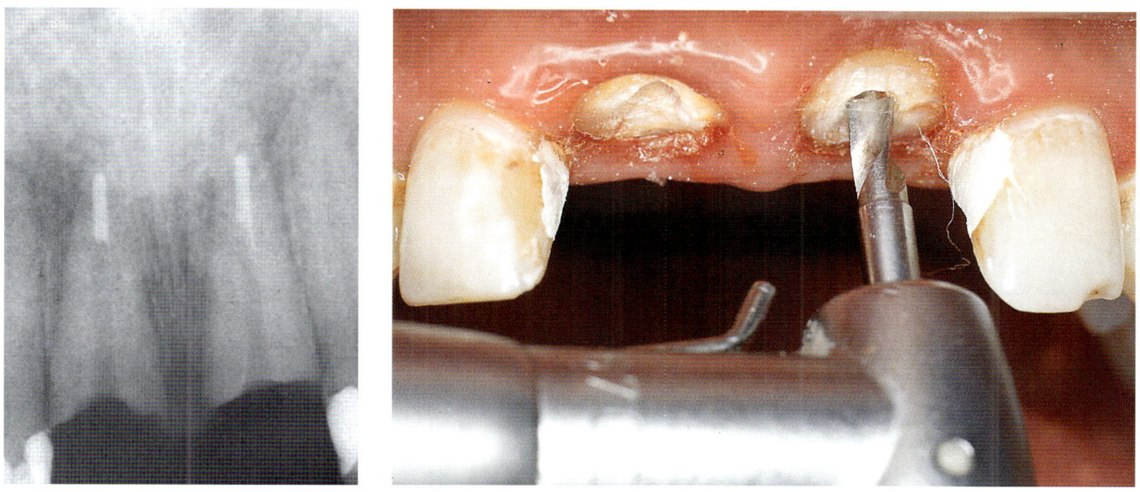

697 Präparation für konfektionierten Stiftaufbau
Unmittelbar nach der Füllung der beiden Kanäle wird die Guttapercha mit einem heißen Spreader koronal entfernt und anschließend der Kanal mit dem Gates-Glidden-Bohrer sowie dem genormten Bohrersystem erweitert.

Links: Etwa 3 mm Restwurzelkanalfüllung sollten apikal im Kanal verbleiben.

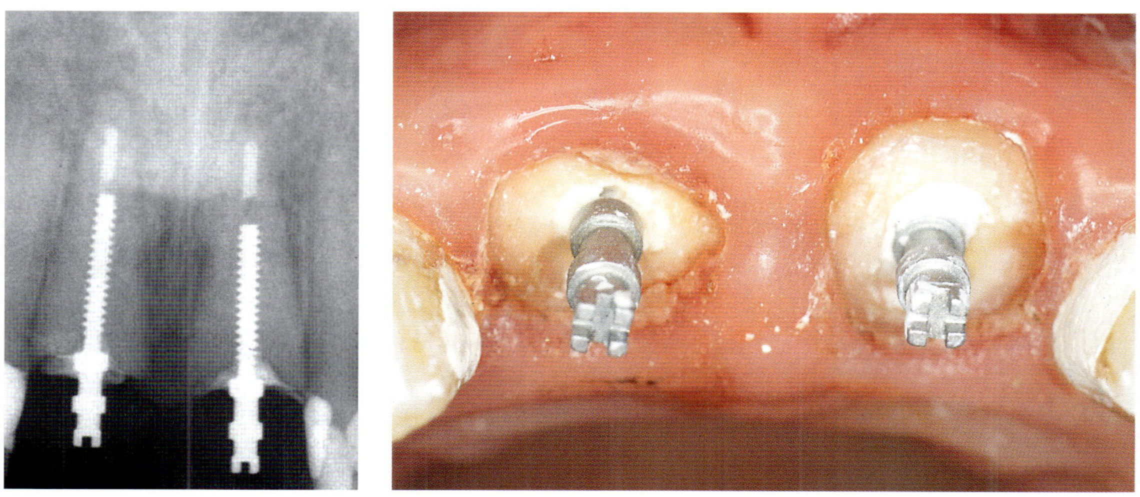

698 Eindrehen des Schraubenaufbaus
Nach Vorschneiden des Gewindes werden die Wurzelkanäle nochmals gespült und getrocknet und die beiden mit Durelon benetzten Schrauben spannungslos eingedreht.

Links: Röntgenkontrolle der Schraubenaufbauten. Anschließend werden die Zähne mit einer Kompositkrone interimsweise wieder aufgebaut.

Luxationen und Wurzelfrakturen

Wurzelfrakturen sind kombinierte Verletzungen von Dentin, Zement, Pulpa und parodontalem Gewebe. Frakturen im apikalen und mittleren Drittel verlaufen meist schräg. Die frontal auftreffende Kraft bewegt das koronale Fragment nach palatinal und auch geringfügig aus der Alveole heraus. Die Wundheilung ist davon abhängig, ob die Pulpa durchtrennt und Bakterien über den Frakturspalt eingedrungen sind. Eine stabile Fixierung ist Grundlage des Behandlungserfolgs. In 20–44% der Fälle kommt es zu einer Pulpagewebsnekrose (Andreasen 1985).

Frakturen im mittleren Wurzeldrittel ohne Dislokation des kronentragenden Fragments werden für 6–8 Wochen geschient. Beim jugendlichen Patienten ist eine Vitalerhaltung der Pulpa möglich. Bei ausreichender Fixation des Zahnes kommt es zu einer bindegewebigen, teils mineralisierten Bruchspaltüberbrückung. Bei Dislokation muß das kronentragende Fragment reponiert und geschient werden. Deuten im Röntgenbild Aufhellungen oder Resorptionen auf eine Pulpanekrose, muß der Wurzelkanal aufbereitet und temporär mit Kalziumhydroxid versorgt werden.

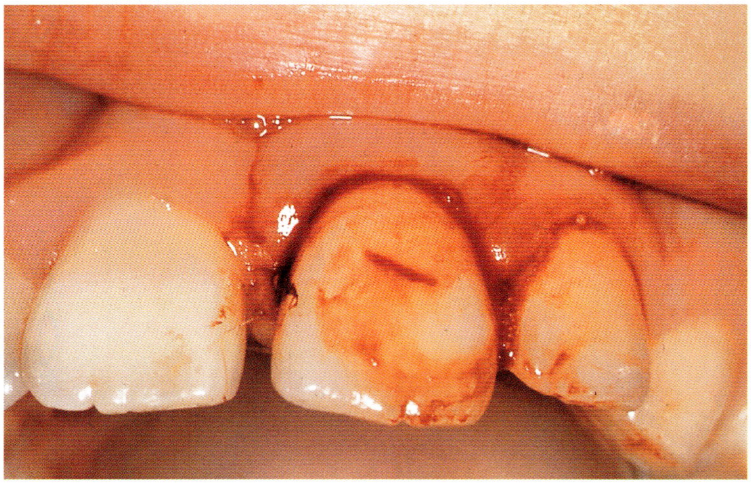
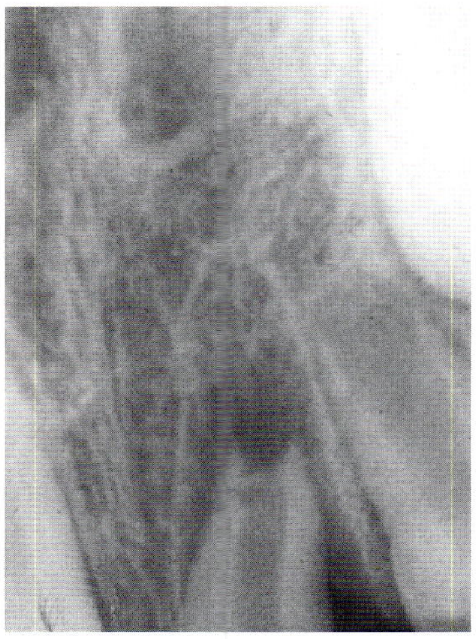

699 Zahnluxation
Luxation des Zahnes 21 mit Dislokation im Wechselgebiß. Es kommt zu einer kombinierten Verletzung des Parodontiums und der Pulpa. Der Zahn ist gelockert und kann in horizontaler und axialer Richtung bewegt werden. Der Perkussionstest ruft eine leichte Empfindlichkeit und einen dumpfen Klang hervor.

Rechts: Im Röntgenbild ist eine Verlagerung des Zahnes festzustellen.

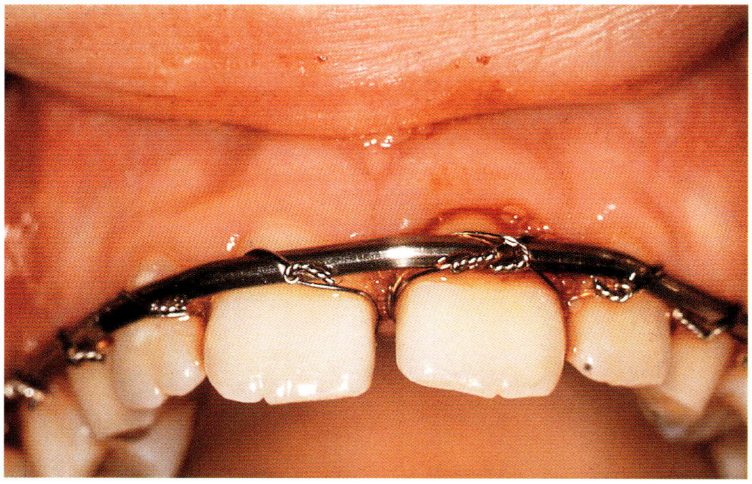
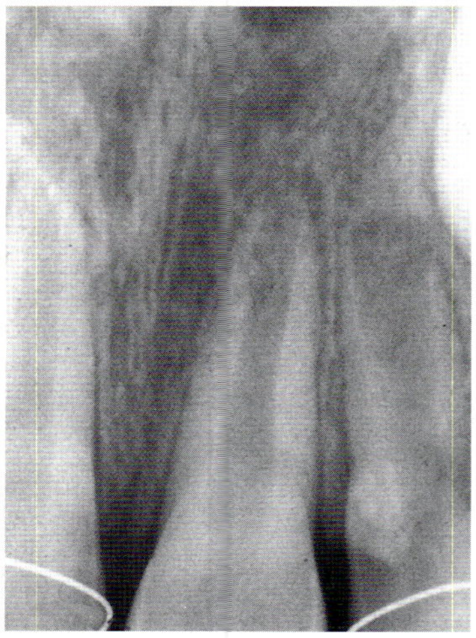

700 Reposition und Schienung
Der Zahn wird vorsichtig in seine Alveole zurückgedrückt und durch einen freihändig gebogenen Drahtschienenverband für 2 Wochen fixiert.

Rechts: Die Zahnfilmröntgenaufnahme bestätigt die regelrechte Replantation. Bei offenem Foramen apicale ist ein Gefäßanschluß möglich und die Wurzelkanalbehandlung noch nicht erforderlich.

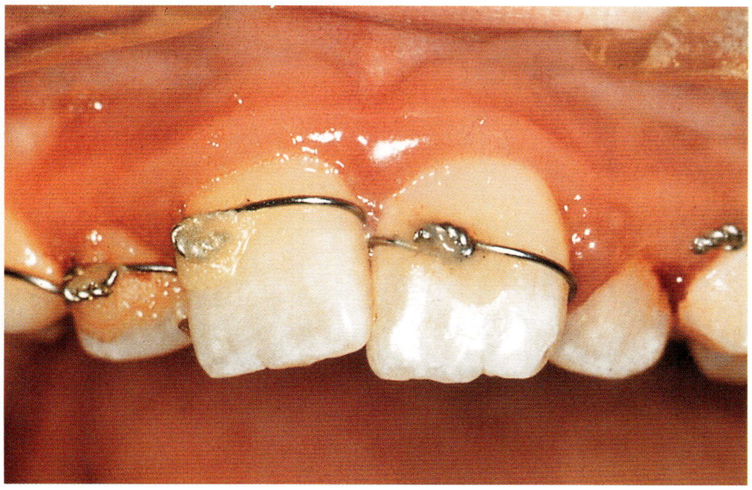
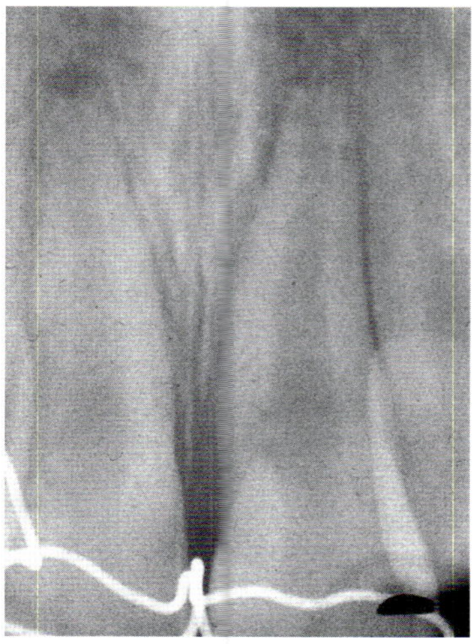

701 Zahnluxation im Wechselgebiß
Bei einer Zahnluxation im Wechselgebiß kann ein Drahtligaturenverband eine ausreichende Ruhigstellung des geschädigten Zahnes nach Avulsion bewirken.

Rechts: Die Röntgenaufnahme nach Replantation zeigt regelrechte anatomische Verhältnisse. Bei negativem Sensibilitätstest wird der Wurzelkanal instrumentiert und temporär mit Kalziumhydroxid gefüllt.

Behandlung *J. U. Piesold*

Bei *Luxationen* des Zahnes ohne Dislokation wird der Zahn lediglich für 2–4 Wochen ruhiggestellt. Bei Subluxationen tritt in 26–47% der Fälle eine Pulpanekrose auf. Eine Obliteration des Wurzelkanals fand sich in 26% der betroffenen Zähne, und 4% wiesen eine progressive Resorption auf (Andreasen 1970, Rock u. Grundy 1981).

Bei Luxation mit unvollständiger Dislokation tritt dagegen in 64–98% der Fälle eine Pulpanekrose auf, und in 24% der Fälle kommt es zur Kanalobliteration (Dumsha u. Hovland 1982).

Bei einer Luxation mit Avulsion aus der Alveole muß der Zahn replantiert und für 4 Wochen fixiert werden. Nach 7 Tagen wird er wurzelkanalbehandelt und für 6–12 Monate mit Kalziumhydroxid gefüllt. In einer Studie an 400 Zähnen kam es nach Replantation bei 34% zu einer Revaskularisation, aber nur 8% der Zähne wiesen eine vollständige Pulpagewebsregeneration auf. Bei 24% war es zur vollständigen Einheilung ohne Zeichen einer externen Wurzelresorption gekommen. 30% der luxierten Zähne mußten innerhalb von 5 Jahren extrahiert werden (Andreasen et al. 1995).

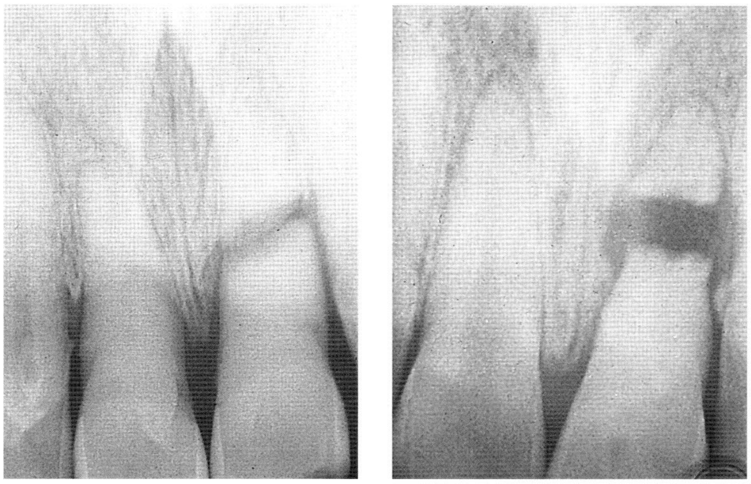

702 Spätfolgen nach Wurzelfraktur

Links: Die Röntgenaufnahme zeigt einen nicht versorgten, parodontal geschädigten Oberkieferschneidezahn mit Fraktur im mittleren Wurzeldrittel. Ein Zahnerhalt ist nicht möglich.

Rechts: Resorption und Aufhellung nach unterlassener Fixierung eines Oberkieferschneidezahnes mit Luxation des kronentragenden Fragments. Die Extraktion ist unvermeidlich.

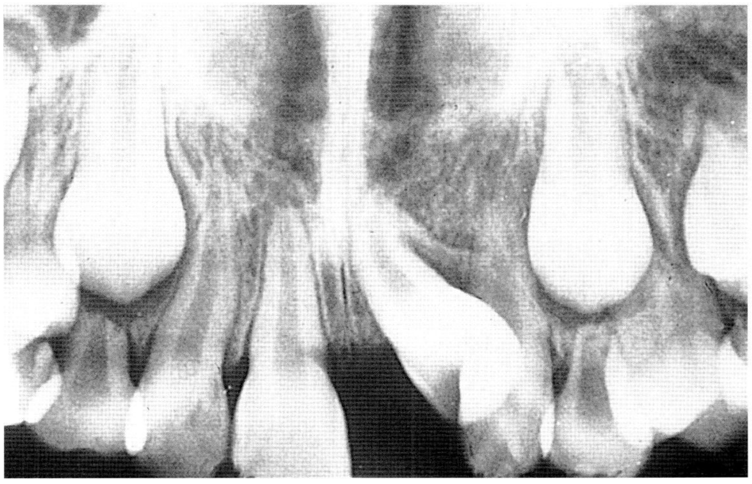

703 Spätfolgen nach Intrusion

8jähriger Patient nach Intrusion des Milchzahnes 61 im Kleinkindalter. Bei ausbleibendem Durchbruch des Zahnes 21 wird in der Status-X-Aufnahme eine Deformation des durch die Intrusion geschädigten Zahnes aufgedeckt.

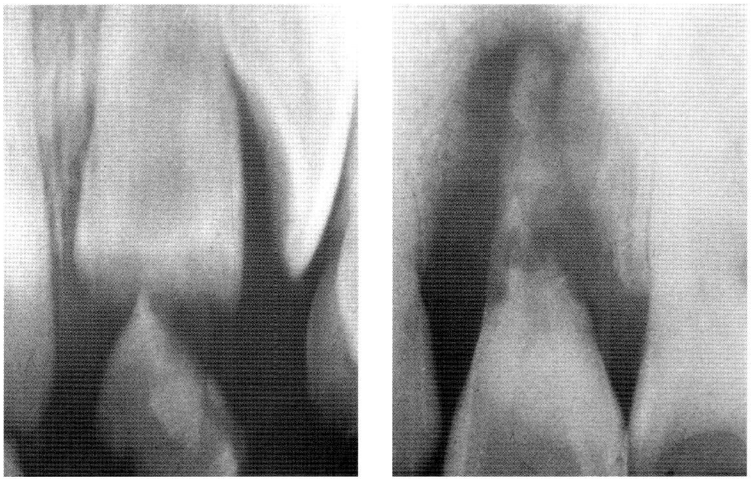

704 Spätfolge nach Intrusion und Replantation

Links: Die Röntgenaufnahme nach Intrusion zeigt bei fehlender Repositionstendenz einen zusätzlich im Kronenbereich frakturierten Oberkieferschneidezahn. Eine Extraktion ist unvermeidlich.

Rechts: Entzündliche Resorption eines replantierten, nicht wurzelkanalbehandelten und nicht mit Kalziumhydroxid versorgten Oberkieferschneidezahnes. Es kommt zum Zahnverlust.

Vertikale Wurzelfrakturen

Eine vertikale, längsorientierte Wurzelfraktur erfaßt Krone und Wurzel und schließt meist den Wurzelkanal mit ein. Begünstigende Faktoren sind eine Schwächung der Wurzelstruktur durch starke Kanalerweiterung sowie durch mechanisch ungünstig verankerte Schrauben- und Stiftaufbauten. In der Untersuchung von Morfis (1990) fanden sich bei 3,7% von 460 wurzelkanalbehandelten Zähnen vertikale Wurzelfrakturen. Das Alter der Patienten lag meist zwischen 40 und 50 Jahren (Gher et al. 1967). Mit 83% sind Prämolaren und Molaren besonders häufig betroffen (Testori et al. 1993). Die klinische Diagnose ist schwierig, da es für diese Wurzelfrakturen keine eindeutigen Symptome gibt. Bei 95% der Fälle trat parodontale Taschenbildung auf, dumpfe Schmerzsymptome fanden sich bei 66%, Parodontalabszesse bei 28% und eine Fistel bei 13% der von Meister et al. (1980) untersuchten Fälle. Weitere klinische Zeichen sind Knochendefekte, Eiterentleerung, Schwellung und Zahnlockerung (Tamse 1994). Die Zeit zwischen einer endodontischen Behandlung und der Diagnose einer Vertikalfraktur kann durchschnittlich 52 Monate betragen (Gher et al. 1987).

705 Vertikale Wurzelfraktur
Unterer erster Molar mit einer vertikalen Wurzelfraktur der mesialen Wurzel eine Woche nach der ersten Wurzelkanalinstrumentation. Der Patient hat nur geringe Schmerzen. Die Röntgendiagnose ist eindeutig und weist mesial eine Wurzelseparation auf.

Rechts: Die Krone ist frakturiert und das mesiale Segment mobil.

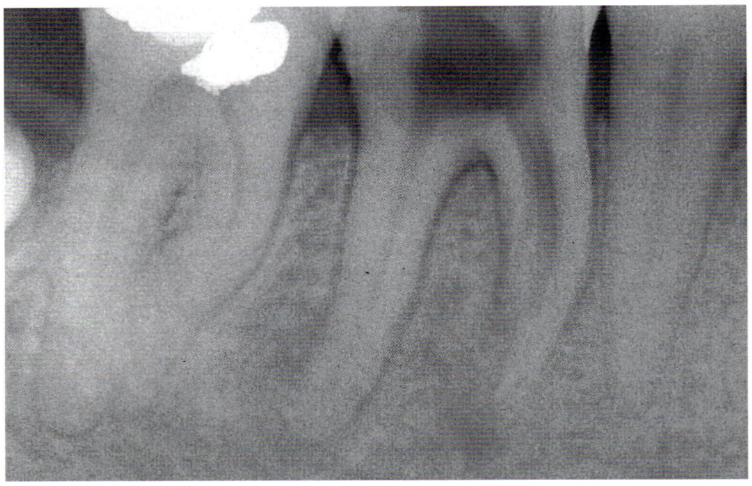

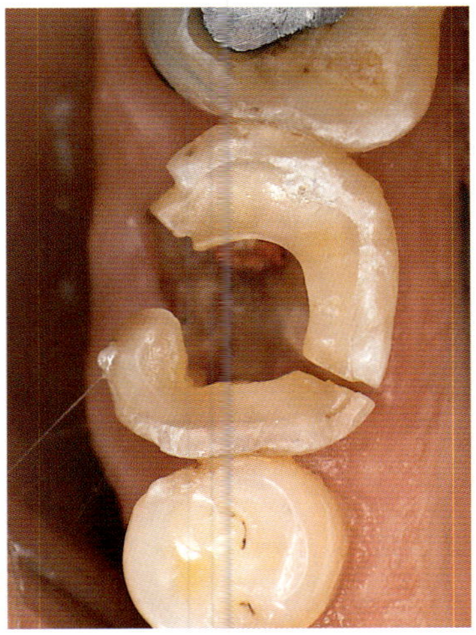

706 Präoperative Wurzelkanalbehandlung
Die distale Wurzel soll erhalten bleiben. Der Wurzelkanal wird aufbereitet und – nach einer dreiwöchigen Zwischeneinlage mit Kalziumhydroxid – abgefüllt. Anschließend wird die Krone definitiv mit einem Glasionomerzement wiederaufgebaut und der Kanaleingang verschlossen.

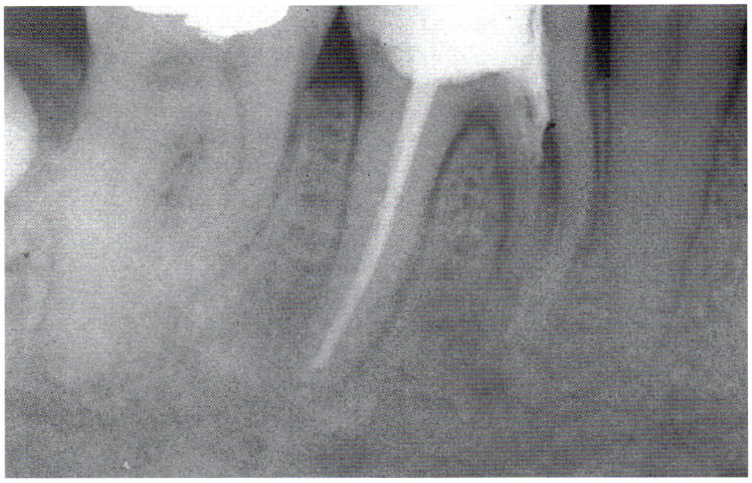

707 Hemisektion
Einen Monat nach vertikaler Wurzelfraktur ist die periapikale Läsion an der mesialen Wurzel noch sichtbar. Distal hat sich die Radioluzenz nicht vergrößert, so daß langfristig der Erhalt der distalen Wurzel zu erwarten ist.

Rechts: Mit einem spitz zulaufenden Diamanten wird die Krone auf Kosten der zu entfernenden Zahnhälfte bukkolingual durchtrennt.

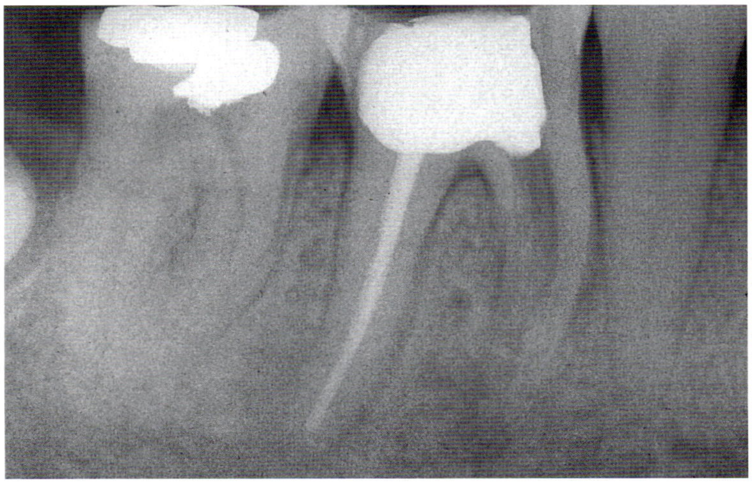

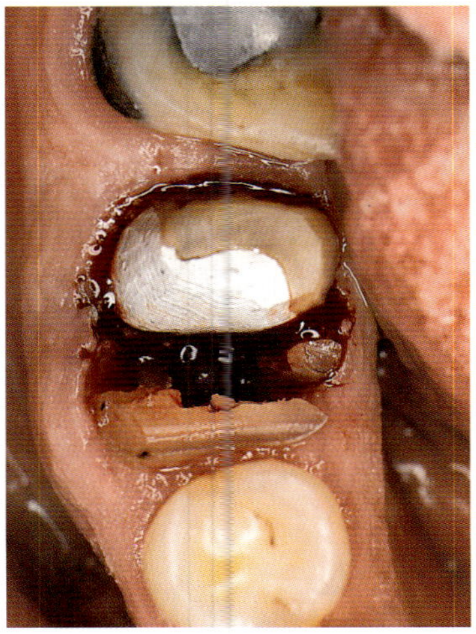

Das Röntgenbild ist wesentlicher Bestandteil der Diagnose. Es glich bei 75% der Fälle einer parodontalen Läsion, eine apikale Aufhellung trat bei 22% auf und eine Verlagerung von Wurzelsegmenten konnte nur bei 3% der untersuchten Zähne festgestellt werden (Meister et al. 1980). Wichtige diagnostische Hinweise sind eine vorhofähnliche Radioluzenz im Bereich der Wurzelspitze bis zur Wurzelmitte, ein angulär knöcherner parodontaler Defekt vom Alveolarknochen bis zum Frakturlinienende sowie ein gleichmäßig erweiterter Parodontalspalt (Tamse 1994).

90% aller vertikalen Frakturen sind vollständig und verlaufen bis zur gegenüberliegenden Wurzeloberfläche sowie von der Krone bis zur Wurzelspitze. Eine Regeneration ist nicht möglich (Walton et al. 1984). Ziel der Behandlung ist die Elimination des Frakturspaltes, über den eine Kommunikation zur Mundhöhle hergestellt wird. Einwurzelige Zähne werden meist extrahiert, bei mehrwurzeligen Zähnen wird die betroffene Wurzel hemiseziert. Ist die Fraktur auf den apikalen Bereich beschränkt, sollte eine Wurzelspitzenresektion durchgeführt werden (Wechsler et al. 1978).

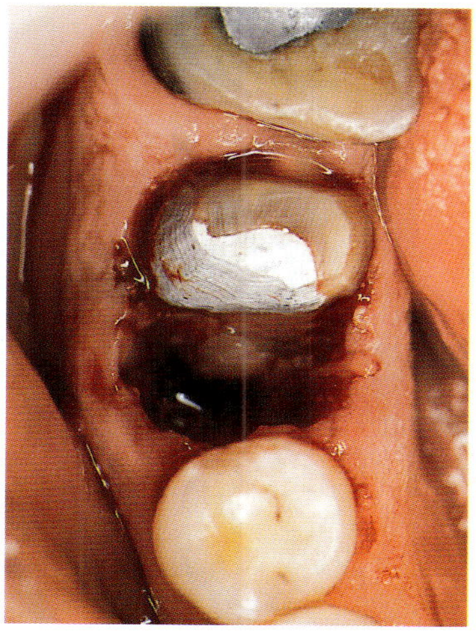

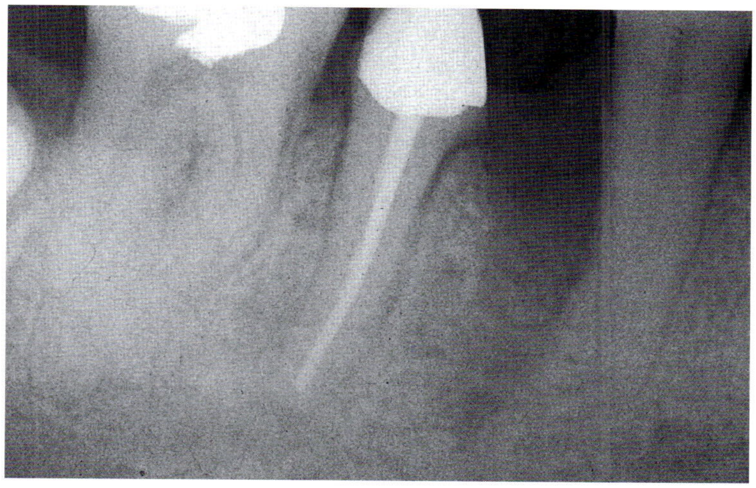

708 Extraktion und Kontrolle
Nach der Hemisektion wird die mesiale Zahnhälfte extrahiert. Anschließend wird im Röntgenbild kontrolliert, ob der Furkationsüberhang vollständig beseitigt ist. Man erkennt einen Überhang, der noch beigeschliffen werden muß.

Links: Klinische Kontrolle nach Extraktion der mesialen und Beschleifen der distalen Wurzel mit Korrektur des Dentinüberhangs.

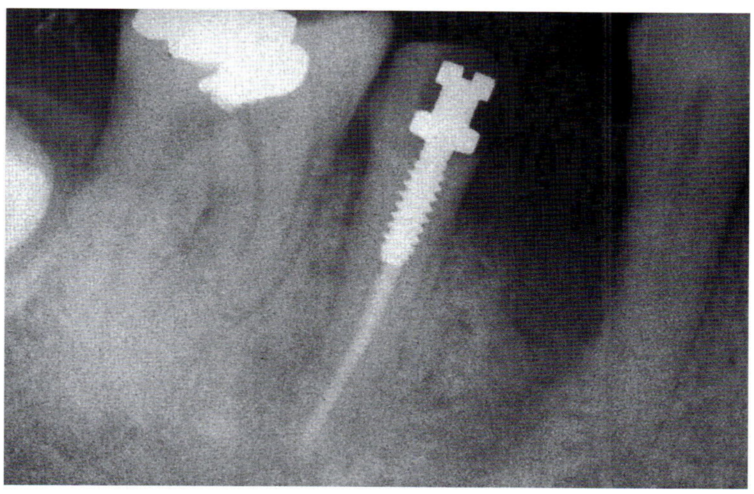

709 Stiftaufbau
Die Aufbaufüllung und die Wurzelkanalfüllung werden koronal entfernt und der Kanal zur Aufnahme eines Schraubenaufbaus präpariert. Die Endofix-P-Schraube wird nach Vorschneiden des Gewindes spannungsfrei eingesetzt, und anschließend wird die Restzahnkrone beschliffen.

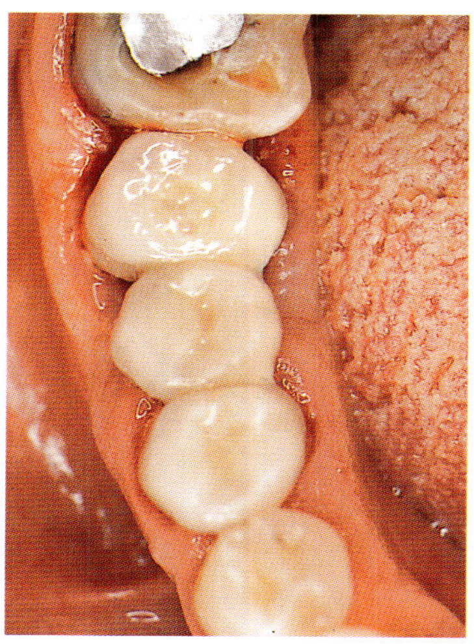

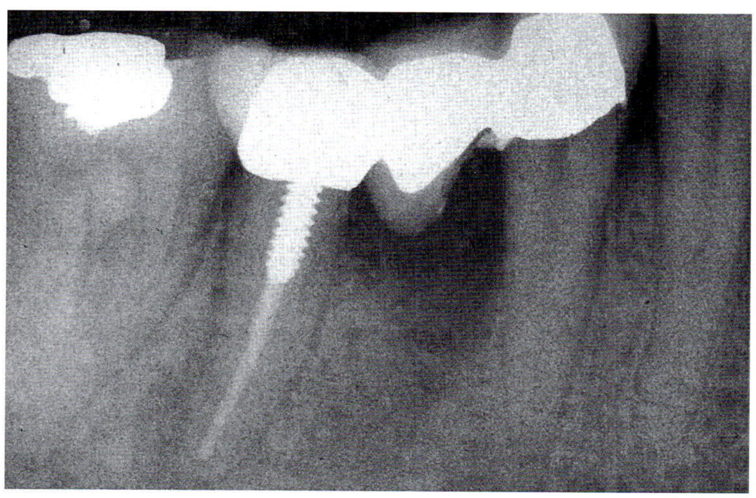

710 Restauration
Mißerfolge nach Hemisektion sind in der Mehrzahl auf Mängel bei der Planung der prothetischen Rekonstruktion zurückzuführen. Jeder zeitliche Aufschub der Rekonstruktion beeinträchtigt das postendodontische Regenerationsergebnis. Das fehlende Zahnsegment wird kurzfristig durch eine Brücke ersetzt.

Links: Die Okklusalfläche der Rekonstruktion soll die Kraft entlang der Zahnlängsachse dirigieren.

Infraktionen (Cracked-tooth)

Kroneninfraktionen sind unvollständige Frakturen, die sowohl bei restaurierten, aber auch bei unversorgten Zähnen auftreten. Die meisten Infraktionen verlaufen in vertikaler Richtung, ein horizontaler Verlauf ist eher selten. Die vertikalen Infraktionen durchlaufen die Krone in mesiodistaler Richtung und können auch eine oder beide Approximalseiten betreffen. Begünstigend wirken alle Faktoren, die die Stabilität des Zahnes herabsetzen wie Parafunktionen, mastikatorische Traumata, ausgedehnte Karies, parapulpäre Stiftverankerungen und schlecht gestaltete Kavitäten (Abou-Rass 1983).

Am häufigsten treten Kroneninfraktionen bei unteren ersten Molaren und Oberkieferprämolaren auf. Die klinische Symptomatik ist von der Tiefe der Infraktion abhängig. Bei oberflächlichen Infraktionen sind Schmerzen eher selten. Häufig wird ein Kauschmerz angegeben, der vor allem bei Entlastung des Zahnes auftritt. Tiefe Infraktionen, die das Pulpagewebe erreichen, weisen Zeichen einer akuten irreversiblen Pulpitis auf. Die Kroneninfraktion ist nicht mit einem bestimmten Leitsymptom, sondern mit einer Vielzahl von Beschwerden verknüpft (Guertsen 1992).

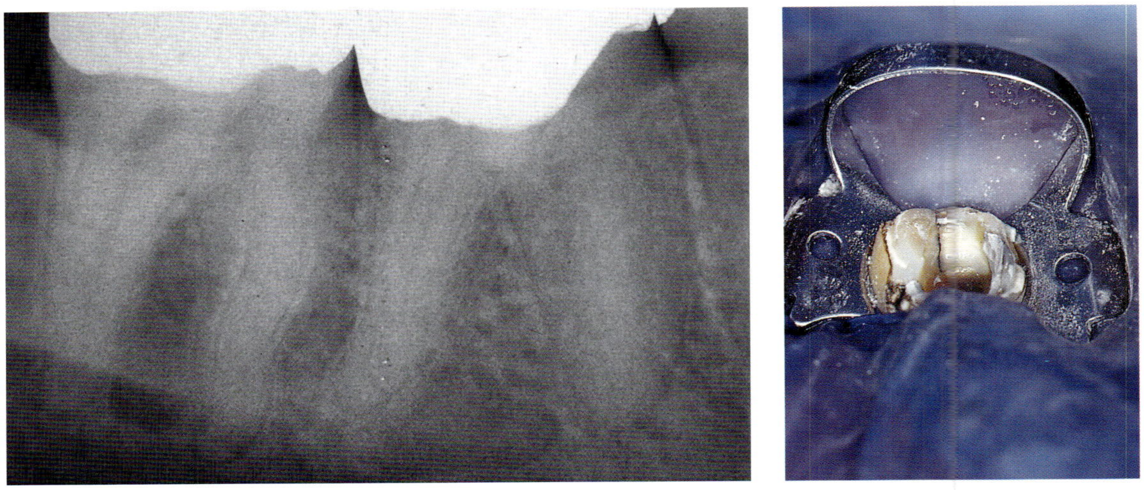

711 Diagnose
Der untere zweite Molar zeigt im Röntgenbild eine periapikale Aufhellung. Eine Frakturlinie oder andere Zeichen einer Fraktur können in keinem Bereich festgestellt werden.

Rechts: Nach Abnahme der 8 Jahre alten Kronenrestauration ist eine Infraktionslinie am Kavitätenboden sichtbar.

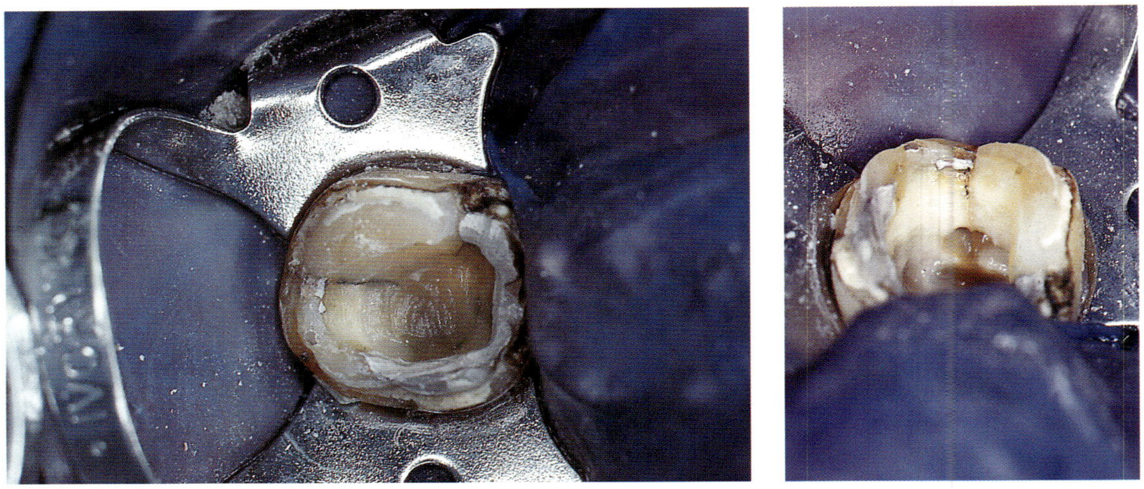

712 Karies
Nachdem kariöses Dentin exkaviert ist, zeigt sich am Kavitätenboden eine Frakturlinie. Die Kronensegmente sind jedoch nicht gegeneinander beweglich gewesen, so daß eine Infraktion vermutet werden kann.

Rechts: Distal ist eine Kariespenetration sichtbar, die sich unterhalb des Kronenrandes bis zum inneren Kavitätenboden erstreckt.

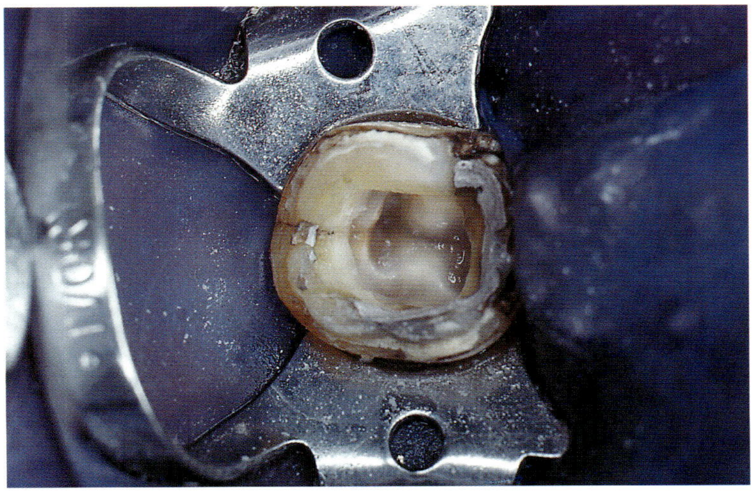

713 Trepanation
Nach der Trepanation des Kavitätenbodens findet sich eine Infraktionslinie am gesamten Kavitätenboden bis zu den mesialen Wurzelkanaleingängen. Die Wurzelkanäle werden sondiert, das nekrotische Gewebe exstirpiert und die Kanäle koronal erweitert.

Zunächst wird eine sorgfältige Inspektion der betroffenen Region mit Lupe, Kaltlicht sowie dem elektrischen Kariesmeter vorgenommen. Im Zweifelsfall wird die Okklusalregion mit Methylenblau angefärbt. Diese Techniken erlauben keine exakte Aussage über Ausmaß, Tiefe und Verlauf der Infraktion. Nach Ausschluß anderer Ursachen sollte der Patient mehrmals schnell die Zahnreihen schließen. Entlastungsschmerz spricht für eine unvollständige Vertikalfraktur. Erste therapeutische Maßnahme ist die Stabilisierung der Krone durch ein Stahlband (Liu u. Sidhu 1995).

Bei pulpitischen Beschwerden wird der Zahn trepaniert und wurzelkanalbehandelt. Die Wurzelkanäle sollten nicht zu exzessiv erweitert werden. Ist der Zahn nach Zwischeneinlage symptomlos, werden die Kanäle mit thermoplastischer Guttapercha gefüllt. Komplikationen nach Wurzelkanalbehandlung treten – unabhängig von den verwendeten Techniken – jedoch nicht auf (Liu u. Sidhu 1995). Adhäsive Zemente und Kompositmaterialien versiegeln anschließend koronale Teile des Zahnes. Die definitive Versorgung erfolgt mit Onlay oder Krone (Friedman et al. 1993).

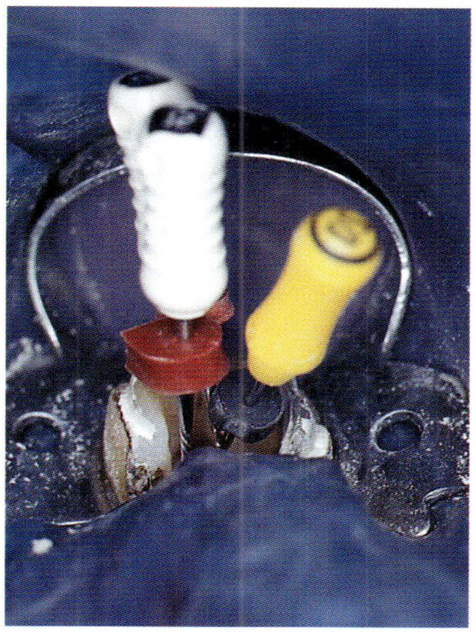

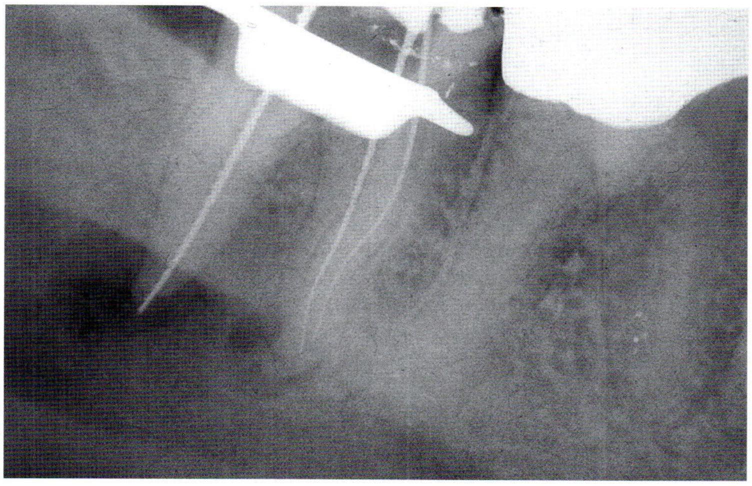

714 Meßröntgenaufnahme
Nach der vorsichtigen koronalen Erweiterung wird eine erste Meßröntgenaufnahme zur Bestimmung der Arbeitslänge erhoben. Die distale Länge wird anschließend noch korrigiert.

Links: In die Wurzelkanäle werden unterschiedliche Meßfeilen der Größe 15 (mesial) und 20 (distal) eingeschoben.

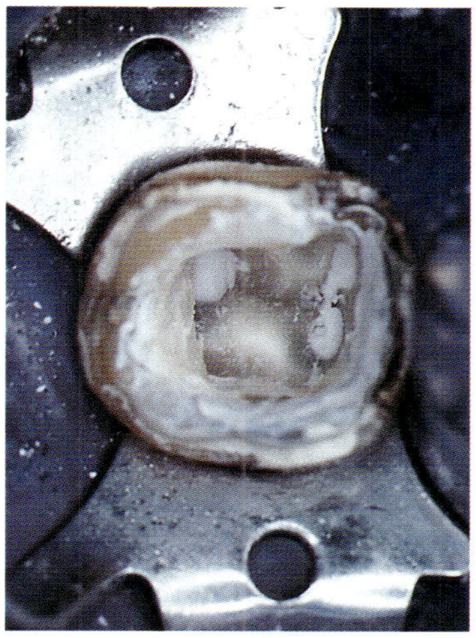

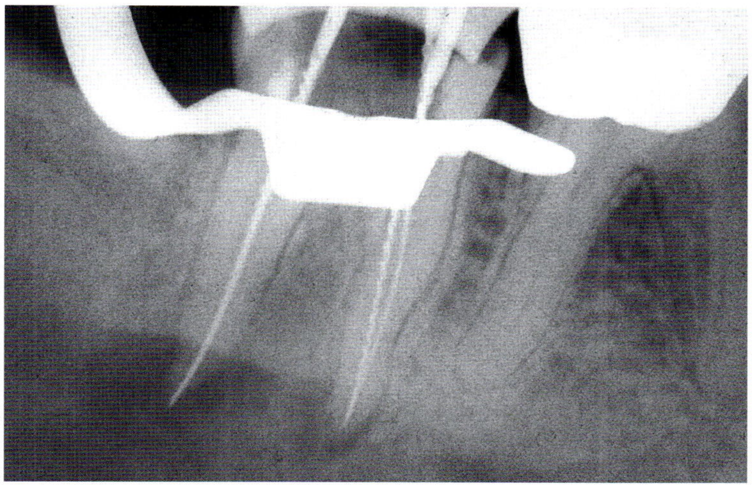

715 Meßröntgenaufnahme
Nach schonender Instrumentation der Wurzelkanäle bis zur Größe 30 und ohne Zeichen einer stärkeren Blutung wird eine zweite Längenkontrolle mittels Röntgenbild durchgeführt. Deutlich ist eine geringe Begradigung der mesialen Wurzelkanäle erkennbar. Distal wird die Arbeitstiefe nochmals gekürzt.

Links: Nach Spülung und Trocknung der Wurzelkanäle wird Kalziumhydroxid fest eingestopft.

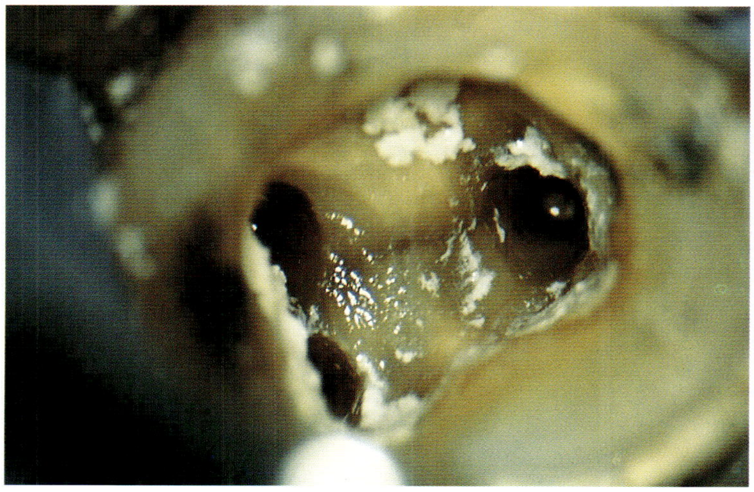

716 Reinstrumentation
Nach 3 Monaten wird bei klinischer Symptomlosigkeit und Verringerung des Perkussionsschmerzes die Zwischeneinlage herausgespült. Im Operationsmikoskop kann bei 20facher Vergrößerung der Verlauf der Infraktionslinie bis in die Kanaleingänge begutachtet werden.

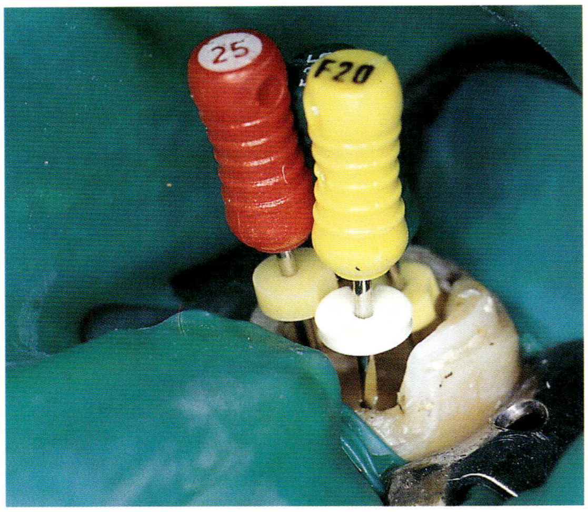

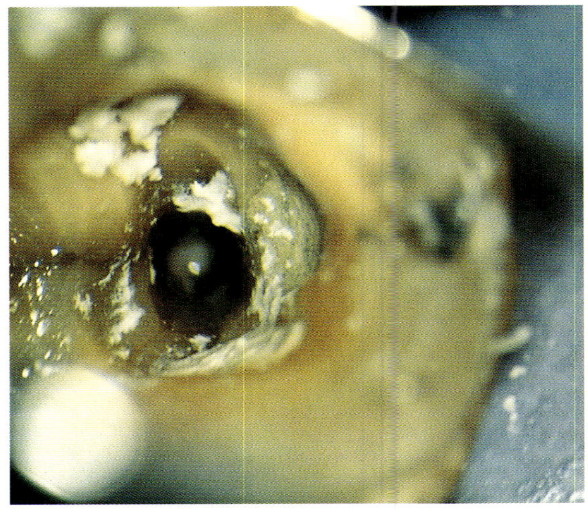

717 Instrumentation
Links: Die mesialen Wurzelkanäle werden bis zur Größe der apikalen Meisterfeile nochmals vorsichtig instrumentiert und mit Natriumhypochlorit gespült.

Rechts: Mit dem Operationsmikroskop wird kontrolliert, ob sich noch Kalziumhydroxidreste in der Tiefe der Wurzelkanäle befinden.

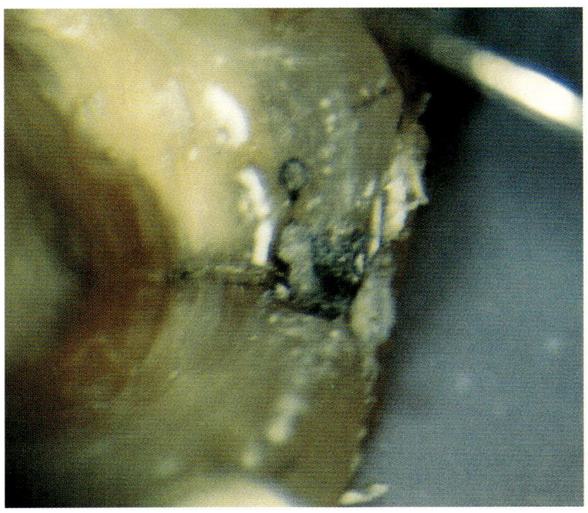
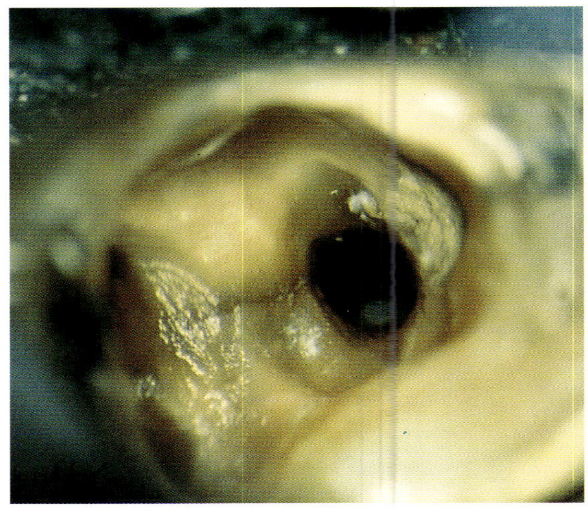

718 Mikroskopische Kontrolle
Links: Bei 25facher Vergrößerung wird der distale Frakturverlauf kontrolliert und Restkaries exkaviert.

Rechts: Nach der letzten Spülung werden die Kanäle sorgfältig getrocknet und die Papierspitze auf eine seitliche Blutung als Zeichen einer vollständigen Fraktur untersucht, die aber nicht vorliegt.

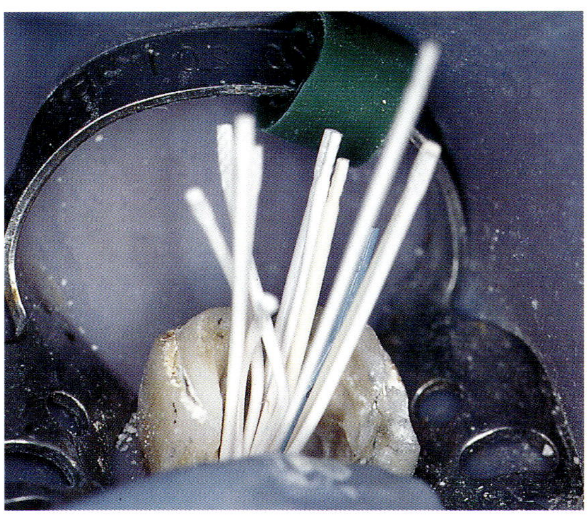
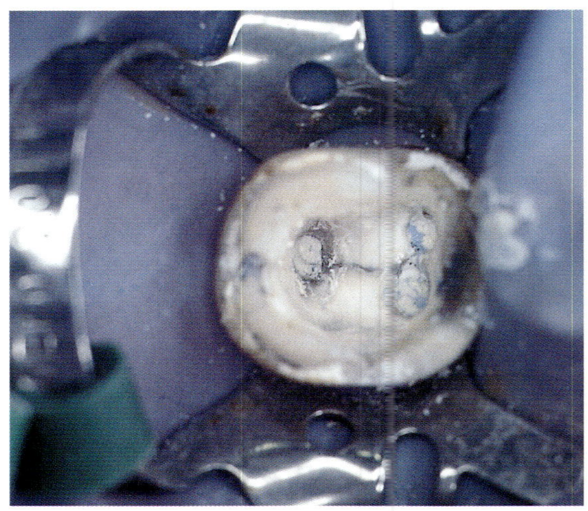

719 Wurzelkanalfüllung
Links: Nach Anpassen des Guttapercha-Masterpoints der Größe 30 wird mit weiteren Guttaperchastiften die Wurzelkanalfüllung ohne starke laterale Druckausübung vervollständigt.

Rechts: Anschließend erfolgt das koronale Abtrennen der herausragenden Guttapercha mit einem heißen Exkavator.

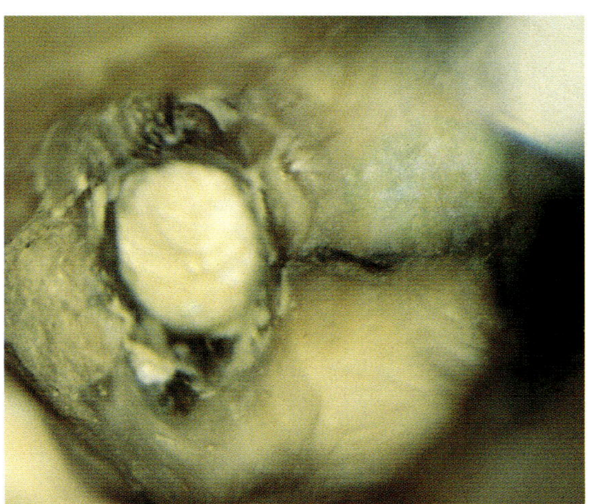
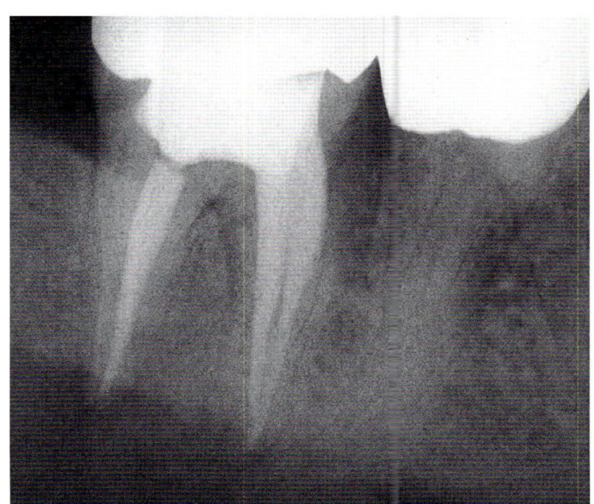

720 Kontrolle
Links: Die Guttapercha wird wenigstens 1 mm unterhalb des Kanaleingangs abgesetzt. Im Mikroskop ist eine Blutung durch den Infraktionspalt, die eine Komplikation der Behandlung darstellen könnte, nicht erkennbar.

Rechts: Das Röntgenbild zeigt eine dichte, homogene Kanalfüllung. 3 Monate nach der ersten Sitzung ist eine weitgehende Regeneration der periapikalen Aufhellung eingetreten.

Postendodontische Versorgung

Die koronale Restauration ist integraler Bestandteil der endodontischen Behandlung. Obturierte Wurzelkanäle können durch Mikroorganismen rekontaminiert werden, wenn die koronale Restauration zu spät erfolgt, die temporäre Füllung zwischen den Sitzungen undicht wird, wenn es zur Fraktur der Restauration oder der Zahnhartsubstanz kommt oder der apikale Füllungsanteil nach Stiftpräparation zu kurz ist (Saunders u. Saunders 1994). Klein et al. (1996) begutachteten 742 Wurzelkanalfüllungen und fanden die mit 46% geringste Erfolgsrate bei schlechter koronaler Restauration und gleichzeitig insuffizienter Wurzelkanalfüllung. Eine schlechte Restauration in Verbindung mit einer guten Wurzelkanalfüllung führte dennoch in 71% der Fälle zum Erfolg. Bei 79% der Fälle mit guter koronaler Restauration, aber schlechter Wurzelkanalbehandlung war ein Behandlungserfolg zu verzeichen und bei 86% der Fälle mit gleichzeitig guter koronaler und apikaler Abdichtung. Die Untersuchung zeigt, daß die Qualität des koronalen Abschlusses den Erfolg in gleichem Maße beeinflußt wie die Qualität der Wurzelkanalbehandlung.

Auch die Wahl des koronalen Verschlußmittels hat entscheidenden Einfluß auf den Gesamterfolg. Mit Kronen versorgte wurzelkanalbehandelte Zähne weisen in der 2-Jahres-Untersuchung von Safavi et al. (1987) mit über 70% die höchste Erfolgsquote auf. Dagegen schnitten sowohl temporäre Versorgungen mit IRM-Zement als auch Amalgamfüllungen mit 57 bzw. 51% deutlich schlechter ab. Wird der Zahn nach endodontischer Behandlung nicht koronal verschlossen, können innerhalb von 48 Stunden Bakterien durch den ungefüllten Wurzelkanal penetrieren. Kanäle mit einer dichten Wurzelkanalfüllung waren bei unverschlossener Trepanationsöffnung nach 4–48 Tagen durchgängig bakteriell kontaminiert. Dagegen konnte in keinem Kanal mit dicht verschlossener Eingangskavität eine Bakterienpenetration nachgewiesen werden (Torabinejad et al. 1990, Khayat et al. 1993). Auch bakterielle Endotoxine penetrieren innerhalb von 3 Wochen durch die Wurzelkanalfüllung. Demgegenüber können bei dichtem koronalem Verschluß im Kanal keine Endotoxine nachgewiesen werden (Trope et al. 1995).

Die temporäre Füllung sollte mindestens eine Dicke von 3 mm aufweisen, um einer Auflösung und Penetration durch bakteriell kontaminierten Speichel zu widerstehen. Dünnere Füllungen ermöglichen eine Besiedelung des Kanals mit Bakterien. Bereits nach 3 Tagen sind bis zu 85% der insuffizient temporär verschlossenen Zähne mit Speichel und Bakterien kontaminiert. Ist der Zahn während der Wurzelkanalbehandlung für mehr als 3 Tage zum oralen Millieu hin offen geblieben, muß der gesamte Wurzelkanal erneut aufbereitet und gespült werden und eine Kalziumhydroxidzwischeneinlage vor der definitiven Obturation eingebracht werden. Wenn die koronale Füllung oder Restauration zerstört und der Kanal mehr als 3 Monate einer Speichelkontamination ausgesetzt war, muß die gesamte Wurzelkanalfüllung revidiert werden, und die Wurzelkanäle müssen vollständig reinstrumentiert werden (Magura et al. 1991).

Provisorischer koronaler Verschluß

Der provisorische Verschluß soll die koronale Trepanationsöffnung zwischen den Sitzungen dicht verschließen, um eine Bakterienpenetration in das Wurzelkanalsystem zu vermeiden. Zwei der am häufigsten verwendeten Verschlußmittel sind Cavit und IRM-Zement. In einer Untersuchung von Kazemi et al. (1994) zum Abdichtungsverhalten ließ Cavit eine partielle Penetration durch das Füllmaterial bis zu einer Tiefe von 4,3 mm und eine marginale Penetration von 4,4 mm zu. Durch IRM penetrierte der Farbstoff nur 0,5 mm, marginal aber ebenfalls auf einer Länge von 4,9 mm.

Die ermittelte Penetrationstiefe durch das provisorische Verschlußmittel widerlegt die These von Saunders u. Saunders (1994), die eine Dicke von 3,5 mm als ausreichend ansehen. Vielmehr ist eine Dicke von über 4 mm anzustreben (Hansen u. Montgomery 1993). Sowohl bei wurzelkanalgefüllten Zähnen mit einer etwa 3 mm dicken IRM-Füllung als auch bei koronal offenen Zähnen tritt nach 3 Monaten eine gleich schwere Speichelpenetration auf. Diese Füllungen sollten bereits nach einem Monat erneuert werden, da sich das Ausmaß der Undichtigkeit mehr als verdoppelt (Magura et al. 1991).

721 Trepanation
Unterer zweiter Molar, der als Schmerzfall vom erstbehandelnden Zahnarzt aufbereitet und mit N2-Zement und Guttaperchastiften als Zwischeneinlage versehen und anschließend wegen Schmerzpersistenz wieder eröffnet wurde.

Rechts: Ausgangsröntgenbild vor der Erstbehandlung mit distaler periapikaler Aufhellung.

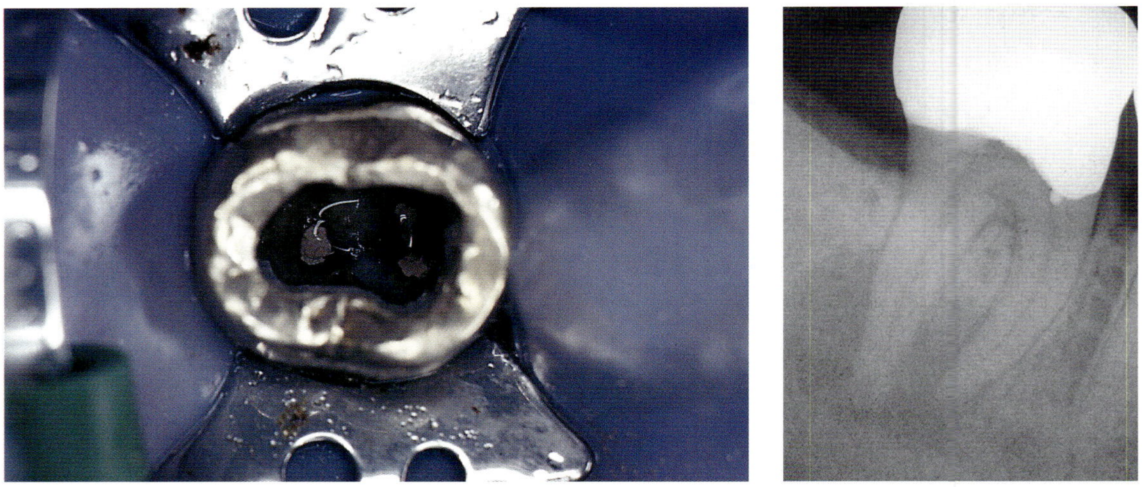

722 Instrumentation
Auf Grund der undichten provisorischen Füllung und teilweisen Füllungsverlusts ist es zur bakteriellen Penetration in die Kavität und vermutlich auch in die Wurzelkanäle gekommen. Die Kanäle werden erneut vollständig aufbereitet und mit NaOCl gespült.

Rechts: Die Arbeitstiefe wird mit einer Meßröntgenaufnahme bestimmt.

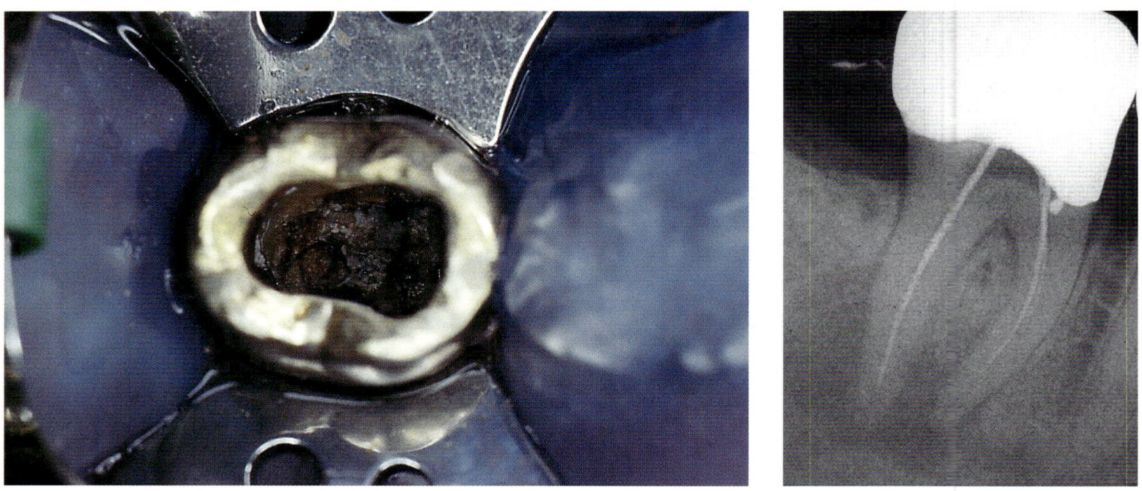

723 Zwischeneinlage
Nachdem die Wurzelkanäle vollständig aufbereitet und nach abschließender Spülung getrocknet wurden, kann die Zwischeneinlage einrotiert werden. Die Kanäle sind geruchlos, und eine Sekretion ist nicht festzustellen.

Rechts: Wäßriges Kalziumhydroxid wird mit Papierspitzen fest in die Kanäle eingestopft, um einen guten Dentinwandkontakt zu erzielen.

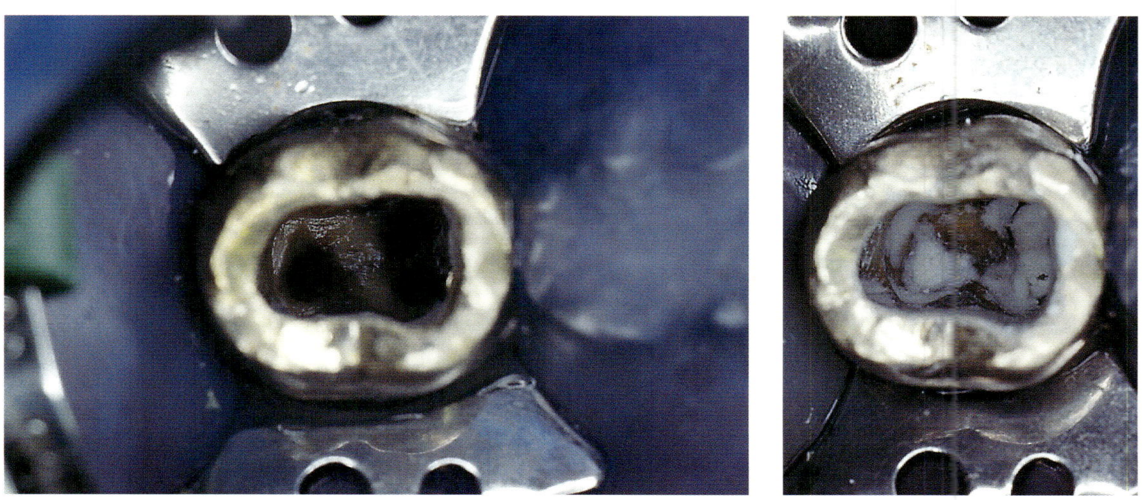

Die Art des provisorischen Verschlußmaterials kann die Dichtheit der definitiven Restauration negativ beeinflussen. IRM-Zement, Cavit, Dycal, aber auch Grossman-Zement verringern die Haftfestigkeit eines Kompositmaterials am Dentin auf die Hälfte des Kontrollwertes (Macchi et al. 1992). Dagegen beeinflußt die Art der Zwischeneinlage im Wurzelkanal das Abdichtungsverhalten des Füllungsmaterials nicht wesentlich. Weder Eugenol, Formokresol noch Chlorphenol bewirkten eine höhere Penetration durch die Abschlußfüllung (Rutledge u. Montgomery 1990).

Ein Bedecken der Kanaleingänge mit einem Wattepellet vor Applikation der provisorischen Füllung ist nicht empfehlenswert und erhöht die Penetrationsmöglichkeit. Bei Verwendung von IRM fand sich doppelt so häufig eine Verfärbung des Wattepellets, welches direkt unterhalb der 5 mm dicken Füllung am Kavitätenboden lag, wie bei Cavit (Kazemi et al. 1994). Werden die Kanaleingänge durch das Verschlußmittel abgedichtet, so ist eine Auflösung der Zwischeneinlage durch Speichel, der über undichte Kronen- bzw. Füllungsränder eindringen kann, sehr unwahrscheinlich.

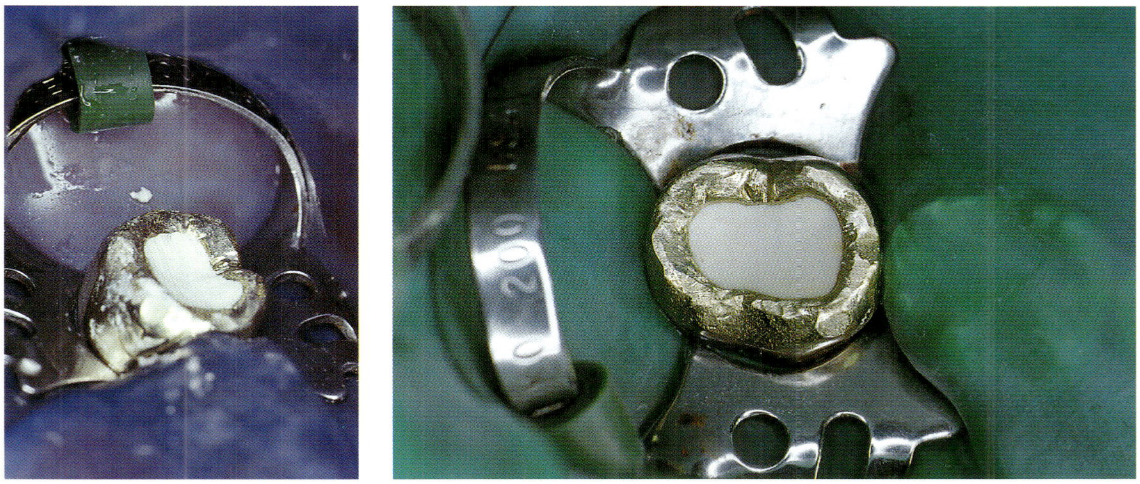

724 Provisorischer koronaler Verschluß
3 Monate nach der Erstbehandlung wird unter Kofferdam die Integrität der provisorischen, 4 mm dicken Zinkphosphat-Zementfüllung kontrolliert. Nur ein geringer Substanzverlust ist feststellbar.

Links: Die nach der ersten Sitzung eingebrachte Interimsfüllung bedeckt die Kanaleingänge und schließt die Trepanationsöffnung zum oralen Milieu ab.

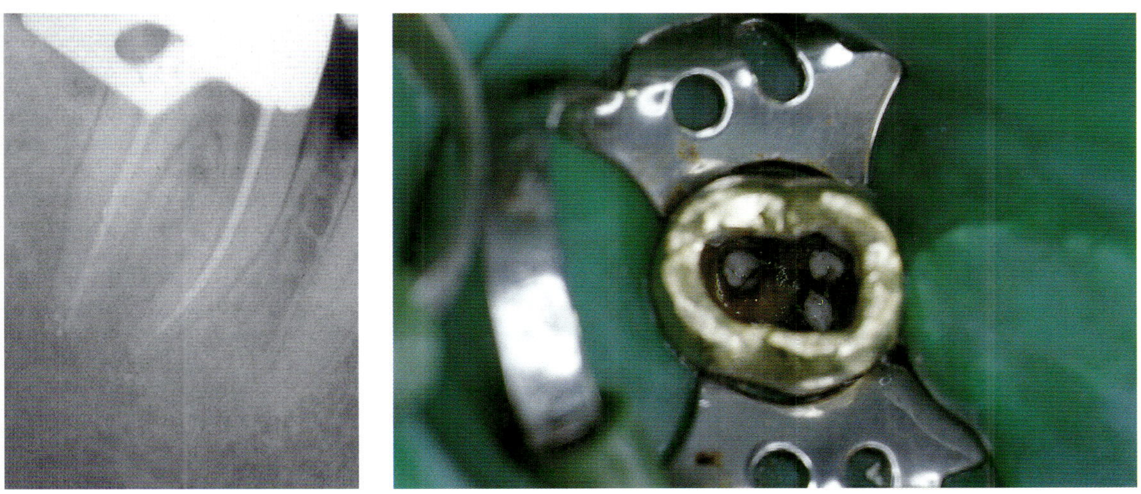

725 Kontrolle der Integrität der Zwischeneinlage
Nach der Trepanation wird die Zementfüllung vollständig entfernt und die Kalziumhydroxid-Zwischeneinlage kontrolliert. Eine Auflösung ist nicht festzustellen, so daß eine Speichelkontamination wohl ausgeschlossen ist.

Links: Die Masterpointröntgenaufnahme kontrolliert sowohl den Sitz der Guttaperchastifte als auch die Regeneration der periapikalen Aufhellung.

726 Kontrolle der definitiven Wurzelkanalfüllung
Die 3 Wurzelkanäle werden mit Guttapercha und AHplus nach der lateralen Kondensationstechnik gefüllt. Anschließend wird die Guttapercha unterhalb des Kanaleingangs abgetrennt und die Kavität mit Phosphatzement und einer adhäsiven Füllung abgedichtet.

Links: In der Röntgenkontrolle ist eine homogene und apikal dichte Wurzelkanalfüllung sichtbar.

Frakturgefahr und Teilkronenversorgung

Frakturen wurzelkanalbehandelter Zähne werden häufig mit reduzierten physikalischen Eigenschaften des Dentins in Verbindung gebracht. Dentin vitaler bzw. wurzelkanalbehandelter Zähne weist jedoch keine Unterschiede in seinen Festigkeitswerten auf. Die Art der Zugangskavität und der anschließenden Restauration beeinflußt jedoch die Frakturgefahr. Nach mo-Präparation lag die Belastungsfähigkeit bei 81%, nach mod-Präparation nur noch bei 61%. Die endodontische Zugangskavität verringerte die koronale Steifigkeit nochmals auf die Hälfte (Panitvisai u. Messer 1995).

Das Dentin wurzelkanalbehandelter Zähne ist keinesfalls frakturanfälliger als das vitaler Zähne. Weder die Dehydratation noch das Alter der Patienten hatte einen wesentlichen Einfluß auf die Verformbarkeit (Huang et al. 1992). Die Entfernung des Pulpakammerdaches und der Randleisten reduziert die Widerstandfähigkeit erheblich. Molaren frakturieren erst bei einer Belastung von 341 kg, eine mod-Präparation reduziert die Höchstbelastung auf 222 kg. Zähne mit zusätzlicher endodontischer Zugangskavität frakturieren bereits bei einer Belastung mit 121 kg (Howe u. McKendry 1990).

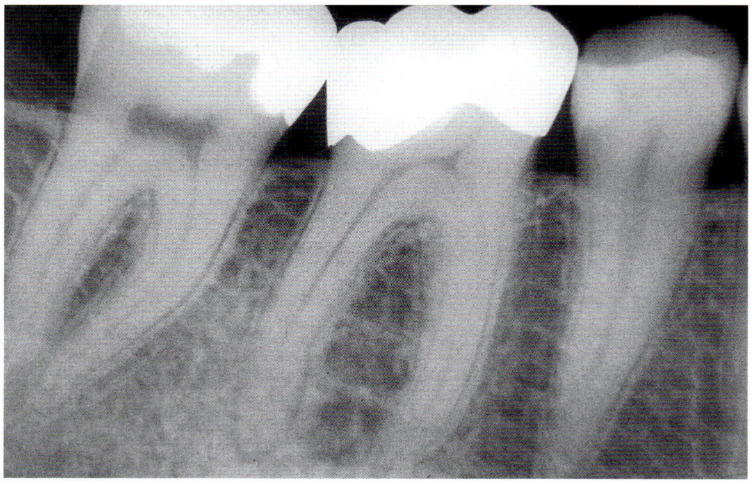
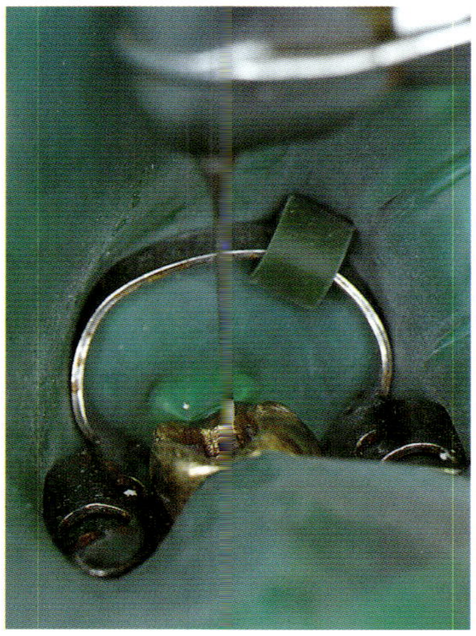

727 Trepanation
Unterer erster Molar mit einer Dreiviertelkrone, der neben klinischen Symptomen wie Schmerzen und Perkussionsempfindlichkeit auch eine geringe periapikale Aufhellung um die distale Wurzelspitze aufweist.

Rechts: Nach großzügiger Trepanation wird die Integrität der Krone kontrolliert und anschließend der koronale Kanalbereich maschinell aufbereitet.

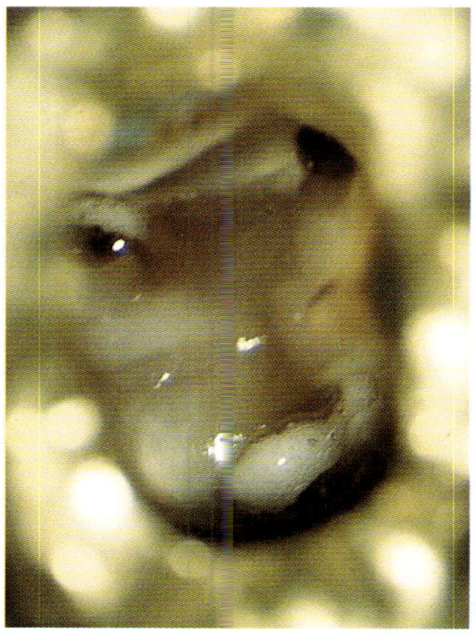

728 Nekrose
Im Operationsmikroskop erkennt man nach Entfernen des Pulpakammerdaches und Lokalisation der Kanaleingänge nekrotisches Pulpagewebe in allen 3 Wurzelkanälen.

Rechts: Nach Spülung werden die Wurzelkanäle unter Zuhilfenahme des Chelators RC-Prep instrumentiert.

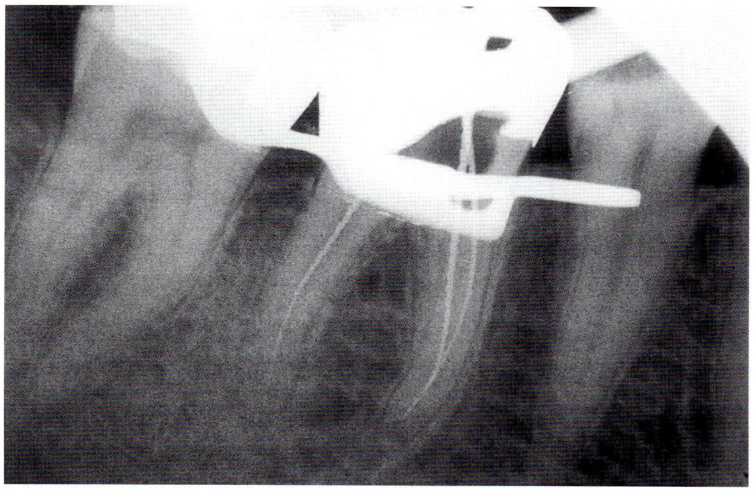

729 Instrumentation
Nach Festlegen der Arbeitstiefe im Röntgenbild werden die 3 Wurzelkanäle instrumentiert und apikal bis zur Größe 30 aufbereitet. Koronal wird maschinell mit Gates-Glidden-Bohrern konisch erweitert.

Die veränderten mechanischen Eigenschaften der präparierten Zähne erhöhen die Frakturanfälligkeit. Die Restauration wurzelkanalbehandelter Zähne mit Amalgam führt über einen Beobachtungszeitraum von 20 Jahren zu eher unbefriedigenden Ergebnissen. Zähne mit einer mod-Füllung weisen weit häufiger Frakturen auf als Zähne mit intakter Randleiste. Nur 30% der oberen und 40% der unteren Prämolaren waren am Ende des Beobachtungszeitraumes noch intakt. Zähne mit einer do- oder mo-Restauration zeigen mit 80% eine deutlich bessere Überlebensrate (Hansen et al. 1990).

Eine mod-Restauration mit Amalgam verringert die Frakturgefahr und erhöht die Steifigkeit von 61 auf 82%; dagegen verbessert sich die Belastung nach Höckerfassung durch eine gegossene Teilkrone auf 125%. Eine Amalgamfüllung mit Bedecken der Höcker erhöht die Steifigkeit mesialer Höcker auf 175%, distal jedoch nur auf 102%. Endodontisch behandelte Zähne müssen demzufolge wenigstens mit einer gegossenen Teilkrone und Höckerfassung restauriert werden, um einen langfristig sicheren Schutz gegenüber Zahnfraktur zu gewährleisten (Linn u. Messer 1994).

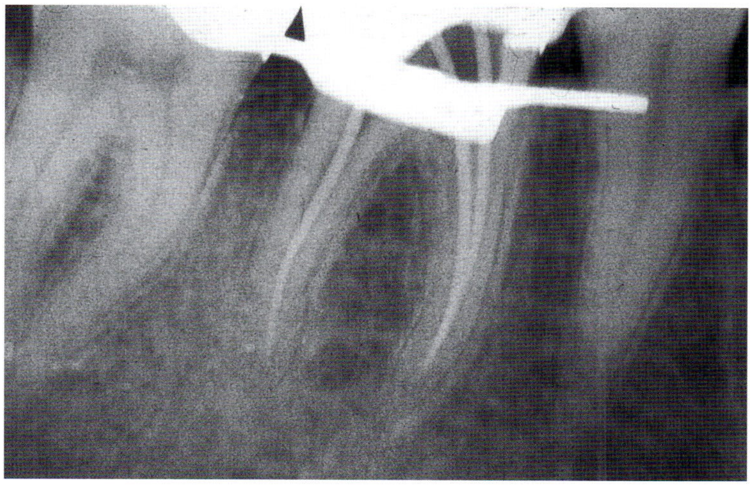

730 Masterpoint
Nach 4wöchiger Zwischeneinlage werden in der zweiten Sitzung die Wurzelkanäle gespült und getrocknet und die 3 Guttapercha-Masterpoints im Röntgenbild eingemessen. Gleichzeitig wird die Tiefe der Instrumentation geprüft.

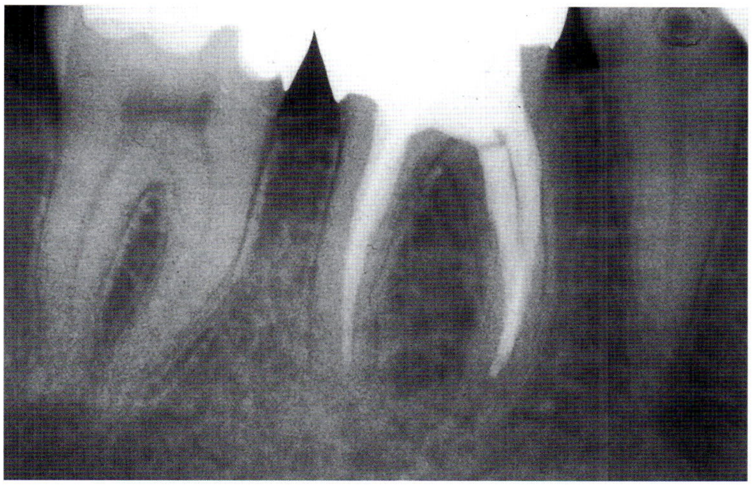

731 Wurzelkanalfüllung
Mittels weiterer Guttaperchastifte und eines Kunststoff-Sealers werden die Kanäle vollständig obturiert. Der Erfolg wird abschließend im Röntgenbild kontrolliert. Die Wurzelkanalfüllung erfolgt bei klinischer Symptomlosigkeit und bei Zeichen einer Regeneration der periapikalen Läsion.

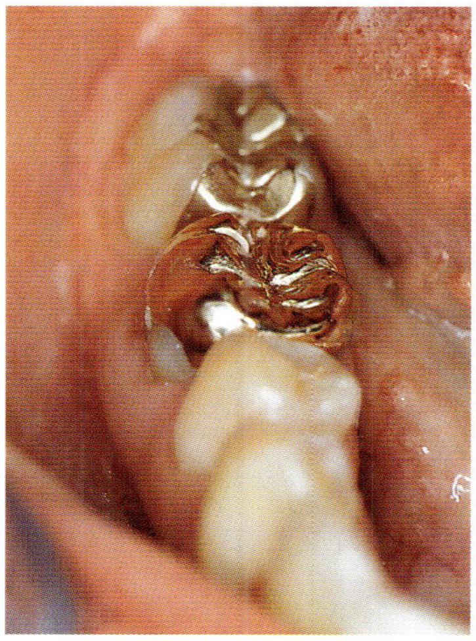

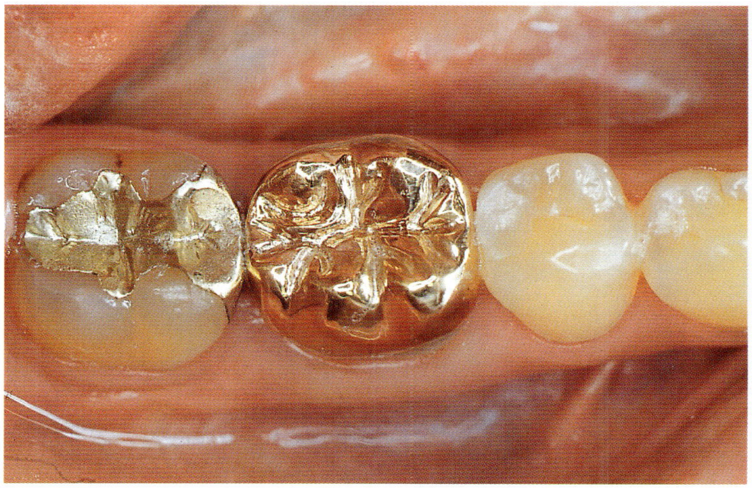

732 Restauration
Unmittelbar nach der Wurzelkanalfüllung wird die Zahnkrone mit einem Glasionomerzement wiederaufgebaut und zur Restauration mit einer neuen Teilkrone nachpräpariert, abgeformt und mit einem Provisorium versehen. Bereits nach einer Woche kann die Restauration definitiv eingesetzt werden.

Links: Kontrolle der Randadaptation der einzementierten Teilkrone, die den Zahn vor Überlastung und Rekontamination schützt.

Kronenrestauration

Die Wurzelkanalbehandlung verändert die mechanischen Eigenschaften des Zahnes nur unwesentlich. In einer Studie von Sedgley et al. (1992) wurden 23 vor 10 Jahren wurzelkanalbehandelte und ebensoviele vitale, extrahierte Zähne der gleichen Patienten hinsichtlich biomechanischer Eigenschaften geprüft. Die Mikrohärte erreichte den Wert 66,8 bei endodontisch behandelten und 69,1 bei vitalen Zähnen. Wurzelkanalbehandelte Zähne frakturierten bei einer Kraft von 611 N und vitale bereits bei 574 N. Das Dentin wurzelkanalbehandelter Zähne weist keine reduzierte Widerstandsfähigkeit auf.

Die Art der Restauration nach Wurzelkanalbehandlung hängt von der Menge verbliebener Hartsubstanz und der auf den Zahn einwirkenden Kraft ab. Frontzähne werden nur mit einer Kunststofffüllung versorgt, wenn der Defekt nicht zu groß ist. Die Frakturgefahr war in einer klinischen Untersuchung von Sorensen u. Martinoff (1985) an Frontzähnen nur um 2% geringer, wenn der Zahn überkront wurde. Dagegen waren nicht überkronte Seitenzähne mit einer Frakturhäufigkeit von 38–48% deutlich frakturgefährdeter als überkronte Zähne mit unter 10% bei Prämolaren bzw. 5% bei Molaren.

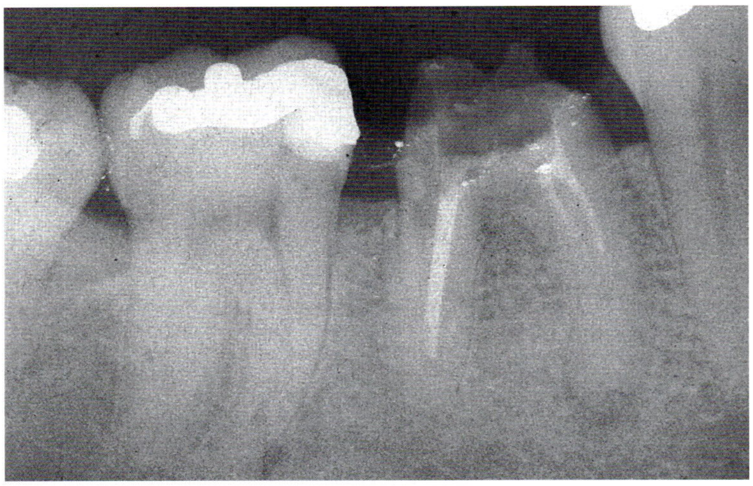
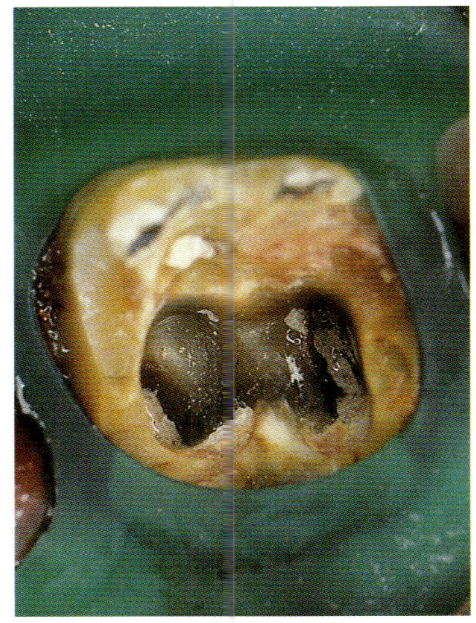

733 Revision
Unterer erster Molar mit insuffizienter Wurzelkanalbehandlung und periapikaler Aufhellung. Die alte Krone ist entfernt worden, der Zahn ist klinisch symptomlos.

Rechts: Klinisch ist ein Großteil der Krone nicht mehr vorhanden. Das Auffinden der Kanaleingänge ist problemlos möglich.

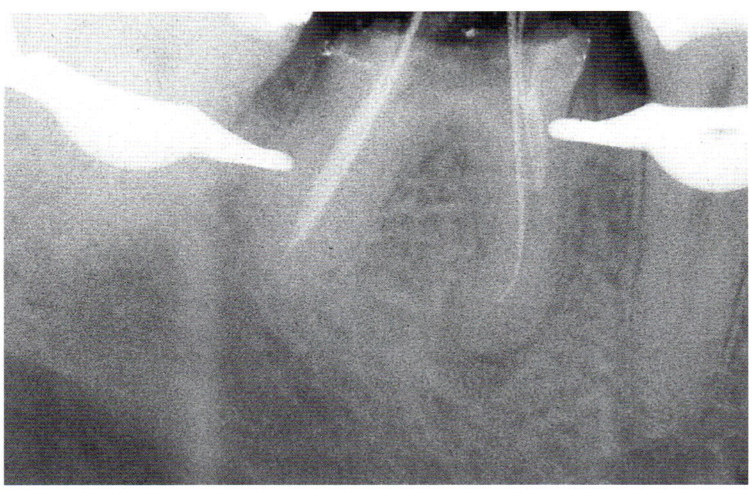
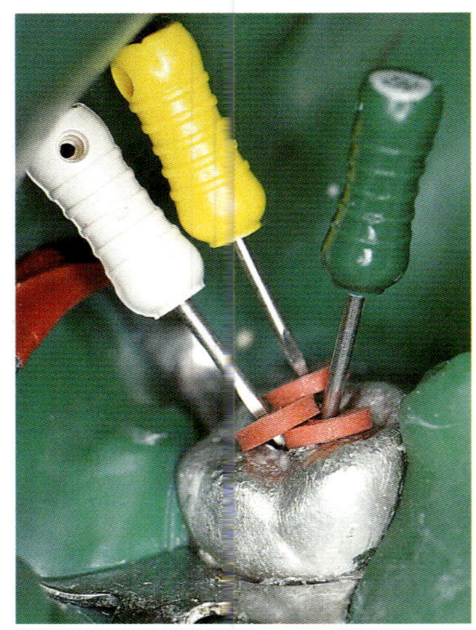

734 Instrumentation
Unter Kofferdam, der an den gegenüberliegenden Zähnen befestigt ist, werden die 3 Wurzelkanäle nach röntgenographischer Längenbestimmung erneut instrumentiert.

Rechts: Zur reproduzierbaren Längenbestimmung und als Schutz vor einer bakteriellen Rekontamination wird noch eine konfektionierte Interimskrone einzementiert und anschließend trepaniert.

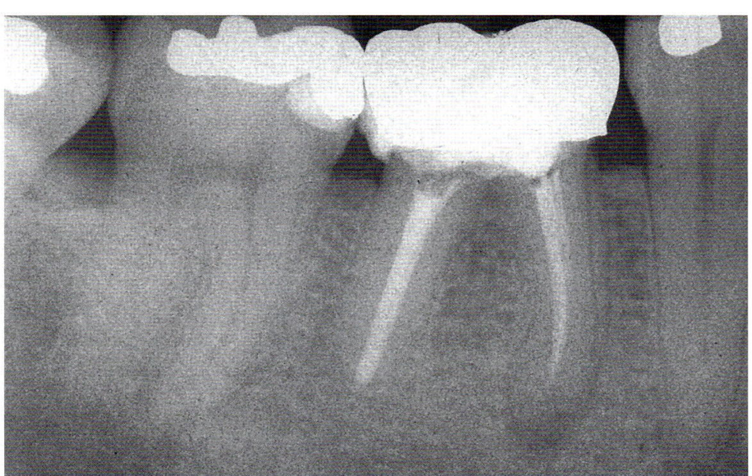
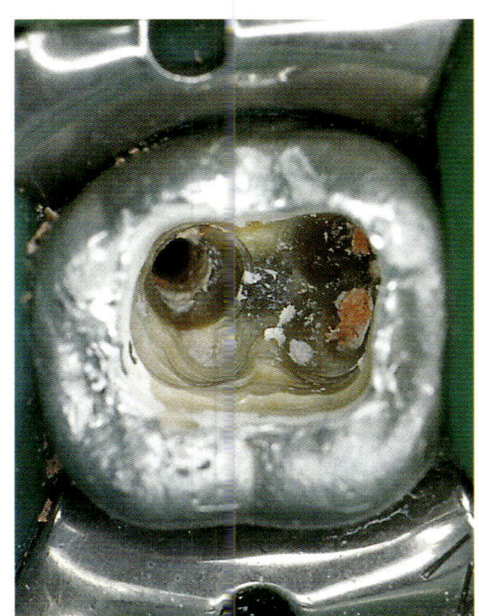

735 Wurzelkanalfüllung
Nach 3monatiger Kalziumhydroxid-Zwischeneinlage und bei klinischer Symptomlosigkeit werden die Kanäle mit Guttapercha gefüllt. Der Erfolg wird im Abschlußröntgenbild kontrolliert.

Rechts: Nachdem koronal die Guttapercha abgetrennt wurde, erfolgt die Präparation des distalen Wurzelkanals zur Aufnahme eines Schraubenaufbaus.

Der Hartsubstanzverlust kann die mechanischen Eigenschaften negativ beeinflussen. Daher bestimmt die Quantität des in der Krone verbliebenen Dentins zu einem erheblichen Teil die Widerstandsfähigkeit eines endodontisch behandelten Zahnes. Wird die Zahnkrone präpariert, so sinkt der Frakturwiderstand bei schräger Belastung auf 46 kg gegenüber 54 kg bei nicht präparierten Zähnen. Wird der Zahnstumpf mit EDTA vorbehandelt und mit Komposit wieder aufgebaut, ist der Widerstand wieder mit dem unbehandelter Zahnkronen vergleichbar (Sornkul u. Stannard 1992).

Der Zahn muß vor der Kronenversorgung adhäsiv aufgebaut werden. Anschließend kann eine verblendete Gußkrone eingesetzt werden, wobei der Erfolg auch von der Wahl des Zementierungsmittels abhängig ist. Die Krone wies nach Zementieren mit einem Kompositzement bei In-vitro-Tests mit 16,6% die geringsten Undichtigkeiten auf, gefolgt von einem Glasionomerzement mit 33,2% Farbstoffnachweis. Mehr als die Hälfte der mit Polycarboxylat- bzw. Phosphatzement zementierten Kronen wiesen Randundichtigkeiten auf (White et al. 1995).

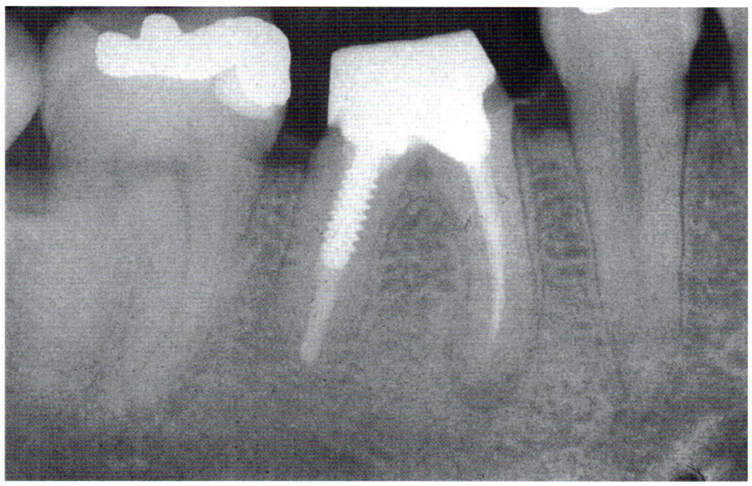

736 Schraubenaufbau
Nach Vorschneiden des Gewindes wird der Schraubenaufbau spannungslos eingedreht und der Zahnstumpf nach dem Ätzen mit einem Dentinbonding bestrichen und mit einem Komposit wieder aufgebaut.

Links: Der Schraubenaufbau wird mit Polycarboxylatzement benetzt und langsam in den distalen Kanal eingedreht.

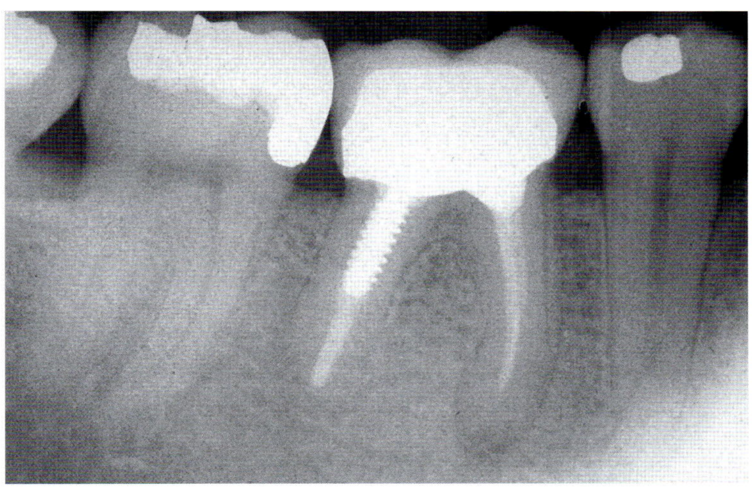

737 Kronenversorgung
Nach einer weiteren Woche kann die definitive Krone mit Glasionomerzement eingesetzt werden. Die 1-Jahres-Röntgenkontrolle weist optimale Randverhältnisse nach; die angrenzenden Füllungen sind ebenfalls erneuert worden.

Links: Schraubenaufbauten zur Versorgung posteriorer Zähne (Straumann).

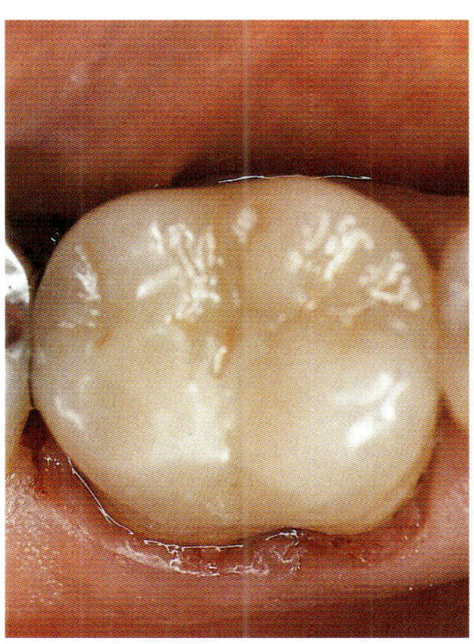

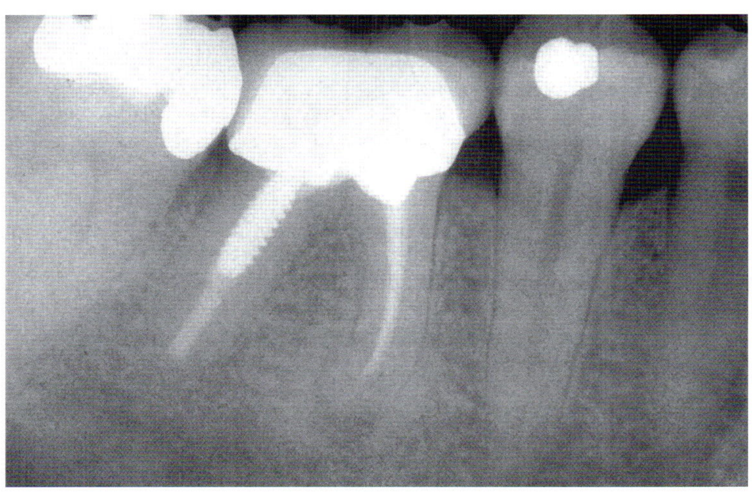

738 Kontrolle
Die Röntgenkontrolle 3 Jahre nach der Behandlung weist eine fast vollständige Regeneration der periapikalen Aufhellung an der mesialen Wurzelspitze nach.

Links: Der Zahn ist normal belastbar. Vor dem Einsetzen der VMK-Krone wurde zur Erhöhung der Retention chirurgisch die Krone verlängert.

Wurzelkanalstifte

In den Wurzelkanal eingebrachte Stiftaufbauten sollten eigentlich zu einer Verstärkung der geschwächten Wurzel führen. Laboruntersuchungen haben jedoch gezeigt, daß die Präparation eines Stiftkanals die Zahnhartsubstanz weiter schwächt und das Plazieren des Stiftes die Widerstandskraft des Zahnes gegenüber dem Zustand vor der Präparation nicht steigert. Im Wurzelkanal verankerte Stifte bewirken keine Verstärkung der Wurzel und dienen allein dem Zweck, eine zusätzliche Retention für Aufbau und Kronenersatz zu bieten (deCleen 1992).

Die Guttapercha kann koronal mit organischen Lösungsmitteln wie Eukalyptol durch Auftropfen auf das koronale Ende erweicht werden. Auch ein Erweichen durch einen heißen Spreader ist möglich. Die apikale Dichtigkeit soll jedoch nach mechanischem Entfernen besser sein als nach chemischem Anlösen (Camp u. Todd 1983). Es besteht prinzipiell kein Unterschied zwischen der Präparation für den Stiftaufbau gleich im Anschluß an die Wurzelkanalfüllung oder erst in der darauffolgenden Sitzung. Portell et al. (1982) sehen sogar Vorteile bei sofortiger Entfernung der Guttapercha.

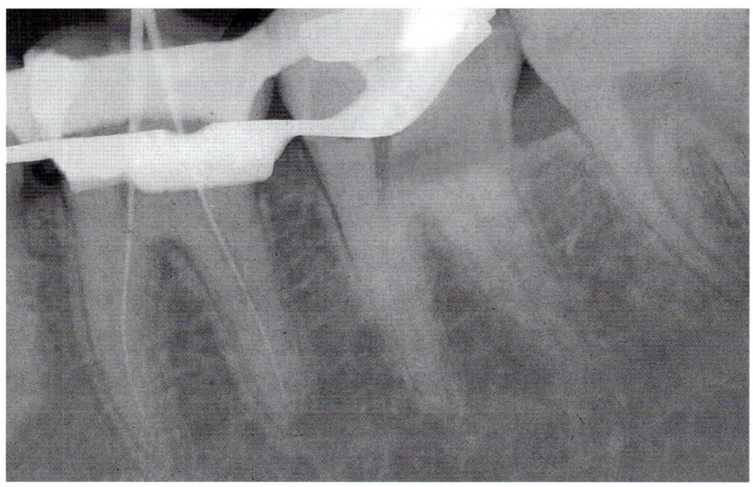
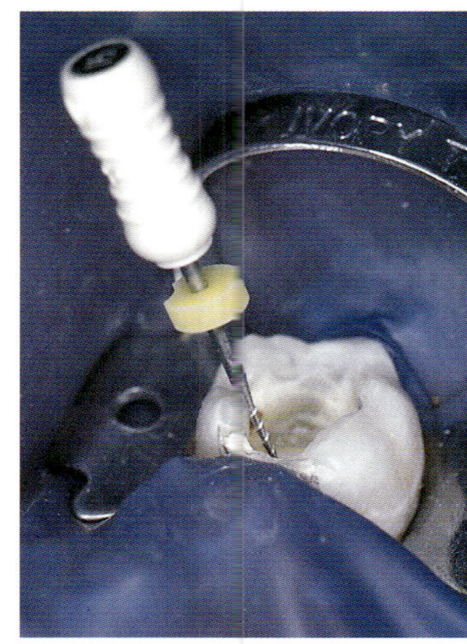

739 Instrumentation
Röntgenographische Längenbestimmung nach Trepanation eines unteren Molaren.

Rechts: Die Durchgängigkeit der Wurzelkanäle wird mit einer Hedström-Feile der Größe 15 geprüft, und anschließend wird koronal zirkumferent erweitert.

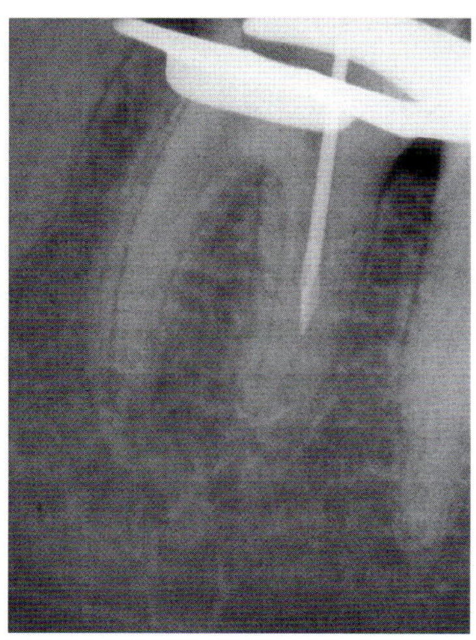
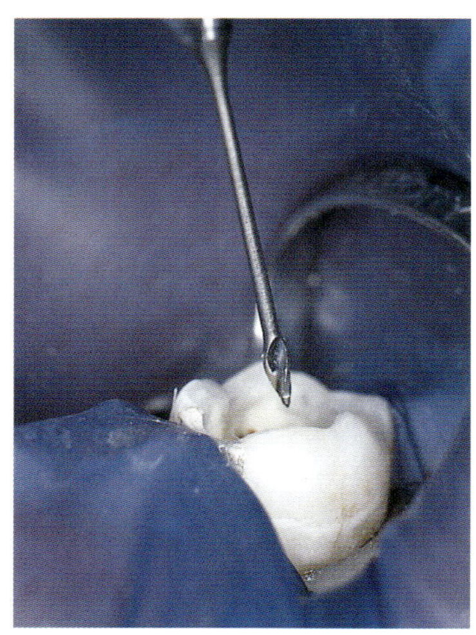

740 Koronale Erweiterung
Links: Mit Gates-Glidden-Bohrern unterschiedlicher Größe wird der gerade Wurzelkanalanteil nach einer modifizierten Step-down-Technik erweitert.

Rechts: Die Tiefe und die Größe der benutzten Gates-Bohrer wird notiert, damit später entsprechend der koronalen Erweiterung die Stiftgröße ausgesucht werden kann.

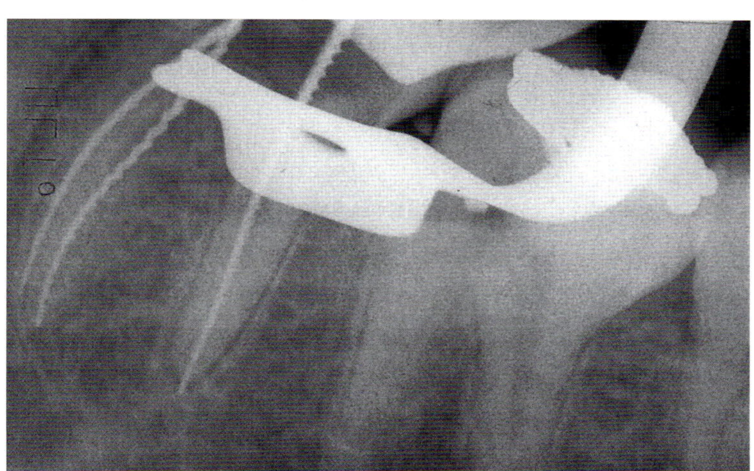

741 Tiefenpräparation
Trotz der ersten Längenmessung konnte ein Überinstrumentieren nicht vermieden werden. Mit den apikalen Meisterfeilen wird die Arbeitslänge kontrolliert. Distal muß sie noch um 1 mm und mesial um 0,5 mm verkürzt werden.

Rechts: Die beiden mesialen Wurzelkanäle werden bis Größe 30 und der distale Kanal bis Größe 35 apikal erweitert und nach der Balanced-force-Technik ausgeformt.

Unabhängig davon, ob die Guttapercha mechanisch oder thermisch entfernt wurde, war die Abdichtung bei einer Restwurzelkanalfüllung von 4 mm gut (Hiltner et al. 1992). Portell et al. (1982) verglichen die Dichtigkeit der 7 mm langen Füllung mit der auf 3 mm verkürzten und fanden für die längere Restfüllung einen dichteren Verschluß des Kanals. Kvist et al. (1989) fordern aufgrund ihrer klinischen Untersuchung eine apikale Mindestlänge von 3 mm. Bei einer Füllungslänge von 5 mm lag die Mißerfolgsquote mit periapikaler Läsion unter 10%, bei einer 2 mm langen Restfüllung dagegen bei fast 30%.

Der Kanal wird mit einem Vorbohrer des Schraubenankersystems bis zur endgültigen Länge aufbereitet, die mindestens der Kronenlänge entsprechen sollte (deCleen 1994). Anschließend wird der Kanaleingang mit einer Stirnkopffräse planiert und der Kanal nachpräpariert. Mit einem Gewindeschneider wird im feuchten Kanal das Gewinde des Schraubenaufbaus eingeschnitten und der Kanal gespült und getrocknet. Die mit Zement beschickte Schraube wird zuerst nach links bis zum Erfassen des ersten Gewindegangs gedreht und anschließend in Uhrzeigerrichtung eingedreht.

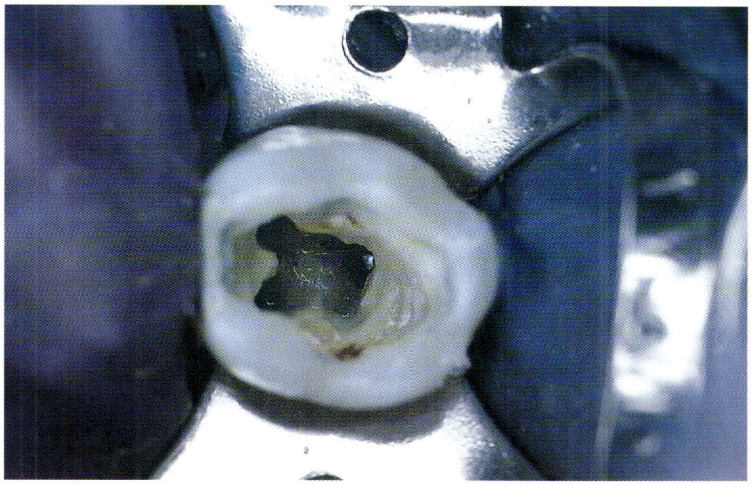

742 Desinfektion
Die Wurzelkanäle werden während der Instrumentation mit 1%iger Natriumhypochloritlösung gespült. Der Einblick in die Kavität zeigt runde Kanaleingänge, die anschließend mit Papierspitzen getrocknet werden.

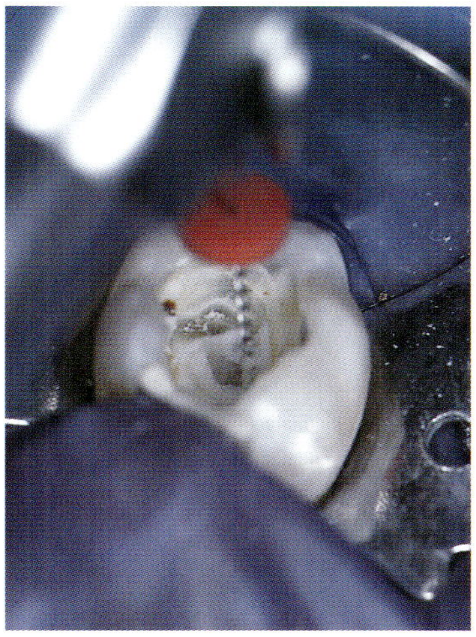

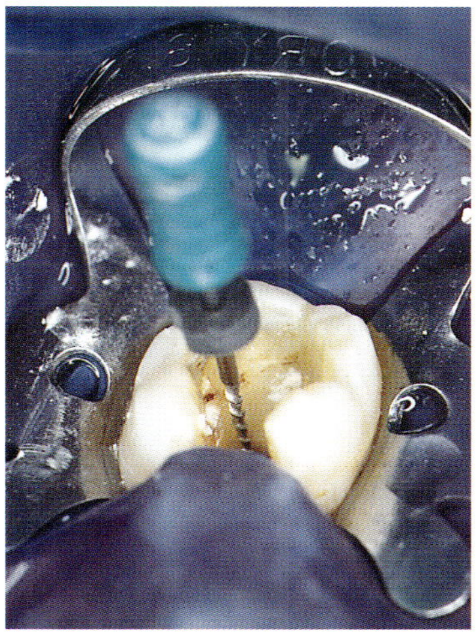

743 Zwischeneinlage
Links: Mit einer Förderspirale wird wäßriges Kalziumhydroxid in die Wurzelkanäle einrotiert und die Trepanationsöffnung anschließend dicht verschlossen.

Rechts: Bei Symptomlosigkeit wird in der darauffolgenden Sitzung die Einlage mit einer Hedström-Feile gelockert und herausgespült.

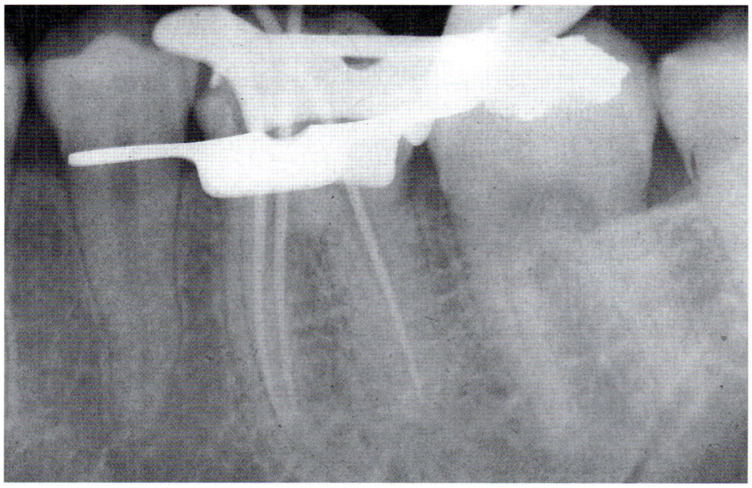

744 Masterpointeinprobe
Die längenmarkierten Guttaperchastifte werden in die Kanäle eingepaßt und die Längen im Röntgenbild kontrolliert. Trotz anfänglicher Überinstrumentation ist durch die Präparation eines apikalen Stops kein Überstopfen der Wurzelkanalfüllungen zu befürchten.

745 Zahnfraktur
Nach der ersten Behandlung ist es trotz des Verschlusses mit einem Glasionomerzement zur Fraktur der lingualen Wand der Zahnkrone gekommen, die bereits entfernt worden ist. Durch diese Komplikation ist die Insertion eines Stiftes zur Erhöhung der Retention der Aufbaufüllung notwendig.

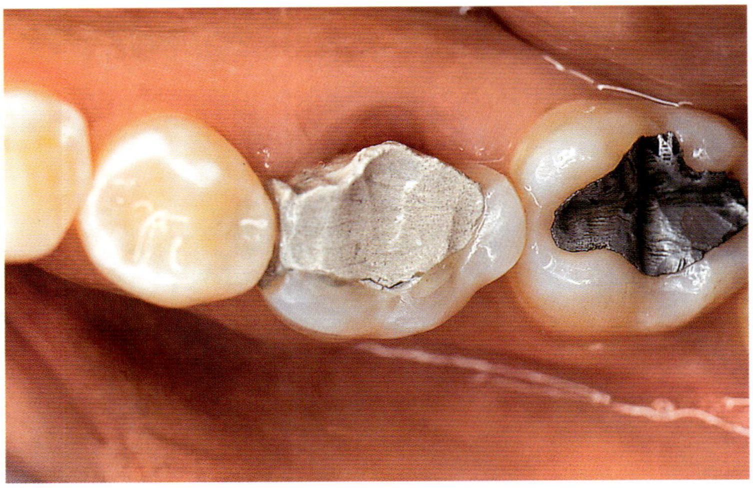

746 Röntgenkontrolle
Unmittelbar nach Wurzelkanalfüllung mit Guttapercha ist ein apikal dichter und homogener Abschluß im Röntgenbild sichtbar. Auch ein Überstopfen der Füllung ist nicht aufgetreten.

Rechts: Mit einem Gates-Bohrer wird anschließend die koronale Guttapercha teilweise herausgebohrt.

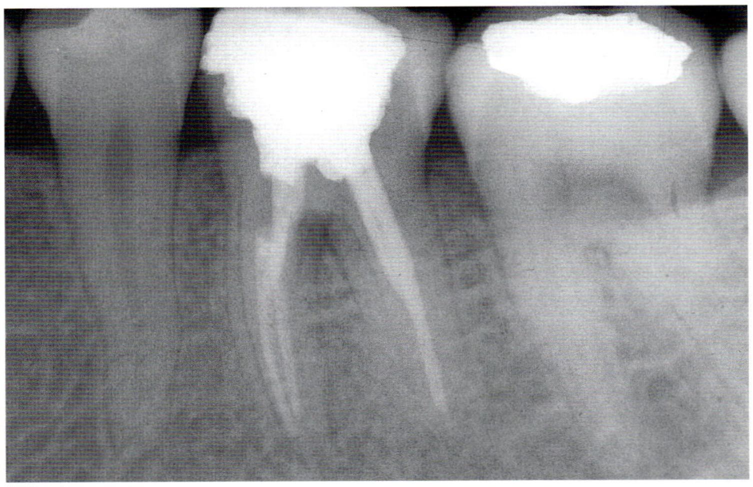

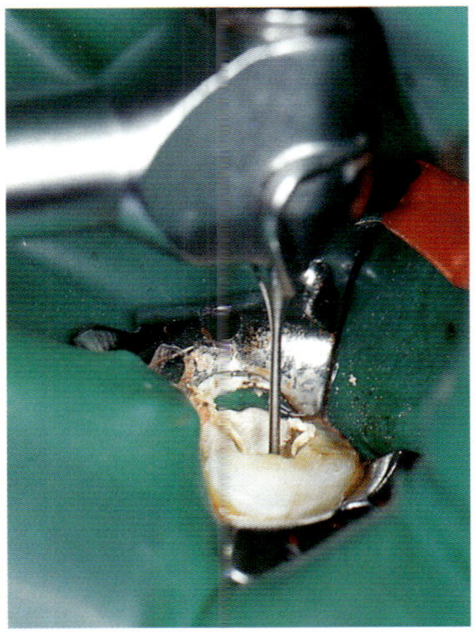

747 Präparation
Links: Mit einem Gates-Glidden-Bohrer der Größe 1 bzw. 2 wird koronal Guttapercha auf einer Länge von 4 – 5 mm entfernt.

Mitte: Dies dient der Führung des auf das Radix-Anker-System abgestimmten Vorbohrers, mit dem bis auf die gewünschte Tiefe vorgebohrt wird.

Rechts: Mit einer diamantierten Stirnkopffräse wird der Kanaleingang planiert.

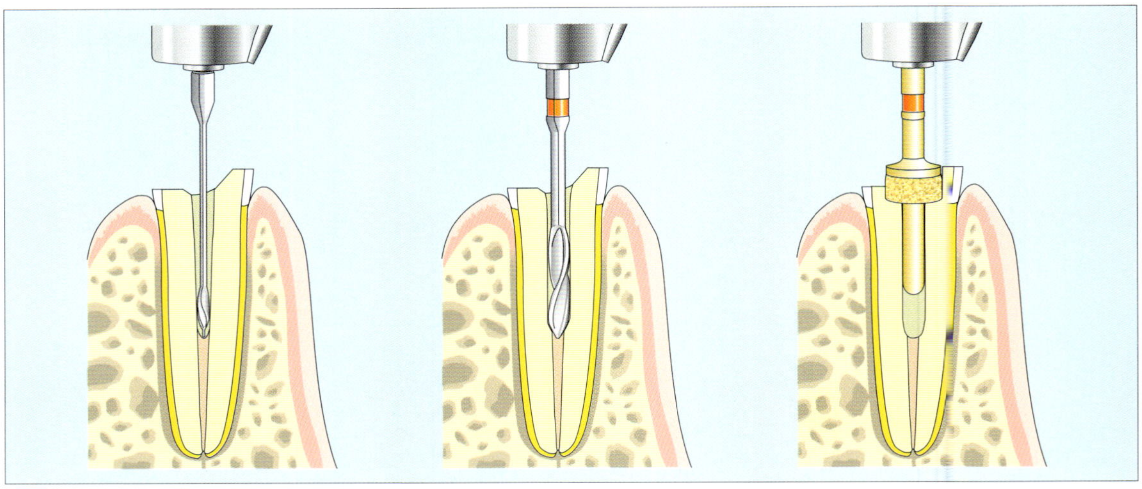

748 Röntgenkontrolle
Eine Röntgenkontrolle während der Präparation der Stiftkanäle ist zur Vermeidung von Perforationen empfehlenswert. Distal ist eine geringe Abweichung von der Kanalmitte festzustellen, die allerdings leicht zu korrigieren ist.

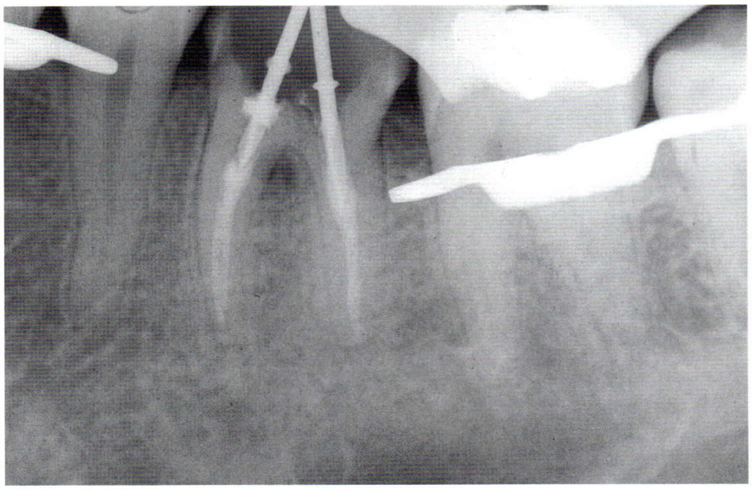

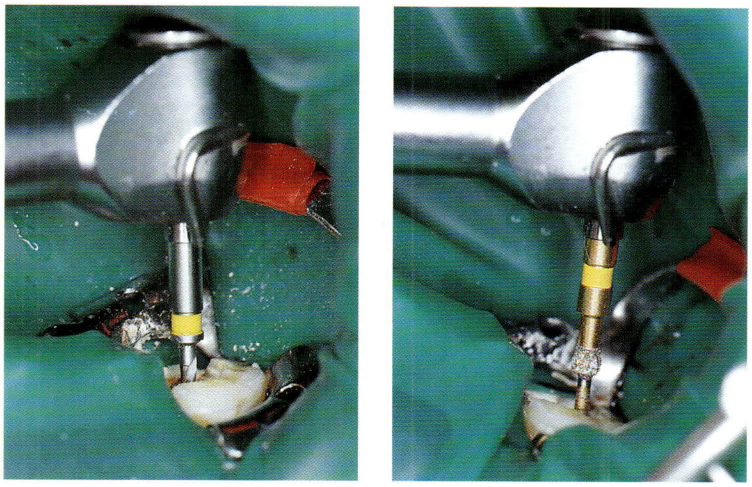

749 Präparation
Links: Nach dem Vorbohren wird mit einem genormten Bohrer der exakte und auf die Größe des Radix-Ankers abgestimmte Durchmesser definitiv präpariert.

Rechts: Anschließend sollte nochmals der Eingang zum Wurzelkanal planiert werden, um Spannungskräfte zu minimieren.

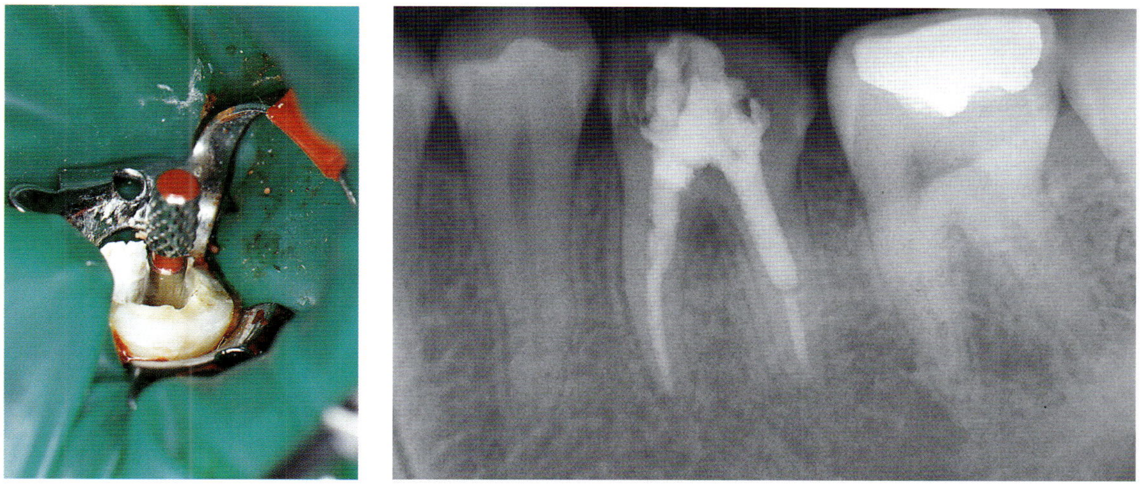

750 Radix-Anker
Nach Einzementieren des Radix-Ankers werden mittels Röntgenbild die Tiefe des Stiftes und die Länge der Restwurzelkanalfüllung kontrolliert.

Links: Eine Meßlehre dient vor dem Gewindeschneiden der Kontrolle der erreichten Bohrtiefe.

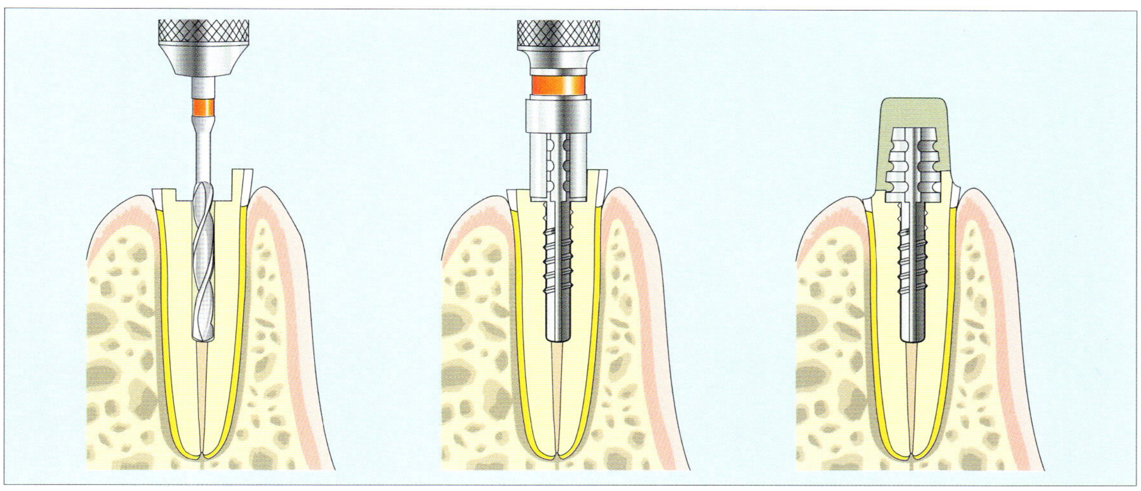

751 Stift einschrauben
Links: Der Wurzelkanal wird abschließend mit einem genormten Bohrer nachpräpariert.

Mitte: Nach Vorschneiden des Gewindes wird der mit Zement beschickte Anker eingedreht.

Rechts: Auf die koronal herausragenden Lamellen wird ein Kompositaufbau appliziert.

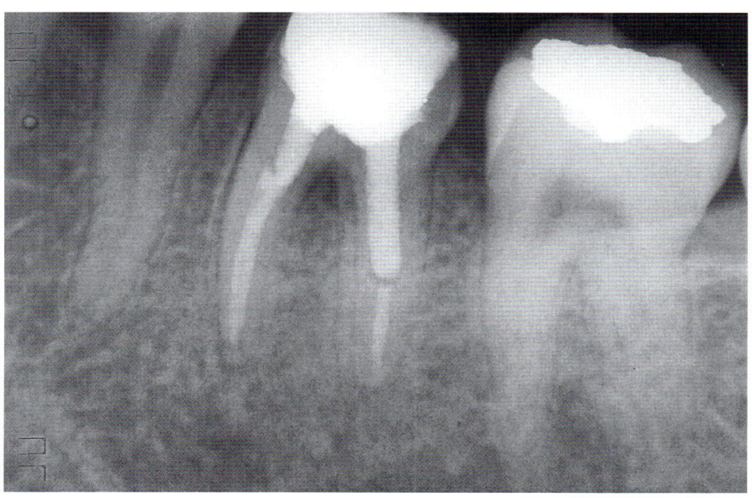

752 Aufbau
Nachdem die beiden Radix-Anker eingeschraubt sind, wird die Kavität geätzt, ein Dentinbonding aufgetragen und anschließend ein lichthärtendes Komposit appliziert. Danach kann die Zahnkrone beschliffen und zur Aufnahme einer Gußkrone abgeformt werden.

Gegossener Aufbau

Zur Untersuchung geeigneter Stumpfaufbausysteme inserierten Plasmans et al. (1988) in den distalen Kanal extrahierter Zähne 7 mm lange Stiftaufbauten und fanden mit 4460 N die höchste Frakturresistenz für ein gegossenes Aufbausystem. Allerdings kam es beim Test immer zur Fraktur des gesamten Zahnes – eine Neuversorgung war so nicht mehr möglich. Konfektionierte Stifte mit einem Kompositaufbau waren mit 2750 N nur unwesentlich fester als ein 3 mm im Kanal verankerter adhäsiver Kompositaufbau ohne Stift. Hier trat jedoch nur eine Fraktur innerhalb des Kompositmaterials auf.

Auch bei gegossenen Stiftaufbauten ist auf eine ausreichende Länge zu achten. Die Retention des Stiftes im Kanal steigt um 47%, wenn die Länge von 5 auf 8 mm erhöht wird. Die Stiftlänge im Kanal soll erstens etwa 2/3 der gesamten Kanallänge betragen; zweitens soll sie der Kronenlänge des Zahnes entsprechen und drittens der Hälfte der knochenunterstützten Wurzellänge. Von der Wurzel sollte marginal wenigstens 2 mm Zahnhartsubstanz den gegossenen Stiftaufbau körperlich umfassen. Dadurch verdoppelt sich der Frakturwiderstand (Wagnild u. Mueller 1994).

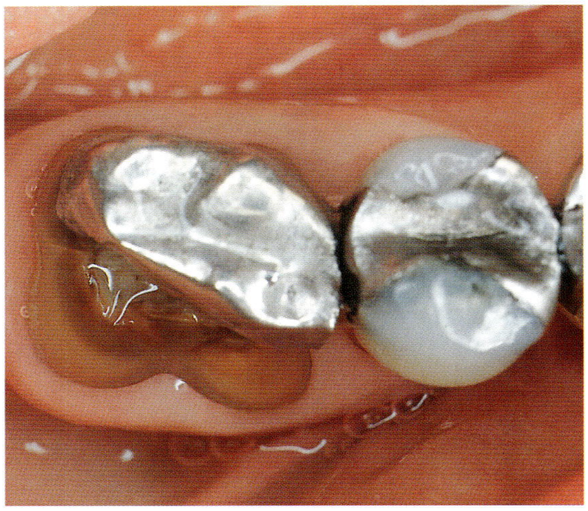
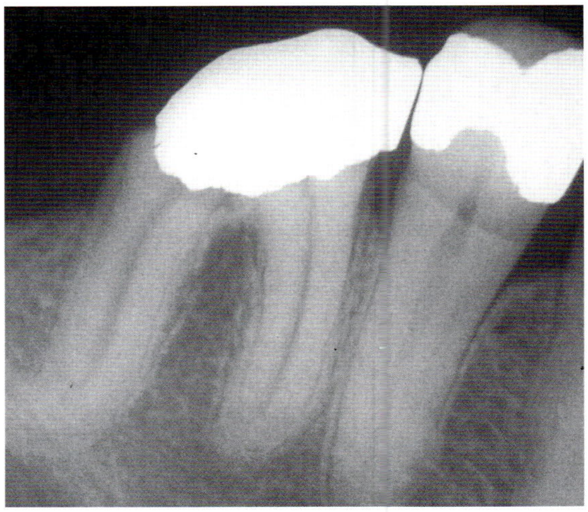

753 Ausgangssituation
Links: Der untere endständige Molar, ohne klinische Symptome, aber mit einer insuffizienten Amalgamversorgung, weist eine Fraktur der lingualen Wand auf. Die Zahnerhaltung setzt eine Wurzelkanalbehandlung und die Insertion eines Aufbaus voraus.

Rechts: Das Röntgenbild zu Behandlungsbeginn ist periapikal weitgehend unauffällig.

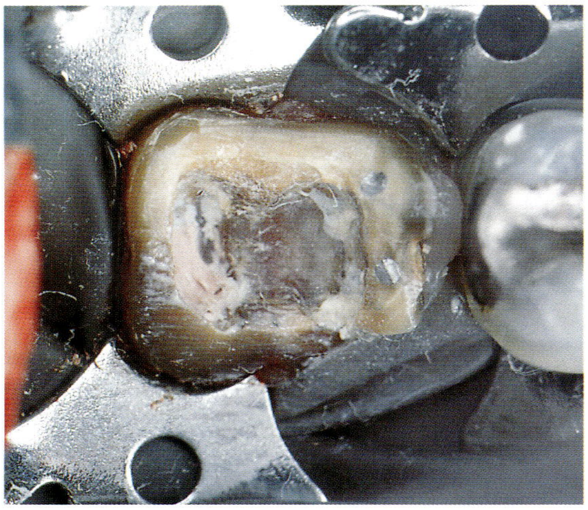
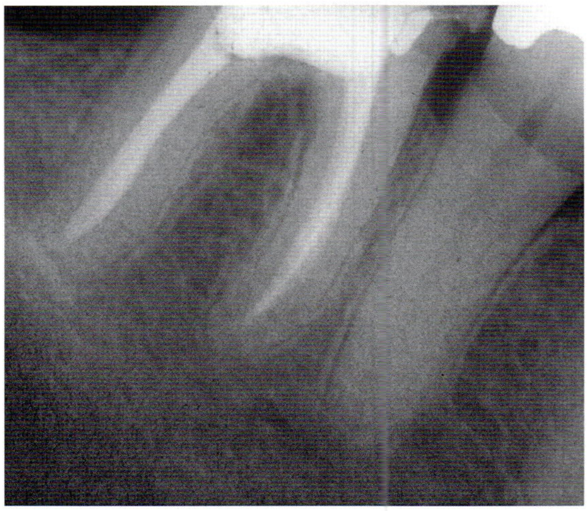

754 Wurzelkanalbehandlung
Links: Die 3 Wurzelkanäle werden aufbereitet, nach Zwischeneinlage mit Kalziumhydroxid in der zweiten Sitzung mit Guttapercha abgefüllt, und die Stifte werden in Höhe der Kanaleingänge abgetrennt.

Rechts: Im Kontrollröntgenbild nach Abschluß der Wurzelkanalbehandlung sind homogene Füllungen sichtbar.

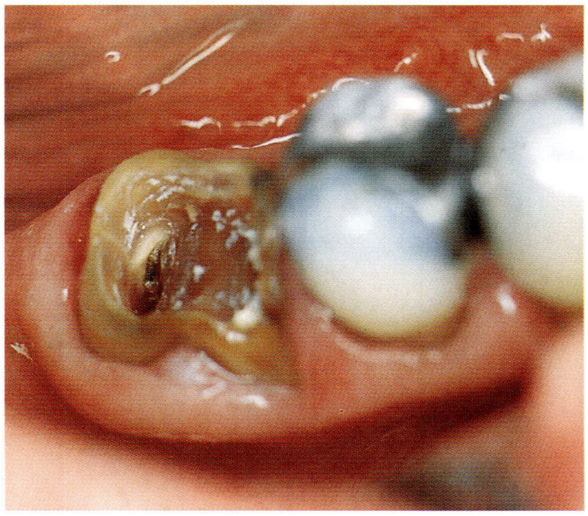
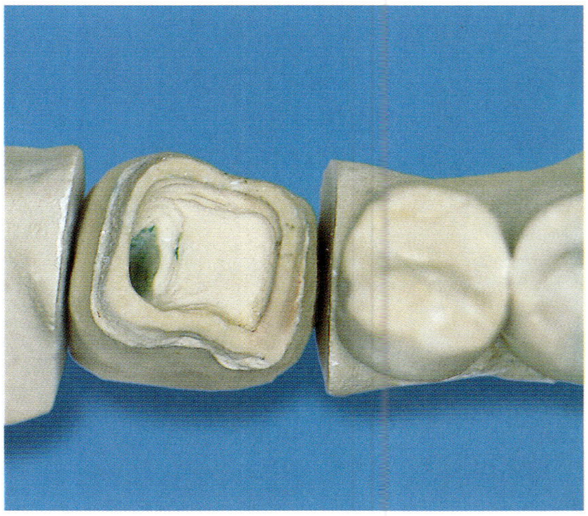

755 Präparation
Links: Zur Insertion eines Stiftes wird aus dem distalen Kanal die Guttapercha entfernt und der Kanal anschließend mit einem Peeso-Bohrer bis zur Hälfte der Arbeitstiefe erweitert.

Rechts: Der Stumpf wird mit einer Widerstandform versehen und anschließend so präpariert, daß eine körperliche Fassung den Zahn marginal umgibt. Danach wird die Zahnreihe abgeformt und im Labor ein Modell erstellt.

Parallelwandige Stifte zeigen eine 2- bis 4fach bessere Retention als konisch zulaufende Stifte. Auch wird die Kraft besser auf die Kanalwand übertragen, und die Frakturgefahr ist niedriger (Sorensen u. Engelmann 1990). Konische Stiftsysteme sind nur in Unterkieferfrontzähnen mit kleinem Durchmesser indiziert. Hier empfehlen sich ausschließlich gegossene Stiftsysteme, die die besten Widerstandswerte gegenüber Fraktur aufweisen. Werden angießbare, gezahnte Parapost-Stifte verwendet, tritt häufiger eine Fraktur im Stiftsystem auf (Gluskin et al. 1995).

Der definitive gegossene Stumpfaufbau wird in der folgenden Sitzung einzementiert. In einer Farbstoffpenetrationsstudie konnte mit einem Zyanoacrylatzement die beste Abdichtung erzielt werden, gefolgt von Polycarboxylatzement und einem Kompositzement nach Dentinätzung und Bondingvorstrich. Das schlechteste Abdichtungsverhalten wies Phosphatzement auf (Fogel 1995). Werden eugenolhaltige Sealer verwendet, muß das Kanaldentin vor dem Zementieren konditioniert und mit Ethanol gespült werden (Tjan u. Nemetz 1992).

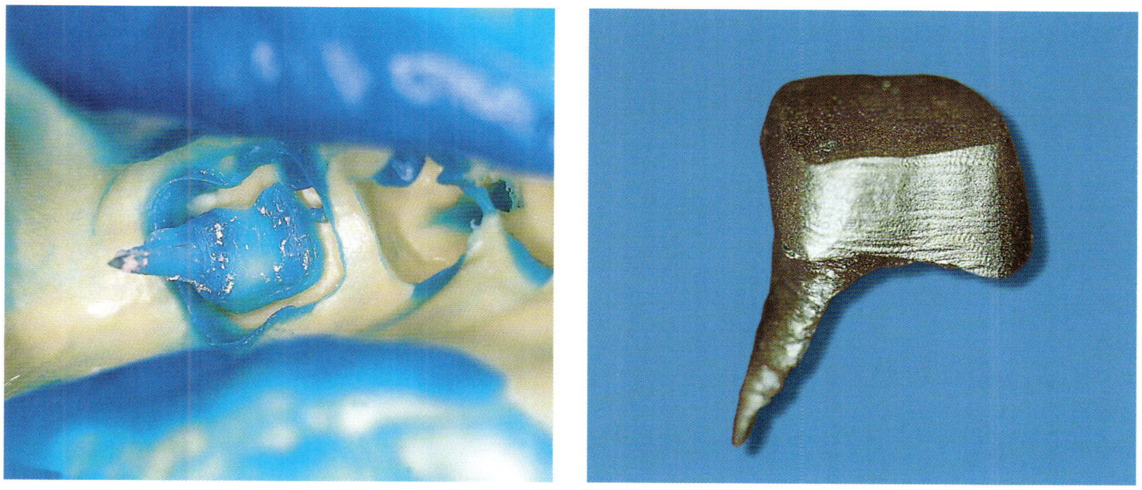

756 Stumpfaufbau

Links: Die gleichzeitige Abformung des Stiftkanals und des präparierten Zahnstumpfes erfolgt mit einem Silikonmaterial in Doppelmischtechnik.

Rechts: Der aus einer hochgoldhaltigen Legierung gegossene Stumpfaufbau wird ausgearbeitet und nur sandgestrahlt. Eine Politur würde die Retention erniedrigen und soll daher unterbleiben.

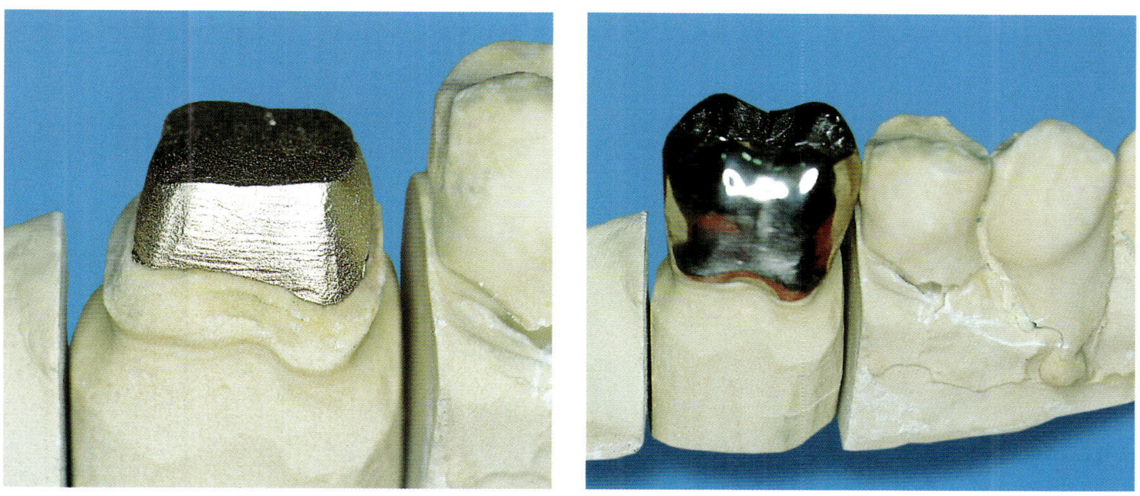

757 Kronenrestauration

Links: Am Modell wird die Passung des gegossenen Stumpfaufbaus überprüft.

Rechts: Wenn die Krone auf Wunsch des Patienten nicht zahnfarben verblendet werden soll, wird eine Gußkrone hergestellt und einprobiert. Gußkronen erhöhen die Erfolgsrate auf 97% gegenüber 50% bei nicht mit einer Krone versorgten Seitenzähnen (Sorensen u. Martinoff 1984b).

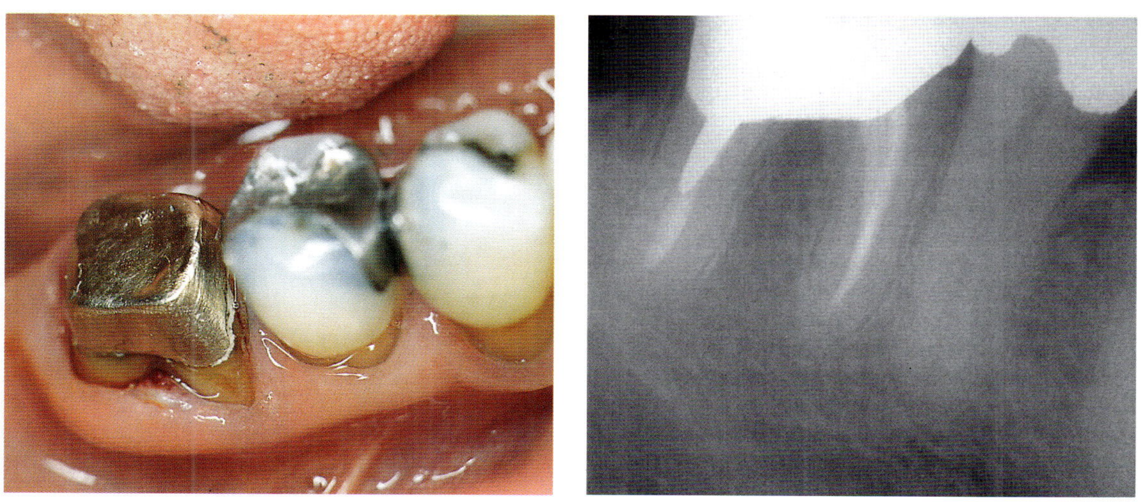

758 Einzementieren

Links: Der Stumpfaufbau wird mit einem Kunststoffzement nach Konditionierung einzementiert, der Überschuß entfernt und anschließend die Krone mit Phosphatzement zementiert.

Rechts: Im Kontrollröntgenbild sind 2 Jahre nach der Behandlung reizlose periapikale Verhältnisse sichtbar. Eine Lockerung der Rekonstruktion ist nicht eingetreten.

Koronale Restauration und Behandlungserfolg

Die erfolgreiche Funktion eines Zahnes nach Wurzelkanalbehandlung wird zu einem großen Teil durch das Ausmaß der verbliebenen Zahnstruktur und durch die abschließende Restauration bestimmt. Eine Krone, die zervikal die Zahnstruktur körperlich faßt, erhöht unabhängig vom Vorhandensein eines Stiftaufbaus die Widerstandsfähigkeit eines wurzelkanalbehandelten Zahnes. Der Kronenrand sollte wenigstens 1 mm im Dentin liegen. Bei stark zerstörter Krone ist eine chirurgische oder orthodontische Kronenverlängerung erforderlich. Ist ein zusätzlicher Stiftaufbau notwendig, muß er eine hohe Retention aufweisen. Caputo u. Standlee (1987) fanden für einen glatten, konischen Stift die geringste Retention; ein parallelwandiger Stift mit leicht gezacktem Rand wies eine günstigere, einer mit Gewinde jedoch die beste Retention auf. Allerdings ist die Gefahr der Vertikalfraktur beim Vorschneiden des Gewindes größer. Die Belastung der Wurzel ist dabei apikal doppelt so hoch wie beim Zementieren des Stiftes. Das Gewindeschneiden hat im feuchten Kanal sehr langsam, mit häufigeren Linksdrehungen und ohne starke Kraft zu erfolgen (Ross et al. 1991).

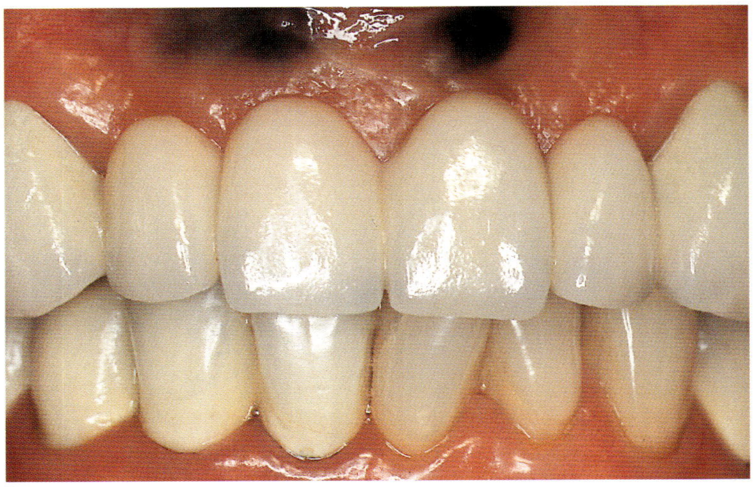

759 Zustand vor prothetischer Neuversorgung
Die klinische Ausgangssituation bei einem 63jährigen Patienten vor prothetischer Neuversorgung zeigt eine farblich insuffiziente Brückenversorgung mit deutlich vorstehenden Brückenzwischengliedern.

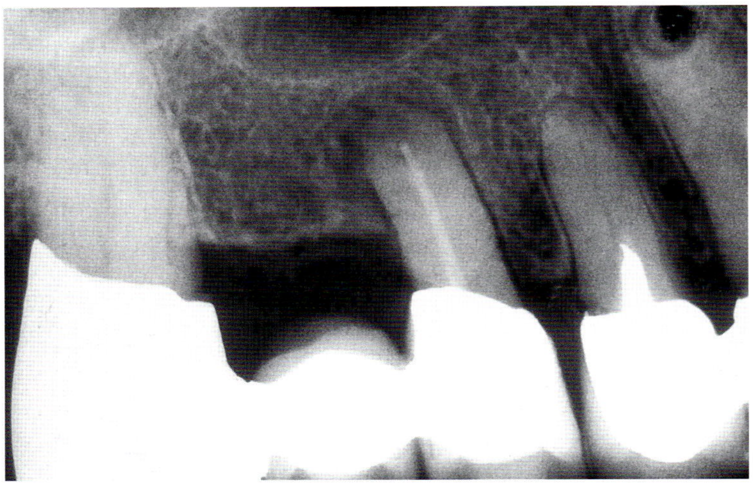

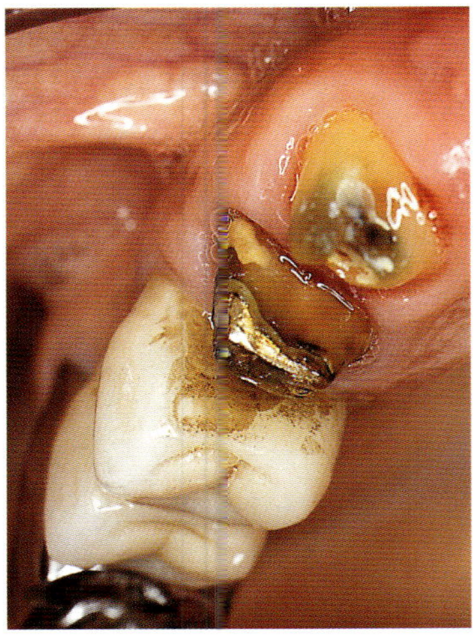

760 Röntgendiagnose
Im Röntgenbild zeigt der Zahn 25 eine insuffiziente Wurzelkanalfüllung mit einer deutlichen periapikalen Aufhellung. Bei Zahn 24 fand sich keine Wurzelkanalfüllung, sondern nur ein kurzer Stumpfaufbau.

Rechts: Nach Abnahme der Brücke von 13 nach 23/24 weist Zahn 24 einen Stumpfaufbau auf. Die Zähne 24 und 25 reagieren negativ im Sensibilitäts- und im Perkussionstest.

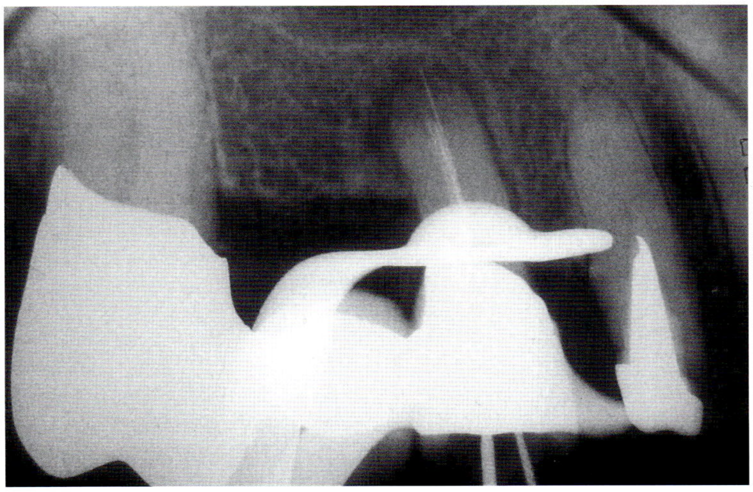

761 Revision der insuffizienten Wurzelkanalfüllung
Mittels Hedström-Feile wird der Guttaperchastift aus Zahn 25 entfernt; nach Reinstrumentation des Wurzelkanals wird die Arbeitslänge bestimmt. Dabei wird ein zweiter Wurzelkanal erkennbar, der ebenfalls instrumentiert und anschließend mit einer Zwischeneinlage abgefüllt wird.

Der wichtigste Aspekt bei der Vermeidung einer Fraktur ist nicht das Stiftdesign, sondern die abschließende Kronenversorgung. Der größte Teil von Studien zur Frakturhäufigkeit stiftversorgter Wurzeln wurde ohne eine koronale Restauration durchgeführt. Die Unterschiede zwischen den einzelnen Stiftsystemen verschwinden jedoch, wenn eine Krone zementiert wird (Gelfand et al. 1984). Sorensen u. Martinoff (1984a) wiesen in einer klinischen Studie nach, daß die Frakturhäufigkeit weniger vom Stift als vielmehr von der Art der koronalen Restauration abhängt.

Weine et al. (1991) untersuchten 138 mit einem parallelwandigen Stift und einer Krone versorgte Zähne und ermittelten nach 10 Jahren eine Mißerfolgsquote von nur 6,5%. Die Qualität der Kronenrestauration spielt für den gesamten Behandlungserfolg eine wichtige Rolle. Eine gute koronale Restauration zeigte bei Auswertung von 1010 Röntgenbildern in 80% der Fälle Erfolg, eine gute Wurzelkanalfüllung in 75,7%. Die schlechte koronale Restauration war dagegen bei 48,6% und eine insuffiziente Wurzelkanalfüllung bei 30,2% der Fälle mit einer periapikalen Läsion assoziiert (Ray u. Trope 1995).

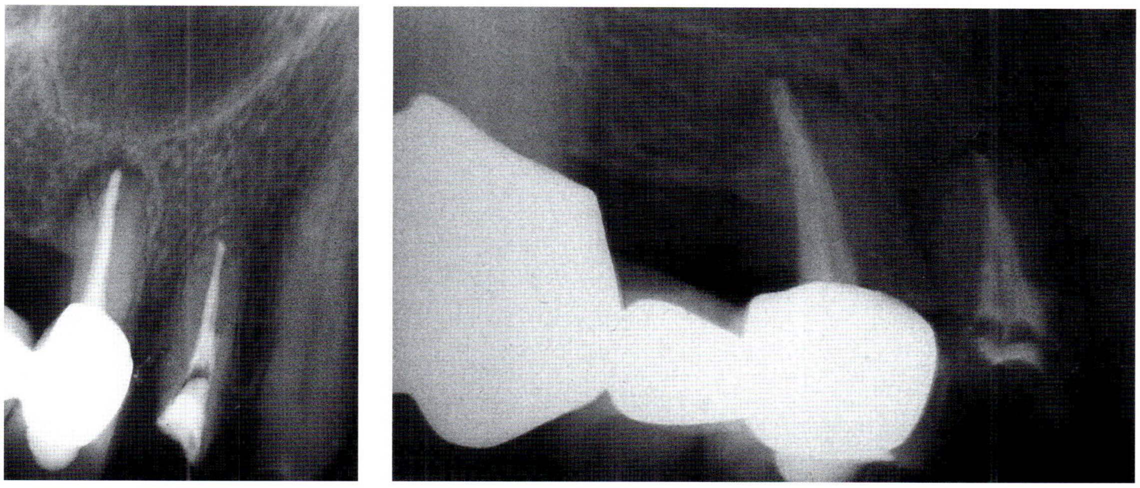

762 Wurzelkanalfüllung
Das Kontrollröntgenbild weist eine homogene und gut adaptierte Wurzelkanalfüllungen nach. Im exzentrischen Strahlengang aufgenommen, sind die getrennten Wurzelkanäle gut erkennbar.

Links: Die Röntgenaufnahme im orthoradialen Strahlengang zeigt nur einen Wurzelkanal; der Grund ist die optische Überlagerung beider Kanäle.

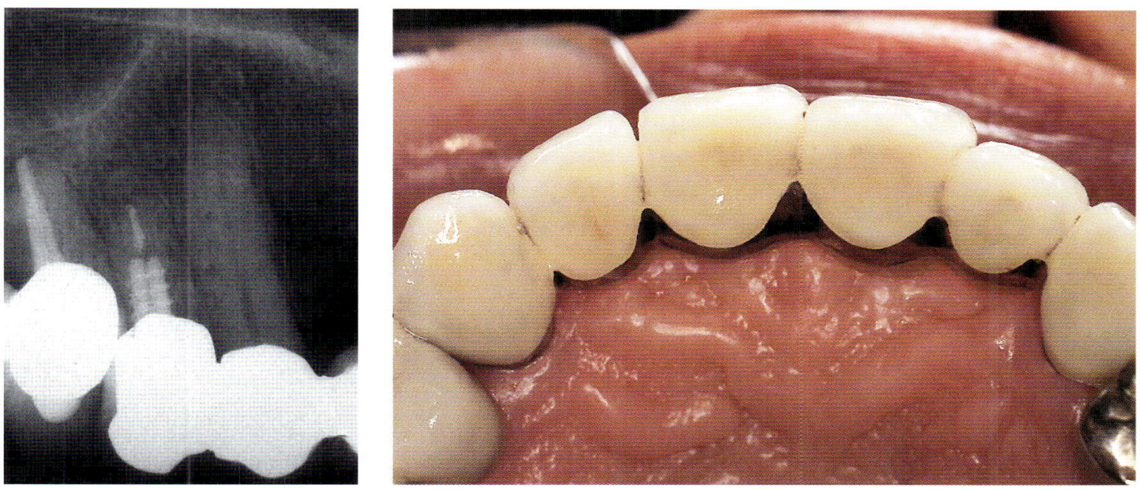

763 Brückeneinprobe
Die Oberlippe blieb bei der alten Brückenrekonstruktion gelegentlich am Zervikalrand hängen. Die neuangefertigte Rekonstruktion weist einen gut ausgeformten Zahnbogen auf: Die Oberlippe erscheint wieder voll und gleitet störungsfrei über die Zervikalränder der Zwischenglieder.

Links: Die Röntgenkontrolle 2 Jahre nach Behandlung zeigt die Regeneration der periapikalen Läsion und den Behandlungserfolg.

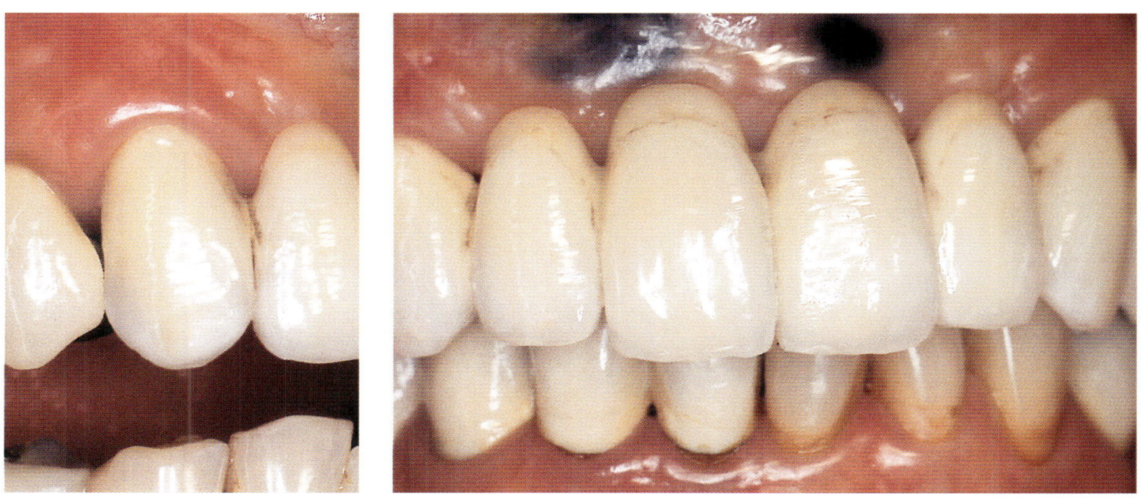

764 Fertige Rekonstruktion
Der Alveolarfortsatz wurde durch ein subepitheliales Bindegewebstransplantat nach ventral wieder aufgebaut. Die Amalgamtätowierung wurde auf Wunsch des Patienten belassen. Gezielt wurde eine Einlagerung der Brückenzwischenglieder in das Weichgewebe hergestellt.

Links: Die Zähne sind durch ein individuell gefrästes Geschiebe miteinander verbunden.

Prothetik *G. Mayerhöfer*

Restauration hemisezierter Zähne

Durch Hemisektion kann ein unötiges Opfern von Zahnhartsubstanz vermieden und die Zahnbogenlänge und -integrität erhalten werden. Intakte Nachbarzähne müssen dann nicht zusätzlich in die Rekonstruktion einbezogen werden. In den Wurzelkanal wird ein vorgefertigter, genormter Stift einzementiert, wenn koronal noch genügend Zahnhartsubstanz vorhanden ist. Ein gegossener Stiftaufbau ist bei weitgehendem Verlust der Zahnkrone indiziert. Diese Stiftaufbauten dienen nicht der Verstärkung der Wurzel, sondern lediglich dem Ersatz verlorengegangener Zahnhartsubstanz.

Die prothetische Rekonstruktion erfolgt nach Wundheilung, ein abwartendes Verhalten ist nur bei unsicheren Fällen erforderlich. Die Krone muß den Zahnstumpf umfassen. Kann nur wenig Dentin körperlich gefaßt werden, ist der Ring-(Ferrule-)Effekt und damit der Widerstand gegen Fraktur geringer (Milot u. Stein 1992). Mißerfolge nach Hemisektion sind im wesentlichen auf Mängel der Restauration zurückzuführen. Langer et al. (1981) gaben eine Quote der Mißerfolge von 38% an. Die Fehlschläge gingen häufig mit einer Zahnfraktur einher.

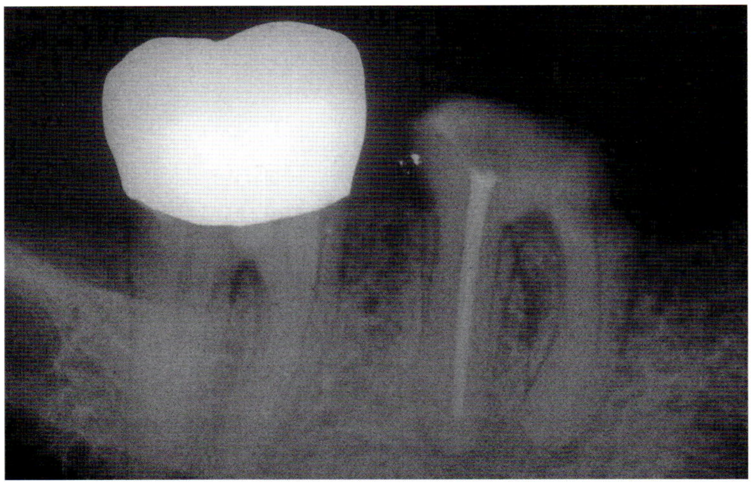

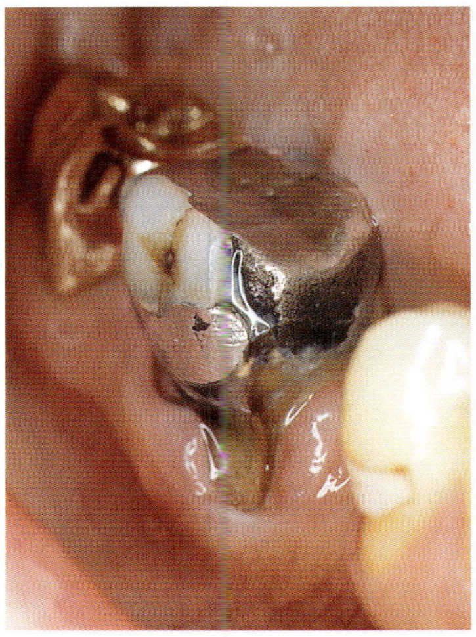

765 Wurzelkanalbehandlung
Die distale Wurzel des ersten unteren Molaren wird vor der Hemisektion endodontisch behandelt. Die mesialen Wurzelkanäle sind obliteriert, eine Lokalisation der Kanaleingänge ist nicht möglich.

Rechts: Der Zahn ist mit einer Amalgamfüllung versorgt und weist keilförmige Defekte auf, die vermutlich zur Freilegung der mesiobukkalen Pulpa geführt hatten.

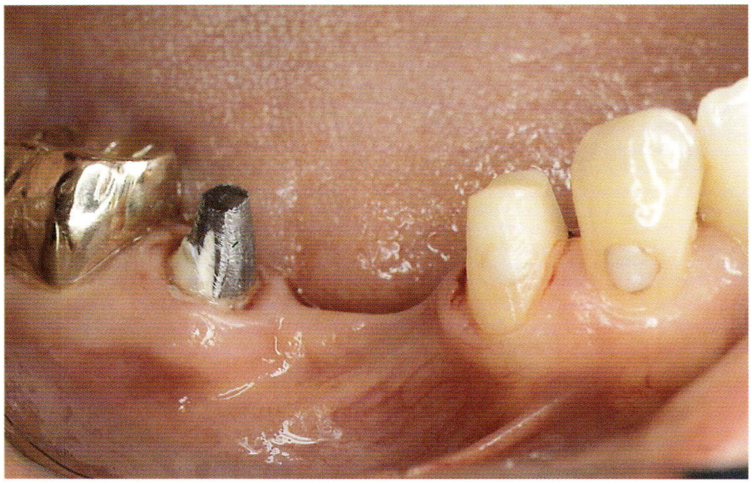

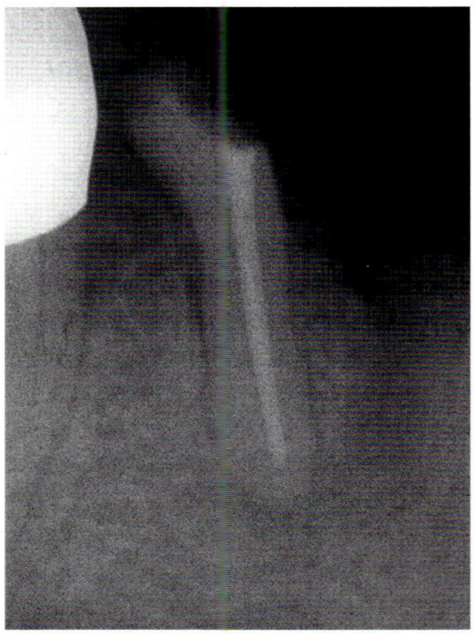

766 Hemisektion
Der Zahn wird in der zu entfernenden Zahnhälfte durchtrennt. Anschließend wird die mesiale Wurzel luxiert und extrahiert. Nach Wundheilung wird in den distalen Wurzelkanal ein konfektionierter Stiftaufbau einzementiert. Der Aufbau und der Zahn 44 werden präpariert und abgeformt.

Rechts: Röntgenkontrolle nach der Hemisektion und vor Einbringen des Stumpfaufbaus.

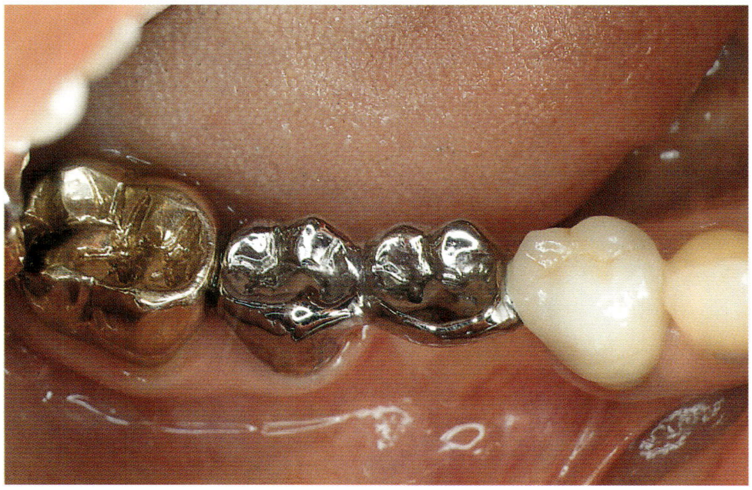

767 Rekonstruktion
Nach Wundheilung wird die Brücke mit Zinkphosphatzement eingesetzt und die Okklusion geprüft. Aus Kostengründen konnte der distal gelegene Molar nicht in die prothetische Rekonstruktion einbezogen werden. Der präparierte Zahnstumpf wurde zirkumferent körperlich gefaßt, um eine maximale Frakturresistenz zu erzielen.

Bleichen von Zähnen

Verfärbungen der Zahnkrone wurzelkanalbehandelter oder auch vitaler Frontzähne stellen ein ästhetisches Problem dar. *Ursachen von Zahnverfärbungen* können traumatische Folgereaktionen mit Ruptur von Blutgefäßen, verbliebene nekrotische Pulpaanteile oder Wurzelkanalfüllmaterial im koronalen Pulpakavum sein. Des weiteren können Verfärbungen durch Füllungsmaterialien, Medikamente und externe Einflüsse induziert sein. Inhaltsstoffe aus pastenförmigen Wurzelkanalfüllmaterialien oder Metallsalze aus Silberstiften, die nicht in Höhe oder unterhalb der Schmelz-Dentin-Grenze abgetrennt wurden, können in angrenzende Dentinkanälchen penetrieren und durch den gewellten Verlauf der Kanälchen nach koronal zu Verfärbungen der klinischen Zahnkrone führen. Insuffiziente Wurzelkanalfüllungen müssen vor Beginn des Zahnbleichens revidiert werden. Neben der prothetischen Versorgung verfärbter Zahnkronen steht mit dem Bleichen ein nichtinvasives Aufhellungsverfahren zur Verfügung (Beer 1995).

Zur *Prognose des Bleichens* registrierte Brown (1965) in einer Nachuntersuchung über einen Zeitraum von 5 Jahren bei 25% der Fälle ein Rezidiv, d.h. ein erneutes Abdunkeln der Zahnkrone. Ursachen sind u.a. undichte Füllungen, die eine Farbstoffpenetration oder eine bakterielle Neubesiedelung der Kavität zulassen. Die Rezidivgefahr scheint auch mit dem Ausmaß der Verfärbung und der Geschwindigkeit, mit der die Verfärbung eingetreten ist, zusammenzuhängen. In einem Zeitraum von 8 Jahren fanden Friedman et al. (1988) bei mehr als der Hälfte der nachuntersuchten gebleichten Zähne ein gutes und in 29% ein noch akzeptables Farbverhalten.

Nach dem Bleichen wurzelkanalbehandelter Zahnkronen treten Rezidive auf, deren Häufigkeit die nachfolgende Anwendung restaurativer Methoden jedoch auf weniger als die Hälfte der ursprünglich notwendigen Zahl reduzieren kann. Präeruptive Tetrazyklineinlagerungen sprechen kurzfristig gut auf eine kombinierte Bleichung an, das Ergebnis ist aber nicht immer von Dauer. Rezidive stellen sich oft schon recht bald ein, so daß ein Nachbleichen nach einem Jahr notwendig wird. Vermutlich werden die Farbablagerungen im Zahn erneut gebildet, oder der opake Effekt nimmt durch die Remineralisation der Schmelzoberfläche ab und tieferliegende Verfärbungen scheinen wieder durch den Schmelz hindurch (Walton et al. 1982).

Nach dem Bleichen kann es langfristig zu *externen Wurzelresorptionen* kommen. Harrington u. Natkin (1979) beschrieben 7 Fälle, bei denen es 2–7 Jahre nach der Zahnbleichung mit Wasserstoffperoxid, aktiviert durch eine Hitzequelle, zur Wurzelresorption kam. Lado et al. (1983) postulierten, daß die Bleichung Dentin denaturiert. In allen beschriebenen Fällen trat eine Resorption allerdings nur nach vorangegangenem Trauma auf. Das Abdecken der Wurzelkanalfüllung mit einer etwa 2 mm dicken Zementschicht 1 mm unterhalb der Schmelz-Zement-Grenze sollte eine Penetration von Wasserstoffperoxid durch Dentintubuli verhindern. Es wird angenommen, daß das Bleichmittel bei bestehenden Wurzelzementdefekten aus der Kavität über Dentinkanälchen in das marginale Parodontalgewebe diffundiert und dort aufgrund einer Veränderung des pH-Wertes eine entzündliche Reaktion induzieren kann.

In 2 unabhängig voneinander durchgeführten Studien beobachtete man im Anschluß an die Applikation einer Mischung aus Natriumperborat und Wasserstoffperoxid ins Pulpenkavum nach 4–11 Tagen einmal eine pH-Wert-Reduktion auf einen Wert von 6,5, das andere Mal einen Anstieg auf den pH-Wert 8,3. Wurde nach der letzten Bleichung Kalziumhydroxid in die Kavität eingebracht, so ergab sich innerhalb von 4–10 Tagen ein neutraler pH-Wert von 7,2 (Fuss et al. 1982, Kehoe 1987).

Ursachen von Zahnverfärbungen

Bakterielle, mechanische oder chemische Irritationen können zur *Nekrose der Pulpa* führen. Desintegrationsprodukte penetrieren in die Dentintubuli und verfärben das umgebende Dentin. Diese Verfärbung läßt sich intern bleichen. Intrapulpale Hämorrhagien mit Lyse von Erythrozyten treten nach traumatischen Verletzungen auf. Desintegrationsprodukte wie Eisensulfide dringen in diesem Fall in Dentintubuli ein. Wird das Pulpagewebe nicht nekrotisch, bildet sich die Zahnverfärbung wieder zurück. Bleibende Verfärbungen werden intern gebleicht (Freccia et al. 1982).

Traumatische Verletzungen führen zur Zerstörung von Blutgefäßen und Odontoblasten, die eine massive Reizdentinbildung mit Obliteration zur Folge haben können. Die Kronen verlieren langsam an Transluzenz und können eine gelb-braune Farbe annehmen. Einer Bleichung muß hier eine Wurzelkanalbehandlung vorangehen (Jacobsen u. Kerekes 1977). Verfärbungen können aber auch durch Einbau von Substanzen während der Zahnentwicklung entstehen. Am bekanntesten sind Tetrazyklin- und fluorotische Verfärbungen, die extrakoronal gebleicht werden (Arens et al. 1972).

768 Kronenverfärbung
Der obere mittlere Schneidezahn ist stark verfärbt und weist eine insuffiziente Kompositfüllung auf. Er reagiert nicht mehr auf einen Sensibilitätstest.

Rechts: Im Röntgenbild ist eine insuffiziente und zu kurze Wurzelkanalfüllung sichtbar, die bis in die Kronenkavität reicht und die nicht unterhalb des Kanaleingangs abgetrennt worden ist.

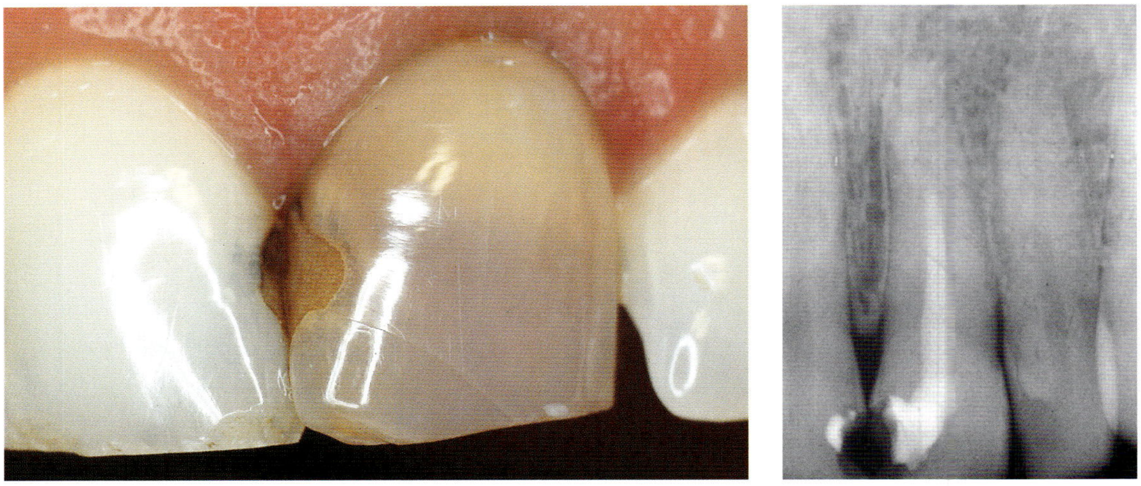

769 Farbstoffeinlagerung
Schmelzoberfläche in einer polarisationsoptischen Schliffdarstellung mit Frakturlinien und breitflächiger Initialkaries als Kontraindikation einer Vitalbleichung.

Rechts: In einer lichtmikroskopischen Darstellung der Dentinkanälchen sind Reste von Wurzelkanalfüllmaterial erkennbar, die Ursache der Zahnverfärbung sind.

770 Revision
Die Wurzelkanalfüllung wird unter Kofferdam entfernt, der Kanal aufbereitet und gespült. Anschließend wird die Kalziumhydroxid-Zwischeneinlage einrotiert und der Kanal nach 10 Tagen abgefüllt.

Rechts: Kontrollröntgenaufnahme der Wurzelkanalfüllung, die 2 mm unterhalb des Kanaleingangs abgesetzt und mit einer Unterfüllung abgedeckt wird.

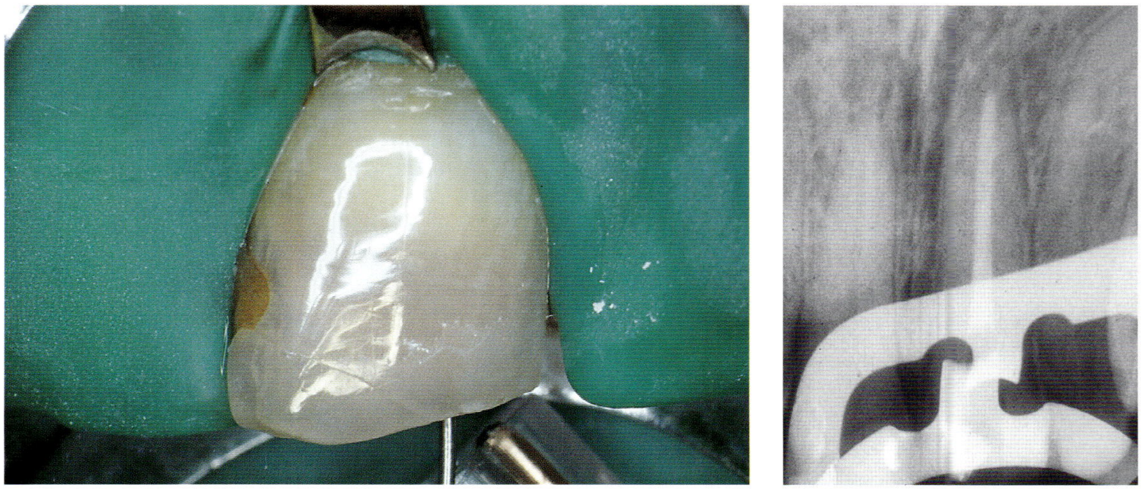

Verfärbungen der Zahnkrone können neben natürlichen auch *iatrogene Ursachen* haben. Wurzelkanalfüllmaterial ist die häufigste und folgenreichste Ursache einer Zahnverfärbung. Das Belassen von Füllmaterial in der Kavität resultiert in einer Grau- bis Schwarzverfärbung der Zahnkrone. Gebleicht wird intern nach der Walking-bleach-Methode oder kombiniert mit externen Verfahren. Die Prognose des Aufhellungseffekts hängt von der Zusammensetzung des Sealers ab: Metallkomponenten lassen sich schwer entfernen, und es kommt häufig nach dem Bleichen zum Rezidiv (Burgt u. Plasschaert 1986).

Überreste von nekrotischem Pulpagewebe in der Kronenkavität bewirken geringe Verfärbungen, lassen sich aber problemlos entfernen und bleichen. In den Kanal eingebrachte Medikamente wie Phenole oder Jodoformpasten können bei längerem Dentinkontakt unterschiedlich starke Verfärbungen hervorrufen (Boksman et al. 1983). Undichte Kompositfüllungen werden von Farbstoffen und Bakterien penetriert. Werden palatinal/lingual Amalgamfüllungen appliziert, können Graufärbungen der Zahnkrone resultieren, die schwer zu bleichen sind.

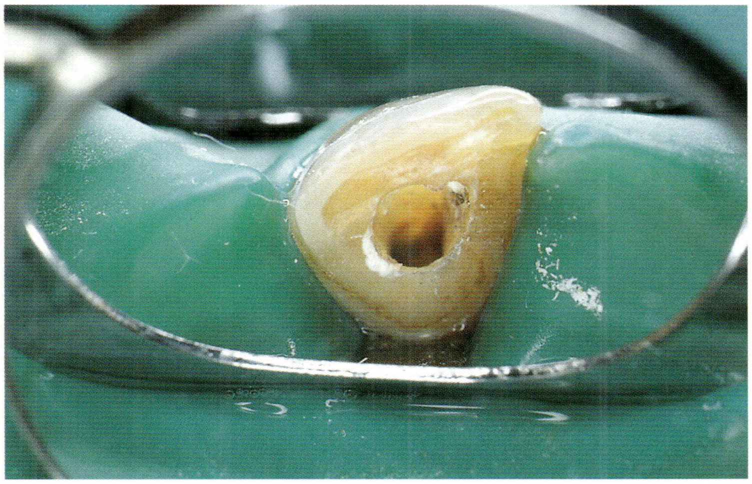

771 Farbstoffeinlagerung
Der Einblick in die eröffnete Kavität zeigt die Farbstoffeinlagerungen, die durch das Bleichen entfernt werden sollen. Auf der Kavitätenoberfläche ist eine Schmierschicht, die die Dentinkanaleingänge verstopft und vor dem Bleichen entfernt werden sollte.

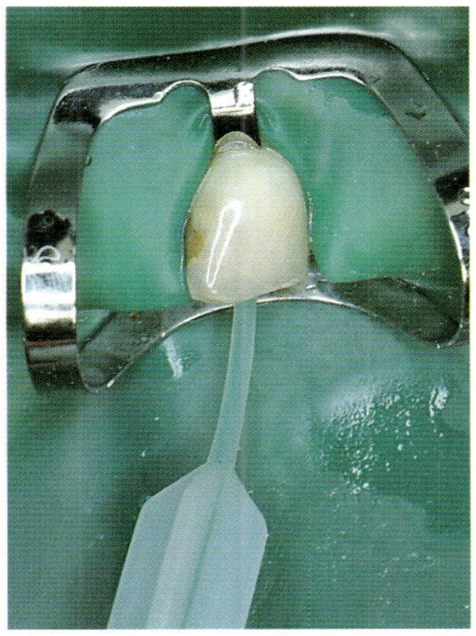

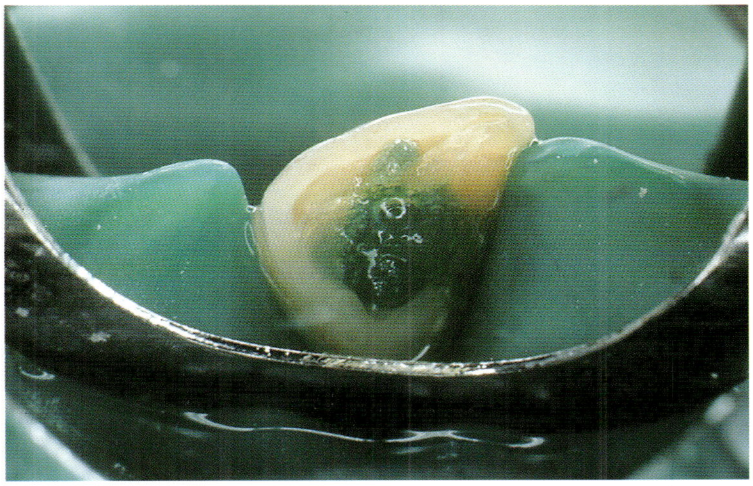

772 Kavitätenätzen
Für 10 – 20 Sekunden wird in die Kavität ein Phosphorsäureätzgel appliziert und anschließend 30 Sekunden lang ausgesprayt.

Links: Mit einer Applikationsspritze kann das Ätzgel gezielt eingebracht werden.

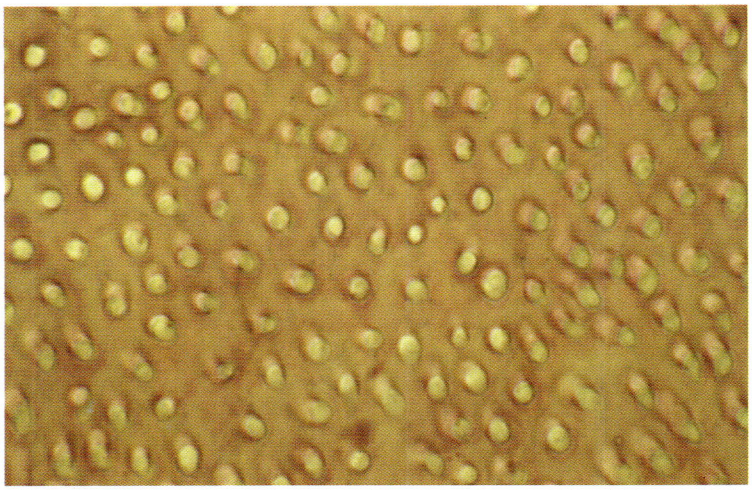

773 Dentinkanälchen
Nach Ätzen des Dentins in der Kavität sind die Dentintubuli weit geöffnet, und das Bleichmittel kann diese ungehindert durchdringen. Das Ätzen ist aber wegen des Risikos einer externen Wurzelresorption mit Zurückhaltung durchzuführen und auf schwere Verfärbungen zu beschränken.

Thermokatalytisches Bleichen

Die thermokatalytische Methode beruht auf dem Einsatz von Wasserstoffperoxidlösungen, die über gezupfte Gazestreifchen auf die Zahnoberfläche aufgetragen werden. Die Wärme wird über spezielle Lampen oder thermostatgesteuerte Hitzestäbe zugeführt, wobei die Temperatur 55 °C nicht übersteigen sollte. Eine kurzfristige Oberflächenätzung mit Phosphorsäure vor einer Vitalbleichung wird empfohlen. Nach professioneller Zahnreinigung werden das Pellicle sowie oberflächliche Farbstoffauflagerungen entfernt (Spasser 1961, Nutting u. Poe 1967).

Der Schmelz wird gereinigt, die Gingiva zur Verhinderung oberflächlicher Verätzungen mit Vaseline bestrichen und extrastarker Kofferdam angelegt. Bei starker Verfärbung oder in hartnäckigen Fällen wird die gesamte Zahnoberfläche für 10 Sekunden geätzt. Wattepellets werden auseinandergezupft und lose auf die Zahnoberfläche aufgelegt. Danach wird 30%iges Wasserstoffperoxid aufgetropft und mit einem speziellen Hitzestab (Touch'n heat) 2 Minuten erhitzt. Die Lösung wird anschließend erneuert und der Bleichvorgang in einer Sitzung etwa 3- bis 5mal wiederholt.

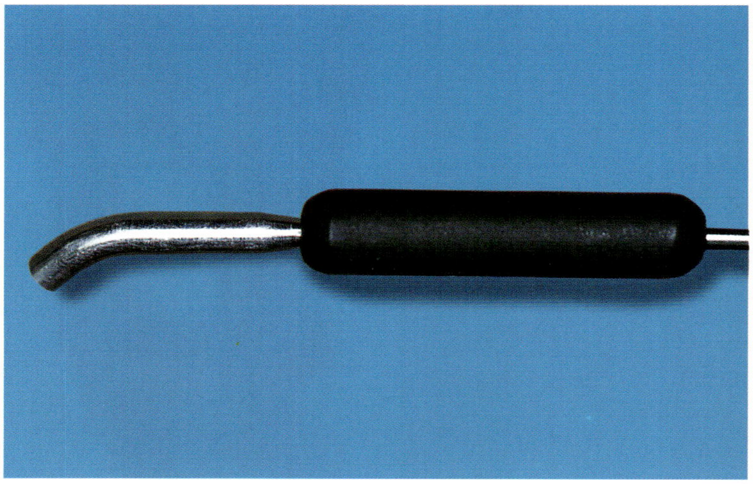

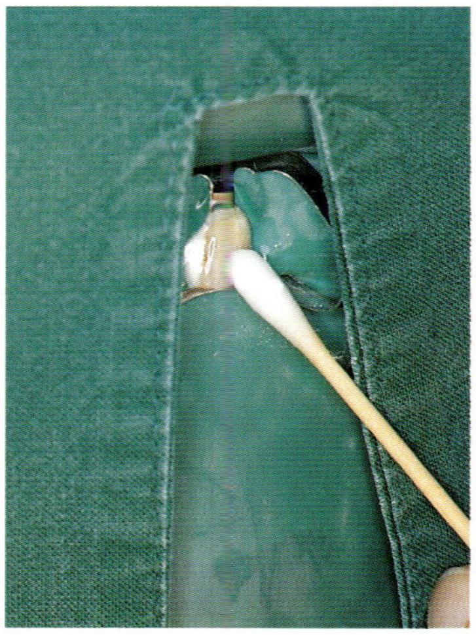

774 Bleichlösung
30%iges Wasserstoffperoxid wird auf die Zahnoberfläche aufgetropft und mit einem speziellen Ansatzstück (Touch'n heat, Analytic Technology) 2 Minuten erwärmt.

Rechts: Der Kopf des Patienten wird mit einem Schlitztuch abgedeckt. Die Bleichlösung muß mehrmals gewechselt und der Bleichvorgang kann 3- bis 5mal wiederholt werden. Anschließend müssen alle Reste gründlich abgespült werden.

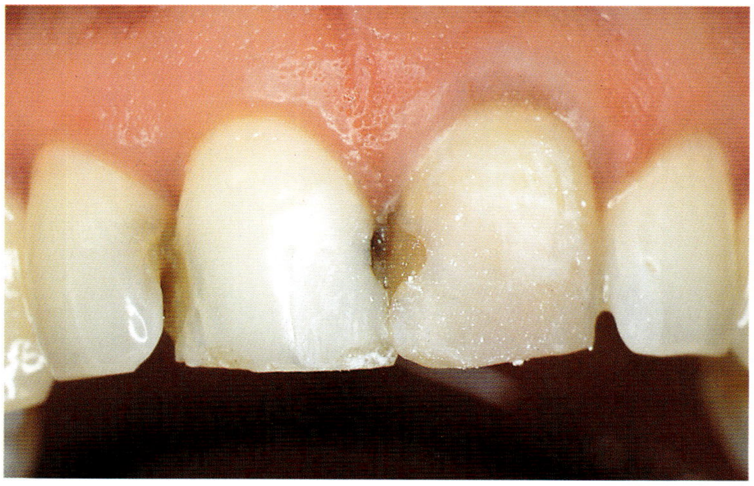

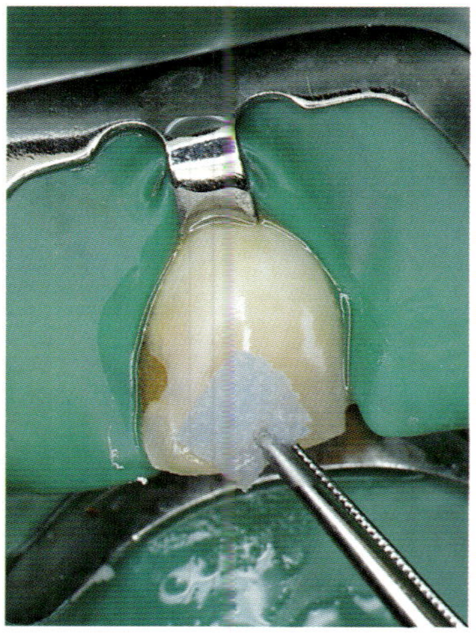

775 Aufhellung
Bereits nach dem ersten Bleichvorgang ist ein deutlicher Aufhellungseffekt sichtbar. Der Bleichvorgang kann mehrmals wiederholt werden, bis die gleiche Zahnfarbe wie die der Nachbarzähne erreicht worden ist.

Rechts: Nach dem Bleichen wird ein Fluoridpräparat zur Förderung der Remineralisation aufgetragen.

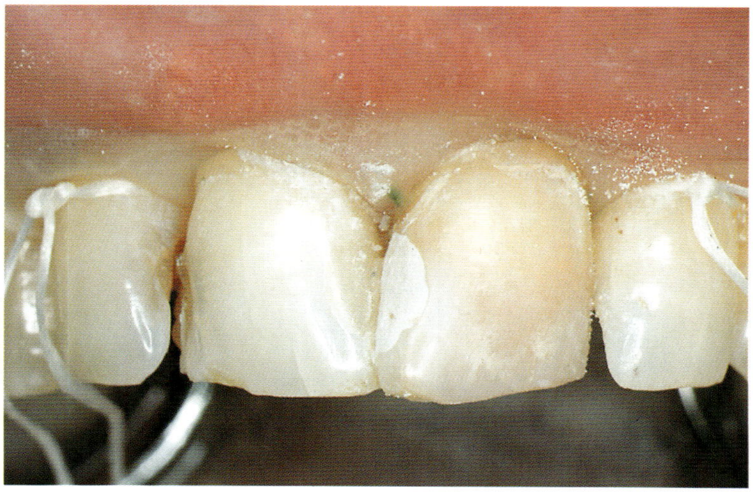

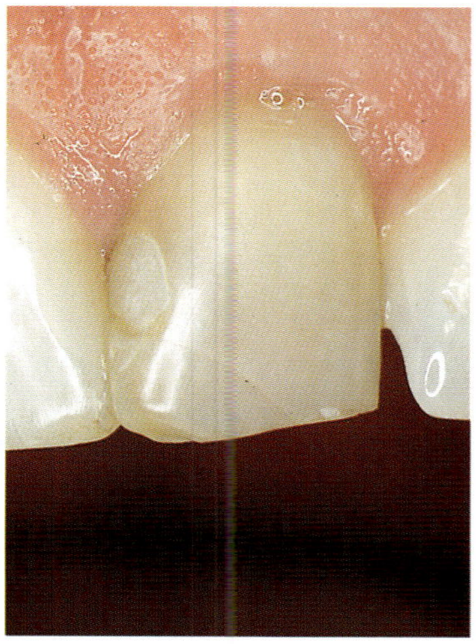

776 Füllung erneuern
Vor der weiteren Bleichung der Zahnkrone werden die alten Füllungen entfernt und interimsweise durch eine Glasionomerzementfüllung ersetzt.

Rechts: Nach 5maligem Bleichen ist die Zahnkrone deutlich heller geworden. Durch kombiniertes Bleichen mit anderen Techniken kann der Aufhellungseffekt noch gesteigert werden.

Walking-bleach-Technik

Diese Bleichmethode ist nur für wurzelkanalbehandelte Zähne geeignet. Hier wird eine insuffiziente Wurzelkanalbehandlung zunächst revidiert und mit einer 2 mm dicken Glasionomerzementfüllung abgedichtet. Anschließend wird eine Mischung aus Wasserstoffperoxid und Natriumperborat in die Kavität eingebracht und überschüssige Feuchtigkeit mit Papierspitzen entzogen. Die Walking-bleach-Lösung wird mit Cavit oder GIZ abgedeckt und in 2- bis 7tägigem Abstand gewechselt. Abschließend wird für 10 Tage Calxyl eingebracht und mit Cavit abgedeckt.

In einer Studie von Ho u. Goerig (1989) zeigte sich, daß das Bleichmittel auch bei sachgerechter Lagerung mit der Zeit an Wirksamkeit verliert. Frisches Natriumperborat und H_2O_2 führte in 93% der Fälle zum Aufhellen der Zähne, wohingegen eine Mischung aus frischem Natriumperborat und ein Jahr gelagertem Wasserstoffperoxid in 73% der Fälle erfolgreich bleichte. Mit Wasser angemischtes Natriumperborat bleichte nur 55% der farblich veränderten Zahnkronen. Vorsicht ist bei diesem Bleichverfahren geboten, da externe Resorptionen möglich sind (Cvek u. Lindvall 1985).

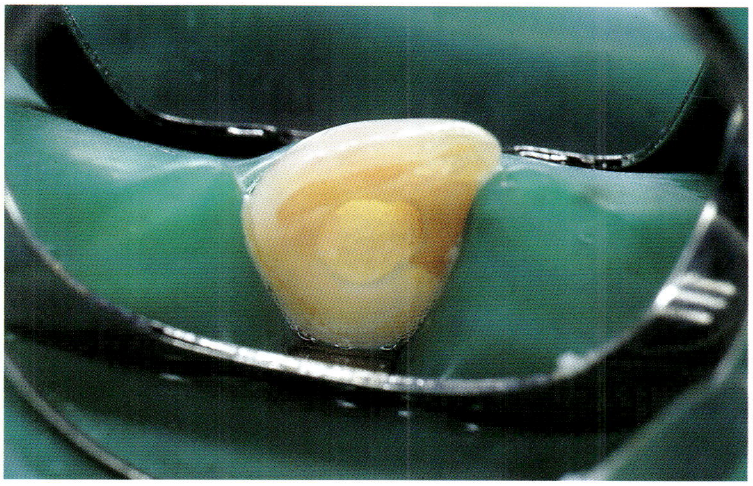

777 Walking-bleach-Paste
In die Kavität wird mit einem Plastikspatel die Mischung aus Natriumperborat und Wasserstoffperoxid eingebracht, der Flüssigkeitsüberschuß mit einem Wattepellet entfernt und das Bleichmittel komprimiert. Das Bleichmittel wird anschließend mit Cavit abgedeckt und für 2–7 Tage in der Kavität belassen.

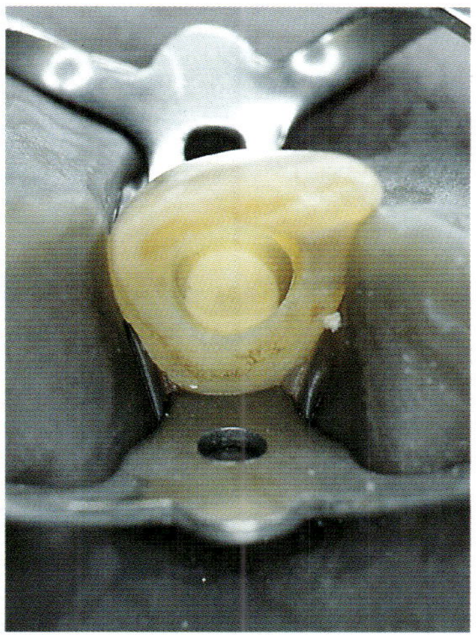

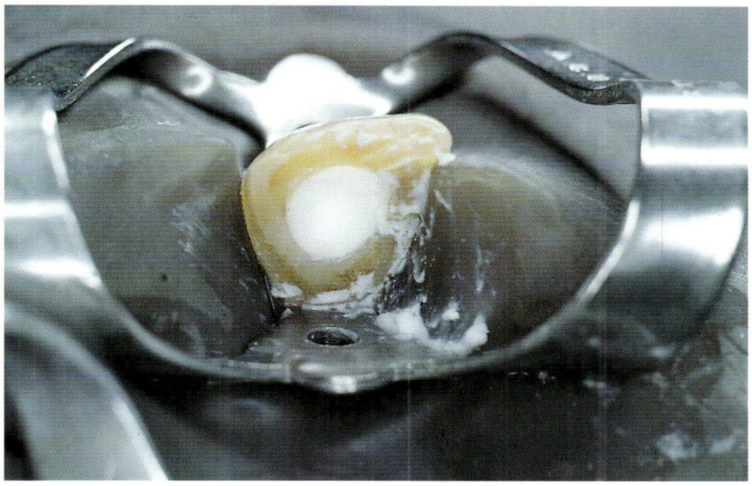

778 Kalziumhydroxid
In die Kavität wird nach der letzten Bleichung Kalziumhydroxid eingebracht. Durch das Bleichmittel kommt es zur Reduktion der Adhäsion der Kompositfüllung. 7 Tage nach Wasserlagerung werden wieder Haftwerte wie an unbehandeltem, säuregeätztem Schmelz erzielt (Torneck et al. 1991).

Links: Blick in die Kavität mit der Deckfüllung. Die Aufhellung ist bereits deutlich.

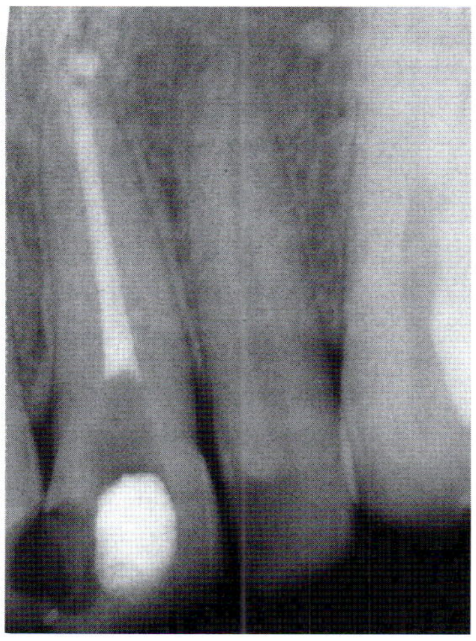

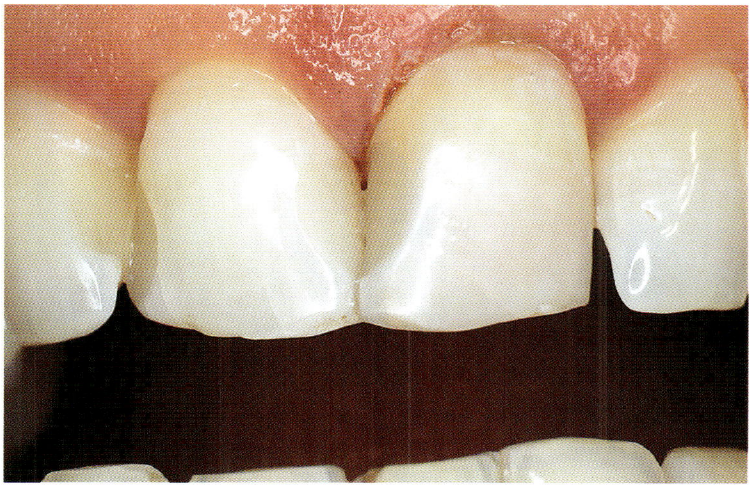

779 Kompositfüllung
Nach der Zwischeneinlage wird die Kavität gereinigt, gespült und getrocknet. Die provisorische Füllung wird entfernt und nach Säureätzung und Bondingvorstrich ein Komposit entsprechend der neuen Zahnfarbe ausgesucht und appliziert.

Links: Die Röntgenkontrolle vor der abschließenden Kompositversorgung zeigt keine Anzeichen einer externen Resorption.

Mikroabrasionsmethode

Croll (1989, 1993) verwendet zur Mikroabrasion ein aus 18%iger Salzsäure sowie Karborund- und Siliziumgel bestehendes Abrasivgemisch (Prema). Während der Schmelzmikroabrasion werden oberflächlich bis 75 μm Schmelz abradiert. Mikroskopisch erkennt man danach eine deutliche Oberflächenglättung. Die Mikroabrasion erodiert den Schmelz und verwischt kleinere Oberflächendiskrepanzen. Im Lichtmikroskop weisen Schmelzdünnschliffe nach 20maliger Behandlung eine deutlich dickere Schmelzoberflächenschicht auf. Der abrasive Effekt bewirkt anscheinend eine stärker mineralisierte Oberflächenschicht. Diese schwächt Lichtreflexe ab und verändert die Beugung und Brechung einfallender Lichtstrahlen. Somit können auch tieferliegende Zahnverfärbungen maskiert werden (Croll 1992).

Oberflächliche Fehlmineralisationen sprechen langfristig stabil auf diese Behandlung an, die mikroabradierten Oberflächen nehmen einen glatten, glasähnlichen Schimmer an. Die Mikroabrasion kann auch zur Glättung des Zahnschmelzes zum Zweck der Kariesprophylaxe eingesetzt werden (Donly et al. 1992).

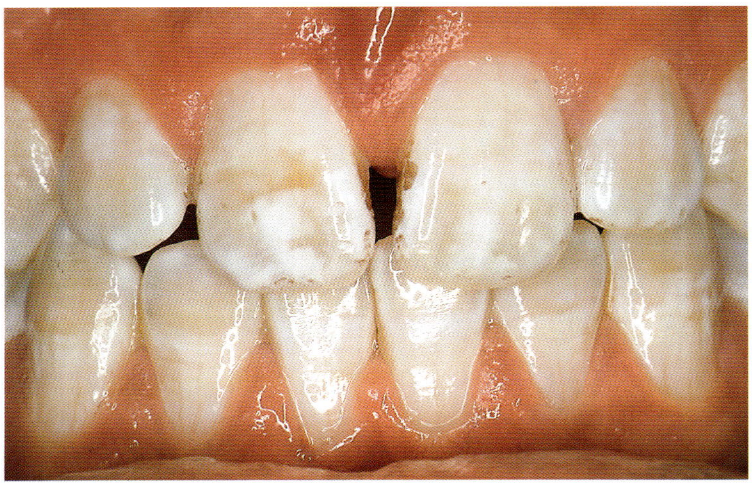

780 Fluorose
15jähriges Mädchen mit starker fluorotischer Verfärbung aller Zähne infolge Fluoridmehrfachapplikation. Sowohl in der Tiefe des Schmelzes als auch oberflächlich sind Weiß- und Braunverfärbungen sowie ausgeprägte Rauhigkeiten der Schmelzoberfläche erkennbar.

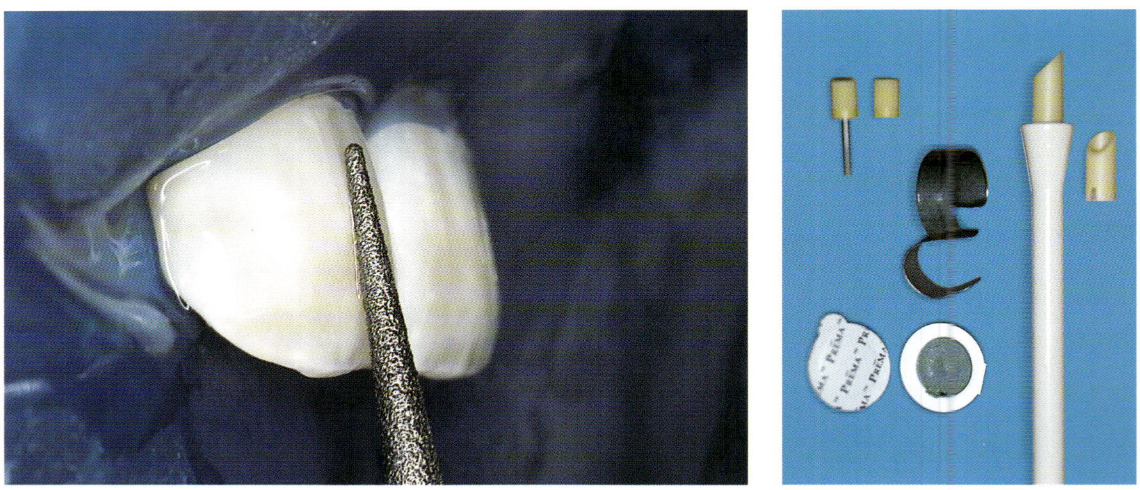

781 Schmelzglättung
Vor Beginn der Mikroabrasion wird Kofferdam angelegt. Anschließend wird mit einem feinen Finierdiamanten die Oberfläche des Schmelzes vorsichtig geglättet.

Rechts: Mikroabrasionsset bestehend aus der Abrasionspaste Prema, festen Gummimandrells und einem Handapplikator.

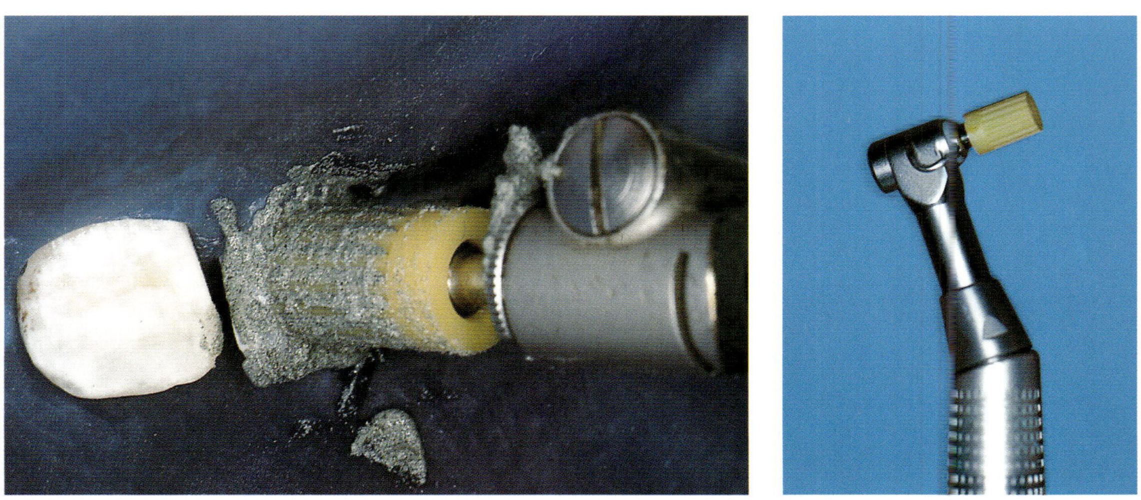

782 Mikroabrasion
Nachdem die Augen des Patienten mit einer Brille geschützt worden sind, wird mit einem speziellen Mandrell das Mikroabrasionsgemisch mit der Stirnkopfseite aufgetragen und gleichmäßig verteilt.

Rechts: Das Mandrell ist in einem Reduzierwinkelstück 10:1 eingespannt.

Liegen mit Verfärbungen kombinierte Zahnfehlbildungen vor, so können diese nach der Mikroabrasion mit einer Kompositfüllung versehen werden. Auch eine Kombination mit dem „nightguard vital bleaching" ist möglich. Vor Behandlungsbeginn ist das Anlegen von Kofferdam und das Versiegeln der Kofferdamränder notwendig, um eine Penetration des Abrasionsgemischs zu verhindern. Die Einwirkung von Prema für 15 Sekunden auf die Gingiva war harmlos, dagegen ulzerierte das Gewebe nach 30 Sekunden, heilte aber nach 7 Tagen vollständig aus (Croll 1993).

Das Mikroabrasionsgemisch wird mit einem langsamlaufenden Mandrell (10:1) aufgetragen und die Oberfläche 7 – 10 Minuten abradiert. Die Seitenflächen des Gumminapfes mit Rillen erzeugen Druck, die Stirnkopfseite verteilt das Prema über die Zahnoberfläche. Mit Handapplikatoren kann die Mischung auch auf größere Verfärbungen aufgebracht werden. Anschließend wird mit einer Prophylaxepaste geglättet, und die Reste werden gründlich abgesprayt. 4 Minuten läßt man eine Fluoridlösung einwirken und entfernt anschließend den Kofferdam.

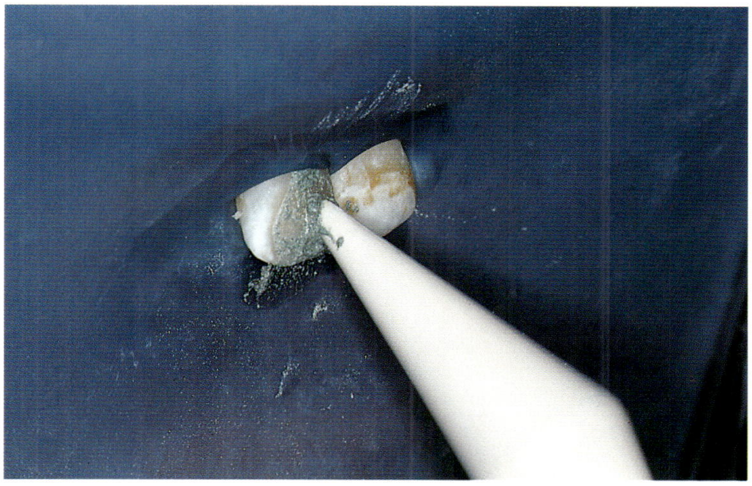

783 Mikroabrasion
Mit einem Handapplikator, dessen Spitze mit einer Fräse der jeweiligen Situation angepaßt werden muß, wird das Abrasionsgemisch gleichmäßig verteilt und in die unregelmäßige Oberfläche einrotiert.

Links: Für 7 – 10 Minuten wird unter leichter Druckanwendung mit der Seitenfläche des Mandrells abradiert.

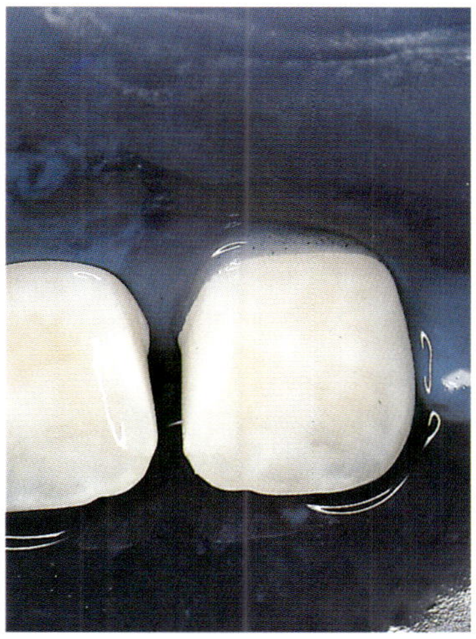

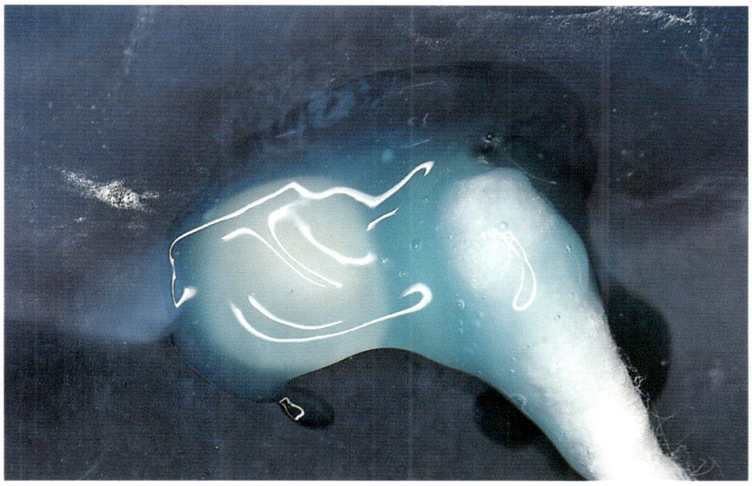

784 Fluoridierung
Nach der Abrasion wird die Zahnoberfläche abgespült, nochmals mit einer fluoridierten Prophylaxepaste und einem Gumminapf geglättet und anschließend gründlich abgesprayt. Danach läßt man eine Fluoridlösung 4 Minuten einwirken.

Links: Unmittelbar nach Mikroabrasion sind die Schmelzverfärbungen kaum noch sichtbar.

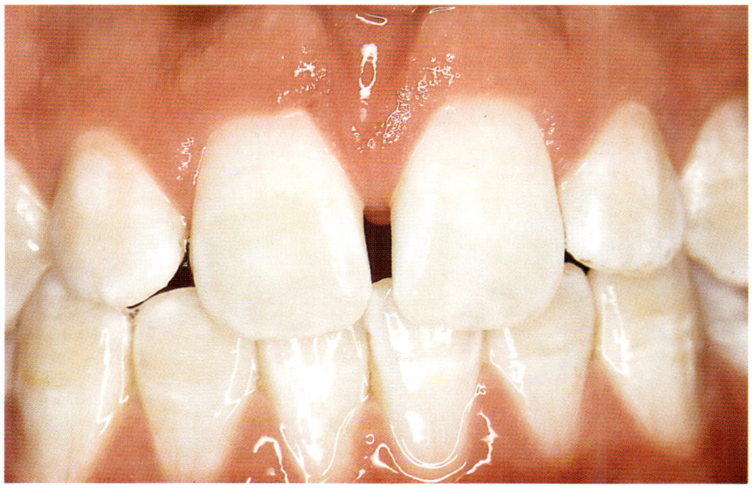

785 Klinische Kontrolle
In der klinischen Kontrolle nach Mikroabrasion aller Zähne ist ein Aufhellungseffekt und ein Maskieren der Mineralisationsdefekte und Fehlbildungen sichtbar. Die Zahnoberfläche ist deutlich geglättet.

Behandlung *T. P. Croll*

Nightguard vital bleaching

Zum Bleichen einzelner Zähne oder ganzer Zahngruppen wird eine 10%ige Carbamidperoxidlösung angewendet, die einer 3%igen Wasserstoffperoxid- und einer 7%igen Harnstofflösung entspricht. Auch ein 6- oder 10%iges Carbamidperoxidgel, angedickt in einem hochmolekularen Kunststoffpolymer, wurde zur Erhöhung der Viskosität und damit zur Verringerung der nächtlichen Resorption empfohlen. Das Aufhellen der Zahnkrone beginnt je nach Mitarbeit des Patienten bereits nach 2–3 Wochen und ist nach 5–6 Wochen abgeschlossen (Haywood 1992).

Indiziert ist die häusliche Bleichtechnik bei externen Verfärbungen u.a. durch Kaffee, Tee oder Tabak. In Verbindung mit anderen Bleichtechniken können ebenfalls interne Verfärbungen behandelt werden. Auch altersbedingte Veränderungen können eine Bleichung wünschenswert erscheinen lassen. Auf Grund der über Nacht einwirkenden Bleichlösung auf den Gingivarand erhebt sich natürlich die Frage nach der biologischen Sicherheit. Wolverton et al. (1991) wiesen nach, daß die Lösung nicht mutagen ist und an isolierten Zellen nur geringe toxische Reaktionen hervorruft.

786 Mikroabrasion
Junge Frau mit generalisierten braun-weißlichen Mineralisationsstörungen, die besonders im Oberkieferfrontzahnbereich als störend empfunden werden.

Rechts: Da die Verfärbungen tiefer im Schmelz lokalisiert sind, wird vor der Bleichung mittels Schiene eine Mikroabrasionsbehandlung durchgeführt.

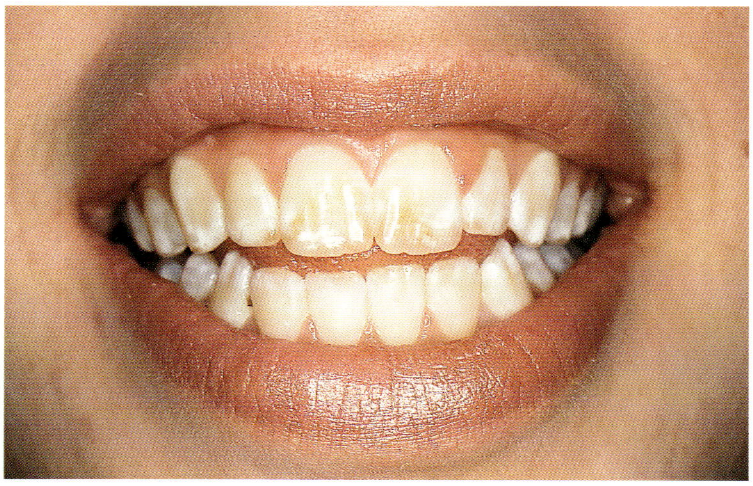

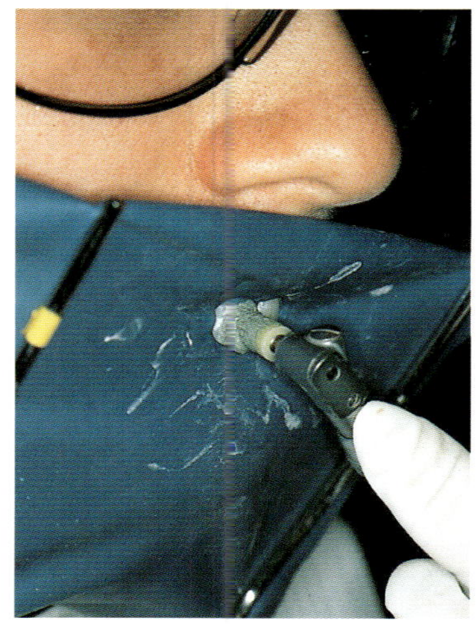

787 Schienenherstellung
Nach Abdrucknahme wird ein Gipsmodell und darauf eine Tiefziehschiene hergestellt, deren Ränder anschließend geglättet werden.

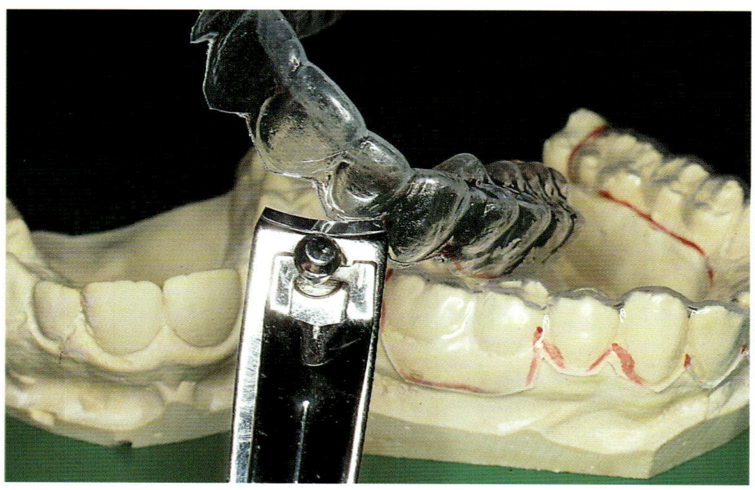

788 Bleichgel
Vom Patienten wird das Bleichgel in die Schiene eingefüllt. Zu beachten ist, daß das Gel nur in die zu bleichenden Regionen und relativ sparsam eingefüllt wird. Wird die Schiene auch tagsüber getragen, sollte das Gel alle 2–3 Stunden gewechselt werden.

Rechts: Neben Carbamidbleichgelen gibt es eine Vielzahl weiterer Vitalbleichmittel, die zum Teil ähnlich bzw. auch als Zahncreme ohne Schiene angewendet werden.

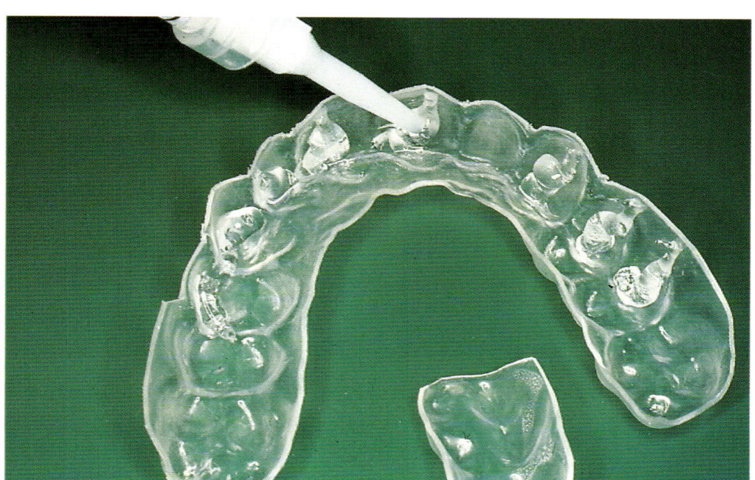

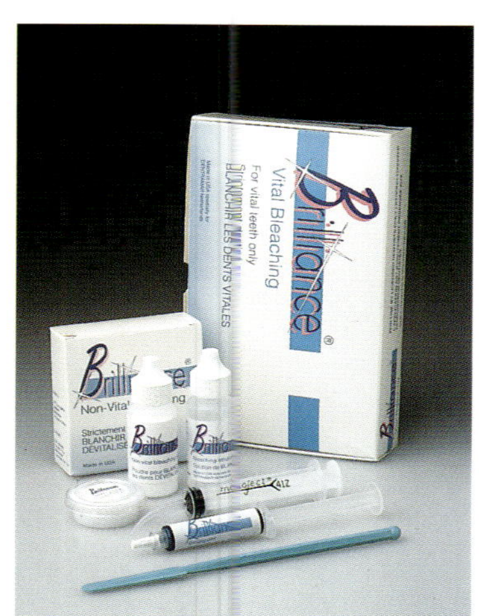

Vor der Bleichung wird die Zahnoberfläche gereinigt und nach Alginatabformung ein Modell hergestellt. Daran wird die Labialfläche der zu bleichenden Zähne zur Vermeidung von Irritationen mit einem Kunststoff im Abstand von 0,5 mm zum Gingivarand ausgeblockt. Anschließend wird eine dünne, weichbleibende Tiefziehschiene gezogen. In der folgenden Sitzung wird die Schiene einprobiert und der Patient zur Trageweise instruiert. Nach dem abendlichen Zähneputzen appliziert er eine geringe Menge des Gels in die Schiene, setzt sie langsam ein und entfernt die Überschüsse mit einem Wattebausch oder der Zahnbürste. Wird die Schiene nur nachts getragen, so kann eine 4- bis 6wöchige Behandlung notwendig werden. Wenn der Medikamententräger auch tagsüber getragen und die Bleichlösung alle 2 – 3 Stunden gewechselt wird, kann bereits nach 7 – 10 Tagen das Maximum der Aufhellung erzielt sein. In der Studie von Haywood (1991) ist für diese Bleichmethode eine Erfolgsquote von 91% angegeben. Bei 66% der Testpersonen traten leichte Gingivareizungen auf, und eine Unterbrechung für 1 – 2 Tage wurde notwendig (Haywood et al. 1992).

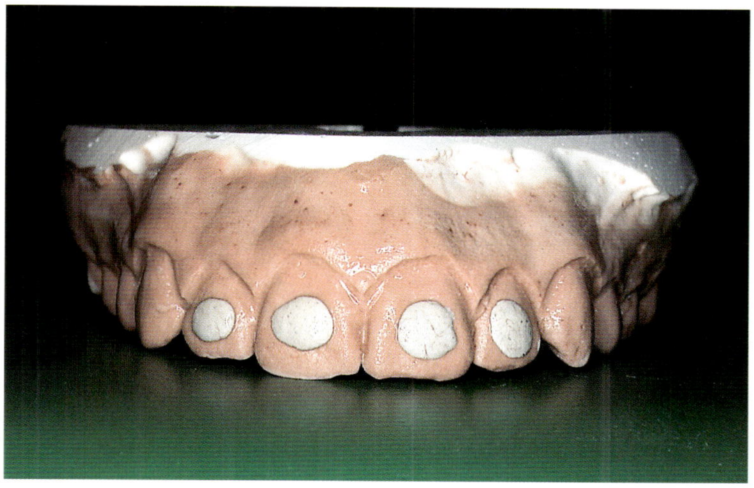

789 Ausblocken
Die zu bleichenden Zähne werden am Modell hohlgelegt, um Platz für das Bleichgel zu schaffen. Damit es nicht zu Reizungen der Schleimhaut kommt, sollte die Ausblockung ebenfalls einen Abstand von wenigstens 0,5 mm vom Gingivarand aufweisen. Treten Reizungen der Gingiva auf, wird das Bleichen für 2 Tage ausgesetzt.

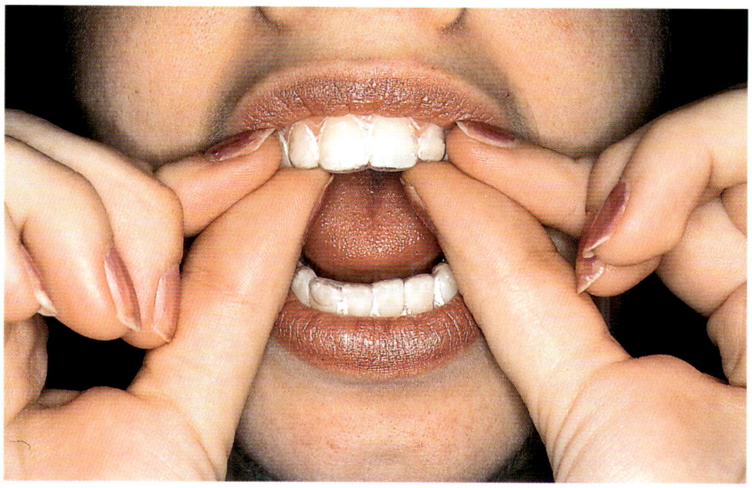

790 Einsetzen
Die Schiene wird nach Beschicken mit dem Bleichgel gleichmäßig ohne starken Druck über die zu bleichenden Zähne gestreift. Anschließend werden die Überschüsse mit einem Wattebausch oder der Zahnbürste entfernt.

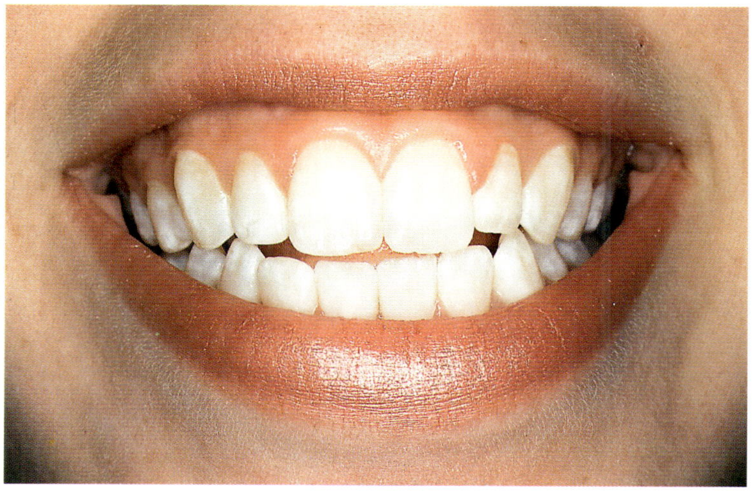

791 Tragedauer
Durch die kombinierte Behandlung ist bereits nach 3 Wochen eine deutliche Aufhellung eingetreten. Die Schiene wurde nachts und tagsüber getragen. Das klinische Bild zeigt 8 Monate nach Abschluß der Behandlung den bleibenden Erfolg.

Behandlung *T. P. Croll*

792 Klinischer Erfolg
Links: 11jähriger Junge mit starken Verfärbungen und oberflächlichen Schmelzdefekten infolge Fluoridmehrfachapplikation. Die beiden Frontzähne wurden nach einer Mikroabrasion zusätzlich für 21 Tage mit Carbamidperoxidgel gebleicht.

Rechts: Ein Jahr nach Behandlung zeigen die beiden Zähne keine bräunlichen Verfärbungen mehr.

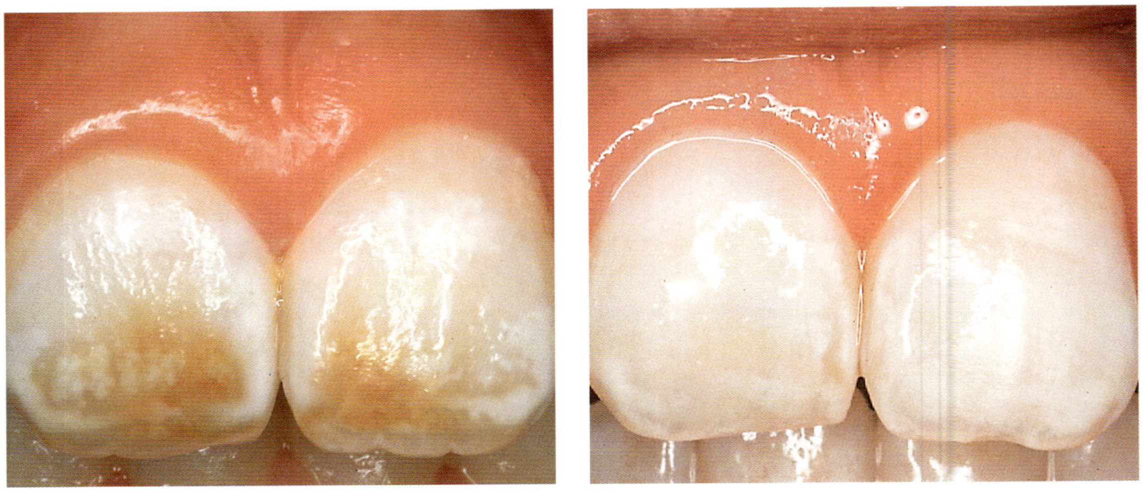

793 Klinischer Erfolg
Links: 13jähriges Mädchen mit nicht ganz so ausgeprägten Verfärbungen der Oberkieferfrontzähne, die ebenfalls kombiniert gebleicht wurden.

Rechts: 6 Monate nach der Behandlung ist die Verfärbung verschwunden, und die Zähne sind deutlich aufgehellt.

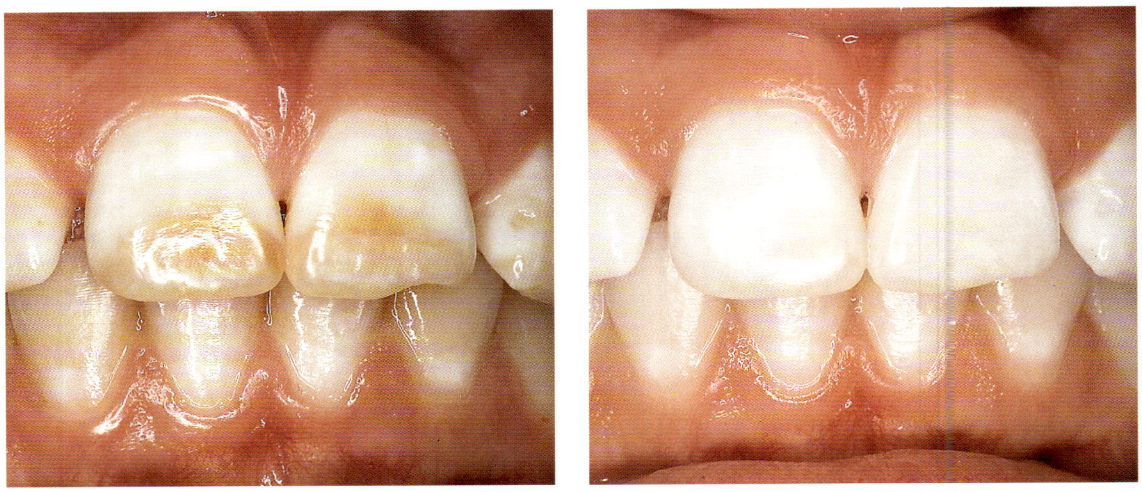

794 Behandlungsrezidiv
Links: 3 Jahre vor dieser Aufnahme wurden die 4 Oberkieferfrontzähne bereits mittels Mikroabrasion behandelt. Der Patient hatte generalisierte weiße Dysmineralisationen. Die Zähne nahmen eine leicht gelbliche Färbung an.

Rechts: 6 Monate nach der 21tägigen Vitalbleichung mittels Carbamidperoxid zeigen sich harmonische und gut abgestimmte Verhältnisse im gesamten Oberkiefer.

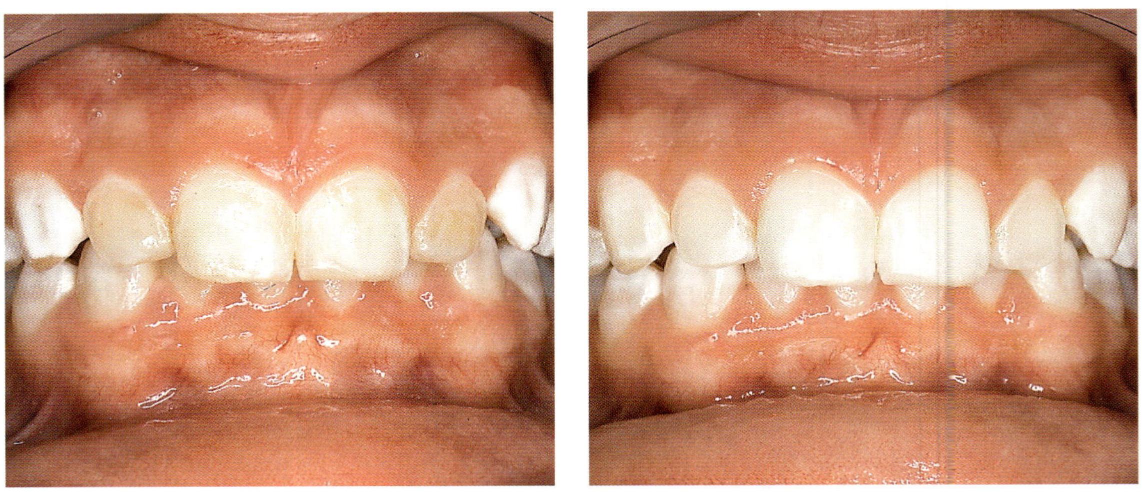

795 Teilerfolg
Links: 14jähriges Mädchen mit starken Schmelzdysmineralisationen und braunen sowie weißen Demineralisationszeichen.

Rechts: 15 Monate nach Mikroabrasion gefolgt von der Nightguard-vital-bleach-Methode erscheinen die Zähne bei gleichzeitig verbesserter Mundhygiene aufgehellt und ohne bräunliche Verfärbungen.

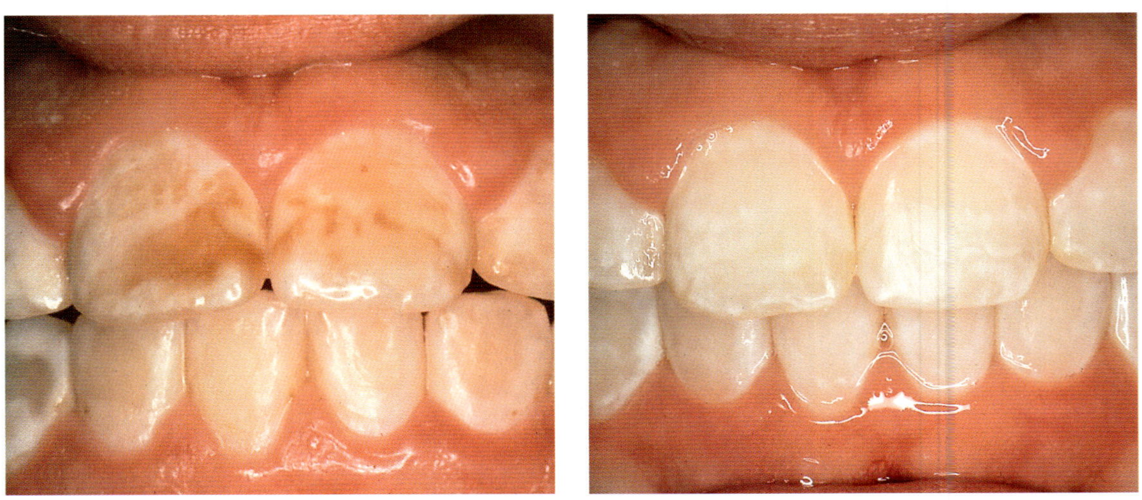

Behandlung *T. P. Croll*

Literaturverzeichnis

Die Literaturflut wird auch auf dem Gebiet der Endodontologie immer größer. Für den Praktiker, ja selbst für den Spezialisten, ist sie kaum noch überschaubar. Die Autoren haben sich bemüht, die Urheberschaft der beschriebenen klinisch-wissenschaftlichen Befunde im Text möglichst lückenlos zu dokumentieren. Das Verzeichnis erhebt jedoch keinen Anspruch auf Vollständigkeit. Viele bedeutungsvolle historische Arbeiten, aber auch neuere Publikationen bleiben unerwähnt. Eine umfassende Literaturliste wird von den Autoren bei Bedarf gerne zur Verfügung gestellt.

A

Abou-Rass, M., Frank, A.L., Glick, D.H.: The anticurvature filing method to prepare the curved root canal. J. Am. Dent. Assoc. 101: 792, 1980.

Abou-Rass, M.: The elimination of tetracycline discoloration by intentional endodontics and internal bleaching. J. Endodont. 8: 101, 1982.

Abou-Rass, M., Piccinino, M.: The effectiveness of four clinical irrigation methods on the removal of root canal debris. Oral Surg. 54: 323, 1982.

Adloff, P.: Das Durchsichtigmachen von Zähnen und unsere Wurzelfüllungsmethoden. Dtsch. Monatsschr. Zahnheilkd. 31: 445, 1913.

Al-Nazhan, S., Andreasen, J.O., Al-Bawardi, S., Al-Rouq, S.: Evaluation of the effect of delayed management of traumatized permanent teeth. J. Endodont. 21: 391, 1995.

Allen, R.K., Newton, C.W., Brown, C.E.: A statistical analysis of surgical and nonsurgical endodontic retreatment cases. J. Endodont. 15: 261, 1989.

Altonen, M., Mattila, K.: Follow-up study of apicoectomized molars. Int. J. Oral Surg. 5: 33, 1976.

Andersen, M., Lund, A., Andreasen, J.O., Andreasen, F.M.: In vitro solubility of human pulp tissue in calcium hydroxide and sodium hypochlorite. Endodont. Dent. Traumatol. 8: 104, 1992.

Ando, N., Hoshino, E.: Predominant obligate anaerobes invading the deep layers of root canal dentine. Int. Endodont. J. 23: 20, 1990.

Andreasen, F., Vestergaard, B.: Prognosis of luxated permanent teeth – the development of pulp necrosis. Endodont. Dent. Traumatol. 1: 207, 1985.

Andreasen, F., Zihjie, Y., Thomsen, B.: Relationship between pulp dimensions and development of pulp necrosis after luxation injuries in the permanent dentition. Endodont. Dent. Traumatol. 2: 90, 1986.

Andreasen, G.F., Hilleman, T.B.: An evaluation of 55-cobalt substituted Nitinol wire for use in orthodontics. J. Am. Dent. Assoc. 82: 1373, 1971.

Andreasen, J.O.: Luxation of permanent teeth due to trauma. Scand. J. Dent. Res. 78: 273, 1970.

Andreasen, J.O.: Challenges in clinical dental traumatology. Endodont. Dent. Traumatol. 1: 45, 1985.

Andreasen, J.O.: Traumatologie der Zähne. Schlütersche Verlagsanstalt, Hannover 1988.

Andreasen, J.O., Borum, M.K., Jacobsen, H.L., Andreasen, F.M.: Replantation of 400 avulsed permanent incisors. Endodont. Dent. Traumatol. 11: 51, 1995.

Arens, D.E., Rich, J.J., Healey, H.J.: A practical method of bleaching tetracycline-stained teeth. Oral Surg. 34: 812, 1972.

Armitage, G.C., Ryder, M.I., Wilcox, S.E.: Cemental changes in the teeth with heavily infected root canals. J. Endodont. 9: 127, 1983.

Arrastia, A.M., Wilder-Smith, P., Berns, M.W.: Thermal effects of CO_2 laser pulpotomy on human primary teeth. J. Dent. Res. 73 (Spec. Iss. 318): Abstr. 1734, 1994.

B

Bahcall, J., Howard, P., Miserendino, L., et al.: Preliminary investigation of the histological effects of laser endodontic treatment on the periradicular tissues in dogs. J. Endodont. 18: 47, 1992.

Baker Dirk, O.: Posteruptive changes in dental enamel. J. Dent. Res. 45 (Suppl. 3): 503, 1986.

Barnett, F., Trope, M., Khoja, M., Tronstad, L.: Bacteriologic status of root canal after sonic, ultrasonic and hand instrumentation. Endodont. Dent. Traumatol. 1: 228, 1985.

Baumann, M.A., Appel, T., Zick, K.: New insights into dental anatomy using NMR-microscopy. Eur. Microsc. Analys. 25: 7, 1993a.

Baumann, M.A., Doll, G.M., Zick, K.: Stray-field imaging (STRAFI) of teeth. Oral Surg. 75: 517, 1993b.

Baumann, M.A., Groß, D., Lehmann, V., Zick, K.: Magnetresonanzmikroskopie – Neue Perspektiven für die Endodontie. Schweiz. Monatsschr. Zahnmed. 103: 1407, 1993c.

Baumann, M.A., Schwebel, T., Kriete, A.: Dental anatomy portrayed with microscopic volume investigations. Comput. Med. Imaging Graph. 17: 221, 1993d.

Baumann, M.A.: A new approach to demonstration of root canal anatomy. J. Dent. Educ. 58: 704, 1994.

Baumann, M., Beer, R.: Der endodontische Notfall. Zahnärztl. Welt/Reform 103: 584, 1994.

Baumann, M.A., Scharf, H.: Moderne Bildverarbeitungsverfahren als Unterstützung der räumlichen Rekonstruktion histologischer Strukturen. Anat. Anz. 176: 185, 1994.

Baumann, M.A.: Die räumliche Darstellung des Endodonts. Hanser, München 1995.

Baumann, M.A., Gerhards, F.: Die retrograde Wurzelkanalfüllung. Quintessenz 1996 (im Druck).

Baumann, M.A., Doll. M.A.: Spatial reproduction of the root canal system by magnetic resonance microscopy. J. Endodont. (in press).

Baume, L. J., Conne, P., Fiore-Donno, G.: L'etat de la pulpe sous la carie dentaire et ses consequences thérapeutiques. Rev. Fr. Odontostomatol. 4: 511, 1970.

Baume, L. J.: The Biology of Pulp and Dentine. A Historic, Terminologic-Taxonomic, Histologic-Biochemical, Embryonic and Clinical Survey. Monographs in Oral Science, Vol. 8. Karger, Basel 1980.

Baumgartner, J. C., Mader, C. L.: A SEM evaluation of four root canal irrigation regimens. J. Endodont. 13: 147, 1987.

Baumgartner, J. C., Falkner, W. A.: Bacteria in the apical 5 mm of infected root canals. J. Endodont. 17: 380, 1991.

Baumgartner, J. C., Cuenin, P. R.: Efficacy of several concentrations of sodium hypochlorite for root canal irrigation. J. Endodont. 18: 605, 1992.

Beaudry, R. J.: Prevention of rubber dam hypersensitivity. J. Endodont. 10: 544, 1984.

Beer, R., Gängler, P.: Reaktionen des Endodonts bei Initialkaries – eine histopathologische Studie. Dtsch. Stomatol. 36: 491, 1986.

Beer, R., Gängler, P., Beer, M.: In-vitro Untersuchungen unterschiedlicher Wurzelkanalfülltechniken und -materialien. Zahn Mund Kieferheilkd. 74: 800, 1986a.

Beer, R., Gängler, P., Benkert, O.: Zur Entstehung und Klassifikation intrapulpaler Dentinbildungen. Zahn Mund Kieferheilkd. 74: 675, 1986b.

Beer, R., Gängler, P.: Rasterelektronenmikroskopische Untersuchungen zur Effektivität unterschiedlicher Wurzelkanalspüllösungen. Zahn Mund Kieferheilkd. 75: 476, 1987.

Beer, R., Gängler, P., Rupprecht, B.: Investigation of the canal space occupied by gutta-percha following lateral and thermomechanical condensation. Int. Endodont. J. 20: 271, 1987.

Beer, R., Keitel, S., Gängler, P., Wutzler, P., Pfister, W.: Biologische und mikrobiologische Prüfung chlorhaltiger Wurzelkanalspüllösungen. Dtsch. Stomatol. 38: 513, 1988a.

Beer, R., Wutzler, P., Gängler, P., Pfister, W.: Vergleichende biologische und mikrobiologische Prüfung von Wurzelkanalfüllmaterialien. Zahn Mund Kieferheilkd. 76: 473, 1988b.

Beer, R.: Vergleichende biologische Prüfung zahnärztlicher Füllungsmaterialien. Med. Habilitationsschrift, Erfurt 1989.

Beer, R., Gängler, P.: Rasterelektronenmikroskopische Untersuchung der Wurzelkanalaufbereitung mit Ultraschall. Dtsch. Zahnärztl. Z. 44: 334, 1989.

Beer, R., Gängler, P., Krehan, F., Wutzler, P.: Das Dentinbondingmaterial Scotchbond in der biologischen Testkette – ist eine haftvermittelnde Composite-Füllungstechnik pulpaverträglich? Zahn Mund Kieferheilkd. 77: 243, 1989.

Beer, R., Gängler, P., Wutzler, P., Krehan, F.: Vergleichende biologische Prüfung des Glasionomerzementes Ketac-Bond. Dtsch. Zahnärztl. Z. 45: 202, 1990.

Beer, R.: Biologische Prüfung des Glasionomerzementes Ketac-Fil unter Anwendungsbedingungen. Zahnärztl. Welt/Reform 100: 756, 1991.

Beer, R.: Optimale Wurzelkanalaufbereitung, welche Technik führt zum Ziel? Phillip J. 9: 261, 1992a.

Beer, R.: Pathohistologische Grundlagen der Wurzelkanalbehandlung. Phillip J. 9: 69, 1992b.

Beer, R.: Revision von Mißerfolgen in der Endodontie. Phillip J. 11: 531, 1992c.

Beer, R.: Die biologischen Eigenschaften von Wurzelkanalfüllmaterialien. Zahnärztl. Praxis 44: 126, 1993a.

Beer, R.: Prophylaxe in der Endodontie. Zahnärztl. Welt/Reform 102: 596, 1993b.

Beer, R.: Maschinelle vs Handinstrumentation des Wurzelkanals: das Canal master-System. Zahnärztl. Welt/Reform 102: 856, 1993c.

Beer, R.: Glasionomerzemente – Biologisch unbedenkliche Füllungsmaterialien? Quintessenz 45: 1073, 1994.

Beer, R., Baumann, M. A.: Klinische Untersuchung der Guttaperchawurzelkanalfüllung mit Apexit als Sealer. Zahnärztl. Welt/Reform 103: 365, 1994.

Beer, R., Baumann, M. A.: Praktische Endodontie. Urban & Schwarzenberg, München 1994b.

Beer, R.: Bleichen – ein zahnschonendes Verfahren zur Verbesserung der Ästhetik. Quintessenz 46: 873, 1995.

Beer, R., Mayerhöfer, G.: Fortschritte in der Endodontie – Die operationsmikroskopgestützte Wurzelkanalbehandlung. Quintessenz 46: 1437, 1995.

Beer, R.: Kariesdiagnostik im Seitenzahnbereich. Quintessenz 47: 607, 1996a.

Beer, R.: Biologische Einschätzung zahnärztlicher Füllungsmaterialien. In Heinenberg, B.J.: Innovationen für die Zahnheilkunde, Teil 8. Spitta, Balingen 1996b.

Beer, R.: Revision endodontischer Mißerfolge unter dem Operationsmikroskop. Zahnärztl. Welt/Reform 105: 98, 1996c.

Benjamin, K. A., Dowson, J.: Incidence of two root canals in human mandibular incisor teeth. Oral Surg. 38: 122, 1974.

Benkert, O., Beer, R., Gängler, P., Koch, I. L.: Biologisch-experimentelle Untersuchungen zahnärztlicher Füllungswerkstoffe im Anwendungstest am Hausschwein. Zahn Mund Kieferheilkd. 75: 555, 1987.

Berbert, A., Filho, M. T., Ueno, A. H., Bramante, C. M., Ishikiriama, A.: The influence of ultrasound in removing intraradicular posts. Int. Endodont. J. 28: 100, 1995.

Bergenholtz, G., Warfvinge, J.: Migration of leucocytes in the dental pulp in response to plaque bacteria. Scand. J. Dent. Res. 90: 354, 1982.

Berude, J. A., Hicks, L. M., Sauber, J. J., Li, S. H: Resorption after physiologic and rigid splinting of replanted permanent incisors in monkeys. J. Endodont. 14: 592, 1988.

Biggs, J. T., Benenati, F. W., Sabala, C. L.: Treatment of iatrogenic root perforations with associated osseous lesions. J. Endodont. 14: 620, 1988.

Bille, J., Thylstrup, A.: Radiographic diagnosis and clinical tissue changes in relation to treatment of approximal carious lesions. Caries Res. 16: 1, 1982.

Black, G. V.: Descriptive Anatomy of the Human Teeth, 4th ed. White, Philadelphia 1902.

Blinkhorn, A. S., Leggate, E. M.: An allergic reaction to rubber dam. Br. Dent. J. 156: 402, 1984.

Block, R. M., Lewis, R. D., Hirsch, J., Coffey, J, Langeland, K.: Systemic distribution of 14C-labeled paraformaldehyd incorporated within formocresol following pulpotomies in dogs. J. Endodont. 9: 176, 1983.

Block, R. M., Pascon, E. A., Langeland, K.: Paste technique retreatment study: a clinical, histopathologic and radiographic evaluation of 50 cases. Oral Surg. 60: 75, 1985.

Boussens, J., Ducomin, J. P.: La microchirurgie dentaire (M.C.D.). Quintess. Int. 6: 1, 1982.

Brock, H.: Gerätekompendium Mikrochirurgie. Zeiss Oberkochen Produktmanagement Chirurgische Geräte, Oberkochen, 1988.

Brown, D. C., Morre, B. K., Brown, C. E., Newton, C. W.: An in vitro study of apical extrusion of sodium hypochlorite during endodontic canal preparation. J. Endodont. 21: 587, 1995.

Brown, G.: Factors influencing succesfull bleaching of discolored root filled tooth. Oral Surg. 20: 238, 1965.

Buchanan, L. S.: Cleaning and Shaping the Root Canal System. In Cohen, S., Burns, R. C.: Pathways of the Pulp. Mosby, St. Louis, 1991 (p. 112).

Byström, A., Claesens, R., Sundqvist, G.: The antibacterial effect of camphorated paramonochlorphenol, camphorated phenol and calciumhydroxide in the treatment of infected root canals. Endodont. Dent. Traumatol. 1: 170, 1985.

Byström, A., Sundqvist, G.: Bacteriologic evaluation of the efficiency of mechanical root canal instrumentation in endodontic therapy. Scand. J. Dent. Res. 89: 321, 1981.

Byström, A., Sundqvist, G.: Bacteriological evaluation of the effect of 0,5% sodium hypochlorite in endodontic therapy. Oral Surg. 55: 307, 1983.

C

Caicedo, R., vonFraunhofer, J. A.: The properties of endodontic sealer cements. J. Endodont. 14: 527, 1988.

Calas, P., Rochd, T., Michel, G.: In vitro attachment of Streptococcus sanguis to the dentin of the root canal. J. Endodont. 20: 71, 1994.

Camp, L. R., Todd, M. J.: The effect of dowel preparation on the apical seal of three common obturation techniques. J. Prosthet. Dent. 50: 664, 1983.

Camps, J. J., Pertot, W. J.: Torsional and stiffness properties of nickel-titanium K files. Int. Endodont. J. 28: 239, 1995.

Canalda, C., Pumarola, J.: Bacterial growth inhibition produced by root canal sealer cements with a calcium hydroxide base. Oral Surg. 68: 99, 1989.

Carabelli, G.: Systematisches Handbuch der Zahnheilkunde. Braunmüller & Seidel, Wien 1844.
Carr, G.: Microscope in endodontics. J. Calif. Dent. Assoc. 11: 55, 1992.
Carr, G. B.: Surgical Endodontics. In Cohen, S., Burns, R.C.: Pathways of the Pulp. Mosby, St. Louis 1994 (p. 531).
Chailertvnitkul, P., Saunders, W. P., Mackenzie, D.: The effect of smear layer on microbial coronal leakage of gutta-percha root fillings. Int. Endodont. J. 29: 242, 1996.
Chohayeb, A. A.: Evaluation of the apical condensation of gutta-percha by a tapered calibratec spreader/plugger. J. Endodont. 19: 167, 1993.
Choksi, S. K., Brady, J. M., Dang, D. H., Rao, M. S.: Detecting approximal dental caries with transillumination: A clinical evaluation. J. Am. Dent. Assoc. 125: 1098, 1994.
Chong, B. S., Pitt Ford, T. R.: The role of intracanal medication in root canal treatment. Int. Endodont. J. 25: 97, 1992.
Cleen, M. J. H.: Richtlinien zur Restauration wurzelkanalbehandelter Zähne. Endodontie 4: 289, 1994.
Cohen, S., Burns, R. C.: Pathways of the Pulp, 6th ed. Mosby, St. Louis 1994.
Cooke, H. G., Cox, F. L.: C-shaped canal configurations in mandibular molars. J. Am. Dent. Assoc. 99: 836, 1979.
Coolidge, E. D.: Clinical Pathology of Treatment of Dental Pulp. In Dental Therapeutics, 2nd ed. Lea & Febiger, Philadelphia 1946.
Cooper, J. S., Bokmeyer, T. J., Bowles, W. H.: Penetration of pulp chamber by carbamid peroxide bleaching agents. J. Endodont. 18: 315, 1992.
Corcoran, J. F., Zillich, R. M.: Bleaching of vital tetracycline stained teeth. J. Mich. Dent. Assoc. 56: 340, 1974.
Cotton, W. R., Siegel, R. L.: Human pulp response to citric acid cavity cleanser. J. Am. Dent. Assoc. 96: 639, 1978.
Covino, B. G., Vasallo, H. G.: Local Anesthetics. Mechanism of Action and Clinical Use. Grune & Stratton, New York 1977.
Cragg, T. K.: The use of rubber dam in endodontics. J. Can. Dent. Assoc. 38: 376, 1972.
Croll, T. P.: Enamel microabrasion for removal of superficial discoloration. J. Esthet. Dent. 1: 14, 1989a.
Croll, T. P.: Enamel microabrasion: The technique. Quintess. Int. 20: 395, 1989b.
Croll, T. P.: Enamel microabrasion for removal of superficial dysmineralization and decalcification defects. J. Am. Dent. Assoc. 120: 411, 1990.
Croll, T. P.: Enamel microabrasion followed by dental bleaching: a case report. Quintess. Int. 23: 317, 1992.
Croll, T. P.: Behandlung des Zahnschmelzes mit Mikroabrasion. Quintessenz, Berlin 1993.
Croll, T. P.: Tooth bleaching for children and teens: a protocol and examples. Quintess. Int. 25: 811, 1994.
Cvek, M.: A clinical report on partial pulpotomy and capping with calcium hydroxide in permanent incisors with complicated crown fractures. J. Endodont. 4: 232, 1978.
Cvek, M., Lindvall, A. M.: External root resorption following bleaching of pulpless teeth with oxygen peroxide. Endodont. Dent. Traumatol. 1: 56, 1985.
Cvek, M.: Prognosis of luxated non-vital maxillary incisors treated with calcium hydroxide and filled with gutta-percha. Endodont. Dent. Traumatol. 8: 45, 1992.

D

Dang, D. A., Walton, R. E.: Vertical root fracture and root distortion: effect of spreader design. J. Endodont. 15: 294, 1989.
Daubländer, M.: Zahnärztliche Therapie bei Risikopatienten I. Quintessenz 40: 741, 1989a.
Daubländer, M.: Zahnärztliche Therapie bei Risikopatienten II. Quintessenz 40: 931, 1989b.
Deardorf, K. A., Swartz, M. J., Newton, C. W., Brown, C. E.: Effect of root canal treatment on dentin permeability. J. Endodont. 20: 1, 1994.
Debelian, G. J., Olsen, I., Tronstad, L.: Profiling of Propionibacterium acnes recovered from root canal and blood during and after endodontic treatment. Endodont. Dent. Traumatol. 8: 248, 1992.
Debelian, G. J., Olsen, I., Tronstad, L.: Bacteremia in conjunction with endodontic therapy. Endodont. Dent. Traumatol. 11: 142, 1995.
Dederich, D. N., K. L. Zakariasen, Tulip, L.: Scanning electron microscopic analysis of canal wall dentin following Neodymium-Yttrium-Aluminium-Garnet laser irradiation. J. Endodont. 10: 428, 1984.
Deemer, J. P., Tsaknis, P. J.: The effect of overfilled polyethylene tube intraosseous implants in rats. Oral Surg. 48: 358, 1979.
Denis, R., Ott, K. H. R.: Kofferdam-Allergie – ein Fallbericht. Dtsch. Zahnärztl. Z. 48: 306, 1993.
Donly, K. J., O'Neill, M., Croll, T. P.: Enamel microabrasion: a microscopic evaluation of the „abrosion effect". Quintess. Int. 23: 175, 1992.
Drake, D. R., Wiemann, A. H., Riviera, E. M., Walton, R. E.: Bacterial retention in canal walls in vitro: effect of smear layer. J. Endodont. 20: 78, 1994.
Driscoll, W. S., Herschel, S. H., Meyers, R. J.: Prevalence of dental caries and dental fluorosis in areas with optimal and above-optimal water fluoride concentrations. J. Am Dent. Assoc. 107: 42, 1983.
Dwan, J. J., Glickman, G. N.: 2-D Photoelastic stress analysis of NiTi and stainless steel finger spreaders during lateral condensation. J. Endodont. 21: 221, 1995.

E

Eguchi, D., Peters, D. D., Hollinger, J. O.: A comparison of the area of the canal space occupied by guttapercha following four gutta-percha obturation techniques. J. Endodont. 11: 166, 1985.
Ehrmann, E. H.: Konservative Behandlung großer apikaler Läsionen. In Guldener, P.H.A., Langeland, K.: Endodontologie, 2. Aufl. Thieme, 1987 (S. 290).
Einwag, J.: Die intraligamentäre Anästhesie. Zahnärztl. Mitt. 75: 693, 1985.
Ekstrand, K., Quist, V., Thylstrup, A.: Light microscopic study of the effect of probing in occlusal surfaces. Caries Res. 21: 368, 1987.
Ekstrand, K. R., Kuzmina, I., Bjorndal, L., Thylstrup, A.: Relationship between external and histologic features of progressive stages of caries in the occlusal fossa. Caries Res. 29: 243, 1995.
Eleazer, P. D.: Lack of corrosion of stainless steel instruments in vivo by scanning electron microscope and microprobe analysis. J. Endodont. 17: 346, 1991.
Eriksen, H. M., Orstavik, D., Kerekes, K.: Healing of apical periodontitis after endodontic treatment using three different root canal sealers. Endodont. Dent. Traumatol. 4: 114, 1988.
Erlemeier, E. M.: Aktuelle Aspekte der intraligamentären Anästhesie. Quintessenz 41: 471, 1990.

F

Fabricius, L., Dahlen, G., Öhman, A. E., Möller, A. J. R.: Predominant indigenous oral bacteria isolated from infected root canals after varied times of closure. Scand. J. Dent. Res. 90: 134, 1982.
Fairborne, D. R., McWalter, G. M., Montgomery, S.: The effect of four praparation techniques on the amount of apically extruded debris. J. Endodont. 13: 102, 1987.
Fava, R. G.: The doubled flare technique: an alternative for biomechanical preparation. J. Endodont. 9: 76, 1983.
Fischer, G.: Der heutige Stand der Wurzelbehandlung mit Rücksicht auf die feinere Anatomie menschlicher Wurzelkanäle insbesondere am Foramen apicale. Dtsch. Monatsschr. Zahnheilkd. 30: 81, 1912.
Flaitz, C. M., Hicks, M. J., Silverstone, L. M.: Radiographic, histologic and electronic comparison of occlusal caries: An in vitro study. Pediatr. Dent. 8: 24, 1986.
Fogel, H. M.: Microleakage of posts used to restore endodontically treated teeth. J. Endodont. 21: 376, 1995.
Foster, K. H., Kulild, J. C., Weller, R. N.: Effect of smear layer removal on the diffusion of calcium hydroxide through radicular dentin. J. Endodont. 19: 136, 1993.

Frank, R. M., Voegel, J. C.: Ultrastructure of the human odontoblast and its mineralisation during dental caries. Caries Res. 14: 367, 1980.
Frank, R. M., Nalbandian, J.: Development of Dentine and Pulp. In Berkovitz, B. K. B., Boyde, A., Frank, R. M., Höhling, H. J., Moxham, B. J., Nalbandian, J., Tonge, C. H.: Teeth. Springer, Berlin 1989 (p. 73).
Frank, R. M., Steuer, P., Hemmerle, J.: Ultrastructural study on human root caries. Caries Res. 23: 209, 1989.
Freccia, W. F., Peters, D. D., Lorton, L., Bernier, W. E.: An in vitro comparison of nonvital bleaching techniques in the discolored tooth. J. Endodont. 8: 70, 1982.
Freedland, J. B.: Conservative reduction of large periapical lesions. Oral Surg. 29: 455, 1970.
Frentzen, M., Koort, H. J., Nolden, R.: Aufbereitung von Wurzelkanälen mit Excimer-Lasern. Dtsch. Zahnärztl. Z. 46: 288, 1991.
Frentzen, M.: Laseranwendungen in der Zahnerhaltung und Parodontologie – Eine Übersicht. Dtsch. Zahnärztl. Z. 49: 113, 1994.
Friedman, S., Rotstein, I., Libfeld, H., Stabholz, A., Heling, I.: Incidence of external root resorption and esthetic results in 58 bleached pulpless teeth. Endodont. Dent. Traumatol. 4: 23, 1988.
Friedman, S., Rotstein, I., Sharlev, S.: Bypassing gutta-percha root fillings with automated device. J. Endodont. 15: 432, 1989.
Friedman, S., Stabholz, A., Tamse, A.: Endodontic retreatment – case selection and technique. J. Endodont. 16: 543, 1990.
Friedman, S., Lustmann, J., Sharabany, V.: Treatment results of apical surgery in premolar and molar teeth. J. Endodont. 17: 30, 1991.
Fuad, A. F., Rivera, E. M., Krell, K. V.: Accuracy of the endex with variations in canal irrigants and foramen size. J. Endodont. 18: 63, 1993a.
Fuad, A. F., Walton, R. E., Rittman, B. R.: Healing of induced periapical lesions in ferret. J. Endodont. 19: 123, 1993b.
Furseth, R., Mjör, I. A.: Electron microscopy of human coronal dentin – a methological study with emphasis on the aspiration of odontoblast nuclei. Acta Odontol. Scand. 27: 577, 1980.
Fuss, Z., Szajkis, S., Tagger, M.: Tubular permeability to calcium hydroxide and to bleaching agents. J. Endodont. 15: 362, 1982.
Fuss, Z., Rafaeloff, R., Tagger, M., Szajkis, S.: Intracanal pH changes of calcium hydroxide pastes exposed to carbon dioxide in vitro. J. Endodont. 22: 362, 1996.

G

Gängler, P., Langeland, K.: Biologische Grundlagen der Endodontie. Zahn Mund Kieferheilkd. 69: 256, 1979.
Galvan, D. A., Ciarlone, A. E., Pashley, D. H., Kulild, J. C., Primack, P. D., Simpson, M. D.: Effect of smear layer removal on the diffusion permeability of human root. J. Endodont. 20: 83, 1994.
Gambill, J. M., Alder, del Rio, C. E.: Comparison of nickel-titanium and stainless steel hand-file instrumentation using computed tomography. J. Endodont. 22: 369, 1996.
Gatot, A., Arbelle, J., Leiberman, A., Yanai-Inbar, I.: Effects of sodium hypochlorite on soft tissues after its inadvertent injection beyond the root apex. J. Endodont. 17: 573, 1991.
Gelfand, M., Goldman, M., Sunderman, E.J.: Effect of complete veneer crowns on the compressive strength of endodontically treated posterior teeth. J. Prosthet. Dent. 52: 635, 1984.
Georgopoulou, M., Kontakiotis, E., Nakou, M.: In vitro evaluation of the effectiveness of calcium hydroxide and paramonochlorphenol on anaerobic bacteria from the root canal. Endodont. Dent. Traumatol. 9: 249, 1993.
Georgopoulou, M. K., Wu, M. K., Nikolaou, A., Wesselink, P. R.: Effect of thickness on the sealing ability of some root canal sealers. Oral Surg. 80: 338, 1995.
Geurtsen, W.: Die Kroneninfraktion posteriorer Zähne – klinische Merkmale und Fallberichte. Int. J. Parodontol. Restaur. Zahnheilkd. 12: 377, 1992.
Glosson, C. R., Haller, R. H., Dove, S. B., del Rio, C. E.: A comparison of root canal preparation using NiTi Hand, NiTi engine driven and K-Flex endodontic instruments. J. Endodont. 21: 146, 1995.
Gluskin, A. H., Radke, R. A., Frost, S. L., Watanabe, L. G.: The mandibular incisor: rethinking guidelines for post and core design. J. Endodont. 21: 33, 1995.
Goerig, A. C., Michelich, R. J., Schultz, H. H.: Instrumentation of root canals in molars using the step-down technique. J. Endodont. 8: 550, 1982.
Goldman, M., White, R. R., Moser, C. R., Tenca, J. I.: A comparison of three methods of cleaning and shaping the root canal. J. Endodont. 14: 7, 1988.
Goldman, M., Laosonthorn, P., White, R. R.: Microleakage-full crown and the dental pulp. J. Endodont. 18: 473, 1992.
Goldstein, R. E., Haywood, V. B., Heymann, H. O., Steiner, D. R., West, J. D.: Bleaching of Vital and Pulpless Teeth. In Cohen, S., Burns, R.C.: Pathways of the Pulp. Mosby, St. Louis, 1994.
Grieve, A. R., Alani, A., Saunders, W. P.: The effect on the dental pulp of a composite resin and two dentin bonding agents and associated bacterial microleakage. Int. Endodont. J. 24: 108, 1991.
Grossman, L., Oliet, S., delRio, C.: Endodontic Practice, 11th ed. Lea & Febiger, Philadelphia 1988.
Grung, B., Molven, O., Halse, A.: Periapical surgery in a Norwegian county hospital: follow up findings of 477 teeth. J. Endodont. 16: 411, 1990.
Guldener, P. H. A., Langeland, K.: Endodontologie 3. Aufl. Thieme, Stuttgart 1993.
Gutmann, J. L., Dumsha, T. C., Lovdahl, P. E.: Problemlösungen in der Endodontie. Hanser, München 1991.
Gutmann, J.: Principles of endodontic surgery for the general practitioner. Dent. Clin. North Am. 28: 895, 1984.
Gutierrez, J. H., Villena, F., Gigoux, C.: Microscopic and scanning electron microscope examination of silver point corrosion caused by endodontic material. J. Endodont. 8: 301, 1982.
Gutierrez, J. H., Herrera, V. R., Berg, E. H., Villena, F., Jofre, A.: The risk of intentional dissolution of the smear layer after mechanical preparation of root canals. Oral Surg. 70: 96, 1990a.
Gutierrez, J. H., Jofre, A., Villena, F.: Scanning electron microscope study on the bacteria action of endodontic irrigants on bacteria invading the dentinal tubules. Oral Surg. 69: 491, 1990b.
Gutierrez, J. H., Donoso, E., Villena, F., Jofre, A.: Diffusion of medicaments within root canal dentin. Oral Surg. 72: 351, 1991.

H

Haapasalo, M., Orstavik, D.: In vitro infection and disinfection of dentinal tubules. J. Dent. Res. 66: 1375, 1987.
Haikel, Y., Frank, R. M., Voegel, J. C.: Scanning electron microscopy of the human enamel surface layer of incipient carious lesions. Caries Res. 17: 1, 1983.
Haikel, Y., Alleman, C.: Effectiveness of four methods of preparing root canals. J. Endodont. 14: 340, 1988.
Haikel, Y., Gasser, P., Allemann, C.: Dynamic fracture of hybrid endodontic hand instruments compared with traditional files. J. Endodont. 17: 217, 1991.
Hansen, E. K., Asmussen, E., Christiansen, N. C.: In vivo fractures of endodontically treated posterior teeth restored with amalgam. Endodont. Dent. Traumatol. 6: 49, 1990.
Hansen, S. R., Montgomery, S.: Effect of restoration thickness on the sealing ability of TERM. J. Endodont. 19: 448, 1993.
Hardee, M., L. Miserendino, Kos, W.: Evaluation of the antibacterial effects of intracanal Nd:YAG laser irradiation. J. Endodont. 16: 194, Abstr. 20, 1990.
Harrington, G., Natkin, E.: External resorption associated with bleaching of pulpless teeth. J. Endodont. 5: 344, 1979.
Harrison, J. W., Jurosky, K. A.: Wound healing in the tissues of the periodontium following periradicular surgery. J. Endodont. 17: 425, 1991.
Harty, F. J.: Endodontics in Clinical Practice. Butterworth, London 1990.
Hasselgren, G., Olsson, B., Cvek, M.: Effects of calcium hydroxide and sodium hypochlorite on the dissolution of necrotic porcine muscle tissue. J. Endodont. 14: 125, 1988.
Hasselgren, G., Reit, C.: Emergency pulpotomy: pain relieving effect with and without the use of sedative dressings. J. Endodont. 15: 254, 1989.
Hatton, J. F., Ferillo, P. J., Wagner, G., Stewart, G. P.: The effect of condensation pressure on the apical seal. J. Endodont. 14: 305, 1988.

Hawkins, R.W., Nii, C.T., Jacobsen, E.L., Murphy, R.A.: The smear layer and bacterial penetration of radicular dentinal tubules. J. Endodont. 20: 196, 1994.

Haywood, V.B., Heymann, H.O.: Nightguard vital bleaching. Quintess. Int. 20: 173, 1989.

Haywood, V.B.: Overview and status of mouthguard bleaching. J. Esthet. Dent. 3: 157, 1991.

Haywood, V.B., Heymann, H.O.: Nightguard vital bleaching: How safe is it? Quintess. Int. 22: 515, 1991.

Haywood, V.B.: History, safety and effectiveness of current bleaching techniques and applications of the nigthguard vital bleaching technique. Quintess. Int. 23: 471, 1992.

Haywood, V.B., Lonard, R.H., Nelson, C.F.: Effectiveness of nightguard vital bleaching. J. Dent. Res. 71: 179, 1992.

Healy, M.J.R.: The mathematics. Br. J. Oral Maxillofac. Surg. 22: 330, 1984.

Heidemann, D., Ramil-Diwo, M.: Die Wurzelkanalfülltechniken mit erwärmter Guttapercha: McSpadden-Technik, Endotec, vertikale Kondensation, Ultrafil. In APW (Hrsg.): Endodontie: Neue Erkenntnisse aus Praxis und Wissenschaft. Hanser, München 1993 (S. 107).

Heithersay, G.S.: Calcium hydroxide in the treatment of pulpless teeth with associated pathology. J. Br. Endodont. Soc. 8: 74, 1975.

Heling, I., Chandler, N.P.: The antibacterial effect within dentinal tubules of four root canal sealers. J. Endodont. 22: 257, 1996.

Hembrough, J.H., Weine, F.S., Pisano, J.V., Eskoz, N.: Accuracy of an electronic apexlocator: a clinical evaluation in maxillary molars. J. Endodont. 19: 242, 1993.

Hermann, B.W.: Calciumhydroxid als Mittel zum Behandeln und Füllen von Wurzelkanälen. Med. Dissertation, Würzburg 1920.

Hess, W.: Zur Anatomie der Wurzelkanäle, des menschlichen Gebisses mit Berücksichtigung der feineren Verzweigungen am Foramen apicale. Habilitationsschrift, Zürich 1917.

Hess, W.: Anatomy of the Root Canals of the Teeth of the Permanent Dentition, Part I. Wood, New York 1925a.

Hess, W.: The Anatomy of the Root Canals of the Teeth of the Permanent Dentition. John Bale Sons & Danielson, London 1925b.

Hession, R.W.: Endodontic morphology I – An alternative method of study. Oral Surg. 44: 456, 1977a.

Hession, R.W.: Endodontic morphology II – A radiographic analysis. Oral Surg. 44: 610, 1977b.

Hession, R.W.: Endodontic morphology III – Canal preparation. Oral Surg. 44: 775, 1977c.

Hession, R.W.: Endodontic morphology IV – A comparative study. Oral Surg. 44: 915, 1977d.

Ho, S., Goerig, A.C.: An in vitro comparison of different bleaching agents in the discolored tooth. J. Endodont. 15: 106, 1989.

Hörsted, P., Attar, K., Langeland, K.: Capping of monkey pulps with Dycal and Ca-eugenol cement. Oral Surg. 52: 531, 1981.

Holland, R., deSouza, V., Nery, M.J., deMelle, W., Bernabe, P.F.E., Filho, J.A.O.: Reaction of rat connective tissue to gutta-percha and silver points. Aust. Dent. J. 27: 224, 1982.

Holland, R., Soares, I.J., Soares, I.M.: Influence of irrigation and intracanal dressing on the healing process of dogs teeth with apical periodontitis. Endodont. Dent. Traumatol. 8: 223, 1992.

Holland, R., Alexander, A.C., Murata, S.S., dosSantos, C.A., Junior, E.D.: Apical leakage following root canal dressing with calcium hydroxide. Endodont. Dent. Traumatol. 11: 261, 1995a.

Holland, R., Sakashita, M.S., Murata, S.S., Junior, E.D.: Effect of dentine surface treatment on leakage of root fillings with glass ionomer sealer. Int. Endodont. J. 28: 190, 1995b.

Holmstrup, G., Palm, A.M., Lambjerg-Hansen, H.: Bleaching of dicolored root-filled teeth. Endodont. Dent. Traumatol. 4: 197, 1988.

Horiba, N., Maekawa, Y., Matsumoto, T., Nakamura, H.: A study of the distribution of endotoxins in the dentin wall of infected root canals. J. Endodont. 16: 331, 1990.

Howe, C.A., McKendry, D.J.: Effect of endodontic access preparation on resistance to crown root fracture. J. Am. Dent. Assoc. 121: 712, 1990.

Huang, T.G., Schilder, H., Nathanson, D.: Effects of moisture content and endodontic treatment on some mechanical properties of human dentin. J. Endodont. 18: 209, 1992.

Hülsmann, M.: Die endometrische Kanallängenbestimmung in der Endodontie – Indikation, Anwendung, Grenzen. Quintessenz 16: 1809, 1989.

Hülsmann, M.: Das Auffinden zusätzlicher Wurzelkanäle. Schweiz. Monatsschr. Zahnmed. 102: 84, 1992a.

Hülsmann, M.: Das Canal-Finder-System – Wissenschaftliche Erkenntnisse und klinische Erfahrungen. Endodontie 1: 45, 1992b.

Hülsmann, M.: Die maschinelle Aufbereitung des Wurzelkanals. In Schriftenreihe APW. Endodontie: Neue Erkenntnisse aus Praxis und Wissenschaft. Hanser, München 1993a (S. 63).

Hülsmann, M.: Guttapercha – Geschichte, Chemie, Eigenschaften und Verarbeitung. Endodontie 2: 115, 1993b.

Hülsmann, M.: Endodontie. Thieme, Stuggart 1993c.

Hülsmann, M.: Prämolaren mit drei Wurzelkanälen. Inzidenz, Diagnostik und Therapie. Endodontie 3: 277, 1994.

Hülsmann, M.: Juristische Probleme in der Endodontie. Endodontie 4: 93, 1995.

Hülsmann, M.: Die Depotphorese – eine Standortbestimmung. Endodontie 5: 7, 1996a.

Hülsmann, M.: Strategien zur Entfernung frakturierter Aufbereitungsinstrumente. Endodontie 5: 121, 1996b.

Hülsmann, M.: Risiken und Nebenwirkungen bei der Devitalisierung permanenter Zähne. Zahnärztl. Mitt. 86: 42, 1996c.

Hülsmann, M.: Zur Geschichte der Wurzelkanalaufbereitung. Endodontie 5: 97, 1996d.

Hülsmann, M., Franz, B., Lorch, V.: Reproduzierbarkeit des periapical probability index (PRI). Zahnärztl. Welt/Reform 105: 366, 1996.

Hülsmann, M.: Root canal cleanliness after preparation with different endodontic handpieces and hand instruments: a comparative SEM investigation. J. Endodont. (in press).

I

Ie, Y.L., Verdonschot, E.H., Schaeken, M., vantHof, M.A.: Electrical conductance of fissure enamel in recent erupted molar teeth as related to caries status. Caries Res. 29: 94, 1995.

Ingle, J.I.: Endodontics. Lea & Febiger, Philadelphia 1985.

Ioannides, C., Bortslap, W.A.: Apicoectomy on molars: a clinical and radiologic study. Int. J. Oral Surg. 12: 73, 1983.

J

Jacobsen, I., Kerkes, K.: Long-term prognosis of traumatized permanent anterior teeth showing calcifying processes in the pulp cavity. Scand. J. Dent. Res. 85: 588, 1977.

Jaquot, B.M., Panighi, M.M., Steinmetz, P., Sell, C.: Microleakage of Cavit, Cavit G and IRM by impedance spectroscopy. Int. Endodont. J. 29: 256, 1996.

Jerome, C.E., Hicks, L.M., Pelleu, G.B.: Compatibility of accessory gutta-percha cones used with two types of spreaders. J. Endodont. 14: 428, 1988.

Johnson, B.R., Remeikis, N.A.: Effective shelf-life of prepared sodium hypochlorite solution. J. Endodont. 19: 40, 1993.

Johnson, W.B.: A new gutta-percha technique. J. Endodont. 4: 184, 1987.

K

Kato, J., Hashimoto, M., Ono, H.: Pulp reactions after pulpotomy with Nd:YAG laser irradiation. J. Dent. Res. 70 (Spec. Iss. 384): Abstr. 943, 1991.

Kaufman, A.Y., Keila, S.: Conservative treatment of root perforation using apex locator and thermatic compactor. J. Endodont. 15: 267, 1989.

Kazemi, R.B., Safavi, K.E., Spangberg, L.: Dimensional changes of endodontic sealers. Oral Surg. 76: 766, 1993.

Kazemi, R.B., Safavi, K.E., Spangberg, L.: Assessment of marginal stability and permeability of interim restorative endodontic material. Oral Surg. 78: 788, 1994.

Kazemi, R. B., Stenman, E., Spangberg, L.: The endodontic file is a disposable instrument. J. Endodont. 21: 451, 1995.
Kehoe, J. C.: pH-reversal following in vitro bleaching of pulpless teeth. J. Endodont. 13: 6, 1987.
Kerekes, K., Tronstad, L.: Long term results of endodontic treatment performed with a standardized technique. J. Endodont. 5: 83, 1979.
Khayat, A., Lee, S.Y., Torabinejad, M.: Human saliva penetration of coronally unsealed obturated root canals. J. Endodont. 19: 458, 1993.
Kiryu, T., Hoshino, E., Iwaku, M.: Bacteria invading periapical cementum. J. Endodont. 20: 169, 1994.
Klein, J., Wei, P., Shayegan, A., White, R., Goldman, P.: Radiographic success or failure compared with coronal restorations and radicular filling. J. Endodont. 22: 191, 1996.
Klimek, J., Kockapan, C., Borchert, J.: Häufigkeit und Qualität von Wurzelkanalfüllungen in den Jahren 1983 und 1991. Dtsch. Zahnärztl. Z. 50: 154, 1995.
Kockapan, C.: Die Bedeutung der Schmierschicht bei der Wurzelkanalbehandlung. Endodontie 4: 33, 1995.
Kolokuris, I., Arvanitoyannis, I., Robinson, C., Blanshard, J. M. V.: Effect of moisture and aging on gutta-percha. J. Endodont. 18: 583, 1992.
Kovarik, R. E., Breeding, L. C., Caughman, W. F.: Fatigue life of three core materials under simulated chewing conditions. J. Prosthet. Dent. 68: 584, 1992.
Krejci, I., Lohrer, C., Lutz, F.: Modifizierte Kavitätenformen und Techniken für mittelgroße Kompositfüllungen der Klasse II. Acta Med. Dent. Helv. 1: 96, 1996a.
Krejci, I., Petrac, M., Lutz, F.: Wear and marginal adaptation of resin reinforced glass ionomer class II restorations. Acta Med. Dent. Helv. 1: 117, 1996b.
Kulild, J. C., Peters, D. D.: Incidence and configuration of canal systems in the root of maxillary first and second molars. J. Endodont. 16: 311, 1990.
Kuttler, Y.: Microscopic evaluation of root apexes. J. Am. Dent. Assoc. 50: 544, 1955.
Kuwabara, R. K., Massler, M.: Pulpal reaction to active and arrested carious lesions. J. Dent. Child. 33: 190, 1966.
Kvist, T., Rydin, E., Reit, C.: The relative frequency of periapical lesions in teeth with root canal retained posts. J. Endodont. 15: 578, 1989.

L

Lado, E. A., Stanley, H. R., Weisman, M. I.: Cervical resorption in bleached teeth. Oral Surg. 55: 78, 1983.
Lake, F., ODell, N., Walton, R.: The effect of internal bleaching on tetracycline in dentin. J. Endodont. 11: 415, 1985.
Langeland, K.: Tissue changes in the dental pulp. Odont. Tidskr. 65: 249, 1957.
Langeland, K.: The histopathologic basis in endodontic treatment. Dent. Clin. North Am. 11: 491, 1967.
Langeland, K., Dowden, W .E., Tronstad, L., Langeland, L. K.: Human Pulp Changes of Iatrogenic Origin. In Siskin, M.: The Biology of the Human Dental Pulp. Mosby, St. Louis 1973 (p. 122).
Langeland, K., Block, R. M., Grossman, L. I.: A histopathologic and histobacteriologic study of 35 periapical endodontic surgical specimens. J. Endodont. 3: 8, 1977.
Langeland, K., Cotton, W.: Recommendes standard practices for biological evaluation of dental materials. Int. Dent. J. 30: 140, 1980.
Langeland, K.: Management of the inflamed pulp associated with deep carious lesion. J. Endodont. 7: 169, 1981.
Lazarchik, D. A., Firestone, A. R., Heaven, T .J., Lussi, A.: Radiographic evaluation of occlusal caries: effect of training and experience. Caries Res. 29: 355, 1995.
Lee, Y. C., Yang, S. F., Hwang, Y. F., Chueh, L. H., Chung, K. H. C.: Microleakage of endodontic temporary restorative materials. J. Endodont. 19: 516, 1993.
Leisebach Minder, T., Hotz, P. R.: Endodontie im Milchgebiß und Frühstadium der bleibenden Dentition. In Guldener, P. H. A., Langeland, K.: Endodontologie. 3. Aufl. Thieme, Stuttgart 1993 (S. 328).
Leonardo, M. R., Almeida, W. A., Ito, I. Y., Bezerra da Silva, L. A.: Radiographic and microbiologic evaluation of posttreatment apical and periapical repair of root canals of dogs teeth with experimentally induced chronic lesions. Oral Surg. 78: 232, 1994.
Leonardo, M. R., Almeida, W. A., Bezerra da Silva, L. A., Utrilla, L. S.: Histopathological observation of periapical repair in teeth with radiolucent areas submitted to two different methods of root canal treatment. J. Endodont. 21: 137, 1995.
Levy, G.: Une nouvelle instrumentation pour realiser mécaniquement l'ensemble de la procedure endodontique: le canal finder. Rev. Fr. Endodont. 3: 11, 1984.
Levy, G.: Interaction between silica and dentin during enlargement of a root canal with Nd:YAG laser beam during a fiber optic: A SEM investigation. In Anderson, R.R., Katzir, A.: Proceedings of laser surgery. Advanced characterization, therapeutics, and systems III. SPIE 1643: 398, 1992.
Liesenhoff, T., Lenz, H., Seiler, T.: Wurzelkanalaufbereitung mit Excimer-Laserstrahlen. Zahnärztl. Welt 98: 1034, 1989.
Lilja, J., Nordenvall, K. J., Brännström, M.: Dentin sensitivity, odontoblasts and nerves under dessicated or infected experimental cavities. Swed. Dent. J. 6: 93, 1982.
Limkangwalmongkol, S., Burtscher, P., Abbott, P. V., Sandler, A. B., Bishop, B. M.: A comparative study of the apical leakage of four root canal sealers and laterally condensed gutta-percha. J. Endodont. 17: 495, 1991.
Lin, L., Langeland, K.: Innervation of the inflammatory periapical lesion. Oral Surg. 51: 535, 1981a.
Lin, L., Langeland, K.: Light and electron microscopic study of teeth with carious pulp exposures. Oral Surg. 57: 297, 1981b.
Lin, L., Shovlin, P., Skribner, J., Langeland, K.: Pulp biopsies from the teeth associated with periapical radiolucency. J. Endodont. 10: 436, 1984.
Lin, L. M., Pascon, E. A., Skribner, J., Gängler, P., Langeland, K.: Clinical, radiographic, and histologic study of endodontic treatment failures. Oral Surg. 11: 603, 1991.
Lindauer, P. A., Campbell, A. D., Hicks, M. L., Pelleu, G. B.: Vertical root fractures in curved roots under simulated clinical conditions. J. Endodont. 15: 345, 1989.
Linn, J., Messer, H. H.: Effect of restorative procedures on the strength of endodontically treated molars. J. Endodont. 20: 479, 1994.
Lipp, M. D. W.: Die Lokalanästhesie in der Zahn-, Mund- und Kieferheilkunde. Quintessenz, Berlin 1992.
Lipp, M. D. W.: Notfalltraining für Zahnärzte. 2. Aufl., Schlütersche Verlagsanstalt, Hannover 1996a.
Lipp, M. D. W.: Komplikationen bei der Lokalanästhesie. Merktafel. Schlütersche Verlagsanstalt, Hannover 1996b.
Lundy, T., Stanley, H. R.: Correlation of pulpal histopathology and clinical symptoms in human teeth. Oral Surg. 27: 187, 1969.
Lussi, A.: Validity of diagnostic and treatment decision of fissure caries. Caries Res. 25: 296, 1991.
Lussi, A.: Comparison of different methods for the diagnosis of fissure caries without cavitation. Caries Res. 27: 409, 1993.
Lussi, A., Nussbächer, U., Grosrey, J.: A novel non-instrumented technique for cleansing the root canal system. J. Endodont. 19: 549, 1993.
Lussi, A., Firestone, A., Schoenberg, V., Hotz, P., Stich, H.: In vivo diagnosis of fissure caries using a new electrical resistance monitor. Caries Res. 29: 81, 1995a.
Lussi, A., Hotz, P., Stich, H.: Die Fissurenkaries. Schweiz. Monatsschr. Zahnmed. 105: 1165, 1995b.
Lussi, A., Messerli, L., Hotz, P., Grosrey, J.: A new non-instrumental technique for cleaning and filling root canals. Int. Endodont. J. 8: 1, 1995c.
Lutz, F., Krejci, I., Barbakow, F.: Quality and durability of marginal adaptation in bonded composite restorations. Dent. Mater. J. 7: 107, 1991.

M

Macchi, R.L., Capurro, M. A., Herrera, C. L., Cebada, F. R., Kohen, S.: Influence of endodontic materials on the bonding of composite resin to the dentin. Endodont. Dent. Traumatol. 8: 26, 1992.
Macko, D. J., Rutberg, M., Langeland, K.: Pulpa response to the application of phosphoric acid to dentin. Oral Surg. 45: 930, 1978.
Madison, S., Walton, R. E.: Cervical root resorption following bleaching of endodontically treated teeth. J. Endodont. 16: 570, 1990.

Magura, M.E., Kafrawy, A.H., Brown, C.E., Newton, C.W.: Human saliva coronal microleakage in obturated root canals. J. Endodont. 17: 324, 1991.

Malamed, W.F.: Handbook of Local Anesthesia. Mosby, St. Louis 1986.

Mandel, E., Machtou, P., Torabinejad, M.: Clinical diagnosis and treatment of endodontic and periodontal lesions. Quintess. Int. 24: 135, 1993.

Marlin, J.: Injectable standard gutta-percha as a method of filling the root canal system. J. Endodont. 12: 354, 1986.

Marsicovetere, E.S., Clement, D.J., delRio, C.E.: Morphometric video analysis of the engine driven Nickel-Titanium lightspeed instrument system. J. Endodont. 22: 231, 1996.

Marthaler, T.M., Germann, M.: Radiographic and visual appearance of small smooth surface caries lesions studied on extracted teeth. Caries Res. 4: 224, 1970.

Marthaler, T.M., Wiesner, V.: Rapidity of penetration of radiolucent areas through mesial enamel of first permanent molars. Helv. Odontol. Acta. 17: 19, 1973.

Martin, H.: Ultrasonic disinfection of the root canal. Oral Surg. 50: 566, 1976.

Martin, H., Cunningham, W.: The effect of endosonic and hand manipulation on the amount of root canal material extruded. Oral Surg. 53: 611, 1982.

Martin, H., Cunningham, W.: Endosonic endodontics: the ultrasound synergistic system. Int. Dent. J. 34: 198, 1984.

Massler, M., Pawlack, J.: The affected and infected pulp. Oral Surg. 43: 929, 1977.

McCann, J.T., Keller, D.L., LaBounty, G.L.: Remaining dentin/cementum thickness after hand or ultrasonic instrumentation. J. Endodont. 16: 109, 1990.

McInerney, S.T., Zillich, R.: Evaluation of internal sealing ability of three materials. J. Endodont. 18: 376, 1992.

Mc Spadden, J.T.: Self study course of the thermatic condensation of guttapercha. Form no. 33410/80 USA, 1980.

Meister, F., Lommel, T.J., Gerstein, H.: Diagnosis and possible causes of vertical root fracture. Oral Surg. 49: 243, 1980.

Mejare, I., Malmgren, B.: Clinical and radiographic appearance of proximal carious lesions at the time of operative treatment in young permanent teeth. Scand. J. Dent. Res. 94: 19, 1986.

Melcer, J.: Apport du laser à CO_2 dans la sterilisation de certaines infections d'origine dentaire. Rev. Stomatol. Chir. Maxillofac. 83: 146, 1982.

Melcer, J., Chaumette, M.T., Melcer, F., et al.: Treatment of dental decay by CO_2 laser beam: preliminary results. Laser Surg. Med. 4: 311, 1984.

Melcer, J., Chaumette, M.T., Melcer, F., et al.: Preliminary report on the effect of the CO_2 laser beam on the dental pulp of the Macacca Mulatta primate and the Beagle dog. J. Endodont. 11: 1, 1985.

Metzler, R.S., Montgomery, S.: The effectiveness of ultrasonics and calcium hydroxide for the debridement of human mandibular molars. J. Endodont. 15: 373, 1989.

Meyer, W.: Die Darstellung der Wurzelkanäle. Zahnärztl. Rdsch. 64: 532, 1955a.

Meyer, W.: Die Probleme der sogenannten Gangränbehandlung. Dtsch. Zahnärztl. Z. 10: 529, 1955b.

Meyer, W.: Zu den anatomischen Grundlagen der Wurzelbehandlung. Dtsch. Zahnärztl. Z. 15: 777, 1960.

Meyer, W.: Die Divertikel der Wurzelkanäle. Dtsch. Zahnärztl. Z. 18: 520, 1963.

Meyer, W.: Die Anatomie der Wurzelkanäle, dargestellt an mikroskopischen Rekonstruktionsmodellen. Dtsch. Zahnärztl. Z. 25: 1064, 1970.

Michanowicz, A., Czonstokowsky, M.: Sealing properties of an injection-thermoplasticized low temperature (70°C) gutta-percha. A preliminary study. J. Endodont. 10: 563, 1984.

Mileman, P.A., Weele, L.T.: Accuracy in radiographic diagnosis. Dutch practitioners and dental caries. J. Dent. Res. 18: 130, 1990.

Miller, W.D.: Lehrbuch der konservierenden Zahnheilkunde. Thieme, Leipzig 1904.

Milot, P., Stein, R.S.: Root fracture in endodontically treated teeth related to post selection and crown design. J. Prosthet. Dent. 68: 428, 1992.

Miserendino, L.J.: Instruments, Materials and Devices. In Cohen, S., Burns, R.C.: Pathways of the Pulp, 6th ed. Mosby, St. Louis 1994 (p. 377).

Mjör, I.: Usage test for restorative materials. J. Endodont. 4: 308, 1978.

Morfis, A.S.: Vertical root fractures. Oral Surg. 69: 631, 1990.

Morgan, R.W., Carnes, D.L., Montgomery, S.: The solvent effects of calcium hydroxide irrigating solution on bovine pulp tissue. J. Endodont. 17: 165, 1991.

Morse, D.R., Esposito, J.V., Pike, C., Furst, M.L.: A radiographic evaluation of the periapical status of teeth treated by the gutta-percha – eucapercha method. Oral Surg. 56: 190, 1983.

Müller, H., Raab, W.H.M.: Temperaturabhängige Veränderungen der Mikrozirkulation der Zahnpulpa. Dtsch. Zahnärztl. Z. 44: 496, 1989.

Mungo, R., Richardson, J.: Use of the CO_2 laser as a Non-Pharmacological Alternative to the Formocresol Vital Pulpotomy. A Histological Comparison. In Powell, G.L.: Proceedings of the Third International Congress on Laser in Dentistry. University of Utah Printing Services, Utah 1993 (p.167).

Myers, G.L., Montgomery, S.: A comparison of weights of debris extruted apically by conventional filing and canal master techniques. J. Endodont. 17: 275, 1991.

N

Nair, P.N.R., Sjögren, U., Krey, G., Sundquist, G.: Therapy resistant foreign body giant cell granuloma at the periapex of a root-filled human tooth. J. Endodont. 16: 589, 1990a.

Nair, R.N.R., Sjögren, U., Krey, G., Kahnberg, K.E., Sundqvist, G.: Intraradicular bacteria and fungi in root filled asymptomatic human teeth with therapy resistent periapical lesions. J. Endodont. 16: 580, 1990b.

Nair, P.N.R.: Eine neue Sicht der radikulären Zysten – sind sie heilbar? Endodontie 4: 169, 1995.

Nakamura, M., Kawahara, H., Imai, K., Tomoda, S., Kawata, Y.: Long term biocompatibility test of composite resins and glass ionomer cement. Dent. Mater. J. 2: 100, 1983.

Neaverth, E.J., Burg, H.A.: Decompression of a large periapical cystic lesion. J. Endodont. 8: 175, 1982.

Nerwich, A., Figdor, D., Messer, H.H.: pH changes in root dentin over a 4-week period following root canal dressing with calcium hydroxide. J. Endodont. 19: 302, 1993.

Noar, S.J., Smith, B.G.N.: Diagnosis of caries and treatment decision in approximal surfaces of posterior teeth in vitro. J. Oral Rehabil. 17: 209, 1990.

Nordenram, A., Svardstrom, G.: Results of apicoectomy. Swed. Dent. J. 63: 593, 1970.

Nutting, E., Poe, G.: Chemical bleaching of discolored endodontically treated teeth. Dent. Clin. North Am. 11: 1967, 655.

O

Ohara, P.K., Torabinejad, M., Kettering, J.D.: Antibacterial effects of various endodontic irrigants on selected anaerobic bacteria. Endodont. Dent. Traumatol. 9: 95, 1993.

Oliet, S.: Single-visit endodontics: a clinical study: J. Endodont. 9: 147, 1983.

Olsson, B., Sliwkowski, A., Langeland, K.: Subcutaneous implantation for the biological evaluation of endodontic materials. J. Endodont. 7: 355, 1981.

Onnink, P.A., Dvis, R.D., Wayman, B.E.: An in vitro comparison of incomplete root fractures associated with three obturation techniques. J. Endodont. 20: 32, 1994.

Orstavik, D., Kerekes, K., Eriksen, H.M.: Clinical performance of endodontic sealers. Endodont. Dent. Traumatol. 3: 178, 1987.

Orstavik, D., Mjör, I.A.: Histopathology and X-ray microanalysis of the subcutaneous tissue response to endodontic sealers. J. Endodont. 14: 13, 1988.

Orstavik, D.: Radiographic evaluation of apical periodontitis and endodontic treatment results: a computer approach: Int. Dent. J. 41: 89, 1991.

Orstavik, D., Kerekes, K., Molven, O.: Effects of extensive apical reaming and calcium hydroxide dressing on bacterial infection during treatment of apical periodontitis. Int. Endodont. J. 24: 1, 1991.
Orstavik, D., Mjör, I. A.: Usage test of four endodontic sealers in Macaca fascicularis monkeys. Oral Surg. 73: 337, 1992.
Orth, U.: Die chemisch-mechanische Wurzelkanalaufbereitung. Historische Entwicklung der Wurzelkanalinstrumente, Spülmittel und Aufbereitungsmethoden. Dissertation, Mainz 1995.

P

Panitvisai, P., Messer, H.H.: Cuspal deflection in molars in relation to endodontic and restorative procedures. J. Endodont. 21: 57, 1995.
Pascon, E. A., Introcaso, J. H., Langeland, K.: Development of predictable periapical lesion monitored by substraction radiography. Endodont. Dent. Traumatol. 3: 192, 1987.
Pascon, E. A., Leonardo, R. M., Safavi, K., Langeland, K.: Tissue reaction to endodontic materials: methods, criteria, assessment and observations. Oral Surg. 72: 222, 1991.
Pashley, D. H.: Clinical consideration of microleakage. J. Endodont. 16: 70, 1990.
Patterson, C. J. W.: Polydam – polythene sheet, a practical alternative to rubber dam for patients allergic to rubber compounds. Int. Endodont. J. 22: 252, 1989.
Pecora, G., Abbondenos, C.: The indications and advantages when using the operatory microscope in endodontic surgery. IAS 3: 47th annual section AAE April 25, 1990.
Pecora, G., Andreana, S.: Use of dental operating microscope in endodontic surgery. Oral Surg. 75: 751, 1993.
Peters, D. D., Baumgartner, J. C., Lorton, L.: Adult pulpal diagnosis. I. Evaluation of the positive and negative responses to cold and electrical pulp tests. J. Endodont. 20: 506, 1994.
Peters, L. B.: Präparation der endodontischen Zugangskavität und Darstellung der Kanäle. Teil I: Schneidezähne und Eckzähne. Endodontie 1: 57, 1992a.
Peters, L. B.: Präparation der endodontischen Zugangskavität und Darstellung der Kanäle. Teil II: Prämolaren. Endodontie 1: 141, 1992b.
Peters, L. B.: Präparation der endodontischen Zugangskavität und Darstellung der Kanäle. Teil III: Obere Molaren. Endodontie 1: 225, 1992c.
Peters, L. B.: Präparation der endodontischen Zugangskavität und Darstellung der Kanäle. Teil IV: Untere Molaren. Endodontie 1: 291, 1992d.
Pieper, K., Schurade, B.: Die Untersuchung mit der Kaltlicht-Diagnosesonde. Eine Alternative zum Flügelbiß-Status. Dtsch. Zahnärztl. Z. 42: 900, 1987.
Pietrobon, N., Lehner, C. R., Schärer, P.: Langzeitprovisorien in der Kronen- und Brückenprothetik. Schweiz. Monatsschr. Zahnmed. 106: 237, 1996.
Pineda, F., Kuttler, Y.: Mesiodistal and buccolingual roentgenographic investigation of 7275 root canals. Oral Surg. 33: 101, 1972.
Pineda, F.: Roentgenographic investigation of the mesiobuccal root of the maxillary first molar. Oral Surg. 36: 253, 1973.
Pinero, G. J., Kiatpongsah, S., Hutchins, M. O., Hoover, J.: The effect of endotoxins on the synthesis of connective tissue matrix components by pulp fibroblasts in vitro. J. Endodont. 9: 2, 1983.
Pitt Ford, T. R., Torabinejad, M., McKendry, D. J., Hong, C. U., Kariyawasam, S. P.: Use of mineral trioxide aggregate for repair of furcal perforations. Oral Surg. 79: 756, 1995.
Pitts, D. L., Williams, B. L., Morton, T. H.: Investigation of the role of endotoxins in periapical inflammation. J. Endodont. 8: 10, 1982.
Plasmans, P. J. J. M., Welle, P. R., Vijrehoef, M. M. A.: In vitro resistance of composite resin dowel and cores. J. Endodont. 14: 300, 1988.
Porkaew, P., Retief, D. H., Barfield, R. D., Lacefield, W. R., Soong, S.: Effect of calcium hydroxide paste as an intracanal medicament on apical seal. J. Endodont. 8: 369, 1990.
Portell, F. R., Bernier, W. E., Lorton, L., Peters, D. D.: The effect of immediate versus delayed dowel space preparation on the integrity of the apical seal. J. Endodont. 8: 154, 1982.
Portmann, P., Lussi, A.: A comparison between a new vacuum obturation technique and lateral condensation: An in vitro study. J. Endodont. 20: 292, 1994.
Pumarola, J., Berasategui, E., Brau, E., Canalda, C., deAnta, T. J.: Antimicrobial activity of seven root canal sealers. Oral Surg. 74: 216, 1992.

R

Raab, W. H. M.: Die Laser-Doppler-Flußmessung: Untersuchung zur Mikrozirkulation der Zahnpulpa. Dtsch. Zahnärztl. Z. 44: 198, 1989.
Raab, W. H. M., Müller, H.: Temperaturabhängige Veränderungen der Mikrozirkulation der Zahnpulpa. Dtsch. Zahnärztl. Z. 44: 496, 1989.
Raab, W. H. M.: Diagnose und Pathologie entzündlicher Pulpaerkrankungen. In APW (Hrsg.): Endodontie. Hanser, München 1993 (S. 9)
Raiden, G. C., Gendelman, H.: Effect of dowel space preparation on the apical seal of root canal fillings. Endodont. Dent. Traumatol. 10: 109, 1994.
Rankine-Wilson, R. W., Henry, P.: The bifurcated root canal in lower anterior teeth. J. Am. Dent. Assoc. 70: 1162, 1965.
Rapp, E. L., Brown, C. E., Newton, C. W.: An analysis of success and failure of apicoectomies. J. Endodont. 17: 508, 1991.
Ravn, J. J.: Follow up study of permanent incisors with enamel dentin fractures after acute trauma. Scand. J. Dent. Res. 89: 355, 1981a.
Ravn, J. J.: Follow up study of permanent incisors with enamel fractures as a result of an acute trauma. Scand. J. Dent. Res. 89: 213, 1981b.
Ravn, J. J.: Follow up study of permanet incisors with complicated fractures after acute trauma. Scand. J. Dent. Res. 90: 363, 1982.
Ray, H. A., Trope, M.: Periapical status of endodontically treated teeth in relation to the technical quality of the root filling and the coronal restoration. Int. Endodont. J. 28: 12, 1995.
Rehman, K., Saunders, W. P., Foye, R. H., Sharkey, S. W.: Calcium ion diffusion from calcium hydroxide-containing materials in endodontically treated teeth. Int. Endodont. J. 29: 271, 1996.
Reid, J. S., Callis, P. D., Patterson, C. J. W.: Rubber Dam in Clinical Practice. Quintessence, London 1991.
Richman, M.: Use of ultrasonics in root canal therapy and root resection. J. Dent. 12: 12, 1957.
Rivera, E. M., Williams, K.: Placement of calcium hydroxide in simulated canals: comparison of glycerin versus water. J. Endodont. 20: 445, 1994.
Roane, J., Sabala, C., Duncanson, M.: The balanced force concept for instrumentation of curved canals. J. Endodont. 11: 203, 1985.
Robertson, W. D., Melfi, R. C.: Pulpal response to vital bleaching procedures. J. Endodont. 6: 645, 1980.
Rock, W. P., Grundy, M. C.: The effect of luxation and subluxation upon the prognosis of traumatized incisors teeth. J. Dent. 9: 224, 1981.
Ross, R. S., Nicholls, J. I., Harrington, G. W.: A comparison of strains generated during placement of five endodontic posts. J. Endodont. 17: 450, 1991.
Rotstein, I., Friedman, S., Mor, C., Katznelson, J., Sommer, M., Bab, I.: Histological characterization of bleaching-induced external root resorption in dogs. J. Endodont. 17: 436, 1991.
Rotstein, I., Friedman, S., Stabholz, A.: Endodontische Behandlungskonzepte bei Zähnen mit entwicklungsbedingten Mißbildungen. Endodontie 1: 117, 1992.
Rubinstein, R., Kim, S.: Results of 94 endodontic microsurgeries using Super EBA retrofill. AAE abstracts Vol. 22: 188, 1996.
Ruddle, C. J.: Endodontic failures: The rationale and application of surgical retreatment. Rev. Odontol. Stomatol. 5: 17, 1988.
Ruddle, C. J.: Dreidimensionale Wurzelkanalfüllung. Endodontie 4: 7, 1995.
Rudolphy, M.P., vanAmerongen, J. P., tenCate, J. M.: Radioopacities in dentine under amalgam restorations. Caries Res. 28: 240, 1994.
Rudolphy, M. P., vanAmerongen, J. P., Penning, C., tenCate, J. M.: Grey discoloration and marginal fracture for the diagnosis of secondary caries in molars with occlusal amalgam restorations. Caries Res. 29: 371, 1995.
Rupprecht, B., Beer, R., Beer, M., Rupprecht, P.: Klinisch kontrollierte Studie zur Erfolgsbewertung der lateralen und thermomechanischen Guttaperchakondensation. Dtsch. Stomatol. 39: 83, 1989.

S

Safavi, K., Pascon, E.A., Langeland, K.: Evaluation of tissue reaction to endodontic materials. J. Endodont. 9: 421, 1983.

Safavi, K.E., Horsted, P., Pascon, E.A., Langeland, K.: Biologic evaluation of the apical dentin chip plug. J. Endodont. 11: 18, 1985.

Safavi, K.E., Dowden, W.E., Langeland, K.: Influence of delayed coronal permanent restoration on endodontic prognosis. Endodont. Dent. Traumatol. 3: 187, 1987.

Safavi, K.E., Spangberg, L., Langeland, K.: Smear layer removal on root canal dentin tubule infection. J. Endodont. 15: 175, 1989.

Safavi, K.E., Nichols, F.C.: Effect of calcium hydroxide on bacterial lipopolysaccharide. J. Endodont. 19: 76, 1993.

Sailer, F., Pajarola, G.G.: Orale Chirurgie. Farbatlanten der Zahnmedizin, Band 11, Thieme, Stuttgart 1996.

Saunders, W.P., Saunders, E.M.: Coronal leakage as a cause of failure in root-canal therapy. Endodont. Dent. Traumatol. 10: 105, 1994.

Schäfer, E., Göhring, C.: Untersuchungen zur Normierung von Wurzelkanalinstrumenten und Guttaperchastiften. Endodontie 2: 269, 1993.

Schäfer, E., Tepel, J., Hoppe, W.: Vergleichende Untersuchungen von Wurzelkanalinstrumenten aus herkömmlichem Stahl und Nickel-Titan-Legierungen. Endodontie 3: 185, 1994a.

Schäfer, E., Tepel, J., Hoppe, W.: Wurzelkanalinstrumente aus Nickel-Titan-Legierungen zur Wurzelkanalaufbereitung. Zahnärztl. Welt. 103: 90, 1994b.

Schäfer, E.: Das Instrumentarium zur manuellen Wurzelkanalaufbereitung. Teil 1: Wurzelkanalinstrumente aus Edelstahllegierungen. Endodontie 4: 205, 1995a.

Schäfer, E.: Das Instrumentarium zur manuellen Wurzelkanalaufbereitung. Teil 2: Wurzelkanalinstrumente aus Titanlegierungen. Endodontie 4: 305, 1995b.

Schäfer, E.: Auswirkungen verschiedener Sterilisationsverfahren auf die Schneidleistung von Wurzelkanalinstrumenten. Dtsch. Zahnärztl. Z. 50: 150, 1995c.

Schäfer, E.: Das Instrumentarium zur manuellen Wurzelkanalaufbereitung. Endodontie 4: 205, 1995d.

Schilder, H.: A New Concept in Instrument Design. In Cohen, S., Burns, R.C.: Pathways of the Pulp, 6th ed. Mosby, St. Louis 1994 (p. 386).

Schilder, H.: Filling root canals in three dimensions. Dent. Clin. North Am. 11: 723, 1967.

Schroeder, H.E.: Pathobiologie oraler Strukturen. Karger, Basel 1991 (S. 117).

Sedgley, C.M., Messer, H.H.: Are endodontically treated teeth more brittle? J. Endodont. 18: 332, 1992.

Seghi, R.R., Denri, I.: Effects of external bleaching on indentation and abrasion characteristics of human enamel in vitro. J. Dent. Res. 71: 1340, 1992.

Segura, A., Donly, K.J., Wefel, J.S.: The effect of microabrasion on demineralization inhibition of enamel surface. J. Dent. Res. 72: 318, 1993.

Seltzer, S., Farber, P.A.: Microbiologic factors in endodontology. Oral Surg. 78: 634, 1994.

Shoji, S., Nakamura, M., et al.: Histological changes in dental pulps irradiated by CO_2 laser: a preliminary report on lasers in pulpotomy. J. Endodont. 11: 379, 1985.

Shwartz, M., Gröndahl, H.G., Pliskin, J., Boffa, J.: A longitudinal analysis from bite-wing radiographs of the rate of progression of approximal carious lesions trough human dental enamel. Arch. Oral Biol. 29: 529, 1984.

Sigurdson, A., Stancill, R., Madison, S.: Intracanal placement of $Ca(OH)_2$: a comparison of techniques. J. Endodont. 18: 367, 1992.

Silverstone, L.M.: Structure of carious enamel including the early lesion. Oral Sci. Rev. 3: 100, 1973.

Simon, J.H.S.: Diagnostik und Behandlung C-förmiger Wurzelkanäle. Endodontie 2: 7, 1993a.

Simon, J.H.S.: Der endodontische Behandlungserfolg in Abhängigkeit von der Definition des Apex. Endodontie 2: 97, 1993b.

Simon, S.T., Bhat, K.S., Francis, R.: Effect of four vehicles on the pH of calcium hydroxide and the release of calcium ions. Oral Surg. 80: 459, 1995.

Simons, J., Ibanez, B., Friedman, S., Trope, M.: Leakage after lateral condensation with finger spreaders and D-11-spreaders. J. Endodont. 17: 101, 1991.

Siqueira, J.F., Goncalves, R.B.: Antibacterial activity of root canal sealers against selected anaerobic bacteria. J. Endodont. 22: 79, 1996.

Skidmore, A.E., Bjorndal, A.M.: Root canal morphology of the human mandibular first molar. Oral Surg. 32: 778, 1971.

Socransky, S.S., Haffajee, A.D., Goodson, J.M., Lindhe, J.: New concepts of destructive periodontal disease. J. Clin. Periodont. 11: 21, 1984.

Soeno, K.: A roentgenological study of morphologic change of pulp cavity with aging of human lower first molar. Odontol. J. Nippon Dent. Univ. 64: 1389, 1977.

Soltanoff, W.A.: A comparative study of single visit and the multiple visit endodontic procedure. J. Endodont. 4: 278, 1978.

Sorensen, J.A., Martinoff, J.T.: Clinically significant factors in dowel design. J. Prosthet. Dent. 52: 28, 1984a.

Sorensen, J.A., Martinoff, J.T.: Intracoronal reinforcement and coronal coverage: a study of endodontically treated teeth. J. Prosthet. Dent. 51: 780, 1984b.

Sorensen, J.A., Martinoff, J.T.: Endodontically treated teeth as abutments. J. Prosthet. Dent. 52: 631, 1985.

Sorensen, J.A., Engelman, M.J.: Ferrule design and fracture resistance of endodontically treated teeth. J. Prosthet. Dent. 63: 529, 1990.

Sornkul, E., Stannard, J.G.: Strength of roots before and after endodontic treatment and restoration. J. Endodont. 18: 440, 1992.

Spangberg, L.W.S., Barbose, S.V., Lavigne, G.D.: AH26 releases formaldehyde. J. Endodont. 19: 596, 1993.

Spangberg, L.W.S.: Endodontic Filling Materials. In Smith, D.C., Williams, D.F.: Biocompatibility of Dental Materials. CRC, Boca Raton 1982 (p. 213).

Spasser, H.F.: A simple bleaching technique using sodium perborate. N.Y. State Dent. J. 27: 332, 1961.

Stabholz, A., Sela, M.N.: The role of oral microorganisms in the pathogenesis of periapical pathosis. J. Endodont. 9: 171, 1983.

Staehle, H.J., Pioch, T., Hoppe, W.: The alkalizing properties of calcium hydroxid compounds. Endodont. Dent. Traumatol. 5: 147, 1989.

Staehle H.J.: Calciumhydroxid in der Endodontie. Endodontie 1: 19, 1992.

Staehle, H.J.: Medikamentöse Einlagen – Temporäre Wurzelfüllungen. Z. Stomatol. 90: 203, 1993.

Staehle, H.J.: Endodontie im Milchgebiß. In APW (Hrsg.): Endodontie. Hanser, München 1993 (S. 135).

Staehle, H.J., Spiess, V., Heinecke, A., Müller, H.P.: The effect of root canal filling materials containing calcium hydroxide on the alkalinity of soot dentin. Endodont. Dent. Traumatol. 11: 163, 1995.

Stenman, E., Spangberg, L.S.W.: Machining efficiency of endodontic K-Files and Hedstroem Files. J. Endodont. 16: 375, 1990a.

Stenman, E., Spangberg, L.S.W.: Machining efficiency of Flex-R, K-Flex, Trio-Cut, and S Files. J. Endodont. 16: 575, 1990b.

Stuart, K.G., Miller, C.H., Brown, C.E., Newton, C.W.: The comparative antimicrobial effect of calcium hydroxide. Oral Surg. 72: 101, 1991.

Sundqvist, G.: Microbiology in endodontics. J. Endodont. 18: 427, 1992.

Swanson, K., Madison, S.: An evaluation of coronal microleakage in endodontically treated teeth. J. Endodont. 13: 56, 1987.

T

Tagger, M., Szajkis, S.: Revision of root canal fillings. J. Endodont. 16: 338, 1990.

Tamse, A., Littner, M.M., Kaffe, I., Moskona, D., Gavish, A.: Morphological and radiographic study of the apical foramen in distal roots of mandibular molars. Part I. The location of the apical foramen on various root aspects. Int. Endodont. J. 21: 205, 1988.

Tani, Y., Kawada, H.: Effects of laser irradiation on dentin. I. Effect on smear layer. Dent. Mater. J. 6: 127, 1987.

Tavares, T., Soares, I.J., Silveira, N.L.: Reaction of rat subcutaneous tissue to implants of gutta-percha for endodontic use. Endodont. Dent. Traumatol. 10: 174, 1994.

Tenland, T.: On Laser Doppler Flowmetry. Methods and Microvascular Applications. Linköping Studies in Science and Technology Dissertations No. 83/ Linköping University Medical Dissertations No. 136, Linköping 1982.

Testori, T., Badino, M., Castagnola, M.: Vertical root fractures in endodontically treated teeth: a clinically survey of 36 cases. J. Endodont. 19; 87, 1993.
Thylstrup, A., Bille, J., Quist, V.: Radiographic and observed tissue changes in approximal carious lesions at the time of operative treatment. Caries Res. 20: 75, 1986.
Titley, K.C., Torneck, C.D., Ruse, N.D.: The effect of carbamide-peroxide gel on the shear bond strength of a microfil resin to bovine enamel. J. Dent. Res. 71: 20, 1992.
Tolksdorf, W.: Der präoperative Streß. Springer, Berlin 1985.
Torabinejad, M., Kettering, J.D., McGraw, J.D., Cummings, R.R., Dwyer, T.G., Tobias, T.S.: Factors associated with endodontic interappointment emergencies of teeth with necrotic pulps. J. Endodont. 14: 261, 1988.
Torabinejad, M., Ung, B., Kettering, J.D.: In vitro bacterial penetration of coronally unsealed endodontically treated teeth. J. Endodont. 16: 566, 1990.
Torneck, C.D.: Changes in the fine structure of the dental pulp in human carious pulpitis.1. nerves and blood vessels. J. Oral Pathol. 3: 71, 1974.
Torneck, C.D.: A report of studies into changes in the fine structure of the dental pulp in human carious pulpitis. J. Endodont. 7: 8, 1981.
Torneck, C.D., Titley, K.C., Smith, D.C., Adibfar, A.: Effect of water leaching on the adhesion of composite resin to bleached and unbleached bovine enamel. J. Endodont. 17: 156, 1991.
Tronstad, L., Yang, Z.P., Trope, M., Barnett, F., Hammond, B.F.: Controlled release of medicaments in endodontic therapy. Endodont. Dent. Traumatol. 1: 130, 1985.
Trope, M., Tronstad, L.: Resistance to fracture of endodontically treated premolars restored with glass ionomer cement or acid etch composite resin. J. Endodont. 17: 257, 1991.
Trope, M., Ray, H.L.: Resistance to fracture of endodontically treated roots. Oral Surg. 73: 99, 1992.
Trope, M., Moshonov, R., Nissan, R., Buxt, P., Yesilsoy, J.: Short vs long term $Ca(OH)_2$ treatment of inflammatory root resorption. J. Endodont. 20: 196, 1994.
Trope, M., Chow, E., Nissan, R.: In vitro endodotoxin penetration of coronally unsealed endodontically treated teeth. Endodont. Dent. Traumatol. 11: 90, 1995a.
Trope, M., Moshonov, J., Nissan, R., Buxt, P., Yesilsoy, C.: Short vs long-term calcium hydroxide treatment of established inflammatory root resorption in replanted dog teeth. Endodont. Dent. Traumatol. 11: 124, 1995b.
Tsurumachi, T., Saito, T.: Treatment of large periapical lesions by inserting a drainage tube into the root canal. Endodont. Dent. Traumatol. 11: 41, 1995.
Tveit, A.B., Espelid, I., Fjelltveit, A.: Clinical diagnosis of occlusal dentin caries. Caries Res. 28: 368, 1994.

V

Vahdaty, A., Pitt Ford, T.R., Wilson, R.F.: Efficacy of chlorhexidine in disinfecting dentinal tubules in vitro. Endodont. Dent. Traumatol. 9: 243, 1993.
Vanderas, A.P.: Effects of intracanal medicaments on inflammatory resorption or occurence of ancylosis in mature traumatized teeth. Endodont. Dent. Traumatol. 9: 175, 1993.
Van der Burgt, T.P., Plasschaert, A.J.M.: Bleaching of tooth discoloration caused by endodontic sealers. J. Endodont. 12: 231, 1986.
Vassiliadis, L.P., Sklavounos, S.A., Stavrianos, C.K.: Depth penetration and appearance of Grossman sealer in the dentinal tubules: an in vitro studa. J. Endodont. 20: 373, 1994.
Verdonschot, E.H., Rondel, P., Huysmans, M.C.: Validity of electrical conductance measurements in evaluating the marginal integrity of sealant restorations. Caries Res. 29: 100, 1995.
Vertucci, F.J.: Root canal anatomy of the mandibular anterior teeth. J. Am. Dent. Assoc. 89: 369, 1974.
Vertucci, F.J., Seelig, A., Gillis, R.: Root canal morphology of the human maxillary second premolar. Oral Surg. 38: 456, 1974.
Vertucci, F.J., Williams, R.G.: Furcation canals in the human mandibular first molar. Oral Surg. 38: 308, 1974.
Vertucci, F.J.: Root canal morphology of mandibular premolars. J. Am. Dent. Assoc. 97: 47, 1978.
Vertucci, F.J., Gegauff, A.: Root canal morphology of the maxillary first premolar. J. Am. Dent. Assoc. 99: 194, 1979.
Vertucci, F.J.: Root canal anatomy of the human permanent teeth. Oral Surg. 58: 589, 1984.
Vertucci, F.J., Anthony, R.L.: A scanning electron microscopic investigation of accessory foramina in the furcation and pulp chamber floor of molar teeth. Oral Surg. 62: 319, 1986.
Vire, D.E.: Failure of endodontically treated teeth, classification and evaluation. J. Endodont. 17: 338, 1991.
Voß, A.: Die Wurzelkanallängenbestimmung – Röntgenologisch und/oder endometrisch. In APW (Hrsg.): Endodontie. Hanser, München 1993 (S. 49).

W

Walia, H., Streiff, J., Gerstein, H.: Use of a hemostatic agent in the repair of procedural errors. J. Endodont. 14: 465, 1988.
Walker, T.L., delRio, C.E.: Histological evaluation of ultrasonic and sonic instrumentation of curved root canals. J. Endodont. 15 49, 1989.
Walton, E.E., Langeland, K.: Migration of materials of the dental pulpa of monkeys. J. Endodont. 4: 167, 1978.
Walton, R.E., ODell, N.L., Myers, D.L., Lake, F.T., Shimp, R.G.: External bleaching of tetracycline stained teeth in dogs. J. Endodont. 8: 536, 1982.
Walton, R.E., Michelich, R.J., Smith, G.N.: The histopathogenesis of vertical root fractures. J. Endodont. 10: 48, 1984.
3 Prophylactic penicillin: effect on posttreatment symptoms following root canal treatment of asymptomatic periapical pathosis. J. Endodont. 19: 466, 1993.
Wechsler, S.M., Vogel, R.I., Fishelberg, G., Shovlin, F.E.: Iatrogenic root fractures. J. Endodont. 4: 251, 1978.
Weichmann, J.A., Johnson, F.M.: Laser use in endodontics, a preliminary investigation. Oral Surg. 31: 416, 1971.
Weine, F.S., Healey, H.J., Gerstein, H., Evanson, L.: Canal configuration in the mesio-buccal root of the maxillary fist molar and its endodontic significance. Oral Surg. 28: 419, 1969.
Weine, F.S.: Endodontic Therapy, 2nd ed. Mosby, St. Louis 1982.
Weine, F.S., Wax, A.H., Wenckus, C.S.: Retrospective study of tapered, smooth post systems in place for 10 years or more. J. Endodont. 17: 293, 1991.
Weine, F.S.: Wurzelkanal-Füllungsmaterialien – ein Ausblick in das 21. Jahrhundert. Phillip J. 11: 227, 1994.
Weine, S.W., Rice, R.T.: Handling previously treated silver point cases: removal, retreatment and tooth retention. Compend. Contin. Educ. Dent. 7: 652, 1986.
Weller, N., Niemczyk, S.P., Kim, S.: Incidence and position of the canal isthmus. J. Endodont. 21: 380, 1995.
Weller, N.R., Kimbrough, W.F., Anderson, R.W.: Root surface temperatures produced during post space preparation. J. Endodont. 22: 304, 1996.
Wennberg, A., Orstavik, D.: Evaluation of alternatives to chloroform in endodontic practice. Endodont. Dent. Traumatol. 5: 234, 1989.
Wenzel, A., Hintze, H., Mikkelsen, L., Mouyen, F.: Radiographic detection of occlusal caries in noncavitated teeth. Oral Surg. 72: 621, 1991.
Wesselink, P.R.: Qualitätsrichtlinien endodontischer Behandlung. Endodontie 3: 263, 1994.
White, S.C., Atchinson, K.A., Hewlett, E.R., Flack, V.F.: Efficacy of FDA guidelines for ordering radiographs for caries detection. Oral Surg. 77: 531, 1994.
White, S.N., Furuichi, R., Kyomen, S.M.: Microleakage trough dentin after crown cementation. J. Endodont. 21: 9, 1995.
Wiemann, A.H., Wilcox, L.R.: In vitro evaluation of four methods of sealer placement. J. Endodont. 17: 444, 1991.
Wilcox, L.R.: Endodontic retreatment: ultrasonics and chloroform as the final step in reinstrumentation. J. Endodont. 15: 125, 1989.
Wilcox, L.R., van Surksum, R.: Endodontic retreatment in large and small straight canals. J. Endodont. 17: 119, 1991.

Wilcox, L. R., Wiemann, A. H.: Effect of final alcohol rinse on sealer coverage of obturated root canals. J. Endodont. 21: 256, 1995.

Williams, C., Reid, J. S., Sharkey, S. W., Saunders, W. P.: In-vitro measurements of apically extrudet irrigant in primary molars. Int. Endodont. J. 28: 221, 1995.

Winkler, R.: Kofferdam in Theorie und Praxis. Quintessenz, Berlin 1991.

Wong, M.: Surgical fenestration of large periapical lesions. J. Endodont. 17: 516, 1991.

Woolverton, C. J., Haywood, V. B., Heymann, H. O.: A toxicologic screen of two carbamide peroxide tooth whiteners. J. Dent. Res. 70: 558, 1991.

Wright, D. G.: The Neutrophil as a Secretory Organ of Host Defense. In Gallin, J.I., Fauci, A.S.: Advances in Host Defense Mechanisms, Vol I. Raven, New York 1982 (p. 75).

Y

Yahya, A. S., ElDeeb, M. E.: Effect of sonic versus ultrasonic instrumentation on canal preparation. J. Endodont. 15: 235, 1989.

Yamada, T., Nakamura, K., Iwaku, M., Fusyama, T.: The extend of the odontoblast process in normal and carious human dentine. J. Dent. Res. 62: 798, 1983.

Yamamoto, H., Atsumi, K., Kusakari, H.: Laser in Dentistry. Excerpta Medica, Amsterdam 1989.

Yang, S. F., Rivera, E. M., Baumgardner, K. R., Walton, R. E., Stanford, C.: Anaerobic tissue-dissolving abilities of calcium hydroxide and sodium hypochlorite. J. Endodont. 21: 613, 1995.

Yared, G. M., Chahine, T. I., Dagher, F. E. B.: Master cone apical behavior under in vitro compaction. J. Endodont. 18: 318, 1992.

Yared, G. M., Dagher, F. E. B.: Elongation and movement of the gutta-percha master cone during initial lateral condensation. J. Endodont. 19: 395, 1993.

Yared, G. M., Dagher, E. B.: Influence of apical enlargement on bacterial infection during treatment of apical periodontitis. J. Endodont. 20: 535, 1994.

Yee, F. S., Marlin, J., Krakow, A. A., Gron, P.: Three-dimensional obturation of the root canal using injection molded, thermoplasticized dental guttapercha. J. Endodont. 3: 168, 1977.

Z

Zachrisson, B., Jacobson, I.: Long term prognosis of 66 permanent anterior teeth with fractures. Scand. J. Dent. Res. 83: 345, 1975.

Zakariasen, K. L., Dederich, D. N., Tulip, J.: Nd-YAG laser fusion of dentin plugs in root canals. J. Dent. Res. 64: 239, 1985.

Zeppenfeld, W.: Praxisgerechte Kofferdamtechnik. Zahnärztl. Mitt. 80: 1485, 1990.

Zerfowski, M., Bremerich, A., Sadowski, K., Dehbing, K. C.: Kiefer- und Gesichtsverletzungen bei Kindern und Jugendlichen. Dtsch. Z. Mund Kiefer Gesichts Chir. 19: 299, 1995.

Zmener, O., Dominques, F .V.: Corrosion of silver cones in the subcutaneous tissue of the rat. J. Endodont. 11: 55, 1985.

Zmener, O., Guglielmotti, M. B., Cabrini, R. L.: Biocompatibility of two calcium hydroxide-based endodontic sealers: a quantitative study in the subcutaneous connective tissue of the rat. J. Endodont. 14: 229, 1988.

Zürcher, E.: Zur Anatomie der Wurzelkanäle des menschlichen Milchgebisses und der 6 Jahr-Molaren. Schweiz. Monatsschr. Zahnheilkd. 32: 439, 1922.

Bildernachweis

Ein Teil der Abbildungen dieses Atlasses wurde uns von den unten in alphabetischer Reihenfolge aufgeführten Bildautoren in dankenswerter Weise zur Publikation zur Verfügung gestellt. Alle anderen abgebildeten Originale sind Bilder der Hauptautoren. Teilabbildungen sind mit L (links), M (Mitte) und R (rechts) gekennzeichnet. Sämtliche Graphiken sowie das Titelbild wurden von Herrn Albrecht Ruech, Spay, nach entsprechenden Vorlagen der Autoren angefertigt.

Prof. Dr. C. Benz
105 bis 107

Dr. T. P. Croll
780 bis 795

Prof. Dr. F. F. Eifinger
20, 21

Prof. Dr. M. Frentzen
163 bis 168, 170

Prof. Dr. S. Friedman
656

Prof. Dr. J. L. Gutmann
519 bis 521, 622 bis 624, 690 bis 692

Prof. Dr. D. Heidemann
111 M

Prof. Dr. Dr. W. Ketterl
111 L

Prof. Dr. S. Kim
625 bis 686

PD. Dr. M. D. W. Lipp
208 bis 211

PD. Dr. A. Lussi
2 bis 7, 11 bis 13, 15, 16, 506, 508 bis 511, 513 bis 517.

Dr. G. Mayerhöfer
763, 764

PD Dr. J. U. Piesold
699 bis 704

Prof. Dr. H. Plank
670

Dr. C. J. Ruddle
485 bis 490, 501, 503 bis 505

Dr. B. Suter
518

Dem Buch **„Die Lokalanästhesie" (M. Lipp, Quintessenz Verlag, Berlin 1992)** wurden folgende Abbildungen entnommen:
208 bis 213

Aus dem Werk **„Die räumliche Darstellung des Endodonts" (M. A. Baumann, Hanser, München 1995)** sind folgende Abbildungen von M. A. Baumann übernommen worden:
110, 111 R, 112 L, M, 113, 114, 114 L, 115 M, R, 116 M, R, 117 L, M, R

Aus dem Werk **„Praktische Endodontie" (R. Beer, M. A. Baumann, Urban & Schwarzenberg, München 1994)** sind folgende Abbildungen von R. Beer übernommen worden:
26 R, 28 R, 29, 31 L, 36, 44, 46, 66, 67 R, 70, 71, 84 L, 96, 270, 271, 274 L, 284 L, 349, 365 bis 367, 376 R, 380 L, 381, 383, 399, 400, 402, 416 R, 421 R, 422, 424, 461, 463, 464, 466, 474, 475 L, 522, 524 bis 526, 530, 531, 532, 534 bis 539, 546 L, M, 548 L, 553 bis 555, 560, 561, 562 L, 563 R, 564 L, 567, 616 R, 617 L, 619 R, 621 M, 706, 708, 710, 733, 734, 737, 738 L, 753 R, 754 R, 758, 768 R, 772, 778

Sachverzeichnis

L

M

N

O

X

Z